세무회계 연습 1

부가가치세법 · 소득세법 · 상속세 및 증여세법

강경태

익산남성고등학교 졸업
전북대학교 경영학과 졸업
공인회계사, 세무사
우리경영아카데미 세법개론 · 세무회계 강사
지암회계법인
국세청 인트라넷 세법 교수
국세청 인트라넷 세무회계 교수

국무총리실 리베로 프로그램 세법 강사
국세공무원교육원 세법 고급연구과정 교수
여천시청 감사위원
(주)영화조세통람사 세법 강사
한화그룹 재무전문가과정 세법 강사

수상이력 2020년 기획재정부장관상

저 서 세법개론(샘앤북스)
세무회계연습(샘앤북스)
세무회계리뷰(샘앤북스)
세법 들어가기(샘앤북스)
세법강의 SUMMARY(샘앤북스)

| 2026 |

세무회계연습 1 (부가가치세법 · 소득세법 · 상속세 및 증여세법)

발 행 일 | 1995. 1. 8. 초판 발행
⋮
2023. 2. 28. 22판 발행
2024. 3. 2. 23판 발행
2025. 2. 26. 24판 발행
2026. 2. 25. 25판 1쇄 발행
2026. 3. 6. 25판 2쇄 발행(내용은 1쇄와 수정없이 동일합니다.)

저 자 | 강 경 태
발 행 인 | 이 낙 규
발 행 처 | 주식회사 샘앤북스
등록번호 | 신고 제 2013-000086 호
주 소 | 서울특별시 영등포구 양평로22길 21, 선유도코오롱디지털타워 310호
전 화 | 02-323-6763 **팩 스** | 02-323-6764
이 메 일 | wisdom6763@hanmail.net

편집 및 디자인 홍수기 · 김용재 · 김은서 | **도서관리** 김보영

정가 37,000원

ISBN 979-11-5626-592-4 94320
ISBN 979-11-5626-590-0 94320(전 2권)

▮ 제작과정에서 잘못 만들어진 도서는 교환하여 드립니다.

머 리 말

SUMMARY와 세무회계 교재 및 강의에 보내 주시는 변함없는 사랑과 성원에 감사드리며, 처음 강의를 시작할 때의 마음으로 최고의 교재와 강의가 되도록 최선을 다하겠습니다.

이 교재의 특징은 다음과 같습니다.

1. 각 문제마다 문제의 포인트를 설명하고 해당 내용이 있는 SUMMARY의 페이지를 연결하였습니다.
2. 각 문제마다 핵심정리에 문제의 접근방법과 각 자료별 정리사항을 강의하듯이 풀어서 설명하였고 설명 옆에 관련된 SUMMARY 페이지를 적어 보다 편하게 정리하도록 하였습니다.
3. 제1편[심화문제(1.5차) 및 2차 동차생 정리문제]과 제2편(유예생문제)의 구분을 좀 더 명확하게 하여, 시간이 부족한 동차생은 제1편만 풀이할 수 있도록 최근의 출제경향을 반영하였습니다.

   세무회계연습을 이용하시는 분들은 자신의 상황에 따라 다음과 같이 학습하시면 됩니다.

   ① 1차부터 준비하시는 수험생 : 1.5차 문제 위주로 정리(시간이 안되면 강의시간에 풀이하는 문제만 정리)

   ② 동차준비생 : 제1편의 1.5차, 2차 문제 정리. 그 중에서도 필수 문제는 반드시 정리(여력이 되면 강의시간에 풀이하는 유예문제도 정리)

   ③ 2차 유예생 : 제1편은 기본으로 정리하고 제2편의 유예문제까지 정리하되, 버거우면 제2편의 유예필수 문제정도 정리
4. 2025년판에서 부족하다고 생각되는 부분을 각 주제별로 문제에 보완 반영하여 보다 목적 적합한 교재가 되도록 하였습니다.
5. 쉽게 접근하고 편안하게 정리할 수 있는 교재가 되도록 노력하였습니다. 주제별로 숲을 보고 나무를 볼 수 있도록 각 절별로 전체 구조를 파악하는 문제를 먼저 출제하여 정리한 후, 세부사항으로 들어갈 수 있도록 하였습니다. 각 문제별로 ① 문제, ② 그에 대한 핵심정리, ③ 해답풀이, ④ 해설의 순서로 집필하였고 추가적인 학습이 필요한 부분은 [Case 문제]로 별도로 다루었습니다. 각 문제별 해답을 실제 시험장에서 적어야 할 계산근거 위주로 간단하게 작성한 후, 해설에서 해답에 대한 자세한 설명을 함으로써 가독성을 높였습니다.

최선을 다했으나, 혹시 미처 발견하지 못한 오류는 없는지 두려움과 함께 좀 더 좋은 책을 만들 수 있지 않았는가에 대한 아쉬움이 남습니다. 부족한 부분은 계속해서 보완해 나갈 것을 약속드리며, 독자 여러분의 충고와 질책을 당부합니다.

본서의 출간작업에 수고해 주신 ㈜샘앤북스의 이낙규 사장님, 홍수기 과장, 김보영 대리, 김용재 대리, 김은서 사원 등 출판사 직원 여러분께 감사드리며, 세심하게 교정을 도와 준 김보민, 김성규, 채유진님에게 특별한 고마움을 전합니다.

한결같은 사랑으로 저의 삶을 가득차게 해 준 아내 경숙과 두 아들 호진과 성진, 그리고 부모님께 사랑을 전하며, 본서를 사랑해 주시는 모든 분들께 이 책을 바칩니다. 항상 초심을 잃지 않고 최선을 다하겠습니다.

2026년 2월 25일

저자 강경태

본서 출간 이후 추가적인 세법개정 및 행정해석 변경 등으로 수정사항이 발생하면 그때 그때 추록으로 올리겠습니다('www.uricpa.com → 정보센터 → 추록' 참조).

일러두기

국 기 법 … 국세기본법	조 특 법 … 조세특례제한법
국 기 령 … 국세기본법 시행령	조 특 령 … 조세특례제한법 시행령
국 기 칙 … 국세기본법 시행규칙	조 특 칙 … 조세특례제한법 시행규칙
국 기 통 … 국세기본법 기본통칙	조 특 통 … 조세특례제한법 기본통칙
소 법 … 소득세법	상 증 법 … 상속세및증여세법
소 령 … 소득세법 시행령	상 증 령 … 상속세및증여세법 시행령
소 칙 … 소득세법 시행규칙	상 증 칙 … 상속세및증여세법 시행규칙
소 기 통 … 소득세법 기본통칙	상 증 통 … 상속세및증여세법 기본통칙
부 법 … 부가가치세법	국 징 법 … 국세징수법
부 령 … 부가가치세법 시행령	국 징 령 … 국세징수법 시행령
부 칙 … 부가가치세법 시행규칙	국 조 법 … 국제조세조정에관한법률
부 기 통 … 부가가치세법 기본통칙	국 조 령 … 국제조세조정에관한법률 시행령
법 법 … 법인세법	지 법 … 지방세법
법 령 … 법인세법 시행령	지 령 … 지방세법 시행령
법 칙 … 법인세법 시행규칙	지 칙 … 지방세법 시행규칙
법 기 통 … 법인세법 기본통칙	기 준 … 기업회계기준
종 부 법 … 종합부동산세법	기 준 서 … 기업회계기준서
종 부 령 … 종합부동산세법 시행령	
종 부 칙 … 종합부동산세법 시행규칙	

차 례

제 1 편 심화문제(1.5차) 및 2차 동차생 정리문제

제1장 부가가치세법

제1절 부가가치세 및 매출세액 계산구조 — 1–3

제2절 매 입 세 액 – 1–114

제3절 겸영사업자의 안분계산 – 1–170

제4절 차가감납부세액 – 1–241

제5절 간이과세 – 1–264

제2장 소득세법

제 1 절 이자소득 및 배당소득 … 금융소득 — 2-3

제 2 절 사 업 소 득 — 2-65

제 3 절 근 로 소 득 – 2–131

제 4 절 연금소득 · 기타소득 – 2–165

제 5 절 소득금액 계산의 특례 – 2–214

제 6 절 종합소득과세표준의 계산 – 2–236

제 7 절 종합소득 차감납부세액의 계산 – 2–259

제 10 절 동업기업에 대한 조세특례 – 2–430

제3장 상속세 및 증여세법

제1절 상 속 세 – 3–3

제2절 증 여 세

제 2 편 유예생문제

제1장 부가가치세법

제2장 소득세법

제3장 상속세 및 증여세법

제 3 편 부 록

※ 공인회계사 2차 시험 세법 각 챕터별 · 타픽별 기출문제 분석

1. 부가가치세법

20점 정도의 배점으로 두 문제가 출제되며, 각 문제별로 요구사항을 세분화하여 질문

차례	2025년	2024년	2023년	2022년	2021년	2020년	2019년	2018년
1절. 매출세액*	• 과세표준 및 매출세액		• 과세표준 • 폐업시 잔존재화를 포함한 과세표준(T.I 발급분, 기타 구분)	• 적용세율별 과세표준 • 겸용주택 임대	• 적용세율별 과세표준	• 적용세율별 과세표준 • 겸영사업자의 폐업시 잔존재화	• 과세표준 및 매출세액	• 과세표준 및 매출세액
2절. 매입세액*								
3절. 겸영사업자*	• 겸영사업자의 확정신고시 매입세액 납부세액재계산	• 겸영사업자의 확정신고시 과세표준, 매입세액, 납부세액(재계산 고려 후)	• 겸영사업자의 예정신고와 확정신고시 매입세액공제액	• 겸영사업자의 납부세액계산 • 의제매입세액 • 납부세액재계산	• 겸영사업자의 매입세액 및 정산 • 의제매입세액 • 일괄양도	• 겸영사업자의 납부세액계산 및 정산		• 공통매입세액 안분 및 정산
4절. 차감납부세액	• 가산세 • 대리납부제도(약술)			• 가산세	• 가산세			
5절. 간이과세자	• 일반과세자인 경우와 간이과세자인 경우의 차감납부세액	• 일반과세자인 경우와 간이과세자인 경우의 차감납부세액	• 정육점과 음식점 겸영사업자의 차감납부세액 • 재고매입세액				• 숙박업과 음식점 겸영사업자의 납부세액 및 공제세액	• 납부세액 및 공제세액 • 재고납부세액 • 재고매입세액

* "3절. 겸영사업자" 관련 문제는 "1절. 매출세액"과 "2절. 매입세액" 내용이 정리되어 있어야만 풀이 가능한 문제가 출제된다. 겸영사업자의 의제매입세액 관련 문제는 교재의 '제2절. 매입세액'편에 수록하였다.

2. 소득세법

30점 정도의 배점으로 두 문제가 출제되며, 각 문제별로 요구사항을 세분화하여 질문

차례	2025년	2024년	2023년	2022년	2021년	2020년	2019년	2018년
1절. 금융소득*1	• 금융소득	• 금융소득	• 금융소득	• 이자소득	• 금융소득	• 이자소득(사업소득 자료 안에 이자수익으로 제시)	• 금융소득	• 금융소득
2절. 사업소득	• 부동산임대업	• 사업소득	• 사업소득	• 사업소득		• 사업소득	• 사업소득	
3절. 근로소득	• 근로소득	• 근로소득	• 근로소득	• 근로소득	• 근로소득	• 근로소득		• 근로소득
4절. 연금소득 · 기타소득*1	• 연금소득 • 기타소득	• 기타소득	• 연금소득 • 기타소득	• 기타소득	• 기타소득		• 연금소득	• 기타소득
5절. 소득금액 계산특례								
6절. 과세 표준 계산	• 종합소득공제	• 종합소득공제		• 종합소득공제	• 종합소득공제	• 종합소득공제	• 종합소득공제	• 종합소득공제
7절. 종합소득 차감 납부세액	• 자녀세액공제 • 기납부세액	• 부동산매매업자 산출세액 특례 • 의료비세액공제 • 기장세액공제 • 연금계좌세액공제		• 보험료세액공제 • 의료비세액공제	• 금융소득이 있는 경우 산출세액 • 배당세액공제 • 교육비세액공제 • 기부금세액공제	• 의료비세액공제	• 금융소득이 있는 경우 산출세액 • 부동산매매업자 산출세액 특례 • 세액공제	• 금융소득이 있는 경우 산출세액 • 세액공제
8절. 퇴직소득	• 퇴직소득		• 임원퇴직소득					
9절. 양도소득	• 토지양도 • 주식 이월과세	• 토지 · 건물양도시 과세표준	• 국외소재 토지 양도	• 고가주택 양도 (부당행위계산 부인 포함)	• 특수관계인에 대한 오피스텔 양도(이중과세 조정 포함)	• 부담부증여(양도차익 및 증여세 과세가액 계산)	• 투기지정지역에 있는 비사업용 토지 양도	• 고가주택 양도
10절. 동업기업 조세특례*2								

*1 금융소득, 연금소득, 기타소득은 관련된 원천징수세액 계산문제가 수시로 출제되었음

*2 동업기업과세특례는 2009년도에 출제

3. 상속세 및 증여세법

10점 정도의 배점으로 한두문제가 출제되며, 요구사항을 세분화하여 질문

차례	2025년	2024년	2023년	2022년	2021년	2020년	2019년	2018년
1절. 상속세		• 상속세 과세가액 계산 • 비거주자의 상속세 계산 차이(약술)	• 상속세 과세가액 계산 • 상속세 부담 최소화 방안(약술)	• 상속세 과세표준 계산	• 비상장주식의 평가	• 상속세 과세표준 계산		• 비상장주식의 평가
2절. 증여세	• 토지 무상사용 • 금전무상대출 • 보험금의 증여 • 법인 · 개인 무상 취득시 증여세 · 소득세 부담(약술)	• 증여재산 반환 시기별 납세의무	• 증여추정과 증여 의제의 차이 및 재산취득자금의 증여추정과 명의 신탁재산의 증여 의제(약술)	• 증여세 과세표준 계산	• 재산가치 증가에 따른 증여재산 가액	• 주식 상장에 따른 이익의 증여	• 저가양수에 따른 이익의 증여 • 특수관계법인으로부터 제공받은 사업기회로 발생한 이익의 증여의제 • 주식 상장에 따른 이익의 증여 • 증여자별 증여세 산출세액(증여재산 반환, 할증과세 포함)	• 초과배당에 따른 이익의 증여

※ 세무사 2차 시험 회계학2부 각 챕터별 · 타픽별 기출문제 분석

1. 부가가치세법

20점 배점으로 두세문제가 출제되며, 물음을 세분화하여 질문

차례	2025년	2024년	2023년	2022년	2021년	2020년	2019년	2018년
1절. 매출세액*	• 과세표준	• 매출세액	• 과세표준 및 매출세액	• 과세표준 및 매출세액	• 과세표준	• 매출세액	• 과세표준 및 매출세액	• 과세표준
2절. 매입세액*		• 매입세액	• 매입세액					
3절. 겸영사업자*	• 겸영사업자의 의제매입세액, 취득, 매각 관련 안분, 과세전환	• 겸영사업자의 납부세액 증가 금액 및 납부세액 감소 금액의 계산		• 겸영사업자의 예정신고 · 확정신고시 매입세액(의제매입세액, 과세전환매입세액, 공통매입세액 정산)	• 겸영사업자(의제매입세액, 과세전환매입세액, 매입세액 불공제액)	• 겸영사업자(매출세액, 매입세액, 의제매입세액, 납부세액 재계산)	• 겸영사업자의 매입세액(의제매입세액 포함)	• 겸영사업자의 매입세액(의제매입세액 포함)
4절. 차감납부세액								
5절. 간이과세자		• 재고매입세액과 재고납부세액의 계산	• 과자점업 간이과세자의 납부세액, 재고납부세액, 공제세액, 가산세	• 음식점업과 숙박업 겸영 간이과세자의 차감납부세액	• 제조업 간이과세자의 납부세액, 재고납부세액, 세금계산서 등 수취세액공제			• 숙박업과 소매업 겸영 간이과세자의 차가감납부세액

* "3절. 겸영사업자" 관련 문제는 "1절. 매출세액"과 "2절. 매입세액" 내용이 정리되어 있어야 풀이 가능한 문제가 출제된다. 겸영사업자의 의제매입세액 관련 문제는 교재의 '제2절. 매입세액'편에 수록하였다.

2. 소득세법

30점 배점으로 두 문제가 출제되며, 물음을 세분화하여 질문

차례	2025년	2024년	2023년	2022년	2021년	2020년	2019년	2018년
1절. 금융소득*	• 금융소득		• 금융소득			• 금융소득	• 금융소득	• 금융소득
2절. 사업소득	• 기부금	• 사업소득						
3절. 근로소득	• 근로소득	• 근로소득	• 근로소득	• 근로소득 연말 정산과 확정신고	• 근로소득	• 근로소득	• 근로소득	• 근로소득
4절. 연금소득 · 기타소득*	• 연금소득 • 기타소득	• 연금소득 • 기타소득	• 기타소득			• 연금소득	• 기타소득	• 연금소득
5절. 소득금액 계산특례								
6절. 과세표준 계산			• 기본공제 • 추가공제	• 종합소득공제 (인적공제, 연금보험료 공제, 특별소득공제, 신용카드소득공제)	• 종합소득공제 (인적공제, 건강보험료, 연금보험료 공제, 신용카드소득공제)			
7절. 종합소득 차감 납부세액	• 산출세액계산 • 기부금 세액공제		• 자녀 · 교육비 · 연금계좌 세액공제	• 보험료 · 의료비 · 교육비 세액공제				• 금융소득이 있는 경우 산출세액
8절. 퇴직소득		• 임원퇴직소득						• 임원 퇴직소득
9절. 양도소득		• 이월과세(가업상속공제 관련)	• 부담부증여시 양도차익과 산출세액		• 양도소득 과세표준과 산출세액	• 이월과세(적용하는 경우와 적용하지 않는 경우 세액계산)	• 주택과 비상장 주식의 양도	
10절. 동업기업조세특례								

* 금융소득, 연금소득, 기타소득은 관련된 원천징수세액 계산문제가 수시로 출제됨

[주] 2014년에는 [자료 1]금융소득, [자료 2]공동사업, [자료 3]근로소득, [자료 4]기타소득, [자료 5]인적공제, [자료 6]그 밖의 소득공제 및 세액공제를 제시한 후 다음과 같은 종합적인 계산문제가 출제되었음

[물음 1] 자료 3, 5, 6만 있다는 가정하에 차가감납부세액 계산

[물음 2] 자료 4와 제시된 근로소득금액을 이용하여 차가감납부세액 계산

[물음 3] 자료 1, 2만 있다는 가정하에 결정세액 계산. 단, 종합소득공제액은 별도로 제시

PART 01

심화문제(1.5차) 및 2차 동차생 정리문제

- 부가가치세법
- 소득세법
- 상속세 및 증여세법

CHAPTER 01

▶ **부가가치세법**

소득세법

상속세 및 증여세법

TAX ACCOUNTING

제 1 절

부가가치세 및 매출세액 계산구조 summary p1-97. 제6장, p1-100. 제7장

I 기본 개념

1. 납세의무자 summary p1-11. 2

다음 중 어느 하나에 해당하는 자로서 개인, 법인(국가 · 지방자치단체와 지방자치단체조합을 포함한다), 법인격이 없는 사단 · 재단 또는 그 밖의 단체는 이 법에 따라 부가가치세를 납부할 의무가 있다.

① 사업자 : 사업 목적이 영리이든 비영리이든 관계없이 사업상 독립적으로 재화 또는 용역을 공급하는 자를 말한다.

② 재화를 수입하는 자

2. 과세기간 summary p1-18. 4

(1) 일반과세자 ⋯→ 개인사업자 및 영세법인사업자의 예정신고 특례 규정은 'summary p1–159. 2' 참고

구 분	과 세 기 간		신고 · 납부기한*2
제1기 (1. 1.~6. 30.)	예정신고기간	1. 1.~3. 31.	4. 25.
	과세기간 최종 3개월*1	4. 1.~6. 30.	7. 25.
제2기 (7. 1.~12. 31.)	예정신고기간	7. 1.~9. 30.	10. 25.
	과세기간 최종 3개월*1	10. 1.~12. 31.	1. 25.

*1 실무에서는 '과세기간 최종 3개월'을 '확정신고기간'이라 칭하기도 한다.

*2 예정신고기간 및 과세기간이 끝난 후 25일 이내에 신고 · 납부. 단, 폐업하는 경우에는 폐업일이 속한 달의 다음 달 25일 이내에 납세지 관할세무서장에게 신고 · 납부하여야 한다.

(2) 간이과세자 : 1. 1.~12. 31.*

* 과세기간이 끝난 후 25일(폐업시에는 폐업일이 속한 달의 다음 달 25일) 이내에 납세지 관할세무서장에게 확정신고 · 납부하여야 한다. ⋯→ 간이과세자의 예정부과 특례는 'summary p1–192. 2' 참고

3. 납세지 summary p1-20. 5

(1) 납세지와 과세관할

납세의무자	납세지	과세 관할
사업자	각 사업장 소재지	납세지를 관할하는 세무서장 또는 지방국세청장
재화를 수입하는 자	「관세법」에 따라 수입을 신고하는 세관의 소재지	납세지를 관할하는 세관장

(2) 사업자의 납세지

구 분	내 용
원 칙	사업장 단위 신고 · 납부
특 례	① 주사업장 총괄납부 : 납부(환급 포함)만 총괄 → 신고나 사업자등록 및 세금계산서 수수 등은 각 사업장마다 하며, 결정 · 경정도 각 사업장 관할세무서장이 함 ② 사업자단위과세 : 본점 · 주사무소에서 신고 · 납부 및 세금계산서 수수 등 모든 의무를 총괄(사업자 등록번호도 하나)하며, 결정 · 경정도 본점 · 주사무소 관할세무서장이 함

사 례 甲 법인에게 X와 Y 사업장 존재시 사례를 통한 각 제도의 이해

		X 사 업 장	Y 사 업 장
사업장 단위	신고세액	100	△20
	납부세액	100(신고시 납부)	△20(30일 내 환급)
주사업장총괄납부	신고세액	100	△20(신고는 각각)
	납부세액	80(= 100－20)(신고시 납부)	－ (납부만 총괄)
사업자단위과세	신고세액	80(= 100－20)	－ (납부는 물론
	납부세액	80	－ 신고도 총괄)

100은 바로 납부하고 20은 30일 내 환급하므로 법인의 자금부담문제발생

총괄납부하면 80만 납부하므로 문제해결

4. 사업자등록 summary p1-26. 1

(1) 사업장단위 등록 원칙

사업장마다 사업개시일부터 20일 이내 등록 신청해야 한다. 단, 신규사업자는 사업개시일 이전이라도 등록 신청 가능하다.

(2) 사업자단위 등록 특례

① 사업장이 둘 이상인 사업자(사업장이 하나이나 추가로 사업장을 개설하려는 사업자를 포함한다)는 사업자단위로 본점·주사무소 관할세무서장에 등록 가능하다.

② 사업장단위 등록사업자가 사업자단위과세사업자로 변경하려는 경우에는 적용과세기간 개시 20일 전까지 변경등록을 신청하여야 한다.

Ⅱ 부가가치세 계산구조

일반과세자(영세율사업자 포함)의 부가가치세 계산구조는 다음과 같다.

	매 출 세 액
(－)	매 입 세 액
	납 부 세 액
(－)	경 감 · 공 제 세 액
(－)	예 정 신 고 미 환 급 세 액
(－)	예 정 고 지 세 액
(－)	수 시 부 과 세 액 등
(＋)	가 산 세
	차 가 감 납 부 세 액

■ 지방소비세

① 납부세액에서 감면세액 및 공제세액을 빼고 가산세를 더한 세액의 74.7%를 부가가치세로, 25.3%를 지방소비세로 한다.

② 부가가치세와 지방소비세를 신고, 납부, 경정 및 환급할 경우에는 부가가치세와 지방소비세를 합한 금액을 신고, 납부, 경정 및 환급한다.

■ 부가가치세법 시행규칙 [별지 제21호서식]

일반과세자 부가가치세 [ ]예정 [ ]확정 [ ]기한후과세표준 [ ]영세율 등 조기환급 신고서

※ 제2쪽 및 제3쪽의 작성방법을 읽고 작성하시기 바랍니다. (6쪽 중 제1쪽)

관리번호				처리기간	즉시
신고기간	년 제 기 (월 일 ~ 월 일)				
사업자	상호(법인명)		성명(대표자명)	사업자등록번호	- -
	생년월일		전화번호	사업장 / 주소지 / 휴대전화	
	사업장 주소			전자우편주소	

① 신고내용

구분				금액	세율	세액
과세표준 및 매출세액	과세	세금계산서 발급분	(1)		10 / 100	
		매입자발행 세금계산서	(2)		10 / 100	
		신용카드 · 현금영수증 발행분	(3)		10 / 100	
		기타(정규영수증 외 매출분)	(4)		10 / 100	
	영세율	세금계산서 발급분	(5)		0 / 100	
		기타	(6)		0 / 100	
	예정신고 누락분		(7)			
	대손세액 가감		(8)			
	합계		(9)		㉮	
매입세액	세금계산서 수취분	일반매입	(10)			
		수출기업 수입분 납부유예	(11)			
		고정자산매입	(12)			
	예정신고 누락분		(13)			
	매입자발행 세금계산서		(14)			
	그밖의 공제매입세액		(15)			
	합계 (10)-(11)+(12)+(13)+(14)+(15)		(16)			
	공제받지 못할 매입세액		(17)			
	차감계 (16)-(17)		(18)		㉯	
납부(환급)세액 (매출세액㉮-매입세액㉯)					㉰	
경감 · 공제 세액	그밖의 경감 · 공제세액		(19)			
	신용카드매출전표등 발행공제 등		(20)			
	합계		(21)		㉱	
소규모 개인사업자 부가가치세 감면세액			(22)		㉲	
예정신고 미환급세액			(23)		㉳	
예정고지세액			(24)		㉴	
수시부과세액			(25)		㉵	
사업양수자가 대리납부한 세액			(26)		㉶	
매입자 납부특례에 따라 납부한 세액			(27)		㉷	
신용카드업자가 대리납부한 세액			(28)		㉸	
가산세액 계			(29)		㉹	
차감 · 가감하여 납부할 세액(환급받을 세액)(㉰-㉱-㉲-㉳-㉴-㉵-㉶-㉷-㉸+㉹)					(30)	
총괄 납부 사업자가 납부할 세액(환급받을 세액)						

② 국세환급금 계좌신고	거래은행	은행 지점	계좌번호			
③ 폐업 신고	폐업일		폐업 사유			
④ 영세율 상호주의	해당[ ] 미해당[ ]	적용 구분		업종		해당 국가

⑤ 과세표준명세

업태	종목	생산요소	업종 코드	금 액
(31)				
(32)				
(33)				
(34)수입금액 제외				
(35)합 계				

「부가가치세법」 제48조 · 제49조 또는 제59조와 「국세기본법」 제45조의3에 따라 위의 내용을 신고하며, **위 내용을 충분히 검토하였고 신고인이 알고 있는 사실 그대로를 정확하게 적었음을 확인합니다.**

년 월 일

신고인 : (서명 또는 인)

세무대리인은 조세전문자격자로서 위 신고서를 성실하고 공정하게 작성하였음을 확인합니다.

세무대리인 : (서명 또는 인)

세무서장 귀하

첨부서류	뒤쪽 참조

세무대리인	성 명		사업자등록번호			
	관리번호		생년월일		전화번호	

(6쪽 중 제4쪽)

※ 이 쪽은 해당 사항이 있는 사업자만 사용합니다.
※ 제5쪽 및 제6쪽의 작성방법을 읽고 작성하시기 바랍니다.

사업자등록번호 □□□-□□-□□□□□ *사업자등록번호는 반드시 적으시기 바랍니다.

	구분				금액	세율	세액
예정신고 누락분 명세	(7)매출	과세	세금계산서	(36)		10 / 100	
			기타	(37)		10 / 100	
		영세율	세금계산서	(38)		0 / 100	
			기타	(39)		0 / 100	
		합계		(40)			
	(13)매입	세금계산서		(41)			
		그밖의 공제매입세액		(42)			
		합계		(43)			

	구분			금액	세율	세액
(15) 그밖의 공제 매입세액 명세	신용카드매출전표등 수령명세서 제출분	일반매입	(44)			
		고정자산매입	(45)			
	의제매입세액		(46)		제5쪽 참조	
	재활용폐자원등 매입세액		(47)		제5쪽 참조	
	과세사업전환 매입세액		(48)			
	재고매입세액		(49)			
	변제대손세액		(50)			
	외국인 관광객에 대한 환급세액		(51)			
	합계		(52)			

	구분		금액	세율	세액
(17) 공제받지 못할 매입세액 명세	공제받지 못할 매입세액	(53)			
	공통매입세액 중 면세사업등 해당 세액	(54)			
	대손처분받은 세액	(55)			
	합계	(56)			

	구분		금액	세율	세액
(19) 그밖의 경감 · 공제 세액 명세	전자신고 세액공제	(57)			
	전자세금계산서 발급세액 공제	(58)			
	일반택시 운송사업자 경감세액	(59)			
	대리납부 세액공제	(60)			
	현금영수증사업자 세액공제	(61)			
	기타	(62)			
	합계	(63)			

	구분			금액	세율	세액
(29) 가산세액 명세	사업자미등록 등		(64)		제6쪽 참조	
	세금계산서	지연발급 등	(65)		1 / 100	
		지연수취	(66)		5 / 1,000	
		미발급 등	(67)		제6쪽 참조	
	전자세금계산서 발급명세 전송	지연전송	(68)		3 / 1,000	
		미전송	(69)		5 / 1,000	
	세금계산서 합계표	제출 불성실	(70)		5 / 1,000	
		지연제출	(71)		3 / 1,000	
	신고 불성실	무신고(일반)	(72)		제6쪽 참조	
		무신고(부당)	(73)		제6쪽 참조	
		과소 · 초과환급신고(일반)	(74)		제6쪽 참조	
		과소 · 초과환급신고(부당)	(75)		제6쪽 참조	
	납부지연		(76)		제6쪽 참조	
	영세율 과세표준신고 불성실		(77)		5 / 1,000	
	현금매출명세서 불성실		(78)		1 / 100	
	부동산임대공급가액명세서 불성실		(79)		1 / 100	
	매입자 납부특례	거래계좌 미사용	(80)		제6쪽 참조	
		거래계좌 지연입금	(81)		제6쪽 참조	
	신용카드매출전표 등 수령명세서 미제출·과다기재		(82)		5 / 1,000	
	합계		(83)			

	업태	종목	코드번호	금액
면세사업 수입금액	(84)			
	(85)			
	(86) 수입금액 제외			
			(87) 합계	

계산서 발급 및 수취 명세	(88) 계산서 발급금액	
	(89) 계산서 수취금액	

Ⅲ 매출세액의 계산구조

구 분		과세표준	세율	세액
① 과세(10%)	세금계산서 발급분	×××	10%	×××
	매입자발행세금계산서	×××	10%	×××
	신용카드 · 현금영수증 발행분	×××*3	10%	×××
	기 타(정규영수증 외 매출분)	×××*4	10%	×××
② 영세율*1	세금계산서	×××	0%	–
	기 타	×××	0%	–
③ 예정신고누락분*2		×××		×××
④ 대손세액가감				(±)×××
매 출 세 액				×××

*1 0세율분도 과세표준은 반드시 신고해야 한다. → 불이행시 가산세(과세표준의 0.5%)부과

*2 예정신고시 누락한 것은 확정신고시 포함하여 신고한다.

*3 신용카드매출전표등 발행분과 전자화폐수취분을 적는다.

*4 세금계산시 발급의무가 없는 부분(예 직매장반출을 제외한 간주공급, 간주임대료) 등 그 밖의 매출을 적는다. → [참고] 세금계산서 발급대상인데 세금계산서를 발급하지 않은 것은 기타란에 적는다. 단, 2차시험에서 세금계산서는 적법하게 발급하였다는 가정이 제시되면 발급대상은 세금계산서 발급분란에, 발급대상이 아닌 것은 기타란에 적는다.

1 / 1 매출세액의 계산구조

1.5차 2차 필수

과세 제품 제조업과 부동산임대업을 경영하는 ㈜서울의 다음 자료를 이용하여 2026년 제1기 확정신고기간(2026. 4. 1.～2026. 6. 30.)의 부가가치세 과세표준 및 매출세액을 세부담 최소화하는 방향으로 답안양식에 따라 계산하시오. 다만, 별도의 언급이 없다면 세금계산서는 적정하게 발급하였고, 제시된 금액은 부가가치세가 제외된 금액이다.

〈자 료〉

1. (1) 제조업

   ① 국내 매출액은 ₩400,000,000이다. 매출액 중 80%는 전자세금계산서를 발급하여 전송하였고, 15%는 신용카드매출전표를 발행하였으며, 5%는 ㈜서울이 세금계산서를 발급하지 아니하여 매입자로부터 매입자발행세금계산서를 받은 것이다.

   ② 총수출액은 ₩190,000,000이다. 총수출액 중 ₩30,000,000은 내국신용장을 개설하여 국내의 수출업자에게 공급한 것이다.

   (2) 부동산임대업

   2분기 포괄손익계산서상 임대료수익은 ₩40,000,000이다. 이는 상가를 2026. 4. 1.부터 2027. 3. 31.까지 임대하면서 임대보증금 ₩400,000,000과 월 임대료 ₩20,000,000을 받기로 한 임대계약에 따른 것인데, 6월분 임대료를 받지 못하여 현금으로 받은 금액만 세금계산서를 발급하고 임대료수익으로 계상하였다. 재정경제부령으로 정하는 정기예금이자율은 2.5%라고 가정한다.

2. 2026. 5. 10.에 제품(원가 ₩4,000,000, 시가 ₩7,000,000)을 대표이사의 가사용으로 소비하였다.

3. 2026. 3. 20.의 직수출액 ₩10,000,000이 제1기 예정신고시 누락되었다.

4. 기말재무상태표에는 2026. 5. 20.에 소멸시효가 완성된 거래처에 대한 외상매출금 ₩22,000,000(부가가치세 포함)이 있다.

[물 음]

자료를 이용하여 과세표준 및 매출세액 관련 신고내용을 부가가치세 신고서 작성요령에 따라 (양식 1)을 보고 〈답안양식〉에 해당사항만 기입하시오(단, 답안에 신고내용 구분번호 ( )를 반드시 적으시오).

(양식 1) 일반과세자 부가가치세 신고서 별지 제21호 서식임

<table>
<tr><th colspan="7">❶ 신 고 내 용</th></tr>
<tr><th colspan="3">구 분</th><th>구분번호</th><th>금 액</th><th>세율</th><th>세 액</th></tr>
<tr><td rowspan="9">과세표준 및 매출세액</td><td rowspan="4">과세</td><td>세금계산서 발급분</td><td>(1)</td><td></td><td>10 / 100</td><td></td></tr>
<tr><td>매입자발행 세금계산서</td><td>(2)</td><td></td><td>10 / 100</td><td></td></tr>
<tr><td>신용카드 · 현금영수증 발행분</td><td>(3)</td><td></td><td>10 / 100</td><td></td></tr>
<tr><td>기타(정규영수증 외 매출분)</td><td>(4)</td><td></td><td>10 / 100</td><td></td></tr>
<tr><td rowspan="2">영세율</td><td>세금계산서 발급분</td><td>(5)</td><td></td><td>0 / 100</td><td></td></tr>
<tr><td>기 타</td><td>(6)</td><td></td><td>0 / 100</td><td></td></tr>
<tr><td colspan="2">예 정 신 고 누 락 분</td><td>(7)</td><td></td><td></td><td></td></tr>
<tr><td colspan="2">대 손 세 액 가 감</td><td>(8)</td><td>기입불필요</td><td></td><td></td></tr>
<tr><td colspan="2">합 계</td><td>(9)</td><td>기입불필요</td><td>㉮</td><td></td></tr>
</table>

〈답안양식〉

구분번호	금 액	세 액
(1)	○○○○○	×××
(3)	○○○○○	×××
(5)	○○○○○	×××
·		

핵심정리

문제의 포인트

1. 매출세액 계산구조 파악 및 신고서식 작성방법 : summary p1-100. 제1절
2. 세금계산서 발급의무 면제 : summary p1-95. 3
3. 일반적인 과세표준의 계산 : summary p1-101 ~ p1-106

[1] 매출세액 답안양식 작성방법

국내매출액은 과세란에, 수출액은 영세율란에 적는다. 이 경우 각각의 세금계산서 발급분란과 기타란이 구분된 답안양식을 작성하려면 세금계산서 발급의무 면제 대상*을 숙지하고 있어야 한다. 문제 자료에서 '별도의 언급이 없다면 세금계산서는 적법하게 발급하였다'고 하였으므로 발급의무가 면제된 것은 기타란[답안양식상 (4), (6)]에 적고, 발급대상은 세금계산서란[답안양식상 (1), (5)]에 적는다.

* 주요 세금계산서 발급의무 면제 대상 : 간주공급(직매장 반출 제외), 간주임대료, 영세율 적용대상 중 직수출·대행위탁수출 등(비교 : 내국신용장 공급은 국내거래이므로 발급대상임)

[2] 자료별 적용

1. • 국내 매출액 : 400,000,000 총액을 출발점으로 양식 (1)에 적는다. 그 안에 포함된 신용카드매출전표 발행분 '400,000,000 × 15% = 60,000,000'은 양식 (1)에서 차감하여 (3)에 적고, 매입자발행세금계산서발행분 '400,000,000 × 5% = 20,000,000'는 양식 (1)에서 차감하여 (2)에 적는다.

   만약 자료에 수출대행수수료 5,000,000이 400,000,000에 포함되어 있다는 언급이 있더라도 수출대행수수료는 10% 세율 적용분으로 세금계산서 발급대상이므로 양식 (1)에서 차감하지 않는다.

   • 수출액 : 수출액은 세금계산서 발급의무가 없는 영세율 적용대상이므로 190,000,000에서 총액을 출발점으로 양식 (6)에 적는다. 그 안에 포함된 내국신용장 공급액 30,000,000은 국내거래로 세금계산서 발급의무가 있으므로 양식 (6)에서 차감하여 (5)에 적는다.

   • 임대료 :

   ① 월 임대료 : 수령 여부와 무관하게 '20,000,000 × 3개월 = 60,000,000'에 대하여 세금계산서를 발급하는 것이 원칙이나, 현금으로 받은 금액만 세금계산서를 발급하였다고 하였으므로 발급한 40,000,000(4월분과 5월분)은 양식 (1)에, 발급하지 못한 20,000,000(6월분)은 양식 (4)에 적는다.

   ② 간주임대료 : 임대보증금에 대한 간주임대료는 세금계산서 발급의무가 면제되므로 양식 (4)에 적는다. → 간주임대료 계산방법(summary p1-115) : 임대보증금적수 × 정기예금이자율 × 1/365. 금액 계산시 원 미만의 단수는 절사하는 것이 원칙이나, 문제 자료에 원 미만은 반올림하기로 한다는 단서가 있는 경우에는 반올림한다.

2. 개인적공급(간주공급)은 세금계산서 발급의무가 면제되므로 시가 7,000,000을 양식 (4)에 적는다.

3. 예정신고 누락분이 제시되면 양식 (7)에 적되, 실수 가능성을 줄이기 위하여 해당 금액이 10%와 0% 세율 중 어떤 세율 적용분인지 구분하여 미리 세율란에 적어 놓는다.

4. 소멸시효 완성은 대손사유에 해당하므로 대손세액공제를 받는 것이 세부담을 최소화한다. 따라서 대손세액(공급대가 × 10/110)을 양식 (8)에 적되, 공제액이므로 차감표시(△)하여 적는다. summary p1-119

해답

구분번호	금 액	세 율	세 액
(1)	$(400{,}000{,}000 - \underbrace{60{,}000{,}000}_{\text{신용카드매출전표}} - \underbrace{20{,}000{,}000}_{\text{매입자발행 T.I}}) + \underbrace{(20{,}000{,}000 \times 2 = 40{,}000{,}000)}_{\text{임대료}} = 360{,}000{,}000$	10%	36,000,000
(2)	20,000,000	10%	2,000,000
(3)	60,000,000	10%	6,000,000
(4)	$\underbrace{20{,}000{,}000}_{\text{임대료}} + \underbrace{(400{,}000{,}000 \times 2.5\% \times \frac{91}{365} = 2{,}493{,}150)}_{\text{간주임대료}} + \underbrace{7{,}000{,}000}_{\text{간주공급}} = 29{,}493{,}150$	10%	2,949,315
(5)	30,000,000	0%	0
(6)	190,000,000 － 30,000,000 ＝ 160,000,000	0%	0
(7)	10,000,000	0%	0
(8)			△2,000,000*
(9)			44,949,315

$* \ 22{,}000{,}000 \times \frac{10}{110} = 2{,}000{,}000$

1 / 2 면세와 과세 구분 1.5차 2차 필수

상호 독립된 각 【문】에 답하시오

【문 1】 다음은 개인 일반 과세사업자의 2026년 제1기 과세기간의 사업관련 매입내역이다. 제1기의 매입세액공제액을 계산하시오. 다만, 모두 사업자로부터 매입한 것으로 「부가가치세법」에 따라 세금계산서를 발급받을 수 있는 것은 발급받았으며, 부가가치세는 세법에 따라 부담하였다. 제시금액은 부가가치세가 제외된 금액이다. 의제매입세액 공제율은 $\frac{4}{104}$이고, 한도는 고려하지 않기로 한다.

1. 변호사 자문용역수수료 지급액 ₩2,400,000
2. 사내연수시 외부초빙강사에 대한 강연료 지급액 ₩1,500,000
3. 전세버스 이용요금 지급액 ₩2,000,000과 영업부서 직원들의 지하철 이용요금 지급액 ₩800,000
4. 전기료 지급액 ₩3,000,000과 수도료 지급액 ₩1,900,000
5. 잡지 구입 대금 ₩4,000,000과 잡지사에 지급한 회사 광고료 ₩6,000,000
6. 연탄 구입액 ₩5,000,000과 착화탄 구입액 ₩1,000,000
7. 미가공된 다이아몬드 원석 구입액 ₩50,000,000
8. 생선통조림 제조업용 생선의 국내구입액 ₩10,600,000, 외국수입액 ₩10,200,000
9. 가구제조업용 임목의 국내구입액 ₩2,600,000, 외국수입액 ₩2,040,000

【문 2】 다음은 2026년 제2기에 공급한 재화·용역의 공급내역이다. 자료를 이용하여 각각의 공급가액을 과세공급가액과 면세공급가액(과세제외되는 공급가액 포함)으로 구분하시오. 합계액 계산은 불필요하며, 자료에 제시된 금액은 모두 부가가치세가 제외된 금액이다.

1. 임대료수입내역 : 주택 ₩5,000,000, 상가 ₩6,000,000, 과수원 ₩2,000,000
2. 상가분양금액 ₩200,000,000, 국민주택분양금액 ₩300,000,000, 국민주택 초과주택분양금액 ₩400,000,000. 다만 각각의 분양금액 중 20%는 토지 가격이다. 이와 별도로 국민주택건설용역을 제공하고 받은 금액 ₩10,000,000이 있다.
3. 신문·잡지매출액 ₩500,000,000, 신문에 실린 광고매출액 ₩100,000,000, 도서매출액 ₩30,000,000(도서내용을 담은 CD대금 ₩1,000,000포함)
4. 운수업 매출 : 시내버스 ₩320,000,000, 택시 ₩76,000,000, 일반고속버스 ₩40,000,000, 시외고급고속버스 ₩130,000,000, 케이블카(삭도)에 의한 여객운송 ₩50,000,000
5. 연극창작품 수입 : ₩120,000,000

6. 식료품 등의 공급내역
   ① 쌀의 국내매출액 ₩50,000,000(₩10,000,000의 키토산 코팅 쌀 매출액과 부수용역인 배달운송비 ₩300,000 포함)
   ② 쌀의 수출액 ₩42,000,000(면세포기신고를 하였음)
   ③ 소금 매출액 : 죽염 ₩2,000,000, 식품으로 정해진 천일염 ₩3,000,000, 공업용소금 ₩4,000,000
   ④ 김치 매출액 : 규격단위로 공장에서 제조한 포장김치 ₩5,000,000(쇼핑백 비용 ₩100,000 포함), 단순 운반편의를 위해 일시적으로 포장하여 판매한 김치 ₩1,000,000
   ⑤ 오징어 매출액 ₩20,000,000, 맥반석에 구운 오징어 매출액 ₩30,000,000
7. 학원 매출 : 대입입시학원 ₩520,000,000, 무도학원 ₩68,000,000, 자동차 운전학원 ₩10,000,000
8. 의료업 및 수의사업 매출 : 맹장수술 ₩9,000,000, 여드름 치료 ₩3,000,000, 애완견 치료용역(면세항목으로 고시된 치료용역임) ₩4,000,000, 가축진료용역 ₩1,200,000

핵심정리

문제의 포인트

- 면세대상 파악 : summary p1-75. 3

※ '【문 1】'의 면세 관련 계산문제

[1] 매입세액공제액 계산문제에서의 출제유형

면세 관련 계산문제는 매출세액 문제에서만 출제되는 것이 아니라 '【문 1】'과 같이 매입세액 문제로도 출제된다. 면세매입액에 대하여는 매입세액공제를 받을 수 없으므로 면세대상을 숙지하지 못하면 정확한 매입세액공제액을 계산할 수 없게 된다.

[2] '【문 1】'의 자료별 적용

1. 변호사업 · 공인회계사업 · 세무사업 등은 과세대상이다. 이에 대하여는 영수증 발급이 원칙이나, 사업자에게 공급하는 것은 세금계산서를 발급하여야 한다. summary p1-93. ④ → ∴ 공제 ○

2. 개인이 물적시설 없이 근로자를 고용하지 않고 독립적으로 제공하는 강연에 대한 강연료 · 강사료 등의 대가를 받는 용역, 저술 · 서화 · 작곡 · 배우 · 성우 · 가수와 이와 유사한 용역, 보험모집수당 등 판매실적에 따라 대가를 받는 용역 등은 면세대상이다. → ∴ 공제 ×

3. 전세버스운송업은 과세대상이나, 지하철 요금은 면세대상이다. 따라서 전세버스 이용요금에 대한 매입세액 '2,000,000 × 10% = 200,000'만 공제한다*.

   * 전세버스운송업은 영수증발급업종이나, 공급받는 사업자가 요구하면 세금계산서를 발급하여야 하므로 공급받는 자는 매입세액공제 가능하다. summary p1-93. ⑧

4. 전기는 과세대상이나, 수돗물은 면세대상이다.

5. 잡지는 면세대상이나, 잡지에 실리는 광고는 과세대상이다.

6. 연탄 · 무연탄은 면세대상이나, 유연탄 · 갈탄 · 착화탄은 과세대상이다.

7. 미가공된 다이아몬드 원석은 농 · 축 · 수 · 임산물이 아닌 광물이므로 과세대상이다.

8. 미가공식료품(식용으로 제공하는 농 · 축 · 수 · 임산물 포함)은 국산 · 외국산을 불문하고 면세한다. 면세로 구입한 생선을 과세되는 통조림 제조에 사용하므로 의제매입세액공제를 적용한다.

9. 비식용 농 · 축 · 수 · 임산물로서 미가공된 것은 국산만 면세대상이며 수입산은 과세대상이다. 따라서 면세되는 국산 임목을 구입하여 과세되는 가구 제조에 사용하는 경우 의제매입세액공제를 적용하며, 과세되는 수입산에 대한 부가가치세(세관장이 징수)는 일반적인 매입세액공제를 적용하여 전액 공제한다.

해 답

【문 1】 매입세액 공제액

1. 변호사수수료 : 2,400,000 × 10% =	240,000
2. 강　사　료 :	—
3. 전 세 버 스 : 2,000,000 × 10% =	200,000
4. 전　기　료 : 3,000,000 × 10% =	300,000
5. 광　고　료 : 6,000,000 × 10% =	600,000
6. 착　화　탄 : 1,000,000 × 10% =	100,000
7. 미가공된 다이아몬드 원석 : 50,000,000 × 10% =	5,000,000
8. 생선 의제매입세액 : $(10,600,000+10,200,000) \times \frac{4}{104} =$	800,000
9. ① 임목 국내구입 : $2,600,000 \times \frac{4}{104} =$	100,000
② 임목 외국수입 : 2,040,000 × 10% =	204,000
	7,544,000

【문 2】 과세표준

구 분	과 세	면세 · 과세제외
1. ① 주택임대료*1		5,000,000
② 상가임대료*1	6,000,000	
③ 과수원 임대료*1	—	2,000,000
2. (1) 분양		
① 상가 · 국민주택 초과 주택(건물분)	480,000,000*	
② 위 외		420,000,000*
(2) 국민주택 건설용역		10,000,000
3. ① 신문 · 잡지 · 도서(도서내용 담은 CD포함)		530,000,000
② 광고	100,000,000	
4. ① 시내버스		320,000,000
② 택시	76,000,000	
③ 일반고속버스		40,000,000
④ 시외고급고속버스	130,000,000	
⑤ 케이블카(삭도)	50,000,000	
5. 연극창작품		120,000,000
6. ① 쌀 국내매출		50,000,000*2
② 쌀 수출	42,000,000*3	
③ 죽염 · 공업용 소금	6,000,000	
천일염		3,000,000
④ 공장 제조 포장김치	5,000,000*4	
단순 운반 편의 포장김치		1,000,000
⑤ 오징어		20,000,000
맥반석에 구운 오징어	30,000,000	
7. ① 대입입시학원		520,000,000
② 무도학원 · 자동차운전학원	78,000,000	
8. ① 맹장수술 · 애완견 치료용역*5 · 가축진료용역		14,200,000**
② 여드름 치료	3,000,000	

* ① 과세 : (200,000,000+400,000,000) × 80% = 480,000,000*1

② 면세 : (200,000,000+300,000,000+400,000,000) − 480,000,000 = 420,000,000*1

** 9,000,000 + 4,000,000 + 1,200,000 = 14,200,000

해설

1. 해답상 '*'에 대한 설명

*1 부동산의 임대 및 공급에 대한 부가가치세 과세여부

구　분	공　　　급	임　　　대
건　물	① 원칙 : 과세 ② 국민주택의 공급 : 면세	① 주택의 임대용역 : 면세 ② 상가 등의 임대용역 : 과세
토　지	면　세	① 주택 부수토지의 임대용역 : 면세 ② 상가 등 부수토지의 임대용역 : 과세*

* 다만, 전 · 답 · 과수원 · 목장용지 · 임야 또는 염전임대업, 공익사업과 관련하여 지역권 · 지상권을 설정하거나 대여하는 사업에 대해서는 부가가치세를 과세하지 아니한다.

*2 쌀(키토산 코팅쌀, 인삼추출물 · 아미노산 등 첨가 쌀, 버섯균을 배양한 쌀 포함)은 면세대상이다. 면세대상인 쌀 판매시 부수되는 배달용역도 주된 재화인 쌀의 공급에 포함되는 것으로 보아 면세한다. summary p1－47. 5. ①

*3 면세재화를 수출하는 경우 면세하는 것이 원칙이나, 면세포기신고를 하는 경우에는 과세(영세율 적용)한다. summary p1－83

*4 김치, 간장, 된장, 젓갈등 단순가공식료품을 제조시설을 갖추고 판매목적으로 독립된 거래단위로 관입 · 병입 등 형태로 포장하여 공급하는 것은 과세한다(종전에 적용하던 면세 혜택은 2025. 12. 31.로 종료됨).

*5 애완동물 진료용역은 질병의 예방 및 치료를 목적으로 하는 것으로서 해당 기관의 장관들이 협의하여 고시하는 용역에 한정하여 면세한다.

1 / 3 재화·용역의 실질적 공급

1.5차 2차 필수

다음은 과세사업을 경영하는 ㈜종로의 2026년 제1기 과세기간의 부가가치세 신고자료이다. 상호 독립된 각 【문】별로 2026년 제1기 과세기간의 부가가치세 과세표준을 〈답안양식〉에 따라 각각 계산하시오. 별도의 언급이 없다면 제시된 금액은 부가가치세가 제외된 금액이다.

〈답안양식〉

구　분	계 산 근 거	과세표준
1. 마일리지등 매출액 ⋮		
계		

【문 1】

과세제품의 매출액 내역은 다음과 같다.

구　분	국내매출액		수 출 액
	마일리지등 매출액	그 밖의 매출액	
총 매 출 액	₩100,000,000	₩300,000,000	₩40,000,000*[3]
매출에누리	—	△4,000,000	—
매 출 환 입	—	△10,000,000*[1]	△5,000,000
판매장려금	—	△5,000,000*[2]	—
순 매 출 액	₩100,000,000	₩281,000,000	₩35,000,000

*[1] 매출환입액 중 ₩1,500,000은 2025년 12월 30일에 판매한 제품이 2026년 4월 10일에 반품된 것이다.

*[2] 판매촉진을 위하여 거래처에게 일정률의 금전을 지급한 것이다.

*[3] 수출액 중 ₩6,000,000은 거래처로부터 지급받은 판매장려금이다.

마일리지등 매출액 ₩100,000,000의 내역은 다음과 같다.

① ₩2,000,000 : 제품(시가 ₩2,000,000)을 현금 ₩1,500,000을 받고 판매하였으며, ₩500,000은 ㈜종로가 적립해 준 마일리지로 결제받은 금액이다.

② ₩3,000,000 : ㈜종로가 판매한 상품권으로 결제받은 금액이다.

③ ₩4,000,000 : ㈜종로가 고객의 구입실적에 따라 별도의 대가 없이 교부한 상품권으로 결제받은 금액이다. ㈜종로는 이러한 상품권을 전산시스템을 통하여 판매한 상품권과 구분관리하고 있다.

④ ₩73,000,000 : 신용카드매출전표를 발행한 매출액인데, ₩73,000,000은 ㈜종로가 2026년 제1기 과세기간에 고객이 향후 대금결제용으로 사용할 수 있도록 적립해 준 마일리지 ₩4,000,000이 차감된 후의 금액이다.

⑤ ₩5,000,000 : 제품(시가 ₩5,000,000)을 현금 ₩3,600,000을 받고 판매하였으며, ₩1,400,000은 ㈜A카드가 적립해 준 마일리지로 결제받기로 하였다. ㈜A카드는 ㈜종로와 특수관계인이며, 결제받기로 한 금액은 정당한 사유없이 전액 보전받지 못하였다.

⑥ ₩6,000,000 : 제품(시가 ₩6,000,000)을 현금 ₩5,000,000을 받고 판매하였으며, ₩1,000,000은 ㈜B통신사가 적립해 준 마일리지로 결제받기로 하였다. ㈜B통신사는 ㈜종로와 특수관계인이 아니며, 결제받기로 한 금액 중 ₩700,000만 보전받았다.

⑦ ₩7,000,000 : 제품(시가 ₩7,000,000)을 판매하고, ㈜C카드가 적립해 준 마일리지로 전액 결제받기로 하였으나, 이를 보전받지 아니하였다. ㈜C카드는 ㈜종로의 특수관계인이 아니다.

【문 2】

1. 2026년 제1기 과세기간 중 교환거래의 내역은 다음과 같다.

① 회사의 기계A(시가 불분명)를 거래처의 기계B(시가 ₩7,000,000)와 교환하였다. 기계A의 「상속세 및 증여세법」상 보충적 평가액은 ₩6,500,000, 감정평가법인의 감정가액은 ₩7,500,000이다.

② 회사의 기계C(시가 불분명)를 거래처의 기계D(시가 불분명)와 교환하였다. 각 기계장치의 평가액은 다음과 같다.

구　분	감정가액	「상속세 및 증여세법」상 보충적 평가액
기　계　C	₩10,000,000	₩11,000,000
기　계　D	12,000,000	13,000,000

③ 시가 ₩200,000,000의 사무실 건물 및 시가 ₩100,000,000의 부수토지를 양도하고, 그 대가로 시가 ₩300,000,000의 기계를 받았다.

2. 2026년 하반기 출시 예정인 판매가 ₩2,000,000의 신제품의 사전예약으로 10%할인된 환불이 불가능한 모바일교환권을 ₩1,800,000에 현금판매하였다.

3. 2026년 제1기 과세기간 중에 경매로 공급된 내역

① 저당권자의 담보권 실행으로 인한 기계의 경매처분(경락가액 ₩15,000,000)

② 제품의 인터넷 경매처분 ₩11,000,000(부가가치세가 포함되어 있는지 불분명함)

③ 「민사집행법」에 따른 건물의 경매처분(경락가액 ₩250,000,000)

4. 신탁재산의 소유권 이전으로서 위탁자인 ㈜종로는 수탁자(신탁회사)에게 신탁재산인 건물(시가 ₩900,000,000)을 이전하였다.

5. 비상장법인의 주식을 ₩6,000,000, 외상매출채권을 ₩10,000,000, 가상자산(비트코인)을 ₩20,000,000, 건설업면허를 ₩8,000,000에 공급하였다.

6. 「도시 및 주거환경정비법」에 따라 건물A와 건물B를 수용당하고 각각 ₩20,000,000, ₩40,000,000을 받았다. 건물A는 ㈜종로가 철거하는 조건이고, 건물B는 법에 따른 사업시행자가 철거하는 조건이다. 또한 같은 법에 따른 사업시행자의 매도청구에 따라 건물C를 ₩30,000,000에 양도하였다.

7. 제품창고증권을 ₩30,000,000에 공급하였는데, 이 중 ₩4,000,000은 보세구역 안에 소재하는 조달청창고에 보관된 물품에 대하여 조달청장이 발행한 창고증권을 임치물의 반환 없이 양도한 것이다.

8. 제품의 제조비법(Know－how)을 비사업자에게 ₩30,000,000에 공급하였다.

9. 2025. 11. 20.에 거래처로부터 원재료(시가 ₩2,000,000)를 차용하여 사용한 후 2026. 4. 1.에 다른 종류의 원재료(시가 ₩3,000,000)를 반환하였다.

10. 갑법인에 토지(시가 ₩50,000,000)와 건물(시가 ₩60,000,000)을 현물출자하고 주식을 받았으며, 을법인으로부터 기계(시가 ₩25,000,000)를 투자받고 그 대가로 주식(시가 ₩30,000,000)을 교부하였다.

핵심정리

문제의 포인트

1. 재화의 실질적 공급 : summary p1-32 ~ p1-36
2. 용역의 실질적 공급 : summary p1-45. 3
3. 마일리지 적립 및 결제의 경우 과세표준 계산 : summary p1-103. (3)

※ 자료별 정리사항

【문 1】

1. 마일리지등 매출액에 대한 자료별 처리방법
   - ①, ③ : 자기적립 마일리지등으로 결제한 금액이므로 과세표준에 포함하지 않는다.
   - ② : 상품권을 판매할 때 공급으로 보지 않고 상품권과 교환으로 제품을 공급할 때 공급으로 본다. 따라서 과세표준에 포함한다.
   - ④ : 신용카드매출전표를 발행한 매출액은 일반 매출액이므로 과세표준에 포함하되, 과세표준에서 공제하지 않는 마일리지 적립액을 차감하였으므로 이를 가산한다.
   - ⑤, ⑥, ⑦ : 자기적립 마일리지등 외의 마일리지로 결제받은 경우 다음 두가지 경우에는 시가를 과세표준으로 하고, 그 외의 경우에는 보전받았거나 받을 금액을 과세표준으로 한다. → [문제에의 적용] '⑥'의 경우 : 실제로 보전받은 금액 700,000
     - ㉠ 보전받지 않고 자기생산·취득 재화를 공급하는 경우 → [문제에의 적용] '⑦'의 경우 : 간주공급으로 보아 시가 7,000,000
     - ㉡ 특수관계인으로부터 부당하게 낮은 금액을 받거나 아무런 금액을 받지 아니하여 조세부담을 부당하게 감소시킬 것으로 인정되는 경우 → [문제에의 적용] '⑤'의 경우 : 시가 1,400,000
2. 그 밖의 매출액 : 순매출액 281,000,000에서 출발하여 공제항목 중 오류사항을 바로잡는다*.

   * 매출환입은 환입일이 속하는 과세기간에 공제하므로 적정하게 처리하였다. 판매장려금 지급액은 판매비 성격이므로 과세표준에서 공제하지 않는데, 회사가 공제하였으므로 가산한다.
3. 수출액 : 순매출액 35,000,000에서 출발하여 공제항목 중 오류사항을 바로잡는다*.

   * 거래처로부터 지급받은 판매장려금은 ㈜종로의 공급과는 무관한 금액인데, 총매출액에 포함되어 있으므로 차감한다.

【문 2】

1. • 교환에 의한 공급도 실질적 공급에 해당된다. 과세표준은 시가(공급하는 재화·용역의 시가 → 불분명시 대가로 받은 재화·용역의 시가순으로 적용 summary p1-101. *2))를 원칙으로 한다. 시가가 없거나 불분명한 경우에는 '감정가액 → 「상속세 및 증여세법」상 보충적 평가방법' 순으로 적용한다.
   - 문제에 적용 : 자료별 과세표준은 다음과 같다.
     - ① 공급한 기계 A의 시가가 불분명하므로 대가로 받은 기계 B의 시가 7,000,000
     - ② 공급한 기계 C와 대가로 받은 기계 D의 시가가 불분명하므로 공급한 기계 C의 감정가액 10,000,000
     - ③ 토지는 면세대상이므로 공급한 건물의 시가 200,000,000

2. 특정상품을 교환할 수 있는 모바일쿠폰을 발행하여 판매한 후 해당 모바일쿠폰을 가진 자에 대하여 특정상품을 제공하는 경우 해당 모바일쿠폰은 상품권에 해당한다. 따라서 과세대상이 아니다.

3. • 경매에 의한 공급도 실질적 공급에 해당된다. 다만, 다음은 재화의 공급으로 보지 아니한다.
   ① 「국세징수법」에 따른 공매(수의계약에 따라 매각하는 것을 포함함)
   ② 「민사집행법」에 따른 경매(같은 법에 따른 강제경매, 담보권실행을 위한 경매, 「민법」·「상법」 등 그 밖의 법률에 따른 경매를 포함함)
   • 문제에 적용 : 매매계약에 해당하는 인터넷 경매처분가액만 과세하되, 부가가치세가 포함되어 있는지 불분명하므로 거래금액에 부가가치세가 포함되어 있는 것으로 보아 그 금액의 $\frac{100}{110}$ 을 과세표준으로 본다. summary p1-102. 3)

4. 신탁재산의 소유권 이전으로서 ① 위탁자로부터 수탁자에게 신탁재산을 이전하는 경우, ② 신탁의 종료로 인하여 수탁자로부터 위탁자에게 신탁재산을 이전하는 경우, ③ 수탁자가 변경되어 새로운 수탁자에게 신탁재산을 이전하는 경우는 공급으로 보지 아니한다.

5. ① 특허권·상표권·저작권 등 무체재산권, 건설업면허 등 각종 면허와 같은 권리도 재산가치가 있으므로 권리를 양도하는 경우에는 재화의 공급으로, 대여하는 경우에는 용역의 공급으로 본다.
   ② 주식·외상매출금 등 채권·비트코인 등 가상자산의 공급은 과세대상이 아니다.

6. ① 「도시 및 주거환경 정비법」, 「공익사업을 위한 토지등의 취득 및 보상에 관한 법률」 등에 따른 수용절차에 있어서 수용대상인 재화의 소유자가 그 재화에 대한 대가를 받는 경우에는 소유자의 직접 철거여부에 관계없이 재화의 공급으로 보지 않는다.
   ② 「도시 및 주거환경정비법」에 따른 사업시행자의 매도청구에 따라 재화를 인도·양도하는 것도 실질이 수용과 동일하므로 공급으로 보지 않는다.

7. 창고증권·선하증권의 공급도 재화의 공급으로 본다. 다만, 보세구역에 소재한 조달청 창고에 보관된 물품에 대하여 조달청장이 발행하는 창고증권 및 런던금속거래소의 지정창고에 보관된 물품에 대한 창고증권의 양도로서 임치물의 반환이 수반되지 아니하는 것은 유통의 활성화를 위하여 재화의 공급으로 보지 아니한다.

8. 산업상·상업상·과학상의 지식·경험·숙련에 관한 정보를 제공하는 것도 용역의 공급이다. 따라서 know-how의 제공대가는 용역의 공급으로 과세한다.

9. 사업자간에 상품·제품·원재료 등의 재화를 차용(借用)하여 사용·소비하고 동종 또는 이종의 재화를 반환하는 소비대차의 경우에 해당 재화를 차용하거나 반환하는 것은 각각 재화의 공급에 해당된다. ㈜종로의 과세표준은 반환한 원재료의 시가 3,000,000이다.

10. ① 현물출자에 의한 공급도 교환거래에 따른 공급이므로 실질적 공급에 해당되나, 토지는 면세대상이므로 토지의 현물출자는 과세대상이 아니다.
    ② 기계를 출자받고 주식을 교부한 거래의 경우 주식의 공급은 과세대상이 아니다.

해답

【문 1】

구 분	계 산 근 거	과세표준
1. 마일리지등 매출액*	1,500,000(①) + 3,000,000(②) + (73,000,000+4,000,000)(④) + (3,600,000+1,400,000)(⑤) + (5,000,000+700,000)(⑥) + 7,000,000(⑦) =	99,200,000*
2. 그 밖의 국내매출액	281,000,000 + 5,000,000 =	286,000,000
3. 수 출	35,000,000 − 6,000,000 =	29,000,000
계		414,200,000

* [별해] 100,000,000 − 500,000(①) − 4,000,000(③) + 4,000,000(④) − 300,000(⑥) = 99,200,000

【문 2】

구 분	계 산 근 거	과세표준
1. 교 환 거 래	7,000,000 + 10,000,000 + 200,000,000 =	217,000,000
2. 모바일 교환권		−
3. 인터넷 경매	$11,000,000 \times \frac{100}{110}$ =	10,000,000
4. 신탁재산 이전		−
5. 건설업면허		8,000,000
6. 건물의 수용대가		−
7. 창 고 증 권	30,000,000 − 4,000,000 =	26,000,000
8. 제 조 비 법		30,000,000
9. 원재료 반환		3,000,000
10. 건물의 현물출자		60,000,000
계		354,000,000

1 ⁄ 4 실질적 공급과 부수공급 1.5차 2차

과세사업인 복숭아통조림제조업과 면세사업인 금융업을 영위하는 ㈜갑의 2026년 제1기 과세기간의 다음 자료를 이용하여 부가가치세 과세표준을 〈답안양식〉에 따라 구분한 후 ① ~ ④의 금액을 제시하시오. 다만, 세금계산서는 적법하게 발급하였으며, 제시금액은 부가가치세가 제외된 금액이다.

〈답안양식〉

〈자 료〉 항목번호	과세표준			
	과세		영세율	
	세금계산서 발급분	기타	세금계산서 발급분	기타
1 2 . .				
합 계	①	②	③	④

〈자 료〉

1. 복숭아통조림의 매출액은 ₩200,000,000인데, 이 중 ₩60,000,000은 수출액이다. 이와 별도로 복숭아통조림 제조과정에서 필연적으로 부수하여 생산되는 복숭아씨와 복숭아껍질을 제조단계에서 국내에 판매한 금액 ₩4,000,000이 있다. 금융업의 매출액은 ₩50,000,000이다.

2. 제품 판매대금수령액을 대여하고 받은 이자수입 ₩2,500,000이 있으며, 거래처의 제품판매대금의 지급지연으로 수령한 연체이자 ₩1,400,000이 있다.

3. 유형자산의 공급내역은 다음과 같다.
   ① 복숭아통조림제조업에 사용하던 토지를 ₩88,000,000에, 건물을 ₩66,000,000에 처분하였다.
   ② 금융업에 사용하던 토지를 ₩50,000,000에, 건물을 ₩40,000,000에 처분하였다.

4. 차입금 ₩200,000,000을 복숭아통조림제조업에 사용하던 건물(시가 ₩200,000,000)로 변제하였으며, 상속세 ₩6,400,000을 장부가액 ₩6,000,000인 건물로 물납하였다.

5. 복숭아통조림제조에 사용하던 기계(장부가액 ₩25,000,000, 시가 ₩30,000,000)를 ㈜을에게 양도담보의 목적으로 제공하였다.

6. 복숭아통조림제조업에 사용하던 토지를 회사와 특수관계 없는 ㈜병이 부담하고 있는 채무의 담보로 제공하고 2026. 5. 1.부터 2026. 6. 30.까지 담보제공의 대가로 ₩2,000,000을 수령하였다. 단, 동일한 담보제공에 따른 대가의 시가는 ₩3,000,000이다.

7. 회사는 과세사업부인 乙사업부를 분할하여 乙법인을 설립하면서 乙사업부의 총자산인 토지(장부가액 ₩500,000,000, 시가 ₩600,000,000)와 건물(장부가액 ₩200,000,000, 시가 ₩300,000,000)을 승계시켰다. 이 분할은 「법인세법」상의 과세이연요건을 갖춘 분할에 해당한다.

8. 화재로 인한 통조림 멸실액(시가 ₩3,000,000)과 도난으로 인한 통조림 분실액(시가 ₩1,000,000)이 있다.

9. 회사의 포괄양도 내역은 다음과 같다.
   ① 과세사업장인 丙사업장 건물과 기계를 간이과세자인 정순태씨에게 포괄적으로 ₩40,000,000에 양도하였다.
   ② 과세사업장인 丁사업장 건물과 기계를 면세사업자인 김이화씨에게 포괄적으로 ₩500,000,000에 양도하였다.

핵심정리

문제의 포인트

- 부수 재화 · 용역의 공급 : summary p1-47. 5
- 재화의 공급으로 보지 않는 경우 : summary p1-34. 5

※ 자료별 정리사항 → 세금계산서 발급의무 면제대상(summary p1-95)이 아닌 것은 세금계산서 발급분에 적는다.

1. 복숭아통조림 매출액은 과세하며, 금융업 매출액은 면세한다. 주된 재화의 생산과정에서 필연적으로 생기는 재화의 과세여부는 주된 사업에 따른다. 따라서 과세사업인 복숭아통조림 제조과정에서 부수하여 생산되는 복숭아씨 등의 필수부산물은 과세한다.

2. 이자수익의 과세여부
   ① 금융 · 보험사업 이외의 사업을 하는 자가 주된 사업에 부수하여 금융 · 보험용역과 동일 또는 유사한 용역을 제공하는 경우에도 부가가치세를 면세한다(∵ 일시적인 공급이므로 부수가 면세이면 주된 사업과 무관하게 부수는 면세).
      → 문제에의 적용 : 과세사업을 영위하는 통조림제조업자가 제품을 판매하면서 거래상대방에게 자금을 대여하거나 판매대금 수령액을 일시적으로 대여하고 받는 이자는 금융용역에 해당되므로 주된 사업과 무관하게 면세함
   ② 확정된 공급대가의 지급지연으로 인하여 지급받는 연체이자는 과세표준에 포함하지 않는다(∵ 공급 자체와는 무관한 사후적인 대금결제의 문제이기 때문).

3. 통조림제조업이나 금융업 영위 사업자가 토지나 건물을 처분하는 것은 일시적이다. 이와 같이 일시적으로 공급하는 재화·용역은 면세우선원칙에 따라 다음과 같이 처리한다.
   ① 부수재화·용역의 공급이 면세대상이면 주된 사업과 무관하게 그 부수재화·용역은 면세한다
   → 문제에의 적용 : 과세사업자인 통조림제조업자가 토지를 공급하는 경우 면세
   ② 부수재화·용역이 과세대상이면 주된 사업에 따라 판단한다. 즉, 주된 사업이 면세면 부수재화·용역도 면세하고, 주된 사업이 과세면 부수재화·용역도 과세한다.
   → 문제에의 적용 : 면세사업자인 금융업자가 건물을 공급하는 경우 면세

4. 금전 대신 물건으로 상환하는 대물변제도 재화의 공급에 해당하나, 조세의 물납은 재화의 공급으로 보지 않는다.

5. 사업자가 재화를 자기 채무에 대한 질권, 저당권, 양도담보의 목적으로 제공하는 것은 재화의 공급으로 보지 않는다.

6. ① 과세여부 : 사업자가 자기 소유의 부동산을 타인의 채무에 대한 담보물로 제공하고 그에 대한 대가를 받는 경우에는 임대용역의 대가를 받는 것이므로 과세대상이다.
   ② 과세표준 : 특수관계인이 아닌 자에 대한 저가공급은 거래금액을 그대로 인정하므로 2,000,000이 과세표준이다. summary p1-104. 2

7. 사업장 분할의 경우 과세이연 요건을 갖추었으므로 공급이 아니다.

8. 화재로 인한 멸실과 도난으로 인한 분실은 계약상·법률상 원인에 의한 공급이 아니다.

9. 포괄양도는 사업양수자가 대리납부하지 않는 한 재화의 공급이 아니다. 각 경우별로 포괄양도에 해당하는지 여부는 다음과 같다.

양 도 자	양 수 자	포괄양도 여부
일반과세자	일반과세자	○
일반과세자	면세사업자(면세겸영사업 포함)	×
일반과세자	간이과세자	아래 '*' 참고
간이과세자	간이과세자, 일반과세자	○

* 간이과세 배제기준에 따르면 '일반과세자로부터 포괄양수한 사업'은 간이과세를 적용할 수 없어 일반과세자로 사업자등록을 해야 하므로, 실질적으로 일반과세자로부터 간이과세자에게 포괄양도한다는 개념은 성립될 수 없다.

해 답

〈자 료〉 항목번호	과세표준			
	과세		영세율	
	세금계산서 발급분	기타	세금계산서 발급분	기타
1	144,000,000*			60,000,000
2				
3	66,000,000			
4	200,000,000			
5				
6	2,000,000			
7				
8				
9 ①				
②	500,000,000			
합 계	① 912,000,000	② 0	③ 0	④ 60,000,000

* (200,000,000－60,000,000) ＋ 4,000,000 ＝ 144,000,000

1 / 5 무상공급 · 저가공급

1.5차 2차 필수

일반과세자인 갑씨의 제1기 과세기간(2026. 1. 1.~2026. 6. 30.)의 부가가치세 매출세액을 〈답안양식〉에 따라 계산하시오. 다만, 세부담 최소화를 가정하며, 별도의 언급이 없는 한 제시된 금액은 부가가치세가 제외된 금액이다.

〈답안양식〉

구　　분	계 산 근 거	매출세액
1. 매출액 ⋮		
차가감 계		

〈자　료〉

1. 매출액의 내역
   ① 제1기 과세기간의 총매출액은 ₩100,000,000이며, 이 금액은 매출액에 대한 개별소비세 ₩10,000,000, 개별소비세에 대한 교육세 ₩5,000,000이 포함되어 있지 않은 금액이다.
   ② 총매출액 중 ₩4,000,000은 특수관계인에게 시가 ₩3,000,000인 제품을 ₩4,000,000에 판매한 것이다.
   ③ 총매출액 중 ₩3,000,000은 2026. 6. 25.에 외상매출한 것인데, 2026. 7. 2.에 조기회수하면서 ₩150,000이 매출할인되어 갑씨는 그 금액을 제2기의 매출액에서 차감하였다.
   ④ 2026. 6. 30. 현재의 외상매출금 중 ₩2,200,000(부가가치세 ₩200,000 포함)은 2026. 4. 20.에 거래처의 파산으로 대손이 확정된 금액이다.

2. 위 외의 거래 중 정당한 사유없이 무상 또는 저가공급한 경우는 다음과 같다.
   ① 특수관계인인 A에게 시가 ₩3,000,000의 운수용역을 무상제공하였다.
   ② 특수관계인인 B에게 시가 ₩5,000,000인 제품을 ₩2,000,000에 제공하였다.
   ③ 특수관계인이 아닌 C에게 실용신안권을 ₩10,000,000에 양도하였는데, 그 실용신안권의 적정시가는 ₩15,000,000이다.
   ④ 특수관계인이 아닌 D에게 특허권을 ₩3,000,000에 대여하였는데, 상관행상 형성된 적정한 특허권대여료는 ₩7,000,000이다.
   ⑤ 특수관계인인 E에게 상가 甲을 무상으로 임대하였는데, 해당 과세기간의 상가 甲의 적정임대료(시가)는 ₩9,000,000이다.

⑥ 특수관계인인 F에게 2026. 1. 10.에 상가 乙을 매월 말 ₩500,000의 임대료를 수령하는 조건으로 임대하였다(보증금 없음). 상가 乙의 매매 시가는 ₩900,000,000이며, 정기예금이자율은 3%라고 가정한다.

⑦ 2026. 4. 15.에 특수관계인이 아닌 G에게 사무실 일부를 6개월간 임대해주고 현금 ₩12,000,000을 받았다. 이 임대용역의 시가는 ₩15,000,000이다.

⑧ 제품 1개(장부가액 ₩900,000, 시가 ₩1,000,000)를 추첨을 통해 당첨된 고객에게 경품으로 지급하였다. 제조과정에서 부담한 매입세액은 매입세액공제를 받았다.

3. 화주인 갑씨가 수출물품과 관련하여 조기선적을 하고 선주로부터 받은 조출료는 ₩5,400,000이며, 지연선적을 하고 선주에게 지급한 체선료는 ₩3,300,000이다.

4. 제품(원가 ₩6,000,000, 시가 ₩7,500,000)이 거래처에게 도달되기 전에 파손되어 사용할 수 없게 되었으며, 가해자로부터 손해배상금 ₩7,000,000을 받았다. 이 금액은 위 1번 자료의 매출액에 포함되어 있지 않다.

5. 거래처로부터 채무를 면제받아 채무면제이익 ₩5,000,000이 발생하였다.

핵심정리

문제의 포인트

- 무상공급 · 저가공급시 과세표준의 계산방법 : summary p1-104. 2

[1] 자료별 정리사항

1. ① 개별소비세, 주세, 교통 · 에너지 · 환경세가 과세되는 재화 · 용역에 대하여는 '해당 개별소비세, 주세, 교통 · 에너지 · 환경세'와 '그 교육세 및 농어촌특별세' 상당액을 부가가치세 과세표준에 포함한다. → 국내거래(직매장반출 포함) · 수입거래를 불문함

   ② 특수관계인에게 시가보다 고가로 공급한 경우에는 거래금액을 과세표준으로 한다. 이 문제의 경우 거래금액 4,000,000이 이미 총매출액에 포함되어 있으므로 가감할 필요 없다.

   ③ 매출할인은 감액사유가 발생한 날인 2026. 7. 2.이 속하는 과세기간인 제2기의 과세표준에서 차감하여야 한다. 적정하게 처리하였으므로 가감할 필요 없다.

   ④ 대손금은 과세표준에 공제하지 않고, 대손세액공제 요건을 충족하면 매출세액 계산시 '대손금액 × $\frac{10}{110}$'을 대손세액공제로 공제한다. summary p1-119

2. ① 용역의 무상공급은 특수관계인에 대한 사업용 부동산의 무상 임대용역*만 과세대상이다.

   * 산학협력단과 대학 간 사업용 부동산의 임대용역 및 공공주택사업자와 부동산투자회사 간 사업용 부동산의 임대용역은 제외

   ② 특수관계인에 대한 재화의 저가공급이므로 시가를 과세표준으로 한다.

③, ④ : 무체재산권의 양도는 재화의 공급, 대여는 용역의 공급에 해당하는데, 특수관계인이 아닌 자에 대한 재화 또는 용역의 저가공급의 경우 거래금액을 그대로 인정한다.

⑤ 특수관계인에 대한 사업용 부동산의 무상 임대용역이므로 시가를 과세표준으로 한다.

⑥ 특수관계인에 대한 사업용 부동산의 임대용역 자료에 실제 임대료와 시가 계산자료가 제시되었으므로 시가를 계산하여 저가공급에 해당하는지 검토해야 한다. 시가가 불분명한 경우 시가는 '(매매시가×50%－보증금) × 정기예금이자율 × $\frac{\text{당기 중 임대일수}}{365}$ = (900,000,000×50%－0) × 3% × $\frac{172}{365}$ = 6,361,643'로 계산한다(summary p1-101. *2. 〈3순위〉. ②). 실제 임대료 수입인 '500,000 × 6개월 = 3,000,000'이 시가 6,361,643보다 작으며 정당한 사유가 없으므로 시가를 과세표준으로 한다.

⑦ 특수관계인 외의 자에 대한 용역의 저가공급이므로 거래금액을 그대로 인정한다(summary p1-104. 2). 단, 둘 이상의 과세기간에 걸친 임대료를 선불로 받았으므로 선세금을 월할계산한다[초월산입 · 말월불산입, summary p1-115. (1)]. 따라서 과세표준은 '12,000,000 × $\frac{3}{6}$ = 6,000,000'이다. ⇢ 일정 기간의 임대료를 한번에 받는 자료가 제시되면 둘이상의 과세기간에 걸친 선세금에 해당하는지 파악하는 습관을 들일 것

⑧ 매입세액공제를 받은 제품을 추첨을 통하여 고객에게 제공한 것은 사업상 증여에 해당하며, 시가를 과세표준으로 한다.

3. 화주가 선주로부터 받은 조출료는 대가관계가 없으므로 과세대상이 아니며, 선주에게 지급한 체선료는 갑의 과세표준이 아닌 선주의 과세표준이다. summary p1-102. *

4. 각종 원인에 의하여 사업자가 받는 소유재화의 파손 · 훼손 · 도난 등으로 인하여 가해자로부터 받는 손해배상금 또는 이와 유사한 손해배상금, 대여한 재화의 망실에 대하여 받는 변상금 등은 부가가치세 과세대상이 아니다.

5. 거래처로부터 받은 채무면제이익은 공급하는 자의 공급과 무관하므로 부가가치세 과세대상이 아니다.

해답

구 분	계산근거		매출세액
	금 액	세 율	
1. ① 매출액	100,000,000+10,000,000+5,000,000	10%	11,500,000
② 대손세액공제	2,200,000	$\frac{10}{110}$	△200,000
2. 저가 · 무상공급	$\underset{A}{\underline{0}} + \underset{B}{\underline{5,000,000}} + \underset{C}{\underline{10,000,000}} + \underset{D}{\underline{3,000,000}}$ $+ \underset{E}{\underline{9,000,000}} + \underset{F}{\underline{6,361,643^{*1}}} +$ $\underset{G}{\underline{6,000,000^{*2}}} + 1,000,000$	10%	4,036,164
3. 조출료 · 체선료			—
4. 손해배상금			—
5. 채무면제이익			—
차가감 계			15,336,164

*1 $(900,000,000\times50\%-0) \times 3\% \times \frac{172}{365} = 6,361,643$ → 실제 임대료 수입인 3,000,000(=500,000×6개월)보다 큼

*2 $12,000,000 \times \frac{3}{6} = 6,000,000$

해설

1. Case 문제

Case

'문 1-5'의 '2. ②'의 거래에 대하여 갑씨가 특수관계인인 B에게 실제 공급가액인 ₩2,000,000으로 세금계산서를 발급한 경우, 부가가치세 신고서상 세금계산서란과 기타란에 기재할 금액을 구분하고, 세금계산서불성실가산세를 계산하시오.

1. 신고서상 기재될 금액 : 세금계산서란 ₩2,000,000, 기타란 : ₩3,000,000

2. 세금계산서불성실가산세 : 없음*

* 사업자가 특수관계인과의 거래에 있어서 부당하게 낮은 대가로 재화 · 용역을 공급한 경우 비록 부당행위계산 부인규정에 해당하여 공급자의 과세표준은 정상적인 시가로 재계산하더라도 당사자 사이의 합의에 의하여 거래된 낮은 대가에 의한 세금계산서는 적법한 법률행위에 의한 세금계산서로서 사실과 다른 세금계산서라고 할 수 없으므로, 시가와 낮은 대가와의 차액에 대해 세금계산서를 발급할 의무도 없으며 세금계산서불성실가산세도 적용되지 않는다(대법원 2004. 9. 23. 선고 2002두1588 판결).

1 / 6 간주공급

1.5차 2차 필수

다음은 중고자동차 매매업과 의류제조업 및 페인트제조업을 경영하는 ㈜가나의 2026년 7월 1일부터 2026년 9월 30일까지의 거래내역이다. 회사는 총괄납부사업자 및 사업자단위과세사업자가 아니며, 별도 언급이 없는 한 자료에 제시된 공급은 국내 공급분이다. 세금계산서 등은 정당하게 수수하였으며, 매입시 사업과 관련하여 부담한 매입세액에 대해서는 매입세액공제를 받았다. 각 금액은 세전 금액이다.

〈자 료〉

1. 매출 내역은 다음과 같다.
   (1) 중고자동차 매출액 ₩80,000,000. 이 중 ₩5,000,000은 장부가액 ₩7,000,000(취득가액 ₩8,000,000, 취득일 2022. 5. 20., 시가 ₩6,000,000)인 판매용 중고자동차를 정당한 사유없이 경리부 대리에게 ₩5,000,000에 판매한 것이다.
   (2) 의류매출액 ₩350,000,000. 이 금액에는 다음 금액이 포함되어 있다.
      ① 자기적립 마일리지로만 전부를 결제받고 판매한 의류 ₩3,000,000
      ② 특수관계 없는 서울시에 ₩20,000,000에 유상공급한 의류(시가는 ₩25,000,000)와 재정경제부에 무상공급한 의류 ₩40,000,000(시가는 ₩50,000,000)
   (3) 페인트 매출액 ₩42,000,000. 이 금액은 국내 거래처에게 지급한 판매장려금 ₩6,000,000을 차감하기 전 금액이며, 국내 거래처로부터 받은 판매장려금 ₩9,000,000을 포함한 금액이다. 페인트 매출액 중 ₩10,000,000은 수출액이다.

2. 회사는 의류 매출과 관련하여 거래처에게 2026. 7. 1.부터 2026. 9. 30.까지의 거래실적에 따라 2026. 9. 30.에 판매장려금으로 ₩2,500,000, 판매장려물품으로 의류(원가 ₩3,000,000, 시가 ₩4,000,000)와 과일(원가 ₩2,000,000, 시가 ₩2,500,000)을 지급하였다.

3. 회사는 수출목적으로 개설한 내국신용장에 의하여 영세율로 공급받은 페인트 원재료(원가 ₩2,000,000, 시가 ₩2,700,000)를 거래처에 증여하고 별도로 회계처리하지 아니하였다.

4. 회사가 사업장 내에서 종업원들에게 무상제공한 음식물의 시가는 ₩5,000,000이다.

5. 일반과세자로부터 2025. 4. 5.에 ₩15,000,000에 취득한 판매용 중고소형승용차(시가 ₩12,000,000)를 2026. 8. 5.에 영업부서 업무용으로 전환하였다.

6. 의류 및 페인트 등의 타계정 대체내역은 다음과 같다.

(1) 기업업무추진비, 기부금 및 광고선전비 계정의 내역

내　　역	원 가	시 가
① 「재난 및 안전관리 기본법」의 적용을 받아 특별재난지역에 무상제공한 페인트	₩11,000,000	₩14,000,000
② 거래처에 한정적으로 무상증정한 의류	22,000,000	25,000,000
③ 불특정 다수인에게 무상배포한 광고선전용품	2,600,000	3,000,000
④ 견본품으로 거래처에게 제공한 의류	1,300,000	1,700,000
⑤ 거래처의 직장체육비로 제공한 의류	1,500,000	2,000,000

(2) 수선비 계정의 내역

내　　역	원 가	시 가
① 기술개발을 위한 시험연구용으로 사용한 페인트	₩18,000,000	₩20,000,000
② 경리과 업무용 소형승용차의 수선용으로 사용한 페인트	14,000,000	16,000,000
③ 공장건물 수선용으로 사용한 페인트	1,000,000	1,200,000

(3) 복리후생비 계정의 내역

내　　역	원 가	시 가
① 대표자 개인의 주택수선비로 사용한 페인트	₩20,000,000	₩24,000,000
② 종업원 A 결혼식에 선물로 제공한 의류	300,000	500,000
③ 종업원들에게 생일선물로 제공한 의류*	3,800,000	4,800,000
④ 직원들 사기 진작 목적의 의류제공	35,000,000	35,000,000

* 2026년 제2기 예정신고기간 중에 종업원 40명에게 1명당 원가 ₩95,000, 시가 ₩120,000의 의류를 생일선물로 무상 제공한 것이다. 이 것 외에 해당 종업원 40명에게는 2026년 상반기에 설날 선물로 1명당 원가 ₩90,000, 시가 ₩110,000의 재화를 무상 제공하였다. 제1기 과세기간에 대한 부가가치세 신고는 적정하게 이루어졌다.

[물　음]

자료를 이용하여 2026년 제2기 예정신고기간의 부가가치세 과세표준과 매출세액을 〈답안양식〉에 따라 계산하고 그 계산근거를 제시하시오.

〈답안양식〉

구　분	금　액
과세표준	
매출세액	

핵심정리

문제의 포인트

1. 재화의 간주공급 : • 범위 : summary p1-37. 6
   • 과세표준 계산방법 : summary p1-110. 2
2. 용역의 간주공급 : summary p1-46. 2

[1] '문 1－6'과 같은 '〈답안양식〉'이 제시된 경우 주의사항

답안양식과 같이 과세표준, 매출세액 계산문제가 제시되었을 때에 단순하게 과세표준에 10%를 곱한 금액을 매출세액으로 하면 틀릴 수 있다. 이 경우에는 자료에 다음 사항이 포함되어 있는지 파악한 후 이를 고려하여 매출세액을 계산하여야 한다.

① 영세율 적용대상이 있는가? : 영세율 적용대상이 있으면 과세표준 계산 단계에서부터 해답과 같이 별도로 구분해 놓도록 한다.

② 대손세액가감 자료가 제시되어 있는가? : 제시되어 있으면 과세표준에 세율을 곱한 금액에서 대손세액공제를 가감한 후의 금액을 매출세액으로 계산한다. 단, 예정신고시에는 대손세액가감을 적용하지 않는다.

[2] 자료별 정리사항

1. (1) 종업원은 회사의 특수관계인이므로 정당한 사유 없는 저가공급에 대하여 시가를 과세표준으로 한다. 따라서 매출액 80,000,000에 포함된 5,000,000과 시가 6,000,000의 차액 1,000,000을 더한다.
   (2) ① 자기적립 마일리지등으로만 전부를 결제받고 공급하는 재화는 사업상증여로 보지 않는다.
   ② 국가 · 지방자치단체 · 공익단체에 대한 유상공급은 과세하되, 특수관계 없는 자에 대한 저가공급이므로 거래금액을 과세표준으로 한다. 재정경제부와 같은 국가에 대한 무상공급은 면세대상이다.
   (3) 거래처에게 지급한 판매장려금은 과세표준에서 공제하지 않으며, 거래처로부터 받은 장려금은 과세표준에 포함하지 않는다. 수출액에 대하여는 영세율을 적용하므로 해답지에 별도로 구분해 놓는다.

2. 판매장려금은 과세표준에서 공제하지 않는다. 자기생산 · 취득 재화를 판매장려물품으로 지급하는 경우에는 사업상증여에 해당하므로 시가 4,000,000을 과세표준으로 한다(과일은 면세대상).

3. '국내거래지만 수출하는 재화에 포함하는 것'에 해당하여 영세율을 적용받는 재화는 자기생산 · 취득재화에 해당하므로 거래처에 증여하는 경우 부담한 매입세액이 없더라도 사업상증여로 본다. 따라서 시가 2,700,000을 과세표준으로 한다.

4. 음식물의 제공은 용역의 공급에 해당하는데, 용역의 간주공급은 과세대상이 아니다.

5. 중고자동차 매매업을 하는 회사가 판매용으로 구입한 중고자동차는 영업용이므로 구입시 매입세액공제를 받는다. 판매용으로 구입한 것을 영업부서 업무용, 즉 비영업용으로 전용하였으므로 간주공급에 해당한다. 이 경우 판매용 중고소형승용차는 재고자산으로 비상각자산이므로 감가율을 고려한 간주시가가 아닌 시가 12,000,000을 과세표준으로 한다.

6. (1) 특별재난지역, 광고선전용품, 견본품의 무상제공은 사업상증여가 아니나, 거래처에 무상증정한 의류와 해당 회사가 아닌 거래처의 직장체육비로 제공한 의류는 사업상증여에 해당한다.
   (2) 해당 회사의 기술개발이나 수선용으로 사용한 것은 판매목적의 자기의 타사업장 반출이 아니므로 자가공급에 해당하지 않는다. 다만, 수선용이라도 비영업용소형승용차의 수선을 위한 것은 자가공급에 해당한다.
   (3) • 대표자의 주택수선비, 직원 사기 진작을 위한 의류는 개인적공급에 해당한다.
   • 다음 각 항별로 각각 사용인 1명당 연간 10만원까지는 개인적공급으로 보지 않으며, 10만원을 초과하는 경우 초과액에 대하여 과세한다.
   ① 경조사(결혼, 장례 등)와 관련된 재화
   ② 설날·추석과 관련된 재화
   ③ 창립기념일 및 생일 등과 관련된 재화
   → 문제에의 적용 : 종업원 A 결혼식 선물 : 경조사 관련 재화이므로 10만원을 초과하는 400,000은 간주공급에 해당한다. 종업원 40명에게 제공한 의류는 다음과 같이 처리한다.
   제1기의 과세표준 : 설날선물 (110,000−100,000) × 40명 = 400,000
   제2기의 과세표준 : 생일선물 (120,000−100,000) × 40명 = 800,000 → 설날과 생일은 항이 다름

해 답

구 분	금 액
과세표준	542,900,000〈주1〉
매출세액	53,290,000〈주2〉

〈주1〉

구 분	계산근거	과세표준
1. 매출액 ① 국내	(80,000,000+1,000,000) + (350,000,000−3,000,000−40,000,000) + (42,000,000−9,000,000−10,000,000)	411,000,000
② 수출		10,000,000(0%)
2. 판매장려물품		4,000,000
3. 페인트 원재료		2,700,000
4. 음식물 무상제공		−
5. 자가공급		12,000,000
6. (1) 기업업무추진비 · 기부금 · 광고선전비	25,000,000 + 2,000,000	27,000,000
(2) 수선비		16,000,000
(3) 복리후생비	24,000,000 + 400,000 + (120,000−100,000)×40명 + 35,000,000	60,200,000
계		542,900,000

〈주2〉 10,000,000 × 0% + (542,900,000−10,000,000) × 10% = 53,290,000

1 / 7 간주공급 - 직매장 반출 1.5차 2차

제조업을 경영하는 ㈜한라의 제품의 회사 내부거래내역이 〈자료〉와 같은 경우 〈답안양식〉의 각 경우별로 부가가치세 과세표준을 계산하시오. 제품생산과 관련하여 매입한 원재료 등의 매입세액은 공제되었다.

〈자 료〉

구 분	내 용
하치장 반출액	원가 ₩2,000,000, 시가 ₩3,000,000
A직매장에 판매목적으로 반출한 제품	원가는 ₩60,000,000, 시가는 ₩70,000,000이며, 반출시 세금계산서를 발급하지 아니하였다.
B직매장에 판매목적으로 반출한 제품	원가 ₩20,000,000, 시가 ₩30,000,000인 제품을 ₩25,000,000을 받고 반출하였다. 반출시 세금계산서를 발급하지 아니하였다.
C직매장에 판매목적으로 반출한 제품	개별소비세 과세대상 제품으로 개별소비세의 과세표준은 ₩40,000,000, 개별소비세는 ₩7,000,000, 교육세는 ₩700,000, 시가는 ₩50,000,000이며, 반출시 세금계산서를 발급하고 확정신고시 신고하였다.
D직매장을 폐지하고 자기의 다른 사업장으로 이동시킨 제품	원가 ₩10,000,000, 시가 ₩13,000,000

〈답안양식〉

구 분	총괄납부사업자·사업자단위 과세사업자가 아닌 경우	총괄납부사업자인 경우	사업자단위과세사업자인 경우
하치장 반출			
A직매장에 반출			
B직매장에 반출			
C직매장에 반출			
D직매장 폐지			
계			

핵심정리

문제의 포인트

1. 판매목적으로 자기의 다른 사업장에 반출하는 경우
   - 공급 여부의 판단 : 아래 ※
   - 과세표준의 계산방법 : summary p1-110

※ 공급 여부의 판단 summary p1-42. 정리

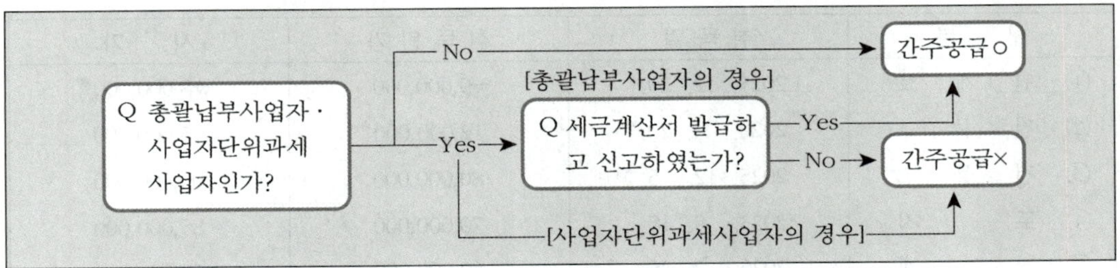

해 답

구 분	총괄납부사업자 · 사업자단위과세사업자가 아닌 경우	총괄납부사업자인 경우	사업자단위과세사업자인 경우
하 치 장 반 출	—	—	—
A직매장에 반출	60,000,000	—	—
B직매장에 반출	25,000,000	—	—
C직매장에 반출	47,700,000*1	47,700,000*1,*2	—*2
D직매장 폐지*3	—	—	—
계	132,700,000	47,700,000	—

*1 40,000,000 ＋ 7,000,000 ＋ 700,000 ＝ 47,700,000

*2 주사업장총괄납부를 적용받는 과세기간에 판매목적으로 자기의 다른 사업장에 반출하더라도 세금계산서를 발급하고 예정신고 또는 확정신고한 경우에는 공급으로 간주한다. 그러나 사업자단위과세사업자의 경우 본점·주사무소에서 하나의 사업자등록번호로 총괄하여 신고하므로 이러한 예외규정이 없다.

*3 사업자가 직매장을 폐지하고 자기의 다른 사업장으로 이전하는 경우 해당 직매장의 재고재화는 폐업시 재고재화로 보지 않는다. summary p1-44. 6.3

1 / 8 간주공급

1.5차 2차 필수

다음은 과세사업자인 ㈜갑의 부가가치세 신고자료이다. 상호 독립된 각 【문】에 답하시오. 별도의 언급이 없다면 제시된 금액은 부가가치세가 제외된 금액이다.

【문 1】

다음은 ㈜갑이 2026년 11월 10일 현재 부가가치세 과세사업에 사용하던 재고자산 및 고정자산의 내역이다.

구 분	취 득 일	취 득 원 가	시 가
① 원 재 료	2025. 12. 20.	₩9,000,000	₩8,000,000*[1]
② 건 물 A	2020. 4. 20.*[2]	12,000,000*[3]	15,000,000
③ 건 물 B	2025. 12. 5.*[4]	80,000,000	100,000,000
④ 토 지	2023. 9. 18.	70,000,000	85,000,000
⑤ 기 계	2026. 2. 25.	60,000,000	58,000,000
⑥ 차량운반구*[5]	2025. 11. 15.	20,000,000	18,000,000

*[1] 원재료는 시세하락으로 시가가 취득원가보다 낮아졌다.

*[2] 건물A를 사업에 사용한 날은 2020. 11. 6.이다.

*[3] 건물A는 장기할부조건으로 취득한 것으로 현재가치할인차금 ₩1,000,000을 위 취득가액 ₩12,000,000과 구분하여 따로 계상하였다. 취득세 ₩500,000은 위 취득가액에 포함되어 있지 않다.

*[4] 건물B는 2025. 12. 5.에 사업을 포괄양수하면서 승계한 것이다. 사업을 포괄양도한 사업자는 건물B를 2025. 5. 20.에 취득하였으며, 이에 대한 매입세액공제를 받았다.

*[5] 차량운반구는 영업용이 아닌 개별소비세 과세대상 자동차로서 구입당시 매입세액공제를 받지 못하였다.

[물 음]

자료를 이용하여 다음 각 경우별로 2026년 제2기의 부가가치세 과세표준을 계산하시오.

〈경우 1〉 2026년 11월 10일에 사업을 폐지하는 경우

〈경우 2〉 2026년 11월 10일에 과세사업에 사용하던 재화를 전부 면세사업에 전용하는 경우

【문 2】 2026년 제2기의 거래내역은 다음과 같다.

1. 종업원 사기진작을 위하여 직원에게 자동차(₩15,000,000, 당기 매입시 매입세액 공제 받았음)와 상품권(시가 ₩600,000)을 무상 제공하였다.

2. 2026년 제2기 중에 종업원 김국세씨에게 결혼 기념품으로 상품B(원가 ₩100,000, 시가 ₩130,000, 세금계산서 수령)를 증정하였고, 추석선물로 상품A(원가 ₩200,000, 시가 ₩250,000, 세금계산서 수령)를 증정하였다. 김국세씨에게는 결혼 기념품 · 추석선물 외에 2026. 2. 10.에 설날선물로 상품(원가 ₩90,000, 시가 ₩100,000, 세금계산서 수령)을 증정하였다.

3. 거래처 사장에게 도서(시가 ₩200,000)와 양복(원가 ₩500,000, 시가 ₩700,000, 매입시 금전등록기 영수증 수령하였음)을 증정하였다.

4. 거래처에게 상품(원가 ₩4,000,000, 시가 ₩8,000,000)을 증정하였다. 그 중 원가 ₩2,000,000에 상당하는 상품은 매입시 매입세액공제를 받지 못하였다.

5. 비영업용 개별소비세 과세대상 자동차 A(장부가액 ₩20,000,000, 시가 ₩15,000,000)를 고객에게 증정하였고, 비영업용 개별소비세 과세대상 자동차 B(장부가액 ₩18,000,000, 시가 ₩16,000,000)를 거래처B에게 시가를 받고 판매하였다.

6. 중고자동차매매업자인 ㈜갑은 판매용 중고자동차를 거래처에 무상 제공하였다. 그 중고자동차의 시가는 ₩12,000,000, 취득가액에 25%의 감가율을 고려한 간주시가는 ₩9,000,000이다.

[물 음]

자료를 이용하여 2026년 제2기의 부가가치세 과세표준을 계산하시오.

핵심정리

문제의 포인트

- 간주공급 과세표준의 계산방법 : summary p1-110

【문 1】 자료별 정리사항

① 원재료(재고자산)는 비상각자산이므로 시가를 과세표준으로 한다.

② 건물A

- 취득가액 : 취득시 매입세액공제를 받은 취득가액. 즉, 현재가치할인차금을 더한 금액을 취득가액으로 한다(취득세는 매입세액공제를 받은 취득가액이 아니므로 포함하지 않음).
- 5% 감가율을 적용하는 경과된 과세기간의 수 : 사업에 사용한 날인 2020. 11. 6.이 속하는 과세기간 개시일인 2020. 7. 1.부터 2026. 6. 30.까지 총 12기이다. → 간주공급일인 2026. 11. 10.이 속하는 과세기간 개시일인 2026. 7. 1.을 기준으로 12기가 경과함

③ 건물B : 포괄양도자의 취득일(2025. 5. 20. → 2025. 1. 1.취득의제)부터 간주공급일(2026. 11. 10. → 2026. 7. 1.공급의제)까지 경과된 과세기간수는 3기이다.

④ 토지는 실질적공급, 간주공급 불문하고 면세대상이다.

⑤ 기계 : 한 기당 25%의 감가율을 적용하여 계산한다.

⑥ 차량운반구 : 구입당시 매입세액공제를 받지 못하였으므로 간주공급에 해당하지 않는다.

【문 2】 자료별 정리사항

1. 종업원 사기진작을 위해 직원에게 자동차, 노트북 등을 제공하는 경우 구입시 매입세액공제를 받았으면 개인적 공급으로 본다. 상품권은 과세대상 재화가 아니다.

2. • 결혼·장례 등 일반경조사는 설날·추석 선물과 항이 다르므로 사용인 1명당 10만원까지 과세하지 않는다. 따라서 10만원을 초과하는 30,000은 과세한다.
   • 설날과 추석 선물은 합하여 사용인 1명당 10만원까지 과세하지 않는다. 제1기의 설날 선물액이 10만원이므로 제2기의 추석선물 250,000은 전액 과세한다.

3. 도서는 면세대상이며, 양복은 매입시 세금계산서가 아닌 금전등록기 영수증 수령으로 매입세액공제를 받지 못했으므로 거래처 증정시 사업상증여로 보지 않는다.

4. 매입세액공제를 받지 못한 것은 사업상증여로 보지 않으므로 그에 대한 시가상당액(원가$\times\frac{\text{시가}}{\text{원가}}$)을 제외한 나머지만 사업상증여로 본다. → 과세표준 : $8,000,000 - 2,000,000 \times \frac{8,000,000}{4,000,000} = 4,000,000$

5. 비영업용승용차A는 매입세액공제를 받지 못하였으므로 사업상증여로 보지 않으나, 비영업용승용차B는 실질적 공급이므로 매입세액공제 여부와 무관하게 과세한다.

6. 중고자동차매매업자의 판매용 중고자동차는 재고자산이므로 감가상각자산이 아니다. 따라서 감가율을 고려한 간주시가가 아닌 시가 12,000,000을 과세표준으로 한다.

해답

【문 1】

〈경우 1〉 폐업시 잔존재화

구 분	과세표준	근 거
① 원 재 료	8,000,000	시 가
② 건 물 A	5,200,000	(12,000,000+1,000,000) × (1−5%×12기)
③ 건 물 B	68,000,000	80,000,000 × (1−5%×3기)
④ 토 지	−	면세(실질적공급·간주공급 불문)
⑤ 기 계	45,000,000	60,000,000 × (1−25%×1)
⑥ 차량운반구	−	매입시 매입세액 공제를 받지 못하였음
	126,200,000	

〈경우 2〉 면세전용 : '〈경우 1〉'과 동일함

【문 2】

$\underbrace{15{,}000{,}000}_{\text{종업원 제공}} + 30{,}000 + 250{,}000 + \underbrace{0}_{\text{거래처 증정}} + \underbrace{4{,}000{,}000}_{\text{거래처 증정}} + \underbrace{16{,}000{,}000}_{\text{승용차B}} + \underbrace{12{,}000{,}000}_{\text{판매용자동차}}$

$= 47{,}280{,}000$

1 / 9 간주공급 - 실전종합문제 2차

과세사업과 면세사업을 겸업하는 일반과세자인 ㈜갑(이하 "회사"라 함)이 2026. 1. 18. 현재 사업에 사용하던 자산의 내역은 다음과 같다. 회사는 주사업장 총괄납부사업자, 사업자단위과세사업자 및 중소기업이 아니며, 별도의 언급이 없다면 제시된 금액은 부가가치세가 제외된 금액이다. 물음에 답하시오. 〈2016. CTA 수정〉

구분	장부가액	비고
유가증권	₩200,000,000	*1
원재료	30,000,000	*2
토지	500,000,000	*3
건물	150,000,000	*3
기계장치	80,000,000	*4
차량운반구	10,000,000	*5
비품	50,000,000	*6

*1 유가증권은 단기시세차익 목적으로 보유하고 있다. 2026. 1. 18. 현재 유가증권의 시가는 ₩300,000,000이다.

*2 원재료는 전액 과세사업용이다. 2026. 1. 18. 현재 원재료의 시가는 ₩40,000,000이다.

*3 토지 및 건물의 내역은 다음과 같다.

구 분	취득일자	취득가액	비 고
토지 A	2020. 1. 1.	₩200,000,000	과세사업용
건물 A	2020. 1. 1.	100,000,000	과세사업용
토지 B	2022. 3. 5.	300,000,000	과세 · 면세사업 겸용
건물 B	2022. 3. 5.	100,000,000	과세 · 면세사업 겸용

회사는 토지 B와 건물 B에 대한 매매계약을 2026. 1. 1.에 ㈜세무와 다음과 같이 체결하였다.
- 2026. 1. 1. 계약금 ₩100,000,000(토지분 ₩80,000,000, 건물분 ₩20,000,000) 수령
- 2026. 2. 15. 잔금 ₩400,000,000(토지분 ₩320,000,000, 건물분 ₩80,000,000) 수령 및 소유권이전등기

*4 기계장치는 과세 · 면세사업 겸용자산이고, 2025. 1. 3.에 ₩160,000,000에 취득하였다.

*5 차량운반구는 비영업용승용자동차로서 과세 · 면세사업 겸용자산이고, 2025. 1. 15.에 ₩20,000,000에 취득하였다.

*6 과세 · 면세사업 겸용자산인 비품의 내역은 다음과 같다.

구 분	취득가액	취득일자
소프트웨어 프로그램	₩10,000,000	2024. 6. 2.
그림(2000년 창작품)	40,000,000	2025. 7. 3.

*7 회사의 2025년 2기 과세공급가액은 ₩100,000,000, 면세공급가액은 ₩400,000,000이다.

[물 음]

2026. 1. 18. 사업을 폐지하는 경우 2026년 제1기의 부가가치세 과세표준을 계산하시오.

핵심정리

※ 문제 분석시 주의사항

1. 물음의 요구사항을 정확하게 파악한다. 이 문제의 경우 '폐업시 재고재화에 대한 과세표준'을 계산하는 문제가 아닌 '제1기의 과세표준'을 계산하는 문제이므로 간주공급은 물론 실질적 공급이 있는 경우 이에 대한 과세표준도 포함하여야 한다.

2. 폐업시 재고재화 내역에 폐업일 이전에 매매계약을 체결하고 폐업일 이후 원칙적인 공급시기(인도일 또는 이용가능일)가 도래하는 재화가 있는지 확인하여 있으면 폐업일을 실질적 공급시기로 보아 과세표준에 포함하여야 한다. → 문제에의 적용 : 건물B의 공급이 이에 해당하므로 건물B의 계약금 20,000,000과 잔금 80,000,000의 공급시기를 폐업일인 2026. 1. 18.로 보아 과세한다.

해답

1. 폐업시 잔존재화

구분	계산	과세표준
원재료		40,000,000
건물A	100,000,000 × (1－5%×12)	40,000,000
기계장치	160,000,000 × (1－25%×2) × 20%*1	16,000,000
비품	10,000,000 × (1－25%×4) × 20%	0
		96,000,000*2

2. 건물B 공급*3 : 100,000,000 × 20% ＝ 20,000,000

3. 과세표준 : 116,000,000

해설

1. 해답상 '*'에 대한 설명

1 $\dfrac{\text{직전 과세기간의 과세공급가액}}{\text{직전 과세기간의 총공급가액}} = \dfrac{100{,}000{,}000}{100{,}000{,}000 + 400{,}000{,}000} = 20\%$

* 과세사업과 면세사업을 겸영하는 일반과세자가 사업을 폐지하는 때의 잔존하는 감가상각자산에 대한 간주공급의 과세표준은 '공통사용재화 공급시 과세표준 안분규정(summary p1-145. 2)'에 따라 안분한 가액으로 한다(서면－2014－부가－21635). 즉, 직전 과세기간 기준으로 안분한다.

*2 유가증권은 과세대상 재화가 아니며, 토지A와 토지B 및 그림창작품(제작 후 100년을 초과하지 않았으므로 골동품 아님)은 면세대상, 차량운반구는 비영업용승용차로 매입세액불공제되었으므로 계산대상이 아니다.

*3 원칙적인 공급시기는 재화가 이용가능하게 되는 때이나, 폐업일 이전에 매매계약을 체결하고 폐업일 이후 원칙적인 공급시기가 도래하는 때에는 그 폐업일을 공급시기로 본다(집행기준 15－28－3. 사례).

1 / 10 공급시기 - 할부판매와 중간지급조건부 공급 1.5차 2차 필수

㈜청계의 2026년 제1기 확정신고기간(2026. 4. 1.~2026. 6. 30.)의 부가가치세 매출세액을 상호 독립된 각 【문】별로 〈답안양식〉에 따라 계산하시오. 제시된 금액은 부가가치세가 제외된 금액이며, 2026년 제1기 예정신고기간까지의 부가가치세 신고는 적정하게 이루어졌다.

〈답안양식〉

구 분	과세표준	세율	매출세액
1. 할부수출 ⋮			
계	기입 불필요		

【문 1】

2026년 제1기 확정신고기간의 제품 매출내용은 다음과 같다.

1. 2026. 4. 20. 내국신용장에 의하여 거래처에게 제품 ₩50,000,000을 매출하였으며, 그 국내거래처는 그 제품을 2026. 7. 5.에 수출목적으로 선적하였다.

2. 2026. 5. 20.에 영국에 있는 거래처에 제품을 직수출하기 위하여 선적하였다. 총공급가액은 $100,000이며, 대금지급조건은 다음과 같다. $100,000에 대하여 기업회계기준에 따라 회사가 현재가치로 계상한 매출액은 ₩125,000,000이며, 기준환율은 지급시기와 무관하게 ₩1,400/$이라고 가정한다.
   ① 계약금 $10,000 : 2026. 5. 20. 지급
   ② 중도금 $60,000 : 2026. 12. 20. 지급
   ③ 잔　 금 $30,000 : 2027. 7. 20. 지급

3. 그 밖의 국내 판매

구 분	판매금액	비 고
제품 A	₩59,400,000〈주1〉	12개월 할부판매(2026. 4. 1. 인도)
제품 B	24,000,000〈주2〉	12개월 할부판매(2026. 5. 20. 인도)
제품 C	48,000,000〈주3〉	2026. 5. 1. 인도
제품 D	60,000,000〈주4〉	2026. 6. 1. 인도

〈주1〉 판매금액에는 판매가의 10%에 해당하는 이자가 가산되어 있고, 판매대금은 2026. 5. 31.부터 매달 말일에 판매금액을 할부 월수로 나눈 금액을 받기로 계약하였다.

〈주2〉 2026. 5. 20.에 판매계약을 체결하고 대금은 2026. 6. 1.부터 매월 1일에 ₩2,000,000씩 받기로 하였다.

〈주3〉 ₩48,000,000은 현재가치할인차금 계상액 ₩2,000,000을 제외한 금액이다. 판매대금은 인도시 ₩10,000,000을 받고 잔금은 그 후 세 달 간격으로 ₩5,000,000씩 받기로 하였는데, 2026. 6. 30.까지 ₩9,000,000을 실수령하였다(세금계산서는 발급하지 않음).

〈주4〉 인도 후 매월 말일에 ₩1,000,000을 받는 조건으로 판매하였고 그에 따라 대가를 받았다. 회사는 2026. 6. 1.에 판매대금 ₩60,000,000 전액에 대해서 세금계산서를 발급하였다.

【문 2】

1. 회사가 건설중인 상가를 다음과 같은 대금회수조건으로 판매하기로 계약을 체결하였으며, 각 상가는 잔금지급시 인도하기로 약정하였다.

구 분	계 약 금	중 도 금	잔 금
상가 A*	(2026. 4. 5.) ₩20,000,000	(2026. 8. 5.) ₩50,000,000	(2026. 12. 5.) ₩30,000,000
상가 B	(2026. 5. 1.) 40,000,000	—	(2026. 12. 1.) 80,000,000

* 상가 A에 대해서는 계약일인 2026. 4. 5.에 대금수령 없이 공급가액 1억원의 세금계산서를 발급하였다.

2. 회사는 2025. 12. 1. 다음과 같이 대금 회수를 하기로 하고 잔금수령일에 기계장치를 인도하는 계약을 하였다. 실제 인도시기는 2026. 6. 30.이다.

구 분	대금회수약정일	금 액
계약금	2025. 12. 1.	₩20,000,000
중도금	2026. 4. 1.	20,000,000
잔 금	2026. 7. 1.	20,000,000

3. 회사는 공장건물을 다음과 같은 조건으로 매각하였으며, 약정에 의한 매수자의 공장건물 이용가능일은 2026. 6. 10.이다.

구 분	대금회수약정일	금 액
계약금	2025. 11. 10.	₩30,000,000
중도금	2026. 4. 10.	60,000,000
잔 금	2026. 7. 10.	40,000,000

4. 회사는 제품을 다음과 같은 대금회수조건으로 판매하기로 계약을 체결하였으며, 잔금 지급약정일에 인도하기로 하였다.

구 분	일자	금 액
계약금	2026. 4. 5.	₩8,000,000
중도금	2026. 5. 20.	12,000,000
잔 금	2026. 8. 15.	10,000,000

2026. 4. 30.에 계약자와의 합의로 제품에 대한 중도금 ₩12,000,000은 2026. 6. 30.에, 잔금 ₩10,000,000은 2026. 12. 20.에 수령하기로 계약조건을 변경하였다(계약금과 중도금은 해당일자에 수령함).

5. 회사는 노후화된 장비를 매각하고 기존장비를 인도하는 계약을 체결하였다. 기존장비 처분내역은 다음과 같다. 〈2017. CTA〉

장비	실제 인도일	계약금	중도금	잔금
A*[1]	2026. 5. 20.	₩10,000,000 (2026. 2. 1.)	₩10,000,000 (2026. 5. 1.)	₩10,000,000 (2026. 8. 30.)
B*[2]	2026. 5. 30.	15,000,000 (2026. 5. 30.)	15,000,000 (2026. 12. 30.)	15,000,000 (2027. 6. 30.)

*[1] 최초 계약 시에는 잔금지급일에 장비를 인도하기로 하였다.

*[2] 2026. 5. 30.에 장비를 인도하고 계약금만 수령한 상태에서 장비 공급가액 전액에 대하여 세금계산서를 발급하였다.

핵심정리

문제의 포인트

- 장기할부판매와 중간지급조건부 공급의 공급시기 : summary p1-51. [1]

【문 1】 할부판매

1. 내국신용장에 의한 공급은 국내 거래이므로 인도하는 때를 공급시기로 하는 것이 원칙이다.

2. 장기할부조건으로 수출하는 경우 공급시기는 수출재화의 선적일이다. 따라서 선적일인 2026. 5. 20.에 전액을 공급한 것으로 보아 '$100,000 × 1,400 = 140,000,000'을 과세표준으로 하며, 부가가치세에서는 현재가치 평가를 인정하지 않으므로 명목가액을 과세표준으로 한다.

3. 그 밖의 국내 판매 : 인도일 이후에 대금 분할회수한 경우에는 장기할부에 해당하는지부터 판단

   제품 A : ① 장기할부판매와 할부판매의 이자상당액은 과세표준에 포함한다.
   ② 인도일의 다음 날(2026. 4. 2.)부터 최종할부금의 지급기일(2027. 4. 30.)까지가 2회 이상 1년 이상이므로 장기할부판매에 해당한다. 따라서 실수령액과 무관하게 대가의 각 부분을 받기로 한 때가 공급시기이다.

   제품 B : 인도일의 다음 날(2026. 5. 21.)부터 최종할부금(2027. 5. 1.)까지의 기간이 1년 이상이 아니므로 장기할부판매가 아니다. 따라서 인도일인 2026. 5. 20.이 공급시기이므로 이 날이 속하는 과세기간에 24,000,000 전액을 과세한다.

   제품 C : 장기할부판매에 해당하므로 대가의 각 부분을 받기로 한 때가 공급시기이며, 받기로 한 금액인 10,000,000이 과세표준이다(명목가액으로 평가). ⇢ 실제 수령액과 무관

   제품 D : 장기할부판매는 대가를 받지 않았더라도 선 세금계산서를 발급하면 발급하는 때가 공급시기이다. 따라서 발급일이 속하는 과세기간에 60,000,000 전액을 과세한다.

【문 2】 중간지급조건부 공급 : 인도일 이전에 대금 분할회수한 경우 중간지급조건부에 해당하는지부터 판단 ⇢ 이하 summary p1-51. (2)에 따른 접근방법으로 설명함

1. 상가 A

   〈1단계〉 Q 계약일 기준으로 중간지급조건부에 해당하는가? : Yes. 계약금을 받기로 한 날의 다음 날인 4. 6.부터 인도일인 12. 5.까지의 기간이 6개월 이상이면서 그 기간 이내에 계약금 외의 대가를 분할하여 받고 있으므로 중간지급조건부이다.

   〈2단계〉 Q 지급기간 중에 인도하였는가? : No. 따라서 대가의 각 부분을 받기로 한 때가 공급시기이므로 4. 5. 받기로 한 20,000,000이 2026년 제1기 확정신고기간의 과세표준이다.
   ⇢ 장기할부판매와 달리 중간지급조건부의 경우 대금 수령 없이 선세금계산서를 발급하더라도 발급시기를 공급시기로 보지 않는다는 점에 유의할 것

상가 B

〈1단계〉 Q 계약일 기준으로 중간지급조건부에 해당하는가? : No. 6개월 이상이지만 그 기간 이내에 잔금 한번만 받으므로 중간지급조건부가 아니다. 따라서 120,000,000 전액이 인도일인 2026년 제2기의 과세표준이다.

2. 기계장치 → 계약일을 기준으로 중간지급조건부에 해당하나, 지급기간 중에 인도한 경우

〈1단계〉 Q 계약일 기준으로 중간지급조건부에 해당하는가? : Yes. 계약금을 지급받기로 한 날의 다음 날(2025. 12. 2.)부터 인도일(2026. 7. 1.)까지의 기간이 6개월 이상이고 그 기간 이내에 계약금 이외의 대가를 분할하여 수령하므로 중간지급조건부 공급이다.

〈2단계〉 Q 지급기간 중에 인도하였는가? : Yes. 따라서 다음과 같이 과세표준을 계산한다.

① 인도 전에 받은 금액인 (2025. 12. 1.)20,000,000과 (2026. 4. 1.)20,000,000 : 각각 받기로 한 때가 속하는 2025년 제2기와 2026년 제1기 확정신고기간의 과세표준임

② 인도 후 받기로 한 금액인 (2026. 7. 1.)20,000,000 : 실제 인도일인 2026. 6. 30.이 속하는 2026년 제1기 확정신고기간의 과세표준임

따라서 2026년 제1기 확정신고기간의 과세표준은 '(2026. 4. 1.)20,000,000 + (2026. 6. 30.)20,000,000 = 40,000,000'이다.

3. 공장건물 → 계약일 기준으로 잔금지급일과 인도일·이용가능일이 다른 경우로서 처음부터 중간지급조건부에 해당하지 않는 경우

〈1단계〉 Q 계약일 기준으로 중간지급조건부에 해당하는가? : No. 계약금을 지급받기로 한 날의 다음 날(2025. 11. 11.)부터 이용가능일(2026. 6. 10.)까지의 기간이 6개월 이상이나, 그 기간 이내에 중도금을 한 번만 받기로 하였으므로 계약금 외의 대가를 분할하여 받는 경우에 해당하지 않는다. 따라서 계약 당시부터 중간지급조건부에 해당하지 않으므로 공급시기는 이용가능일인 2026. 6. 10.이다. 따라서 130,000,000 전액을 2026. 6. 10.이 속하는 과세기간인 2026년 제1기 확정신고기간의 과세표준으로 한다.

4. 제품 → 계약일 현재는 중간지급조건부에 해당하지 아니하였으나, 계약변경으로 중간지급조건부계약으로 변경한 경우

〈1단계〉 Q 계약일 기준으로 중간지급조건부에 해당하는가? : No. 계약금을 받기로 한 날의 다음 날(2026. 4. 6.)부터 인도일(2026. 8. 15.)까지의 기간이 6개월 이상이 아니므로 중간지급조건부 공급이 아니다.

→ <u>계약변경 자료가 제시된 경우 추가 검토사항 : Q 계약조건 변경으로 중간지급조건부로 변경되었는가?</u> : Yes. 계약금을 받기로 한 날의 다음 날(2026. 4. 6.)부터 인도일(2026. 12. 20.)까지의 기간이 6개월 이상이고 그 기간 이내에 계약금 이외의 대가를 분할하여 수령하였으므로 중간지급조건부 공급이다. 따라서 계약변경 이전에 지급한 계약금(8,000,000)은 변경계약일(2026. 4. 30.)을, 변경계약일 이후에는 변경된 계약에 의하여 대가의 각 부분을 받기로 한 때(중도금 2026. 6. 30. 12,000,000, 잔금은 2026. 12. 20. 10,000,000)를 공급시기로 본다(summary p1-53. ④). 결과적으로 2026년 제1기 확정신고기간의 과세표준은 '8,000,000 + 12,000,000 = 20,000,000'이다.

5. 장비 ⋯→ 위에서 설명한 내용의 연습문제

장비 A : 중간지급조건부로 공급하였으나 그 지급기간 중에 재화를 인도하였으므로 잔금의 공급시기는 인도일인 2026. 5. 20.이 된다. 따라서 2026년 제1기 확정신고기간의 공급가액은 중도금과 잔금의 합계액이다.

장비 B : 장기할부판매의 경우 공급시기가 되기 전에 세금계산서를 발급하면 그 발급하는 때를 공급시기로 본다.

해 답

【문 1】

구 분	과세표준	세율	매출세액
1. 내국신용장 매출	50,000,000	0%	0
2. 할부수출	\$100,000 × 1,400 = 140,000,000	0%	0
3. 국내판매			
① 제품 A	(59,400,000÷12) × 2개월 = 9,900,000	10%	990,000
② 제품 B	24,000,000	10%	2,400,000
③ 제품 C	10,000,000	10%	1,000,000
④ 제품 D	60,000,000	10%	6,000,000
계			10,390,000

【문 2】

구 분	과세표준	세율	매출세액
1. 상가 A	20,000,000	10%	2,000,000
상가 B			—
2. 기계장치	20,000,000 + 20,000,000 = 40,000,000	10%	4,000,000
3. 공장건물	30,000,000 + 60,000,000 + 40,000,000 = 130,000,000	10%	13,000,000
4. 제품	8,000,000 + 12,000,000 = 20,000,000	10%	2,000,000
5. 장비 A	10,000,000 + 10,000,000 = 20,000,000	10%	2,000,000
장비 B	45,000,000	10%	4,500,000
계			27,500,000

1 / 11 공급시기

1.5차 2차 필수

일반과세자인 ㈜서울의 2026년 제1기 과세기간 최종3개월(2026. 4. 1.~2026. 6. 30.)의 부가가치세 과세표준을 상호 독립된 각 【문】별로 〈답안양식〉에 적고 그 계산근거를 제시하시오. 다만, 제시된 금액은 부가가치세가 포함된 것이 명확한 경우를 제외하고는 부가가치세가 제외된 금액이다.

〈답안양식〉

과세표준	

【문 1】

1. 2026. 5. 7.에 위탁판매를 위하여 수탁자에게 개당 원가 ₩1,000,000인 제품 5개를 인도하였다. 수탁자는 3개는 2026. 6. 5.에, 나머지는 2026. 7. 4.에 판매하였다(원가에 20% 이익을 더하여 판매하였으며 수탁자에게 지급하는 판매수수료는 개당 ₩100,000임).

2. 일반적인 제품과 용역의 매출내역은 다음과 같다(예정신고는 적정하게 이루어졌음).

구 분	공급대가	제품인도일	대금회수일	세금계산서발급일
거 래 처 A	₩77,000,000	2026. 7. 10.	2026. 6. 20.	2026. 6. 30.
거 래 처 B	88,000,000	2026. 4. 10.	2026. 3. 31.	2026. 3. 31.
거 래 처 C	66,000,000	2026. 4. 10.	2026. 7. 10.	2026. 7. 10.
거 래 처 D	44,000,000	2026. 7. 1.	2026. 6. 30.	2026. 5. 1.
거 래 처 E	55,000,000*	2026. 7. 5.	2026. 5. 30.	2026. 5. 1.
거 래 처 F	2026. 4. 20.에 세금계산서를 발행하는 시기(2026. 4. 20.)와 대금의 지급시기(2026. 6. 5.)를 명시한 약정서를 작성하고 이에 따라 용역의 공급가액을 5,000,000원으로 하는 전자세금계산서를 발행하였다(용역제공을 완료한 때는 2026. 9. 10.임).			

* 해당 제품의 매출에 대하여 계약서에 대금청구시기(2026. 5. 1.)와 지급시기(2026. 5. 30.)가 따로 적혀 있다.

3. 유지보수가 필요한 제품을 다음과 같이 판매하였다.
   (1) 2026. 4. 20.에 ㈜수원에게 제품을 ₩20,000,000에 판매하고 2026. 4. 20.부터 10개월간 매달 20일에 ₩2,000,000씩 받기로 하였다.
   (2) 2026. 4. 20.부터 10개월간 ㈜수원과 제품 유지보수 계약을 맺고, 2026. 4. 20.부터 10개월간 매달 20일에 ₩400,000씩 받기로 하였다.

4. 회사가 제조한 제품 부품을 매출처별로 다음과 같이 검수조건부로 공급하였다.

매출처	거래금액	인도일	검수일
㈜부산	₩50,000,000	2026. 6. 10.	2026. 6. 30.
㈜광주	30,000,000	2026. 6. 1.	2026. 7. 5.

【문 2】

1. 2026. 3. 31.에 다음의 대금수령 조건으로 도급공사계약(도급금액 ₩3,500,000,000)을 체결하였다.

계약시	30% 기성시	50% 기성시	80% 기성시	완공시
10% 수령	20% 수령	30% 수령	10% 수령	30% 수령

계약에 따르면 대금 수령시마다 3%를 하자보증금으로 예치하기로 되어 있다. 6월 30일에 도급자가 확인한 기성고는 60%이며, 예정신고는 적정하게 행하였다.

2. 2026. 6. 5.에 소비자에게 2026. 6. 26.까지 반환하지 아니하면 구입한 것으로 본다는 조건부 약정을 맺고 제품 3개를 인도하였다(제품의 개당 원가는 ₩2,000,000, 판매가는 ₩3,000,000). 소비자는 2개를 2026. 6. 24.에 반환하였으며, 나머지 1개는 2026. 6. 30.에 반환하였다.

3. 2026. 6. 17.에 제품에 대한 상품권을 현금판매하고 ₩24,200,000을 수령하였다. 그 상품권 중 ₩17,600,000은 2026. 6. 30.에 제품과 교환되었으며, ₩6,600,000은 부가가치세 확정신고기한 전일인 2026. 7. 24.에 제품과 교환되었다. 각 교환시 추가적인 현금수수는 없었다.

4. 제1기 확정신고기간 중 자판기에 의하여 캔음료수 1,100개(개당 판매가 ₩600)를 판매하였다. 회사가 제1기 확정신고기간 중 자판기에서 꺼낸 현금은 ₩990,000이다.

5. 2026. 5. 25.에 다음과 같이 ㈜서교와 ㈜서울이 보유하고 있는 상표권 사용계약을 체결하였다.
   ① 사용기간 : 2년(2026. 5. 30.～2028. 5. 29.)
   ② 사용대가 : ₩36,000,000을 2026. 5. 30.에 일시에 받기로 하였다.

6. ㈜광교는 ㈜서울의 토지 위에 2026. 4. 20.에 건축물을 신축·준공하여 2026. 4. 20.부터 2036. 4. 19.까지 10년간 사용한 후 10년 후 그 건물의 소유권을 ㈜서울에 이전[BOT(Built－Operate－Transfer)방식]하기로 하였다. 건물의 신축 설치가액은 ₩2,000,000,000이며, ㈜서울은 ㈜광교로부터 건물과 별도로 10년간의 토지임대료 ₩50,000,000을 2036. 4. 19.에 받기로 하였다.

7. 2026. 6. 10.에 주요자재를 부담하면서 가공을 완료한 제품을 2026. 7. 20. ₩10,000,000에 인도하였다.

핵심정리

문제의 포인트

- 재화 · 용역의 공급시기 및 공급시기 특례 : summary p1-49. 제2절

※ 자료별 정리사항

【문 1】

1. 위탁판매의 공급시기는 수탁자가 판매한 때이므로 제1기 확정신고기간에 수탁자가 판매한 '3개 × 1,000,000 × 120% = 3,600,000'을 과세표준으로 한다. 이 경우 판매수수료는 판매비이므로 과세표준 계산시 공제하지 않는다.

2. 일반적인 제품과 용역 매출 → 세금계산서 발급과 공급시기 관련 문제. summary p1-62. 정리
   먼저 원칙적인 공급시기인 인도일과 발급일을 비교하여 선발급, 후발급 여부를 확인한다.

   A : 선발급 → Q 돈 받고 발급하였는가? : Yes→ ∴ 발급일인 6. 30.이 공급시기이며, 제시된 금액이 공급대가이므로 과세표준은 $77,000,000 \times \frac{100}{110} = 70,000,000$

   B : 선발급 → Q 돈 받고 발급하였는가? : Yes→ ∴ 발급일인 3. 31.이 공급시기이므로 과세표준은 0

   C : 후발급 → Q 후발급을 인정하는 summary p1-62. (2)의 셋 중 하나로서 다음 달 10일까지 발급하였는가? No→ ∴ 인도일인 4. 10.이 공급시기이므로 과세표준은 $66,000,000 \times \frac{100}{110} = 60,000,000$

   D : 선발급 → Q 돈 받고 발급하였는가? : No→ Q 발급하고 돈 받은 경우 인정하는 summary p1-62. (1)의 셋 중 하나인가? : 7일 이내? : No, 시기 적고 30일 이내? : No, 발급일인 5. 1.이 속하는 과세기간에 인도일이 도래? : No→ ∴ 인도일인 7. 1.이 공급시기이므로 과세표준은 0

   E : 선발급 → Q 돈 받고 발급하였는가? : No→ Q 발급하고 돈 받은 경우 인정하는 summary p1-62. (1)의 셋 중 하나인가? : 7일 이내? : No, 시기 적고 30일 이내? : Yes→ ∴ 발급일인 5. 1.이 공급시기이므로 과세표준은 $55,000,000 \times \frac{100}{110} = 50,000,000$

   F : 선발급 → Q 돈 받고 발급하였는가? : No→ Q 발급하고 돈 받은 경우 인정하는 summary p1-62. (1)의 셋 중 하나인가? : 7일 이내? : No, 시기 적고 30일 이내? : No, 발급일인 4. 20.이 속하는 과세기간에 인도일(용역은 용역제공완료일)이 도래? : No→ ∴ 용역제공완료일인 9. 10.이 공급시기이므로 과세표준은 0

3. (1) 제품의 단기할부판매에 해당하므로 인도일에 20,000,000 전액 과세한다.
   (2) 유지보수계약에 따른 공급은 공급단위를 구획할 수 없는 용역의 계속적 공급에 해당하므로 대가의 각 부분을 받기로 한 때를 공급시기로 한다. 따라서 과세표준은 제1기 확정신고기간에 받기로 한 금액인 '400,000 × 3개월 = 1,200,000'이다.

4. 제품 부품 : 검수조건부판매와 같은 조건부판매의 공급시기는 조건이 성취되어 판매가 확정되는 때이므로 검수일이 공급시기이다.

【문 2】

1. 기성(완성) 비율에 따라 대가를 받는 완성도지급조건부 공급이므로 공급시기는 대가의 각 부분을 받기로 한 때이다. 따라서 다음과 같이 풀이한다. summary p1-54. 정리
   〈1단계〉 제1기 확정신고기간 말인 6. 30. 현재의 기성고 파악 : 60%
   〈2단계〉 60%까지 제1기 확정신고기간에 받기로 한 금액 파악 : 도급금액의 20%와 30%(계약시 받은 10%는 예정신고기간 귀속분임). → ∴ 과세표준은 '35억원 × (20%+30%) = 1,750,000,000'이며, 하자보증금은 하자보증기간이 끝나면 반환받을 예치금이므로 과세표준 계산시 공제하지 않는다.

2. 반환조건부 공급의 경우 공급시기는 기한이 지나 판매가 확정되는 때이다.
   ① 6. 24.에 반환된 2개 : 기한 이내에 반환하였으므로 공급한 것이 아니다.
   ② 6. 26.까지 반환되지 않은 1개 : 기한이 지나 판매가 확정되었으므로 과세표준에 포함하되, 6. 30.에 반환한 것은 매출환입으로 공제한다. → ∴ 과세표준 : 3,000,000(매출) － 3,000,000(매출환입) = 0

3. 상품권을 판매하고 그 상품권이 현물과 교환되는 경우의 공급시기는 재화가 인도되는 때이다. 따라서 공급시기는 6. 30.이다. 교환시 추가적인 현금수수가 없으므로 17,600,000은 부가가치세가 포함된 것이 명확한 금액이다. 따라서 과세표준은 '$17{,}600{,}000 \times \frac{100}{110} = 16{,}000{,}000$'이다.

4. 무인판매기를 이용한 공급의 공급시기는 무인판매기에서 현금을 꺼내는 때이며, 무인판매기 판매에서 꺼낸 금액 990,000은 부가가치세가 포함된 것이 명확한 금액이다. 따라서 과세표준은 '$990{,}000 \times \frac{100}{110} = 900{,}000$'이다.

5. 둘 이상의 과세기간에 걸친 상표권 사용계약을 체결하고 대가를 선불로 받기로 하였으므로 공급시기는 과세기간 종료일인 6. 30.이다. → 과세표준 : $36{,}000{,}000 \times \frac{2개월}{24개월} = 3{,}000{,}000$

6. BOT을 준용하여 설치한 시설에 대하여 둘 이상의 과세기간에 걸쳐 시설을 이용하게 하고 대가를 받은 것과 선세금의 공급시기는 과세기간 종료일인 6. 30.이다. → 과세표준 : $(2{,}000{,}000{,}000 + 50{,}000{,}000) \times \frac{3개월}{120개월} = 51{,}250{,}000$

7. 주요 자재를 부담하는 가공계약이므로 재화의 공급에 해당하며, 재화의 공급으로 보는 가공계약의 공급시기는 가공한 재화를 인도하는 때인 7. 20.이다.

해 답

【문 1】

과세표준	₩254,800,000

[근　거]

(1,000,000×3개×120%=3,600,000) ＋ 70,000,000 ＋ 60,000,000 ＋ 50,000,000 ＋ [20,000,000＋(400,000×3개월)=21,200,000)] ＋ 50,000,000 ＝ 254,800,000

【문 2】

과세표준	₩1,821,150,000

[근　거]

$$[3{,}500{,}000{,}000\times(20\%+30\%)=1{,}750{,}000{,}000] + \left(17{,}600{,}000\times\frac{100}{110}=16{,}000{,}000\right) + 900{,}000 + \left(36{,}000{,}000\times\frac{2}{24}=3{,}000{,}000\right) + \left[\left(2{,}000{,}000{,}000+50{,}000{,}000\right)\times\frac{3}{120}=51{,}250{,}000\right] = 1{,}821{,}150{,}000$$

1 / 12 공급시기 - 실전문제

상호 독립된 각 【문】에 답하시오.

【문 1】 2차

다음은 기계장비제조업을 영위하는 일반과세자인 ㈜대한의 2026년 제2기 부가가치세 과세기간 최종 3개월(2026. 10. 1.～2026. 12. 31.)의 거래자료이다(단, 제시된 자료는 별도의 언급이 없는 한 부가가치세가 포함되지 아니한 금액이며, 세금계산서는 공급시기에 적법하게 발급된 것으로 가정한다). 〈2022. CTA〉

〈자 료〉

1. 2026. 10. 1.에 특수관계인인 ㈜민국에게 제품A를 ₩10,000,000에 판매하였다. 동 제품의 시가는 ₩7,000,000이다.

2. 2026. 11. 1.에 제품B(시가 ₩20,000,000, 원가 ₩16,000,000)가 거래처에 운송도중 운송회사의 과실로 파손되어 ₩14,000,000의 손해배상금을 수령하였다. 동 제품은 2026. 12. 31.현재 회사 창고에서 수선대기 중에 있다.

3. 2026. 12. 20.에 국내 수출업자 K사에 내국신용장에 의하여 $100,000의 제품C를 인도하였다. 대금 중 $50,000는 2026. 12. 10.에 수령하여 당일 ₩60,500,000으로 환전하였으며, 나머지 $50,000는 2026. 12. 31.에 수령하였다. 내국신용장은 2026. 12. 15.에 개설되었으며, K사의 수출선적일은 2026. 12. 30.이다.

구 분	2026. 12. 10. (계약일)	2026. 12. 15. (내국신용장 개설일)	2026. 12. 20. (인도일)	2026. 12. 30. (선적일)	2026. 12. 31. (잔금수령일)
기준환율(₩/$)	1,220	1,250	1,300	1,350	1,360

4. 2026. 12. 15.에 거래처의 주문을 받아 제품D를 생산하여 인도하기로 하고 계약을 체결하였다. 계약상 대금수령조건은 다음과 같으며, 제품D의 인도일은 잔금 수령약정일과 같다.

구 분	대금수령약정일	금 액
계약금	2026. 12. 15.	₩15,000,000
잔금	2027. 12. 25.	₩15,000,000

5. 2026. 12. 30.에 거래처에 제품E(판매가액 : ₩80,000,000)를 6개월 이내 대금결제조건으로 외상판매하고 동 제품을 인도하였다. 거래처가 2027. 1. 6.에 약정기일보다 조기에 외상대금을 변제하였으므로 ₩3,000,000을 할인하고 ₩77,000,000을 수령하였다.

6. ㈜대한은 2026년 중 생산한 제품F를 수입자 검수조건부로 다음과 같이 직수출하였다. 총공급가액은 $40,000이며, 계약금 $20,000은 계약일에 지급받아 당일 ₩24,000,000으로 환전하였고, 잔금 $20,000은 수입자검수일에 지급받았다. 제품F의 수출선적일은 2026. 12. 20.이다.

구 분	2026. 12. 1. (계약일)	2026. 12. 20. (선적일)	2027. 1. 5. (수입자검수일)
대금수령	$20,000	—	$20,000
기준환율(₩/$)	1,210	1,300	1,380

7. 2026. 12. 1.에 거래처에 제품G를 생산하여 판매하는 계약을 체결하였다. 계약상 대금수령 조건은 다음과 같으며, 제품G는 2027. 6. 20.에 인도하는 것으로 약정되어 있다.

구 분	계약일(2026. 12. 1.)	중도금(2027. 3. 1.)	잔금(2027. 7. 1.)
대금수령	₩20,000,000	₩20,000,000	₩20,000,000

8. 2026. 6. 1.에 ㈜대한은 다음과 같이 대금을 수령하는 조건으로 제품H를 생산하여 판매하는 계약을 거래처와 체결한 바 있다. 계약상 제품H는 잔금수령과 동시에 인도하는 조건이며, 대금은 약정일에 모두 수령하였다. 그러나 ㈜대한은 2026. 12. 30.에 매수자인 거래처와 협의하여 당일 제품H를 조기 인도하였다.

구 분	계약금(2026. 6. 1.)	중도금(2026. 10. 1.)	잔금(2027. 1. 20.)
대금수령	₩15,000,000	₩15,000,000	₩15,000,000

9. 2026. 11. 20.에 거래처에 제품I를 판매하는 계약을 체결하고 동 제품을 인도하였다. 대금 ₩36,000,000은 2026. 12. 1.부터 매달 초일에 ₩3,000,000씩 총 12회에 걸쳐 수령하기로 약정하였다.

[물　음]

〈자료〉를 이용하여 ㈜대한의 2026년 제2기 부가가치세 과세기간 최종 3개월(2026. 10. 1. ~2026. 12. 31.)의 부가가치세 과세표준과 매출세액을 다음의 양식에 따라 제시하시오(단, 해당란의 금액이 없는 경우 '0'으로 표기하시오).

자료 번호	과세표준	매출세액
1		
· ·		
9		
합계		

【문 2】 유예

유예생은 제2편 부가유예 1, 2 풀이

해 답

자료 번호	과세표준	매출세액
1	10,000,000*1	1,000,000
2	0*2	0
3	125,500,000〈주1〉, *3	0
4	0*4	0
5	80,000,000*5	8,000,000
6	50,000,000〈주2〉, *6	0
7	0*7	0
8	30,000,000〈주3〉, *8	3,000,000
9	36,000,000*9	3,600,000
합계	331,500,000	15,600,000

〈주1〉 60,500,000 + $50,000 × 1,300 = 125,500,000

〈주2〉 24,000,000 + $20,000 × 1,300 = 50,000,000

〈주3〉 15,000,000(중도금) + 15,000,000(잔금) = 30,000,000

해 설

1. 해답상 '*'에 대한 설명

*1 특수관계인에 대한 고가공급이므로 거래금액을 과세표준으로 한다.

*2 파손으로 인한 손해배상금은 공급에 대한 대가가 아니므로 과세대상이 아니다.

*3 내국신용장에 의한 제품의 공급시기는 인도일이므로 인도일 전에 환가한 금액은 환가액(₩60,500,000)을, 인도일 이후에 받은 외화는 인도일의 기준환율을 적용한 금액($50,000×1,300=65,000,000)을 과세표준으로 한다.

4 Q 인도일 이전에 대금 분할회수? —Yes→ Q 중간지급조건부? —No→ ∴ 공급시기 : 인도일인 2027. 12. 25.

* 계약금을 받기로 한 날의 다음 날부터 인도일까지 6개월 이상이지만 그 기간 이내에 잔금만 한번 받기로 하여, 계약금 외의 대가를 분할하여 받는 것이 아니므로 중간지급조건부 공급에 해당하지 않는다.

*5 외상판매의 공급시기는 인도일이며, 매출할인은 감액사유가 발생한 날이 속하는 2027년 제1기의 과세표준에서 뺀다.

*6 검수조건부 수출의 공급시기는 선적일이므로 선적일 전에 환가한 금액은 환가액(₩24,000,000)을, 선적일 이후에 받은 외화는 선적일의 기준환율을 적용한 금액($20,000×1,300=26,000,000)을 과세표준으로 한다.

7 Q 인도일 이전에 대금 분할회수? —Yes→ Q 중간지급조건부? —No→ ∴ 공급시기 : 인도일인 2027. 6. 20.

* 계약금을 받기로 한 날의 다음 날(2026. 12. 2.)부터 인도일(2027. 6. 20.)까지 6개월 이상이지만 그 기간 이내에 중도금만 한번 받기로 하여 계약금 외의 대가를 분할하여 받는 것이 아니므로 중간지급조건부 공급에 해당하지 않는다.

*8 계약일 현재로는 중간지급조건부 공급에 해당하지만 지급기간 중에 인도하였으므로 인도 전에 받은 금액은 받기로 한 때를, 인도일 이후에 받기로 한 금액은 인도일을 공급시기로 한다. 따라서 2026년 제2기 확정신고기간의 과세표준은 중도금과 잔금의 합계액이다.

9 Q 인도일 이후 대금 분할회수? —Yes→ Q 장기할부? —No→ ∴ 공급시기 : 인도일인 2026. 11. 20.

* 인도일의 다음 날(2026. 11. 21.)부터 최종 할부금 수령일(2027. 11. 1.)까지의 기간이 1년 이상이 아님

1 / 13 영세율과 세금계산서

1.5차 2차 필수

㈜국제의 부가가치세 신고자료를 기초로 각 【문】별로 다음의 〈답안양식〉에 따라 2026년 제2기 과세기간 최종3개월(2026. 10. 1.~2026. 12. 31.)의 부가가치세 매출세액을 계산하시오. 아래에 제시된 금액은 부가가치세가 포함되지 않은 금액이며, 별도의 언급이 없는 한 세금계산서는 적정하게 발급하였다. 다만, 2027. 1. 25.은 일요일이라고 가정한다.

〈답안양식〉

구 분	과 세		영 세 율	
	세금계산서	기 타	세금계산서	기 타
1. 무 상 수 출 ⋮				
과 세 표 준 합 계				
세 율				
매 출 세 액				

【문 1】

1. 미국의 A법인에게 2026. 10. 15.에 시가 ₩40,000,000(원가 ₩35,000,000)의 제품을 무상으로 수출하였는데, 이 중 20%는 견본품이다.

2. 일본대사관에 $7,000 상당의 제품을 직접 공급하고 2026. 11. 20.에 그 대금으로 원화 ₩8,000,000을 직접 수령하였다.

3. 국내에서 한국국제협력단(KOICA)에 ₩20,000,000의 재화를 2026. 12. 6.에 공급하고, 그 대가를 원화로 수령하였다. 한국국제협력단은 공급받은 재화의 60%를 국외 중대재난 구호사업을 위하여 외국에 무상으로 반출하고, 40%는 국내에서 사용하였다.

4. 영국에 소재하는 ㈜국제의 지점에서 생산한 제품을 2026. 12. 5.에 영국에서 ₩50,000,000에 판매하였다. 계약과 대가 수령은 영국 지점에서 이루어졌다.

5. 국내의 수출업자인 C법인에게 제품 $10,000를 공급하기로 2건의 계약을 체결하였다. 2건의 공급 모두 C법인에게 인도한 날은 2026. 12. 15., C법인이 선적하거나 국내에서 판매한 날은 2027. 1. 10.이다[환율은 '자료 6. (4)'를 참고할 것].
   ① 1건 $9,000분은 2027. 1. 26.에 수출용도로 내국신용장을 개설하였는데, C법인은 수령한 제품의 90%만 수출하였고 나머지는 수출용도에 사용하지 않았다.
   ② 다른 1건 $1,000분은 2027. 1. 30.에 「대외무역법 시행령」에 따라 외국환은행의 장으로부터 구매확인서를 발급받았다.

6. 2026. 12. 1.에 일본의 B법인과 $300,000의 제품 직수출계약을 체결하였다.
   (1) 2026. 12. 1.에 선수금으로 $50,000를 송금받아 $40,000는 바로 1$당 ₩1,000에 환가하였으며, $10,000는 외화상태로 보유하고 있다. 세관에 수출신고를 한 날은 2026. 12. 15.이다.
   (2) 2026. 12. 20.에 제품을 선적하였다.
   (3) 2026. 12. 30.에 잔금 $250,000를 송금받아 2026. 12. 30.의 기준환율로 환가하였다.
   (4) 1$당 기준환율은 2026. 12. 1. ₩1,080, 2026. 12. 10. ₩1,090, 2026. 12. 15. ₩1,100, 2026. 12. 20. ₩1,050, 2026. 12. 30. ₩1,200, 2027. 1. 10. ₩1,150이다.

【문 2】

1. 회사가 제품 부품 60,000개(1개당 제조원가 ₩500)를 국내 거래처에 검수조건부로 내국신용장에 의하여 공급하였다. 매출처별 거래내역은 다음과 같다.

매출처	거래금액	인도일	검수일	내국신용장개설일
A	₩30,000,000	2026. 12. 1.	2026. 12. 30.	2026. 12. 15.
B	20,000,000	2026. 11. 1.	2027. 1. 15.	2026. 11. 10.
C	10,000,000	2026. 12. 15.	2026. 12. 30.	2027. 1. 24.

2. 회사가 제품 부품 50,000개(1개당 제조원가 ₩500)를 검수조건부로 수출하였다. 총공급가액은 $10,000이며, 수출선적일은 2026. 12. 30.이고 수입자의 검수일은 2027. 1. 10. [환율은 '【문 1】. 6. (4)'를 참고할 것].

3. 회사가 제품을 ₩300,000,000(선적일에 ₩100,000,000을 수령하고 잔금은 1년마다 ₩100,000,000씩 받기로 계약함)에 수출하기로 하고 2026. 12. 30.에 선적하였다.

4. 외국에서 수입한 원자재를 보세구역에 소재하고 있는 공장에서 제조가공하여 보세구역 밖에 있는 국내사업자에게 다음과 같이 공급하였다.
   ① 원자재 A : C법인에게 ₩45,000,000에 공급하였다. 이에 대한 관세의 과세가격은 ₩35,000,000, 관세는 ₩3,000,000, 개별소비세는 ₩2,000,000이다. 이 거래에 대한 수입신고수리일은 2026. 12. 31.이다.
   ② 원자재 B : D법인에게 ₩80,000,000에 2026. 12. 30.에 공급하였다. 이에 대한 관세의 과세가격은 ₩50,000,000이며, 세관장이 징수한 부가가치세는 ₩7,000,000이다.

5. 사업자가 동일한 보세구역 내에서 E법인에게 2026. 12. 15.에 제품을 인도하였다. 판매대금 $30,000는 2026. 12. 10.에 선수령하여 2026. 12. 30.에 ₩31,000,000에 환가하였다[환율은 '【문 1】. 6. (4)'를 참고할 것].

6. 국내사업장이 없는 외국법인과 판매계약을 맺고 그 외국법인이 지정하는 F법인(국내사업자)에게 2026. 10. 10.에 제품 ₩20,000,000을 공급하고, 그 대금을 외국환은행에서 원화로 수령하였다. F법인은 그 제품을 추가 가공하여 외국법인에게 반출하였다.

7. 국내사업장이 없는 비거주자와 판매계약을 맺고 그 비거주자가 지정하는 G법인(국내사업자)에게 2026. 11. 10.에 제품 ₩10,000,000을 공급하고, 그 대금을 외국환은행에서 원화로 수령하였다. G법인은 이 중 ₩6,000,000을 과세사업에, ₩4,000,000을 면세사업에 사용하였다.

8. 국내사업장이 없는 비거주자 H에게 국내에서 2026. 12. 10.에 직접 제품을 인도하고 대가 ₩3,000,000을 외국환은행에서 원화로 수령하였다.

핵심정리

문제의 포인트

1. 영세율 적용대상 및 적용대상별 세금계산서 발급 여부 : summary p1-66. 2
2. 대가를 외국통화로 받은 경우 과세표준 계산 : summary p1-107. (2)
3. 보세구역 관련 거래의 과세표준 계산 : summary p1-108. 5

※ 자료별 정리사항

【문 1】

1. 수출의 경우 신용장 개설여부, 유상·무상 거래여부와 무관하게 영세율을 적용한다. → TI 발급 ×. 다만, 대가를 받지 않고 견본품을 반출한 것은 국내거래 및 수출거래 불문하고 재화의 공급으로 보지 않는다.

2. 우리나라에 상주하는 외교공관(대사관 등), 영사기관(명예영사관원을 장으로 하는 영사기관은 제외), 국제연합과 이에 준하는 특정 국제기구, 국제연합군, 미합중국군대에게 공급하는 재화·용역은 대금결제방법과 무관하게 영세율을 적용한다. → 외국국가와의 거래로 보므로 TI 발급 ×

3. 한국국제협력단·한국국제보건의료재단·대한적십자사에 공급하는 재화로서 해당 단체가 해당 사업을 위하여 외국에 무상반출한 경우에는 영세율을 적용한다. 따라서 무상반출한 60%는 영세율을, 국내에서 사용한 40%는 10%를 적용한다. → 국내거래이므로 세금계산서(이하 'TI') 발급

4. 재화의 이동이 시작되는 장소가 외국이므로 우리나라에서 과세하지 않는다(summary p1-63. 제3절. 재화. ①). 다만, 국내 사업장에서 계약과 대금수령 등 거래가 이루어진 것으로서 summary 'p1-67. (2)'에 해당하는 것은 영세율을 적용한다.

5. 내국신용장·구매확인서에 의한 공급 문제가 출제되면 개설일·발급일이 공급시기가 속하는 과세기간 끝난 후 25일 이내인지 영세율 적용요건부터 확인한다. → 국내거래이므로 TI 발급 summary p1-67. (3). ①

① 1건 $9,000분 : 2027. 1. 25.이 일요일이므로 다음 영업일인 2027. 1. 26.까지 개설하면 요건을 충족하며, 내국신용장에 의하여 정당하게 공급된 경우에는 해당 재화를 수출용도에 사용하였는지 여부에 관계없이 영세율을 적용한다.

② 다른 1건 $1,000분 : 요건을 충족하지 못하므로 10%를 적용한다.

6. 외화환산 문제가 출제되면 다음과 같이 접근한다. summary p1-107. (2)

〈1단계〉 공급시기 판단 : 선적일인 2026. 12. 20. → 수출이므로 영세율 적용, TI 발급 ×

〈2단계〉 환가 등의 시기가 공급시기 전 또는 이후인지 판단

① 공급시기 전인 12. 1. 환가한 $40,000는 환가액으로 계산하되, 환가하지 않고 보유한 $10,000는 공급시기인 12. 20.의 환율을 적용한다.

② 공급시기 이후인 12. 30.에 받은 $250,000는 공급시기인 12. 20.의 환율을 적용한다.

【문 2】

1. 검수조건부 판매와 같은 조건부판매의 공급시기는 조건이 성취되어 판매가 확정되는 때이므로 각 매출처별로 검수일이 공급시기이다. 따라서 검수일이 2026년 제2기 과세기간 확정신고기간에 속하는 A와 C에 대한 매출액의 합계액이 과세표준이며, 2027. 1. 26.(1. 25.은 일요일)까지 내국신용장이 개설되었으므로 영세율을 적용한다. → 국내공급이므로 TI 발급

2. 재화의 검수조건부 수출에 대한 직접적인 행정해석은 없으나 위 '1'의 행정해석 및 유사한 플랜트수출에 대한 행정해석(부가 46015−4393)에 비추어 볼 때 선적일을 공급시기로 보는 것이 타당하다. 따라서 선적일인 12. 30.의 환율을 적용하여 과세표준을 계산한다. → 수출이므로 TI 발급 ×

3. 행정해석에서는 장기할부 수출, 중간지급조건부 수출, 시용판매 등에 대하여 선적일을 공급시기로 하고 있다. 따라서 300,000,000 전액을 선적일이 속하는 2026년 제2기 확정신고기간의 과세표준으로 한다 → 수출이므로 TI 발급 ×

4. 수입재화를 보세구역 내에서 보세구역 외의 국내에 공급하는 문제의 경우 사업자의 과세표준은 공급가액에서 세관장이 징수한 수입재화의 과세표준을 차감한 금액이다. summary p1-108. 5

이 경우 출제유형은 다음 두가지이므로 먼저 제시된 자료가 어떤 유형에 해당하는지 파악한다.
→ 국내공급이므로 TI 발급

〈유형 1〉 직접적인 수입재화의 과세표준 계산 내역이 제시된 유형 : 원자재 A. 이 경우 사업자의 과세표준은 공급가액에서 '세관장이 징수한 수입재화의 과세표준을 직접 계산한 금액'을 차감한 금액이다.

〈유형 2〉 세관장이 징수한 부가가치세가 제시된 유형 : 원자재 B. 이 경우 사업자의 과세표준은 공급가액에서 '$\frac{\text{세관장이 징수한 부가가치세}}{10\%}$'를 차감한 금액이다.

5. 동일한 보세구역 내에서 재화 · 용역을 공급하거나 보세구역 이외의 장소에서 보세구역으로 재화 · 용역을 공급하는 것은 국내 공급에 해당한다. 대금을 선 수령하여 공급시기인 인도일(2026. 12. 15.) 이후에 외국환상태로 보유하고 있으므로 인도일의 환율을 적용하여 과세표준을 계산한다. → 국내공급이므로 TI 발급

6, 7. 국내의 다른 사업자를 거쳐 국외의 비거주자 · 외국법인에게 재화를 공급하는 경우 영세율 적용요건

구 분	수출하는 재화로 보아 영세율을 적용하는 요건 summary p1-70. [2]	국내에서 비거주자 등에게 제공한 경우 영세율 적용요건 summary p1-72. [1]
① 국외의 비거주자 등과 직접 계약에 의한 공급일 것	○	○
② 대금을 외국환은행에서 원화로 받을 것	○	○
③ 비거주자 등이 지정하는 국내의 다른 사업자에게 인도할 것	○	○
④ 국내의 다른 사업자가 반출할 것	○*	×
국내의 다른 사업자의 과세사업에 사용할 것	×	○*

* 반출하면 0%, 반출하지 않은 경우 과세사업에 사용하면 0% 적용(면세사업에 사용하면 10% 적용) → TI 발급 여부 : 6번의 경우 국내의 다른 사업자를 통한 수출이므로 발급 ×, 7번의 경우 국내사업장이 없는 비거주자와의 거래이므로 사업자 증명서류를 제시하며 세금계산서 발급을 요구하는 경우 등을 제외하고는 발급 ×

8. 국내에서 국내사업장이 없는 비거주자 · 외국법인에게 '직접' 재화를 공급하는 것은 'summary p1-72. [1]'의 영세율 적용요건을 충족하지 못했으므로 10%를 적용한다. → 사업자 증명서류를 제시하며 세금계산서 발급을 요구하는 경우 등을 제외하고는 TI 발급 × summary p1-95. ⑧

해답

【문 1】

• 매출세액 : 910,000

구 분	과 세		영 세 율	
	세금계산서	기 타	세금계산서	기 타
1. 무상수출				32,000,000
2. 대사관 공급				8,000,000
3. 한국국제협력단 공급	8,000,000①		12,000,000	
4. 영국 지점 매출				
5. 내국신용장 공급				
① 기한 내 개설			9,900,000②	
② 기한 후 개설	1,100,000③			
6. 직수출				313,000,000④
계	9,100,000		21,900,000	353,000,000
세 율	10%		0%	0%
매 출 세 액	910,000		0	0

① 20,000,000 × 40% ＝ 8,000,000

② $9,000 × 1,100(공급시기인 인도일의 기준환율) ＝ 9,900,000

③ $1,000 × 1,100 ＝ 1,100,000

④ $40,000 × 1,000 ＋($10,000＋$250,000) × 1,050 ＝ 313,000,000

【문 2】

• 매출세액 : 4,800,000 ＋ 700,000 ＝ 5,500,000

구 분	과 세		영 세 율	
	세금계산서	기 타	세금계산서	기 타
1. 검수조건부 공급			40,000,000⑤	
2. 검수조건부 수출				12,000,000⑥
3. 장기할부 수출				300,000,000
4. 보세구역 밖 공급				
① 원자재 A	5,000,000⑦			
② 원자재 B	10,000,000⑧			
5. 보세구역 내 공급	33,000,000⑨			
6. F법인 공급				20,000,000

7. G법인 공급 ① 과세사업 사용분 ② 면세사업 사용분		 4,000,000		 6,000,000
8. 비거주자		3,000,000		
계	48,000,000	7,000,000	40,000,000	338,000,000
세 율	10%	10%	0%	0%
매 출 세 액	4,800,000	700,000	0	0

⑤ 30,000,000 + 10,000,000 = 40,000,000

⑥ $10,000 × 1,200 = 12,000,000

⑦ 원자재 A : 45,000,000 − (35,000,000+3,000,000+2,000,000) = 5,000,000

⑧ 원자재 B : 80,000,000 − $\frac{7,000,000}{10\%}$ = 10,000,000

⑨ $30,000 × 1,100 = 33,000,000

1 / 14 영세율과 세금계산서

1.5차 2차 필수

㈜서울의 다음 자료에 의하여 2026년 제1기 과세기간 최종3개월(2026. 4. 1.～2026. 6. 30.)의 부가가치세 매출세액을 '문 1－13'의 답안양식에 따라 계산하시오. 별도 언급이 없으면 제시된 금액은 부가가치세가 제외된 금액이며, 별도의 언급이 없는 한 세금계산서는 적정하게 발급하였다.

〈답안작성 요령〉
① 세금계산서 발급대상이나 발급하지 아니한 것은 '세금계산서'란에 적을 것
② 영세율만 적용되는 것을 10%를 적용하여 세금계산서를 발급한 것은 '영세율'란에 적을 것

〈자　료〉

1. 수출목적으로 수입계약을 체결한 상품을 수입하지 않고 중계무역방식으로 미국의 제조회사에서 싱가폴의 수입상으로 ₩95,000,000에 판매하였다. 계약과 대가수령은 국내사업장에서 이루어졌다.

2. 중고자동차를 ₩2,000,000,000에 대행위탁 수출해주고 수출대행수수료 ₩8,000,000을 받았다. ㈜서울은 이 거래에 대하여 세금계산서를 발급하지 않았다.

3. 수출재화임가공업

구　　분	공 급 가 액
① 내국신용장에 의하여 공급한 것(공급일은 2026. 5. 20.인데, 내국신용장은 2026. 1. 20.에 개설하였음)	7,000,000
② 구매확인서에 의하여 공급한 것(공급일은 2026. 6. 15.인데 구매확인서는 2026. 7. 25.에 발급하였음)	₩6,000,000
③ 수출업자와 직접 도급계약에 의하여 공급한 것* (구매확인서와 내국신용장은 개설되지 아니함)	8,000,000
④ 내국신용장에 의하여 수출재화를 수출업자에게 공급하는 사업자와 직접 도급계약에 의하여 공급하는 것	9,000,000
⑤ 내국신용장에 의하여 직수출업자에게 수출재화임가공용역을 제공하고, 부가가치세를 별도로 적은 세금계산서를 발급한 것	10,000,000

* 총 2건의 거래로 1건(₩5,000,000)은 영세율 세금계산서를 발급하였는데, 도급계약을 체결한 ㈜서울이 임가공하지 않았다. 나머지 1건(₩3,000,000)은 부가가치세를 별도로 적은 세금계산서를 발급하였다.

4. 국내에서 외국을 항행하는 선박에 ₩10,000,000에 제품을 판매하고 부가가치세를 별도로 기재한 세금계산서를 발급하였다.

5. 건설업 · 부동산임대업 및 상품중개업
   (1) 일본에 소재하는 건물을 임대하고 그 대가를 외화로 받아 외국환은행에서 원화 ₩12,000,000으로 환전하였다.
   (2) 국내사업장이 있는 외국법인에게 국내에서 부동산임대용역 ₩10,000,000과 건설용역 ₩5,000,000을 제공하고 그 대가를 외국환은행에서 원화로 수령하였다.
   (3) 국내사업장이 없는 비거주자에게 상품중개를 하고 그 대가 중 ₩10,000,000은 외국환은행에서 원화로 수령하고, 나머지 ₩5,000,000은 비거주자로부터 직접 원화로 수령하였다.
   (4) 일본에서 건설공사를 도급받은 ㈜대성건설로부터 해당 건설공사를 재도급받아 건설용역을 제공하고 원화 ₩150,000,000을 수령하였다.
   (5) 일본에서 국내사업장이 없는 일본 현지 외국법인에게 건설용역을 제공하고 ₩200,000,000을 외국환은행을 통하여 수령하였다.

핵심정리

문제의 포인트

- 수출재화 임가공용역을 제공한 경우 과세방법 : summary p1-73. (3)

※ 자료별 정리사항

1. 중계무역방식의 수출 계약과 대가수령이 국내사업장에서 이루어졌으므로 영세율을 적용한다. → TI 발급 ×

2. 수출대행수수료는 국내에서 제공하는 '용역'의 공급이므로 10%를 적용한다. → TI 발급 발급대상을 발급하지 않은 것은 기타란에 적는 것이 원칙이나, '〈답안작성 요령〉 ①'에 따라 세금계산서란에 적는다.

3. 수출재화임가공용역 → 국내거래이므로 모두 TI 발급
   ① 내국신용장에 의하여 공급한 것 : 개설일이 2026. 1. 20.로 공급일인 2026. 5. 20.이 속하는 과세기간이 끝난 후 25일이 되는 날인 2026. 7. 25. 이내이므로 영세율을 적용한다.
   ② 구매확인서에 의하여 공급한 것 : 발급일이 2026. 7. 25.로 공급일인 2026. 6. 15.이 속하는 과세기간 끝난 후 25일이 되는 날인 2026. 7. 25. 이내이므로 영세율을 적용한다.
   ③, ④ 구매확인서와 내국신용장이 개설되지 않은 직접 도급계약에 의한 수출재화임가공용역은 거래상대방에 따라 다음과 같이 처리한다.
      ③ 수출업자인 경우 : 영세율 적용(도급계약을 체결한 사업자 자신이 임가공했는지 여부와 무관). 다만, 부가가치세를 별도로 적은 세금계산서를 발급하는 경우는 10%를 적용한다.
      ④ 내국신용장에 의하여 수출재화를 수출업자에게 공급하는 사업자인 경우 : 수출과의 연계성을 파악할 수 없으므로 10%를 적용한다.

⑤ 내국신용장에 의한 수출재화임가공용역은 '부가가치세를 별도로 적은 세금계산서를 발급하는 경우는 10%를 적용한다'는 법률규정이 없으므로 부가가치세를 별도로 적은 세금계산서를 발급했더라도 영세율을 적용한다*.

* 부가가치세 집행기준(60－0－19)에 따르면 영세율 적용분에 대하여 10% 세금계산서를 발급하는 경우 이를 사실과 다른 세금계산서로 보지 않도록 하고 있으나(summary p1-74. ■), 해답에서는 이 문제의 '〈답안작성 요령〉 ②'에 따라 영세율란에 기재하였다.

4. 외국을 항행하는 선박 · 항공기 · 원양어선에 재화를 공급하는 경우 summary p1-74. (4). ② 영세율을 적용하되, 부가가치세를 별도로 기재한 세금계산서를 발급한 경우에는 10%를 적용한다.
→ 공급받는 자가 국내 사업장이 없는 비거주자 · 외국법인인 경우에 한하여 세금계산서 발급의무가 면제되는데, 자료에 별도 언급 없으므로 TI 발급

5.

(1), (4), (5) 국외에서 제공하는 용역은 속인주의(屬人主義)에 따라 용역을 제공하는 사업장(납세지)이 국내에 있으면 과세한다(대금결제방법과 무관하게 영세율적용). summary p1-70. 2.2

(1) 부동산임대업 : 사업장(납세지)인 부동산의 등기부상 소재지가 일본에 있으므로 과세대상이 아니다.

(4), (5) 건설업 : 사업장(납세지)인 법인 등기부상 소재지가 국내에 있으므로 영세율을 적용한다. → 국외제공용역은 공급받는 자가 국내사업장이 없는 비거주자 · 외국법인인 경우에 한하여 세금계산서 발급의무가 면제된다. 따라서 '(4)'의 경우에는 영세율 TI를 발급하나, '(5)'의 경우에는 TI 발급 ×

(2), (3) 국내에서 비거주자 · 외국법인에게 제공하는 용역 중 부동산임대와 건설용역은 영세율로 열거된 용역이 아니므로 10%를 적용하나, 상품중개업은 영세율로 열거된 용역이므로 대금결제방법을 충족하면 0%를 적용한다. summary p1-71. (1) → '(2)'의 경우는 국내거래이므로 TI를 발급하나, '(3)'의 경우는 상대방이 국내사업장이 없는 비거주자이므로 TI 발급 ×

해 답

• 매출세액 : 4,500,000 + 500,000 = 5,000,000

구 분	과 세		영 세 율	
	세금계산서	기 타	세금계산서	기 타
1. 중계무역수출				95,000,000
2. 수출대행수수료	8,000,000			
3. 수출재화 임가공				
① 내국신용장			7,000,000	
② 구매확인서			6,000,000	
③ 도급계약	3,000,000		5,000,000	
④ 도급계약	9,000,000			
⑤ 내국신용장			10,000,000	
4. 외항선박에 제공	10,000,000			
5. (1) 국외 부동산임대				
(2) 부동산임대 · 건설용역	15,000,000			
(3) 상품중개		5,000,000		10,000,000
(4) 국외건설용역			150,000,000	
(5) 국외건설용역				200,000,000
계	45,000,000	5,000,000	178,000,000	305,000,000
세 율	10%	10%	0%	0%
매 출 세 액	4,500,000	500,000	0	0

1 / 15 위탁판매수출 · 외국인도수출 1.5차 2차

다음은 제조업과 수출업을 영위하는 내국법인 ㈜우리의 2026년 제2기 예정신고기간(2026. 7. 1.~2026. 9. 30.)의 부가가치세 신고 관련 자료이다. 제시된 거래의 계약과 대가수령 등은 국내 사업장에서 이루어졌다. 제시된 금액은 부가가치세가 포함되지 않은 금액이며, 필요한 모든 증빙서류는 적정하게 갖추었다고 가정한다.

1. ㈜우리는 일본 현지 수탁업자 A에게 제품을 수출하여 판매를 위탁하였다. 관련 거래 내역은 다음과 같다.
   ① 7월 10일 : 제품을 선적하였는데, 수출 제품의 원가는 ₩80,000,000, 수출예상가액은 $100,000이다.
   ② 9월 15일 : 수탁자 A가 현지에서 제품의 60%를 $60,000에 판매 완료하여 공급가액이 확정되었으며, 나머지 40%는 기말 현재 판매되지 아니한 상태이다.
   ③ 9월 25일 : 판매대금 $60,000 중 $20,000을 송금받아 원화 ₩13,500,000로 환전하였다.
   ④ 10월 10일 : 나머지 대금 $40,000을 송금받았으나 환전하지 않고 외화 계좌에 보유하고 있다.

2. ㈜우리는 싱가폴업체 B와 수출 계약을 체결하고 중국 현지 공장에서 생산한 제품을 싱가폴업체 B에게 공급가액 $45,000에 직접 인도하였다. 관련 거래 내역은 다음과 같다.
   ① 8월 5일 : 계약금 $15,000를 수령하여 ₩20,400,000으로 환전하였다.
   ② 9월 20일 : 중국 현지에서 제품을 선적 및 인도하였다.
   ③ 9월 25일 : 잔금 $30,000를 수령하였으나, 환전하지 아니하였다.

3. 기준환율은 7월 10일 ₩1,300/$, 9월 15일 ₩1,320/$, 9월 20일 ₩1,350/$, 9월 30일 ₩1,360/$이다.

[물 음]

주어진 자료를 이용하여 ㈜우리의 2026년 제2기 예정신고기간의 부가가치세 과세표준을 〈답안양식〉에 따라 계산하시오.

〈답안양식〉

자료번호	과세표준
1	
2	

핵심정리

문제의 포인트

1. 위탁판매수출의 개념과 공급시기 : summary p1-68. *2. ②
2. 외국인도수출의 개념과 공급시기 : summary p1-68. *2. ③

[1] 수출 관련 과세표준 계산문제의 접근방법

〈1단계〉 자료에 제시된 수출이 어떤 수출에 해당하는지 파악한 후 그에 따른 공급시기를 결정한다.
〈2단계〉 그 후 환전일이 공급시기 전인지 후인지를 구분하여 공급시기 전의 환전액은 환가액을 과세표준으로 하고, 공급시기 후에 보유하거나 지급받은 경우에는 공급시기의 환율을 적용하여 환산한 가액을 과세표준으로 한다.

[2] 자료별 정리사항

1. 위탁판매수출
   〈1단계〉 위탁판매수출의 공급시기는 수탁자가 재화를 판매하여 '수출재화의 공급가액이 확정되는 날'이므로 9월 15일이다. 따라서 9월 15일에 확정된 $60,000에 대한 과세표준을 산정한다.
   〈2단계〉 $20,000와 $40,000 모두 공급시기 이후에 받았으므로 공급시기인 9월 15일의 기준환율을 적용하여 환산한다.

2. 외국인도수출
   〈1단계〉 외국인도수출의 공급시기는 '외국에서 해당 재화가 인도되는 때'이므로 9월 20일이 공급시기이다.
   〈2단계〉 ① 공급시기 전 환전분 : 8월 5일에 수령하여 환전한 $15,000는 실제 환전액 ₩20,400,000을 과세표준으로 한다.
   ② 공급시기 후 수령분 : 공급시기인 9월 20일의 환율을 적용한 '$30,000 × ₩1,350 = ₩40,500,000'을 과세표준으로 한다.

해 답

자료번호	과세표준
1	₩79,200,000〈주1〉
2	60,900,000〈주2〉

〈주1〉 \$60,000 × 1,320(9. 15. 환율) = 79,200,000

〈주2〉 20,400,000 + \$30,000 × 1,350(9. 20. 환율) = 60,900,000

1 / 16 부동산의 공급

1.5차 2차 필수

다음은 ㈜민국의 2026년 제1기의 부가가치세 신고자료이다. 〈자료〉를 이용하여 [물음]에 답하시오.

〈자 료〉

㈜민국은 2026년 5월 1일에 부동산을 일괄양도하였다. 공급계약일 현재의 부동산 연면적과 자산가액의 내역은 다음과 같다.

구 분	연면적	지방세 시가표준액	취득가액	재무상태표상 장부가액	기준시가
토 지	$600m^2$	₩120,000,000	₩220,000,000	₩220,000,000	₩162,500,000
건 물	$400m^2$	60,000,000	250,000,000	182,500,000*	87,500,000
구 축 물	$200m^2$	—	150,000,000	137,500,000	—
계	$1,200m^2$	₩180,000,000	₩620,000,000	₩540,000,000	₩250,000,000

* 건물에는 감가상각부인액으로 인한 유보금액 ₩10,000,000이 있다.

[물음 1]

㈜민국이 과세사업자인 경우 〈자료〉를 이용하여 다음 각 경우별로 부가가치세 과세표준을 '〈답안양식〉'에 적으시오.

〈경우 1〉 총공급가액은 ₩1,000,000,000이며, 계약서상 토지 ₩600,000,000, 건물 ₩320,000,000, 구축물 ₩80,000,000의 실지거래가액으로 구분되는 경우(다른 법령에서 양도가액을 정한 경우 등에 해당하지 아니함). 2025년 8월 10일의 감정평가업자 감정가액은 토지 ₩360,000,000, 건물 ₩240,000,000, 구축물 ₩200,000,000이다.

〈경우 2〉 총공급가액은 ₩1,000,000,000이며, 계약서상 구분 공급가액은 토지 ₩1,000,000,000, 건물 0, 구축물 0인 경우. 계약서에 따르면 구매자는 건물과 구축물을 구입 즉시 철거하고 신축 건물을 건축하여 토지만 사용할 예정이며, 이는 증빙에 의해 확인된다. 2025년 8월 10일의 감정가액은 '〈경우 1〉'과 동일하다.

〈경우 3〉 각각의 공급가액이 구분되지 아니하며, 일괄양도가액이 ₩1,582,500,000(부가가치세 포함)인 경우. 다만, 감정평가업자의 감정가액은 토지 ₩450,000,000, 건물 ₩400,000,000, 구축물 ₩150,000,000이다.

〈경우 4〉 각각의 공급가액이 구분되지 아니하며, 일괄양도가액이 ₩932,800,000인 경우. 다만, 감정평가업자의 감정가액은 알 수 없다.

(1) 일괄양도가액에 부가가치세가 포함되지 아니한 경우

(2) 일괄양도가액에 부가가치세가 포함된 경우

〈답안양식〉

자료번호		과세표준
경우 1		
경우 2		
경우 3		
경우 4	(1)	
	(2)	

[물음 2]

㈜민국이 과세사업과 면세사업을 겸영하는 사업자인 경우로서 일괄공급가액이 ₩1,200,000,000인 경우 〈자료〉를 이용하여 다음 각 경우별로 부동산공급에 대한 부가가치세 과세표준을 계산하시오. 다만, ㈜민국의 과세사업과 면세사업의 공급가액은 다음과 같으며, 감정평가업자의 감정가액은 토지 ₩450,000,000, 건물 ₩400,000,000, 구축물 ₩150,000,000이다.

(단위 : 원)

구 분	2026년 제1기	2025년 제2기
과세사업 면세사업	700,000,000 1,300,000,000	800,000,000 1,200,000,000

〈경우 1〉 일괄공급가액에 부가가치세가 제외된 경우

〈경우 2〉 일괄공급가액에 부가가치세가 포함된 경우

핵심정리

문제의 포인트

• 부동산 공급시 과세표준 계산방법 : summary p1-112. 1

해 답

[물음 1]

자료번호		과세표준
경우 1		₩550,000,000
경우 2		0
경우 3		825,000,000
경우 4	(1)	478,060,000
	(2)	[견해 1] 453,603,864 [견해 2] 454,753,864

〈경우 1〉 실지거래 가액이 구분되는 경우

〈1단계〉 판단 ⟶ 구분금액이 안분계산한 금액과 30%이상 차이가 나는지 판단

구 분	실지거래가액Ⓐ	안분가액*[1]Ⓑ	차이비율 $\frac{Ⓐ - Ⓑ}{Ⓑ}$
토 지	600,000,000	450,000,000	33.3%
건 물	320,000,000	300,000,000	6.6%
구축물	80,000,000	250,000,000	68%
계	1,000,000,000	1,000,000,000	

〈2단계〉 과세표준 : $\underbrace{300,000,000}_{\text{건물}} + \underbrace{250,000,000}_{\text{구축물}} = 550,000,000^{*2}$

〈경우 2〉

토지와 건물등을 함께 공급받은 후 건물등을 철거하고 토지만 사용하는 경우에 해당하므로 건물등의 실지거래가액을 공급가액으로 한다.

〈경우 3〉

$$1,582,500,000 \times \frac{400,000,000+150,000,000}{(450,000,000+400,000,000+150,000,000)+55,000,000^{*}} = 825,000,000$$

* 부가가치세 : 건물과 구축물 가액 × 10% = (400,000,000+150,000,000) × 10% = 55,000,000

〈경우 4〉

(1) 부가가치세가 포함되지 아니한 경우*3

$$\text{건 물} : 932{,}800{,}000 \times \overbrace{\frac{220{,}000{,}000(\text{토지})+192{,}500{,}000(\text{건물})}{550{,}000{,}000^{*}}}^{1\text{차 : 장부가액}} \times \overbrace{\frac{87{,}500{,}000}{250{,}000{,}000}}^{2\text{차 : 기준시가}} = 244{,}860{,}000$$

$$\text{구축물} : 932{,}800{,}000 \times \frac{137{,}500{,}000}{550{,}000{,}000} = 233{,}200{,}000$$

과세표준 : 478,060,000

* 220,000,000 + 192,500,000(=182,500,000+10,000,000, 세법상 장부가액) + 137,500,000 = 550,000,000

(2) 부가가치세가 포함된 경우

일괄양도가액에 부가가치세가 포함되어 있는 경우로서 2차 안분까지 적용하는 경우 안분계산 방법에 대한 세법의 규정과 행정해석이 없다 보니, 그 계산방법에 다음 두가지 견해가 있다.

[견해 1]「부가가치세법」 시행령 제64조 제2호에 안분순서에 따른 방식

1) 안분기준(VAT가 포함된 금액)

구 분		1차 : 장부가액	2차 : 기준시가
면세	토 지	220,000,000	162,500,000
과세	건 물	192,500,000 × 1.1 = 211,750,000	87,500,000 × 1.1 = 96,250,000
	구축물	137,500,000 × 1.1 = 151,250,000	—
계		583,000,000	258,750,000

2) 계산

$$\text{건 물} : 932{,}800{,}000 \times \overbrace{\frac{220{,}000{,}000+211{,}750{,}000}{583{,}000{,}000}}^{1\text{차}} \times \overbrace{\frac{96{,}250{,}000}{258{,}750{,}000}}^{2\text{차}} = 256{,}964{,}251$$

$$\text{구축물} : 932{,}800{,}000 \times \frac{151{,}250{,}000}{583{,}000{,}000} = 242{,}000{,}000$$

계 : 498,964,251

3) 과세표준 : $498{,}964{,}251 \times \frac{100}{110}^{*4} = 453{,}603{,}864$

[견해 2] 이론적인 방식

1) 안분기준

구 분		1차 : 장부가액		2차 : 기준시가		안분비율
면세	토 지	220,000,000	75%	162,500,000	65%	(75%×65%＝48.75%)×1＝ 48.75%
과세	건 물	192,500,000		87,500,000	35%	(75%×35%＝26.25%)×1.1＝28.875%
	구축물	137,500,000	25%			25%×1.1＝ 27.5%
계		550,000,000	100%	250,000,000	100%	100% 105.125%

2) 과세표준

$$건\ 물 : 932,800,000 \times \frac{26.25}{105.125} = 232,922,711$$

$$구축물 : 932,800,000 \times \frac{25}{105.125} = 221,831,153$$

계 : 454,753,864

[물음 2]

1. 방법 1 : 개념정리용

(1) 안분기준

구 분[*5]		감정가액	
		부가가치세 제외	부가가치세 포함
면세	토 지	450,000,000	450,000,000
	건 물(60%) 구축물(60%)	→ 550,000,000 × 60% ＝ 330,000,000	330,000,000
과세	건 물(40%) 구축물(40%)	→ 550,000,000 × 40% ＝ 220,000,000	220,000,000 × 1.1 ＝ 242,000,000
계		1,000,000,000	1,022,000,000

(2) 계산

$$〈경우\ 1〉\ 1,200,000,000 \times \frac{220,000,000}{1,000,000,000} = 264,000,000$$

$$〈경우\ 2〉\ 1,200,000,000 \times \frac{220,000,000}{1,022,000,000} = 258,317,025$$

2. 방법 2 : 실전용 ⇢ 겸영사업자로서 1차안분(감정가액 또는 기준시가)으로 종료되는 경우 적용방법

〈경우 1〉 $\text{공급가액} \times \underbrace{\frac{\text{건축물분 감정가액}}{\text{감정가액 합계}}}_{\text{〈1단계〉 과세자산분}} \times \text{직전} \underbrace{\frac{\text{과세공급가액}}{\text{총공급가액}}}_{\text{〈2단계〉 과세비율}}$

$= 1{,}200{,}000{,}000 \times \frac{400{,}000{,}000 + 150{,}000{,}000}{1{,}000{,}000{,}000} \times \frac{800{,}000{,}000}{2{,}000{,}000{,}000}$

$= 264{,}000{,}000$

[간편법] $1{,}200{,}000{,}000 \times \frac{(400{,}000{,}000 + 150{,}000{,}000) \times 40\%}{1{,}000{,}000{,}000} = 264{,}000{,}000$

〈경우 2〉 $1{,}200{,}000{,}000 \times \frac{220{,}000{,}000}{\underbrace{450{,}000{,}000}_{\text{토지감정가}} + \underbrace{550{,}000{,}000 \times 60\%}_{\text{건축물감정가×면세비율}} + \underbrace{550{,}000{,}000 \times 40\% \times 1.1}_{\text{건축물감정가×과세비율×1.1}}}$

$= 258{,}317{,}025$

해 설

1. 해답상 '*'에 대한 설명

*1 자료에 제시된 2025. 8. 10.의 감정가액은 감정가액 인정기간인 공급일(2026. 5. 1.)의 직전 과세기간 개시일인 2025. 7. 1.부터 공급일이 속하는 과세기간 종료일인 2026. 6. 30.까지 기간의 감정가액이므로 감정가액 기준으로 안분계산한다.

$1{,}000{,}000{,}000 \times$
- (토지) $\frac{360{,}000{,}000}{800{,}000{,}000} = 450{,}000{,}000$
- (건물) $\frac{240{,}000{,}000}{800{,}000{,}000} = 300{,}000{,}000$
- (구축물) $\frac{200{,}000{,}000}{800{,}000{,}000} = 250{,}000{,}000$

*2 토지의 공급은 면세대상이므로 건물과 구축물의 공급만 과세한다.

*3 감정가액이 없는 경우에는 장부가액에 비례하여 1차 안분계산한 후, 기준시가가 있는 자산에 대하여는 그 합계액을 다시 기준시가에 의하여 2차 안분계산한다.

*4 안분계산금액 498,964,251이 부가가치세를 포함한 금액이므로 $\frac{100}{110}$을 곱한다.

*5 과세사업과 면세사업에 공통으로 사용하던 재화를 공급하는 경우 직전 과세기간비율로 안분(summary p1-145. 2)하므로 각 자산별로 전기 공급가액기준으로 면세비율과 과세비율을 계산한다. 토지는 100% 면세대상이며, 건물 · 구축물의 직전 과세기간 면세비율은 '$\frac{1{,}200{,}000{,}000}{2{,}000{,}000{,}000} = 60\%$' 이고 과세비율은 40%이다.

1 / 17 부동산의 공급 - 실전문제

다음은 과세사업과 면세사업을 겸영하고 있는 ㈜대한의 부가가치세 관련 자료이다. 상호 독립된 각 【문】에 답하시오.

【문 1】 2차 〈2021. CPA〉

1. ㈜대한은 과세사업과 면세사업에 공통으로 사용하던 건물과 부속토지를 2026. 6. 15.에 ₩480,000,000(부가가치세 포함)에 일괄양도하였다. 양도일에 건물 및 부속토지의 실지거래가액은 불분명하고, 감정평가액은 없다. 각 자산가액의 내역은 다음과 같다.

(단위 : 원)

구 분	기준시가	취득원가	장부가액
건물	100,000,000	200,000,000	200,000,000
부속토지	134,000,000	400,000,000	270,000,000
합 계	234,000,000	600,000,000	470,000,000

2. 각 과세기간별 과세공급가액과 면세공급가액 비율은 다음과 같다.

구 분	과세공급가액	면세공급가액
2025년 제2기	60%	40%
2026년 제1기	70%	30%

[물 음]

자료를 이용하여 ㈜대한이 일괄양도한 건물 및 부속토지의 부가가치세 공급가액과 과세표준을 다음의 〈답안양식〉에 따라 제시하시오.

〈답안양식〉

구 분	공급가액	과세표준
건 물		
부속토지		

【문 2】 2차 필수

회사는 과세사업(제조업 및 임대사업)과 면세사업(교육사업)에 겸용하던 토지와 건물 및 임대중인 기계장치를 2026. 6. 1.에 ₩500,000,000(부가가치세 제외)에 일괄양도하였으며, 잔금지급일은 2026. 6. 30.이다. 기계장치는 2025. 12. 1.부터 1년 간 보증금 ₩10,000,000, 월임대료 ₩1,000,000에 임대 중이었으며, 임대료는 매월 말 수령하였다. 1년 만기 정기예금 이자율은 1.6%이다. 매매계약서상 각각의 공급가액은 구분되어 있지 않다. 〈2017. CTA〉

구 분	취득가액	장부가액	기준시가	감정가액
토 지	₩80,000,000	₩80,000,000	₩80,000,000	₩120,000,000
건 물	200,000,000	180,000,000	120,000,000	160,000,000
기계장치	100,000,000	50,000,000	—	70,000,000
합 계	380,000,000	310,000,000	200,000,000	350,000,000

장부가액과 기준시가는 계약일 현재 가액이며, 감정가액은 2025. 6. 30.을 기준일로 평가한 가액이다. 기계장치 장부가액은 회계상 장부가액으로서 세무상 감가상각비 상각부인액은 ₩10,000,000이다. 한편, 건물 취득 시 매입세액공제는 사용면적을 기준으로 안분하였으며, 취득이후 과세사업과 면세사업에 1/2씩 사용하고 있다. 직전과세기간의 과세사업과 면세사업의 공급가액은 각각 ₩300,000,000과 ₩200,000,000이다.

[물 음]
〈자료〉를 이용하여 2026년 제1기 확정신고기간(2026. 4. 1.~2026. 6. 30.)의 매출세액을 계산하시오.

【문 3】 유예

유예생은 제2편 부가유예 3 풀이

해 답

【문 1】

구 분	공급가액*2	과세표준
건 물	200,000,000〈주1〉	120,000,000〈주2〉
부속토지	268,000,000〈주3〉	0

〈주1〉 $480{,}000{,}000 \times \dfrac{100{,}000{,}000}{(134{,}000{,}000+100{,}000{,}000\times 40\%+100{,}000{,}000\times 60\%\times 1.1=240{,}000{,}000)}$

$= 200{,}000{,}000^{*1}$

〈주2〉 $200{,}000{,}000 \times 60\% = 120{,}000{,}000$

〈주3〉 $480{,}000{,}000 \times \dfrac{134{,}000{,}000}{240{,}000{,}000} = 268{,}000{,}000$

【문 2】

1. 과세표준

① 임대료 : 1,000,000 × 2개월 = 2,000,000*3

〈1단계〉 과세자산분 (1차 : 장부가액, 2차 : 기준시가) / 〈2단계〉 과세비율(직전 $\frac{과세}{총}$)

② 건 물 : $500{,}000{,}000 \times \dfrac{260{,}000{,}000}{320{,}000{,}000} \times \dfrac{120{,}000{,}000}{200{,}000{,}000} \times 50\% = 121{,}875{,}000^{*4}$

③ 기 계 : $500{,}000{,}000 \times \dfrac{60{,}000{,}000}{320{,}000{,}000} = 93{,}750{,}000^{*4}$

합계 217,625,000

2. 매출세액 : 217,625,000 × 10% = 21,762,500

해설

1. 해답상 '*'에 대한 설명

*1 ① 실지거래가액이 불분명하므로 기준시가 기준으로 안분한다.
② 겸영사업자의 공통사용자산이므로 직전과세기간의 공급가액 비율을 적용한다.

*2 ① 본래 공급가액이란 과세표준을 말하며, 과세표준을 계산하는 문제라면 바로 다음과 같이 계산하면 된다.

- 과세표준 : $480{,}000{,}000 \times \dfrac{100{,}000{,}000 \times 60\%}{(\underbrace{134{,}000{,}000}_{\text{토지기준시가}} + \underbrace{100{,}000{,}000 \times 40\%}_{\text{건물기준시가×면세비율}} + \underbrace{100{,}000{,}000 \times 60\% \times 1.1}_{\text{건물기준시가×과세비율×1.1}})} = 120{,}000{,}000$

② 물음의 경우는 답안양식에 공급가액과 과세표준을 구분하여 계산하도록 하고 있으므로 출제의도에 비추어 해답과 같이 부가가치세가 제외된 과세공급가액(건물)과 면세공급가액(토지)를 계산하였다.

*3 기계장치는 부동산이 아니므로 간주임대료를 계산하지 않는다. 따라서 양도 전인 4월과 5월분 임대료를 과세표준으로 한다.

*4 안분기준금액의 구체적인 계산 자료에 제시된 감정가액이 공급시기가 속하는 과세기간의 직전 과세기간 개시일부터 공급시기가 속하는 과세기간 종료일까지인 2025. 7. 1.부터 2026. 6. 30.까지의 감정가액이 아니므로 다음과 같이 안분한다.

구 분		1차 : 장부가액	2차 : 기준시가
면 세	토지(100%) 건물(50%)②	80,000,000 180,000,000 × 50% ＝ 90,000,000	80,000,000 120,000,000 × 50% ＝ 60,000,000
과 세	건물(50%)② 기계(100%)①	90,000,000 60,000,000③	60,000,000
계		320,000,000	200,000,000

① 임대중인 기계장치는 과세사업인 임대업에 관한 것이므로 100% 과세대상이다.

② 매입시 면적기준으로 안분하였으므로 공급시에도 면적기준으로 안분한다.

③ 50,000,000 ＋ 10,000,000(유보금액) ＝ 60,000,000

1 / 18 부동산임대 1.5차 2차 필수

다음 자료는 부동산임대업을 영위하는 일반과세자인 甲의 부동산 등의 임대내역이다. 별도 언급이 없는 한 아래 제시된 금액은 부가가치세가 제외된 금액이며, 세금계산서는 「부가가치세법」에 따라 적정하게 발급하였다고 가정한다.

〈자 료〉

1. 임대내역

임대자산	임대보증금	월임대료	월관리비	임 대 기 간
임 야	—	400,000	—	2026. 8. 1.~2027. 1. 31.
주 택	₩30,000,000	₩500,000	—	2026. 7. 1.~2027. 6. 30.
사 무 실	100,000,000	2,000,000	₩300,000	2026. 8. 1.~2027. 7. 31.
상 가 A	300,000,000	1,000,000	—	2026. 7. 1.~2027. 6. 30.
상 가 B	20,000,000	아래 '(3)' 참고	—	2026. 8. 5.~2028. 8. 4.
상 가 C	—	—	—	2026. 8. 1.~2027. 7. 31.

(1) 사무실

① 월임대료는 ₩2,000,000씩 매달 말일에 받기로 계약하였으나, 2026년 8월분과 9월분 임대료를 받지 못하여 계약에 따라 그 다음달 1일자로 임대보증금 ₩2,000,000씩 임대료에 충당하였다.

② 임대보증금은 2026. 7. 30.에 수령하였으며, 임대보증금의 운용수입으로 이자수입 ₩400,000과 유가증권처분익 ₩300,000이 있다. 사무실의 건설비는 ₩35,000,000(토지 취득가 ₩5,000,000 포함)이다.

③ 사무실의 월관리비 ₩300,000에는 별도로 구분징수하여 납입을 대행하는 수도료 등 공공요금 ₩80,000과 보험료 ₩40,000이 포함되어 있다.

(2) 상가 A : 甲이 100m²의 상가를 임차하여 그 중 70m²의 상가를 다시 임대를 내 준 것으로 100m² 임차시 ₩200,000,000의 임대보증금을 지급하였다. 월 임대료는 매월 말 받기로 하였다.

(3) 상가 B : 계약기간의 총임대료 ₩72,000,000을 2026. 8. 3.에 모두 수령하였다.

(4) 상가 C : 특수관계인에게 무상으로 임대한 것이다(특수관계 없는 자에게 임대한 경우 받을 수 있는 월임대료는 ₩2,000,000). 세금계산서는 발급하지 않았다.

2. 상가 D는 2026년 6월까지 ㈜X에게 임대하였으나, 총임대료 ₩5,500,000(부가가치세 포함)을 6월말까지 수령하지 못하였다. ㈜X는 2026. 8. 1.에 파산하였으며, 증명서류에 따라 입증된다. 甲은 선택가능하다면 당기의 세부담을 최소화하고자 한다.

3. 정기예금이자율은 2026. 8. 25. 전에는 2%, 이후에는 1.8%라고 가정한다.

[물 음]

2026년 제2기 예정신고기간의 매출세액을 계산하되, 과세표준은 〈답안양식〉에 따라 계산하기로 한다. 과세표준은 세금계산서 발급분과 기타로 구분하여 계산하기로 한다.

〈답안양식〉

구 분	계 산 근 거	과세표준	
		세금계산서	기 타
임 야 ⋮			
계			

핵심정리

문제의 포인트

- 일반적인 부동산 임대시 과세표준 계산방법 : summary p1-115. (1)

※ 자료별 정리사항

1. 전 · 답 · 과수원 · 목장용지 · 임야 · 염전임대업은 과세 제외 사업이며, 주택 임대는 면세한다.

   (1) 사무실 : 부동산 임대와 관련된 과세표준 계산문제를 풀이할 때는 자료를 속독하여 Key word를 파악한 후 다음과 같이 임대료, 간주임대료, 관리비수입을 먼저 떠 올리고 역으로 자료를 찾아가며 계산한다.

      ① 임대료 : 임대료의 공급시기는 대가의 각 부분을 받기로 한 때이므로 임대료를 받지 못하였더라도 8월과 9월 두 달분 임대료를 과세표준으로 한다.

      ② 간주임대료 : 계산식을 구성요소를 순서대로 떠 올리며 자료를 찾아 계산한다.

         ㉠ 보증금적수 : 8. 1.부터 9. 30.까지의 적수를 계산한다. 8월분 임대료를 다음 달 1일자로 보증금에서 충당하기로 하였으므로 9. 1.부터 9. 30까지는 보증금 100,000,000에서 임대료 충당액 2,000,000을 차감한 금액을 기준으로 계산한다.

         ㉡ 이자율 : 간주임대료의 공급시기인 예정신고기간 종료일(9. 30.) 현재의 이자율 1.8%를 적용한다.

   (2) 상가 A

      ① 임대료 : 월 임대료 1,000,000에 3개월을 곱하여 계산한다.

      ② 간주임대료 : 다른 사람의 상가를 임차하여 사용하던 중 전부 또는 일부를 임대하는 경우에도 간주임대료를 계산한다. 이 경우 보증금적수를 계산할 때 내가 받은 보증금적수에서 내가 임차할 때 지급한 보증금 중 재임대한 면적 비율에 해당하는 부분을 차감함에 유의한다.

(3) 상가 B

① 임대료 : 둘 이상의 과세기간에 걸친 임대료를 선불로 받았으므로 선세금에 해당하며, 과세표준은 월할계산한다(초월산입 말월불산입). summary p1-57. 1

② 간주임대료 : 해답 참고

(4) 상가 C : 특수관계인에게 사업용 부동산을 무상임대한 경우에는 시가(특수관계 없는 자에게 임대한 경우 받을 수 있는 임대료)를 과세표준으로 한다. summary p1-104. 2 → 세금계산서를 발급하지 않았으므로 기타란에 적음

2. 상가 D : 6월말까지 수령하지 못한 임대료의 공급시기는 대가의 각 부분을 받기로 한 때인 제1기이다. 따라서 제2기 예정신고기간에 포함할 과세표준은 없다. 그리고 대손세액공제 자료가 제시되었으나, 예정신고시에는 대손세액공제 규정을 적용하지 않는다는 점에 유의하여야 한다.

해 답

1. 과세표준

구 분	계 산 근 거	과세표준	
		세금계산서	기 타
임 야	전 · 답 · 과수원 · 목장용지 · 임야 · 염전임대업은 과세대상 아님	−	−
주 택	면 세	−	−
사 무 실			
① 임 대 료	2,000,000 × 2개월	4,000,000	−
② 간주임대료	[100,000,000 × 31일 ＋ (100,000,000−2,000,000) × 30일] × 1.8% × $\frac{1}{365}$	−	297,863
③ 관 리 비	(300,000−80,000−40,000) × 2개월	360,000	−
상 가 A			
① 임 대 료	1,000,000 × 3개월	3,000,000	
② 간주임대료	$\left(300,000,000-200,000,000\times\frac{70m^2}{100m^2}\right)$ × 92일 × 1.8% × $\frac{1}{365}$	−	725,917
상 가 B			
① 선 세 금	72,000,000 × $\frac{2}{24}$	6,000,000	−
② 간주임대료	20,000,000 × 57일(8. 5.~9. 30.) × 1.8% × $\frac{1}{365}$	−	56,219
상 가 C	2,000,000 × 2개월	−	4,000,000
상 가 D		−	−
계		13,360,000	5,079,999

2. 매출세액 : (13,360,000＋5,079,999) × 10% ＝ 1,843,999

1 / 19 겸용주택

1.5차 2차 필수

상호 독립된 각 '【문】'에 답하시오.

【문 1】

다음은 부동산임대업을 영위하는 ㈜조은의 단층겸용주택의 임대와 관련된 부가가치세 신고자료이다. 상호 독립된 각 〈자료〉를 이용하여 [물음]에 답하시오.

〈자료 1〉

겸용주택은 도시지역 안에 소재하고 있으며, 건물면적은 100m²(상가 40m², 주택 60m²), 부수토지면적은 700m²이다. 건물면적에 지하층 및 주차용으로 사용되는 면적은 없다.

〈자료 2〉

겸용주택은 도시지역 안에 소재하고 있으며, 건물면적은 100m²(상가 50m², 주택 50m²), 부수토지면적은 1,000m²이다. 건물면적에 지하층 및 주차용으로 사용되는 면적은 없다.

〈자료 3〉

1. 임대내역
   (1) 임대기간 : 2026. 4. 1.~2027. 3. 31.
   (2) 임 대 료 : ① 월 임 대 료(부가가치세 제외)　₩3,000,000*1
   　　　　　　　② 임대보증금　50,000,000*2

   *1 월 임대료는 매달 말일에 받기로 계약하였으나, 임차인의 자금사정으로 2026년 11월분과 12월분은 2027년 초에 수령하였다.

   *2 임대보증금운용수입으로 ₩300,000의 배당금수익이 발생하였다.

2. 2026년 12월 31일 현재 겸용주택의 취득가액 등의 내역(m²당)

구　분	취득가액	장부가액	기준시가
토　지	₩100,000	₩90,000	₩60,000
건　물	50,000	30,000	20,000

3. 과세기간 종료일 현재의 정기예금이자율은 3%라고 가정한다.

[물음 1]

'〈자료 1〉'과 '〈자료 3〉'을 이용하여 2026년 제2기 과세기간 최종 3개월(2026. 10. 1.~2026. 12. 31.)의 부가가치세 과세표준을 계산하시오.

[물음 2]
'〈자료 2〉'와 '〈자료 3〉'을 이용하여 2026년 제2기 과세기간 최종 3개월의 부가가치세 과세표준을 계산하시오.

[물음 3]
'[물음 2]'에 따라 계산한 부가가치세 과세표준을 부가가치세신고서상의 세금계산서란에 기재할 금액과 기타란에 기재할 금액으로 구분하시오. 다만, 세금계산서는 「부가가치세법」에 따라 발급하였다고 가정한다.

【문 2】
도시지역내 소재하는 겸용주택(단층)을 임대하고 있는 ㈜甲의 2026년 제1기 예정신고기간(2026. 1. 1.～2026. 3. 31.)에 관한 자료이다. 특별한 언급이 없는 한 제시된 금액은 부가가치세가 포함되지 아니한 금액이다. 〈2024. CPA〉

1. 임대계약내용
   ① 임대기간 : 2025년 9월 1일～2027년 8월 31일
   ② 임대보증금 : 500,000,000원
   ③ 임대료* : 월 5,000,000원(상가와 주택 구분 불분명함)
   ④ 청소관리비* : 월 300,000원(상가에 대해서만 관리함)
   * 임대료와 청소관리비는 매월 초 선불로 받기로 하였으나 2026년 3월분은 3월말까지 미수령 상태임

2. 임대현황

구 분		건 물	토 지
면적	상가	60m²	300m²
	주택	30m²	
장부가액(2026. 3. 31.)		6억원	3억원
기준시가(2026. 3. 31.)		8억원	2억원

3. 임대보증금은 은행에 예치 중이며 2026년 제1기 예정신고기간에 1,000,000원의 이자수익이 발생하였다. 예정신고기간 종료일 현재 계약기간 1년의 정기예금이자율은 2.9%이다.

[물 음]
2026년 제1기 예정신고기간(2026. 1. 1.～2026. 3. 31.)의 ㈜甲의 과세표준을 계산하시오.

핵심정리

문제의 포인트

• 겸용주택 임대시 과세표준 계산방법 : summary p1-116. (2)

해 답

【문 1】

[물음 1]

1. 과세면적

① 상가 : 0*1

② 상가부수토지 : $700m^2$ － [$(60m^2+40m^2)$*2×5배＝$500m^2$] ＝ $200m^2$

2. 과세표준

임 대 료 : 3,000,000 × 3 ＝	9,000,000		
간주임대료 : $50,000,000 \times 3\% \times \frac{92}{365}$ ＝	378,082	$\times \frac{2,000,000}{44,000,000^*} \times \frac{0}{100}$ ＝	0
	9,378,082	$\times \frac{42,000,000}{44,000,000} \times \frac{200}{700}$ ＝	2,557,658
			2,557,658

* ① 토지의 기준시가 : $700m^2$ × 60,000 ＝ 42,000,000
② 건물의 기준시가 : $100m^2$ × 20,000 ＝ 2,000,000
44,000,000

[물음 2]

1. 과세면적

① 상가 : $50m^2$*3

② 상가부수토지 : $1,000m^2$ － $250m^2$* ＝ $750m^2$

* $\min\left(ⓐ\ 50m^2\times5배=250m^2,\ ⓑ\ 1,000m^2\times\frac{50m^2}{100m^2}=500m^2\right)$ ＝ $250m^2$ → ⓑ가 ⓐ보다 작지 않으므로 아래와 같이 계산(만약 ⓑ가 ⓐ보다 작으면 상가와 상가부수토지의 과세면적비율이 같으므로 과세표준은 '9,378,082(총임대료) × 과세면적비율'로 간편하게 계산할 수 있다('[문 2]'가 이 경우에 해당함).

2. 과세표준

9,378,082	$\times \frac{2,000,000}{62,000,000^*} \times \frac{50}{100}$ ＝	151,259
	$\times \frac{60,000,000}{62,000,000} \times \frac{750}{1,000}$ ＝	6,806,672
		6,957,931

* ① 토지의 기준시가 : $1,000m^2$ × 60,000 ＝ 60,000,000
② 건물의 기준시가 : $100m^2$ × 20,000 ＝ 2,000,000
62,000,000

[물음 3]

① 세금계산서란

$$과세표준 \times \frac{임대료}{임대료 + 간주임대료} = 6,957,931 \times \frac{9,000,000}{9,378,082} = 6,677,418^{*4}$$

② 기타란

$$6,957,931 - 6,677,418 = 280,513$$

【문 2】

1. 과세면적

① 상가 : $60m^2$ ⇢ 과세비율 : $\frac{60m^2}{90m^2} = 66.66\%$

② 상가부수토지 : $300m^2 - \min(\underbrace{30m^2 \times 5 = 150m^2}_{ⓐ},\ \underbrace{300m^2 \times \frac{30m^2}{90m^2} = 100m^2}_{ⓑ}) = 200m^2$

⇢ 과세비율 : $\frac{200m^2}{300m^2} = 66.66\%$('ⓑ ≤ ⓐ'인 경우에는 ①과 ②의 과세비율은 동일하며, 이 경우에는 아래의 [간편법]으로 풀이하면 시간을 줄일 수 있다.

2. 과세표준

임 대 료	: 5,000,000 × 3 =	15,000,000		
간주임대료	: $500,000,000 \times 2.9\% \times \frac{90}{365}$ =	3,575,342		
		18,575,342	$\times \frac{8억원}{10억원} \times \frac{60}{90}$ =	9,906,849
			$\times \frac{2억원}{10억원} \times \frac{200}{300}$ =	2,476,712
				12,383,561
	[간편법] ⓘ 'ⓑ ≤ ⓐ'인 경우 = 18,575,342 × 100% × 비율동일 $\left(\frac{60}{90}\text{ 또는 }\frac{200}{300}\right)$ = 12,383,561			
관리비수입	: 300,000 × 3 =			900,000*5
				13,283,561

해 설

1. 해답상 '*'에 대한 설명

*1 주택면적이 상가면적보다 크므로 전부 주택으로 본다. 따라서 건물 중 과세면적은 없다.

*2 '주택면적 〉 상가면적' 이므로 주택으로 보는 상가면적도 합산한다.

*3 주택면적이 상가면적과 같으므로 상가면적만 과세대상이다.

*4 실제 임대료에 대하여는 세금계산서를 발급하여야 하나, 간주임대료는 세금계산서 발급의무가 면제된다. 따라서 과세표준을 위 해답과 같이 안분한다.

*5 임대료와 간주임대료는 상가와 주택 구분이 불분명하므로 안분계산하여야 하나, 청소관리비는 '상가'에 대해서만 관리하므로 전액 과세한다.

1 / 20 겸용주택 - 실전문제

다음은 상호 독립된 임대사업자의 임대 자료이다. 각 【문】에 답하시오. 다만, 제시된 금액은 부가가치세를 포함하지 않은 금액이다.

【문 1】 1.5차 2차

다음은 일반사업자 갑이 을에게 임대하고 있는 3층 건물(「국토의 계획 및 이용에 관한 법률」에 따른 도시지역 내에 소재)에 관한 자료이다. 2026년 제1기 과세기간의 부가가치세 과세표준을 계산하시오. 〈2022. CTA〉

1. 임대현황(주택에 부가가치세가 과세되는 사업용 건물이 함께 설치되어 있음) : 건물 1층 상가 $100m^2$, 건물 2층 주택 $100m^2$, 건물 3층 주택 $100m^2$, 부수토지 $1,500m^2$
2. 2026년 제1기 과세기간의 임대료로 30,000,000원(부가가치세 제외)을 수령하였으며 임대보증금은 438,000,000원이다(임대기간은 2025. 1. 1.~2026. 12. 31.이며, 임대료와 임대보증금의 건물과 부수토지에 대한 실지귀속은 불분명함).
3. 2026년 제1기 과세기간 종료일 현재 「소득세법」에 따른 기준시가 : 건물 300,000,000원, 토지 500,000,000원
4. 2026년 제1기 과세기간 종료일 현재 계약기간 1년의 정기예금이자율은 3%로 가정한다.

【문 2】

일반사업자 을은 다음과 같이 겸용주택을 임대하고 있다. 상호 독립된 각 〈자료〉별로 2026년 제1기 과세기간의 과세표준을 〈답안양식〉에 따라 각각 계산하시오.

〈자료 1〉 1.5차 2차 필수 〈2022. CPA〉

1. 임대건물(단층임)은 도시지역 안에 위치하고 있으며, A와 B에게 모두 2026년 4월 1일부터 3년간 다음과 같이 임대하고 있다.

구 분	월임대료*	임대보증금	용 도	면 적	
				건 물	부수토지
A	1,000,000원	21,900,000원	주택	$30m^2$	$750m^2$
B	2,000,000원	43,800,000원	상가	$30m^2$	

* 월임대료는 매월말 수령하기로 약정함

2. 2026년 제1기 과세기간 종료일 현재 계약기간 1년의 정기예금이자율은 1.5%로 가정한다.
3. 2026년 제1기 과세기간 종료일 현재 건물의 기준시가는 100,000,000원, 토지의 기준시가는 400,000,000원이다.

〈자료 2〉 2차

1. 겸용주택은 도시지역에 소재하고 있다.

2. 단층건물로 건물면적은 200m²(지하층과 주차장 면적은 제외된 면적), 토지면적은 1,500m²이다.

3. 겸용주택 중 건물부분을 A와 B에게 다음과 같이 임대하고 있으며, 토지는 건물임대면적에 비례하여 임대하고 있다.
   ① 임차인 A : 주택 60m², 상가 40m²
   ② 임차인 B : 주택 40m², 상가 60m²

4. 임차인 A와 임차인 B에 대한 2026년 제1기 과세기간의 과세대상 임대료는 각각 ₩30,000,000이다(임대보증금은 없음).

5. 겸용주택의 기준시가는 건물 ₩60,000,000, 토지 ₩40,000,000이다.

〈답안양식〉

임차인 A	
임차인 B	

【문 3】 2차

㈜병은 부동산임대업을 영위하는 법인이다. 2026. 11. 30. 임대의 어려움과 자금난으로 인하여 폐업하게 되었다. 2026년 제1기 확정신고와 제2기 예정신고는 정확하게 이루어졌으며, 폐업시 사업장에 남아있는 재화는 다음과 같다. 〈2017. CPA〉

1. 임대용 건물은 주택 50m², 상가 150m², 부수토지 1,000m²로 구성된 단층의 겸용주택이며, 2025. 11. 1.부터 2026. 10. 31.까지 임대보증금 없이 매달 1일에 ₩40,000,000의 임대료를 받았다.

2. 위의 겸용주택 및 부수토지는 2024. 9. 1. 취득하였으며, 건물의 취득가액은 ₩5,000,000,000, 부수토지의 취득가액은 ₩3,000,000,000이고, 폐업일 현재의 감정평가액은 건물 ₩6,000,000,000, 부수토지 ₩4,000,000,000이다.

3. 사업장 출퇴근 및 업무용으로 사용하던 개별소비세 과세대상인 승용자동차는 2025. 4. 1.에 ₩10,000,000에 구입하였으며, 구입시 부가가치세액 ₩1,000,000은 매입세액공제를 받지 못하였고, 폐업시 시가는 ₩6,000,000이다.

4. 사업장에 있는 비품은 2025. 7. 1.에 ₩2,000,000에 구입하였으며, 부가가치세액 ₩200,000은 매입세액공제를 받았고, 폐업시 시가는 ₩800,000이다.

[물　음]

자료를 이용하여 ㈜병의 2026년 제2기 확정신고기간(2026. 10. 1.～2026. 12. 31.)의 부가가치세 매출세액을 계산하시오.

해 답

【문 1】

1. 과세면적

① 상가 : 0*1

② 상가부수토지 : $1,500m^2 - \min\left(100\times\frac{300}{300}\times5=500^{*2},\ 1,500\times\frac{300}{300}=1,500\right) = 1,000m^2$

2. 과세표준 : 15,215,000

임대료 :	30,000,000
간주임대료 : $438,000,000 \times 3\% \times \frac{181}{365} =$	6,516,000
	$36,516,000 \times \frac{500,000,000}{800,000,000} \times \frac{1,000}{1,500} = 15,215,000$

【문 2】

〈자료 1〉

임차인 A	1,479,312
임차인 B	6,163,800

1. 과세면적 ⇢ 둘 이상의 임차인에게 임대하는 겸용주택문제가 출제된 경우에는 다음과 같이 과세상가 면적과 과세토지 면적을 구분해 놓은 후 과세표준을 계산한다.

(단위 : m^2)

임차인	과세상가	과세토지		
		총토지	주택부수토지	과세토지
A	0	$750 \times \frac{30}{60} = 375^{*3}$	$30 \times 5 = 150$	225
B*4	30	375	0	375

2. 과세표준

(1) A

임대료 : $1,000,000 \times 3 =$ 3,000,000

간주임대료 : $21,900,000 \times 1.5\% \times \frac{91}{365} =$ 81,900

$3,081,900 \times \frac{400,000,000}{500,000,000} \times \frac{225}{375} = 1,479,312$

(2) B

임대료 : 2,000,000 × 3 = 6,000,000

간주임대료 : $43,800,000 \times 1.5\% \times \frac{91}{365}$ = 163,800

6,163,800

〈자료 2〉

임차인 A	4,000,000
임차인 B	19,600,000

1. 과세면적

(단위 : m^2)

임차인	과세 상가	과세 토지: 총토지	과세 토지: 주택부수토지	과세 토지: 과세 토지
A	0	$1,500 \times \frac{100}{200} = 750$*3	$100 \times 5 = 500$	250
B	60	750	$\min[40 \times 5 = 200,\ 750 \times \frac{40}{100} = 300]$	550

2. 과세표준

(1) A

상가 : 0

토지 : $30,000,000 \times \frac{40,000,000}{100,000,000} \times \frac{250}{750}$ = 4,000,000

(2) B

상가 : $30,000,000 \times \frac{60,000,000}{100,000,000} \times \frac{60}{100}$ = 10,800,000

토지 : $30,000,000 \times \frac{40,000,000}{100,000,000} \times \frac{550}{750}$ = 8,800,000

계 19,600,000

【문 3】

1. 과세표준 : 3,031,000,000

(1) 임대료

1) 과세면적

① 상가 : $150m^2$

② 상가부수토지 : $1,000 - \min[50 \times 5(10) = 250(500),\ 1,000 \times \frac{50}{200} = 250] = 750m^2$

③ 과세면적비율 : 건물 $= \frac{150m^2}{200m^2} = 75\%$, 토지 $= \frac{750m^2}{1,000m^2} = 75\%$

2) 과세표준 : 40,000,000 × 75%*5 = 30,000,000

(2) 폐업시 잔존재화*6

① 건물 : $5{,}000{,}000{,}000 \times (1-5\%\times4) \times \frac{150m^2}{200m^2}$*7 = 3,000,000,000

② 비품 : 2,000,000 × (1－25%×2) = 1,000,000*8

3,001,000,000

2. 매출세액 : 3,031,000,000 × 10% = 303,100,000

해 설

1. 해답상 '*'에 대한 설명

*1 주택면적이 상가면적보다 크므로 전부 주택으로 본다.

*2 복층건물의 주택정착면적 : 건물정착면적 × $\frac{\text{주택연면적}}{\text{건물연면적}}$

*3 2인 이상에게 임대한 경우 임차인별로 계산한다. 총토지 면적 중 임차인 A에 대한 토지부분을 계산하기 위하여 $\frac{\text{임차인 A 건물면적}}{\text{총 건물면적}}$으로 안분한다.

*4 임차인 B의 경우 상가임대이므로 건물·토지 모두 과세대상이다. 따라서 면적 구분이 불필요하나, 해답에서는 참고로 제시하였다.

*5 임대료를 건물과 토지의 기준시가비율로 안분계산한 후 이를 상가와 상가부수토지분으로 안분하여 과세표준을 계산하는 것이 원칙이나, 건물과 토지의 과세면적비율이 같은 경우에는 기준시가비율 안분계산을 생략하고 바로 과세면적비율을 곱하여 계산하는 것이 간편하다.

*6 토지는 면세, 승용자동차는 매입세액불공제 되었으므로 폐업시 잔존재화 계산 대상이 아니다.

*7 겸영사업자의 폐업시 남아 있는 감가상각자산의 간주공급 과세표준은 '직전과세기간의 $\frac{\text{과세}}{\text{총}}$' 비율로 안분계산한다. 건물의 경우 사용면적이 구분되므로 구입시 사용면적기준으로 안분한 것으로 보아 사용면적비율로 안분계산한다. summary p1-111. *4

*8 비품은 구입시 전액 매입세액공제를 받았으므로 전부 과세사업용으로 보아 '$\frac{\text{과세}}{\text{총}}$' 비율로 안분하지 않는다.

1 / 21 대손세액공제

1.5차 2차 필수

다음은 과세사업자인 ㈜A(중소기업 아님)의 부가가치세 신고 관련 자료이다. 〈자료〉에 제시된 금액은 모두 부가가치세가 포함된 금액이다.

〈자 료〉

1. 2026. 4. 1.~2026. 6. 30.의 제품매출액 : ₩110,000,000

2. 2026. 3. 20.의 매출액을 제1기 예정신고시 누락한 금액 : ₩3,300,000

3. 2026년 제1기 과세기간 중에 발생한 대손채권(저당권은 설정되어 있지 않음)의 내역은 다음과 같으며, 확정신고시 대손세액공제신고서를 제출하였다.

구 분	대손금액	채권발생일 (공 급 일)	대 손 사 유
대 여 금	₩1,100,000	25. 5. 10.	2026. 4. 10.에 소멸시효 완성
받 을 어 음	6,600,000	25. 5. 9.	지급기일인 2026. 1. 10.에 거래처의 부도발생 (금융회사의 부도확인일은 2025. 12. 15.)
외상매출금 A	4,400,000	21. 1. 15.	2026. 7. 5.에 채무자 파산*[1]
외상매출금 B	3,300,000	15. 7. 10.	2026. 5. 10.에 사업의 폐지
외상매출금 C	2,200,000	20. 1. 15.	2025. 10. 20.에 부도발생
외상매출금 D	5,500,000	25. 10. 22.	2026. 1. 30.에 회생계획인가 결정*[2]
외상매출금 E	2024. 11. 5.에 발생한 매출채권 ₩11,000,000에 대하여 거래처가 「채무자 회생 및 파산에 관한 법률」에 따른 법원의 회생계획인가의 결정으로 주식 5,000주로 출자전환하였으며, 전환 즉시 90%를 무상감자하여 ㈜A는 500주를 보유하고 있다. 주식의 액면가액은 ₩500,000, 시가는 ₩1,100,000이다.		

*[1] 채무자의 파산으로 대손증명서류 입수가 불가능하다.

*[2] 예정신고시 대손세액공제를 받지 아니하였다.

4. 회사는 소멸시효완성사유로 2025년 제2기 부가가치세신고시 외상매출금 F ₩9,900,000에 대하여 전액 대손세액공제를 받았으며, 2026. 6. 20.에 ₩8,800,000을 회수하였다.

[물 음]

자료를 이용하여 ㈜A가 2026. 7. 25.에 신고할 2026년 제1기 과세기간 최종 3개월(2026. 4. 1.~2026. 6. 30.)의 부가가치세 과세표준과 매출세액을 〈답안양식〉에 따라 계산하시오. 선택 가능한 경우 세부담을 최소화하기로 한다.

〈답안양식〉

과세표준	
매출세액	

핵심정리

문제의 포인트

- 대손세액공제 : summary p1-119. 제3절

[1] '문 1－21'과 같은 〈답안양식〉이 제시된 경우 주의사항

답안양식과 같이 과세표준, 매출세액 계산문제가 제시되었을 때에는 'p1－35. 핵심정리. [1]'에서 설명한 대로 영세율 적용대상 또는 대손세액공제 자료가 있는지 파악한 후 이를 고려하여 매출세액을 계산하여야 한다.

[2] 자료별 정리사항

2. 예정신고시 누락한 금액은 확정신고시 포함한다. 만약 예정신고 누락분이 영세율 적용대상인 경우 이를 별도로 구분해 놓고 매출세액 계산시 영세율을 적용한다.
3. 각 자료별로 대손세액공제 요건(과세채권, 대손사유, 대손기한, 신고서 · 증명서류 요건)을 충족하였는지 판단하여 대손세액공제 여부를 결정한다.
   ① 대여금 : 면세대상인 금융용역 관련 채권이므로 공제대상이 아니다.
   ② 받을어음 : 과세기간종료일인 2026. 6. 30.을 기준으로 부도발생일(부도어음의 지급기일과 금융기관 부도확인일 중 빠른 날인 2025. 12. 15.)부터 6개월 이상 지났으므로 공제대상이다.
   ③ 외상매출금 A : 대손증명서류를 제출할 수 없으므로 공제대상이 아니다. 증명서류를 제출할 수 있더라도 대손확정일이 속하는 2026년 제2기에 공제한다.
   ④ 외상매출금 B : 공급일(2015. 7. 10.)로부터 10년이 지난 날이 속하는 과세기간에 대한 확정신고기한(2026. 1. 25.)을 지나 대손이 확정되었으므로 공제대상이 아니다.
   ⑤ 외상매출금 C : 기간요건을 충족하였고 2026년 제1기말에 부도발생일부터 6개월이 지났으나, 회사가 중소기업이 아니므로 대손사유를 충족못한다. ⟶ 부도발생일부터 6개월 이상 지난 외상매출금은 내가 중소기업인 경우에만 대손세액공제 가능함
   ⑥ 외상매출금 D : 예정신고시에는 대손세액공제를 받을 수 없으므로 확정신고시 공제한다.
   ⑦ 외상매출금 E : 회생계획인가 결정에 따른 채권의 회수불능도 대손사유에 해당한다. 회생계획인가 결정에 따라 채권을 출자전환하는 경우 채권의 장부가액 11,000,000과 주식의 시가 1,100,000와의 차액 9,900,000이 대손세액공제 대상이다.
4. 외상매출금 F : 대손세액공제를 받은 채권 ₩9,900,000 중 ₩8,800,000을 회수하였으므로 그 금액에 대하여 과거에 대손세액공제 받은 금액을 회수일이 속하는 과세기간의 매출세액 계산시 '대손세액가산'으로 가산한다.

해답

과세표준	₩103,000,000〈주1〉
매출세액	9,100,000〈주2〉

〈주1〉 $(110,000,000+3,300,000) \times \frac{100}{110} = 103,000,000$

〈주2〉 $103,000,000 \times 10\% - 1,200,000^{*} = 9,100,000$

* ① 공제 : $[6,600,000+5,500,000+(11,000,000-1,100,000)] \times \frac{10}{110} =$ △2,000,000

② 가산 : $8,800,000 \times \frac{10}{110} =$ 800,000

△1,200,000

1 / 22 대손세액공제 2차

㈜A는 제26기(2026. 1. 1.~2026. 12. 31.) 말에 법인세 및 부가가치세 신고 자료를 검토하던 중 다음 사항을 발견하였다.

〈발견사항〉

1. 회사는 2025년 11월 1일에 소멸시효가 완성된 외상매출금 ₩7,700,000을 2025년 제2기 부가가치세 신고시 대손세액공제를 받지 못하였고, 제25기 법인세 계산시 손금인정 받지 못하였다(제25기와 제26기 결산서에도 계상하지 않았음).

2. 회사는 2025년 제2기말에 부도 후 6개월이 지난 부도어음 ₩9,900,000(제품공급일은 2024. 5. 10.)을 2025년 제2기에 대손세액공제를 받지 못하였고, 제25기 법인세 계산시 손금인정 받지 못하였다(제25기와 제26기 결산서에도 계상하지 않았음).

[물 음]

위 발견사항별로 〈답안양식〉에 따라 법인세 계산상 결산조정사항과 신고조정사항 중 어느 것에 해당하는지 항목의 성격을 적고, 법인세와 부가가치세 부담을 최소화하기 위하여 2026년에 ㈜A가 해야 할 세무처리를 설명하시오.

〈답안양식〉

발견사항	항목의 성격	세부담 최소화 방안	
1		법인세	
		부가가치세	
2		법인세	
		부가가치세	

해 답

발견사항	항목의 성격	세부담 최소화 방안	
1	신고조정사항	법인세	소멸시효완성일이 속하는 과세기간인 제25기 법인세를 경정청구
		부가가치세	소멸시효완성일이 속하는 과세기간인 2025년 제2기 부가가치세를 경정청구
2	결산조정사항	법인세	대손사유를 충족하였으나 결산서에 계상하지 않았으므로 그대로 두면 제26기의 손금으로 인정 받지 못함. 따라서 결산서를 마감하기 전이므로 제26기 결산서에 반영하여 손금인정받아야 함
		부가가치세	부도 후 6개월이 지난 날이 속하는 과세기간인 2025년 제2기 부가가치세를 경정청구

해 설

※ 법인세법과 부가가치세법의 대손사유가 충족된 대손금 처리방법 차이

1. 법인세법 : 결산조정사항인 경우에는 결산서에 계상하지 않았으면 해당 연도의 대손금으로 인정되지 않고, 추후 결산서에 계상한 연도의 대손금으로 인정한다. 이에 비해 신고조정사항인 경우에는 결산서에 계상하였는지 여부와 무관하게 사유발생일이 속하는 사업연도의 대손금으로만 인정하므로, 추후 발견한 경우 사유발생일이 속하는 사업연도의 법인세를 경정청구한다.

2. 부가가치세법 : 대손세액공제는 법인세법과 달리 결산서 계상 여부와 관계없이 대손사유만 충족하면 적용받을 수 있다. 따라서 결산조정사항 · 신고조정사항과 무관하게 대손확정일이 속하는 과세기간에 대한 확정신고시 대손세액공제를 받으면 된다. 사업자가 착오 등으로 해당 과세기간에 대손세액공제를 받지 못한 경우에는 대손확정일이 속하는 과세기간에 대한 경정청구를 통하여 대손세액공제를 받을 수 있다.

1 / 23 매출세액 - 실전문제 2차 필수

상호 독립된 각 【문】에 답하시오

【문 1】

전자제품 제조업을 영위하는 ㈜대한의 2026년 제1기 부가가치세 신고와 관련된 거래내역이다. 별도의 언급이 없는 한 2026년 제1기 부가가치세 예정신고는 적정하게 이루어졌고, 세금계산서는 적법하게 발급되었으며, 제시된 금액은 부가가치세가 포함되지 않은 금액으로 가정한다. 선택가능한 경우 세부담을 최소화하기로 한다. 〈2025. CPA〉

〈자 료〉

1. 과세기간 최종 3개월 간 국내 사업자에게 200,000,000원의 세금계산서를 발급하고 제품매출로 회계처리하였다. 이 금액에는 다음의 거래가 포함되어 있다.
   ① 2026년 4월 10일 ㈜A에게 10,000,000원의 제품을 공급하였다. 해당 거래와 관련하여 2026년 7월 10일에 최초로 내국신용장이 개설되었다.
   ② 2026년 3월 10일 ㈜B에게 5,000,000원의 제품을 인도하였으나, 담당자의 과실로 인하여 2026년 4월 20일에 세금계산서가 발행되었다.

2. 2026년 3월 10일 ㈜C로부터 수령한 대가 3,000,000원에 대하여 세금계산서를 발급하고 선수금으로 회계처리하였다. 동 대가에 대한 제품은 2026년 6월 20일에 인도되었다.

3. 2026년 4월 8일 제품 $25,000의 수출계약을 체결하고 계약금 $5,000을 수령하였다. 계약금은 당일 기준환율로 환가하여 선수금으로 회계처리하였다. 중도금과 잔금은 6월 10일(선적일)과 7월 20일(검수완료일)에 각각 $10,000을 수령하였다. 각 일자별 수령액 및 기준환율은 다음과 같다.

구 분	계약일	중도금	잔 금
일자	2026. 4. 8.	2026. 6. 10.	2026. 7. 20.
수령액	$5,000	$10,000	$10,000
기준환율(₩/$)	1,300	1,280	1,250

4. 2026년 6월 5일 창립기념일 선물로 임직원 20명에게 1인당 시가 200,000원 상당액의 제품을 무상으로 증정하고 복리후생비로 회계처리하였다. ㈜대한은 2026년 1월 10일에 설날 선물로 1인당 시가 100,000원의 제품을 동 임직원들에게 무상으로 증정한 바 있다.

5. 2026년 6월 15일 ㈜D와 5,000,000원의 공급계약을 체결하고 계약서에 따라 2,000,000원의 세금계산서를 발급하였다. 해당 제품은 2026년 7월 5일에 인도되었으며, 대금은 계약서상의 지급시기인 2026년 7월 10일에 전액 수령하였다.

6. 외상매출금의 대손처리 관련 내역은 다음과 같다.

① ㈜E에 대한 매출채권 5,500,000원(부가가치세 포함)은 회수하지 못함에 따라, 2023년 제2기에 대손세액공제를 받았다. ㈜E는 2026년 4월 15일 해당 채무 가운데 3,300,000원(부가가치세 포함)을 변제하였다.

② 2016년 1월 15일에 발생한 ㈜F에 대한 매출채권 1,100,000원(부가가치세 포함)은 2026년 2월 20일 파산선고로 인하여 회수불가능한 것으로 확정되었다.

[물 음]

㈜대한이 2026년 제1기 부가가치세 확정신고 시 신고해야 할 과세표준과 세액을 〈답안양식〉에 따라 제시하시오.

〈답안양식〉

구 분		과세표준	세 액
과 세	세금계산서 발급분		
	기타		
영세율	세금계산서 발급분		
	기타		
예정신고 누락분			
대손세액 가감			

【문 2】

가구제조업을 영위하는 ㈜대한의 2026년 4월 1일부터 2026년 6월 30일까지 거래내역이다. ㈜대한은 2026년 6월 30일 폐업하였다. 별도의 언급이 없는 한 제시된 금액은 부가가치세가 포함되지 않은 금액이며, 세금계산서는 적법하게 발급되었다. 〈2023. CPA〉

〈자 료〉

1. 제품매출 내역은 다음과 같다.

국내매출액	300,000,000원
수출액	200,000,000원

① 2025년 5월 1일 가구를 국내사업자에게 인도하고 그 대금은 2025년 6월부터 매월 말일에 1,000,000원씩 총 15회 수령하기로 약정하였다. 약정된 금액은 정상적으로 수령하였으며, 2026년 4월부터 2026년 6월까지 수령분은 위 국내매출액에 포함되어 있다.

② 국내매출액 중 20,000,000원은 수출품 생산업자의 제품을 대행수출하고 받은 수출대행수수료이다.

③ 수출액 중 30,000,000원은 수출업자와 직접도급계약에 의하여 공급한 수출재화임가공용역에 대한 대가이다.

④ 수출액 중 50,000,000원은 내국신용장에 의한 제품 수출액이나, 공급받은 자는 동 제품을 수출용도에 사용하지 않았다.

2. 폐업 시 잔존재화는 다음과 같다.

구 분	취득일	취득가액	시 가
제 품*1	2026. 5. 31.	10,000,000원	13,000,000원
기 계 장 치*2	2025. 1. 15.	30,000,000원	35,000,000원
건 물*3	2025. 1. 11.	50,000,000원	60,000,000원
토 지	2025. 1. 11.	100,000,000원	110,000,000원

*1 제품제조에 투입된 원재료 등에 대한 매입세액은 모두 공제받음

*2 기계장치는 2025년 7월 1일부터 사업에 사용되었으며, 취득 시 3,000,000원의 매입세액공제를 받음

*3 건물은 사업의 포괄양수도에 의하여 양수하였음. 사업양도자는 2024년 9월 1일 건물을 취득하였으며, 취득 당시 5,000,000원의 매입세액공제를 받음

[물 음]

㈜대한이 2026년 제1기 부가가치세 확정신고 시 신고해야 할 과세표준을 답안양식에 따라 제시하시오.

구 분		과세표준
과 세	세금계산서 발급분	
	기 타	
영세율	세금계산서 발급분	
	기 타	

해 답

1.

구 분		과세표준	세 액
과 세	세금계산서 발급분	187,000,000〈주1〉	18,700,000
	기타	2,000,000〈주2〉	200,000
영세율	세금계산서 발급분	10,000,000〈주3〉	0
	기타	32,100,000〈주4〉	0
예정신고 누락분		5,000,000*2	500,000
대손세액 가감			200,000〈주5〉

〈주1〉 ~ 〈주4〉

자료번호	〈주1〉	〈주2〉	〈주3〉	〈주4〉
1.	185,000,000①		10,000,000	
2.*3				
3.				32,100,000②
4.		2,000,000③		
5.	2,000,000*6			
	187,000,000	2,000,000	10,000,000	32,100,000

① 200,000,000 − 10,000,000*1 − 5,000,000*2 = 185,000,000

② \$5,000 × 1,300 + (\$10,000+\$10,000) × 1,280 = 32,100,000*4

③ (200,000−100,000) × 20명 = 2,000,000*5

〈주5〉 300,000 (가산) − 100,000 (공제) = 200,000*7

2.

구 분		과세표준
과 세	세금계산서 발급분	302,000,000〈주3〉
	기 타	78,000,000〈주4〉
영세율	세금계산서 발급분	80,000,000〈주5〉
	기 타	120,000,000〈주6〉

〈주3〉 300,000,000 + 2,000,000 (7월, 8월 약정액) = 302,000,000*8

〈주4〉 폐업시 잔존재화 : $\underbrace{13{,}000{,}000}_{\text{제품}} + \underbrace{[30{,}000{,}000\times(1-25\%\times1^{*9})=22{,}500{,}000]}_{\text{기계장치}} +$

$\underbrace{\left[\frac{5{,}000{,}000}{0.1}\times(1-5\%\times3)=42{,}500{,}000\right]}_{\text{건물}} = 78{,}000{,}000$

〈주5〉 30,000,000*[10] ＋ 50,000,000*[11] ＝ 80,000,000

〈주6〉 200,000,000 － 30,000,000*[10] － 50,000,000*[11] ＝ 120,000,000

해설

1. 해답상 '*'에 대한 설명

*[1] 7월 25일 이내에 내국신용장이 개설되었으므로 영세율을 적용대상이다. 따라서 과세(10%)에서 제외하여 영세율 적용대상에 포함한다(국내 거래이므로 세금계산서 발급분).

*[2] 공급시기가 2026. 3. 10.인 5,000,000을 과세기간 최종 3개월의 매출에 포함하였으므로 확정신고시 매출액에서 뺀 후, 예정신고 누락분에 포함한다.

*[3] 자료 2번에 제시된 3,000,000의 경우 공급시기 전에 세금계산서를 발급하였지만, 대가를 받고 발급하였으므로 적법한 발급에 해당한다. 따라서 발급일인 3월 10일이 공급시기이며, 이에 대한 예정신고가 적정하게 이루어졌을 것이므로 확정신고시 제외한다.

*[4] 공급시기(선적일)인 6월 10일 전에 수령한 금액은 환가액으로, 6월 10일과 그 후에 수령한 금액은 공급시기의 기준환율을 적용한다.

*[5] 설날과 창립기념일은 항이 다르므로 설날 선물과 무관하게 1인당 10만원까지 간주공급으로 보지 않는다.

*[6] 세금계산서를 발급한 후 대가를 받았더라도 대금청구시기(세금계산서 발급일을 말한다)와 지급시기가 계약서에 있고, 그 기간이 30일 이내이므로 발급시기인 6월 15일이 공급시기이다.

*[7] 대손세액공제를 받은 금액을 회수하면 회수한 금액에 대한 부가가치세는 가산하고, 당기에 대손이 확정된 금액에 대한 부가가치세는 공제한다.

*[8] 폐업일(2026. 6. 30.) 이후 공급시기가 도래하는 2026년 7월과 8월에 받기로 한 금액은 폐업일인 2026. 6. 30.을 공급시기로 한다. 따라서 세금계산서도 6월말에 7월분과 8월분을 포함하여 발급한다.

*[9] 경과된 과세기간 수는 취득일이 아닌 사업에 사용한 날을 기준으로 계산한다.

*[10] 수출업자와 직접 도급계약에 의하여 공급한 수출재화임가공용역에 대하여는 세금계산서를 발급하여야 한다. 따라서 '기타'란에 적는 수출액에서 차감하고 '세금계산서'란에 가산한다.

*[11] 내국신용장에 의한 수출의 경우 공급받은 자가 수출용도에 사용하였는지 여부와 무관하게 영세율을 적용하며 세금계산서를 발급하여야 한다. 따라서 '기타'란에 적는 수출액에서 차감하고 '세금계산서'란에 가산한다.

1 / 24 매출세액 - 실전문제 2차

다음 자료를 바탕으로 물음에 답하시오. 주어진 자료 이외의 사항은 고려하지 않는다.

〈2023. CTA〉

〈자 료〉

다음은 의류제조업과 부동산임대업을 영위하는 일반과세자인 ㈜대한의 2026년 제1기 부가가치세 과세기간 최종 3개월(2026. 4. 1.～2026. 6. 30.)의 거래 자료이다(단, 제시된 자료는 별도의 언급이 없는 한 부가가치세가 포함되지 아니한 금액이며, 적법하게 세금계산서를 발급하였다고 가정한다).

1. 의류의 판매 내역은 다음과 같다.
   (1) 국내 판매액은 ₩1,010,000,000이다. 국내 판매액 중 ₩105,000,000은 소비자에게 직접 판매하면서 신용카드매출전표를 발행한 금액으로서 매출에누리 ₩5,000,000이 차감되기 전의 금액이며, 나머지 국내 판매액 ₩905,000,000은 도매사업자 ㈜ABC에게 판매한 금액으로서 외상매출금 회수지연에 따라 받은 연체이자 ₩5,000,000이 포함되어 있는 금액이다.
   (2) 수출액은 ₩500,000,000이다. 수출액 중에서 ₩100,000,000은 외국환은행의 장이 개설한 내국신용장에 의해 공급한 것으로써 ₩30,000,000은 2026년 6월 30일에, 나머지 ₩70,000,000은 2026년 7월 20일에 내국신용장이 개설되었다. 영세율 관련 기타 부속서류는 모두 제출되었다.

2. 제조한 의류의 공급과 관련된 기타 내역은 다음과 같다.
   (1) 직매장에 광고 및 전시의 목적으로 반출한 의류의 시가는 ₩1,000,000(원가 ₩500,000)이다.
   (2) 고객에게 추첨을 통하여 경품으로 제공한 의류의 시가는 ₩2,000,000(원가 ₩1,000,000)이다.
   (3) 「재난 및 안전관리기본법」의 적용을 받아 특별재난지역에 무상으로 공급한 의류의 시가는 ₩800,000(원가 ₩600,000)이다.

3. 「국토의 계획 및 이용에 관한 법률」에 따른 도시지역 내에 소재한 주택과 상가를 겸용하는 단층건물을 다음과 같이 임대하고 있다.
   (1) 임대기간 : 2026. 4. 1. ～ 2027. 3. 31.
   (2) 임대료 : 월임대료 ₩1,000,000, 임대보증금 ₩73,000,000
   (3) 임대면적 : 주택 $40m^2$, 상가 $60m^2$, 부수토지 $400m^2$

(4) 2026년 6월 30일 기준 장부가액 및 기준시가는 다음과 같다.

구 분	장부가액	기준시가
건 물	₩10,000,000	₩20,000,000
토 지	20,000,000	30,000,000
합 계	₩30,000,000	₩50,000,000

(5) 2026년 제1기 과세기간 종료일 현재 계약기간 1년의 정기예금이자율은 연 3.5%로 가정한다.

4. 2026년 제1기 예정신고 누락분의 확정신고시 내역은 다음과 같다.

(1) 2026년 2월 1일 한국국제협력단에 국제협력사업을 위해 외국으로 무상으로 반출하는 의류를 ₩50,000,000에 공급하였으나 예정신고에 포함하지 아니하였다.

(2) 2026년 3월 31일 ㈜A에 의류를 ₩10,000,000에 외상으로 판매하였으나 예정신고에 포함하지 아니하였다.

5. 대손채권 관련 내역은 다음과 같다.

(1) 2022년 1월 10일 ㈜B에 판매한 의류에 대한 매출채권 ₩4,400,000(부가가치세 포함) 중 2026년 4월 10일에 ㈜B의 파산으로 확정된 대손액 ₩2,200,000(부가가치세 포함)에 대해 대손세액공제신고서와 대손사실을 증명하는 서류를 제출하였다.

(2) 2025년 제2기 확정신고시 대손세액공제를 받았던 ㈜C의 부도어음 ₩9,900,000(부가가치세 포함) 중 ₩7,700,000(부가가치세 포함)을 2026년 5월 8일에 회수하였다.

[물 음]

㈜대한의 2026년 제1기 부가가치세 확정신고시 신고할 내용을 다음의 양식에 따라 ① ~ ⑦의 금액을 제시하시오.

구 분		과세표준	세 율	세 액
과세	세금계산서 발급분	①		
	신용카드 · 현금영수증 발행분	②		
	기타(정규영수증 외 매출분)	③		
영세율	세금계산서 발급분	④		
	기 타	⑤		
예정신고 누락분				⑥
대손세액 가감				⑦

해답

구 분		과세표준	세 율	세 액
과세	세금계산서 발급분	① 901,800,000		
	신용카드 · 현금영수증 발행분	② 100,000,000		
	기타(정규영수증 외 매출분)	③ 2,382,200		
영세율	세금계산서 발급분	④ 100,000,000		
	기 타	⑤ 400,000,000		
예정신고 누락분				⑥ 1,000,000
대손세액 가감				⑦ 500,000

[근 거]

① ～ ⑥

구 분	①	②	③	④	⑤	⑥
1. (1) 국내판매	900,000,000*2	100,000,000*1				
(2) 수출액				100,000,000	400,000,000	
2. (1) 광고 · 전시반출						
(2) 경품			2,000,000			
(3) 특별재난 지역 공급						
3. 겸용주택 임대	1,800,000*3		382,200*3			
4. 예정신고 누락분						
(1) 한국국제 협력단						50,000,000(0%)
(2) 외상판매						10,000,000(10%)
계	901,800,000	100,000,000	2,382,200	100,000,000	400,000,000	1,000,000

*1 105,000,000 － 5,000,000 (매출에누리) ＝ 100,000,000

*2 905,000,000 － 5,000,000 (연체이자) ＝ 900,000,000

*3 (1) 과세면적 : ① 상가 : 60m²

② 상가부수토지 : 400 − min(40×5=200, $400\times\frac{40}{100}$=160) = 240m²

(2) 과세표준

임대료	: 1,000,000 × 3 =	3,000,000		
간주임대료	: 73,000,000 × 3.5% × $\frac{91}{365}$ =	637,000	× $\frac{20,000,000}{50,000,000}$ × $\frac{60}{100}$ =	872,880
		3,637,000		
			× $\frac{30,000,000}{50,000,000}$ × $\frac{240}{400}$ =	1,309,320
				2,182,200

[간편법] 3,637,000 × $\frac{60}{100}$(과세면적비율) = 2,182,200

(3) 구분
- 세금계산서 : 2,182,200 × $\frac{3,000,000}{3,637,000}$ = 1,800,000
- 기　　타 : 2,182,200 − 1,800,000 = 382,200

⑦ (△2,200,000 + 7,700,000) × $\frac{10}{110}$ = 500,000

(△2,200,000: 공제, 7,700,000: 가산)

1 / 25 매출세액 - 실전문제

상호 독립된 각 【문】에 답하시오.

【문 1】 2차 (서식작성) → 작성방법은 'p1－11. 핵심정리. [1] 매출세액 답안양식 작성방법'을 참고할 것
㈜대한은 복숭아를 매입하여 복숭아통조림으로 가공 · 판매하는 과세사업자이다. 2021. 7. 1.부터 과세사업을 영위해오던 ㈜대한은 2026. 4. 1.부터 복숭아를 가공하지 않고 그대로 판매하는 면세사업을 병행하기로 하였다. 2026년 제1기 확정신고기간 중 4. 1.부터 6. 30.까지의 부가가치세 관련 자료는 다음과 같다. 특별한 언급이 없는 한 부가가치세가 포함되지 아니한 금액이며 적법하게 세금계산서를 교부하였다고 가정한다. ㈜대한은 중소기업이 아니다. 답안 작성시 금액 계산의 경우 원 단위 미만에서 반올림하기로 한다. 〈2015. CTA 수정〉

〈자　료〉

1. 2026. 4. 1.부터 6. 30.까지의 복숭아통조림 공급가액은 ₩30,000,000이며, 이 중 70%는 전자세금계산서를 발급하여 전송하고, 30%는 신용카드매출전표를 발행하였다. 2026. 3. 30. 복숭아통조림 공급가액 ₩2,000,000에 대해 세금계산서를 발급하였으나 예정신고시 누락되어 확정신고와 함께 신고하기로 하였다.

2. 다음의 건물을 2026. 4. 1.부터 복숭아 판매를 위한 용도로만 사용하기 시작했으며, 관련 자료는 다음과 같다.

(단위 : 원)

종　류	취득일	취득가액	시　가	재무상태표상 감가상각누계액
토　지	2023. 3. 5.	23,000,000	30,000,000	－
건물〈주1〉	2023. 3. 5.	36,000,000	25,000,000	3,400,000

〈주1〉 건물 취득시 매입세액공제액은 ₩3,000,000이며, 재무상태표상 감가상각누계액에는 감가상각부인액 ₩600,000이 포함되어 있다.

3. 2026. 6. 5. 매출채권 가운데 대손 확정된 대손액 ₩1,100,000(부가가치세 포함)은 관련 재화의 공급일로부터 5년이 경과하여 「상법」상의 소멸시효가 완성된 것으로 대손요건을 모두 충족하고 또 대손세액공제신고서와 대손사실을 증명하는 서류를 제출한 것이다. 한편, 2025년 제1기 확정신고시 대손세액공제를 받은 부도어음 ₩5,500,000 중 ₩2,750,000(부가가치세 포함)을 2026. 6. 10. 회수하였다.

[물　음]
자료를 이용하여 과세표준 및 매출세액 관련 신고내용을 부가가치세 신고서 작성요령에 따라 (양식 1)을 보고 〈답안양식〉에 해당사항만 기입하시오. 단, 답안에 신고내용 구분번호 (　　　)를 반드시 적으시오.

(양식 1) 일반과세자 부가가치세 신고서 별지 제21호 서식임

<table>
<tr><th colspan="6">❶ 신 고 내 용</th></tr>
<tr><th colspan="3">구 분</th><th>구분번호</th><th>금 액</th><th>세율</th><th>세 액</th></tr>
<tr><td rowspan="9">과세표준 및 매출세액</td><td rowspan="4">과세</td><td>세금계산서 발급분</td><td>(1)</td><td></td><td>10 / 100</td><td></td></tr>
<tr><td>매입자발행 세금계산서</td><td>(2)</td><td></td><td>10 / 100</td><td></td></tr>
<tr><td>신용카드 · 현금영수증 발행분</td><td>(3)</td><td></td><td rowspan="2">10 / 100</td><td></td></tr>
<tr><td>기타(정규영수증 외 매출분)</td><td>(4)</td><td></td><td></td></tr>
<tr><td rowspan="2">영세율</td><td>세금계산서 발급분</td><td>(5)</td><td></td><td>0 / 100</td><td></td></tr>
<tr><td>기 타</td><td>(6)</td><td></td><td>0 / 100</td><td></td></tr>
<tr><td colspan="2">예 정 신 고 누 락 분</td><td>(7)</td><td></td><td></td><td></td></tr>
<tr><td colspan="2">대 손 세 액 가 감</td><td>(8)</td><td>기입불필요</td><td></td><td></td></tr>
<tr><td colspan="2">합 계</td><td>(9)</td><td>기입불필요</td><td>㉮</td><td>기입불필요</td></tr>
</table>

〈답안양식〉

구분번호	금 액	세 액
(1)	○○○○○○	×××
(3)	○○○○○	×××
(5)	○○○○○	×××
·		

【문 2】 유예

유예생은 제2편 부가유예 4, 5, 6, 7 풀이

해답

구분번호	금 액	세 액
(1)	30,000,000 × 70% = 21,000,000	2,100,000
(3)	30,000,000 × 30% = 9,000,000	900,000
(4)	$\frac{3,000,000}{10\%}$ × (1－5%×6) = 21,000,000*1	2,100,000
(7)	2,000,000	200,000
(8)		150,000*2

*1 건물의 면세전용으로 인한 과세표준

*2 (2,750,000－1,100,000) × 10/110 = 150,000

제 2 절

매입세액 summary p1-123. 제8장

	1. 세금계산서수령분 매입세액 *1	
	① 일반 매입	
	② 고정자산 매입 *3	
(+)	2. 예정신고누락분	………… 예정신고시 누락분을 확정신고시 포함
(+)	3. 매입자발행 세금계산서 매입세액	
(+)	4. 신용카드매출전표 등 수령분 *2	
	① 일반 매입	
	② 고정자산 매입 *3	
(+)	5. 의제매입세액	
(+)	6. 과세사업 전환 매입세액	
(+)	7. 재고매입세액	
(+)	8. 변제대손세액	
	합계	
(−)	9. 공제받지 못할 매입세액	
(−)	10. 공통매입세액 중 면세사업분 *4	
(−)	11. 대손처분받은 세액	
	매입세액공제액	

*1 세금계산서를 수령한 매입세액을 모두 '1'에 적은 후, 그 중 공제받지 못할 매입세액을 '9'에 적어서 뺀다.

*2 신용카드매출전표 등 수령분에는 공제받지 못할 매입세액을 제외한 '공제받을 금액'만을 '4'에 적는다.

*3 고정자산(유형자산 · 무형자산) 중 감가상각자산 매입분을 적는다.

*4 '제3절. 겸영사업자의 안분계산'에서 정리할 공통매입세액 중 면세사업분과 그에 대한 정산1, 정산2, 정산3과 관련된 세액을 적는다.

2 / 1 매입세액공제액 - 계산구조 필수

상호 독립된 각 【문】에 답하시오.

【문 1】 1.5차 2차

다음은 피혁제품 제조업 및 도매업을 영위하는 과세사업자인 ㈜한라의 2026년 제1기 확정신고기간(2026. 4. 1.~2026. 6. 30.)의 부가가치세 신고자료이다. 자료를 이용하여 [물음]에 답하시오. 별도의 언급이 없다면 세금계산서는 적법하게 발급받았다.

1. 2026년 4월 1일부터 6월 30일까지의 제품 공급가액은 ₩850,000,000(거래처로부터 받은 판매장려금 ₩20,000,000 포함)이다.

2. 2026년 4월 1일부터 6월 30일까지 세금계산서를 수령한 국내 매입가액(부가가치세가 제외된 금액임)은 다음과 같다.
   ① 업무용으로 사용하고 있는 개별소비세 과세대상 소형승용차의 주유를 위한 휘발유 구입액 : ₩20,000,000
   ② 실거래가액이 확인되지 않는 토지와 건물을 ₩500,000,000에 일괄구입한 후 토지만을 사용하기 위하여 건물을 철거비용 ₩30,000,000에 철거하였다. 토지와 건물의 기준시가는 ₩300,000,000과 ₩100,000,000이며, 토지와 건물의 감정가액은 ₩315,000,000과 ₩135,000,000이다.
   ③ 원재료 구입액 ₩220,000,000
   ④ 기계장치구입액 : ₩80,000,000

3. 거래처에게 증정하기 위하여 상품(공급가액 : ₩2,000,000, 세금계산서 수령함)을 2026년 4월 10일에 구입하여 6월 30일에 거래처에게 증정하였다. 증정 당시의 시가는 ₩2,500,000이다.

4. 종업원 복리후생목적으로 2026년 5월 6일에 상품(총공급가액 : ₩2,000,000, 세금계산서 수령함)을 구입하여 5월 30일에 종업원 10명에게 창사기념일 선물로 제공하였다. 제공 당시의 시가는 ₩2,100,000이다. 상품의 1개당 원가는 ₩200,000, 시가는 ₩210,000이다.

5. 2026년 3월 20일에 구입한 원자재 ₩10,000,000(공급가액)을 예정신고시 누락하였다.

6. 2026년 4월 1일에 ㈜세화로부터 ₩5,000,000(공급가액)의 경영컨설팅용역을 제공받았으나, ㈜세화가 세금계산서를 발급하지 아니하였다. ㈜한라는 2026년 7월 1일에 관할세무서장으로부터 거래사실 확인통지를 받아 2026년 4월 1일을 작성일로 하여 매입자발행세금계산서를 발행하여 ㈜세화에게 발급하였다.

7. 영수증 등을 수령한 매입내역은 다음과 같다. 신용카드매출전표등 수령명세서는 적정하게 제출하였다.

일 자	내 역	공급대가	비 고	부가가치세 구분
4. 13.	지방출장여비	₩550,000*[1]	신용카드매출전표	○
4. 30.	기업업무추진비	660,000	신용카드매출전표	○
5. 18.	사 무 용 품	770,000*[2]	직불카드영수증	○*[3]
6. 10.	종 업 원 식 대	880,000	금전등록기영수증	×

*[1] 업무관련된 여객운송에 대한 것으로 우등고속버스 운임 ₩330,000과 항공료 ₩220,000이다.

*[2] 직전연도 공급대가 합계액이 ₩48,000,000에 미달하여 영수증을 발급하여야 하는 간이과세자로부터 구입액 ₩440,000과 종업원 명의의 신용카드 사용액 ₩330,000이다.

*[3] 부가가치세는 구분가능하나 공급자로부터 이면 확인을 받지 못하였다.

8. 2026년 제1기 확정신고기간에 공제받을 의제매입세액은 ₩1,000,000(한도 내 금액)이라고 가정한다.

9. 거래처로부터 2026년 제1기 확정신고시 ㈜한라에 대한 매출채권 ₩7,700,000(부가가치세 포함)의 소멸시효완성으로 대손세액공제를 받았다는 통지를 받았다.

[물음 1]
2026년 제1기 확정신고기간(4. 1.~6. 30.)의 매출세액을 다음 〈답안양식〉에 따라 계산하시오. 세금계산서는 적정하게 발급하였다.

〈답안양식〉

구 분	금 액	세 율	세 액
세금계산서발급분			
기 타			
계			

[물음 2]
자료를 이용하여 2026년 제1기 확정신고기간(4. 1.~6. 30.)의 매입세액 관련 자료의 신고내용을 부가가치세 신고서 작성요령에 따라 (양식 1), (양식 2—1), (양식 2—2)를 보고 〈답안양식〉에 해당사항만 기입하시오(단, 답안에 신고내용 구분번호 ( )를 반드시 적으시오).

(양식 1)

	구 분		구분번호	금 액	세율	세 액
매입세액	세금계산서 수 취 분	일 반 매 입	(10)			
		수출기업 수입분 납부유예	(11)			
		고정자산매입	(12)			
	예 정 신 고 누 락 분		(13)			
	매입자발행 세금계산서		(14)			

(양식 2—1)

	구 분		구분번호	금 액	세율	세 액
(15) 그 밖의 공제 매입세액 명세	신용카드매출전표등 수령명세서 제출분	일 반 매 입	(44)			
		고정자산매입	(45)			
	의제매입세액		(46)			
	재 활 용 폐 자 원 등 매 입 세 액		(47)			
	(중 략)					
	변 제 대 손 세 액		(50)			
	(중 략)					
	합 계		(52)			

(양식 2—2)

	구 분	구분번호	금 액	세율	세 액
매입세액	합계 (10) — (11) + (12) + (13) + (14) + (15)	(16)			

〈답안양식〉

구분번호	금 액	세 액
(10)	ooooo	×××
(11)	ooooo	×××
(12)	ooooo	×××
·		

[물음 3]
자료를 이용하여 2026년 제1기 확정신고기간(4. 1.~6. 30.)의 공제받지 못할 매입세액명세 신고내용을 부가가치세 신고서 작성요령에 따라 (양식 3)을 보고 〈답안양식〉에 해당사항만 기입하시오(단, 답안에 신고내용 구분번호 ( )를 반드시 적으시오).

(양식 3)

	구 분	구분번호	금 액	세율	세 액
(17) 공제받지 못할 매입세액 명세	공제받지 못할 매입세액	(53)			
	공통매입세액 면세사업등분	(54)			
	대 손 처 분 받 은 세 액	(55)			
	합 계	(56)			

〈답안양식〉

구분번호	금 액	세 액
(53)	○○○○○	×××
·		

【문 2】 2차

다음은 일반과세사업자인 ㈜한라의 2026년 제1기 확정신고기간(2026. 4. 1.~6. 30.)의 부가가치세 신고자료이다. ㈜한라는 재화의 수입에 대한 납부유예 요건을 충족하는 중견사업자이다. 자료를 이용하여 물음에 답하시오.

1. 2026. 4. 1.부터 2026. 6. 30.까지 세금계산서를 수령한 국내매입가액은 ₩424,000,000(공급가액)이며, 여기에는 거래처 접대와 관련된 금액 ₩24,000,000이 포함되어 있다.
2. 2026년 4월 20일에 관세의 과세가격이 ₩70,000,000인 원재료를 수입하면서 관세 ₩4,000,000을 부담하였으며, 세관장이 발급한 수입세금계산서를 수령하였다. ㈜한라는 원재료수입에 대하여 수입시 부가가치세 납부를 유예하였다.

[물 음]
자료를 이용하여 2026년 제1기 확정신고기간(4. 1.~6. 30.)의 매입세액공제액을 다음 (양식)을 보고 〈답안양식〉에 해당 사항만 기입하시오.

(양식)

구 분		구분번호	금 액	세율	세 액
세금계산서 수 취 분	일 반 매 입	(10)			
	수출기업 수입분 납부유예	(11)			
매입세액	합계(10) − (11)	(16)			
공제받지 못할 매입세액		(17)			
매입세액 공제액		(18)	기입불필요		

〈답안양식〉

구분번호	금 액	세 액
(10)	ooooo	×××
·		

핵심정리

문제의 포인트

- 매입세액 계산구조 및 계산방법 : summary p1-123 ~ p1-130. 4

[1] 매입세액 답안양식 작성방법

매입세액 계산문제에서 답안양식은 두가지 중 하나의 형태로 제시된다.

〈유형 1〉 문 2−1과 같은 서식처럼 '세금계산서 수취분 매입세액'란과 '공제받지 못할 매입세액'란을 구분하여 제시하는 문제 : 이 경우에는 세금계산서를 수취한 것은 모두 '세금계산서 수취분 매입세액'란[(양식 1)의 구분번호 (10), (12)]에 적은 후, 그 금액 중 매입세액불공제분을 다시 '공제받지 못할 매입세액'란[(양식 3)의 구분번호 (53)]에 적어야 한다. 따라서 이런 유형의 문제가 출제되면 답안지에 계산근거를 제시할 때 구분번호 (10), (12)와 구분번호 (53) 사이에 다른 구분번호 계산근거를 적을 공간을 남긴 후, 자료를 읽어 가며 (10), (12)와 (53)을 동시에 적어가면서 계산하는 것이 바람직하다. → 매입세액불공제분 (summary p1-124. 9)은 반드시 숙지하여야 함

〈유형 2〉 '세금계산서 수취분 매입세액'란과 '공제받지 못할 매입세액'란을 구분하지 않고 단순히 매입세액공제액을 계산하는 문제 : 이 경우에는 매입세액불공제분을 제외한 공제대상 매입세액만 답안지에 적어 가며 계산하면 된다.

[2] 자료별 적용

【문 1】

1. 제품 공급가액을 세금계산서발급분에 적되, 거래처로부터 받은 판매장려금은 나의 공급과는 무관하므로 차감한다. → 과세표준 : 850,000,000 － 20,000,000 ＝ 830,000,000

2. ① 피혁제품 제조업 및 도매업은 summary p1-39. *1의 영업용 사업이 아니므로 주유를 위한 휘발유 구입 관련 매입세액은 비영업용 소형승용차의 유지 관련 매입세액으로 불공제한다. → 세금계산서를 받았으므로 양식 (10)에 적은 후, 불공제대상이므로 (53)에 적어 차감한다.

   ② • 토지와 건물을 공급한 사업자가 ㈜한라에게 세금계산서를 발급한 금액은 건물 매입가액 '$500{,}000{,}000 \times \dfrac{135{,}000{,}000}{315{,}000{,}000 + 135{,}000{,}000} = 150{,}000{,}000$(summary p1-113. (3)에 따라 감정가액으로 안분)'과 철거비용 30,000,000이다. 이 금액은 토지원가를 구성하므로 불공제한다. → (10) 일반매입*에 적은 후, 불공제대상이므로 (53)에 적어 차감한다.

   * 양식 '(12)'와 '(45)'의 고정자산매입란에 적어야 할 금액의 합계액은 별지 제27호서식(건물 등 감가상각자산 취득명세서)상 공급가액 합계액과 일치하여야 한다. 건축물이 있는 토지를 취득하여 그 건축물을 철거하고 토지만을 사용하는 경우 철거한 건축물의 취득 및 철거비용은 토지의 원가를 구성하므로 감가상각자산의 원가를 구성하는 것이 아니다. 따라서 세금계산서 발급대상인 건물분과 철거비에 대한 금액을 양식상 '일반매입 (10)'에 적은 후 '공제받지 못할 매입세액 (53)'에 적는 것이 타당하다.

   ③ 원재료는 재고자산으로 비상각자산이므로 (10)에 적는다.

   ④ 기계장치는 상각자산이므로 (12)에 적는다.

3. 거래처 증정목적의 상품 구입액은 기업업무추진비 관련 매입세액이므로 매입세액불공제한다. 따라서 양식 (10)에 적은 후, (53)에 적어 차감한다. ⇢ 이와 같이 매입세액공제를 받지 못한 상품을 거래처에 증정하면 사업상증여(간주공급)가 아니므로 [물음 1]의 매출세액 계산시 반영하지 않는다.

4. 복리후생목적의 상품 구입액은 매입세액공제대상이므로 양식 (10)에 적는다. ⇢ 이와 같이 매입세액이 공제된 상품을 종업원들에게 제공하면 간주공급에 해당하나, 창사기념일 관련 재화는 사용인 1명당 연간 10만원 이하의 재화를 제공하는 경우는 간주공급으로 보지 않는다. 자료의 경우 10만원을 초과하므로 '(210,000－100,000) × 10명 ＝ 1,100,000'을 [물음 1]의 매출세액 계산시 반영한다.

5. 예정신고시 누락한 것은 확정신고시 양식 (13)에 적어 공제한다.

6. 요건에 맞게 매입자발행세금계산서를 발급하였으므로 양식 (14)에 적어 매입세액공제한다. summary p1-88. 6

7. 영수증 등 수령 내역
   ① 지방출장 여비 : 전세버스를 제외한 여객운송업자로부터 받은 신용카드매출전표는 공제대상이 아니다.
   ② 기업업무추진비 : 매입세액공제대상이 아니다. '신용카드매출전표등수령명세서 제출분'은 처음부터 매입세액이 공제되는 것만 적으므로 이 금액을 양식 (44)에 적으면 안된다. → 양식 (44)에 적은 후 (53)에 적어서 차감하는 것이 아님
   ③ 사무용품 구입 : 직전 연도의 공급대가의 합계액이 4,800만원에 미달하여 영수증을 발급하여야 하는 간이과세자로부터 구입하면서 신용카드를 사용한 것은 공제대상이 아니다(summary p1－130. 4. ⑤. ㉡). 임직원 명의 신용카드 사용이라도 업무와 관련되고 부가가치세가 구분된다면 이면 확인 여부와 무관하게 매입세액공제 가능하며, 제시된 금액이 공급대가이므로 $\frac{10}{110}$이 매입세액이다.
   ④ 금전등록기영수증 : 적격증빙이 아니므로 부가가치세가 구분가능하더라도 공제대상이 아니다.

【문 2】

1. 세금계산서를 받은 424,000,000을 (10)에 적은 후, 그 중 불공제되는 접대 관련 매입액을 답안양식의 (17)에 적어 차감한다.

2. 수입시 납부유예승인을 받아 부가가치세 납부를 유예하였으므로 납부유예시 발급받은 세금계산서를 세금계산서수취분 '(10)'에 적은 후, 다시 '(11)'에 적어 공제하는 매입세액에서 차감하여야 한다. summary p1－162. 이해

해 답

【문 1】

[물음 1]

구 분	금 액	세 율	세 액
세금계산서발급분	830,000,000	10%	83,000,000
기 타	1,100,000	10%	110,000
계	831,100,000		83,110,000

[물음 2]

구분번호	금 액	세 액
(10)	$\underbrace{20,000,000}_{\text{휘발유}} + \underbrace{(500,000,000\times\frac{135,000,000}{315,000,000+135,000,000}=150,000,000)}_{\text{건 물}}$ $+ \underbrace{30,000,000}_{\text{철거비}} + \underbrace{220,000,000}_{\text{원재료(국내)}} + \underbrace{2,000,000}_{\text{상품(기업업무추진비)}} + \underbrace{2,000,000}_{\text{상품(복리후생비)}}$ $= 424,000,000$	42,400,000
(12)	80,000,000	8,000,000
(13)	10,000,000	1,000,000
(14)	5,000,000	500,000
(44)	330,000(공급대가) $\times \frac{100}{110} = 300,000$	30,000
(46)		1,000,000
(52)	(44) + (46)	1,030,000
(16)		52,930,000*

* 42,400,000 + 8,000,000 + 1,000,000 + 500,000 + 1,030,000 = 52,930,000

[물음 3]

구분번호	금 액	세 액
(53)	$\underbrace{20,000,000}_{\text{휘발유}} + \underbrace{(150,000,000+30,000,000)}_{\text{토지}} + \underbrace{2,000,000}_{\text{기업업무추진비}} = 202,000,000$	20,200,000
(55)	$7,700,000 \times \frac{100}{110} = 7,000,000$	700,000
(56)	209,000,000	20,900,000

[참고] 매입세액공제액 : 52,930,000 − 20,900,000 = 32,030,000

【문 2】

구분번호	금 액	세 액
(10)	$424,000,000 + \underbrace{(70,000,000+4,000,000)}_{\text{원재료(수입, 납부유예)}} = 498,000,000$	49,800,000
(11)	$\underbrace{(70,000,000+4,000,000)}_{\text{원재료(수입, 납부유예)}} = 74,000,000$	7,400,000
(16)	498,000,000 − 74,000,000 = 424,000,000	42,400,000
(17)	24,000,000	2,400,000
(18)		40,000,000

해 설

1. [참고] '【문 1】'에 다른 답안양식이 제시된 경우

'[물음 2]'와 '[물음 3]'의 답안양식과 무관하게 물음이 '2026년 제1기 확정신고기간의 매입세액을 다음의 # 번호별로 계산하시오.'라고 제시된 경우 해답 작성방법을 제시하면 다음과 같다.

구 분		금 액	세 율	세 액
세금계산서 수 령 분	일 반 매 입			#1
	수출기업 수입분 납부유예			#2
	고 정 자 산 매 입			#3
예 정 신 고 누 락 분				#4
매 입 자 발 행 세 금 계 산 서				#5
신용카드매출전표등 수령명세서 제출분				#6
의 제 매 입 세 액				#7
변 제 대 손 세 액				#8
차 가 감 계				#9
공 제 받 지 못 할 매 입 세 액				#10
대 손 처 분 받 은 세 액				#11
매 입 세 액 공 제 액				#12

• [해답]

#1. $[\underbrace{20{,}000{,}000}_{\text{휘발유}} + \underbrace{(500{,}000{,}000 \times \frac{135{,}000{,}000}{315{,}000{,}000+135{,}000{,}000} = 150{,}000{,}000)}_{\text{건 물}} + \underbrace{30{,}000{,}000}_{\text{철거비}}$

$+ \underbrace{220{,}000{,}000}_{\text{원재료(국내)}} + \underbrace{2{,}000{,}000}_{\text{상품(기업업무추진비)}} + \underbrace{2{,}000{,}000}_{\text{상품(복리후생비)}}] \times 10\% = 42{,}400{,}000$

#3. 80,000,000 × 10% = 8,000,000

#4. 10,000,000 × 10% = 1,000,000

#5 5,000,000 × 10% = 500,000

#6. 330,000(공급대가) × $\frac{10}{110}$ = 30,000

#7. 1,000,000

#8. 0

#9. 42,400,000 ＋ 8,000,000 ＋ 1,000,000 ＋ 500,000 ＋ 30,000 ＋ 1,000,000 ＝ 52,930,000

#10. $[\underbrace{20,000,000}_{\text{휘발유}} + \underbrace{(150,000,000+30,000,000)}_{\text{토지}} + \underbrace{2,000,000}_{\text{기업업무추진비}}] \times 10\% = 20,200,000$

#11. $7,700,000 \times \frac{10}{110} = 700,000$

#12. 52,930,000(#9) － 20,200,000(#10) － 700,000(#11) ＝ 32,030,000

2 / 2 매입세액공제액 - 계산구조

상호 독립된 각 【문】에 답하시오.

【문 1】 1.5차 2차 필수

다음은 핸드폰제조업을 경영하는 과세사업자인 ㈜백두의 2026년 제1기 과세기간 최종 3개월(2026. 4. 1.~2026. 6. 30.)의 부가가치세 매입세액 관련 자료이다.

〈자 료〉

1. 국내거래로서 세금계산서를 수령한 매입내역은 다음과 같다.

일 자	내 역	매입가액	매입세액
4. 10.	제품운반용 트럭구입	₩35,000,000	₩3,500,000
4. 11.	건물 신축 관련 석축공사비	12,000,000	1,200,000
4. 12.	업무용 소형승용차 구입	25,000,000	2,500,000
4. 15.	소형승용차 렌트료	1,000,000	100,000
4. 20.	중계무역수출관련 서비스용역비	6,000,000	600,000
4. 22.	주식매각수수료	2,000,000*1	200,000
4. 30.	본사 경비 용역비	13,000,000	1,300,000
5. 1.	광고선전비	30,000,000*2	3,000,000
5. 9.	비품구입	10,000,000*3	1,000,000
5. 15.	원자재구입	50,000,000*4	5,000,000
5. 22.	거래처 증정 목적 상품구입	5,000,000	500,000
5. 30.	종업원사기진작 야유회 개최비	3,000,000	300,000
6. 2.	부자재구입	8,000,000*5	800,000
6. 4.	포장재구입	4,000,000*6	400,000
6. 13.	대표자개인사용콘도구입	35,000,000	3,500,000
6. 25.	전기요금	1,000,000	100,000
7. 3.	원자재구입	20,000,000	2,000,000
	계	₩260,000,000	₩26,000,000

*1 ㈜백두가 보유한 주식의 매각과 관련하여 지출한 수수료이다.

*2 광고선전비 중 ₩6,000,000은 거래관계 개선 목적으로 거래처가 부담해야 할 광고선전비를 대납한 것이다.

*3 세금계산서상 공급가액이 착오로 잘못 기재되었으나, 그 밖의 기재사항으로 공급가액이 ₩10,000,000인 사실이 확인된다. ㈜백두는 사업과 관련하여 취득한 위 비품을 2026. 6. 30.에 국가에 무상공급하였다.

*4 2026. 5. 15.에 공급받은 원자재 중 ₩40,000,000은 2026. 5. 15., ₩8,000,000은 2026. 7. 25.에 발급받았으나, ₩2,000,000은 2026. 7. 30.에 발급받았다.

*5 위탁매입에 해당하나 계약에 따라 위탁매매가 아닌 거래로 하여 발급받은 세금계산서에 의한 것으로 거래사실이 확인된다.

*6 실제 공급가액은 ₩1,000,000인데 세금계산서상의 공급가액은 ₩4,000,000으로 기재되어 있다.

2. 2026년 5월 10일에 세관장으로부터 세금계산서를 수령한 수입 : 외국에서 기계(FOB가격 : 70,000,000, 관세의 과세가격 : 60,000,000)를 수입하였는데, 그에 대한 관세는 ₩8,000,000, 개별소비세는 ₩4,000,000, 교육세는 ₩2,000,000이다.

3. 2026년 5월 20일에 일반과세사업자로부터 원자재를 ₩5,500,000(부가가치세 포함)에 공급받았는데, 공급자가 세금계산서를 발급하지 않아 ㈜백두가 관할세무서장의 확인을 받아 그에 대한 세금계산서를 발행하였다.

[물 음]

1. 부가가치세 신고요령에 따라 2026년 7월 25일 확정신고시 2026년 제1기 과세기간 최종 3개월에 대한 부가가치세 매입세액을 다음의 〈답안양식〉에 따라 계산하시오(답안양식에 ①~④을 적고 그 계산근거를 제시할 것).

〈답안양식〉

구 분	금 액	세 율	세 액
세금계산서 수취분			①
매입자발행세금계산서			②
공제받지 못할 매입세액			③
매입세액공제액			④

2. '자료 1.*4'에서 2026. 7. 30.에 발급받은 ₩2,000,000에 대해서 매입세액공제를 받을 수 있는 요건을 4줄 이내로 적으시오.

【문 2】 2차

'【문 1】'에 제시된 자료에 다음 자료가 추가되는 경우 '【문 1】'의 〈답안양식〉 중 '세금계산서 수취분'의 '①'에 적을 금액을 계산하시오.

〈추가자료〉

2025년 11월 10일에 다음과 같은 조건으로 잔금지급 후 인도받는 기계장치 구입계약을 체결하였다(부가가치세가 제외된 금액).

① 계 약 금(2025. 11. 10.) ₩20,000,000
② 중 도 금(2026. 3. 10.) ₩30,000,000
③ 잔 금(2026. 7. 10.) ₩40,000,000

계약금과 중도금을 해당일에 지급하고 매입세액공제를 받았으나, 2026. 6. 10.에 계약이 해제되어 공급자가 「부가가치세법」에 따라 수정세금계산서를 발급하였다.

【문 3】 유예

유예생은 제2편 부가유예 8 풀이

핵심정리

문제의 포인트

• 매입세액불공제 항목 : summary p1-124. 9

[1] 문 2－2의 '【문 1】' 같은 형태로 출제된 경우 답안 작성방법

1. 먼저 자료 속독을 통해 1번은 국내 매입, 2번은 수입, 3번은 매입자 발행세금계산서 자료임을 파악해 놓는다.

2. 자료 1번에 제시된 매입세액의 합계액 26,000,000을 답안양식 ①에 적고 시작한다. 이 경우 매입일 자료에 해당 과세기간을 벗어난 것(7월 3일 구입분 2,000,000)이 있는지 확인하여 그 금액을 합계액 26,000,000에서 차감한다.

3. 자료 1번부터 자료 3번을 정독하면서 답안을 작성한다.

자료 1 : 다음과 같이 일자별로 매입세액불공제액이 있는지 확인하여 있으면 답안양식 ③에 적는다.

(4. 10.) 트럭은 개별소비세 과세대상 자동차(소형승용차)가 아니므로 공제한다.

(4. 11.) 토지와 구분되는 감가상각자산인 건물 및 구축물(옹벽, 석축, 하수도, 맨홀 등) 공사관련 매입세액은 공제한다. 만약 자료가 토지와 관련된 석축공사비라면 불공제한다.

(4. 12.) 핸드폰제조업은 summary p1-39. *[1]의 영업용이 아니므로 비영업용 소형승용차의 구입 관련 매입세액으로 불공제한다.

(4. 15.) 비영업용소형승용차의 임차 관련 매입세액이므로 불공제한다.

(4. 20.) 중계무역수출 관련 서비스 용역비는 사업 관련 비용이므로 공제한다.

(4. 22.) 별도로 사업 관련성이 있다는 언급이 없는 한 주식매각수수료는 사업과 관련 없는 매입세액으로 불공제한다.

(4. 30.) 본사 경비 용역비는 사업 관련 비용이므로 공제한다.

(5. 1.) 광고선전비는 사업 관련 비용이므로 공제하는 것이 원칙이나, 거래처가 부담할 것을 대납한 금액은 기업업무추진비 관련 매입세액으로 불공제한다.

(5. 9.) ① 세금계산서상 공급가액이 착오로 잘못 기재되었으나, 그 밖의 기재사항으로 공급가액이 확인되는 경우에는 공제한다.

② 취득한 재화를 국가·지방자치단체 등에 무상으로 공급하는 경우 취득당시 사업과 관련하여 취득한 재화이면 매입세액공제하나, 사업과 무관하게 취득한 재화이면 매입세액불공제한다.

(5. 15.) 공급받은 날인 5. 15.에 발급받은 40,000,000은 적정한 발급이므로 공제하며, 7. 25.에 발급받은 8,000,000은 공급일이 속하는 과세기간에 대한 확정신고기한까지 발급받았으므로 공제한다(0.5%의 가산세는 부과). 그러나 7. 30.에 발급받은 2,000,000은 확정신고일인 2026. 7. 25. 현재 발급받지 못한 금액이므로 이를 답안양식 ① 세금계산서 수취분 계산시 차감한다.

(5. 22.) 거래처 증정 목적 상품구입비는 기업업무추진비 관련 비용이므로 불공제한다.

(5. 30.) 종업원사기진작 야유회 개최비는 사업 관련 비용이므로 공제한다.

(6. 2.) 거래 형태의 착오 등으로 위탁매입에 해당하나 계약에 따라 위탁매매가 아닌 거래로 하여 발급받은 세금계산서라도 그 거래사실이 확인되면 매입세액공제한다. summary p1−125. ⑨. ㉠

(6. 4.) 공급가액을 과다 기재하여 발급받은 경우라도 실제 공급가액에 대한 매입세액은 공제가능하므로 사실과 다른 부분 3,000,000(=4,000,000−1,000,000)에 대한 매입세액만 불공제한다.

(6. 13.) 대표자 개인 사용 콘도를 구입한 것은 사업과 무관하므로 불공제한다.

(6. 25.) 별도의 언급이 없는 전기요금은 사업과 관련된 비용으로 보아 공제한다.

(7. 3.) 제1기 확정신고기간에 구입한 것이 아니므로 답안양식 ① 계산시 차감한다.

자료 2 : 세관장이 수입시 과세한 부가가치세를 계산하여 공제한다. summary p1−108. (1)

자료 3 : 요건에 맞게 매입자발행세금계산서를 발급하였으므로 매입세액공제한다. summary p1−88. 6

[2] '【문 2】'의 정리사항

자료에 제시된 계약은 인도 전 대금을 분할하여 받는 거래로서 중간지급조건부공급에 해당한다. 따라서 계약금과 중도금은 각각 대가의 각 부분을 받기로 한 때를 공급시기로 하여 매입세액공제를 받은 상태이다. 그런데 중간에 계약이 해제되어 수정세금계산서를 발급받았으므로 과거에 공제받은 매입세액을 해답과 같이 계약해제일이 속하는 과세기간의 매입세액공제액에서 차감한다*.

* 계약의 해제로 재화·용역이 공급되지 않는 경우 공급하는 사업자가 계약이 해제되는 때에 '계약해제일을 작성일자'로 하여 비고란에 처음 세금계산서 작성일을 덧붙여 적은 후 붉은 색 글씨로 쓰거나 음의 표시를 하여 수정세금계산서를 발급한다summary p1−89. 2). 따라서 공급받는 자는 계약해제일이 속하는 과세기간의 매입세액공제액에서 차감한다.

【문 1】

1.

구 분	금 액	세 율	세 액
세금계산서 수취분			① 31,200,000〈주1〉
매입자발행세금계산서			② 500,000〈주2〉
공제받지 못할 매입세액			③ 7,700,000〈주3〉
매입세액공제액			④ 24,000,000〈주4〉

〈주1〉

① 국내거래 : 26,000,000 − 2,000,000(7. 3. 구입분) − 200,000(7. 30. 수취분) = 23,800,000

② 수 입 : (60,000,000 + 8,000,000 + 4,000,000 + 2,000,000) × 10% = 7,400,000
(60,000,000: 관세 과세가격, 8,000,000: 관세, 4,000,000: 간접세, 2,000,000: 교육세)

합계 31,200,000

〈주2〉 $5,500,000 \times \frac{10}{110} = 500,000$

〈주3〉

(4월 12일)	비영업용소형승용차	2,500,000
(4월 15일)	비영업용소형승용차렌트료	100,000
(4월 22일)	주식매각수수료	200,000
(5월 1일)	광고선전비대납액	600,000
(5월 22일)	기업업무추진비	500,000
(6월 4일)	세금계산서 부실기재	300,000*
(6월 13일)	대표자 개인사용 콘도	3,500,000
		7,700,000

* (4,000,000−1,000,000) × 10% = 300,000

〈주4〉 31,200,000 + 500,000 − 7,700,000 = 24,000,000

2. 다음 요건을 모두 충족하여야 한다. ⟶ 매입세액을 공제하되, 가산세를 부과함
① 2027년 7월 25일 이내에 발급받을 것
② 세금계산서와 함께 수정신고 및 경정청구하거나 거래사실이 확인되어 관할세무서장 등이 결정·경정하는 경우일 것

【문 2】

세금계산서 수취분 : 31,200,000(【문 1】. 해답. 〈주1〉) − 5,000,000*(수정세금계산서 수령분) = 26,200,000

* (20,000,000+30,000,000) × 10% = 5,000,000

해 설

1. [참고] 매입세액이 공제되는 것만 합계하여 계산하는 방식

만약 '【문 1】'에서 매입세액불공제액의 계산 없이 바로 매입세액공제액만 구하라고 요구한 경우에는 다음과 같이 매입세액이 공제되는 것만 합계하여도 된다.

$$\underbrace{3{,}500{,}000}_{\text{트럭}} + \underbrace{1{,}200{,}000}_{\text{석축공사비}} + \underbrace{600{,}000}_{\text{서비스용역}} + \underbrace{1{,}300{,}000}_{\text{경비용역}} + [\underbrace{(30{,}000{,}000-6{,}000{,}000)\times 10\%)}_{\text{광고선전비}}] +$$

$$\underbrace{1{,}000{,}000}_{\text{비품}} + \underbrace{(4{,}000{,}000+800{,}000)}_{\text{원자재}} + \underbrace{300{,}000}_{\text{야유회}} + \underbrace{800{,}000}_{\text{부자재}} + \underbrace{100{,}000}_{\text{포장재}} + \underbrace{100{,}000}_{\text{전기요금}} + \underbrace{7{,}400{,}000}_{\text{수입}}$$

$$+ \underbrace{\left(5{,}500{,}000\times\frac{10}{110}\right)}_{\text{매입자발행분}} = 24{,}000{,}000$$

2 / 3 의제매입세액 1.5차 2차 필수

2026년 제1기 과세기간 중에 신규로 과일통조림 제조업을 개시한 일반과세자인 김부가씨의 다음 자료를 이용하여 제1기 확정신고기간(2026. 4. 1.~2026. 6. 30.)의 부가가치세 납부세액을 계산하시오. 다만, 세부담을 최소화하기로 한다.

1. 제조개시일은 2026. 4. 20., 공급개시일은 2026. 5. 1., 사업자등록 신청일은 2026. 5. 11., 사업자등록증 발급일은 2026. 5. 13.이다.

2. 제1기 확정신고기간 중 과일통조림의 국내 매출액은 ₩90,000,000(부가가치세가 제외된 금액이며, 이 중 2026. 5. 2.의 매출액 ₩10,000,000은 2026. 5. 30.에 강제집행당한 거래처에 대한 외상매출액임), 수출액은 ₩20,000,000이며, 기계 공급가액은 ₩25,000,000이다.

3. 제1기 과세기간 중 원재료 등의 구입내역은 다음과 같다. 사업자등록증을 발급받기 전 세금계산서는 모두 대표자의 주민등록번호를 기재하여 발급받았다.

일 자	내 역	매입가액	매입세액
4. 18.	기계장치구입	₩20,000,000	₩2,000,000
4. 30.	과일구입(국산)*1	40,000,000	—
4. 30.	과일구입운반비*1	500,000	50,000
5. 10.	설탕구입	1,000,000	100,000
5. 10.	소금구입	2,000,000	—
5. 15.	토지 · 건물구입 및 철거비	50,000,000*2	2,500,000
5. 18.	토지에 대한 수익적지출	3,000,000	300,000
5. 20.	과일수입	?*3	—
6. 1.	소모품구입	700,000	70,000
6. 10.	포장용캔구입	3,600,000	360,000
	계	?	₩5,380,000

*1 과일구입운반비는 별도로 운송회사에 지급한 운반비이며, 2026. 4. 30. 과일구입분 중 10%는 복리후생목적으로 종업원에게 제공하였다.

*2 건물이 있는 토지를 취득(토지 취득가 ₩25,000,000, 건물 취득가 ₩20,000,000)하여 토지만 사용하기 위하여 건물을 철거(철거비용 ₩5,000,000)하면서 지출한 금액이다.

*3 과일수입분에 대한 수입원장상의 취득가액은 ₩50,000,000이며, 관세의 과세가격은 ₩45,000,000, 관세는 ₩4,000,000이다. 과일수입분은 모두 2026. 6. 30. 현재 기말재고로 남아있다.

4. 회사는 위 외에 건물임대인에게 임차료 ₩4,400,000(부가가치세 포함)을 지급하고 세금계산서를 발급받았으며, 간주임대료에 대한 부가가치세 ₩1,500,000을 지급하고 계산서를 발급받았다.

핵심정리

문제의 포인트

• 의제매입세액 : summary p1-130. 5

※ 자료별 정리사항

통조림 제조업을 영위하고 있으므로 의제매입세액을 고려하여야 하며, 세부담 최소화 가정이 있으므로 대손세액공제 및 의제매입세액공제 등 공제자료가 제시되었으면 해당 공제를 적용한다.

1. 사업개시일(제조업은 제조개시일 summary p1-19. *[1])인 4. 20.부터 20일이 되는 날인 5. 10.*을 지나 사업자등록을 신청하였으나, 공급시기인 5. 1.이 속하는 과세기간이 끝난 후 20일 이내인 7. 20. 이내에 신청하였으므로 1. 1.부터 5. 11.까지의 매입세액도 매입세액공제대상이다. summary p1-28. 2

   * 초일불산입원칙에 따라 4. 21.부터 기산하여 20일이 되는 날

2. • 당기에 판매한 것에 대해 당기에 대손이 확정되었으므로 매출액 90,000,000을 과세표준에 포함한 후, 10,000,000에 대한 부가가치세를 대손세액공제로 뺀다. 자료에 제시된 금액이 부가가치세가 제외된 금액이므로 $\frac{10}{110}$이 아닌 10%를 곱한 금액을 대손세액공제액으로 한다.
   • 수출액은 영세율, 기계 공급가액은 10% 세율을 적용하되, 기계와 같은 고정자산의 공급가액은 해당 사업자가 공급하는 면세농산물 등과 관련된 사업의 과세표준이 아니므로 의제매입세액공제 한도액 계산상 과세표준에 포함하지 않는다.

3. 구입내역을 검토하여 의제매입세액 및 매입세액불공제액을 계산한다. 사업자등록증 발급 전 세금계산서는 대표자 주민등록번호를 기재하여 발급받았으므로 위 핵심정리 1번에 따라 사업자등록 신청 전의 구입거래도 공제대상이다.
   (4. 30.) 과일 구입 및 운반비 : 과일 구입액은 의제매입세액공제대상이나, 과세재화의 제조·가공에 사용하지 않고 종업원에게 제공한 10%는 의제매입세액공제대상이 아니다. 운송업자에게 별도로 지급한 운반비는 운송업자로부터 세금계산서를 발급받았으므로 세금계산서수령분 매입세액공제대상이 된다. 따라서 의제매입세액공제대상이 아니다.
   (5. 10.) 설탕은 과세대상이므로 세금계산서수령분 매입세액공제대상이며, 소금은 면세대상으로서 의제매입세액공제대상이다.
   (5. 15.) 건물이 있는 토지를 취득하여 토지만 사용하기 위하여 건물을 철거하였으므로 건물과 철거비는 토지원가 구성분 매입세액이다. 따라서 불공제한다.
   (5. 18.) 토지에 대한 수익적지출(비용처리할 성격의 지출을 말함)은 토지원가를 구성하지 않으므로 별도 언급이 없다면 사업과 관련된 것으로 보아 공제한다.
   (5. 20.) 수입시 의제매입세액공제대상이 되는 매입가액은 관세의 과세가격으로 하며, 관세·간접세 및 그 부가세를 포함하지 않는다.

4. • 세금계산서를 받은 임차료는 세금계산서수령분 매입세액공제대상이다.
   • 간주임대료는 세금계산서를 발급받을 수 없으며, 계산서를 발급받았으므로 불공제대상이다. 해답 작성시 세금계산서를 발급받지 않아 해답 2번의 '세금계산서수령분' 매입세액에 적지 않으므로 '불공제액'에도 적지 않는다.

해 답

1. 매출세액

(90,000,000×10%) ＋ (20,000,000×0%) ＋ (25,000,000×10%) － (10,000,000×10%) ＝ 10,500,000

2. 매입세액

세금계산서 수령분 :	$5{,}380{,}000 + \left(4{,}400{,}000 \times \frac{10}{110}\right) =$	5,780,000
의 제 매 입 세 액 :		2,750,000*
계 :		8,530,000
불 공 제 액 :	$\underbrace{2{,}500{,}000}_{\text{(5.15.)토지관련}} =$	△2,500,000
공 제 액 :		6,030,000

* $\min(①, ②) \times \frac{4}{104} = 2{,}750{,}000$

① 매입가액 : $\underbrace{(40{,}000{,}000 \times 90\%)}_{\text{국산과일}} + \underbrace{2{,}000{,}000}_{\text{소금}} + \underbrace{45{,}000{,}000}_{\text{과일수입}} = 83{,}000{,}000$

② 한 도 : $\underbrace{(90{,}000{,}000 + 20{,}000{,}000)^{*}}_{\text{과세표준}} \times 65\% = 71{,}500{,}000$

* 기계장치의 공급가액은 해당 사업자가 공급하는 면세농산물 등과 관련된 사업의 과세표준이 아니므로 포함하지 않는다.

3. 납부세액 : 10,500,000 － 6,030,000 ＝ 4,470,000

2 / 4 의제매입세액 - 겸영사업자 1.5차 2차 필수

【문 1】 햄제조업을 경영하는 중소기업이 아닌 ㈜맛나제조의 다음 자료를 기초로 2026년 제1기의 의제매입세액을 계산하시오. 다만, 의제매입세액공제액은 한도 내 금액이며, '【문 1】' 풀이시에는 ㈜맛나제조가 겸영사업자가 아닌 과세사업자라고 가정한다.

1. 2026년 제1기의 매입내역(증빙구비)

구 분	매 입 가 액	매 입 세 액
돼지고기	₩300,000,000*[1]	–
밀가루와 소금	41,000,000*[2]	–
수돗물	1,500,000	–
설탕	4,000,000	₩400,000
접대관련	20,000,000	2,000,000

*[1] 매입가액에는 돼지고기 판매대가에 포함하여 공급자가 공급하는 운송비 ₩500,000이 포함되어 있다. 돼지고기 구입액은 모두 면세사업자로부터 구입하였다.

*[2] 밀가루 구입액은 ₩36,000,000, 소금 구입액은 ₩5,000,000으로 모두 햄제조업에 사용된다.

2. 당기에 구입한 돼지고기의 사용내역은 다음과 같다.

① 햄제조에 사용된 것	₩150,000,000
② 돼지고기로 판매한 것	100,000,000
③ 2026. 6. 30. 재고액	50,000,000
계	₩300,000,000

3. 2025. 12. 31. 현재 돼지고기 재고는 ₩45,000,000이었는데, 2026년 제1기에 그 돼지고기 중 ₩26,100,000을 도매로 판매하고 나머지 ₩18,900,000을 햄제조에 사용하였다.

【문 2】 다른 자료는 【문 1】과 동일하고 ㈜맛나제조가 돼지고기도매업과 햄제조업을 겸영하는 사업자인 경우 2026년 제1기의 의제매입세액을 계산하시오. 다만, 의제매입세액공제액은 한도 내 금액이라고 가정하며, ㈜맛나제조의 공급가액 내역은 다음과 같다.

구 분	2025년 제2기 과세기간	2026년 제1기 과세기간
돼지고기 판매업	₩300,000,000	₩200,000,000
햄제조업	700,000,000	800,000,000
계	₩1,000,000,000	₩1,000,000,000

【문 3】 다른 자료는 【문 2】와 동일하고 【문 1】의 자료 3번의 내용만 다음과 같이 달라질 경우 2025. 12. 31. 재고분에 대한 2026년 제1기의 의제매입세액 재계산액을 계산하시오.

3. 2025. 12. 31. 현재 돼지고기 재고는 ₩45,000,000이었는데, 2026년 제1기에 그 돼지고기 중 ₩5,000,000을 도매로 판매하고 나머지 ₩40,000,000을 햄제조에 사용하였다.

【문 4】 중소기업이 아닌 ㈜맛나제조가 돼지고기도매업과 햄제조업을 겸영하는 사업자인 경우 다음 자료만을 기초로 2026년 제1기의 의제매입세액을 계산하시오.

1. 2026년 제1기의 돼지고기 구입액 : ₩300,000,000*

* 구입액에는 운송업자에게 지급한 운반비 ₩30,000,000 및 매입수수료 ₩20,000,000이 포함되어 있다.

2. 2026년 제1기에 구입한 돼지고기의 사용내역

① 햄제조에 사용된 것	₩150,000,000
② 돼지고기로 판매한 것	100,000,000
③ 2026. 6. 30. 재고액	50,000,000
계	₩300,000,000

3. 과세기간별 공급가액 내역

구 분	2025년 제2기 과세기간	2026년 제1기 과세기간
돼지고기 판매업	₩300,000,000	₩200,000,000
햄 제 조 업	700,000,000	800,000,000
계	₩1,000,000,000	₩1,000,000,000

핵심정리

문제의 포인트

- 과세사업자와 겸영사업자의 의제매입세액 : summary p1-130. 5

【문 1】 과세사업자인 경우

속독을 통해 2번 자료가 1번 자료 중 돼지고기 사용내역임을 파악한 후, 두 자료를 연계하여 의제매입세액을 계산한다.

1, 2

(1) 돼지고기 구입액 : 자료 1. *[1]에 따르면 매입가액 300,000,000 안에 면세사업자가 판매대가에 포함하여 받은 운송비가 포함되어 있는데, 이 금액은 면세부수용역으로 면세대상이다. 따라서 정상적인 매입세액공제를 받을 수 없으므로 의제매입세액공제대상 매입가액에 포함한다.

① 햄제조에 사용된 것 : 과세사업에 사용하였으므로 의제매입세액 공제대상이다.

② 돼지고기로 판매한 것 : 면세사업에 사용하였으므로 의제매입세액 공제대상이 아니다.

③ 2026. 6. 30. 재고액 : 의제매입세액공제는 사용여부와 무관하게 구입일이 속하는 과세기간에 공제한다. 과세사업자는 기말재고도 과세사업 귀속 분명분이므로 전액 의제매입세액 공제대상이다.

(2) 밀가루와 소금 : 모두 과세사업에 사용하였으로 의제매입세액공제 대상이다.

(3) 수돗물 : 수돗물은 면세대상이지만 의제매입세액 공제대상인 농·축·수·임산물 및 소금이 아니므로 의제매입세액공제 대상 매입가액에 포함하지 않는다.

(4) 설탕은 과세대상이므로 정상적인 매입세액 공제대상이며, 접대 관련분은 기업업무추진비 관련 매입세액으로 불공제대상이다. 이 문제에서는 의제매입세액공제액을 묻고 있으므로 고려할 필요가 없다.

3. 전기 의제매입세액공제액 '$45,000,000 \times \frac{2}{102} = 882,352$' 중 당기에 면세농산물을 그대로 양도한 26,100,000에 대한 의제매입세액 '$26,100,000 \times \frac{2}{102} = 511,764$'를 공제요건 위배가 확정되는 과세기간에 추징한다. → 해답과 같이 당기 구입분에 대한 의제매입세액공제액에서 차감하는 방식으로 추징

【문 2】 겸영사업자

다른 풀이과정은 '**【문 1】**'과 동일하고 다음 내용만 차이가 있다.

2. ③ 2026. 6. 30. 재고액 : 겸영사업자의 기말재고는 귀속불분명분으로 보므로 기말재고액에 $\frac{\text{당기 과세공급가액}}{\text{당기 총공급가액}}$ 비율을 곱한 금액인 '$50,000,000 \times \frac{8\text{억원}}{10\text{억원}}$'만 앞으로 과세사업에 사용할 것으로 보아 의제매입세액 공제대상으로 한다.

3. 전기말 재고액 중 의제매입세액공제 대상 금액은 전기말 현재 앞으로 과세사업에 사용할 것이라고 본 '$45,000,000 \times \frac{7\text{억원}}{10\text{억원}} = 31,500,000$'이었다. 당기에 전기말 재고액 45,000,000 전액에 대한 사용내역이 제시된 상태에서 31,500,000 중 ₩18,900,000만 과세사업에 사용하였으므로 차액 ₩12,600,000에 대한 의제매입세액을 추징한다.

【문 3】 전기말 현재 앞으로 과세사업에 사용할 것이라고 본 '$45,000,000 \times \frac{7\text{억원}}{10\text{억원}} = 31,500,000$' 보다 당기에 실제로 과세사업에 사용한 금액 40,000,000이 큰 경우 그 차액에 대하여는 당기에 추가로 의제매입세액공제를 받을 수 없다. → 즉, 사용 요건 위배시 추징은 하나, 더 많이 과세사업에 사용하더라도 추가공제는 안됨

【문 4】

1. 의제매입세액의 공제대상이 되는 매입가액은 특별한 경우를 제외하고는 운임 등 부대비용을 제외한 매입원가로 한다. 따라서 운송업자에게 지급한 운반비와 매입수수료를 차감한 금액인 250,000,000을 기준으로 계산한다.

2. 돼지고기 사용내역이 구입액 총액 300,000,000을 기준으로 제시되었으므로 다음과 같이 공제대상액 250,000,000에 $\frac{\text{자료 2. ① ～ ③ 금액}}{300,000,000}$을 곱하여 대상 금액을 계산한다.

① 햄제조에 사용된 것 : '$250,000,000 \times \frac{150,000,000}{300,000,000}$'이 과세사업 사용분이다.

② 돼지고기로 판매한 것 : 면세사업에 사용하였으므로 공제대상이 아니다.

③ 2026. 6. 30. 재고액 : '$250,000,000 \times \frac{50,000,000}{300,000,000}$'이 의제매입세액 공제대상 기말재고액이며, 이 금액에 $\frac{\text{당기 과세공급가액 8억원}}{\text{당기 총공급가액 10억원}}$을 곱한 금액이 앞으로 과세사업에 사용할 금액이다.

해답

【문 1】【문 2】 → 실전에서는 공제대상 매입가액 합계액에 $\frac{2}{102}$를 곱하는 것이 간편하나, 비교정리 목적으로 아래와 같이 해답을 제시함

구 분	【문 1】 과세사업자인 경우		【문 2】 겸영사업자인 경우	
(1) 돼지고기 구입분				
① 햄제조사용	$150,000,000 \times \frac{2}{102}$ =	2,941,176		2,941,176
② 도매	(과세사업에 미사용)	–		–
③ 기말재고	$50,000,000 \times \frac{2}{102}$ =	980,392	$50,000,000 \times \frac{8억원}{10억원} \times \frac{2}{102}$ =	784,313
(2) 밀가루·소금 구입분	$41,000,000 \times \frac{2}{102}$ =	803,921		803,921
(3) 전기말재고중 미사용분추정액	$26,100,000 \times \frac{2}{102}$ =	△511,764	$(\underbrace{45,000,000 \times \frac{7억원}{10억원}}_{\text{전기 공제분}} - \underbrace{18,900,000}_{\text{당기제조 사용분}}) \times \frac{2}{102}$ =	△247,058
		4,213,725		4,282,352

【문 3】 의제매입세액 재계산액

$$(\underbrace{45,000,000 \times \frac{7억원}{10억원}}_{\text{전기 공제분}} - \underbrace{40,000,000}_{\text{당기 제조사용분}}) \times \frac{2}{102} = △166,666 \rightarrow 0$$

【문 4】 $\min(①, ②) \times \frac{2}{102} = 3,104,575$

① $\underbrace{250,000,000^{*} \times \frac{150,000,000}{300,000,000}}_{\text{햄제조 사용분}} + \underbrace{250,000,000 \times \frac{50,000,000}{300,000,000} \times \frac{8억원}{10억원}}_{\text{기말 재고분}} = 158,333,333$

② $800,000,000 \times 50\% = 400,000,000$

* 300,000,000 － 30,000,000 － 20,000,000 ＝ 250,000,000

해 설

1. 전기말 재고 중 미사용분 추징액과 의제매입세액공제 한도 계산

겸영사업자의 경우 전기말 재고에 대하여 과세공급가액비율로 안분계산한 후 당기에 그 공제요건을 위배하여 추징하는 경우 한도계산방법에는 두 가지 견해가 있을 수 있다. 이를 문 2−4의 '【문 2】'를 사례로 들어 설명하기로 한다. →「부가가치세법」 시행령 제84조 제4항에 따르면 '한도계산 규정에 따라 매입세액으로 공제받은 면세농산물 등'을 미사용한 경우 추징하도록 하고 있으므로 '[견해 1]'이 법 규정에 부합된다고 판단된다.

[견해 1] 전기말 재고 중 미사용분 추징액을 고려하기 전 당기 매입액을 기준으로 한도를 계산한다는 견해

【문 2】 의제매입세액공제액 : (1) − (2) = 4,282,353

(1) 당기매입액 : min(①, ②) × $\frac{2}{102}$ = 4,529,411

① 150,000,000 + 50,000,000 × $\frac{8억원}{10억원}$ + 41,000,000 = 231,000,000

② 800,000,000* × 50% = 400,000,000

(2) 전기말 재고 중 미사용분 추징액 : $\left(45{,}000{,}000 \times \frac{7억원}{10억원} - 18{,}900{,}000\right) \times \frac{2}{102}$ = 247,058

* 문제 자료에 제시된 햄제조업 과세표준

[견해 2] 전기말 재고 중 미사용분 추징액을 당기 매입액에서 차감한 매입가액을 기준으로 한도를 계산한다는 견해

【문 2】 의제매입세액공제액 : min(①, ②) × $\frac{2}{102}$ = 4,282,352

① 150,000,000 + 50,000,000 × $\frac{8억원}{10억원}$ + 41,000,000 − $\left(45{,}000{,}000 \times \frac{7억원}{10억원} - 18{,}900{,}000\right)$ = 218,400,000

② 800,000,000* × 50% = 400,000,000

* 문제 자료에 제시된 햄제조업 과세표준

2 / 5 의제매입세액

1.5차 2차 필수

건강기능식품 판매업을 운영하는 ㈜자연사랑은 가공되지 않은 약초나 인삼 등을 포장 판매하면서 이를 달여서 파우치형태의 즙을 제조·가공하여 판매하는 사업자이다. 다음 자료를 기초로 2026년 제1기의 부가가치세 납부세액을 계산하시오. 별도의 언급이 없다면 제시된 금액은 부가가치세가 제외된 금액이다. 회사는 중소기업이 아니다.

1. 과세기간별 공급내역

구 분		2025년 제2기	2026년 제1기
약초 등 매출액	국내매출액	₩12,000,000	₩12,000,000
	수출액*	15,000,000	6,000,000
가공 즙 매출액	국내매출액	96,000,000	124,000,000
	수출액	24,000,000	38,000,000
계		₩147,000,000	₩180,000,000

* 약초 등 수출액에 대하여는 면세포기신고를 하였다.

2. 2026년 제1기에 약초 등을 ₩80,000,000에 구입하여 다음 용도로 사용하였다.

구 분	국내판매	수 출	계
약초 등 도매분	₩9,000,000	₩6,000,000	₩15,000,000
가공 즙 제조 사용분	34,800,000	23,200,000	58,000,000
기 말 재 고 분			7,000,000

3. 2026년 제1기에 약초 등 구입시 운송업자로부터 운송용역을 제공받고 운반비 ₩1,000,000을 부담하고 세금계산서를 발급받았다. 운반비는 전액 과세사업과 면세사업 사용여부의 귀속이 불분명하다고 가정한다.

4. 2026년 5월 20일에 면세사업 창고로 사용하던 건물(취득일은 2025년 1월 20일, 취득가액은 ₩100,000,000)을 과세사업용으로 전용하였다.

핵심정리

문제의 포인트

- 겸영사업자의 경우 의제매입세액과 공통매입세액 안분 계산시 과세공급가액의 범위 차이 : 아래 [1]

[1] 겸영사업자 안분계산시 과세공급가액의 범위 비교 summary p1-136. 1)

의제매입세액 : 매입가액 × 당기 $\frac{\text{과세공급가액}}{\text{총공급가액}}$ → 10% 적용분 + 0세율 적용분 (면세포기로 0세율 적용된 것은 제외)
공통매입세액 중 과세사업분 : 공통매입세액 × 당기 $\frac{\text{과세공급가액}}{\text{총공급가액}}$ → 10% 적용분 + 0세율 적용분 (면세포기로 0세율 적용된 것도 포함)

[2] 문제에의 적용

1. 약초 등 미가공 제품의 수출액 6,000,000은 면세포기하였으므로 영세율을 적용한다. → 문제 자료에 면세포기로 인한 영세율 적용 자료가 제시되면 아래 2번과 3번에 미치는 영향이 다르기 때문에 집중해야 함

2. 의제매입세액 계산자료 : 기말재고분 7,000,000에 곱하는 당기 $\frac{\text{과세공급가액}}{\text{총공급가액}}$ 계산시 분자의 과세공급가액에 면세포기로 인한 영세율 적용분 6,000,000을 제외한다. 6,000,000은 의제매입세액 한도액 계산상 과세표준에서도 제외한다.

3. 공통매입세액 계산자료 : 귀속이 불분명한 운반비에 대한 매입세액은 공통매입세액에 해당하므로 당기 $\frac{\text{과세공급가액}}{\text{총공급가액}}$를 곱한 금액을 공제대상 매입세액으로 한다. 이 경우 분자의 과세공급가액에는 면세포기로 인한 영세율 적용분 6,000,000을 포함한다.

4. 면세사업에 사용하던 건물을 과세사업에 전용하였으므로 과세전환 매입세액을 계산하여 공제한다. summary p1-138. 6

해답

1. 매출세액 : 124,000,000 × 10% ＋ (6,000,000＋38,000,000) × 0% ＝ 12,400,000

2. 매입세액 : 10,354,117

(1) 세금계산서 수령분 매입세액

$$\text{공통매입세액} \times \frac{\text{당기 과세공급가액}}{\text{당기 총공급가액}}$$

$$= (1,000,000 \times 10\%) \times \frac{(6,000,000+124,000,000+38,000,000)}{180,000,000} = 93,333$$

(2) 의제매입세액공제 : $\min(①, ②) \times \frac{2}{102} = 1,260,784$

① $\underbrace{58,000,000}_{\text{가공 즙 제조 사용분}} + \underbrace{7,000,000 \times \frac{(124,000,000+38,000,000)}{180,000,000}}_{\text{기말재고분}} = 64,300,000$

② $(\underbrace{124,000,000}_{10\%\text{분}} + \underbrace{38,000,000}_{0\text{세율분}}) \times 50\% = 81,000,000$

(3) 과세사업 전환분 매입세액 : (100,000,000×10%) × (1－5%×2) ＝ 9,000,000

3. 납부세액 : 2,045,883

2 / 6 의제매입세액 - 겸영사업자의 정산

상호 독립된 각 【문】에 답하시오.

【문 1】

복숭아통조림제조업과 복숭아도매업을 겸영하는 중소기업인 ㈜A의 다음의 부가가치세 신고자료를 이용하여 물음에 답하시오. 다만, 예정신고는 적정하게 이루어졌으며, 아래 금액은 부가가치세가 제외된 금액이다.

〈자료 1〉

2026. 1. 1.부터 2026. 3. 31.의 과세공급가액비율은 50%(과세공급가액은 ₩80,000,000), 2026. 4. 1.부터 2026. 6. 30.의 과세공급가액비율은 70%(과세공급가액은 ₩336,000,000), 2026. 1. 1.부터 2026. 6. 30.의 과세공급가액비율은 65%이다.

〈자료 2〉

기간별 복숭아의 매입 및 사용 내역은 아래와 같다.

기 간		2026. 1. 1.~2026. 3. 31.	2026. 4. 1.~2026. 6. 30.
기 초 재 고		₩0	₩6,120,000
매 입		40,800,000	61,200,000
사 용	복숭아통조림 제조	20,400,000	46,920,000
	복 숭 아 도 매	14,280,000	4,080,000
기 말 재 고		6,120,000	16,320,000

〈자료 3〉

제1기 예정신고기간(2026. 1. 1.～2026. 3. 31.)에 공제받은 의제매입세액은 ₩8,000,000 (예정신고기간 동안 구입한 복숭아는 모두 예정신고기간 동안 통조림 제조에 사용하였음)이며, 2026. 4. 1.부터 2026. 6. 30.의 복숭아 매입액은 ₩60,000,000이며, 그 사용내역은 다음과 같다.

① 복숭아통조림 제조에 사용 : ₩42,000,000
② 복숭아 도매에 사용 : ₩12,000,000
③ 기말재고 : ₩6,000,000

[물음 1]

'〈자료 1〉'과 '〈자료 2〉'을 이용하여 2026년 제1기 확정신고시의 의제매입세액공제액을 계산하시오.

[물음 2]
'〈자료 1〉'과 '〈자료 3〉'을 이용하여 2026년 제1기 확정신고시의 의제매입세액공제액을 계산하시오.

【문 2】
부가가치세를 면제받아 공급받은 농산물을 직접 수출하거나 그 농산물을 원재료로 하여 제조·가공한 부가가치세 과세 재화를 국내에 판매하고 있는 중소기업이 아닌 ㈜A의 부가가치세 관련 자료이다. 2026년 제1기 과세기간 최종 3개월(2026. 4. 1.~6. 30.)에 대한 부가가치세 신고시 납부세액을 계산하시오. 2026년 제1기 예정신고는 적법하게 이행되었으며, 세부담의 최소화를 가정한다. 〈2025. CTA〉

1. 2026년 제1기의 공급가액

기 간	면세 농산물의 수출금액*	과세 재화의 국내 판매금액
2026. 1. 1.~3. 31.	180,000,000원	320,000,000원
2026. 4. 1.~6. 30.	200,000,000원	300,000,000원

* 2026년 초 ㈜A는 면세 농산물의 수출에 대해 면세의 포기를 적법하게 신청하였다.

2. 2026. 4. 1.~6. 30. 세금계산서 수취분 매입가액(부가가치세 별도)
   ① 면세 농산물 수출 사업 사용분 : 50,000,000원
   ② 과세 재화의 국내 판매 사업 사용분 : 50,000,000원

3. 2026년 제1기의 면세 농산물 매입 및 사용 등의 내역

구 분	2026. 1. 1.~3. 31.	2026. 4. 1.~6. 30.
면세 농산물 매입가액	190,000,000원	190,000,000원
수출분 금액	84,682,000원	97,998,000원
과세재화의 원재료 사용 금액	87,318,000원	90,002,000원
기간 말일 면세 농산물 재고액*	18,000,000원	20,000,000원

* 수출사업과 과세사업에 대한 실지귀속을 확인할 수 없다.

핵심정리

문제의 포인트

- 예정신고시와 확정신고시 의제매입세액의 계산방법 : summary p1-136. 2)

[1] 확정신고시 의제매입세액 계산문제가 출제되는 경우 주의사항

예정신고기간에 구입한 면세매입가액이 제시된 경우 특별한 언급이 없는 한 아래 '[2]'와 같이 정산한다.

[2] 의제매입세액 계산시 한도계산

1. 예정신고시에는 한도계산하지 않는다.

2. 확정신고시 한도계산하여 다음과 같이 정산한다.

- 확정신고시 의제매입세액공제액 : (1) － (2) ⇢ 정산방법 : 6개월분 － 예정분
  (1) 해당 과세기간(6개월)분 : min(①, ②) × 공제율
  ① 6개월분 매입가액
  ② 6개월분 과세표준 × 한도율
  (2) 예정신고시 의제매입세액공제액 : 예정신고기간(3개월)분 매입가액 × 공제율

해 답

【문 1】

[물음 1]

- 의제매입세액 : (1) － (2) ＝ 2,094,923

(1) 제1기 과세기간분(6개월분) : min(①, ②) × $\frac{4}{104}$ ＝ 2,997,230

① 20,400,000 ＋ 46,920,000 (통조림제조) ＋ (16,320,000×65%) (기말재고) ＝ 77,928,000

② (80,000,000＋336,000,000) × 50% ＝ 208,000,000

(2) 예정신고시 공제액 : [20,400,000 (통조림제조) ＋ (6,120,000×50%) (기말재고)] × $\frac{4}{104}$ ＝ 902,307

[물음 2]

- 의제매입세액 : (1) － (2) ＝ 0*2

(1) 제1기 과세기간분 : min(①, ②) × $\frac{4}{104}$ ＝ 8,000,000

① 208,000,000*1 (예정신고기간분) ＋ 42,000,000 (통조림제조) ＋ (6,000,000×65%) (기말재고) ＝ 253,900,000

② (80,000,000＋336,000,000) × 50% ＝ 208,000,000

(2) 예정신고시 공제액 : 8,000,000

*1 예정신고기간 매입 · 제조사용액(x) × $\frac{4}{104}$ = 8,000,000 → ∴ x = 208,000,000

*2 확정신고시 납부세액에 가산하거나 환급세액에서 공제한다.

[별해] 의제매입세액 : min(①, ②) = 0

① $\underbrace{(42{,}000{,}000+6{,}000{,}000\times 65\%)}_{\text{확정신고기간분 공제대상 매입가액}} \times \frac{4}{104}$ = 1,765,384

② $\underbrace{(80{,}000{,}000+336{,}000{,}000)\times 50\% \times \frac{4}{104}}_{\text{1기분 전체 한도 : 8,000,000}} - \underbrace{8{,}000{,}000}_{\text{예정신고시 공제분}} = \underbrace{0}_{\text{확정신고기간분 한도}}$

【문 2】

1. 매출세액 : 200,000,000*1 × 0% + 300,000,000 × 10% = 30,000,000
2. 매입세액 : 11,782,000
   (1) 세금계산서 수취분 : (50,000,000*2+50,000,000) × 10% = 10,000,000
   (2) 의제매입세액 : 1) − 2) = 1,782,000
      1) 제1기분 : min(①, ②) × $\frac{2}{102}$ = 3,720,000
         ① 87,318,000 + 90,002,000 + 20,000,000 × 62%*5 = 189,720,000*3
         ② (320,000,000+300,000,000)*4 × 50% = 310,000,000
      2) 예정신고시 공제액 : (87,318,000+18,000,000×64%*6)× $\frac{2}{102}$ = 1,938,000
3. 납부세액 : 18,218,000

해 설

1. 해답상 '*'에 대한 설명

*1 면세 농산물 수출에 대해 면세 포기하였으므로 영세율을 적용한다.

*2 면세 농산물 수출 사업 사용분 매입세액은 영세율 적용 과세사업분 매입세액이므로 매입세액 공제대상이다.

*3 면세 농산물 매입가액 중 수출분 금액 사용분 84,682,000은 면세 포기로 인한 영세율 적용 과세 사업분에 사용한 금액이므로 의제매입세액공제대상이 아니다.

*4 위 '*3'와 동일한 이유로 면세 포기로 인한 영세율 적용 과세표준은 의제매입세액공제 한도 계산상 과세표준에 포함하지 않으며, 아래 '*5'와 '*6'의 과세공급가액에도 포함하지 않는다.

*5 제1기분 $\frac{\text{과세공급가액}}{\text{총공급가액}} = \frac{320{,}000{,}000 + 300{,}000{,}000}{180{,}000{,}000 + 200{,}000{,}000 + 320{,}000{,}000 + 300{,}000{,}000} = 62\%$

*6 예정신고기간분 $\frac{\text{과세공급가액}}{\text{총공급가액}} = \frac{320{,}000{,}000}{180{,}000{,}000 + 320{,}000{,}000} = 64\%$

2 / 7 의제매입세액 - 실전문제 2차

상호 독립된 각 【문】에 답하시오.

【문 1】

다음은 ㈜대한의 부가가치세 관련 자료이다. 단, 별도의 언급이 없는 한 제시된 금액은 부가가치세를 포함하지 않은 금액이며, 세금계산서 및 계산서는 적법하게 수취한 것으로 가정한다. 〈2018. CPA〉

〈자 료〉

1. ㈜대한은 햄버거 제조업(중소기업)을 영위하고 있으며 2026년 제1기 확정신고기간(4월 1일~6월 30일)자료는 다음과 같다.

① 매입내역

구 분	매입가액
돼 지 고 기	₩10,000,000
소 고 기	20,000,000*
채 소	4,000,000
소 금	1,000,000
설탕 및 조미료	2,000,000
수 돗 물	1,040,000

* 소고기는 수입산이며 관세의 과세가격은 ₩20,000,000, 관세는 ₩1,400,000임

② 돼지고기 사용내역

구 분	당기매입분	전기이월분
햄 버 거 제 조	₩8,000,000	1,000,000
거 래 처 증 정	1,000,000	500,000
기 말 재 고	1,000,000	–
계	10,000,000	1,500,000

[물 음]

㈜대한의 2026년 제1기 부가가치세 확정신고시 공제할 의제매입세액과 관련된 다음 각 금액을 〈답안양식〉에 따라 제시하시오. 단, 제1기 과세기간의 햄버거공급과 관련된 과세표준은 ₩500,000,000이며, 제1기 예정신고시 공제받은 의제매입세액은 ₩1,000,000인 것으로 가정한다.

〈답안양식〉

의제매입세액 공제액	
전기 의제매입세액 공제분 추징액	

【문 2】

다음은 수산물도매업과 통조림제조업을 겸영하고 있는 ㈜대한(중소기업 아님)의 부가가치세 관련 자료이다. 단, 별도의 언급이 없는 한 제시된 금액은 부가가치세를 포함하지 않은 금액이며, 세금계산서 및 계산서는 적법하게 수취한 것으로 가정한다. 〈2021. CPA 수정〉

〈자 료〉

1. 예정신고기간 중 면세수산물 매입액은 없었고, 2026년 제1기 중에 면세수산물의 매입 및 사용내역은 다음과 같다.

(단위 : 원)

구분	금 액	당기 사용내역		
		과 세	면 세	과세 + 면세
기초	8,000,000	1,850,000	6,150,000	—
매입	63,400,000	14,400,000	5,000,000	40,000,000
기말	4,000,000			

2. ㈜대한은 2026년 4월 15일에 수산물도매업과 통조림제조업에 공통으로 사용하기 위하여 트럭 2대(취득가액 합계 100,000,000원)를 구입하였다. 이 중 트럭 1대(취득가액 40,000,000원)를 2026년 6월 30일에 처분하였다.

3. 각 과세기간별 과세공급가액과 면세공급가액은 다음과 같다.

구 분	수산물도매업	통조림제조업
2025년 제2기	90,000,000원	110,000,000원
2026년 제1기	80,000,000원	120,000,000원
2026년 제2기	90,000,000원	90,000,000원

4. ㈜대한의 의제매입세액 공제율은 2/102이다.

[물음 1] ⟶ '제3절 겸영사업자의 안분계산' 학습 후 풀이

2026년 제1기 부가가치세 확정신고 시 트럭의 공통매입세액 중 매입세액공제액 및 2026년 제2기 부가가치세 확정신고 시 공통매입세액 재계산액을 다음의 〈답안양식〉에 따라 제시하시오. 단, 재계산액이 납부세액을 증가시키면 (+), 감소시키면 (—) 부호를 금액과 함께 기재하시오.

〈답안양식〉

매입세액공제액	
재계산으로 가산 또는 공제되는 세액	

[물음 2]

㈜대한의 2026년 제1기 부가가치세 확정신고 시 다음 금액을 〈답안양식〉에 따라 제시하시오.

〈답안양식〉

의제매입세액 공제액(추징액 차감 전)	
전기 의제매입세액 공제분 중 추징액	

해답

【문 1】

의제매입세액 공제액	1,307,692(주1)
전기 의제매입세액 공제분 추징액	19,230(주2)

〈주1〉 (1) − (2) = 1,307,692 ⟶ 답안양식에 따라 '전기 의제매입세액 공제분 추징액을 반영하기 전 금액으로 계산함

(1) 제1기분 : min(①, ②) × $\frac{4}{104}$ = 2,307,692

① $\underbrace{26{,}000{,}000^{*1}}_{\text{예정신고기간분}} + \underbrace{(8{,}000{,}000+1{,}000{,}000)}_{\text{돼지고기}} + \underbrace{20{,}000{,}000}_{\text{소고기}} + \underbrace{4{,}000{,}000}_{\text{채소}} + \underbrace{1{,}000{,}000}_{\text{소금}}$
= 60,000,000*2

② 500,000,000 × 50% = 250,000,000

*1 $x \times \frac{4}{104} = 1{,}000{,}000,\ x = 26{,}000{,}000$

*2 수돗물은 면세대상이지만 의제매입세액 공제대상인 농·축·수·임산물 및 소금이 아니므로 매입가액에 포함하지 않는다.

(2) 예정신고시 공제액 : 1,000,000

[별해] min(①, ②) = 1,307,692

① $\underbrace{[(8{,}000{,}000+1{,}000{,}000)+20{,}000{,}000+4{,}000{,}000+1{,}000{,}000]}_{\text{확정신고기간분 공제대상 매입가액}} \times \frac{4}{104} = 1{,}307{,}692$

② $\underbrace{500{,}000{,}000 \times 50\% \times \frac{4}{104}}_{\text{1기분 전체 한도 : 9,615,384}} - \underbrace{1{,}000{,}000}_{\text{예정신고시 공제액}} = \underbrace{8{,}615{,}384}_{\text{확정신고기간분 한도}}$

〈주2〉 $\underset{\text{거래처 증정}}{\underline{500,000}} \times \frac{4}{104} = 19,230$

【문 2】

1.

매입세액공제액	5,800,000〈주1〉
재계산으로 가산 또는 공제되는 세액	(+)450,000〈주2〉

〈주1〉 6,000,000 × (당기)60% ＋ 4,000,000 × (전기)55%* ＝ 5,800,000

〈주2〉 6,000,000 × (1－25%×1) × (50%－40%) ＝ 450,000

* 당기에 구입하여 당기에 처분한 것은 전기비율로 계산한다.

2.

의제매입세액 공제액(추징액 차감 전)	800,000〈주3〉
전기 의제매입세액 공제분 중 추징액	50,000〈주4〉

〈주3〉 min(①, ②) × $\frac{2}{102}$ ＝ 800,000

① 14,400,000 ＋ (40,000,000＋4,000,000) × 60% ＝ 40,800,000

② 120,000,000 × 50% ＝ 60,000,000

〈주4〉 (8,000,000×55%－1,850,000) × $\frac{2}{102}$ ＝ 50,000

2 / 8 의제매입세액 - 실전문제 2차

다음은 소시지제조업과 돼지고기도매업을 겸영하고 있는 사업자 ㈜A(중소기업 아님)의 부가가치세 관련 자료이다. 2026년 제1기 과세기간(2026. 1. 1.~2026. 6. 30.)에 대한 부가가치세 납부세액(지방소비세 포함)을 〈답안양식〉에 따라 계산하시오. 단, 제시된 금액은 부가가치세를 포함하지 않은 금액이며, 세금계산서는 적법하게 발급 및 수취되었다.

〈2015. CPA 수정〉

〈자 료〉

1. 과세기간별 공급가액

(단위 : 원)

구 분	2025년 제2기	2026년 제1기
소시지제조업	70,000,000	90,000,000
돼지고기도매업	30,000,000	60,000,000

2. 2026년 제1기 중 소시지제조업에서 돼지고기와 관련하여 공급한 과세표준은 ₩90,000,000 이다.

3. 2026년 제1기 돼지고기 매입 및 사용내역

(단위 : 원)

구 분	금 액
돼지고기 기초재고액	0
(+) 돼지고기 매입액	31,000,000*[1]
(−) 소시지제조 사용액	18,600,000
(−) 돼지고기도매 판매액	9,300,000
= 돼지고기 기말재고액	3,100,000*[2]

*[1] 운송업자의 운송비 ₩400,000이 포함됨(세금계산서를 수취함)

*[2] 소시지제조업과 돼지고기도매업에 대한 실지귀속은 불분명

4. 2026년 제1기 소시지제조업의 매입·지출내역(돼지고기 매입 제외)

(단위 : 원)

구 분	금 액
소시지 포장재료 매입액	8,000,000
기업업무추진비 지출액	5,000,000
광 고 비 지 출 액	10,000,000

〈답안양식〉

구 분		금 액
매출세액		
매입세액	세금계산서수취분	
	의제매입세액	
	매입세액불공제액	
	공통매입세액 중 면세사업분	
	차가감 계	
납부세액		

해 답

구 분		금 액
매출세액		9,000,000
매입세액	세금계산서수취분	2,340,000〈주1〉
	의제매입세액	396,000〈주2〉
	매입세액불공제액	(기업업무추진비) △500,000
	공통매입세액 중 면세사업분	0*1
	차가감 계	2,236,000
납부세액		6,764,000

〈주1〉 (400,000*1+8,000,000+5,000,000+10,000,000) × 10% = 2,340,000

〈주2〉 min(①, ②) × $\frac{2}{102}$ = 396,000

① $\underbrace{30{,}600{,}000^{*2} \times \frac{18{,}600{,}000}{31{,}000{,}000}}_{\text{소시지 제조분}} + \underbrace{30{,}600{,}000 \times \frac{3{,}100{,}000}{31{,}000{,}000} \times \frac{90{,}000{,}000}{150{,}000{,}000}}_{\text{기말 재고분}}$

= 20,196,000

② 90,000,000 × 50% = 45,000,000

해 설

1. 해답상 '*'에 대한 설명

*1 운송업자의 운송비는 세금계산서를 수취하였으므로 〈답안양식〉상 '세금계산서수취분'에 포함한 후 '공통매입세액 중 면세사업분'으로 차감한다. 다만, 문제의 경우 제1기 과세기간의 공통매입세액의 합계액이 4만원(=400,000×10%)으로 5만원 미만이므로 안분계산을 생략한다. summary p1-146

*2 의제매입세액공제대상 매입가액 : 31,000,000 − 400,000(운송비) = 30,600,000

2 / 9 의제매입세액

1.5차 2차 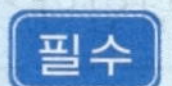

다음은 사업자 A의 2026년 제1기 과세기간 중 원재료 매입거래와 관련된 내역이다. A의 업종과 사업유형에 따라 〈경우 1〉, 〈경우 2〉로 구분할 경우 각 경우별로 의제매입세액을 계산하시오. 단, 자료에 제시된 것 외의 것은 고려하지 않기로 하고, 조세부담의 최소화를 가정하며, 2026년 제1기의 부가가치세 공급가액은 ₩102,000,000이다. 〈2013. CPA 수정〉

(1) 2026년 제1기 과세기간의 원재료 매입내역

품 목	공 급 대 가	비 고
농 산 물 I	₩16,200,000	면세품목
농 산 물 II	15,525,000	면세품목
기타원재료	20,500,000	과세품목
계	52,225,000	

가. A는 위의 매입한 원재료를 모두 과세사업(면세포기에 의해 영세율을 적용받는 경우가 아님)에 사용하고 있다.

나. 위의 농산물II는 사업자가 아닌 농민으로부터 직접 매입하였으나 관계증명서류를 받지 못하였으며, 나머지 품목들에 대한 관계증명서류는 「부가가치세법」이 정하는 원칙에 따라 수령하였다.

(2) 다음의 각 경우는 상호 독립된 상황이다.

〈경우 1〉 A가 음식점업을 영위하는 일반과세자로서 개인사업자인 경우(단, A는 「개별소비세법」에 따른 과세유흥장소의 경영자임)

〈경우 2〉 A가 제조업(중소기업)을 영위하는 일반과세자로서 법인사업자인 경우

핵심정리

문제의 포인트

- 증명서류 제출 없어도 의제매입세액공제가 가능한 업종 : 아래 ※

※ 의제매입세액과 증명서류 제출 summary p1-131. 3

① 원칙 : 의제매입세액공제를 받으려는 사업자는 의제매입세액공제신고서와 증명서류(매입처별계산서합계표, 신용카드매출전표등수령명세서, 매입자발행계산서합계표 중 어느 하나에 해당하는 서류)를 제출하여야 한다.

② 예외 : 제조업(~~음식점업자~~)을 경영하는 사업자가 농·어민*으로부터 면세농산물 등을 직접 공급받는 경우에는 의제매입세액공제신고서만을 제출해도 공제가능하다.

* 농어민 : 농업 중 작물재배업, 축산업, 작물재배 및 축산복합농업에 종사하거나 임업, 어업 및 소금채취업에 종사하는 개인을 말한다. → 개인 농어민이 아닌 영농법인·영어법인으로부터 공급받은 경우에는 증명서류 제출해야 함

해 답

〈경우 1〉 음식점업을 영위하는 일반과세자(개인사업자)

$$\min(①\ \underbrace{16,200,000}_{\text{농산물 I}}+\underbrace{0^*}_{\text{농산물 II}}=16,200,000,\ ②\ 102,000,000\times70\%=71,400,000)\times\frac{2}{102}=317,647$$

* 음식점업은 농어민 구입분에 대하여 증명서류를 받지 못한 경우 의제매입세액공제 불가

〈경우 2〉 중소기업인 제조업을 영위하는 일반과세자(법인사업자)

$$\min(①\ 16,200,000+15,525,000^*=31,725,000,\ ②\ 102,000,000\times50\%=51,000,000)\times\frac{4}{104}=1,220,192$$

* 제조업은 농어민 구입분에 대하여 증명서류를 받지 못한 경우에도 의제매입세액공제 가능

2 / 10 의제매입세액

1.5차 2차 필수

다음은 농산물을 구입하여 사료를 제조하는 개인 일반 제조업자인 갑의 부가가치세 계산 자료이다. 다음 자료를 이용하여 세부담 최소화 가정하에 갑의 2026년 제1기와 제2기의 의제매입세액 공제액을 〈답안양식〉에 따라 계산하시오. 갑은 중소기업이 아니다.

〈답안양식〉

구 분	의제매입세액
제1기	
제2기	

〈계산자료〉

구 분	2026년 제1기	2026년 제2기	계
농산물 구입액	₩39,000,000	₩156,000,000	₩195,000,000
사료의 공급가액	104,000,000	88,400,000	192,400,000

핵심정리

문제의 포인트

- 한 과세기간에 매입이 집중되는 제조업자의 의제매입세액 한도 계산 특례 : summary p1-134. 3)

※ 세부담 최소화 가정하에 제조업자의 제2기 과세기간의 확정신고시 공제할 의제매입세액 계산 문제의 접근방법

〈1단계〉 특례 적용 요건인 '제조업자 ＋ 제2기 과세기간 확정신고 문제 ＋ 1년분 매입자료 제시' 요건을 충족하였는가? : yes

〈2단계〉 의제매입세액 계산 : 'summary p1-134. 3)' 산식과 같이 '제2기 기준 의제매입세액'과 '1년 기준 의제매입세액에서 제1기 의제매입세액을 차감한 금액' 중 큰 금액을 제2기의 의제매입세액으로 한다.

해답

구 분	의제매입세액
제1기	₩1,500,000〈주1〉
제2기	3,310,000〈주2〉

〈주1〉 min(①, ②) × $\frac{4}{104}$ = 1,500,000

① 39,000,000

② 104,000,000 × 65% = 67,600,000

〈주2〉 1. 특례적용요건

① $\frac{39,000,000}{195,000,000}$ = 20% → 충족

② 제조업자 → 충족

2. 의제매입세액 : max[(1), (2)] = 3,310,000

(1) 원칙 : min(①, ②) × $\frac{4}{104}$ = 2,210,000

① 156,000,000

② 88,400,000 × 65% = 57,460,000

(2) 특례 : min(①, ②) × $\frac{4}{104}$ − 1,500,000 = 3,310,000

① 195,000,000

② 192,400,000 × 65% = 125,060,000

2 / 11 재활용폐자원 등에 대한 매입세액공제 2차

【문 1】

다음은 중고자동차매매업등록을 하고 중고자동차 매매상을 영위하는 일반과세자 윤기성씨의 2026. 1. 1.~2026. 3. 31.의 매출 및 매입자료이다. 이를 기초로 2026년 제1기 부가가치세 예정신고시 부가가치세 납부세액을 계산하시오. 세금계산서는 적정하게 수수하였다.

1. 중고자동차의 직수출액은 ₩30,000,000, 국내매출액은 ₩40,000,000*이다(모두 부가가치세가 제외된 금액).

   * 전액 2026. 2. 1.에 할부판매조건으로 인도한 것으로, 판매대금은 2026. 2. 1.부터 매달 1일에 ₩2,000,000씩 받기로 되어 있다.

2. 매입내역(부가가치세가 제외된 금액)
   ① 일반과세자로부터 중고자동차 구입액 : ₩30,000,000
   ② 면세사업자로부터 중고자동차 구입액 : ₩19,800,000
   ③ 일반과세자로부터 주유한 총무과 업무용 소형승용차 휘발유 : ₩1,500,000

【문 2】

폐자원의 재활용사업자인 일반과세자 이영은씨의 다음 자료를 기초로 2026년 제1기 예정신고기간과 과세기간 최종 3개월(4. 1.~6. 30.)의 매입세액공제액을 각각 계산하시오. 세금계산서는 적정하게 수수하였다.

1. 재활용폐자원관련 과세공급가액
   예정신고기간분 ₩50,000,000, 과세기간 최종 3개월분 ₩76,000,000

2. 제1기 과세기간의 재활용폐자원의 매입가액(부가가치세가 제외된 금액)

구 분	2026. 1. 1.~3. 31.	2026. 4. 1.~6. 30.	계
면세사업자로부터 구입분	₩9,000,000	₩21,000,000	₩30,000,000
영수증을 발급하여야 하는 간이과세자로부터 구입분	18,000,000	42,000,000	60,000,000
일반과세자로부터 구입분	30,000,000	70,000,000	100,000,000*

* 세금계산서를 수령하였으며, 이 중 ₩10,000,000은 사업용 고정자산용으로 구입하였다.

3. 제1기 예정신고는 예정신고기간의 금액을 기준으로 적정하게 이루어졌다.

핵심정리

문제의 포인트

- 재활용폐자원 및 중고자동차에 대한 매입세액공제 특례 : summary p1-137. 5.2

※ 자료별 정리사항

【문 1】

1. 직수출액은 영세율을 적용한다. 국내매출액은 10% 세율을 적용하되, 장기할부판매에 해당하므로 대가의 각 부분을 받기로 한 금액 '2,000,000 × 2개월'을 과세표준으로 한다.
2. 일반과세자로부터 구입액은 정상적인 매입세액공제를, 면세사업자로부터 구입액은 중고자동차에 대한 매입세액공제 특례규정을 적용하여 '매입가액 × $\frac{10}{110}$'을 공제한다. 휘발유 주유비는 비영업용 개별소비세 과세대상 자동차 유지 관련 비용이므로 공제하지 않는다.

【문 2】 자료 2번의 분석

- 일반과세자로부터 구입분은 정상적인 매입세액공제를 적용한다.
- 세금계산서를 발급할 수 없는 면세사업자와 영수증을 발급하여야 하는 간이과세자로부터 구입분은 재활용폐자원에 대한 매입세액공제 특례규정을 적용하여 '매입가액 × $\frac{3}{103}$'을 공제한다. 이 경우 예정신고시에는 한도를 고려하지 않고 계산하며, 확정신고시 한도를 고려한 제1기 과세기간분 공제액에서 예정신고분 공제액을 차감하여 정산한다.

해 답

【문 1】

1. 매출세액 : 30,000,000 × 0% + (2,000,000×2개월) × 10% =	400,000
2. 매입세액 : (30,000,000×10%) + $\left(19{,}800{,}000\times\frac{10}{110}\right)$ + 0 =	△4,800,000
3. 환급세액	△4,400,000

【문 2】

1. 예정신고시

(1) 세금계산서 수령분 : 30,000,000 × 10%	3,000,000
(2) 재활용폐자원 : (9,000,000+18,000,000) × $\frac{3}{103}$	786,407
(3) 매입세액공제액 :	3,786,407

2. 확정신고시

(1) 세금계산서 수령분 : 70,000,000 × 10% ＝ 7,000,000

(2) 재활용폐자원 : 1) － 2) ＝ △471,844

1) 제1기 과세기간분 : min(①, ②) × $\frac{3}{103}$ ＝ 314,563

① 30,000,000 ＋ 60,000,000 ＝ 90,000,000

② 한도 : $\underbrace{(50,000,000+76,000,000)}_{\text{재활용폐자원 과세표준}} \times 80\% - \underbrace{(100,000,000-10,000,000)^{*}}_{\text{세금계산서 수령분}}$

＝ 10,800,000

* 사업용고정자산 매입가액은 제외한다. → ∵ 사업자가 사용하기 위하여 매입한 것이지 판매목적 구입액이 아니기 때문

2) 예정신고분 : 786,407

(3) 매입세액공제액 : 7,000,000 － 471,844 ＝ 6,528,156

[추가정리]

2026. 7. 1. 이후 개시하는 과세기간부터는 중고자동차 수집업자의 중고자동차 구입액에 대해서도 한도규정과 정산규정이 적용되는데, 이 경우 한도는 위 재활용폐자원의 한도 계산과 달리 과세표준의 80%를 적용하지 않고 다음과 같이 계산한다. summary p1-137. *3

• 한도 : 중고자동차 관련 과세표준 － 세금계산서를 발급받고 매입한 중고자동차 매입가액*

* 사업자의 사업용 고정자산 매입가액은 제외한다.

2 / 12 매입세액 - 실전문제 2차

다음 자료를 바탕으로 물음에 답하시오. 각 자료는 상호 독립적이며, 주어진 자료 이외의 사항은 고려하지 않는다. 금액 계산시 원미만은 반올림하기로 한다. 〈2024. CTA〉

〈자 료〉

다음은 제조업을 영위하는 일반과세자인 ㈜대한의 2026년 제2기 부가가치세 과세기간 최종 3개월(2026. 10. 1.~2026. 12. 31.)의 거래자료이다(단, 제시된 자료는 별도의 언급이 없는 한 부가가치세가 포함되지 아니한 금액이며, 세금계산서는 공급시기에 적법하게 발급 및 수취한 것으로 가정한다).

1. 2026. 10. 7. 과세사업에 사용하던 토지, 건물, 구축물을 ₩734,000,000(부가가치세 포함)에 일괄양도하는 계약을 체결하고 계약금 ₩73,400,000을 받았으며, 2026. 12. 20. 잔금 ₩660,600,000을 받고 소유권이전등기를 하였다. 이와 관련된 자료는 다음과 같으며, 매매계약서상 토지, 건물, 구축물의 거래가액을 구분하여 기재하였다(단, 다른 법령에 따라 거래가액을 정하거나 매수자가 건물을 철거하고 토지만을 사용하는 경우에 해당하지 않는다).

구 분	취득가액	장부가액*[1]	기준시가*[1]	감정가액*[2]	매매계약서상 거래가액
토 지	₩200,000,000	₩200,000,000	₩300,000,000	₩306,000,000	₩420,000,000
건 물	300,000,000	276,000,000	450,000,000	460,000,000	265,100,000
구축물	100,000,000	84,000,000	—	80,000,000	48,900,000
합 계	₩600,000,000	₩560,000,000	₩750,000,000	₩846,000,000	₩734,000,000

*[1] 장부가액과 기준시가는 매매계약일 현재 가액임

*[2] 감정가액은 2026. 1. 1. 감정평가법인이 평가한 감정평가가액임

2. 임차하여 사용하고 있던 창고(면적 500m², 임차보증금 ₩100,000,000)의 일부(면적 200m²)를 2026. 10. 1. ㈜A(특수관계인이 아님)에 1년간 임대하는 계약을 하고 임대보증금 ₩55,000,000을 수령하였다. 월 임대료는 ₩3,000,000으로 매월 말일에 수령하고, 임차인이 임대료를 약정일에 지급하지 못하는 경우 미지급하는 달의 다음 다음 달 1일부터 임대보증금을 그 임대료에 충당하는 것으로 계약하였다. ㈜A가 10월분 임대료 ₩3,000,000을 지급하지 못함에 따라 ㈜대한은 12월 1일에 임대보증금을 10월분 임대료에 충당하였다. 2026. 10. 1.~2026. 12. 31. 중 임대보증금에서 발생한 이자수익은 ₩500,000이다(단, 정기예금이자율은 연 3%이다).

3. 일부 제품의 공급에 관한 사항은 다음과 같다.

구 분	세금계산서 발급일	제품인도일	대금수령일	금 액
제품 1	2026. 12. 29.	2027. 1. 8.	2026. 12. 28.	₩5,000,000
제품 2	2026. 12. 30.	2027. 1. 9.	2027. 1. 5.	₩6,000,000
제품 3*[1]	2026. 12. 26.	2027. 1. 5.	2027. 1. 20.	₩7,000,000

*[1] B 거래처에 공급한 것으로 B 거래처와의 제품 공급에 관한 약정서에 따르면 공급하는 제품의 대금 청구시기는 제품인도일의 10일 전이며, 대금 지급시기는 제품인도일로부터 15일 후임

4. 기계장치를 구입하기 위하여 다음과 같은 구입계약을 체결하고, 계약상 지급일에 계약금과 중도금을 지급하고 그 지급일에 받은 세금계산서의 매입세액을 공제 받았으나, 2026. 10. 17. 거래처의 사정으로 기계장치 구입계약이 취소되었다.

구 분	계약금	중도금	잔 금	비 고
지급일	2026. 6. 21.	2026. 9. 2.	2026. 11. 28.	잔금 지급일에 인도함
금 액	₩5,000,000	₩30,000,000	₩40,000,000	

5. 2026. 10. 27. 건물이 있는 토지를 ₩502,500,000(부가가치세 포함)에 일괄구입하였으며, 구입일에 토지만을 사용하기 위하여 건물을 철거하기 시작하였다. 매매계약서상 토지와 건물의 가액은 구분되어 있지 않으며, 계약일의 기준시가는 토지 ₩360,000,000, 건물 ₩40,000,000, 2026. 2. 1. 감정평가법인이 평가한 감정평가가액은 토지 ₩427,500,000, 건물 ₩22,500,000이다. 2026. 11. 5. 건물의 철거를 완료하였으며 철거비용은 ₩25,000,000이 발생하였다. 2026. 11. 20. 토지에 신축할 건물의 설계 용역을 ₩10,000,000에 공급받았다.

[물 음]

〈자료〉를 이용하여 ㈜대한의 2026년 제2기 부가가치세 과세기간 최종 3개월(2026. 10. 1.～2026. 12. 31.)의 부가가치세 매출세액과 매입세액 공제액을 다음의 〈답안양식〉에 따라 제시하시오(단, 매출세액 또는 매입세액 공제액의 감소 금액은 (－) 부호를 사용하고, 해당란의 금액이 없는 경우 '0'으로 표기하시오). 답안작성시 원 미만은 반올림하기로 한다.

〈답안양식〉

〈자료〉의 항목번호	매출세액	매입세액 공제액
1		
2		
3		
4		
5		

해 답

〈자료〉의 항목번호	매출세액	매입세액 공제액
1	44,040,000〈주1〉	0
2	910,578〈주2〉	0
3	1,800,000〈주3〉	0
4	0	(－) 3,500,000〈주4〉
5	0	1,000,000〈주5〉

〈주1〉 (1) 판단*1

구 분	실지거래가액Ⓐ	감정가액*2 (부가가치세 포함)	안분가액Ⓑ	차이비율 (Ⓐ－Ⓑ)/Ⓑ
토지	420,000,000	306,000,000	249,560,000	68.3%
건물	265,100,000	506,000,000	412,671,111	35.7%
구축물	48,900,000	88,000,000	71,768,889	31.8%
계	734,000,000	900,000,000	734,000,000	

(2) 매출세액 : (412,671,111(건물)＋71,768,889(구축물)) $\times \frac{10}{110}$ ＝ 44,040,000

→ '734,000,000 $\times \frac{540,000,000}{540,000,000^{*} \times 1.1 + 306,000,000}$ × 10% ＝ 44,040,000'

으로 계산한 결과와 동일

* 460,000,000 ＋ 80,000,000 ＝ 540,000,000

〈주2〉 (①＋②) × 10% ＝ 910,578

① 임대료 : 3,000,000 × 3개월 ＝ 9,000,000

② 간주임대료 : [15,000,000*×61일(10. 1. ~ 11. 30.) ＋ (15,000,000－3,000,000)*3×31일(12. 1. ~ 12. 31.)] × 3% × $\frac{1}{365}$

＝ 105,781

* 55,000,000(보증금) － 100,000,000×$\frac{200m^2}{500m^2}$(임차시 지출한 보증금) ＝ 15,000,000

〈주3〉 (5,000,000(제품1) ＋ 6,000,000(제품2) ＋ 7,000,000(제품3))*4 × 10% ＝ 1,800,000

〈주4〉 (5,000,000＋30,000,000) × 10% ＝ 3,500,000*5

〈주5〉 10,000,000 × 10% ＝ 1,000,000*6

해 설

1. 해답상 '*'에 대한 설명

*1 실지거래가액이 안분기준에 따라 계산한 금액과 30% 이상 차이가 있는지 다음 순서로 확인한다[summary p1-112. (2)].

〈1단계〉 안분가액의 결정 : 공급시기가 속하는 과세기간의 직전 과세기간 개시일(2026. 1. 1.)부터 공급시기가 속하는 과세기간 종료일(2026. 12. 31.)까지의 기간에 감정가액이 있으므로 감정가액비율로 안분한다.

〈2단계〉 30% 이상 차이가 있는지 판단 : 이 문제와 같이 실지거래가액에 부가가치세가 포함되어 있는 경우 다음 두 가지 방법이 있을 수 있다.

[방법 1] '실지거래가액'을 '부가가치세가 포함된 공급대가로 환산한 감정가액을 기준으로 계산한 안분가액'과 비교하는 방법

[방법 2] '실지거래가액을 공급가액으로 환산'한 후, '자료에 제시된 감정가액을 기준으로 계산한 안분가액'과 비교하는 방법

이에 대한 별도의 행정해석이 없는데, '[방법 2]'에 따라 풀면 많은 시간이 소요되어 수험목적상 해답은 '[방법 1]'에 따라 계산하였다(어느 방법으로 계산하든 30% 이상 차이가 남).

*2 토지 : 306,000,000(면세), 건물 : 460,000,000 × 1.1 = 506,000,000, 구축물 : 80,000,000 × 1.1 = 88,000,000

*3 계약에 따라 보증금을 임대료에 충당한 경우에는 그 금액을 제외한 금액을 기준으로 보증금적수를 계산한다.

*4 ① 제품1 : 선발급(인도일 전 세금계산서 발급) $\xrightarrow{\text{Yes}}$ Q 돈 받고 발급? $\xrightarrow{\text{Yes}}$ ∴ 발급일인 2026. 12. 29.이 공급시기

② 제품2 : 선발급 $\xrightarrow{\text{Yes}}$ Q 돈 받고 발급? $\xrightarrow{\text{No}}$ Q 발급하고 돈 받은 경우 인정하는 'summary p1-62. (1)'의 셋 중 하나인가? : 7일 이내? : $\xrightarrow{\text{Yes}}$ 발급일로부터 7일 이내에 돈 받았으므로 발급일인 2026. 12. 30.이 공급시기

③ 제품3 : 선발급 $\xrightarrow{\text{Yes}}$ Q 돈 받고 발급? $\xrightarrow{\text{No}}$ Q 발급하고 돈 받은 경우 인정하는 'summary p1-62. (1)'의 셋 중 하나인가? : 7일 이내? : No, 시기 적고 30일 이내? : Yes → 계약서 등에 청구시기(세금계산서 발급일)와 지급시기가 적혀 있고 그 기간이 30일 이내이므로 발급일인 2026. 12. 26.이 공급시기

*5 이미 매입세액공제 받은 계약이 해제되었으므로 해제일인 2026. 10. 17.을 작성일자로 한 수정세금계산서를 발급받을 것이다. 따라서 이미 공제받은 매입세액을 해제일이 속하는 과세기간의 매입세액에서 차감한다.

6 ① 건물이 있는 토지를 취득하여 토지만 사용하는 경우에는 철거한 건물의 취득가액과 철거비용에 대한 매입세액은 공제하지 않는다.

* 이 문제는 서식 작성 문제가 아닌 매입세액공제액을 묻는 문제이므로 위 '*6. ①'과 관련하여 공제되는 매입세액은 없다.

② 건물의 설계용역에 대한 매입세액은 건물관련 매입세액이므로 공제한다.

2 / 13 매입세액 - 실전문제 2차

다음은 전자제품제조업을 영위하는 일반과세자인 ㈜민국의 2026년 제1기 부가가치세 과세기간 최종 3개월(2026. 4. 1.～2026. 6. 30.)의 거래 자료이다(단, 제시된 자료는 별도의 언급이 없는 한 부가가치세가 포함되지 아니한 금액이다). 〈2023. CTA〉

1. 원재료 매입시 세금계산서를 수취한 내역은 다음과 같다.
   (1) 2026년 6월 30일 원재료를 ₩50,000,000에 매입하여 공급받았으며, 원재료 매입액 중 ₩30,000,000에 대한 세금계산서는 2026년 7월 10일에 발급받았고 나머지 ₩20,000,000에 대한 세금계산서는 2026년 7월 30일에 발급받았다.

2. 2026년 제1기 예정신고 누락분을 확정신고시에 신고한 내역은 다음과 같다.
   (1) 2026년 2월 22일 부품을 ₩20,000,000에 매입하며 세금계산서를 발급받았으나 예정신고시 매입처별세금계산서합계표에서 누락하였다.
   (2) 2026년 3월 25일 3월분 사무실 임차료 ₩2,000,000을 지급하면서 발급받은 세금계산서를 예정신고시 매입처별세금계산서합계표에 ₩1,000,000으로 기재하여 매입세액공제를 받았다.

3. 운반용으로 사용하는 트럭에 대한 유류비와 출장용으로 사용하는 개별소비세 과세대상 승용자동차(배기량 1,998cc, 정원 5인)에 대한 유류비의 지급내역은 다음과 같았다.

구 분	트럭 유류비	승용자동차 유류비
신용카드매출전표	₩5,000,000	₩2,000,000

   (1) 트럭 및 승용자동차의 유류비에 대한 신용카드매출전표는 일반과세자로부터 발급받은 것으로 부가가치세액이 별도로 구분표시 되어 있으며, 위 금액 전부에 대하여 신용카드매출전표등수령명세서를 제출하였다.

4. 2026년 5월 8일 사무용비품을 매입하며 ₩1,000,000을 지급하고 세금계산서를 발급받았으나, 매입한 사무용비품은 2026년 7월 25일에 인도받았다.

5. 2026년 5월 20일 토지만 사용하기 위하여 건축물이 있는 토지를 ₩150,000,000(토지 ₩100,000,000, 건축물 ₩50,000,000)에 매입하여 건축물은 철거하고 철거비로 ₩5,000,000을 지급하였다. 건축물의 취득 및 철거비에 대해서 세금계산서를 발급받았다.

[물　음]

㈜민국의 2026년 제1기 부가가치세 확정신고시 신고할 내용을 다음의 양식에 따라 ①~⑤의 금액을 제시하시오(단, 세금계산서 수취분 매입세액과 그 밖의 공제매입세액, 공제받지 못할 매입세액은 총액으로 표시하시오).

구 분		금 액	세 율	세 액
세금계산서 수취분	일 반 매 입			①
	고정자산 매입			②
예정신고 누락분				③
그 밖의 공제매입세액				④
공제받지 못할 매입세액				⑤

해답

구 분		금 액	세 율	세 액
세금계산서 수취분	일 반 매 입			① 8,500,000 (가정 : 10,500,000)
	고정자산 매입			② 100,000
예정신고 누락분				③ 2,100,000
그 밖의 공제매입세액				④ 700,000
공제받지 못할 매입세액				⑤ 5,700,000 (가정 : 7,700,000)

[근　거]

구 분	①	②	③	④	⑤
1. 원재료*1	(원칙)*2 3,000,000 [(가정)*2 5,000,000〈주1〉]				[(가정) 2,000,000〈주1〉]
2. (1) 부품			2,000,000		
(2) 임차료			100,000〈주2〉		
3. 유류비					
(1) 트럭				500,000	
(2) 승용차*4				200,000	200,000
4. 비품*5		100,000			
5. 건축물 · 철거비*6	5,500,000〈주3〉				5,500,000
계	8,500,000 [(가정) 10,500,000]	100,000	2,100,000	700,000	5,700,000 [(가정) 7,700,000]

〈주1〉 물음 단서의 '총액'을 자료에 제시된 '총액'이라고 가정한 경우*2

〈주2〉 (2,000,000−1,000,000) × 10% = 100,000*3

〈주3〉 (50,000,000+5,000,000) × 10% = 5,500,000

해설

1. 해답상 '*'에 대한 설명

*1 2026. 7. 10.에 발급받은 것은 동일한 과세기간에 대한 확정신고기한까지 발급받았으므로 매입세액 공제된다. 2026. 7. 30.에 발급받은 것은 확정신고시에는 매입세액이 공제되지 않으나, 공급시기가 속하는 과세기간에 대한 확정신고기한의 다음 날부터 1년 이내에 발급받았으므로 수정신고·경정청구를 통하여 매입세액을 공제받을 수 있다.

*2 답안작성

① 원칙 : 2026. 7. 30.에 발급받은 것은 2026. 7. 25. 확정신고기한까지 발급받지 못하였으므로 답안양식 '①'에 적을 수 없다.

② 가정 : 물음의 단서에 세금계산서 수취분 매입세액과 공제받지 못할 매입세액을 '총액'으로 표시하라고 하였는데, 만약 이 '총액'이 문제에 제시된 자료의 총액이라면 답안양식 '①'에 세금계산서 수취분 총액 5,000,000을 적고 답안양식 '⑤'에 2,000,000을 적어야 한다. → '① 원칙'과 같이 답안을 작성하는 것이 타당하나, 참고 목적으로 제시하였음

*3 임차료 2,000,000 중 예정신고시 1,000,000만 기재하여 매입세액공제 받았으므로 확정신고시 차액 1,000,000에 대한 매입세액을 추가로 공제받는다.

*4 신용카드매출전표 수령명세서 제출분은 신고서 양식에 공제되는 것만 적는 것이나, 물음 단서에 따라 총액으로 표시하라고 하였으므로 트럭 유류비·비영업용승용차 유류비에 대한 매입세액 총액을 답안양식 '④'에 적고 그 중 매입세액불공제되는 비영업용 승용차 유류비에 대한 매입세액을 답안양식 '⑤'에 적는다.

*5 대가를 받고 발급한 선세금계산서의 공급시기는 세금계산서 발급일인 2026. 5. 8.이다. 따라서 2026년 제1기 확정신고시 매입세액으로 공제한다.

*6 철거한 건축물의 취득 및 철거비용은 토지원가를 구성하므로 일반매입(①)과 공제받지 못할 매입세액(⑤)에 적는다.

2 / 14 매입세액 - 실전문제

상호 독립된 각 【문】에 답하시오.

【문 1】 2차 필수 (서식작성) → 작성방법은 '문 2-1. 핵심정리. [1] 매입세액 답안양식 작성방법'을 참고할 것

㈜대한은 복숭아를 매입하여 복숭아통조림으로 가공 · 판매하는 과세사업자이다. 2021. 7. 1.부터 과세사업을 영위해오던 ㈜대한은 2026. 4. 1.부터 복숭아를 가공하지 않고 그대로 판매하는 면세사업을 병행하기로 하였다. 2026년 제1기 확정신고기간 중 4. 1.부터 6. 30.까지의 부가가치세 관련 자료는 다음과 같다. 특별한 언급이 없는 한 부가가치세가 포함되지 아니한 금액이며 적법하게 세금계산서를 교부하였다고 가정한다. ㈜대한은 중소기업이 아니다. 답안 작성시 금액 계산의 경우 원 단위 미만에서 반올림하기로 한다. 〈2015. CTA 수정〉

〈자 료〉

1. 2026. 4. 2. 복숭아 가공을 위한 커터기계를 ₩4,400,000(부가가치세 포함)에 매입하면서 공급가액과 부가가치세액이 별도로 기재된 신용카드매출전표를 수령하고, 수령명세서를 적법하게 제출하였다.

2. 2026. 4. 3. 복숭아통조림 가공 · 판매사업과 복숭아 판매사업에 같이 사용할 목적으로 운송용 트럭을 ₩15,000,000에 구입하고 세금계산서를 수령하였다. 2025년 제2기와 2026년 제1기의 공급가액 자료는 다음과 같다.

(단위 : 원)

구 분	2025년 제2기	2026년 제1기
과 세	48,000,000	75,200,000
면 세	—	24,800,000
합 계	48,000,000	100,000,000

3. ㈜대한의 2026년 제1기 과세기간 동안 면세 농산물인 복숭아 ₩12,000,000을 농민으로부터 직접 매입하여 그 중 ₩7,000,000은 복숭아통조림의 가공에 사용하고, ₩3,000,000은 복숭아를 가공하지 않고 그대로 판매하였다. 나머지 ₩2,000,000은 기말재고로 남아 있다. 2025년 제2기 과세기간으로부터 이월된 복숭아 재고는 없다. 2026년 제1기의 공급가액 자료는 위 2의 자료와 같다. 의제매입세액공제신고서는 적법하게 제출하였으며, 2026년 제1기 예정신고시 의제매입세액공제액은 없다.

4. 2026. 6. 10. ㈜대한의 대표이사는 거래처인 ㈜민국에 대한 접대를 목적으로 회식비 ₩1,650,000(부가가치세 포함)을 지출하고 세금계산서를 수취하였다.

5. 2026. 6. 12. 세금계산서 발급의무가 있는 세무사로부터 세무자문을 받고 과세사업 관련 자문상담료 ₩2,000,000(부가가치세 포함)을 지급하였으나, 세무사가 세금계산서를 발급하지 아니함에 따라 매입자발행세금계산서의 발급을 기한 내에 신청하고 관할세무서의 확인을 받아 공급시기의 확정기한내에 매입자발행세금계산서를 발급하였다.

[물음 1]

〈자료〉을 이용하여 매입세액 관련 자료의 신고내용을 부가가치세 신고서 작성요령에 따라 (양식 1), (양식 2)를 보고 〈답안양식〉에 해당사항만 기입하시오. 단, 답안에 신고내용 구분번호 (　　)를 반드시 적으시오.

(양식 1)

	구 분		구분번호	금 액	세율	세 액
매입세액	세금계산서 수취분	일 반 매 입	(10)			
		수출기업 수입분 납부유예	(11)			
		고 정 자 산 매 입	(12)			
	예 정 신 고 누 락 분		(13)			
	매 입 자 발 행 세 금 계 산 서		(14)			
	(중 략)					
납부(환급)세액 (매출세액㉮－매입세액㉯)					㉰	기입불필요

(양식 2)

	구 분		구분번호	금 액	세율	세 액
(15) 그 밖의 공제 매입세액 명세	신용카드매출전표등 수령명세서 제출분	일 반 매 입	(44)			
		고정자산매입	(45)			
	의 제 매 입 세 액		(46)			
	재 활 용 폐 자 원 등 매 입 세 액		(47)			
	(중 략)					
	변 제 대 손 세 액		(50)			
	(중 략)					
	합 계		(52)	기입불필요		기입불필요

〈답안양식〉

구분번호	금 액	세 액
(10)	○○○○○	×××
·		
·		

[물음 2]

〈자료〉를 이용하여 공제받지 못할 매입세액명세 신고내용을 부가가치세 신고서 작성요령에 따라 (양식 3)을 보고 〈답안양식〉에 해당사항만 기입하시오. 단, 답안에 신고내용 구분번호 (　　)를 반드시 적으시오.

(양식 3)

	구　분	구분번호	금 액	세율	세 액
(17) 공제받지 못할 매입세액 명세	공 제 받 지 못 할 매 입 세 액	(53)			
	공 통 매 입 세 액 면 세 사 업 등 분	(54)			
	대 손 처 분 받 은 세 액	(55)			
	합　계	(56)	기입불필요		기입불필요

〈답안양식〉

구분번호	금　액	세　액
(53)	○○○○○	×××
(54)		
·		

【문 2】 유예

유예생은 제2편 부가유예 9, 10, 11 풀이

해답

[물음 1]

구분번호	금 액	세 액
(10)	1,500,000*1	150,000
(12)	15,000,000*2	1,500,000
(14)	$2,000,000 \times \frac{100}{110} = 1,818,182$	181,818
(45)	4,000,000*3	400,000
(46)	8,504,000〈주1〉	166,745〈주1〉

〈주1〉 $\min(①, ②) \times \frac{2}{102} = 166,745$

① $7,000,000 + 2,000,000 \times \frac{75,200,000}{100,000,000} = 8,504,000$

② $75,200,000 \times 50\% = 37,600,000$

[물음 2]

구분번호	금 액	세 액
(53)	1,500,000*1	150,000
(54)	$15,000,000^{*2} \times \frac{24,800,000}{100,000,000} = 3,720,000$	372,000

해설

1. 해답상 '*'에 대한 설명

*1 기업업무추진비$\left(1,650,000 \times \frac{100}{110} = 1,500,000\right)$ 관련 매입세액에 대하여 세금계산서를 받았으므로 '(10)'에 적은 후 '(53)'에 적는다.

*2 트럭구입시 세금계산서를 받았으므로 '(12)'에 적은 후 공통매입세액 중 면세사업분을 계산하여 '(54)'에 적는다.

*3 커터기계는 고정자산이므로 '(45)'에 적는다.

제 3 절

겸영사업자의 안분계산 summary p1-144. 제9장

학습방법

겸영사업자는 유형별 계산방법을 파악하는 기본이 중요합니다. '문 3-1'부터 '문 3-15'로 유형별 기본을 확실히 다진 후 '문 3-16' 이하의 실전종합문제로 어떻게 응용 출제되는지 파악하도록 하세요.

3 - 1 면세전용과 공통사용재화의 공급 1.5차 2차 필수

다음은 시내버스운송사업과 시외우등고속버스운송사업을 겸영하고 있는 ㈜참안전운수의 과세 자료이다. 상호 독립된 각 【문】에 답하시오.

【문 1】

1. 과세기간별 공급가액

구 분	2025. 7. 1.~2025. 12. 31.	2026. 1. 1.~2026. 6. 30.
시 내 버 스 운 송 사 업 시외우등고속버스운송사업	₩240,000,000 360,000,000	₩315,000,000 385,000,000
계	₩600,000,000	₩700,000,000

2. 위 외의 공급 자료

구 분	취득일	취득가액	비 고
(1) 기계A	2025. 4. 25.	₩100,000,000	시외우등고속버스정비부에서만 사용하다가 2026. 3. 10.부터 시내버스정비부에서만 사용하였다
(2) 기계B	2025. 6. 30.	85,000,000*1	시외우등고속버스정비부에서만 사용하다가 2026. 5. 10.부터 시내버스정비부에서도 공통으로 사용하였다.
(3) 기계C	2023. 11. 21.	90,000,000	시외우등고속버스와 시내버스정비에 공통으로 사용하다 2026. 5. 16.에 ₩60,000,000(부가가치세가 제외된 금액)에 매각하였다.
(4) 기계D	2025. 1. 20.	90,000,000	시외우등고속버스와 시내버스정비에 공통으로 사용하다 2026. 6. 1.에 ₩60,000,000(부가가치세 포함)에 매각하였다.
(5) 건물*2	2024. 10. 20.	350,000,000	2026. 5. 31.에 시외우등고속버스운송사업과 시내버스운송사업에 공통으로 사용하던 건물을 ₩300,000,000(부가가치세가 포함된 금액)에 매각하였다.

*1 기계 B는 장기할부조건으로 취득하였는데, 위의 기계 B의 취득가액 ₩85,000,000은 취득시 현재가치할인차금계상액 ₩5,000,000이 제외된 금액이다.

*2 건물 취득시 사용면적을 기준으로 공통매입세액을 안분계산하였다. 건물의 사용면적의 변동내역은 다음과 같다.

구 분	시외우등고속버스운송사업 : 시내버스운송사업
2025. 제 2 기	$464m^2$: $336m^2$
2026. 제 1 기	$480m^2$: $320m^2$

[물 음]

2026년 제1기의 과세표준을 〈답안양식〉에 적고 그 계산근거를 제시하시오.

〈답안양식〉

구 분	과세표준
기계 A	
기계 B	
기계 C	
기계 D	
건 물	
2026년 제1기 과세표준	

【문 2】

1. 과세기간별 공급가액

구 분	2025. 7. 1.~2025. 12. 31.	2026. 1. 1.~2026. 6. 30.
시외우등고속버스운송사업	₩572,000,000	₩668,500,000
시 내 버 스 운 송 사 업	28,000,000	31,500,000

2. 위 외의 공급 자료

구 분	취득일	취득가액	비 고
기계B	2025. 6. 30.	₩90,000,000*	시외우등고속버스정비부에서만 사용하다가 2026. 5. 10.부터 시내버스정비부에서도 공통으로 사용하였다.
기계C	2023. 11. 21.	90,000,000	시외우등고속버스와 시내버스정비에 공통으로 사용하다 2026. 5. 16.에 ₩60,000,000(부가가치세가 제외된 금액)에 매각하였다.

* 기계 B는 장기할부조건으로 취득하였는데, 위의 기계 B의 취득가액 ₩90,000,000은 취득시 현재가치할인차금계상액 ₩5,000,000이 포함된 금액이다.

[물　음]
2026년 제1기의 기계B와 기계C의 과세표준을 〈답안양식〉에 적고 그 계산근거를 제시하시오.

〈답안양식〉

구　분	과세표준
기계 B	
기계 C	

핵심정리

문제의 포인트

1. 면세전용시 과세표준 계산 : summary p1-110
2. 공통사용재화 공급시 과세표준 계산과 생략 : summary p1-145. 2

[1] 겸영사업자 계산문제의 접근방법

겸영사업자 문제는 아무리 복잡하게 출제되어도 다음 사항을 출제 포인트로 한다. 따라서 자료를 분석할 때 자료가 다음 중 어느 것을 묻고 있는지 파악한 후 그에 따른 계산식을 적용하면 된다.

① summary p1-144 ~ 146의 구입단계, 보유단계, 공급단계

② summary p1-149. 3. 공통매입세액의 정산 1, 정산 2, 정산 3

③ 겸영사업자의 의제매입세액(귀속 불분명분의 안분계산, 한 과세기간에 매입이 집중되는 제조업자의 한도계산 특례, 면세포기로 인한 영세율 적용시 과세공급가액의 범위, 확정신고시 한도계산 후 정산)

[2] 자료의 자산별 정리사항

(1) 기계 A : (보유단계)면세 전부 전용에 해당

(2) 기계 B : (보유단계)면세 일부 전용에 해당하므로 당기기준으로 안분한다. 이 경우 당기 $\frac{\text{면세공급가액}}{\text{총공급가액}}$ 이 5% 미만인지 확인하여 5% 미만이면 과세하지 않는다. 5% 미만이 아니므로 과세하며, 과세표준 계산시 취득가액은 현재가치할인차금의 계상여부와 무관하게 명목가액으로 한다.

[비교] '【문 2】'의 경우에는 당기 $\frac{\text{면세공급가액}}{\text{총공급가액}}$이 5% 미만이므로 과세표준은 0이다.

(3) 기계 C : (공급단계)공통사용재화의 공급에 해당하므로 직전기준으로 안분하는데, 반드시 다음과 같이 안분계산 생략대상인지 확인한다.

Q 신규사업자인가? : $\xrightarrow{\text{No}}$ Q 건당 50만원 미만인가? : $\xrightarrow{\text{No}}$ Q 5,000만원 미만이면서 5% 미만인가? : $\xrightarrow{\text{No}}$ ∴ 안분계산한다.

[비교] '【문 2】'의 경우에는 기계 C의 공급가액이 60,000,000으로 5,000만원 이상이므로 면세비율이 5% 미만이라도 안분계산한다.

(4) 기계 D : (공급단계)공통사용재화의 공급에 해당하므로 직전기준으로 안분한다. 기계 공급가액 60,000,000에 부가가치세가 포함되어 있으므로 'summary p1-113. (3)'을 준용하여 $\frac{\text{과세공급가액}}{\text{과세공급가액} \times 1.1 + \text{면세공급가액}}$ 을 곱한 금액을 과세표준으로 한다. summary p1-158. (1). ② ⇢ ∵ 과세공급가액에 대하여만 부가가치세를 과세하므로 $\frac{x}{1.1x + y}$를 곱함

(5) 건물 : (공급단계)취득시 사용면적 기준으로 안분하였으므로 공급시에도 직전기준 면적기준으로 안분한다.

(6) '【문 1】'의 '[물음]'에서 2026년 제1기 과세표준을 계산하라고 하였으므로 자료 1번에 제시된 과세사업 공급가액 385,000,000을 포함하여야 함에 유의한다.

해 답

【문 1】

구 분	과세표준
기계 A	₩50,000,000〈주1〉
기계 B	20,250,000〈주2〉
기계 C	36,000,000〈주3〉
기계 D	33,962,264〈주4〉
건 물	164,461,247〈주5〉
2026년 제1기 과세표준	689,673,511〈주6〉

〈주1〉 $100{,}000{,}000 \times (1-25\%\times2) = 50{,}000{,}000$

〈주2〉 $(85{,}000{,}000+5{,}000{,}000) \times (1-25\%\times2) \times \frac{315{,}000{,}000}{700{,}000{,}000} = 20{,}250{,}000$

〈주3〉 $60{,}000{,}000 \times \frac{360{,}000{,}000}{600{,}000{,}000} = 36{,}000{,}000$

〈주4〉 $60{,}000{,}000 \times \frac{360{,}000{,}000}{360{,}000{,}000 \times \frac{110}{100} + 240{,}000{,}000} = 33{,}962{,}264$

〈주5〉 $300{,}000{,}000 \times \frac{464m^2}{464m^2 \times \frac{110}{100} + 336m^2} = 164{,}461{,}247$

〈주6〉 $\underset{\text{시외우등고속버스 공급가액}}{\underline{385,000,000}} + 50,000,000 + 20,250,000 + 36,000,000 + 33,962,264 + 164,461,247$

$= 689,673,511$

【문 2】

구　분	과세표준
기계 B	0〈주1〉
기계 C	₩57,200,000〈주2〉

〈주1〉 당기 총공급가액분의 면세공급가액의 비율이 5% 미만이므로 과세표준은 없다.

〈주2〉 $60,000,000 \times \frac{572,000,000}{600,000,000} = 57,200,000.$

3-2 면세사업용 재화의 과세사업 전환 1.5차 2차

도서(Book)와 완구를 제조·판매하는 일반과세자인 ㈜A의 면세사업 관련 재고자산 및 고정자산의 내역은 다음과 같다. 아래 자산은 모두 일반과세자로부터 취득하였으며, 세금계산서는 적정하게 수령하였다. 제시된 금액은 부가가치세가 제외된 금액이다.

구 분	취득일	취득가액	장부가액	시 가
원재료	2025. 9. 10.	₩10,000,000	₩10,000,000	₩12,000,000
토지	2024. 7. 20.	300,000,000	300,000,000	340,000,000
비영업용소형승용차	2025. 3. 16.	20,000,000	15,000,000	12,000,000
건물	2025. 12. 5.	200,000,000	160,000,000	150,000,000
기계장치	2025. 1. 20.	30,000,000	26,000,000	28,000,000
구축물	2015. 10. 5.	50,000,000	9,000,000	17,000,000

[물 음]

다음의 각 경우별로 2026년 제1기의 부가가치세 예정신고 및 확정신고시 매입세액으로 공제할 수 있는 금액을 계산하시오.

〈경우 1〉 2026. 3. 31.에 도서부문 사업에 사용하던 재화를 완구부문 사업에 전부 사용하는 경우

〈경우 2〉 2026. 3. 31.에 도서부문 사업에 사용하던 재화를 완구부문 사업과 도서부문 사업에 공통으로 사용하는 경우. 다만, 완구공급가액과 도서공급가액 비율은 2025년 제2기에는 30% : 70%, 2026년 제1기에는 35% : 65%이다.

〈경우 3〉 2026. 3. 31.에 도서부문 사업에 사용하던 재화를 완구부문 사업과 도서부문사업에 공통으로 사용하는 경우. 다만, 완구공급가액과 도서공급가액 비율은 2025년 제2기에는 10% : 90%, 2026년 제1기에는 4% : 96%이다.

핵심정리

문제의 포인트

- 과세전환시 매입세액공제액의 계산 : summary p1-138. 6

1. 과세전환으로 인한 매입세액공제액의 계산은 감가상각자산만을 대상으로 하며, 예정신고시에는 공제하지 않고 확정신고시에만 공제한다.

2. 과세전환으로 인한 매입세액공제액을 계산할 때 당기 $\frac{\text{과세공급가액}}{\text{총공급가액}}$이 5% 미만인지 확인한다.

   5% 미만이면 계산하지 않으므로 매입세액공제액은 0이다.

해답

1. 예정신고시 공제세액

〈경우 1〉 ~ 〈경우 3〉 : 0

2. 확정신고시 공제세액

〈경우 1〉 과세 전부전환

구 분	계 산 근 거	공제세액
원 재 료	비상각자산	—
토 지	면세대상재화	—
비영업용소형승용차	매입세액공제대상 아님	—
건 물	200,000,000 × 10% × (1－5%×1) ＝	19,000,000
기 계 장 치	30,000,000 × 10% × (1－25%×2) ＝	1,500,000
구 축 물	50,000,000 × 10% × (1－5%×20*[1]) ＝	—
합 계		20,500,000

〈경우 2〉 과세 일부전환 : 과세공급가액비율이 5% 이상인 경우

구 분	계 산 근 거	공제세액
건 물	200,000,000 × 10% × (1－5%×1) × 35%*[2] ＝	6,650,000
기 계 장 치	30,000,000 × 10% × (1－25%×2) × 35%*[2] ＝	525,000
합 계		7,175,000

〈경우 3〉 과세 일부전환 : 과세공급가액비율이 5% 미만인 경우

공제세액 : 0

해설

1. 해답상 '*'에 대한 설명

*[1] 일반과세자의 건물 · 구축물의 경과된 과세기간 수가 20을 초과하는 때에는 20으로 한다.

*[2] 일부 전환일이 속하는 과세기간의 과세공급가액비율에 따른다.

3 / 3 면세전용과 과세전환

1.5차 2차 필수

포도도매업과 와인제조업을 영위하는 ㈜빈아르떼의 다음 〈자료〉로 인한 2026년 제1기 예정신고시와 확정신고시의 매출세액 증감액과 매입세액 증감액을 〈답안양식〉에 따라 계산하시오. 제시된 금액은 부가가치세가 제외된 금액이다.

〈자 료〉

1. 2026년 3월 1일에 와인 제조에만 사용하던 비품A를 포도 판매에도 일부 전용하였다. 비품A는 2025년 8월 20일에 ₩30,000,000에 매입한 것이다.
2. 2026년 3월 1일에 포도 판매에만 사용하던 비품B를 와인 제조에도 일부 전용하였다. 비품B는 2025년 8월 20일에 ₩30,000,000에 매입한 것이다.
3. 2026년 4월부터 6월까지 포장용 박스 구입비 ₩1,000,000을 지출하였다. 포장용 박스는 1박스당 ₩10,000씩 100개(와인 포장용 박스 60개, 포도 포장용 박스 40개)를 구입하였다.
4. 2026년도 1월 1일 ~ 3월 31일의 와인 공급가액비율은 40%, 4월 1일 ~ 6월 30일의 와인 공급가액비율은 80%, 1월 1일 ~ 6월 30일의 와인 공급가액비율은 60%이다.

〈답안양식〉

구 분	예정신고시	확정신고시
매 출 세 액 증 감 액		
매 입 세 액 증 감 액		

핵심정리

문제의 포인트

- 면세전용시 과세표준 계산과 과세전환시 매입세액공제액 계산의 차이 : summary p1-138. 6

구 분		일부 면세전용시 과세표준	일부 과세전환시 매입세액공제액
일부 전용(전환)시	예정신고시	예정신고기간의 $\frac{\text{면세}}{\text{총}}$로 안분	계산하지 않음
	확정신고시	당기 $\frac{\text{면세}}{\text{총}}$로 안분한 후 정산	당기 $\frac{\text{과세}}{\text{총}}$로 안분
대상자산		감가상각자산, 비상각자산	감가상각자산만 대상

해 답

구 분	예정신고시	확정신고시
매 출 세 액 증 감 액	₩1,350,000〈주1〉	₩△450,000〈주1〉
매 입 세 액 증 감 액	0〈주2〉	1,410,000〈주2〉

〈주1〉 비품A의 면세전용

① 예정신고시 : 30,000,000 × (1−25%×1) × 60%*¹ × 10% = 1,350,000

② 확정신고시 : 30,000,000 × (1−25%×1) × 40%*² × 10% − 1,350,000*³ = △450,000

〈주2〉

(1) 비품B의 과세전환

① 예정신고시 : 0

② 확정신고시 : 30,000,000 × 10% × (1−25%×1) × 60%*⁴ = 1,350,000

(2) 박스구입비 : 10,000 × 60개 × 10% = 60,000*⁵

1,410,000

해 설

1. 해답상 '*'에 대한 설명

*¹ 예정신고기간의 면세공급가액비율

*² 해당 과세기간의 면세공급가액비율

*³ 예정신고기간의 면세공급가액비율로 이미 과세되었던 금액

*⁴ 해당 과세기간의 과세공급가액비율

*⁵ 포장용 박스 구입비는 실지 귀속이 분명하므로 과세사업인 와인 포장용 박스 구입비에 대한 매입세액만 공제한다.

3 / 4 공통매입세액의 안분계산 1.5차 2차

다음은 과세사업과 면세사업을 겸영하는 사업자의 2026년 제1기 과세기간(2026. 1. 1.~2026. 6. 30.)의 부가가치세 신고자료이다. 각 자료는 상호 독립적이다.

〈자료 1〉

개인일반과세자 갑의 2026년 제1기의 매입내역은 다음과 같다.

구 분	매입가액	매입세액
① 착화탄사업과 관련된 매입세액	₩60,000,000	₩6,000,000
② 연탄사업과 관련된 매입세액	25,000,000	2,500,000
③ 공통매입세액	100,000,000	10,000,000*
계	₩185,000,000	₩18,500,000

* 이 중 2026년 제1기에 매입하여 2026년 제1기에 공급한 재화의 매입세액이 ₩2,000,000 포함되어 있다.

구 분		2025년 제2기	2026년 제1기
공급가액내역	착화탄공급가액	₩640,000,000	₩750,000,000
	연탄공급가액	160,000,000	250,000,000
계		₩800,000,000	₩1,000,000,000

〈자료 2〉

독립기념관의 2026년 제1기의 부가가치세 계산자료는 다음과 같다. 별도의 언급이 없는 한 제시된 금액은 부가가치세가 제외된 금액이다.

1. 2026년 제1기의 수입금액은 독립기념관 입장료 수입 ₩400,000,000, 주차장 운영수입 ₩150,000,000, 상가임대수입 ₩100,000,000, 기념품 판매수입 ₩350,000,000이다.

2. 국가보훈부 장관 및 문화체육관광부 장관 등으로부터 독립기념관의 세출예산에 대응하는 세입예산의 일부로 2026년 제1기에 ₩200,000,000의 국고보조금을 수령하였다.

3. 2026년 제1기의 매입세액 내역
   ① 과세사업관련 매입세액 : ₩10,000,000
   ② 면세사업관련 매입세액 : ₩30,000,000
   ③ 실지 귀속이 분명하지 않은 공통매입세액 : ₩80,000,000

[물음 1]
〈자료 1〉을 이용하여 2026년 제1기의 매입세액공제액을 계산하시오.

[물음 2]
〈자료 2〉를 이용하여 독립기념관의 2026년 제1기의 부가가치세 납부세액을 〈답안양식〉에 따라 계산하시오.

〈답안양식〉

구 분	금 액
매 출 세 액	
매 입 세 액	
납 부 세 액	

핵심정리

문제의 포인트

- 공통매입세액 안분계산시 면세공급가액의 범위 : summary p1-148. 2

※ 자료별 정리사항

〈자료 1〉

당기 총매입세액 18,500,000에서 면세사업분 매입세액 2,500,000과 공통매입세액 중 면세사업분*을 차감하여 매입세액공제액을 계산한다. → '해설. *1. [별해]'처럼 계산해도 됨

* 공통매입세액 중 면세사업분 : 공통매입세액 10,000,000 중 당기에 매입하여 당기에 공급한 자산에 대한 매입세액 2,000,000은 직전 과세기간 기준으로 안분하고, 잔액 8,000,000은 당기 기준으로 안분한다.

〈자료 2〉

1. 독립기념관의 입장료 수입은 면세하며, 주차장 운영수입·상가임대수입·기념품 판매수입은 과세한다.

2. 세출예산에 대응하는 세입예산의 일부로 국가로부터 보조받은 금액은 독립기념관의 공급과 직접 관련된 것이 아니므로 과세하지 않는다. summary p1-105. ③

3. 자료에 제시된 매입세액 중 과세사업관련분과 공통매입세액 중 과세사업분*만 매입세액공제한다.

   * 공통매입세액 중 과세사업분 매입세액은 다음과 같이 계산한다.

$$\text{공통매입세액} \times \frac{\text{과세공급가액}}{\text{과세 공급가액} + \left(\text{면세사업 공급가액} + \text{부가가치세가 과세되지 않는 사업 공급가액} + \text{과세표준에 포함되지 않는 국고보조금·공공보조금 등}\right)}$$

해 답

[물음 1]

매입세액공제액 : 18,500,000 (세금계산서 수령분) − 2,500,000 (면세사업분) − 2,400,000* (공통매입세액 중 면세사업분) = 13,600,000

* 공통매입세액 중 면세사업분*[1]

① 당기 기준 : $8{,}000{,}000 \times \frac{250{,}000{,}000}{1{,}000{,}000{,}000} =$ 2,000,000

② 직전기 기준 : $2{,}000{,}000 \times \frac{160{,}000{,}000}{800{,}000{,}000} =$ 400,000

2,400,000

[물음 2]

구 분	금 액
매 출 세 액	60,000,000원〈주1〉
매 입 세 액	50,000,000원〈주2〉
납 부 세 액	10,000,000원〈주3〉

〈주1〉 (150,000,000+100,000,000+350,000,000) × 10% = 60,000,000

〈주2〉 10,000,000 + 40,000,000* = 50,000,000

* $80{,}000{,}000 \times \frac{600{,}000{,}000}{600{,}000{,}000 + 400{,}000{,}000 + 200{,}000{,}000} = 40{,}000{,}000$

〈주3〉 60,000,000 − 50,000,000 = 10,000,000

해 설

1. 해답상 '*'에 대한 설명

*[1] [별해] 매입세액이 공제되는 금액만 합계하는 방식

① 과세사업 관련 매입세액 6,000,000

② 공통매입세액
- 당기매입 · 당기공급분 : $2{,}000{,}000 \times \frac{640{,}000{,}000^{*}}{800{,}000{,}000} =$ 1,600,000
- 나머지 공통매입세액 : $8{,}000{,}000 \times \frac{750{,}000{,}000^{**}}{1{,}000{,}000{,}000} =$ 6,000,000

13,600,000

* 전기(2025년 제2기) 과세공급가액비율

** 당기(2026년 제1기) 과세공급가액비율

3 / 5 공통매입세액의 안분계산 1.5차 2차 필수

주택분양사업을 영위하는 ㈜한라의 다음의 부가가치세 신고자료를 기초로 물음에 답하시오. 다만, 별도의 언급이 없는 한 자료에 제시된 금액은 부가가치세가 제외된 금액이다.

〈자　료〉

1. 국민주택과 국민주택규모 초과 주택의 공사수익 비율은 2026년 제1기에는 55% : 45%이고, 2026년 제2기에는 60% : 40%이다.
2. 2026년 제2기 과세기간의 ㈜한라의 본사 건물 임차료는 ₩42,000,000이다.
3. 2026. 4. 8.에 국민주택과 국민주택규모 초과 주택의 건설에 공통으로 사용하는 건설기계 A(취득가액 ₩100,000,000, 장부가액 ₩80,000,000)를 구입하였다. 이를 2026. 10. 25.에 ₩70,000,000에 매각하고, 2026. 11. 1.에 건설기계 B를 ₩90,000,000에 구입하였다.
4. 그 밖의 2026년 제2기 과세기간의 매입가액 자료

구　분	매 입 가 액	
국민주택건설	① 토지 구입	₩50,000,000
	② 부가가치세가 과세되는 건설자재 구입	10,000,000
국민주택규모 초과주택건설	① 토지 구입	₩70,000,000
	② 부가가치세가 과세되는 건설자재 구입	20,000,000
	③ 기업업무추진비 지급	8,000,000
공　통	기업업무추진비 지급	5,000,000

[물　음]

다음 각 경우별로 건물임차료, 건설기계 A·B의 취득 및 매각, 그 밖의 매입과 관련하여 2026년 제2기의 부가가치세 납부세액의 증감액을 〈답안양식〉에 따라 계산하시오.

〈경우 1〉 문제 자료를 기초로 한 경우

〈경우 2〉 다른 자료는 동일하고 건설기계 A의 취득일만 2026. 7. 8.로 달라지는 경우

〈답안양식〉

구　분	계 산 근 거	납부세액증감액*

* 증가는 금액 앞에 (+), 감소는 금액 앞에 (−)로 기재할 것

핵심정리

문제의 포인트

- 공통매입세액과 공통사용재화의 공급 자료가 납부세액증감액에 미치는 영향 계산

※ 자료별 정리사항

1. 국민주택 공급은 면세대상이며, 국민주택규모 초과 주택의 공급은 과세대상이다.

2. 본사 건물 임차료 : 겸영사업자의 본사에서는 면세사업과 과세사업 관련 업무를 총괄하므로 본사와 관련된 임차료·전기료 등과 관련된 매입세액은 공통매입세액에 해당한다. 따라서 공통매입세액을 당기기준($\frac{\text{당기 과세공급가액}}{\text{당기 총공급가액}}$)으로 안분하는데, 다음과 같이 안분계산 생략 대상인지 확인한다.

   Q 신규사업자로서 당기에 매입하고 당기에 매각하였는가? $\xrightarrow{\text{No}}$ Q 합계액 5만원 미만인가? $\xrightarrow{\text{No}}$ Q 합계액 500만원 미만이면서 5% 미만인가? $\xrightarrow{\text{No}}$ ∴ 안분계산한다.

   ⇢ 공통매입세액 안분계산과 공통사용재화 과세표준 안분계산시에는 항상 안분계산 생략 여부를 반드시 따져야 하는데, 문 3-5의 경우 생략하는 경우가 없으므로 아래에서는 이에 대한 구체적인 설명은 생략하기로 한다.

3. • 건설기계 A :

   〈경우 1〉 공통으로 사용하는 기계를 당기에 공급하였으므로 '공급가액 × $\frac{\text{직전 과세공급가액}}{\text{직전 총공급가액}}$ × 10%'를 매출세액으로 한다.

   〈경우 2〉 취득일이 2026. 7. 8.로 달라지는 경우 : 당기에 구입하여 당기에 공급한 경우에 해당한다. 매출세액은 위 '〈경우 1〉'과 동일하게 직전기준으로 계산하며, 매출세액의 안분을 직전기준으로 계산하였으므로 공통매입세액 안분계산도 직전기준으로 계산한다.

   • 건설기계 B : '공통매입세액 × $\frac{\text{당기 과세공급가액}}{\text{당기 총공급가액}}$'을 매입세액으로 공제한다.

4. 자료에 제시된 표는 겸영사업자의 매입 자료로 제시되는 전형적인 유형이다.

   ① 면세사업분 : 구입 내역과 무관하게 매입세액불공제한다.

   ② 과세사업분 : 매입세액불공제 대상(토지 구입, 기업업무추진비 지급)을 제외한 과세사업 관련 매입세액은 공제한다.

   ③ 공통분 : 공통매입세액은 안분하는 것이 원칙이나, 처음부터 불공제 대상인 기업업무추진비는 안분 없이 불공제한다.

해 답

〈경우 1〉

구 분	계 산 근 거	납부세액증감액
건 물 임 차 료	42,000,000 × 10% × 40%	(－) 1,680,000
건설기계 A 공급	70,000,000 × 45% × 10%	(＋) 3,150,000
건설기계 B 구입	90,000,000 × 10% × 40%	(－) 3,600,000
건설자재 구입	20,000,000 × 10%	(－) 2,000,000

〈경우 2〉

구 분	계 산 근 거	납부세액증감액
건 물 임 차 료	경우 1과 동일	(－) 1,680,000
건설기계 A 구입	100,000,000 × 10% × 45%	(－) 4,500,000
건설기계 A 공급	경우 1과 동일	(＋) 3,150,000
건설기계 B 구입	경우 1과 동일	(－) 3,600,000
건설자재 구입	경우 1과 동일	(－) 2,000,000

3 / 6 공통매입세액의 안분계산

1.5차 2차 필수

상호 독립된 각 【문】에 답하시오.

【문 1】

의료보건 용역을 제공하는 개인사업자 갑은 2026. 10. 2. 사업을 개시하였다. 다음은 갑의 2026년 제2기 부가가치세 확정신고와 관련된 사항이다. 갑이 2026년 제2기 확정신고할 때 납부하여야 할 부가가치세(지방소비세를 포함한 금액임)를 계산하시오. 단, 가산세와 세액공제는 고려하지 않으며 아래에 제시된 금액들은 부가가치세를 포함하지 아니한 것이다.

〈2017. CPA〉

1. 2026. 10. 2.~2026. 12. 31.까지의 공급가액은 다음과 같다.

구 분	금 액
미용 관련 시술*	₩192,000,000
질병치료 관련 시술	8,000,000

* 미용 관련 시술은 부가가치세 과세대상 거래에 해당된다.

2. 2026. 10. 3. 병원운영을 위해 상가건물을 ₩100,000,000에 구입하였다.
3. 2026. 10. 8. 미용시술에 사용할 의료용기계를 ₩25,000,000에 구입하였고, 같은 날 병원운영을 위해 침대 등 비품을 ₩5,000,000에 구입하였다.
4. 2026. 10. 10. 질병치료 목적에 사용하기 위한 의약품을 ₩2,000,000에 구입하였다.
5. 업무목적으로 사용할 승용차(개별소비세 과세대상)를 ₩30,000,000에 구입하였다.
6. 모든 매입거래는 전자세금계산서를 수취하였으며, 병원운영목적으로 구입한 재화는 미용 및 질병치료에 공통으로 사용된다.

【문 2】

㈜서울은 자기 소유의 건물에서 잡지사를 운영하면서 잡지사 사용부분을 제외한 나머지 건물부분은 임대하고 있다. 다음 자료에 의하여 2026년 제1기 과세기간의 납부세액을 계산하시오. 윤전기·신문용지 및 전기요금 등에 대한 세금계산서는 적법하게 발급받았고, ㈜서울의 잡지는 「신문 등의 진흥에 관한 법률」에 따른 정기간행물이며, 동 잡지에는 광고가 포함되어 있다. 제시된 금액은 부가가치세가 제외된 금액이다. 〈2008. CTA〉

1. 사업의 종류별·과세기간별 공급가액

구 분	합 계 액	잡지판매	광 고	부동산임대
2025년 2기	₩850,000,000	₩500,000,000	₩300,000,000	₩50,000,000
2026년 1기	1,550,000,000	800,000,000	700,000,000	50,000,000

2. 2026. 4. 15. 잡지판매와 광고사업에 사용하던 화물자동차를 ₩3,000,000에 매각하였다.

3. 2026. 5. 10. 잡지인쇄에 사용하기 위하여 윤전기를 ₩120,000,000에 취득하였다.

4. 2026. 1. 1.부터 6. 30.까지 신문용지(종이)를 ₩360,000,000에 구입하여 잡지출판에 사용하였거나 사용할 예정이다.

5. 2026. 1. 1.부터 6. 30.까지 잡지출판과 부동산임대에 함께 사용한 전기요금이 ₩15,500,000이다.

핵심정리

문제의 포인트

1. 면세사업(질병치료)과 과세사업(미용 시술)을 겸영하는 병원의 납부세액 계산
2. 여러 업종을 영위하는 경우 공통사용재화의 공급가액과 공통매입세액의 안분방법

【문 1】 자료별 정리사항

1. 의료보건용역 중 과세대상 미용관련 시술은 과세하고, 질병치료 시술은 면세한다.

2. 자료 6번에 따르면 병원운영목적으로 구입한 재화 관련 매입세액은 공통매입세액에 해당한다. 만약 자료 6번이 제시되지 않았더라도 병원은 일반 회사의 본사에 해당되는 개념이므로 동일하게 처리하는 것이 타당하다. 따라서 건물 관련 공통매입세액을 당기기준으로 안분하는데, 반드시 다음과 같이 안분계산 생략 대상인지 확인한다.

   Q 신규사업자로서 당기에 매입하고 당기에 매각하였는가? —No→ Q 합계액 5만원 미만인가? —No→ Q 합계액 500만원 미만이면서 5% 미만인가? —No→ ∴ 안분계산한다.

3. ① 과세사업에 사용할 의료용기계는 과세사업용 재화이므로 매입세액을 전부 공제한다.
   ② 병원운영 목적 비품 : 공통매입세액이므로 당기기준으로 안분하는데, 반드시 다음과 같이 안분계산 생략 대상인지 확인한다.

   Q 신규사업자로서 당기에 매입하고 당기에 매각하였는가? —No→ Q 합계액 5만원 미만인가? —No→ Q 합계액 500만원 미만이면서 5% 미만인가? —No*→ ∴ 안분계산한다.

   * 주의 : 안분계산을 생략하는 '공통매입세액이 500만원 미만이면서 면세비율이 5% 미만'을 따질 때 공통매입세액은 당기 합계액을 기준으로 한다. 따라서 자료 3번의 비품의 경우 비품만의 공통매입세액은 500,000으로 500만원 미만이나, 자료 2번의 건물과 자료 3번의 비품을 합한 당기 공통매입세액 합계액 '10,000,000 + 500,000 = 10,500,000'이 500만원 미만이 아니므로 안분계산을 생략하지 않는다.

4. 면세사업용 의약품 구입액에 대한 매입세액은 공제하지 않는다.

5. 비영업용소형승용차에 대한 매입세액은 공제하지 않는다.

【문 2】 문제의 포인트

공통사용재화 공급가액과 공통매입세액 안분계산시 해당 자산이 사용되는 업종의 공급가액을 기준으로 안분계산한다. 예를 들면 자료 2번부터 4번까지는 잡지와 광고(잡지를 인쇄하면 광고도 같이 인쇄)에만 사용한 것에 대한 것이므로 잡지와 광고 공급가액만을 기준으로 안분계산하며, 자료 5번은 모든 업종에 함께 사용한 것에 대한 것이므로 부동산임대업 공급가액을 포함한 모든 공급가액을 기준으로 안분계산한다.

해 답

【문 1】

1. 매출세액 : 192,000,000 × 10% = 19,200,000

2. 매입세액

① 건　물 : (100,000,000×10%) × 96%* =	9,600,000	
② 미용시술용 기계 : 25,000,000 × 10% =	2,500,000	
③ 비　품 : (5,000,000×10%) × 96%* =	480,000	
④ 질병치료용 약품 : (면세사업분)	—	
⑤ 승용차 : (비영업용 소형승용차)	—	△12,580,000
		6,620,000

* 과세공급가액 비율 : $\frac{192,000,000}{200,000,000} = 96\%$

【문 2】

1. 매출세액

$$(700,000,000+50,000,000+3,000,000\times\frac{300,000,000}{800,000,000}) \times 10\% = 75,112,500$$

2. 매입세액

$$(12,000,000+36,000,000) \times \frac{700,000,000}{1,500,000,000} + 1,550,000 \times \frac{700,000,000 + 50,000,000}{1,550,000,000}$$

$$= 23,150,000$$

3. 납부세액 : 51,962,500

3 / 7 공통매입세액의 정산 1.5차 2차 필수

도서(Book)와 장난감 제조업을 겸영하는 일반과세자인 ㈜갑의 2026년 제1기 부가가치세 확정신고와 관련된 자료는 다음과 같다. 제시된 금액은 부가가치세가 제외된 금액이며, 세금계산서는 적정하게 수수하였다.

〈자 료〉

1. 2025년 7월부터 2026년 3월까지의 매출 내역

기 간	도서 매출	장난감 매출	계
2025년 7월 ~ 2025년 12월	₩255,000,000	₩495,000,000	₩750,000,000
2026년 1월 ~ 2026년 3월	195,500,000	229,500,000	425,000,000

2. 2026. 4. 1.~2026. 6. 30.의 제품 매출 내역

구 분	국내매출액	내국신용장 매출액	해외수출액	계
도 서	₩128,500,000	₩0	₩50,000,000*	₩178,500,000
장 난 감	210,000,000	61,500,000	60,000,000	331,500,000

* 이에 대해서는 면세포기신고를 하지 아니하였다.

3. 2026년 제1기 과세기간의 매입세액 내역

구 분		2026. 1. 1.~2026. 3. 31.	2026. 4. 1.~2026. 6. 30.
도서부문	원재료 구입	₩16,000,000	₩20,000,000
장난감부문	원재료 구입	18,000,000	19,000,000
	소형승용차 유지	2,000,000	3,000,000
	기업업무추진비 지출	4,000,000	5,000,000
공통 부문	전기료 지출	12,000,000	18,000,000
	기계장치 구입	10,000,000*	—
	기업업무추진비 지출	3,500,000	2,500,000
계		₩65,500,000	₩67,500,000

* 2026. 2. 25.에 과세사업과 면세사업에 공통으로 사용하는 기계장치를 ₩100,000,000에 구입하였으며, 이 기계장치를 2026. 5. 20.에 면세사업자에게 ₩90,000,000에 처분하였다.

[물음 1]

2026년 제1기 확정신고시 매입세액불공제액을 다음 양식에 따라 계산하시오. 다만, 제1기 예정신고는 적정하게 이루어졌다.

〈답안양식〉

불공제 사유	금 액
(1) 공통매입세액 중 면세사업 관련 불공제	
(2) 기타 ① ② ⋮	
계	

[물음 2]

2026년 제1기 확정신고시 납부세액을 계산하시오.

핵심정리

문제의 포인트

- 정산 1. 확정신고시 과세기간과 예정신고기간의 면세비율 차이 정산 : summary p1-149. 정산 1

[1] 문제의 포인트

계산문제를 풀이할 때에는 문제 자료를 정독하기 전에 '[물음]'부터 읽어 출제의도를 파악하는 것이 중요하다. 물음 1번은 매입세액불공제액을 계산하는 문제이고, 물음 2번은 물음 1번에서 구한 매입세액불공제액을 총매입세액에서 차감하여 매입세액공제액을 계산한 후 그 금액을 매출세액에서 차감하여 납부세액을 계산하는 문제이다.

[2] 자료별 정리사항

1, 2. 자료 1번은 전기와 당기 예정신고기간의 공급가액이, 자료 2번은 당기 확정신고기간의 공급가액이 제시되어 있다. 따라서 당기 예정신고기간과 확정신고기간의 공급가액을 취합하여 안분계산시 활용할 당기 총공급가액과 면세공급가액 및 면세공급가액비율을 계산해 놓아야 한다.*

* 면세공급가액 비율

구 분	전 기	1. 1.~3. 31.	4. 1.~6. 30.	계
면세공급가액 과세공급가액*[1]	255,000,000 495,000,000	195,500,000 229,500,000	178,500,000 331,500,000	374,000,000 561,000,000
계	750,000,000	425,000,000	510,000,000	935,000,000
면세비율	34%	46%	35%	40%

*[1] 영세율 적용분(해외수출액)도 과세공급가액에 포함한다.

3. 자료에 제시된 금액이 매입가액인지, 매입세액인지 구별한 후, 그 내역별로 다음과 같이 처리한다.
   (1) 도서부문 : 면세사업 관련 매입세액이므로 구입 내역과 무관하게 매입세액불공제한다. 물음 1번이 불공제액을 사유별로 적는 문제이므로 답안양식의 '(2) 기타'란에 적는다.
   (2) 장난감부문 : 매입세액불공제 대상인 비영업용 개별소비세 과세대상 자동차와 기업업무추진비 관련 매입세액을 물음 1번 답안양식의 '(2) 기타'란에 적는다. 이 경우 공통부문에 매입세액불공제 항목이 있는지 파악하여 이 문제의 기업업무추진비처럼 같은 항목의 불공제액이 있으면 합계액을 적는다.
   (3) 공통부문 : 공통매입세액을 안분계산하여 그 중 면세사업분을 물음 1번 답안양식상 '(1)'에 적는다. 이 경우 예정신고기간의 공통매입세액자료가 제시되고, 예정신고가 적정하게 이루어졌다는 언급이 있으면 정산 1을 하여야 한다. 지출 내역별로 설명하면 다음과 같이 계산하며, 이해되면 해답과 같이 묶어서 한번에 계산하는 것이 간편하다.
      1) 전기료 ⇢ 예정신고시에는 예정신고기간 비율로 안분하고 확정신고시 정산하며, 예정신고기간과 과세기간의 면세비율 차이가 5% 미만인 경우에도 정산한다.

① 과세기간분 : $\underbrace{(12{,}000{,}000+18{,}000{,}000)}_{\text{전기료}} \times \underbrace{40\%}_{\text{당기기준}} = 12{,}000{,}000$

② 예정신고분 : $\underbrace{12{,}000{,}000}_{\text{전기료}} \times 46\% = \underline{5{,}520{,}000}$

③ 확정신고분 : 6,480,000

      2) 기계장치 ⇢ 자료 '3. *'에 당기에 구입하여 당기에 처분한 자료가 제시되었고, 이 금액이 자료 2번의 제품 매출액에 포함되어 있지 않으므로 과세표준 계산시 기계장치 공급가액을 별도로 고려하여야 함. 누락방지를 위하여 문제 분석단계에서 자료 2번에 90,000,000을 적어 놓는 것이 바람직하다.

① 과세기간분 : $\underbrace{10{,}000{,}000}_{\text{기계장치}} \times \underbrace{34\%^{*}}_{\text{직전기준}} = 3{,}400{,}000$

② 예정신고분 : $\underbrace{10{,}000{,}000}_{\text{기계장치}} \times 46\%^{*} = \underline{4{,}600{,}000}$

③ 확정신고분 : △1,200,000

* 기계장치에 대한 공통매입세액의 안분계산 방법
① 예정신고분 : 예정신고기간 비율로 안분한다.
② 과세기간분 : 당기에 구입하여 당기에 공급하였으므로 과세표준을 직전 과세기간 비율로 안분한다. 따라서 공통매입세액도 직전 과세기간 비율로 안분한다.

      3) 공통매입세액 중 면세사업 관련 불공제 : 6,480,000 − 1,200,000 = 5,280,000

해답

[물음 1]

불공제 사유	금 액
(1) 공통매입세액 중 면세사업 관련 불공제	5,280,000〈주1〉
(2) 기타 ① 면세사업 관련분 ② 비영업용소형승용차 유지 ③ 기업업무추진비	 20,000,000 3,000,000 7,500,000〈주2〉
계	35,780,000

〈주1〉 ① 과세기간분 : $(\underset{\text{전기료}}{\underline{12,000,000 + 18,000,000}}) \times \underset{\text{당기기준}}{\underline{40\%^*}} + \underset{\text{기계장치}}{\underline{10,000,000}} \times \underset{\text{직전기준}}{\underline{34\%}} = 15,400,000$

② 예정신고분 : $(\underset{\text{전기료}}{\underline{12,000,000}} + \underset{\text{기계장치}}{\underline{10,000,000}}) \times 46\%^* = \underline{10,120,000}$

③ 확정신고분 : $\underline{\underline{5,280,000}}$

* 면세공급가액 비율 : 핵심정리 참고

〈주2〉 $\underset{\text{장난감 부문}}{\underline{5,000,000}} + \underset{\text{공통 부문}}{\underline{2,500,000}} = 7,500,000$

[물음 2]

(1) 매출세액 : $210,000,000 \times 10\% + (61,500,000+60,000,000) \times 0\% + \underset{\text{기계장치}}{\underline{90,000,000}} \times \underset{\text{직전기준}}{\underline{66\%}}$

$\times 10\% = 26,940,000$

(2) 매입세액 : $\underset{\text{합계}}{\underline{67,500,000}} - \underset{\text{불공제}}{\underline{35,780,000}} = 31,720,000$

(3) 납부세액 : $26,940,000 - 31,720,000 = \triangle 4,780,000$

3-8 공통매입세액의 정산 - 실전문제

1.5차 2차

과세사업인 음식점업과 면세사업인 정육점업을 같은 사업장에서 겸영하고 있는 ㈜갑의 2026년 제1기 과세기간 최종 3개월(4월~6월)의 매입세액공제액을 계산하시오.

〈2024. CPA〉

1. 매입세금계산서 수취 내역(기간 : 2026년 4월~6월)

매입 내역	매입가액(부가가치세 별도)	사용처
상품 포장지 구입	7,000,000원	음식점업만 사용
냉 장 고 구 입	8,000,000원	정육점업만 사용
임 차 료	10,000,000원	음식점업과 정육점업에 공통사용하며 실지귀속을 구분할 수 없음
전 기 료	2,000,000원	
배 송 료	1,000,000원 [=10,000원(회당)×100회]	음식점업 : 70회 정육점업 : 30회
합 계	28,000,000원	

2. ㈜갑의 공급가액은 다음과 같으며 2026년 제1기 예정신고기간(1월~3월)에 공통매입세액인 1,000,000원(공급가액 10,000,000원) 중 불공제된 매입세액은 600,000원이다.

기 간	음식점업(과세)	정육점업(면세)	합 계
2026년 1월~3월	4억원	6억원	10억원
2026년 4월~6월	2억원	8억원	10억원

3. 세금계산서는 적법하게 교부받았으며, 위 자료 외에 다른 사항은 고려하지 않는다.

핵심정리

문제의 포인트

• '정산 1'이 포함된 매입세액공제액의 계산

※ 계산방법

별도의 답안양식이 제시되지 않았으므로 매입세액이 공제되는 것만 계산하면서 '정산 1'을 하는 것이 간편하다.

해답

1. 상품 포장지 : 7,000,000 × 10% = 700,000

   냉장고 : 면세사업 관련분 —

   임차료 · 전기료 : $(10,000,000+2,000,000) \times 10\% \times \frac{6억원^{*1}}{20억원} =$ 360,000

   배송료 : 10,000 × 70회 × 10% = 70,000*2

2. 공통매입세액(정산 1) : $1,000,000 \times \frac{14억원^{*3}}{20억원} - 600,000 =$ △100,000*4

   매입세액공제액 1,030,000*5

해설

1. 해답상 '*'에 대한 설명

*1 당기 과세공급가액 비율 : $\frac{4억원 + 2억원}{10억원 + 10억원} = 30\%$

*2 배송료는 실지귀속이 분명하므로 과세사업 배송료에 대한 매입세액을 공제한다.

*3 당기 면세공급가액 비율 : $\frac{6억원 + 8억원}{10억원 + 10억원} = 70\%$

*4 매입세액불공제액이 커졌으므로 매입세액공제액 계산시 차감한다.

*5 [별해] 세금계산서 수취분을 출발점으로 매입세액불공제액을 차감하는 방식

$$\Big[\underbrace{28,000,000}_{세금계산서\ 수취분} - \underbrace{8,000,000}_{냉장고} - \underbrace{12,000,000\times\frac{14억원}{20억원}}_{공통매입세액\ 중\ 면세분} - \underbrace{(10,000\times30회)}_{배송료\ 중\ 면세분}\Big] \times 10\%$$

$$- \underbrace{\left(1,000,000\times\frac{14억원}{20억원}-600,000\right)}_{정산\ 1에\ 따른\ 불공제액} = 1,030,000$$

3 / 9 공통매입세액의 정산

1.5차 2차 필수

【문 1】 다음 자료를 이용하여 출판사를 경영하는 ㈜지샘의 2026년 제1기의 부가가치세 납부세액을 계산하시오.

1. 공급가액 및 매입가액의 내역

구 분	공 급 가 액		매 입 가 액*	
	2025년 제2기	2026년 제1기	2025년 제2기	2026년 제1기
과 세 사 업	₩600,000,000	₩700,000,000	₩300,000,000	₩400,000,000
면 세 사 업	300,000,000	0	300,000,000	100,000,000

* 부가가치세가 제외된 금액이며, 세금계산서는 적정하게 수령하였다.

2. 위의 매입가액에는 과세사업과 면세사업에 공통으로 사용할 목적으로 2026년 5월 10일에 구입한 윤전기 구입액 ₩220,000,000과 종이구입액 ₩55,000,000이 포함되어 있지 않다. 각각의 금액은 부가가치세가 포함된 금액이다.

【문 2】 신문사를 경영하는 ㈜우리의 다음 자료를 이용하여 2026년 제1기분 부가가치세 확정신고를 할 때 건물 신축과 관련된 매입세액 중 공제받을 수 있는 매입세액을 계산하시오. 다만, 이와 관련하여 2026년 제1기 예정신고시 공제받은 매입세액은 ₩5,000,000이다.

1. ㈜우리는 본사 사옥 5,000m²를 신축하여 그 중 3,500m²를 임대할 예정이다. 2026년 제1기에 부담한 사옥신축과 관련된 매입세액은 ₩20,000,000이며, 이 중 ₩4,000,000은 사옥부지의 조성과 관련된 매입세액이다.

2. 공급가액 및 매입가액 내역. 2026년 제1기말 현재 사옥은 임대하고 있지 않다.

구 분	공 급 가 액		매 입 가 액*	
	2025년 제2기	2026년 제1기	2025년 제2기	2026년 제1기
신 문 판 매	₩800,000,000	₩900,000,000	₩400,000,000	₩500,000,000
광 고 판 매	800,000,000	600,000,000	600,000,000	500,000,000

* 부가가치세가 제외된 금액이며, 세금계산서는 적정하게 수령하였다.

핵심정리

문제의 포인트

- 정산 2. 공급가액이 없는 경우 대용치로 안분계산한 후, 대용치가 확정된 과세기간에 그 차이 정산 : summary p1-151. 정산 2

※ 문제별 포인트

【문 1】 공통매입세액은 공급가액 비율로 안분계산하는 것이 원칙이나, 해당 과세기간의 과세사업과 면세사업의 공급가액 중 면세사업 공급가액이 없으므로 대용치를 적용한다. 이 경우 적용하는 대용치는 건축물의 신축·취득이 아니므로 '매입가액 → 예정공급가액 → 예정사용면적'의 순서로 한다. 따라서 '【문 1】'의 경우에는 매입가액 비율로 안분계산한다.

【문 2】

1. 기본 정리사항

① 건물의 신축의 경우 실제 사용면적이 있으면 실지 귀속이 분명하므로 실제 사용면적을 기준으로 안분한다(summary p1-145. 2). 실제 사용면적이 없으면 귀속이 불분명하므로 공급가액기준으로 안분하는데, 사용면적이 없다면 공급가액도 없을 것이므로 '예정사용면적 → 매입가액 → 예정공급가액'의 순서로 안분계산한다

② 신문사·잡지사의 경우 신문 등 판매수입은 면세하고, 신문 등에 실리는 광고수입은 과세한다. 여기에 사옥 일부를 임대하는 경우 발생하는 임대료수입은 주택임대 등이 아니라면 과세한다.

2. 문제에의 적용

이 문제는 '면세대상인 신문판매'와 '과세대상인 광고 및 부동산임대'에 사용할 건물을 신축하는 과정에서 발생하는 공통매입세액을 안분계산하여 공제받을 수 있는 매입세액(광고분과 부동산임대분)을 계산하는 문제이다. 바로 광고분과 부동산임대분을 계산할 수 없으므로 다음과 같이 계산한다.

〈1단계〉 공통매입세액을 임대사업분과 신문사업분으로 안분한다. 그 중 임대사업분은 전액 공제대상 매입세액이다. → 안분기준 : 실제 사용면적과 임대업에 대한 공급가액이 없으므로 예정사용면적을 기준으로 안분한다.

〈2단계〉 '〈1단계〉'에서 계산한 신문사업분을 다시 광고분과 신문판매분으로 안분한다. 그 중 과세사업인 광고분은 공제대상 매입세액이다. → 안분기준 : 사옥 중 광고분과 신문판매분에 대한 사용면적은 구분할 수 없으나, 각각의 공급가액은 구분되므로 공급가액을 기준으로 안분계산한다.

〈3단계〉 매입세액공제액 합계액을 계산한 후 예정신고시 이미 공제받은 금액을 차감하여 확정신고시 공제받을 금액을 계산한다(정산).

해답

【문 1】

(1) 매출세액 : 700,000,000 × 10% ＝ 70,000,000

(2) 매입세액

① 과세사업분 : 400,000,000 × 10% ＝ 40,000,000

② 공통매입세액 중 과세사업분 : $(20{,}000{,}000+5{,}000{,}000) \times \frac{400{,}000{,}000}{500{,}000{,}000}$ ＝ 20,000,000

계 60,000,000

(3) 납부세액 : 10,000,000

【문 2】

• 건물 신축 관련 매입세액 중 확정신고시 공제받을 수 있는 매입세액 : 8,120,000

[계산근거]

	〈1단계〉 임대사업분과 신문사업분 구분	〈2단계〉 광고사업분		
16,000,000*	$\times \frac{3{,}500m^2}{5{,}000m^2}$		＝	11,200,000
	$\times \frac{1{,}500m^2}{5{,}000m^2}$	$\times \frac{600{,}000{,}000}{1{,}500{,}000{,}000}$	＝	1,920,000
제1기 공제가능 매입세액				13,120,000
예정신고시 공제받은 매입세액				△5,000,000
확정신고시 공제가능 매입세액				8,120,000

* 20,000,000 － 4,000,000 (토지 조성 매입세액) ＝ 16,000,000

3 / 10 공통매입세액의 정산

1.5차 2차 필수

상가임대업과 금융업을 영위하는 ㈜프라임홀딩스의 다음 자료를 이용하여 물음에 답하시오.

1. 사업자는 면세사업과 과세사업에 공통으로 사용하기 위하여 건설회사와의 건설계약(2025. 4월~2026. 4월)에 따라 건물을 신축하였다. 그 건물의 신축과 관련하여 건설사에 지급한 건설대금에 대한 부가가치세 매입세액은 2025년 제1기 ₩10,000,000, 2025년 제2기에는 ₩14,000,000, 2026년 제1기에는 ₩12,000,000이다.

2. 2025년 제1기와 2025년 제2기 예정사용면적의 내역과 사용면적이 확정된 2026년 제1기 이후의 실제사용면적의 내역은 다음과 같다.

구 분	예정사용면적	실제사용면적	
		2026년 제1기	2026년 제2기
금 융 업	$200m^2$	$240m^2$	$200m^2$
상 가 임 대 업	$300m^2$	$260m^2$	$300m^2$

3. 2026년 제1기의 금융업 공급가액은 ₩30,000,000이며, 상가임대업 공급가액은 ₩70,000,000이다.

[물음 1] 2025년 제1기와 2025년 제2기의 면세사업관련 매입세액을 계산하시오.

[물음 2] 2026년 제1기의 납부세액을 계산하시오.

[물음 3] 2026년 제2기의 납부세액재계산액을 계산하시오. → 물음 3과 물음 4는 문 3-11 정리 후 풀이

[물음 4] 2026년 제2기에 위 건물을 ₩400,000,000(부가가치세 별도)에 처분하는 경우 건물에 대한 부가가치세 과세표준과 납부세액재계산액을 계산하시오.

핵심정리

문제의 포인트

- 정산 2. 공급가액이 없는 경우 대용치로 안분계산한 후, 대용치가 확정된 과세기간에 그 차이 정산 : summary p1-151. 정산 2

※ 문제의 분석 및 포인트

과세사업인 상가임대업과 면세사업인 금융업에 공통사용하기 위하여 건물을 신축하는 경우 그 건설대금에 대한 부가가치세 부담액은 공통매입세액에 해당하므로 안분계산하여야 한다. 이 경우 안분기준은 다음과 같다.

① 2025년 제1기와 제2기 : 건물이 완공되지 않아 실제 사용면적과 공급가액이 없으므로 예정사용면적비율에 따라 공통매입세액을 안분계산한다.

② 2026년 제1기분 : 건물완공으로 실제 사용면적을 알 수 있으므로 실제 사용면적 기준으로 안분계산한다. → • 매입세액불공제액 : 공통매입세액 × $\dfrac{\text{실제 면세사용면적}}{\text{실제 총사용면적}}$

③ 2026년 제1기에 2025년 제1기분과 2025년 제2기분의 정산 : '실제사용면적을 기준으로 한 면세비율'과 '2025년 제1기와 2025년 제2기의 안분비율인 예정사용면적을 기준으로 한 면세비율'과의 차이를 정산한다. → 차이가 5% 미만이어도 정산함

• 정산액 : 정산대상 공통매입세액 × $\left(\dfrac{\text{실제 면세사용면적}}{\text{실제 총사용면적}} - \dfrac{\text{예정 면세사용면적}}{\text{예정 총사용면적}}\right)$

해답

1. 면세사업관련 매입세액

(1) 2025년 제1기 : $10{,}000{,}000 \times \dfrac{200\text{m}^2}{500\text{m}^2} = 4{,}000{,}000$

(2) 2025년 제2기 : $14{,}000{,}000 \times \dfrac{200\text{m}^2}{500\text{m}^2} = 5{,}600{,}000$

2. 2026년 제1기의 납부세액

(1) 매출세액 : 70,000,000 × 10% =		7,000,000
(2) 매입세액		
① 세금계산서에 의한 매입세액	12,000,000	
② 공통매입세액 중 면세사업분	△7,680,000*	△4,320,000*[1]
(3) 납부세액		2,680,000

* ① 2026년 제1기분 : $12{,}000{,}000 \times \dfrac{240\text{m}^2}{500\text{m}^2}$ 5,760,000

② 2025년 제1기분과 제2기분 정산 : $(10{,}000{,}000+14{,}000{,}000) \times \left(\dfrac{240}{500} - \dfrac{200}{500}\right) =$ 1,920,000

만약 차이가 5% 미만인 경우라도 정산함

③ 차가감계 7,680,000

3. 2026년 제2기 납부세액재계산액*2

$$36{,}000{,}000^{*} \times (1-5\%\times1) \times \underbrace{\left(\frac{200}{500}-\frac{240}{500}\right)}_{\text{차이가 5\% 미만이면 정산 안함}} = (-)2{,}736{,}000$$

→ 면세비율이 감소되었으므로 납부세액에서 공제함

* 10,000,000 ＋ 14,000,000 ＋ 12,000,000 ＝ 36,000,000

4. 2026년 제2기

① 과세표준 : $400{,}000{,}000 \times \frac{260m^{2*3}}{500m^2} = 208{,}000{,}000$

② 납부세액재계산 : 공통사용재화를 공급하는 날이 속하는 과세기간에는 납부세액재계산을 하지 않음

해 설

1. 해답상 '*'에 대한 설명

*1 [별해] 2026년 제1기의 매입세액공제액은 다음과 같이 '과세사용면적 비율'로 안분해도 된다.

$$(10{,}000{,}000+14{,}000{,}000+12{,}000{,}000) \times \frac{260m^2}{500m^2}^{*} - (10{,}000{,}000+14{,}000{,}000) \times \frac{300m^2}{500m^2}^{**}$$

＝ 4,320,000

* 2026년 제1기의 실제 과세사용면적비율

** 2025년 제1기와 제2기의 예정 과세사용면적비율

*2 납부세액재계산액 : 공통매입세액 × (1－5%×경과 과세기간 수) × 증감된 면세비율

*3 공통매입세액을 사용면적기준으로 안분하였으므로 과세표준의 안분도 사용면적기준(직전기 기준)으로 안분한다.

3 / 11 공통매입세액의 정산

1.5차 2차 필수

다음은 잡지사업과 광고사업을 겸영하는 ㈜금강의 부가가치세 신고자료이다.

1. 잡지사업과 광고사업의 공급가액내역

구 분	잡지사업	광고사업	계
2025년 제2기	₩400,000,000	₩600,000,000	₩1,000,000,000
2026년 제1기	539,000,000	561,000,000	1,100,000,000
2026년 제2기	550,000,000	450,000,000	1,000,000,000
2027년 제1기	696,000,000	504,000,000	1,200,000,000
2027년 제2기	495,000,000	605,000,000	1,100,000,000
2028년 제1기	500,000,000	500,000,000	1,000,000,000

2. 2026년 4월 12일에 잡지사업과 광고사업에 공통으로 사용하던 운반용 트럭을 ₩30,000,000 (부가가치세 제외)에 매각하였다.

3. 2026년 제1기 과세기간의 매입내역

구 분	매입가액	매입세액
원 자 재 구 입*1	₩400,000,000	₩40,000,000
윤 전 기 구 입*2	100,000,000	10,000,000
계	₩500,000,000	₩50,000,000

*1 잡지사업과 광고사업에 공통으로 사용하기 위한 것으로 감가상각대상자산이 아니다.

*2 잡지사업과 광고사업에 공통으로 사용하였다.

[물음 1] 2026년 제1기 과세기간의 납부세액을 계산하시오.

[물음 2] 2026년 제2기부터 2028년 제1기까지의 납부세액재계산액을 계산하시오.

[물음 3] 만약 윤전기를 2027년 제1기에 ₩80,000,000(공급가액)에 처분한다고 가정한 경우 처분시 과세표준과 2027년 제1기의 납부세액재계산액을 계산하시오.

핵심정리

문제의 포인트

1. 정산 3. 납부세액 및 환급세액의 재계산 : summary p1-153. 정산 3
2. 공통매입세액 안분계산시 공급가액의 범위(고정자산 포함 여부) : summary p1-147. 3

[1] 자료별 분석

1. 잡지사업은 면세, 광고사업은 과세 대상이다.
2. 공통으로 사용하던 트럭을 매각하였으므로 '공급가액 × $\frac{\text{직전 과세기간의 과세공급가액}}{\text{직전 과세기간의 총공급가액}}$'을 과세표준으로 한다.
3. 원자재와 윤전기(기계)를 과세사업과 면세사업에 공통으로 사용하고 있으므로 그에 대한 매입세액은 공통매입세액이다. 따라서 면세사업분인 '공통매입세액 × $\frac{\text{당기 면세공급가액}}{\text{당기 총공급가액}}$'을 불공제한다. 이 경우 총공급가액과 면세공급가액에 공통매입세액과 관련이 없는 고정자산(자료 2번의 트럭)의 매각에 따른 공급가액은 제외한다.

[2] 물음별 정리

1. 납부세액 계산 : 매출세액에서 매입세액을 차감하여 계산한다.
2. 납부세액재계산 : 감가상각자산인 윤전기만을 대상으로 감가상각이 끝날 때까지 재계산하며, 면세비율 차이가 5% 미만이면 재계산하지 않는다. 면세비율이 증가하면 재계산액을 납부세액에 가산하거나 환급세액에서 공제하고, 면세비율이 감소하면 재계산세액을 납부세액에서 공제하거나 환급세액에 가산한다.
3. 윤전기를 처분하는 과세기간 : 처분시 과세표준은 직전기준으로 안분하고, 직전기준으로 처분하였다고 전제하므로 처분한 과세기간에는 납부세액재계산을 하지 않는다.

해답

1. 2026년 제1기의 납부세액

(1) 매출세액

	과세표준		세 액
① 광고사업 공급분	561,000,000	× 10%	56,100,000
② 트 럭 공급분	18,000,000*	× 10%	1,800,000
계	579,000,000		57,900,000

* $30,000,000 \times \frac{600,000,000}{1,000,000,000} = 18,000,000$

(2) 매입세액

① 세금계산서에 의한 매입세액	50,000,000
② 공통매입세액 중 면세사업분 : 50,000,000 × 49%* =	△24,500,000
③ 매입세액공제액	25,500,000

* 당기 면세비율 : $\frac{539,000,000}{561,000,000+539,000,000} = 49\%$ → 공통매입세액과 관련 없는 고정자산매각액은 제외

(3) 납부세액 : 57,900,000 − 25,500,000 = 32,400,000

2. 납부세액의 재계산

과세기간	공통매입세액 × (1−25%×경과된 과세기간수) × 증감된 면세비율	재계산세액
2026년 제2기	10,000,000 × (1−25%×1) × (55%−49%)	450,000
2027년 제1기	10,000,000 × (1−25%×2) × (58%−55%)	−
2027년 제2기	10,000,000 × (1−25%×3) × (45%−55%)	△250,000
2028년 제1기		− *

* 경과된 과세기간수가 4기로 상각 후 공통매입세액이 0이 되므로 납부세액을 재계산할 필요가 없다.

3. 처분시 과세표준과 납부세액재계산액

(1) 처분시 과세표준 : $80,000,000 \times \frac{450,000,000}{1,000,000,000} = 36,000,000$

(2) 2027년 제1기의 납부세액재계산액

공통사용재화를 공급하는 날이 속하는 과세기간에는 납부세액재계산을 하지 않음

3 / 12 공통매입세액의 정산 - 실전문제

1.5차 2차 

다음은 과세사업과 면세사업을 겸영하는 제조업자 ㈜갑의 2026년 자료이다. 공통매입세액 정산과 납부·환급세액 재계산 규정을 고려한 ㈜갑의 2026년 제2기 확정신고시 부가가치세 납부세액을 계산하시오. 단, 제시된 금액은 부가가치세를 포함하지 아니한 금액이며, 2026년 제2기 예정신고까지의 부가가치세 신고·납부는 정확하게 이루어졌다.

〈2020. CPA, 2021. CPA 수정〉

1. 2026년 공급가액의 내역

기 간	과 세	면 세
1월 ~ 3월	₩50,000,000	₩50,000,000
4월 ~ 6월	30,000,000	70,000,000
7월 ~ 9월	49,000,000	51,000,000
10월 ~ 12월	51,000,000	49,000,000

2. 2026년 매입세액의 내역

기 간	과 세	면 세	공 통
1월 ~ 3월	₩2,500,000	₩3,000,000	₩2,000,000*1
4월 ~ 6월	2,200,000	3,300,000	−
7월 ~ 9월	2,500,000	3,500,000	1,000,000*2
10월 ~ 12월	3,500,000	2,500,000	−

*1 2026년 2월 1일에 과세사업과 면세사업에 공통으로 사용하기 위하여 기계장치를 ₩20,000,000에 구입하였으며 실지귀속은 알 수 없다.

*2 2026년 9월 1일에 과세사업과 면세사업에 공통으로 사용하기 위하여 운반용 트럭을 ₩10,000,000에 구입하였으며 실지귀속은 알 수 없다.

3. 2026년 10월 5일에 과세사업에 사용하던 토지와 건물을 다음과 같이 일괄양도하고 그 대금을 모두 수령하였다. 토지와 건물에 대한 감정가액은 없다.

구 분	실지거래가액*	공급계약일 현재	
		장부가액	기준시가
토지	₩300,000,000	₩200,000,000	₩160,000,000
건물	200,000,000	200,000,000	240,000,000

* 다른 법령에서 양도가액을 정한 경우 등에 해당하지 않는다.

핵심정리

문제의 포인트

• 겸영사업자 계산문제 풀이시 제시된 공통매입세액 자료 형태별 고려사항 : 아래 ※

※ 겸영사업자 계산문제 풀이시 제시된 공통매입세액 자료 형태별 고려사항 summary p1-156. **정 리**

공통매입세액 자료 내역	고려사항
① 당기 전에 구입한 감가상각자산에 대한 공통매입세액이 제시된 경우*1	정산 3(당기와 전기 등과의 차이 정산) → 5% 미만이면 재계산하지 않음
② 당기 예정신고기간의 공통매입세액이 제시된 경우*2	정산 1(당기와 예정신고기간의 차이 정산) → 5% 미만이어도 재계산함
③ 당기 확정신고기간의 공통매입세액이 제시된 경우	당기 기준으로 안분 계산하되, 당기에 매입하여 당기에 공급한 재화가 있는 경우에는 직전 기준으로 안분계산

*1 문제에의 적용 : '자료 2.*1'에 전기에 구입한 기계장치가 있으므로 '납부세액재계산(정산 3)'을 한다. → 〈Tip〉 겸영사업자의 종합계산문제에 당기 전에 취득한 감가상각자산 자료가 제시된 경우에는 반드시 납부세액 또는 환급세액의 재계산 여부를 고려해야 함

*2 문제에의 적용 : '자료 2. *2'에 당기 예정신고기간에 구입한 트럭이 있으므로 '정산 1'을 한다.

해 답

1. 매출세액 : (51,000,000＋300,000,000*) × 10% ＝ 35,100,000

* ① 판단

구분	실지거래가액Ⓐ	안분가액Ⓑ (기준시가 기준)	차이비율 $\frac{Ⓐ - Ⓑ}{Ⓑ}$
토지	300,000,000	200,000,000	50%
건물	200,000,000	300,000,000*	33.3%
	500,000,000	500,000,000	

$$* \ 500,000,000 \times \frac{240,000,000}{400,000,000} = 300,000,000$$

② 과세표준 : 30% 이상 차이 나므로 안분가액이 과세표준

2. 매입세액 : 3,660,000

① 과세사업분 : 3,500,000

② 납부세액 재계산(정산3) : $2,000,000 \times (1-25\%\times1) \times (\underset{\text{당기분}}{50\%} - \underset{\text{전기분}}{60\%})^{*1} = 150,000$

③ 공통매입세액 정산(정산1) : $1,000,000 \times (\underset{\text{당기분}}{50\%} - \underset{\text{예정신고분}}{51\%})^{*2} = 10,000$

3. 납부세액 : 31,440,000

해 설

1. 해답상 '*'에 대한 설명

*1 당기 $\frac{\text{면세공급가액}}{\text{총공급가액}}$ − 전기 $\frac{\text{면세공급가액}}{\text{총공급가액}} = \frac{100{,}000{,}000}{200{,}000{,}000} - \frac{120{,}000{,}000}{80{,}000{,}000 + 120{,}000{,}000}$ = 10% 감소 → 당기 전의 공통매입세액 자료가 제시된 경우에는 납부세액재계산을 고려해야 하며, 차이가 5% 미만이면 재계산하지 않는다.

*2 당기 $\frac{\text{면세공급가액}}{\text{총공급가액}}$ − 예정신고기간 $\frac{\text{면세공급가액}}{\text{총공급가액}} = \frac{100{,}000{,}000}{100{,}000{,}000 + 100{,}000{,}000} - \frac{51{,}000{,}000}{49{,}000{,}000 + 51{,}000{,}000}$ = 1% 감소 → 정산1의 경우 차이가 5% 미만이어도 정산하며, 면세비율이 감소하였으므로 추가로 공제한다.

3 / 13 공통매입세액의 정산 1.5차 2차 필수

상호 독립된 각 부가가치세 과세자료를 이용하여 〈답안양식〉을 작성하시오.

〈답안양식〉

구 분		금 액
갑	2026년 제1기 납부세액	
	2026년 제2기 납부세액	
을	2025년 제2기 매입세액공제액	
	2026년 제1기 정산으로 인한 납부세액 증감액*	
병	2026년 제1기 납부세액 증감액*	
	2026년 제2기 정산으로 인한 납부세액 증감액*	
정	2025년 제2기 정산으로 인한 납부세액 증감액*	
	2026년 제1기 정산으로 인한 납부세액 증감액*	

* 납부세액의 증가는 숫자 앞에 (+), 감소는 숫자 앞에 (−)로 적을 것

〈자 료〉

1. 겸영사업자인 갑의 과세자료는 다음과 같다.
   (1) 총공급가액 중 면세공급가액 비율은 2025년 제1기에는 25%, 2025년 제2기에는 21%, 2026년 제1기에는 15%, 2026년 제2기에는 30%이다.
   (2) 2025년 6월 20일에 ₩100,000,000(부가가치세 제외)에 구입하여 과세사업과 면세사업에 공통으로 사용하던 기계를 2026년 10월 5일에 ₩60,000,000(부가가치세 별도)에 처분하였다.
   (3) 위 '(2)'번 자료가 없었을 경우의 2026년 제1기와 제2기의 납부세액은 각각 ₩20,000,000이라고 가정하며, 2025년도의 부가가치세 신고는 적정하게 이루어졌다.

2. 겸영사업자인 을은 과세사업과 면세사업에 사용하는 비품을 2025년 제2기에 ₩40,000,000(부가가치세 제외)에 구입하였으며, 과세공급가액과 면세공급가액의 비율은 다음과 같다.

구 분	과세공급가액	면세공급가액
2025년 제1기	85%	15%
2025년 제2기	96%	4%
2026년 제1기	90%	10%

3. 겸영사업자인 병의 과세자료는 다음과 같다.
   (1) 총공급가액 중 과세공급가액 비율은 2025년 제2기에는 70%, 2026년 제1기에는 90%, 2026년 제2기에는 70%이다.
   (2) 2026년 3월 10일부터 과세사업에 사용하던 건물[취득일 : 2025. 7. 10., 취득가액 : ₩55,000,000(부가가치세 포함)]을 면세사업에도 공통 사용하였다.

4. 정은행은 2025. 1. 9. 건물을 신축 완료하여 일부는 지점으로 사용하고 나머지는 임대하기로 결정하였다. 〈2013. CTA 수정〉
   (1) 건물의 신축에 관련된 매입세액은 ₩50,000,000이다.
   (2) 은행업과 임대업 관련 공급가액 및 사용면적에 관한 자료는 아래와 같다(단, 주어진 자료의 금액은 부가가치세가 포함되지 아니한 금액이며, 세금계산서 등의 증명서류는 적법하게 발급 · 수령하였다).

구 분	공급가액		사용면적	
	은행업*	임대업	은행업	임대업
신축시 예정공급가액과 실제사용면적	₩70,000,000	₩30,000,000	720m^2	480m^2
2025년 제2기	85,000,000	15,000,000	756m^2	444m^2
2026년 제1기	90,000,000	10,000,000	840m^2	360m^2

* 은행업의 공급가액은 전액 금융 · 보험용역에 해당한다.

   (3) 2025년 제1기의 공통매입세액 안분은 적법하게 이루어졌다.

핵심정리

문제의 포인트

- 정산 3. 납부세액 및 환급세액의 재계산 : summary p1-153. 정산 3

※ 자료별 포인트

1. 갑 : 제시된 납부세액에 추가자료를 고려하여 정확한 납부세액을 계산하는 유형
   ① 2026년 제1기 : 겸영사업자 문제에서 당기 전에 취득한 감가상각자료가 제시된 경우에는 별도 언급이 없더라도 납부세액재계산을 고려하여야 한다. 2025년 제2기에는 2025년 제1기와 제2기의 면세비율 차이가 5% 미만이어서 재계산하지 않았을 것이므로 2026년 제1기와 2025년 제1기의 면세비율 차이를 정산한다.
   ② 2026년 제2기 : 공통사용재화인 기계장치를 처분하였으므로 과세표준을 직전기준으로 안분계산한다. 처분한 과세기간에는 납부세액재계산은 하지 않는다.

2. 을

① 2025년 제2기 : 공통매입세액이 500만원 미만이면서 면세공급가액비율이 5% 미만이므로 안분계산을 생략하고 전부 공제되는 매입세액으로 한다.

② 2026년 제1기 : 납부세액재계산을 한다. 이 경우 당기 면세비율에서 차감하는 전기 면세비율은 공통매입세액 안분계산시 실제로 적용했던 비율을 말하므로 4%가 아닌 0%이다.

3. 병

① 2026년 제1기 : 면세 일부전용으로 인한 과세표준을 계산한다. summary p1-110

② 2026년 제2기 : 「부가가치세법」에 별도 규정은 없으나, 행정해석에 따르면 면세전용 또는 과세전환 후 면세비율이 증감되는 경우에도 납부세액재계산을 한다(서면 3팀－2556. 2007. 9. 11.).

4. 정

① 2025년 제1기 : 건물 신축시 실제 사용면적을 알면 실지귀속에 따라 실제면적기준으로 안분한다.

② 2025년 제2기와 2026년 제1기 : 면세비율 차이를 정산한다(차이가 5% 미만이면 정산하지 않음).

해 답

구	분	금 액
갑	2026년 제1기 납부세액	19,500,000〈주1〉
	2026년 제2기 납부세액	25,100,000〈주2〉
을	2025년 제2기 매입세액공제액	4,000,000〈주3〉
	2026년 제1기 정산으로 인한 납부세액 증감액	(+) 300,000〈주4〉
병	2026년 제1기 납부세액 증감액	(+) 475,000〈주5〉
	2026년 제2기 정산으로 인한 납부세액 증감액	(+) 900,000〈주6〉
정	2025년 제2기 정산으로 인한 납부세액 증감액	0〈주7〉
	2026년 제1기 정산으로 인한 납부세액 증감액	(+) 4,500,000〈주8〉

〈주1〉 20,000,000 － 500,000* ＝ 19,500,000

* 납부세액재계산 : 공통매입세액 × (1－25%×경과된 과세기간 수) × 증감된 면세비율
＝ (100,000,000×10%) × (1－25%×2) × (15%－25%) ＝ (－)500,000

〈주2〉 20,000,000 ＋ 5,100,000* ＝ 25,100,000

* ① 공통사용재화 공급 : 공급가액 × 직전기 과세비율 × 10%
＝ 60,000,000 × 85% × 10% ＝ 5,100,000

② 납부세액재계산 : 공급한 과세기간에는 재계산하지 않음

〈주3〉 공통매입세액 × $\frac{\text{당기 과세공급가액}}{\text{당기 총공급가액}}$ = (40,000,000×10%) × 100% = 4,000,000

〈주4〉 공통매입세액 × (1−25%×경과된 과세기간수) × 증감된 면세비율
　　= 4,000,000 × (1−25%×1) × (10%−0) = (+)300,000

〈주5〉 면세 일부 전용 : 취득가액 × (1−5%×경과된 과세기간 수) × 당기 면세비율 × 10%
　　= 50,000,000 × (1−5%×1) × 10% × 10% = (+)475,000

〈주6〉 납부세액재계산 : 공통매입세액 × (1−5%×경과된 과세기간 수) × 증감된 면세비율
　　= 5,000,000 × (1−5%×2) × 20% = (+)900,000

〈주7〉 공통매입세액 × (1−5%×경과된 과세기간수) × 증감된 면세비율
　　= 50,000,000 × (1−5%×1) × (63%−60%) = 0(∵ 5% 미만)

〈주8〉 공통매입세액 × (1−5%×경과된 과세기간수) × 증감된 면세비율
　　= 50,000,000 × (1−5%×2) × (70%−60%) = 4,500,000

3 / 14 공통매입세액의 정산

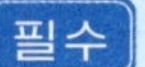

상호 독립된 각 【문】에 답하시오.

【문 1】

통조림판매(과세)와 과일판매(면세)를 겸영하고 있는 ㈜A에 관한 자료이다. 2026년 제1기(2026. 1. 1.~6. 30.)의 납부 및 환급세액 재계산에 따라 납부세액에 가산 또는 차감할 세액을 계산하고, 납부세액에 가산 또는 차감 여부를 적으시오. 〈2025. CTA〉

1. ㈜A는 2023. 11. 1. ㈜B가 과세사업에 사용하던 건물과 토지를 762,600,000원(부가가치세 포함)에 일괄 매입하였다. 건물과 토지의 실지 거래가액은 구분되지 않으며, 2023. 12. 1. 현재 감정평가가액은 건물 432,000,000원, 토지 244,800,000원이었다. ㈜B는 건물과 토지의 일괄공급에 대한 부가가치세 과세표준을 적법하게 산정하여 부가가치세액을 ㈜A로부터 징수하고, 세금계산서를 발급하였다. ㈜A는 건물과 토지를 과세사업과 면세사업에 공통사용하며, 통조림판매부문과 과일판매부분의 건물사용면적은 구분되지 않는다.

2. ㈜A의 각 과세기간의 수입금액은 다음과 같다.

과세기간	과일공급가액	통조림공급가액 (부가가치세 제외)	합 계
2023년 제2기	50,000,000원	50,000,000원	100,000,000원
2024년 제1기	54,000,000원	46,000,000원	100,000,000원
2024년 제2기	45,000,000원	55,000,000원	100,000,000원
2025년 제1기	49,000,000원	51,000,000원	100,000,000원
2025년 제2기	44,000,000원	56,000,000원	100,000,000원
2026년 제1기	51,000,000원	49,000,000원	100,000,000원

【문 2】

다음 자료를 이용하여 상가임대업을 하는 ㈜B의 2026년 제1기 납부세액을 계산하시오.

〈자 료〉

1. 2026. 1. 1.부터 2026. 5. 15.까지 상가 임대료 수입은 ₩30,000,000이다.

2. ㈜B는 2026. 5. 15.에 임대중인 건물과 부속토지를 ₩105,000,000과 ₩45,000,000에 일괄양도하고, 이와 관련된 부동산컨설팅비 ₩5,000,000과 중개수수료 ₩3,000,000을 지급하였다. 해당 건물과 토지의 기준시가는 각각 ₩72,000,000과 ₩48,000,000이다. 제시된 금액은 모두 부가가치세가 제외된 금액이다.

핵심정리

※ 각 【문】별 포인트

【문 1】

1. 건물과 토지를 공급한 사업자 ㈜B가 ㈜A에게 세금계산서를 발급한 매입세액은 '762,600,000 × $\frac{432,000,000}{432,000,000 \times 1.1 + 244,800,000}$ × 10% = 45,756,000'일 것이며[summary p1-113. (3)], ㈜A는 건물과 토지를 과세사업과 면세사업에 공통으로 사용하므로 공통매입세액에 해당한다.

2. 각 과세기간별 면세비율과의 차이를 검토하여 5% 미만이어서 재계산하지 않은 과세기간이 있는지 파악한 후 납부 및 환급세액 재계산액을 계산한다.

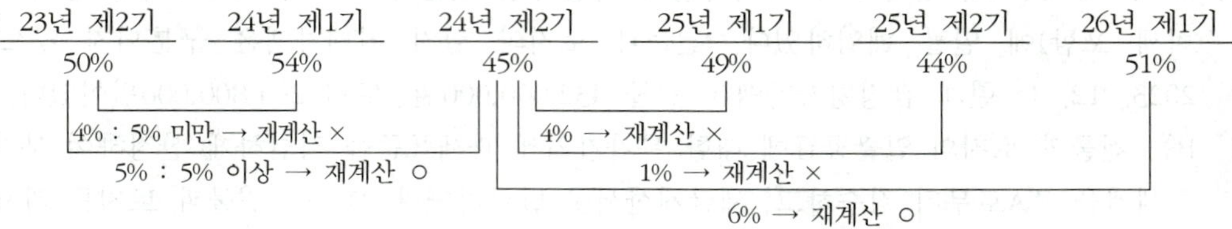

【문 2】

1. 상가 임대료 수입은 과세하며, 건물과 부속토지의 양도 중 토지의 공급은 면세대상이므로 건물의 공급가액만 과세한다. 실지거래가액이 다음과 같이 기준시가를 기준으로 안분계산한 가액과 30% 이상 차이가 나지 않으므로 실지거래가액을 기준으로 계산한다.

구 분	실지거래가액	안분계산가액	차이(비율)
건물	105,000,000	90,000,000	15,000,000(16%)
토지	45,000,000	60,000,000	15,000,000(25%)
계	150,000,000	150,000,000	

2. 부동산임대업(과세사업)을 영위하던 사업자가 과세사업에 사용하던 건물과 그 부속토지를 양도하기 위하여 부동산컨설팅 및 중개수수료를 지급하면서 부담한 매입세액은 매출세액에서 공제한다(서면상담 3팀−309). summary p1-129. 下9행

해답

【문 1】

45,756,000* × (1−5%×5) × (51%−45%) = 2,059,020 → 납부세액에 가산

$$* \ 762{,}600{,}000 \times \frac{432{,}000{,}000}{432{,}000{,}000 \times 1.1 + 244{,}800{,}000} \times 10\% = 45{,}756{,}000$$

【문 2】

1. 매출세액 : (30,000,000+105,000,000) × 10% =	13,500,000
2. 매입세액 : (5,000,000+3,000,000) × 10% =	△800,000
3. 납부세액	12,700,000

3 / 15 과세사업전환 매입세액과 그 정산

1.5차 2차 필수

다음은 정육점을 운영하다 음식점을 겸영하게 된 ㈜A의 부가가치세 계산자료이다.

〈2010. CPA 수정〉

〈자　료〉

1. ㈜A는 정육점을 운영하기 위해 2024년 7월 1일에 면세사업자로 사업자등록을 하고 사업용 건물(1,000m²)의 건설공사를 시작하였다.

2. ㈜A의 사업용 건물은 2025년 4월 1일에 완공된 후 정육점에 사용되었는데, 동 건물의 신축과 관련된 매입세액은 총 1억원이다.

3. ㈜A의 사업용 건물에서 과세사업인 음식점을 겸영하기 위해 2026년 4월 1일에 사업자등록정정신고를 하였고, 2027년 4월 1일부터 음식점을 운영하였다.

4. 과세기간별 공급가액 및 사업용 건물의 사용면적 자료는 다음과 같다. 단, 2026년 제1기와 제2기 과세기간의 음식점의 공급가액 및 사용면적은 예정공급가액과 예정사용면적이다.

과세기간	구　분	정육점	음식점	계
2026년 제1기	공급가액	35억원	65억원	100억원
	사용면적	450m²	550m²	1,000m²
2026년 제2기	공급가액	45억원	105억원	150억원
	사용면적	350m²	650m²	1,000m²
2027년 제1기	공급가액	40억원	160억원	200억원
	사용면적	300m²	700m²	1,000m²
2027년 제2기	공급가액	75억원	175억원	250억원
	사용면적	400m²	600m²	1,000m²

[물　음]

〈자료〉를 이용하여 ㈜A가 사업용 건물과 관련하여 2026년 제1기, 2026년 제2기 및 2027년 제1기 과세기간에 공제할 수 있는 부가가치세 매입세액을 〈답안양식〉에 적고 계산근거를 제시하시오.

〈답안양식〉

구　　분	매입세액공제액
2026년 제1기	
2026년 제2기	
2027년 제1기	

핵심정리

문제의 포인트

- 일부 과세전환시 공급가액이 없는 경우 안분계산방법 및 정산 : 'summary p1-139. *3'에 따라 'summary p1-151. 정산 2' 규정 준용

※ 과세기간별 계산내역

① 2026년 제1기 : 사업자등록정정일이 속하는 과세기간에 일부 과세전환에 따른 매입세액을 계산하여 공제한다.

$$\text{매입세액공제액} : \text{매입세액} \times (1-5\%\times\text{경과된 과세기간 수}) \times \frac{\text{예정 과세사용면적*}}{\text{예정 총사용면적}}$$

* 건물은 사용면적이 제시되면 그 귀속이 분명한 것으로 보아 면적기준으로 안분계산한다. 2026년 제1기 현재 음식점을 운영하지 않고 있으므로 실제 사용면적과 공급가액을 알 수 없으므로 '정산 2' 규정을 준용하여 예정사용면적을 기준으로 안분한다.

② 2026년 제2기 : 과세사업에 사용될 면적이 확정되지 않았으므로 정산하지 않는다.

③ 2027년 제1기 : 과세사업에 사용될 면적이 확정되었으므로 과세전환시 공제받은 매입세액을 다음과 같이 정산한다.

$$\text{매입세액} \times (1-5\%\times\text{경과된 과세기간 수*}) \times \frac{\text{실제 과세사용면적}}{\text{실제 총사용면적}} - \text{과세전환시 공제 받은 매입세액}$$

* 주의 : 2027년 제1기까지 경과된 과세기간 수가 아닌 과세전환에 따른 매입세액을 계산한 2026년 제1기에 적용했던 경과된 과세기간 수를 적용한다. → ∵ 2026년 제1기에 예정사용면적 기준으로 계산한 과세전환에 따른 매입세액을 실제면적이 확정되는 과세기간에 정산하는 것이기 때문

해 답

구 분	매입세액공제액
2026년 제1기	₩49,500,000〈주1〉
2026년 제2기	0
2027년 제1기	13,500,000〈주2〉

〈주1〉 $100{,}000{,}000 \times (1-5\%\times2) \times \frac{550m^2}{1{,}000m^2} = 49{,}500{,}000$

〈주2〉 $[100{,}000{,}000\times(1-5\%\times2)] \times \frac{700m^2}{1{,}000m^2} - 49{,}500{,}000 = 13{,}500{,}000$

[참고] 2027년 제2기 납부세액재계산

$100{,}000{,}000 \times (1-5\%\times5^*) \times \left(\frac{400}{1{,}000} - \frac{300}{1{,}000}\right) = 7{,}500{,}000$(납부세액에 가산)

* 2027년 제2기까지 경과한 과세기간 수

3 / 16 겸영사업자 - 실전문제(건설업자) 2차 필수

다음은 건설업을 영위하는 중소기업인 ㈜정건설의 자료이다. 2026년 제1기 확정신고와 제2기 예정신고는 정확하게 이루어졌고, 과세거래에 대해서는 세금계산서를, 면세거래에 대해서는 계산서를 발급하고 수취하였다. 제시된 금액은 별도의 언급이 없는 한 부가가치세가 포함되지 않은 금액이다. 〈2017. CPA〉

〈자 료〉

1. 회사는 토지를 구입하여 국민주택과 상가를 건설하여 판매하고 있으며, 해외에서도 국민주택 건설용역을 제공하고 있는데, 해외국민주택 건설용역에 대해서는 면세의 포기를 신고하였다.

2. 2026년 토지의 매입내역은 다음과 같다.

(단위 : 원)

구 분	1. 1.~6. 30.	7. 1.~9. 30.	10. 1.~12. 31.
국내국민주택 건설 용도	900,000,000	500,000,000	600,000,000
상가건설 용도	300,000,000	100,000,000	200,000,000

3. 2026년의 매출내역은 다음과 같다.

(단위 : 원)

구 분		1. 1.~6. 30.	7. 1.~9. 30.	10. 1.~12. 31.
국내국민주택	건물분	3,000,000,000	700,000,000	900,000,000
	토지분	1,250,000,000	850,000,000	890,000,000
상가	건물분	1,200,000,000	409,000,000	700,000,000
	토지분	850,000,000	341,000,000	519,000,000
해외국민주택 건설용역		2,000,000,000	800,000,000	891,000,000
합 계		8,300,000,000	3,100,000,000	3,900,000,000

4. 2026년에 발급받은 세금계산서상 매입세액 내역은 다음과 같다.

(단위 : 원)

구 분	1. 1.~6. 30.	7. 1.~9. 30.	10. 1.~12. 31.
국내국민주택 건물 건설 관련	200,000,000	50,000,000	60,000,000
상가 건물 건설 관련	100,000,000	40,000,000	50,000,000
해외국민주택 건설용역 관련	150,000,000	60,000,000	70,000,000
공통매입세액1*1	30,000,000	10,000,000	20,000,000
공통매입세액2*2	—	—	50,000,000
합 계	480,000,000	160,000,000	250,000,000

*1 공통매입세액1은 회사의 모든 사업과 관련하여 발생한 매입세액이며, 실지귀속을 확인할 수 없다.

*2 2026년 10월 10일에 구입한 새 레미콘믹서기의 매입세액이다.

5. 국내국민주택 건물 건설과 상가 건물 건설에 공통으로 사용하던 구 레미콘믹서기(2021년 4월 4일 400,000,000원에 구입)를 2026년 10월 10일에 100,000,000원에 매각(장부가액 80,000,000원)하고, 같은 날 동일한 용도의 새 레미콘믹서기를 500,000,000원에 구입하였다.

[물음 1]
2026년 제2기 부가가치세 확정신고시의 매출세액을 다음 양식으로 제시하시오. 단, 과세표준 또는 매출세액이 없는 경우에는 '0' 또는 '없음'으로 표시하시오.

〈답안양식〉

구 분	과세표준	세율	매출세액
1. 국내국민주택 공급			
2. 상가 공급			
3. 해외국민주택 건설용역			
4. 레미콘믹서기 매각			
합 계			

[물음 2]
2026년 제2기 부가가치세 확정신고시 공제되는 매입세액을 계산하시오.

핵심정리

문제의 포인트

- 건설업을 영위하는 겸영사업자의 부가가치세 계산

[1] 접근방법

복잡한 겸영사업자 문제일수록 물음에 제시된 '〈답안양식〉'을 먼저 읽어 출제 포인트를 파악한 후 자료를 분석하는 것이 바람직하다. 이 문제의 경우 답안양식의 '구분'란을 통하여 과세표준 계산자료로 어떤 항목이 있는지 파악한 후 그 항목별로 관련된 자료를 찾아 풀이하도록 한다.

[2] 자료별 정리사항

1. 회사의 현황 : 국민주택 공급은 면세, 상가 공급은 과세대상이며, 면세포기 신고한 것에 대하여는 영세율을 적용하여 과세한다.
2. 토지의 구입 : 토지는 면세대상이므로 구입용도와 무관하게 매입세액공제를 받을 수 없다.

3. 매출액 내역
   ① 국내국민주택 매출액 : 토지분은 면세하며, 건물분도 국민주택이므로 면세한다.
   ② 상가 매출액 : 건물분은 과세하며, 토지분은 면세한다.
   ③ 해외국민주택 건설용역 매출액 : 영세율로 과세한다.

4. 매입세액의 내역
   ① 국내국민주택 건설 관련 : 면세사업분이므로 매입세액불공제
   ② 상가 건설 및 해외국민주택 건설용역 관련 : 과세사업 관련분이므로 매입세액공제
   ③ 공통매입세액 1 : 회사의 모든 사업과 관련된 매입세액이므로 공통매입세액에 해당한다. 따라서 다음과 같이 매입세액공제액을 계산한다. 자료에 예정신고시 매입분도 있으므로 해답처럼 당기분에서 예정신고기간분을 차감하여 정산해야 한다.
      • 매입세액공제액 : 공통매입세액 × 당기 $\dfrac{\text{과세 사업 공급가액}}{\text{모든 사업 총공급가액}}$
   ④ 공통매입세액 2 : 당기 확정신고기간에 구입한 레미콘믹서기의 사용용도가 자료 4번에 제시되지 않았으므로 어떤 사업 사용용도인지 다른 자료를 통해 확인해야 한다. 자료 5번에 따르면 국내국민주택 건물 건설과 상가 건물 건설에 공통으로 사용할 용도로 구입한 것이므로 다음과 같이 매입세액공제액을 계산한다.
      • 매입세액공제액 : 공통매입세액 × 당기 $\dfrac{\text{상가 건물분 공급가액}}{\text{국내국민주택 건물분 공급가액 + 상가 건물분 공급가액}}$

5. 레미콘믹서기의 매각 및 매입
   ① 매각 : 국내국민주택 건물 건설과 상가 건물 건설에 공통으로 사용하던 레미콘믹서기를 공급하였으므로 다음 금액을 과세표준으로 한다.
      • 과세표준 : 공급가액 × 전기 $\dfrac{\text{상가 건물분 공급가액}}{\text{국내국민주택 건물분 공급가액 + 상가 건물분 공급가액}}$
   ② 매입 : 위 '4. ④'에서 설명 내용 참고

해답

[물음 1]

구 분	과세표준	세율	매출세액
1. 국내국민주택 공급	없음		없음
2. 상가 공급	700,000,000	10%	70,000,000
3. 해외국민주택 건설용역	891,000,000	0%	0
4. 레미콘믹서기 매각	28,571,428〈주1〉	10%	2,857,142
합 계	1,619,571,428		72,857,142

〈주1〉 $100,000,000 \times \dfrac{1,200,000,000}{3,000,000,000 + 1,200,000,000} = 28,571,428$

[물음 2]

1. 과세사업분 : $\underbrace{50,000,000}_{\text{상가건물}} + \underbrace{70,000,000}_{\text{해외국민주택 건설}} = 120,000,000$

2. 공통매입세액 중 과세사업분 : 28,568,807

(1) 공통매입세액 1 : ① − ② = 8,100,000

① 당기분 : $(10,000,000+20,000,000) \times \dfrac{(409,000,000+700,000,000) + (800,000,000+891,000,000)}{3,100,000,000 + 3,900,000,000}$

$= 12,000,000$

② 예정신고기간분 : $10,000,000 \times \dfrac{409,000,000 + 800,000,000}{3,100,000,000} = 3,900,000$

(2) 공통매입세액 2 : $50,000,000 \times \dfrac{409,000,000 + 700,000,000}{(700,000,000+900,000,000) + (409,000,000+700,000,000)}$

$= 20,468,807$

3. 계 : 148,568,807*

* [별해] 확정신고시 공제되는 매입세액은 다음과 같이 계산해도 된다.

① 세금계산서 수취분 : 250,000,000

② 공제되지 않는 매입세액 : 60,000,000 + 11,900,000* + 29,531,192** = 101,431,192

* 30,000,000 × 60% − 10,000,000 × 61% = 11,900,000

** $50,000,000 \times \dfrac{1,600,000,000}{2,709,000,000} = 29,531,192$

③ 매입세액공제액 : 148,568,808

3 / 17 겸영사업자 - 실전문제

과세사업(식료품 제조업)과 면세사업(농산물 도매업)을 겸영하는 ㈜민국의 2026년 제1기 부가가치세 확정신고와 관련된 거래 내역이다. 별도의 언급이 없는 한 2026년 제1기 부가가치세 예정신고는 적정하게 이루어졌고, 세금계산서는 적법하게 발급되었으며, 제시된 금액은 부가가치세가 포함되지 않은 금액으로 가정한다. 별도의 언급이 없는 한 세금부담을 최소화하는 방법으로 풀이하시오. 〈2025. CPA〉

〈자 료〉

1. 각 과세기간별 공급가액은 다음과 같다.

구 분		과세사업	면세사업
2025년 제1기		4.5억원	5.5억원
2025년 제2기		4.8억원	5.2억원
2026년 제1기	1. 1.~3. 31.	5.3억원	4.7억원
	4. 1.~6. 30.	5.7억원	4.3억원

2. 2026년 제1기 과세기간의 세금계산서상의 매입세액 내역은 다음과 같다.

구 분	1. 1.~3. 31.	4. 1.~6. 30.
과세사업	6,000,000원*[1]	7,000,000원
면세사업	200,000원	500,000원
과세・면세사업(공통)	5,000,000원	8,000,000원*[2]
합계	11,200,000원	15,500,000원

*[1] 7월 10일에 세금계산서를 수령함에 따라 제1기 예정신고 시 매입처별세금계산서합계표에서 누락된 1,000,000원이 포함되어 있음

*[2] 과세사업과 면세사업에 공통으로 사용할 목적으로 취득한 운반용 트럭 80,000,000원에 대한 매입세액임

3. 2026년 제1기 과세기간의 계산서상 면세 농산물 매입내역은 다음과 같다. 단, 2026년 초에 이월된 기초재고는 없는 것으로 가정한다.

구 분	1. 1.~3. 31.	4. 1.~6. 30.
매입	16,000,000원	13,000,000원
과세사업사용분	8,000,000원	9,000,000원
면세사업사용분	5,000,000원	3,000,000원
미사용분*	3,000,000원	4,000,000원

* 미사용분에 대해서는 실지귀속을 확인할 수 없음

4. 기계장치의 취득 및 사용 내역은 다음과 같다.
   ① 2025년 1월 25일 과세사업과 면세사업에 공통으로 사용할 목적으로 기계장치A를 30,000,000원에 취득한 후 계속 공통으로 사용하고 있다.
   ② 2025년 2월 25일 과세사업에 사용할 목적으로 기계장치B를 20,000,000원에 취득한 후 2026년 4월 10일부터는 과세사업과 면세사업에 공통으로 사용하고 있다.
   ③ 2025년 3월 25일 면세사업에 사용할 목적으로 기계장치C를 10,000,000원에 취득한 후 2026년 4월 20일부터는 과세사업과 면세사업에 공통으로 사용하고 있다.

5. 의제매입세액공제율은 $\frac{2}{102}$이다.

[물음 1]
2026년 제1기 부가가치세 확정신고 시 공제되는 매입세액을 〈답안양식〉에 따라 제시하시오.

〈답안양식〉

구 분		세 액
세금계산서 수취분	일반매입	
	고정자산 매입	
예정신고 누락분		
그 밖의 공제매입세액		
공제받지 못할 매입세액		

[물음 2]
2025년 제2기와 2026년 제1기의 기계장치에 대한 납부(환급)세액 재계산액을 〈답안양식〉에 따라 제시하시오. 단, 재계산액이 납부세액을 증가시키면 (+), 감소시키면 (−) 부호를 금액과 함께 기재하시오.

〈답안양식〉

2025년 제2기	
2026년 제1기	

해 답

1.

구 분		세 액
세금계산서 수취분	일반매입	7,500,000〈주1〉
	고정자산 매입	8,000,000〈주2〉
예정신고 누락분		1,000,000〈주3〉
그 밖의 공제매입세액		463,431〈주4〉
공제받지 못할 매입세액		〈견해1〉 4,000,000〈주5〉
		〈견해2〉 3,850,000*

* 「부가가치세법」 시행규칙 [별지 제21호 서식]에 따르면 납부세액 재계산액을 공제받지 못할 매입세액에 반영해야 하며, 이에 따르면 4,000,000 － 150,000 ＝ 3,850,000이 된다. 납부세액 재계산을 [물음 2]에서 따로 묻는 것으로 볼 때 출제의도는 '〈견해1〉'을 요구하는 것으로 보인다.

자료번호	〈주1〉	〈주2〉	〈주3〉	〈주4〉	〈주5〉
2. 과세	7,500,000①				500,000
예정누락분			1,000,000		
공통		8,000,000			3,500,000②
3. 의제				188,431③	
4. ③ 과세전환				275,000④	
	7,500,000	8,000,000	1,000,000	463,431	4,000,000

① 7,000,000 ＋ 500,000 ＝ 7,500,000

② 공통매입세액 중 면세분 : (1) － (2) ＝ 3,500,000

(1) 당기분 : (5,000,000 ＋ 8,000,000) × 45% ＝ 5,850,000

(2) 예정분 : 5,000,000 × 47% ＝ 2,350,000

③ (1) － (2) ＝ 188,431

(1) 당기분 : min(①, ②) × $\frac{2}{102}$ ＝ 376,470

① 8,000,000 ＋ 9,000,000 ＋ 4,000,000 × 55% ＝ 19,200,000

② 11억원 × 50% ＝ 550,000,000

(2) 예정분 : (8,000,000+3,000,000×53%) × $\frac{2}{102}$ ＝ 188,039

④ (10,000,000×10%) × (1－25%×2) × 55% ＝ 275,000

2.

2025년 제2기	0〈주1〉
2026년 제1기	(－)150,000〈주2〉

	2025년 제1기	2025년 제2기	2026년 제1기
〈주1〉 면세비율	55%	52%	45%

└ 55%와 52%: 차이가 5% 미만이므로 재계산 생략

〈주2〉 (30,000,000×10%) × (1－25%×2) × (45%－55%) ＝ (－)150,000

해설

• 각 기별 면세비율

구 분		과세사업	면세사업	면세비율
2025년 제1기		4.5억원	5.5억원	55%
2025년 제2기		4.8억원	5.2억원	52%
2026년 제1기	1. 1.~3. 31.	5.3억원	4.7억원	47%
	4. 1.~6. 30.	5.7억원	4.3억원	43%
	계	11억원	9억원	45%

3 / 18 겸영사업자 - 실전문제

㈜대한은 유자를 매입하여 판매하는 면세사업과 매입한 유자로 유자청을 제조하여 판매하는 과세사업을 겸영하고 있다. 별도의 언급이 없는 한 자료에 제시된 금액은 부가가치세가 포함되지 않은 금액이며, 세금계산서는 공급시기에 적법하게 발급 및 수취된 것으로 가정한다. ㈜대한은 주사업장총괄납부사업자 및 사업자단위과세사업자가 아니다. 각 자료를 바탕으로 물음에 답하시오. 각 자료는 상호 독립적이다. 조세 부담 최소화를 가정하며, 금액 계산의 경우 원 단위 미만에서 반올림하기로 한다. 〈2025. CTA〉

〈자료 1〉
다음은 ㈜대한의 부가가치세 관련 자료이다.

1. ㈜대한은 적법하게 사업자등록을 한 중소기업이며, 의제매입세액 공제요건을 충족하였다.

2. 과세기간별 공급가액은 다음과 같다.

구 분	2025년 제2기	2026년 제1기		2026년 제2기
		1. 1.~3. 31.	4. 1.~6. 30.	
유자판매사업(면세)	₩80,000,000	₩50,000,000	₩90,000,000	₩120,000,000
유자청 제조·판매사업(과세)	320,000,000	150,000,000	210,000,000	480,000,000
합 계	₩400,000,000	₩200,000,000	₩300,000,000	₩600,000,000

3. 유자의 매입과 사용명세는 다음과 같다. ㈜대한은 유자의 매입시기가 한 과세기간에 집중되는 법인이 아니며, 2026년 제1기 예정신고는 적정하게 이루어졌다.

구 분	2025년 제2기	2026년 제1기		2026년 제2기
		1. 1.~3. 31.	4. 1.~6. 30.	
유자매입원가*1	₩120,000,000	₩75,000,000	₩90,000,000	₩180,000,000
유자사용명세*2				
- 판매한 부분	36,000,000	₩20,250,000	₩36,000,000	₩63,000,000
- 유자청제조에 사용한 부분	84,000,000	54,750,000	54,000,000	117,000,000

*1 운임 등의 부대비용이 제외되어 있다.

*2 유자의 기초재고 및 기말재고는 없다.

4. 유자판매사업과 유자청 제조·판매사업에 공통으로 사용할 목적으로 유자 세척용 기계장치A를 2026년 3월 15일 ₩10,000,000에 취득하였다. 그러나 해당 기계장치를 사용해 본 결과 유자세척에는 적합하지 않은 것으로 판단되어 2026년 5월 20일 ₩8,000,000에 매각하였다.

5. ㈜대한은 유자판매사업에만 사용할 목적으로 2025년 7월 15일 ₩20,000,000에 운반용 트럭B를 취득하였다. 이 트럭을 사용해본 결과 유자청 제조·판매사업에도 사용될 여지가 있어 2026년 3월 15일부터 유자청 제조·판매사업에도 사용하게 되었다.

[물음 1]

〈자료 1〉을 이용하여 다음의 물음에 답하시오.

1. ㈜대한의 2026년 제1기 과세기간 최종 3개월(2026. 4. 1.~2026. 6. 30.)의 의제매입세액 공제액을 제시하시오. 단, 의제매입세액 공제한도는 고려하지 않는다.
2. ㈜대한의 세척용 기계장치A의 취득과 관련한 2026년 제1기 예정신고 시 불공제매입세액을 제시하시오.
3. ㈜대한의 세척용 기계장치A의 매각과 관련한 2026년 제1기 확정신고 시 과세표준을 제시하시오.
4. 운반용 트럭B와 관련한 ㈜대한의 2026년 제1기 확정신고 시 과세사업 전환 매입세액 공제액을 제시하시오.

〈자료 2〉

다음 자료는 ㈜대한의 2026년 10월 1일부터 12월 31일까지의 공급가액 내역이다.

1. ㈜대한은 유자청 ₩3,000,000(시가 ₩4,000,000)을 제조공장에서 직매장 소비용으로 직매장에 반출하였고, ₩5,000,000(시가 ₩6,000,000)은 판매목적으로 직매장에 반출하였다.
2. ㈜대한은 수출업자와 수출대행계약을 체결하여 2026년 10월 25일 $30,000의 유자청을 대행위탁수출로 선적하고 수출업자에게 수출대행수수료 ₩4,000,000을 지급하였다. $30,000 중 $20,000은 2026년 10월 10일 미리 받아 ₩24,000,000으로 환가하였으며, $10,000은 2026년 11월 1일에 받아 ₩17,000,000으로 환가하였다. 1$당 기준환율은 다음과 같다.

날짜	2026년 10월 10일	2026년 10월 25일	2026년 11월 1일
기준환율	₩1,300	₩1,600	₩1,800

3. ㈜대한은 유자청 제조·판매사업에만 사용할 목적으로 취득한 절단용 기계장치A를 양도하였으며, 이에 따른 대금수령의 명세는 다음과 같다.

구 분	금 액
계약금(2026. 4. 10.)*1	₩1,000,000
중도금(2026. 7. 31.)	5,000,000
잔금(2026. 10. 31.)	4,000,000
합 계	₩10,000,000

*1 계약금은 계약서상에 대가의 일부분이라고 명시되어 있음

4. ㈜대한이 2026년 11월 1일에 외국환은행의 장이 개설한 내국신용장에 의해 공급한 유자청의 공급가액은 ₩10,000,000으로 내국신용장은 2027년 1월 24일에 개설되었다. 영세율 관련 기타 부속서류는 모두 제출되었다.

5. ㈜대한은 2026년 10월 1일부터 12월 31일까지의 기간 동안 무상으로 고객에게 추첨을 통해 시가 ₩1,000,000(원가 ₩700,000)의 유자청을 경품으로 제공하였다.

6. ㈜대한은 창립기념일인 2026년 12월 1일에 종업원 50명에게 창립기념품으로 1명당 시가 ₩200,000(원가 ₩140,000)의 유자청 세트를 무상으로 제공하였다. 각 종업원들이 2026년에 제공받은 재화는 이 기념품이 전부이다.

[물음 2]

〈자료 2〉를 이용하여 ㈜대한의 2026년 제2기 과세기간 최종 3개월(2026. 10. 1.~2026. 12. 31.)의 과세표준을 다음 〈답안양식〉에 따라 구분한 후 ① ~ ④의 금액을 제시하시오.

〈답안양식〉

〈자료 2〉 항목번호	과세표준			
	과세		영세율	
	세금계산서 발급분	기타(정규영수증 외 매출분)	세금계산서 발급분	기타
1				
2				
3				
4				
5				
6				
합계	①	②	③	④

해답

[물음 1]

1. $[(54{,}750{,}000+54{,}000{,}000) - 54{,}750{,}000] \times \frac{4}{104} = 2{,}076{,}923^{*1}$
   (54,750,000+54,000,000: 1기 과세기간, 54,750,000: 예정신고기간)

2. $10{,}000{,}000 \times 10\% \times \frac{50{,}000{,}000^{*2}}{200{,}000{,}000} = 250{,}000$

3. $8{,}000{,}000 \times \frac{320{,}000{,}000}{400{,}000{,}000} = 6{,}400{,}000$

4. $(20{,}000{,}000 \times 10\%) \times (1-25\% \times 1) \times \frac{360{,}000{,}000^{*4}}{500{,}000{,}000^{*3}} = 1{,}080{,}000$

[물음 2]

〈자료 2〉 항목번호	과세표준			
	과세		영세율	
	세금계산서 발급분	기타(정규영수증 외 매출분)	세금계산서 발급분	기타
1	5,000,000*5			
2				40,000,000〈주1〉
3	4,000,000*6			
4			10,000,000*7	
5		1,000,000*8		
6		5,000,000〈주2〉		
합계	① 9,000,000	② 6,000,000	③ 10,000,000	④ 40,000,000

〈주1〉 24,000,000 ＋ $10,000 × 1,600 ＝ 40,000,000

〈주2〉 50명 × (200,000－100,000) ＝ 5,000,000

해설

1. 해답상 '*'에 대한 설명

*1 물음에서 한도를 고려하지 않는다고 가정하였으므로 간편하게 계산하였다.

*2 기계장치A는 당기에 매입하여 당기에 매각하였으나, 예정신고 당시에는 매각되지 않았으므로 예정신고기간 비율로 안분계산한다.

*3 제1기 공급가액 합계 : 200,000,000 ＋ 300,000,000 ＝ 500,000,000

*4 제1기 과세공급가액 : 150,000,000 ＋ 210,000,000 ＝ 360,000,000

*5 총괄납부사업자 및 사업자단위과세사업자가 아니므로 직매장에 판매목적으로 반출한 것은 간주공급이며, 공급가액을 과세표준으로 한다.

*6 계약금을 받기로 한 날의 다음 날인 2026. 4. 11.부터 인도일인 2026. 10. 31.이 6개월 이상이면서 계약금 외의 대가를 분할하여 받았으므로 중간지급조건부판매에 해당한다. 따라서 대가의 각 부분을 받기로 한 때가 공급시기이므로 2026년 확정신고기간에 받기로 한 4,000,000이 2026년 제2기 확정신고기간의 과세표준이다.

*7 내국신용장이 2027. 1. 25. 이내에 개설되었으므로 영세율을 적용하며, 세금계산서 발급분에 적는다.

*8 사업상증여에 해당하므로 기타란에 적는다.

3 / 19 겸영사업자 - 실전문제 2차 필수

겸영사업자인 ㈜대한의 부가가치세 관련 자료이다. 별도의 언급이 없는 한 제시된 금액은 부가가치세가 포함되지 않은 금액이며, 2026년 제1기 확정신고와 제2기 예정신고는 적법하게 이루어졌다. 〈2024. CPA〉

〈자 료〉

1. ㈜대한(중소기업)은 농산물을 매입하여 가공(과세) 또는 미가공(면세) 상태로 판매하고 있으며, 임대업을 영위하지 않는다.

2. 농산물을 보관하기 위한 저온저장고 1개동(보유기간 15년)을 ㈜대한의 대표이사에게 2026년 10월 1일부터 1년간 임대하기로 하였다. 저온저장고의 일시 임대용역은 ㈜대한에서도 처음 발생하는 거래이고 적정임대료도 알려져 있지 않아 무상으로 임대하였다. 해당 건물의 시가는 71,736,000원이며, 정기예금이자율은 5%로 가정한다.

3. ㈜대한은 2012년 1월 1일에 매입하여 과세사업과 면세사업에 공통으로 사용하던 건물과 부속토지를 2026년 10월 31일 412,800,000원(부가가치세 포함)에 일괄양도하였으나, 해당 금액에 대한 건물 및 부속토지의 구분은 불분명하다. 양도일 현재 각 자산별 가액은 다음과 같다.

구 분	기준시가	감정평가가액	장부가액
건 물	2억원	2억원	1억원
부속토지	2억원	3억원	2억원

4. 2026년 농산물 매출 내역은 다음과 같다.

구 분	가공(과세)	미가공(면세)
1. 1.~6. 30.	4,000,000,000원	1,000,000,000원
7. 1.~9. 30.	800,000,000원	900,000,000원
10. 1.~12. 31.	700,000,000원	800,000,000원

5. 각 사업과 관련하여 2026년에 적법하게 발급받은 세금계산서상 매입세액 내역은 다음과 같다. 단, 공통매입세액의 실지귀속은 불분명하다.

구 분	가공(과세)	미가공(면세)	공통매입세액
1. 1.~6. 30.	80,000,000원	40,000,000원	50,000,000원*1
7. 1.~9. 30.	30,000,000원	9,000,000원	34,000,000원*2
10. 1.~12. 31.	60,000,000원	8,000,000원	15,000,000원*3

*1 농산물 세척용 기계장치A의 취득에 따른 매입세액

*2 농산물 절단용 기계장치B의 취득에 따른 매입세액

*3 농산물 분쇄용 기계장치C의 취득에 따른 매입세액

6. 2026년에 면세농산물을 매입한 내역은 다음과 같다. 단, 면세농산물 매입액의 실지귀속은 불분명하다.

구 분	면세농산물 매입액
1. 1.~6. 30.	1,120,000,000원
7. 1.~9. 30.	884,000,000원
10. 1.~12. 31.	468,000,000원

7. 의제매입세액공제율은 $\frac{4}{104}$이다.

[물음 1]
2026년 제2기 부가가치세 확정신고 시의 과세표준을 〈답안양식〉에 따라 제시하시오. 단, 해당 금액이 없는 경우 "0"으로 표시한다.

〈답안양식〉

구 분	과세표준
농산물 매출	
저온저장고 무상임대	
건물과 부속토지 매각	
합 계	

[물음 2]
2026년 제2기 부가가치세 확정신고 시 공제되는 매입세액을 〈답안양식〉에 따라 제시하시오. 단, 해당 금액이 없는 경우 "0"으로 표시하시오.

〈답안양식〉

구 분		금 액
세금계산서 수취분 매입세액		
의제매입세액공제액		
공제받지 못할 매입세액	면세사업분	
	공통매입세액	
공제되는 매입세액		

[물음 3]
2026년 제2기 부가가치세 확정신고 시 납부세액(재계산 고려 전)이 50,000,000원이라고 가정할 경우, 납부세액 재계산을 고려한 후의 납부세액을 〈답안양식〉에 따라 제시하시오.

〈답안양식〉

납부세액(재계산 고려 후)	

핵심정리

※ 겸영사업자 종합문제 출제유형
'p부가유예-48. ※' 참고

해답

[물음 1]

구 분	과세표준
농산물 매출	700,000,000
저온저장고 무상임대	452,035①
건물과 부속토지 매각	128,000,000②
합 계	828,452,035

① $(71{,}736{,}000 \times 50\% - 0) \times 5\% \times \frac{92}{365} = 452{,}035$

② $412{,}800{,}000 \times \frac{2\text{억원} \times 80\%}{3\text{억원} + 2\text{억원} \times 20\% + 2\text{억원} \times 80\% \times 1.1} = 128{,}000{,}000$

[물음 2]

구 분		금 액
세금계산서 수취분 매입세액		83,000,000①
의제매입세액공제액		8,375,000②
공제받지 못할 매입세액	면세사업분	8,000,000
	공통매입세액*1	8,031,250③
공제되는 매입세액		75,343,750

① 60,000,000 + 8,000,000 + 15,000,000 = 83,000,000

② (1) － (2) ＝ 8,375,000

(1) 제2기분 : min(①, ②) × $\frac{4}{104}$ ＝ 24,375,000

① (884,000,000＋468,000,000) × $\frac{15억원}{32억원}$ ＝ 633,750,000

② 15억원 × 50% ＝ 750,000,000

(2) 예정신고분 : 884,000,000 × $\frac{8억원}{17억원}$ × $\frac{4}{104}$ ＝ 16,000,000

③ (1) － (2) ＝ 8,031,250

(1) 당기분 : (34,000,000＋15,000,000) × $\frac{17억원}{32억원}$ ＝ 26,031,250

(2) 예정신고분 : 34,000,000 × $\frac{9억원}{17억원}$ ＝ 18,000,000

[물음 3]

납부세액(재계산 고려 후)*1	62,421,875〈주〉

〈주〉 50,000,000 ＋ 12,421,875* ＝ 62,421,875

* 50,000,000 × (1－25%×1) × ($\frac{17억원}{32억원}$－$\frac{10억원}{50억원}$) ＝ 12,421,875

해 설

1. 해답상 '*'에 대한 설명

*1 「부가가치세법 시행규칙」 별지 제21호와 제22호 서식에 따르면 [물음 3]의 납부세액 재계산은 [물음 2]의 '공제받지 못할 매입세액' 중 '공통매입세액'에 적어야 하나, [물음 3]에서 별도로 묻고 있으므로 출제의도를 고려하여 [물음 2]에서는 이를 제외하였다.

3 / 20 겸영사업자 - 실전문제 2차

다음은 과세사업(생선통조림 제조판매사업)과 면세사업(생선판매사업)을 겸영하는 ㈜한국(중소기업 아님)의 부가가치세 관련 자료이다(단, 2026년 제2기 예정신고기간 이전의 부가가치세 신고는 적법하게 이루어졌으며, 세부담 최소화를 가정하고 별도의 언급이 없는 한 세금계산서 및 계산서는 적법하게 발급 및 수취한 것으로 가정한다). 〈2024. CTA〉

1. 과세기간별 공급가액

기간구분	과세공급가액	면세공급가액
2024년 제1기	630억원	270억원
2024년 제2기	710억원	290억원
2025년 제1기	726억원	374억원
2025년 제2기	828억원	322억원
2026년 제1기	816억원	384억원
2026년 제2기*1	832억원	448억원

*1 2026. 10. 1.~2026. 12. 31. 기간의 과세공급가액은 448억원, 면세공급가액은 232억원임

2. 2024. 10. 9. 공급가액 ₩200,000,000의 건물A를 취득하여 과세사업과 면세사업에 공통으로 사용하고 있다.

3. 2020. 9. 9. 취득가액 ₩500,000,000(공제받은 매입세액은 포함되지 않음)에 취득하여 과세사업에 사용하던 건물B를 2026. 10. 20.부터 면세사업에도 일부 사용하게 되었다. 2026. 10. 20. 현재 건물 B의 장부가액은 ₩450,000,000, 기준시가는 ₩480,000,000이다.

4. 2025. 9. 9. 취득가액 ₩55,000,000(부가가치세 포함)에 취득하여 면세사업에 사용하던 기계장치C를 2026. 11. 1.부터 과세사업과 면세사업에 공통으로 사용하게 되었다. 2026. 11. 1. 현재 기계장치C의 장부가액은 ₩42,000,000이다.

5. 2026년 제2기 과세기간 중 과세사업과 면세사업에 사용될 생선의 매입과 사용 내역은 다음과 같으며, 의제매입세액 공제 요건을 충족한다. ㈜한국은 생선의 매입시기가 한 과세기간에 집중되는 법인이 아니다(단, 의제매입세액 공제율은 2/102이며, 의제매입세액 공제한도의 기준금액은 과세표준의 100분의 50에 해당하는 금액으로 가정한다).

구 분	적 요	2026. 7. 1.~2026. 9. 30.	2026. 10. 1.~2026. 12. 31.
입 고	기간 초일 생선재고액	₩300,000,000*[1]	₩400,000,000
	생선매입	4,200,000,000	4,500,000,000
출 고	생선판매로사용	1,908,000,000	1,995,500,000
	생선통조림 원료로 사용	2,192,000,000	2,404,500,000
	기간 말일 생선재고액*[2]	400,000,000	500,000,000

*[1] 2026년 제1기 과세기간으로부터 이월된 것으로 2026년 제1기 확정신고시 면세사업과 과세사업에 대한 실지 귀속을 확인할 수 없었으며, 2026. 7. 1.~2026. 9. 30. 중 ₩99,978,000은 생선판매로 사용되었고 ₩200,022,000은 생선통조림 원료로 사용됨(2026년 제1기 과세기간의 의제매입세액 공제대상액은 공제한도 내의 금액임)

*[2] 면세사업과 과세사업에 대한 실지귀속을 확인할 수 없음

[물 음]

자료를 이용하여 ㈜한국의 2026년 제2기 부가가치세 과세기간 최종 3개월(2026. 10. 1.~2026. 12. 31.)의 부가가치세 납부세액의 증가 금액 또는 감소 금액을 다음의 〈답안양식〉에 따라 제시하시오(단, 해당란의 금액이 없는 경우 '0'으로 표기하시오).

〈답안양식〉

자료의 항목번호	납부세액 증가 금액	납부세액 감소 금액
2		
3		
4		
5		

해 답

자료의 항목번호	납부세액 증가 금액	납부세액 감소 금액
2	1,120,000〈주1〉	0
3	7,000,000〈주2〉	0
4	0	1,625,000〈주3〉
5	0	48,500,000〈주4〉

〈주1〉 납부세액 재계산 : (200,000,000×10%) × (1−5%×4) × (35%−28%)*1 = 1,120,000*

* 비율

구분	24년 제2기	25년 제1기	25년 제2기		26년 제1기	26년 제2기
면세공급가액	$\frac{290억}{1,000억}$ = 29%	34%	28%	5% 미만 →	32%	35%
과세공급가액	71%	66%	72%		68%	65%

〈주2〉 면세전용 : 500,000,000 × (1−5%×12) × 35% × 10% = 7,000,000

〈주3〉 과세전환 : 55,000,000 × $\frac{10}{110}$ × (1−25%×2) × 65% = 1,625,000

〈주4〉 (1) − (2) = 48,500,000

(1) 당기분 : ① − ② = 92,500,000

① 당기 매입액 : min(㉠, ㉡) × $\frac{2}{102}$ = 92,578,000

㉠ (2,192,000,000−200,022,000)*2 [7. 1.~9. 30. 사용액 중 당기 구입액] + 2,404,500,000 [10. 1.~12. 31. 구입액]
\+ 500,000,000 [기말재고] × 65% [당기 과세비율] = 4,721,478,000

㉡ 한도 : 83,200,000,000 × 50% = 41,600,000,000

② 추징액 : (300,000,000×68%−200,022,000) × $\frac{2}{102}$ = 78,000

(2) 예정분 : ① − ② = 44,000,000

① 예정매입액 : (2,192,000,000−200,022,000*2+400,000,000×64%*) × $\frac{2}{102}$ =

44,078,000

* 예정신고기간 공급가액

	7. 1.~12. 31.		10. 1.~12. 31.		7. 1.~9. 30.
과세 :	832억원	−	448억원	=	384억원(64%)
면세 :	448억원	−	232억원	=	216억원
					600억원

② 추징액 : $(300,000,000 \times 68\% - 200,022,000) \times \frac{2}{102} = 78,000$

[간편법] 위 '(1). ②' 추징액과 '(2). ②' 추징액은 '(전기말 재고액×전기$\frac{과세}{총}$－당기 제조 사용분) × $\frac{2}{102}$'로 같으므로 예정신고를 적정하게 하였다면 계산을 생략하는 것이 간편하다. 이 경우 의제매입세액은 다음과 같다.

의제매입세액 : $\underbrace{92,578,000}_{\text{위 (1). ① 당기매입액}} - \underbrace{44,078,000}_{\text{위 (2). ① 예정매입액}} = 48,500,000$

해 설

1. 해답상 '*'에 대한 설명

*1 전기(26년 제1기)와 전전기(25년 제2기)의 면세비율 차이가 5% 미만이므로 당기와 전전기의 면세비율 차이를 재계산한다.

*2 자료 5번 표 안의 2026. 7. 1.~2026. 9. 30.의 '생선통조림 원료로 사용'한 금액 2,192,000,000에는 2026년 제1기에서 이월된 생선재고액 300,000,000 중 과세사업에 사용된 200,022,000이 포함되어 있다. 따라서 이를 차감한 금액이 7. 1.~9. 30. 구입액 중 7. 1.~9. 30.에 사용한 금액이다.

3 / 21 겸영사업자 - 실전문제  

상호 독립된 각 【문】에 답하시오.

【문 1】

다음은 과세사업(햄통조림제조업)과 면세사업(육류도매업)을 겸영하는 일반과세자인 ㈜한국의 2026년 제2기 부가가치세 관련 자료이다(단, 별도의 언급이 없는 한 제시된 금액은 부가가치세가 포함되지 않은 금액이고, 세금계산서 및 계산서 발급 및 수취와 매입세액공제를 받기 위한 모든 절차는 적법하게 이루어진 것으로 가정한다). 〈2019. CTA〉

1. 2026년 제2기 공급가액

구 분	2026년 제2기		
	7월 1일 ～ 9월 30일	10월 1일 ～ 12월 31일	합계
면세사업	₩25,000,000	₩35,000,000	₩60,000,000
과세사업	95,000,000	145,000,000	240,000,000
합 계	₩120,000,000	₩180,000,000	₩300,000,000

2. 2026년 제2기 세금계산서 수취내역

일자(기간)	공급가액	내 역
10. 1.～12. 31.	₩7,500,000	면세사업을 위한 매입임
10. 1.～12. 31.	14,500,000	과세사업을 위한 매입임
10. 11.	400,000	거래처 직원에게 기업업무추진 목적으로 지출한 음식 대금임
10. 20.	20,000,000	개별소비세 과세대상 차량운반구로 제품 판매활동을 지원하기 위하여 구입함
11. 7.	12,000,000	과세사업을 위해 사용하던 공장이 노후화되어 기존 공장을 허물고 신축하기 위한 기존 공장의 철거 비용임
12. 17.	9,000,000	과세사업과 면세사업에 공통으로 사용하기 위해 기계장치를 구입함
합계	₩63,400,000	

3. 2026년 9월 30일 과세사업과 면세사업에 공통으로 사용하는 비품을 매입하고 세금계산서(공급가액 ₩3,000,000)를 발급받았으나 예정신고시 누락되어 확정신고와 함께 신고하기로 하였다.

4. 2026년 10월 18일 과세사업과 면세사업에 공통으로 사용하기 위하여 소모품 ₩700,000을 법인신용카드로 구입하였다.

5. 면세사업에 사용하기 위하여 2025년 10월 8일 구입한 트럭을 2026년 11월 1일부터 과세사업에 공통으로 사용하고 있다. 트럭의 취득시 공급가액은 ₩35,000,000으로 매입세액불공제되었다.

6. 2025년 제1기 부가가치세 확정신고시 대손처분 받은 ₩7,700,000(부가가치세 포함)을 2026년 11월 3일 변제하였다.

7. 2026년 11월 20일 과세사업에 사용할 컴퓨터 4대를 ₩8,000,000에 외상으로 구매하였으며, 대금은 2027년 1월 20일에 지급하고 동일자에 세금계산서를 발급받았다.

8. 2026년 제2기 과세기간 최종 3개월(2026년 10월 1일~2026년 12월 31일)의 과세사업과 면세사업에 사용된 돼지고기 매입과 관련된 자료는 다음과 같다. ㈜한국은 매입 시기가 한 과세기간에 집중되는 법인이 아니다(단, 의제매입세액공제율은 2/102이고, 의제매입세액 공제한도는 고려하지 않으며 기초재고는 없다고 가정한다).

구 분	2026년 10월 1일 ~ 2026년 12월 31일
매입	₩52,700,000
과세사업에 전용하여 사용됨	18,700,000
과세사업과 면세사업에 원재료로 사용됨	27,500,000
기말재고액*1	6,500,000

*1 과세사업과 면세사업에 대한 실지귀속여부는 확인할 수 없음

[물 음]

자료를 이용하여 ㈜한국의 2026년 제2기 확정신고시 매입세액 공제액을 다음 양식에 따라 제시하시오.

구 분	세 액
1. 세금계산서 수취분 매입세액	
2. 예정신고 누락분	
3. 신용카드매출전표 등 수령명세서 제출분	
4. 의제매입세액	
5. 과세사업전환 매입세액	
6. 변제대손세액	
7. 공제받지 못할 매입세액	
8. 공통매입세액 면세사업 등분	
9. 차가감계 (1+2+3+4+5+6−7−8)	

【문 2】 유예

유예생은 제2편 부가유예 12, 13, 14 풀이

해 답

구 분	세 액	
1. 세금계산서 수취분 매입세액	(63,400,000+8,000,000) × 10% =	7,140,000
2. 예정신고 누락분	3,000,000 × 10% =	300,000
3. 신용카드매출전표 등 수령명세서 제출분*1	$700,000 \times 10\% \times \frac{240,000,000}{300,000,000} =$	56,000
4. 의제매입세액	$[18,700,000+(27,500,000+6,500,000) \times \frac{240,000,000}{300,000,000}] \times \frac{2}{102} =$	900,000
5. 과세전환 매입세액	$35,000,000 \times 10\% \times (1-25\% \times 2) \times \frac{240,000,000}{300,000,000} =$	1,400,000
6. 변제대손세액	$7,700,000 \times \frac{10}{110} =$	700,000
7. 공제받지 못할 매입세액	(7,500,000 (면세사업) + 400,000 (기업업무추진비) + 20,000,000 (비영업용승용차))*2 × 10% =	2,790,000
8. 공통매입세액 면세사업등분*1	$(9,000,000+3,000,000) \times 10\% \times \frac{60,000,000}{300,000,000} =$	240,000
9. 차가감계 (1+2+3+4+5+6−7−8)		7,466,000

해 설

1. 해답상 '*'에 대한 설명

*1 신용카드매출전표 수령명세서 제출분 공통매입세액의 기재방법 : 다음 두가지 방법이 있다.

[방법 1] 국세청 홈택스 부가가치세 신고프로그램에 따라 '신용카드매출전표 수령명세서 제출분'에는 공통매입세액 중 과세사업분(공제분)만 적는 방법

[방법 2] 시행규칙 별지 제21호서식과 제27호서식 작성요령에 비추어, '신용카드매출전표 수령명세서 제출분'에는 총액을 적고 그 중 불공제분을 '공통매입세액 면세사업등분'으로 빼는 방법

관련 문제가 출제되고 출제위원의 의도가 명확하지 않은 경우 두가지 방법 중 어느 방법에 따라 해답을 작성한다고 적고 답안을 작성하면 된다. 위 해답은 국세청 홈택스에 따른 '[방법 1]'에 따랐다(실전에서 '[방법 2]'에 비해 적용방법 기재 및 풀이시간을 줄일 수 있음). 참고로 '[방법 2]'에 따른 풀이방식을 제시하면 다음과 같으며, 어느 방법에 따르든 차가감계는 동일하게 계산된다.

3. 신용카드매출전표 등 수령명세서 제출분 : 700,000 × 10% = 70,000

8. 공통매입세액 면세사업등분 : $(\underbrace{9{,}000{,}000}_{\text{기계장치}} + \underbrace{3{,}000{,}000}_{\text{비품}} + \underbrace{700{,}000}_{\text{소모품}}) \times 10\% \times \frac{60{,}000{,}000}{300{,}000{,}000} = 254{,}000$

*2 기존 노후건물을 철거하고 건물을 신축하는 경우 기존 건물의 철거비용과 관련된 매입세액은 공제한다.

제 4 절

차가감납부세액

summary p1-140. 2, p1-171. 4

4 / 1 차가감납부세액

1.5차 2차

다음 자료를 이용하여 음식점업과 통조림 제조업을 영위하는 개인 일반과세자의 2026년 제2기 과세기간의 지방소비세를 포함한 부가가치세 차가감납부세액을 계산하시오.

1. 2026년 제2기 과세기간의 매출액(부가가치세가 제외된 금액)
   ① 음식점업 : ₩50,000,000(이 중 ₩20,000,000은 신용카드매출전표 발행분이며, ₩25,000,000은 전자화폐 결제액임)*
   ② 통조림 제조업 : ₩30,000,000(이 중 ₩1,000,000은 세금계산서를 발급하지 아니한 것임)

   * 신용카드매출전표 발행분과 전자화폐 결제액 모두 위 매출액에 그에 대한 부가가치세를 포함한 공급대가 총액을 신용카드로 결제하였다.

2. 2026년 제2기 과세기간의 매입액은 총 ₩79,950,000(부가가치세가 제외된 금액)이며, 모두 세금계산서를 발급받았다.

3. 2026년 제1기의 납부세액에서 공제받은 신용카드매출전표 등 발급세액공제액은 ₩4,200,000이다.

4. 확정신고시 직접 전자신고하였다.

핵심정리

문제의 포인트

• 차가감납부세액의 계산 : summary p1-140. 2

※ 접근방법
별도의 답안양식이 제시되지 않은 일반과세자의 차가감납부세액 계산문제의 경우 그 계산구조를 구성하는 매출세액, 매입세액, 공제세액 등*, 가산세를 순서대로 먼저 떠올리고 역으로 각각의 자료에 해당하는 사항이 있는지 확인하여 해답을 작성한다.

* 주요 공제세액 등 : 경감 · 공제세액(전자신고세액공제, 전자세금계산서 발급 · 전송에 대한 세액공제, 신용카드매출전표등 발급세액공제 등), 예정신고 미환급세액, 예정고지세액, 수시부과세액 등이 있다.

해 답

1. 매출세액 : (50,000,000＋30,000,000) × 10% ＝ 8,000,000
2. 매입세액 : 79,950,000 × 10% ＝ 7,995,000
3. 납부세액 : 8,000,000 － 7,995,000 ＝ 5,000
4. 공제세액 : (1) ＋ (2) ＝ 5,000
   (1) 전자신고세액공제 : 5,000
   (2) 신용카드매출전표 등 발급세액공제 : min(①, ②, ③) ＝ 0
      ① 발급금액(공급대가) × 1.3% ＝ (45,000,000*×110%) × 1.3% ＝ 643,500
      ② 연간 한도 : 10,000,000 － 4,200,000 ＝ 5,800,000
      ③ 납부세액 ± 공제 · 가산할 세액(가산세 제외) : 5,000 － 5,000(전자신고세액공제) ＝ 0

      * 20,000,000 ＋ 25,000,000 ＝ 45,000,000
5. 세금계산서미발급가산세 : 1,000,000 × 2% ＝ 20,000
6. 차가감납부세액 : 5,000 － 5,000 ＋ 20,000 ＝ 20,000

4 / 2 가산세

다음 자료를 이용하여 물음에 답하시오.

〈자 료〉

㈜갑은 2026년 제1기 부가가치세 확정신고시 ₩20,000,000을 환급세액으로 신고하여 2026년 8월 24일에 환급받았으나, 세무조사 결과 환급세액이 아닌 납부세액 ₩10,000,000이 있음이 확인되어 2026년 11월 10일 납부고지하였다. 납부고지서에 따른 납부기한은 2026년 11월 30일이며, 2026년 11월 30일에 실제로 납부하였다. 세무조사시 적발사항은 다음과 같다.

구 분	공급가액	세 액
① 직수출액 신고누락*	₩10,000,000	₩0
② 이중장부작성을 통한 매출누락*	210,000,000	21,000,000
③ 기업업무추진비 관련 매입세액의 착오공제	90,000,000	9,000,000
계	₩310,000,000	₩30,000,000

* 각각 세금계산서를 발급하지 않았다.

[물 음] 1.5차 2차 필수

자료를 이용하여 과소신고납부세액과 가산세를 계산하시오.

핵심정리

문제의 포인트 (문 4-2 ~ 문 4-7)

- 부가가치세 가산세 계산 및 가산세 감면 : summary p1-171. 4

[1] 「부가가치세법」상 과소신고가산세와 납부지연가산세의 계산방법

1. 과소신고 · 납부세액(가정 : 매출세액, 매입세액 오류 외에 다른 오류는 없다고 가정)

	부 정	일 반	계
매출세액(의 오류)			
매입세액(의 오류)			
납부세액(의 오류)	×××Ⓐ	×××Ⓑ	×××Ⓒ

2. 과소신고 · 초과환급신고가산세

(1) [별지 제21호 서식]에 따르는 경우*1

'p1-7'의 '가산세액 명세'에 따르면 영세율과세표준신고불성실가산세를 과소신고 · 초과환급신고가산세와 따로 적도록 하고 있다.

① 과소신고 · 초과환급신고가산세 : (Ⓐ × 40%*2 ＋ Ⓑ × 10%*3) × (1－감면율)
② 영세율과세표준신고불성실가산세 : 과소신고한 영세율 과세표준 × 0.5% × (1－감면율)

(2) 「국세기본법 규정」에 따르는 경우 과소신고 · 초과환급신고가산세*1
제47조의3. 제2항에 따르면 영세율과세표준 신고관련 가산세를 더한 금액을 과소신고 · 초과환급신고가산세로 하고 있다.
[Ⓐ × 40%*2 ＋ Ⓑ × 10%*3 ＋ 과소신고한 영세율 과세표준 × 0.5%] × (1－감면율)

3. 납부지연가산세*4 : Ⓒ × 일수 × $\frac{22}{100,000}$

*1 두 방법 중 어느 방법을 적용하는 것을 묻는지 명확하지 않은 경우에는 위 '(1)'방식에 따라 계산하고 ①과 ②을 묶어주는 것이 안전하다.

*2 역외거래의 경우는 60% 적용

*3 무신고가산세를 계산할 때는 20% 적용

*4 납부고지서에 따른 납부기한까지 납부하였다고 가정한 경우의 가산세이다.

[2] 문제 자료의 분석

1. 환급세액 20,000,000으로 신고하였으나 세무조사 결과 납부세액 10,000,000인 것으로 확인되었으므로 그 차이 30,000,000에 대하여 다음의 가산세를 부과한다.
   (1) 과소신고 · 초과환급신고가산세 : 부정과소와 일반과소로 구분하여 가산세율만 다르게 적용하면 된다. → 일수를 고려하지 않음
   (2) 납부지연가산세 : 납부불성실과 환급불성실의 가산세 부과일수의 기산일이 다르므로 구분하여 계산한다. 각각 다음의 기산일부터 납부고지일 전날인 11. 9.까지의 일수로 계산한다.
      ① 납부불성실 기산일 : 법정납부기한의 다음 날인 7. 26.
      ② 환급불성실 기산일 : 환급받은 날의 다음 날인 8. 25.

2. 답안작성 요령

〈1단계〉 위 '핵심정리. [1]. 1'과 같은 답안 틀(이하 '답안 틀'이라 한다)을 작성한 후 다음과 같이 적발사항별로 답안을 작성한다.
   ① 직수출액 신고누락 : 영세율 적용대상으로 납부세액이 0이므로 답안 틀에 넣을 필요없이 나중에 '해답. 2. (3)' 작성시 영세율과세표준신고불성실가산세에만 반영하면 된다. 직수출액에 대하여는 세금계산서 발급의무가 없으므로 세금계산서를 발급하지 않았더라도 가산세는 없다.
   ② 이중장부작성을 통한 매출누락 : 부정한 방법으로 과소신고하였으므로 답안 틀의 '부정'란에 21,000,000을 적는다[여기에 적어 놓으면 나중에 '해답. 2. (2)'을 작성할 때 자연스럽게 반영된다]. 그리고 세금계산서를 발급하지 않았으므로 지금 '해답. 2. (1)'과 같이 2%의 세금계산서불성실가산세(미발급)를 부과한다.

③ 기업업무추진비 관련 매입세액의 착오공제 : 불공제해야 할 매입세액을 공제함에 따라 과소신고하였으며 착오에 의한 것이므로 답안 틀의 '일반'란에 적는다.

〈2단계〉 '〈1단계〉' 과정을 마치면 '해답. 1'의 답안 틀과 '해답. 2'에서 과소신고 · 초과환급신고가산세와 납부지연가산세를 제외한 가산세 계산을 마친 상태가 된다. 마지막으로 과소신고 · 초과환급신고가산세와 납부지연가산세를 '핵심정리. [1]. 2, 3'의 산식을 먼저 떠 올리고 역으로 해당 금액을 찾아 답안을 작성하면 된다.

해 답

1. 과소신고납부세액

구 분	부 정	일 반	계
매출세액	210,000,000 × 10% = 21,000,000		
매입세액		90,000,000 × 10% = 9,000,000	
납부세액	21,000,000	9,000,000	30,000,000

2. 가산세

(1) 세금계산서미발급가산세 : 210,000,000 × 2% = 4,200,000

(2) 과소신고 · 초과환급신고가산세 : 21,000,000 × 40% (부정) + 9,000,000 × 10% (일반) = 9,300,000

(3) 영세율과세표준신고불성실가산세 : 10,000,000 × 0.5% = 50,000

「국세기본법」상 과소신고 · 초과환급신고가산세 9,350,000*

* 안전하게 [별지 제21호 서식]에 따라 각각 계산한 후 합계액을 제시하였다(핵심정리 '[1]. *1' 참고).

(4) 납부지연가산세

① 납부불성실 : $10{,}000{,}000 \times 107일(7.\ 26. \sim 11.\ 9.) \times \frac{22}{100{,}000}$ = 235,400

② 환급불성실 : $20{,}000{,}000 \times 77일(8.\ 25. \sim 11.\ 9.) \times \frac{22}{100{,}000}$ = 338,800

계 574,200

(5) 가산세 계 : 14,124,200

4 / 3 가산세 - 종합문제 2차 필수

제조업을 영위하고 있는 일반과세자인 ㈜갑은 2026년 제1기 예정신고기간에 대한 부가가치세를 2026. 4. 20.에 신고·납부하였는데, 신고 후 다음의 사항이 발견되어 오류(별도의 언급이 없는 한 부정한 방법에 의한 것이 아님)를 수정신고하려 하고 있다. 아래 〈자료〉를 이용하여 [물음]에 답하시오. 각종 신고·납부기한은 공휴일·토요일이 아니라고 가정한다.

〈자 료〉

1. 1월 15일에 수출대행업자를 통한 제품의 수출액 ₩30,000,000을 신고누락하였으며 이에 대해서 세금계산서도 발급하지 아니하였다.
2. 2월 20일에 거래처에 증정한 제품(원가 ₩2,500,000, 시가 ₩3,000,000)이 신고누락되었으며, 이에 대하여는 전자세금계산서도 발급하지 아니하였다.
3. 3월 4일에 판매한 제품의 공급가액 ₩40,000,000이 신고누락되었는데, 그 내역은 다음과 같다.
   ① ₩25,000,000 : 담당자의 실수로 인한 누락(전자세금계산서는 적법하게 발급하였으나, 전자세금계산서 발급명세를 전송하지 아니함)
   ② ₩15,000,000 : 장부의 거짓기장을 통한 누락(전자세금계산서도 발급하지 않았음)
4. 3월 10일에 매입한 원자재 ₩2,000,000(발급받은 세금계산서상 공급가액임)을 신고누락하였으며, 이에 대한 매입처별세금계산서합계표도 제출하지 아니하였다.
5. 3월 31일 매입한 공급가액 ₩1,000,000의 원자재를 세금포탈목적으로 매입처별세금계산서합계표에 ₩3,000,000으로 기재하여 부가가치세 ₩300,000을 공제받았다.

[물음 1]
2026년 7월 25일에 수정신고·납부하는 경우 가산세와 추가납부세액(가산세 포함)을 〈답안양식〉에 따라 계산하시오. 수정신고·납부할 때 전송하지 않은 전자세금계산서 발급명세를 전송하였고, 발급하지 않은 전자세금계산서를 발급하고 전송하는 등 이행가능한 의무를 이행하였다.

〈답안양식〉

가산세 종류	계산식	금 액
계		
추 가 납 부 세 액		

[물음 2]

2027년 1월 20일에 경정하여 2027년 1월 25일에 고지한 경우 가산세를 계산하시오. 납부고지서에 적힌 납부기한은 2027년 2월 20일이며, 납부고지서에 적힌 납부기한 이내에 납부하였다.

핵심정리

[1] 자료별 정리사항

1. 대행위탁수출 수출액 신고누락액 : 영세율이 적용되므로 과소신고납부세액에 영향을 미치지 않는다. 따라서 '해답 1'의 답안 틀에 넣을 필요없이 '해답 2'에서 그 신고누락액에 0.5%를 곱한 영세율과세표준신고불성실가산세를 적용한다. 수출액은 세금계산서 발급의무가 없으므로 미발급하더라도 세금계산서불성실가산세는 없다.

2. 거래처에 증정한 제품 신고누락 : 간주공급(사업상 증여)에 대한 과세표준을 신고누락하였으므로 '시가 3,000,000 × 10% = 300,000'을 답안 틀의 '일반'에 적는다. 사업상 증여는 세금계산서 발급의무가 없으므로 미발급하더라도 세금계산서불성실가산세는 없다.

3. 제품공급가액 40,000,000 신고누락
   ① 25,000,000
   - 실수로 신고누락하였으므로 '25,000,000 × 10% = 2,500,000'을 답안 틀의 '일반'에 적는다.
   - 전자세금계산서 발급명세를 발급일의 다음 날까지 전송하지 않았으므로 '해답 2'와 같이 전자세금계산서전송불성실가산세를 적용한다. '[물음 1]'에 따르면 공급시기인 3. 4.이 속하는 과세기간에 대한 확정신고기한인 7. 25.에 전송하였으므로 0.3%의 지연전송 가산세율을 적용한다. → 전자세금계산서전송불성실가산세를 적용하면 매출처별세금계산서합계표불성실가산세는 적용하지 않음 summary p1-183. 정리 1. ③. ㉠

   ② 15,000,000
   - 거짓기장으로 신고누락하였으므로 '15,000,000 × 10% = 1,500,000'을 답안 틀의 '부정'에 적는다.
   - 전자세금계산서를 발급하지 않았으므로 세금계산서불성실가산세를 적용한다. '[물음 1]'에 따르면 공급시기인 3. 4.이 속하는 과세기간에 대한 확정신고기한인 7. 25.에 발급하였으므로 1%의 지연발급 가산세율을 적용한다. → 지연발급·미발급으로 1%·2%의 세금계산서불성실가산세를 적용하면 전자세금계산서전송불성실가산세 및 매출처별세금계산서합계표불성실가산세를 중복적용하지 않음 summary p1-183. 정리 1. ③. ㉡, ㉢

4. 원자재 매입액 신고누락
   - 매입세액공제 가능액을 신고누락하여 공제받지 못했으므로 '2,000,000 × 10% = 200,000'을 답안 틀의 '일반'에 적어 공제받는다.
   - 수정신고를 통한 자진정정이므로 매입처별세금계산서합계표가산세를 부과하지 않는다.

   → '[물음 2]'와 같이 경정시에도 확인되면 매입세액을 공제받을 수 있으나, 이 경우에는 0.5%의 매입처별세금계산서합계표불성실가산세를 부과한다. summary p1-179. (4). ①

5. 원자재 매입액 과다기재 : 매입처별세금계산서합계표에 공급가액을 과다기재 신고하였으므로 과다기재액인 '3,000,000 − 1,000,000 = 2,000,000'에 대하여 다음과 같이 처리한다.
   - 세금포탈목적의 신고누락이므로 '2,000,000 × 10% = 200,000'을 답안 틀의 '부정'에 적는다.
   - 공급가액을 과다기재하였으므로 0.5%의 매입처별세금계산서합계표불성실가산세를 부과한다. summary p1-179. (4). ④

[2] '[물음 2]'의 경정하는 경우 가산세 차이

① 전자세금계산서전송불성실가산세 : 2026. 7. 25.이 지났으므로 미전송가산세율 0.5% 적용

② 세금계산서불성실가산세 : 2026. 7. 25.이 지났으므로 미발급가산세율 2% 적용

③ 매입처별세금계산서합계표불성실가산세 : 수정신고시 가산세를 부과하지 않은 자료 4번의 거래에 대하여도 경정시에는 가산세를 부과

④ 과소신고가산세 및 영세율과세표준신고불성실가산세 : 경정은 자진정정이 아니므로 신고 관련 가산세를 감면하지 않음

⑤ 납부지연가산세 : 가산세 부과일수가 2026. 4. 26.부터 2027. 1. 24.(납부고지일 전날)까지의 일수임

해답

[물음 1] 2026년 7월 25일 수정신고하는 경우

1. 과소신고납부세액

	부 정	일 반	계
매출세액 오류	15,000,000 × 10%	(3,000,000 × 10%) + (25,000,000 × 10%)	
매입세액 오류	[가산] (3,000,000−1,000,000) × 10%	[차감] 2,000,000 × 10%	
납부세액 오류	1,700,000	2,600,000	4,300,000

2. 가산세

구 분	계산식	금 액
전자세금계산서 전송불성실가산세	25,000,000 × 0.3%	75,000
세금계산서 불성실가산세	15,000,000 × 1%(지연발급)	150,000
매입처별 세금계산서합계표 불성실가산세	(3,000,000－1,000,000) [3. 31. 과다기재분] × 0.5%	10,000
과소신고가산세*[1]	〈주〉 (1,700,000×40%+2,600,000×10%) [↳ 940,000] × (1－75%)*[2]	235,000
영세율과세표준 신고불성실가산세*[1]	30,000,000 × 0.5% [↳ 150,000] × (1－75%)	37,500
납부지연가산세	4,300,000 × 90일*[3] × $\frac{22}{100,000}$	85,140
계		592,640
추가납부세액	4,300,000 ＋ 592,640	4,892,640

[물음 2] 2027년 1월 20일 경정한 경우

구 분	계산식	금액
전자세금계산서 전송불성실가산세	25,000,000 × 0.5%	125,000
세금계산서불성실가산세	15,000,000 × 2%(미발급)	300,000
매입처별세금계산서 합계표불성실가산세	[2,000,000 [3.10. 매입분] ＋ (3,000,000－1,000,000) [3.31. 과다기재분]] × 0.5%	20,000
과소신고가산세		940,000
영세율과세표준 신고불성실가산세		150,000
납부지연가산세	4,300,000 × 274*[4] × $\frac{22}{100,000}$	259,204
계		1,794,204

해설

1. 해답상 '*'에 대한 설명

*1 영세율과세표준신고불성실가산세도 과소신고가산세에 포함되므로 수정신고로 인한 가산세감면혜택을 받는다(행정해석에서는 영세율첨부서류를 제출하지 않은 사업자가 첨부서류를 제출하여 수정신고한 경우에도 가산세가 감면됨, 조세정책과－129). → 부가가치세 '[별지 제21호 서식]'에 따르면 신고불성실가산세(무신고가산세, 과소신고가산세 등)를 적는 란과 영세율과세표준신고불성실가산세를 적는 란이 따로 있으므로 만약 답안양식에 별도로 제시되면 구분하여 적어야 한다. 「국세기본법」에 따르면 영세율과세표준신고불성실가산세를 더한 금액을 무신고가산세 또는 과소신고가산세로 하도록 규정하고 있다. 답안에서는 안전하게 각각 계산하고 묶음표시('[ ]')를 하였다.

*2 납부기한이 지난 후 3개월 이내 수정신고이므로 75%를 감면한다.

3 2026. 4. 26.(납부기한의 다음날) ~ 2026. 7. 24.(자진납부일 전날)의 일수 : 90일

* '[물음 1]'의 경우 2026. 6. 30. 이전에 지정납부기한(납세고지를 하면서 지정한 기한을 말한다)이 경과하지 않았으므로 납부일 전일까지의 일수를 계산한다. 만약 2026. 6. 30. 이전에 지정납부기한이 경과하였다면 납부일까지의 일수를 계산한다. 참고로 고지가 이루어진 후 지정납부기한 이내에 납부한 경우에는 납부고지일 전날까지 납부지연가산세를 계산하는 것은 지정납부기한 경과시기와 무관하게 동일하다.

*4 2026. 4. 26 ~ 고지일 전날(2027. 1. 24.) : 274일

4 / 4 가산세 2차

다음 자료를 이용하여 과세사업자인 ㈜갑에 대한 2026년 제1기 과세기간에 대한 부가가치세 부과고지세액을 〈답안양식〉에 따라 계산하시오. ㈜갑에 대한 부과고지세액의 납부고지일은 2027년 2월 1일, 납부고지서상 납부기한은 2027년 2월 28일이며, 2027년 2월 20일에 납부하였다.

〈답안양식〉

구　　분	금　　액
과소신고납부세액	
가　산　세	
추징세액합계	

〈자　료〉

1. ㈜갑은 2026년 제1기 부가가치세 확정신고시 신고 · 납부기한일인 2026년 7월 26일(7월 25일은 일요일이라고 가정함)에 다음과 같이 신고하고 납부할 세액을 납부하였다.

(단위 : 원)

구　　분	계산근거	금　액
매　출　세　액	800,000,000 × 10%	80,000,000
매　입　세　액	300,000,000 × 10%	△30,000,000
납　부　세　액		50,000,000
신용카드매출전표등 발급세액공제	100,000,000 × 1.3%	△1,300,000
차감납부세액		48,700,000

2. 관할 세무서장의 세무조사 결과 다음의 사실들이 확인되었다. 단, 주어진 자료의 금액은 부가가치세가 포함되지 아니한 금액이다.
   (1) ㈜갑은 2026년 5월 1일에 ㈜을에게 기계장치를 ₩90,000,000에 판매하고 전자세금계산서를 발급하지 않았고, 이에 대한 발급명세도 전송하지 않았으며, 부정한 방법으로 과세표준 신고에서 누락하였다.
   (2) 매입세액에는 2026년 6월 1일에 지출한 기업업무추진비 ₩60,000,000에 관련된 매입세액이 포함되어 있는데, ㈜갑은 동 매입세액을 부정한 방법이 아니라 단순한 착오로 공제하였다.
   (3) 위 외의 나머지 적발사항은 부정한 방법에 의한 것인지의 구분이 불분명하다.

해답

구　　　　분	금　　액
과소신고납부세액	₩16,300,000〈주1〉
가　　산　　세	7,041,754〈주2〉
추징세액합계	23,341,754

〈주1〉 과소신고납부세액

구　분	부　정	일　반	계
매 출 세 액	90,000,000 × 10% = 9,000,000		
매 입 세 액		60,000,000 × 10% = 6,000,000	
납 부 세 액	9,000,000	6,000,000	15,000,000
신용카드매출전표등 발급세액공제			1,300,000*1
			16,300,000

〈주2〉 가산세

(1) 세금계산서불성실가산세 : 90,000,000 × 2%(미발급) = 1,800,000*4

(2) 과소신고가산세

9,780,000* × 40% + 6,520,000** × 10% = 4,564,000

$* \ 16{,}300{,}000 \times \dfrac{90{,}000{,}000}{90{,}000{,}000 + 60{,}000{,}000} = 9{,}780{,}000$*2

** 16,300,000 − 9,780,000 = 6,520,000

(3) 납부지연가산세 : 16,300,000 × 189일*3 × $\dfrac{22}{100{,}000}$ = 677,754

(4) 계 : 7,041,754

해 설

1. 해답상 '*'에 대한 설명

*1 법인은 신용카드매출전표등발급세액공제를 적용받을 수 없는데 공제받았으므로 그만큼 세액을 과소신고납부하였다.

*2 과소신고납부세액등 중에서 부정과소신고납부세액과 일반과소신고납부세액을 구분하기 곤란한 경우 부정과소신고납부세액은 다음과 같이 계산한다.

$$\text{부정과소신고납부세액} = \text{과소신고납부세액등} \times \frac{\text{부정행위로 인하여 과소신고한 과세표준}}{\text{과소신고한 과세표준*}}$$

* 「국세기본법」에서는 모든 국세에 대하여 과소신고한 과세표준이라고 규정하고 있으나, 부가가치세의 경우는 매출세액과 매입세액의 오류와 관련된 공급가액(매입가액)으로 보는 것이 타당하여 이에 따라 해답을 작성하였다.

*3 2026. 7. 27.(납부기한의 다음 날) ~ 2027. 1. 31.(고지일 전날)의 일수 : 189일

*4 전자세금계산서를 발급하지 않은 경우 2%의 세금계산서불성실가산세가 적용되며, 이 경우 전자세금계산서전송불성실가산세 및 매출처별세금계산서합계표불성실가산세는 중복적용하지 않는다.

2. case 문제

Case

자료 '2. (1)'의 문구 중 '전자세금계산서를 발급하지 않았고, 이에 대한 발급명세도 전송하지 않았으며'가 다음과 같이 변경되는 경우 적용되는 가산세는 얼마인가? (신고 및 납부 관련 가산세는 고려하지 말고 변경된 문구에 대한 가산세만 계산할 것)

〈경우 1〉 '전자세금계산서를 발급하였으나, 발급명세를 전송하지 않았으며'로 변경되는 경우

〈경우 2〉 '전자세금계산서를 발급하고, 발급명세를 발급일의 다음 날에 전송하였으나'로 변경되는 경우

〈경우 1〉 전자세금계산서전송불성실가산세 : 90,000,000 × 0.5% = 450,000 → 이 경우 매출처별세금계산서합계표불성실가산세는 적용하지 않음

〈경우 2〉 매출처별세금계산서합계표불성실가산세 없음 → 전자세금계산서를 발급하고 그 발급명세를 공급시기가 속하는 과세기간 마지막 날의 다음 달 11일까지 전송한 경우에는 매출처별세금계산서합계표를 제출하지 않을 수 있으므로 매출처별세금계산서합계표불성실가산세는 적용하지 않음

4 / 5 가산세 - 실전문제 2차 필수

상호 독립된 각 【문】에 답하시오.

【문 1】

다음은 과세사업을 영위하는 ㈜한국의 2026년 부가가치세 관련 자료이다. 〈2025. CPA〉

〈자 료〉

1. ㈜한국의 관할세무서장은 2026년 제1기 부가가치세 신고내역을 검토한 후 다음과 같은 사항을 발견하였다.
   ① 2026년 4월 10일 국내사업자에게 공급한 과세공급가액 40,000,000원에 대하여 세금계산서를 발급하지 않았으며, 이를 확정신고에서 누락하였다. 이는 조세회피 의도가 없는 단순한 착오에 해당한다.
   ② 2026년 4월 20일 공급받은 과세공급가액 10,000,000원이 매입처별세금계산서합계표 제출 시 누락되었으나 관할세무서장의 경정 시 매입세금계산서를 적격 수취하였음을 확인하였다.
   ③ 2026년 5월 10일 외국에 수출한 재화B의 공급가액 20,000,000원을 누락하였다.
   ④ 2026년 5월 20일 수취한 30,000,000원의 세금계산서는 자료상으로부터 수취한 가공세금계산서로 확정되었다. 이는 부정행위에 해당한다.
2. ㈜한국의 관할세무서장은 위 신고 오류에 대하여 경정처분을 하고 가산세를 부과하였다.

[물 음]

㈜한국이 부담할 가산세액을 〈답안양식〉에 따라 제시하시오. 단, 해당 금액이 없는 경우 "없음"으로 표시하시오.

〈답안양식〉

세금계산서 불성실가산세	
매출처별세금계산서합계표 불성실가산세	
매입처별세금계산서합계표 불성실가산세	

【문 2】

공인회계사 갑은 2026년 7월 20일에 ㈜과오의 2026년 제1기 부가가치세 예정신고서를 검토하던 중 다음 사항을 발견하였다. 단, 다음 사항에 포함된 오류는 회사 직원의 단순 실수로 발생한 것으로 조세회피를 위한 고의적인 오류가 아니며, 제시된 금액은 부가가치세를 포함하지 않은 금액이다. 〈2022. CPA〉

〈자 료〉

1. 영업부서의 특판활동에 따른 매입 80,000,000원과 매출 130,000,000원에 대하여 세금계산서 수취 및 발급이 이루어지지 않았으며, 매입과 매출에 대한 신고도 누락되었다. 회사는 2026년 7월 20일에 매입·매출에 대하여 전자세금계산서를 수취 및 발행하고 전송하였다.

2. 회사는 일정금액 이상의 매출거래처에 대해 판매용 상품으로 판매장려금을 지급하고 있는데, 당해 기간 동안에 판매장려금으로 지급된 상품은 시가 3,000,000원(원가 2,000,000원)이다. 회사는 판매장려상품에 대해 원가를 판매비로 회계처리하였으며, 이를 예정신고시 과세표준에 포함하지 않았다.

3. 2026년 3월 31일 직수출한 제품 28,000,000원이 신고누락되었으며, 세금계산서도 발급되지 아니하였다.

[물 음]

㈜과오가 2026년 7월 25일 확정신고시에 위 오류를 수정하여 신고할 경우 추가로 납부해야 하는 부가가치세(지방소비세 포함)와 가산세액을 〈답안양식〉에 따라 제시하시오. 단, 납부지연가산세는 고려하지 않는다.

〈답안양식〉

자료번호	부가가치세 추가납부세액	가산세 종류	계산식	가산세액
1				
2				
3				
과소신고·초과환급신고 가산세				

해답

【문 1】

세금계산서 불성실가산세	2,000,000〈주1〉
매출처별세금계산서합계표 불성실가산세	없음
매입처별세금계산서합계표 불성실가산세	50,000〈주2〉

〈주1〉 $\underbrace{40,000,000 \times 2\%}_{\text{미발급}} + \underbrace{30,000,000 \times 4\%}_{\text{가공}} = 2,000,000$

〈주2〉 $10,000,000 \times 0.5\% = 50,000$

【문 2】

자료번호	부가가치세 추가납부세액	가산세 종류	계산식	가산세액
1	5,000,000〈주〉	세금계산서 지연수취	80,000,000 × 0.5%	400,000
		세금계산서 지연발급	130,000,000 × 1%	1,300,000
2	300,000	–	–	–
3	0	영세율과세표준신고 불성실	28,000,000 × 0.5% × (1－75%)	35,000*
과소신고 · 초과환급신고 가산세			(5,000,000+300,000) × 10% × (1－75%)	132,500*

* 자료 3번의 경우 자료번호별 가산세를 계산하라는 답안양식을 고려하여 부가가치세 신고서(별지 제21호 서식)에 따라 영세율과세표준신고불성실가산세를 별도로 적었다.

〈주〉 13,000,000 － 8,000,000 ＝ 5,000,000

해설

1. '【문 1】'의 자료별 정리

① 세금계산서를 발급하지 않았으므로 세금계산서 불성실가산세(2% 미발급가산세)를 부과한다. 과소신고 및 납부지연가산세는 답안양식에 없으므로 고려하지 않는다.

② 경정 시 확인받았으므로 매입세액공제를 하면서 0.5%의 매입처별세금계산서합계표 불성실가산세를 부과한다.

③ 0.5%의 영세율과세표준신고불성실가산세를 부과하여야 하나, 답안양식에 없으므로 고려하지 않는다.

④ 재화를 공급받지 않고 세금계산서를 발급받았으므로 4%의 세금계산서 불성실가산세를 부과한다.

4 / 6 가산세 - 실전문제

다음은 과세사업을 영위하는 ㈜태백의 2026년 부가가치세 관련 자료이다. 물음에 답하시오. 〈2021. CPA〉

〈자 료〉

1. ㈜태백의 신입담당자는 2026년 제1기 신고내역을 검토하다가 다음과 같은 사항을 발견하였다.
   ① 2026년 6월 20일에 공급한 과세공급가액 ₩4,000,000에 대하여 세금계산서를 발급하지 않았으며, 이를 확정신고에서 누락하였다. 이러한 누락은 부정행위로 인한 것이다.
   ② 2026년 6월 10일에 공급받은 과세공급가액 ₩1,000,000에 대해서는 매입세금계산서를 발급받았으나 확정신고에서 누락하였다.
2. ㈜태백은 위의 매출 및 매입 누락을 2026년 7월 31일에 수정신고하였다.

[물 음]

㈜태백이 수정신고할 때 가산세액을 다음의 〈답안양식〉에 따라 제시하시오. 단, 가산세액이 없는 경우 "없음"으로 표시하시오.

〈답안양식〉

세금계산서 불성실가산세	
매출처별세금계산서합계표 불성실가산세	
매입처별세금계산서합계표 불성실가산세	
과소신고 · 초과환급신고가산세	

해 답

세금계산서 불성실가산세	80,000〈주1〉
매출처별세금계산서합계표 불성실가산세	없 음*1
매입처별세금계산서합계표 불성실가산세	없 음*2
과소신고 · 초과환급신고가산세	12,000〈주2〉

〈주1〉 4,000,000 × 2% = 80,000

〈주2〉 (1) 과소신고납부세액

구분	부정	일반	계
매출세액	400,000		400,000
매입세액			△100,000*3
납부세액			300,000

(2) 가산세 : (①+②) × (1−90%)*5 = 12,000

① 부정 : $\left(300{,}000 \times \frac{\min(4{,}000{,}000,\ 분모\ :\ 3{,}000{,}000)}{4{,}000{,}000-1{,}000{,}000}\right)^{*4} \times 40\% = 120{,}000$

② 일반 : $300{,}000 \times \frac{0}{3{,}000{,}000} \times 10\% = 0$

해설

1. 해답상 '*'에 대한 설명

*1 세금계산서미발급가산세가 적용되는 금액에 대해서는 매출처별세금계산서합계표 불성실가산세를 적용하지 않는다.

*2 수정신고시 제출하는 경우 매입세액공제를 적용하며, 매입처별세금계산서합계표 불성실가산세를 적용하지 않는다.

*3 100,000이 부정 또는 일반에 해당하는지 파악할 수 있는 자료가 없어 '계'란에만 적었다.

*4 과소신고납부세액에 부정과소신고납부세액과 일반과소신고납부세액이 있는 경우로서 구분하기 곤란한 경우 부정과소신고납부세액은 다음 산식에 따른다.

$$부정과소신고납부세액 = 과소신고납부세액 \times \frac{부정행위로\ 과소신고한\ 과세표준^*}{과소신고한\ 과세표준^*}$$

* 「국세기본법」에서는 모든 국세에 대해서 과소신고한 과세표준이라고 규정하고 있으나, 부가가치세의 경우에는 매출세액과 매입세액의 오류와 관련된 공급가액(매입가액)으로 보는 것이 타당하다.

*5 법정신고기한이 지난 후 1개월 이내 수정신고한 경우 90%를 감면한다.

4 / 7 가산세 - 실전문제

상호 독립된 각 【문】에 답하시오.

【문 1】 2차

공인회계사인 정회계는 2026년 7월 20일에 ㈜레드산업에서 작성한 2026년 제1기 부가가치세 예정신고서를 검토하던 중 다음 사항을 발견하였다. 발견사항에 근거하여 요구사항에 답하시오. 단, 다음 사항에 포함된 오류는 회사 직원의 세법 지식 부족으로 발생한 사항이며, 조세회피를 위한 고의적인 오류가 아니다. 각종 신고·납부기한은 공휴일·토요일이 아니라고 가정한다. 〈2013. CPA 수정〉

〈발견사항〉

1. 2026년 3월 31일에 상품을 인도하고 대금은 3월 말일부터 10개월간 매월 말에 부가가치세를 포함하여 ₩11,000,000씩 총 ₩110,000,000을 받기로 하였다. 회사는 이 거래에 대하여 2026년 3월 31일에 공급가액 ₩10,000,000, 매출세액 ₩1,000,000의 전자세금계산서를 발행하고 국세청장에게 전송하였으며, 2026년 4월 25일 예정신고를 하면서 동 매출세액을 신고하고 납부하였다.

2. 회사는 2025년 12월 20일에 공급가액 ₩20,000,000의 상품을 인도받았고, 2026년 1월 28일에 부가가치세를 포함하여 ₩22,000,000을 지급하면서 2026년 1월 28일에 세금계산서를 교부받았다. 회사는 해당 매입세액 ₩2,000,000을 2026년 제1기 예정신고시 신고하고 공제받았다.

3. 회사는 2026년 1월 20일에 공급가액 ₩30,000,000의 상품을 인도받았고, 2026년 2월 25일에 부가가치세를 포함하여 ₩33,000,000을 지급하면서 2026년 2월 25일에 세금계산서를 교부받았다. 회사는 해당 매입세액 ₩3,000,000을 2026년 제1기 예정신고시 신고하고 공제받았다.

[물 음]

1. 회사는 위 발견사항에 포함된 오류를 2026년 7월 25일에 제1기 확정신고를 하면서 수정신고하고자 하며, 과세기간을 잘못 적용하여 공제받지 못한 금액은 가능하다면 경정청구를 통하여 환급받을 예정이다. 예정신고된 2026년 제1기분 매출세액과 매입세액에서 가산 또는 차감되어야 할 금액을 다음 양식으로 답하시오. 수정사항이 없는 경우 '수정사항 없음'과 그 이유를 적으시오.

구 분	수정 방향	수정 세액	이 유
발견사항1	(예시) 매출세액 차감	(예시) 500,000	

2. 2026년 7월 25일에 제1기 확정신고를 하면서 위의 발견사항에 대하여 수정신고하고, 자진납부 한다면 가산세는 얼마인가? 각 가산세별로 구분하여 다음 양식으로 답하시오.

가산세의 종류	계산식	가산세액
계		×××

【문 2】 유예

유예생은 제2편 부가유예 15, 16 풀이

해답

1. 오류수정

구 분	수정 방향	수정 세액	이 유
발견사항1	매출세액 가산	9,000,000*	단기할부이므로 총공급가액이 과세표준
발견사항2	매입세액 차감	2,000,000	2026년 제1기 예정신고시에 공제할 수 없는 매입세액을 공제함*1
발견사항3	수정사항 없음	—	공급시기가 속하는 과세기간에 대한 확정신고기한까지 발급받았음*4

* (100,000,000－10,000,000) × 10% ＝ 9,000,000

2. 가산세

가산세의 종류	계산식	가산세액
세금계산서불성실가산세	90,000,000 × 1%(부실기재)*2	900,000*3
매입처별세금계산서합계표불성실가산세	30,000,000 × 0.5%	150,000*4
과소신고가산세	(9,000,000＋2,000,000) × 10% × (1－75%)	275,000
납부지연가산세	11,000,000 × 90일*5 × $\frac{22}{100,000}$	217,800
계		1,542,800

해 설

1. 해답상 '*'에 대한 설명

*1 2025. 12. 20.의 매입이므로 2026년 제1기분에서 공제할 수 없으나, 세금계산서 발급일이 공급시기가 속하는 과세기간에 대한 확정신고기한 다음 날부터 1년 이내이므로 수정신고·경정청구를 통하여 2025년 제2기분에서 공제할 수는 있다.

*2 행정해석에서는 세금계산서 발급시 공급가액의 일부를 과소기재한 경우 사실과 다른 세금계산서(부실기재)에 해당하여 1%의 가산세를 적용하도록 하고 있다.

*3 세금계산서 미발급, 지연발급, 부실기재로 인한 2% 또는 1%의 세금계산서불성실가산세가 적용되면 전자세금계산서전송불성실가산세는 적용하지 않는다.

*4 이 경우 매입세액을 공제하되, 매입처별세금계산서합계표불성실가산세를 부과한다.

*5 2026. 4. 26.(납부기한의 다음 날) ~ 2026. 7. 24.(자진납부일 전날)의 일수 : 90일

4 / 8 대리납부세액

1.5차 2차

상호 독립적인 각 【문】에 답하시오.

【문 1】

국외사업자로부터 국내에서 용역을 공급받는 자는 부가가치세 대리납부 의무가 있다. ① 대리납부제도의 취지, ② 재화의 수입에 대해서는 일반적으로 대리납부제도가 적용되지 않는 이유, ③ 용역을 공급받는 자에게 예외적으로 대리납부 의무를 면제하는 경우를 4줄 이내로 서술하시오. 〈2025. CPA〉

【문 2】

부가가치세 과세사업과 면세사업을 겸영하는 ㈜A에 관한 자료이다. 2026년 제1기 과세기간 최종 3개월(2026. 4. 1.~6. 30.)에 징수할 부가가치세 대리납부세액을 계산하시오(단, 자료에 제시된 금액은 부가가치세가 포함되지 않은 금액임). 〈2025. CTA〉

〈자　료〉

1. ㈜A의 공급가액

기 간	과세사업	면세사업	합 계
2025. 7. 1.~12. 31.	80,000,000원	120,000,000원	200,000,000원
2026. 1. 1.~3. 31.	43,000,000원	57,000,000원	100,000,000원
2026. 4. 1.~6. 30.	45,000,000원	55,000,000원	100,000,000원

2. 2026. 4. 25. 국내사업장이 없는 외국법인으로부터 국내에서 부가가치세가 과세되며 매입세액이 공제되는 권리를 공급받고, 그 대가 20,000달러 중 10,000달러는 보유중인 외화로 지급하였으며 10,000달러는 원화로 매입하여 지급하였다. 공급받은 권리는 과세사업과 면세사업에 공통으로 사용되어 그 실지귀속을 구분할 수 없다.

3. 1달러당 원화의 환율은 다음과 같은 것으로 가정한다.

일 자	대고객 외국환매도율	대고객 외국환매입율	기준환율
2026. 4. 25.	1,430원	1,400원	1,420원
2026. 6. 30.	1,450원	1,410원	1,440원

핵심정리

문제의 포인트

- 국외사업자로부터 용역·권리를 공급받는 자의 대리납부의무 : summary p1-163. (1)

해 답

【문 1】

① 소비지국 과세원칙 구현 및 과세형평성 유지, 국외사업자에 대한 세원 포착과 조세 징수의 효율성을 확보하기 위함

② 재화의 수입에 대해서는 세관을 통한 과세가 이루어지기 때문

③ 매입세액공제가 가능한 과세사업에 사용하는 경우, 면세용역을 공급받는 경우

【문 2】

(\$10,000×1,420*[1]+\$10,000×1,430*[2]) × 56%*[3] × 10% = 1,596,000

해 설

1. 해답상 '*'에 대한 설명

*[1] 보유 중인 외화로 지급한 것은 지급일 현재의 기준환율 적용

*[2] 원화로 외화를 매입하여 지급한 것은 지급일 현재의 대고객외국환매도율

*[3] 대가지급일이 속하는 과세기간의 $\frac{\text{면세공급가액*}}{\text{총공급가액}} = \frac{57,000,000 + 55,000,000}{100,000,000 + 100,000,000} = 56\%$

* 과세사업에 사용된 것은 매입세액공제를 받으므로 대리납부의무가 없으며, 면세사업에 사용된 것에 대하여 대리납부의무를 진다.

제 5 절
간이과세 summary p1-185. 제11장

5 / 1 간이과세자  

간이과세자인 반재식씨의 2026년 1월 1일부터 2026년 12월 31일까지 과세기간의 다음 자료를 기초로 물음에 답하시오.

1. 매출내역(공급대가)

구 분	1. 1.~6. 30.	7. 1.~12. 31.
금전등록기계산서 교부분	₩5,000,000	₩6,000,000
그 밖의 영수증 교부분*	35,000,000	32,000,000
계	₩40,000,000	₩38,000,000

* 기타의 공급대가에는 신용카드매출전표를 발행한 금액 ₩3,000,000[상반기(1월~6월)분 ₩2,000,000, 하반기(7월~12월)분 ₩1,000,000]이 포함되어 있다.

2. 일반과세사업자로부터의 매입내역은 다음과 같다.

구 분	1. 1.~6. 30.		7. 1.~12. 31.	
	공급가액	매입세액	공급가액	매입세액
세금계산서	₩20,000,000	₩2,000,000	₩30,000,000	₩3,000,000
영수증	180,000	—	290,000	—
신용카드매출전표*	1,600,000	160,000	1,200,000	120,000
계	₩21,780,000	₩2,160,000	₩31,490,000	₩3,120,000

* 신용카드매출전표는 모두 부가가치세가 구분기재된 것이다.

3. 위 '2' 외에 과세사업용으로 면세사업자로부터 구입한 면세농산물 등의 매입가액은 상반기(1월~6월) ₩494,400, 하반기(7월~12월) ₩247,200이며, 이 금액은 모두 증빙에 의하여 확인된다.

[물 음]

다음 각 경우별로 각 과세기간의 부가가치세 신고시 지방소비세를 차감하기 전 부가가치세 차감납부할 세액을 계산하시오. 다만, 가산세는 고려하지 않기로 한다.

1. 음식점업(과세유흥장소 아님, 부가가치율은 15%)을 영위하는 간이과세자인 경우. 이 경우 관할세무서장이 예정부과기간의 납부세액으로 고지하여 징수한 세액은 ₩900,000이다.

2. 사업자가 세금계산서 발급대상자로서 제조업(부가가치율은 20%)을 영위하는 간이과세자인 경우. 이 경우 사업자가 예정신고 · 납부한 세액은 ₩900,000이며, 자료 1번의 '금전등록기계산서 교부분'은 '세금계산서 교부분'이라고 가정한다.

핵심정리

문제의 포인트

- 간이과세자의 계산구조 파악 : summary p1-189. 5

[1] 접근방법

별도의 답안양식이 제시되지 않은 간이과세자의 차가감납부세액 계산문제의 경우 그 계산구조를 구성하는 납부세액, 재고납부세액, 공제세액*, 예정부과 · 신고세액, 수시부과세액, 가산세를 순서대로 먼저 떠 올리고, 각각의 자료에 해당하는 사항이 있는지 확인하여 해답을 작성한다(이 문제의 경우는 물음 단서에 따라 가산세는 고려대상에서 제외).

* 간이과세자의 주요 공제세액 : 매입세금계산서 등 수취세액공제(매입자발행 세금계산서 세액공제 포함), 전자신고세액공제, 전자세금계산서 발급 · 전송에 대한 세액공제, 신용카드매출전표등발급세액공제 등이 있다.

[2] 자료별 분석

1. 매출내역
   ① 간이과세자의 과세기간은 1. 1.부터 12. 31.까지 1년이므로 제시된 금액을 합산하여 납부세액을 계산한다. 제시된 자료가 공급대가인지 공급가액인지 확인하여 만약 공급가액이 제시되면 그 금액에 1.1을 곱한 공급대가를 기준으로 계산한다.
   ② 신용카드매출전표발급세액공제 적용 여부 : 영수증발급대상 사업자에게만 적용하는데, '[물음]. 1'의 음식점업은 영수증발급대상 사업에 해당하므로 계산구조상 공제세액 계산단계에서 공제한다. 그러나 '[물음]. 2'의 세금계산서발급대상사업자로서 제조업자는 영수증발급대상 사업이 아니므로 적용대상이 아니다. summary p1-141. (1)
   ③ '[물음]. 2'의 세금계산서발급대상사업자가 세금계산서가 아닌 영수증을 발급한 경우에는 세금계산서불성실가산세를 부과하여야 하나, 이 문제의 경우 물음 단서에 따라 가산세는 고려하지 않았다.

2. 매입내역 : 세금계산서와 신용카드매출전표 수취 금액에 대하여 세금계산서등수취세액공제를 적용한다.

3. 면세농산물 매입자료 : 간이과세자에 대한 의제매입세액 공제제도는 2021. 7. 1. 이후 폐지되었으므로 고려하지 않는다.

해답

1. 음식점업자인 경우

구 분	계산근거	금 액
납부세액	(40,000,000＋38,000,000) × 15% × 10%	1,170,000
세금계산서등수취세액공제	(23,760,000*1＋34,320,000*2) × 0.5%	△290,400
신용카드매출전표등발급세액공제	min(3,000,000×1.3%, 10,000,000)	△39,000
차가감계		840,600
예정부과·납부세액		△900,000
지방소비세차감전차가감납부세액		△59,400*3

2. 세금계산서 발급대상자로서 제조업자인 경우

구 분	계산근거	금 액
납부세액	(40,000,000＋38,000,000) × 20% × 10%	1,560,000
세금계산서등수취세액공제	(23,760,000＋34,320,000) × 0.5%	△290,400
신용카드매출전표등발급세액공제		－
차가감계		1,269,600
예정신고·납부세액		△900,000
지방소비세차감전차가감납부세액		369,600

해설

1. 해답상 '*'에 대한 설명

*1 2026. 1. 1.～6. 30.의 공급대가 : 20,000,000 ＋ 1,600,000 ＋ 2,160,000 ＝ 23,760,000 → 영수증수취분은 대상 아님

*2 2026. 7. 1.～12. 31.의 공급대가 : 30,000,000 ＋ 1,200,000 ＋ 3,120,000 ＝ 34,320,000

*3 간이과세자의 경우 납부세액(재고납부세액 포함)에서 공제세액 등을 차감한 후의 차가감납부세액이 음수(△)가 나오더라도 환급받지 못한다. 다만, 예정부과기간에 대한 납부세액(기납부세액 성격)이 차가감납부세액을 초과하는 경우에는 그 초과금액을 환급받는다.

5 / 2 간이과세자

1.5차 2차 

상호 독립된 각 【문】에 답하시오.

【문 1】

개인사업자 甲은 음식점업(부가가치율 15%)과 숙박업(부가가치율 25%)을 겸영하는 간이과세자이다. 다음은 간이과세자 甲의 2026년 과세기간(2026. 1. 1.~2026. 12. 31.)의 부가가치세 관련 자료이다(단, 甲은 세금계산서 발급의무자에 해당하지 아니한다). 〈2022. CTA 수정〉

1. 과세기간 중 사업별 공급대가

구 분	공급대가	공급대가 중 신용카드 매출전표 발행금액
음식점업	₩42,000,000	₩15,000,000
숙박업	28,000,000	10,000,000
계	₩70,000,000	₩25,000,000

2. 음식점업과 숙박업에 공통으로 사용하던 비품을 공급대가 ₩5,000,000에 매각하였다.

3. 과세기간 중 매입 내역

구 분	공급가액	부가가치세액	비 고
음식점업	₩17,000,000	₩1,600,000	내역은 아래 '〈주〉' 참고
숙박업	5,000,000	500,000	세금계산서 수취분이며, 공급가액 중 ₩1,000,000(부가가치세액 ₩100,000)은 개별소비세 과세대상 5인승 승용자동차의 유지에 관한 지출분임
귀속불분명	2,000,000	200,000	세금계산서 수취분이며, 업종별 실지귀속이 불분명함

〈주〉 음식점업 매입 내역은 다음과 같다.
① 세금계산서 수취분 매입가액(부가가치세 포함) : ₩15,400,000
② 계산서 수취분 식재료 매입가액 : ₩1,000,000
③ 세금계산서 미수취분 매입가액(부가가치세 포함) : ₩2,200,000(세금계산서를 발급하여야 하는 사업자로부터 매입한 것임)

4. 예정부과기간에 대한 고지납부세액은 없다.

5. 개인사업자 甲은 직접 전자신고의 방법으로 신고하기로 한다.

6. 2026년 1월 1일부터 일반과세자에서 간이과세자로 전환되었으며, 이에 따른 재고납부세액은 ₩500,000이라고 가정한다.

[물 음]

자료를 이용하여 개인사업자 甲의 2026년 부가가치세 차가감납부세액(지방소비세 포함)을 계산하시오.

【문 2】

다음 자료를 이용하여 물음에 답하시오. 제시된 금액은 부가가치세가 제외된 금액이다.

〈자　료〉

개인사업자 갑은 당기 중 자기의 거래처에게 원가 ₩5,000,000, 시가 ₩7,500,000의 상품을 증정하였다. 이 중 원가 ₩1,000,000 상당액의 상품에 대하여는 갑이 일반과세자인 경우 매입시 매입세액을 공제받지 못하였고, 갑이 간이과세자인 경우 매입세금계산서등수취세액공제를 받지 못하였다. 나머지 금액에 대하여는 매입시 적정하게 공제받았다.

[물　음]

1. 갑이 일반과세자인 경우 매출세액을 계산하시오.

2. 갑이 간이과세자인 경우 납부세액을 계산하시오.

핵심정리

문제의 포인트

- 부가가치율이 다른 둘 이상의 업종을 겸영하는 간이과세자의 부가가치세 계산 및 공통사용재화 공급시 부가가치율의 결정 : summary p1-190. *1. (2)

【문 1】 자료별 정리사항

1, 2. 공급대가 내역

① 자료 1번에 제시된 음식점 공급대가에는 음식점업 부가가치율 15%를, 숙박업 공급대가에는 숙박업 부가가치율 25%를, 자료 2번에 제시된 공통사용 비품에 대한 공급대가에는 가중평균한 부가가치율 19%를 적용한다.

② 음식점업과 숙박업은 영수증발급 업종이므로 신용카드매출전표 발행금액에 대하여 계산구조상 공제세액 계산단계에서 신용카드매출전표등발급세액공제를 적용한다.

3. 매입내역

(1) 음식점업

① 세금계산서 수취분만 세금계산서등수취세액공제 대상이고, 계산서 수취분과 세금계산서 미수취분은 공제 대상이 아니다(계산서 수취분 식재료는 면세대상이므로 부가가치세가 없음).

② 세금계산서 미수취분 매입가액 2,200,000 : 간이과세자가 세금계산서를 발급하여야 하는 사업자로부터 재화·용역을 공급받고 세금계산서를 발급받지 않았으므로 '공급대가×0.5%'의 세금계산서미수취가산세를 부과한다(예외있음). summary p1-194. (3)

(2) 숙박업

정원 8명 이하의 비영업용 개별소비세 과세대상 자동차와 관련된 매입세액은 불공제한다.

(3) 귀속불분명

업종별 실지귀속이 불분명하더라도 '공급대가×0.5%' 또는 '매입세액×5.5%'의 세금계산서등 수취세액공제를 적용한다.

4. 예정부과기간에 대한 고지납부세액은 없으므로 고려할 필요가 없다.

5. 납세자가 직접 전자신고하였으므로 전자신고세액공제 5천원을 적용한다.

6. 일반과세자에서 간이과세자로 전환되었으므로 재고납부세액을 계산하여야 하는데, 이 문제는 금액이 제시되어 있으므로 그 금액을 계산구조상 재고납부세액에 적는다.

【문 2】 면세전용 등 간주공급 규정의 적용 여부

1. 일반과세자의 경우 : 매입세액공제를 받은 자기생산·취득재화에 대하여 간주공급 규정을 적용한다. 이 문제의 경우 매입세액불공제된 것은 자기생산·취득재화가 아니므로 그 시가상당액(원가$\times\frac{\text{시가}}{\text{원가}}$)을 차감한 금액을 기준으로 간주공급에 대한 매출세액을 계산한다.

2. 간이과세자의 경우 : 간이과세자의 경우에도 개인적 공급·사업상 증여시 간주공급 규정을 적용할 것인지 여부는 매입세금계산서등수취세액공제를 받은 재화도 매입세액공제를 받은 것으로 보아 자기생산·취득재화로 볼 것인가에 달려있다. 이에 대한 명문규정은 없으나, 다음과 같은 이유로 사업상 증여시 간주공급 규정을 적용하지 않는 것이 타당한 것으로 보여 해답의 납부세액을 '0'으로 하였다.

① 업종별 부가가치율이 30%인 간이과세자가 공급대가 110인 상품을 구입하여 거래처에 공급대가 110에 제공하는 경우 이를 간주공급으로 보아 부가가치세를 과세한다면 매입세금계산서등수취세액공제액은 '110×0.5%=0.55', 납부세액은 '110×30%×10%=3.3'이 된다. 즉, 0.55를 공제받고 납부(추징)는 3.3을 하는 불합리가 발생하게 된다.

② 국세청 인터넷 상담사례에서는 관련 질의에 다음과 같이 답변하였다.

'간이과세자가 적용받는 매입세금계산서등수취세액공제는 「부가가치세법」 제38조에 따른 매입세액공제가 아니므로 간이과세자가 매입세금계산서등수취세액공제를 받은 재화는 간주공급 대상이 되는 자기생산·취득재화에 해당하지 아니한 것으로 사료된다. 따라서 간이과세자는 폐업시 잔존재화에 대한 신고납부의무가 없고(국세상담센터 2021. 6. 23.), 면세전용 등 간주공급대상이 아닌 것으로 사료된다(국세상담센터 2025. 1. 16.)'.

해답

【문 1】

1. 납부세액

$$(\underbrace{42{,}000{,}000\times15\%}_{\text{음식점업}} + \underbrace{28{,}000{,}000\times25\%}_{\text{숙박업}} + \underbrace{5{,}000{,}000\times19\%^{*}}_{\text{공통사용재화}}) \times 10\% = 1{,}425{,}000$$

$$* \ 15\% \times \frac{42{,}000{,}000}{70{,}000{,}000} + 25\% \times \frac{28{,}000{,}000}{70{,}000{,}000} = 19\%$$

2. 재고납부세액 : 500,000

3. 공제세액 : 440,000

① 세금계산서등수취세액공제

$$[\underbrace{15{,}400{,}000}_{\text{음식점업}} + \underbrace{(5{,}500{,}000-1{,}100{,}000)}_{\text{숙박업}} + \underbrace{2{,}200{,}000}_{\text{귀속불분명}}] \times 0.5\% = 110{,}000^{*}$$

* [별해] (1,400,000+(500,000−100,000)+200,000) × 5.5% = 110,000

② 전자신고세액공제 : 5,000

③ 신용카드매출전표등발급세액공제 : min(25,000,000×1.3%, 10,000,000) = 325,000

4. 세금계산서미수취가산세 : 2,200,000 × 0.5% = 11,000

5. 차가감납부세액 : 1,496,000

【문 2】

1. 일반과세자인 경우 매출세액

사업상증여 : $(7{,}500{,}000-1{,}000{,}000\times\frac{7{,}500{,}000}{5{,}000{,}000}) \times 10\% = 600{,}000$

2. 간이과세자인 경우 납부세액 : 0

5 / 3 간이과세자 1.5차 2차

다음 자료를 이용하여 숙박업과 정육점업을 겸영하고 있는 간이과세자인 남도희씨의 2026년 과세기간에 대한 부가가치세 신고시 지방소비세를 포함한 부가가치세 차감납부세액을 〈답안양식〉에 적고 그 계산근거를 제시하시오. 숙박업의 업종별 부가가치율은 25%이다.

〈자　료〉

1. 2026년의 공급대가는 다음과 같다.

구　분	정육점업	숙박업
1. 1.~6. 30.	₩60,000,000*1	₩30,000,000*2
7. 1.~12. 31.	45,000,000	40,000,000*3
계	₩105,000,000	₩70,000,000

*1 이 중 ₩3,000,000은 신용카드매출전표 발급분이다.

*2 이 중 ₩20,000,000은 직불카드영수증 발급분이다.

*3 이 중 ₩30,000,000은 신용카드매출전표 발급분이다.

2. 2026. 5. 12.에 숙박업 매출채권 중 ₩1,650,000(부가가치세 포함)이 채무자의 파산으로 대손이 확정되었다.

3. 2026년에 정육점업에 사용하기 위하여 2026. 6. 20.에 면세축산물 ₩1,080,000을 구입하였다.

4. 2026년에 세금계산서를 수령한 매입액의 내역은 다음과 같다.

구　분	정육점업 사용분		숙박업 사용분	
	공 급 가 액	매 입 세 액	공 급 가 액	매 입 세 액
1. 1.~6. 30.	₩1,000,000	₩100,000	₩10,000,000	₩1,000,000
7. 1.~12. 31.	500,000	50,000	6,000,000	600,000
계	₩1,500,000	₩150,000	₩16,000,000	₩1,600,000

5. 부가가치세가 별도로 구분기재된 신용카드매출전표 수령분 매입세액은 ₩800,000(매입일 : 2026. 5. 10.)인데, 사용업종의 실지귀속이 불분명하다.

6. 예정부과기간에 대한 부과 · 납부세액은 ₩500,000이다.

〈답안양식〉

지방소비세 차감 전 차감납부세액	

핵심정리

문제의 포인트

• 면세사업과 과세사업을 겸영하는 간이과세자의 부가가치세 계산 및 공통매입세액의 안분방법 : summary p1－191. *1. (3)

※ 자료별 정리사항

1. 공급대가 : 숙박업은 과세사업이고, 정육점업은 면세사업이다. 자료에 각 사업별로 신용카드매출전표 발급분이 제시되었더라도 부가가치세가 '과세'되는 재화·용역을 공급한 경우에 신용카드매출전표등 발급세액공제를 적용하므로 정육점업 매출액은 신용카드매출전표등발급세액공제 대상이 아니다.

2. 대손 자료 : 간이과세자에 대하여는 대손세액공제를 적용하지 않는다.

3. 면세축산물 매입내역 : 간이과세자에 대하여는 의제매입세액공제를 적용하지 않는다.

4, 5. 세금계산서 및 신용카드매출전표 수령분 매입내역 : 정육점업 관련분은 면세사업분으로 불공제하므로 숙박업 관련분에 대하여 세금계산서등수취세액공제를 적용한다. 실지귀속 불분명분에 대한 공제액은 공급대가 기준으로 안분한 '800,000(공통매입세액) × $\frac{\text{과세공급대가 : }70,000,000}{\text{총공급대가 : }105,000,000 + 70,000,000}$ × 5.5%'이다. ⟶ 만약 자료 1번에 제시된 금액을 공급가액이라고 가정한다면 귀속불분명분에 대한 매입세액공제액은 '800,000 × $\frac{\text{과세공급대가 : }70,000,000 \times 1.1}{\text{총공급대가 : }105,000,000 + 70,000,000 \times 1.1}$ × 5.5%'이다(∵면세사업인 정육점업 공급에 대하여는 부가가치세가 과세되지 않으므로 공급가액과 공급대가가 동일하기 때문).

6. 예정부과·납부세액이 제시되었으므로 계산구조에 반영하여 차감한다.

해답

지방소비세 차감 전 차감납부세액	₩494,400

[근 거]

구 분	계산근거	금 액
납부세액	70,000,000 × 25% × 10%	1,750,000
세금계산서등수취세액공제	① 숙박업 : 1,600,000 × 5.5% =	△88,000
	② 공통매입세액 : 800,000 × $\frac{70,000,000}{105,000,000 + 70,000,000}$ × 5.5%	△17,600
신용카드매출전표등발급세액공제	min[(20,000,000+30,000,000)×1.3%=650,000, 10,000,000]	△650,000
차가감계		994,400
예정부과·납부세액		△500,000
지방소비세를 포함한 차감납부세액		494,400

5 / 4 간이과세자

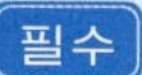

상호 독립된 각 【문】에 답하시오.

【문 1】

사업자 甲은 2025년 1월 25일에 소매업을 신규사업으로 개시하였다. 甲은 공급대가의 규모를 정확하게 예측할 수 없어서 일단 관할 세무서에 간이과세자로 사업자등록을 적법하게 마쳤다. 다음은 각 과세기간별 자료이다. 매입세금계산서상 매입세액은 모두 공제 가능한 금액이며, 소매업의 업종별 부가가치율은 10%라고 가정한다. 자료에 기초하여 세부담 최소화 가정하에 2026. 7. 1.~2026. 12. 31.의 부가가치세 차가감납부세액(지방소비세 포함)을 계산하시오. 다만, 관할 세무서의 과세유형 전환통지는 적법하게 이루어졌다. 〈2005. CPA 수정〉

구 분	2025년 1. 25.~6. 30.	2025년 7. 1.~12. 31.	2026년 1. 1.~6. 30.	2026년 7. 1.~12. 31.
공 급 대 가(부가가치세 포함)	₩40,000,000	₩70,000,000	₩80,000,000	₩33,000,000
공급대가 중 신용카드매출전표 발행분	5,000,000	8,000,000	9,000,000	10,000,000
매입세금계산서상매입세액	500,000	3,000,000	450,000	800,000

【문 2】

2026. 1. 1.부터 일반과세자에서 간이과세자로 전환된 사업자 甲의 다음 자료를 이용하여 물음에 답하시오. 세법상 적법한 절차와 신고가 이루어졌으며, 사업자는 영수증발급대상 간이과세자이다. 〈2013. CTA 수정〉

〈자 료〉

1. 과세사업(떡류제조업 중 떡방앗간)을 운영하고 있으며 2026년의 공급대가는 ₩45,000,000(공급대가 중 ₩10,000,000은 신용카드결제분임)이다.

2. 간이과세자로 변경되는 일 현재의 보유자산 현황은 다음과 같다.

	취득시기	취득가액*	비 고
재고품	2025. 11. 3.	₩1,000,000	
기 계	2025. 3. 1.	3,000,000	
건 물	2023. 8. 1.	150,000,000	토지가액 ₩145,000,000 포함

* 재고품, 기계, 건물은 취득시 매입세액공제를 받음

3. 세금계산서를 수령한 매입세액은 ₩12,000,000(기업업무추진비 관련 매입세액 ₩4,000,000 포함)이다.

4. 해당 업종의 부가가치율은 20%로 가정한다.

[물 음]

1. 부가가치세 신고서 작성요령에 따라 다음의 〈답안양식〉을 작성하시오.

〈답안양식〉

구 분		계 산 근 거	세 액
과세표준 및 매출세액	납부세액		
	재고납부세액		
	합 계		
공제세액			
	합 계		
차감납부할 세액			

2. 위 신고서 작성요령에 따를 경우 실제로 납부할 세액을 계산하고, 세부담을 최소화하는 방법을 선택하는 경우 차감납부할 세액을 계산하시오.

핵심정리

문제의 포인트

1. 과세유형 변경과 그에 따른 부가가치세 계산 : 아래 [1]
2. 납부의무면제자의 부가가치세 계산

[1] '【문 1】'의 접근방법

직전연도의 공급대가가 제시되면서 당해연도 제2기의 부가가치세 계산문제가 출제될 때에는 직전연도의 공급대가가 간이과세기준금액에 미달하는지 여부를 검토하여야 한다. 이 문제의 경우 2025년도의 공급대가가 간이과세 판정기준금액인 1억 4백만원 이상이므로 2026년 제2기부터는 일반과세자로 전환된다.

* 관련 규정 정리

(1) 과세유형 변경시기 summary p1-187. 1

1월 1일부터 12월 31일까지의 공급대가가 1억 4백만원에 미달하거나 그 이상이 되는 해의 다음 해 7월 1일부터 그 다음 해 6월 30일까지로 한다.

(2) 판단기준금액 계산시 공급대가의 연 환산 summary p1-187. ■

① 신규사업자의 경우 : 사업개시일부터 그 과세기간 종료일까지의 공급대가 합계액을 12개월로 환산한 금액을 기준으로 간이과세 판정기준 1억 4백만원 및 납부의무 면제기준 4,800만원에 해당하는지 판단한다. 이 경우 1개월 미만은 1개월로 본다.

② 과세유형이 변경되어 해당 과세기간이 12개월이 되지 않는 경우 대상 과세기간의 공급대가의 합계액을 12개월로 환산한 금액을 기준으로 납부의무면제기준 4,800만원에 해당하는지 판단한다. 이 경우 1개월 미만은 1개월로 본다.

[2] '【문 2】'의 포인트 : 당해연도의 공급대가가 4,800만원 미만인 경우(연 환산 기준)에는 납부세액을 납부할 의무가 면제되므로 간이과세자의 공급대가 내역이 제시되면 이에 해당하는지 확인하는 습관을 들인다. 다만, 납부세액을 납부할 의무가 면제되더라도 재고납부세액은 납부하여야 한다. 이와 관련된 사항은 '해설'에서 설명하기로 한다.

해답

【문 1】

2025년도의 공급대가가 간이과세 판정금액인 1억 4백만원 이상이므로 2026년 제2기부터는 일반과세자로 전환된다. 따라서 일반과세자의 부가가치세를 계산한다.

매출세액	: $33{,}000{,}000 \times \frac{10}{110} =$	3,000,000
매입세액	:	△800,000
납부세액	:	2,200,000
신용카드매출전표등발급세액공제	: min(10,000,000×1.3%=130,000, 10,000,000−117,000*=9,883,000) =	△130,000
차감납부세액	:	2,070,000

* 2025. 1. 1.~6. 30.기간 공제액 : 9,000,000 × 1.3% = 117,000(공제받았다고 가정)

[비교] 만약 2025년에 일반과세자인 사업자가 2025년의 공급대가가 1억 4백만원 미만이 되어 2026년 7월부터 간이과세자로 된다면 2026. 7. 1. ~ 2026. 12. 31.의 차가감납부세액(지방소비세 포함)은 다음과 같다.

납부세액	: 33,000,000 × 10% × 10% =	330,000
재고납부세액	: 자료 없음	0
세금계산서등수취세액공제	: 800,000 × 5.5%	△44,000
신용카드매출전표등발급세액공제	: 위 해답과 동일	△130,000
차가감납부세액	:	156,000

【문 2】

1. 신고서 작성요령에 따른 차감납부세액

공급대가 4,800만원 미만인 납부의무면제자라도 신고서는 작성한다.

구 분		계산근거	세 액
과세표준 및 매출세액	납부세액	45,000,000 × 20% × 10%	900,000*[1]
	재고납부세액*[2]	재고품 : 1,000,000 × $\frac{10}{100}$ × (1−5.5%) = 94,500 기 계 : 3,000,000 × $\frac{10}{100}$ × (1−25%×2) × (1−5.5%) = 141,750 건 물 : 5,000,000 × $\frac{10}{100}$ × (1−5%×5) × (1−5.5%) = 354,375	590,625
	합 계		1,490,625
공제세액	매입세금계산서등 수취세액 공제	(12,000,000−4,000,000) × 5.5%	440,000
	신용카드매출전표등 발급세액공제	min(10,000,000×1.3%=130,000, 10,000,000)	130,000
	합 계		570,000*[3]
차감납부할 세액			920,625

2. (1) 신고서 작성요령에 따를 경우 실제로 납부할 세액 : 재고납부세액 590,625*[4]

(2) 세부담 최소화의 경우 차감납부세액 : min(①, ②) = 590,625*

① 납부의무면제를 적용하는 경우 : 590,625

② 납부의무면제를 적용하지 않는 경우 : 920,625

* 납부의무를 면제받은 경우에도 재고납부세액은 납부하여야 하는데, 재고납부세액이 납부의무를 면제받지 않는 경우의 차가감납부세액보다 적으므로 면제받는 것이 세부담을 최소화한다.

해설

1. 해답상 '*'에 대한 설명

*[1] 납부의무면제자라도 납부세액란의 금액(공급대가), 세액란은 적어야 한다.

*[2] 재고납부세액 계산과 관련된 설명 : '문 5−6' 참고

*[3] 공제세액 합계 570,000은 납부세액과 재고납부세액의 합계 1,490,625를 한도로 적는다.

*[4] 비록 신고서상 차감납부할 세액이 920,625이라도 이 금액이 실제 납부할 세액은 아니며, 실제 납부할 세액은 재고납부세액 590,625이 된다. 납부의무가 면제되더라도 재고납부세액은 납부해야 하기 때문이다(납부의무가 면제되는 해당 사업 실적과 관련된 세액공제는 재고납부세액에서 차감하지 않는 것이 타당). 만약 납세자가 직접 전자신고하였다면 실제 납부할 세액은 전자신고세액공제를 적용한 '590,625 − 5,000 = 585,625'이 될 것이다(∵ 전자신고세액공제는 해당 사업실적과는 관련 없는 세액공제이기 때문).

2. 별지 제44호 서식에 기입 − 참고목적

[별지 제44호 서식]

간이과세자 부가가치세 [ ]예정신고서 [ ]신고서 [ ]기한후과세표준신고서

구 분				금 액	부가가치율	세율	세 액
과세표준 및 매출세액	21.6.30. 이전 과세분	전기 · 가스 · 증기 및 수도사업	(1)		5/100	10/100	
		소매업, 재생용 재료수집 및 판매업, 음식점업	(2)		10/100	10/100	
		제조업, 농 · 임 · 어업, 숙박업, 운수 및 통신업	(3)		20/100	10/100	
		건설업, 부동산임대업, 그밖의 서비스업	(4)		30/100	10/100	
	21.7.1. 이후 과세분	소매업, 재생용 재료수집 및 판매업, 음식점업	(5)		15/100	10/100	
		제조업, 농 · 임 · 어업, 소화물 전문 운송업	(6)	45,000,000	20/100	10/100	900,000
		숙박업	(7)		25/100	10/100	
		건설업, 운수 및 창고업(소화물 전문 운송업 제외), 정보통신업, 그밖의 서비스업	(8)		30/100	10/100	
		금융 및 보험 관련 서비스업, 전문 · 과학 및 기술 서비스업(인물사진 및 행사용 영상 촬영업 제외), 사업시설관리 · 사업지원 및 임대서비스업, 부동산 관련 서비스업, 부동산임대업	(9)		40/100	10/100	
	영세율 적용분	세금계산서 발급분	(10)			0/100	
		기타	(11)			0/100	
	재고 납부세액		(12)				590,625
	합계		(13)			㉮	1,490,625
공제세액	매입세금계산서등 수취세액공제	21.6.30. 이전 공급받은 분	(14)			뒤쪽참조	
		21.7.1. 이후 공급받은 분	(15)	88,000,000*[1]			440,000*[1]
	의제매입세액공제		(16)				
	매입자발행 세금계산서 세액공제	21.6.30. 이전 공급받은 분	(17)				
		21.7.1. 이후 공급받은 분	(18)				
	전자신고세액공제		(19)				
	전자세금계산서 발급세액공제		(20)				
	신용카드매출전표등 발행세액공제	21.6.30. 이전 공급한 분	(21)				
		21.7.1. 이후 공급한 분	(22)	10,000,000			130,000*[2]
	기타		(23)				
	합계		(24)			㉯	570,000
매입자 납부특례 기납부세액			(25)			㉰	
예정 부과(신고) 세액			(26)			㉱	
가산세액계			(27)			㉲	
차감 납부할 세액(환급받을 세액) (㉮−㉯−㉰−㉱+㉲)						(28)	920,625

*[1] 금액란에는 매입세금계산서 또는 신용카드매출전표등에 적은 공급대가의 합계액을, 세액란에는 '금액×0.5%'에 따라 계산된 세액을 적는다.

*[2] '금액×1.3%'에 따라 계산된 세액을 적되, 1,000만원을 한도로 적는다.

[주] 납부의무면제자가 위와 같이 국세청 홈택스에서 신고하면 실제 납부할 세액은 신고내용요약조회 및 신고서 제출 화면에서 확인가능하다.

5 / 5 간이과세자 - 실전문제 2차 필수

상호 독립된 각 【문】에 답하시오.

【문 1】

다음은 2026년 4월 1일 개업한 간이과세자 김조류의 2026년 과세기간(2026. 4. 1.～2026. 12. 31.) 자료이다. 〈2017. CPA 수정〉

〈자 료〉

1. 김조류는 닭을 구입하여 털을 제거한 후 생닭으로 판매하는 식료품점과 프라이드치킨으로 판매하는 음식점을 겸영하고 있다.

2. 2026년 공급대가

(단위 : 원)

구 분	식료품점	음식점
현금영수증 발행분	9,000,000	10,000,000
신용카드매출전표 발행분	7,000,000	8,000,000
영수증 발행분	5,000,000	23,000,000
자기적립마일리지 결제분*1	3,000,000	4,000,000
통신사 마일리지 결제분*2	1,000,000	2,000,000
합계	25,000,000	47,000,000

*1 매출액에 대하여 3%의 마일리지를 부여하고 있으며, 이 마일리지를 이용하여 결제한 금액이다.

*2 K통신사가 자기 고객에게 제공한 마일리지를 식료품점과 음식점에서 사용할 수 있도록 하고, 사용액의 70%를 K통신사가 보전해 준다. 위 금액은 K통신사 고객이 사용한 마일리지의 70%를 K통신사로부터 현금으로 보전 받은 금액이다.

3. 2026년 매입내역

(단위 : 원)

구 분	식료품점	음식점
계산서 수취	9,000,000*1	
세금계산서 수취	1,100,000*2	3,300,000*3
	4,400,000*4	

*1 닭 구입액으로 실지 귀속은 불분명함

*2 부가가치세가 포함된 금액임

*3 부가가치세가 포함된 금액이며, 이 중 550,000원 기업업무추진비 지출분임

*4 부가가치세가 포함된 금액이며, 공통매입세액의 실지귀속은 불분명함

4. 음식점업의 업종별 부가가치율은 15%이다.

[요구사항]

1. 김조류의 2026년 과세기간 부가가치세 납부세액을 계산하시오.
2. 김조류의 2026년 공제세액을 다음의 〈답안양식〉에 따라 제시하시오. 단, 납부세액 초과 여부는 고려하지 아니한다.

〈답안양식〉

구 분	공제세액
1. 세금계산서 등 수취세액공제	
2. 의제매입세액공제	
3. 신용카드매출전표 등 발행세액공제	

【문 2】

다음은 숙박업(부가가치율 25% 가정)과 소매업(부가가치율 15% 가정)을 겸영하는 간이과세자 김공단씨의 2026년 과세기간(2026. 1. 1.~2026. 12. 31.)의 자료이다(단, 별도의 언급이 없는 한 세금계산서 및 계산서는 적법하게 수취한 것으로 가정한다). 〈2018. CTA 수정〉

1. 과세기간 중 사업별 공급대가는 다음과 같다.

구 분	공급대가	비 고
숙박업	₩20,000,000	신용카드매출전표 발행분 ₩8,000,000 포함
소매업	30,000,000	신용카드매출전표 발행분 ₩12,000,000 포함
합 계	₩50,000,000	

2. 숙박업과 소매업에 공통으로 사용하던 비품을 2026. 6. 15.에 ₩4,000,000(공급대가)에 매각하였다.
3. 과세기간 중 매입세액의 내용
   ① 세금계산서 수취 매입세액은 숙박업 귀속분이 ₩1,000,000이고, 소매업 귀속분이 ₩2,900,000이다.
   ② 신용카드매출전표 수취 매입세액은 ₩10,600,000이며, 이는 숙박업과 소매업에 공통 사용되는 비품의 매입세액으로서 귀속이 불분명하다. 신용카드매출전표 수령명세서는 적법하게 제출하였다.
4. 예정부과기간의 고지납부세액은 ₩500,000이다.

[물 음]

자료를 이용하여 김공단씨의 2026년 부가가치세 차가감납부세액(지방소비세 포함)을 다음의 〈답안양식〉에 따라 제시하시오.

〈답안양식〉

<table>
<tr><td colspan="2">구 분</td><td>세 액</td></tr>
<tr><td colspan="2">납부세액</td><td></td></tr>
<tr><td rowspan="1">공제세액</td><td>⋮
계</td><td></td></tr>
<tr><td colspan="2">예정고지세액</td><td></td></tr>
<tr><td colspan="2">차가감 납부할 세액(△환급세액)</td><td></td></tr>
</table>

【문 1】

1. (47,000,000－4,000,000)* × 15% × 10% ＝ 645,000
   (4,000,000: 자기적립 마일리지 결제분)

* 12개월로 환산한 금액이 4,800만원 미만이 아니므로 납부의무는 면제되지 않는다.

2.

구 분	공제세액
1. 세금계산서 등 수취세액공제	28,303〈주1〉
2. 의제매입세액	0
3. 신용카드매출전표 등 발행세액공제	234,000〈주2〉

〈주1〉 음식점 : (3,300,000－550,000) × 0.5% ＝ 13,750

공통매입세액 : $4{,}400{,}000 \times \left(\frac{43{,}000{,}000}{22{,}000{,}000+43{,}000{,}000}\right)^{*} \times 0.5\% =$ 14,553

합계 28,303

*	공급대가 합계		자기적립 마일리지 결제분*1	
① 면세공급대가	25,000,000	－	3,000,000	＝ 22,000,000
② 과세공급대가	47,000,000	－	4,000,000	＝ 43,000,000

*1 자기적립마일리지로 결제분은 과세표준에 포함하지 않으므로 합계액에서 그 금액을 차감한다. summary p1－103. 2)

〈주2〉 min(①, ②) ＝ 234,000

① (10,000,000＋8,000,000) × 1.3% ＝ 234,000

② 10,000,000

【문 2】

구 분		세 액
납부세액		1,026,000〈주1〉
공제세액	세금계산서 등 수취세액공제	797,500〈주2〉
	신용카드매출전표 등 발행세액공제	260,000〈주3〉
	계	1,057,500 → 1,026,000 한도
예정고지세액		500,000
차가감 납부할 세액(△환급세액)		△500,000

〈주1〉 [20,000,000×25%＋30,000,000×15%＋4,000,000×19%*] × 10% ＝ 1,026,000

$$* \ 25\% \times \frac{20{,}000{,}000}{50{,}000{,}000} + 15\% \times \frac{30{,}000{,}000}{50{,}000{,}000} = 19\%$$

〈주2〉 (1,000,000＋2,900,000＋10,600,000) × 5.5% ＝ 797,500

〈주3〉 min(①, ②) ＝ 260,000*

① (8,000,000＋12,000,000) × 1.3% ＝ 260,000

② 10,000,000

* 신용카드매출전표등발행세액공제는 납부세액에서 다른 세액공제를 뺀 금액을 한도로 하므로 'min(260,000, 한도 : 1,026,000－797,500＝228,500) ＝ 228,500'으로 적어도 되나, [별지 제44호 서식] 작성방법에 따르면 공제세액 합계란은 납부세액을 한도로 한다고 하였으므로 위 해답과 같이 작성하였다.

5 / 6 재고매입세액과 재고납부세액

 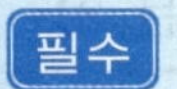 필수

이기자씨는 과세사업(제조업)을 영위하는 개인사업자이다. 다음 자료를 기초로 물음에 답하시오.

〈자　료〉

1. 과세유형 변경일 현재 보유자산의 현황은 다음과 같다.

구　분	취득일	취득가액	시　가
제품	2025. 8. 5.	₩18,000,000	₩25,000,000
저장품	2025. 10. 10.	5,000,000	5,000,000
토지	2023. 5. 6.	80,000,000	100,000,000
건물	2020. 10. 20.	60,000,000	70,000,000
기계장치 A*	2026. 1. 8.	35,000,000	35,000,000
기계장치 B	2025. 10. 20.	불분명	50,000,000
소형승용차	2025. 8. 10.	12,000,000	10,000,000
건설중인자산*	—	88,000,000	70,000,000

* 기계장치A와 건설중인자산은 이기자씨가 직접 제작한 것으로 그와 관련된 매입세액은 각각 ₩3,000,000과 ₩6,000,000이다.

2. 각 과세기간별 부가가치율은 다음과 같다고 가정한다.

과세기간	2020년 이전	2021년~2025년	2026년
부가가치율	30%	35%	40%

[물　음]

과세유형 변경일이 2026. 7. 1.인 경우 다음 각 경우별로 재고매입세액 또는 재고납부세액을 〈답안양식〉에 따라 계산하시오.

〈경우 1〉 일반과세자가 간이과세자로 전환되는 경우. 이 경우 위에 제시된 취득가액은 부가가치세가 제외된 금액이다.

〈경우 2〉 간이과세자가 일반과세자로 전환되는 경우. 이 경우 위에 제시된 취득가액은 부가가치세가 포함된 금액이다.

〈답안양식〉

구 분	계산근거	금　액
제품 저장품 ⋮		
계		

핵심정리

문제의 포인트 (문 5－6과 문 5－7)

- 재고매입세액과 재고납부세액의 계산 : summary p1-198. 10

해 답

〈경우 1〉 재고납부세액(일반과세자가 간이과세자로 전환된 경우)

구 분	계 산 근 거	금 액
제 품	18,000,000 × $\frac{10^{*1}}{100}$ × (1－5.5%*2)	1,701,000
저 장 품	계산대상 아님(미열거)	－
토 지	계산대상 아님(면세)	－
건 물	60,000,000 × (1－5%×12) × $\frac{10}{100}$ × (1－5.5%*2)	2,268,000
기 계 장 치 A	3,000,000*7 × (1－25%×1) × (1－5.5%*2)	2,126,250
기 계 장 치 B	50,000,000*3 × (1－25%×2) × $\frac{10}{100}$ × (1－5.5%*2)	2,362,500
소 형 승 용 차	계산대상 아님(비영업용 소형승용차로 매입세액불공제 되었음)	－
건설중인자산	6,000,000*7 × (1－5.5%*2)	5,670,000
계		14,127,750

〈경우 2〉 재고매입세액(간이과세자가 일반과세자로 전환되는 경우) → 재고매입세액 계산문제에서는 먼저 2021. 7. 1. 전에 매입한 자산이 있는지 확인하여 있으면 그 자산 자료 옆에 해당 부가가치율을 적어 놓을 것

구 분	계 산 근 거	금 액
제 품	18,000,000 × $\frac{10^{*4}}{110}$ × (1－5.5%*5)	1,546,363
저 장 품	계산대상 아님	－
토 지	계산대상 아님	－
건 물	60,000,000 × (1－10%×7*6) × $\frac{10}{110}$ × (1－30%*5)	1,145,454
기 계 장 치 A	3,000,000*7 × (1－50%×1) × (1－5.5%*5)	1,417,500
기 계 장 치 B	취득가액이 불분명하므로 계산하지 않음	－
소 형 승 용 차	계산대상 아님	－
건설중인자산	6,000,000*7 × (1－5.5%*5)	5,670,000
계		9,779,317

해설

1. 해답상 '*'에 대한 설명

*1 일반과세자의 취득가액에는 부가가치세가 포함되어 있지 아니하므로 구입시 부담한 부가가치세 매입세액을 계산하기 위하여 $\frac{10}{100}$을 곱한다.

*2 2026. 7. 1.에 간이과세자로 전환하였으므로 과거에 취득하였을 때 일반과세자로서 공제받은 매입세액(매입세액 × 100%)과 전환시점에 간이과세자인 경우 공제받을 수 있는 매입세액(공급대가 × 0.5% = 매입세액 × 5.5%)의 차이를 정산한다.

*3 재고납부세액 계산시에는 기장누락 등으로 취득가액이 불분명한 경우 시가를 취득가액으로 한다.

*4 간이과세자의 취득가액에는 부가가치세가 포함되어 있으므로 구입시 부담한 부가가치세 매입세액을 계산하기 위하여 $\frac{10}{110}$을 곱한다.

*5 취득할 때 간이과세자로서 공제받은 매입세액(2021. 7. 1. 전에 공급받은 분의 경우 감가상각자산은 '매입세액 × 취득일이 속하는 과세기간에 적용된 부가가치율', 비상각자산은 변경 직전일이 속하는 과세기간에 적용된 부가가치율, 2021. 7. 1. 이후에 공급받는 분의 경우 '공급대가 × 0.5%')과 전환시점에 일반과세자인 경우 공제받을 수 있는 매입세액(매입세액 × 100%)의 차이를 정산한다. 따라서 건물의 경우 취득일이 2021. 7. 1. 전이므로 취득일의 부가가치율(30%)을 적용하고, 기계장치 A의 경우 취득일이 2021. 7. 1. 이후이므로 5.5%를 적용한다.

*6 2020. 10. 20.에 취득하였으므로 2020. 1. 1.에 취득한 것으로 보아 2026. 7. 1.까지 경과된 과세기간 수는 2020년, 2021년, 2022년, 2023년, 2024년, 2025년, 2026년 1월 1일부터 6월 30일*까지 총 7기이다.

* 경과된 과세기간수는 「부가가치세법」 제5조에 따른 과세기간 단위로 계산한다. 「부가가치세법」 제5조 제4항에 따르면 공급대가가 간이과세 기준금액에 미달하거나 이상이 되어 다음연도 7월 1일부터 과세유형이 변경되는 경우 간이과세자에 관한 규정이 적용되는 부가가치세 과세기간은 다음의 구분에 따른다. 따라서 위 문제의 경우 2026. 1. 1.부터 2026. 6. 30.도 1과세기간이 된다.
① 일반과세자가 간이과세자로 변경되는 경우 : 그 변경 이후 7월 1일부터 12월 31일까지
② 간이과세자가 일반과세자로 변경되는 경우 : 그 변경 이전 1월 1일부터 6월 30일까지

*7 3,000,000, 6,000,000 자체가 매입세액이므로 $\frac{10}{100}$, $\frac{10}{110}$을 곱할 필요가 없다.

5 / 7 재고매입세액과 재고납부세액 - 실전문제 2차

상호 독립된 각 '【문】'에 답하시오.

【문 1】

〈자　료〉

다음은 개인사업자 甲의 2026. 7. 1. 현재의 보유자산에 관한 자료이다(단, 세부담 최소화를 가정하고 별도의 언급이 없는 한 세금계산서 및 계산서는 적법하게 수취한 것으로 가정한다). 〈2024. CTA〉

구 분	취득일	취득가액*1	장부가액	시 가
상 품	2026. 5. 30.	₩880,000	₩880,000	₩900,000
소모품	2026. 4. 20.	₩330,000	₩330,000	₩300,000
토 지	2021. 7. 10.	₩16,500,000	₩16,500,000	₩20,000,000
건 물	2020. 7. 10.	₩27,500,000	₩24,750,000	₩30,000,000
기계장치	2025. 10. 15.	₩3,520,000	₩3,160,000	₩3,000,000
건설중인자산*2	건설중	—	₩11,000,000	₩12,000,000

*1 취득가액은 甲이 간이과세자로서 매입한 경우 공급대가를 의미하며, 甲이 일반과세자로서 매입한 경우 공급가액을 의미함

*2 건설중인자산과 관련된 매입세액은 ₩500,000으로 2025. 10. 1. 이후 매입분임

[물　음]

〈자료〉를 이용하여 ① 2026. 6. 30. 이전에는 간이과세자이었던 甲이 2026. 7. 1.부터 일반과세자로 전환된 경우의 재고매입세액, ② 2026. 6. 30. 이전에는 일반과세자이었던 甲이 2026. 7. 1.부터 간이과세자로 전환된 경우의 재고납부세액을 다음의 〈답안양식〉에 따라 제시하시오(단, 甲의 사업에 적용되는 부가가치율은 2020. 12. 31. 이전은 20%, 2021. 1. 1. 이후는 15%로 가정함).

〈답안양식〉

구 분	금 액
① 재고매입세액	
② 재고납부세액	

【문 2】 유예

유예생은 제2편 부가유예 17 풀이

해답

구 분	금 액
① 재고매입세액	1,148,100〈주1〉
② 재고납부세액	1,761,480〈주2〉

〈주1〉 *1

상품	:	$880,000 \times \frac{10}{110} \times (1-5.5\%) =$	75,600
건물	:	$27,500,000 \times \frac{10}{110} \times (1-10\%\times7) \times (1-20\%^{*2}) =$	600,000
기계장치	:	$3,520,000 \times \frac{10}{110} \times (1-50\%\times2) \times (1-5.5\%) =$	0
건설중인 자산	:	$500,000 \times (1-5.5\%) =$	472,500
계			1,148,100

〈주2〉 *1

상품	:	$880,000 \times \frac{10}{100} \times (1-5.5\%) =$	83,160
건물	:	$27,500,000 \times \frac{10}{100} \times (1-5\%\times12) \times (1-5.5\%) =$	1,039,500
기계장치	:	$3,520,000 \times \frac{10}{100} \times (1-25\%\times2) \times (1-5.5\%) =$	166,320
건설중인 자산	:	$500,000 \times (1-5.5\%) =$	472,500
계			1,761,480

해설

1. 해답상 '*'에 대한 설명

*1 토지는 면세대상이며, 소모품은 계산대상으로 열거된 자산이 아니므로 제외한다.

*2 2021. 7. 1. 전에 공급받은 감가상각자산에 대해서는 취득일이 속하는 과세기간에 적용된 업종별 부가가치율을 적용한다.

5 - 8 간이과세자 - 실전문제

2차 필수

두 종류의 상품을 소매로 판매하는 일반과세자 김한국의 2026년 제2기 부가가치세 관련 자료이다. 2025년 매출이 하락하여 간이과세자로의 전환을 고려하고 있다. 별도의 언급이 없는 한 제시된 금액은 부가가치세가 포함되지 않은 금액이며, 거래와 관련된 법적절차는 완료하였다. 〈2024. CPA〉

〈자 료〉

1. 2026년 7월 1일부터 12월 31일까지의 매출액
   ① A상품의 매출액은 27,225,000원(부가가치세 포함)이며, 이 중 1,100,000원은 거래처의 파산으로 대손이 확정되었다. A상품의 매출액은 전액 신용카드매출전표 발행분이다.
   ② B상품의 매출액은 13,200,000원(부가가치세 포함)이며, 이는 전액 지방자치단체에 B상품(원가 11,000,000원, 시가 15,400,000원)을 신용카드매출전표를 발행하여 공급한 것이다.
2. 2026년 제1기의 매출은 제2기와 유사한 수준이다.
3. 2026년 7월 1일부터 12월 31일까지 적법하게 발급받은 세금계산서상의 매입세액은 2,400,000원이다.
4. 2026년 7월 1일 현재 자산현황

구 분	취득가액	취득일
상 품	8,000,000원	2026. 5. 8.
건 물	100,000,000원	2023. 9. 1.

5. 소매업의 부가가치율은 15%이며, 전자신고방법을 이용하지 않았다고 가정한다.

[물음 1]
김한국의 2026년 제2기 부가가치세 확정신고 시 차가감납부세액(지방소비세 차감전) 또는 환급받을 세액을 〈답안양식〉에 따라 제시하시오.

〈답안양식〉

구 분	금 액
납부세액	
차가감납부세액(환급세액)	

[물음 2]

김한국이 2026년 7월 1일부터 간이과세자로 전환할 경우, 2026년 7월 1일부터 12월 31일까지의 기간에 대한 차가감납부세액(지방소비세 차감전) 또는 환급받을 세액을 〈답안양식〉에 따라 제시하시오.

〈답안양식〉

구 분	금 액
납부세액	
차가감납부세액(환급세액)	

해답

[물음 1]

구 분	금 액
납부세액	1,175,000〈주1〉
차가감납부세액(환급세액)	649,475〈주2〉

〈주1〉 ① － ② ＝ 1,175,000

① 매출세액 : $(27{,}225{,}000+13{,}200{,}000^{*1}) \times \frac{10}{110} - \underbrace{1{,}100{,}000 \times \frac{10}{110}}_{\text{대손세액공제}} = 3{,}575{,}000$

② 매입세액 : 2,400,000

〈주2〉 ① 신용카드매출전표등발급세액공제 : (27,225,000＋13,200,000) × 1.3% ＝ 525,525

② 차감납부세액 : 1,175,000 － 525,525 ＝ 649,475

[물음 2]

구 분	금 액
납부세액	606,375
차가감납부세액(환급세액)	7,319,850

[근 거]

(1) 납부세액 : (27,225,000+13,200,000) × 15% × 10% = 606,375*[2]

(2) 재고납부세액

① 상 품 : $8,000,000 \times \frac{10}{100} \times (1-5.5\%) =$ 756,000

② 건 물 : $100,000,000 \times \frac{10}{100} \times (1-5\%\times6) \times (1-5.5\%) =$ 6,615,000

7,371,000

(3) 공제세액 : ① + ② = 657,525

① 세금계산서등수취세액공제 : 2,400,000 × 5.5% = 132,000

② 신용카드매출전표등발급세액공제 : 525,525

(4) 차가감납부세액 : 606,375 + 7,371,000 − 657,525 = 7,319,850

해 설

1. 해답상 '*'에 대한 설명

*[1] 특수관계인에 대한 조세부담 부당 감소의 저가공급이 아니므로 거래금액을 적용한다.

*[2] 「부가가치세법」 제63조제2항에 따르면 위 해답 '(1)'과 같이 납부세액을 계산하고, 「부가가치세법」 제64조에 따르면 재고납부세액을 제63조제2항에 따른 납부세액에 더하도록 규정하고 있다. 이에 따라 재고납부세액은 해답 '(2)'에서 별도로 계산하였다.

5 / 9 간이과세자 - 실전문제 2차

정육점업과 음식점업을 겸영하는 간이과세자 갑의 자료이다. 물음에 답하시오. 〈2023. CPA〉

〈자 료〉

1. 공급대가 내역은 다음과 같으며, 공급대가 중 60%는 신용카드매출전표 발행분이다.

기 간	정육점업	음식점업
2025년	5,000,000원	55,000,000원
2026년	20,000,000원	50,000,000원

2. 2026년 매입액 내역은 다음과 같다.

구 분	정육점업	음식점업
세금계산서 수취	—	10,000,000원*
일반과세자 발행 신용카드매출전표 수취	—	10,000,000원*
계산서 수취	8,000,000원	3,270,000원 (면세농산물)

* 부가가치세 포함

3. 2025년 12월에 구입한 트럭을 정육점업과 음식점업에 공통으로 사용하다가 2026년 4월 5일 9,900,000원(공급대가)에 매각하였다. 위 〈자료 1〉의 공급대가에 트럭 공급대가는 포함되지 않았다.

4. 2026년 7월 1일 현재 음식점업 관련 보유자산 내역은 다음과 같다.

구 분	취득일	취득가액(공급대가)
원재료	2026. 6. 1.	1,100,000원
기계장치	2026. 1. 10.	2,200,000원
건 물	2021. 5. 1.	22,000,000원

5. 음식점업의 부가가치율은 다음과 같이 가정한다.

2023년 이전	2024년	2025년	2026년
10%	15%	15%	20%

6. 의제매입세액 공제율은 $\frac{9}{109}$이다.

7. 2026년 예정부과기간에 대한 고지납부세액은 없으며, 전자신고를 하고자 한다.

[물음 1]

간이과세자 갑의 2026년 부가가치세 납부세액과 차가감납부할세액(지방소비세 포함)을 답안양식에 따라 제시하시오.

납부세액	
차가감납부할세액(지방소비세 포함)	

[물음 2]

간이과세자 갑이 간이과세를 포기하고 2026년 7월 1일부터 일반과세자로 전환할 경우, 2026년 제2기 과세기간의 재고매입세액을 계산하시오.

해답

1.

납부세액	1,181,500〈주1〉
차가감납부할세액(지방소비세 포함)	686,500〈주2〉

〈주1〉 $\left[50{,}000{,}000+9{,}900{,}000\times\frac{55{,}000{,}000}{60{,}000{,}000}(\text{전기})\right]\times 20\% \times 10\% = 1{,}181{,}500$

〈주2〉

(1) 공제세액

① 매입세금계산서등수취세액공제 : (10,000,000＋10,000,000) × 0.5% =		100,000
② 전자신고세액공제 :		5,000
③ 신용카드매출전표등발급세액공제 : 50,000,000 × 60% × 1.3% =		390,000
		495,000

(2) 차가감납부할세액 : 1,181,500 － 495,000 ＝ 686,500

2.

원재료 : $1{,}100{,}000 \times \frac{10}{110} \times (1-5.5\%) =$ 94,500

기계장치 : $2{,}200{,}000 \times \frac{10}{110} \times (1-50\%\times1) \times (1-5.5\%) =$ 94,500

건물 : $22{,}000{,}000 \times \frac{10}{110} \times (1-10\%\times6) \times (1-10\%^{*}) =$ 720,000

909,000

* 2021. 7. 1. 전에 공급받은 분이므로 취득일이 속하는 과세기간의 부가가치율을 적용한다.

5 / 10 간이과세자 - 실전문제

상호 독립된 각 '【문】'에 답하시오.

【문 1】 2차 필수

2024년 7월 1일 영수증 발급업종이 아닌 제조업(과자점업)을 시작하여 일반과세자로 사업을 해왔던 개인사업자 김한국은 2026년 7월 1일부터 간이과세자로 전환되었다. 개인사업자 김한국의 2025년도 공급대가는 ₩60,000,000이며 2026년 과세기간(2026. 7. 1.~2026. 12. 31.)의 거래는 다음과 같다. 〈2023. CTA 수정〉

1. 2026년 7월 1일부터 2026년 12월 31일까지 공급대가는 다음과 같다.

구 분	공급대가	비 고
전자세금계산서 발급	₩33,000,000	발급건수 300건
신용카드매출전표 발급	16,500,000	
영수증 발급	5,500,000	
합계	₩55,000,000	

(1) 김한국은 세금계산서 발급의무가 있는 간이과세자로서 세금계산서 발행거래에 대해 전자세금계산서를 발급하고 그 발급명세를 전자세금계산서 발급일의 다음 날까지 국세청장에게 전송하였다.

2. 2026년 7월 1일부터 2026년 12월 31일까지 공급받은 재화의 매입액(부가가치세 미포함)과 매입세액은 다음과 같다.

구 분	매입액	매입세액	비 고
원재료(밀가루)	₩5,500,000	—	계산서를 발급받음
부재료(설탕)	4,000,000	400,000	영수증만을 발급해야 하는 간이과세자로부터 매입하고 현금영수증을 발급받음
부재료(생크림)	1,000,000	100,000	일반과세자로부터 매입하고 세금계산서를 발급받지 않음
합계	₩10,500,000	₩500,000	

3. 일반과세자에서 간이과세자로 변경된 2026년 7월 1일 현재 보유하고 있는 자산은 다음과 같다.

구 분	취득시기	취득가액	시 가
원재료(밀가루)	2026. 3. 2.	₩5,000,000	₩7,000,000
제품(과자)	2026. 5. 31.	2,000,000	3,000,000
기계장치	2025. 1. 7.	40,000,000	20,000,000

4. 제조업의 업종별 부가가치율은 20%이며, 부가가치세 신고는 전자적 방법으로 하지 아니한다.

[물 음]

간이과세자 김한국의 2026년 과세기간(2026. 7. 1.~2026. 12. 31.)의 부가가치세 신고시 다음의 양식에 따라 ① ~ ④의 금액을 제시하시오.

구 분	금 액
납부세액	①
재고납부세액	②
공제세액	③
가산세액	④

【문 2】 일반과세자와 간이과세자의 차감납부세액(종합문제) 유예

유예생은 제2편 부가유예 18 풀이

핵심정리

※ 자료별 분석

영수증 발급업종이 아닌 제조업을 경영하는 일반과세자가 2026. 7. 1.부터 간이과세자로 전환되었으므로 2026. 7. 1.부터 12. 31.까지를 간이과세자 과세기간으로 하여 부가가치세를 계산하며, 재고납부세액을 고려한다.

1. 공급대가 내역
   ① 전자세금계산서 발급분 : 전송기한 이내에 전송하였으므로 전자세금계산서 발급·전송에 대한 세액공제를 적용한다. summary p1-189. (3)
   ② 신용카드매출전표 발급분 : 세금계산서 발급의무가 있는 간이과세자가 세금계산서가 아닌 신용카드매출전표를 발급하였으므로 다음과 같이 처리한다.
      ㉠ 세금계산서 미발급가산세 적용 여부 : 부가가치세법 제33조제2항 규정*에 따라 발급하지 않더라도 가산세를 부과하지 않는다.

      * 「부가가치세법」 제33조제2항 규정 : 세금계산서 발급 금지업종에 해당하지 않는 계속사업자로서 'summary p1-94. (2). ①, ②'에 해당하지 않는 사업자가 신용카드매출전표등을 발급하는 경우에는 세금계산서를 발급하지 아니한다. summary p1-93. *2. *

㉡ 신용카드매출전표등발급세액공제 : 세금계산서 발급의무가 있는 사업자이므로 적용하지 않는다. summary p1－141. (1)

③ 영수증 발급분 : 세금계산서 발급의무가 있는 간이과세자가 영수증을 발급하였으므로 세금계산서 미발급가산세(공급가액의 2%)를 적용한다. summary p1－194. (2). ①

2. 매입내역

① 원재료(밀가루) : 간이과세자는 의제매입세액공제를 적용하지 않는다.

② 부재료(설탕) : 영수증만을 발급해야 하는 사업자로부터 받은 현금영수증은 세금계산서등 수취세액공제를 적용받을 수 있는 신용카드매출전표 등 법정증빙에 해당하지 않는다(summary p1－130. 4. ⑤). 따라서 세금계산서등 수취세액공제를 적용받을 수 없다.

③ 부재료(생크림) : 간이과세자가 세금계산서를 발급하여야 하는 일반과세자로부터 매입하고 세금계산서를 발급받지 않았으므로 '공급대가 × 0.5%'의 세금계산서미수취가산세를 부과한다('summary p1－94. (2)'에 따른 영수증을 발급하여야 하는 기간에 세금계산서를 발급받지 아니한 경우는 제외). summary p1－194. (3)

3. 2026. 7. 1. 보유자산 : 자료를 이용하여 재고납부세액을 계산한다(밀가루는 면세대상이므로 제외).

해 답

구 분	금 액
납부세액	① 1,100,000〈주1〉
재고납부세액	② 1,134,000〈주2〉
공제세액	③ 60,000〈주3〉
가산세액	④ 105,500〈주4〉

〈주1〉 55,000,000 × 20% × 10% ＝ 1,100,000

〈주2〉 제품 : $2,000,000 \times \frac{10}{100} \times (1-5.5\%) =$ 189,000

기계 : $40,000,000 \times \frac{10}{100} \times (1-25\%\times3) \times (1-5.5\%) =$ 945,000

합계 1,134,000

〈주3〉 (1) 전자세금계산서 발급·전송에 대한 세액공제 : min(①, ②) ＝ 60,000

① 200 × 300건 ＝ 60,000

② 연간 1,000,000

(2) 신용카드매출전표등 발급세액공제 : 적용대상이 아니므로 없음

〈주4〉 (1) 세금계산서미발급가산세 : 5,000,000(공급가액) × 2% ＝ 100,000

(2) 세금계산서미수취가산세 : 1,100,000(공급대가) × 0.5% ＝ 5,500

(3) 계 : 105,500

CHAPTER 02

부가가치세법

▶ **소득세법**

상속세 및 증여세법

TAX ACCOUNTING

제 1 절

이자소득 및 배당소득 … 금융소득 summary p2-18. 제2절

1 / 1 금융소득 계산구조(유형 1) 1.5차 2차 필수

거주자 갑씨의 2026년도 다음 소득세 신고자료를 이용하여 물음에 답하고, 그 계산근거를 제시하시오. 별도의 언급이 없는 한 소득의 귀속연도는 2026년이며, 제시된 금액은 원천징수 전 금액으로 원천징수는 적법하게 이루어졌다.

1. 직장공제회 탈퇴로 반환금 ₩6,000,000을 받았다. 탈퇴 전 납입한 공제료는 ₩2,000,000이다.

2. 「공익신탁법」에 따라 학문의 증진을 목적으로 신탁한 금전에서 이자 ₩3,000,000을 받았다.

3. 미국에 있는 외국은행에서 정기예금이자 ₩1,000,000을 받았다. 그 이자 중 ₩400,000은 2025. 12. 20.이 만기일이나 2026. 1. 10.에 수령한 것이다. 국외예금이자 ₩1,000,000에 대해서 외국에서 원천징수된 소득세는 ₩200,000이다.

4. 은행에서 ₩100,000,000을 차입하여 친구에게 빌려주었던 사채(私債) 원금 ₩100,000,000과 이자 ₩10,000,000을 2026. 12. 31.에 받기로 하였다. 실제 원리금 수령일은 2027. 1. 20.이다. 갑씨가 이자를 받기 위하여 필요경비로 은행에 지급한 차입금이자는 ₩7,000,000이다.

5. 내국법인으로 보는 신탁재산(법인과세신탁)으로부터 받은 수익자 배당금은 ₩5,000,000이다.

6. 비상장법인인 ㈜한라로부터 받은 현금배당금은 ₩12,000,000이다. ㈜한라의 이익잉여금 처분결의일은 2026. 12. 10.이고, 배당금의 수령일은 2027. 1. 20.이다.

7. 복식부기의무자인 갑씨에게는 사업소득금액(제조업)이 ₩45,000,000이 있다.

[물음 1]
자료 1번부터 5번까지의 소득만 있다는 가정하에 2026년도 종합소득금액에 포함될 이자소득금액과 배당소득금액을 〈답안양식〉에 기재하고 그 계산근거를 제시하시오.

〈답안양식〉

이자소득금액	
배당소득금액	

[물음 2]

자료 1번부터 자료 7번의 소득이 있다는 가정하에 2026년도 종합소득금액, 과세표준, 산출세액, 배당세액공제액, 외국납부세액을 〈답안양식〉에 기재하고 그 계산근거를 제시하시오. 다만, 종합소득공제액은 ₩8,800,000이라고 가정한다. 기본세율은 '제3편. 부록'을 참고하여 계산하기로 한다.

〈답안양식〉

종 합 소 득 금 액	
과 세 표 준	
산 출 세 액	
배 당 세 액 공 제	
외 국 납 부 세 액 공 제	

핵심정리

문제의 포인트

1. 비과세, 분리과세, 종합과세, 조건부 과세대상 금융소득의 구분 및 과세방법 : summary p2－46 ~ p2－52
2. Gross－up을 고려한 배당소득금액의 계산방법 : summary p2－41. 3
3. [출제유형 1] 출자공동사업자 배당이 없는 경우 금융소득 종합과세 계산문제 접근방법
   ① 산출세액의 계산 : summary p2－57. 4
   ② 금융소득 관련 세액공제 : summary p2－58. 5

※ 자료별 정리사항

1. 직장공제회 초과반환금은 무조건 분리과세대상이다.
2. 학문 · 과학기술 · 문화 · 예술의 증진 등을 목적으로 신탁한 금전에서 받은 이자는 공익신탁의 이익이므로 비과세대상이다.
3. 예금이자의 수입시기는 실제로 이자를 지급받는 날이며, 우리나라에서 원천징수되지 않았으므로 무조건 종합과세한다. 외국에서 원천징수된 금액은 기납부세액이 아닌 외국납부세액공제로 차감한다.

4. ① 친구에게 금전을 빌려 주고 받은 이자는 비영업대금의 이익이며, 비영업대금이익의 수입시기는 약정에 의한 이자지급일과 실제 이자지급일 중 빠른 날이다.
   ② 비영업대금의 이익을 포함한 금융소득에 대해서는 필요경비를 인정하지 않는다. 따라서 차입금에 대한 지급이자를 차감하지 않는다.

5. 내국법인으로 보는 신탁재산(법인과세신탁)이 수익자에게 배당하는 경우에는 그 금액을 법인의 소득금액에서 공제한다. 따라서 주주가 이러한 소득공제를 받은 법인과세신탁으로부터 배당을 받는 경우 법인세법상 수입배당금 익금불산입 및 소득세법상 Gross－up 규정을 적용하지 않는다.

6. 현금배당금의 수입시기는 잉여금 처분결의일이 속하는 2026년이며, Gross－up 제외대상이 아니므로 Gross－up한다.

해답

1.

이자소득금액	1,000,000
배당소득금액	0

[근 거]

	이자	Gross－up 제외	Gross－up 대상	계
종합과세	1,000,000			1,000,000
조건부과세	10,000,000[비]	5,000,000		
	11,000,000	5,000,000		16,000,000 ---------> 2,000만원 초과 ×

2.

종합소득금액	73,800,000〈주1〉
과세표준	65,000,000〈주2〉
산출세액	9,190,000〈주3〉
배당세액공제	0〈주4〉
외국납부세액공제	124,525〈주5〉

〈주1〉 28,800,000* (금융소득금액) ＋ 45,000,000 (사업소득금액) ＝ 73,800,000

* [근 거]

	이자	Gross－up 제외	Gross－up 대상	계
종합과세	1,000,000			
조건부과세	10,000,000[비]	5,000,000	12,000,000	
	11,000,000	5,000,000	12,000,000	28,000,000 + 8,000,000*1 × 10% = 28,800,000 (Gross－up 금액)
출자공동 사업자 배당		－		

〈주2〉 (28,800,000＋45,000,000) － 8,800,000 ＝ 65,000,000
(28,800,000＋45,000,000 : 종합소득금액, 8,800,000 : 소득공제)

〈주3〉 max(①, ②) ＝ 9,190,000

① 20,000,000 × 14% ＋ (65,000,000－20,000,000) × 기본세율 ＝ 8,290,000*2

② 비교세액

[방법 1] → 개념적 접근방법(참고목적)

금융소득*3 × 원천징수세율 ＋ (다른 종합소득금액－소득공제) × 기본세율

＝ [10,000,000×25%+(28,000,000－10,000,000)×14%] ＋ (45,000,000－8,800,000) × 기본세율

＝ 9,190,000

[방법 2] → <u>이하 교재에서는 '[방법 2]'로 풀이함</u>(이 방법은 2차시험에서 문제 자료에 다른 종합소득금액 및 소득공제 자료없이 과세표준과 금융소득금액만 제시된 상태에서 산출세액을 계산하는 문제에서 유용함)

금융소득*3 × 원천징수세율 ＋ (과세표준－금융소득금액) × 기본세율

＝ [10,000,000×25%+(28,000,000－10,000,000)×14%] ＋ (65,000,000－28,800,000) × 기본세율

＝ 9,190,000

〈주4〉 min(①, ②) ＝ 0*4

① Gross－up 금액 : 8,000,000 × 10% ＝ 800,000

② 산출세액 － 비교세액 ＝ 9,190,000 － 9,190,000 ＝ 0

〈주5〉 min(①, ②) ＝ 124,525

① 외국납부세액 : 200,000

② 한도 : 산출세액 × $\frac{\text{국외원천소득금액}}{\text{종합소득금액}}$ ＝ 9,190,000 × $\frac{1,000,000}{73,800,000}$ ＝ 124,525

해설

1. 해답상 '*'에 대한 설명

*1 min(Gross－up 대상배당 : 12,000,000, 2,000만원 초과액 : 28,000,000－20,000,000) ＝ 8,000,000

*2 속산표에 의한 계산방법 : 2,800,000 ＋ [45,000,000×15%－1,260,000(누진공제액)] ＝ 8,290,000

*3 Gross－up금액 800,000은 이중과세조정액일 뿐 실제로 지급하는 금액이 아니므로 원천징수세율을 곱하는 금융소득에서 제외한다.

*4 [참고] 다른 세액공제는 없고 배당세액공제만 있다고 가정한 경우 결정세액은 다음과 같다.

9,190,000 (산출세액) － 0 (배당세액공제) ＝ 9,190,000*

* 산출세액에서 배당세액공제를 뺀 후의 세액이 어떤 경우라도 최소한 비교세액(분리과세시 세액)만큼은 되게 하기 위하여 위 해답 '〈주4〉. ②'와 같이 배당세액공제 한도액을 계산한다.

2. [참고] 금융소득의 구성

구분	금액	비고
Gross－up대상(비상장법인 배당)	8,000,000	기본세율 적용분 (Gross－up대상에 대하여 Gross－up을 적용함)
〈3순위〉 Gross－up대상(비상장법인 배당)	4,000,000	20,000,000
〈2순위〉 Gross－up제외(법인과세신탁 배당)	5,000,000	14%세율 적용분 (Gross－up을 적용할 여지 없음)
〈1순위〉 이자소득 비영업대금이익	10,000,000	
국외예금이자	1,000,000	0

3. 소득의 수입시기가 2027년인 경우 '[물음 2]' 풀이(배당가산율 11% 적용)

(1) 종합소득금액

① 금융소득금액 : 28,000,000 ＋ 8,000,000 × 11% ＝ 28,880,000

② 사업소득금액 : 45,000,000

합계 73,880,000

(2) 과세표준 : 73,880,000 － 8,800,000 ＝ 65,080,000

(3) 산출세액 : max(①, ②) ＝ 9,190,000

① 20,000,000 × 14% ＋ (65,080,000－20,000,000) × 기본세율 ＝ 8,302,000

② [10,000,000×25%＋(28,000,000－10,000,000)×14%] ＋ (65,080,000－28,880,000) × 기본세율 ＝ 9,190,000

(4) 배당세액공제 : min(①, ②) ＝ 0

① Groos－up 금액 : 8,000,000 × 11% ＝ 880,000

② 산출세액 － 비교세액 : 9,190,000 － 9,190,000 ＝ 0

(5) 외국납부세액공제 : min(①, ②) = 124,390

① 외국납부세액 : 200,000

② 한도 : 산출세액 × $\frac{\text{국외원천소득금액}}{\text{종합소득금액}}$ = 9,190,000 × $\frac{1,000,000}{73,880,000}$ = 124,390

1 / 2 금융소득 계산구조(유형 2)

다른 자료는 '문 1-1'과 동일하고 다음 자료가 자료 8번으로 추가되는 경우 물음에 답하시오.

8. 출자공동사업자로서 받은 배당금은 ₩50,000,000이다. 이 배당금은 2026년 공동사업에서 발생하였으며, 배당금 처분결의일과 수령일은 2027. 2. 20.이다.

[물음 1]

2026년도 종합소득금액에 포함될 이자소득금액과 배당소득 총수입금액, 배당가산액(Gross-up)을 〈답안양식〉에 기재하고 그 계산근거를 제시하시오.

〈답안양식〉

이자소득금액	
배당소득 총수입금액	
배당가산액	

[물음 2]

2026년도 종합소득금액, 과세표준, 산출세액, 배당세액공제액, 외국납부세액을 〈답안양식〉에 기재하고 그 계산근거를 제시하시오. 다만, 종합소득공제액은 ₩8,800,000이라고 가정한다. 기본세율은 '제3편. 부록'을 참고하여 계산하기로 한다.

〈답안양식〉

종합소득금액	
과세표준	
산출세액	
배당세액공제	
외국납부세액공제	

[물음 3]

종합소득 결정세액에서 차감할 원천징수세액을 계산하시오.

핵심정리

문제의 포인트

1. [출제유형 2] 출자공동사업자 배당이 있는 경우
   ① 개념 및 수입시기 : summary p2-37. 1.2
   ② 산출세액 및 세액공제의 계산방법 : summary p2-57. 4, p2-58. 5
2. 기납부세액으로 차감할 금융소득 관련 원천징수세액의 계산방법 : summary p2-58. 6

※ 출자공동사업자 배당이 있는 경우 주의사항

① 수입시기 : 배당결의일이 아닌 과세기간종료일 → 종합과세하되, 2,000만원 초과 여부 판단기준금액에는 포함하지 않는다.

② 산출세액 계산상 비교세액 계산시 실제 원천징수세율인 25%가 아닌 일반 금융소득 원천징수세율인 14%를 적용한다.

③ 기납부세액 계산시에는 실제 원천징수세율인 25%를 적용한다.

해답

1.

구분	금액
이자소득금액	11,000,000
배당소득 총수입금액	67,000,000
배당가산액	800,000

[근 거]

	이자	Gross-up 제외	Gross-up 대상	계		
종 합 과 세	1,000,000					
조건부과세	10,000,000[비]	5,000,000	12,000,000			
	11,000,000	5,000,000	12,000,000	28,000,000	+ 8,000,000 × 10% (Gross-up 금액)	= 28,800,000
출자공동 사업자 배당		50,000,000				50,000,000
						78,800,000

2.

종 합 소 득 금 액	123,800,000〈주1〉
과 세 표 준	115,000,000〈주2〉
산 출 세 액	20,610,000〈주3〉
배 당 세 액 공 제	662,000〈주4〉
외 국 납 부 세 액 공 제	166,478〈주5〉

〈주1〉 $\underbrace{78{,}800{,}000}_{\text{금융소득금액}} + \underbrace{45{,}000{,}000}_{\text{사업소득금액}} = 123{,}800{,}000$

〈주2〉 $\underbrace{123{,}800{,}000}_{\text{종합소득금액}} - \underbrace{8{,}800{,}000}_{\text{소득공제}} = 115{,}000{,}000$

〈주3〉 max(①, ②) ＝ 20,610,000

① 20,000,000 × 14% ＋ (115,000,000－20,000,000) × 기본세율 ＝ 20,610,000

② 10,000,000 × 25% ＋ (28,000,000－10,000,000) × 14% ＋ max(㉠, ㉡) ＝ 19,948,000

[방법 1] ⇢ 개념적 접근방법(참고목적)

㉠ [(출자공동사업자배당＋다른 종합소득금액)－소득공제] × 기본세율
＝ [(50,000,000＋45,000,000)－8,800,000] × 기본세율 ＝ 14,928,000

㉡ 출자공동사업자배당 × 14%*1 ＋ (다른 종합소득금액－소득공제) × 기본세율
＝ 50,000,000 × 14% ＋ (45,000,000－8,800,000) × 기본세율 ＝ 11,170,000

[방법 2] ⇢ 이하 교재에서는 '[방법 2]'로 풀이함[이 방법은 2차시험에서 문제 자료에 다른 종합소득이나 소득공제 자료없이 과세표준과 금융소득금액(출자공동사업자 배당 포함)만 제시된 상태에서 산출세액을 계산하는 문제에서 유용함]

㉠ (과세표준－출자공동사업자배당 외의 금융소득금액) × 기본세율
＝ (115,000,000－28,800,000) × 기본세율 ＝ 14,928,000

㉡ 출자공동사업자배당 × 14%*1 ＋ (과세표준－출자공동사업자배당을 포함한 금융소득금액) × 기본세율 ＝ 50,000,000 × 14% ＋ (115,000,000－78,800,000) × 기본세율 ＝ 11,170,000

〈주4〉 min(①, ②) ＝ 662,000

① Gross－up 금액 : 8,000,000 × 10% ＝ 800,000

② 산출세액 － 비교세액 ＝ 20,610,000 － 19,948,000 ＝ 662,000

〈주5〉 min(①, ②) ＝ 166,478

① 외국납부세액 : 200,000

② 한도 : 산출세액 × $\dfrac{\text{국외원천소득금액}}{\text{종합소득금액}} = 20{,}610{,}000 \times \dfrac{1{,}000{,}000}{123{,}800{,}000} = 166{,}478$

3. 기납부세액(원천징수세액)

$\underbrace{10{,}000{,}000 \times 25\%}_{\text{비영업대금이익}} + (28{,}000{,}000 - \underbrace{10{,}000{,}000}_{\text{비영업대금이익}} - \underbrace{1{,}000{,}000^{*3}}_{\text{국외예금이자}}) \times 14\% + \underbrace{50{,}000{,}000 \times 25\%^{*2}}_{\text{출자공동사업자배당}}$

$= 17{,}380{,}000$

해 설

1. 해답상 '*'에 대한 설명

*1 산출세액 계산시 위 해답 'ⓛ'에서 출자공동사업자배당에 대해 실제 원천징수세율인 25%가 아닌 14%를 곱하는 이유 : 'ⓙ'의 계산식에서 출자공동사업자 배당을 사업소득과 동일하게 취급하여 계산할 때 적용되는 세율이 14%보다 낮은 경우가 발생하더라도 출자공동사업자 배당의 구분은 금융소득이므로 최소한 일반적인 금융소득에 적용되는 원천징수세율인 14%만큼은 과세하겠다는 취지이다.

*2 위 '*1'에도 불구하고 결정세액에서 차감하는 기납부세액을 계산할 때에는 출자공동사업자 배당에 대하여 실제로 원천징수할 때 적용되는 원천징수세율인 25%를 곱하여 계산한다.

*3 국외예금이자에 대한 국외원천징수세액은 우리나라에서 원천징수된 것이 아니며 외국납부세액공제를 적용하므로 기납부세액을 계산할 때는 제외한다.

2. 소득의 수입시기가 2027년인 경우 '[물음 2]' 풀이(배당가산율 11% 적용)

(1) 종합소득금액

1) 금융소득금액

① 28,000,000 + 8,000,000 × 11% =	28,880,000	
② 출자공동사업자 배당	50,000,000	78,880,000
2) 사업소득금액		45,000,000
		123,880,000

(2) 과세표준 : 123,880,000 － 8,800,000 = 115,080,000

(3) 산출세액 : max(①, ②) = 20,638,000

① 20,000,000 × 14% + (115,080,000－20,000,000) × 기본세율 = 20,638,000

② 10,000,000 × 25% + (28,000,000－10,000,000) × 14% + max(ⓙ, ⓛ) = 19,948,000

ⓙ (115,080,000－28,880,000) × 기본세율 = 14,928,000

ⓛ 50,000,000 × 14% + (115,080,000－78,880,000) × 기본세율 = 11,170,000

(4) 배당세액공제 : min(①, ②) = 690,000

① Groos－up 금액 : 8,000,000 × 11% = 880,000

② 산출세액 － 비교세액 : 20,638,000 － 19,948,000 = 690,000

(5) 외국납부세액공제 : min(①, ②) = 166,596

① 외국납부세액 : 200,000

② 한도 : $\text{산출세액} \times \frac{\text{국외원천소득금액}}{\text{종합소득금액}} = 20{,}638{,}000 \times \frac{1{,}000{,}000}{123{,}880{,}000} = 166{,}596$

1 / 3 금융소득 계산구조(유형 3) 필수

거주자 김성규씨의 2026년도의 다음 소득자료를 이용하여 물음에 답하시오. 제시된 금액은 모두 원천징수 전 금액이며, 별도의 언급이 없는 한 원천징수는 적정하게 이행되었다고 가정한다(기본세율 : '제3편. 부록' 참고).

〈자 료〉

1. 「민사집행법」에 따라 강제경매의 매수신청인이 법원에 납부한 보증금에서 발생한 비실명 이자소득 ₩5,000,000을 받았다. 그 이자는 여러 매수신청인들이 납부한 보증금에서 발생한 것으로 귀속자의 실명이 확인되지 않는다.
2. 내국법인에게 여유자금을 대여하고 비실명으로 사채(私債)이자 ₩4,000,000를 받았다.
3. 출자공동사업자 배당 : ₩5,000,000
4. 상업어음할인료소득 : ₩13,000,000(원천징수되지 않았음)
5. 외국에서 받은 이자 : ₩3,000,000(외국에서 20%세율로 원천징수되었음)
6. 비상장법인인 ㈜태백으로부터 2000년에 발생한 토지의 재평가차액(1% 재평가세율 적용)의 자본전입으로 받은 무상주 : 액면가액 ₩1,000,000, 시가 ₩1,500,000
7. 상장내국법인 ㈜백두로부터 이익준비금의 자본전입으로 받은 무상주 : 액면가액 ₩3,000,000, 시가 ₩3,500,000
8. 근 로 소 득 금 액 : ₩79,000,000(원천징수세액은 ₩15,000,000임)
9. 2026년도의 종합소득공제액은 ₩4,000,000이다.
10. 외국납부세액공제, 배당세액공제를 제외한 나머지 세액공제 합계액은 ₩700,000이라고 가정한다.

[물 음]

1. 2026년의 종합소득에 대한 소득세 계산과 관련하여 다음의 〈답안양식〉에 따른 금액을 계산하고 그 계산근거를 제시하시오. 1.5차 2차

〈답안양식〉

구 분	금 액
배당소득 총수입금액(분리과세 소득 포함)	
종합과세되는 이자소득금액	
종합과세되는 배당소득금액	
종합소득금액	

2. 2026년의 종합소득 과세표준, 산출세액, 배당세액공제를 〈답안양식〉에 따라 계산하시오. 1.5차 2차

〈답안양식〉

구 분	금 액
과세표준	
산출세액	
배당세액공제	

3. 2026년의 종합소득금액에 대한 소득세 계산과 관련하여 세액공제액 합계, 기납부세액, 차감납부세액을 〈답안양식〉에 따라 계산하시오. 2차

〈답안양식〉

구 분	금 액
세액공제액 합계	
기납부세액	
차가감납부세액 또는 환급세액	

4. 분리과세되는 소득에 대한 소득세 원천징수세액을 계산하시오. 2차

핵심정리

문제의 포인트

1. [출제유형 3] 금융소득이 2,000만원 이하인 경우
   ① 산출세액의 계산방법 : summary p2-57. 4. (2)
   ② 기납부세액으로 차감할 금융소득 관련 원천징수세액의 계산방법 : summary p2-58. 6. 〈Tip〉

※ 자료별 정리사항

1. 「민사집행법」에 따라 강제경매의 매수신청인이 법원에 납부한 보증금 및 경락대금에서 발생하는 이자소득은 분리과세대상이며, 원천징수세율은 귀속자의 실명 여부와 무관하게 14%이다.

2. 내국법인에게 여유자금을 대여하고 비실명으로 받은 사채(私債)이자는 비영업대금의 이익에 해당하며, 비실명이자이므로 무조건 분리과세한다. 원천징수세율은 금융자산에서 발생한 것이 아니므로 45%이다(금융자산에서 발생한 비실명이자의 원천징수세율은 90%).

3. 출자공동사업자 배당은 2,000만원 초과여부와 무관하게 종합과세한다(원천징수세율은 25%).

4. 상업어음할인료(금융업을 경영하는 사업자 외의 자가 어음을 할인하고 할인료를 받는 경우를 말함)는 비영업대금의 이익에 해당한다(원천징수세율 : 25%). 원천징수되지 않았으므로 무조건 종합과세한다.

5. 외국에서 원천징수된 국외이자는 무조건 종합과세하며, 외국에서 원천징수된 이자는 차감납부세액 계산시 기납부세액이 아닌 외국납부세액공제로 차감한다.

6, 7. 무상주는 액면가액(주식배당은 발행가액)으로 평가하며, Gross－up 여부는 다음과 같다.
   ① 익금항목인 1% 재평가세율이 적용된 재평가차액의 자본전입으로 받은 무상주는 Gross－up대상이 아니다(이유 : 과거 2000년 당시 익금항목인 1% 재평가세율이 적용된 재평가차액 대해서 압축기장충당금 설정을 통한 손금산입을 허용하였음. 따라서 익금과 손금의 상계로 법인세가 과세가 되지 않은 것으로 보아 이중과세조정을 하지 않음).
   ② 익금항목인 이익준비금의 자본전입으로 받은 무상주는 Gross－up 대상이다.

해답

1.

구 분	금 액
배당소득 총수입금액(분리과세 소득 포함)	9,000,000*
종합과세되는 이자소득금액	16,000,000〈주1〉
종합과세되는 배당소득금액	5,000,000〈주1〉
종 합 소 득 금 액	100,000,000〈주2〉

* (1,000,000+3,000,000) [조건부과세 배당] + 5,000,000 [출자공동사업자 배당] = 9,000,000

〈주1〉

	이자	Gross-up 제외	Gross-up 대상	계	
종합과세	13,000,000[비] 3,000,000				16,000,000
조건부과세		1,000,000	3,000,000		
	16,000,000	1,000,000	3,000,000	20,000,000	---------> 2,000만원 초과 ×*1
출자공동 사업자 배당		5,000,000			5,000,000
					21,000,000

〈주2〉 21,000,000 + 79,000,000 = 100,000,000

2.

구 분	금 액
과 세 표 준	96,000,000〈주1〉
산 출 세 액	17,110,000〈주2〉
배 당 세 액 공 제	0*3

〈주1〉 100,000,000 − 4,000,000 [소득공제] = 96,000,000

〈주2〉*2

13,000,000 × 25% + 3,000,000 × 14% + max(①, ②) = 17,110,000

① (96,000,000−16,000,000) × 기본세율 = 13,440,000

② 5,000,000 × 14% + (96,000,000−21,000,000) × 세율 = 12,940,000

3.

구 분	금 액
세액공제액 합계	1,213,300〈주1〉
기 납 부 세 액	16,250,000〈주2〉
환 급 세 액	353,300〈주3〉

〈주1〉

(1) 외국납부세액공제 : min(①, ②) = 513,300

① 3,000,000 × 20% = 600,000

② $17{,}110{,}000 \times \dfrac{3{,}000{,}000}{100{,}000{,}000} = 513{,}300$

(2) 배당세액공제 : 0

(3) 그 밖의 세액공제 : 700,000

(4) 계 : 513,300 + 700,000 = 1,213,300

〈주2〉 $\underbrace{5{,}000{,}000 \times 25\%}_{\text{출자공동사업자 배당}} + \underbrace{15{,}000{,}000}_{\text{근로소득}} = 16{,}250{,}000$*4

〈주3〉 17,110,000 − 1,213,300 − 16,250,000 = △353,300

4.

① 법원보증금 이자 : 5,000,000 × 14% = 700,000

② 비실명 私債이자 : 4,000,000 × 45% = 1,800,000

③ 분리과세되는 조건부과세 배당 : (1,000,000+3,000,000) × 14% = 560,000

④ 계 : 3,060,000

해설

1. 해답상 '*'에 대한 설명

*1 2,000만원을 초과하지 않으므로 조건부과세대상은 분리과세하며, Gross-up도 고려할 필요 없다.

*2 금융소득이 2,000만원을 초과하지 않으므로 '비교세액'을 산출세액으로 한다.

*3 Gross-up한 배당소득이 없으므로 배당세액공제액은 없다.

*4 비영업대금의 이익(상업어음할인료)과 외국에서 받은 이자는 국내에서 원천징수되지 않았으므로 기납부세액은 없으며, 자료에 제시된 조건부과세 대상 배당은 모두 종합소득에 합산되지 않았으므로 기납부세액 계산시 고려하지 않는다.

1 / 4 금융소득 - 고배당기업 주식 배당

거주자 갑씨의 2026년 소득세 계산자료는 다음과 같다. 자료를 이용하여 물음에 답하시오. 다만, 원천징수는 적정하게 이루어졌으며, 제시된 금액은 원천징수 전 금액이다.

〈자 료〉

1. 근로소득금액 : 100,000,000원
2. 국내 은행 예금이자 : 10,000,000원
3. 「조세특례제한법」 제104조의27의 요건을 갖춘 고배당기업 주식으로부터 받은 배당금의 내역은 다음과 같다.
   ① 현금배당 : 80,000,000원(주식의 대차거래에서 발생하여 주식의 차입자로부터 지급받은 주식에서 발생하는 배당 상당액 20,000,000원 포함)
   ② 주식배당 : 30,000,000원
4. 종합소득공제액 : 5,000,000원
5. 기본세율 : '제3편 부록' 참고
6. 고배당기업주식 배당 특례 세율

특례배당소득	세 율
2천만원 이하	14%
2천만원 초과 3억원 이하	280만원 ＋ 2천만원 초과액 × 20%
3억원 초과 50억원 이하	5,880만원 ＋ 3억원 초과액 × 25%
50억원 초과	123,380만원 ＋ 50억원 초과액 × 30%

[물 음]

1. 다음 각 경우별로 갑씨의 소득세 총부담세액을 계산하시오. 다만, 세액공제는 배당세액공제만 고려하여 계산한다고 가정한다.
   (경우 1) 고배당기업 주식에 대하여 분리과세를 신청하지 않은 경우
   (경우 2) 고배당기업 주식에 대하여 분리과세를 신청한 경우
2. 세부담을 최소화할 경우 고배당기업 주식 배당에 대한 최적의 선택을 제시하시오.
3. 고배당기업 주식에 대한 분리과세 제도를 도입한 취지를 2줄 이내로 설명하시오.

핵심정리

문제의 포인트

1. 고배당기업 주식의 특례배당소득 : summary p2-52. 2

※ 고배당기업 주식 특례배당소득을 분리과세하는 문제의 접근방법

〈1단계〉 배당을 지급하는 법인이 다음 세가지 요건을 모두 갖춘 고배당기업인가?
① 당기말 현재 주권상장법인일 것(코넥스상장법인, 투자회사 등은 제외)
② 전기 배당이 2024. 12. 31.이 속하는 사업연도보다 감소하지 않을 것
③ ㉠ 2025. 12. 31.이 속하는 과세연도에 발생한 배당의 경우 : '당기 배당성향이 40% 이상'이거나, '당기 배당성향이 25% 이상이고 이익배당액이 전기 대비 10% 이상 증가'하였을 것
㉡ 2025. 12. 31.이 속하는 과세연도 후에 발생한 배당의 경우 : '전기 배당성향이 40% 이상'이거나, '전기 배당성향이 25% 이상이고 이익배당액이 전전기 대비 10% 이상 증가'하였을 것

〈2단계〉 특례 배당소득에 해당하는가?
금전배당(주식의 대차거래에서 발생한 주식의 차입자로부터 지급받은 주식에서 발생하는 배당 상당액 포함)*만 대상(중간 · 분기 · 결산배당)이며, 주식배당 및 의제배당은 특례적용대상 아님

〈3단계〉 합산배제 신청을 하였는가?
세부담 최소화 가정이 있는 경우 유리한 방법을 선택하되, 분리과세를 적용받으려면 반드시 합산배제신청을 하여야 함

* 일반적인 금전배당은 Gross-up 대상이지만, 주식의 대차거래에서 발생한 주식의 차입자로부터 지급받은 주식에서 발생하는 배당 상당액은 유사배당으로 Gross-up 대상이 아니다.

해 답

1.

〈경우 1〉

(1) 금융소득금액

	이자	Gross-up 제외	Gross-up 대상	계
조건부과세	10,000,000	20,000,000	60,000,000	
			30,000,000	
	10,000,000	20,000,000	90,000,000	120,000,000 + 90,000,000 × 10% = 129,000,000

(2) 과세표준 : 129,000,000(금융소득금액) + 100,000,000(근로소득금액) − 5,000,000(소득공제) = 224,000,000

(3) 산출세액 : max(①, ②) = 60,380,000

① 20,000,000 × 14% + (224,000,000-20,000,000) × 기본세율 = 60,380,000

② 120,000,000 × 14% + (224,000,000-129,000,000) × 기본세율 = 34,610,000

(4) 배당세액공제 : min(①, ②) = 9,000,000

① Groos-up 금액 : 9,000,000

② 60,380,000 - 34,610,000 = 25,770,000

(5) 결정세액(총부담세액) : 60,380,000 - 9,000,000 = 51,380,000

〈경우 2〉

(1) 고배당 80,000,000에 대한 분리과세 세액

2,800,000 + (80,000,000-20,000,000) × 20% = 14,800,000

(2) 나머지 소득 종합과세시 세액

1) 금융소득금액

	이자	Gross-up 제외	Gross-up 대상	계
조건부과세	10,000,000		30,000,000	40,000,000 + 20,000,000 × 10% = 42,000,000

2) 과세표준 : 42,000,000(금융소득금액) + 100,000,000(근로소득금액) - 5,000,000(소득공제) = 137,000,000

3) 산출세액 : max(①, ②) = 28,310,000

① 20,000,000 × 14% + (137,000,000-20,000,000) × 기본세율 = 28,310,000

② 40,000,000 × 14% + (137,000,000-42,000,000) × 기본세율 = 23,410,000

4) 배당세액공제 : min(①, ②) = 2,000,000

① Gross-up 금액 : 2,000,000

② 28,310,000 - 23,410,000 = 4,900,000

5) 결정세액 : 28,310,000 - 2,000,000 = 26,310,000

(3) 총부담세액 : 14,800,000 + 26,310,000 = 41,110,000

2. 최적의 선택

고배당기업 주식 배당을 분리과세한 경우의 세부담이 적으므로 분리과세를 선택한다.

3. 취지

기업의 배당 확대를 유도할 수 있는 세제상 인센티브를 마련하고 국민의 자산형성 지원 및 경제 선순환을 제고하기 위함

해 설

1. 소득의 수입시기가 2027년인 경우 해답 1번 답안(배당가산율 11% 적용)

〈경우 1〉

(1) 금융소득금액(해답 참고) : 120,000,000 ＋ 90,000,000 × 11% ＝ 129,900,000

(2) 과세표준 : 129,900,000(금융소득금액) ＋ 100,000,000(근로소득금액) － 5,000,000(소득공제) ＝ 224,900,000

(3) 산출세액 : max(①, ②) ＝ 60,722,000

① 20,000,000 × 14% ＋ (224,900,000－20,000,000) × 기본세율 ＝ 60,722,000

② 120,000,000 × 14% ＋ (224,900,000－129,900,000) × 기본세율 ＝ 34,610,000

(4) 배당세액공제 : min(①, ②) ＝ 9,900,000

① Gross－up 금액 : 9,900,000

② 60,722,000 － 34,610,000 ＝ 26,112,000

(5) 결정세액(총부담세액) : 60,722,000 － 9,900,000 ＝ 50,822,000

〈경우 2〉

(1) 현금배당 80,000,000에 대한 분리과세 세액 : 14,800,000(해답과 동일)

(2) 나머지 소득 종합과세시 세율

1) 금융소득금액(해답 참고) : 40,000,000 ＋ 20,000,000 × 11% ＝ 42,200,000

2) 과세표준 : 42,200,000(금융소득금액) ＋ 100,000,000(근로소득금액) － 5,000,000(소득공제) ＝ 137,200,000

3) 산출세액 : max(①, ②) ＝ 28,380,000

① 20,000,000 × 14% ＋ (137,200,000－20,000,000) × 기본세율 ＝ 28,380,000

② 40,000,000 × 14% ＋ (137,200,000－42,200,000) × 기본세율 ＝ 23,410,000

4) 배당세액공제 : min(①, ②) ＝ 2,200,000

① Gross－up 금액 : 2,200,000

② 28,380,000 － 23,410,000 ＝ 4,970,000

5) 결정세액 : 28,380,000 － 2,200,000 ＝ 26,180,000

(3) 총부담세액 : 14,800,000 ＋ 26,180,000 ＝ 40,980,000

1 / 5 금융소득

1.5차 2차 필수

거주자 김보민씨의 2026년도의 다음의 소득자료를 이용하여 물음에 답하시오. 다만, 제시된 금액은 원천징수 전 금액이며, 원천징수는 적정하게 이행되었다.

1. 2026년에 귀속되는 보험차익의 내역
   ① 상해보험에서 발생한 보험차익(불입기간 1년) : ₩12,000,000
   ② 거주하고 있는 주택의 화재로 인한 화재보험의 보험차익(불입기간 2년) : ₩7,000,000
   ③ 운영하고 있는 사업장에서 발생한 보험차익
      ㉠ 종업원을 위하여 가입한 확정급여형 퇴직연금의 보험차익은 ₩4,000,000이다.
      ㉡ 사업용 건물의 소실로 인하여 보험금 ₩500,000,000을 받았다. 보험기간동안 납입한 보험료는 총 ₩100,000,000이며, 소실된 건물의 세법상 장부가액은 ₩300,000,000이다.
   ④ 보험계약기간 만기에 수령한 저축성 보험의 보험차익은 보험계약기간 8년분 ₩1,000,000, 10년분 ₩2,000,000, 12년분 ₩3,000,000이다. 납입한 보험료의 합계액은 1억원이다.

2. 위 외에 보험차익 : 2020. 5. 1.에 가입하여 총납입액이 ₩3,500,000인 10년 만기 월적립식 저축성보험을 2026. 12. 28.에 임의해지하고 2027. 1. 4.에 환급금 ₩5,000,000을 수령하였다. 보험계약기간 중에 보험계약에 의하여 받은 배당금은 ₩300,000이다.

3. 「조세특례제한법」상 동업기업과세특례를 적용받는 동업기업으로부터 수동적동업자로서 배분받은 소득금액은 ₩2,000,000이다. 이는 동업기업의 제26기(2026. 1. 1.～2026. 12. 31.) 사업연도에 대한 것으로 배분결의일은 2027. 2. 28.이다.

4. 김보민씨는 가나실업(사업연도 : 1. 1.～12. 31.)의 출자공동사업자(지분비율 30%, 손익분배비율 40%)이다. 가나실업의 사업소득금액 및 가나실업에 귀속되는 은행예금이자는 다음과 같으며, 과세기간 종료일부터 3개월이 되는 날에 공동사업자에게 사업소득의 분배금을 지급하고 있다.

사업연도	사업소득금액	은행예금이자 수령액
2025년	₩20,000,000	₩10,000,000
2026년	25,000,000	12,000,000

5. 비상장법인인 A사로부터 현금배당금 ₩8,000,000을 수령하였다. A사는 「조세특례제한법」 제121조의 8에 따른 제주첨단과학기술단지입주기업에 대한 법인세 감면을 적용받고 있다. 직전 2개 사업연도의 A사의 소득금액과 감면비율은 다음과 같다.

구 분	총소득금액	감면대상 소득금액	감면비율
2025년	₩300,000,000	₩80,000,000	50%
2024년	100,000,000	20,000,000	100%

6. 창업중소기업에 대한 세액감면을 적용받는 비상장법인인 B사로부터 현금배당금 ₩25,000,000을 받았다. B사의 직전 2개연도의 총소득금액은 ₩700,000,000, 감면대상소득금액은 ₩280,000,000 이며, 감면율은 50%이다.

[물 음]

1. 위 자료를 이용하여 김보민씨의 2026년도의 종합소득에 합산할 이자소득금액과 배당소득금액을 계산하시오.

2. 문제 자료 1번의 '③' 자료를 이용하여 사업소득 총수입금액에 산입할 보험차익을 계산하시오.

핵심정리

문제의 포인트

1. 보장성보험 및 저축성보험의 과세방법 : summary p2-20. 1.2
2. 출자공동사업자 배당소득과 동업기업과세특례 규정에 따른 수동적동업자가 받는 배당소득의 차이
   ① 출자공동사업자 배당소득 : summary p2-37. 1.2
   ② 동업기업과세특례 규정에 따른 수동적동업자가 받는 배당소득 : summary p2-55. 정리
3. Gross-up이 적용되지 않는 특정 세액감면의 범위와 계산방법 : summary p2-43. ⑤. ㉢, summary p2-44. *2

※ 자료별 정리사항

1. 보장성보험의 보험차익
   ①, ② 人보험인 상해보험에서 발생한 보험차익과 사업용자산이 아닌 주택의 소실로 인한 보험차익은 소득세 과세대상이 아니다.
   ③ 사업과 관련하여 발생한 보험차익
      ㉠ 확정급여형 퇴직연금의 보험차익 : 납입시 납입보험료를 사업소득 필요경비에 산입하므로 보험차익 수령시 사업소득 총수입금액에 산입한다. summary p2-40. ⑤

㉡ 사업용 건물의 소실로 인한 보험차익 : 납입시 납입보험료를 사업소득 필요경비에 산입하므로 보험차익 수령시 사업소득 총수입금액에 산입한다. 이 경우 보험차익은 다음과 같이 계산한다.

보험차익 = 보험금 - 소실된 자산의 장부가액

④ 저축성보험의 보험차익 : 계약기간 10년 이상으로서 납입보험료 합계액 요건(2013. 2. 15. 전 계약체결분 : 금액 제한 없음, 2013. 2. 15. ~ 2017. 3. 31. 계약체결분 : 2억원, 2017. 4. 1. 이후 계약체결분 : 1억원 이하)을 갖춘 것은 소득세 과세대상이 아니다. 따라서 문제 자료의 경우 계약기간 10년 이상이 아닌 1,000,000만 조건부과세대상 이자소득이다.

2. 저축성보험의 보험차익 계산문제 접근방법

〈1단계〉 계약기간[최초납입일부터 만기일(중도해지시에는 중도해지일)까지의 기간] 10년 미만 등 과세요건 충족하였는가? : Yes

〈2단계〉 수입시기(지급일. 단, 기일 전 해지시 해지일)가 도래하였는가? : Yes

〈3단계〉 보험차익 계산 :

보험차익 = 보험금 - (납입보험료-보험계약기간 중 보험계약에 의하여 받은 배당금)
= 5,000,000 - (3,500,000-300,000) = 1,800,000

3. 수동적 동업자 배당 : 조건부과세대상 배당소득이며, 과세기간종료일을 수입시기로 한다.
→ Gross-up 대상 아님

4. 출자공동사업자 배당 :

① 사업소득금액에 손익분배비율(없으면 지분비율)을 곱한 금액은 종합과세대상 배당소득(2,000만원 초과 여부 판단기준금액 아님)이며, 과세기간종료일을 수입시기로 한다. → Gross-up 대상 아님

② 이자소득금액에 손익분배비율(없으면 지분비율)을 곱한 금액은 이자소득에 해당한다.

5. 제주첨단과학기술단지입주기업에 대한 법인세 감면은 Gross-up 제외대상으로 열거된 세액감면이므로 2개연도 평균감면율을 고려하여 Gross-up 제외대상과 적용대상을 구분하여 계산한다.

6. 창업중소기업에 대한 세액감면은 Gross-up 제외대상으로 열거된 세액감면이 아니므로 전액 Gross-up 대상이다.

해답

1. 이자소득금액과 배당소득금액

이자소득금액 : 7,600,000

배당소득금액 : 54,860,000 － 7,600,000 ＝ 47,260,000

[근 거]

	이자	Gross－up 제외	Gross－up 대상	계
종 합 과 세				
조건부과세	1,000,000	2,000,000		
	1,800,000①	1,200,000④	6,800,000④	
	4,800,000③		25,000,000	
	7,600,000	3,200,000	31,800,000	42,600,000 ＋ 22,600,000⑤ × 10% ＝ 44,860,000
출자공동 사업자 배당		10,000,000②		10,000,000
				54,860,000

① 5,000,000 － (3,500,000－300,000) ＝ 1,800,000

② 25,000,000 × 40% ＝ 10,000,000

③ 12,000,000 × 40% ＝ 4,800,000

④ Gross－up
- 제외 : $8{,}000{,}000 \times \dfrac{80{,}000{,}000 \times 50\% + 20{,}000{,}000 \times 100\%}{400{,}000{,}000} = 1{,}200{,}000$
- 대상 : 8,000,000 － 1,200,000 ＝ 6,800,000

⑤ min(31,800,000, 42,600,000－20,000,000) ＝ 22,600,000

(if) 소득의 수입시기가 2027년인 경우 금융소득금액(배당가산율 11% 적용)

$$42{,}600{,}000 + 22{,}600{,}000 \times 11\% + \underbrace{10{,}000{,}000}_{\text{출자공동사업자 배당}} = 55{,}086{,}000$$

2. 사업소득 총수입금액

4,000,000 ＋ (500,000,000－300,000,000) ＝ 204,000,000

1 / 6 금융소득

상호 독립된 각 【문】에 답하시오.

【문 1】 1.5차 2차 필수

거주자 채유진씨의 2026년도의 다음의 소득자료를 기초로 물음에 답하시오. 제시된 금액은 원천징수 전 금액이며, 별도의 언급이 없는 한 원천징수는 적정하게 이행되었다. 1년은 항상 365일이라고 가정한다.

〈자 료〉

1. 주권상장법인 ㈜A의 제25기 사업연도(2025. 1. 1.～2025. 12. 31.)에 대한 법인세 신고시 「법인세법」에 따라 채유진씨의 배당으로 처분된 금액 ₩4,000,000이 있다.

2. 채유진씨는 국내 A전자 주식을 1,000주 보유 중이며, 증권사와 대차약정을 맺고 주식을 대여하였으며, 이가나씨는 그 주식을 증권사에서 빌려가서 시장에 매도(공매도)하였다. A전자가 1주당 ₩1,000의 현금배당을 결정함에 따라 증권사로부터 이가나씨의 계좌에서 인출한 배당상당액 ₩1,000,000을 받았으며, 이와 별도로 일시적인 주식의 대여수수료 ₩250,000을 받았다.

3. 국채 및 지방채와 관련된 소득의 내역은 다음과 같다.
   ① 지방자치단체가 발행한 채권의 할인액은 ₩1,000,000이다.
   ② 공개시장에서 통합발행된 액면가액 ₩10,000,000인 국채를 발행일인 2023. 7. 1. ₩9,700,000에 취득하여 보유하던 중 2026. 6. 30.에 만기가 되어 원금 ₩10,000,000(할인액 ₩300,000 포함)과 액면이자 ₩900,000을 수령하였다.
   ③ 2022. 4. 1. 액면가액 ₩20,000,000에 액면발행된 물가연동국채의 만기가 도래하여 채권원금 ₩20,500,000(물가에 연동된 원금증가분 ₩500,000 포함)과 액면이자 ₩1,300,000을 수령하였다.
   ④ 국가가 발행한 채권이 원금과 이자가 분리되는 경우로서 원금에 해당하는 채권의 할인액은 ₩400,000이다.

4. 만기 10년의 채권에서 2026년에 발생한 이자의 내역은 다음과 같으며, 분리과세신청이 가능한 것은 분리과세를 신청하였다.
   ① 2012년에 발행된 채권에서 발생한 이자 ₩7,000,000
   ② 2017년 7월 1일에 발행된 채권에서 발생한 이자 ₩3,000,000. 채유진씨는 발행일에 채권을 구입하여 계속 보유하고 있으며 ₩3,000,000 중 50%는 상반기에, 50%는 하반기에 귀속되는 이자이다.
   ③ 2024년 2월 1일에 발행된 채권에서 발생한 이자 ₩5,000,000

5. 2026. 6. 1.에 환매채 ₩10,000,000을 구입하여 2026. 9. 1.에 ₩12,000,000에 처분하여 ₩2,000,000의 처분이익이 발생하였다. 처분이익 중 ₩200,000은 보유기간 이자이다.

6. ㈜가나가 발행한 회사채(액면가액 ₩20,000,000, 표면이자율 연 6%, 약정에 의한 이자 지급일은 만기인 2027. 9. 30.)를 2025. 11. 1.에 발행자로부터 액면가액에 매입하여 보유하고 있다가 2026. 3. 27.에 ㈜다라에게 ₩21,000,000에 매도하였다.

7. ㈜다라가 2024. 12. 31.에 발행한 3년 만기 채권(액면가액 ₩100,000,000, 발행가액 ₩82,000,000, 표면이자율 연 2%, 이자는 매년말 지급조건)을 발행일에 취득한 후 2026. 6. 30.에 ₩116,000,000에 매도하였다.

[물　음]

1. 2026년의 종합소득금액에 합산하는 금융소득금액을 〈답안양식〉에 따라 계산하고 그 계산근거를 제시하시오.

〈답안양식〉

구　분	금　액
2,000만원을 초과하여 기본세율이 적용되는 이자소득금액	
2,000만원을 초과하여 기본세율이 적용되는 배당소득금액	

2. 분리과세되는 금융소득에 대한 원천징수세액(지방소득세 포함)을 계산하시오.

3. 자료 2번의 주식대차거래와 관련하여 채유진씨가 부담한 소득세 원천징수세액을 소득별로 계산하시오.

【문 2】 유예

유예생은 제2편 소득유예 1 풀이

핵심정리

문제의 포인트

1. 인정배당의 수입시기 : summary p2-33. ③
2. 환매조건부 주식 매매거래에 따른 보상액 : summary p2-28. 1.6
3. 채권 등의 매매차익과 이자 및 할인액의 과세여부, 과세방법 및 수입시기 : summary p2-19. 1.1, p2-31. ㊟, p2-32. 사례2

※ 자료별 정리사항

1. 인정배당의 수입시기는 법인의 결산확정일이다. 제25기분(2025년)에 대한 결산확정은 2026년에 할 것이므로 수입시기는 2026년이다.

2. ① 주식의 대차거래에서 발생하는 배당상당액 및 주식 환매조건부 주식(RP)의 매매거래에 따른 보상액으로 받는 배당상당액 등은 유사배당소득이며, Gross-up 대상이 아니다.
   ② 유가증권의 일시적 대여로 인한 소득은 조건부과세대상 기타소득이다. summary p2-137. ④

3. ①, ②, ④. 이자 및 할인액에 대해서는 과세하는 것이 원칙이므로 지방채 할인액, 국가가 발행한 채권이 원금과 이자가 분리되는 경우로서 원금에 해당하는 채권의 할인액은 과세대상 이자소득이다. 다만, 국채 등 법령에 열거된 채권을 공개시장에서 통합발행하는 경우 그 할인액은 과세대상이 아니나, 이 경우에도 이자상당액은 과세대상이다.
   ③ 물가연동국채의 원금증가분은 2015. 1. 1. 전에 발행된 채권으로부터 지급받는 것은 과세하지 않지만, 2015. 1. 1. 이후에 발행되는 채권으로부터 받는 것은 이자소득으로 과세한다.

4. ① 2012. 12. 31.까지 발행된 10년 이상의 장기채권의 이자는 3년 이상 보유 요건 등과 무관하게 분리과세를 신청하면 분리과세한다(소득세 원천징수세율 : 30%).
   ② 2013. 1. 1.부터 2017. 12. 31.까지 발행된 10년 이상의 장기채권의 이자는 3년 이상 계속하여 보유한 거주자가 그 장기채권을 매입한 날부터 3년이 지난 후에 발생하는 이자만 분리과세 신청시 분리과세한다. 문제의 경우 2020년 상반기까지 발생분 이자는 조건부 과세대상이며, 2020년 하반기부터 발생한 이자가 분리과세대상이므로 2026년에 발생한 이자는 모두 분리과세한다(소득세 원천징수세율 : 30%).
   ③ 2018. 1. 1. 이후 발행된 장기채권의 이자는 분리과세 신청여부와 무관하게 조건부과세대상이다.

5. 채권의 매매차익은 과세대상이 아니나, 환매조건부 채권의 매매차익은 이자소득으로 과세한다. 채권의 보유기간 이자상당액은 채권의 성격과 무관하게 이자소득으로 과세한다.

6. ㈜가나의 채권은 액면발행하였으므로 할인액은 발생하지 않는다. 따라서 다음과 같이 보유기간 이자를 계산하여 과세대상에 포함한다.

$$\text{보유기간 이자상당액} = \text{채권가액} \times \text{이자율}^{*1} \times \frac{\text{보유일수}^{*2}}{365(\text{윤년은 } 366)}$$

*1 이자율
① 할인발행액을 이자소득으로 보지 않는 국채 등의 경우 : 표면이자율을 적용한다.
② 위 외의 일반채권의 경우 : 표면이자율에 발행시 할인율을 더하고 할증률을 뺀 이자율을 적용한다.

*2 매수일(발행일 또는 직전원천징수일)의 다음날부터 매도일 또는 이자지급일까지의 보유기간일수

7. ㈜다라의 채권은 할인발행하였으므로 해답과 같이 할인액과 보유기간이자를 계산하여 과세대상에 포함한다.

해답

1.

구 분	금 액
2,000만원을 초과하여 기본세율이 적용되는 이자소득금액	1,547,122
2,000만원을 초과하여 기본세율이 적용되는 배당소득금액	5,400,000

[근 거]

(1) 금융소득 구분

	이자	Gross－up 제외	Gross－up 대상	계
종합과세				
조건부과세	1,000,000	1,000,000	4,000,000	
	900,000			
	1,800,000①			
	400,000			
	5,000,000			
	2,000,000			
	480,000②			
	9,967,122③			
	21,547,122	1,000,000	4,000,000	26,547,122 ＋ 4,000,000*2 × 10% ＝ 26,947,122

① 500,000 ＋ 1,300,000 ＝ 1,800,000

② 보유기간 이자 : 20,000,000 × 6% × $\frac{146}{365}$(11.2.～3.27.) ＝ 480,000

③ ㉠ 보유기간 이자 : 100,000,000 × 2% × $\frac{181}{365}$ ＝ 991,780

㉡ 보유기간 할인액 : (100,000,000－82,000,000) × $\frac{365 + 181}{365 \times 3년}$ ＝ 8,975,342*1

㉢ 계 : 9,967,122

> (if) 소득의 수입시기가 2027년인 경우 금융소득금액(배당가산율 11% 적용)
> 26,547,122 ＋ 4,000,000 × 11% ＝ 26,987,122

(2) 기본세율적용분*3

① 이자소득금액 : 21,547,122 － 20,000,000 ＝ 1,547,122

② 배당소득금액 : 26,947,122 － 21,547,122 ＝ 5,400,000

2. 장기채권이자 : (7,000,000＋3,000,000) × ($\underbrace{30\%}_{소득세}$ ＋ $\underbrace{3\%}_{지방소득세}$) ＝ 3,300,000*4

3. 소득별 소득세 원천징수세액

① 배당소득(배당상당액) : 1,000,000 × 14% ＝ 140,000

② 기타소득(대여수수료) : 250,000 × 20% ＝ 50,000

해설

1. 해답상 '*'에 대한 설명

*1 「소득세법」 시행령에 따른 보유기간 할인액의 계산방법은 다음과 같으나, 위의 해답과 같이 계산하는 것이 간편하다.

① 연 할인율 : $\frac{(100,000,000-82,000,000)}{100,000,000} \times \frac{1}{3} = 6\%$

② 보유기간 할인액 : $\underbrace{100,000,000 \times 6\%}_{2025\text{년}} + \underbrace{100,000,000 \times 6\% \times \frac{181}{365}}_{2026\text{년}} = 8,975,342$

*2 min(4,000,000, 26,547,122－20,000,000) ＝ 4,000,000

*3 금융소득은 '이자소득 → Gross－up 제외 배당소득 → Gross－up 대상 배당소득'의 순서로 구성되므로 14%세율분 20,000,000은 〈1순위〉 이자소득 20,000,000으로 구성된다. 따라서 기본세율이 적용되는 소득금액은 2,000만원을 초과하는 이자소득금액 1,547,122와 배당소득금액 5,400,000이다.

*4 물음에서 지방소득세를 포함한 원천징수세액을 계산하라고 하였으므로 '소득세 원천징수세율(30%) ＋ 지방소득세 원천징수세율(30%×10%=3%) ＝ 33%'를 곱하여 계산한다.

1 / 7 금융소득

【문 1】 1.5차 2차 필수

거주자 갑씨의 2026년도의 소득세 계산관련 다음 자료를 이용하여 물음에 답하시오. 별도의 언급이 없는 한 제시된 금액은 원천징수 전 금액이며 각 소득에 대한 원천징수는 적법하게 이루어졌다.

1. 비영업대금의 이익의 내역은 다음과 같다.
   (1) 은행에서 ₩100,000,000을 차입하여 친구에게 빌려주었던 사채(私債) 원금 ₩100,000,000과 이자 ₩10,000,000을 2026. 12. 31.에 받기로 하였다. 실제 원리금 수령일은 2027. 1. 20.이다. 갑씨가 이자를 받기 위하여 필요경비로 은행에 지급한 차입금이자는 ₩7,000,000이다.
   (2) 여유자금을 대여하고 온라인투자연계금융업자를 통하여 지급받은 이자(P2P이자) 소득 ₩8,000,000이 있다.
   (3) 2026. 1. 1.에 거래처 영업자금으로 ₩100,000,000을 대여(연 이자율 4%)하고 2026년 1월부터 2026년 6월까지분 이자 ₩2,000,000을 받았으며, 거래처가 2026. 10. 20.에 파산함에 따라 원금 ₩99,000,000을 받았다.
   (4) 반제기한이 2025. 12. 31.인 대여금 ₩50,000,000에 대하여 2026. 3. 10.에 이행지체로 인한 지연이자 ₩2,625,000을 변제받았다.

2. 국내투자신탁의 환매이익으로 상장주식 배당금 ₩5,000,000, 상장주식 매매차익 ₩4,000,000, 매도가능 채권의 매매차손 ₩2,500,000, 채권의 이자 ₩1,300,000을 받았다.

3. 갑씨는 을씨와 공동사업을 영위하고 있다. 갑씨는 출자공동사업자(공동사업에 자기의 성명을 사용하게 하였음)이고, 을씨는 업무집행공동사업자이며, 손익분배비율은 40% : 60%이다. 공동사업장의 사업소득금액은 ₩8,000,000이다.

4. 2014년에 가입한 소기업·소상공인 공제부금의 해지로 인한 환급금 ₩25,000,000을 받았다. 해지 사유는 해외이주이며, 해지일까지 공제부금의 총납입액은 ₩18,000,000이다. 공제부금 납입액 중 소득공제를 받지 못한 금액의 누계액은 ₩4,000,000이다. 갑씨는 2015년에 중소기업중앙회에 별도의 적용변경신청을 하지 않았다.

5. 갑씨가 영위하고 있는 사업과 관련하여 발생한 소득자료
   (1) 제품판매로 인한 외상매출금의 지급기일연장으로 인한 이자수령액으로 A거래처 외상매출금분(소비대차로 전환됨) ₩2,800,000, B거래처 외상매출금분(소비대차로 전환되지 아니함) ₩1,400,000이 있다.
   (2) 원재료매입에 따른 외상매입금의 조기결제로 인한 할인액 ₩1,000,000

(3) 매매계약의 위약으로 인한 손해배상금 ₩3,500,000과 그 법정이자 ₩300,000, 교통사고로 인한 배상금 ₩5,000,000과 그에 대한 법정이자 ₩400,000이 있다.

6. 「조세특례제한법」 제104의27의 요건을 갖춘 고배당기업으로부터 중간배당금 ₩50,000,000을 받았다. 갑씨는 이 배당에 대하여 확정신고시 종합소득 합산배제 신청을 하였다.

7. 갑씨 배우자의 정기적금이자는 ₩800,000이다.

[물음 1]

거주자 갑씨의 종합소득에 합산되는 이자소득 및 배당소득의 총수입금액과 배당소득에 대한 배당가산액을 다음의 〈답안양식〉에 따라 제시하시오.

〈답안양식〉

이자소득 총수입금액	
배당소득 총수입금액	
배당가산액(Gross-up 금액)	

[물음 2]

문제 자료 6번을 이용하여 특례배당소득의 산출세액을 계산하시오.

[물음 3]

문제 자료 4번의 해지 사유가 '주식 취득자금 조달을 위한 해지인 경우' 소기업·소상공인 공제부금에서 발생하는 소득의 종류를 적고 그 소득금액을 계산하시오.

【문 2】 유예

유예생은 제2편 소득유예 2 풀이

핵심정리

문제의 포인트

1. 대금의 이익의 과세방법 : summary p2-25. 1.4
2. 집합투자기구 환매이익의 과세방법 : summary p2-38. 1.3
3. 소기업·소상공인 공제부금에서 발생한 소득의 과세방법 : summary p2-26. 1.5
4. 이자소득으로 보지 않는 것 : summary p2-28. 1.7

※ 자료별 정리사항

1. 비영업대금의 이익

(1) ① 비영업대금이익의 수입시기는 약정에 의한 이자지급일과 실제 이자지급일 중 빠른 날이다.

② 비영업대금의 이익을 포함한 금융소득에 대해서는 필요경비를 인정하지 않는다. 따라서 차입금에 대한 지급이자를 차감하지 않는다.

(2) 온라인투자연계금융업자를 통하여 지급받는 이자소득(P2P 이자소득)도 비영업대금의 이익에 해당한다. 단, 원천징수세율은 25%가 아닌 14%임에 유의해야 한다. → ∴ 금액 위에 '비' 처리를 하지 말 것

(3) 2026년에 대한 과세표준 확정신고 전에 파산으로 회수할 수 없게 되었으므로 회수한 금액에서 원금부터 뺀다. 따라서 비영업대금의 이익은 '회수액 － 원금 ＝ (2,000,000＋99,000,000) － 100,000,000 ＝ 1,000,000'이다.

(4) 약정여부를 불문하고 금전채무를 포함한 채무의 이행지체로 인하여 지급받은 지연배상금[예를 들면 비영업대금 반제기한 지난 후 받는 지연배상금(지연이자)]은 기타소득 중 계약의 위약·해약으로 받은 위약금·배상금에 해당하며, 수입시기는 지급을 받은 날이다.

2. 집합투자기구이익 중 주식의 배당금·채권의 이자 및 채권의 매매차익은 과세대상(채권의 매매차익은 더하고, 매매차손은 뺌)이나, 상장주식의 매매차익·평가차익은 과세대상이 아니다. → 집합투자기구이익은 '문 1－8'에서 자세히 설명함

3. 공동사업에 성명·상호를 사용하게 하는 자, 공동사업에서 발생한 채무에 대하여 무한책임을 부담하기로 약정한 자는 출자공동사업자로 보지 않는다. 따라서 손익분배비율에 따라 받는 3,200,000(＝8,000,000×40%)은 사업소득금액에 해당한다.

4. ① 소기업·소상공인 공제부금의 해지사유가 법정사유인 해외이주이며, 2015. 12. 31.까지 적용변경신청을 하지 않았으므로 이자소득으로 과세한다. 이 경우 이자소득은 '공제금 － 납입액 ＝ 25,000,000 － 18,000,000 ＝ 7,000,000'이다.

② 소기업·소상공인 공제부금의 해지사유가 '[물음 3]'과 같이 법정사유가 아닌 경우에는 기타소득으로 과세한다. 이 경우 기타소득은 '환급금 － 실제 소득공제받은 금액을 초과하여 납입한 금액의 누계액(＝소득공제받지 못한 금액의 누계액) ＝ 25,000,000 － 4,000,000 ＝ 21,000,000'이다.

5. (1) 외상매출금의 기일연장이자

① 소비대차 전환분 : 이자소득(비영업대금의 이익에 해당됨 → ∴ 원천징수세율 : 25%)

② 소비대차 미전환분 : 사업소득(사업부수수익으로 봄)

(2) 매입할인·매입에누리 : 사업소득과 관련하여 매입가액에서 차감한다(이자소득으로 보는 것이 아님).

(3) 배상금 및 그 이자

① 계약의 위약·해약으로 인한 손해배상금과 그 법정이자 : 기타소득

② 기타의 배상금(예 : 명예훼손배상금·교통사고배상금)과 그 법정이자 : 과세대상이 아님

6. 「조세특례제한법」에 따른 고배당기업 주식 배당에 대하여 합산배제신청(분리과세신청)을 한 경우에는 분리과세한다. summary p2－52. 2. 세율은 2천만원 이하분은 14%, 2천만원 초과 3억원 이하분은 20%를 적용한다.

7. 소득세는 공동사업합산과세의 경우를 제외하고는 각 거주자별로 과세한다. 따라서 배우자의 금융소득은 거주자에게 합산하여 계산하지 않는다.

해 답

1.

이자소득 총수입금액	₩28,800,000
배당소득 총수입금액	3,800,000
배당가산액(Gross－up 금액)	0

[근　거]

	이자	G－up 제외	G－up 대상	계
종 합 과 세				
조 건 부 과 세	10,000,000[비]	3,800,000②		
	8,000,000			
	1,000,000[비], ①			
	7,000,000③			
	2,800,000[비]			
계	28,800,000	3,800,000	–	32,600,000
출자공동 사업자 배당		–		

① (2,000,000+99,000,000) － 100,000,000 ＝ 1,000,000

② 5,000,000 － 2,500,000 ＋ 1,300,000 ＝ 3,800,000

③ 25,000,000 (환급금) － 18,000,000 (납입액) ＝ 7,000,000

2.

20,000,000 × 14% ＋ (50,000,000－20,000,000) × 20% ＝ 8,800,000

3.

① 소득구분 : 기타소득

② 기타소득금액 : 25,000,000 (환급금) － 4,000,000 (소득공제 받지 못한 금액) ＝ 21,000,000

1 ⁄ 8 금융소득

상호 독립된 각 【문】에 답하시오.

【문 1】

거주자 윤규현씨의 2026년도의 다음의 소득자료를 기초로 물음에 답하시오. 제시된 금액은 원천징수 전 금액이며, 원천징수는 적정하게 이행되었다.

〈자 료〉

1. 집합투자기구에서 발생한 소득의 내역
   (1) 「자본시장과 금융투자업에 관한 법률」에 따른 국내투자신탁의 수익증권 환매이익을 받았다. 그 환매이익은 상장주식의 매매차익 ₩3,000,000, 비상장벤처기업주식 매매차익 ₩2,000,000, 상장주식 배당금 ₩1,000,000, 비상장주식 매매차익 ₩4,000,000, 채권의 매매차손 ₩1,500,000으로 구성되어 있으며, 이 금액은 투자신탁에 대한 수수료 ₩600,000을 뺀 후의 금액이다.
   (2) 투자금액 ₩40,000,000의 「조세특례제한법」 제87조의7에 따른 공모부동산집합투자기구의 수익증권에서 지급받은 현금배당금 ₩3,000,000이 있다.
   (3) 「법인세법」상 소득공제를 적용받은 해외자원개발투자회사(투자금액은 액면가액기준으로 ₩100,000,000)로부터 받은 배당금은 ₩2,500,000이다.
   (4) 기관전용 사모집합투자기구(「법인세법」상 소득공제를 받는 명목회사 및 동업기업과세특례 적용법인이 아님)로부터 받은 현금배당금은 ₩3,000,000이다.
   (5) 외국에서 설정된 집합투자기구(소득세법령으로 정한 적격집합투자 요건을 충족하지 못하였음)로부터 받은 분배금은 ₩5,000,000이다. 이 분배금에 대해서 국내에서 원천징수되지 않았다.

2. 2026년에 귀속되는 파생상품에서 발생한 소득으로 「상법」상 파생결합사채(ELB)에서 발생한 수익의 분배금 ₩4,000,000, 주가연계증권(ELS)에서 발생한 수익분배금 ₩1,000,000, 상장지수증권(ETN)에서 발생한 수익 ₩5,000,000(이 중 ₩3,400,000은 국내 상장주식의 주가지수를 기반으로 한 상장지수증권에서 발생한 것임)이 있다.

3. 「조세특례제한법」 제91조의18에 따른 개인종합자산관리계좌에서 계약체결일로부터 4년만에 계약을 해지하면서 이자소득 ₩6,000,000을 수령하였다. 가입일을 기준으로 직전 과세기간의 총급여액은 ₩40,000,000이었다.

4. 「조세특례제한법」 제91조의15에 따른 2024년말에 고위험고수익채권투자신탁에 ₩30,000,000을 투자하고 2026년에 받은 이자소득 ₩3,800,000이 있다.

5. 위 외에 장내파생상품인 KOSPI200선물거래로 ₩5,000,000의 이익이 발생하였다.

6. 소유하고 있던 토지를 신탁하여 수탁자로부터 받은 신탁의 이익 ₩10,000,000이 있는데, 이 금액은 수탁자가 토지를 임대함에 따라 발생한 이익을 분배한 것이다.

7. 직장공제회에 2019. 10. 1.에 가입하여 2026. 7. 31.에 탈퇴할 때까지 총 ₩20,000,000의 공제료를 납입하였으며, 탈퇴할 때 ₩30,000,000의 반환금을 수령하였다. 납입연수 5년 초과 10년 이하인 경우 공제액은 '150만원＋50만원×(납입연수－5년)'이며, 기본세율은 '제3편. 부록'을 참고하기로 한다.

8. 「법인세법」에 따라 법인으로 보는 단체로부터 받은 현금배당금은 ₩8,000,000이다.

9. 「상호저축은행법」에 따른 신용부금으로 인한 이익은 ₩5,000,000이다.

[물 음]

1. 자료를 이용하여 다음의 답안양식을 작성하고, 그 계산근거를 제시하시오. 2차 필수

구 분	금 액
종합과세되는 이자소득금액	
종합과세되는 배당소득금액	
분리과세되는 소득에 대한 소득세 원천징수세액	

2. 만약 자료 7번의 직장공제회초과반환금을 분할하여 지급함에 따라 2026년에 자료 7번의 소득 외에 추가로 발생하는 이익(반환금추가이익)이 ₩1,000,000 있는 경우 직장공제회초과반환금에 대한 소득세 총원천징수세액을 계산하시오. 유예

【문 2】 유예

유예생은 제2편 소득유예 3, 4 풀이

핵심정리

문제의 포인트

1. 집합투자기구로부터의 이익의 과세방법: summary p2-38. 1.3
2. 배당소득으로 과세하는 파생금융상품 배당 : summary p2-33. *2
3. 양도소득으로 과세하는 파생상품등 이익 : summary p2-238. 5
4. 무조건 분리과세대상 금융소득과 원천징수세율 : summary p2-49. (2)
5. 직장공제회초과반환금의 과세방법 : summary p2-23. 1.3

※ 자료별 정리사항

1. 집합투자기구의 이익
   (1) 투자신탁의 환매로 인한 이익도 집합투자기구로부터의 이익이므로 다음과 같이 처리한다.
      ① 상장주식 및 벤처기업의 거래·평가로 인한 손익은 과세대상이 아니나, 채권 및 일반 비상장주식의 거래·평가로 인한 손익은 과세대상이다(이익은 더하고 손실은 뺀다).
      ② 주식의 배당금 및 채권의 이자는 과세대상이다.
      ③ 각종 보수·수수료 등을 뺀 금액을 배당소득 총수입금액으로 한다.
   (2) 법령으로 정한 요건을 갖춘 공모부동산집합투자기구의 집합투자증권(지분증권 또는 수익증권) 중 거주자별 투자금액의 합계액이 5,000만원을 초과하지 않는 범위에서 지급받은 배당소득은 분리과세소득이다(원천징수세율 : 9%).
   (3) 해외자원개발투자회사 배당은 조건부과세대상이다. → 「법인세법」상 소득공제를 받은 법인(또는 집합투자기구)으로부터 받은 배당이므로 Gross－up 대상이 아니다.
   (4) 집합투자기구로부터의 이익은 Gross－up 대상이 아니나, 기관전용 사모집합투자기구(「법인세법」상 소득공제를 받는 명목회사 및 동업기업과세특례를 적용받는 법인에 해당하지 않는 회사만 해당한다)로부터 받는 배당은 Gross－up 대상이다.
   (5) ① 국외에서 설정된 집합투자기구는 소득세법령으로 정한 요건을 갖추지 않은 경우에도 적격집합투자기구로 보아 그 분배금을 배당소득으로 과세하는 것이 원칙이다.
      ② 국내에서 원천징수되지 않았으므로 무조건 종합과세대상이다.

2. ① 「상법」상 파생결합사채(ELB)에서 발생한 수익의 분배금, 주가연계증권(ELS)에서 발생한 수익분배금은 조건부 과세대상 배당소득이며, Gross－up 대상이 아니다.
   ② 상장지수증권(ETN)에서 발생한 수익도 조건부 과세대상 배당소득이나, 국내 상장주식의 주가지수를 기반으로 한 상장지수증권에서 발생한 수익은 과세대상에서 제외한다. summary p2-34. 4. ③

3. 개인종합자산관리계좌(ISA)에서 발생한 금융소득 : 과세특례요건을 갖추었고 가입일 기준으로 직전 과세기간 총급여액이 5,000만원 이하이므로 400만원까지 비과세하고 400만원을 초과하는 금액은 9%세율로 분리과세한다.

4. 2024. 12. 31.까지 가입한 법령으로 정한 요건을 갖춘 고위험고수익채권투자신탁에서 받은 이자소득 및 배당소득은 분리과세소득이다(원천징수세율 : 14%). 다만, 가입일부터 3년을 지나 발생하는 소득에 대해서는 분리과세를 적용하지 않으며, 각 금융회사를 통하여 가입한 투자금액의 합계액이 3천만원을 초과하는 경우 그 초과하는 금액에서 발생하는 소득은 조건부 과세대상이다.

5. 장내파생상품인 코스피200선물/옵션, 코스닥150선물/옵션, 코스피 200ELW(주식워런트증권), 코스닥150ELW 등의 거래로 발생하는 이익은 양도소득이다. summary p2-239. *7

6. 부동산 신탁의 이익은 재산권에서 발생한 소득의 내용별로 소득을 구분하므로 수탁자가 토지를 임대함에 따라 발생한 이익을 분배받은 것은 부동산임대사업소득에 해당한다. 따라서 금융소득에 포함하지 않는다.

7. 직장공제회초과반환금은 무조건 분리과세대상이며, 연분연승법을 적용하여 원천징수한다.

8. 「법인세법」에 따라 법인으로 보는 단체의 소득에 대해서도 법인세가 과세되므로 그 법인으로 보는 단체로부터 받은 배당은 Gross—up 대상이다.

9. 「상호저축은행법」에 따른 신용계 또는 신용부금으로 인한 이익도 일종의 예금의 이자소득이므로 조건부과세대상이다.

해답

1.

구 분	금 액
종합과세되는 이자소득금액	5,000,000〈주1〉
종합과세되는 배당소득금액	29,700,000〈주2〉
분리과세되는 소득에 대한 소득세 원천징수세액	1,192,000〈주3〉

〈주1〉

	이자	G-up 제외	G-up 대상	계	
종합과세		5,000,000			
조건부과세	5,000,000	3,500,000① 2,500,000 6,600,000②	3,000,000 8,000,000		
계	5,000,000	17,600,000	11,000,000	33,600,000	+ 11,000,000 × 10% = 34,700,000
출자공동사업자 배당		–			

① 1,000,000 + 4,000,000 + △1,500,000 = 3,500,000

② 4,000,000(ELB) + 1,000,000(ELS) + (5,000,000−3,400,000)(ETN) = 6,600,000

> (if) 소득의 수입시기가 2027년인 경우 금융소득금액(배당가산율 11% 적용)
> 33,600,000 + 11,000,000 × 11% = 34,810,000

〈주2〉 34,700,000 − 5,000,000 = 29,700,000

〈주3〉

① 공모부동산집합투자기구 배당 : 3,000,000 × 9% = 270,000

② ISA 금융소득 : (6,000,000−4,000,000) × 9% = 180,000

③ 고위험고수익채권투자신탁 : 3,800,000 × 14% = 532,000

④ 직장공제회 초과반환금 210,000*

계 1,192,000

* (10,000,000① － 10,000,000×40% － 2,500,000②) × $\frac{1}{7}$ × 기본세율 × 7 ＝ 210,000

(10,000,000①: 납입금초과이익, 10,000,000×40%: 기본공제, 2,500,000②: 납입연수공제)

① 30,000,000 － 20,000,000 ＝ 10,000,000

② 1,500,000 ＋ 500,000 × (7년－5년) ＝ 2,500,000

2. 소득세 원천징수세액

납입금초과이익 산출세액(해답 1. 〈주3〉. *)	210,000
반환금추가이익 산출세액	21,000*
	231,000

* 반환금추가이익 × $\frac{\text{납입금초과이익 산출세액}}{\text{납입금초과이익}}$ ＝ 1,000,000 × $\frac{210,000}{10,000,000}$ ＝ 21,000

1 / 9 금융소득

【문 1】 1.5차 2차 필수

거주자 김국세씨의 다음 2026년도의 소득자료를 이용하여 물음에 답하시오. 제시된 금액은 원천징수 전 금액이며, 별도의 언급이 없는 한 원천징수는 적정하게 이행되었다.

〈자　료〉

1. 외국법인인 Z사로부터 주식배당을 받았는데, 액면가액은 3,000,000, 발행가액은 4,000,000이다(국내에서 원천징수되지 않음).
2. 상장법인인 A사의 해산으로 ₩10,000,000의 해산대가를 받았다. A사의 소액주주인 김국세씨가 취득한 A사 주식 500주의 취득가액은 확인되지 아니하며, 1주당 액면가액은 ₩5,000, 해산당시 1주당 시가는 ₩12,000이다.
3. 상장법인인 B사 주식을 보유하고 있었는데, 2026. 5. 10.에 B사가 자본감소로 1,200주를 유상감자하면서 현금 ₩15,000,000을 받았다. B사 주식의 취득내역은 다음과 같다.
   ① (2024. 1. 8.) B사 주식 4,000주를 ₩50,000,000에 취득하였다.
   ② (2024. 10. 20.) 주식발행초과금의 자본전입으로 인해 무상주 1,000주(액면가 ₩5,000)를 받았다.
4. 외국법인이 발행한 채권에서 생긴 이자로 X사 채권이자 ₩2,300,000(이에 대해 국내에서 지급을 위임받은 자가 원천징수한 소득세는 ₩280,000)과 Y사 채권이자 ₩3,700,000(이에 대해 외국에서 원천징수한 세액은 ₩800,000)이 있다.
5. 비상장법인인 C사로부터 받은 현금배당의 내역은 다음과 같다. 김국세씨는 C사의 소액주주가 아니며, 보유한 C사 주식의 장부가액은 ₩45,000,000이다.
   ① ₩50,000,000 : 「상법」에 따라 주식발행초과금을 감액함에 따라 받은 배당이다.
   ② ₩2,700,000 : 「자산재평가법」을 위반하여 3% 재평가세율이 적용된 재평가적립금을 감액함에 따라 받은 배당이다.
6. 비상장법인인 D사로부터 받은 무상주 수령액으로 주식발행초과금의 자본전입으로 인한 금액 ₩7,000,000(지분율 상승에 해당하는 금액 ₩2,000,000이 포함됨)과 이익준비금의 자본전입으로 인한 금액 ₩4,000,000이 있다.
7. 비상장법인인 E사의 대주주(지분율 50%)로서 받은 무상주 액면가액 ₩10,000,000이다. 이는 주식발행초과금 ₩20,000,000을 재원으로 한 무상증자의 결과이다. 무상증자시 자기주식(지분율 10%)에 배정될 부분은 실권주처리되었으며, 무상증자의 현황을 표로 제시하면 다음과 같다.

구 분	증자전 지분율	무상주수령액	내 역
김국세씨	50%	₩10,000,000	= ₩20,000,000 × 50%
강세무씨	40%	8,000,000	= ₩20,000,000 × 40%
자기주식	10%	－	= 실권주 처리됨
계	100%	₩18,000,000	

8. 상장법인인 F사(김국세의 지분율 20%)의 이사회 결의로 무상주를 수령하였다. F사의 무상증자는 이익준비금 ₩9,000,000의 자본전입을 통해 이루어졌다. F사의 자기주식 지분율은 40%이고, 자기주식에 대한 무상주 미배정분은 다른 주주들에게 지분율에 비례하여 재배정되었다.

[물음 1] 2026년의 종합소득에 합산될 배당소득금액을 계산하시오.

[물음 2] 자료 3번의 감자대가를 받는 주주가 법인인 경우 의제배당액을 계산하시오.

[물음 3] 자료 3번 중 2024. 10. 20.의 자본전입이 주식발행초과금이 아닌 감자차익의 자본전입으로 인한 것인 경우 김국세씨의 의제배당액을 계산하시오.

【문 2】 유예

유예생은 제2편 소득유예 5 풀이

핵심정리

문제의 포인트

1. 국외 금융소득의 과세방법 : summary p2-53. (3)
2. 「법인세법」과 「소득세법」상 의제배당 계산의 차이 : summary p2-36. 1.1 [「법인세법」상 단기소각주식에 대한 특례는 법인세 summary p4-163. (2) 참고]
3. 자기주식을 보유한 상태에서 자본전입으로 다른 주주의 지분율이 증가하는 경우 의제배당 계산방법 : 법인세 summary p4-153. 3

※ 자료별 정리사항

1. 주식배당액은 발행가액으로 평가하며, 국내에서 원천징수되지 않았으므로 무조건 종합과세한다.

2. 「소득세법」에서는 감자·해산·합병·분할로 인한 의제배당계산시 소액주주의 구주식의 취득가액을 알 수 없는 경우에는 액면가액을 취득가액으로 한다.

3. ① 「소득세법」에도 단기소각주식 특례규정이 있으나, 「법인세법」과 달리 주식발행초과금의 자본전입으로 인한 무상주는 단기소각주식으로 보지 않는다. 따라서 단기소각주식 특례규정이 아닌 평균법에 따라 계산한 소각한 주식의 취득가액으로 의제배당액을 계산한다. → 법인의 소득에 법인세가 과세되지 아니하는 배당으로서 자본감소로 인한 의제배당액은 Gross-up 대상 아님

② '물음 2의 법인인 경우' 및 '물음 3의 감자차익의 자본전입으로 인한 경우'에는 단기소각주식 특례규정을 적용하여 단기소각주식부터 소각한 것으로 보아 소각된 주식의 취득가액을 계산한다.

4. 국외금융소득은 무조건 종합과세하는 것이 원칙이나, 국내에서 지급을 대리하는 자가 원천징수한 경우에는 조건부 과세대상이다.

5. ① 「상법」에 따라 주식발행초과금 등 의제배당으로 과세되지 않는 자본준비금을 감액함에 따라 받는 배당은 배당소득으로 과세하지 않는다. 이 경우 상장법인의 대주주와 비상장법인의 주주(비상장법인의 대주주에 해당하지 않는 자가 한국금융투자협회가 행하는 장외매매거래에 의하여 거래하는 중소기업 및 중견기업의 주식등은 제외)가 받는 배당은 해당 거주자가 보유한 주식의 장부가액을 한도로 배당소득으로 보지 않으며, 장부가액을 초과하는 금액은 배당소득으로 본다(summary p2-34. 1). 따라서 50,000,000에서 장부가액 45,000,000을 뺀 5,000,000은 배당소득이다. → 자본준비금 감액분 중 장부가액 초과분을 배당소득으로 과세하겠다는 것은 이를 「소득세법」 제17조제1항제1호의 '이익이나 잉여금의 배당'으로 본다는 의미이며, Gross－up 제외 대상에 없으므로 Gross－up 대상으로 보는 것이 타당함
② 「자산재평가법」을 위반하여 3% 재평가세율이 적용된 재평가적립금(적격합병 · 적격분할 차익 중 승계된 금액 포함)을 감액하여 받은 배당은 배당소득이다. → Gross－up 대상 아님 summary p2-43. ④. ㉢, ㉣

6. ① 익금불산입항목인 주식발행초과금의 자본전입으로 받은 무상주는 의제배당이 아니나, 익금불산입항목의 자본전입으로 받은 무상주라도 지분율 상승에 해당하는 금액은 의제배당이다. → Gross－up 대상 아님
② 익금항목인 이익준비금의 자본전입으로 받은 무상주는 의제배당이다. → Gross－up 대상

7, 8. 자기주식을 보유한 상태에서 자본전입으로 다른 주주의 지분율이 증가하는 경우에는 자본전입의 재원이 익금불산입 항목이라도 의제배당으로 과세한다. 이 경우 자료 7번과 같이 익금불산입항목(주식발행초과금)의 자본전입으로 인한 것은 Gross－up 대상이 아니나, 자료 8번과 같이 익금항목(이익준비금)의 자본전입으로 인한 것은 Gross－up 대상임에 주의하여야 한다. → 구체적인 계산방법은 '해설 1' 참고

해답

1. 배당소득금액 : 40,020,000 − 6,000,000 = 34,020,000

[근 거]

	이자	G-up 제외	G-up 대상	계
종합과세	3,700,000	4,000,000		
조건부과세	2,300,000			
			7,500,000①	
		3,000,000②		
		2,700,000	5,000,000③	
		2,000,000	4,000,000	
		1,000,000④		
			3,000,000⑤	
	6,000,000	12,700,000	19,500,000	38,200,000 + 18,200,000 × 10% = 40,020,000
출자공동 사업자 배당				

① $\underset{\text{해산 대가}}{\underline{10,000,000}} - \underset{\text{주식 취득가액}}{\underline{500주 \times 5,000}} = 7,500,000$

② $15,000,000 - 1,200주 \times \frac{50,000,000}{4,000주 + 1,000주} = 3,000,000$

③ 50,000,000 − 45,000,000 = 5,000,000

④ 10,000,000 − 18,000,000 × 50% = 1,000,000*1

⑤ $9,000,000 \times 20\% + 9,000,000 \times 40\% \times \frac{20\%}{60\%} = 3,000,000$*2

> (if) 소득의 수입시기가 2027년인 경우 금융소득금액(배당가산율 11% 적용)
> 38,200,000 + 18,200,000 × 11% = 40,202,000

2. $15,000,000 - (1,000주 \times 0 + 200주 \times \frac{50,000,000}{4,000주}) = 12,500,000$

3. 12,500,000('해답 2'와 동일)

해 설

1. 해답상 '*'에 대한 설명

*1 계산근거를 자세히 설명하면 다음과 같다. 법인세 summary p4-154. <해답>

(1) 의제배당 구성분 : 0

(2) 의제배당 미구성분 : $\left(\frac{\text{받은 주식 총수}}{} - \frac{\text{지분율에 따른 주식수}}{}\right) \times \frac{\text{미구성분 : 20,000,000}}{\text{총자본전입액 : 20,000,000}}(100\%) \times \text{액면가액}$

= 받은 주식의 액면가액 − 지분율에 따른 금액

$= 10{,}000{,}000 - \underbrace{18{,}000{,}000}_{\text{실제 발행한 금액}} \times 50\% = 1{,}000{,}000^{*}$

* 익금불산입항목(주식발행초과금)의 자본전입으로 인한 것이므로 Gross−up 대상이 아니다.

*2 계산근거를 자세히 설명하면 다음과 같다.

(1) 의제배당 구성분 : 받은 주식 총수 $\times \frac{\text{구성분 : 9,000,000}}{\text{총자본전입액 : 9,000,000}}(100\%) \times$ 액면가액

= 받은 주식의 액면가액

$= \underbrace{9{,}000{,}000 \times 20\%}_{\text{지분율 해당분}} + \underbrace{(9{,}000{,}000 \times 40\%) \times \frac{20\%^{②}}{60\%^{①}}}_{\text{추가 배정분}} = 3{,}000{,}000^{③}$

① $100\% - \underbrace{40\%}_{\text{자기주식 지분율}} = \underbrace{60\%}_{\text{잔여주주 지분율}}$

② 김국세씨의 지분율

③ 익금항목(이익준비금)의 자본전입으로 인한 것이므로 Gross−up 대상이다.

(2) 의제배당 미구성분 : 0

1 / 10 이자소득의 수입시기

1.5차 2차 필수

거주자 한유현씨의 다음의 금융소득 자료를 기초로 2026년도의 종합소득에 합산될 이자소득금액을 계산하시오. 다만, 제시된 금액은 별도의 언급이 없는 한 원천징수 전 금액이며, 원천징수는 적정하게 이행되었다.

1. 채권이자 및 파생금융상품 이자의 수령내역은 다음과 같다.

구 분	금 액	약정에 의한 이자수령일(상환일)	실제 수령일 (실제 상환일)
① 기명식채권의 이자	₩3,000,000	2025. 12. 29.	2026. 1. 15.
② 무기명채권의 이자	5,000,000	2025. 12. 20.	2026. 1. 20.
③ 파생금융상품 이자	12,500,000	2025. 12. 23.	2026. 1. 5.

2. 약정에 의한 이자수령일이 2026. 12. 26.인 비영업대금의 이익 ₩11,250,000(「소득세법」에 따른 원천징수세율로 소득세가 원천징수된 후의 금액)을 2027. 1. 10.에 받았다.

3. 환매조건부 채권의 매매차익 ₩4,000,000(약정에 의한 2026년 이자 수령액 ₩1,000,000 포함)이 있다. 이 채권의 약정에 의한 환매수도일은 2027. 1. 10.인데, 실제 환매수도일은 2026. 12. 31.이다.

4. 만기 10년인 채권에서 총이자 ₩7,000,000을 받았으며, 수령시 세법에 따라 소득세 30%를 원천징수당하였다.

5. 정기예금이자
   ① 정기예금 A : 2026. 7. 1.에 정기예금(2년만기, 이자는 6개월 간격으로 4%씩 지급하는 조건)에 가입하였는데, 해당연도의 발생이자는 ₩1,500,000으로 약정에 의한 이자지급일은 2026. 12. 31.이나 실제 이자수령일은 2027. 1. 10.이다.
   ② 정기예금 B : 2026. 12. 31.로 만기도래하였으나, 계약연장에 따른 원본 전입 특약에 따라 2026. 12. 31.에 실제로 수령하지 못하고 원본에 전입한 이자는 ₩2,000,000이다.

6. 2020년도에 가입한 저축성보험의 만기로 보험차익 ₩3,000,000이 발생하였다. 그 보험금의 만기일(약정에 의한 지급일)은 2026년 12월 30일인데, 2026년 말 현재 미수령한 상태이다.

7. 2026. 7. 1.에 사망한 부친으로부터 상속받은 상호신용부금에서 발생한 이자는 다음과 같다.
   ① 2026. 7. 1.까지의 이자 : ₩5,000,000
   ② 2026. 7. 2. ~ 2026. 12. 31.의 이자 : ₩4,500,000(2026. 12. 31. 현재 미수령함)

8. 1998. 7. 1.에 가입한 직장공제회에 2026. 12. 20. 탈퇴할 때까지 총 ₩8,000,000의 공제료를 납입하였으며, 탈퇴시 ₩10,000,000의 반환금을 수령하였다.

핵심정리

문제의 포인트

- 이자소득의 수입시기 : summary p2-30. 4

※ 자료별 정리사항

구 분	금 액	참고(귀속시기 등)
1. ① 기명식채권이자	－	약정에 따른 이자지급일 → ∴ 2025년 귀속
② 무기명채권이자	5,000,000	실제로 지급을 받은 날
③ 파생금융상품 이자	－	약정에 따른 상환일과 실제 상환일 중 빠른 날
2. 비영업대금의 이익	15,000,000*[1]	약정에 따른 이자지급일과 실제이자지급일 중 빠른 날
3. 환매조건부채권	4,000,000	• 매매차익 : 약정에 의한 환매수도일과 실제환매수도일 중 빠른 날 • 이자 : 기명채권이면 약정에 의한 지급일, 무기명채권이면 지급을 받은 날
4. 장기채권이자	－	분리과세대상*[2]
5. ① 정기예금 A 이자	－	실제로 지급을 받은 날 → ∴ 2027년 귀속
② 정기예금 B 이자	2,000,000	특약에 따른 원본전입일
6. 저축성보험의 보험차익	－	실제로 지급을 받은 날. 단, 기일 전 해지시에는 해지일
7. 상속받은 상호 신용부금이자		
① 상속개시일(7. 1.)까지 이자	－	부친의 이자소득(상속개시일 귀속)
② 7. 2.~12. 31. 이자	－	한유현씨의 이자소득이나, 이자를 지급받지 않았으므로 귀속시기 미도래
8. 직장공제회초과반환금	－	1998. 12. 31. 이전에 가입 → 과세 제외

*[1] 원천징수 전 소득금액$\left(=\dfrac{\text{원천징수된 후의 금액}}{1-\text{원천징수세율}}\right)$을 합산하며, 그 금액이 종합과세되는 경우 원천징수세액을 기납부세액으로 차감한다.

*[2] 문제에서 30%세율을 적용하여 소득세를 원천징수당하였다고 제시되어 있으므로 2017. 12. 31. 이전에 발행된 10년 이상 장기채권에 대하여 분리과세를 신청하였음을 추정할 수 있다.

해답

• 이자소득금액 : 26,000,000

	이자	G-up 제외	G-up 대상	계
종합과세				
조건부과세	5,000,000			
	15,000,000[비],*			
	4,000,000			
	2,000,000			
계	26,000,000	–	–	26,000,000

* $\frac{11,250,000}{(1-25\%)} = 15,000,000$

1 / 11 배당소득의 수입시기

1.5차 2차 필수

거주자 하권식씨의 금융소득(원천징수 전 금액) 관련 다음 자료를 이용하여 2026년도의 종합소득에 합산될 이자소득금액 및 배당소득금액을 계산하시오.

〈자　료〉

구　분	금　액	내　　역
A사 (코스닥상장법인, 대주주)	₩4,500,000	A사의 제10기 사업연도(2025. 1. 1.~2025. 12. 31.)에 대한 세무조정시 A사 주주인 하권식씨에 대한 인정이자로 익금산입하고 배당으로 처분한 금액이다. 제10기 사업연도에 대한 결산확정일은 2026. 2. 28.이다.
B사 (주권상장법인, 대주주)	35,000,000	B사의 제18기 사업연도(2025. 1. 1.~2025. 12. 31.)에 대한 잉여금처분에 의한 배당으로, 잉여금처분결의일은 2026. 3. 10.이나, 회사사정으로 2027. 1. 10.에 배당금을 지급받았다.
C사 (미국 현지법인)	2,000,000	무기명주식의 현금배당금으로 미국 현지법인의 잉여금처분결의일은 2025. 12. 20.이며, 현금수령일은 2026. 1. 10.이다. 이 배당에 대하여 국내에서 원천징수하지 않았다.
D사 (비상장법인, 대주주)	?	D사의 해산으로 인하여 발생한 의제배당으로, D사의 해산등기일은 2025. 12. 18.이며, 잔여재산가액확정일은 2026. 2. 22.이다.*
E사 (주권상장법인, 소액주주)	?	E사가 자기주식소각익(자기주식소각일 : 2025. 1. 5.)을 자본에 전입함에 따라 무상주 500주(1주당 액면가액은 ₩10,000, 시가는 ₩12,000)를 수령하였다. 잉여금의 자본전입결의일은 2026. 12. 10.이며, 무상주수령일은 2027. 1. 10.이다.
F사 (외국법인)	3,000,000	「국제조세조정에 관한 법률」에 따른 특정외국법인의 유보소득의 제25기(2025. 1. 1.~2025. 12. 31.)에 대한 간주배당금액이다. 이에 대해서 국내에서 원천징수된 세액은 없다.
공동사업장	10,000,000	2026년도에 운영한 공동사업장 사업소득금액 ₩30,000,000 중 경영에 참여하지 않고 출자만 한 하권식씨의 손익분배비율에 해당하는 금액이다. 하권식씨는 이 금액을 공동사업장으로부터 2027년 2월에 지급받았다.
파생금융상품 배당	8,000,000	약정에 따른 상환일은 2026. 12. 28.이며, 실제 지급을 받은 날은 2027. 1. 5.이다.
파생금융상품 이자	6,000,000	약정에 따른 상환일은 2026. 12. 20.이며, 실제로 상환한 날은 2027. 1. 10.이다.

* D사의 해산으로 분배받은 재산은 현금 ₩12,000,000, 건물(장부가액 ₩15,000,000, 시가 ₩20,000,000), 甲사 주식(액면가액 ₩10,000,000, 시가 ₩15,000,000)이었으며, 당초 취득한 D사주식의 취득가액은 ₩35,000,000 (액면가액은 ₩27,000,000)이다.

핵심정리

문제의 포인트

• 배당소득의 수입시기 : summary p2-33. 1

※ 자료별 정리사항

1. A사 : 인정배당의 수입시기는 법인의 결산확정일이다.
2. B사 : 잉여금처분 배당의 수입시기는 법인의 잉여금처분결의일이다.
3. C사 : 무기명주식의 배당금의 수입시기는 그 지급을 받은 날이며, 국내에서 원천징수하지 않았으므로 무조건 종합과세한다.
4. D사 : 해산으로 인한 의제배당의 수입시기는 잔여재산가액확정일이다.
5. E사 : 무상주 의제배당의 수입시기는 자본전입결의일이다.
6. F사 : 「국제조세조정에 관한 법률」에 따른 특정외국법인의 유보소득의 간주배당도 배당소득이며, 수입시기는 특정외국법인의 해당 사업연도 종료일의 다음 날부터 60일이 되는 날이다. 따라서 제25기 12. 31.의 다음 날부터 60일이 되는 날인 2026년이 수입시기이다.
7. 공동사업장 : 출자공동사업자 배당의 수입시기는 과세기간종료일인 2026. 12. 31.이다.
8. 파생금융상품 배당과 이자 : 파생금융상품 배당의 수입시기는 지급을 받은 날이 속하는 2027년이나, 파생금융상품 이자의 수입시기는 약정에 의한 상환일과 실제 상환일 중 빠른 날이 속하는 2026년이다.

해답

이자소득금액	₩6,000,000
배당소득금액	76,250,000

[근　거]

	이자	G-up 제외	G-up 대상	계	
종 합 과 세		2,000,000 3,000,000			
조건부과세	6,000,000	5,000,000②	4,500,000 35,000,000 12,000,000①		
	6,000,000	10,000,000	51,500,000	67,500,000 + 47,500,000 × 10% =	72,250,000
출자공동 사업자 배당		10,000,000			10,000,000
					82,250,000

① 의제배당액 : $\underbrace{[12,000,000+20,000,000(\text{시가})+15,000,000(\text{시가})]}_{\text{해산대가}} - \underbrace{35,000,000}_{\text{주식 취득가액}} = 12,000,000$

② 500주 × 10,000(액면가액) ＝ 5,000,000

> (if) 소득의 수입시기가 2027년인 경우 금융소득금액(배당가산율 11% 적용)
>
> $67,500,000 + 47,500,000 \times 11\% + \underbrace{10,000,000}_{\text{출자공동사업자 배당}} = 82,725,000$

1 / 12 금융소득 2차

거주자 이세무씨의 다음 자료를 이용하여 2026년도의 〈답안양식〉에 따라 요구하는 금액을 계산하시오. 제시된 금액은 원천징수 전 금액이다.

〈자　료〉

1. 「조세특례제한법」 제104조의31에 따라 프로젝트금융투자회사에 대한 소득공제(배당가능이익의 90%를 배당하여 그 금액을 공제받음)를 받은 프로젝트금융투자회사인 A사로부터 받은 배당소득 ₩50,000,000이 있다.
2. B사 배당
   (1) 2026년 2월에 주권상장법인인 B사로부터 무상주 2,000주를 수령하였다. 무상주의 재원은 다음과 같으며, 무상주 중 500주는 B사가 보유하고 있는 자기주식에 대한 배정포기분을 추가로 배정받은 것이다.

무상주 재원	자본전입 구성비율
① 자기주식처분익(처분일로부터 2년 경과 후 자본전입분)	50%
② 자기주식소각익(소각일로부터 2년 이내 자본전입분)	30%
③ 재평가적립금(건물의 재평가로 인한 것)	20%
계	100%

   (2) B사 주식의 1주당 액면가액은 ₩10,000, 시가는 ₩19,000이다.

〈답안양식〉

구　분	금　액
의제배당액	
배당세액공제 대상 Gross-up 금액	
종합소득금액	

핵심정리

문제의 포인트

- 자기주식을 보유하고 있는 법인으로부터 익금항목과 익금불산입항목의 자본전입으로 무상주를 받는 경우 의제배당액과 Gross-up금액의 계산방법 : 아래 '※. 2' 참고

※ 자료별 정리사항

1. 프로젝트금융투자회사로부터 받은 배당소득은 조건부과세대상이며, 「조세특례제한법」에 따라 소득공제를 받은 프로젝트금융투자회사로부터 받은 배당소득은 Gross-up 대상이 아니다.

2. B사

(1) 주주가 받은 의제배당 및 자본준비금 감액 배당 등의 이중과세조정 여부 summary p2-45. 정 리

구　분	(법인세) 수입배당금 익금불산입 적용대상	(소득세) Gross－up 적용대상
(1) '〈유형 1〉'의 의제배당 ① [특례1] 자기주식소각익의 자본전입으로 받는 무상주 의제배당	○*	×
② [특례2] 자기주식을 보유한 상태에서 의제배당을 구성하지 않는 자본잉여금 자본전입시 다른 주주의 지분율 증가분 의제배당	×	×
③ 1% 재평가세율이 적용되는 토지의 재평가차액의 자본전입으로 인한 무상주 의제배당	○*	×
(2) '〈유형 2〉'의 의제배당 중 '자본의 감소'로 인한 의제배당	×	×
(3) 「자산재평가법」을 위반하여 3% 재평가세율이 적용된 재평가적립금(적격 합병차익 · 분할차익 중 승계된 금액 포함)을 감액하여 받는 배당	×	×

* 「법인세법」상 수입배당금 익금불산입 규정 적용배제 대상인 법인세 'summary p4-69. 적용배제'에 없으므로 적용대상이다.

(2) 자기주식을 보유하고 있는 법인으로부터 익금항목과 익금불산입항목의 자본전입으로 무상주를 받는 경우 의제배당액과 Gross－up금액의 계산방법 → 법인세 'summary p4-154. <해답>' 정리 후 학습할 것

의제배당		의제배당	(법인세) 익금불산입 대상액	(소득세) Gross－up 대상액
① 구성분(80%)*1 :	2,000주 × 80% × 10,000 =	16,000,000	16,000,000	10,000,000*2
② 미구성분(20%) :	(2,000주－1,500주) × 20% × 10,000 =	1,000,000		
		17,000,000		

*1 50% + 30% = 80%

*2 2,000주 × 50% × 10,000 = 10,000,000 → 자기주식소각익의 자본전입으로 인한 의제배당(30% 부분)은 수입배당금 익금불산입 적용대상이나, Gross－up 적용대상은 아님

해 답

구 분	금 액
의제배당액	₩17,000,000〈주1〉
배당세액공제 대상 Gross－up 금액	1,000,000〈주2〉
종합소득금액	68,000,000〈주3〉

〈주1〉 ① 2,000주 × 80% × 10,000 = 16,000,000

② 500주 × 20% × 10,000 = 1,000,000

17,000,000

〈주2〉 (2,000주×50%×10,000) × 10% = 1,000,000

↳ Gross－up 대상액 : 10,000,000

〈주3〉

	G－up 제외	G－up 대상	계
종합과세			
조건부과세	7,000,000 50,000,000	10,000,000	
	57,000,000	10,000,000	67,000,000 ＋ 10,000,000 × 10% ＝ 68,000,000
출자공동 사업자 배당	－		

(if) 소득의 수입시기가 2027년인 경우 금융소득금액(배당가산율 11% 적용)
67,000,000 ＋ 10,000,000 × 11% ＝ 68,100,000

1 / 13 금융소득 - 실전문제 2차

다음 각 자료를 바탕으로 물음에 답하시오. 각 자료에서 제시된 금액은 국내·외에서 원천징수되기 전의 금액으로 별도의 언급이 없는 한 원천징수는 적법하게 이루어졌으며 주어진 자료 이외에는 고려하지 않는다. 〈2025. CTA〉

〈자 료〉

거주자 갑의 2026년도 귀속 금융소득 및 종합소득세 계산과 관련된 자료이다.

1. 갑의 금융소득 관련 자료는 다음과 같다.

구 분	금 액	비 고
(1) 신용부금으로 인한 이익	₩1,000,000	「상호저축은행법」에 따른 신용부금의 이익에 해당한다.
(2) 내국법인으로부터 받은 배당금	10,000,000	한국금융투자협회가 행하는 장외매매거래에 따라 양도하는 중소기업 ㈜A로부터 받은 배당금으로 갑은 ㈜A의 대주주에 해당하지 않는다.
(3) 채권의 환매조건부 매매차익	1,500,000	금융회사 등이 시장가격에 의하지 않고 환매기간에 따라 사전약정이율에 따른 환매수 또는 환매도하는 조건으로 매매하는 채권의 매매차익이다.
(4) 출자공동사업자의 배당소득	3,000,000	공동사업에서 발생한 소득금액 중 출자공동사업자의 손익분배비율에 해당하는 금액이다.
(5) 산업금융채권의 할인액	5,000,000	산업금융채권을 공개시장에서 통합발행한 것으로 해당 채권의 매각가액과 액면가액과의 차액에 해당한다.
(6) 저축성보험의 보험차익	20,000,000	해당 저축성보험은 최초로 보험료를 납입한 날부터 만기일까지의 기간이 15년으로서 「소득세법 시행령」으로 정하는 요건을 갖춘 보험이다.
(7) 비영업대금의 이익	4,500,000	해당 이익은 원천징수되지 않았으며, 「온라인투자연계금융업 및 이용자 보호에 관한 법률」에 따라 금융위원회에 등록한 온라인투자연계금융업자를 통하여 지급받은 이익이 아니다.
(8) 외국법인으로부터 받은 배당금	3,000,000	갑이 위탁계좌를 보유하고 있는 국내 증권회사를 통해 취득한 외국법인의 해외상장주식에 대한 배당금이다. 해당 배당금에 대하여 외국에서 「소득세법 시행령」으로 정하는 외국소득세액 450,000원이 납부되었다.
(9) 조각투자상품인 투자계약증권으로부터의 이익	4,000,000	「자본시장과 금융투자업에 관한 법률」에 따른 투자계약증권으로서 대통령령으로 정하는 투자계약증권으로부터의 이익으로 2026년 7월 20일에 수령하였다.
(10) 공익신탁의 이익	2,000,000	해당 공익신탁은 「공익신탁법」에 따른 공익신탁에 해당한다.

2. 갑은 금융소득 이외에 근로소득금액이 ₩50,000,000이고 다른 종합소득금액은 없으며, 종합소득공제액은 ₩10,000,000이다.

3. 소득세 기본세율표 : '제3편. 부록' 참고

[물　음]

〈자료〉를 이용하여 〈답안양식〉에 따라 ① ~ ④의 금액을 제시하시오.

〈답안양식〉

구　분	금　액
종합과세되는 이자소득금액과 배당소득금액의 합계액	①
외국납부세액공제액	②
이자소득과 배당소득에 대한 원천징수세액의 합계액	③
종합소득산출세액	④

해답

구　분	금　액
종합과세되는 이자소득금액과 배당소득금액의 합계액	①　27,400,000〈주1〉
외국납부세액공제액	②　350,581〈주3〉
이자소득과 배당소득에 대한 원천징수세액의 합계액	③　3,060,000〈주4〉
종합소득산출세액	④　9,045,000〈주2〉

〈주1〉

	이자	Gross－up 제외	Gross－up 대상	계	
종합과세	4,500,000[비]	3,000,000			
조건부과세	1,000,000	4,000,000	10,000,000		
	1,500,000				
	7,000,000	7,000,000	10,000,000	24,000,000*[1] ＋ 4,000,000 × 10% ＝	24,400,000
출자공동사업자배당		3,000,000			3,000,000
				금융소득금액	27,400,000
				근로소득금액	50,000,000
				종합소득금액	77,400,000
				소 득 공 제	△10,000,000
				과 세 표 준	67,400,000

〈주2〉 max(①, ②) = 9,045,000

① 2,800,000 + (67,400,000-20,000,000) × 기본세율 = 8,650,000

② 4,500,000 × 25% + (24,000,000-4,500,000) × 14% + max(㉠, ㉡) = 9,045,000

㉠ (67,400,000-24,400,000) × 기본세율 = 5,190,000

㉡ 3,000,000 × 14% + (67,400,000-27,400,000) × 기본세율 = 5,160,000

〈주3〉 min(①, ②) = 350,581

① 450,000

② $9{,}045{,}000 \times \dfrac{3{,}000{,}000}{77{,}400{,}000} = 350{,}581$

〈주4〉 (24,000,000-7,500,000*[2]) × 14% + 3,000,000 × 25% = 3,060,000

해 설

1. 해답상 '*'에 대한 설명

*[1] 다음 소득은 과세대상이 아니므로 제외한다.

- 자료 '(5)'의 국채 · 산업금융채권 등 법령으로 정한 채권을 공개시장에서 통합발행하는 경우 해당 채권의 할인액
- 자료 '(6)'의 계약기간 10년 이상으로서 법령으로 정한 요건을 갖춘 저축성보험의 보험차익
- 자료 '(10)'의 공익신탁의 이익

*[2] 무조건 종합과세대상인 '4,500,000+3,000,000=7,500,000'은 원천징수대상이 아니다.

1 / 14 금융소득 - 실전문제 1.5차 2차 필수

상호 독립된 각 【문】에 답하시오. 종합소득세율은 '제3편. 부록'을 참고하여 계산하기로 한다.

【문 1】

다음은 거주자 병(여성, 70세)의 2026년 종합소득 관련 자료이다. 제시된 금액은 원천징수 하기 전의 금액이다. 〈2023. CPA 수정〉

1. 금융소득
   ① 국외 비영업대금의 이익 : 6,000,000원(국내에서 원천징수 되지 않음)
   ② 원금과 이자가 분리되는 국채에서 발생한 원금에 해당하는 채권의 할인액 : 2,000,000원
   ③ 「민사집행법」에 따른 경매입찰 보증금의 이자 : 4,000,000원
   ④ 「상호저축은행법」에 따른 신용부금으로 인한 이익 : 5,000,000원
   ⑤ 집합투자기구로부터 받은 이익 : 8,000,000원(상장주식 매매차익 30%, 이자수익 70%로 구성)
   ⑥ 상장법인으로부터 받은 현금배당 : 7,000,000원
   ⑦ 외국법인으로부터 받은 현금배당 : 9,000,000원(국내에서 원천징수 되지 않음)
   ⑧ ㈜A의 결산(결산확정일 : 2026년 3월 4일)과 관련하여 「법인세법」에 의하여 병에게 배당으로 소득처분된 금액 : 1,000,000원

2. 연금소득금액 : 30,000,000원

[물음 1]

병의 종합소득에 합산되는 이자소득 총수입금액 및 배당소득 총수입금액과 배당소득에 대한 배당가산액(Gross−up 금액)을 답안양식에 따라 제시하시오.

이자소득 총수입금액	
배당소득 총수입금액	
배당가산액	

[물음 2]

병의 종합소득산출세액을 구하기 위한 일반산출세액 및 비교산출세액을 답안양식에 따라 제시하시오. 단, 종합소득공제액은 6,000,000원으로 가정하며, 연금소득에 대한 세액계산의 특례를 적용하지 아니한다.

일반산출세액	
비교산출세액	

【문 2】

다음은 거주자 갑(남성, 48세)의 2026년도 금융소득에 관한 자료이다. 다음 자료를 바탕으로 각 물음에 답하시오(단, 제시된 금액은 원천징수 전의 금액으로 별도의 언급이 없는 한 원천징수는 적법하게 이루어졌다). 〈2023. CTA 수정〉

1. 지방자치단체가 발행한 채권의 할인액 : ₩10,000,000
2. 외국법인으로부터 받은 배당금(국내에서 원천징수되지 않음) : ₩8,000,000
3. 공모부동산집합투자기구 집합투자증권의 배당소득(「조세특례제한법」상 요건을 모두 갖춤) : ₩2,000,000
4. 개인종합자산관리계좌의 이자소득(「조세특례제한법」상 요건을 모두 갖춤) : ₩1,000,000
5. 법인과세 신탁재산(「법인세법」에 따라 내국법인으로 보는 신탁재산)으로부터 받은 배당금 : ₩5,000,000
6. 「상법」에 따른 파생결합사채로부터의 이익 : ₩3,000,000
7. 국내 비상장법인으로부터 받은 배당금 : ₩12,000,000

[물　음]

갑의 종합소득금액에 합산될 이자소득금액, 배당소득금액, 분리과세되는 금융소득총수입금액, 금융소득에 대한 소득세 원천징수세액을 다음의 양식에 따라 제시하시오.

항　목	금　액
종합소득금액에 합산될 이자소득금액	①
종합소득금액에 합산될 배당소득금액	②
분리과세되는 금융소득 총수입금액	③
금융소득에 대한 소득세 원천징수세액	④

해 답

【문 1】

1.

이자소득 총수입금액	13,000,000
배당소득 총수입금액	22,600,000
배당가산액	800,000

[근　거]

	이자	G-up 제외	G-up 대상	계
종합과세	6,000,000[비]	9,000,000		
조건부과세	2,000,000[*1]	5,600,000①	7,000,000	
	5,000,000		1,000,000[*3]	
	13,000,000	14,600,000	8,000,000	35,600,000 + 8,000,000② × 10% = 36,400,000

↳ 800,000

(G-up 제외 + G-up 대상) ↳ 계 : 22,600,000

① 8,000,000 × 70% = 5,600,000[*2]

② min(8,000,000, 35,600,000−20,000,000) = 8,000,000

2.

일반산출세액	7,600,000〈주1〉
비교산출세액	7,984,000〈주2〉

〈주1〉 1. 과세표준 : (36,400,000+30,000,000) − 6,000,000 = 60,400,000

2. 일반산출세액 : 20,000,000 × 14% + (60,400,000−20,000,000) × 기본세율 = 7,600,000

〈주2〉 비교산출세액 : 6,000,000 × 25%[*4] + (35,600,000−6,000,000) × 14% + (60,400,000 −36,400,000) × 기본세율 = 7,984,000

【문 2】

항 목	금 액
종합소득금액에 합산될 이자소득금액	① 10,000,000〈주1〉
종합소득금액에 합산될 배당소득금액	② 29,200,000〈주2〉
분리과세되는 금융소득 총수입금액	③ 2,000,000
금융소득에 대한 소득세 원천징수세액	④ 4,380,000〈주3〉

〈주1〉

	이자	G-up 제외	G-up 대상	계
종 합 과 세		8,000,000		
조건부과세	10,000,000*5	5,000,000*6 3,000,000	12,000,000	
	10,000,000	16,000,000	12,000,000	38,000,000*7 + 12,000,000 × 10% = 39,200,000

〈주2〉 39,200,000 − 10,000,000 = 29,200,000

〈주3〉 (38,000,000−8,000,000) × 14% (종합과세 대상) + 2,000,000 × 9% (분리과세 대상) = 4,380,000*8

해 설

1. 해답상 '*'에 대한 설명

*1 원금과 이자가 분리되는 국채에서 발생한 원금에 해당하는 채권 및 이자에 해당하는 채권의 할인액도 이자소득으로 과세한다.

*2 집합투자기구로부터의 이익 중 상장주식의 매매차익은 과세대상이 아니나, 이자수익은 과세대상이다.

*3 인정배당의 수입시기는 법인의 결산확정일이다.

*4 비교세액 계산시 비영업대금의 이익에 적용되는 원천징수세율은 국내에서 원천징수된 것은 물론 국내에서 원천징수되지 않은 것도 25%이다.

*5 지방자치단체가 발행한 채권의 할인액도 과세대상이다. 채권의 할인액은 국채 등 법령에 열거된 채권을 공개시장에서 통합발행한 경우의 할인액만 과세대상이 아니다.

*6 법인과세 신탁재산으로부터 받은 배당은 「법인세법」에 따라 소득공제를 받으므로 Gross-up 대상이 아니다.

*7 【문 2】 자료 3번에 제시된 「조세특례제한법」상 요건을 갖춘 공모부동산집합투자기구 배당은 무조건 분리과세대상(원천징수세율은 9%)이며, 자료 4번에 제시된 「조세특례제한법」상 요건을 갖춘 개인종합자산관리계좌의 이자는 200만원(서민형은 400만원)이하는 비과세하며, 초과액은 분리과세(원천징수세율은 9%)한다.

*8 물음에서 '금융소득'에 대한 소득세 원천징수세액을 요구하고 있으므로 종합과세대상과 분리과세대상에 대한 원천징수세액을 합산하였다.

1 / 15 금융소득 - 실전문제

상호 독립된 각 【문】에 답하시오.

【문 1】 2차

제조업을 영위하는 거주자 갑의 2026년 금융소득과 관련된 내역이 〈자료〉와 같을 때 아래 요구사항에 답하시오. 단, 제시된 금액은 원천징수하기 전의 금액이며, 별도의 언급이 없는 한 원천징수는 모두 적법하게 이루어졌다고 가정한다. 〈2019. CPA 수정〉

〈자　료〉

1. 비실명금융자산에서 발생한 이자 : ₩3,000,000(금융회사를 통하여 지급되었음)
2. 상호저축은행법에 따른 신용부금으로 인한 이익 : ₩10,000,000
3. 「민사집행법」에 따라 법원에 납부한 보증금에서 발생한 이자 : ₩1,200,000
4. 외상매출금의 지급기일 연장이자 : ₩7,000,000(소비대차로 전환된 외상매출금에서 발생한 이자 ₩4,000,000 포함)
5. 국세기본법에 의해 법인으로 보는 단체로부터 받은 현금배당 : ₩5,000,000
6. 국외은행 예금이자 : ₩7,000,000(국내에서 원천징수되지 아니함)
7. 자기주식소각이익(소각 당시 시가가 취득가액을 초과하였음)의 자본전입으로 받은 무상주 액면가액 : ₩2,000,000
8. 종합소득세율 : '제3편. 부록' 참고

[물음 1]

갑의 무조건분리과세되는 금융소득에 대한 소득세 원천징수세액을 다음의 〈답안양식〉에 따라 제시하시오.

〈답안양식〉

원천징수세액	

[물음 2]

갑의 종합과세되는 이자소득 총수입금액, 배당소득 총수입금액 및 배당가산액(Gross-up금액)을 다음의 〈답안양식〉에 따라 제시하시오.

〈답안양식〉

이자소득 총수입금액	
배당소득 총수입금액	
배당가산액(Gross-up금액)	

[물음 3]

갑의 종합소득 산출세액을 다음의 답안 양식에 따라 제시하시오. 단, 과세표준은 ₩50,000,000이며, 이자소득 총수입금액은 ₩15,000,000(비영업대금 이익 ₩4,000,000 포함), 배당소득 총수입금액은 ₩10,000,000(배당소득은 전액 Gross-up대상임)이라고 가정한다.

〈답안양식〉

일반산출세액	
비교산출세액	

【문 2】 유예

유예생은 제2편 소득유예 6 풀이

해답

1.

원천징수세액	2,868,000〈주〉

〈주〉 3,000,000(비실명) × 90% + 1,200,000(법원보증금) × 14% = 2,868,000*[1]

2.

이자소득 총수입금액	21,000,000
배당소득 총수입금액	7,000,000
배당가산액(Gross-up 금액)	500,000

[근　거]

	이자	G-up 제외	G-up 대상	계
종합과세	7,000,000*[4]			
조건부과세	10,000,000 4,000,000[비],*[2]	2,000,000*[5]	5,000,000*[3]	
	21,000,000	2,000,000	5,000,000	28,000,000 + 5,000,000* × 10% = 28,500,000

* min(5,000,000, 28,000,000−20,000,000=8,000,000) = 5,000,000

3.

일반산출세액	6,040,000〈주1〉
비교산출세액	6,355,000〈주2〉

〈주1〉 20,000,000 × 14% ＋ (50,000,000－20,000,000) × 기본세율 ＝ 6,040,000

〈주2〉 4,000,000 × 25% ＋ (25,000,000*－4,000,000) × 14% ＋ (50,000,000－25,500,000**) × 기본세율 ＝ 6,355,000

* 15,000,000(이자) ＋ 10,000,000(배당) ＝ 25,000,000

** 금융소득금액 : 25,000,000 ＋ min(10,000,000, 25,000,000－20,000,000＝5,000,000) × 10% ＝ 25,500,000

해 설

1. 해답상 '*'에 대한 설명

*1 ① 비실명 금융소득은 분리과세대상이며, 원천징수세율은 45%(실지명의에 의하지 아니하고 금융자산에서 발생하는 이자 · 배당은 90%)이다.

② 「민사집행법」에 의한 경매입찰 법원 보증금 및 경락대금에서 발생하는 이자소득은 분리과세대상이며, 원천징수세율은 14%이다.

*2 외상매출금 · 미수금 기일연장이자는 사업소득 총수입금액에 산입하되, 소비대차로 전환된 것에 대한 이자는 이자소득 중 비영업대금의 이익으로 본다.

*3 법인으로 보는 단체로부터 받는 배당도 배당소득이며, Gross－up 제외 배당이 아니므로 Gross－up 대상이다.

*4 국외은행 예금이자로서 국내에서 원천징수되지 않은 것은 무조건 종합과세대상이다.

*5 소각 당시 시가가 취득가액을 초과하였으므로 자기주식소각이익의 자본전입으로 받은 무상주는 의제배당이나, Gross－up 대상은 아니다.

제 2 절

사 업 소 득 summary p2-61. 제3절

※ 제2절 사업소득 문제 구성

사업소득은 다음과 같이 크게 3가지 유형으로 출제된다.

1. 부동산임대업 관련 총수입금액·필요경비 계산 및 세무조정 : 문 2-2 ~ 문 2-7(문 2-3, 문 2-6, 문 2-7은 기출문제)
2. 추계소득금액 계산 : 문 2-8
3. 복식부기의무자 또는 간편장부대상자 세무조정을 통한 사업소득금액, 종합소득금액 계산 : 문 2-9 이후 문제 → 2차시험에서는 법인세 세무조정이 높은 배점으로 출제되기 때문에 사업소득 관련 세무조정은 복잡하게 출제되지 않고 대표자급여, 이자소득, 유형자산처분손실 등 법인세와 차이가 나는 부분을 중심으로 출제된다. 따라서 먼저 문 2-9과 문 2-10의 기출문제를 통해 출제경향을 파악한 후 문 2-11 이하에서 주요 주제별로 정리하기로 한다.

2 / 1 사업소득 계산구조

【문 1】 1.5차 2차 필수

다음은 거주자 갑씨의 2026년도의 소득자료이다. 물음에 답하시오. 제시된 금액은 원천징수 전 금액이며, 원천징수는 적법하게 이행되었다. 갑은 간편장부대상자라고 가정하며, 복식부기에 따라 장부를 기장하고 관련 재무제표를 제출하였다. 갑은 성실사업자가 아니다.

1. 제조업
   (1) 수익
      ① 매출액은 ₩40,000,000이다. 이 금액은 매출에누리 ₩2,000,000이 차감되기 전 금액이며, 거래처로부터 받은 장려금 ₩3,000,000과 시가 ₩2,400,000 상당의 장려물품(원가는 ₩1,900,000)이 포함되어 있다.
      ② 무형자산인 상표권을 ₩12,000,000(장부가액은 ₩7,000,000)에 처분하였다.
   (2) 비용 : 매출원가는 ₩25,000,000이다. 판매비 ₩1,800,000은 전액 제품판매와 관련하여 지급한 판매장려금인데, 이 금액에는 사전약정 없이 지급한 ₩500,000이 포함되어 있다.

2. 부동산임대업
   주택 A(기준시가 ₩1,100,000,000)를 보증금 ₩40,000,000(정기예금이자율은 3%), 연간 임대료 ₩20,400,000(2026년 12월 말에 받기로 하였으나, 2027년 1월에 받은 ₩1,700,000이 포함된 금액)을 받고 임대하고 있으며, 2026년도의 주택 A 관련 필요경비는 ₩3,000,000이다. 거주하고 있는 주택B(기준시가 ₩1,300,000,000)는 거주자 을과 공동소유하고 있으며, 갑과 을의 지분율은 40% : 60%이다.

3. 개인서비스업
   갑이 집필한 서적의 판매비율에 따라 출판사로부터 ₩10,000,000의 인세를 받았으며, 이에 대한 필요경비는 ₩2,700,000이다. 이 외에 사업용 비품을 ₩4,000,000(장부가액은 ₩3,000,000)을 처분하였다.

4. 소득공제액은 ₩4,700,000이며, 과세표준이 1,400만원 초과 5,000만원 이하인 경우 기본세율은 “과세표준 × 15% － 1,260,000”이다.

5. 2026년 11월에 중간예납세액 ₩2,000,000를 납부하였다.

[물 음]

1. 2026년도 사업소득금액을 〈답안양식〉에 따라 계산하시오.

〈답안양식〉

구 분	총수입금액	필요경비	사업소득금액
제조업			
임대업			
개인서비스업			
계			

2. 2026년도 소득세 차감납부세액을 다음 〈답안양식〉에 따라 계산하시오.

〈답안양식〉

구 분	금 액
종 합 소 득 금 액	
과 세 표 준	
산 출 세 액	
세 액 공 제	
기 납 부 세 액	
차 감 납 부 세 액	

【문 2】 유예

유예생은 제2편 소득유예 7 풀이

핵심정리

문제의 포인트

1. 사업자가 받는 장려금과 지급하는 장려금의 처리방법 : 아래 '[1]. 1' 참고
2. 공동소유주택의 경우 주택수 계산시 소유자 판단 : summary p2-64. ③
3. 사업용 유형자산 처분시 과세여부 : summary p2-80. (1)
4. 사업소득이 있는 경우 세액공제 및 기납부세액 계산시 고려사항 : 아래 '[2]' 참고

[1] 자료별 정리사항

1. 제조업

(1) 수익

① 거래상대방으로부터 받은 장려금(장려물품 시가 포함)은 총수입금액에 산입한다.

② 상표권의 양도소득은 기타소득에 해당하며, 필요경비는 최소한 60%를 인정하므로 max(양도가액×60%, 입증액)이다.

(2) 비용 : 거래상대방에게 지급한 판매장려금은 사전약정이 없더라도 판매부대비용으로 필요경비 인정된다.

2. 주택임대업의 총수입금액 계산방법

〈1단계〉 임대료

Q 과세대상인가? : 과세 여부를 판단(고가주택 · 국외소재주택 또는 주택수가 2개 이상인지 여부의 판단)한 후 과세대상인 경우에만 임대료수입을 계산한다. 이 문제의 경우 공동소유주택인 주택 B는 지분이 큰 자인 을의 소유로 보는 것이 원칙이나, 주택의 기준시가가 12억원을 초과하고 갑이 지분율이 30%를 초과하므로 소수지분자인 갑도 주택을 소유한 것으로 본다. 따라서 갑은 2주택자에 해당하므로 갑 단독 소유의 주택이 고가주택이 아니라도 임대료를 과세한다(수입시기 : 계약상 정하여진 날).

〈2단계〉 간주임대료

Q 33투고12에 해당하는가? : 주택수(주거전용면적 40m² 이하로서 기준시가 2억원 이하인 주택은 제외하고 판단)가 3개 이상이면서 보증금의 합계가 3억원을 초과하는 경우이거나 2개의 기준시가 12억원을 초과하는 고가주택을 소유하고 보증금 합계액이 3억원 이상인 금액으로서 12억원을 초과하는 경우에만 간주임대료를 계산한다(이하 설명의 편의상 '33투고12'라 한다). 이 문제의 경우 주택수가 3개 이상이 아니며, 2개 중 1개만 고가주택이므로 계산대상이 아니다.

3. 간편장부대상자이므로 사업용 유형자산의 처분은 과세대상이 아니다.

[2] 사업소득이 있는 경우 세액공제 및 기납부세액 계산시 주요 고려사항

1. 세액공제
   ① 특별세액공제 : 성실사업자가 아닌 사업자이므로 자료에 언급이 없더라도 특별세액공제로 표준세액공제 7만원을 공제한다. summary p2-191. 2)
   ② 기장세액공제 : 간편장부대상자가 복식부기로 기장하고 재무상태표, 손익계산서, 합계잔액시산표, 조정계산서를 제출하는 경우 기장세액공제를 적용한다. summary p2-203
2. 기납부세액
   ① 중간예납세액 : 사업소득이 있는 자는 중간예납의무를 지는 것이 원칙이며, 이러한 중간예납세액은 확정신고시 기납부세액으로 차감한다. summary p2-215. 2
   ② 원천징수세액 : 사업소득은 부가가치세가 면세되는 의료보건용역 · 인적용역*을 제외하고는 원천징수대상이 아니다. 따라서 문제 자료상 제조업 · 부동산임대업 수입금액은 원천징수대상이 아니며, 저술로 인한 인세수입만 원천징수대상이다. 원천징수세액은 수입금액의 3%이다. summary p2-96. [특례 1]

* 사례 : 개인이 물적시설없이 근로자를 고용하지 않고 독립된 자격으로 제공하는 저술 · 작곡 · 강연료 · 강사료 · 배우 · 성우 · 가수 · 직업운동가 · 접대부 · 댄서 등과 이와 유사한 용역 등 법에 열거된 면세용역

해답

【문 1】

1.

구 분	총수입금액	필요경비	사업소득금액
제조업	38,000,000〈주1〉	26,800,000〈주2〉	11,200,000
임대업	20,400,000	3,000,000	17,400,000
개인서비스업	10,000,000	2,700,000	7,300,000
계	68,400,000	32,500,000	35,900,000

〈주1〉 40,000,000 － 2,000,000 ＝ 38,000,000

〈주2〉 25,000,000 ＋ 1,800,000 ＝ 26,800,000

2.

구 분	금 액
종 합 소 득 금 액	40,700,000〈주1〉
과 세 표 준	36,000,000〈주2〉
산 출 세 액	4,140,000〈주3〉
세 액 공 제	800,348〈주4〉
기 납 부 세 액	3,260,000〈주5〉
차 감 납 부 세 액	79,652

〈주1〉 $\underbrace{35{,}900{,}000}_{\text{사업소득금액}} + \underbrace{4{,}800{,}000^{*}}_{\text{기타소득금액}} = 40{,}700{,}000$

* 12,000,000 － max(12,000,000×60%, 7,000,000) ＝ 4,800,000

〈주2〉 40,700,000 － 4,700,000 ＝ 36,000,000

〈주3〉 36,000,000 × 15% － 1,260,000 ＝ 4,140,000

〈주4〉 $\underbrace{70{,}000}_{\text{표준세액공제}} + \underbrace{730{,}348^{*}}_{\text{기장세액공제}} = 800{,}348$

* min(①, ②) ＝ 730,348

① 산출세액 $\times \dfrac{\text{사업소득금액}}{\text{종합소득금액}} \times 20\% = 4{,}140{,}000 \times \dfrac{35{,}900{,}000}{40{,}700{,}000} \times 20\% = 730{,}348$

② 한도 : 1,000,000

〈주5〉 $\underbrace{2{,}000{,}000}_{\text{중간예납세액}} + \underbrace{1{,}260{,}000^{*}}_{\text{원천징수세액}} = 3{,}260{,}000$

* 10,000,000 × 3% ＋ 4,800,000(기타소득금액) × 20% ＝ 1,260,000

2 / 2 부동산임대업

1.5차 2차 필수

다음은 거주자 갑씨의 2026년도의 소득자료이다. 상호 독립된 각 물음에 답하시오. 제시된 금액은 원천징수 전 금액이며, 원천징수는 적법하게 이행되었다. 정기예금이자율은 3%라고 가정한다.

1. 2025. 7. 1.에 ₩500,000,000(토지원가 ₩300,000,000 포함)에 취득한 상가A를 다음과 같은 조건으로 2026. 4. 10.부터 2년간 임대하고 있다.
   ① 임대보증금 ₩400,000,000*(수령일 : 2026. 3. 29.)
   ② 2년분 임대료 ₩72,000,000을 2026. 4. 10.에 일시에 수령하기로 함
   ③ 매월 말일에 월관리비 ₩500,000씩 받기로 함

   * 임대보증금 운용수익은 이자수익 ₩2,000,000인데, 전액 정기예금 미수이자이다.

2. 상가B(취득가액 ₩100,000,000, 감가상각누계액 ₩40,000,000, 전기말까지의 장부로 확인된 상각부인액누계액 ₩5,000,000)가 2026년 1월 초에 화재로 소실됨에 따라 보험회사에서 보험금 ₩80,000,000을 받았다. 화재시까지 보험료 납부액은 ₩5,000,000이다.

3. 주택의 임대 내역은 다음과 같다(주택은 모두 기준시가가 2억원을 초과함).

주택	계약기간	임대보증금	월임대료	취득원가	임대보증금 운용수익
A	2026. 11. 1. ~ 2028. 9. 30.	₩400,000,000	—	₩500,000,000	₩1,000,000*
B	2026. 1. 1. ~ 2027. 12. 31.	100,000,000	₩2,000,000	60,000,000	—
C	2026. 12. 22. ~ 2027. 12. 31.	300,000,000	—	200,000,000	—

* ₩300,000은 2026년에 수령한 은행예금이자 수익이고, ₩700,000은 유가증권처분이익이다.

[물음 1]
갑씨가 장부를 기장하고 있는 경우 2026년도의 사업소득 총수입금액을 〈답안양식〉에 따라 계산하시오.

〈답안양식〉

구 분	총수입금액
상 가 A	
상 가 B	
주 택	

[물음 2]
갑씨가 추계신고하는 경우 [물음 1]의 해답과 차이가 나는 부분을 각 자산별로 설명하고, 상가A와 주택A의 추계시 간주임대료를 계산하시오.

핵심정리

문제의 포인트

1. 부동산임대업 총수입금액의 계산 : summary p2－72. 3.3
2. 사업용 자산의 소실로 인한 보험차익 계산방법 : summary p2－22. (3). 비교

※ 자료별 정리사항

1. 상가 A
   ① 임대료 : 선세금을 받았으므로 월할계산한다(초월산입 · 말월불산입).
   ② 간주임대료 : 수령일이 아닌 임대개시일을 기산일로 하여 계산하며, 간주임대료 계산시 차감하는 금융수익은 발생주의에 따라 미수이자도 포함하여 계산한다.
   ③ 관리비 수입도 총수입금액에 산입한다.

2. 상가 B : 사업용 자산의 소실로 인한 보험차익은 보험금에서 소실된 자산의 장부가액을 차감하여 계산한다. 보험료납부액은 납입연도의 사업소득 필요경비로 차감하며, 사업소득 총수입금액 계산과는 무관하다. → 비교 : 저축성보험의 보험차익 : 보험금 － 납입보험료

3. 주택
   〈1단계〉 임대료 : (Q 과세대상?) 2개 이상의 주택을 보유하고 있으므로 계산대상이다.
   〈2단계〉 간주임대료
   ① 계산대상 여부 확인 : (Q 33투고12 요건 충족?) 주택수(주거전용면적 40m² 이하이면서 기준시가 2억원 이하인 주택은 제외하고 판단)가 3개 이상이면서 보증금의 합계가 3억원을 초과하므로 계산대상이다.
   ② 계산방법 : 임대기간 중 임대보증금이 변동하는 경우 해당 과세기간의 보증금에서 보증금의 적수가 가장 큰 주택의 보증금부터 순서대로 3억원을 차감하는 계산방법을 적용할 때 보증금이 변동하는 임대기간별로 구분하여 적용한다[법령해석소득－2990(법령해석과－1054)].

[아래 '해답 2'의 참고사항]

[물음 2]의 추계신고한 경우의 상가 A와 주택 A의 간주임대료는 해답과 같이 계산하는 원칙이나, 다음과 같이 계산할 수도 있다. → 기장한 경우의 금액에 건설비와 금융수익의 차이를 더하여 계산하는 방식

1. 상가 A 간주임대료 : $2,372,602 + (200,000,000 \times 3\% \times \frac{266}{365} + 2,000,000) = 8,745,204$

2. 주택 A 간주임대료 : 821 ＋ 300,000 ＝ 300,821

해답

1.

구 분	총수입금액
상 가 A	33,872,602〈주1〉
상 가 B	15,000,000〈주2〉
주 택	24,449,587〈주3〉

[근 거]

〈주1〉

① 임 대 료 : $72,000,000 \times \frac{9}{24} =$ 27,000,000

② 간주임대료 : $(400,000,000-200,000,000^{*}) \times 3\% \times \frac{266}{365} - 2,000,000 =$ 2,372,602

③ 관리비수입 : 500,000 × 9개월 = 4,500,000

합계 33,872,602

* 500,000,000 － 300,000,000(토지) ＝ 200,000,000

〈주2〉 80,000,000 － (100,000,000－40,000,000＋5,000,000) ＝ 15,000,000

〈주3〉

(1) 임대료 : 2,000,000 × 12개월 ＝ 24,000,000

(2) 간주임대료

① 3억원 차감 : 보증금이 변동되는 구간별로 보증금적수가 큰 주택부터 순차로 차감

구분	1. 1.~10. 31.	11. 1.~12. 21.(51일)	12. 22.~12. 31.(10일)
A	0	400,000,000 － 300,000,000①	400,000,000 － 300,000,000①
B	100,000,000 － 100,000,000①	100,000,000	100,000,000
C	0	0	300,000,000

② 간주임대료

A : $100,000,000 \times 61일 \times 60\% \times 3\% \times \frac{1}{365} - 300,000 =$ 821

B : $100,000,000 \times 61일 \times 60\% \times 3\% \times \frac{1}{365} =$ 300,821

C : $300,000,000 \times 10일 \times 60\% \times 3\% \times \frac{1}{365} =$ 147,945

합계 449,587

③ 계 : 24,000,000 ＋ 449,587 ＝ 24,449,587 → 2,000만원 초과하므로 종합과세함

2. 추계신고하는 경우 ⇢ 앞 페이지의 '[아래 '해답 2'의 참고사항]' 참고

① 상가 A : 간주임대료 계산시 건설비와 금융수익을 차감하지 않는다.

- 간주임대료 : $400,000,000 \times 3\% \times \frac{266}{365} = 8,745,205$

② 상가 B : 차이 없다.

③ 주택 : 간주임대료 계산시 금융수익을 차감하지 않는다.

주택 A 간주임대료 : $100,000,000 \times 61 \times 60\% \times 3\% \times \frac{1}{365} = 300,821$

2 / 3 부동산임대업

1.5차 2차 필수

거주자 갑이 소유하고 있는 주택의 2026년 임대 관련 자료이다. 갑의 소득세법령상 분리과세 주택임대소득에 대한 사업소득금액을 계산하시오. 〈2024. CTA〉

1. 갑의 주택임대 현황

구 분	임대보증금	월임대료	기준시가	전용면적	임대기간
A주택	350,000,000원	1,000,000원	300,000,000원	50m^2	2025. 1. 1.~2026. 12. 31.
B주택	300,000,000원	–	250,000,000원	45m^2	2026. 1. 1.~2026. 12. 31.
C주택	250,000,000원	800,000원	180,000,000원	40m^2	2026. 3. 1.~2026. 12. 31.

2. 각 주택의 임대기간 중 A주택은 대통령령으로 정하는 등록임대주택에 해당하고, B주택과 C주택은 등록임대주택에 해당하지 않는다.
3. 각 주택의 월임대료는 매월 말일에 수령하였다.
4. 2026년 주택임대소득금액 외의 다른 종합소득금액은 18,000,000원이다.
5. 재정경제부령으로 정하는 정기예금이자율은 연 3.5%이다.
6. 주어진 자료 외의 다른 사항은 고려하지 않는다.

핵심정리

문제의 포인트

1. 부동산임대업 총수입금액 계산 : summary p2－72. 3.3
2. 분리과세 주택임대소득에 대한 사업소득금액 계산 : summary p2－183. 4

1. 총수입금액의 계산

(1) 임대료 : Q 과세대상? $\xrightarrow{\text{Yes}}$ 계산

$$
\begin{array}{lrcr}
\text{A주택 :} & 1{,}000{,}000 \times 12 & = & 12{,}000{,}000 \\
\text{C주택 :} & 800{,}000 \times 10 & = & 8{,}000{,}000 \\
\hline
 & & & 20{,}000{,}000
\end{array}
$$

(2) 간주임대료 : Q 33투고12 요건 충족? $\xrightarrow{\text{No*}}$ 계산 ×

* C주택은 주거전용면적 $40m^2$ 이하이면서 기준시가 2억원 이하이므로 제외 → ∴ 2주택 보유하고 있고 고가주택이 아니므로 계산대상 아님

(3) 계 : 20,000,000 ⇢ 2,000만원 이하이므로 분리과세 주택임대소득

2. 사업소득금액

$$\underbrace{12{,}000{,}000 \times (1-60\%)}_{\text{A주택(등록임대주택)}} + \underbrace{8{,}000{,}000 \times (1-50\%)}_{\text{C주택(미등록임대주택)}}$$

$$-\underbrace{\left(4{,}000{,}000\times\frac{12{,}000{,}000}{20{,}000{,}000}+2{,}000{,}000\times\frac{8{,}000{,}000}{20{,}000{,}000}\right)^{*}}_{\text{Q 분리과세 주택임대소득 외의 종합소득금액이 2,000만원 이하인가? : Yes}}$$

$= 5{,}600{,}000$

* 당기 중 등록임대주택과 미등록임대주택에 수입금액이 발생하였으므로 위와 같이 총수입금액 비율로 안분한다. summary p2－184. ③

해답

1. 총수입금액 : $\underbrace{(1{,}000{,}000\times12)}_{\hookrightarrow\ 12{,}000{,}000} + \underbrace{(800{,}000\times10)}_{\hookrightarrow\ 8{,}000{,}000} = 20{,}000{,}000$(→ 2,000만원 이하)

2. 사업소득금액 : $12{,}000{,}000 \times (1-60\%) + 8{,}000{,}000 \times (1-50\%)$

$$-\left(4{,}000{,}000\times\frac{12{,}000{,}000}{20{,}000{,}000}+2{,}000{,}000\times\frac{8{,}000{,}000}{20{,}000{,}000}\right) = 5{,}600{,}000$$

2 / 4 부동산임대업

1.5차 2차

상호 독립된 각 【문】에 답하시오.

【문 1】

다음의 상호 독립된 각 자료별로 거주자 갑의 2026년 사업소득금액을 계산하시오.

1. 전년도부터 계속하여 상가임대업을 경영하고 있는 갑의 2026년 귀속 임대료 수입은 ₩20,000,000이다. 감가상각비 외의 필요경비는 ₩9,000,000(상가를 상속받고 상속세를 납부하기 위한 차입금이자 ₩2,000,000 포함)이며, 감가상각비는 ₩8,000,000이다. 상가 취득가액은 ₩150,000,000(토지가액 ₩50,000,000 포함)이며, 신고내용연수는 20년이다.
2. 주택임대사업을 경영하고 있는 갑은 형과 부모에게 각각 주택을 무상으로 사용(실제 거주하고 있음)하게 하고 있다. 각 주택을 특수관계인 외의 자에게 임대할 경우 받을 수 있는 적정임대료는 각각 ₩25,000,000이다. 손익계산서상 수익계상액은 없고 비용계상액은 형과 부모에게 무상 임대한 주택관련 경비 ₩8,000,000(각 주택별로 ₩4,000,000)만 있으며, 당기순손실은 ₩8,000,000이다.

【문 2】

다음의 상호 독립된 각 자료별로 거주자 갑의 2026년 사업소득 총수입금액을 계산하시오.

1. 미등기 토지를 2026. 7. 1.부터 1년간 임대하고 임대료는 매월 ₩400,000의 임대료를 다음 달 5일에 받기로 약정하였으나, 2026년 11월분과 12월분 임대료를 2027. 1. 5.에 받았다. 갑씨는 11월분과 12월분 임대료를 미수임대료로 손익계산서에 수익계상하였다.
2. 단독주택(기준시가 ₩1,000,000,000)을 임대하고 있으며, 이와 별도로 아파트(기준시가 ₩1,250,000,000)를 갑과 부친인 을이 20% : 80%의 비율로 소유하여 거주하고 있다. 단독주택은 전년도부터 계속하여 월 임대료 ₩2,000,000, 보증금 ₩80,000,000에 임대하고 있다.
3. 권리의 대여소득은 다음과 같다.

구 분	계약에 의하여 수령하여야 할 금액	실제 수령한 금액
① 공익사업관련 지상권의 대여소득	월 ₩200,000 × 7개월 = ₩1,400,000	₩200,000 × 6개월 = ₩1,200,000
② 위 외의 지상권의 대여소득	월 100,000 × 8개월 = 800,000	100,000 × 6개월 = 600,000

4. 건물을 담보물로 사용하게 하고 ₩3,000,000, 상가옥상을 광고용으로 사용하게 하고 ₩4,000,000을 받았다.

5. 그 밖의 임대소득
   ① 논(작물생산 목적 임대) ₩2,000,000, 밭(주차장 용도 임대) ₩1,000,000
   ② 공장재단을 ₩6,000,000에 임대하고, 그와 별도로 기계를 ₩2,500,000에 임대
   ③ 부동산매매업상 판매목적 취득 토지의 일시대여소득 ₩4,000,000

핵심정리

문제의 포인트

1. 부동산임대업의 범위 : summary p2-62. (2)
2. 비과세 부동산임대업 사업소득 : summary p2-64. (1), (2)
3. 부동산임대업 총수입금액의 계산 : summary p2-72. 3.3
4. 특별한 경우의 부동산임대업 사업소득금액 계산 : 아래 '[1], [2]' 참고

※ 자료별 정리사항

[1] '【문 1】'의 자료별 정리사항

1. ① 부동산임대업 관련 부동산을 상속받고 그에 대한 상속세를 납부하기 위한 차입금 이자는 필요경비로 인정한다(조심 2019서1569, 2019. 9. 3.).
   ② 감가상각비는 상각범위액의 범위에서 필요경비로 인정한다(건물은 정액법만 인정).

2. ① 법령 규정 : 특수관계인에게 자산을 무상 또는 낮은 임대료를 받고 대여한 경우에는 부당행위계산의 부인에 해당되나, 직계존비속에게 주택을 무상으로 사용하게 하고 직계존비속이 해당 주택에 실제 거주하는 경우는 부당행위계산의 부인대상이 아니다. 다만, 이 경우에도 그 주택에 관련된 경비는 가사관련경비로 보아 필요경비에 산입하지 아니한다.
   ② 문제에의 적용 : 형의 무상사용분은 부당행위부인 대상이므로 총수입금액에 산입하며, 관련 경비도 형의 수입금액에 대응하는 경비만 필요경비로 인정한다.

[2] '【문 2】'의 자료별 정리사항

1. 임대료의 수입시기는 계약상 지급일이므로 계약상 지급일이 도래한 7월분부터 11월분까지의 임대료가 2026년 귀속되며, 12월분 임대료는 2027. 1. 5.에 귀속된다[비교 : 「법인세법」에는 단기임대료의 경우 경과한 기간분 임대료를 수익으로 계상한 경우에는 해당연도의 익금으로 하는 규정이 있으나, 「소득세법」에는 그와 같은 규정이 없으므로 미수임대료를 수익계상하더라도 인정하지 않는다].

2. 공동소유주택은 지분이 큰 자의 소유로 보는 것이 원칙이나, 기준시가 12억원을 초과하면서 지분율 30%를 초과하는 경우에는 소수지분자도 주택을 소유한 것으로 본다. 문제의 경우 갑씨의 지분율이 30%를 초과하지 않으므로 갑은 단독주택 1개를 소유하고 있고 그 주택이 고가주택이 아니므로 임대료를 과세하지 않으며, 33투고12에 해당하지 않으므로 간주임대료도 과세하지 않는다.

3. 지상권 · 지역권의 설정 · 대여소득은 사업소득이나, 공익사업과 관련된 지역권 · 지상권의 설정 · 대여소득은 기타소득이다. 그 수입시기도 다음과 같은 차이가 있다.
   ① 사업소득에 해당하는 지역권 · 지상권의 설정 · 대여소득 : 계약 또는 관습에 의하여 지급일이 정하여진 것은 그 정하여진 날, 정하여지지 않은 것은 그 지급을 받은 날
   ② 기타소득에 해당하는 공익사업과 관련된 지역권 · 지상권의 설정 · 대여소득 : 지급을 받은 날

4. 부동산을 담보물로 사용하게 하거나 광고용으로 사용하게 하고 받은 대가도 부동산임대업 수입금액이다.

5. ① 논 · 밭을 작물생산에 이용하게 하고 받은 소득은 비과세하나, 그 외의 목적으로 이용하게 하고 받은 소득은 과세한다.
   ② 공장재단의 대여소득은 부동산임대업 사업소득이나, 공장재단과 분리하여 별도로 기계 등 시설을 대여한 경우 그 소득은 일반사업소득이다. → 모두 사업소득이므로 총수입금액은 합산
   ③ 토지의 일시적인 대여소득은 기타소득에 해당하지만, 부동산매매업자 · 건설업자가 판매목적으로 취득한 부동산을 일시적으로 대여하고 얻는 소득은 부동산임대업에서 발생하는 소득으로 본다. 이 경우에 부동산임대업의 소득금액계산상 필요경비에 산입된 감가상각비 등은 부동산매매업자의 필요경비 계산시 취득가액에서 공제한다(소기통 19-122…1).

해 답

【문 1】

1. 사업소득금액 : 20,000,000 － (9,000,000＋5,000,000*) ＝ 6,000,000

* 상각범위액 : (150,000,000－50,000,000) × $\frac{1}{20}$ ＝ 5,000,000 → 만약 회사 계상 감가상각비가 4,000,000이라 면 4,000,000이 필요경비인정액이 됨(∵ 감가상각비는 결산조정사항)

2. 사업소득금액

(1) 총수입금액 : 25,000,000 → 2,000만원 초과하므로 종합과세

(2) 사업소득금액

〈방법 1〉 25,000,000 (총수입금액) － 4,000,000 (필요경비인정액) ＝ 21,000,000

〈방법 2〉 △8,000,000 (당기순손실) ＋ 25,000,000 (총수입금액산입(형)) ＋ 4,000,000 (필요경비불산입(부모)) ＝ 21,000,000

【문 2】

1. 미등기토지의 임대 : 400,000 × 5개월 ＝	2,000,000
2. 주택	0
3. ① 공익사업관련 지상권의 대여	－
② 위 외의 지상권의 대여	800,000
4 담보용 · 광고용으로 대여 : 3,000,000 ＋ 4,000,000 ＝	7,000,000
5. ① 밭 : 작물생산목적이 아니므로 과세	1,000,000
② 공장재단 및 기계임대 소득 : 6,000,000 ＋ 2,500,000 ＝	8,500,000
③ 판매목적으로 취득한 부동산의 일시적인 대여소득	4,000,000

2 / 5 부동산임대업 소득금액

상호 독립된 각 【문】에 답하시오.

【문 1】 2차 필수

상가 부동산임대업(복식부기의무자)을 영위하고 있는 거주자 갑의 다음 자료를 이용하여 물음에 답하시오.

〈자 료〉

1. 손익계산서(2026. 1. 1.～2026. 12. 31.)

(단위 : 원)

Ⅰ. 영업수익		
1. 임대료수입		200,000,000
Ⅱ. 판매비와 관리비		
1. 급여	70,000,000	
2. 기업업무추진비	45,000,000	(115,000,000)
Ⅲ. 영업이익		85,000,000
Ⅳ. 영업외수익		
1. 이자수익	1,000,000	
2. 유가증권처분이익	2,000,000	3,000,000
Ⅴ. 영업외비용		
1. 유형자산처분손실	4,000,000	(4,000,000)
Ⅵ. 당기순이익		84,000,000

2. 영업수익 추가자료 : 임대료수입은 다음의 상가 임대(계약기간 : 2025. 5. 1.～2027. 4. 30.)로 인한 것이다.
   ① 매월말에 임대료 ₩20,000,000을 수령하기로 하였는데, 2026년 11월분과 12월분을 수령하지 못하여 수령한 금액만 임대료수입으로 계상하였다.
   ② 임대보증금 수령액은 ₩500,000,000이며, 상가의 건설비는 ₩250,000,000(토지가액 ₩150,000,000이 포함된 금액)이다. 임대보증금 중 ₩250,000,000은 상가건설비 사용 목적으로 차입한 차입금의 상환에 사용하였다.
   ③ 2026. 12. 31. 현재 정기예금이자율은 2%이다.

3. 판매비와 관리비 추가자료
   (1) 급여는 갑에 대한 급여 ₩30,000,000과 관리인급여 ₩40,000,000의 합계액이다.
   (2) 기업업무추진비는 모두 업무와 관련된 지출액으로서 신용카드를 사용하여 지출하였다. 그 금액 중 ₩10,000,000은 건당 3만원 초과 기업업무추진비로서 종업원 개인명의 신용카드를 사용한 금액이다.

4. 영업외수익 · 영업외비용 추가자료
   (1) 이자수익과 유가증권처분이익은 모두 임대보증금 운용수익이다.
   (2) 유형자산처분손실은 사업용 비품의 처분손실이다.

[물 음]

1. 갑의 사업소득과 관련된 세무조정과 사업소득금액을 〈답안양식〉에 따라 제시하시오.

〈답안양식〉

손익계산서상 당기순이익		
구 분	과 목	금 액
가산조정		
차감조정		
사업소득금액		

2. 만약 갑이 법인(갑 혼자 주식을 보유하고 있으며, 상시근로자는 4명)인 경우 기업업무추진비 한도초과액을 계산하시오.

【문 2】 유예

유예생은 제2편 소득유예 8 풀이

핵심정리

문제의 포인트

• 손익계산서가 제시되고 세무조정자료가 제시된 사업소득 문제의 풀이방법 : 아래 '※' 참고

※ 문제의 풀이방법

1. 손익계산서를 순서대로 읽어 가면서 각 계정과목별로 손익계산서 아래에 제시된 관련 자료와 연계하여 세무조정을 한다. 예를 들어 자료 1번의 'Ⅰ'의 임대료수입은 자료 2번과 연계하여 조정하고, 'Ⅱ'의 판매비와 관리비는 자료 3번과 연계하여 조정한다.

2. 손익계산서를 순서대로 읽어가는 과정에서 손익계산서상 계정과목 중 그 아래에 연계되는 자료가 없더라도 바로 세무조정할 수 있는 항목은 세무조정한다. 예를 들어 손익계산서에 은행예금이자수익이 수익으로 계상되어 있는 경우 그 아래에 추가 자료가 없더라도 총수입금액불산입으로 세무조정하며(∵이자소득이지 사업소득이 아니기 때문), 소득세비용이 비용처리되어 있는 경우 추가 자료가 없더라도 필요경비불산입한다(∵법인세를 손금불산입하는 것과 동일하게 처리).

해답

1.

손익계산서상 당기순이익		84,000,000
구 분	과 목	
가산조정	임대료수입 간주임대료 대표자급여 기업업무추진비한도초과	40,000,000〈주1〉 7,000,000〈주2〉 30,000,000 32,280,000〈주3〉
차감조정	이자수익 유가증권처분이익	1,000,000 2,000,000
사업소득금액		190,280,000*6

〈주1〉 20,000,000 × 2개월 ＝ 40,000,000*1

〈주2〉 (500,000,000－100,000,000) × 2% － 1,000,000 ＝ 7,000,000*2

〈주3〉 $45{,}000{,}000^{*3} - \underbrace{\left(12{,}000{,}000^{*4}\times\frac{12}{12}+240{,}000{,}000^{*}\times 0.3\%\right)}_{12{,}720{,}000} = 32{,}280{,}000$

* 200,000,000 ＋ 40,000,000 ＝ 240,000,000*5

2. 법인인 경우 기업업무추진비 한도초과

(45,000,000－10,000,000)*3 － 12,720,000 × 50%*7 ＝ 28,640,000

해 설

1. 해답상 '*'에 대한 설명

*1 임대료의 수입시기는 계약에 의하여 지급일이 정하여진 것은 그 정하여진 날이므로 당기에 수령하지 못한 2개월분도 당기의 수입금액이므로 총수입금액에 산입한다.

*2 ① 간주임대료 계산시 '임대보증금의 차입금상환용도 사용액'은 고려할 필요가 없다.
② 임대보증금 운용수익이라도 소득세 계산시에는 유가증권처분이익을 간주임대료 계산시 차감하는 금융수익으로 보지 않는다.

*3 종업원 개인명의 신용카드를 사용한 기업업무추진비의 처리방법
① 「법인세법」 : 적격증빙으로 인정하지 않으므로 3만원 초과 기업업무추진비로서 종업원명의 신용카드 사용액을 손금불산입한다.
② 「소득세법」 : 행정해석(46011－357)에 따르면 업무관련성이 있으면 적격증빙으로 인정된다.

*4 부동산임대업과 소비성서비스업을 주된 사업으로 영위하는 경우에는 중소기업이 될 수 없으므로 기업업무추진비 기본한도는 1,200만원이다.

*5 기업업무추진비 한도 계산이 되는 수입금액이란 기업회계기준에 따른 매출액을 말한다. 따라서 위 '〈주1〉'에 따라 총수입금액에 산입한 금액도 포함하나, 위 '〈주2〉'에 따라 계산한 간주임대료는 포함하지 않는다.

*6 유형자산처분손실 : 복식부기의무자이므로 세무조정은 불필요하다(양도가액을 총수입금액에 산입한 경우 장부가액을 필요경비에 산입하므로 결과적으로 처분이익은 총수입금액, 처분손실은 필요경비에 해당함).

*7 지배주주가 발행주식 총수의 50%를 초과하여 보유하고 있고 부동산임대업을 주업으로 하는 상시근로자수가 5명 미만인 법인이므로 해당 법인 기업업무추진비 한도액은 일반 기업업무추진비 한도액의 50%이다.
→ 「소득세법」에는 없는 규정

2 / 6 부동산임대업 소득과 금융소득 - 실전문제 2차

【문 1】

부동산임대업(주거용 건물 임대업 및 비주거용 건물 임대업)을 영위하는 갑의 종합소득 관련 자료이다. 〈2025. CPA〉

〈자 료〉

1. 갑이 국내에 소유한 주택 임대현황

구 분	임대기간	임대보증금
주택A(등기)	2025. 4. 1. ~ 2027. 3. 31.	4억원
주택B(미등기)	2025. 7. 1. ~ 2027. 6. 30.	5억원
주택C(등기)	2026. 1. 1. ~ 2028. 12. 31.	3억원

① 갑은 갑 소유의 국내 주택D에서 거주 중이며, 갑의 소유주택은 모두 기준시가 2억원을 초과한다.

② 주택A에 대해 공공요금징수액과 별도로 매월 말일 청소비 명목으로 70,000원의 관리비를 수령하였다.

③ 주택C에 대해 임대보증금 이외에 매월 말일 임대료 2,000,000원을 수령하였다.

2. 갑은 2025년에 임대사업에 사용하기 위하여 취득한 상가 및 부수토지를 거래처의 대표에게 담보물로 사용하게 하고, 그 대가를 수령하였다.

① 담보물 사용기간 : 2026. 3. 14. ~ 2028. 3. 13.

② 담보물 사용기간에 대한 대가 : 15,000,000원(2026. 3. 14. 수령)

3. 갑은 장부를 기장하고 있으며, 장부에 의해 확인되는 필요경비는 주거용 건물 임대업 2,000,000원, 비주거용 건물 임대업 1,500,000원이다.

4. 정기예금이자율은 3.65%이고, 이월결손금은 없다고 가정한다.

5. 갑의 추가 소득자료는 다음과 같다.

① 주택C의 임대보증금을 은행에 예치하고, 5,000,000원의 예금이자를 수령하였다.

② 비상장법인 ㈜대한의 주주로서 현금배당금 14,000,000원(배당기준일 : 2025. 12. 31., 잉여금처분일 : 2026. 3. 30.)을 수령하였다.

③ ㈜민국의 결산시 「법인세법」에 의하여 7,000,000원이 갑에게 배당으로 소득처분되었다. ㈜민국의 결산확정일은 2026년 3월 23일이다.

④ 외국법인으로부터 현금배당 7,000,000원(배당기준일 : 2026. 2. 1., 잉여금처분일 : 2026. 3. 30., 원천징수되지 않음)을 수령하였다.

⑤ 「조세특례제한법」에 따른 최저한세액이 적용되지 않는 '제주첨단과학기술단지 입주기업에 대한 세액감면'을 적용받는 비상장법인 ㈜한라로부터 배당금 15,000,000원(배당기준일 : 2026. 1. 5., 잉여금처분일 : 2026. 3. 30.)을 수령하였다. 직전연도까지의 감면내역은 다음과 같다.

과세연도	총소득금액	감면소득금액	감면율
2023년	700,000,000원	300,000,000원	100%
2024년	700,000,000원	600,000,000원	100%
2025년	500,000,000원	240,000,000원	50%

6. 종합소득세 기본세율

과세표준	세율
1,400만원 초과 5,000만원 이하	84만원 + 1,400만원을 초과하는 과세표준의 15%
5,000만원 초과 8,800만원 이하	624만원 + 5,000만원을 초과하는 과세표준의 24%

[물음 1]

갑의 사업소득 총수입금액 및 사업소득금액을 〈답안양식〉에 따라 제시하시오.

〈답안양식〉

사업소득 총수입금액	
사업소득금액	

[물음 2]

갑의 종합소득에 합산되는 이자소득 총수입금액 및 배당소득 총수입금액과 배당소득에 대한 배당가산액(Gross-up 금액)을 〈답안양식〉에 따라 제시하시오.

〈답안양식〉

이자소득 총수입금액	
배당소득 총수입금액	
배당가산액	

[물음 3]

갑의 종합소득산출세액을 〈답안양식〉에 따라 제시하시오. 단, 사업소득금액은 45,000,000원, 금융소득금액은 47,000,000원, 배당가산액은 2,000,000원, 종합소득공제액은 8,000,000원으로 가정한다.

〈답안양식〉

종합소득산출세액	

해답

1.

사업소득 총수입금액	45,800,000〈주1〉
사업소득금액	42,300,000〈주2〉

〈주1〉 (1) + (2) = 45,800,000

(1) 주 택*1 : 39,550,000

① 임 대 료 : 2,000,000 × 12 = 24,000,000

② 관리비수입 : 70,000 × 12 = 840,000

③ 간주임대료

A : 400,000,000 × 60% × 3.65% = 8,760,000

B : (500,000,000−300,000,000) × 60% × 3.65% = 4,380,000

C : 300,000,000 × 60% × 3.65% − 5,000,000* = 1,570,000

합계 14,710,000

* '자료 5. ①'에 제시된 보증금 운용 금융수익

(2) 상 가*2 : $15,000,000 \times \frac{10}{24} = 6,250,000$

〈주2〉 45,800,000 − (2,000,000+1,500,000) = 42,300,000
(2,000,000+1,500,000): 필요경비

2.

이자소득 총수입금액	5,000,000
배당소득 총수입금액	16,000,000 + 27,000,000 = 43,000,000
배당가산액	2,700,000

[근　거]

	이자	Gross-up ×	Gross-up ○	계
종합과세		7,000,000		
조건부과세	5,000,000		14,000,000	
			7,000,000	
		9,000,000*	6,000,000	
계	5,000,000	16,000,000	27,000,000	48,000,000 + 27,000,000 × 10% = 50,700,000 (↳ 2,700,000)

$$* \ 15{,}000{,}000 \times \frac{600{,}000{,}000 \times 100\% + 240{,}000{,}000 \times 50\%}{1{,}200{,}000{,}000} = 9{,}000{,}000$$ summary p2-44. *2

3.

종합소득산출세액	12,400,000

[근　거]

(1) 과세표준 : 45,000,000 + 47,000,000 − 8,000,000 = 84,000,000

(2) 산출세액 : max(①, ②) = 12,400,000

① 2,800,000 + (84,000,000−20,000,000) × 기본세율 = 12,400,000

② (47,000,000 [금융소득금액(가정치)] − 2,000,000 [배당가산액]) × 14% + (84,000,000 − 47,000,000 [금융소득금액(가정치)]) × 기본세율 = 10,590,000

해설

1. 해답상 '*'에 대한 설명

*1 주택 : 자료를 숙독한 후 부동산 임대업 총수입금액으로 임대료, 관리비수입, 간주임대료, 보험차익이 있다는 사실을 먼저 떠 올리고 항목별로 자료를 찾아 계산한다. 이 경우 주택에 대한 간주임대료는 계산 요건인 33투고12에 해당하는지를 확인한 후 계산 대상인 경우에만 계산하며, 다른 자료에 보증금 운용으로 인한 금융수익이 있는지 확인하여 있으면 고려하여 계산한다(이 문제의 경우 자료 1번이 아닌 자료 5번의 ①에 제시되었음).

*2 상가 : 부동산 등을 담보물, 광고용으로 사용하게 하고 받은 대가도 부동산임대업 소득에 해당한다. 다만, 2년분 임대료에 대한 선세금을 받았으므로 월할 계산(초월산입 말월불산입)하여 2026년 총수입금액을 계산한다.

2 / 7 부동산임대업 - 실전문제 2차

다음은 거주자 '갑'의 2026년도 소득 자료이다. 이를 이용하여 상호 독립된 각 【문】에 답하시오. 단, 제시된 금액은 원천징수하기 전의 금액이며, 원천징수는 적법하게 이루어졌다.

【문 1】 〈2010. CPA 수정〉

부동산 임대업에 따른 사업소득 관련 자료는 다음과 같다.

① '갑'은 1개의 주택(과세기간종료일 현재 기준시가 ₩1,300,000,000)을 소유하고 있는데 이를 다음과 같은 조건으로 임대하고 있다.

월임대료	임대보증금	임대기간
₩2,000,000	₩100,000,000	2026년 4월 15일 ~ 2027년 4월 14일

임대계약에 따라 임대료는 1년치 전액을 2026년 4월 15일에 수령하였다.

② 2024년 7월 15일에 ₩400,000,000(부수토지 ₩300,000,000, 건물 ₩100,000,000)을 지급하고 취득한 상가 및 부수토지를 다음과 같은 조건으로 임대하고 있다.

월임대료	임대보증금	임대기간
₩2,000,000	₩50,000,000	2025년 8월 1일 ~ 2027년 7월 31일

임대보증금은 2025년 8월 3일에 수령하였고, 월 임대료는 매월 말일에 수령하기로 되어 있는데, 2026년 12월분 임대료는 수령하지 못하였다.

한편, 상가 임대와 관련하여 월 ₩300,000(전기료 ₩100,000 포함)의 관리비를 매월 말일에 추가로 수령하였다.

③ 상가 및 부수토지 임대와 관련된 필요경비는 기장한 장부에 의하여 확인되며, 세무조정 후 금액은 ₩18,000,000이다.

④ 정기예금이자율은 4%라고 가정하며, 장부를 적절히 기장하고 있다.

[물 음]

'갑'의 2026년도 사업소득 총수입금액(분리과세 임대소득 포함) 및 상가 및 부수토지임대 관련 사업소득금액을 〈답안양식〉에 따라 제시하시오.

〈답안양식〉

구 분	금 액
총수입금액	
사업소득금액	

【문 2】 유예

유예생은 제2편 소득유예 9 풀이

해답

구 분	금 액
총수입금액	44,400,000〈주1〉
사업소득금액	8,400,000〈주2〉

〈주1〉

1. 주택*1
   ① 임대료 : $(2{,}000{,}000 \times 12) \times \frac{9}{12} = 18{,}000{,}000$
   ② 간주임대료 : 0
   ③ 계 : 18,000,000 → 2,000만원 이하이므로 분리과세 임대소득
2. 상가
   ① 임대료 : 2,000,000 × 12 = 24,000,000
   ② 간주임대료 : (50,000,000－100,000,000) × 4% = 0
   ③ 관리비수입 : (300,000－100,000) × 12 = 2,400,000
   26,400,000
3. 계 : 44,400,000

〈주2〉 26,400,000 － 18,000,000 ＝ 8,400,000

해설

1. 해답상 '*'에 대한 설명

*1 주택임대업의 총수입금액 계산방법

① 임대료 : 1주택이나 기준시가 12억원을 초과하므로 계산대상이 된다. 다만, 주거용임대사업 수입금액이 2,000만원 이하이므로 분리과세 임대소득에 해당한다(분리과세와 종합과세 중 선택가능).

② 간주임대료 : 33투고12에 해당하지 않으므로 간주임대료 계산대상이 아니다.

2 / 8 추계시 소득금액

상호 독립된 각 【문】에 답하시오.

【문 1】 1.5차 2차 필수

다음은 가구제조업을 영위하는 복식부기의무자인 거주자 갑의 2026년도 사업소득과 관련된 자료이다. 이 자료를 이용하여 갑의 추계조사결정에 의한 2026년도 사업소득금액을 계산하시오(단, 조세부담의 최소화를 가정함). 〈2013. CPA 수정〉

1. 제조업 매출액은 ₩90,000,000이며, 매출액과는 별도로 해당 사업과 관련하여 지방자치단체로부터 지급받은 보조금 ₩10,000,000이 있다.

2. 해당 사업과 관련된 필요경비로서 증명서류에 의하여 지출한 것이 확인되는 것은 다음과 같다.
   ① 재화 매입비용 ₩10,000,000(사업용 유형자산 매입비용 ₩5,000,000, 전기요금 및 가스요금 ₩700,000 포함)
   ② 사업용 유형자산(기계설비)에 대한 임차료 ₩3,000,000
   ③ 종업원의 급여 ₩10,000,000과 퇴직급여 ₩2,000,000, 대표자 급여 ₩6,000,000, 사업자에게 서비스용역을 제공받고 지급한 인건비 ₩2,500,000

3. 2024년에서 이월된 결손금 ₩2,500,000이 있다.

4. 갑은 단순경비율 적용대상자가 아니며, 기준경비율과 단순경비율은 각각 20%와 60%이고, 재정경제부령으로 정하는 배율은 간편장부대상자의 경우 2.8배, 복식부기의무자의 경우 3.4배라고 가정한다.

5. 천재 · 지변 기타 불가항력으로 장부 기타 증명서류가 멸실되어 추계조사결정하는 것은 아니며, 「부가가치세법」상 신용카드 등의 사용에 따른 세액공제규정에 따라 공제받은 부가가치세액은 없다.

【문 2】 2차 필수

거주자 을씨는 2026년 7월부터 상가를 취득하여 부동산임대업을 개시하였다. 다음 자료를 이용하여 을씨의 2026년 종합소득금액을 〈답안양식〉에 따라 계산하시오. 을씨는 장부를 기장하지 못하였으며, 가능하다면 세부담을 최소화하고자 한다. 원천징수대상소득은 적정하게 원천징수하였으며, 제시된 금액은 원천징수 전 금액이다. 원단위 미만은 반올림하기로 한다.

〈2005. CTA 수정〉

〈자　료〉

1. 2026년 7월 1일에 상가를 ₩100,000,000(토지가액 ₩50,000,000 포함)에 취득하여 2026년 8월 1일부터 임대보증금 ₩100,000,000과 월임대료 ₩1,000,000을 받기로 하고 임대하였다.
2. 임대보증금은 은행에 예금하여 이자수익 ₩5,000,000을 받았다.
3. 임대사업에서 2026년에 발생한 증빙으로 입증되는 비용은 관리인급여 ₩600,000, 음식점에서 식사기업업무추진비 ₩400,000, 재산세 ₩500,000, 기부목적 상품 구입비용 ₩800,000이다.
4. 재정경제부령으로 정하는 정기예금이자율은 2.1%이다.
5. 부동산임대업에 적용되는 단순경비율은 40%, 기준경비율은 20%이며, 재정경제부령으로 정하는 배율은 2.4라고 가정한다.

〈답안양식〉

구　분	금　액
이자소득금액	
사업소득금액	
종합소득금액	

【문 3】 유예

유예생은 제2편 소득유예 10 풀이

핵심정리

문제의 포인트

1. 추계 결정 · 경정 방법 : summary p2-286. 2
   〈1단계〉 복식부기의무자 여부 및 적용할 경비율 결정
   〈2단계〉 계산
2. 간편장부대상자와 복식부기의무자의 구분기준 : summary p2-97. *

※ 자료별 정리사항

【문 1】 복식부기의무자, 기준경비율 → [주의] 기준경비율을 적용할 때 복식부기의무자의 경우 '수입금액×기준경비율'에 $\frac{1}{2}$을 곱한 금액을 차감한다.

1. 사업과 관련하여 받은 국가 · 지방자치단체 보조금도 추계시 수입금액에 포함한다.

2. ① 매입비용의 범위에 사업용 유형자산 · 무형자산 매입비용은 제외하지만, 재화에 해당하는 전기요금 · 가스요금은 포함한다.
   ② 사업용 유형자산 · 무형자산 임차료도 주요경비에 해당한다.
   ③ 인건비의 범위에 사업자에게 용역을 제공받고 지출한 인건비는 포함하지 않는다.

3. 추계하는 사업연도에는 이월결손금공제를 적용하지 않는다. 단, 천재 · 지변 등 불가항력인 사유로 추계하는 경우에는 적용한다. summary p2-160. *1. ④

【문 2】 간편장부대상자, 단순경비율* → [주의] 단순경비율대상자로서 증빙으로 입증되는 주요경비가 있으면 세부담을 최소화하기 위하여 단순경비율법과 기준경비율법 중 적은 금액을 사업소득금액으로 한다.

* 복식부기의무자 여부 및 적용할 경비율 결정 : 신규사업자는 간편장부대상자이다. 그리고 신규사업자로서 당기 수입금액이 부동산임대업의 간편장부대상자 기준금액인 7,500만원에 미달하므로 단순경비율 적용대상이다.

3. 관리인급여는 주요경비 중 인건비에 해당한다. 그러나 음식료는 주요경비 중 공제대상 매입비용에 해당하는 용역이 아니며, 재산세와 기부목적 상품 구입비용도 주요경비에 해당하지 않으므로 입증되더라도 추계시에는 공제하지 않는다.

해답

【문 1】

• 사업소득금액 : min(①, ②) ＝ 70,000,000

① 100,000,000 － [(10,000,000－5,000,000)＋3,000,000＋10,000,000＋2,000,000]－ 100,000,000 × 20% × $\frac{1}{2}$ ＝ 70,000,000

② (100,000,000－100,000,000×60%) × 3.4 ＝ 136,000,000

【문 2】

구　분	금　액
이자소득금액	₩0〈주1〉
사업소득금액	3,528,164〈주2〉
종합소득금액	3,528,164

〈주1〉 금융소득이 2,000만원을 초과하지 않는다.

〈주2〉

1. 총수입금액 : ① ＋ ② ＝ 5,880,274
   ① 임대료 : 1,000,000 × 5 ＝ 5,000,000
   ② 간주임대료 : 100,000,000 × 153 × 2.1% × $\frac{1}{365}$ ＝ 880,274*[1]
2. 사업소득금액 : min(①, ②) ＝ 3,528,164
   ① 5,880,274 × (1－40%) ＝ 3,528,164
   ② 5,880,274 × (1－20%) － 600,000 ＝ 4,104,219*[2]

해설

1. 해답상 '*'에 대한 설명

*[1] 추계시에는 간주임대료 계산시 건설비와 금융수익을 차감하지 않는다.

*[2] 위 해답 '〈주2〉. 2. ②'는 '② min[㉠ 5,880,274×(1－20%)－600,000=4,104,219, ㉡ 5,880,274×(1－40%)×2.4 =8,467,595] = 4,104,219'로 계산하는 것이 원칙이나, '㉡'보다 위 해답 '〈주2〉. 2. ①'이 항상 적은 금액이므로 위 해답과 같이 적는 것이 간편하다.

2 / 9 사업소득금액 - 실전문제 2차 필수

다음은 거주자 갑의 2026년도 소득 관련 자료이다. 상호 독립된 각 【문】에 답하시오. 제시된 금액은 원천징수 전 금액이며, 원천징수는 적정하게 이루어졌다.

【문 1】

다음 자료를 이용하여 갑의 2026년 귀속 사업소득금액을 계산하시오. 갑은 간편장부대상자인데, 복식부기로 기장하고 있다. 〈2011. CTA 수정〉

1. 소득세차감전 순이익 ₩120,000,000

2. 손익계산서상 수익 및 비용항목

항목	금액
① 갑의 급여	41,000,000*

* 갑의 급여에는 「고용보험법」 제2조제1호나목에 따른 자영업자인 갑이 피보험자로서 부담하는 고용보험료 ₩1,000,000이 포함되어 있다.

항목	금액
② 갑의 부인(총무부장으로 근무 중)의 급여	35,000,000
③ 사업자금의 일시적 예금이자	3,000,000
④ 생산설비폐기손실(해당 설비는 기말 현재 보유 중임)	2,000,000
⑤ 사업관련된 자산수증이익	3,500,000
⑥ 대손상각비(대여금 ₩50,000,000에 대하여 1%를 설정한 금액이 포함됨)	800,000
⑦ 증빙이 없는 기업업무추진비 지출액	2,500,000
⑧ 사업과 관련하여 발생한 채무면제이익 (이 중에서 ₩1,000,000은 이월결손금 보전에 충당하였음)	5,000,000
⑨ 배당금수익	4,000,000
⑩ 사업용 기계장치의 처분손실	10,000,000
⑪ 사업과 관련하여 보유하던 토지의 처분이익	15,000,000

【문 2】

건설업을 영위하고 있는 갑(복식부기의무자)의 2026년 사업소득 손익계산서 자료이다. 물음에 따라 답하시오.

〈자　료〉

갑의 손익계산서상 당기순이익은 ₩100,000,000이며, 다음 항목이 수익 또는 비용에 포함되어 있다. 〈2020. CPA 수정〉

1. 이자수익

구 분	금 액
비영업대금의 이익*1	₩10,000,000
외상매출금*2 회수지연에 따른 연체이자	500,000
국내은행 정기예금이자	20,000,000
공익신탁의 이익	1,500,000
비실명 이자소득*3	800,000
합 계	32,800,000

*1 온라인투자연계금융업자를 통해 받은 이자가 아니다.

*2 소비대차로 전환되지 아니하였다.

*3 금융실명제 대상이 아니다.

2. 인건비

구 분	금 액
대표자 갑의 급여	₩50,000,000
종업원 급여	300,000,000
합 계	350,000,000

3. 업무와 관련하여 중대한 과실로 타인의 권리를 침해하여 지급한 손해배상금 : ₩2,500,000

4. 사업용 건설기계(굴삭기) 처분이익(2022년 12월 31일 취득) : ₩5,000,000

5. 산업재산권 양도이익 : ₩3,000,000

[물음 1]

갑의 종합과세되는 이자소득 총수입금액과 이자소득(분리과세대상 포함)에 대한 소득세 원천징수세액을 다음의 〈답안양식〉에 따라 제시하시오.

〈답안양식〉

이자소득 총수입금액	
이자소득 원천징수세액	

[물음 2]

갑의 사업소득금액을 다음의 〈답안양식〉에 따라 제시하시오.

〈답안양식〉

손익계산서상 당기순이익		
가산조정	총수입금액산입 · 필요경비불산입	
차감조정	총수입금액불산입 · 필요경비산입	
사업소득금액		

핵심정리

문제의 포인트

- 법인세와 사업소득 세무조정의 차이 : summary p2－76. 4

※ 자료별 정리사항

【문 1】

① 대표자급여는 필요경비불산입한다. 다만, 사용자 본인에 대한 국민건강보험료 · 노인장기요양보험료 및 'summary p2－71. ⑱'에 따른 사용자 본인(자영업자 · 예술인 · 노무제공자 등)을 위한 고용보험료 · 산재보험료는 필요경비로 인정한다(summary p2－76. 4.1). 따라서 41,000,000 중 1,000,000을 제외한 40,000,000을 필요경비불산입한다.

② 사업장에서 근무하고 있는 가족의 급여는 필요경비로 인정한다.

③ 사업자금의 일시적 예금이자는 이자소득이므로 총수입금액불산입한다.

④ 생산설비폐기손실은 기말 현재 보유 중으로 처분하지 않았으므로 필요경비불산입한다. summary p2－83. (3)

⑤, ⑧ 사업과 관련된 자산수증이익 및 채무면제이익은 총수입금액에 해당하므로 수익계상액에 대한 세무조정을 할 필요가 없다. 다만, 이월결손금 보전에 충당한 금액은 총수입금액불산입한다. summary p2－93. 4.12

⑥ 일반 개인사업자의 경우 대여금은 이자소득 관련 채권이므로 대손충당금 설정 채권이 아니다. 따라서 '50,000,000 × 1% ＝ 500,000'을 필요경비불산입한다. summary p2－86. 4.8

⑦ 증빙 없는 비용은 필요경비불산입한다.

⑨ 배당금수익은 배당소득이므로 총수입금액불산입한다.

⑩ 복식부기의무자의 사업용 유형자산처분손익은 과세대상이나, 간편장부대상자의 경우에는 과세대상이 아니다. 따라서 처분손실을 필요경비불산입한다. summary p2－80. (1)

⑪ 일반 개인사업자의 경우 토지의 처분이익은 사업 관련성 여부와 무관하게 양도소득으로 과세한다. 따라서 총수입금액불산입한다. summary p2－80. *2

【문 2】

1. ① 소비대차로 전환되지 않은 외상매출금 회수지연에 따른 연체이자 : 사업소득
   ② 그 밖의 자료 : 이자소득에 해당한다. 다만, 공익신탁의 이익은 비과세대상, 비실명 이자소득은 무조건 분리과세대상이다.

2. 대표자 급여는 필요경비불산입하나, 종업원급여는 필요경비로 인정한다.

3. 업무와 관련하여 타인의 권리를 침해한 경우에 지급되는 손해배상금은 고의 또는 중대한 과실로 인한 경우에는 필요경비불산입하며, 경과실에 의한 경우에는 필요경비로 인정한다. summary p2-70. ⑭

4. 건설기계 처분이익은 복식부기의무자가 2018. 1. 1. 이후 취득한 것을 처분한 경우에 해당하므로 사업소득으로 과세한다. summary p2-80. (1)

5. 산업재산권의 양도소득은 기타소득이다. summary p2-138. 1

【문 1】

120,000,000 + 55,000,000 − 23,000,000 = 152,000,000

[근 거]

총수입금액산입 · 필요경비불산입		필요경비산입 · 총수입금액불산입	
과 목	금 액	과 목	금 액
갑의 급여	40,000,000	예금이자	3,000,000
생산설비폐기손실	2,000,000		
대손상각비	500,000		
기업업무추진비	2,500,000	채무면제이익 중 결손보전액	1,000,000
기계장치 처분손실	10,000,000	배당금수익	4,000,000
		토지처분이익	15,000,000
계	55,000,000	계	23,000,000

【문 2】

1.

이자소득 총수입금액	30,000,000〈주1〉
이자소득 원천징수세액	5,660,000〈주2〉

〈주1〉 조건부과세 : 10,000,000 + 20,000,000 = 30,000,000

〈주2〉 10,000,000 × 25% + 20,000,000 × 14% + 800,000 × 45% = 5,660,000

2.

손익계산서상 당기순이익		100,000,000
가산조정	총수입금액산입 · 필요경비불산입	52,500,000〈주1〉
차감조정	총수입금액불산입 · 필요경비산입	35,300,000〈주2〉
사업소득금액		117,200,000

〈주1〉 50,000,000(대표자 급여) + 2,500,000(중과실 손해배상금) = 52,500,000

〈주2〉 (32,800,000(이자수익 합계) − 500,000(외상매출금 연체이자)) + 3,000,000(산업재산권) = 35,300,000

2 / 10 사업소득금액 - 실전문제

【문 1】 2차 필수

제조업을 영위(복식부기의무자)하는 거주자 을의 2026년도 사업소득 내역이 다음과 같을 때 [물음]에 답하시오. 다만, 원단위 미만은 반올림하기로 한다. 〈2019. CPA 수정〉

1. 손익계산서상 당기순이익 : 15,000,000원

2. 손익계산서상 대표자 을의 급여 : 2,000,000원

3. 차입금(2025년에 차입)에 대한 손익계산서상 이자비용의 세부내역은 다음과 같다.
   ① 채권자불분명사채이자 : 2,000,000원(연이자율 14%)
   ② 저축은행차입금이자 : 7,300,000원(연이자율 10%)

4. 손익계산서상 기업업무추진비 지출액 : 500,000원(증명서류를 분실함)

5. 손익계산서상 업무용승용차의 처분손실 : 9,500,000원(2026. 8. 31.에 처분)

6. 화재 재해로 인하여 발생한 유형자산의 재해손실 : 4,000,000원(손익계산서에 미계상됨)

7. 외화매출채권에 대한 외환차손 : 3,000,000원(손익계산서에 미계상됨)

8. 손익계산서상 사업관련 외화차입금의 기말외화평가이익 : 6,000,000원(기말환율로 평가한다고 신고하였음)

9. 60일 동안 부채 합계가 사업용자산 합계를 초과하였으며, 초과인출금적수는 534,360,000원이다.

[물 음]

을의 사업소득금액을 다음의 〈답안양식〉에 따라 제시하시오. 단, 세부담 최소화를 가정한다.

〈답안양식〉

손익계산서상 당기순이익	
총수입금액산입 · 필요경비불산입	
총수입금액불산입 · 필요경비산입	
사업소득금액	

【문 2】 2차 필수

다음은 거주자 이철수의 2026년도 사업소득(핸드폰 대리점 운영) 관련 자료이다. 이를 이용하여 다음 물음에 답하시오. 단, 제시된 금액은 원천징수하기 전의 금액이며, 원천징수는 적법하게 이루어졌다. 다만, 원단위 미만은 반올림하기로 한다. 〈2013. CPA 수정〉

〈자 료〉

1. 손익계산서상 당기순이익은 50,000,000원

2. 손익계산서에 반영되어 있지 않은 사항은 다음과 같다.
   ① 사업수입금액 30,000,000원
   ② 올해 우수대리점으로 선정되어 본사로부터 판매장려금 1,000,000원을 받았으며, 이와 함께 신형 핸드폰(A) 50개(취득원가 개당 200,000원 판매가액 개당 300,000원)를 수령하였다.
   ③ 예금이자 수익 3,000,000원, 부가가치세 매출세액 6,000,000원
   ④ 종업원 급여 10,000,000원(판매부장인 장남의 급여 5,000,000원 포함), 사업용 기계장치 임차비용 3,000,000원, 소득세와 지방소득세 2,000,000원
   ⑤ 신형 핸드폰(B) 20개(취득원가 개당 150,000원, 시가 개당 250,000원)를 가사용으로 소비

3. 손익계산서상 이자비용의 내역은 다음과 같다. 차입금은 전년도에 차입한 금액으로, 연도 중 변동이 없다고 가정한다.

이자율	지급이자	차입금	차입금적수
18%	1,800,000원*1	10,000,000원	3,650,000,000원
10%	600,000원	6,000,000원	2,190,000,000원
5%	280,000원	5,600,000원	2,044,000,000원
합 계	2,680,000원	21,600,000원	7,884,000,000원

*1 18%이자율의 지급이자는 채권자가 불분명한 사채이자이다.

2026년 중 30일 동안 부채의 합계가 자산의 합계를 초과하였으며, 동 기간의 사업용 자산 합계액은 5억원이며 부채의 합계액은 8억원(충당금 2억원 포함)이다.

4. 2026년 중 30일 동안 대표자인 이철수씨가 업무와 무관하게 1억원을 인출하여 가지급금 처리하였다.

[물　음]

2026년 사업소득금액을 다음의 〈답안양식〉에 따라 제시하시오.

〈답안양식〉

구 분	금 액
당 기 순 이 익	50,000,000
총 수 입 금 액 산 입	
필 요 경 비 불 산 입	
필 요 경 비 산 입	
총 수 입 금 액 불 산 입	
사 업 소 득 금 액	

【문 3】 유예

유예생은 제2편 소득유예 11 풀이

핵심정리

문제의 포인트

1. 초과인출금 이자의 계산방법 : summary p2-79. 1
2. 외화평가손익 및 상환손익의 처리방법 : summary p2-85. 4.7

※ 자료별 정리사항

【문 1】

3, 9. 초과인출금이 있으므로 그에 대한 지급이자를 필요경비불산입한다. 이 경우 계산대상 지급이자는 선순위에서 불산입된 채권자불분명사채이자를 제외한 이자이다.

4. 증명서류가 없는 비용은 필요경비로 인정되지 않는다.

5. 복식부기의무자이므로 사업용 유형자산인 업무용승용차 처분손익은 과세대상이다. 따라서 처분손실을 필요경비로 인정하되, 800만원을 초과하는 금액은 필요경비불산입한다. 이 경우 800만원은 월할 계산하지 않는다(비교 : 감가상각비 800만원 한도초과액 계산시 800만원은 월할 계산함). summary p2-84. 4.5

6. 천재지변, 화재 등으로 인한 유형자산평가손실은 결산조정사항이므로 결산서에 계상하지 않은 금액을 필요경비산입할 수 없다.

7, 8. 외화평가손익과 외화상환손익

㉠ 「소득세법」 : 기말 외화평가손익은 인정하지 않는다. 그러나 사업과 관련된 외화자산·부채의 상환손익은 총수입금액과 필요경비에 산입하며, 이러한 외환차손익을 손익계산서에 계상하지 않는 경우 신고조정으로 세무조정하여야 한다(강제신고조정사항).

㉡ 「법인세법」 : 금융회사가 아닌 경우 기말환율을 적용한다고 신고하면 화폐성 외화자산·부채의 평가손익을 인정한다(금융회사의 경우는 화폐성 외화자산·부채에 대해서 강제평가). 외화자산·부채의 상환손익도 실현된 손익이므로 인정한다.

【문 2】

2. ① 수입금액에 해당하는 사업수입금액, 판매장려금 및 장려물품(시가) 수령액, 가사용소비액이 손익계산서에 반영되어 있지 않으므로 총수입금액산입한다. 이 경우 가사용소비액은 시가를 총수입금액에 산입하고, 원가를 필요경비에 산입한다.

② 예금이자수익은 이자소득이고, 부가가치세 매출세액은 총수입금액불산입항목이므로 손익계산서에 반영되어 있지 않더라도 세무조정하지 않는다.

③ 필요경비로 인정하는 종업원급여, 사업용 유형자산 임차비용이 손익계산서에 반영되어 있지 않으므로 필요경비산입한다. 그러나 소득세와 지방소득세는 필요경비불산입항목이므로 손익계산서에 반영되어 있지 않더라도 세무조정하지 않는다.

3. 채권자불분명사채이자와 초과인출금에 대한 지급이자를 필요경비불산입한다. 이 경우 초과인출금에 대한 지급이자는 높은 이자율부터 순차로 적용하는데, 해답상 '**【문 2】**. 〈주2〉. *'의 계산내역을 자세히 설명하면 다음과 같다.

〈1순위〉 10%분 : $600,000 \times \dfrac{2,190,000,000}{2,190,000,000} = 600,000$

〈2순위〉 5%분 : $280,000 \times \dfrac{3,000,000,000^{*} - 2,190,000,000}{2,044,000,000} = 110,959$

* 초과인출금 계산시 부채의 범위에 충당금·준비금은 제외한다.

4. 대표자의 자금인출을 「소득세법」에서는 출자금의 인출로 본다. 업무무관가지급금이 아니므로 지급이자손금불산입이나 인정이자를 계산할 필요가 없으나, 초과인출금이 발생한 경우에는 초과인출금이자를 필요경비불산입한다. [비교 : 「법인세법」에서는 업무무관가지급금으로 보므로 업무무관자산에 대한 지급이자손금불산입과 인정이자 관련 세무조정을 하여야 함] summary p2-93. 4.12

해답

【문 1】

손익계산서상 당기순이익	15,000,000
총수입금액산입 · 필요경비불산입	6,146,400〈주1〉
총수입금액불산입 · 필요경비산입	9,000,000〈주2〉
사업소득금액	12,146,400

〈주1〉 2,000,000 (대표자급여) + 2,000,000 (채권자불명이자) + 500,000 (증빙불비) + 1,500,000 (800만원 초과 처분손실) + 146,400* (초과인출금이자)
= 6,146,400

$$* \ 7,300,000 \times \frac{534,360,000}{\frac{7,300,000}{0.1} \times 365} = 146,400$$

〈주2〉 3,000,000 (외환차손) + 6,000,000 (외화평가이익) = 9,000,000

【문 2】

구 분	금 액
당 기 순 이 익	50,000,000
총 수 입 금 액 산 입	51,000,000〈주1〉
필 요 경 비 불 산 입	2,510,959〈주2〉
필 요 경 비 산 입	16,000,000〈주3〉
총 수 입 금 액 불 산 입	–
사 업 소 득 금 액	87,510,959

〈주1〉 30,000,000 + 1,000,000 + 50개 × 300,000 + 20개 × 250,000 = 51,000,000

〈주2〉 1,800,000 + 710,959* = 2,510,959

* ① 초과인출금적수 : {(800,000,000−200,000,000)−500,000,000} × 30일 = 3,000,000,000

② 초과인출금이자 : 600,000 (10%분) + 280,000 × $\frac{3,000,000,000 - 2,190,000,000}{2,044,000,000}$ (5%분) = 710,959

〈주3〉 10,000,000 + 3,000,000 + 20개 × 150,000 = 16,000,000

2 / 11 유형자산처분손익

【문 1】 2차 필수

다음은 갑이 운영하는 중소기업(제조업)의 제26기(2026. 1. 1.~2026. 12. 31.)의 세무조정 자료이다. 제시된 금액은 원천징수 전 금액이며, 원천징수는 적정하게 이루어졌다. 물음에 답하시오.

Ⅰ. 손익계산서

(단위 : 원)

Ⅰ. 매출액		595,000,000
Ⅱ. 매출원가		(294,000,000)
Ⅲ. 매출총이익		301,000,000
Ⅳ. 판매비와 관리비		
1. 인건비	120,000,000	
2. 기업업무추진비	43,590,000	
3. 감가상각비	8,000,000	
4. 기타비용	143,410,000	(315,000,000)
Ⅴ. 영업이익		(14,000,000)
Ⅵ. 영업외수익		
1. 이자수익	52,000,000	
2. 손해배상금	4,000,000	
3. 토지평가차익	12,000,000	
4. 유형자산처분이익	6,000,000	74,000,000
Ⅶ. 당기순이익		60,000,000

Ⅱ. 세무조정자료

1. 매출액은 거래처로부터 받은 판매장려금 ₩10,000,000이 포함된 금액이다.

2. 인건비 중 ₩40,000,000은 대표자인 갑의 급여이며, 잔액은 모두 사업에 종사하고 있는 종업원에 대한 급여 및 퇴직급여이다.

3. 이자수익 중 ₩18,000,000은 은행예금이자(이 중 ₩2,000,000은 정기적금에 대한 미수이자계상액)이고, ₩34,000,000은 외상매출금의 기일연장이자(소비대차 전환분)이다.

4. 손해배상금은 사업과는 무관한 부동산의 매매계약의 해약으로 인하여 지급받은 것이다.

5. 토지평가차익은 이사회의 결의에 따른 토지의 평가차익이다.

6. 2026. 6. 20.에 양도한 사업용 건물(전기말 현재 상각부인액 ₩3,000,000) 관련 회계처리는 다음과 같다. 전기말 현재 건물의 취득가액은 ₩800,000,000, 감가상각누계액은 ₩120,000,000이며, 신고내용연수는 40년이다.

(차)	감 가 상 각 비	8,000,000	(대)	감가상각누계액	8,000,000
(차)	현 금	678,000,000	(대)	건 물	800,000,000
	감가상각누계액	128,000,000		유형자산처분이익	6,000,000

[물 음]

1. 갑이 개인사업자(복식부기의무자)인 경우 사업소득금액을 다음의 〈답안양식〉에 따라 계산하시오.

〈답안양식〉 가산항목은 (＋), 차감항목은 (－)로 적을 것

구 분	사업소득금액
1. 당기순이익 2. 세무조정 ① ② ……	 (＋) (－)
3. 소득금액	

2. 갑이 개인사업자(복식부기의무자)인 경우 자료를 이용하여 갑의 종합과세되는 이자소득금액과 기타소득금액을 계산하시오.

3. 문제 자료 6번의 '건물'을 '기계장치'로 변경하는 경우 그 기계장치와 관련된 세무조정을 다음 각 경우별로 하시오. 다만, 신고한 상각방법은 정액법, 신고내용연수는 40년이라고 가정한다.
   〈경우 1〉 갑이 복식부기의무자인 개인사업자인 경우
   〈경우 2〉 갑이 간편장부대상자인 개인사업자인 경우

【문 2】 유예

유예생은 제2편 소득유예 12, 13 풀이('13'은 인건비와 퇴직급여충당금 관련 문제임)

핵심정리

문제의 포인트

1. 손익계산서가 제시되고 세무조정자료가 제시된 사업소득 문제의 풀이방법 : 아래 '[1]' 참고
2. 유형자산처분손익의 처리방법 : summary p2-80. 4.4

[1] 문제의 풀이방법

1. 손익계산서를 순서대로 읽어 가면서 각 계정과목별로 손익계산서 아래에 제시된 관련 자료와 연계하여 세무조정을 한다. 예를 들어 자료 'Ⅰ. 손익계산서'상 'Ⅰ'의 매출액은 손익계산서 아래에 제시된 자료 'Ⅱ'의 1번과 연계하여 조정한다.

2. 손익계산서상 계정과목 중 그 아래에 연계되는 자료가 없더라도 조정할 수 있는 항목은 바로 세무조정한다. 예를 들어 손익계산서상 'Ⅳ. 2. 기업업무추진비'는 그 아래에 추가 자료가 없더라도 한도계산하여 세무조정하여야 한다.

[2] 자료별 정리사항

해답에 참고로 제시된 법인인 경우의 세무조정과 연계하여 '해답' 아래에 있는 '해설'에서 설명함

[3] 법인세 · 소득세 계산상 유형자산 처분관련 세무조정방법 ··→ 구체적인 설명은 아래 해설 *6과 *9 참고

	처분손익이 인정되는 경우	처분손익이 인정되지 않는 경우
〈1〉 상각시부인	계산 ×	계산 ○
〈2〉 처분손익	조정 ×	조정 ○
〈3〉 유보잔액추인	추인 ○	추인 ×

해답

1. 소득금액

구 분	사업소득금액	[참고] 법인인 경우 각사업연도소득금액
1. 당 기 순 이 익	60,000,000	60,000,000
2. 세 무 조 정		
① 대 표 자 급 여*1	(+) 40,000,000	—
② 기업업무추진비한도초과〈주1〉	(+) 5,835,000	(+) 5,835,000
③ 이 자 수 익*3	(—) 52,000,000	(—) 2,000,000
④ 손 해 배 상 금*4	(—) 4,000,000	—
⑤ 토 지 평 가 차 익*5	(—) 12,000,000	(—) 12,000,000
⑥ 상 각 부 인 액〈주2〉	(—) 2,000,000	—
⑦ 처 분 이 익〈주2〉	(—) 6,000,000	—
⑧ 유 보 추 인〈주2〉	—	(—) 3,000,000
3. 소 득 금 액	29,835,000	48,835,000

〈주1〉 43,590,000 − 37,755,000* = 5,835,000*2

* $36{,}000{,}000 \times \frac{12}{12} + (595{,}000{,}000 - 10{,}000{,}000^{*2}) \times 0.3\% = 37{,}755{,}000$

〈주2〉 건물 시부인 및 처분*6 ⟶ 핵심정리의 '[3]'과 연계정리할 것

구 분	개 인		[참고] 법 인
상각시부인	① 회사 :	8,000,000	— (∵ 사업연도 중 양도자산은 시부인 계산 안함)
	② 상각범위액 : $800{,}000{,}000 \times \frac{1}{40} \times \frac{6}{12} =$	10,000,000	
	③ 시인부족액 :	△2,000,000	
	④ 세무조정 : 〈필요경비산입〉	2,000,000*7	
처분이익	〈총수입금액불산입〉	6,000,000	— (∵ 처분익은 익금)
유보추인	조정없음(장부에서 양도자산의 상각부인액만 소멸시킴)		〈손금산입〉 3,000,000

2.

이자소득금액 : $\underset{\text{예금이자}}{\underline{(18{,}000{,}000-2{,}000{,}000)}} + \underset{\text{소비대차전환분 이자}}{\underline{34{,}000{,}000}} = 50{,}000{,}000^{*8}$

기타소득금액 4,000,000*8

3. 기계장치 관련 세무조정*[9] → 핵심정리의 '[3]'과 연계정리할 것

구 분	〈경우 1〉 복식부기의무자*[9] 〈방법 1〉		〈방법 2〉 간편법	〈경우 2〉 간편장부대상자
(1) 상각시부인	① 회사 :	8,000,000		
	② 상각범위액 :	10,000,000*		
	③ 시인부족액 :	△2,000,000		
	④ 세무조정 :	〈필요경비산입〉 2,000,000	—	〈필요경비산입〉 2,000,000
(2) 처분이익	—		—	〈총수입금액불산입〉 6,000,000
(3) 유보잔액추인	〈필요경비산입〉 3,000,000 − 2,000,000 = 1,000,000		〈필요경비산입〉 3,000,000	—

* $800,000,000 \times \frac{1}{40} \times \frac{6}{12} = 10,000,000$

해 설

1. 해답상 '*'에 대한 설명

*[1] 대표자급여 : 개인사업자의 경우 필요경비불산입하나, 법인의 경우 손금인정한다.

*[2] 거래처로부터 받은 판매장려금 : 법인의 익금(∵순자산 증가), 개인사업자의 총수입금액에 해당되므로 별도의 조정은 불필요하다. 다만, 기업회계상 매출액은 아니므로 기업업무추진비 한도계산상 수입금액에서 제외한다.

*[3] 이자수익

① 개인 : 사업소득이 아닌 이자소득으로 과세하므로 총수입금액불산입으로 조정한다. 외상매출금 기일연장 이자 중 소비대차로 전환된 것은 이자소득(비영업대금 이익), 전환되지 않은 것은 사업소득이다.

② 법인 : 정기적금에 대한 미수이자계상액만 익금불산입한다.

*[4] 손해배상금

① 개인 : 계약의 위약·해약으로 인한 손해배상금은 기타소득 → ∴ 총수입금액불산입하고 기타소득에 포함

② 법인 : 손해배상금 수령액은 익금항목 → ∴ 세무조정 불필요

*[5] 유형자산의 임의평가차익 : 개인·법인을 불문하고 익금 또는 총수입금액에 산입하지 아니한다.

*[6] 건물의 양도

① 개인 :
- 「소득세법 시행령」 제62조 제1항에서는 해당 과세기간 중에 양도한 경우 감가상각시부인 계산을 하도록 규정하고 있으므로 시부인계산을 하되, 건물의 양도는 양도소득세 과세대상이므로 처분이익을 총수입금액불산입한다.
- 처분이익을 전액 총수입금액불산입하였으므로 따로 유보잔액을 추인할 필요없이 장부에서만 소멸시킨다.

② 법인 :
- 사업연도 중에 양도한 자산은 시부인계산을 하지 않으며, 처분이익을 익금으로 인정하므로 세무조정할 필요없다.
- 익금으로 인정하는 처분이익이 유보잔액(상각부인액)만큼 과대계상되어 있으므로 유보잔액을 손금산입(△유보)으로 추인한다.

*[7] min(① 당기 시인부족액 : 2,000,000, ② 전기이월상각부인액 : 3,000,000) = 2,000,000

*8 ① 사업소득금액 계산시 총수입금액불산입된 것 중 다른 소득으로 종합과세되는 것을 합산한다. 조건부과세대상 금융소득 50,000,000(미수이자 2,000,000은 귀속시기 미도래하였으므로 제외)이 2,000만원을 초과하므로 종합과세한다.

② 계약의 위약·해약으로 인한 손해배상금은 기타소득이다.

*9 기계장치의 처분

① 복식부기의무자인 경우 : 아래 '〈방법 1〉'과 '〈방법 2〉'는 순액으로 동일하다.

〈방법 1〉
- 과세기간 중에 처분한 경우 「소득세법 시행령」 제62조 제1항에 따라 시부인계산을 하며, 복식부기의무자의 경우 유형자산처분이익을 총수입금액으로 인정하므로 처분이익에 대한 세무조정은 불필요하다.
- 총수입금액으로 인정하는 처분이익이 유보잔액만큼 과대계상되어 있으므로 유보잔액을 필요경비산입(△유보)으로 추인한다.

〈방법 2〉
- 법인인 경우와 동일하게 시부인계산을 하지 않고 유보잔액을 추인한다. '〈방법 1〉'과 '〈방법 2〉'는 손익에 미치는 효과가 같기 때문에 '〈방법 2〉'가 간편하다.

② 간편장부대상자인 경우
- 과세기간 중에 처분한 경우 「소득세법 시행령」에서 감가상각시부인 계산을 하도록 규정하고 있으므로 시부인계산을 하며, 간편장부대상자이므로 처분이익을 전액 총수입금액불산입한다.
- 처분이익을 총수입금액불산입하였으므로 따로 유보잔액을 추인할 필요없이 장부에서만 소멸시킨다.

2 / 12 업무용승용차 1.5차 2차 필수

다음 각 【문】에 답하시오.

【문 1】 1.5차 2차 필수

다음은 사업자 갑이 제26기 사업연도(2026. 1. 1.~2026. 12. 31.)에 보유하고 있는 개별소비세 과세대상 업무용승용차 관련 자료이다. 자료를 이용하여 물음에 답하시오.

〈자 료〉

1. 2026. 4. 15.에 취득한 업무용승용차A(전무이사 사용) 관련 자료
   ① 취득가액은 ₩100,000,000이며, 신고한 상각방법은 정률법이다(신고내용연수 4년, 정률법 상각률 0.528).
   ② 제26기에 계상한 감가상각비는 ₩12,000,000이며, 감가상각비 외에 유류비, 수선비 등 승용차 관련 비용으로 ₩10,000,000을 비용계상하였다. 당기 중 운행일지에 따른 총주행거리는 15,000km이며, 이 중 업무용사용거리는 9,000km이다.
2. 2026년 1월 1일에 업무용승용차B를 처분하고 유형자산처분손실로 ₩20,000,000을 손익계산서에 계상하였다.

[물 음]

갑이 개인 복식부기의무자인 경우와 간편장부대상자인 경우 제26기의 세무조정을 〈답안양식〉에 따라 하시오. 다만, 업무용승용차에 대해서는 업무전용자동차보험에 가입하지 않았다.

〈답안양식〉

구 분	세무조정(소득처분 포함)
복식부기의무자인 경우	
간편장부대상자인 경우	

【문 2】 1대를 초과하여 보유하는 경우 유예

유예생은 제2편 소득유예 14 풀이

핵심정리

문제의 포인트

- 업무용승용차 관련비용의 특례규정 : summary p2-84. 4.5

※ 업무용승용차 관련 사업자별 정리사항

1. 법인과 개인 복식부기의무자인 경우

 (1) 감가상각비 등 관련 조정

〈1단계〉 감가상각비 시부인계산(정액법, 5년 강제상각)

〈2단계〉 업무미사용액*

① 업무전용자동차보험에 가입한 경우 : 업무용승용차 관련비용에 업무미사용비율을 곱한 금액을 손금불산입(필요경비불산입)한다.

② 업무전용자동차보험에 가입하지 않은 경우 : 법인은 업무용승용차 관련비용을 전액 손금불산입하나, 개인 복식부기의무자는 1대에 대해서는 업무전용자동차보험 가입 의무가 없으므로 업무용승용차 관련비용에 업무미사용비율을 곱한 금액을 손금불산입(필요경비불산입)한다.

〈3단계〉 감가상각비 업무사용액 중 '800만원× $\frac{\text{사용월수}}{12}$' 초과액을 손금불산입한다.

* 법인업무용 자동차등록번호판을 부착하여야 하는 업무용승용차가 해당 번호판을 부착하지 않은 경우 업무사용금액을 전액 손금불산입하는 규정은 법인에게만 적용하며, 개인사업자에게는 적용하지 않는다.

 (2) 처분손익 조정

처분이익은 익금(총수입금액)에 산입하나, 처분손실은 '800만원× $\frac{\text{사업연도월수}}{12}$' 초과액을 손금불산입(필요경비불산입)한다.

2. 개인 간편장부대상자

 (1) 감가상각비 등 관련 조정

간편장부대상자는 업무용승용차에 대한 특례규정 적용대상이 아니다. 따라서 감가상각시부인 계산만 하면 되는데, 이 경우 상각범위액은 신고한 상각방법과 내용연수를 적용한다(무신고시 건물은 정액법, 기계장치는 정률법, 내용연수는 기준내용연수).

 (2) 처분손익 조정

유형자산처분이익은 총수입금액불산입하고, 유형자산처분손실은 필요경비불산입한다.

해답

【문 1】 ⋯→ 갑이 법인인 경우 세무조정은 '해설' 참고

구 분	세무조정(소득처분 포함)	
복식부기의무자인 경우	〈필요경비산입〉 승용차A 감가상각비〈주1〉	3,000,000(△유보)
	〈필요경비불산입〉 승용차A 업무미사용액〈주1〉	10,000,000(기 타)
	〈필요경비불산입〉 승용차A 상각비한도초과액〈주1〉	3,000,000(유 보)
	〈필요경비불산입〉 승용차B 처분손실〈주2〉	12,000,000(기 타)
간편장부대상자인 경우	승용차A 감가상각비	—〈주3〉
	〈필요경비불산입〉 승용차B 처분손실	20,000,000〈주4〉(기 타)

〈주1〉 ① $12,000,000 - \underbrace{100,000,000 \times \frac{1}{5} \times \frac{9}{12}}_{15,000,000} = \triangle 3,000,000$

② $(15,000,000+10,000,000) \times \left(1-\frac{9,000}{15,000}\right) = 10,000,000^{*}$

③ $15,000,000 \times 60\% - 8,000,000 \times \frac{9}{12} = 3,000,000$

* 개인사업자의 경우 승용차 1대에 대해서는 업무전용자동차보험 가입의무가 없다. 따라서 가입여부와 무관하게 업무사용비율을 곱한 금액을 초과하는 금액만 필요경비불산입한다. 1대 초과분에 대해서는 업무전용자동차보험에 가입하지 않은 경우 업무용승용차 관련 비용 전액을 필요경비불산입한다.

〈주2〉 $20,000,000 - 8,000,000 \times \frac{12}{12} = 12,000,000$

〈주3〉 간편장부대상자는 업무용승용차에 대한 특례규정 적용대상이 아니므로 시부인계산만 하면 된다.

- 승용차A : $12,000,000 - 100,000,000 \times 0.528 \times \frac{9}{12} = \triangle 27,600,000$ → 조정 없음

〈주4〉 간편장부대상자는 업무용승용차에 대한 특례규정 적용대상이 아니므로 유형자산처분손실을 필요경비불산입한다.

해설

1. [참고] 갑이 법인인 경우로서 업무전용자동차보험에 가입하지 않은 경우 '【문 1】. 〈자료〉'를 기초로 한 세무조정(법인업무용 자동차등록번호판은 부착하였다고 가정)

〈 손 금 산 입 〉 승용차A 감가상각비 3,000,000(△유보)

〈손금불산입〉 승용차A 업무미사용액 25,000,000(상 여)

〈손금불산입〉 승용차B 처분손실 12,000,000(기타사외유출)

[근　거]

① $12{,}000{,}000 - \underbrace{100{,}000{,}000 \times \frac{1}{5} \times \frac{9}{12}}_{15{,}000{,}000} = \triangle 3{,}000{,}000$

② $(15{,}000{,}000 + 10{,}000{,}000) \times 100\% = 25{,}000{,}000$

③ $20{,}000{,}000 - 8{,}000{,}000 \times \frac{12}{12} = 12{,}000{,}000$

2 / 13 법인세와 소득세의 비교 - 재고자산 소비, 대손충당금

다음의 독립된 〈자료〉별로 제조업을 영위하는 사업자가 법인인 경우와 개인(복식부기의무자)인 경우로 구분하여 세무조정(소득처분은 생략)을 하시오. 사업연도는 2026년 1월 1일부터 12월 31일이다.

〈자료 1〉 자산수증이익 1.5차 2차 필수

손익계산서상 영업외수익으로 계상한 자산수증이익 ₩20,000,000은 시가 ₩25,000,000인 자산을 영업활동과 무관하게 수증받은 것이다.

〈자료 2〉 대손충당금 관련 사항 1.5차 2차 필수

1. 전기말 현재 유보금액
   ① 대손충당금 한도초과액 ₩2,000,000
   ② 매출채권 대손금부인액 5,000,000(₩3,000,000은 2026년에 소멸시효 완성)
2. 당기 대손충당금계정의 기말잔액은 ₩5,000,000이며, 당기 설정액은 ₩8,000,000이다.
3. 기말 재무상태표상 채권의 내역은 다음과 같다(당기 대손실적률은 1.5%).

① 매출채권	₩100,000,000	
② 미 수 금	40,000,000	(토지 처분대금의 미수액임)
③ 대 여 금	90,000,000	(거래처에 대한 사업자금대여액임)
계	₩230,000,000	

〈자료 3〉 기업업무추진비와 가사용 소비 관련 사항 2차

1. 기업업무추진비계정과 잡비 중에는 다음과 같은 부가가치세가 면세되는 제품 소비액이 포함되어 있다.
   (1) 거래처에 대하여 제품 ₩4,000,000(시가 ₩5,000,000)을 무상제공하고 다음과 같이 회계처리하였다.

(차) 기업업무추진비	4,000,000	(대) 제 품	4,000,000

   (2) 대표자가 제품 ₩8,000,000(시가 ₩10,000,000)을 부당하게 가사용으로 소비하고 다음과 같이 회계처리하였다.

(차) 잡 비	8,000,000	(대) 제 품	8,000,000

2. 손익계산서상 기업업무추진비계정은 ₩40,000,000이며, 여기에는 건당 3만원 초과 기업업무추진비로서 영수증을 수취한 것 ₩2,000,000이 포함되어 있다(기업업무추진비한도는 ₩20,000,000이라고 가정함).

핵심정리

문제의 포인트

1. 자산수증이익의 처리방법 : summary p2-93. 4.12
2. 대손충당금 한도초과액 계산방법 : summary p2-86. 4.8
3. 현물접대와 가사용소비의 처리방법 : summary p2-87. 4.9

※ 자료별 정리사항

1. 자산수증이익

① 법 인 : 업무관련 여부와 무관하게 증여받은 자산의 시가를 익금으로 한다. 회사가 20,000,000을 영업외수익으로 계상하였으므로 시가와의 차액 5,000,000을 익금에 산입하여야 한다.

② 개 인 : 업무와 관련있는 자산수증익·채무면제익은 총수입금액에 산입하나, 업무와 무관한 것은 증여세 과세대상이므로 총수입금액에 산입하지 않는다.

2. 대손충당금 자료

(1) 전기말 유보

① 전기 대손충당금 한도초과액은 자동추인사항이므로 필요경비산입한다.

② 전기 매출채권 대손금 부인액 중 당기에 소멸시효가 완성된 것은 필요경비산입한다. 추인 후 유보잔액은 '5,000,000(전기말 대손금부인액) － 3,000,000(당기 필요경비 추인액) ＝ 2,000,000'이며, 세법상 채권가액을 계산하기 위하여 이 금액을 회계상 채권에 더한다.

(2) 한도액 계산 : 토지·건물 처분미수금과 대여금은 「법인세법」상 대손충당금 설정대상 채권(특수관계인에 대한 업무무관가지급금은 제외)이지만, 「소득세법」상 대손충당금 설정대상 채권은 아니다.

3. 현물로 지급한 기업업무추진비, 가사용소비 자료

「소득세법」에서는 제공한 제품 등의 시가를 총수입금액에 산입하고, 원가를 필요경비에 산입한다. → 구체적인 세무처리는 '해설' 참고

해 답

〈자료 1〉

1. 법인인 경우 : 〈익 금 산 입〉 자산수증이익 5,000,000
2. 개인인 경우 : 〈총수입금액불산입〉 자산수증이익 20,000,000

〈자료 2〉

1. 법인인 경우

〈손 금 산 입〉 전기 대손충당금 한도초과 2,000,000

〈손 금 산 입〉 전기 매출채권 대손금부인액 3,000,000

〈손금불산입〉 대손충당금 한도초과 1,520,000〈주1〉

2. 개인인 경우

〈필요경비산입〉 전기 대손충당금 한도초과 2,000,000

〈필요경비산입〉 전기 매출채권 대손금부인액 3,000,000

〈필요경비불산입〉 대손충당금 한도초과 3,470,000〈주1〉

〈주1〉

구 분	기말잔액	한 도 액	한도초과액
법 인	5,000,000	(230,000,000+2,000,000) × 1.5% = 3,480,000	1,520,000
개 인	5,000,000	(230,000,000+2,000,000−40,000,000− 90,000,000) × 1.5% = 1,530,000	3,470,000

〈자료 3〉*1

1. 법인인 경우

〈익 금 산 입〉 부당행위계산의 부인 10,000,000

〈손금불산입〉 적격증빙 미사용 기업업무추진비 2,000,000

〈손금불산입〉 기업업무추진비 한도초과액 19,000,000〈주2〉

2. 개인인 경우

〈총수입금액산입〉 개인적 공급액 10,000,000

〈필요경비불산입〉 적격증빙 미사용 기업업무추진비 2,000,000

〈필요경비불산입〉 기업업무추진비 한도초과액 19,000,000〈주2〉

〈주2〉

① 기업업무추진비 : 40,000,000(기업업무추진비계정) − 2,000,000(적격증빙 미사용액) + 1,000,000(현물기업업무추진비 차액) = 39,000,000

② 한도초과 : 39,000,000 − 20,000,000 = 19,000,000

해설

1. 해답상 '*'에 대한 설명

*1 '〈자료 3〉'관련 세무조정 이해 → 참고목적

(1) 거래처증정(사업상 증여)

구 분	법 인	개 인
회 사	(차) 기업업무추진비 4,000,000 (대) 제 품 4,000,000	(차) 기업업무추진비 4,000,000 (대) 제 품 4,000,000
세 법	(차) 기업업무추진비 5,000,000 (대) ┌ 제 품 4,000,000 └ 처 분 이 익 1,000,000	(차) ┌ 기업업무추진비 5,000,000 └ 사업상증여원가 4,000,000* (대) ┌ 사업상증여액 5,000,000* └ 제 품 4,000,000
세무조정 ① 총액법	〈손금산입〉 기업업무추진비 1,000,000 〈익금산입〉 처 분 이 익 1,000,000	〈총수입금액산입〉 사업상증여액 5,000,000 〈필요경비산입〉 사업상증여원가 4,000,000 〈필요경비산입〉 기업업무추진비 1,000,000
② 순액법	순액으로 소득금액에 미치는 영향이 없으므로 세무조정 생략함 → 해답의 풀이방식	

* 시가상당액을 매출한 것으로 보아 총수입금액에 산입하며, 그 원가 상당액을 필요경비에 산입한다. 다만, 이 경우 사업상증여액은 기업회계기준에 의한 매출액은 아니므로 기업업무추진비 한도계산대상 수입금액에는 가산하지 아니한다.

(2) 가사용 소비(개인적 공급)

구 분	법 인	개 인
회 사	(차) 잡 비 8,000,000 (대) 제 품 8,000,000	(차) 잡 비 8,000,000 (대) 제 품 8,000,000
세 법	(차) 부당행위부인 10,000,000 (대) ┌ 제 품 8,000,000 └ 처 분 이 익 2,000,000	(차) ┌ 인 출 금 10,000,000 └ 개인적공급원가 8,000,000*2 (대) ┌ 개인적공급액 10,000,000*2 └ 제 품 8,000,000
세무조정	〈익금산입〉 부당행위계산의 부인 10,000,000*1	① 총액법 ㉠ 〈총수입금액산입〉 개인적공급액 10,000,000 ㉡ 〈필요경비산입〉 개인적공급원가 8,000,000 ㉢ 〈필요경비불산입〉 잡 비 8,000,000 ② 순액법 → 해답의 풀이방식 위 ①의 ㉡과 ㉢은 생략하고 ㉠만 조정함 〈총수입금액산입〉 개인적공급액 10,000,000

*1 잡비 8,000,000의 손금불산입액과 처분이익 2,000,000의 익금산입액의 합계액으로, 그 금액만큼 제품을 처분하고 현금을 수령하여 대표자에게 제공한 것으로 본다. 따라서 대표자에 대한 상여로 처분한다.

*2 시가상당액을 매출한 것으로 보아 총수입금액에 산입하며, 그 원가상당액을 필요경비에 산입한다.

2 / 14 손익귀속시기

1.5차 2차

상호 독립된 각 【문】에 답하시오.

【문 1】

다음 자료를 이용하여 거주자 김보람씨의 2026년 사업소득 총수입금액을 계산하시오.

〈2015. CTA 수정〉

1. 2026년 과세기간의 손익계산서상 총매출액 : ₩25,000,000(매출에누리와 환입 ₩700,000과 매출할인 ₩800,000이 차감되어 있지 않으며, 거래처로부터 받은 장려금 ₩900,000이 포함되어 있지 않음)

2. 위의 총매출액에 포함되지 않은 기타 매출거래는 다음과 같다.

   (1) 계약금 수령
   2027년 4월 21일에 제품을 인도하는 조건으로 2026년 4월 4일에 거래처로부터 ₩1,500,000의 계약금을 수령하였다. 2026년 말 현재 해당 제품의 판매가는 ₩3,000,000(원가 ₩2,000,000)이다.

   (2) 직업운동선수인 김보람씨는 2026. 10. 10.에 ㈜가나와 전속계약(계약기간 : 2026. 10. 10.~2027. 4. 9.)을 맺고 전속계약금 ₩10,000,000을 2026. 10. 10.에 계약에 따라 수령하였다.

   (3) 시용판매
   2026년 7월 4일에 거래처로부터 제품 ₩500,000(원가 ₩400,000)에 대한 구입의사표시를 받았지만 2026년 말까지 대금결제를 받지 못하였다.

   (4) 무인판매기에 의한 판매
   2026년 과세기간의 무인판매기에 의한 매출액은 ₩1,200,000(원가 ₩800,000)이며 2027년 1월 3일에 동 금액을 무인판매기에서 현금으로 인출하였다.

   (5) 위탁판매
   2026년 11월 7일에 수탁자에게 제품(판매가 ₩1,600,000, 원가 ₩1,300,000)을 발송하여 수탁자는 그 중 절반을 2026년 12월 29일에 판매하고, 나머지는 2027년 1월 7일에 판매하였다.

【문 2】

중소기업(제조업과 건설업 영위)인 갑의 제26기(2026. 1. 1.~2026. 12. 31.)의 다음 자료를 기초로 갑이 개인인 경우 사업소득금액과 법인인 경우 각사업연도소득금액을 〈답안양식〉에 따라 작성하시오. 다만, 당기의 세부담을 최소화하기로 하되, 개인사업자의 도급공사의 경우 회사가 선택한 회계처리가 세법에서 인정되는 경우에는 그에 따르기로 한다.

1. 손익계산서상 당기순이익은 ₩120,000,000이다.

2. 2026년 1월에 판매가액 ₩90,000,000(원가율 60%)의 제품을 매년 말에 ₩30,000,000씩 3회에 걸쳐 대금을 분할회수하는 조건으로 판매하고 인도기준(명목가액)에 따라 회계처리하였다.

3. 다음의 도급공사에 대하여 공사원가를 기준으로 하는 진행기준에 따라 손익을 계상하였다.

공 사	공사기간	도급금액	총공사원가	제26기 공사원가
A	2026. 7. 1. ~ 2027. 4. 1.	₩150,000,000	₩110,000,000	₩55,000,000
B	2026. 8. 5. ~ 2027. 10. 4.	250,000,000	190,000,000	57,000,000

〈답안양식〉 가산항목은 (+)로, 차감항목은 (−)로 적을 것

구 분	사업소득금액	각사업연도소득금액
1. 당기순이익 2. 세무조정 ① ② ……	 (+) (−)	
3. 소득금액		

핵심정리

문제의 포인트

• 사업소득 총수입금액과 필요경비의 귀속연도 : summary p2-94. 6

※ 자료별 정리사항

【문 1】

1. 매출에누리 · 매출환입 · 매출할인액은 매출액(총수입금액)에서 차감하며, 거래처로부터 받은 장려금은 총수입금액에 산입한다.

2. (1) 제품 매출액은 인도일이 속하는 2027년의 매출액이다.
   (2) 계약기간이 1년을 초과하지 않으므로 용역대가를 받기로 한 날인 2026. 10. 10.과 용역제공완료일인 2027. 4. 9. 중 빠른 날이 수입시기이다.
   (3) 시용판매의 수입시기는 상대방이 구입의사를 표시한 날이 속한 2026년이다.
   (4) 무인판매기에 의한 판매의 수입시기는 사업자가 무인판매기에서 현금을 인출하는 때인 2027년이다.
   (5) 위탁판매의 수입시기는 수탁자가 판매한 날이므로 2026년의 총수입금액은 절반인 ₩800,000이다.

【문 2】

2. 장기할부판매 : 당기의 세부담 최소화 가정에 따라 중소기업의 경우 법인은 회수기일도래기준으로 신고조정한다. 그러나 개인사업자는 회수기일 도래기준으로 계상하지 않으면 신고조정할 수 없다.

3. (1) 도급공사A : 「소득세법」에서는 단기용역매출에 대해서 인도기준을 원칙으로 하나, 결산서에 진행기준으로 계상하면 진행기준으로 할 수 있다. 문제의 경우 회사가 진행기준으로 계상했으므로 문제 단서에 따라 이를 인정한다.

   (2) 도급공사B : 장기도급공사를 진행기준으로 적정하게 처리했으므로 세무조정은 불필요하다.

해 답

【문 1】

총수입금액 : $\underbrace{(25{,}000{,}000-700{,}000-800{,}000+900{,}000)}_{\text{매출액}} + \underbrace{10{,}000{,}000}_{\text{전속계약금}} + \underbrace{500{,}000}_{\text{시용판매}}$

$+ \underbrace{1{,}600{,}000 \times 50\%}_{\text{위탁판매}} = 35{,}700{,}000$

【문 2】

구 분	사업소득금액	각사업연도소득금액
1. 당기순이익	120,000,000	120,000,000
2. 세무조정		
① 할부매출액	－	(－) 60,000,000〈주1〉
② 할부매출원가	－	(＋) 36,000,000〈주2〉
③ A공사수익	－	(－) 75,000,000〈주3〉
④ A공사원가	－	(＋) 55,000,000
3. 소득금액	120,000,000	76,000,000

〈주1〉 $\underbrace{90{,}000{,}000}_{\text{회사 : 인도기준}} - \underbrace{30{,}000{,}000}_{\text{세법 : 회수기일도래기준}} = 60{,}000{,}000$

〈주2〉 $60{,}000{,}000 \times 60\% = 36{,}000{,}000$

〈주3〉 $150{,}000{,}000 \times \dfrac{55{,}000{,}000}{110{,}000{,}000} = 75{,}000{,}000$

2 / 15 기부금

상호 독립된 각 【문】에 답하시오.

【문 1】 1.5차 2차 필수

거주자 이수련씨는 주식의 100%를 소유하고 있는 ㈜가평의 대표이사이다. 다음 2026년(1. 1. ~12. 31.)의 ㈜가평의 손익계산서상 주요 자료를 이용하여 이수련씨가 법인이 아닌 개인사업자의 형태로 사업을 운영한다고 가정할 경우 소득세법상 2026년도 사업소득금액과 현재의 법인 상태에서 「법인세법」에 의한 2026년도의 각사업연도소득금액을 〈답안양식〉에 적고 그 계산근거를 제시하시오. 다만, 회사는 중소기업 및 회생계획을 이행 중인 기업이 아니다.

〈2004. CPA 수정〉

〈자　료〉

1. 손익계산서상 당기순이익	₩280,000,000
2. 손익계산서에 반영되어 있는 금액	
① 법인세비용(개인사업의 경우 소득세비용)	20,000,000
② 관리비로 계상된 대표이사 급여	6,000,000
③ 영업외비용으로 계상된 사립대학에 대한 시설비 기부금	70,000,000*
④ 영업외수익으로 계상된 은행예금이자	8,000,000
3. 2024년에 발생하여 이월된 결손금	300,000,000

* 전기에서 이월된 기부금한도초과액은 없다.

〈답안양식〉

이월결손금 공제 전 사업소득금액	
각사업연도소득금액	

【문 2】 1.5차 2차 필수

다음은 식기류 도매업을 영위하고 있는 계속사업자인 A의 2026. 1. 1.~12. 31.의 자료이다. A가 ㉠ 개인(중소기업이며 복식부기의무자임)일 경우의 일반기부금의 필요경비 불산입액과, ㉡ 법인(사업연도는 역년과 같고, 중소기업이며 사회적기업이 아님)일 경우의 일반기부금의 손금불산입액을 계산하면 각각 얼마인가? (단, A에게는 다른 소득은 없으며 기부는 A가 직접 하였고 모든 증빙을 갖추었다고 가정한다. 주어진 자료 이외에는 고려하지 않음)

〈2019. CTA 수정〉

〈자 료〉

1. 기준소득금액(이월결손금 차감 전이며, 기부금을 필요경비 또는 손금으로 산입하기 전의 금액) : ₩170,000,000
2. 종교단체기부금 : ₩5,000,000
3. 실비로 이용가능한 「아동복지법」 제52조 제1항에 따른 아동복지시설(특수관계인 아님)에 대한 금전 외 자산 기부금 : 장부가액 ₩20,000,000, 시가 ₩35,000,000
4. 장애인 유료복지시설에 대한 기부금 : ₩30,000,000
5. 직전 과세기간(2025. 1. 1.～2025. 12. 31.)에 발생한 세무상 이월결손금 : ₩20,000,000

【문 3】 유예

유예생은 제2편 소득유예 15 풀이

핵심정리

문제의 포인트

- 기부금관련 세무처리 방법: summary p2-88. 4.10

※ 자료별 정리사항

【문 1】

2. ① 법인세는 손금불산입, 소득세는 필요경비불산입한다.
   ② 대표이사 급여 : 법인은 손금인정하나, 개인은 필요경비불산입한다.
   ③ 사립대학 시설비 기부금 : 법인·개인 모두 특례기부금으로, 직접적인 세무조정없이 차가감소득금액 계산 후 한도계산한다.
   ④ 은행예금이자 : 법인은 익금으로 인정하나, 개인은 이자소득이므로 사업소득금액 계산시 총수입금액불산입한다.
3. 이월결손금 : 15년(2020. 1. 1. 전에 개시한 과세기간에서 발생한 것은 10년) 이내 발생분이므로 기부금 한도액 기준금액 계산시 차감한다. 다만, 법인의 경우에는 기준소득금액의 80%를 한도로 이월결손금을 차감하나, 「소득세법」에는 80% 한도 규정이 없으므로 개인의 경우에는 한도를 고려할 필요가 없다.

【문 2】

3. 아동복지시설 현물기부금 : 일반기부금을 현물로 기부하면 「법인세법」에서는 특수관계인인 경우 max(시가, 장부가액), 특수관계인이 아닌 경우 장부가액으로 평가하나, 「소득세법」에서는 특수관계와 무관하게 max(시가, 장부가액)으로 평가한다.
4. 장애인 유료복지시설 기부금 : 사회복지시설 중 무료·실비로 이용할 수 있는 것으로서 법령으로 정한 시설(예 : 아동복지시설, 노인복지시설, 장애인복지시설 등으로서 요건을 갖춘 것)에 대한 기부금은 일반기부금이나, 장애인 유료복지시설에 대한 기부금은 비지정기부금이다.

해 답

【문 1】

이월결손금 공제 전 사업소득금액	₩300,000,000〈주1〉
각사업연도소득금액	333,000,000〈주2〉

[근 거]

	〈주1〉	〈주2〉
당 기 순 이 익	280,000,000	280,000,000
법인세(소득세)	20,000,000	20,000,000
대 표 이 사 급 여	6,000,000	−
예 금 이 자	△8,000,000	−
차가감소득금액	298,000,000	300,000,000
기부금한도초과	2,000,000①	33,000,000②
소 득 금 액	300,000,000	333,000,000

① 70,000,000 − (298,000,000(차가감소득금액) + 70,000,000(기부금) − 300,000,000(이월결손금)) × 100% = 2,000,000

② 70,000,000 − [300,000,000 + 70,000,000 − min(300,000,000, 370,000,000×80%=296,000,000)] × 50%
↳ 기준소득금액 : 370,000,000
= 33,000,000

【문 2】

1. 개인

일반기부금	한도	한도초과
5,000,000 + 35,000,000 = 40,000,000	150,000,000* × 10% + min(150,000,000×20%, 35,000,000) = 45,000,000	△ 5,000,000 (→ 조정×)

* 170,000,000(기준소득금액) − 20,000,000(이월결손금) = 150,000,000

2. 법인

일반기부금	한도	한도초과
5,000,000 + 20,000,000 = 25,000,000	150,000,000* × 10% = 15,000,000	10,000,000 (손금불산입)

* 170,000,000 − 20,000,000 = 150,000,000

2 / 16 2 이상의 사업장이 있는 경우 기업업무추진비 한도 1.5차 2차

거주자 황현아씨는 제조업 · 부동산임대업 · 서비스업을 겸영하고 있다. 다음 자료를 이용하여 황현아씨의 2026년도의 세부담이 최소화되도록 각 사업장별로 기업업무추진비관련 세무조정을 하시오. 황현아씨는 사업장별 감면을 달리 적용받아 사업장별 거래 내용이 구분될 수 있도록 장부를 기장하고 있다.

1. 제조업(비중소기업)
   (1) 2026년 2월 10일부터 제조업을 영위하고 있으며, 2026년도의 매출액은 90억원이다.
   (2) 손익계산서상 기업업무추진비 계상액은 ₩40,000,000이다.
   (3) 손익계산서상 광고선전비에는 A거래처에게만 기증한 물품 ₩80,000(2건으로 1건은 ₩30,000, 1건은 ₩50,000)이 포함되어 있다.

2. 부동산임대업(비중소기업)
   (1) 2026년 4월 1일부터 사업을 개시하였으며, 2026년도의 매출액은 30억원이다.
   (2) 손익계산서상 기업업무추진비 계상액은 ₩6,000,000이다.

3. 소비성 서비스업
   (1) 2025년부터 소비성 서비스업을 영위하고 있으며, 2026년도의 매출액은 1억원이다.
   (2) 기업업무추진비는 확인되지 않는다.

4. 제조업과 부동산임대업은 장부를 기장하고 있으나, 소비성 서비스업은 장부를 기장하지 않고 있어 추계하려고 한다.

핵심정리

문제의 포인트

- 2 이상의 사업장이 있는 경우 기업업무추진비 한도 계산방법 : summary p2-92. 4.11

※ 2 이상의 사업장이 있는 문제의 소득세 기업업무추진비 한도초과액 계산방법

〈1단계〉 기업업무추진비 해당액의 확정 : 자료 '1. (3)'의 경우 특정인(A거래처)에 대한 것이라도 다음의 경우는 기업업무추진비로 보지 않고 광고선전비로 보아 전액 필요경비에 산입한다. ⟶ 「소득세법」·「법인세법」 동일

① 개당 30,000원 이하의 물품의 경우

② 개당 30,000원 이하의 물품을 제외한 물품이 연간 50,000원 이내인 경우

〈2단계〉 한도액 계산

① 기본 한도 :

㉠ 1,200만원 또는 3,600만원 중 선택 : 주업종(수입금액이 가장 큰 업종)이 비중소기업이므로 1,200만원을 적용한다.

㉡ 월수 선택 : 2개 이상 사업장 중 당기 중 영업월수가 가장 긴 사업장의 월수가 11개월이므로 $\frac{11}{12}$를 적용한다(추계사업장의 월수는 제외하고 판단).

② 수입금액기준 한도 : 각 사업장의 수입금액 합산액이 100억원을 초과하는 경우 각 사업장별로 적용률의 우선순위를 선택할 수 있으므로 세부담최소화를 위하여 아래 해답과 같이 제조업부터 높은 율을 적용하는 경우와 부동산임대업부터 높은 율을 적용하는 경우로 구분하여 계산한다(일반적으로 기업업무추진비가 많은 사업장에 높은 율을 적용하는 것이 세부담을 최소화하나, 반드시 그런 것은 아님).

〈3단계〉 한도초과액 : 세부담최소화 가정이 있는 경우 한도초과액이 적게 나오는 방법을 선택한다. 이 경우 각 사업장의 한도초과액과 한도미달액은 통산하지 않으므로 한도초과액은 필요경비불산입하고, 한도미달액은 세무조정하지 않는다.

해답

1. 사업장별 기업업무추진비 한도액

〈경우 1〉 제조업부터 높은 율을 적용하는 경우

① 제　　조　　업 : $12,000,000 \times \frac{11}{12} \times \frac{90억원}{90억원+30억원} + 90억원 \times 0.3\%$
$= 35,250,000$

② 부동산임대업 : $12,000,000 \times \frac{11}{12} \times \frac{30억원}{120억원} + 10억원 \times 0.3\% + 20억원 \times 0.2\%$
$= 9,750,000$

③ 소비성 서비스업 : 0

〈경우 2〉 부동산임대업부터 높은 율을 적용하는 경우

① 부동산임대업 : $12,000,000 \times \frac{11}{12} \times \frac{30억원}{120억원} + 30억원 \times 0.3\% = 11,750,000$

② 제　　조　　업 : $12,000,000 \times \frac{11}{12} \times \frac{90억원}{120억원} + 70억원 \times 0.3\% + 20억원 \times 0.2\%$
$= 33,250,000$

③ 소비성 서비스업 : 0

2. 한도초과액

〈경우 1〉 제조업부터 높은 율을 적용하는 경우

① 제　조　업 : 40,000,000 － 35,250,000 ＝ 4,750,000 → 필요경비불산입

② 부동산임대업 : 6,000,000 － 9,750,000 ＝ △3,750,000 → 세무조정 없음

〈경우 2〉 부동산임대업부터 높은 율을 적용하는 경우

① 부동산임대업 : 6,000,000 － 11,750,000 ＝ △5,750,000 → 세무조정 없음

② 제　조　업 : 40,000,000 － 33,250,000 ＝ 6,750,000 → 필요경비불산입

3. 결　론

'〈경우 1〉'의 필요경비불산입액이 적으므로 '〈경우 1〉'의 세무조정을 한다.

2 / 17 개인사업과 법인사업의 비교 - 종합문제 1.5차 2차 필수

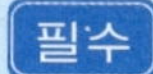

다음은 제조업을 영위하는 일신산업의 2026년도 소득 관련 자료이다. 자료를 이용하여 일신산업이 법인인 경우 각사업연도소득금액과 복식부기의무자인 개인사업자가 운영하는 사업인 경우 사업소득금액을 다음의 〈답안양식〉에 따라 계산하시오.

〈답안양식〉

구 분	각사업연도소득금액	사업소득금액
1. 당기순이익 2. 세무조정 ⋮ 3. 소득금액		

〈자 료〉 소득(제조업) 관련 자료

(1) 당기순이익 ₩200,000,000

(2) 손익계산서상 수익 및 비용항목

- 대표자 급여 40,000,000
- 회사에 근무중인 대표자 부인의 급여 35,000,000
- 사업운영자금의 일시적 예금이자 3,000,000
- 업무용승용자동차 감가상각비 등 34,000,000*1
- 생산설비폐기손실 2,000,000*2
- 사업과 관련하여 발생한 채무면제이익 5,000,000
  (이 중에서 ₩1,000,000은 이월결손금 보전에 충당하였음)
- 사업과 관련없는 자산수증이익 3,500,000
- 대손상각비 800,000*3
- 증빙이 없는 기업업무추진비 지출액 2,500,000
- 배당금수익 4,000,000*4
- 사업과 관련 없이 보유하던 토지의 처분이익 15,000,000

*1 2026. 4. 20.에 ₩165,000,000(부가가치세 ₩15,000,000 포함)에 취득한 개별소비세 과세대상 업무용승용차에 대한 감가상각비 ₩25,000,000과 그 승용차 관련 비용 ₩9,000,000(부가가치세 ₩400,000 포함)의 합계액이다. 승용차는 대표이사가 사용하고 있으며 업무전용자동차보험에 가입되어 있지 않다. 총주행거리 30,000km 중 업무용 사용거리는 18,000km이다. 법인인 경우 법인업무용자동차등록번호판은 부착하였다고 가정한다.

*2 기술낙후 사유로 인하여 폐기한 것으로, 생산설비의 취득가액은 ₩10,000,000, 감가상각누계액은 ₩8,000,000이다. 해당 생산설비는 기말 현재 보유하고 있다.

*3 대손충당금 기말잔액은 ₩1,000,000이며, 외상매출금 ₩30,000,000과 대여금 ₩50,000,000에 대하여 1%를 설정한 금액이다.

*4 2024년 초부터 상장법인인 ㈜서울의 주식을 10% 보유하고 있으며, 위 배당금수익은 이에 대한 배당이다.

핵심정리

문제의 포인트

- 개인사업자와 법인사업자의 주요 항목별 세무조정 차이 종합정리 : 아래 '※' 참고

※ 자료별 정리사항

구 분	법 인	개인 복식부기의무자
대표자급여	손금 인정	필요경비불산입
근무중인 부인 급여	손금 인정	필요경비 인정
업무용승용차*	업무전용자동차보험에 가입하지 않았으므로 감가상각비 인정액 24,750,000과 관련비용 9,000,000의 합계액인 33,750,000 전액을 손금불산입한다.	업무전용자동차보험 가입의무가 없으므로 업무용 사용거리를 기준으로 업무미사용액을 계산한다.
기술낙후로 인한 생산설비폐기손실 summary p2－83. (3)	폐기시 결산서에 계상하면 1,000원 제외한 금액을 손금으로 인정하므로 1,000원만 손금불산입	폐기자산을 처분하지 않고 보관하고 있으므로 전액을 필요경비불산입
사업 관련 채무면제이익	익금으로 인정하되, 결손보전에 충당한 금액은 익금불산입	총수입금액으로 인정하되, 결손보전에 충당한 금액은 총수입금액불산입
사업과 관련없는 자산수증이익	익금으로 인정(사업관련 여부 무관)	증여세를 과세하므로 총수입금액불산입
대손상각비	외상매출금과 대여금 모두 설정대상 채권에 포함하여 계산	대여금은 설정대상 채권에서 제외
증빙없는 기업업무추진비	손금불산입	필요경비불산입
예금이자, 배당금수익	익금 인정. 단, 수입배당금 이중과세조정액은 익금불산입(지분율이 20% 미만이므로 30% 익금불산입)	금융소득이므로 사업소득 총수입금액불산입
사업 관련 없는 토지 처분이익	익금 인정	양도소득으로 과세하므로 사업소득 총수입금액불산입

* 취득단계의 부가가치세는 취득원가로 계상하며, 보유단계의 부가가치세는 당기 비용으로 배분한다.

해 답

구 분	각사업연도소득금액	사업소득금액
1. 당기순이익	200,000,000	200,000,000
2. 세무조정		
대표자 급여		40,000,000
예금이자		(3,000,000)
업무용승용차		
㉠ 상각부인액	250,000①	250,000②
㉡ 업무미사용액	33,750,000①	13,500,000②
㉢ 상각비한도초과액	–①	8,850,000②
생산설비폐기손실	1,000	2,000,000
채무면제이익	(1,000,000)	(1,000,000)
사업무관 자산수증익		(3,500,000)
대손상각비	200,000③	700,000④
증빙 없는 기업업무추진비	2,500,000	2,500,000
배당금수익	(1,200,000)⑤	(4,000,000)
사업무관 토지처분이익		(15,000,000)
3. 소득금액	234,501,000	241,300,000

① ㉠ 시부인계산 : $25,000,000 - \underbrace{165,000,000 \times \frac{1}{5} \times \frac{9}{12}}_{24,750,000} = 250,000$

㉡ 업무미사용액 : 24,750,000 ＋ 9,000,000 ＝ 33,750,000

㉢ 상각비 한도초과액 : 감가상각비 중 업무사용액이 없으므로 계산불필요

② ㉠ 시부인계산 : 위 '① ㉠'과 동일

㉡ 업무미사용액 : $(24,750,000+9,000,000) \times \left(1-\frac{18,000}{30,000}\right) = 13,500,000$

㉢ 상각비한도초과액 : $24,750,000 \times \frac{18,000}{30,000} - 8,000,000 \times \frac{9}{12} = 8,850,000$

③ 1,000,000 － 80,000,000 × 1% ＝ 200,000

④ 1,000,000 － 30,000,000 × 1% ＝ 700,000

⑤ 4,000,000 × 30% ＝ 1,200,000

2 / 18 사업소득 총수입금액과 부가가치세 과세표준, 개인사업과 법인사업의 비교, 임목의 양도소득 유예

유예생은 제2편 소득유예 16, 17, 18 풀이

제 3 절

근 로 소 득 summary p2-98. 제4절

3 - 1 근로소득 계산구조

1.5차 2차 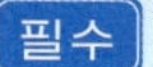

다음은 거주자 이금강씨의 2026년도 소득자료이다. 자료를 이용하여 물음에 답하시오. 제시된 금액은 원천징수 전 금액이며, 원천징수는 적정하게 이행되었다.

〈자 료〉

1. 근무하고 있는 ㈜백두(중소기업 및 벤처기업이 아니며, 소득세법령으로 정한 연구기관 등도 아님)로부터 2026년에 받은 급여는 ₩49,000,000이며, 이 금액에는 다음 금액이 포함되어 있다.
   ① 회사에 설치한 기업부설연구소에서 연구활동에 직접 종사하면서 받은 연구보조비 : 월 ₩300,000 × 12 = ₩3,600,000
   ② 근무 중 발생한 부상에 대한 보상으로 받은 금액 : ₩1,000,000
   ③ 2026년 말에 지방소재 지점으로 이전함에 따른 이전지원금 : ₩1,500,000
   ④ 장기근속공로금(격려금) ₩600,000과 이금강씨의 특별한 공로에 대하여 경진대회에서 지급받은 상금 ₩2,400,000, 체력단련비 ₩500,000, 신입사원 면접수당 ₩300,000
   ⑤ 출·퇴근 편의를 위하여 지급받은 교통보조금 : 월 ₩100,000 × 12개월 = ₩1,200,000
   ⑥ 「발명진흥법」에 따라 회사로부터 받은 직무발명보상금 : ₩9,000,000. 이금강씨는 ㈜백두의 지배주주 및 지배주주의 친족 등이 아니다.
   ⑦ 퇴직급여로 지급하기 위하여 이금강씨 명의의 통장에 적립한 금액 : ₩1,000,000*

   * 근로자가 적립시 적립금액을 선택할 수 없는 것으로서 적립방식이 퇴직연금규약에 명시되는 등 법령으로 정한 요건을 갖춘 적립액이다.

2. 이금강씨는 2026. 9. 1.부터 2026. 9. 30.까지 야간에 건설현장에 고용되어 1일 ₩300,000의 일당을 받았으며, 별도로 1일 ₩10,000 상당액의 현물식사를 제공받았다.

3. 이금강씨의 2026년 귀속 부동산임대 사업소득금액(복식부기의무자)은 ₩13,290,000이다.

4. 종합소득공제액 : ₩1,500,000

5. 과세표준이 1,400만원 초과 5,000만원 이하인 경우 기본세율 : 과세표준 × 15% - 1,260,000

6. 근로소득공제액

총 급 여 액	근로소득공제액
① 500만원 이하	총급여액 × 70%
② 500만원 초과 1,500만원 이하	350만원 ＋ 500만원 초과액의 40%
③ 1,500만원 초과 4,500만원 이하	750만원 ＋ 1,500만원 초과액의 15%
④ 4,500만원 초과 1억원 이하	1,200만원 ＋ 4,500만원 초과액의 5%
⑤ 1억원 초과	1,475만원 ＋ 1억원 초과액의 2%

7. (1) 근로소득에 대한 산출세액이 130만원을 초과하는 경우 근로소득세액공제액
   - ₩715,000 ＋ (근로소득에 대한 산출세액－₩1,300,000) × 30%

   (2) 근로소득세액공제 한도(일부)

(단위 : 원)

총급여액	한 도
3,300만원 이하	740,000
3,300만원 초과 7,000만원 이하	• max(①, ②) ① 740,000 － $\left[(\text{총급여액}-33{,}000{,}000) \times \frac{8}{1{,}000}\right]$ ② 660,000

8. 근로소득세액공제를 제외한 나머지 세액공제합계액은 ₩500,000이라고 가정한다.

9. 2026년 1월부터 12월까지 간이세액표에 의하여 원천징수된 근로소득세액은 ₩1,200,000이며, 2027년 2월 연말정산시 2026년 근로소득에 대하여 추가로 원천징수된 세액은 ₩400,000이다.

[물 음]

1. 2026년도 종합소득금액과 관련하여 다음 〈답안양식〉을 작성하고 그 계산근거를 적으시오. 다만, 선택 가능한 경우 기타소득은 분리과세하기로 한다.

〈답안양식〉

구 분	금 액
근 로 소 득 금 액	
과 세 표 준	
산 출 세 액	
세 액 공 제	
결 정 세 액	
차 감 납 부 세 액	

2. 분리과세되는 근로소득에 대한 소득세 부담세액을 계산하시오.

핵심정리

문제의 포인트

1. 종합소득에 근로소득이 포함되어 있는 경우 계산구조에 미치는 영향 파악
2. 연구보조비, 지방이전지원금, 직무발명보상금, 퇴직급여로 지급하기 위한 적립금 등 비과세 요건 파악
3. 분리과세되는 일용근로자의 구분 및 원천징수세액의 계산방법

[1] 근로소득 자료가 제시된 경우 종합소득세 차감납부세액의 계산방법

〈1단계〉 비과세를 제외한 총급여액 계산
〈2단계〉 근로소득공제를 계산한 후 총급여액에서 차감하여 근로소득금액 계산
〈3단계〉 다른 종합소득금액과 합산하여 종합소득금액 계산
〈4단계〉 소득공제를 차감하여 과세표준 계산
〈5단계〉 산출세액 계산
〈6단계〉 근로소득세액공제를 계산하여 차감하여 결정세액 계산
〈7단계〉 연말정산시 결정세액을 기납부세액(원천징수세액)으로 차감하여 차감납부세액 계산

[2] 자료별 정리사항

1. ① 연구보조비 · 연구활동비는 학교의 교원, 법령으로 정하는 연구기관 등 또는 중소기업 · 벤처기업의 기업부설연구소 · 연구개발전담부서에서 연구활동에 직접 종사하는 자 등이 받는 것만 실비변상적 성질의 급여로서 월 20만원까지 비과세한다. 자료 1번의 ②는 이에 해당하지 않으므로 과세한다. summary p2−103. (3). ③
   ② 근로의 제공으로 인한 부상 등으로 받는 배상 · 보상 · 위자의 성질이 있는 급여는 비과세한다. summary p2−102. (1)
   ③ 이전지원금은 수도권 외의 지역으로 이전하는 공공기관* 소속공무원이나 직원에게 한시적으로 지급하는 월 20만원 이내의 이전지원금만 비과세한다. 따라서 단순한 이전지원금은 과세한다. summary p2−103. (3). ⑥
   * 공공기관 : 중앙행정기관, 「공공기관의 운영에 관한 법률」 제4에 따른 공공기관, 그 밖의 공공단체 중 법령으로 정하는 기관을 말한다.
   ④ ㉠ 공로금 등 : 종업원에게 지급하는 공로금 · 위로금 · 개업축하금 기타 이와 유사한 성질의 사실상 급여에 속하는 상금은 근로소득에 해당하며(summary p2−99. 2.1. ②), 종업원의 특별한 공로에 대하여 경진 · 경영 · 경로대회 · 전람회 등에서 우수한 자에게 지급한 상금은 기타소득에 해당한다. 어느 소득에 해당하는지는 그 지급사유 등 실질내용에 따라 개별적으로 사실 판단에 따른다(소득46011−10094).
   ㉡ 체력단련비 · 신입사원 면접수당 : 고용관계 이익이므로 근로소득에 해당한다.

⑤ 직원의 출·퇴근 편의를 위하여 지급하는 교통보조금은 비과세대상 자기차량운전보조금에 해당하지 않으므로 과세한다. summary p2－104. *

⑥ 특수관계* 없는 자로부터 받은 직무발명보상금으로서 연 700만원 이하의 금액은 비과세한다. summary p2－108. (9)

* 직무발명보상금을 지급하는 사용자와 특수관계에 있는 자가 받는 직무발명보상금에 대하여는 비과세규정을 적용하지 않는데, 사용자가 법인인 경우 특수관계란 지배주주등[해당 지배주주등과 「국세기본법 시행령」에 따른 친족관계(4촌 이내의 혈족, 3촌 이내의 인척 등) 또는 경영지배관계에 있는 자를 포함한다]인 관계를 말한다. → 이 규정은 중소기업이 법인인 경우 중소기업 종업원의 주택 구입·임차 자금 저리·무상 대여이익 비과세 규정 적용 배제대상 특수관계의 범위와 동일하다.

⑦ 퇴직급여로 지급되기 위하여 적립(근로자가 적립시 적립금액을 선택할 수 없는 것으로서 적립방식이 규약 또는 계약에 명시되어 있어야 하는 등 법령으로 정한 요건을 모두 충족하는 경우에 한함)되는 급여는 근로소득이 아니다. 만약 문제 자료에 퇴직연금 규약 등이 없다고 제시된 경우에는 근로소득으로 과세한다. summary p2－101. 2.2. ②

2. 건설현장에 1년 이상 계속 고용되지 않았으므로 일용근로자에 해당한다. 따라서 원천징수 분리과세하며, 현물식사는 금액과 무관하게 비과세한다. summary p2－112. (2)

원천징수세액 : (일당－1일 150,000) × 6% × (1－55%) × 근무일수

9. 2027년 5월 종합소득세 확정신고일 현재 2026년도 근로소득에 대하여 원천징수한 기납부세액은 '2026년 1월부터 12월까지 간이세액표에 의하여 원천징수된 세액'과 '2026년분 근로소득에 대하여 2027년 2월 연말정산시 추가로 원천징수된 세액'의 합계액(즉, 연말정산시 결정세액)이다. summary p2－117. (1)

구 분	2027년 2월 연말정산	2027년 5월 확정신고
⋮	⋮	⋮
결정세액	1,600,000	
기납부세액 (원천징수세액)	△1,200,000	→ △1,600,000
차감납부세액	400,000	

해 답

1.

구 분	금 액
근 로 소 득 금 액	₩26,710,000
과 세 표 준	38,500,000
산 출 세 액	4,515,000
세 액 공 제	1,203,200
결 정 세 액	3,311,800
차 감 납 부 세 액	1,711,800

[근 거]

1. 총급여 : 49,000,000 − 1,000,000 − 2,400,000 − 7,000,000 − 1,000,000 = 37,600,000
2. 근로소득공제 : min(①, ②) = 10,890,000 → [간편법] 총급여액이 362,500,000 미만이므로 한도계산 불필요

   ① 7,500,000 + (37,600,000−15,000,000) × 15% = 10,890,000

   ② 20,000,000
3. 근로소득금액 : 26,710,000
4. 종합소득금액 : 26,710,000 + 13,290,000 = 40,000,000*

   * 기타소득금액(경진대회 상금)은 300만원 이하이므로 물음 1번의 단서에 따라 분리과세한다.
5. 과세표준 : 40,000,000 − 1,500,000 = 38,500,000
6. 산출세액 : 38,500,000 × 15% − 1,260,000 = 4,515,000
7. 세액공제

   (1) 근로소득세액공제

   1) 근로소득 산출세액 : $4,515,000 \times \frac{26,710,000}{40,000,000} = 3,014,891$

   2) 세액공제 : min(①, ②) = 703,200

   ① 715,000 + (3,014,891−1,300,000) × 30% = 1,229,467

   ② max[$740,000-(37,600,000-33,000,000)\times\frac{8}{1,000}$=703,200, 660,000] = 703,200

   (2) 세액공제 합계 : 703,200 + 500,000 = 1,203,200
8. 결정세액 : 4,515,000 − 1,203,200 = 3,311,800
9. 차감납부세액 : 3,311,800 − $\underbrace{(1,200,000+400,000)}_{\text{기납부세액}}$ = 1,711,800

2. 분리과세 근로소득에 대한 소득세 부담세액

(300,000−150,000) × 6% × (1−55%) × 30일 = 121,500

3 / 2 총급여액의 계산 필수

다음은 제조업을 영위하는 ㈜세화에 근무하고 있는 거주자 갑의 근로소득 자료이다. 상호 독립된 다음 자료를 이용하여 각 물음에 답하시오(근로소득공제액은 '제3편. 부록'을 참고할 것). 제시된 금액은 원천징수 전 금액이다.

〈자료 1〉 2026년 귀속 갑의 「소득세법」에 따라 계산한 근로소득금액은 ₩37,750,000이다.

〈자료 2〉

1. 갑이 ㈜세화의 이라크 건설현장에서 설계담당 부장으로 근무하다 2026. 11. 30.에 퇴직하기 전까지 받은 급여액은 월 ₩8,000,000씩 ₩96,000,000이다(2026. 1. 25.에 받은 2025년 12월분 급여 ₩8,000,000이 포함된 금액).
2. 사택을 제공받음으로서 얻은 이익 ₩2,000,000이 있으며, 2026. 12. 5.에 주식매수선택권을 행사하여 ₩3,000,000의 이익을 얻었다.
3. 갑은 2024. 12. 1.에 설계담당 부장으로 ㈜세화와 2년(24개월) 근로계약체결시 사이닝 보너스(Signing Bonus) ₩96,000,000으로 선지급(2년 내 중도퇴사시 월할로 계산하여 반환하는 조건)받았다.

〈자료 3〉 갑은 ㈜세화의 임원으로 3년간 근무하다 2026. 12. 31. 퇴사하였다. 2026년도에 ㈜세화로부터 받은 소득은 다음과 같다. 갑은 ㈜세화의 지배주주등이 아니며, ㈜세화는 벤처기업이다.

1. 기본급 : 월 ₩10,000,000 × 12 = 120,000,000
2. 상여금 : ₩30,000,000. 급여지급기준에 따르면 임원상여금은 기본급의 10%를 지급하도록 규정하고 있다.
3. 퇴직금 : ₩200,000,000. 급여지급기준에 따르면 임원퇴직금은 퇴직 전 1년간 기본급의 150%를 지급하도록 하고 있으며, 「소득세법」에 따른 임원 퇴직소득 한도액은 ₩160,000,000이다.
4. 갑은 ㈜세화가 생산한 시가 ₩10,000,000의 제품을 ₩7,000,000에 할인구입하였다. 이는 ㈜세화의 임직원에 대한 공통지급기준에 따른 것으로 재판매하지 않고 갑이 소비할 목적으로 구입한 것이다.
5. 3년 전에 ㈜세화로부터 부여받은 주식매수선택권 10,000개 중 4,000개를 최초로 행사하였다. 1개당 행사가격은 ₩5,000이고 행사 당시 ㈜세화의 1주당 시가는 ₩200,000이며, 행사가격으로 주식을 매수하였다.
6. 갑의 배우자가 2025년 12월에 출산함에 따라 2026년 1월에 ₩3,000,000, 2026년 2월에 ₩5,000,000의 출산지원금을 받았다.

〈자료 4〉 중소기업인 ㈜세화의 대표이사로 근무하고 있는 갑이 2026년에 ㈜세화로부터 받은 소득은 다음과 같다. 갑은 ㈜세화의 지배주주이다.

1. 기본급 : ₩200,000,000
2. 「발명진흥법」에 따라 직무와 관련된 발명으로 인하여 받은 직무발명보상금 : ₩10,000,000
3. 갑의 8세 첫째 아들과 관련된 보육수당 ₩2,400,000(월 ₩200,000×12개월)을 받았다.
4. 2026년 6월 배우자의 둘째 출산으로 2026년 중에 세차례에 걸쳐 출산지원금 ₩3,000,000, ₩4,000,000, ₩5,000,000을 받았다.
5. ㈜세화의 주택을 무상으로 제공받음에 따라 사택제공이익 ₩7,000,000이 발생하였다.

[물음 1] 2차

'〈자료 1〉'을 이용하여 갑의 2026년 귀속 총급여액을 계산하시오.

[물음 2] 1.5차 2차 필수

'〈자료 2〉'를 이용하여 갑의 2026년 귀속 총급여액을 계산하시오.

[물음 3] 1.5차 2차 필수

'〈자료 3〉'을 이용하여 갑의 2026년 귀속 총급여액을 계산하시오.

[물음 4] 1.5차 2차 필수

'〈자료 4〉'를 이용하여 갑의 2026년 총급여액을 계산하시오.

[물음 5] 유예

유예생은 제2편 소득유예 19 풀이

핵심정리

문제의 포인트

1. 근로소득금액을 기초로 총급여액을 추정하는 문제의 접근방법
2. 국외근로소득, 사택제공이익 등의 비과세 요건 파악
3. 사이닝보너스의 과세방법
4. 임원 상여금 한도초과액과 임원 퇴직금 한도초과액이 총급여액 계산에 미치는 영향 파악
5. 임직원 할인액과 비과세 요건 및 범위
6. 주식매수선택권 행사이익의 과세방법
7. 출산지원금의 비과세

※ 자료별 정리사항

〈자료 1〉 근로소득금액을 기초로 총급여액을 추정하는 문제의 접근방법

> 〈1단계〉 자료에 제시된 근로소득금액을 기초로 근로소득금액을 계산할 때 적용한 근로소득공제액 구간을 확정
> 〈2단계〉 1단계에서 확정한 근로소득공제 구간을 적용하여 총급여액을 계산

[문제에의 적용]

〈1단계〉 근로소득공제액 표에 따르면 총급여액 4,500만원인 경우 근로소득공제액은 12,000,000이고 이 경우 근로소득금액은 33,000,000이며, 총급여액 1억원인 경우 근로소득공제액은 14,750,000이고 이 경우 근로소득금액은 85,250,000이다. 따라서 자료에 제시된 근로소득금액 37,750,000은 총급여액 4,500만원 초과 1억원 이하 구간의 근로소득공제액을 공제한 후의 금액이다.

〈2단계〉 총급여액을 x로 하여 1단계에서 확정된 구간의 근로소득공제액을 계산하여 총급여액을 계산한다.

〈자료 2〉

1. ① 급여의 수입시기는 근로를 제공한 날이므로 2025년 12월분 급여는 2025년에 귀속된다.
   ② 국외근로소득에 대하여는 월 100만원[원양어선, 국외를 항행하는 선박, 국외건설현장에서 근로(설계 및 감리 업무 포함)를 제공하고 받는 보수는 월 500만원] 이내의 금액을 비과세한다. summary p2－104. (4)

2. ① 출자임원이 아니므로 사택제공이익은 근로소득으로 과세하지 않는다. summary p2－109. (10). ①
   ② 주식매수선택권 행사이익은 퇴직 후 행사하였으므로 기타소득이다. summary p2－100. ⑩

3. 사이닝보너스(Signing Bonus)의 수입시기 : 해당 선지급 사이닝보너스를 계약조건에 따른 근로기간 동안 안분하여 계산한 금액을 각 과세기간의 근로소득수입금액으로 한다. 이 문제의 경우 계약조건에 따라 월할계산하여 총급여액에 포함한다. summary p2－113. [세부사항]. ①

〈자료 3〉

2. 임원상여금은 한도초과액을 계산할 필요없이 상여금 '총액'을 총급여액에 포함한다.

   [문제에의 적용] 「법인세법」에 따른 임원상여금 한도액 '120,000,000×10%=12,000,000'은 물론이고, 한도초과액(30,000,000－120,000,000×10%=18,000,000)도 인정상여로 근로소득에 해당한다.

3. 임원퇴직금은 한도 내 금액은 퇴직소득으로, 한도초과액은 근로소득으로 과세한다. summary p2－100. ■

   [문제에의 적용] 임원퇴직금 200,000,000의 구성내역

   ① 「법인세법」상 한도액 : 120,000,000 × 150% ＝ 180,000,000 ┬ 「소득세법」상 한도액 160,000,000 : 퇴직소득
   └ 한도초과액 : 20,000,000 : 근로소득

   ② 한도초과액 : 20,000,000 : 손금불산입(상여) → 인정상여(근로소득)

4. 임직원 할인액에 대한 비과세 요건을 충족하였으므로 'max(해당 과세기간동안 시가보다 낮은 가격으로 제공받거나 지원을 받아 구입한 재화 · 용역의 시가 합계액×20%, 연간 240만원)'의 범위에서 비과세한다. summary p2－110. (11)

Case

상호 독립된 다음 자료를 이용하여 ㈜세화에 근무하고 있는 각 거주자의 총급여액에 포함할 금액을 계산하시오. 다만, 각각의 금액은 모든 임직원에게 공통으로 적용되는 기준에 따른 것이다.

1. 경리과장인 갑은 파손으로 판매할 수 없는 자사제품(정상 판매가액은 ₩3,000,000)을 ₩1,000,000에 구입하였다.
2. 상무이사인 을은 본인이 소비할 것을 목적으로 시가 ₩20,000,000의 자사제품을 구입하면서 회사로부터 구입 지원금 ₩5,000,000을 받았다(법령으로 정한 기간 재판매 금지 조건).

〈풀이〉

1. 갑 : 0*

   * 임직원 할인액을 계산할 때 파손 또는 변질로 인해 임원등이 아닌 자에게 판매할 수 없는 경우에는 임원등이 해당 재화를 구입할 때 지급한 가격을 시가로 본다. 따라서 시가 1,000,000의 제품을 1,000,000에 구입하였으므로 임원등 할인액은 없다.

2. 을 : 5,000,000 － max(20,000,000×20%=4,000,000, 연간 2,400,000) ＝ 1,000,000*

   * 자사제품등의 구입 지원금을 받은 경우에도 임원등 할인액(근로소득)으로 본다. 다만, 비과세요건(본인 소비목적이면서 법령으로 정한 기간 재판매 금지, 공통지급기준)을 충족하였으므로 'max(시가×20%, 연간 240만원)'의 범위에서 비과세한다.

5. 벤처기업 임원 · 종업원의 주식매수선택권 행사이익 중 연간 2억원 이내의 금액에 대해서는 소득세를 과세하지 않는다. 다만, 과세하지 않는 주식매수선택권 행사이익의 벤처기업별 총누적액은 5억원을 초과하지 못한다. summary p2－111. ■

6. 근로자(사용자와 특수관계에 있는 자 제외)와 그 배우자의 출산과 관련하여 자녀의 출생일 이후 2년 이내 최대 두차례에 걸쳐 받는 급여(2021. 1. 1. 이후 출생한 자녀에 대하여 2024. 1. 1.부터 2024. 12. 31. 사이에 지급받은 급여를 포함한다)는 전액 비과세한다. summary p2－108. (8)

Case

거주자 갑은 2026년도 중에 ㈜을과 ㈜병에서 근무하였다. 2026년 1월의 자녀 출산과 관련하여 각 회사로부터 2026년 중에 다음의 출산지원금을 받은 경우 각 회사별로 갑의 총급여액에 포함할 금액을 계산하시오. 갑은 각 회사의 지배주주등이 아니다.

1. ㈜을로부터 ₩3,000,000, ₩2,000,000, ₩1,000,000의 출산지원금을 한 달 간격으로 순차로 지급받았다.
2. ㈜병으로부터 ₩1,000,000씩 두 차례의 출산지원금을 받았다.

〈풀이〉

1. ㈜을 : 1,000,000*

   * 최대 두 차례에 걸쳐 지급받는 급여(해당 급여를 지급받는 횟수에 관계없이 첫 번째와 두 번째 지급받는 급여)를 비과세하므로 세 번째에 받은 1,000,000은 과세한다.

2. ㈜병 : 0*

   * 출산지원금의 지급 횟수는 사용자별로 계산하므로 ㈜병으로부터 받은 출산지원금도 두 차례에 걸쳐 지급받는 것은 비과세한다.

〈자료 4〉

2, 4. 갑이 ㈜세화의 지배주주로 특수관계에 있으므로 직무발명보상금 및 출산지원금 비과세규정을 적용하지 않는다. 즉, 과세한다. summary p2－108. (8). ①, p2－108. (9). ①

3. 자녀보육비는 6세 이하인 자녀에 대한 것이 아니므로 과세한다. summary p2－108. (8). ②

5. 사택제공이익은 소액주주가 아닌 출자임원이므로 과세한다. summary p2－109. (10). ①

해 답

1. 총급여액(x)

   ① 근로소득공제액 표에서 해당 구간 파악 : 총급여액 4,500만원 초과 1억원 이하 구간

   ② 계산 : x － [12,000,000＋(x－45,000,000)×5%] ＝ 37,750,000

   x － 12,000,000 － 0.05x ＋ 2,250,000 ＝ 37,750,000

   x ＝ 50,000,000

2. 총급여액 : (8,000,000－5,000,000) × 11개월 ＋ 96,000,000 × $\frac{11개월}{24개월}$ ＝ 77,000,000

3. 총급여액 : 120,000,000 ＋ 30,000,000(상여금) ＋ (200,000,000－120,000,000×150%)*(「법인세법」에 따른 한도초과액)

   ＋ (180,000,000－160,000,000)*(「소득세법」에 따른 한도초과액) ＋ [3－max(10,000,000×20%=2,000,000, 연간 2,400,000)](임직원 할인액)

   ＋ [4,000개×(200,000－5,000)－200,000,000] ＝ 770,600,000

   * [간편법] 이 문제의 경우 각각의 한도초과액을 따로 따로 계산하지 않고 다음과 같이 한번에 계산해도 된다.

     200,000,000 － min(120,000,000×150%＝180,000,000, 160,000,000) ＝ 40,000,000

4. 총급여액 : 200,000,000 ＋ 10,000,000 ＋ 2,400,000 ＋ (3,000,000＋4,000,000＋5,000,000) ＋ 7,000,000 ＝ 231,400,000

3 / 3 총급여액의 계산 1.5차 2차 필수

다음은 제조업을 영위하는 ㈜세화에 상무이사로 근무하고 있는 거주자 갑의 근로소득 자료이다. 갑은 ㈜세화의 총발행주식수 100,000주 중 900주를 보유하고 있으며, 그 주식의 액면가액 합계액은 ₩200,000,000이다. 자료를 이용하여 물음에 답하시오. 제시된 금액은 원천징수 전 금액이다.

1. ㈜세화로부터 기본급 ₩9,600,000, 상여금 ₩2,800,000(이 중 ₩500,000은 「법인세법」상 임원상여금 한도초과액임), 연월차수당 ₩480,000, 휴가비 ₩900,000, 기밀비 ₩500,000, 숙직료 ₩100,000을 수령하였다.

2. ㈜세화로부터의 그 밖의 수령액
   (1) 회사로부터 받은 보조금(지급기준에 따라 지급)의 내역은 다음과 같다.
      ① 업무관련 본인의 대학원 학자금* ₩1,500,000
      * 교육기간은 1년이며, 교육 후 1년 초과 근무하지 않으면 반납한다는 약정은 없다.
      ② 사설어학원 수강 지원 교육훈련비 200,000
      ③ 장남의 학비보조금 800,000
      ④ 의료비보조금 300,000
      ⑤ 회사 사택을 무상으로 제공받고 있는데, 그 사택에 대하여 「법인세법」에 따라 계산한 적정임대료는 ₩3,000,000이다.
   (2) 회사로부터 받은 원고료는 다음과 같다.
      ① 사내교육을 위한 강의교재를 작성하고 받은 원고료 ₩200,000
      ② 2026. 9. 10.에 업무와 관계없이 독립된 자격으로 사보에 원고를 게재하고 받은 원고료 ₩100,000
   (3) 회사로부터 지급받은 식사 및 식대는 다음과 같다.
      ① 점심식사로 제공받은 음식물(월 ₩300,000 상당액×12개월) ₩3,600,000
      ② 중식대로 지급받은 식대(월 ₩200,000×12개월) 2,400,000
      ③ 시간외근무시 제공받은 음식물 300,000
   (4) 2026년 중에 장남(2020. 6. 10. 생)과 차남(2022. 10. 25. 생)의 보육비로 ₩1,500,000(1명당 월 ₩250,000씩 3개월)을 받았다. 갑과 부인은 맞벌이부부이며, 부인도 보육비로 2026년 12개월 동안 매월 ₩200,000을 받았다.
   (5) 갑을 수익자로 하는 보험의 보험료를 회사가 납부한 것은 다음과 같다.
      ① 상해보험료 ₩500,000
      ② 단체순수보장성보험료 920,000
      ③ 고의 · 중과실 외의 업무상 행위로 인한 손해 배상청구를 보험금 지급사유로 하는 임직원손해배상보험료 200,000

(6) 2026. 1. 2.에 갑을 수익자로 회사가 2024년과 2025년에 ₩1,500,000씩 납입한 단체환급부보장성보험의 환급금 ₩2,100,000을 수령하였다.

(7) 회사로부터 생일축하금 ₩500,000과 설날선물로 ₩300,000 상당액의 선물을 받았다.

(8) 연장시간근로로 인하여 연간 총 ₩1,800,000의 수당을 받았다.

(9) 2026. 5. 10.에 ㈜세화의 사내체육대회 입상으로 상금 ₩2,000,000을 받았다.

3. 국민건강보험료 중 50%인 ₩300,000은 「국민건강보험법」에 따라 회사가 부담하였다(나머지 50%는 갑 본인이 부담).

4. 위 외의 소득

① 대학에 출강하여 채권관계 실무에 대하여 1년간 계약을 맺고 매주 1회씩 강의하고 연간 총 ₩4,000,000의 시간강사료를 받았다.

② 2026. 6. 1.에 상공회의소 요청으로 채권실무에 관한 특강(연 1회)을 하고 특강료 ₩1,000,000을 수령하였다.

[물　음]

자료를 이용하여 갑의 2026년 귀속 과세대상 총급여액과 과세대상 기타소득금액을 〈답안양식〉에 적고 그 계산근거를 제시하시오.

〈답안양식〉

총급여액	
기타소득금액	

핵심정리

문제의 포인트

1. 학자금 · 의료비 보조금, 식대, 자녀보육비, 보험료 대납액, 공적보험료 등 주요 비과세 항목의 요건 등 파악
2. 원고료, 강사료의 소득 구분
3. 단체환급부보장성보험 환급금의 과세방법

※ 자료별 정리사항

1. 연월차수당, 휴가비, 기밀비는 과세하나, 일직료 · 숙직료 · 여비로서 실비변상정도의 금액은 비과세한다.

2. (1). ① 본인 대학원 학자금은 비과세요건 중 교육기간이 6개월 이상인 경우 해당 교육기간을 초과하여 근무해야 한다는 요건을 충족하지 못했으므로 과세대상이다. summary p2－102. (2)

② 사설어학원 수강 지원 교육훈련비는 학교 · 직업능력개발훈련시설에 대한 것이 아니므로 과세대상이다.

③ 가족에 대한 학자금은 과세대상이다.
④ 연월차수당 · 의료비보조금은 별도로 과세대상으로 기억할 것
⑤ 사택의 무상제공 : 소액주주(주식 보유비율이 0.9%로 1% 미만)에 해당하므로 과세하지 않는다.

2. (2). 사내교육을 위한 강의교재를 작성하고 받은 원고료는 근로의 연장으로 받은 대가로 보아 근로소득으로 과세하나, 업무와 관계없이 독립된 자격으로 사보에 원고를 게재하고 받은 원고료는 기타소득으로 과세한다. summary p2－102. 2.3 → 기타소득금액이 '100,000 × (1 －60%) = 40,000'으로 과세최저한 기준금액인 5만원 이하이므로 과세하지 않음 summary p2－142. ⑤, p2－144. 4. ④

2. (3). ① 식대는 월 20만원까지 비과세한다. 다만, 식사 등을 제공받는 자가 식대도 지급받는 경우 식사는 비과세하나, 식대는 과세한다. summary p2－107. (7)
② 야간근무 등 시간외근무시 별도로 제공받는 식사 기타 음식물은 비과세한다.

2. (4). 6세 이하의 자녀보육비는 자녀 1명당 월 20만원까지 비과세한다. 이 경우 1월 1일을 기준으로 6세 이하인지 판단한다. 행정해석에 따르면 맞벌이부부의 경우도 소득자별로 각각 월 20만원을 비과세한다. summary p2－108. (8)

2. (5). 보험료 대납액 : 상해보험료는 비과세 대상으로 열거된 보험료가 아니므로 과세한다. 단체순수보장보험료는 연간 70만원까지 비과세하며, 고의 · 중과실 외의 업무상 행위로 인한 손해 배상청구를 보험금 지급사유로 하는 임직원손해배상보험료는 한도 없이 비과세한다. summary p2－109. (10). ③

2. (6). 단체환급부보장성보험의 환급금은 납입할 때 비과세된 금액에 해당하는 부분만 수령할 때 근로소득으로 과세한다. summary p2－109. *[5]

2. (7). 사회통념상 타당하다고 인정되는 범위 내의 경조금은 근로소득으로 보지 않는다. 이 경우 사회통념상 타당한지 여부는 사실관계에 따르는데, 행정해석에 따르면 생일 · 결혼축하금 등 매년 반복되거나 개인적인 축하금은 과세하며, 설날 등에 지급받는 선물도 과세한다. summary p2－101. 2.2. ①

2. (8). 시간외근무수당은 월정액급여 260만원 이하인 생산직근로자 등 법령에 정한 근로자만 비과세한다. 문제의 경우 상무이사로 생산직 근로자가 아니므로 1,800,000 전액 과세한다. summary p2－106. (6)

2. (9). 사내 체육대회 입상 상금은 기타소득으로 과세하며, 불특정 다수를 대상으로 하는 상금이 아니므로 80% 필요경비 의제규정을 적용할 수 없다. summary p2－143. *[1]

3. 공적보험료 회사부담분은 비과세 근로소득이다.

4. ① 대학에서 3개월 이상 계속하여 강사료를 지급받으므로 근로소득으로 과세한다.
② 일시적인 특강료이므로 기타소득으로 과세하며, 최소한 60% 필요경비를 인정한다.

해답

총급여액	28,280,000〈주1〉
기타소득금액	2,400,000〈주2〉

〈주1〉

(9,600,000+2,800,000+480,000+900,000+500,000=14,280,000) + (1,500,000+200,000+800,000+300,000=2,800,000) + 200,000 + 2,400,000 + (1,500,000−200,000×3개월×2명=300,000) + 500,000 + (920,000−700,000=220,000) + $\left(2{,}100{,}000\times\dfrac{700{,}000+700{,}000}{3{,}000{,}000}=980{,}000\right)$ + (500,000+300,000) + 1,800,000 + 4,000,000 = 28,280,000

〈주2〉

0 (원고료) + 2,000,000 (사내체육대회 상금) + 400,000* (특강료) = 2,400,000

* 1,000,000 × (1−60%) = 400,000

3 / 4 근로소득금액

2026. 11. 30.에 퇴사한 중소기업이 아니면서 주권상장법인인 ㈜서울의 출자임원(지분율 0.9%)인 유상길씨의 2026년도의 근로소득자료는 다음과 같다. 제시된 금액은 원천징수 전 금액이며, 원천징수는 적정하게 이루어졌다. 상호 독립된 각 【문】에 답하시오. 갑은 ㈜서울의 지배주주등이 아니다.

【문 1】 1.5차 2차 필수

1. ㈜서울에서 근로와 관련하여 지급받은 금액의 내역은 다음과 같다.
   ① 기본급여 : ₩38,000,000. 이 금액에는 배우자 출산과 관련하여 받은 급여 ₩800,000(2026년 1월에 출산하여 2026년 2월과 3월에 각각 ₩400,000씩 두차례 받음)과 천재지변으로 인하여 받은 급여 ₩2,900,000이 포함되어 있다.
   ② 2026년 근로에 대한 대가로 받은 상여금 : ₩8,000,000. 이 금액에는 2026년 실적에 대하여 주주총회의 결의에 따라 유상길씨에게 지급된 상여금 ₩3,600,000이 포함되어 있다. 주주총회의 처분결의일은 2027년 3월 2일이다.
   ③ 사내근로복지기금으로부터 받은 자녀 학자금 : ₩1,000,000
   ④ 벽지근무수당 : ₩2,700,000. 이 금액은 월 ₩300,000씩 9개월간 지급한 것이다.
   ⑤ 식대 : 월 ₩300,000, 별도의 음식물을 제공받지 않고 있다.
   ⑥ ㈜서울의 업무수행에 이용하고 있는 본인 명의로 임차한 차량에 대한 자가운전보조금은 1월부터 4월까지는 월 ₩250,000, 5월부터 11월까지는 월 ₩180,000이다.
   ⑦ 사택을 무상으로 제공받음으로 인한 이익 : ₩2,200,000
   ⑧ 2026. 6. 30.에 ㈜서울로부터 수령한 「발명진흥법」에 따른 직무발명보상금은 ₩13,000,000이며, 2026. 12. 20.에 ㈜서울로부터 지급받기로 한 「발명진흥법」에 따른 직무발명보상금 미수령액 ₩2,000,000을 수령하였다. 유상길씨는 ㈜서울의 지배주주등 및 지배주주등의 친족 등이 아니다.
   ⑨ 유상길씨가 ㈜서울을 퇴사한 후 운영할 제과점과 관련하여 2026. 11. 10.에 ㈜서울로부터 개업축하금 ₩1,000,000을 받았다.

2. 유상길씨가 ㈜서울의 거래처인 ㈜인천으로부터 자기 직무와 관련하여 금품 ₩1,000,000을 받았다.

3. ㈜부산의 신입사원 채용시험의 문제를 출제해주고 2026. 7. 5.에 출제료 ₩500,000을 받았다.

4. ㈜서울의 제24기(2024. 1. 1.～2024. 12. 31.)의 법인세를 경정함에 따라 상여로 소득처분된 금액은 ₩5,000,000이다. 이 금액에 대한 소득금액변동통지서를 받은 날은 2026. 8. 5.이다.

[물　음] 다음 금액을 계산하시오.

1. 2026년도의 근로소득금액(근로소득공제는 '제3편. 부록' 참고).

2. 2026년도의 과세대상 기타소득금액

【문 2】 1.5차 2차

1. ㈜서울로부터 부여받은 주식매수선택권을 2026. 10. 31. 행사함에 따라 1주당 시가 ₩50,000인 주식을 약정가액인 ₩10,000에 1,000주 취득하였다. ㈜서울은 벤처기업이 아니다.

2. ㈜서울은 2026. 9. 18.에 유상길씨에게 국민주택의 취득자금 ₩70,000,000을 대여하였으며, 퇴사일인 2026. 11. 30.에 회수하였다. 그에 대한 약정이자 ₩400,000을 영업외수익으로 계상하였다. 세무조정은 적정하게 이루어졌다. ㈜서울의 제26기(2026. 1. 1. ～12. 31.)의 결산확정일은 2027. 3. 2.이며, 대여당시 가중평균차입이자율은 10%이다.

3. 유상길씨와 ㈜서울 간의 2026년도 토지의 양수도 거래내역은 다음과 같다. 이에 대한 ㈜서울의 세무조정은 적정하게 이루어졌다.

   (1) (2026. 5. 1.) ㈜서울에게 시가 ₩20,000,000인 토지A를 ₩27,000,000에 양도

   (2) (2026. 10. 1.) ㈜서울로부터 시가 ₩30,000,000인 토지B를 ₩18,000,000에 매입

[물　음] 2026년도의 총급여액을 계산하시오.

【문 3】 유예

유예생은 제2편 소득유예 20 풀이

핵심정리

문제의 포인트

1. 배우자 출산급여, 천재지변 급여, 벽지근무수당 등 주요 비과세 항목의 요건 등 파악
2. 직무발명보상금, 주식매수선택권 행사이익의 과세구분
3. 인정상여 적용 사례 및 수입시기

※ 자료별 정리사항

【문 1】

1. ① 배우자 출산 급여는 출생일 이후 2년 이내에 최대 두차례에 걸쳐 받는 급여는 전액 비과세하므로 800,000을 기본급여에서 차감한다. 천재지변으로 인한 급여는 실비변상적 성질의 급여로 비과세하므로 기본급여에서 차감한다. summary p2－108. (8). p2－103. (3). ③

   ② 잉여금처분에 의한 상여의 수입시기는 잉여금처분결의일이 속하는 2027년이다.

③ 사내근로복지기금으로부터 받은 학자금은 근로소득이 아니다. 사내근로복지기금이 사내근로자인 종업원에게 용도사업 수행으로 인해 지급하는 보조금은 근로소득으로 보지 않으며, 근로소득에 해당하지 않는 보조금은 증여세 과세대상이 된다. 다만, 그 보조금이 교육비 · 학자금 · 장학금 등으로서 해당 용도에 지출하는 것은 증여세가 비과세된다(상속증여세과－295).

④ 벽지수당은 월 20만원까지 비과세하므로 '월 200,000 × 9개월 ＝ 1,800,000'을 기본급여에서 차감한다. summary p2－103. (3). ⑤

⑤ 음식물을 제공받지 않고 받은 식대는 월 20만원까지 비과세한다.

⑥ 자가운전보조금은 매월별로 20만원을 초과하는 금액에 대해 과세하며, 20만원에 미달하는 경우에는 과세하지 않는다.

⑦ 소액주주(1% 미만의 주식을 소유한 주주) 임원이므로 사택무상제공이익은 비과세한다.

⑧ 퇴직일인 2026. 11. 30. 이전에 받은 직무발명보상금은 근로소득, 퇴직 후 지급받은 직무발명보상금은 기타소득이며, 특수관계가 없으므로 연 700만원 이하의 금액은 비과세한다. 이 문제의 경우 근무기간 중에 받은 13,000,000에서 비과세 7,000,000을 뺀 6,000,000이 과세대상 근로소득이며, 퇴직 후 받은 2,000,000은 과세대상 기타소득이다. summary p2－100. ⑪, p2－108. (9)

⑨ 종업원이 받는 개업축하금은 근로소득에 해당한다.

2. 근로자가 자기의 직무와 관련하여 사용자의 거래처로부터 지급받는 금품은 기타소득에 해당하는 사례금이다. 다만, 증여세가 과세되는 것은 제외한다. summary p2－140. 6. ②

3. ㈜부산은 근무하는 회사가 아니므로 출제료는 기타소득으로 과세하며, 최소한 60% 필요경비를 인정한다.

4. 인정상여는 근로를 제공한 2024년의 근로소득이므로 2026년의 근로소득에 포함하지 않는다.

【문 2】

1. 주식매수선택권은 근무기간 중에 행사하였으므로 근로소득으로 과세한다.

2. 법인 입장에서 가지급금 인정이자를 익금산입하고 상여로 처분한 금액은 근로자의 입장에서는 인정상여로 근로를 제공한 2026년의 근로소득이다. summary p2－113. 6

3. 부당행위계산의 부인규정에 따른 인정상여액 ⇢ 상대방 법인입장에서 판단할 것
   (1) 법인의 고가매입액 : 27,000,000(매입가액) － 20,000,000(시가) ＝ 7,000,000
   (2) 법인의 저가양도액 : 30,000,000(시가) － 18,000,000(양도가액) ＝ 12,000,000

해답

【문 1】

1. 근로소득금액

(1) 총 급 여 액 :

$(38{,}000{,}000 - \underset{\text{배우자 출산급여}}{\underline{800{,}000}} - \underset{\text{천재지변급여}}{\underline{2{,}900{,}000}}) + (\underset{\text{상여금}}{\underline{8{,}000{,}000}} - \underset{\text{잉여금처분상여}}{\underline{3{,}600{,}000}}) + (2{,}700{,}000 - \underset{\text{벽지수당}}{\underline{1{,}800{,}000}})$

$+ \underset{\text{식대}}{\underline{(300{,}000-200{,}000)\times 11}} + \underset{\text{자가운전보조금}}{\underline{(250{,}000-200{,}000)\times 4}} + \underset{\text{직무발명보상금}}{\underline{6{,}000{,}000}} + \underset{\text{개업축하금}}{\underline{1{,}000{,}000}}$

$= 47{,}900{,}000$

(2) 근로소득공제 : 12,000,000 ＋ (47,900,000－45,000,000) × 5% ＝ 12,145,000

→ 총급여액이 362,500,000 미만이므로 한도계산 불필요

(3) 근로소득금액 : 47,900,000 － 12,145,000 ＝ 35,755,000

2. 기타소득금액 : $\underset{\text{직무발명보상금}}{\underline{2{,}000{,}000}} + \underset{\text{㈜인천 사례금}}{\underline{1{,}000{,}000}} + \underset{\text{㈜부산 출제료}}{\underline{200{,}000^{*}}} = 3{,}200{,}000$

* 500,000 × (1－60%) ＝ 200,000

【문 2】

$\underset{\text{주식매수선택권 행사이익}}{\underline{40{,}000{,}000^{*1}}} + \underset{\text{인정상여}}{\underline{1{,}000{,}000^{*2}}} + \underset{\text{인정상여}}{\underline{7{,}000{,}000}} + \underset{\text{인정상여}}{\underline{12{,}000{,}000}} = 60{,}000{,}000$

*1 (50,000－10,000) × 1,000주 ＝ 40,000,000

*2 인정이자 : 70,000,000 × 73(9. 18.～11. 29.) × 10% × $\frac{1}{365}$ － 400,000(이자수익) ＝ 1,000,000

3 / 5 월정액급여의 계산 1.5차 2차 필수

상호 독립된 각 【문】에 답하시오.

【문 1】 1.5차 2차 필수

다음 자료를 이용하여 중소기업인 ㈜서울에서 생산직으로 2026년 8월까지 근무하고 퇴사한 거주자 갑의 2026년도 시간외근무수당의 비과세여부 판단 기준금액인 월정액급여와 과세되는 총급여액을 계산하시오. 2025년도의 총급여액은 ₩30,000,000이었다.

1. 기본급(월 ₩2,100,000)	₩16,800,000
2. 식대보조비(월 ₩200,000)	1,600,000*
* 회사로부터 식사(월 ₩300,000 상당)를 무상 제공받고 있으며, 위 식대보조비는 식사와 별도로 제공받은 것이다.	
3. 일직료(월 ₩50,000)	400,000
4. 휴일근로수당	2,000,000
5. 작업복(월 ₩100,000상당액의 작업복)	800,000
6. 주택구입자금을 무상으로 대여받음으로써 얻는 이익(월 ₩200,000)	1,600,000
7. 연장근로수당	1,000,000

【문 2】 1.5차 2차 필수

생산직 근로자인 거주자 갑의 다음 자료를 기초로 2026년도의 근로소득으로 과세되는 총급여액을 계산하시오. 2025년에 갑이 받은 총급여액은 ₩35,000,000이다.

〈2009. CPA 수정〉

〈자 료〉

1. 회사로부터 2026년에 받은 급여액은 ₩35,000,000(시간외근무수당 ₩3,000,000 포함)이다. 월정액급여는 ₩2,560,000이다.
2. 위의 급여액(₩35,000,000)과 월정액급여(₩2,560,000)에는 회사가 부담한 국민연금부담금 연간 총액 ₩720,000(종업원부담금 월 ₩30,000과 회사부담금 월 ₩30,000의 12개월분임)이 포함되지 아니한 상태이다.

【문 3】 유예

유예생은 제2편 소득유예 21 풀이

핵심정리

문제의 포인트

• 생산직근로자 등의 시간외 근무수당 비과세 요건 및 월정액급여의 계산방법 : summary p2-106. (6)

※ 시간외근무수당(연장 · 야간 · 휴일 근로수당) 및 선원의 생산수당이 제시된 문제의 접근방법

〈1단계〉 생산직근로자 등 법령에 정한 근로자인가? : Yes*
〈2단계〉 직전 과세기간의 총급여액이 3,700만원 이하이면서 월정액급여 260만원 이하인가? : Yes*
〈3단계〉 연 240만원까지 비과세(광산근로자와 일용근로자는 전액 비과세)

* 하나라도 해당되지 않으면 시간외 근무수당 전액을 과세한다.

※ 문제별 정리사항

【문 1】

① 월정액급여 계산시 비과세 근로소득 중 3가지(실비변상적 성질의 급여, 복리후생적 성질의 급여, 법에 따른 사용자부담금)만 포함하지 않는다. 따라서 3가지를 제외한 나머지 비과세금액은 월정액으로 받으면 월정액급여에 포함한다.

② 일직료 · 작업복은 실비변상적 성질의 급여이며, 중소기업 종업원이 받는 주택 구입 · 임차자금 저리 · 무상 대여이익은 복리후생적 성질의 급여이다. 따라서 비과세하며, 이를 월정액급여에 포함하지 않는다.

③ 식사대는 월 20만원까지 비과세하나, 월정액급여 계산시 제외되는 3가지 비과세에 해당되지 않으므로 월정액급여에 포함한다. 이 경우 외부식당 식사 쿠폰*으로 제공받는 경우 및 현물로 식사를 제공받는 경우 그 금액도 월정액급여에 포함한다. → 문제에의 적용 : 식사대 200,000은 물론 현물식사 300,000도 월정액급여 계산에 포함하되, 총급여액 계산시에는 비과세되는 현물식사는 제외하고 식사대만 포함한다.

* 사용자가 기업외부의 음식업자와 식사 · 기타 음식물 공급계약을 체결하고 그 사용자가 교부하는 식권에 의하여 제공받는 식사 · 기타 음식물로서 당해 식권이 현금으로 환급할 수 없고 다음 각 요건에 해당되는 때는 비과세되는 식사 · 기타 음식물로 본다(소기통 12-17의 2…1 ②).

㉠ 통상적으로 급여에 포함되지 아니하는 것
㉡ 음식물의 제공 여부로 급여에 차등이 없는 것
㉢ 사용자가 추가부담으로 제공하는 것

④ 휴일근로수당 · 연장근로수당과 같은 시간외 근무수당은 월정액급여 계산할 때 제외하고 계산한다. 이와 같이 계산한 월정액급여가 260만원 이하이면서 직전 과세기간 총급여가 3,700만원 이하인 경우 시간외 근무수당은 240만원까지 비과세한다.

【문 2】

국민연금부담금 사용인 부담분을 사용자가 대신 부담한 경우에는 국민건강보험료 등 공적보험료와 동일하게 그 금액을 총급여액과 월정액급여에 포함한다. '【문 2】'의 경우 국민연금료 대납액을 포함한 월정액급여가 260만원 이하이면서 직전 과세기간 총급여가 3,700만원 이하이므로 시간외 근무수당은 240만원까지 비과세한다.

해 답

【문 1】

1. 월정액급여

$$\underbrace{2{,}100{,}000}_{\text{기본급}} + \underbrace{(200{,}000+300{,}000)}_{\text{식사대}} = 2{,}600{,}000$$

2. 총급여액

16,800,000 + 1,600,000 + (2,000,000+1,000,000−2,400,000) = 19,000,000

【문 2】

1. 월정액급여 : 2,560,000 + 30,000(국민연금료 대납액) = 2,590,000

2. 총급여 : 35,000,000 + 360,000* − 2,400,000 = 32,960,000

* 국민연금료 대납액 : 30,000 × 12 = 360,000

3 / 6 월정액급여의 계산 1.5차 2차 필수

【문 1】

거주자 갑(55세)은 ㈜A의 생산직 사원(2025년 총급여액 30,000,000원)으로 근무하다가 2026년 8월 31일에 퇴직하였다. 자료를 이용하여 갑의 2026년 근로소득 총급여액을 계산하시오. 제시된 금액은 원천징수하기 전의 금액이다. 〈2023. CPA 수정〉

〈자 료〉

1. ㈜A가 갑의 근무기간(2026년 1월 1일~2026년 8월 31일) 중 갑에게 지급한 내역은 다음과 같다.

구 분	금 액
기 본 급*1	18,400,000원
연장근로수당	4,000,000원
자녀보육수당*2	1,200,000원
출 장 비*3	1,000,000원
식 사 대*4	2,000,000원

*1 월정액으로 지급

*2 6세 이하 자녀보육과 관련하여 지급한 수당으로 월정액으로 지급

*3 시내출장에 소요된 실제 경비를 지급

*4 회사의 지급기준에 따라 매월 250,000원씩 지급되며, 현물로 제공되는 식사는 없음

【문 2】

2026. 2. 1.에 생애 최초로 입사한 거주자 甲(생산직근로자임)의 다음의 자료를 이용한 2월분 급여 중 비과세 근로소득의 합계를 계산하시오(단, 상여금 및 연장근무수당 이외에는 매월 동액이 지급되며, 주어진 자료 이외에는 고려하지 않음). 〈2015. CTA 수정〉

〈甲의 2월 급여내역〉

항 목	금 액	비 고
(1) 급 여	₩2,100,000	
(2) 상 여 금	500,000	부정기적인 상여임
(3) 자가운전보조금	250,000	甲 소유의 차량을 업무수행에 이용하고 시내출장 등에 소요된 실제여비를 받는 대신에 그 소요경비를 사규에 의한 지급기준에 따라 받는 금액임
(4) 식 사 대	100,000	회사는 무상으로 중식을 제공하며 이와 별도로 지급된 식사대임
(5) 자녀보육수당	300,000	甲의 3세 및 5세 자녀 보육과 관련된 수당임(1명당 ₩150,000)
(6) 연장근무수당	250,000	「근로기준법」에 따른 연장근무로 인한 통상임금에 더한 지급액이며 당월 외에는 연장·야간·휴일근무수당은 없음
계	₩3,500,000	

【문 3】 유예

유예생은 제2편 소득유예 22 풀이

핵심정리

※ 자료별 정리사항

【문 1】

생산직근로자로서 전년도 총급여액이 3,700만원 이하이므로 월정액급여가 260만원 이하인지를 결정하여 연장근로수당의 비과세여부를 파악하여야 한다.

- 월정액급여 : 자녀보육수당과 식사대는 월정액급여 계산할 때 차감하는 항목이 아니다. 따라서 매월 정액으로 받는 기본급, 자녀보육수당, 식사대의 합계액을 8개월로 나누어 계산하며, 이 금액이 260만원을 초과하므로 연장근로수당은 전액 과세한다.
- 총급여액 : 6세 이하 자녀보육수당과 식사대는 각각 월 20만원까지 비과세한다.

【문 2】

(2) 자료에 제시된 상여금이 부정기적이므로 월정액급여 계산시 제외한다.

(3) 자가운전보조금은 실비변상적성질의 급여이므로 월정액급여 계산시 비과세하는 20만원은 제외하나, 5만원은 포함한다.

(4) 식사를 제공받으면서 식사대도 지급받고 있으므로 식사대는 과세하며, 매월 받고 있으므로 월정액급여에도 포함한다.

(5) 6세 이하의 자녀보육수당은 자녀 1명당 월 20만원까지 비과세하나, 월정액급여 계산시 제외하는 3가지 비과세항목이 아니므로 30만원 총액(비과세금액 포함)을 월정액급여에 포함한다.

(6) 연장근무수당은 해답상 월정액급여가 260만원 이하이면서 전년도 총급여가 3,700만원 이하이므로 연 240만원까지 비과세한다. 따라서 2월분 250,000원은 전액 비과세한다.

해 답

【문 1】

- 총급여액 : 18,400,000 ＋ 4,000,000* ＋ (250,000－200,000) × 8 ＝ 22,800,000

  * 월정액급여 : (18,400,000＋1,200,000＋2,000,000) ÷ 8 ＝ 2,700,000 → 2,600,000 이하가 아니므로 연장근로수당은 전액 과세

【문 2】

- 비과세 근로소득 : 200,000(자가운전보조금) ＋ 300,000(자녀보육수당) ＋ 250,000*(연장근무수당) ＝ 750,000

  * 월정액급여가 다음과 같이 260만원 이하이므로 연 240만원까지 비과세

  [방법 1] 3,500,000(계) － 500,000(상여금) － 200,000(자가운전보조금) － 250,000(연장근무수당) ＝ 2,550,000

  [방법 2] 2,100,000(급여) ＋ 50,000(자가운전보조금) ＋ 100,000(식사대) ＋ 300,000(자녀보육수당) ＝ 2,550,000

3 / 7 근로소득금액 - 실전문제 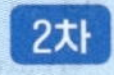 

거주자 갑은 2026년 5월 31일까지 ㈜A의 영업사원으로 근무하다 퇴직한 후, 2026년 10월 1일에 ㈜B에 재취업하여 상무이사(비출자임원)로 근무하고 있다. 갑의 2026년 근로소득과 관련된 자료이다. 제시된 금액은 원천징수 전 금액이며, 별도의 언급이 없는 한 합법적으로 세금부담을 최소화하는 방법으로 풀이하기로 한다. 〈2022. CPA 수정〉

〈자 료〉

1. ㈜A와 ㈜B는 모두 「조세특례제한법」상 중소기업에 해당한다.

2. ㈜A가 갑의 근무기간(2026년 1월 1일~2026년 5월 31일) 중 갑에게 지급한 내역은 다음과 같다.

구 분	금 액
기본급	15,000,000원
벽지수당*1	2,500,000원
식사대*2	1,250,000원
여비*3	1,200,000원
자가운전보조금*4	1,000,000원
주택임차 소요자금 저리 대여 이익*5	3,000,000원

*1 매월 500,000원씩 지급됨

*2 갑은 식사를 제공받지 않았으며 매월 250,000원씩 지급받음

*3 시내출장에 소요된 실제 경비로 실비를 지급받음

*4 회사의 지급기준에 따라 매월 200,000원씩 지급됨

*5 갑은 ㈜A의 지배주주등이 아니다.

3. 갑은 실직기간(2026년 6월 1일~2026년 9월 30일)에 「고용보험법」에 따라 2,000,000원의 실업급여를 받았다.

4. ㈜B가 갑의 근무기간(2026년 10월 1일~2026년 12월 31일) 중 갑에게 지급한 내역은 다음과 같다.

구 분	금 액
기본급	24,000,000원
이직 지원금*1	4,500,000원
건강보험료*2	1,500,000원
단체순수보장성 보험료*3	800,000원
사택제공이익*4	4,000,000원

*1 지방에 소재하는 회사에 이직함에 따라 지급됨

*2 갑이 부담하여야 할 부분으로 ㈜B가 대납함

*3 갑(계약자)의 사망·상해 또는 질병을 보험금의 지급사유로 하고 갑을 피보험자와 수익자로 하는 보험으로서 만기에 납입보험료를 환급하지 않는 보험의 보험료로 ㈜B가 부담함

*4 ㈜B가 소유하고 있는 주택을 갑에게 무상으로 제공한 이익임

5. 근로소득공제 : '제3편. 부록' 참고

[물 음]

갑의 2026년 귀속 근로소득금액을 〈답안양식〉에 따라 제시하시오.

〈답안양식〉

총급여액	
근로소득공제	
근로소득금액	

핵심정리

문제의 포인트

- 1년 중에 둘 이상의 회사로부터 급여를 받는 경우 근로소득금액의 계산방법 : summary p2-113. 5. *2

※ 둘 이상의 회사로부터 급여를 받는 경우 근로소득금액의 계산방법

〈1단계〉 일단 각각의 총급여액을 계산한 후 합산한다.
〈2단계〉 합산된 총급여액을 기준으로 근로소득공제액을 계산한다.
〈3단계〉 근로소득금액을 계산한다.

해답

총급여액	47,850,000〈주1〉
근로소득공제	12,142,500〈주2〉
근로소득금액	35,707,500

〈주1〉

- ㈜A : 15,000,000 + (500,000−200,000)×5 + (250,000−200,000)×5 + 1,000,000*1
  = 17,750,000
- ㈜B : 24,000,000 + 4,500,000*2 + 1,500,000 + (800,000−700,000) = 30,100,000
- 계 : 47,850,000*3

〈주2〉 12,000,000 + (47,850,000−45,000,000) × 5% = 12,142,500

해설

1. 해답상 '*'에 대한 설명

*1 시내출장에 소요된 여비를 실비로 받고 있으므로 자가운전보조금은 전액 근로소득으로 과세한다.

*2 수도권 외의 지역으로 이전하는 법령으로 정한 중앙행정기관 등 공공기관의 소속 공무원이나 직원에게 한시적으로 지급하는 월 20만원 이내의 이전지원금은 비과세하나, 단순한 직원의 이직에 따른 이직지원금은 근로소득으로 과세한다.

*3 중소기업의 종업원에 대한 주택 구입·임차 자금의 저리 또는 무상 대여로 얻은 이익(법령으로 정한 특수관계에 있는 자가 얻은 이익은 제외), 「고용보험법」에 따른 실업급여 및 비출자임원에 대한 사택제공이익은 비과세한다.

3 / 8 근로소득금액 - 실전문제

2차 필수

다음은 거주자 갑의 2026년 근로소득 자료이다. 상호 독립된 각 【문】에 답하시오. 제시된 금액은 원천징수하기 전 금액이며, 원천징수는 적정하게 이루어졌다.

【문 1】 〈2024. CPA〉

〈자 료〉

1. 갑(45세, 여성)이 2026년에 근로를 제공한 내역은 다음과 같다.

근무처	근무기간	근무형태
㈜A	2026. 1. 1.~2026. 10. 31.	영업사원(상용직)
㈜B	2026. 11. 1.~2026. 12. 31.	영업사원(일용직)

2. 갑이 ㈜A로부터 지급받은 내역은 다음과 같다.

구 분	금 액
기본급*1	20,000,000원
자녀학자보조금	1,000,000원
식 대*2	3,000,000원
퇴직급여*3	30,000,000원

*1 갑이 부담할 건강보험료 · 고용보험료 500,000원을 사용자가 대리납부한 금액이 포함되어 있음

*2 식사를 제공받지 않으며 매월 300,000원씩 지급됨

*3 퇴직금지급규정에 따른 퇴직금임

3. 갑은 ㈜B로부터 40일분의 급여(일당 400,000원)와 근로제공일의 근로성과에 따른 성과급 7,000,000원을 지급받았다.

4. 갑과 생계를 같이하는 부양가족의 현황은 다음과 같다.

구 분	나 이	내 용
부 친	74세	양도소득금액 500,000원. 장애인
배우자	48세	사업소득금액 1,000,000원
아 들	16세	소득 없음. 학생

5. 갑(무주택 세대주)은 국민주택을 임차하기 위하여 금융기관으로부터 차입한 주택임차자금의 원리금 15,000,000원을 상환하였다.

6. 「소득세법」 제47조 1항에 따른 근로소득공제표 : '제3편. 부록' 참고

[물음 1]
갑의 근로소득 총급여액 및 근로소득공제액과 종합소득에 합산되는 근로소득금액을 〈답안양식〉에 따라 제시하시오.

〈답안양식〉

구 분	금 액
근로소득 총급여액	
근로소득공제액	
근로소득금액	

[물음 2] ⟶ '제6절. 종합소득과세표준의 계산' 학습 후 풀이
갑의 인적공제액 및 특별소득공제액을 〈답안양식〉에 따라 제시하시오.

〈답안양식〉

구 분		금 액
인적공제액	기본공제액	
	추가공제액	
특별소득공제액		

【문 2】 〈2024. CTA〉

〈자 료〉

1. 갑은 제조업을 영위하는 ㈜대한에 회계팀장으로 근무하고 있으며, 2026년에 지급받은 급여는 ₩42,000,000(월 ₩3,500,000×12개월)으로 이 금액에는 '(2)∼(7)'의 금액이 포함되어 있지 않다.
2. ㈜대한의 2025년 사업연도(2025. 1. 1.∼2025. 12. 31.)에 대한 법인세를 경정함에 따라 갑에게 상여로 소득처분된 금액은 ₩2,000,000이다. 동 금액에 대한 소득금액변동통지서는 2026. 6. 30.에 받았다.
3. 배우자 명의의 차량을 갑이 직접 운전하여 업무 수행에 이용하고 ㈜대한으로부터 받은 자가운전보조금은 ₩3,600,000(월 ₩300,000×12개월)이다.
4. 사내 직원들에 대한 연말정산 특강을 하고 ㈜대한으로부터 받은 강사료는 ₩800,000이다.
5. 외국어능력 향상을 위해 사설어학원에 수강등록하고 ㈜대한으로부터 교육훈련비 명목으로 ₩1,500,000을 지급받았다.

6. 갑은 중식으로 식사·기타 음식물을 제공받는 대신 다른 근로자와 함께 ㈜대한으로부터 일률적으로 ₩3,000,000(월 ₩250,000×12개월)의 급식수당을 지급받고 있으며, 야간근무 등 시간외 근무를 하면서 급식수당과 별도로 연 ₩500,000 상당의 식사·기타 음식물을 제공받았다.

7. 사내근로복지기금으로부터 자녀 학자금으로 ₩2,500,000을 지급받았다.

[물 음]

근로소득과 관련하여 다음을 계산하여 답안양식에 따라 ①~②의 금액을 제시하시오.

총급여액	근로소득금액
①	②

해답

【문 1】

[물음 1]

구 분	금 액
근로소득 총급여액	45,000,000〈주1〉
근로소득공제액	14,550,000〈주2〉
근로소득금액	13,450,000〈주3〉

〈주1〉 ㈜A : 20,000,000*1 ＋ 1,000,000 ＋ (300,000－200,000) × 10개월 ＝ 22,000,000
㈜B : 400,000 × 40일 ＋ 7,000,000 ＝ 23,000,000*2
45,000,000

〈주2〉 ㈜A : 7,500,000 ＋ (22,000,000－15,000,000) × 15% ＝ 8,550,000
㈜B : 150,000 × 40일 ＝ 6,000,000*2
14,550,000

〈주3〉 ㈜A : 22,000,000 － 8,550,000 ＝ 13,450,000*3

[물음 2]

구 분		금 액
인적공제액	기본공제액	6,000,000〈주1〉
	추가공제액	3,500,000〈주2〉
특별소득공제액		4,500,000〈주3〉

〈주1〉 1,500,000 × 4명 ＝ 6,000,000

〈주2〉 1,000,000 (경로우대자(부)) + 2,000,000 (장애인(부)) + 500,000 (부녀자) = 3,500,000

〈주3〉 ① 보험료공제 : 500,000*[1]

② 주택자금공제 : min(15,000,000×40%=6,000,000, 4,000,000) = 4,000,000

4,500,000

【문 2】

총급여액	근로소득금액
① 48,500,000〈주1〉	② 36,325,000〈주2〉

〈주1〉 42,000,000 + 3,600,000 + 800,000 + 1,500,000 + (250,000−200,000) × 12개월 = 48,500,000*[4]

〈주2〉 48,500,000 − [12,000,000+3,500,000×5%] (근로소득공제) = 36,325,000

해 설

1. 해답상 '*'에 대한 설명

*[1] 갑이 부담할 건강보험료 · 고용보험료 500,000을 사용자가 대리납부한 금액은 총급여액에 포함한 후 보험료공제(특별소득공제)로 공제한다. 제시된 기본급 20,000,000에 대납한 금액 500,000이 포함되어 있다고 하였으므로 이를 다시 가산하지 않았다.

*[2] ① 「소득세법」 제47조(근로소득공제)에 따르면 총급여액에는 일용근로자의 총급여액도 포함하며, 일용근로자에 대한 근로소득공제액은 1일 15만원으로 한다.

② 「소득세법 시행령」 제20조에서 정하는 일용근로자가 유급휴일에 대하여 지급받는 주휴수당 및 작업능률에 따라 지급받은 수당은 당해 법령에서 정하는 기간의 근로일수에 배분하여 원천징수하는 것으로 근로소득공제 대상에 해당한다(서면−2022−소득관리−4916).

* [참고] 성과급의 일급여 : $\frac{7,000,000}{40일}$ = 175,000

*[3] 물음에서 종합소득에 합산되는 근로소득금액을 계산하라고 하였으므로 분리과세되는 일용근로자에 근로소득금액은 포함하지 않는다.

*[4] 총급여액 계산

① 인정상여의 수입시기는 근로를 제공한 연도인 2025년이다.

② 배우자 명의 차량 등 타인 명의 차량에 대해서는 자가운전보조금에 대한 비과세를 적용하지 않는다. → 배우자와 공동명의 차량에 대해서는 비과세 적용

③ 사내 직원 특강료와 외국어능력 향상을 위한 사설어학원 수강료는 과세대상이다.

④ 식사 대신 지급받는 급식수당은 월 20만원까지 비과세하며, 야간근무 등 시간외 근무로 제공받는 식사는 비과세한다.

⑤ 사내근로복지기금으로부터 받는 자녀학자금은 근로소득으로 과세하지 않는다.

3 / 9 근로소득금액 - 실전문제

상호 독립된 각 【문】에 답하시오.

【문 1】 2차 필수

㈜A(중소기업)의 전무이사 갑과 영업부장 을의 2026년 근로소득 관련 자료이다. 갑과 을은 5년 전부터 계속 근무하고 있다. 〈2020. CPA 수정〉

〈자 료〉

1. 갑과 을이 ㈜A로부터 2026년에 지급받은 내역은 다음과 같다(아래 금액은 매월 균등하게 지급받은 금액을 합산한 것임).

구 분	갑	을
기본급	70,000,000원	48,000,000원
성과급	20,000,000원	1,800,000원
식사대*1	2,760,000원	1,560,000원
자격증수당	—	240,000원
판공비	2,000,000원	—
자가운전보조금*2	3,000,000원	1,200,000원

*1 을은 구내식당에서 식사를 제공받았으나, 갑은 식사를 제공받지 않았다.

*2 갑과 을은 본인 소유차량을 직접 운전하여 업무수행에 이용하고 실제여비를 받는 대신에 회사 사규에 정해진 지급기준에 따라 자가운전보조금을 받았다.

2. 갑과 을의 국민건강보험법에 따른 건강보험료의 내역은 다음과 같으나, 본인부담분을 포함한 전액을 ㈜A가 부담하였다.

구 분	갑	을
회사부담분	4,500,000원	2,000,000원
본인부담분	4,500,000원	2,000,000원

3. 갑과 을이 ㈜A로부터 받은 보상금 등의 내역은 다음과 같다.

구 분	갑	을
직무발명보상금*3	8,000,000원	4,000,000원
주택구입 · 임차 자금 무상대여 이익	1,000,000원	800,000원

*3 「발명진흥법」에 따라 받은 보상금이다. 갑은 ㈜A와 소득세법령에 따른 특수관계에 없으나, 을은 ㈜A의 지배주주의 아들이다.

[물 음]

갑과 을의 총급여액을 다음의 〈답안양식〉에 따라 제시하시오.

〈답안양식〉

갑의 총급여액	
을의 총급여액	

【문 2】 유예

유예생은 제2편 소득유예 23, 24 풀이

핵심정리

문제의 포인트

• 한문제에 임원과 직원의 급여를 각각 제시한 후 각각의 총급여액을 계산하는 문제의 풀이

※ 종업원의 범위에 따른 비과세 규정 적용

법인세법령에서는 임원의 범위를 규정하고 그 외의 사람을 직원으로 규정하고 있다. 그러나 소득세법령에서는 종업원의 범위에 대한 명확한 규정이 없어 각 규정마다 행정해석에 따라 다음과 처리하고 있다.

구 분	임원 포함 여부
직무발명보상금 비과세 규정상 종업원 등	포함*1
자가운전보조금 비과세 규정상 종업원	포함*2
중소기업 종업원의 주택 구입·임차자금 대여이익 비과세 규정상 종업원	다수 의견에 따라 제외*3

*1 「발명진흥법」 제2조와 행정해석(서명－2016－소득－5703)에 따라 임원 포함

*2 행정해석(법인 46013－1123)에 따라 임원 포함

*3 행정해석이 없다보니 다음 두가지 견해가 있다(해답은 두 견해 중 다수 의견인 [견해 1]에 따라 풀이하였음. 소득세법령상 종업원의 정의를 명확하게 규정하는 입법적 보완이 필요함).

[견해 1] 법인세법령에서는 중소기업의 직원에 대한 주택 구입·임차자금 대여액을 업무무관가지급금으로 보지 않고 임원에 대한 것은 업무무관가지급금으로 보고 있고 「소득세법 시행령」 제43조 등에서 종업원과 임원을 구분하고 있으므로 종업원의 범위에서 임원을 제외한다는 견해. 이에 따르면 중소기업 임원에 대한 대여이익은 과세대상 근로소득이다.

[견해 2] 비과세하는 복리후생적 급여를 규정하고 있는 「소득세법 시행령」 제17조의4에 따르면 제1호 다목에서 사택제공이익에 대한 비과세대상을 정할 때 '임원아닌 종업원'이라고 규정하고 있고 같은 조 제3호의 보험료대납액의 종업원범위에 임원이 포함되는 것으로 해석되므로 같은 조 제2호의 주택자금대여이익도 종업원의 범위에 임원을 포함해야 한다는 견해. 이에 따르면 중소기업 임원에 대한 대여이익은 비과세 근로소득이다.

해답

갑의 총급여액	99,460,000〈주1〉
을의 총급여액	58,400,000〈주2〉

〈주1〉 70,000,000 + 20,000,000 + (2,760,000−200,000×12) + 2,000,000*[1] + (3,000,000−200,000×12) + 4,500,000 + (8,000,000−7,000,000) + 1,000,000 = 99,460,000

〈주2〉 48,000,000 + 1,800,000 + 1,560,000 + 240,000 + 2,000,000 + 4,000,000*[2] + 800,000*[2] = 58,400,000*[3]

해설

1. 해답상 '*'에 대한 설명

*[1] 기밀비(판공비 포함)·교제비 기타 이와 유사한 명목으로 받는 것으로서 업무사용여부 불분명한 급여는 근로소득에 포함된다. 판공비와 관련하여 행정해석에서는 임원에게 업무추진비(업무활동비) 명목으로 매월 월정액으로 지급하는 판공비와 업무추진비는 근로소득에 포함하나, 지급기준(업무와 관련하여 사용목적 및 대상자별 지급한도액 등)이 정하여져 있고 해당 목적을 위해 사용한 것이 분명한 부분은 근로소득에 포함하지 않도록 하고 있다(서이 46013-12378, 46013-3496). 해답에서는 전자로 보아 근로소득에 포함하였다.

*[2] 을은 ㈜A와 소득세법령에 따른 특수관계에 있으므로 직무발명보상금 및 중소기업 직원의 주택구입·임차자금 무상대여 이익에 대한 비과세규정을 적용하지 않는다. 따라서 전액 과세한다.

*[3] 을의 자가운전보조금은 비과세 한도(200,000×12=2,400,000) 범위이므로 과세하지 않는다.

제 4 절 연금소득 · 기타소득

summary p2-119. 제5절

4 - 1 연금소득금액

1.5차 2차 

상호 독립된 각 자료를 이용하여 물음에 답하시오. 다만, 자료에 제시된 금액은 원천징수 전 금액이며, 원천징수는 적정하게 이루어졌다. 〈2013. CTA 수정〉

〈자료 1〉
다음은 거주자 갑(여성, 62세)의 2026년 연금소득과 관련된 자료이다. 갑은 아래 제시된 자료 이외의 다른 소득은 없다.

1. 갑은 2026. 1. 1.부터 국민연금을 수령하기 시작했으며 2026년의 국민연금 수령액은 ₩20,000,000이다. 2002. 1. 1. 이후 불입기간의 환산소득누계액은 ₩500,000,000이고 총불입기간의 환산소득누계액은 ₩800,000,000이다. 2002. 1. 1. 이후 납입한 국민연금보험료 중 국민연금보험료 소득공제를 받지 않은 금액은 ₩8,000,000이다.

2. 갑은 2021. 4. 1.부터 연금계좌에 가입하여 5년간 매년 ₩12,000,000씩 총 ₩60,000,000을 불입하였고 2026년 5월부터 연금계좌로부터 연금을 수령하기 시작했으며, 2026년의 연금수령액은 ₩28,000,000이다. 연금계좌 불입액 중 ₩5,400,000은 한도초과로 세액공제를 받지 못하였다. 연금계좌의 연금수령개시일 현재 해당 연금계좌의 평가액은 ₩80,000,000이다.

3. 연금소득공제액

총 연 금 액	공 제 액
350만원 이하	총연금액
350만원 초과 700만원 이하	350만원 + 350만원 초과액의 40%
700만원 초과 1,400만원 이하	490만원 + 700만원 초과액의 20%
1,400만원 초과	630만원 + 1,400만원 초과액의 10%

〈자료 2〉 〈2014. CPA 수정〉

다음은 거주자 을(남성, 55세)의 2026년 소득자료이다.

1. 연금소득과 관련된 내역은 다음과 같다.
   (1) 을은 2013년 1월 10일에 연금에 가입하였으며, 2026년부터 연금을 수령하기 시작하였다.
   (2) 을의 연금수령 개시 신청일 현재 연금계좌 평가액은 ₩100,000,000으로서 그 내역은 다음과 같다.
      ① 연금계좌 본인불입액 : ₩70,000,000(소득공제 또는 세액공제를 적용받지 못한 금액 ₩6,000,000 포함)
      ② 이연퇴직소득(퇴직소득을 연금계좌에 입금시켜서 과세이연된 퇴직소득) : ₩12,000,000
      ③ 연금계좌 운용수익 : ₩18,000,000
   (3) 을이 2026년에 연금계좌에서 인출한 금액은 ₩34,000,000이다. 단, 법령에서 정하는 부득이한 사유(연금계좌 가입자의 사망 등)로 받은 것은 아니다.

2. 상기 이외의 나머지 소득 내역(2026년도 귀속)은 다음과 같으며, 이들에 대한 필요경비는 확인되지 않는다.
   ① 20년간 보유한 골동품(제작 후 200년이 경과함) 1개를 양도하고 받은 대가(비과세 대상은 아님) : ₩100,000,000
   ② 2026. 8. 1.에 공익사업 관련 지역권을 일시적으로 대여하고 받은 대가 : ₩20,000,000

[물음 1]

〈자료 1〉을 이용하여 2026년도 종합소득에 합산될 연금소득금액을 다음의 〈답안양식〉에 따라 제시하시오(단, 사적연금소득에 대하여 종합과세를 선택한 것으로 가정한다).

〈답안양식〉

구 분	금 액
총 연 금 액	
연 금 소 득 공 제	
연 금 소 득 금 액	

[물음 2]

〈자료 2〉를 이용하여 연금수령한도와 종합과세되는 총연금액을 다음의 〈답안양식〉에 따라 제시하시오. 단, 선택가능한 경우 연금소득은 종합과세하는 것으로 한다.

〈답안양식〉

연금수령한도	
총연금액	

[물음 3] ⟶ 기타소득 학습 후 풀이할 것

〈자료 2〉를 이용하여 기타소득(분리과세대상 포함)에 대한 소득세 원천징수세액과 종합과세되는 기타소득금액을 다음의 〈답안양식〉에 따라 제시하시오.

〈답안양식〉

소득세 원천징수세액	
기타소득금액	

[물음 4]

〈자료 2〉에서 을의 나이가 63세로 바뀐다는 가정하에 〈자료 2〉를 이용하여 2026년도 을의 연금소득(분리과세 포함)을 계산하시오.

핵심정리

문제의 포인트

1. 공적연금소득의 계산 : summary p2-126. (1)
2. 사적연금소득의 계산 : summary p2-127. (2)

[1] 총연금에 포함할 사적연금소득 계산방법 summary p2-129. 정리

〈1단계〉 연금수령요건 충족 여부 및 기산연차 결정

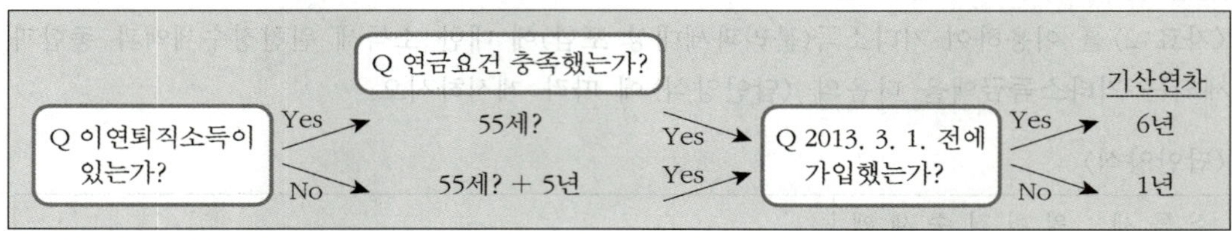

〈2단계〉 연금수령한도 계산 : $\frac{\text{연금계좌 평가액 150}}{(11-\text{연금수령연차})} \times 120\% = 36$(ⓧ) ⇢ 필기체 금액은 아래 <경우1>, <경우2>의 금액임(이해목적용 사례)

〈3단계〉 과세구분

인출액 50	경우1*1		경우2	
	구성	소득	구성	소득
〈1순위〉 연금 36(ⓧ)	과세제외(Ⓐ) 20	–	과세제외(Ⓐ) 30	–
	이연퇴직소득(Ⓑ) 14	연금소득	이연퇴직소득(Ⓑ) 6	연금소득
	위 외*2 (Ⓒ) 2	연금소득		
〈2순위〉 연금 외 14	위 외*2 (Ⓒ) 14	기타소득	이연퇴직소득(Ⓑ) 8	퇴직소득
			위 외*2 (Ⓒ) 6	기타소득

*1 <경우1> 연금계좌 150 구성내역 : 과세제외 20, 이연퇴직소득 14, 위 외 116인 경우
<경우2> 연금계좌 150 구성내역 : 과세제외 30, 이연퇴직소득 14, 위 외 106인 경우

*2 위 외의 금액 = 납입시 세액공제(2013년까지는 소득공제)를 받은 금액 + 운용수익

[2] 자료별 정리사항

〈자료 1〉

1. 국민연금을 수령하였으므로 환산소득누계액을 기준으로 총연금액을 다음과 같이 계산한다.

$$\text{연금수령액(비과세 제외)} \times \frac{\text{2002. 1. 1. 이후 납입기간의 환산소득누계액}}{\text{총 납입기간의 환산소득누계액}} - \text{2002. 1. 1. 이후 소득공제 받지 못한 금액}$$

2. 사적연금

위 '[1]'의 접근방법을 적용하여 다음과 같이 계산한다.

〈1단계〉 연금요건 및 기산연차 결정

Q 이연퇴직소득이 있는가? : no → Q 연금요건 충족하였는가? : yes(55세와 5년 충족한 2026년이 기산연차) → Q 2013. 3. 1. 전에 가입했는가? : no → ∴ 기산연차인 2026년의 수령연차는 1년차

〈2단계〉 연금수령한도의 계산 : $\frac{80,000,000}{11-1}$ × 120% ＝ 9,600,000

〈3단계〉 과세구분

수 령 액	28,000,000	구 성[*1]		소 득
연 금	9,600,000	과 세 제 외	5,400,000	－
		이연퇴직소득	0	연금소득(분리과세)
		위 외	4,200,000	연금소득(분리과세선택가능)[*2]
연금 외	18,400,000		18,400,000	기타소득(분리과세)

[*1] 연금계좌에서 일부 금액을 인출한 경우에는 과세제외금액(소득공제 · 세액공제를 받지 못한 금액), 이연퇴직소득, 위 외의 금액(소득공제 · 세액공제를 받은 금액과 운용수익) 순으로 인출한 것으로 본다. 인출한 금액이 연금수령한도를 초과하는 경우 연금수령분이 먼저 인출되고 그 다음으로 연금외 수령분이 인출되는 것으로 한다.

[*2] 분리과세 선택 가능 기준금액인 1,500만원 이하이나, 물음의 가정에 따라 종합과세하였다.

〈자료 2〉

1. 사적연금

〈1단계〉 연금요건 및 기산연차 결정

Q 이연퇴직소득이 있는가? : yes → Q 연금요건 충족하였는가? : yes[이연퇴직소득이 연금계좌에 있으므로 가입기간요건(5년)과 무관하게 연령요건(55세)을 충족한 2026년이 기산연차] → Q 2013. 3. 1. 전에 가입했는가? : yes → ∴ 기산연차인 2026년의 수령연차는 6년차

〈2단계〉 ~ 〈3단계〉 : 해답과 같이 계산한다.

2. 기타소득

① 골동품 양도소득은 분리과세대상이므로 종합과세되는 기타소득금액에는 포함하지 않는다. summary p2-140. 4

② 공익사업 관련 지역권의 대여소득은 조건부 과세대상 기타소득이며, 최소한 60% 필요경비를 차감한 기타소득금액이 300만원을 초과하므로 종합과세한다. summary p2-139. 3

〈주의〉 종합문제에서 연금소득과 기타소득 자료가 같이 제시되어 있고 '[물음 3]'과 같이 '분리과세 기타소득을 포함한 기타소득 원천징수세액을 계산하는 문제'가 출제될 때에는 이 문제처럼 연금소득 자료에 연금외수령으로 인한 분리과세 기타소득(15% 원천징수세율 적용)이 있는지 검토하여, 해당 금액이 있으면 그 금액을 포함하여 원천징수세액을 계산하여야 한다.

해답

1.

구 분	금 액
총 연 금 액	8,700,000〈주1〉
연 금 소 득 공 제	5,240,000〈주2〉
연 금 소 득 금 액	3,460,000

〈주1〉 ① ＋ ② ＝ 8,700,000

① 국민연금 : $20,000,000 \times \frac{500,000,000}{800,000,000} - 8,000,000 = 4,500,000$

② 사적연금

㉠ 연금수령한도 : $\frac{80,000,000}{11-1} \times 120\% = 9,600,000$

㉡ 연금수령 : 9,600,000 － 5,400,000 ＝ 4,200,000

〈주2〉 연금소득공제 : 4,900,000 ＋ (8,700,000－7,000,000) × 20% ＝ 5,240,000

2.

연 금 수 령 한 도	24,000,000〈주1〉
총 연 금 액	6,000,000〈주2〉

〈주1〉 $\frac{100,000,000}{11-6} \times 120\% = 24,000,000$

〈주2〉

수령액	34,000,000	구 성		소 득
연 금	24,000,000	과세제외	6,000,000	－
		이연퇴직소득	12,000,000	연금소득(분리과세)
		위 외	6,000,000	연금소득(분리과세선택가능)
연금 외	10,000,000		10,000,000	기타소득(분리과세)

3.

소득세 원천징수세액	5,100,000〈주1〉
기 타 소 득 금 액	8,000,000〈주2〉

〈주1〉 $\underbrace{10,000,000}_{\text{연금외 수령액}} \times 15\% + \underbrace{100,000,000}_{\text{골동품}} \times (1-90\%) \times 20\% + \underbrace{20,000,000}_{\text{공익사업 지역권대여}} \times (1-60\%)$

× 20% ＝ 5,100,000

〈주2〉 20,000,000 × (1－60%) ＝ 8,000,000*

* 연금외 수령액과 골동품 양도소득은 무조건 분리과세대상이므로 고려하지 않는다.

4.

(1) 연금수령한도 : 연금수령연차가 11년 이상이므로 적용하지 않음*

* 이연퇴직소득이 연금계좌에 있으므로 가입기간요건(5년)과 무관하게 연령요건(55세)을 충족한 2018년이 기산연차이다(계산 근거 : 63세−55세=8 → ∴ 2026년−8=2018년). 가입일이 2013. 3. 1. 전이므로 수령연차는 2018년이 6년이며, 2026년에는 14년이다[연령요건만 고려할 경우 간편법 : (63세−55세)+6년=14년]. 수령연차가 11년 이상이므로 한도는 계산하지 않고 전부 연금소득으로 본다.

(2) 과세구분

수령액	34,000,000	구성		소득
연금	34,000,000	과세제외	6,000,000	−
		이연퇴직소득	12,000,000	연금소득(분리과세)
		위외	16,000,000	연금소득
연금 외	0			

(3) 연금소득 : 12,000,000 ＋ 16,000,000 ＝ 28,000,000

4 / 2 연금소득금액

1.5차 2차 필수

윤기성씨(56세, 국민연금 수령 가능 연령이라고 가정)의 2026년과 2027년의 연금소득 자료는 다음과 같다. 다음 자료를 이용하여 [물음]에 답하시오. 제시된 금액은 원천징수 전 금액이며, 원천징수는 적정하게 이행되었다.

〈자 료〉

1. 2026년 소득자료
   (1) 국민연금 수령액은 ₩32,000,000이며, 이 중 ₩2,000,000은 장애연금이다. 국민연금의 총납입기간의 환산소득의 누계액은 ₩300,000,000(납입월수 : 340개월)이며, 이 중 2002년 1월 1일 이후 납입기간의 환산소득의 누계액은 ₩200,000,000(납입월수 : 276개월)이다. 2002년 이후 국민연금 납입액 중 소득공제를 받지 못한 금액은 ₩8,000,000이다.
   (2) 2026년에 연금수령개시를 신청하여 연금계좌(2012년에 가입)에서 ₩50,000,000을 인출하여 수령하였다. 연금수령개시 신청일 현재 연금계좌는 윤기성씨가 연금계좌에 납입한 금액 ₩93,000,000(이중 소득공제 및 세액공제를 받지 못한 금액은 ₩20,000,000임), 이연퇴직소득 ₩41,000,000, 연금계좌 운용수익 누계액 ₩16,000,000으로 구성되어 있다.
2. 2027년 소득 자료
   (1) 국민연금 수령액은 ₩30,000,000이며, 이 중 장애연금은 ₩2,000,000이다. 국민연금의 총납입기간의 환산소득누계액은 ₩280,000,000이며, 이 중 2002년 1월 1일 이후 납입기간의 환산소득 누계액은 ₩112,000,000이다. 2002년 이후 국민연금 납입액 중 소득공제를 받지 못한 금액은 ₩8,000,000이다.
   (2) 2027년도에 연금계좌에서 인출한 금액은 ₩50,400,000이다. 2027. 1. 1. 현재 운용수익은 2026년 연금수령개시 신청일에 비하여 ₩4,000,000이 증가하였다.
3. 연금소득공제액 : '제3편. 부록' 참고

[물 음]

다음의 〈답안양식〉에 따라 해당 금액을 계산하고 그 계산근거를 제시하시오. 다만, 소득세 부담을 최소화하기로 하되, 선택가능한 연금소득은 종합과세하기로 한다.

〈답안양식〉

구 분		금 액
2026년	종합과세되는 연금소득금액	
	사적연금소득 원천징수세액*	
	기타소득 원천징수세액*	
2027년	종합과세되는 총연금액	
	사적연금소득 원천징수세액*	
	기타소득 원천징수세액*	

* ① 소득세 원천징수세액을 말하며, 분리과세되는 금액에 대한 원천징수세액을 포함하여 계산할 것

② 이연퇴직소득을 연금수령하는 경우 그 연금소득을 연금외수령하였다고 가정할 때의 소득세법령에 따라 계산한 원천징수세율은 2026년, 2027년 모두 6%라고 가정할 것

핵심정리

문제의 포인트

- 공적연금소득 및 사적연금소득의 계산

※ 계산방법

1. 공적연금

 (1) 2026년 : 국민연금수령액 32,000,000 중 비과세되는 장애연금 2,000,000을 차감한 30,000,000을 환산소득누계액을 기준으로 안분계산한 후 과세제외기여금 8,000,000(2002. 1. 1. 이후 납입액 중 소득공제 받지 못한 금액)을 차감하여 계산한다.

 (2) 2027년 : 2026년과 동일한 방법으로 계산하되, 과세제외기여금 8,000,000은 2026년에 이미 차감하였으므로 다시 차감하지 않는다.

2. 사적연금

 (1) 2026년

〈1단계〉 연금요건 및 기산연차 결정

Q 이연퇴직소득이 있는가? : yes → Q 연금요건 충족하였는가? : yes[이연퇴직소득이 연금계좌에 있으므로 가입기간요건(5년)과 무관하게 연령요건(55세)을 충족한 2025년이 기산연차] → Q 2013. 3. 1. 전에 가입했는가? : yes → ∴ 수령연차는 기산연차인 2025년이 6년차, 2026년이 7년차

〈2단계〉 ~ 〈3단계〉 : 해답과 같이 계산한다.

 (2) 2027년

〈1단계〉 수령연차 : 2026년이 7년차였으므로 2027년은 8년차

〈2단계〉 ~ 〈3단계〉 : 해답과 같이 계산한다.

해 답

구 분		금 액
2026년	종합과세되는 연금소득금액	₩6,100,000
	사적연금소득 원천징수세액	1,050,000
	기타소득 원천징수세액	0
2027년	종합과세되는 총연금액	41,800,000
	사적연금소득 원천징수세액	1,992,000
	기타소득 원천징수세액	1,320,000

[근 거]

Ⅰ. 2026년

1. 연금소득금액 : 6,100,000

(1) 총연금액 : 12,000,000〈주1〉, *2 ＋ 0〈주2〉 ＝ 12,000,000

〈주1〉 $(32,000,000-2,000,000) \times \frac{200,000,000}{300,000,000} - 8,000,000 = 12,000,000$

〈주2〉 1) 연금수령한도 : $\frac{93,000,000 + 41,000,000 + 16,000,000}{11 - 7} \times 120\% = 45,000,000$

2) 과세구분

인출액 50,000,000*1	구 성		소 득
연 금 45,000,000	과세제외	20,000,000	－
	이연퇴직소득	25,000,000	연금소득(분리과세)
연금외 5,000,000	이연퇴직소득	5,000,000	퇴직소득

3) 종합과세대상 연금액 : 0

(2) 연금소득공제 : min[① 4,900,000 ＋ (12,000,000－7,000,000) × 20% ＝ 5,900,000, ② 9,000,000]
＝ 5,900,000

2. 소득세 원천징수세액

① 사적연금소득 : 25,000,000 × (6%×70%)*3 ＝ 1,050,000(분리과세)

② 기타소득 : 0

Ⅱ. 2027년

1. 총연금액 : 11,200,000〈주1〉 ＋ 30,600,000〈주2〉 ＝ 41,800,000

〈주1〉 $(30,000,000-2,000,000) \times \frac{112,000,000}{280,000,000} - 0^{*4} = 11,200,000^{*2}$

〈주2〉 1) 연금수령한도 : $\frac{104,000,000^{*}}{11-8}\times 120\% = 41,600,000$

* 2027. 1. 1. 기준 연금계좌평가액
150,000,000(2026년 평가액) − 50,000,000(2026년 인출액) + 4,000,000(운용수익 증가액)
= 104,000,000

2) 과세구분

인출액	50,400,000	구 성		소 득
		과세제외	−*5	−
연 금	41,600,000	이연퇴직소득	11,000,000*6	연금소득(분리과세)
		위 외	30,600,000	연금소득*7
연금외	8,800,000		8,800,000	기타소득

3) 종합과세되는 연금액 : 30,600,000

2. 원천징수세액

① 연금소득 : [11,000,000×(6%×70%)*3] + (30,600,000×5%*8) = 1,992,000
(이연퇴직소득 : 분리과세) (그 밖의 연금소득 : 종합과세)

② 기타소득 : 8,800,000 × 15% = 1,320,000

해 설

1. 해답상 '*'에 대한 설명

*1 인출액이 연금수령한도를 초과하는 경우 연금수령분, 연금외수령분 순서로 인출된 것으로 본다.

*2 공적연금소득은 종합과세하며, 분리과세 선택이 불가능하다.

*3 이연퇴직소득을 연금수령하는 경우 그 연금소득에 대한 원천징수세율은 연금 실제 수령연차가 10년 이하이므로 연금외수령한다고 가정할 때의 원천징수세율의 70%(연금 실제 수령연차가 10년 초과 20년 이하이면 60%, 20년을 초과하면 50%)를 적용한다(분리과세).

*4 국민연금납입액 중 소득공제를 받지 못한 금액 8,000,000은 2026년에 이미 차감하였으므로 2027년에 차감할 금액은 없다.

*5 과세제외금액은 2026년에 순서대로 인출하였으므로 잔액이 없다.

*6 이연퇴직소득 잔액 : 41,000,000 − (25,000,000+5,000,000) = 11,000,000
(2026년 인출액)

*7 사적연금이 1,500만원을 초과하므로 종합소득에 합산한다. 다만, 산출세액 계산시 종합과세시 세액과 15% 분리과세시 세액 중 선택한 금액을 종합소득 결정세액으로 한다. summary p2-133. ②

*8 나이가 70세 미만이므로 5%를 적용한다.

4 / 3 연금소득금액 2차

거주자 갑씨(56세)의 2026년의 연금소득 자료는 다음과 같다. 다음 자료를 이용하여 물음에 답하시오. 제시된 금액은 원천징수 전 금액이며, 원천징수는 적정하게 이행되었다.

〈자 료〉

1. 2026년도에 연금수령개시를 신청하여 연금계좌(2012년에 가입)에서 인출한 금액으로 2026년 1월 초 「소득세법」에 정한 의료비 지출목적의 인출액 ₩24,000,000과 그 후의 생활비로 사용하기 위한 인출액 ₩59,000,000이 있다. 연금수령개시 신청일 현재 연금계좌는 갑씨가 연금계좌에 납입한 금액 ₩93,000,000(이 금액 중 소득공제 및 세액공제를 받지 못한 금액은 ₩20,000,000임), 이연퇴직소득 ₩41,000,000, 연금계좌 운용수익 누계액 ₩16,000,000으로 구성되어 있다.
2. 연금소득공제액 : '제3편. 부록' 참고

[물음 1]
2026년도의 연금소득(분리과세소득 포함)과 기타소득(분리과세소득 포함)을 〈답안양식〉에 적고 그 계산근거를 제시하시오. 연금계좌 인출액 외의 다른 소득은 없다고 가정한다.

〈답안양식〉

구 분	금 액
연금소득(분리과세소득 포함)	
기타소득(분리과세소득 포함)	

[물음 2]
2026년도 소득세 부담을 최소화하고자 할 경우 갑씨의 종합소득금액을 계산하시오. 다만, 갑씨에게는 자료에 제시된 사적연금소득 외에 근로소득금액 ₩6,600,000이 있으며, 종합소득공제액은 ₩1,500,000이라고 가정한다.

핵심정리

문제의 포인트

1. 의료목적, 천재지변 등 부득이한 사유로 인한 인출액이 있는 경우 연금소득 계산
2. 사적연금소득이 1,500만원 이하인 경우로서 세부담 최소화 가정이 있는 경우 선택방법

1. 문제의 접근방법

〈1단계〉 연금요건 및 기산연차 결정

Q 이연퇴직소득이 있는가? : yes → Q 연금요건 충족하였는가? : yes[이연퇴직소득이 연금계좌에 있으므로 가입기간요건(5년)과 무관하게 연령요건(55세)을 충족한 2025년이 기산연차] → Q 2013. 3. 1. 전에 가입했는가? : yes → ∴ 수령연차는 기산연차인 2025년이 6년차, 2026년이 7년차

〈2단계〉 연금수령한도 계산 : $\frac{93,000,000 + 41,000,000 + 16,000,000}{11 - 7} \times 120\% = 45,000,000$

〈3단계〉 과세구분 : 해답과 같이 계산

이 경우 의료목적, 천재지변이나 그 밖의 부득이한 사유로 인한 인출액은 한도 적용대상이 아니므로 2026년 1월 초 의료비 인출액 24,000,000은 한도와 무관하게 인출순서에 따라 과세제외금액에서 20,000,000, 이연퇴직소득에서 4,000,000 인출한 것으로 본다.

그 후의 인출액 59,000,000은 연금소득 한도액 45,000,000의 범위에서 이연퇴직소득에서 남은 금액 '41,000,000 － 4,000,000(이연퇴직소득 중 의료비 인출액) ＝ 37,000,000', 위 외의 금액 8,000,000을 인출한 것으로 보며, 한도를 초과하는 14,000,000은 위 외의 금액에서 인출한 것으로 본다.

2. 사적연금소득이 1,500만원 이하인 경우로서 세부담 최소화 가정이 있는 경우 선택방법 summary p2－134. 정 리

〈1단계〉 분리과세를 선택한 경우 세부담 증가분 계산

분리과세 선택 가능한 연금소득 × 원천징수세율(3%, 4%, 5%)

〈2단계〉 종합과세를 선택한 경우 세부담 증가분 계산

연금소득금액 증가분	××× *1
한 계 세 율	(×) 00% *2
	×××

*1 분리과세 선택 가능한 연금소득을 포함한 연금소득금액(연금소득공제를 차감한 후의 금액)과 그 금액을 제외한 연금소득금액과의 차이금액을 말한다.

*2 분리과세 선택 가능한 연금소득을 분리과세한 후의 과세표준을 계산한 후, 종합과세하는 경우 연금소득금액 증가분에 대해 적용되는 과세표준 구간을 고려하여 한계세율 결정(금융소득이 있는 경우 원천징수세율 적용분 금융소득을 제외한 금액에 대한 한계세율 결정)

〈3단계〉 '〈1단계〉'와 '〈2단계〉' 중 세부담 증가액이 적은 방법을 선택

해답

[물음 1]

구 분	금 액
연금소득(분리과세소득 포함)	₩49,000,000
기타소득(분리과세소득 포함)	14,000,000

[근 거]

1. 연금수령한도 : $\frac{93,000,000 + 41,000,000 + 16,000,000}{11 - 7} \times 120\% = 45,000,000$

2. 구분

인 출 액		구 성		소 득
(1) 의 료 비 :	24,000,000	과 세 제 외	20,000,000	–
		이 연 퇴 직 소 득	4,000,000	연금소득(분리과세)
(2) 일 반 :	59,000,000			
① 연 금	45,000,000	이 연 퇴 직 소 득	37,000,000	연금소득(분리과세)
		위 외	8,000,000	연금소득(조건부과세)
② 연금 외	14,000,000		14,000,000	기타소득(분리과세)

3. 소득

연금소득 : 4,000,000 + 37,000,000 + 8,000,000 = 49,000,000

기타소득 : 14,000,000

[물음 2]

조건부과세대상 연금소득 8,000,000이 15,000,000 이하이므로 분리과세여부를 선택한다.

1. 분리과세 선택시 세부담 증분 : 8,000,000 × 5%(70세 미만) = 400,000

2. 종합과세 선택시 세부담 증분 : $\underbrace{2,900,000}_{\text{연금소득금액}} \times \underbrace{6\%^{*}}_{\text{한계세율}} = 174,000$

* 한계세율의 결정

① 연금소득금액 : $\underbrace{8,000,000}_{\text{총연금액}} - \underbrace{5,100,000^{*}}_{\text{연금소득공제}} = 2,900,000$

* 4,900,000 + (8,000,000−7,000,000) × 20% = 5,100,000

② 연금소득을 분리과세하는 경우 과세표준 : $\underbrace{6,600,000}_{\text{근로소득금액}} - \underbrace{1,500,000}_{\text{소득공제}} = 5,100,000$

→ ∴ 연금소득금액 2,900,000을 종합과세하는 경우 적용하는 한계세율은 6%(∵ 과세표준은 '5,100,000 +2,900,000=8,000,000'으로 14,000,000 이하 구간에 속함)

3. 결론 : 종합과세를 선택한다.

4. 종합소득금액 : $\underset{\text{근로소득금액}}{\underline{6,600,000}} + \underset{\text{연금소득금액}}{\underline{2,900,000}} = 9,500,000$

4 / 4 연금소득금액 - 실전문제

2차 필수

거주자 甲(56세)의 2026년 귀속 소득과 관련된 다음 자료에 근거하여 물음에 답하시오. 제시된 금액은 원천징수 전 금액이며, 별도의 언급이 없는 한 원천징수는 적법하게 이루어졌다. 〈2024. CTA〉

〈자 료〉

1. 甲은 2012. 1. 1. 연금저축계좌에 가입하고 총 ₩80,000,000을 납입(이 중 소득공제 및 세액공제를 받지 아니한 금액은 ₩15,000,000임)하였으며, 2026년 중 연금수령개시를 신청하고 연금계좌에서 ₩50,000,000을 인출하여 수령하였다. 인출액 중 ₩18,000,000은 의료목적으로 부득이하게 법령에 정한 요건을 갖추어 2026. 1. 20.에 인출한 것이며, ₩32,000,000은 그 후에 인출된 것으로 법령에서 정한 부득이한 인출요건에 해당하지 않는 것이다. 신청일 현재 연금저축계좌의 평가액은 ₩100,000,000이며 납입액 외에 이연퇴직소득 ₩15,000,000, 연금계좌 운용수익 누계액 ₩5,000,000으로 구성되어 있다.

2. 甲은 국가공무원으로 공무원연금법에 따라 총 ₩50,000,000의 연금보험료를 납입하였다. 2002. 1. 1. 이후에 납입한 연금보험료 누계액은 ₩10,000,000이며, 이 중에서 실제 연금보험료 공제를 적용받은 금액은 ₩8,000,000이다. 총 기여금의 납입월수는 300개월이며, 2002. 1. 1. 이후의 기여금 납입월수는 200개월이다. 甲은 2026년도에 해당 연도분 연금으로 ₩30,000,000을 수령하였다.

3. 이연퇴직소득을 연금수령하는 경우 연금외수령하였다고 가정할 때의 원천징수세율은 5%이다.

[물 음]

연금소득과 관련하여 다음을 계산하여 답안양식에 따라 ①~③의 금액을 제시하시오.

연금수령한도	①
종합과세되는 총연금액	②
사적연금소득 및 기타소득에 대한 소득세 원천징수세액 합계액	③

해답

연금수령한도	① 30,000,000〈주1〉
종합과세되는 총연금액	② 36,000,000〈주2〉
사적연금소득 및 기타소득에 대한 소득세 원천징수세액 합계액	③ 1,725,000〈주3〉

〈주1〉 $\frac{100,000,000}{11 - 7^{*1}} \times 120\% = 30,000,000$

〈주2〉 (1) + (2) = 18,000,000 + 18,000,000 = 36,000,000

(1) 공적연금 : $\underbrace{30,000,000 \times \frac{200\text{개월}}{300\text{개월}}}_{\text{과세기준금액}} - \underbrace{(10,000,000-8,000,000)}_{\text{과세제외기여금}} = 18,000,000$

(2) 사적연금

			소득
의료목적*2 18,000,000	과세제외	15,000,000	-
	이연퇴직소득	3,000,000	연금소득(분리과세)
기타 32,000,000			
① 연금 30,000,000	이연퇴직소득	12,000,000	연금소득(분리과세)
	위 외	18,000,000	연금소득(종합과세)*3
② 연금외 2,000,000	위 외	2,000,000	기타소득(분리과세)

〈주3〉 (1) + (2) = 1,725,000

(1) 사적연금소득 :

① 분리과세 대상 : (3,000,000+12,000,000) × 5% × 70% = 525,000*4

② 종합과세 대상 : 18,000,000 × 5%(70세 미만) = 900,000

1,425,000

(2) 기타소득(분리과세) : 2,000,000 × 15% = 300,000

해 설

1. 해답상 '*'에 대한 설명

*1 Q 이연퇴직소득이 있는가? : —Yes→ Q 연금요건 충족하였는가? : Yes(이연퇴직소득이 있으므로 55세를 충족한 2025년이 기산연차) → Q 2013. 3. 1. 전에 가입했는가? : —Yes→ ∴ 수령연차는 기산연차인 2025년이 6년차, 2026년이 7년차

*2 의료목적으로 인출한 금액에 대해서는 연금수령한도를 적용하지 않는다.

*3 분리과세연금소득 외의 연금소득이 연 1,500만원을 초과하므로 종합과세한다. 다만, 이 경우에는 종합과세시 세액과 15% 분리과세시 세액 중 선택한 세액을 종합소득 결정세액으로 확정신고한다.

*4 이연퇴직소득을 연금수령하는 경우 원천징수세율은 연금 실제 수령연차가 10년 이하이므로 '연금외수령시 원천징수세율(가정치 5%) × 70%'를 원천징수세율로 한다.

4 / 5 연금소득금액과 사업소득금액 - 실전문제 2차

상호 독립된 각 【문】에 답하시오.

【문 1】

제조업을 영위(복식부기의무자)하는 거주자 을(62세, 남성)의 연금소득 및 사업소득 내역이 〈자료〉와 같을 때 아래 요구사항에 답하시오.

〈자 료〉 〈2019. CPA 수정〉

〈연금소득 내역〉

1. 2026년 1월 1일 현재 연금계좌(2021년 1월 1일 가입) 평가액의 구성내역은 다음과 같다.

구 분	금 액
이연퇴직소득	₩10,000,000
이연퇴직소득 외 평가액	290,000,000
합 계	300,000,000

2. 이연퇴직소득 외 평가액에는 연금계좌 불입 시 연금세액공제를 받지 못한 금액 ₩20,000,000이 포함되어 있다.

3. 이연퇴직소득에 대하여 과세이연된 퇴직소득세는 ₩500,000이다.

4. 을은 연금을 2026년 1월 1일부터 신청하여 수령하기 시작하였고 2026년 수령액은 ₩65,000,000이다(의료목적, 천재지변이나 그 밖의 부득이한 사유로 인출한 금액은 없음).

〈사업소득 내역〉

1. 손익계산서상 당기순이익 : ₩15,000,000

2. 손익계산서상 대표자 을의 급여 : ₩2,000,000

3. 차입금(2025년에 차입)에 대한 손익계산서상 이자비용의 세부내역은 다음과 같다.
   ① 채권자불분명사채이자 : ₩2,000,000(연이자율 14%)
   ② 저축은행차입금이자 : ₩7,300,000(연이자율 10%)

4. 손익계산서상 기업업무추진비 지출액 : ₩500,000(증명서류를 분실함)

5. 손익계산서상 업무용승용차의 처분손실 : ₩9,500,000

6. 재해(화재)로 인하여 발생한 재해손실 : ₩4,000,000(손익계산서에 미계상됨)

7. 외화매출채권에 대한 외환차손 : ₩3,000,000(손익계산서에 미계상됨)

8. 60일 동안 부채 합계가 사업용자산 합계를 초과하였으며, 초과인출금적수는 ₩532,900,000 이다.

[물음 1]
을의 연금계좌로부터의 연금수령한도를 다음의 〈답안양식〉에 따라 제시하시오.

〈답안양식〉

연금수령한도	

[물음 2]
을의 총연금액 및 사적연금소득 원천징수세액을 다음의 〈답안양식〉에 따라 제시하시오. 단, 연금수령한도는 ₩50,000,000이라고 가정한다.

〈답안양식〉

총연금액(연금계좌)	
사적연금소득 원천징수세액	

[물음 3]
을의 사업소득금액을 다음의 〈답안양식〉에 따라 제시하시오. 단, 세부담 최소화를 가정한다.

〈답안양식〉

손익계산서상 당기순이익	
총수입금액산입 · 필요경비불산입	
총수입금액불산입 · 필요경비산입	
사업소득금액	

【문 2】 유예

유예생은 제2편 소득유예 25, 26 풀이

해답

1.

연금수령한도	120,000,000〈주〉

〈주〉 $\frac{300,000,000}{11 - 8^*} \times 120\% = 120,000,000$

* 이연퇴직소득이 있으므로 55세가 되는 2019년이 기산연차이다. 따라서 2026년은 8년차가 된다[연령요건만 고려할 경우 간편법 : (62세−55세)+1년=8년].

2.

총연금액(연금계좌)	30,000,000〈주1〉
사적연금 원천징수세액	1,350,000〈주2〉

〈주1〉

① 분석

인출 : 65,000,000		구성		소득
연 금	50,000,000	과 세 제 외	20,000,000	—
		이연퇴직소득	10,000,000	연금소득(분리과세)
		위 외	20,000,000	연금소득
연 금 외	15,000,000	위 외	15,000,000	기타소득(분리과세)

② 총연금액* : 10,000,000 + 20,000,000 = 30,000,000

* '종합과세되는 총연금액'이 아닌 '총연금액'을 묻고 있으므로 분리과세대상도 포함하였다.

〈주2〉 $\underbrace{500,000 \times 70\%^*}_{\text{이연퇴직소득분}} + \underbrace{20,000,000 \times 5\%(\text{70세 미만})}_{\text{나머지분}} = 1,350,000$

* 연금 실제 수령연차가 10년 이하이므로 이연퇴직소득세 500,000에 70%를 곱하여 계산한다.

3.

손익계산서상 당기순이익	15,000,000
총수입금액산입 · 필요경비불산입	6,146,000〈주1〉
총수입금액불산입 · 필요경비산입	3,000,000〈주2〉
사업소득금액	18,146,000

〈주1〉 $\underbrace{2{,}000{,}000}_{\text{대표자급여}} + \underbrace{2{,}000{,}000}_{\text{채권자불명이자}} + \underbrace{500{,}000}_{\text{증빙불비}} + \underbrace{1{,}500{,}000}_{\text{800만원 초과 처분손실}} + \underbrace{146{,}000^{*}}_{\text{초과인출금이자}} = 6{,}146{,}000$

$$* \ 7{,}300{,}000 \times \frac{532{,}900{,}000}{\frac{7{,}300{,}000}{0.1} \times 365} = 146{,}000$$

〈주2〉 외환차손 ⟶ 화재재해손실은 결산조정이므로 필요경비산입 할 수 없음*

* 천재지변, 화재, 법령에 의한 수용 등, 채굴불능으로 인한 폐광 중 어느 하나의 사유로 파손 또는 멸실된 유형자산의 평가손실은 결산조정사항이다(소법 39④, 소령 96①, ②).

4 / 6 기타소득금액

1.5차 2차 필수

거주자 갑의 2026년도의 소득자료는 다음과 같다. 원천징수는 적정하게 이루졌으며, 입증된 필요경비는 없다.

〈자 료〉

소득자료	경우1	경우2
상표권 대여 소득	₩6,000,000	₩6,000,000
뇌물로 받은 금액	30,000,000*1	30,000,000*1
복권 당첨금	5,000,000*2	5,000,000*2
직무발명보상금	—	11,000,000*3
「국민 제안 규정」에 따라 채택된 제안으로 받은 부상	—	4,000,000
주택매매 위약금		
① 계약금이 위약금으로 대체된 것	—	1,500,000
② 위 외의 것	—	200,000
소기업·소상공인 공제부금 해지일시금 중 기타소득해당액	600,000	300,000

*1 뇌물로 받은 금액 중 ₩20,000,000은 법원 판결에 따라 몰수되었다.

*2 1매당 ₩5,000인 복권 2매를 구입하여 그 중 1매가 당첨된 것이다.

*3 「발명진흥법」에 따라 받은 금액으로, ₩11,000,000 중 ₩6,000,000은 재직하던 개인회사에서 퇴직 전에 받은 금액이며, ₩5,000,000은 퇴직 후에 받은 금액이다. 갑의 퇴직일은 2026. 4. 10.이다. 갑은 개인회사의 사용자의 친족이 아니다.

[물 음]

자료를 이용하여 각 경우별로 다음 금액을 계산하시오. 선택 가능한 소득은 분리과세하기로 한다.

1. 2026년도의 종합소득금액에 합산할 기타소득금액

2. 소득세 계산상 기납부세액으로 차감할 기타소득에 대한 원천징수세액

핵심정리

문제의 포인트

- 기타소득금액의 계산 : 기타소득 전체 내용은 summary p2-137. 2

[1] 기타소득금액 관련 계산문제의 접근방법

〈1단계〉 소득의 구분 : 소득별로 과세대상 소득인지, 과세대상이라면 어떤 소득으로 과세하는지 구분을 명확하게 한다. summary p2-137. 1

〈2단계〉 수입시기 확인 : 기타소득에 해당한다면 수입시기가 2026년인지 확인한다. summary p2-145. 5

〈3단계〉 필요경비 계산 : 최소한 60%, 80%, 90%를 필요경비로 인정하는 항목인지 확인하여 해당되면 'max(입증액, 총수입금액×최소경비율)'을 필요경비로 한다. summary p2-142. 3
→ 최소경비율은 필수 암기사항임

〈4단계〉 과세최저한 해당 여부 확인 : 승마투표권 등, 복권 · 슬롯머신 등 당첨금품, 가상자산(2027년 시행) 외의 기타소득금액이 건당 5만원 이하이면 과세하지 않는다. 단, 연금외수령액은 5만원 이하라도 과세한다. summary p2-144. 4

〈5단계〉 종합과세 여부 확인 : 조건부 과세대상 기타소득금액이 300만원 이하인지 확인한다. 초과하면 종합과세하고, 초과하지 않으면 분리과세와 종합과세 중 세부담을 최소화하는 방법을 선택한다. 단, 별도의 가정이 있으면 가정에 따른다. summary p2-146. 6
→ 문 4-9에서 설명

〈6단계〉 원천징수세액을 계산하라는 문제가 출제되면 분리과세되는 소득을 포함한 원천징수세액 계산문제인지, 종합과세되는 소득만을 대상으로 한 원천징수세액인지 확인하여 물음에 따라 원천징수세액을 계산한다. summary p2-146. 6

[2] 답안작성 방법

1. 간단한 계산문제 출제시 접근방법

〈1단계〉 기타소득의 구분

무조건 분리과세(Ⓐ)	무조건종합과세		조건부과세(Ⓓ)		
	뇌물 등(Ⓑ)	원천징수 안된 소득(Ⓒ)*1	계약금의 위약금 대체액(Ⓔ)	소상공인 해지일시금	기타

〈2단계〉 조건부과세대상의 종합과세 여부 판단

[경우 1] 'Ⓒ와 Ⓓ기타소득금액*2의 합계액' ≦ 300만원인 경우 : Ⓒ는 종합과세하고 Ⓓ는 분리과세 선택 가능*3

[경우 2] 'Ⓒ와 Ⓓ기타소득금액*2의 합계액' > 300만원인 경우 : Ⓒ와 Ⓓ 모두 종합과세

〈3단계〉 종합소득에 합산되는 기타소득금액 계산

*1 원천징수 안된 소득(Ⓒ) : '계약금의 위약금 대체액(Ⓔ)'을 제외한 조건부과세대상 중 원천징수되지 않은 소득을 말한다.

*2 기타소득이 아닌 필요경비를 차감한 후의 기타소득금액을 기준으로 300만원 초과여부를 판단함에 유의할 것

*3 분리과세를 선택하는 경우에도 Ⓔ는 확정신고하여야 하며, 그 기타소득에 대한 결정세액은 기타소득금액에 20% 세율을 적용하여 계산한 금액으로 한다.

2. 2차시험에서 다양한 형태의 답안양식에 대비한 답안작성방법

구 분		총수입금액*1	필요경비*1	소득금액*2		
				원천징수 대상 ○	대상 ×	계
조건부 Ⓓ	⋮					
	계			㉮		㉮
종합과세	원천징수 안된 소득 Ⓒ					㉯
	뇌물 등 Ⓑ					㉰
분리과세 Ⓐ	복권당첨 등			㉳		㉱

*1 [작성방법] 실제 시험에서 총수입금액, 필요경비를 따로 제시하라는 답안양식이 제시되면 위 표와 같이 기재하고, 그러한 언급없는 기타소득금액 계산문제에서는 바로 소득금액부분만 기재하면 된다.

*2 ㉮와 ㉯의 합계액이 300만원을 초과하는 경우 요구사항별 계산액

① 종합과세대상 기타소득금액 : ㉮ + ㉯ + ㉰

② 과세대상 기타소득금액(분리과세 포함) : ㉮ + ㉯ + ㉰ + ㉱

③ 기납부세액으로 차감할 기타소득 원천징수세액 : 소기업·소상공인 공제부금 해지일시금 × 15% + (㉲ − 소기업·소상공인 공제부금 해지일시금) × 20%

④ 기타소득(분리과세 포함) 원천징수세액

: ③ + ㉳금액 중
- 연금외수령액 × 15%
- 서화 · 골동품 양도소득 × 20%
- 복권 · 승마투표권 등 · 슬롯머신 등 당첨금품 × 20%(3억원 초과분은 30%)

[3] 원천징수대상이 아닌 기타소득 ⋯→ ∴ 무조건 종합과세 대상

① 뇌물*[1], 알선수재*[2] 및 배임수재*[3]에 의하여 받는 금품

*[1] 여기서 '뇌물'이란 공무원 또는 중재인이 직무에 관하여 청탁을 받고 얻는 이익을 말한다.

*[2] 여기서 '알선수재'란 공무원 등이 직무와 관련된 일을 알선해주고 얻는 이익을 말한다.

*[3] 여기서 '배임수재'란 타인의 사무를 처리한 자가 그 임무에 관하여 부정한 청탁을 받고 얻는 이익을 말한다.

[주] 뇌물관련 행정해석

① 뇌물 또는 알선수재 및 배임수재로 인하여 받은 금품이 법원판결에 따라 몰수 또는 추징된 경우에는 소득세를 과세하지 않는다(소기통 21-0…6).

② 뇌물 등에 대해서 기타소득으로 과세된 후 환수 등이 된 경우에는 후발적 사유로 경정청구를 할 수 있다(재정경제부 소득세제과-117).

② 계약의 위약 · 해약으로 인하여 받는 위약금 · 배상금 중 계약금이 위약금 · 배상금으로 대체되는 경우 그 금액

③ 가상자산 양도 · 대여소득(2027. 1. 1. 이후 양도 · 대여하는 분부터 적용)

⋯→ 무조건 분리과세

해답

〈경우 1〉

1. 종합소득금액

(1) 구분

구분*[1]		총수입금액*[1]	필요경비*[1]	소득금액		
				징수 대상 ○	대상 ×	계
조건부	상표권 대여	6,000,000	3,600,000(60%)	2,400,000		
	공제 해지금	600,000		600,000		
	계			3,000,000②		
종합과세	원천징수 안된 소득					
	뇌물	10,000,000①			10,000,000	
분리과세	복권당첨	5,000,000③	5,000	4,995,000		

① 30,000,000 − 20,000,000(몰수액) = 10,000,000

② 이 금액이 300만원 이하이므로 가정에 따라 조건부 과세대상은 분리과세한다.

③ 200만원을 초과하므로 과세하되, 분리과세한다.

(2) 기타소득금액 : 10,000,000

2. 기납부세액 : 없다.*[2]

〈경우 2〉

1. 종합소득금액

(1) 구분

구분*1		총수입금액*1	필요경비*1	소득금액		
				징수 대상 ○	징수 대상 ×	계
조건부	상표권 대여	6,000,000	3,600,000	2,400,000		
	직무발명보상금	4,000,000②		4,000,000		
	위약금 ┌ 대체액	1,500,000			1,500,000	
	위약금 └ 기타	200,000		200,000		
	공제 해지금	300,000		300,000(15%)*4		
	계			6,900,000	1,500,000	8,400,000
종합과세	원천징수 안된 소득					
	뇌물	10,000,000①			10,000,000	
분리과세	복권당첨	5,000,000	5,000	4,995,000		4,995,000

① 30,000,000 − 20,000,000(몰수액) = 10,000,000

② 5,000,000 − 1,000,000 = 4,000,000*3

[참고] 「국민 제안 규정」 또는 「공무원 제안 규정」에 따라 채택된 제안의 제안자가 받는 부상은 비과세 기타소득이다.

(2) 기타소득금액 : 8,400,000 + 10,000,000 = 18,400,000

2. 기납부세액 : $\underbrace{300,000}_{\text{15\%분}} \times 15\% + (\underbrace{6,900,000}_{\text{징수대상액}} - \underbrace{300,000}_{\text{15\%분}}) \times 20\% = 1,365,000$

해설

1. 해답상 '*'에 대한 설명

*1 [작성방법] 실제 시험에서 이 문제와 같이 '상표권 대여 등' 소득의 내역, 총수입금액, 필요경비를 따로 제시하라는 언급이 없는 문제에서는 총수입금액, 필요경비 기재를 생략하고 바로 소득금액을 계산하면 시간을 줄일 수 있다.

*2 뇌물 · 알선수재금품 · 배임수재로 받은 금품 및 계약금의 위약금 대체액은 원천징수대상이 아니다.

*3 특수관계(사용자가 개인인 경우에는 「국세기본법」 시행령에 따른 친족관계) 없는 자가 받은 직무발명보상금은 연 700만원 이하의 금액을 비과세한다. 자료에 별도의 언급이 없으므로 재직시 받은 금액 6,000,000을 먼저 비과세하고, 나머지 1,000,000을 기타소득에서 비과세한다. 따라서 5,000,000에서 1,000,000을 차감한 금액이 과세대상 기타소득이다.

*4 [작성방법] 원천징수세액을 계산하는 문제에서는 20% 원천징수세율을 적용하지 않는 기타소득금액만 금액 옆에 적용되는 원천징수세율을 적어 놓는다.

4 / 7 기타소득금액

1.5차 2차 필수

다음은 세무사 갑의 2026년도의 소득자료이다. 세부담 최소화 가정하에 상호 독립된 각 【문】에 답하시오. 다만, 별도의 언급이 없는 한 원천징수는 적정하게 이루어졌으며, 제시된 금액은 원천징수 전 금액이다.

【문 1】

다음의 소득자료를 이용하여 물음에 답하시오.

〈소득자료〉

1. 잡지사에 2025. 12. 10.에 세법관련 원고를 기고하고 2026. 4. 10.에 원고료 ₩120,000을 받았다.

2. 2026. 1. 31.에 퇴사한 회사에서 받은 주식매수선택권을 2026. 5. 15.에 행사하여 ₩4,000,000의 이익을 얻었다.

3. 갑이 소유하고 있는 권리의 양도 및 대여대가는 다음과 같다.

구 분	대 가	필요경비 입증액	비 고
① 상표권의 양도	₩5,000,000	–	₩2,000,000은 2027. 1. 20.에 수령하였다.*
② 산업재산권의 대여	3,000,000	1,000,000	₩3,000,000을 2026. 2. 10.에 수령하였는데, 이 금액에 대한 원천징수는 이루어지지 않았다.
③ 공익사업관련 지상권의 대여	4,000,000	₩3,000,000	전액 2026. 10. 5.에 수령

* 상표권을 매입한 사람의 사용수익일은 2026. 12. 15.이다.

4. 2026년 중 받은 상금의 내역은 다음과 같다.
   ① 방송사에서 주최하는 일반 시민을 대상으로 한 시민노래자랑 수상상금 ₩500,000
   ② 금융회사에서 주최하는 예탁자산이 10억원 이상인 고객을 상대로한 실전투자대회 수상상금 ₩2,000,000
   ③ 퇴사하기 전에 직장노래경연대회에 참가하여 받은 상금 ₩1,000,000
   ④ 경찰청장으로부터 받는 범죄신고자 보상금 ₩800,000

5. 갑은 「상속세 및 증여세법」의 전문가로 인세수입은 다음과 같다.
   ① 자신이 집필한 저서인 '상속 · 증여세 실무'의 판매에 따른 인세수입 ₩6,000,000(입증되는 필요경비는 ₩3,000,000이라고 가정함)
   ② 부친으로부터 상속받은 저작권의 사용대가로 받은 인세수입 ₩1,000,000

6. 소기업 · 소상공인공제 부금의 폐업 전 해지로 수령한 금액 ₩12,000,000이 있다. 공제부금에 가입했던 4년간의 공제부금 납입액은 ₩7,000,000, 공제부금으로 소득공제를 받은 금액은 4년간 ₩4,000,000이다.

[물음 1]
각 자료별로 기타소득금액을 〈답안양식〉에 따라 계산하시오.

〈답안양식〉

자료번호	구 분	기타소득금액		
		무조건 분리과세대상	무조건 종합과세대상	조건부과세대상
1. 2.				
. . .				
계				

[물음 2]
종합소득에 합산될 기타소득금액을 계산하시오.

[물음 3]
기납부세액으로 차감할 기타소득에 대한 소득세 원천징수세액을 계산하시오.

【문 2】
다음의 소득자료를 이용하여 각 자료별 기타소득금액을 【문 1】의 [물음 1]. 〈답안양식〉에 따라 계산하시오.

〈소득자료〉

1. 2026년에 수령한 위약금 · 보상금 등의 내역은 다음과 같다.
   ① 매매계약의 위반으로 인한 배상금 ₩2,500,000(₩200,000은 법정이자임)
   ② 아파트 입주 지체상금 2,000,000
   ③ 명예훼손배상금 7,000,000
   ④ 유실물습득으로 인하여 받은 보상금 700,000
   ⑤ 유가증권을 일시적으로 대여하고 받은 사용료 1,000,000

2. 비상장법인인 ㈜주안물산에게 2025. 10. 20.에 자신이 소유하고 있는 차량(시가 ₩20,000,000)을 ₩25,000,000에 처분하였으며, 이에 대한 ㈜주안물산의 제15기(2025. 1. 1.~2025. 12. 31.)의 세무조정은 적정하게 이루어졌다. 갑의 아들은 ㈜주안물산의 대주주이며, 제15기 사업연도에 대한 결산확정일은 2026. 2. 28.이다.

3. 2026. 4. 10.에 토지 · 건물을 ₩200,000,000에 양도하고 이와 관련된 이축권을 감정평가업자 감정가액인 ₩5,000,000에 양도하였다. 이축권은 감정가액으로 구분신고할 예정이며, 필요경비는 확인되지 않는다.

4. 2025. 12. 20.에 텔레비전 대담프로에 게스트로 초빙되어 현행 세법의 문제점에 대하여 대담하고 2026. 4. 10.에 ₩500,000의 대가를 받았다.

5. 2026. 12. 20.에 사적연금계좌에서 ₩50,000을 연금외수령하였다.

6. 통신판매중개를 하는 자를 통하여 물품을 대여하고 2026년에 ₩5,000,000을 사용료로서 받았다. 사용료의 지급자는 이를 기타소득으로 원천징수하였으며, 갑은 이에 따라 신고할 예정이다.

7. 그 밖의 수입
   ① 2026. 10. 1. 당첨금을 받을 수 있는 원인이 발생한 슬롯머신 당첨금품 : ₩3,000,000 (1회 ₩500씩 총 100번을 투입하여 100번째에 당첨됨)
   ② 카지노에서 카드게임(블랙잭)을 통하여 획득한 소득 : 4,800,000
   ③ 제주관광복권 당첨금 : 1,000,000(1장당 ₩1,000씩 총 10매 구입해 그 중 1장이 당첨됨)

핵심정리

문제의 포인트

• 기타소득금액 및 원천징수세액의 계산

1. 기타소득금액 관련 계산문제의 접근방법 : '문 4—6. 핵심정리 [1], [2]' 참고

2. 광업권 등 특정한 무체재산권의 양도 · 대여로 인한 소득의 구분 및 과세방법의 차이

구 분	소득의 구분	수입시기	소득세 원천징수	필요경비
① 양도로 인한 소 득	기타소득	대금청산일 · 인도일 · 사용수익일 중 빠른 날	기타소득금액에 대하여 20% 원천징수함	60%를 필요경비로 하되, 실제 필요경비가 60%를 초과하면 초과액도 필요경비에 산입함*
② 대여로 인한 소 득		지급을 받은 날		

* 따라서 필요경비는 max[실제 비용, 총수입금액 × 60%]이다.

해답

【문 1】

1.

자료번호	구 분	기타소득금액		
		무조건 분리과세대상	무조건 종합과세대상	조건부과세대상
1.	원 고 료			(과세최저한) -*1
2.	주식매수선택권 행사이익 *2			4,000,000
3. ①	상 표 권 양 도			5,000,000*3 × 40% = 2,000,000*4
②	산 업 재 산 권 대 여		1,200,000①	
③	공익사업 관련 지상권대여			1,000,000②
4. ①	시 민 노 래 자 랑 상 금			500,000 × 20% = 100,000*6
②	특정고객대상 투자대회 상금			2,000,000*6
③	직장노래경연대회 상금			1,000,000*6
④	경찰청장 범죄신고자 상금			-*6
5. ①	인세수입 → 사업소득			-
②	상속받은 저작권 사용대가			1,000,000
6.	소기업소상공인 공제부금 해지수령액 *7			9,000,000③(15%)
계		0	1,200,000	20,100,000

① 3,000,000 - max(1,000,000, 3,000,000×60%=1,800,000) = 1,200,000*5

② 4,000,000 - max(3,000,000, 4,000,000×60%=2,400,000) = 1,000,000*5

③ 기타소득 = 해지환급금 - 소득공제 받은 금액을 초과하여 납입한 금액의 누계액
= 12,000,000 - (7,000,000-4,000,000) = 9,000,000

2.

1,200,000 + 20,100,000 = 21,300,000 → 300만원을 초과하므로 종합소득에 합산함.

→ 만약 위 해답의 조건부과세대상 소득이 1,800,000이라면 판단대상금액이 '1,200,000+1,800,000=3,000,000'으로 300만원 이하이므로 1,200,000은 무조건 종합과세하고, 1,800,000은 분리과세 선택이 가능함

3.

9,000,000 × 15% + (20,100,000-9,000,000) × 20% = 3,570,000

【문 2】

자료번호	구 분	기타소득금액		
		무조건 분리과세대상	무조건 종합과세대상	조건부 과세대상
1. ①	매매계약위반배상금 *8			2,500,000
②	아파트입주지체상금 *8			2,000,000 × 20% = 400,000
③	명예훼손배상금 → 과세제외 *8			–
④	유실물습득보상금			700,000
⑤	유가증권 일시대여료			1,000,000
2.	인정기타소득 *9			5,000,000
3.	이축권 *10			5,000,000 × 40% = 2,000,000
4.	대담료 *11			500,000 × 40% = 200,000
5.	연금외수령액	50,000*1		–
6.	통신판매중개자를 통한 사용료소득			5,000,000 × 40% = 2,000,000*12
7. ①	슬롯머신당첨금품 *13	3,000,000 − 500 = 2,999,500		–
②	카지노 소득 → 과세제외 *14			–
③	복권당첨소득 *15			–
계		3,049,500	0	13,800,000

해설

1. 해답상 '*'에 대한 설명

*1 【문 1】. 자료 1번의 원고료 ₩120,000에 대한 기타소득금액은 '120,000 × (1−60%) = 48,000'으로 건당 5만원 이하이므로 과세하지 않는다[과세최저한]. 다만, 【문 2】. 자료 5번의 연금계좌에서 연금외수령하는 기타소득금액은 과세최저한 규정을 적용하지 않으므로 금액에 관계 없이 과세한다.

*2 주식매수선택권 행사이익은 근무기간 중에 행사하면 근로소득, 퇴사 후 행사하거나 고용관계 없이 부여받아 행사하면 기타소득으로 과세한다.

*3 기타소득의 수입시기는 지급을 받은 날이나, 광업권 · 어업권 · 상표권 등 특정 무체재산권의 양도로 인한 소득의 수입시기는 대금청산일 · 인도일 · 사용수익일 중 빠른 날이다. 따라서 상표권 양도소득 ₩5,000,000 전액이 2026년의 기타소득이다.

*4 상표권의 양도소득은 기타소득으로 필요경비가 확인되지 않더라도 최소한 60%의 필요경비를 인정한다.

*5 ① 산업재산권의 대여소득, 공익사업 관련 지역권 · 지상권의 대여소득에 대해서는 60%의 필요경비를 인정하되, 실제 확인되는 필요경비가 60%를 초과하면 그 초과금액도 필요경비에 산입한다.
② 산업재산권의 대여소득은 조건부과세대상 원천징수대상 소득임에도 불구하고 원천징수가 이루어지지 않았으므로 무조건 종합과세대상이다. → 이 금액은 300만원을 판단할 때 포함하여 계산하되, 300만원 이하인 경우라도 무조건 종합과세한다.

*6 ① 다수가 순위경쟁하는 대회에서 입상자가 받는 상금에 대해서는 최소한 80%의 필요경비를 인정한다. 이 경우 불특정 다수를 대상으로 하는 것이 아닌 직원 또는 직원가족을 참가대상으로 하는 '직원가족의 밤' 수상자가 받는 상금과 사내체육대회 등의 입상상금, 사업자가 자사의 예탁자산이 일정 금액 이상인 고객을 상대로 개최한 실전투자대회에서 받은 상금은 80% 필요경비 의제규정을 적용할 수 없다.
② 경찰청장이 정하는 바에 따라 범죄신고자가 받는 보상금 등 국가 또는 지방자치단체로부터 받는 상금은 비과세한다.

*7 소기업 · 소상공인공제에서 발생하는 소득은 폐업 등 법령으로 정한 사유가 발생하기 전에 해지된 경우에는 기타소득으로 본다(폐업, 해외이주 등 법령으로 정한 사유로 해지된 경우에는 가입일에 따라 이자소득 또는 퇴직소득). summary p2-27. (2)

*8 위약금 · 배상금은 계약의 위약 · 해약으로 인한 배상금 등만 기타소득으로 과세하며, 기타의 배상금(교통사고배상금 · 명예훼손배상금)은 과세하지 아니한다. 그리고 기타소득으로 과세되는 배상금 중 주택입주지체상금만 80% 필요경비를 인정하며, 나머지 배상금은 입증되지 않는 한 필요경비를 공제할 수 없다.

*9 「법인세법」에 따라 처분된 기타소득은 결산확정일(2026. 2. 28.)이 속하는 연도를 수입시기로 한다('해설 2' 참고).

*10 토지 · 건물과 함께 양도하는 「개발제한구역의 지정 및 관리에 관한 특별조치법」에 따른 이축할 수 있는 권리의 양도는 양도소득이다. 다만, 해당 이축권을 감정평가업자가 감정한 가액이 있는 경우 그 가액(감정가액이 둘 이상인 경우에는 평균액)을 구분하여 신고하는 경우에는 기타소득으로 과세한다(최소한 60% 필요경비가 인정되는 광업권 등 무체재산권의 양도에 해당함).

*11 대담료는 인적용역의 일시적 제공대가로 최소한 60% 필요경비가 인정되는 기타소득이다.

*12 ① 통신판매중개를 하는 자를 통하여 물품 또는 장소를 대여하고 연간 수입금액이 500만원 이하의 사용료로서 받는 금품은 기타소득으로 원천징수하거나 과세표준확정신고를 한 경우에는 기타소득으로 과세하고, 그 외의 경우는 사업소득으로 과세한다.
② 위 소득을 기타소득으로 과세하는 경우에는 최소한 60%의 필요경비를 인정한다.

*13 슬롯머신 당첨금품이 매건마다 200만원 이하이면 소득세를 과세하지 아니하며, 200만원을 초과하더라도 무조건 분리과세한다(이 경우 필요경비는 당첨 직전에 투입한 금액을 차감함).

*14 슬롯머신 당첨금품은 기타소득으로 열거되어 있으나, 바카라 · 블랙잭 게임 등 카지노 카드게임에서 획득한 금액은 열거되어 있지 않으므로 과세대상이 아니다.

*15 복권당첨금이 건별로 200만원 이하인 경우에는 소득세를 과세하지 않는다(과세최저한).

2. 기타소득으로 처분된 금액(【문 2】. 자료 2번)

〈회 사〉	(차) 차 량	25,000,000	(대) 현 금	25,000,000
〈세 법〉	(차) 차 량	20,000,000	(대) 현 금	25,000,000
	부당행위부인	5,000,000		

〈세무조정〉 ① 〈손금산입〉차 량 5,000,000(자산↓→△유보)
② 〈익금산입〉부당행위계산의 부인 5,000,000(기타소득)*

* 주주의 친족인 고창길씨(특수관계인)가 ㈜주안물산의 주주 또는 임직원이 아니므로 전액 기타소득으로 처분한다. ⟶ 소득세 귀속시기 : 결산확정일이 속하는 2026년

4 / 8 기타소득금액 2차

거주자 갑씨의 2026년도의 다음 소득자료를 기초로 종합과세되는 기타소득 총수입금액과 그에 대한 필요경비를 계산하고, 분리과세대상을 포함한 기타소득에 대한 소득세 원천징수세액을 〈답안양식〉에 따라 계산하시오. 별도의 언급이 있는 것 외의 필요경비는 확인되지 않는다. 원천징수는 적정하게 이루어졌으며, 제시된 금액은 원천징수 전 금액이다.

〈답안양식〉

구 분		금 액
종합과세되는 기타소득	총수입금액	
	필요경비	
기타소득에 대한 소득세 원천징수세액*		

* 분리과세대상 기타소득에 대한 소득세 원천징수세액을 포함하여 계산할 것

〈자 료〉

1. 2026. 2. 20.에 특허권을 양도하고 받은 대가	₩10,000,000*[1]
2. 2026. 3. 15.에 서화를 양도하고 받은 대가	150,000,000*[2]
3. 2026. 4. 5.에 받은 일시적인 원고료 수입	100,000
4. 2026. 6. 23.에 공익사업 관련 지상권을 양도하고 받은 대가	10,000,000
5. 주택매매계약의 위약으로 인하여 받은 위약금	20,000,000*[3]
6. 2026. 9. 12.에 퇴사 후 지급받은 직무발명보상금	10,000,000*[4]
7. 2026. 12. 5.에 받은 복권당첨금	5,000,000*[5]

*[1] 증명서류로 확인되는 필요경비는 ₩8,800,000이다.

*[2] 갑씨가 개인적으로 8년간 소장하고 있던 조선시대 서화(국가지정문화재 아님)의 양도소득이다. 필요경비는 입증되지 않는다.

*[3] 이 중 ₩14,000,000은 계약상대방으로부터 이미 수령한 계약금이 위약금으로 대체된 것이다(계약금 지급일은 2025. 12. 20., 위약이 확정된 날은 2026. 7. 20.임).

*[4] 갑씨는 직무발명금을 지급하는 회사와 특수관계에 있지 않다.

*[5] 1매당 ₩5,000인 복권 10매를 구입하여 그 중 1매가 당첨된 것이다.

해답

구 분		금 액
종합과세되는 기타소득〈주1〉	총수입금액	₩33,000,000
	필요경비	8,800,000
기타소득에 대한 소득세 원천징수세액(분리과세 대상 포함)〈주2〉		7,039,000

〈주1〉

구분		총수입금액	필요경비	소득금액		
				징수 ○	징수 ×	계
조건부	특허권양도	10,000,000	8,800,000*[1]	1,200,000		
	일시원고료	~~100,000~~	~~60,000~~	~~40,000~~ → 과세최저한		
	위약금 ┌ 대체액	14,000,000			14,000,000	
	위약금 └ 기타	6,000,000		6,000,000		
	직무발명보상금	3,000,000*[2]		3,000,000		
	계	33,000,000	8,800,000	10,200,000	14,000,000	24,200,000
종합과세						
분리과세	서화양도	150,000,000	130,000,000*[3]	20,000,000		
	복권당첨	5,000,000	5,000	4,995,000		

*[1] max(10,000,000×60%, 8,800,000)

*[2] 10,000,000 − 7,000,000(비과세) = 3,000,000

*[3] $\max(0,\ \underset{1억원\times90\%}{\underline{90,000,000}} + \underset{1억원\ 초과액}{\underline{50,000,000}} \times 80\% = 130,000,000) = 130,000,000$

[참고] 지상권을 양도하고 받은 대가는 양도소득이다.

〈주2〉 (10,200,000 + 20,000,000 + 4,995,000) × 20% = 7,039,000

4 / 9 기타소득

1.5차 2차 필수

㈜우리경영에 근무하고 있는 거주자 갑씨의 2026년도의 소득내역이 다음과 같은 경우 세부담을 최소화하는 방향으로 종합소득금액을 계산하시오. 다만, 원천징수는 적정하게 이루어졌으며, 제시된 금액은 원천징수 전 금액이며, 갑씨의 종합소득공제액은 ₩3,000,000(특별소득공제액 ₩1,500,000 포함)이다.

1. ㈜우리경영에서 받은 회사내부교육 강의수당 ₩5,000,000
2. 2026. 4. 25.에 받은 공익법인이 주무관청의 승인을 얻어 시상하는 상금 12,500,000
3. 2026. 10. 6.에 받은 서화의 양도대가* 60,000,000

   * 갑씨는 서화판매상이 아니며, 양도한 서화는 양도일 현재 국내에서 활동하고 있는 국내 원작자의 작품이다(보유기간 6년).

4. 위 외에 ㈜우리경영으로부터 받은 급여와 상여금은 ₩60,000,000이다. 총급여액 4,500만원 초과 1억원 이하인 경우의 근로소득공제액은 '1,200만원 ＋ (총급여액－4,500만원) × 5%'이다(기본세율 : '제3편. 부록' 참고).
5. 근로소득세액공제액은 ₩660,000이라고 가정한다.

핵심정리

문제의 포인트

- 분리과세 선택이 가능한 300만원 이하의 조건부과세대상 기타소득금액이 있는 경우로서 세부담 최소화 가정이 있는 경우 선택방법

※ 분리과세 선택이 가능한 300만원 이하의 조건부과세대상 기타소득금액이 있는 경우로서 세부담 최소화 가정이 있는 경우 선택방법

〈1단계〉 분리과세를 선택한 경우 세부담 증가분 계산

소기업 · 소상공인 공제부금 해지 일시금	: 기타소득금액 × 15%	＝ ×××
(＋) 계약금의 위약금 대체액	: 기타소득금액 × 20%*	＝ ×××
(＋) 위 외의 조건부과세대상	: 기타소득금액 × 20%	＝ ×××
		×××

* 분리과세를 선택하더라도 '기타소득금액 × 20%'를 결정세액으로 확정신고하여야 한다.

〈2단계〉 종합과세를 선택한 경우 세부담 증가분 계산

조건부과세대상 기타소득금액	×××
한 계 세 율*	(×) 00%
	×××

* 한계세율의 결정방법 : 조건부과세대상 기타소득금액을 분리과세(또는 종합과세)한 후의 과세표준을 계산한 후, 과세표준 구간을 고려하여 한계세율 결정(금융소득이 있는 경우 원천징수세율 적용분 금융소득을 제외한 금액에 대한 한계세율 결정)

〈3단계〉 '〈1단계〉'와 '〈2단계〉' 중 세부담 증가액이 적은 방법을 선택

해 답

1. 근로소득금액 : 52,000,000
   ① 총급여액 : 5,000,000 ＋ 60,000,000 ＝ 65,000,000
   ② 근로소득공제 : 12,000,000 ＋ (65,000,000－45,000,000) × 5% ＝ 13,000,000

2. 기타소득금액 : 12,500,000 × (1－80%) ＝ 2,500,000*[1]

3. 세부담 비교*[3]
   (1) 분리과세시 세부담 증분 : 2,500,000 × 20% ＝ 500,000
   (2) 종합과세시 세부담 증분
   ① 분리과세시 과세표준 : 52,000,000 － 3,000,000(소득공제) ＝ 49,000,000
   ② 증가세액

대상금액	한계세율	세액*[2]
50,000,000 － 49,000,000 ＝ 1,000,000	15%	150,000
2,500,000 － 1,000,000 ＝ 1,500,000	24%	360,000
2,500,000		510,000

   (3) 결론 : 분리과세 선택

4. 세부담을 최소화하는 경우 종합소득금액 : 52,000,000

해설

1. 해답상 '*'에 대한 설명

*[1] 조건부과세대상 기타소득금액이 300만원 이하이므로 분리과세 선택이 가능하다. 따라서 종합과세하는 경우와 분리과세하는 경우의 세부담의 크기를 비교한다[서화의 양도소득은 양도일 현재 생존해 있는 국내 원작자의 작품이므로 과세대상이 아님].

*[2] 2,500,000원을 종합과세하는 경우 과세표준 1,400만원 초과 5,000만원 이하의 구간은 15%세율을, 5,000만원 초과 8,800만원 이하의 구간은 24%의 세율을 적용한다.

*[3] [참고] 소득세 계산구조상으로 본 세부담 비교

구 분		종합과세하는 경우	분리과세하는 경우
확정신고시 차감납부세액	근로소득금액	52,000,000	52,000,000
	기타소득금액	2,500,000	－
	종합소득금액	54,500,000	52,000,000
	종합소득공제	△3,000,000	△3,000,000
	과세표준	51,500,000	49,000,000
	한계세율	24%	15%
	산출세액	6,600,000	6,090,000
	근로소득세액공제*	△660,000	△660,000
	기타소득에 대한 원천징수세액	△500,000	－
	차감납부세액(A)	5,440,000	5,430,000
당초의 원천징수세액(B)		500,000	500,000
총 부담세액(A+B)		5,940,000	5,930,000

* 특별소득공제를 적용하였으므로 표준세액공제는 고려하지 않는다(특별소득공제를 적용하는 것이 세부담 최소화에 부합됨).

4 / 10 종교인소득

1.5차 2차 필수

다음은 종교인인 거주자 갑이 2026년도에 종교단체로부터 받은 소득자료이다. 갑씨가 종교인소득을 기타소득으로 신고하는 경우 세부담 최소화 가정하에 종합소득에 합산할 기타소득금액을 〈답안양식〉에 따라 계산하시오.

〈자 료〉

1. 종교단체에서 받은 금액의 내역은 다음과 같다.
   ① 종교단체로부터 받은 급여(종교단체의 규약 또는 의결에 따른 지급기준에 따라 종교활동에 사용할 목적으로 받는 것이 아님) : ₩24,000,000(월 ₩2,000,000씩 12개월 수령)
   ② 학자금 보조액 : ₩2,000,000. 이는 종교활동과 관련있는 교육을 위하여 평생교육시설에 지급한 학자금 보조액이다.
   ③ 식사대 : ₩3,000,000(월 ₩250,000씩 12개월 수령, 식사는 제공받지 않고 있음)
   ④ 갑씨 명의로 임차한 차량에 대한 운전보조금 : ₩3,600,000(월 ₩300,000씩 12개월 수령, 종교활동에 이용하고 지급기준에 따라 수령)
   ⑤ 산불화재로 인하여 받은 금액 : ₩500,000
   ⑥ 자녀보육수당 : ₩4,800,000(2세, 4세 두 자녀에 대하여 1명당 월 ₩200,000씩 12개월 수령)
   ⑦ 종교단체의 규약에 따라 종교활동을 위하여 통상적으로 사용할 목적으로 받은 물품 : 원가 ₩300,000, 시가 ₩400,000
   ⑧ 갑은 종교단체로부터 사택을 무상으로 제공받고 있는데, 세법에 따른 적정임대료는 ₩1,500,000이다.

2. 갑은 종교단체로부터 받은 소득 외에 2026년 7월 7일에 신문사에 기고하고 받은 일시적인 원고료 소득 ₩800,000이 있다.

3. 종교인 소득에 대한 필요경비의제액은 다음과 같으며, 증빙으로 입증된 실제 필요경비는 ₩18,000,000이다.

종교관련종사자가 받은 금액	필요경비
2천만원 이하	받은 금액 × 80%
2천만원 초과 4천만원 이하	1,600만원 + 2천만원을 초과하는 금액 × 50%
4천만원 초과 6천만원 이하	2,600만원 + 4천만원을 초과하는 금액 × 30%
6천만원 초과	3,200만원 + 6천만원을 초과하는 금액 × 20%

〈답안양식〉

총 수 입 금 액	
필 요 경 비	
기 타 소 득 금 액	

핵심정리

문제의 포인트

- 종교인 소득에 대한 과세방법 정리 : summary p2-152. ※

해 답

총 수 입 금 액	26,600,000〈주1〉
필 요 경 비	19,380,000〈주2〉
기 타 소 득 금 액	7,220,000*

* 조건부 기타소득금액이 300만원을 초과하므로 종합과세한다.

〈주1〉

1. 종교인소득 : 24,000,000 + (250,000−200,000) × 12 + (300,000−200,000) × 12 = 25,800,000
2. 원고료 : 800,000
3. 계 : 26,600,000

〈주2〉

1. 종교인소득 : max(①, ②) = 18,900,000
   ① 18,000,000
   ② 16,000,000 + (25,800,000−20,000,000) × 50% = 18,900,000
2. 원고료 : 800,000 × 60% = 480,000
3. 계 : 19,380,000

4 / 11 기타소득 - 실전종합문제 2차 필수

거주자 갑(55세)은 ㈜A의 생산직 사원(2025년 총급여액 29,000,000원)으로 근무하다가 2026년 8월 31일에 퇴직하였다. 원천징수는 적정하게 이루어졌으며, 제시된 금액은 원천징수하기 전의 금액이다.

〈자 료〉 〈2023. CPA 수정〉

1. ㈜A가 갑의 근무기간(2026년 1월 1일~2026년 8월 31일) 중 갑에게 지급한 내역은 다음과 같다.

구 분	금 액
기 본 급*1	14,400,000원
연장근로수당	4,000,000원
자녀보육수당*2	1,600,000원
출 장 비*3	1,000,000원
식 사 대*4	2,000,000원

*1 월정액으로 지급

*2 6세 이하 자녀보육과 관련하여 지급한 수당으로 월정액으로 지급

*3 시내출장에 소요된 실제 경비를 지급

*4 회사의 지급기준에 따라 매월 250,000원씩 지급되며, 현물로 제공되는 식사는 없음

2. 갑은 2012년에 연금저축에 가입하였고 2026년 9월 1일에 연금수령 개시를 신청하였다. 연금수령 개시일 현재 연금계좌의 구성내역은 다음과 같다.

구 분	금 액
이연퇴직소득	20,000,000원
갑의 불입액*	200,000,000원
연금계좌운용수익	30,000,000원

* 연금계좌세액공제를 받지 못한 금액 8,000,000원 포함

3. 2026년에 연금계좌에서 인출한 금액은 80,000,000원이며, 의료목적·천재지변 등 부득이한 사유로 인출한 금액은 없다.

4. 갑이 퇴직 후 연금으로 수령한 금액 이외의 소득은 다음과 같다. 모든 소득은 사업성이 없으며, 별도로 언급한 것을 제외하고 필요경비는 확인되지 않는다.

구 분	금 액
재산권에 관한 알선수수료	5,000,000원
복권당첨소득*[1]	400,000,000원
주택입주지체상금	20,000,000원
임대료 수입*[2]	3,000,000원

*[1] 1매당 구매액이 10,000원이며, 1매가 당첨된 것임

*[2] 통신판매중개를 하는 자를 통하여 장소를 대여하고 사용료로서 받은 금액임

[물음 1]

갑의 근로소득 총급여액과 종합소득에 합산되는 연금소득 총연금액 및 기타소득 총수입금액을 답안양식에 따라 제시하시오.

근로소득 총급여액	
연금소득 총연금액	
기타소득 총수입금액	

[물음 2]

갑의 기타소득 원천징수세액과 종합과세 되는 기타소득금액을 답안양식에 따라 제시하시오.

기타소득 원천징수세액	
종합과세되는 기타소득금액	

해 답

1.

근로소득 총급여액	16,400,000〈주1〉
연금소득 총연금액	32,000,000〈주2〉
기타소득 총수입금액	28,000,000〈주3〉

〈주1〉 (1) 월정액급여 : (14,400,000+1,600,000+2,000,000) ÷ 8개월 = 2,250,000

→ ∴ 연장근로수당은 240만원 한도 비과세

(2) 총급여액 : 14,400,000 + (4,000,000−2,400,000) + (250,000−200,000) × 8개월

= 16,400,000*1

〈주2〉 (1) 연금수령한도 : $\frac{250,000,000}{11 - 6^{*2}} \times 120\% = 60,000,000$

(2) 과세구분

인출액	80,000,000	구 성		소 득
연 금	60,000,000	과세제외	8,000,000	−
		이연퇴직소득	20,000,000	연금소득(분리과세)
		위 외	32,000,000	연금소득
연금 외	20,000,000	위 외	20,000,000	기타소득(분리과세)

(3) 종합소득에 합산되는 총연금액 : 32,000,000*3

〈주3〉

구분		총수입금액	필요경비	소득금액	
				징수 ○	징수 ×
조건부	알선수수료	5,000,000	−	5,000,000	
	주택입주지체상금	20,000,000	80%	4,000,000	
	임대료수입	3,000,000	60%	1,200,000	
	계	28,000,000		10,200,000*4	
분리과세	연금외수령액	20,000,000		20,000,000(15%)	
	복권당첨소득	400,000,000	10,000	399,990,000(20%, 30%)	

2.

기타소득 원천징수세액	소득세	95,037,000〈주4〉
	지방소득세	9,503,700〈주5〉
	계	104,540,700*5
종합과세되는 기타소득금액	10,200,000위 〈주3〉	

〈주4〉 10,200,000 × 20% + 20,000,000 × 15% + 300,000,000 × 20% + 99,990,000 × 30% = 95,037,000

〈주5〉 95,037,000 × 10% = 9,503,700

해설

1. 해답상 '*'에 대한 설명

*1 6세 이하 자녀보육수당은 월 20만원까지 비과세하므로 총급여액에 포함하지 않는다.

*2 수령연차 : Q 이연퇴직소득이 있는가? : yes → Q 연금요건 충족하였는가? : yes(55세 요건이 충족되는 2026년이 기산연차) → Q 2013. 3. 1. 전에 가입했는가? : yes → ∴ 수령연차는 기산연차인 2026년이 6년차

*3 사적연금이 1,500만원을 초과하므로 종합소득에 합산된다. 다만, 산출세액 계산시 종합과세시 세액과 15% 분리과세시 세액 중 선택한 세액을 결정세액으로 한다.

*4 조건부과세대상 기타소득금액이 300만원을 초과하므로 종합과세한다.

*5 [물음 2]의 요구사항이 기타소득에 대한 소득세 원천징수세액만을 묻는 것인지 지방소득세를 포함한 전체 원천징수세액을 묻는 것인지에 대한 별도 언급이 없어 안전하게 둘 다 해답에 제시하였다.

4 / 12 근로소득, 연금소득, 기타소득 - 실전문제

상호 독립된 각 【문】에 답하시오.

【문 1】 2차

「벤처기업육성에 관한 특별법」에 따른 비상장 중소벤처기업인 ㈜한국에서 부장(일용근로자 아님)으로 근무하고 있는 거주자 갑(남성 57세)의 2026년도 귀속 소득과 관련된 자료이다. ㈜한국은 「조세특례제한법」상 벤처기업 주식매수선택권 비과세 특례를 신청하였다. 원천징수는 적정하게 이루어졌으며, 제시된 금액은 원천징수 전 금액이다. 〈2025. CTA〉

1. 근로소득 관련 자료

(1) 갑이 2026년도에 ㈜한국으로부터 지급받은 월급여 합계액은 ₩72,000,000(월 ₩6,000,000×12개월), 정기상여금의 합계액은 ₩8,000,000(월 ₩2,000,000×4회)이다. 이 금액에는 아래 '(2)~(6)'의 금액이 포함되어 있지 않다.

(2) 갑이 2019년도에 ㈜한국으로부터 부여받은 ㈜한국의 주식에 대한 주식매수선택권 10,000개 중 2026년도에 3,000개를 행사하였다. 동 주식매수선택권의 개당 행사가격은 ₩5,000이고 행사 당시 ㈜한국의 주식의 주당 시가는 ₩100,000이다. 갑은 해당 주식매수선택권을 지급받은 이후 2025년도까지 행사한 적은 없고 해당 주식매수선택권의 행사사격으로 실제 매수하였다.

(3) 갑은 ㈜한국으로부터 판매목적 제품을 시가인 ₩15,000,000에서 40% 할인된 금액인 ₩9,000,000에 구입하였다. 해당 임직원 할인으로 구입한 제품은 임직원 본인이 소비하는 것을 목적으로 제품을 제공받은 것으로서 「소득세법 시행령」으로 정하는 기간동안 재판매가 허용되지 않으며, ㈜한국은 해당 제품의 제공과 관련하여 모든 임직원에게 공통으로 적용되는 할인판매규정을 가지고 있다.

(4) 갑의 배우자는 2026년 5월 4일에 자녀를 출산하였으며, 갑은 배우자의 출산과 관련하여 2026년 5월 25일에 ㈜한국으로부터 ₩50,000,000의 기업출산지원금을 수령하였다. 갑은 ㈜한국으로부터 해당 기업출산지원금 수령 이전에 기업출산지원금 및 자녀보육수당을 수령한 적이 없으며, 갑은 ㈜한국과 「소득세법 시행령」으로 정하는 특수관계에 있는 자에 해당하지 않는다.

(5) 갑은 ㈜한국으로부터 주택의 구입에 소요되는 자금 ₩50,000,000을 무상으로 대여받았다. 1년 만기 정기예금이자율을 고려하여 정하는 이자율은 연 3.5%로 가정한다.

(6) ㈜한국은 2026년도에 갑에 대하여 「국민건강보험법」 및 「노인장기요양보험법」에 따른 사용자 부담 보험료 ₩5,000,000, 「고용보험법」에 따른 사용자 부담 보험료 ₩1,000,000, 「국민연금법」에 따른 사용자 부담 보험료 ₩3,000,000, 「산업재해보상보험법」에 따른 중소기업 사업주가 피보험자로서 부담하는 보험료 ₩1,500,000을 납부하였다. 또한 ㈜한국은 「국민연금법」에 따른 사용인 부담 보험료 ₩3,000,000을 갑을 대신하여 납부하였다.

(7) 근로소득공제액 계산을 위한 자료 : '제3편. 부록' 참고

2. 연금소득 및 기타소득 관련 자료
   (1) 갑은 2016년 1월 1일에 연금계좌에 가입하고 2023년까지 총 ₩56,000,000을 납입하였으며, 이 납입금액 중 연금계좌세액공제를 받지 않은 금액은 ₩2,000,000이다. 2026년 1월 1일에 연금수령 개시(사망할 때까지 연금수령하는 종신계약에 따른 연금수령이 아님)를 신청하여 연금계좌에서 ₩12,000,000을 인출하였다. 연금수령 개시 신청일 현재 해당 연금계좌의 평가액은 ₩70,000,000으로 총 연금계좌 납입액 ₩56,000,000, 이연퇴직소득 ₩6,000,000(이연퇴직소득세 ₩300,000), 운용수익 ₩8,000,000으로 구성되어 있다. 이연퇴직소득은 이전 직장에서 2020년에 수령한 퇴직소득을 연금계좌에 입금하여 과세이연된 퇴직소득이다.
   (2) 갑은 웹소설의 원작자로서 원고료 ₩10,000,000을 수령하였다.
   (3) 갑이 구매한 「한국마사회법」에 따른 승마투표권 10건(건당 단위투표금액 ₩5,000)이 전부 적중되어 환급금 ₩6,000,000(건당 ₩600,000)을 수령하였고, 복권 1건에 당첨되어 ₩2,000,000을 수령하였다.
   (4) 갑은 대한민국 미술대전에 수상작품을 출품하여 수상자로서 ₩3,000,000의 상금 및 시가 ₩1,000,000의 부상을 수령하였다.
   (5) 갑은 산업재산권을 양도하여 그 대가로 ₩5,000,000을 수령하였다.
   (6) 갑은 장부를 기록 및 보관하고 있지 않아서 필요경비는 확인되지 않는다. 기타소득은 일시적 · 우발적으로 수령한 금액이며, 연금소득 또는 기타소득에 대해서 종합과세와 분리과세 중 선택할 수 있는 경우 분리과세를 선택한다.

[물 음]

자료를 이용하여 〈답안양식〉에 따라 ① ～ ⑥의 금액을 제시하시오. 다른 언급이 없는 한 조세 부담 최소화를 가정한다.

〈답안양식〉

구 분	금 액
근로소득금액	①
분리과세되는 원천징수대상 연금소득 지급금액의 합계액	②
연금소득에 대한 원천징수세액	③
분리과세되는 원천징수대상 기타소득금액의 합계액	④
종합과세되는 기타소득금액	⑤
기타소득에 대한 원천징수세액	⑥

【문 2】 유예

유예생은 제2편 소득유예 27, 28 풀이

해답

구 분	금 액
근로소득금액	① 154,830,000〈주1〉
분리과세되는 원천징수대상 연금소득 지급금액의 합계액	② 8,500,000〈주2〉
연금소득에 대한 원천징수세액	③ 335,000〈주3〉
분리과세되는 원천징수대상 기타소득금액의 합계액	④ 7,450,000〈주4〉
종합과세되는 기타소득금액	⑤ 6,000,000〈주4〉
기타소득에 대한 원천징수세액	⑥ 2,615,000〈주5〉

〈주1〉 (1) － (2) ＝ 154,830,000

(1) 총급여액

72,000,000 ＋ 8,000,000 ＋ 85,000,000① ＋ 3,000,000② ＋ 3,000,000 ＝ 171,000,000*1

① $\underbrace{3{,}000개 \times (100{,}000-5{,}000)}_{행사이익} - \underbrace{200{,}000{,}000^{*2}}_{비과세} = 85{,}000{,}000$

② 15,000,000 × 40% － max(15,000,000×20%, 2,400,000) ＝ 3,000,000

(2) 근로소득공제 : 14,750,000 ＋ (171,000,000－100,000,000) × 2% ＝ 16,170,000

〈주2〉

(1) 연금수령한도 : $\dfrac{70{,}000{,}000}{11 - 3^{*3}} \times 120\% = 10{,}500{,}000$

(2) 계산

인출액	12,000,000	구 성		소 득
연 금	10,500,000	제외	2,000,000	－
		이연퇴직소득	6,000,000	연금소득(분리과세)
		위 외	2,500,000	연금소득(분리과세 선택)
연금외	1,500,000		1,500,000	기타소득(15% 분리과세)

(3) 분리과세 연금소득 : 6,000,000 ＋ 2,500,000 ＝ 8,500,000

〈주3〉 $\underbrace{300{,}000}_{이연퇴직소득세} \times 70\% + 2{,}500{,}000 \times 5\% = 335{,}000$

〈주4〉 *4

			소득금액	
			징수 대상 ○	징수 대상 ×
조 건 부	원고료	10,000,000 × 40% =	4,000,000	
	산업재산권	5,000,000 × 40% =	2,000,000	
			6,000,000	
종합과세			0	
분리과세	연금외수령액		1,500,000(15%)	
	승마투표권	6,000,000 － 50,000 =	5,950,000	
			7,450,000	

〈주5〉 1,500,000 × 15% ＋ (6,000,000＋5,950,000) × 20% ＝ 2,615,000

해 설

1. 해답상 '*'에 대한 설명

*1 다음 항목은 총급여액에 포함하지 않는다.

① 자료 '(4)'의 출산지원금 : 근로자(사용자와 특수관계에 있는 자 제외) 또는 그 배우자에 대한 출산지원금은 출생일 이후 2년 이내 최대 두차례에 걸쳐 지급받는 급여는 비과세한다.

② 자료 '(5)'의 주택 구입자금 무상 대여이익 : 중소기업의 직원에 대한 것이므로 비과세한다(별도 언급이 없어 중소기업과 특수관계는 없다고 보았음).

③ 자료 '(6)'의 공적보험료 : 국민건강보험료 · 노인장기요양보험료 · 고용보험료 사용자 부담분은 비과세 근로소득이며, 국민연금료나 산업재해보상보험료 사용자 부담분은 근로소득 자체가 아니므로 과세하지 않는다(국민연금 사용자 부담분은 향후 연금 수령 시점에 연금소득으로 과세하며, 산업재해 보상보험금 사용자 부담분은 사업주의 법적 책임을 이행하기 위한 비용 성격임).

*2 벤처기업의 임원 · 종업원의 주식매수선택권 행사이익 중 연간 2억원 이내의 금액에 대해서는 소득세를 과세하지 않는다(총누적액 5억원 한도).

*3 이연퇴직소득이 있으므로 55세가 되는 2024년이 기산연차이다. 따라서 2026년은 3년차가 된다.

*4 기타소득 관련 세부설명

① 웹소설의 원작자로서 받는 원고료는 계속성 · 반복성이 있으면 사업소득이지만, 자료 2번 제목에 '연금소득 및 기타소득 관련 자료'라고 언급하였으므로 일시적인 문예창작소득으로 보아 최소한 60% 필요경비를 인정한다.

② 승마투표권은 'summary p2－144. 4. ①'의 과세최저한에 해당하지 않으므로 과세하되, 입증된 필요경비인 구입 · 적중된 단위투표금액을 뺀 후의 금액을 분리과세한다.

③ 복권 당첨금품은 건별로 200만원 이하이므로 과세하지 않는다.

④ 대한민국 미술대전의 수상작품에 대하여 수상자가 받는 상금과 부상은 대통령령으로 정한 비과세 기타소득 중 하나이다.

⑤ 산업재산권의 양도는 최소한 60% 필요경비가 인정되는 기타소득이다.

제 5 절
소득금액 계산의 특례 summary p2-154. 제6절

5 - 1 결손금과 이월결손금의 공제

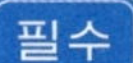

1.5차 2차 필수

거주자 박상현씨의 다음 자료를 이용하여 〈답안양식〉에 따라 해당 금액을 적고 그 계산근거를 설명하시오. 다만, 선택가능한 경우 금융소득에서도 결손금 및 이월결손금을 공제하기로 한다.

〈자 료〉

1. 2026년도의 금융소득자료. 제시된 금액은 원천징수 전 금액이며, 원천징수는 적정하게 이행되었다.
   ① 외국법인인 A법인으로부터 받은 무기명주식의 배당금 ₩2,000,000이 있으며, 이에 대하여 소득세법령에 따라 국내에서 지급을 대리하는 자가 원천징수하였다. 이 배당금의 잉여금처분결의일은 2025. 12. 20., 배당금을 지급받은 날은 2026. 2. 10이다.
   ② 주권상장법인인 ㈜서울로부터 받은 현금배당금 ₩10,000,000이 있다. 이는 ㈜서울의 제25기(2025. 1. 1.～2025. 12. 31.)에 대한 배당으로 잉여금처분결의일은 2026. 2. 20.이다.
   ③ 2025. 12. 30.에 만기가 되었으나 2026. 1. 5.에 수령한 정기예금이자 ₩16,000,000과 2027. 6. 10.에 만기가 도래하는 정기적금 미수이자 ₩2,000,000이 있다.

2. 위 1번의 금융소득 외의 2026년도 종합소득금액(이월결손금 공제전) 및 양도소득금액
   ① 사업소득금액 : 상가 부동산임대업 소득금액 △2,000,000, 도매업 소득금액 △13,000,000
   ② 근로소득금액 : ₩5,000,000
   ③ 연금소득금액 : ₩2,000,000
   ④ 기타소득금액 : ₩3,000,000
   ⑤ 양도소득금액 : ₩8,000,000

3. 2026년도로 이월된 결손금의 내역

발생연도	상가 부동산임대업 이월결손금	도매업 사업소득 이월결손금
2015년	₩3,000,000	₩2,000,000
2017년	2,000,000	6,000,000

〈답안양식〉

구 분		금 액
2026년 종합소득금액		
2027년 종합소득금액 계산시 공제가능한 이월결손금	부동산임대업	
	일 반 사 업	

핵심정리

문제의 포인트

• 결손금과 이월결손금의 공제방법 : summary p2-159. 3

[1] 문제의 풀이순서

1. 먼저 자료를 속독하여 key word를 파악한다(1번은 금융소득 자료, 2번은 금융소득 외 소득 자료, 3번은 이월결손금 자료).

2. 자료 1번을 통하여 종합과세되는 금융소득금액을 계산한 후, 그 금액이 2,000만원을 초과하면 다음과 같이 14% 세율 적용분 이자소득과 배당소득을 계산해 놓는다. → ∵ 14% 세율 적용분에 대해서는 결손금 및 이월결손금을 공제할 수 없기 때문. 금융소득과 결손금·이월결손금공제 문제가 출제되면 먼저 금융소득을 세율별로 구분하는 습관을 들이는 것이 바람직하다.

〈금융소득의 구분〉

구 분		14%세율 적용분	기본세율 적용분
이자소득금액	16,000,000	16,000,000	
배당소득금액	12,800,000	4,000,000	8,800,000
		20,000,000	

└---> Gross-up 대상이 아니며, 결손금 및 이월결손금 공제 대상이 아님

3. 결손금과 이월결손금을 다음과 공제한다.

〈1단계〉 소득별 소득금액의 계산(결손금 및 이월결손금공제 전)

〈2단계〉 부동산임대업(주거용건물 임대업 제외) 외의 일반사업소득에서 발생한 결손금을 다른 종합소득금액에서 공제한다.
[공제순서 : 부동산임대업 사업소득 → 근로소득 → 연금소득 → 기타소득 → 이자소득 → 배당소득]

〈3단계〉 공제기간* 이내에 발생한 이월결손금의 공제
① 부동산임대업(주거용건물 임대업 제외) 외의 일반사업소득에서 발생한 이월결손금을 먼저 공제한다.
[공제순서 : 일반사업소득 → 부동산임대업 사업소득 → 근로소득 → 연금소득 → 기타소득 → 이자소득 → 배당소득]
② 부동산임대업(주거용건물 임대업 제외)에서 발생한 이월결손금을 나중에 공제한다.

* 공제기간 : 15년간 이월공제(2020. 1. 1. 이후 개시한 과세기간에 발생한 결손금부터 적용하고, 그 전에 발생한 것은 종전 규정에 따라 10년간 이월공제) 하되, 주거용건물 임대업에서 발생한 결손금과 이월결손금을 다른 종합소득금액에서 공제할 수 있는 규정은 2016년에 발생한 결손금부터 적용한다.

[2] 자료별 정리사항

1. ① 무기명주식에서 받은 배당금의 수입시기는 지급을 받은 날이며, 국내에서 지급을 대리하는 자가 원천징수하였으므로 조건부과세대상이다[summary p2-53. (3)]. → 외국법인 배당이므로 Gross－up 대상 아님
   ② 잉여금처분으로 받은 배당금의 수입시기는 잉여금처분결의일이다. → Gross－up 대상
   ③ 예금이자의 수입시기는 지급받는 날이다.

2. 금융소득 외의 소득금액이 제시되었으므로 자료 1번을 이용하여 종합과세되는 금융소득금액을 계산한 후 자료 2번에 제시된 다른 소득금액과 종합하여 결손금공제 전 종합소득금액을 계산한다.

3. 2026년도로 이월된 결손금 중 10년 이내분인 2016년부터 발생한 이월결손금만 2026년에 공제가 능하다.

해답

구 분		금 액
2026년 종합소득금액		20,000,000원
2027년 종합소득금액 계산 시 공제가능한 이월결손금	부동산임대업	2,000,000원(2017년분) ＋ 2,000,000원(2026년분) ＝ 4,000,000원
	일 반 사 업	200,000원(2017년분)

[근 거]

1. 2026년 종합소득금액

(1) 금융소득

	이자	G－up 제외	G－up 대상	계
종 합 과 세				
조건부과세	16,000,000	2,000,000	10,000,000	28,000,000 ＋ 8,000,000* × 10% ＝ 28,800,000

* min(10,000,000, 28,000,000－20,000,000) ＝ 8,000,000

(2) 종합소득금액

소득금액	1. 소득별 소득금액	2. 일반사업소득 결손금 13,000,000	3. 결손금공제 후 소득금액	4. 이월결손금 ① 일반사업소득 6,000,000	4. 이월결손금 ② 부동산임대업소득*4 2,000,000	5. 종합소득금액
이 자	16,000,000	−*1(⑤)	16,000,000	−*1(⑥)	−	16,000,000
배 당	12,800,000	△3,000,000*2(⑥)	9,800,000	△5,800,000*3(⑦)	−	4,000,000
일반사업	~~△13,000,000~~	−	−	− (①)	−	−
부동산임대업	△ 2,000,000	− (①)	△2,000,000*4	− (②)	−	−
근 로	5,000,000	△5,000,000 (②)	−	− (③)	−	−
연 금	2,000,000	△2,000,000 (③)	−	− (④)	−	−
기 타	3,000,000	△3,000,000 (④)	−	− (⑤)	−	−
이월잔액		−	△2,000,000 (2026년분)	200,000 (2017년분)	2,000,000 (2017년분)	20,000,000

해 설

1. 해답상 '*'에 대한 설명

*1 14%의 원천징수세율이 적용되는 16,000,000에 대하여는 결손금·이월결손금 공제 불가

*2 14%의 원천징수세율이 적용되는 4,000,000에 대하여는 결손금·이월결손금 공제 불가

*3 14%세율 적용분 4,000,000은 공제할 수 없으므로 이를 제외한 나머지 금액 8,800,000 중 결손금으로 공제한 3,000,000을 제외한 5,800,000을 일반사업소득 이월결손금 6,000,000의 범위에서 공제한다.

*4 부동산임대업(주거용건물 임대업 제외)에서 발생한 결손금은 다른 소득에서 공제할 수 없고 차기로 이월하여 부동산임대업소득에서만 공제할 수 있다.

5 / 2 결손금과 금융소득 산출세액

다음은 거주자 갑의 2026년의 소득자료이다. 제시된 금액은 원천징수 전 금액이다.

1. 비영업대금 이익 : ₩10,000,000
2. 은행예금 이자 : 110,000,000
3. 사업소득금액 : △70,000,000
4. 근로소득금액 : 10,000,000
5. 2026년의 소득공제액은 ₩3,000,000이다.

[물 음] 다음 각 경우별로 물음에 답하시오. 기본세율은 '제3편. 부록'을 참고하기로 한다.

〈경우 1〉 1.5차 2차

사업소득에서 발생한 결손금을 금융소득에서도 공제하는 경우 종합소득 산출세액을 계산하고, 세부담 최소화에 부합하지 않는 문제점을 설명하시오.

〈경우 2〉 2차

갑이 세부담을 최소화하기 위하여 2026년의 사업소득 결손금 중 금융소득에서 공제할 금액을 계산하시오.

〈경우 3〉 2차

위 자료에 '비상장법인 배당 ₩8,000,000'이 추가되는 경우 갑이 세부담을 최소화하게 하기 위한 결손금공제액(총액)을 계산하시오.

핵심정리

문제의 포인트

- 기본세율이 적용되는 금융소득에 대한 결손금의 공제방법 : summary p2-161. *3

※ 각 경우별 정리사항

〈경우 1〉 기본세율이 적용되는 금융소득에 대하여 결손금공제 여부 및 공제금액을 선택하도록 규정하고 있는 이유 파악

〈경우 2〉 Gross-up 배당소득이 없는 경우 기본세율이 적용되는 금융소득에서 얼마의 사업소득 결손금(X)을 공제하는 것이 세부담을 최소화하는지 결정

〈경우 3〉 Gross-up 배당소득이 있는 경우 기본세율이 적용되는 금융소득에서 얼마의 사업소득 결손금(X)을 공제하는 것이 세부담을 최소화하는지 결정

해 답

〈경우 1〉

1. 과세표준

$$\underbrace{(10{,}000{,}000^{\text{비}}+110{,}000{,}000-70{,}000{,}000+10{,}000{,}000)}_{\text{종합소득금액}} - \underbrace{3{,}000{,}000}_{\text{소득공제}} = 57{,}000{,}000$$

2. 산출세액 : max(① 일반산출세액, ② 비교산출세액) ＝ 17,900,000

① 20,000,000 × 14% ＋ (57,000,000－20,000,000) × 기본세율(이하 't'라 함)

＝ 2,800,000 ＋ (37,000,000×15%－1,260,000) ＝ 7,090,000

② 10,000,000 × 25% ＋ 110,000,000 × 14% ＋ (△70,000,000＋10,000,000－3,000,000) × t

＝ 17,900,000

3. 문제점

일반산출세액 보다 비교산출세액이 많아짐에 따라 차기 이후로 이월될 결손금만 감소하고 세부담은 감소하지 않는 불합리가 생긴다. → 이를 해소하기 위해 기본세율을 적용받는 금융소득에 대해서는 결손금 및 이월결손금의 공제여부 및 공제금액을 선택할 수 있는 규정을 두고 있다.

〈경우 2〉

1. 과세표준 : 금융소득에서 공제할 결손금을 X라 함

$$\underbrace{(10{,}000{,}000^{\text{비}}+110{,}000{,}000-X+10{,}000{,}000-10{,}000{,}000^{*1})}_{\text{종합소득금액}} - \underbrace{3{,}000{,}000}_{\text{소득공제}} = 117{,}000{,}000 - X$$

2. 산출세액 : max(① 일반산출세액, ② 비교산출세액)

① 20,000,000 × 14% ＋ [(117,000,000－X) － 20,000,000] × t

＝ 2,800,000 ＋ (97,000,000－X) × t

② 17,900,000 (〈경우 1〉과 동일)

3. 금융소득에서 공제할 결손금

세부담 최소화 관점에서 가장 유리한 사업소득 결손금 공제액은 일반산출세액과 비교산출세액이 동일하게 되는 금액이다.

2,800,000 ＋ (97,000,000－X) × t ＝ 17,900,000

(97,000,000－X) × t ＝ 15,100,000 → 이 세액이 과세표준 5,000만원 초과 8,800만원 이하 구간에 있으므로 한계세율은 24%

6,240,000 ＋ [(97,000,000－X) － 50,000,000] × 24% ＝ 15,100,000*2

∴ X ＝ 10,083,333

〈경우 3〉

1. 과세표준 : 금융소득에서 공제할 사업소득 결손금을 X라 함

(10,000,000[배]+110,000,000+8,000,000×110%−X+10,000,000−10,000,000*1) − 3,000,000
(종합소득금액) (소득공제)

= 125,800,000 − X

2. 산출세액 : max(① 일반산출세액, ② 비교산출세액)

① 20,000,000 × 14% + (125,800,000−X−20,000,000) × t
= 2,800,000 + (105,800,000−X) × t

② 10,000,000 × 25% + (110,000,000+8,000,000) × 14% + 0
= 19,020,000

3. 종합소득에서 공제할 사업소득 결손금

세부담 최소화 관점에서 가장 유리한 사업소득 결손금 공제액은 '일반산출세액에서 배당세액공제[귀속법인세(Gross−up)]를 차감한 후의 세액'이 '비교산출세액'과 같게 되는 금액이다.

일반산출세액 − 배당세액공제 = 비교산출세액

2,800,000 + (105,800,000−X) × t − 800,000*3 = 19,020,000

(105,800,000−X) × t = 17,020,000 → 이 세액이 과세표준 8,800만원 초과 1억 5,000만원 이하 구간에 있으므로 한계세율은 35%

15,360,000 + [(105,800,000−X) − 88,000,000] × 35% = 17,020,000*4

∴ X = 13,057,142

사업소득에서 발생한 결손금은 근로소득금액에서 10,000,000(강제공제), 이자소득금액에서 13,057,142(선택공제)을 공제한다.

해 설

1. 해답상 '*'에 대한 설명

*1 사업소득에서 발생한 결손금을 근로소득금액에서 먼저 공제한다(강제공제).

*2 [별해 : 속산표이용시] (97,000,000−X) × 24% − 5,760,000 = 15,100,000 → X = 10,083,333

*3 배당세액공제(Gross−up금액) : 8,000,000 × 10% = 800,000

*4 [별해 : 속산표이용시] (105,800,000−X) × 35% − 15,440,000 = 17,020,000 → X = 13,057,142

5 / 3 공동사업

다음은 거주자 갑씨의 2026년 귀속 소득세를 계산하기 위한 자료이다. 사업소득의 경우 간편장부대상자가 아니며, 「조세특례제한법」상 성실사업자 및 성실신고확인서 제출사업자에 해당하지 않는다. 특별한 언급이 없는 한 원천징수대상에 해당되면, 세법에 따라 적법하게 원천징수되었다고 가정한다.

〈자료 1〉

거주자 갑씨의 2026년 금융소득 자료이다.

(1) 주권상장 내국법인으로부터 받은 금전배당 : ₩25,000,000

(2) 상환기간 6년의 국내 회사채 이자 : ₩8,600,000*

* 이 금액은 소득세를 원천징수한 후의 실수령액이다(지방소득세는 고려하지 말 것).

〈자료 2〉

거주자 갑씨는 대표공동사업자로 생계를 같이 하는 동업자 3명과 함께 중소기업에 해당하지 않는 백두공업(제조업)을 2025년 1월 1일부터 공동경영하고 있다. 2026년 백두공업의 손익계산서는 다음과 같다. 〈2014. CTA 수정〉

손익계산서

백두공업	2026년 1월 1일부터 2026년 12월 31일까지	(단위 : 원)
Ⅰ. 매출액		1,800,000,000
Ⅱ. 매출원가		1,680,000,000
Ⅲ. 매출총이익		120,000,000
Ⅳ. 판매비와관리비		
1. 급료	26,200,000	
2. 광고선전비	2,600,000	
3. 기업업무추진비	27,400,000	
4. 감가상각비	18,000,000	
5. 잡비	1,400,000	75,600,000
Ⅴ. 영업이익		44,400,000
Ⅵ. 영업외수익		
1. 이자수익	10,000,000	10,000,000
Ⅶ. 당기순이익		54,400,000

1. 손익계산서의 추가적인 정보는 다음과 같으며, 이외의 정보는 없다고 가정한다.
   (1) 매출액에는 특수관계인에 대한 매출이 없으며, 급료에는 공동사업자에 대한 급여 6,600,000원이 포함되어 있다. 기업업무추진비는 전액 신용카드 혹은 세금계산서를 정당하게 수취하였으며, 문화 및 전통시장 기업업무추진비는 없다.
   (2) 기계장치(2025년 1월 1일 취득) 취득원가는 100,000,000원, 잔존가액은 0원이다. 세법에 따라 정액법, 내용연수는 5년으로 신고하였으며, 상각률은 0.200이라고 가정한다. 전년도 감가상각비 시부인액은 없다.
   (3) 이자수익은 여유자금을 은행 예치로 발생한 것이며, 세법에 따라 적법하게 원천징수되었다.

2. 2026년 귀속 과세표준 확정신고시 공동사업자 간 약정된 손익분배비율과 다르게 신고하여 '손익분배비율을 거짓으로 정하는 등의 사유'에 해당되는 것으로 판명되었다.

공동사업자	갑	을	병	정
약정된 손익분배비율	50%	15%	15%	20%
신고시 손익분배율	5%	70%	5%	20%
비 고	본인	남편	조카	친구

[물음 1]
자료를 이용하여 갑씨의 2026년 종합소득금액을 〈답안양식〉에 따라 계산하시오.

〈답안양식〉

이자소득금액	
배당소득금액	
사업소득금액	
계	

[물음 2]
'〈자료 2〉. 2번' 자료와 무관하게 공동사업자간에 약정된 손익분배비율(갑 : 50%, 을 : 15%, 병 : 15%, 정 : 20%)로 적정하게 신고하고 조세회피목적의 공동사업이 아니라고 가정하는 경우 갑씨의 종합소득금액을 위 〈답안양식〉에 따라 계산하시오.

핵심정리

문제의 포인트

- 공동사업의 경우 소득금액계산 특례 : summary p2-155. 2

※ 물음별 정리사항

[물음 1] : '〈자료 2〉. 2'에 따르면 손익분배비율을 거짓으로 정하는 등 조세회피목적이 있으므로 다음과 같이 공동사업 합산과세를 적용한다.

〈1단계〉 주된 공동사업자의 판단 : 손익분배비율(없으면 지분비율)이 가장 높은 갑

〈2단계〉 특수관계인의 판단 및 분배비율 결정 : 2026. 12. 31. 현재 생계를 같이 하는 을과 병(「국세기본법 시행령」에서 정하는 친족인 4촌 이내의 혈족에 해당함). 친구는 「국세기본법 시행령」에서 정하는 경제적 연관관계 및 경영지배관계가 없는 한 특수관계인이 아니다. → 갑의 손익 분배비율 : 80%

〈3단계〉 공동사업장 사업소득금액의 계산 : 제2절 사업소득편에서 설명한 세무조정을 거쳐 사업소득금액을 계산한다(구체적인 세무조정과정은 제2절에서 자세히 설명하였음).

〈4단계〉 공동사업장 사업소득금액을 갑에게 합산과세한다. 이 경우 사업소득만 합산과세하며, 이자소득 등은 합산과세하지 않는다는 점에 유의한다.

[물음 2] : 조세회피목적의 공동사업이 아니므로 합산과세하지 않고 거주자별로 과세한다.

해답

[물음 1]

1. 종합소득금액

이자소득금액	15,000,000〈주2〉
배당소득금액	27,000,000〈주2〉
사업소득금액	61,000,000〈주1〉 × 80%*3 = 48,800,000
계	90,800,000

〈주1〉 54,400,000 + 6,600,000(공동사업자 급여) + 10,000,000*1(기업업무추진비 초과) − 10,000,000(이자수익) = 61,000,000*2

*1 $27,400,000 - \left(12,000,000 \times \frac{12}{12} + 1,800,000,000 \times 0.3\%\right) = 10,000,000$

*2 상각부인액 : 18,000,000 − 100,000,000 × 0.2 = △2,000,000 → 조정 없음

*3 조세회피목적의 공동사업이므로 손익분배비율이 큰 갑에게 특수관계인인 을과 병의 비율을 합산하여 과세한다. → 50% + 15% + 15% = 80%

〈주2〉 금융소득 구분

	이자	Gross－up 제외	Gross－up 대상	계
종합과세				
조건부과세	10,000,000*1		25,000,000	
	5,000,000*2			
계	15,000,000		25,000,000	40,000,000 + 20,000,000 × 10% = 42,000,000

*1 $\frac{8,600,000}{1 - 0.14(\text{원천징수세율})}$ = 10,000,000(원천징수 전 총액)

2 10,000,000(사업장 이자수익) × 50% = 5,000,000

* 이자소득은 공동사업합산과세대상이 아니다. 따라서 총수입금액불산입한 이자수익 10,000,000 중 갑의 손익분배비율인 50%만 갑의 이자소득이다.

[물음 2]

이자소득금액	15,000,000
배당소득금액	27,000,000
사업소득금액	61,000,000 × 50%* = 30,500,000
계	72,500,000

* 조세회피목적의 공동사업이 아니므로 갑의 손익분배비율을 곱한다.

5 / 4 공동사업 2차 필수

상호 독립된 각 【문】에 답하시오.

【문 1】

거주자 甲(56세)의 2026년 귀속 다음의 사업소득 관련 자료에 근거하여 물음에 답하시오. 제시된 금액은 원천징수 전 금액이며, 별도의 언급이 없는 한 원천징수는 적법하게 이루어졌다. 〈2024. CTA〉

〈자 료〉

1. 甲은 거주자 乙, 丙과 함께 국내에 3개의 등기된 주택을 공동으로 소유(3주택 모두 甲, 乙, 丙 각자의 지분율은 60% : 30% : 10%로 동일함)하고 있으며 동 주택을 이용하여 주거용 건물 임대업을 공동으로 영위하고 있다.

2. 주택의 임대현황 등은 다음과 같다.

구 분	임대기간	임대조건	공동사업자 및 손익분배비율*
주택A	2025. 1. 1.~2026. 12. 31.	임대보증금 ₩200,000,000 수령	甲(본인) : 20% 乙(아들) : 50% 丙(며느리) : 30%
주택B	2024. 5. 1.~2026. 4. 30.	임대보증금 ₩200,000,000 수령	
주택C	2025. 1. 1.~2026. 12. 31.	임대보증금 ₩100,000,000외에 월 ₩1,600,000의 임대료를 매월 말에 받기로 함	

* 2026년 귀속 과세표준 확정신고시 사실과 다르게 허위 신고된 손익분배비율이며, 실제 손익분배비율은 각자의 지분율과 합치됨이 밝혀졌다.

3. 乙과 丙은 모두 거주자 甲과 생계를 같이하고 있으나 공동사업의 경영에는 전혀 참여하지 않으며 조세를 회피하기 위해 공동사업을 경영하는 것으로 확인되었다.

4. 주택임대와 관련된 필요경비는 기장한 장부에 의하여 확인되며 세무상 금액은 ₩8,500,000이다.

5. 주택임대사업에서 발생한 수입이자와 할인료 및 배당금수익 등 운용수익은 없다.

6. 1년 만기 정기예금이자율을 고려하여 정하는 이자율은 연 3.65%이다.

7. 세 주택 모두 주거의 용도로만 사용하는 면적이 1세대 당 40m²를 초과하며, 임대기간 동안 임대주택의 기준시가는 모두 2억원을 초과한다.

[물 음]

사업소득과 관련하여 다음을 계산하여 답안양식에 따라 ①~②의 금액을 제시하시오.

총수입금액에 산입하는 간주임대료 금액	甲의 종합과세되는 사업소득금액
①	②

【문 2】

다음은 거주자 갑의 2026년 종합소득 관련 자료이다. 제시된 금액은 원천징수하기 전의 금액이다. 〈2024. CPA〉

〈자 료〉

1. 갑(복식부기 의무자)은 생계를 같이 하고 있는 배우자, 동생과 직접 경영에 참여하여 공동사업을 운영하고 있으며, 해당 공동사업 관련 자료는 다음과 같다.
   ① 결산서상의 당기순이익은 500,000,000원이며, 이는 매출총이익 480,000,000원과 영업외수익 20,000,000원으로 구성되어 있다.
   ② 영업외수익은 정기예금이자 10,000,000원, 유가증권처분이익 4,000,000원, 유형자산(차량운반구)처분이익 6,000,000원으로 구성되어 있다.
   ③ 공동사업의 약정된 손익분배비율과 출자지분 비율은 다음과 같으며, 공동사업합산과세 대상에 해당하지 않는다.

구 분	손익분배비율	지분비율
갑	50%	40%
배우자	25%	30%
동생	25%	30%

2. 갑의 공동사업 이외에서 발생한 소득 내역은 다음과 같다.
   ① 상업어음할인료 : 2,000,000원(갑은 금융업을 영위하지 않음)
   ② 환매조건부 채권의 매매차익 : 7,000,000원
   ③ 손해배상금 연체이자 : 5,000,000원(계약의 해약으로 인한 손해배상금에 대한 법정이자)
   ④ 법인으로 보는 단체로부터 받은 배당 : 9,000,000원
   ⑤ 법인세가 과세된 신탁재산분배금 : 3,000,000원
   ⑥ 「공익신탁법」에 따른 공익신탁의 이익 : 5,000,000원

[물음 1]

갑의 이자소득원천징수세액 및 종합소득에 합산되는 이자소득 총수입금액을 〈답안양식〉에 따라 제시하시오.

〈답안양식〉

구 분	금 액
이자소득 원천징수세액	
이자소득 총수입금액	

[물음 2]

갑의 종합소득에 합산되는 배당소득 총수입금액 및 배당가산액(Gross−up 금액)을 〈답안양식〉에 따라 제시하시오.

〈답안양식〉

구 분	금 액
배당소득 총수입금액	
배당가산액	

[물음 3]

갑의 종합소득에 합산되는 사업소득금액을 〈답안양식〉에 따라 제시하시오.

〈답안양식〉

사업소득금액	

【문 3】 유예

유예생은 제2편 소득유예 29 풀이

해답

【문 1】

총수입금액에 산입하는 간주임대료 금액	甲의 종합과세되는 사업소득금액
① 1,440,000〈주1〉	② 12,140,000〈주2〉

〈주1〉 *1

① 3억원 차감 : 보증금이 변동되는 구간별로 보증금적수가 큰 주택부터 순차로 차감

구 분	1. 1. ~ 4. 30.(120일)	5. 1. ~ 12. 31.(245일)
A	200,000,000 − 200,000,000①	200,000,000 − 200,000,000①
B	200,000,000 − 100,000,000②	0
C	100,000,000	100,000,000 − 100,000,000②

② 간주임대료

A : 0

B : $100,000,000 \times 120일 \times 60\% \times 3.65\% \times \frac{1}{365}$ = 720,000

C : $100,000,000 \times 120일 \times 60\% \times 3.65\% \times \frac{1}{365}$ = 720,000

1,440,000

〈주2〉 [(1,600,000×12=19,200,000)*2 + 1,440,000 − 8,500,000] × 100%*3

(임대료 / 간주임대료 / 필요경비 ; 임대료＋간주임대료 = 총수입금액)

= 12,140,000

【문 2】

[물음 1]

구 분	금 액
이자소득 원천징수세액	2,180,000〈주2〉 (지방소득세까지 고려시 : 2,398,000)
이자소득 총수입금액	14,000,000〈주1〉

[물음 2]

구 분	금 액
배당소득 총수입금액	12,000,000〈주1〉
배당가산액	600,000〈주1〉

〈주1〉

	이자	Gross−up 제외	Gross−up 대상	계
종합과세 조건부과세	5,000,000① 2,000,000[비], *5 7,000,000	3,000,000*6	9,000,000	
	14,000,000	3,000,000	9,000,000	26,000,000 + 6,000,000② × 10% = 26,600,000

① 10,000,000 × 50% = 5,000,000*4

② min(9,000,000, 26,000,000−20,000,000) = 6,000,000

〈주2〉 2,000,000 × 25% ＋ (5,000,000+7,000,000) × 14% ＝ 2,180,000

[물음 3]

사업소득금액	243,000,000〈주〉

〈주〉 (500,000,000 － 10,000,000(정기예금이자) － 4,000,000(유가증권처분이익))*7 × 50% ＝ 243,000,000

해설

1. 해답상 '*'에 대한 설명

*1 주택에 대한 간주임대료

〈1단계〉 3주택 이상 소유하면서 보증금 합계가 3억원을 초과하는가? : Yes*

* 주택수를 계산할 때 공동소유주택은 지분이 큰 사람의 소유로 한다. 따라서 3주택 모두 甲소유 주택이므로 甲은 3주택을 소유하고 있다.

〈2단계〉 3억원 차감 후 보증금 계산

해답과 같이 보증금이 변동되는 구간별로 보증금적수*가 큰 주택부터 3억원을 차감한다.

* 간주임대료 계산시 일수계산은 'p법인유예－10. *2'에서 설명하였듯이 두가지 견해[〈견해 1〉 말일산입, 〈견해 2〉 말일불산입]가 있는데, 해답은 〈견해 1〉에 따라 작성하였다(임대계약의 효력은 말일 24시까지 존재).

〈3단계〉 간주임대료 계산 : 해답 참고

*2 1개의 주택을 소유한 자가 아니므로 주택임대소득도 과세대상이다.

*3 과세기간 종료일 현재 생계를 같이하는 특수관계인*과 조세회피목적으로 공동사업을 경영하는 것으로 확인되므로 주된 공동사업자인 실제 손익분배비율이 큰 甲에게 합산과세한다.

* 乙(아들)은 1촌인 혈족이며, 丙(며느리)은 1촌인 인척이므로 4촌 이내의 혈족, 3촌 이내의 인척이다. 따라서 특수관계인에 해당한다.

*4 공동사업장 정기예금이자에 갑의 손익분배비율을 곱한 금액은 갑의 이자소득이다.

*5 금융업을 영위하지 않는 개인의 상업어음할인료소득은 비영업대금의 이익에 해당하며, 소득세 원천징수세율은 25%이다.

*6 내국법인으로 보는 신탁재산(법인과세신탁)의 수익자에게 배당하는 경우에는 그 금액을 법인의 소득금액에서 소득공제하므로 Gross－up을 적용하지 않는다.

*7 복식부기의무자이므로 차량운반구(유형자산) 처분이익은 사업소득에 해당한다. 따라서 이에 대한 조정은 불필요하다.

5 / 5 공동사업

상호 독립된 각 '【문】'에 답하시오.

【문 1】 2차 필수

다음 자료를 이용하여 거주자 갑의 2026년도 종합소득금액을 계산하시오. 제시된 금액은 원천징수 전 금액이다.

1. 갑의 2026년 귀속 근로소득금액은 ₩35,000,000이며, 2026년도에 비상장법인인 ㈜경기로부터 이익준비금의 자본전입으로 무상주 2,000주(1주당 시가 ₩30,000, 액면가액 ₩10,000)를 받았다.
2. 갑은 2025년부터 동생, 며느리, 조카와 조세회피목적으로 공동으로 제조업을 운영하고 있다. 손익분배비율은 갑 40%, 동생 30%, 며느리 20%, 조카 10%이며, 2025년부터 2026. 12. 31.까지 동생 외에는 동거하면서 생계를 같이 하고 있다.
3. 위 공동사업장에서 2025년도에 결손금 ₩40,000,000이 발생하였다.
4. 위 공동사업장의 2026년도 손익계산서상 당기순이익은 ₩31,000,000이며, 손익계산서상 수익과 비용에는 다음 금액이 포함되어 있다. 2026년도 공동사업장에서 발생한 이익금에 대한 분배금은 결산확정일인 2027. 2. 28.에 분배하였다.

① 공익목적의 신탁에서 발생한 이자수익	₩1,000,000
② 토지 처분이익	2,000,000
③ 사업과 관련된 자산수증이익	3,000,000
④ 비영업대금에 대한 대손금	5,000,000
⑤ 수수료비용	4,000,000*

   * 갑과 특수관계에 있는 거래처에 대한 것으로 특수관계 없는 자와의 거래라면 지급했어야 할 금액은 ₩3,000,000이다.

5. 갑은 2025년도에는 위 공동사업소득 외의 소득은 없었다.

【문 2】 유예

유예생은 제2편 소득유예 30 풀이

핵심정리

문제의 포인트

- 공동사업장에서 발생한 결손금 및 이월결손금의 공제방법

※ 공동사업장의 결손금의 통산과 이월결손금의 필요경비계산

1. 규정(소기통 45−0…1) summary p2−163. 4

① 공동사업장에서 발생한 결손금은 각 공동사업자별로 분배된 금액 범위에서 결손금 통산 순서에 따라 각 공동사업자의 다른 사업장의 동일 소득 또는 다른 종합소득과 통산한다.

② 이월결손금이 있는 공동사업장의 소득금액계산에 있어서는 이월결손금을 공제하지 아니한 해당 과세기간 소득금액을 공동사업자별로 분배한 후 직전과세기간의 소득에 통산하지 아니한 공동사업자의 이월결손금을 공제한다.

2. 문제에의 적용 : 문 5−3. 핵심정리에서 설명한 단계적 접근방법을 적용하여 설명하기로 한다. '자료 2'에 따르면 조세회피목적의 공동사업이므로 다음과 같이 공동사업 합산과세를 적용한다.

〈1단계〉 주된 공동사업자의 판단 : 손익분배비율(없으면 지분비율)이 가장 높은 갑

〈2단계〉 특수관계인의 판단 및 분배비율 결정 : 2026. 12. 31. 현재 생계를 같이 하는 며느리와 조카. 동생은 별거하고 있으므로 제외한다. → 갑의 손익분배비율 : 70%

〈3단계〉 공동사업장 사업소득금액의 계산 : 세무조정을 거쳐 사업소득금액을 계산한다

〈4단계〉 공동사업장 사업소득금액을 갑에게 합산과세한다. 만약 공동사업장에서 결손금이 발생하였다면 결손금도 갑에게 합산하여 갑의 종합소득금액에서 공제한다.

〈5단계〉 결손금 및 이월결손금이 있는 경우 공제 후 종합소득금액 계산 : '자료 3'에 따르면 2025년도에 공동사업장에서 발생한 결손금이 있으므로 그 결손금 40,000,000 중 70%를 곱한 28,000,000을 갑에게 배분하여 갑의 2025년도 종합소득금액에서 공제하여야 하는데, '자료 5'에 따르면 2025년에 공동사업소득 외의 소득이 없으므로 28,000,000이 그대로 2026년으로 이월된다(주의 : 공동사업장의 이월결손금으로 이월되는 것이 아닌 갑의 이월결손금으로 이월되는 것임). 따라서 해답 2번과 같이 갑의 종합소득금액에서 그 이월결손금을 공제한다.

해답

1. 공동사업장

(1) 사업소득금액

31,000,000 － 1,000,000*1 － 2,000,000*2 － 0*3 ＋ 5,000,000*4 ＋ (4,000,000－3,000,000)*5 ＝ 34,000,000

(2) 갑 분배액 : 34,000,000 × (40%＋20%＋10%) ＝ 23,800,000

2. 갑의 종합소득금액

구 분	공제 전	이월결손금공제 28,000,000*7	종합소득금액
배당소득금액	－*6	－	－
사업소득금액	23,800,000	△23,800,000①	－
근로소득금액	35,000,000	△ 4,200,000②	30,800,000
계			30,800,000

해설

1. 해답상 '*'에 대한 설명

*1 공익신탁의 이자수익은 이자소득이므로 사업소득 총수입금액에 불산입한다. 비과세소득이므로 금융소득에 합산하지 않는다.

*2 토지처분이익에 대해서는 양도소득세가 과세되므로 사업소득금액 계산시 총수입금액에 불산입한다.

*3 사업과 관련없는 자산수증익은 총수입금액에 불산입하나, 사업과 관련된 것은 총수입금액에 산입하므로 조정이 불필요하다. 2025년에 발생한 결손금이 있으나, 그 결손금을 공동사업자에게 분배하여 공동사업자의 소득금액에서 공제하므로 공동사업소득금액 계산시 자산수증익을 결손보전에 충당하면 안된다(핵심정리 참고).

*4 비영업대금에서 발생하는 이익은 이자소득이므로 비영업대금에 대한 대손금은 사업소득금액 계산시 필요경비에 산입하지 않는다.

*5 부당행위계산부인으로 인한 필요경비불산입액

*6 의제배당액이 '2,000주×10,000＝20,000,000'으로 2,000만원 이하이므로 분리과세한다.

*7 2025년 발생 공동사업장 결손금 중 갑 분배액 : 40,000,000 × 70% ＝ 28,000,000

5 / 6 공동사업

2차 필수

다음 자료를 이용하여 물음에 답하시오.

〈자　료〉

1. 공동사업장 자료
   (1) 갑과 을은 2025년도부터 공동사업을 하고 있다(손익분배비율 = 6 : 4). 공동사업장의 손익계산서상 당기순이익은 ₩100,000,000이며, 주요 항목은 다음과 같다.
      ① 매출액은 ₩400,000,000, 이자수익으로 계상된 사채(社債)이자 ₩8,000,000
      ② 을에 대한 급여 ₩30,000,000
   (2) 갑은 출자공동사업자이며, 을은 업무집행공동사업자(경영참가사업자)이다.

2. 갑은 위의 공동사업소득 외에 비상장법인으로부터 받은 현금배당금 ₩20,000,000이 있다.

[물　음]

1. 동업계약에 따르면 을은 경영참가대가로 급여 ₩30,000,000을 받기로 하였으며, 그 외의 이익은 손익분배비율대로 분배하기로 한 경우 〈답안양식〉에 따라 거주자 갑과 을의 종합소득금액을 계산하시오.

〈답안양식〉

갑의 종합소득금액	
을의 종합소득금액	

2. '[물음 1]'과 같은 특약 없이 사업소득금액을 손익분배비율로 분배하기로 한 경우 갑과 을의 공동사업장 사업소득금액에서 분배된 종합소득금액을 계산하고 그 소득의 구분을 적으시오.

핵심정리

문제의 포인트

- 공동사업자 중 업무집행공동사업자(경영참가사업자)에게 지급한 보수의 처리방법

※ 공동사업자 중 업무집행공동사업자(경영참가사업자)에게 지급한 보수의 처리방법 summary p2-159. 4
공동사업자 중 1인에게 경영에 참가한 대가로 급료명목의 보수를 지급한 때에는 해당 공동사업자의 소득분배로 보고 그 공동사업자의 분배소득에 가산한다(소기통 43-0…1). 따라서 그 보수를 비용처리한 경우는 대표자급여이므로 필요경비불산입한 후 경영참가자의 사업소득금액에 가산한다.

해 답

1.

갑의 종합소득금액	₩80,480,000
을의 종합소득금액	66,800,000

[근 거]

(1) 공동사업장 소득금액

100,000,000 － 8,000,000(회사채이자) ＋ 30,000,000(을 급여) ＝ 122,000,000

(2) 갑의 종합소득금액

	이자	G－up 대상	계	
종 합 과 세	－	－		
조건부과세	4,800,000*[1]	20,000,000		
계	4,800,000	20,000,000	24,800,000 ＋ 4,800,000 × 10% ＝	25,280,000
출자공동 사업자 배당				55,200,000*[2]
				80,480,000

*[1] 社債이자 : 8,000,000 × 60% ＝ 4,800,000

[2] (122,000,000－30,000,000) × 60% ＝ 55,200,000

* 업무집행공동사업자인 을의 경영참여대가 급여는 을의 사업소득금액에 가산한다.

(3) 을의 종합소득금액

① 이자소득 : 8,000,000 × 40% ＝ 3,200,000 → 2,000만원 이하이므로 분리과세

② 사업소득금액 : 30,000,000 ＋ (122,000,000－30,000,000) × 40% ＝ 66,800,000

2. 갑과 을의 사업소득금액

갑 : 122,000,000 × 60% ＝ 73,200,000(배당소득)

을 : 122,000,000 × 40% ＝ 48,800,000(사업소득)

해설

1. 각 경우별 갑·을의 소득금액

〈1단계〉 공동사업소득금액		〈2단계〉 분배 〈경우 1〉 갑(60%)	〈경우 1〉 을(40%)	〈경우 2〉 갑(60%)	〈경우 2〉 을(40%)
당기순이익	100,000,000				
회사채이자	△8,000,000	4,800,000 (이자소득)	3,200,000 (이자소득)	4,800,000 (이자소득)	3,200,000 (이자소득)
을 급 여	30,000,000				
사업소득금액	122,000,000			73,200,000 (배당소득)	48,800,000 (사업소득)
을 보 수	△30,000,000		30,000,000 (사업소득)		
	92,000,000	55,200,000 (배당소득)	36,800,000 (사업소득)		

5 / 7 결손금 소급공제 유예

유예생은 제2편 소득유예 31 풀이

제 6 절 종합소득과세표준의 계산 summary p2-166. 제7절

6 - 1 인적공제액 1.5차 2차 필수

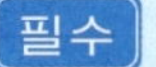

다음은 거주자 갑(남성, 50세)의 2026년도 소득세 계산자료이다. 자료를 이용하여 갑의 2026년도 종합소득 과세표준을 계산하시오.

1. 갑은 제조업을 영위하는 회사의 생산라인근로자로 2026년 7월 1일 입사하였으며, 회사로부터 수령한 급여는 기본급(월 ₩2,500,000×6개월) ₩15,000,000, 상여금 ₩22,000,000(9월 30일과 12월 31일 수령한 금액의 합계액), 식대 ₩1,800,000(월 ₩300,000씩 지급받음), 휴일근로수당 ₩1,000,000이다(근로소득공제액 '제3편. 부록' 참고).

2. 동거가족 현황

가족관계	생년월일	비 고	
부 인	1979. 10. 10.	총 급 여 액	₩5,000,000(별거중)
장 인*1	1956. 6. 1.	은 행 예 금 이 자	1,200,000
장 녀	2004. 4. 15.	양 도 소 득 금 액	4,000,000(장애인)
장 남	2006. 10. 10.	슬롯머신 당첨금품(1건)	3,000,000
차 녀	2007. 7. 22.	국내에서 원천징수되지 않은 외국법인배당	2,000,000(별거중)
입 양 자*2	2020. 1. 3.	장애인	
남 동 생	1981. 4. 7.	–	
위탁아동*3	2017. 5. 10.	–	

*1 장인은 2026. 5. 2.에 사망하였다.
*2 2025. 5. 10.에 입양하였다.
*3 2026. 8. 20.부터 직접 양육한 위탁아동이다.

3. 부친과 모친은 갑이 부양하고 있으나, 주거의 형편상 별거하고 있다. 그 연령 및 소득 등의 내역은 다음과 같다.

가족관계	생년월일	비 고	
부 친	1955. 8. 10.	경매입찰 법원보증금으로 인한 이자소득	₩5,000,000
모 친	1956. 3. 7.	기타소득금액	4,000,000

4. 2026년도에 갑이 부담한 국민연금납부액은 ₩1,000,000, 국민건강보험료납부액은 ₩800,000, 본인에 대한 생명보험료 납부액은 ₩700,000이다.

5. 2026년 중에 국민주택규모의 주택을 임차하기 위하여 지출한 월세액은 ₩6,000,000이다.

핵심정리

문제의 포인트

- 종합소득공제액의 계산 : 각 공제액 및 공제 요건 등은 'summary p2-166. 제7절' 참고

※ 종합소득공제 계산문제의 접근방법

항목별 소득공제액 계산문제가 아닌 전체 종합소득공제 문제가 출제되면 다음과 같이 접근한다.

〈1단계〉 자료를 속독하여 각 자료별 key word를 파악한다.

〈2단계〉 기본공제액 계산 : 1명당 기본공제액 1,500,000에 공제대상 가족수를 곱하여 계산한다. 이 경우 공제대상 가족수는 자료를 보면서 각 가족별로 나이요건과 소득금액요건 충족 여부를 따져 가며 판단하며, 본인을 누락하지 않도록 주의한다.

〈3단계〉 추가공제 : 경로우대자, 장애인, 부녀자, 한부모 공제를 순서대로 떠올리며 각각 해당 가족이 있는지 판단하여 항목별로 계산한다.

〈4단계〉 연금보험료공제, 주택담보노후연금이자비용공제, 특별소득공제, 조세특례제한법상 소득공제를 순서대로 떠올리며, 해당 공제에 대한 자료가 문제에 제시되어 있는지 확인한다. 제시되어 있다면 공제요건을 충족하였는지 확인하여 계산한다.

해 답

1. 근로소득금액

38,600,000* − [7,500,000+(38,600,000−15,000,000)×15%]*2 = 27,560,000

* ① 월정액급여 : 2,500,000 + 300,000(식대) = 2,800,000

② 총급여 : 15,000,000 + 22,000,000 + (100,000×6개월=600,000) + 1,000,000 = 38,600,000*1

2. 종합소득공제

(1) 기본공제 : 6명* × 1,500,000 = 9,000,000

* 본인, 부인, 장인, 장남, 입양자, 부친(해설 2)

(2) 추가공제(해설 3)

① 경로우대자 : 1(부친) × 1,000,000 =	1,000,000
② 장 애 인 : 1(입양자) × 2,000,000 =	2,000,000
	3,000,000

(3) 연금보험료공제 : 1,000,000

(4) 특별소득공제 : 800,000

① 보험료공제 : 800,000

② 주택자금공제 : 0*3

(5) 계 : 9,000,000 + 3,000,000 + 1,000,000 + 800,000 = 13,800,000

3. 종합소득 과세표준

27,560,000 − 13,800,000 = 13,760,000

해 설

1. 해답상 '*'에 대한 설명

*1 식대는 월 20만원까지 비과세하며, 생산직근로자라도 월정액급여가 260만원을 초과하므로 휴일근로수당은 전액 과세대상이다.

*2 비록 7월부터 근로소득이 발생하였더라도 근로소득공제와 종합소득공제는 월할계산하지 않는다.

*3 법에 정한 요건을 갖춘 월세액에 대해서는 월세세액공제를 적용한다(주택자금공제와는 무관).

2. 기본공제대상자의 판정

다음과 같이 본인·배우자·부양가족 순서로 각각 공제요건(나이요건·소득금액요건)을 먼저 떠올린 후 역으로 문제자료를 검토한다.

(1) 본 인 : 무조건 공제대상자가 된다.

(2) 배우자 : 배우자는 동거여부와 무관하며, 나이요건은 없으나 소득금액요건은 충족하여야 한다. 총급여액이 5,000,000이므로 근로소득공제(500만원×70%)를 차

감하면 근로소득금액은 150만원이 되나, 배우자 또는 부양가족의 소득금액이 100만원을 초과하더라도 총급여액 500만원 이하인 근로소득만 있는 배우자 또는 부양가족인 경우에는 기본공제대상자가 된다.

(3) 부양가족

구 분	공제여부의 판정
① 장 인	본인의 직계존속·형제자매는 물론 배우자의 직계존속·형제자매도 대상자가 된다. 사망일 전날을 기준으로 나이가 60세 이상이고 소득금액이 100만원 이하(은행예금이자가 2,000만원을 초과하지 아니하므로 분리과세대상이 되며, 따라서 판정대상 소득금액에서 제외함)이므로 공제대상자가 된다.
② 장 녀	20세를 초과하지만 장애인이므로 무방하다. 다만, 소득금액(종합소득금액은 물론 퇴직소득금액·양도소득금액을 포함함)이 100만원을 초과하므로 공제대상자가 아니다.
③ 장 남	슬롯머신 당첨금품은 건별로 200만원을 초과하는 경우부터 과세하되, 무조건 분리과세하므로 판정대상 소득금액에서 제외하며, 해당 과세기간 중에 하루라도 20세 이하인 날이 있으므로 공제대상자가 된다.
④ 차 녀	20세 이하이지만 소득금액이 100만원을 초과하므로 공제대상자가 아니다.
⑤ 입 양 자	20세 이하이고 소득이 없으므로 공제대상자가 된다.
⑥ 남 동 생	20세 이하가 아니고 60세 이상도 아니므로 공제대상자가 아니다.
⑦ 위탁아동	2026년도에 6개월 이상 직접 양육하지 않았으므로 공제대상자가 아니다.
⑧ 부 친	주거의 형편상 별거하고 있는 경우에 해당되므로 대상자가 되며, 나이가 60세 이상이고 소득금액이 100만원 이하(경매입찰 법원보증금으로 인한 이자소득은 분리과세대상이므로 판정대상 소득금액에서 제외)이므로 공제대상자가 된다.
⑨ 모 친	나이가 60세 이상이나, 소득금액이 100만원을 초과하므로 공제대상자가 아니다.

3. 추가공제여부의 판정

다음과 같이 각 공제순서별로 공제요건을 먼저 떠올린 후 역으로 문제자료를 검토한다.

구 분	공제여부의 판정
경로우대자공제	기본공제대상자 중에 70세 이상인 자는 부친이다. 장인은 1956. 6. 1.생으로 사망일 전날인 2026. 5. 1.을 기준으로 70세 이상이 아니므로 경로우대자공제 대상이 아니며, 모친은 70세 이상이나 기본공제대상자가 아니므로 경로우대자공제를 적용할 수 없다.
장 애 인 공 제	기본공제대상자 중에 장애인인 자는 입양자이다. 장녀는 비록 장애인이나 기본공제대상자가 아니므로 장애인공제를 적용할 수 없다.
부 녀 자 공 제	본인이 여성이 아니므로 적용대상이 아니다.
한 부 모 공 제	배우자가 있으므로 적용대상이 아니다.

6 / 2 인적공제액

1.5차 2차 필수

다음은 ㈜성심물산의 근로자인 거주자 병(여성, 30세)의 2026년도의 소득세 계산자료이다. 세부담 최소화 가정하에 〈답안양식〉에 따라 해당 금액을 계산하시오.

〈답안양식〉

구　분	금　액
인적공제액	
인적공제 외의 소득공제액	

〈자　료〉

1. 근로소득금액 : ₩50,000,000

2. 가족현황

가족관계	나이*1	소득자료	
시아버지(장애인)	70세	공익신탁 이익 ₩1,100,000, 수도권 밖의 읍·면 지역에서 전통주를 제조함으로써 발생한 소득금액 ₩7,000,000	
모　　친*2	59세	비영업대금의 이익	2,000,000
남　　편	30세	상가임대소득금액	5,000,000
시 동 생*3	27세	소액주주로서 상장주식의 증권시장 거래 양도차익	2,000,000
장　　남	8세	장기보유특별공제 ₩400,000을 차감하기 전 양도차익	1,300,000
장　　녀	5세	－	
차　　녀	3세	－	

*1 나이는 2026년 12월 31일 기준으로 한 것이다.

*2 모친은 주거의 형편상 별거하고 있다.

*3 시동생(장애인이었으나 2026년 10월 30일에 장애가 치유됨)은 대학생으로 학교앞에 하숙하는 관계로 일시적으로 퇴거하였다.

3. 병은 국민연금과 건강보험의 직장가입자로 2026년에 납부한 금액은 다음과 같다.

구　분	㈜성심물산 부담분	병의 부담분
① 국 민 연 금	₩500,000	₩500,000
② 건 강 보 험	590,000	590,000

4. 연금계좌에 납입한 금액은 ₩4,600,000이며, 공제대상 교육비는 ₩3,000,000이다.

핵심정리

문제의 포인트

• 종합소득공제 계산문제의 접근방법 : '문 6-1. 핵심정리' 참고

해 답

구 분	금 액
인적공제액	₩14,000,000
인적공제 외의 소득공제액	1,090,000

[근 거]

1. 인적공제

(1) 기본공제(해설 1) : 6명* × 1,500,000 = 9,000,000

* 본인, 시아버지, 장남, 장녀, 차녀, 시동생

(2) 추가공제(해설 2)

① 경로우대자 : 1(시아버지) × 1,000,000 = 1,000,000

② 장 애 인 : 2(시아버지, 시동생) × 2,000,000 = 4,000,000

③ 부 녀 자 : －

5,000,000

(3) 계 : 14,000,000

2. 위 외의 소득공제(해설 3)

(1) 연금보험료공제 : 500,000

(2) 특별소득공제(보험료공제) : 590,000

(3) 계 : 1,090,000

해설

1. 기본공제대상자의 판정

① 본　　　　인 : 무조건 공제대상자

② 남　　　　편 : 나이요건무관, 소득금액 100만원 초과 → 공제불가능

③ 시 아 버 지 : 나이 60세 이상, 비과세(공익신탁이익, 수도권 밖의 읍·면 지역에서 전통주를 제조함으로써 소득금액의 합계액이 연 1,200만원 이하인 것)를 제외한 소득금액이 100만원 이하 → 공제가능

④ 모　　　　친 : 나이 60세 이상 아님 → 공제불가능

⑤ 장남, 장녀, 차녀 : 나이 20세 이하, 소득금액 100만원 이하(장남의 경우 장기보유특별공제를 차감한 후의 양도소득금액이 100만원 이하) → 공제가능

⑥ 시　동　생 : 나이 20세 초과하나 장애인(과세기간 중에 장애가 치유된 경우에는 치유일 전일의 상황에 의함)이므로 무관하며, 과세제외대상 소득(소액주주로서 양도한 상장주식의 증권시장 거래 양도차익)을 제외한 소득금액이 없음 → 공제가능

2. 추가공제대상자의 판정

① 경로우대자공제 : 70세 이상자는 시아버지 밖에 없으며, 기본공제대상임 → 공제가능

② 장 애 인 공 제 : 시아버지와 시동생이 장애인이며, 둘 다 기본공제대상임 → 공제가능(시아버지는 경로우대자공제와 장애인공제가 중복적용됨)

③ 부 녀 자 공 제 : 본인이 배우자가 있는 여성이나, 종합소득금액이 3,000만원을 초과하므로 부녀자공제를 받을 수 없다.

3. 공적연금보험료와 건강보험료·고용보험료 등의 공제구분

구　분	내　용
(1) 공 적 연 금 보 험 료	본인부담분 전액을 연금보험료공제로 공제한다.
(2) 건강보험료·고용보험료·노인장기요양보험료	근로자에 한하여 본인부담분 전액을 특별소득공제 중 '보험료공제'로 공제한다.
(3) 연 금 계 좌 납 입 액	연금계좌세액공제로 공제한다.

4. 세부담 최소화 가정하의 선택 ⋯→ 제7절에서 학습할 내용

특별소득공제, 특별세액공제 중 항목별 세액공제, 월세세액공제를 신청하지 아니한 근로소득자는 표준세액공제를 공제한다. 문제의 경우 교육비세액공제(3,000,000×15%=450,000)만으로도 표준세액공제보다 크므로 특별소득공제와 교육비세액공제를 적용하는 것이 세부담 최소화에 부합된다.

6 / 3 인적공제 - 실전문제 2차

상호 독립된 각 【문】에 답하시오. 단, 제시된 금액은 원천징수 전 금액이며, 별도의 언급이 없는 한 원천징수는 적법하게 이루어졌다.

【문 1】

다음은 근로소득이 있는 거주자 을(남성, 73세)의 2026년 공제 자료이다. 자료를 이용하여 2026년도 을의 1. 인적공제액, 2. 종합소득공제액을 계산하시오.

1. 생계를 같이하는 부양가족의 현황

구 분	나 이	비 고
배우자	71세	2026. 6. 20. 사망
장남	27세	장애인, 소득없음
차남	18세	총급여액 450만원
장녀	15세	외국유학중으로 동거하지 않음

2. 보험료의 납입내역은 다음과 같다.
   ① 「고용보험법」상 고용보험료 : ₩600,000
   ② 본인을 피보험자로 하는 생명보험의 보험료(만기환급금이 납입보험료를 초과하지 않음) : ₩400,000
   ③ 장남을 피보험자로 하는 장애인전용보장성보험의 보험료 : ₩1,600,000
   ④ 「국민연금법」상 국민연금보험료 : ₩4,200,000

【문 2】

거주자 병(여성, 70세)의 2026년 종합소득 계산 관련 자료이다. 〈2023. CPA〉

〈자 료〉

1. 병의 금융소득 관련 내역은 다음과 같다.
   ① 국외 비영업대금의 이익 : 6,000,000원(국내에서 원천징수 되지 않음)
   ② 원금과 이자가 분리되는 국채에서 발생한 원금에 해당하는 채권의 할인액 : 2,000,000원
   ③ 「민사집행법」에 따른 경매입찰 보증금의 이자 : 4,000,000원
   ④ 「상호저축은행법」에 따른 신용부금으로 인한 이익 : 5,000,000원
   ⑤ 집합투자기구로부터 받은 이익 : 8,000,000원(상장주식 매매차익 30%, 이자수익 70%로 구성)
   ⑥ 상장법인으로부터 받은 현금배당 : 7,000,000원

⑦ 외국법인으로부터 받은 현금배당 : 9,000,000원(국내에서 원천징수 되지 않음)

⑧ ㈜A의 결산(결산확정일 : 2026년 3월 4일)과 관련하여 「법인세법」에 의하여 병에게 배당으로 소득처분된 금액 : 1,000,000원

2. 병과 생계를 같이하는 부양가족의 현황은 다음과 같다.

구 분	나 이	내 용
모 친	90세	소득 없음
동 생	65세	양도소득금액 1,800,000원 있음. 장애인
위탁아동	9세	소득 없음. 2026년 중 8개월 동안 직접 양육함

3. 병은 주택담보노후연금을 수령하였으며, 수령한 연금에 대하여 3,000,000원의 이자비용이 발생하였다. 병의 연금소득금액은 30,000,000원이며, 주택담보노후연금은 「소득세법」에 따른 이자비용 소득공제 요건을 충족한다.

[물음 1]

병의 종합소득에 합산되는 이자소득 총수입금액 및 배당소득 총수입금액과 배당소득에 대한 배당가산액(Gross－up 금액)을 답안양식에 따라 제시하시오.

이자소득 총수입금액	
배당소득 총수입금액	
배 당 가 산 액	

[물음 2]

병의 종합소득공제액을 답안양식에 따라 제시하시오.

인적공제액	기본공제액	
	추가공제액	
주택담보노후연금 이자비용공제액		

[물음 3]

병의 종합소득산출세액을 구하기 위한 일반산출세액 및 비교산출세액을 답안양식에 따라 제시하시오. 단, 종합소득공제액은 6,000,000원으로 가정하며, 연금소득에 대한 세액계산의 특례를 적용하지 아니한다(기본세율 : '제3편. 부록' 참고).

일반산출세액	
비교산출세액	

해 답

【문 1】

1. (1) 기본공제* : 1,500,000 × 5 = 7,500,000

   * 본인, 배우자, 장남, 차남, 장녀

   (2) 추가공제 : 4,000,000*1

   ① 경로우대자 : 1,000,000 × 2 = 2,000,000

   ② 장애인 : 2,000,000

   (3) 계 : 11,500,000

2. 11,500,000 (인적공제) + 4,200,000 (연금보험료공제) + 600,000 (보험료공제) = 16,300,000

【문 2】

1.

이자소득 총수입금액	13,000,000
배당소득 총수입금액	22,600,000
배 당 가 산 액	800,000

[근 거]

	이자	G-up 제외	G-up 대상	계
종합과세	6,000,000[비]	9,000,000		
조건부과세	2,000,000	5,600,000*	7,000,000	
	5,000,000		1,000,000	
계	13,000,000	14,600,000	8,000,000	35,600,000 + 8,000,000 × 10% = 36,400,000 ↳ 800,000

* 8,000,000 × 70% = 5,600,000

2.

인적공제액	기본공제액	4,500,000〈주1〉
	추가공제액	2,000,000〈주2〉
주택담보노후연금 이자비용공제액		2,000,000〈주3〉

〈주1〉 1,500,000 × 3* = 4,500,000*2

* 본인, 모친, 위탁아동

〈주2〉 1,000,000 × 2 = 2,000,000*3 (경로우대자(본인, 모친))

〈주3〉 min(3,000,000, 2,000,000, 30,000,000) = 2,000,000

3.

일반산출세액	7,600,000〈주4〉
비교산출세액	7,984,000〈주5〉

〈주4〉 ① 과세표준 : (36,400,000(금융) + 30,000,000(연금)) − 6,000,000(소득공제) = 60,400,000

② 일반산출세액 : 2,800,000 + (60,400,000 − 20,000,000) × 세율 = 7,600,000

〈주5〉 6,000,000 × 25% + (35,600,000 − 6,000,000) × 14% + (60,400,000 − 36,400,000) × 세율 = 7,984,000

해설

1. 해답상 '*'에 대한 설명

*1 연중 사망한 배우자에 대하여 기본공제를 적용한 경우에는 배우자가 있는 것으로 보므로 한부모공제를 적용하지 않는다.

*2 동생은 장애인이나 소득금액이 100만원을 초과하므로 기본공제대상이 아니다.

*3 추가공제

① 경로우대자공제 : 기본공제대상자이면서 70세 이상인 본인과 모친이 공제대상이다.
② 장애인공제 : 장애인인 동생이 있으나, 기본공제대상자가 아니므로 공제대상이 아니다.
③ 부녀자공제 : 종합소득금액이 3,000만원을 초과하므로 공제대상이 아니다.
④ 한부모공제 : 배우자가 없으나, 기본공제대상인 직계비속 · 입양자가 없으므로 계산하지 않는다.

6-4 공동사업 합산과세시 소득공제

거주자 갑(남성)과 을의 다음 자료를 이용하여 물음에 답하시오.

1. 근로소득금액
   ① 갑 : ₩20,000,000
   ② 을(갑의 아들) : ₩5,000,000(총급여) − 5,000,000 × 70%(근로소득공제) = 1,500,000(근로소득금액)

2. 갑·을·병은 5 : 3 : 2의 손익분배비율로 조세회피목적의 공동사업을 운영하고 있으며, 2026년도의 공동사업장 사업소득금액은 ₩100,000,000이다. 병은 갑의 사돈의 팔촌이다. 갑·을·병은 동거하고 있다.

3. 갑(60세)의 동거가족으로 을(장애인, 35세)과 을의 부인(장애인, 30세), 병(50세)이 있다. 갑의 배우자인 정(55세)과는 2026. 10. 20.에 이혼하고 별거상태이다.

4. 소득공제 및 세액공제 자료

구 분	갑 지출액	을 지출액
국민건강보험료	₩500,000	₩400,000
생명보험료	600,000*	−
국민연금보험료	800,000	700,000
국가에 대한 기부금	1,000,000	−
연금저축계좌 납입액	2,000,000	1,500,000

* 정에 대한 보장성 보험료로 2026. 11. 30.에 지출하였다.

[물 음]

1. 갑의 2026년 종합소득 과세표준을 계산하시오. 다만, 소득세부담을 최소화하기로 하며, 기부금에 대해서는 기부금세액공제를 적용한다고 가정한다. 1.5차 2차
2. 다음의 자녀수 또는 금액을 〈답안양식〉에 적으시오. 2차 → 제7절 학습 후 풀이할 것

〈답안양식〉

자녀세액공제대상 자녀수	명
연금계좌세액공제대상 연금납입액	원
보험료세액공제대상 보험료납입액	원
기부금세액공제	원

핵심정리

문제의 포인트

- 공동사업합산과세시 소득공제 특례 : summary p2-179. [3]

※ 공동사업합산과세와 소득공제가 맞물린 문제가 출제된 경우 주의사항
주된 공동사업자(이 문제의 경우 갑)에게 합산과세되는 특수관계인(이 문제의 경우 을)이 지출한 공적연금보험료, 연금계좌납입액, 조세특례제한법상 소득공제 관련 지출액 자료가 제시되었는지 확인한다. 만약 해당 자료가 제시되었으면 'min(① 을의 지출액, ② 한도 : 갑에게 합산과세되는 소득금액)'을 특수관계인(갑)의 종합소득금액에서 공제하며, 연금계좌세액공제의 경우는 해당 금액에 세액공제율을 곱한 금액을 종합소득산출세액에서 공제한다.

해답

1. 종합소득 과세표준

(1) 종합소득금액

20,000,000(근로) ＋ 80,000,000*[1](사업) ＝ 100,000,000

(2) 소득공제

1) 기본공제 : 1,500,000 × 3명*[2] ＝ 4,500,000

2) 추가공제

① 장애인공제 : 2,000,000 × 2명 ＝ 4,000,000

② 한부모공제 : 1,000,000*[3]

③ 계 : 5,000,000

3) 연금보험료공제 : 800,000 ＋ 700,000*[4] ＝ 1,500,000

4) 특별소득공제(보험료공제) : 500,000*[4]

5) 계 : 11,500,000

(3) 과세표준 : 100,000,000 － 11,500,000 ＝ 88,500,000

2. 세액공제액

자녀세액공제대상 자녀수	1명*[5]
연금계좌세액공제대상 연금납입액	2,000,000 ＋ 1,500,000*[4] ＝ 3,500,000원
보험료세액공제대상 보험료납입액	0원*[6]
기부금세액공제	150,000원〈주〉

〈주〉 min(①, ②) ＝ 150,000

① 1,000,000*[7] × 15% ＝ 150,000

② 한도(산출세액)*[8] : 88,500,000 × 35% － 15,440,000 ＝ 15,535,000

해설

1. 해답상 '*'에 대한 설명

*1 100,000,000 × (50%+30%) = 80,000,000(조세회피목적의 공동사업이므로 특수관계인의 소득을 합산과세한다. 사돈의 팔촌은 「국세기본법 시행령」에서 정하는 친족관계(4촌 이내의 혈족, 3촌 이내의 인척 등)가 아니므로 특수관계인 아님)

*2 ① 본인, 을(아들, 장애인이므로 나이는 무관하고 총급여가 500만원 이하이므로 공제가능), 을의 부인(본래 며느리는 본인의 기본공제대상이 아니나, 직계비속 · 입양자와 그 배우자가 모두 장애인이면 그 배우자도 본인의 기본공제대상이 됨)
② 정과는 과세기간 종료일 이전에 이혼하였으므로 정은 기본공제대상자가 아니다.

*3 배우자가 없고 기본공제대상 직계비속이 있으므로 한부모공제를 적용한다.

*4 공동사업합산과세되었으므로 을이 지출한 연금보험료공제, 「조세특례제한법」상 소득공제, 연금계좌세액공제 대상 지출이 있으면 을의 합산과세되는 소득금액인 ₩30,000,000(=100,000,000×30%)의 한도에서 갑의 종합소득금액 또는 종합소득산출세액에서 공제가능하다(국민건강보험료는 대상 지출이 아니므로 갑의 보험료공제 계산시 합산 공제할 수 없음).

*5 8세 이상인 기본공제대상 자녀(입양자 · 위탁아동 포함)는 1명이다.

*6 배우자는 이혼으로 기본공제대상자가 아니나, 그에 대한 보험료 · 의료비 · 교육비 지급액이 있는 경우 이혼이 발생한 날까지 지급한 금액은 세액공제 대상이다. 따라서 이혼 후인 11. 30.에 지급한 보장성 보험료는 보험료세액공제 대상이 아니다.

*7 ① 사업소득(연말정산대상 사업자는 제외)만 있는 경우에는 기부금을 필요경비에 산입하여야 하므로 기부금세액공제를 적용받을 수 없으나, 사업소득과 사업소득 외의 종합소득이 있는 자 및 연말정산대상 사업자는 기부금세액공제를 적용받을 수 있다.
② 만약 을이 지출한 기부금이 있다면 을은 갑의 기본공제대상 부양가족이므로 그 기부금도 갑이 지급한 것으로 보아 기부금세액공제를 적용한다.

*8 문제 가정에 따라 필요경비에 산입한 기부금이 없으므로 한도계산시 산출세액에서 사업소득에 대한 산출세액을 차감하지 않았다.

2. Case 문제 2차 ⋯→ 제7절 기부금세액공제 학습 후 풀이할 것

Case

문 6-4와 무관하게 갑의 근로소득금액은 ₩20,000,000, 단독 사업장 사업소득금액은 ₩80,000,000(기부금 차감 전 소득금액), 소득공제액은 ₩11,500,000이라는 가정하에, 국가에 대한 기부금 ₩1,000,000을 기부금세액공제가 아닌 사업소득금액 계산시 필요경비에 산입하는 경우 기부금세액공제액은?

(1) 종합소득금액

$$\underbrace{20,000,000}_{\text{근로}} + \underbrace{(80,000,000-1,000,000)}_{\text{사업}} = 99,000,000$$

(2) 과세표준 : 99,000,000 − 11,500,000(소득공제) = 87,500,000

(3) 산출세액 : 87,500,000 × 24% − 5,760,000 = 15,240,000

(4) 기부금세액공제액

1) 공제대상기부금 : 1,000,000(특례기부금) － 1,000,000* ＝ 0

* 사업소득금액 계산시 필요경비로 산입한 기부금

2) 기부금세액공제액 : 0*

* 공제대상 기부금이 없으므로 0이 되나, 기부금세액공제 계산구조의 이해를 돕기 위하여 공제대상액이 있다고 가정하고 기부금세액공제액을 계산하면 다음과 같다.

• 기부금세액공제액 : min(①, ②)
① 공제대상 기부금 × 기부금세액공제율
② 한도 : $15,240,000 - 15,240,000 \times \frac{79,000,000}{99,000,000} = 3,078,787$

6 / 5 신용카드등 소득공제액 및 근로소득자와 사업소득자의 소득공제 비교 - 종합문제 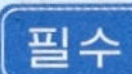

다음은 무주택 세대주인 갑(남성, 70세)과 그 배우자의 2026년도 소득세 계산자료이다. 자료를 이용하여 세부담 최소화 가정하에 물음에 답하시오.

1. 갑씨는 배우자(60세, 일용근로자로 받은 일당 ₩100,000 × 55일 = 5,500,000의 소득 있음)와 장남(26세, 총급여액 5,000,000의 소득 있음), 장녀(19세, 소득 없음) 외의 동거가족은 없으며, 2026년도의 신용카드 등의 사용내역은 다음과 같다. 사용내역 중 본인의 가구구입비는 직불카드사용액이고, 나머지는 신용카드사용액이다.

사용자	사용금액	사용내역	
갑	₩30,650,000	① 중고자동차 구입비	₩17,000,000
		② 근무하고 있는 회사의 기업업무추진비로 사용한 금액	1,000,000
		③ 보장성 생명보험료	600,000
		④ 전통시장 사용액(2026. 11월 사용, 1년 할부)	4,250,000
		⑤ 현금서비스 이용액	500,000
		⑥ 가구구입비(직불카드사용액)	6,000,000
		⑦ 도서구입비	400,000*
		⑧ 미술관 입장료	400,000
		⑨ 신문 구독료	500,000
배우자	4,650,000	① 항공기에서 판매하는 면세물품구입대금	1,200,000
		② 도로통행료	400,000
		③ 상품권구입비	500,000
		④ 대중교통 이용액	2,250,000
		⑤ 수영장 이용료	300,000
장 남	21,400,000	① 병원비	1,500,000
		② 대학교 학비	9,500,000
		③ 학원 수강료	10,400,000

* ₩400,000 중 ₩100,000은 유해간행물 구입비이다.

2. 연금저축계좌에 ₩4,300,000을 납입하였으며, 국민연금보험료 ₩1,200,000, 국민건강보험료 ₩1,400,000을 납부하였다.

3. 2026년에 벤처기업에 ₩8,000,000을 직접 투자하였다.

4. 2026년에 가입한 주택청약종합저축에 납입한 금액은 ₩3,500,000이며, 국민주택임차자금의 원리금 상환액은 ₩3,600,000이다.

[물음 1] 1.5차 2차

갑이 총급여액 ₩30,000,000인 근로소득자인 경우 2026년도의 신용카드등 소득공제액을 계산하시오.

[물음 2] 2차

갑이 근로소득자인 경우(총급여액은 ₩30,000,000, 기타소득금액은 ₩30,000,000, 근로소득공제액은 '제3편. 부록' 참고) 2026년도의 소득공제액을 계산하시오(세부담 최소화 가정). 다만, [물음 1]의 결과와 무관하게 신용카드등 소득공제액은 ₩5,800,000이라고 가정한다.

[물음 3] 유예

유예생은 제2편 소득유예 32 풀이

핵심정리

문제의 포인트

1. 신용카드등 소득공제 : summary p2-173. 1
2. 주택자금공제 : summary p2-171. (2)
3. 밴처투자조합 출자 등에 대한 소득공제 : summary p2-177. 2. (1)
4. 소득공제 한도 : summary p2-180. [4]

해답

1. 신용카드등 소득공제 : min[(1), (2)] = 5,780,000

(1) 공제대상액

구분	사용액	총급여 × 25%	초과사용액	공제율	공제액
전통시장	4,250,000		4,250,000	40%	1,700,000
대중교통	2,250,000		2,250,000	40%	900,000
문화체육	1,500,000①		1,500,000	30%	450,000
직불카드등	6,000,000		6,000,000	30%	1,800,000
신용카드	13,700,000②		6,200,000	15%	930,000
계	27,700,000	7,500,000	20,200,000		5,780,000

① (400,000 − 100,000)[도서] + 400,000[미술관] + 500,000[신문] + 300,000[수영장] = 1,500,000*1

② (17,000,000×10%)[중고자동차] + 100,000*1[유해간행물] + 1,500,000[병원비] + 10,400,000[학원수강료] = 13,700,000

(2) 한도 : ① + ② = 5,780,000

① 3,500,000*2

② min(㉠, ㉡) = 2,280,000

㉠ 5,780,000 − 3,500,000 = 2,280,000

㉡ min(ⓐ, ⓑ) = 3,000,000

ⓐ 1,700,000+900,000+450,000=3,050,000

ⓑ 3,000,000

2. 근로소득자인 경우

(1) 인적공제

① 기 본 공 제 : 3명(본인, 배우자*3, 장녀) × 1,500,000 =	4,500,000
② 추 가 공 제 : 1명(경로우대자 : 본인) × 1,000,000 =	1,000,000
	5,500,000

(2) 연금보험료공제 : 1,200,000

(3) 특별소득공제

① 보 험 료 공 제 :	1,400,000
② 주택자금공제 : min(3,600,000×40%, 한도 : 4,000,000) =	1,440,000
	2,840,000

(4) 주택청약종합저축에 대한 소득공제 ⋯→ 「조세특례제한법」상 소득공제

min(3,000,000*4×40%=1,200,000, 한도 : 4,000,000−1,440,000=2,560,000) = 1,200,000

[주] '소득세법상 특별소득공제'를 따로 구분하지 않는다면 위 (3)과 (4)의 주택관련 공제를 혼합하여 다음과 같이 계산해도 합계 공제액은 동일하다.

① 보험료공제 :	1,400,000
② 주택자금공제 : min[(3,000,000*4+3,600,000)×40%, 4,000,000] =	2,640,000
	4,040,000

(5) 신용카드등 소득공제 : 5,800,000(가정치)

(6) 벤처기업 투자에 대한 소득공제 : min(①, ②) = 8,000,000

① 8,000,000 × 100% = 8,000,000

② 한 도 : 종합소득금액 × 50% = (20,250,000*(근로) + 30,000,000(기타)) × 50% = 25,125,000

* 30,000,000(총급여) − [7,500,000+(30,000,000−15,000,000)×15%](근로소득공제) = 20,250,000

(7) 합계 : 5,500,000 (인적공제) + 1,200,000 (연금보험료공제) + 1,400,000 (보험료공제) + 8,000,000*5 (벤처기업공제) + 8,440,000* = 24,540,000

* 한도계산 대상 소득공제 : min(①, ②) = 8,440,000 summary p2-180. [4]

① 1,440,000 (주택자금공제) + 1,200,000 (주택청약종합저축 소득공제) + 5,800,000 (신용카드공제) = 8,440,000

② 25,000,000

해설

1. 해답상 '*'에 대한 설명

*1 ① 본인 사용액은 물론이고 소득금액요건을 충족한 배우자 및 직계존비속 사용액도 적용대상이다.

② 문화체육사용분[도서 · 신문 · 공연 · 박물관 · 미술관 · 영화상영관 · 체육시설(수영장 및 체력단련장) 사용분]은 총급여액 7천만원 이하인 근로자만 적용한다.

③ 유해간행물 구입비의 경우 도서 · 공연사용분에서는 제외하나, 공제배제대상은 아니므로 신용카드사용액에는 포함한다.

*2 총급여액이 7,000만원 이하인 근로자로서 나이요건과 소득금액 요건을 충족한 직계비속이 1명(장녀) 있으므로 기본한도는 350만원이다.

*3 분리과세대상 일용근로자소득을 제외한 배우자의 연간소득금액이 100만원 이하이므로 배우자는 공제대상자이다.

*4 총급여액 7천만원 이하인 무주택세대주가 청약저축 또는 주택청약종합저축에 납입한 금액을 대상으로 하며, 연 납입액은 300만원을 한도로 한다.

*5 벤처투자조합 출자 등에 대한 소득공제 중 벤처기업 등에 투자하는 경우 등 'summary p2-178. *1. ④~⑥'의 소득공제액은 2,500만원 한도 계산대상이 아니다.

6-6 소득공제 및 세액공제 - 실전문제 2차

다음은 거주자 정의 2026년 귀속 연말정산 관련 자료이다. 제시된 금액은 원천징수하기 전의 금액이며, 별도의 언급이 없는 한 원천징수는 적법하게 이루어졌다. 별도의 언급이 없는 한 합법적으로 세금부담을 최소화하는 방법으로 풀이하도록 한다.

〈2020. CPA 수정〉

〈자 료〉

1. 본인 및 생계를 같이하는 부양가족의 현황

구 분	나 이	내 용
본인	42세	총급여액 80,000,000원
배우자	39세	소득 없음
부친	74세	양도소득금액 10,000,000원
장인	73세	장애인, 소득 없음
딸	17세	고등학교 재학 중, 소득 없음
아들	0세	2026. 4. 1. 출생, 소득 없음
위탁아동	10세	7개월 양육, 소득 없음
동생	35세	장애인, 소득 없음

2. 신용카드, 직불카드 및 현금영수증 사용내역은 다음과 같다.

구 분		금 액
신용카드 사용액	본인의 정당 기부금(정치자금세액공제 적용)	300,000원
	본인의 신차 구입에 따른 취득세	2,000,000원
	본인의 가전제품 구입	19,900,000원
	배우자의 국외 사용	900,000원
	장인의 대중교통 이용	200,000원
	동생의 도서 · 공연 사용	800,000원
기타 사용액	배우자의 전통시장 현금영수증 사용	1,500,000원
	부친의 직불카드 사용	5,500,000원

3. 의료비 지출내역

구 분	금 액
본인의 건강진단비	1,200,000원
본인과 배우자의 시력보정용 안경구입비(각 400,000원)	800,000원
배우자의 출산 병원비	1,000,000원
배우자의 산후조리원 비용	3,000,000원
부친의 건강증진용 약품구입비	900,000원
장인의 보청기 구입비	2,000,000원
딸의 허리디스크 수술비	10,000,000원
딸의 미용성형수술비	2,000,000원
동생의 장애인 보장구 구입비	3,000,000원

[요구사항 1]

정의 인적공제액과 자녀세액공제액을 다음의 〈답안양식〉에 따라 제시하시오. ⤏ 자녀세액공제액은 제7절 학습 후 풀이

〈답안양식〉

인적 공제액	기본공제액	
	추가공제액	
자녀세액공제액		

[요구사항 2]

정의 신용카드 등 사용금액에 대한 소득공제액을 다음의 〈답안양식〉에 따라 제시하시오.

〈답안양식〉

신용카드 등 사용금액	40% 공제율 적용대상	
	30% 공제율 적용대상	
	15% 공제율 적용대상	
신용카드 등 사용 소득공제액		

[요구사항 3] ⇢ '요구사항 3'은 제7절 학습 후 풀이

특별세액공제를 항목별로 신청한 정의 의료비세액공제액을 다음의 〈답안양식〉에 따라 제시하시오.

〈답안양식〉

의료비 세액공제액	

해 답

[요구사항 1]

인적 공제액	기본공제액	10,500,000〈주1〉
	추가공제액	5,000,000〈주2〉
자녀세액공제액		1,050,000〈주3〉

〈주1〉 1,500,000 × 7명* = 10,500,000

* 본인, 배우자, 장인, 딸, 아들, 위탁아동, 동생

〈주2〉 1,000,000 (경로우대자(장인)) + 2,000,000 × 2명 (장애인(장인, 동생)) = 5,000,000

〈주3〉 550,000 (기본공제(딸, 위탁아동)*1) + 500,000 (출산 · 입양공제(둘째)*2) = 1,050,000

[요구사항 2]

신용카드 등 사용금액	40% 공제율 적용대상	200,000 + 1,500,000 = 1,700,000
	30% 공제율 적용대상	－
	15% 공제율 적용대상	19,900,000
신용카드 등 사용 소득공제액		640,000

[근　거]

- 소득공제액 : min[(1), (2)] = 640,000

(1) 공제대상액

구분	사용액	총급여×25%	초과사용액	공제율	공제액
전통시장	1,500,000		1,500,000	40%	600,000
대중교통	200,000		100,000	40%	40,000
직불카드 등	－				
신용카드	19,900,000				
계	21,600,000*3	20,000,000	1,600,000		640,000

(2) 한도 : 기본한도 3,000,000*4

[요구사항 3]

의료비 세액공제액	2,040,000

[근　거] (①+②) × 15% = 2,040,000

① $\min\left[\begin{array}{l}(\underbrace{400{,}000}_{\text{배우자 안경}} + \underbrace{1{,}000{,}000}_{\text{배우자 출산}} + \underbrace{2{,}000{,}000^{*5}}_{\text{산후조리원}} + 10{,}000{,}000) - 80{,}000{,}000 \times 3\% = 11{,}000{,}000 \\ 7{,}000{,}000\end{array}\right]$

= 7,000,000

② $\underbrace{1{,}200{,}000}_{\text{본인건강진단비}} + \underbrace{400{,}000}_{\text{본인 안경}} + \underbrace{2{,}000{,}000}_{\text{65세 이상자 보청기}} + \underbrace{3{,}000{,}000}_{\text{장애인 보장구}}$

= 6,600,000

해설

1. 해답상 '*'에 대한 설명

*1 아들은 8세미만이므로 공제대상이 아니다.

*2 위탁아동은 출산 · 입양공제 대상이 아니므로 2026년에 출생한 아들은 둘째이다.

*3 ① 정치자금세액공제를 적용받은 정당기부금, 형제자매 사용액, 소득금액 100만원을 초과하는 부친 사용액은 신용카드 등 사용 소득공제 대상이 아니다.

② 총급여액이 7,000만원을 초과하므로 문화체육사용분은 별도로 구분하지 않는다.

*4 총급여액이 7,000만원을 초과하는 근로자로서 나이요건과 소득금액 요건을 충족한 직계비속(위탁아동 포함)이 2명 이상 있으므로 기본한도는 300만원이다.

*5 출산 1회당 200만원을 한도로 산후조리원 비용을 공제대상 의료비로 본다.

제 7 절 종합소득 차감납부세액의 계산

summary p2-181. 제8절, p2-186. 제9절

7-1 금융소득 산출세액계산 특례 1.5차 2차

이미 문 1-1~문 1-3에서 종합적으로 정리한 내용이므로 해당 내용을 다시 한 번 정리할 것

7-2 부동산매매업자의 세액계산 특례 1.5차 2차 필수

부동산매매업을 영위하는 거주자 갑의 다음 자료에 의하여 소득세부담 최소화를 가정하여 물음에 답하시오.

1. 국내에 상가를 3개 보유하다가 2026. 6. 1.에 그 중 1개의 매매사업용 상가(미등기)를 다음과 같이 양도하였다. 상가의 보유기간은 9년이며, 보유기간 9년인 경우 적용되는 장기보유특별공제액은 양도차익의 18% 상당액이다.

① 양 도 가 액 :	₩500,000,000	② 취 득 가 액 :	₩400,000,000
③ 자본적 지출액 :	30,000,000	④ 양 도 비 용 :	16,000,000

2. 위의 상가의 매매소득을 제외한 종합소득금액은 ₩30,000,000(금융소득은 없음)이다.
3. 종합소득공제액은 ₩9,000,000이다.
4. 갑은 2026. 8. 10.에 혼인신고하였다.
5. 기본세율 : '제3편. 부록' 참고

[물 음]
1. 상가매매차익에 대한 예정신고시 납부세액을 계산하시오.
2. 종합소득자진납부세액을 계산하시오.

핵심정리

문제의 포인트

- 부동산매매업자에게 적용하는 특례 규정 정리 : 아래 ※

※ 부동산매매업자에 대한 특례 규정

1. 예정신고 특례 summary p2-218. 4

   부동산매매업자는 토지 또는 건물의 매매차익과 그 세액을 매매일이 속하는 달의 말일부터 2개월이 되는 날까지 신고하여야 한다. 이 경우 토지 등 매매차익 예정신고세액은 다음과 같이 계산한다. → 예정신고시에는 양도소득세 계산방식을 준용하여 계산하고, 확정신고시 종합소득에 포함하여 정산한다.

(매매가액 − 필요경비*1 − 장기보유특별공제 − ~~양도소득기본공제~~) × 양도소득세율*2

   *1 필요경비 : 취득가액·자본적지출 및 양도비용 등

   *2 다만, 예정신고시에는 토지 등의 보유기간이 2년 미만인 경우에도 양도소득세율(40%, 50%)을 적용하지 않고 기본세율(6%～45%)을 적용한다.

2. 세액계산 특례 summary p2-182. 3

   부동산매매업자로서 종합소득금액에 비사업용토지, 미등기양도자산, 분양권, 조정대상지역에 있는 1세대 2주택 이상에 해당하는 주택('summary p2-263. 3)'의 주택을 말한다) 중 하나에 해당하는 자산의 매매차익이 있는 자는 다음과 같이 산출세액을 계산한다.

   - 산출세액 : max(①, ②)

     ① 종합소득과세표준 × 기본세율

     ② $\left(\text{대상 자산 매매차익*1} - \text{장기보유 특별공제*2} - \text{양도소득 기본공제*3}\right) \times \text{양도소득 세율} + \left(\text{과세표준} - \text{대상 자산 매매차익*1}\right) \times \text{기본세율}$

   *1 여기서 '매매차익'이란 매매가액에서 필요경비를 차감한 금액을 말한다.

   *2 특례적용대상 자산 중 비사업용토지에 대해서 적용하며, 미등기양도자산 및 분양권, 조정대상지역에 있는 1세대 2주택 이상에 해당하는 주택에 대해서는 장기보유특별공제를 적용하지 않는다.

   *3 미등기양도자산에 대해서는 기본공제를 적용하지 않는다(다른 자산은 양도소득기본공제 250만원 적용).

해 답

1. 상가매매차익 예정신고납부세액

(1) 예정신고산출세액

[500,000,000－400,000,000－30,000,000－16,000,000 －0(장기보유특별공제)*1]*2

↳ 54,000,000

× 70%*3 ＝ 37,800,000

(2) 예정신고납부세액 : 37,800,000

2. 종합소득자진납부세액

(1) 종합소득금액 : 54,000,000 (사업소득금액) ＋ 30,000,000 (다른 종합소득금액) ＝ 84,000,000

(2) 과세표준 : 84,000,000 － 9,000,000 ＝ 75,000,000

(3) 산출세액 : max(①, ②) ＝ 39,690,000

① 75,000,000 × 기본세율
＝ 75,000,000 × 24% － 5,760,000 ＝ 12,240,000

② (54,000,000－0*4－0*4) × 70% ＋ (75,000,000－54,000,000) × 기본세율
＝ 37,800,000 ＋ [21,000,000×15%－1,260,000]
＝ 39,690,000

(4) 세액공제 : 570,000

① 표준세액공제 : 70,000*5

② 혼인세액공제 : 500,000*6

(5) 종합소득자진납부세액 : 39,690,000 － 570,000 － 37,800,000*7 ＝ 1,320,000

해설

1. 해답상 '*'에 대한 설명

*1 미등기자산에 대하여는 장기보유특별공제를 적용하지 않는다.

*2 「소득세법 시행규칙」 별지 16호 서식에 따르면 자산 종류와 무관하게 부동산매매업자의 예정신고시 세액을 계산할 때에는 양도소득기본공제(2,500,000)를 적용하지 않는다.

*3 미등기자산이므로 70%의 세율을 적용한다.

*4 미등기자산에 대하여는 장기보유특별공제와 양도소득기본공제(2,500,000)를 적용하지 않는다.

*5 근로소득이 없는 자로서 성실사업자가 아니므로 별도의 언급이 없더라도 표준세액공제 7만원을 적용한다. summary p2-191. 2). ①

*6 거주자가 2026. 12. 31. 이전에 혼인신고한 경우에는 1회(혼인신고 후 그 혼인이 무효가 되어 법령에 따라 신고한 경우는 제외한다)에 한정하여 혼인신고한 날이 속하는 과세기간의 종합소득 산출세액에서 50만원을 공제한다. summary p2-206. (1)

*7 토지 등 매매차익 예정신고시 신고납부한 세액은 확정신고시 기납부세액으로 차감한다.

7 / 3 주택임대소득에 대한 세액계산 특례

상호 독립된 각 【문】에 답하시오.

【문 1】

다음은 거주자 갑(70세, 남성 독신자)의 2026년도 소득세 계산 자료이다. 자료를 이용하여 물음에 답하시오. 단, 제시된 금액은 원천징수 전 금액이며, 원천징수는 적법하게 이루어졌다.

1. 주택임대소득
   (1) 갑은 국내에서 주택을 2채 소유하고 있다. 그 중 1채를 다음과 같이 임대하였다.
      ① 임대기간 : 2026. 1. 1.~2026. 12. 31.
      ② 임대조건 : 임대보증금 ₩100,000,000(보증금 수령일은 2026. 1. 8.)에 월 ₩1,500,000의 임대료를 매월 말 받기로 하였다(12월분 임대료는 2027년 1월 초에 수령하였음).
   (2) 주택임대와 관련하여 간편장부 기장으로 입증되는 필요경비는 ₩6,000,000이다.
   (3) 재정경제부령으로 정하는 정기예금이자율은 2.1%라고 가정한다.
2. 2026년 귀속 갑의 종합과세되는 연금소득금액은 ₩8,000,000이다.
3. 공익사업과 관련된 지역권의 설정·대여 대가로 ₩10,000,000을 수령하였다.
4. 세율 : '제3편. 부록' 참고

[물 음]

다음 각 경우별로 세부담 최소화 가정하에 갑의 2026년 종합소득 결정세액을 계산하시오.

1. 〈경우 1〉 임대주택이 등록임대주택이며, 「조세특례제한법」상 소형주택임대사업자에 대한 30% 세액감면 대상자인 경우 1.5차 2차
2. 〈경우 2〉 임대주택이 등록임대주택이 아닌 경우 1.5차 2차
3. 〈경우 3〉 임대주택이 1월부터 3월까지는 미등록임대주택이고, 4월 이후에는 등록임대주택이라고 가정하는 경우. 단, 세액감면대상은 아니라고 가정한다. 2차

【문 2】

'p2-75. 문 2-3' 풀이할 것

핵심정리

문제의 포인트

• 주택임대소득에 대한 세액계산 특례 : summary p2-183. 4

해 답

【문 1】

1. 등록임대주택인 경우

(1) 분리과세 대상 여부 판정

주택임대업 수입금액 : 1,500,000 × 12 ＝ 18,000,000*¹ → 2,000만원 이하

(2) 결정세액 : min[1), 2)] ＝ 813,600

1) 종합과세시 세액

① 종합소득금액

사업소득금액 :	18,000,000 － 6,000,000 ＝	12,000,000
연금소득금액 :		8,000,000
기타소득금액 :	10,000,000 × (1－60%) ＝	4,000,000
		24,000,000

② 과세표준 : 24,000,000 －1,500,000(기본공제) － 1,000,000(추가공제(경로우대자)) ＝ 21,500,000

③ 산출세액 : 21,500,000 × 15% － 1,260,000 ＝ 1,965,000

④ 세액감면 : $1{,}965{,}000 \times \frac{12{,}000{,}000}{24{,}000{,}000} \times 30\% = 294{,}750$

⑤ 결정세액 : 1,965,000 － 294,750 － 70,000(표준세액공제) ＝ 1,600,250

2) 분리과세시 세액 : ① ＋ ② ＝ 813,600

① [18,000,000×(1－60%)－4,000,000*²] × 14% × (1－30%) ＝ 313,600

② [(8,000,000＋4,000,000)(주택임대소득 외의 종합소득금액)－2,500,000(소득공제)] × 기본세율(6%) － 70,000(표준세액공제) ＝ 500,000

2. 미등록임대주택인 경우

• 결정세액 : min[1), 2)] ＝ 1,480,000

1) 종합과세시 세액

① 산출세액 : 1,965,000 → '물음 1'과 동일

② 결정세액 : 1,965,000 － 70,000(표준세액공제) ＝ 1,895,000*

* 미등록임대주택이므로 세액감면은 적용하지 않는다.

2) 분리과세시 세액 : ① + ② = 1,480,000

① [18,000,000×(1－50%)－2,000,000*²] × 14% = 980,000*

* 미등록임대주택이므로 세액감면은 적용하지 않는다.

② 500,000 → '물음 1'과 동일

3. 가정의 경우

- 결정세액 : min[1), 2)] = 1,081,000

1) 종합과세시 세액 : 1,895,000 → '물음 2'와 동일

2) 분리과세시 세액 : ① + ② = 1,081,000

① (7,650,000*－3,500,000**) × 14% = 581,000

② 500,000 → '물음 1'과 동일

* (1,500,000×3개월) × (1－50%) + (1,500,000×9개월) × (1－60%) = 7,650,000

$$** \ \frac{4,500,000}{18,000,000} \times 2,000,000 + \frac{13,500,000}{18,000,000} \times 4,000,000 = 3,500,000^{*2}$$

해 설

1. 해답상 '*'에 대한 설명

*¹ 주택에 대한 간주임대료 계산요건(33투고12)을 충족하지 못하므로 간주임대료는 계산하지 않는다.

*² '분리과세 주택임대소득을 제외한 당기 종합소득금액'이 2,000만원 이하인 경우에 400만원(미등록임대주택자는 200만원)을 공제한다. 등록임대주택과 미등록임대주택에서 수입금액이 발생한 경우에는 수입금액기준으로 안분계산한다.

7 / 4 연금소득에 대한 세액계산 특례 2차 필수

다음은 거주자 갑(60세, 여성 독신 세대주)의 2026년 소득세 계산자료이다. 자료를 이용하여 물음에 답하시오. 단, 제시된 금액은 원천징수 전 금액이며, 원천징수는 적정하게 이루어졌다.

1. 2020. 1. 20.부터 연금계좌에 가입하여 2026. 1. 20.부터 수령을 시작한 연금계좌에서 2026년에 연금으로 수령한 금액은 ₩40,000,000이다. 연금수령개시 신청일인 2026. 1. 20. 현재 연금계좌 평가액은 ₩150,000,000이며, 그 내역은 다음과 같다.
   ① 본인 납입액 : ₩128,000,000(세액공제받지 못한 금액 ₩5,000,000이 포함된 금액)
   ② 이연퇴직소득 : ₩10,000,000
   ③ 연금계좌 운용수익 : ₩12,000,000
2. 2026년도에 산업재산권을 양도하고 ₩20,000,000을 수령하였다.
3. 연금소득공제 및 기본세율 : '제3편. 부록' 참고

[물 음]

1. 갑의 2026년도의 연금수령 한도와 과세대상 연금소득 및 과세대상 연금소득에 대한 소득세 원천징수세액을 〈답안양식〉에 따라 제시하시오. 다만, 이연퇴직소득을 연금외수령한다고 가정할 때의 원천징수세율은 10%라고 가정한다.

〈답안양식〉

연금수령 한도	
과세대상 연금소득	
과세대상 연금소득에 대한 원천징수세액	

2. 과세대상 연금소득 중 분리과세연금소득 외의 연금소득이 있는 경우 세부담 최소화 가정하에 갑의 종합소득 결정세액을 계산하시오.

핵심정리

문제의 포인트

- 연금소득에 대한 세액계산 특례 : summary p2-185. 5

해 답

1.

연금수령 한도	36,000,000〈주1〉
과세대상 연금소득	31,000,000〈주2〉
과세대상 연금소득에 대한 원천징수세액	1,750,000〈주3〉

〈주1〉 $\frac{150,000,000}{11 - 6^{*1}} \times 120\% = 36,000,000$

〈주2〉

수 령 액	40,000,000	구 성		소 득
연 금	36,000,000	과 세 제 외	5,000,000	–
		이연퇴직소득	10,000,000	연금소득(분리과세)
		위 외	21,000,000	연금소득
연 금 외	4,000,000	위 외	4,000,000	기타소득(분리과세)

• 과세대상 연금소득 : 10,000,000 + 21,000,000 = 31,000,000*2

〈주3〉 10,000,000 × (10%×70%) + 21,000,000 × 5% = 1,750,000*3

2. 결정세액 : min[(1), (2)] = 1,745,000*4

(1) 종합과세시 세액

① 종합소득금액

연금소득금액 : 21,000,000 − [6,300,000+(21,000,000−14,000,000)×10%]*5 = 14,000,000

기타소득금액 : 20,000,000 × (1−60%) = 8,000,000

22,000,000

② 과세표준 : 22,000,000 − 1,500,000*6 (기본공제) = 20,500,000

③ 산출세액 : 20,500,000 × 15% − 1,260,000 = 1,815,000

④ 결정세액 : 1,815,000 − 70,000 (표준세액공제) = 1,745,000

(2) 분리과세시 세액 : ① + ② = 3,470,000

① 21,000,000 × 15% = 3,150,000

② (8,000,000 (기타소득금액) − 1,500,000 (기본공제)) × 6% (기본세율) − 70,000 (표준세액공제) = 320,000

해설

1. 해답상 '*'에 대한 설명

*1 연금요건 및 기산연차 결정 : Q 이연퇴직소득이 있는가? : yes → Q 연금요건 충족하였는가? : yes[이연퇴직소득이 연금계좌에 있으므로 가입기간요건(5년)과 무관하게 연령요건(55세)을 충족한 2021년이 기산연차] → Q 2013. 3. 1. 전에 가입했는가? : no → ∴ 수령연차는 기산연차인 2021년이 1년차, 2026년이 6년차 [연령요건만 고려하는 경우 간편법 : (60세－55세)+1년=6년]

*2 종합과세대상 연금소득이 아닌 과세대상 연금소득이므로 분리과세대상도 포함하여 계산한다.

*3 ① 이연퇴직소득 10,000,000 : 연금수령연차가 10년 이하이므로 연금외수령 원천징수세율에 70%를 곱하여 계산한다.
② 21,000,000 : 나이가 70세 미만이므로 5%의 원천징수세율을 곱하여 계산한다.
③ 만약 문제에서 기타소득에 대한 소득세 원천징수세액도 요구한다면 '4,000,000×15%=600,000'으로 계산한다.

*4 분리과세연금소득(10,000,000) 외의 연금소득(21,000,000)이 1,500만원을 초과하므로 종합과세하되, 세부담을 최소화하기 위하여 종합과세시 세액과 15% 분리과세시 세액 중 적은 금액을 결정세액으로 한다.

*5 총연금액이 4,100만원 이상이 아니므로 한도(900만원)는 고려할 필요 없다.

*6 기본공제대상 부양가족이 있는 세대주가 아니므로 부녀자공제는 고려하지 않는다.

7-5 계약금의 위약금 대체액이 있는 경우 결정세액 1.5차 2차 필수

다음은 독신자인 거주자 갑(여성, 60세)의 2026년 소득세 계산 자료이다. 자료를 이용하여 물음에 답하시오. 단, 별도의 언급이 없는 한 원천징수는 적정하게 이루어졌으며, 제시된 금액은 원천징수 전 금액이다.

〈자 료〉

1. 국내 은행 예금이자 : ₩20,000,000
2. 부동산임대업 사업소득금액 : ₩50,200,000(복식부기의무자이며, 성실사업자는 아님)
3. 일시적으로 받은 다음의 소득이 있다. 자료에 제시된 소득에 대하여 입증된 필요경비는 없다.
   ① 상가매매계약 해약으로 계약금이 위약금으로 대체된 금액 : ₩1,000,000
   ② 연금계좌에서 연금외수령한 기타소득 : ₩5,000,000
   ③ 산업재산권의 양도로 인하여 받은 금액으로서 원천징수되지 않은 금액 : ₩2,000,000
   ④ 사진창작품에 대한 대가 : ₩2,500,000
4. 소득세 기본세율 : '제3편. 부록' 참고

[물 음]

1. 자료를 이용하여 갑의 2026년 귀속 기타소득 총수입금액과 필요경비를 〈답안양식〉에 따라 제시하시오.

   〈답안양식〉

총수입금액	
필요경비	
기타소득금액	

2. 갑의 2026년 종합소득 결정세액을 계산하시오. 단, 선택가능한 경우 세부담을 최소화하기로 한다.
3. 물음 2번의 결과를 이용하여 종합소득 차감납부세액 계산시 기납부세액으로 차감할 원천징수세액을 계산하시오.

핵심정리

문제의 포인트

※ 계약금의 위약금 대체액 및 원천징수되지 않은 기타소득이 있을 때 과세방법

[1] 문제의 포인트

1. 원천징수대상 조건부 과세대상 기타소득으로서 원천징수되지 않은 소득금액(이 문제의 경우 2,000,000×40%=800,000)의 처리방법 : 그 소득금액을 300만원 판단대상 소득금액 계산 대상에 포함하되, 판단대상 소득금액이 300만원 이하여서 조건부과세대상 기타소득에 대하여 분리과세를 선택하더라도 원천징수되지 않은 것은 무조건 종합과세한다.
2. 계약금의 위약금 대체액이 있는 경우 처리방법 : 이 문제 '해설 1. *4'에서 설명함
3. 판단대상 소득금액이 300만원 이하인 경우 종합과세와 분리과세 중 어느 것이 세부담을 최소화할 것인지 선택하는 방법 : summary p2-148. 정리

[2] 자료별 정리사항

1. 국내 은행 예금이자는 조건부과세대상인데, 2,000만원 이하이므로 분리과세한다.
2. 부동산임대업 사업소득금액은 종합과세한다. 단, 원천징수대상 사업소득이 아니므로 물음 3번에서 기납부세액으로 차감할 원천징수세액은 없다.
3. ① 계약금이 위약금으로 대체된 금액은 원천징수대상이 아닌 조건부과세대상 기타소득이다.
   ② 연금계좌에서 연금외수령한 기타소득은 분리과세대상 기타소득이다.
   ③ 산업재산권의 양도로 인하여 받은 금액은 조건부 과세대상 기타소득(최소한 60% 필요경비 인정)이나, 원천징수되지 않았으므로 무조건 종합과세한다. → 위 '[1]. 1'과 같이 처리해야 함
   ④ 사진창작품에 대한 대가 : 조건부 과세대상 기타소득(최소한 60% 필요경비 인정)이다.

해 답

1.

총수입금액	10,500,000
필요경비	2,700,000
기타소득금액	7,800,000

[근 거]

구 분		총수입금액	필요경비	소득금액		
				징수 대상 ○	대상 ×	계
조건부	위약금	1,000,000	—		1,000,000	1,000,000
	창작품	2,500,000	(60%)1,500,000	1,000,000		1,000,000
종합과세	산업재산권양도	2,000,000	(60%)1,200,000			800,000*1
소계						2,800,000*2
분리과세	연금외수령	5,000,000				5,000,000
계		10,500,000*3	2,700,000*3			7,800,000

2. 결정세액

(1) 조건부 과세대상 기타소득의 종합과세여부 선택

1) 분리과세시 증분 : 2,000,000*4 × 20% ＝ 400,000

2) 종합과세시 증분

① 과세표준 : [50,200,000(사업소득금액) ＋ 800,000*5(산업재산권 양도(무조건 종합과세))] － 1,500,000*6 ＝ 49,500,000

② 증가세액

대상금액		세율	세액*7
50,000,000 － 49,500,000 ＝	500,000	15%	75,000
	1,500,000	24%	360,000
	2,000,000		435,000

3) 결론 : 분리과세 선택

(2) 결정세액 : 1) ＋ 2) ＝ 6,295,000

1) 위약금 외의 종합소득 결정세액

분리과세시 과세표준	49,500,000
세 율	(×) 세 율
산 출 세 액	6,165,000*
세액공제(표준세액공제)	△70,000*8
결 정 세 액	6,095,000

* 49,500,000 × 15% － 1,260,000 ＝ 6,165,000

2) 위약금 결정세액 : 1,000,000 × 20% ＝ 200,000*4

3. 기납부세액

0*9(사업소득) ＋ 0*5(기타소득) ＝ 0

해 설

1. 해답상 '*'에 대한 설명

*1 원천징수대상이지만 원천징수하지 않았으므로 무조건 종합과세의 '계'란에만 적었다.

*2 판단대상 기타소득금액이 2,800,000으로 300만원 이하이므로 무조건 종합과세대상 800,000은 종합과세하고, 조건부 과세대상 기타소득금액 2,000,000에 대하여 해답 '2. (1)'과 같이 분리과세할 것인지 여부를 판단한다.

*3 물음 1번의 요구사항이 '종합과세 대상 기타소득'이 아닌 '기타소득'이므로 분리과세대상 기타소득을 포함한 총수입금액과 필요경비를 계산한다.

*4 계약금이 위약금으로 대체된 금액 1,000,000은 원천징수대상이 아니므로 분리과세를 선택하더라도 '기타소득금액×20%'를 결정세액으로 확정신고해야 한다(summary p2－147. *3). 따라서 분리과세시 증분을 계산할 때에도 이를 반영해야 한다.

*5 조건부 과세대상 기타소득 2,000,000을 분리과세하더라도 무조건 종합과세대상 800,000은 종합과세하므로 과세표준 계산시 포함한다. 단, 원천징수되지 않았으므로 기납부세액(원천징수세액) 계산시 이를 고려하면 안된다.

*6 독신자이므로 본인에 대한 기본공제 1,500,000을 적용한다.

*7 과세표준 5,000만원까지는 15% 세율을 적용하고, 5,000만원 초과 8,800만원까지는 24% 세율을 적용한다.

*8 근로소득이 없는 거주자로서 다른 세액공제 자료가 없으므로 특별세액공제(표준세액공제) 7만원을 적용한다. summary p2－191. 2)

*9 부동산임대업은 원천징수대상 사업이 아니므로 기납부세액으로 차감할 원천징수세액은 없다.

7 - 6 자녀세액공제, 연금계좌세액공제, 정치자금세액공제 1.5차 2차 

다음은 근로소득만 있는 거주자 갑(40세)의 2026년 종합소득 세액공제 관련 자료이다.

〈자 료〉

1. 갑의 근로소득 총급여액은 ₩50,000,000이다.

2. 갑의 기본공제대상자에 해당하는 자녀로 장남(10세), 장녀(8세), 차남(6세), 차녀(2026. 3. 2. 출생)가 있다. 갑은 「조세특례제한법」상 자녀장려금 적용대상자가 아니며, 2026년에 입양 신고한 자녀는 없다.

3. 갑의 2026년 연금계좌 납입액으로 연금저축계좌 납입액 ₩8,000,000(이 금액 중 ₩1,000,000은 연금계좌에서 다른 연금계좌로 계약을 이전함에 따라 납입한 금액이며, ₩4,000,000은 「조세특례제한법」상 요건을 갖춘 개인종합자산관리계좌의 계약만료된 계좌잔액을 계약만료일로부터 60일 이내에 연금계좌로 납입한 금액임), 퇴직연금계좌 납입액 ₩5,000,000원이 있다. 갑의 연금계좌 신규납입액 중 소득세가 원천징수되지 않은 퇴직소득 등 과세가 이연된 소득은 없다.

4. 갑은 정당에 정치자금으로 ₩400,000을 기부하였다.

5. 갑은 특별소득공제, 보험료 · 의료비 · 교육비 · 기부금 세액공제, 월세세액공제를 신청하지 아니하였다.

[물 음]

자료를 이용하여 다음의 답안양식을 작성하고 그 계산근거를 제시하시오.

자녀세액공제	
연금계좌세액공제	
특별세액공제	
정치자금세액공제	

핵심정리

문제의 포인트

1. 자녀세액공제 : summary p2-188. 1
2. 연금계좌세액공제 : summary p2-189. 2
3. 특별세액공제 : summary p2-190. 3
4. 정치자금세액공제 : summary p2-206. (2)

해답

자녀세액공제	1,250,000(주1)
연금계좌세액공제	1,410,000(주2)
특별세액공제	130,000*3
정치자금세액공제	135,909(주3)

〈주1〉 $\underbrace{550,000}_{\text{기본공제}} + \underbrace{700,000}_{\text{출산공제}} = 1,250,000$ *1

〈주2〉 min(①, ②) × 15% = 1,410,000

① (8,000,000－1,000,000)*2 + 5,000,000 = 12,000,000

② 한도 : ㉠ + ㉡ + ㉢ = 9,400,000

㉠ 6,000,000

㉡ min(5,000,000, 3,000,000) = 3,000,000

㉢ min(4,000,000×10%, 3,000,000) = 400,000

〈주3〉 $100,000 \times \frac{100}{110} + 300,000 \times 15\% = 135,909$

해설

1. 해답상 '*'에 대한 설명

*1 ① 기본공제 : 8세 이상인 기본공제대상자는 장남과 장녀로 2명이므로 550,000을 공제한다.
② 출산공제 : 2026년에 출산한 공제대상자녀가 넷째이므로 700,000을 공제한다.
③ 「조세특례제한법」상 자녀장려금은 자녀세액공제와 중복하여 적용할 수 없다.

*2 연금계좌납입액 중 이연퇴직소득과 연금계좌에서 다른 연금계좌로 계약을 이전함으로써 납입되는 금액은 세액공제대상 연금계좌납입액에서 제외한다.

*3 근로소득이 있는 자가 「소득세법」상 특별소득공제, 항목별 세액공제, 월세세액공제를 신청하지 않는 경우에는 표준세액공제로 130,000을 공제한다.

7 / 7 특별세액공제 - 보험료·교육비세액공제

다음은 거주자 김주안씨(50세)의 2026년도 소득세 계산자료이다. 이를 기초로 [물음]에 답하시오. 제시된 금액은 원천징수 전 금액이며, 원천징수는 적정하게 이루어졌다.

〈자　료〉

1. 김주안씨의 소득자료
   ① 비상장법인으로부터의 배당금 : ₩20,000,000
   ② 직장에서 지급받은 금액 : ₩92,000,000(사규에 따라 지급받은 본인에 대한 업무관련 대학원 학자금 ₩2,000,000*과 장녀에 대한 학자금 ₩1,000,000 포함)

   * 교육기간은 2년이며, 교육 후 2년을 초과하여 근무하지 않으면 반납할 것을 조건으로 받은 학자금이다.

2. 김주안씨의 동거가족 현황

가족관계	생년월일	비　고	
모　친	1951. 5. 10.	논밭의 작물생산목적 임대료 소득금액	₩2,000,000
부　인	1978. 3. 5.	비영업대금의 이익	50,000,000
장　남	2006. 1. 8.	사업소득금액	6,000,000
장　녀	2007. 9. 15.	정기예금이자	1,020,000
차　녀	2019. 4. 7.	장 애 인	
동　생	1993. 6. 10.	-	

3. 보험료 지출내역(증빙완비)

가족관계	피보험자	연간보험료	비　고
건강보험료	본 인	₩700,000	본인 부담액
고용보험료	본 인	600,000	본인 부담액
국민연금보험료	본 인	1,100,000	본인 부담액
장애인전용보장성보험료	차 녀	1,200,000	12월분 보험료 미납액 ₩100,000이 포함된 금액
자동차보험료	본 인	300,000	납입일은 2026. 10. 1.(보험기간은 2026. 10. 1.~2027. 9. 30.)
생명보험료	장 남	240,000	만기환급액이 납입보험료를 초과하지 아니함
일반보험료	장 녀	400,000	만기환급액이 납입보험료를 초과함
보증보험료	본 인	200,000	주택 임차보증금 3억원의 반환을 보증하는 것을 목적으로 하는 보험료임

4. 15% 의료비세액공제율을 곱하는 대상이 되는 의료비는 ₩6,000,000(총급여액의 3%를 초과하는 금액이며, 미숙아 · 선천성이상아를 위한 의료비 및 난임시술비는 없음)이라고 가정한다.

5. 교육비 지출내역(증빙완비)

구 분	금 액	지 출 처	비 고
본 인	₩4,500,000	대 학 원	–
모 친	2,000,000	대 학 교	–
부 인	3,800,000	대 학 원	–
장 남	9,500,000*[1]	대 학 교	–
장 녀	3,100,000*[2]	고등학교	재학 중인 학교로부터 수령한 장학금은 ₩500,000
차 녀	6,200,000	아래'*3'참고	–
동 생	9,300,000	대 학 교	–

*1 장남은 위의 교육비 외에 컴퓨터학원에 연간 ₩1,000,000을 지출하였다.

*2 ₩3,100,000에는 ₩500,000은 방과후 학교 수강료(이 중 ₩300,000은 학교에서 구입한 도서구입대임), ₩80,000은 학교에서 구입한 교과서대, ₩200,000은 학교급식비, ₩600,000은 교복구입비, 고등학교 수학여행비 ₩400,000이 포함되어 있다.

*3 차녀는 취학 전 아동으로 2026년도의 교육비 지출내역은 다음과 같다.

① 태권도장에서 월 단위로 실시하는 교습과정에서 1주일에 1일씩 교습을 받고 연간 ₩3,200,000을 지출하였다.

② 장애인 재활교육을 받기 위하여 사회복지시설에 연간 ₩3,000,000을 지출하였는데, 이 중 ₩1,000,000은 국가로부터 지원받은 금액이다.

6. 2026년 중 주택청약종합저축 ₩2,500,000을 납입하였고, 국민주택임차자금 차입금 ₩11,000,000(원금 ₩10,000,000, 이자 ₩1,000,000)을 상환하였다. 김주안씨는 무주택 세대주이다.

7. 특별세액공제 외의 세액공제액의 합계는 ₩800,000이라고 가정한다.

8. 근로소득공제 및 기본세율은 '제3편. 부록'을 참고하여 계산하기로 한다.

[물음 1]

자료를 이용하여 다음 〈답안양식〉에 따라 2026년의 종합소득금액, 소득공제, 과세표준, 산출세액을 계산하고 그 계산근거를 제시하시오.

〈답안양식〉

종 합 소 득 금 액	
소 득 공 제	
과 세 표 준	
산 출 세 액	

[물음 2]

자료를 이용하여 다음 〈답안양식〉에 따라 2026년도 보험료세액공제액, 의료비세액공제액, 교육비세액공제액을 계산하고 그 계산근거를 제시하시오.

〈답안양식〉

보험료세액공제액	
의료비세액공제액	
교육비세액공제액	

[물음 3]

자료를 이용하여 2026년 종합소득 결정세액을 계산하시오.

핵심정리

문제의 포인트

1. 항목별 세액공제 계산시 공제대상 기본공제대상자의 범위 : 아래 ※
2. 보험료세액공제 : summary p2-191. (2)
3. 교육비세액공제 : summary p2-195. (4)

※ 항목별 세액공제 계산시 공제대상 기본공제대상자의 범위 summary p2-192. 정리

다음의 요건을 충족한 기본공제대상자를 위한 것을 공제대상으로 한다.

구 분	보험료세액공제*2		의료비 세액공제	교육비세액공제*2			기부금 세액공제
	일반보장성 보험료	장애인전용 보장성보험료		일반교육비	직업능력 개발훈련비	장애인 특수교육비	
나이요건	○	×*1	×	×	×	×*1	×
소득금액요건	○	○	×	×	×	×	○

*1 장애인은 기본공제대상 판정시 나이요건은 고려하지 않는다.

*2 계산문제 풀이시 주의사항

① 보험료세액공제 : 기본공제대상자 외의 자에 대한 보험료를 먼저 제외하고 계산하는 습관을 들일 것

② 의료비세액공제 : 나이와 소득금액과 무관하게 기본공제대상자로 열거된 사람에 대한 의료비를 공제대상으로 함

③ 교육비세액공제 : 나이와 소득금액과 무관하게 기본공제대상자로 열거된 사람에 대한 교육비를 공제대상으로 함. 직계존속 등 공제배제대상자에 대한 교육비를 먼저 제외하고 계산하는 습관을 들일 것

④ 기부금세액공제 : 소득금액요건을 위배한 자가 지급한 기부금을 먼저 제외하고 계산하는 습관을 들일 것

해답

1.

종 합 소 득 금 액〈주1〉	75,750,000
소 득 공 제〈주2〉	15,400,000
과 세 표 준〈주3〉	60,350,000
산 출 세 액〈주4〉	8,724,000

〈주1〉 근로소득금액 : 90,000,000* − 14,250,000** (근로소득공제) = 75,750,000 → 배당소득은 2,000만원을 초과하지 않으므로 분리과세함

* 92,000,000 − 2,000,000(본인학자금, 비과세) = 90,000,000

** 12,000,000 + (90,000,000−45,000,000) × 5% = 14,250,000

〈주2〉 소득공제

(1) 기본공제 : 4명* × 1,500,000 = 6,000,000

* 본인, 모친, 장녀, 차녀

(2) 추가공제

① 경로우대자 : 1(모친) × 1,000,000 = 1,000,000
② 장 애 인 : 1(차녀) × 2,000,000 = 2,000,000
3,000,000

(3) 연금보험료공제 : 국민연금보험료 본인부담분 1,100,000

(4) 특별소득공제

1) 보험료공제 : 700,000 + 600,000 = 1,300,000
2) 주택자금공제액 : min(①, ②) = 4,000,000
① 11,000,000 × 40% = 4,400,000*9
② 한 도 : 4,000,000
3) 계 : 5,300,000

(5) 계 : 6,000,000 + 3,000,000 + 1,100,000 + 5,300,000 = 15,400,000

〈주3〉 75,750,000 − 15,400,000 = 60,350,000

〈주4〉 60,350,000 × 24% − 5,760,000 = 8,724,000

2.

보 험 료 세 액 공 제 액〈주1〉	210,000
의 료 비 세 액 공 제 액〈주2〉	900,000
교 육 비 세 액 공 제 액〈주3〉	4,185,000

〈주1〉 ① × 15% + ② × 12%= 210,000

① 장애인 : min(㉠ 1,100,000*[1], ㉡ 1,000,000) = 1,000,000

② 일 반 : min(㉠ 300,000+200,000 = 500,000*[2], ㉡ 1,000,000) = 500,000

〈주2〉 6,000,000 × 15% = 900,000

〈주3〉 (1) + (2) + (3) = 4,185,000

(1) 일반교육비

① 공제대상액

본 인	: 4,500,000 − 2,000,000*[3] =	2,500,000
모 친	:	—*[4]
부 인	:	—*[5]
장 남	: min(① 9,500,000, ② 9,000,000) =	9,000,000*[6]
장 녀	: min(① 2,900,000*−500,000*[3], ② 3,000,000) =	2,400,000
차 녀	: min(① 3,200,000, ② 3,000,000) =	3,000,000*[7]
동생*[8]	: min(① 9,300,000, ② 9,000,000) =	9,000,000
계		25,900,000

* 3,100,000 − 100,000(교복구입비 중 50만원 초과금액) − 100,000(수학여행비 중 30만원 초과액) = 2,900,000

② 세액공제액 : 25,900,000 × 15% = 3,885,000

(2) 직업능력개발훈련비 : 0

(3) 장애인특수교육비 : (3,000,000−1,000,000) × 15% = 300,000

3. 결정세액 : 8,724,000(산출세액) − 6,095,000*(세액공제) = 2,629,000

* 세액공제

① 특별세액공제

210,000(보험료) + 900,000(의료비) + 4,185,000(교육비) = 5,295,000 ⋯→ 근로소득 산출세액을 초과하지 않으므로 전액 공제함 summary p2-210. 6. 표 안. 첫째 항목

② 다른 세액공제 : 800,000

③ 계 : 5,295,000 + 800,000 = 6,095,000 ⋯→ 종합소득 산출세액을 초과하지 않으므로 전액 공제함 summary p2-210. 6. 표 안. 셋째 항목

해설

1. 해답상 '*'에 대한 설명

*[1] 납입일을 기준으로 하므로 미납입액 100,000은 제외한다.

*[2] ① 보험료공제는 보험기간과 무관하게 납입한 연도에 공제한다.

② 장남은 기본공제대상자가 아니므로 장남을 피보험자로 하는 생명보험료는 공제대상이 아니며, 장녀에 대한 상해보험료는 만기환급액이 납입보험료를 초과하는 저축성보험이므로 공제대상이 아니다.

③ 주택 임차보증금의 반환을 보증하는 것을 목적으로 하는 보험(보증 대상 임차보증금이 3억원을 초과하는 경우는 제외)의 보험료도 보험료세액공제대상이다.

*3 소득세가 비과세되는 본인 학자금과 증여세가 비과세되는 장녀가 학교로부터 수령한 장학금은 교육비지출액에서 차감한 금액을 공제대상 교육비로 한다.

*4 직계존속에 대한 교육비는 공제 불가

*5 본인 외 대학원비 공제 불가

*6 의료비세액공제와 교육비세액공제는 나이와 소득금액과 무관하게 기본공제대상자로 열거된 사람에 대한 의료비와 교육비를 대상으로 한다. 따라서 장남의 소득금액이 100만원을 초과하더라도 장남 교육비는 공제대상이며, 대학생이므로 900만원을 한도로 한다.

*7 학원수강료는 초등학교 취학전 아동이 학원 · 체육시설 등에서 월 단위로 실시하는 교습과정(1주 1회 이상 실시하는 과정에 한함)의 교습을 받고 지출한 수강료이므로 공제대상이다(1명당 300만원 한도). ⋯▸ 아래 '2. Case문제'와 연계정리할 것

*8 공제대상자의 일반교육비의 경우 그 공제대상자의 나이와 상관없이 소득금액요건만 고려하여 공제여부를 판단한다. 따라서 위 문제의 경우 소득금액이 없으나 20세 초과로 기본공제대상자가 되지 못한 동생의 교육비도 공제대상이 된다.

*9 총급여액이 7,000만원을 초과하므로 주택청약저축 납입액은 「조세특례제한법」상 주택청약종합저축에 대한 소득공제 대상이 아니며, 국민주택임차자금 차입금의 원리금 상환액만 주택자금공제 대상이다.

2. Case 문제

Case

위 '문 7－7'. 문제 자료 '5. *3'이 다음과 같이 변경되는 경우 한도를 고려한 차녀의 교육비세액공제 대상이 되는 교육비는?

*3 차녀는 초등학생으로서 2026년의 교육비 지출내역은 다음과 같다.

① 예능교습학원에서 월 단위로 실시하는 예능분야 교습과정에서 1주일에 1일씩 교습을 받고 연간 ₩2,000,000을 지출하였다.

② 사립초등학교 입학금으로 ₩800,000, 수업료로 ₩1,000,000을 지출하였다.

③ 장애인 재활교육을 받기 위하여 사회복지시설에 연간 ₩3,000,000을 지출하였는데, 이 중 ₩1,000,000은 국가로부터 지원받은 금액이다.

해답

(1) 일반교육비 : min(① 2,000,000*+800,000+1,000,000=3,800,000, ② 3,000,000) =	3,000,000
(2) 장애인특수교육비 : 3,000,000 － 1,000,000 =	2,000,000
	5,000,000

* 차녀가 초등학생인 경우라도 과세기간 종료일 현재 9세 미만 또는 2학년 이하인 초등학생을 위한 예능교습학원(예능분야의 교습과정에 한함) 및 체육시설 교육비로서 월 단위 교습과정(1주 1회 이상 실시하는 과정에 한함)이라면 공제대상에 해당한다.

7 / 8 의료비세액공제 · 교육비세액공제 1.5차 2차 필수

다음은 거주자 세대주인 갑(여성, 47세)의 2026년도의 소득세 계산자료이다. [물음]에 답하시오.

〈자료 1〉

1. 2026년도의 소득 : 은행예금이자소득 ₩47,350,000, 총급여액 ₩60,000,000

2. 동거가족 현황

구 분	나 이	비 고
모 친	69세	—
장 남	20세	기타소득금액 ₩5,000,000
장 녀	19세	—
차 녀	17세	장애인

〈자료 2〉

2026년도의 의료비 지출내역은 다음과 같다.

구 분	금 액	비 고
본 인	₩4,000,000	정밀건강진단비 ₩800,000과 질병치료비 ₩3,200,000*
모 친	1,000,000	의료기관에 대한 질병예방비
장 남	900,000	한의원 보약구입비 ₩200,000, 시력보정용 안경구입비 ₩400,000 및 콘텍트렌즈구입비 ₩300,000
장 녀	2,900,000	쌍꺼풀수술비 ₩600,000과 국외의료비 ₩2,300,000
차 녀	2,500,000	재활의료비

* 질병치료비 중 ₩2,000,000에 대해서는 보험회사로부터 실손의료보험금을 지급받았다.

〈자료 3〉

2026년도 교육비 지출내역은 다음과 같다.

구 분	금 액	비 고
장 남	₩10,000,000	대학교 학비 ₩9,600,000과 영어학원비 ₩400,000
장 녀	9,500,000	대학입학전형료 ₩1,000,000, 대학입학금 ₩2,500,000, 장녀가 대학교 학자금(등록금) 대출을 받아 지급한 금액 ₩6,000,000
차 녀	3,000,000	장애인 재활 교육비. 다만, ₩1,000,000은 국가로부터 지원받은 금액

[물　음] 1.5차 2차

자료를 이용하여 2026년 의료비세액공제액과 교육비세액공제액을 계산하시오.

의료비세액공제	
교육비세액공제	

핵심정리

문제의 포인트

1. 의료비세액공제 : summary p2-193. (3)
2. 교육비세액공제 : summary p2-195. (4)

해 답

의료비세액공제	630,000〈주1〉
교육비세액공제	2,175,000〈주2〉

〈주1〉 (①+②) × 15% ＝ 630,000

① min(㉠, ㉡) ＝ 0

㉠ min(400,000+300,000, 한도 : 500,000)*1 (장남) － 60,000,000 × 3% ＝ △1,300,000 → 0

㉡ 한　도 : 7,000,000

② 2,000,000* (본 인) ＋ 1,000,000 (모친, 65세이상자) ＋ 2,500,000 (차녀, 장애인) － 1,300,000 ＝ 4,200,000

* 800,000 (정밀건강 진단비) ＋ (3,200,000 (질병치료비) － 2,000,000 (실손의료보험금)) ＝ 2,000,000

〈주2〉 교육비세액공제

① 공제대상액 : min(9,600,000, 9,000,000) (장남) ＋ min[(9,500,000－6,000,000)=3,500,000, 9,000,000] (장녀)

＋ (3,000,000－1,000,000) (차녀) ＝ 14,500,000*2

② 세액공제 : 14,500,000 × 15% ＝ 2,175,000

해설

1. 해답상 '*'에 대한 설명

*1 미용 · 성형수술비와 건강증진을 위한 의약품 구입비 및 국외의료비는 의료비공제대상이 아니다. 따라서 쌍꺼풀 수술비와 보약구입비는 공제대상이 아니다.

*2 교육비세액공제 대상 가족이 학자금(등록금)을 대출받아 지급하는 교육비는 교육비세액공제 대상이 아니다. 이 금액은 장녀 본인이 나중에 학자금을 갚을 때 장녀 본인이 교육비세액공제를 받을 수 있다.

7 / 9 기부금세액공제 2차

상호 독립된 각 【문】에 답하시오.

【문 1】

다음은 거주자 세대주인 갑(여성, 47세)의 2026년도의 소득세 계산자료이다. 자료를 이용하여 갑의 2026년도 종합소득 결정세액을 계산하시오(근로소득공제 및 기본세율은 '제3편. 부록' 참고).

1. 2026년도의 소득 : 은행예금이자소득 ₩47,350,000, 총급여액 ₩60,000,000

2. 동거가족 현황

구 분	나 이	비 고
모 친	69세	−
장 남	20세	기타소득금액 ₩5,000,000
장 녀	19세	−
차 녀	17세	장애인

3. 2026년 중 갑이 납입한 국민연금납입액은 ₩480,000, 공제요건을 충족한 연금저축계좌 납입액은 ₩7,000,000이다.

4. 2026년도 교육비세액공제대상 교육비는 ₩5,500,000이라고 가정한다.

5. 기부금내역(영수증완비)
   ① 갑이 지출한 기부금으로 정당 정치자금기부금 ₩500,000, 종교단체기부금 ₩4,000,000, 노동조합비 ₩1,000,000(법령으로 정한 공익성 기부금 요건을 갖춤), 동창회기부금 ₩1,000,000, 한국장학재단 시설비기부금 ₩1,730,000이 있다.
   ② 모친 명의로 지출한 기부금 : 사회복지공동모금회에 지출한 기부금 ₩1,000,000
   ③ 장남 명의로 지출한 기부금 : 문화예술단체 기부금 ₩3,000,000
   ④ 장녀 명의로 지출한 기부금 : 무료로 이용할 수 있는 장애인복지시설 기부금 ₩2,000,000

6. 갑은 특별재난지역에 복구를 위하여 봉사시간 70시간(특별재난지역으로 선포되기 이전에 같은 지역에서 행한 봉사시간 20시간 포함)의 자원봉사를 하였으며, 이에 부수하여 발생한 유류비용은 ₩200,000(자원봉사제공장소로의 이동을 위한 유류비용 ₩50,000이 포함된 금액)이다.

7. 갑은 우리사주조합원이며, 우리사주를 취득하기 위하여 우리사주조합에 ₩4,500,000을 출자하였다.

8. 근로소득세액공제액은 ₩660,000이라고 가정한다.

【문 2】 유예

유예생은 제2편 소득유예 33 풀이

핵심정리

문제의 포인트

- 기부금세액공제 : summary p2-200. (5)

해 답

1. 종합소득금액

이자소득금액	47,350,000
근로소득금액 : 60,000,000 − [12,000,000+(60,000,000−45,000,000)×5%] =	47,250,000
	94,600,000

2. 소득공제

(1) 기본공제 : 4명* × 1,500,000 = 6,000,000

* 본인, 모친, 장녀, 차녀

(2) 추가공제 : 2,000,000 + 1,000,000 = 3,000,000

① 장애인 : 2,000,000(차녀)

② 한부모 : 1,000,000*1

(3) 연금보험료공제 : 480,000

(4) 우리사주조합 출자공제 : min(4,500,000*2, 4,000,000) = 4,000,000

(5) 계 : 6,000,000 + 3,000,000 + 480,000 + 4,000,000 = 13,480,000

3. 과세표준 : 94,600,000 − 13,480,000 = 81,120,000

4. 산출세액 : max(①, ②) = 11,708,800

① 20,000,000 × 14% + (81,120,000−20,000,000) × 기본세율

= 2,800,000 + (61,120,000×24%−5,760,000) = 11,708,800

② 47,350,000 × 14% + (81,120,000−47,350,000) × 기본세율

= 6,629,000 + (33,770,000×15%−1,260,000) = 10,434,500

5. 세액공제

(1) 자녀세액공제 : 550,000

(2) 연금계좌세액공제 : min(7,000,000, 6,000,000) × 12% = 720,000*3

(3) 특별세액공제

1) 교육비세액공제 : 5,500,000 × 15% = 825,000

2) 기부금세액공제

〈1〉 공제대상액

기부금	한도	공제대상액
정치자금기부금 : 500,000	74,600,000②	—*
특례 : 1,730,000 + 1,000,000*4 + [720,000①+(200,000—50,000)] = 3,600,000	74,100,000③	3,600,000
우리사주조합 : —*2		
일반 : 4,000,000(종교단체) + 1,000,000 + 2,000,000*4 = 7,000,000	70,500,000④ × 10% + min(㉠, ㉡) = 10,050,000 ㉠ 70,500,000 × 20% = 14,100,000 ㉡ 1,000,000 + 2,000,000 = 3,000,000	7,000,000
계		10,600,000⑤
필요경비산입액		△0
차감계		10,600,000

* 500,000에 대하여는 아래 '(4) 정치자금세액공제'를 적용한다.

① $\frac{70\text{시간}}{8\text{시간}}$ = 8.75일 → 9일. 9일 × 80,000 = 720,000

② $\underbrace{94,600,000}_{\text{종합소득금액}} + \underbrace{0}_{\text{필요경비산입액}} - \underbrace{20,000,000}_{\text{원천징수세율 적용분 금융소득}} = 74,600,000$

③ $\underbrace{74,600,000}_{\text{'②' 금액}} - \underbrace{500,000^{*5}}_{\text{정치자금기부금}} = 74,100,000$

④ $\underbrace{74,100,000}_{\text{'③' 금액}} - \underbrace{3,600,000}_{\text{특례기부금}} = 70,500,000$

⑤ 3,600,000 + 7,000,000 = 10,600,000

〈2〉 세액공제액 : min(①, ②) = 1,680,000

① 10,000,000 × 15% + 600,000 × 30% = 1,680,000

② 한도 : 11,708,800

3) 계 : 825,000 + 1,680,000 = 2,505,000

(4) 정치자금세액공제 : $100,000 \times \frac{100}{110} + 400,000 \times 15\% = 150,909$

(5) 근로소득세액공제 : 660,000

(6) 세액공제 계 : 550,000 ＋ 720,000 ＋ 2,505,000 ＋ 150,909＋ 660,000 ＝ 4,585,909

→ 산출세액을 초과하지 않으므로 전액 공제

6. 결정세액 : 11,708,800 － 4,585,909 ＝ 7,122,891

해 설

1. 해답상 '*'에 대한 설명

*1 배우자가 없는 여성으로서 기본공제대상 부양가족이 있는 여성세대주이지만 종합소득금액이 3,000만원을 초과하므로 부녀자공제는 받을 수 없다. 만약 부녀자공제를 받을 수 있다 하더라도 부녀자공제와 한부모공제가 중복되면 한부모공제를 적용한다.

*2 개인이 우리사주조합에 지출하는 기부금의 처리방법

① 우리사주조합원이 우리사주를 취득하기 위하여 우리사주조합에 출자한 경우 : min[출자금액, 400만원(벤처기업 등의 우리사주조합원의 경우에는 1,500만원)]을 근로소득금액에서 소득공제

② 우리사주조합원 외의 자가 지출하는 경우 : 소득금액의 30% 범위에서 필요경비에 산입하거나, 한도 범위에서 기부금세액공제로 공제

*3 연금저축계좌납입액(연 600만원 한도)에 12%[종합소득금액 4,500만원 이하(근로소득만 있는 경우에는 총급여액 5,500만원 이하)인 거주자는 15%]를 곱하여 계산한다.

*4 기본공제대상 배우자 및 부양가족이 지급한 것도 공제대상이다. 문제의 경우 장남은 기본공제대상자가 아니므로 공제대상이 아니며, 모친과 장녀 기부금은 공제대상이다.

*5 ① 「소득세법 시행규칙」 별지40호서식(35쪽 중 18쪽)에 따르면 기부금세액공제액 계산시 100% 한도 기부금의 종류별 한도를 다음과 같이 규정하고 있다.

㉠ 정치자금기부금 : 기준금액 × 100%
㉡ 고향사랑기부금 : (기준금액－정치자금기부금) × 100%
㉢ 특례기부금 : (기준금액－정치자금기부금－고향사랑기부금) × 100%

② 기준금액에서 차감하는 정치자금기부금에 100/110의 세액공제를 적용받는 10만원을 포함할 것인지에 대한 별도의 세법 규정은 없으나, 국세청 연말정산 종합안내에 따르면 별도 언급없이 정치자금을 차감하고 있으므로 10만원을 포함한 총액으로 해답을 작성하였다.

7 / 10 근로자와 성실사업자의 세액공제 2차 필수

다음은 무주택세대주인 거주자 갑(40세 · 남성)의 2026년도 소득에 관한 자료이다. 이를 이용하여 세부담 최소화 가정하에 물음에 답하시오.

1. 2026년도 종합소득금액은 ₩52,000,000이다.
2. 갑의 부양가족은 부인(37세), 장남(11세, 초등학교 4학년), 장녀(6세, 미취학), 차녀(2026. 5. 10. 출생)이고 부양가족 모두는 장애인이 아니며 소득은 없다.
3. 본인의 의료비로 ₩1,200,000, 장녀의 의료비로 ₩800,000, 배우자의 「모자보건법」에 따른 보조생식술에 소요된 비용으로 ₩1,500,000, 산후조리원비용으로 ₩2,500,000을 지출하였다.
4. 본인의 대학원 등록금으로 ₩5,000,000, 본인의 직업능력개발비 ₩1,000,000, 장남의 초등학교 교육비 ₩3,000,000(예능교습학원의 월단위 실시 예능교습비 ₩1,000,000, 학교급식비 ₩500,000 포함), 딸의 유치원교육비 ₩4,000,000을 지출하였다.
5. 갑의 일반보장성보험료 불입액은 ₩1,500,000이고, 연금저축계좌 납입액은 ₩6,800,000[개인종합자산관리계좌(ISA) 만기 전환금액은 없음]이다.
6. 갑의 국가에 대한 기부금 지출액은 ₩3,000,000이다.
7. 국민주택규모의 주택을 임차하기 위하여 「조세특례제한법」 제95조의 2에 따른 월세액 ₩8,000,000을 지급하였다.
8. 기본세율은 '제3편. 부록'을 참고할 것

[물음 1] 자료 1번의 소득금액이 근로소득금액(총급여액은 ₩65,000,000)인 경우 종합소득 결정세액을 계산하시오. 다만, 근로소득세액공제액은 ₩630,000이라고 가정한다.

[물음 2] 자료 1번의 소득금액이 성실사업자의 사업소득금액(자료 6번의 기부금을 필요경비에 산입하기 전 소득금액임)인 경우 다음 각 경우별로 〈답안양식〉에 따라 종합소득 결정세액을 계산하시오. 다만, 최저한세는 고려하지 않기로 하며, 갑은 복식부기의무자이며, 연말정산대상 사업자가 아니다.

〈경우 1〉 갑이 「소득세법」상 성실사업자에 해당되지만 「조세특례제한법」상 성실사업자에 해당하지 않는 경우

〈경우 2〉 갑이 「조세특례제한법」상 성실사업자에 해당하는 경우

〈답안양식〉

구 분	〈경우 1〉	〈경우 2〉
1. 사업소득금액 2. 소 득 공 제		
3. 과 세 표 준		
4. 산 출 세 액 5. 세 액 공 제 ⋮		
6. 결 정 세 액		

핵심정리

문제의 포인트

1. 근로자, 「소득세법」상 성실사업자, 「조세특례제한법」상 성실사업자의 세액공제 등 차이 정리 : 아래 ※
2. 월세세액공제 : summary p2-206. (3), p2-208. (4). 표 안. 둘째 항목

※ 근로자, 「소득세법」상 성실사업자, 「조세특례제한법」상 성실사업자의 세액공제 등 차이

구 분	근로소득자	「소득세법」상 성실사업자	「조세특례제한법」상 성실사업자
기부금 지출액	기부금세액공제	필요경비산입(사업소득만 있는 경우 기부금세액공제 불가능하나 연말정산대상 사업자는 가능)	
보험료세액공제	적용	－*1	－*2
의료비세액공제	적용	－*1	적용*2
교육비세액공제	적용	－*1	적용*2
월세세액공제	적용	－	적용

*1 「소득세법」상 성실사업자 특별세액공제 : 표준세액공제(12만원) ＋ 기부금세액공제 summary p2-191. 2). ②

*2 「조세특례제한법」상 성실사업자 특별세액공제 : max(①, ②) summary p2-191. 2). ③
① 의료비세액공제 ＋ 교육비세액공제 ＋ 월세세액공제 ＋ 기부금세액공제
② 표준세액공제(12만원) ＋ 기부금세액공제

해답

[물음 1] 근로소득자인 경우

1. 과세표준 : 52,000,000 − 7,500,000* = 44,500,000

   * 기본공제 : 1,500,000 × 5 = 7,500,000

2. 산출세액 : 44,500,000 × 15% − 1,260,000 = 5,415,000

3. 세액공제

   (1) 자녀세액공제 : 250,000* + 700,000(출산 · 입양공제) = 950,000

   * 8세 이상인 사람에 대해서만 적용

   (2) 연금계좌세액공제 : min(6,800,000, 한도 : 6,000,000) × 12% = 720,000

   (3) 특별세액공제

   1) 보험료세액공제 : min(1,500,000, 한도 : 1,000,000) × 12% = 120,000

   2) 의료비세액공제 : (①+②) × 15% + ③ × 30% = 757,500

   ① min(2,000,000*−65,000,000×3%=50,000, 7,000,000) = 50,000

   ② 1,200,000 + 800,000 = 2,000,000

   ③ 1,500,000

   * min(2,500,000, 2,000,000) = 2,000,000

   3) 교육비세액공제 : 11,000,000* × 15% = 1,650,000

   * 5,000,000 + 1,000,000 + (3,000,000−1,000,000*1) + min(4,000,000, 3,000,000) = 11,000,000

   4) 기부금세액공제 : min[3,000,000(특례기부금)×15%, 5,415,000(산출세액)] = 450,000

   5) 계 : 120,000 + 757,500 + 1,650,000 + 450,000 = 2,977,500

   (4) 근로소득세액공제 : 630,000

   (5) 월세세액공제*2 : min(8,000,000, 10,000,000) × 15% = 1,200,000

   (6) 세액공제 계 : 950,000 + 720,000 + 2,977,500 + 630,000 + 1,200,000
   = 6,477,500 → 한도 : 산출세액 5,415,000 ⇢ 근로소득만 있으므로 산출세액과 공제기준 산출세액은 동일함. 세액공제 합계가 산출세액을 초과하므로 산출세액을 공제함)(summary p2-210)

4. 결정세액 : 5,415,000 − 5,415,000 = 0

[물음 2] 성실사업자인 경우

구 분	〈경우 1〉	〈경우 2〉
1. 사 업 소 득 금 액	49,000,000〈주1〉	49,000,000
2. 소 득 공 제	△7,500,000	△7,500,000
3. 과 세 표 준	41,500,000	41,500,000
4. 산 출 세 액	4,965,000〈주2〉	4,965,000
5. 세 액 공 제		
(1) 자 녀 세 액 공 제	950,000	950,000
(2) 연 금 계 좌 세 액 공 제	720,000	720,000
(3) 특 별 세 액 공 제		
① 의 료 비 세 액 공 제	—	829,500〈주3〉
② 교 육 비 세 액 공 제	—	1,500,000〈주4〉
③ 표 준 세 액 공 제*5	120,000	—
(4) 월 세 액 세 액 공 제*6	—	1,200,000〈주5〉
(5) 계	1,790,000*7	5,199,500*7 → 한도 : 산출세액 4,965,000
6. 결 정 세 액	3,175,000	0

〈주1〉 52,000,000 − 3,000,000*3 = 49,000,000

〈주2〉 41,500,000 × 15% − 1,260,000 = 4,965,000

〈주3〉 (①+②) × 15% + ③ × 30% = 829,500

① min(2,000,000−49,000,000*4×3%=530,000, 7,000,000) = 530,000

② 1,200,000 + 800,000 = 2,000,000

③ 1,500,000

〈주4〉 10,000,000* × 15% = 1,500,000

* 11,000,000 − 1,000,000(직업능력개발비는 근로자에게만 적용) = 10,000,000

〈주5〉 min(8,000,000, 10,000,000) × 15% = 1,200,000

해설

1. 해답상 '*'에 대한 설명

*1 장남이 과세기간 종료일 현재 9세 미만 또는 2학년 이하의 초등학생이 아니므로 예능교습학원 예능교습비는 교육비세액공제대상이 아니다.

*2 과세기간 종료일 현재 무주택세대주로서 총급여액 8,000만원 이하인 근로자(종합소득금액 7,000만원 초과자 제외)가 국민주택규모의 주택 또는 기준시가 4억원 이하인 주택을 임차하기 위하여 월세를 지급하였으므로 월세세액공제를 적용한다. 월세액은 1,000만원을 한도로 하며, 총급여액이 5,500만원 이하가 아니므로 15%를 곱한다.

*3 사업소득(연말정산대상 사업자 제외)만 있는 자는 기부금세액공제를 받을 수 없으며, 필요경비로 산입하여야 한다.

*4 성실사업자는 총급여액 대신 사업소득금액을 적용한다.

*5 ①「소득세법」상 성실사업자는 특별세액공제로 표준세액공제 120,000원과 기부금세액공제를 적용한다.
② 「조세특례제한법」상 성실사업자는 세부담 최소화 가정에 따라 다음 금액을 공제액으로 한다.

> • max(㉠, ㉡)
> ㉠ 의료비세액공제 + 교육비세액공제 + 월세세액공제 + 기부금세액공제
> ㉡ 표준세액공제(12만원) + 기부금세액공제

*6 종합소득금액이 7,000만원 이하인 「조세특례제한법」상 성실사업자 또는 성실신고확인대상 사업자로서 성실신고확인서를 제출한 자가 월세를 지급하였으므로 월세세액공제를 적용한다. 월세액은 1,000만원을 한도로 하며, 종합소득금액이 4,500만원 이하가 아니므로 15%를 곱한다.

*7 세액공제 한도는 'summary p2-210' 참고

7 / 11 외국납부세액공제 · 재해손실세액공제 · 기장세액공제 2차

남성인 거주자 박규현씨(70세)의 2026년도의 다음 자료를 기초로 물음에 답하시오. 별도의 언급이 없다면 제시된 금액은 원천징수 전 금액이이며, 원천징수는 적법하게 이루어졌다.

1. 소득현황
   (1) 4월 10일 미국의 A은행으로부터 이자 ₩3,200,000을 수령하였다. 그 이자수령액은 이자에 대한 외국에서의 원천징수세액 ₩800,000을 차감한 후의 금액이다.
   (2) 미국의 B법인으로부터의 현금배당금총액은 ₩7,000,000이며, 그 배당금에 대한 외국납부세액은 ₩1,500,000(가산세 ₩100,000 포함)이었다.
   (3) 2026년의 제조업 사업소득금액은 ₩10,500,000이며 2026년 11월에 중간예납세액으로 납부한 금액은 ₩600,000이다. 간편장부대상자인 박규현씨는 복식부기로 장부를 기장하고 그 장부에 따라 소득금액을 계산하였고, 소득세 신고시 법에 정하는 서류를 제출하였다. 다만, 사업용계좌는 개설하지 않았다.
   (4) 2026년 9월 30일 기업체에서 1회 특별강연을 하고 ₩4,500,000을 받았으며, 그 소득에 대한 원천징수는 적절히 이루어졌다.

2. 박규현씨의 동거가족은 배우자(59세)만 있으며, 배우자는 소득이 없다.

3. 박규현씨는 2026년에 국민연금보험료 ₩1,000,000과 연금계좌에 ₩2,000,000을 납입하였다.

4. 박규현씨는 무주택자로서 2026년도 중 주택청약종합저축에 월 ₩100,000씩 ₩1,200,000을 납입하였다.

5. 위 '1. (3)'의 제조업 사업장에서 화재가 발생하여 20%의 자산손실이 있었다. 재해발생일 현재 소득세 체납액은 없으며, 재해금액은 ₩5,000,000이라고 가정한다.

[물 음]

1. 세부담 최소화 가정하에 2026년의 종합소득 산출세액을 계산하시오.
2. 2026년의 종합소득 결정세액을 계산하시오.
3. 확정신고시 자진납부세액(또는 환급세액)을 계산하시오.

핵심정리

문제의 포인트

1. 외국납부세액공제, 재해손실세액공제, 기장세액공제 계산 : summary p2-202. 4
2. 기장세액공제와 장부의 기록 · 보관 불성실가산세 적용대상 : summary p2-205. 3

해 답

[물음 1]

1. 종합소득금액

① 이자소득금액*1 : 3,200,000 ＋ 800,000*2 ＝	4,000,000
② 배당소득금액*1	7,000,000*3
③ 사업소득금액	10,500,000
④ 기타소득금액 : 4,500,000 × (1－60%) ＝	1,800,000*4
계	23,300,000

2. 종합소득공제

① 기본공제 : 2명 × 1,500,000 ＝	3,000,000
② 추가공제 : 1명(경로우대자 : 본인) × 1,000,000 ＝	1,000,000
③ 연금보험료공제	1,000,000
④ 주택청약종합저축 소득공제	－*5
계	5,000,000

3. 과세표준 : 23,300,000 － 5,000,000 ＝ 18,300,000

4. 산출세액*6

11,000,000 × 14% ＋ (18,300,000－11,000,000) × 기본세율
＝ 1,540,000 ＋ 7,300,000 × 6% ＝ 1,978,000

[물음 2]

1. 세액공제

(1) 연금계좌세액공제 : min(2,000,000, 6,000,000) × 15%*7 ＝ 300,000

(2) 표준세액공제 : 70,000*8

(3) 외국납부세액공제 : min(①, ②) ＝ 933,819

① 800,000 ＋ 1,400,000*9 ＝ 2,200,000 ⇢ 한도초과액은 10년간 이월공제

② 한　도 : $1{,}978{,}000 \times \frac{4{,}000{,}000+7{,}000{,}000}{23{,}300{,}000} = 933{,}819$

(4) 기장세액공제 : min(①, ②) ＝ 178,274

① $1{,}978{,}000 \times \frac{10{,}500{,}000}{23{,}300{,}000} \times 20\% = 178{,}274$

② 한　도 : 1,000,000

(5) 재해손실세액공제 : min(①, ②) ＝ 78,043

① $(\underbrace{1{,}978{,}000}_{\text{산출세액}} - \underbrace{933{,}819}_{\text{외국납부세액공제}} - \underbrace{178{,}274}_{\text{기장세액공제}}) \times \frac{10{,}500{,}000}{23{,}300{,}000} \times 20\% = 78{,}043$

② 한　도 : 5,000,000

(6) 합계 : 300,000 ＋ 70,000 ＋ 933,819 ＋ 178,274 ＋ 78,043 ＝ 1,560,136 ⇢ 산출세액을 초과하지 않으므로 전액 공제

2. 결정세액 : 1,978,000 － 1,560,136 ＝ 417,864

[물음 3]

결 정 세 액	417,864
기 납 부 세 액(600,000 (중간예납세액) ＋ 360,000*10 (원천징수세액))	△960,000
	△542,136

해 설

1. 해답상 '*'에 대한 설명

*1 외국에서 세금을 납부한 국외이자와 국외배당만 있으므로 종합과세한다.

*2 외국에서 원천징수된 세액은 일단 종합소득에 합산한 후, 외국납부세액공제로 차감한다.

*3 외국법인배당이므로 Gross－up대상이 아니다.

*4 300만원 이하로 분리과세선택이 가능하나, 금융소득을 제외한 종합소득 과세표준이 5,000만원 이하이므로 종합과세하는 것이 세부담 최소화에 부합한다.

*5 근로소득이 없으므로 주택청약저축 소득공제는 적용할 수 없다.

*6 금융소득이 2,000만원 이하이므로 다음과 같이 계산한다.
금융소득 × 원천징수세율 ＋ (과세표준－금융소득금액) × 기본세율

*7 종합소득금액이 4,500만원 이하이므로 15%를 적용한다.

*8 성실사업자의 요건 중의 하나가 '사업용계좌를 신고하고, 해당 과세기간에 그 계좌를 사용하여야 할 금액의 $\frac{2}{3}$ 이상을 사용할 것'이다. 따라서 사업용계좌가 개설되지 않으면 성실사업자가 될 수 없으므로 70,000원의 표준세액공제를 적용한다.

*9 가산세 및 가산금은 제외한다.

*10 종합소득금액에 합산된 소득 중 이자와 배당에 대하여 외국에서 원천징수된 금액은 외국납부세액공제로 차감하였으며, 제조업사업소득은 「소득세법」상 원천징수대상이 아니다. 따라서 기타소득에 대한 원천징수세액[1,800,000(기타소득금액) × 20% = 360,000]만 고려하면 된다.

2. [참고] 박규현씨가 복식부기의무자인 경우 세액공제액

(1) 연금계좌세액공제 : 300,000(간편장부대상자인 경우와 동일)

(2) 표준세액공제 : 70,000(간편장부대상자인 경우와 동일)

(3) 외국납부세액공제 : 933,819(간편장부대상자인 경우와 동일)

(4) 기장세액공제 : 복식부기의무자에게는 적용 불가

(5) 재해손실세액공제 : min(①, ②) = 94,110

① $(1,978,000-933,819) \times \frac{10,500,000}{23,300,000} \times 20\% = 94,110$

② 한 도 : 5,000,000

(6) 합계 : 300,000 ＋ 70,000 ＋ 933,819 ＋ 94,110 = 1,397,929 → 산출세액을 초과하지 않으므로 전액 공제

7 / 12 근로소득세액공제 - 연말정산과 확정신고와의 관계

상호 독립된 각 【문】에 답하시오.

【문 1】 2차 필수

다음은 김경숙씨(여성, 30세)의 2026년도 종합소득세 계산자료이다.

1. 소득현황
   (1) 비영업대금의 이익 ₩50,000,000
   (2) ㈜금호상사로부터의 근로소득 총수입금액

① 기본급	₩35,000,000	
② 본인학자금(야간대학원학비 총액)	1,000,000	(비과세요건 충족함)
③ 인정상여	2,000,000	
	₩38,000,000	

   (3) 복식부기의무자로서 도매업의 총수입금액은 ₩40,000,000, 장부기장에 의한 세무조정 후의 필요경비는 ₩22,000,000이다.

2. 김경숙씨는 배우자(35세, 무직)와 단 둘이 자기소유 주택에 살고 있다.

3. 2026년 중 근로자로서 부담한 국민건강보험료 본인 부담액은 ₩500,000이며, 본인을 위한 보장성보험료납부액은 ₩1,000,000이다.

4. 원천징수는 적정하게 이루어졌으며, 근로소득에 대하여 2026년 1월부터 12월까지 간이세액표에 따른 소득세 원천징수세액은 ₩1,100,000이다.

5. 사업소득에 대한 중간예납세액은 ₩300,000이다.

6. 위에서 제시된 자료 외의 것은 고려하지 않기로 한다.

7. 근로소득공제, 근로소득세액공제 및 기본세율 : '제3편. 부록' 참고

[물　음]
다음의 〈답안양식〉에 따라 2027년 2월 연말정산시 ㈜금호상사가 김경숙씨의 2026년도 근로소득에 대해서 추가로 원천징수할 세액(또는 환급세액)과 김경숙씨가 2027년 5월 종합소득 확정신고시 자진납부할 세액을 계산하시오.

〈전제조건〉

① 선택가능한 경우 2026년도 세부담을 최소화하기로 하며, 각종 공제요건은 갖추었다고 가정한다.

② 연말정산시에는 소득공제 및 세액공제 요건 판단시 근로소득만 있다고 가정하고 차감납부세액을 계산하기로 한다.

〈답안양식〉

구　분	연말정산(2027년 2월)	확정신고(2027년 5월)
이 자 소 득 금 액 근 로 소 득 금 액 사 업 소 득 금 액		
종 합 소 득 금 액 소 득 공 제		
과 세 표 준		
산 출 세 액 세 액 공 제		
결 정 세 액 기 납 부 세 액		
차 감 납 부 세 액		

* 필요한 계산근거는 〈주1〉, 〈주2〉로 위의 〈답안양식〉 아래에 별도로 기재할 것

【문 2】 유예

유예생은 제2편 소득유예 34, 35 풀이

핵심정리

문제의 포인트

- 연말정산과 확정신고시 차감납부세액의 계산

1. 근로소득에 대한 소득세 과세방법 summary p2-117. 7.2

구 분	근로소득세액공제
1월~12월	매월 근로소득에 대하여 간이세액표에 의하여 원천징수한다.
다음연도 2월	해당 연도 1월~12월까지의 총급여액에 대하여 연말정산한다.*[1]
다음연도 5월 확정신고 여부	① 근로소득 이외의 다른 종합과세대상 소득이 없는 경우 : 확정신고할 필요가 없다. ② 다른 종합과세대상 소득이 있는 경우 : 근로소득금액과 합산하여 확정신고하여야 한다.*[2]

*[1] 이 경우 1월~12월의 간이세액표에 따른 원천징수세액의 합계액이 연말정산시 총결정세액에 미달하면 그 차액을 추가로 원천징수하며, 반대의 경우에는 그 차액을 환급한다.

*[2] 이 경우 1월~12월에 간이세액표에 따라 원천징수당한 세액과 해당연도의 다음연도 2월 급여 지급시 연말정산을 통하여 원천징수당한 세액은 기납부세액으로 공제한다.

2. 근로소득 연말정산과 확정신고와의 관계 summary p2-118. 정리

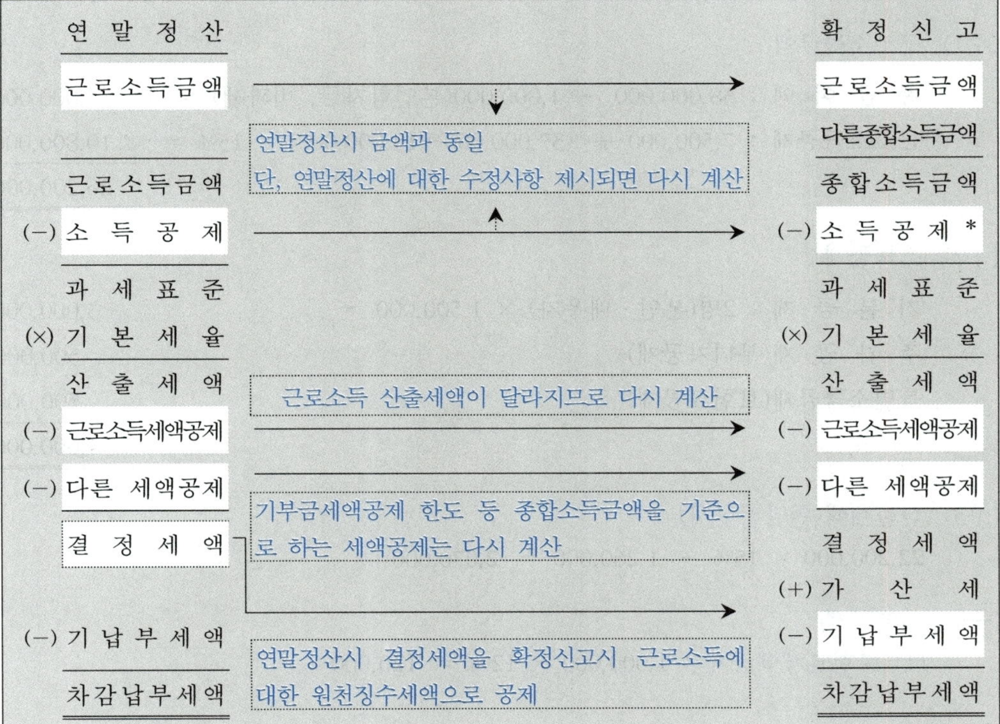

* 확정신고할 때 소득공제 계산시 추가 고려사항 :

① 주택담보노후연금이자비용공제는 연금소득자만 대상이므로 자료가 제시되면 추가로 반영한다.

② 소득공제 중 소득금액을 기준으로 계산하는 것(부녀자공제 요건, 벤처투자조합 출자 등에 대한 소득공제 한도계산 등)은 종합소득금액이 변경되므로 다시 계산한다.

해답

구 분	연말정산(2027년 2월)	확정신고(2027년 5월)
이 자 소 득 금 액	−	50,000,000
근 로 소 득 금 액〈주1〉	26,200,000	26,200,000
사 업 소 득 금 액	−	18,000,000
종 합 소 득 금 액	26,200,000	94,200,000
소 득 공 제	△4,000,000〈주2〉	△3,500,000〈주5〉
과 세 표 준	22,200,000	90,700,000
산 출 세 액	2,070,000〈주3〉	17,345,000〈주6〉
세 액 공 제	△828,000〈주4〉	△828,000〈주7〉
결 정 세 액	1,242,000	16,517,000
기 납 부 세 액	△1,100,000*3	△14,042,000〈주8〉
차 감 납 부 세 액	142,000	2,475,000

〈주1〉 근로소득금액

총 급 여 액 : 38,000,000 − 1,000,000(본인학자금, 비과세) =	37,000,000
근로소득공제 : 7,500,000 + (37,000,000−15,000,000) × 15% =	△10,800,000
	26,200,000

〈주2〉 소득공제

기 본 공 제 : 2명(본인 · 배우자) × 1,500,000 =	3,000,000
추 가 공 제(부녀자공제)	500,000*1
특별소득공제(보험료공제)	500,000*2
	4,000,000

〈주3〉 산출세액(연말정산시)

22,200,000 × 15% − 1,260,000 = 2,070,000

〈주4〉 세액공제

(1) 보험료세액공제 : 1,000,000 × 12% = 120,000

(2) 근로소득세액공제 : min(①, ②) = 708,000

① 715,000 + (2,070,000−1,300,000) × 30% = 946,000

② 한　도 : $\max[740{,}000-(37{,}000{,}000-33{,}000{,}000)\times\frac{8}{1{,}000}=708{,}000,\ 660{,}000]$

= 708,000

(3) 계 : 828,000

〈주5〉 소득공제

기본공제	3,000,000
추가공제(부녀자공제)	—*4
특별소득공제(보험료공제)	500,000
	3,500,000

〈주6〉 max(①, ②) = 17,345,000

① 20,000,000 × 14% + (90,700,000−20,000,000) × 기본세율

= 2,800,000 + (70,700,000×24%−5,760,000)

= 14,008,000

② 50,000,000 × 25% + (90,700,000−50,000,000) × 기본세율

= 12,500,000 + (40,700,000×15%−1,260,000)

= 17,345,000

〈주7〉 세액공제

(1) 보험료세액공제 : 1,000,000 × 12% = 120,000

(2) 근로소득세액공제 : min(①, ②) = 708,000

① 715,000 + (4,824,193*−1,300,000) × 30% = 1,772,257

② 한도 : 708,000(연말정산시 계산한 금액과 동일)

$* \ 17{,}345{,}000 \times \frac{26{,}200{,}000}{94{,}200{,}000} = 4{,}824{,}193$

(3) 계 : 828,000

〈주8〉 기납부세액

(1) 중간예납세액(사업소득)	300,000
(2) 원천징수세액	
① 비영업대금의 이익 : 50,000,000 × 25% =	12,500,000
② 근로소득	1,242,000*5
	14,042,000

해설

1. 해답상 '*'에 대한 설명

*1 종합소득금액이 3,000만원을 초과하는 경우에는 부녀자공제를 받을 수 없으나, 문제의 '〈전제조건〉'에 연말정산시에는 소득공제 요건 판단시 근로소득만 있다고 가정하였으므로 부녀자공제를 적용하였다(확정신고시에는 부녀자공제를 받을 수 없다).

*2 근로소득자는 '특별소득공제, 항목별세액공제, 월세세액공제'와 '표준세액공제(13만원)' 중 선택할 수 있다. 문제의 경우 '특별소득공제 × 한계세율(6%～45%)'과 '항목별세액공제[보험료세액공제 ＝ 1,000,000 × 12% ＝ 120,000]'의 합계액이 표준세액공제(13만원)보다 크므로 특별소득공제와 항목별세액공제를 적용한다.

> ※ 문제의 3번 자료 중 본인을 위한 보장성보험료납부액이 ₩200,000으로 변경되는 경우
> 세부담 최소화를 위하여 다음 둘 중 큰 금액이 나오는 방법을 선택하여야 한다.
> ① $\underbrace{(500{,}000}_{\text{특별소득공제}}\times\underbrace{15\%)}_{\text{한계세율}} + \underbrace{200{,}000 \times 12\%}_{\text{보험료세액공제}} = 99{,}000$
> ② 표준세액공제 : 130,000
> 따라서 특별소득공제와 보험료세액공제를 적용하지 않고 표준세액공제를 적용한다.

*3 2026년 1월부터 12월까지 근로소득에 대하여 간이세액표에 의하여 원천징수한 소득세를 연말정산시 기납부세액(원천징수세액)으로 차감한다.

*4 종합소득금액이 3,000만원을 초과하므로 부녀자공제를 받을 수 없다.

*5 연말정산시 결정세액을 원천징수세액으로 차감하면 된다. 그 이유는 다음과 같다.

① 2026년 1월～12월의 간이세액표에 따른 원천징수세액	1,100,000
② 2027년 2월 연말정산시 추가 원천징수세액	142,000
③ 2026년도 근로소득에 대한 총원천징수세액(＝ 연말정산시 결정세액)	1,242,000

7 / 13 가산세 유예

유예생은 제2편 소득유예 36 풀이

7 / 14 소득세 최저한세 2차

상호 독립된 각 【문】에 답하시오.

【문 1】

다음은 「조세특례제한법」상 성실사업자인 한광철씨(복식부기의무자)의 2026년 소득세 계산자료이다(기본세율은 '제3편. 부록' 참고).

1. 중소기업에 해당하는 사업체의 사업소득자료 : 손익계산서상 당기순이익은 ₩120,000,000, 총수입금액산입 및 필요경비불산입액은 ₩80,000,000, 필요경비산입 및 총수입금액불산입액은 ₩110,000,000(연구개발출연금의 총수입금액불산입액 ₩40,000,000 포함)이다.

2. 소득공제로 기본공제 ₩3,000,000(본인과 9세 자녀)과 벤처투자조합 출자 등에 대한 소득공제 ₩2,000,000이 있다.

3. 연금계좌세액공제액은 ₩200,000, 의료비세액공제액은 ₩800,000, 교육비세액공제액은 ₩900,000이다.

4. 연구및인력개발비세액공제액은 ₩3,000,000이다.

5. 통합투자세액공제액은 ₩4,000,000이다.

6. 성실신고확인비용에 대한 세액공제액은 ₩800,000이다.

7. 한광철씨는 직접 전자신고하였다.

[물 음] 세부담 최소화 가정하에 다음을 계산하시오.

1. 2026년 소득세 최저한세를 계산하시오.

2. 2026년 종합소득 결정세액을 계산하시오.

【문 2】 유예

유예생은 제2편 소득유예 37 풀이

핵심정리

문제의 포인트

- 소득세 최저한세 : 아래 ※

※ 소득세 최저한세 summary p2-219. [4] → 법인세 최저한세 학습 후 정리할 것

1. 최저한세 적용대상 소득세
   ① 거주자의 사업소득(벤처투자조합 출자 등에 대한 소득공제의 규정을 적용받는 경우에만 해당 부동산임대업에서 발생하는 소득을 포함한다)에 대한 소득세
   ② 비거주자의 국내사업장에서 발생한 사업소득에 대한 소득세
2. 최저한세 적용대상
   법인세에서 설명한 내용과 기본적으로 같으나, 소득세 계산시에는 다음 항목도 최저한세 대상이 된다.
   ① 벤처투자조합 출자 등에 대한 소득공제(조특법 16)
   ② 소기업 · 소상공인공제부금에 대한 소득공제(조특법 86의 3)
   ③ 「조세특례제한법」상 성실사업자 또는 성실신고확인대상사업자에 대한 의료비세액공제 · 교육비세액공제 및 월세세액공제(조특법 122조의 3)
   ④ 현금영수증가맹점에 대한 세액공제(조특법 126조의 3)
3. 최저한세의 계산방법
   다음의 차이를 제외하면 법인세 최저한세 계산규정과 기본적으로 동일하다.

법인세 계산상 최저한세	소득세 계산상 최저한세
조세감면을 적용 받기 전 과세표준 × 최저한세율	조세감면을 적용받기 전 사업소득의 산출세액*1 × 35%(45%)*2

*1 사업소득 외에 다른 종합소득이 있는 경우에는 최저한세 적용대상 사업소득금액이 종합소득금액에서 차지하는 비율로 안분계산한 산출세액을 기준으로 최저한세를 계산한다(소칙 별지 69 서식).

*2 산출세액 3,000만원 이하인 부분은 35%, 3,000만원 초과 부분은 45%를 적용한다.

해답

1. 최저한세
   (1) 조세감면 후 세액
      1) 사업소득금액 : 120,000,000 + 80,000,000 − 110,000,000 = 90,000,000
      2) 소득공제 : 3,000,000(기본공제) + 2,000,000(벤처투자조합 출자등 소득공제) = 5,000,000
      3) 과세표준 : 90,000,000 − 5,000,000 = 85,000,000

4) 산출세액 : 85,000,000 × 24% − 5,760,000 = 14,640,000

5) 감면 후 세액*1 : 14,640,000 − 800,000(의료비세액공제) − 900,000(교육비세액공제) − 4,000,000(투자세액공제) − 10,000(전자신고세액공제)

= 8,930,000

(2) 최저한세 : 조세감면 전 산출세액 × 최저한세율

1) 감면 전 과세표준 : 85,000,000 + (40,000,000+2,000,000)*2 = 127,000,000

2) 감면 전 산출세액 : 127,000,000 × 35% − 15,440,000 = 29,010,000

3) 감면 전 산출세액 × 최저한세율 : 29,010,000 × 35% = 10,153,500

2. 결정세액

max(8,930,000, 10,153,500) − 250,000*3(자녀세액공제) − 200,000(연금계좌세액공제) − 3,000,000(연구및인력개발비세액공제) − 800,000(성실신고확인비용세액공제)

= 5,903,500

해 설

1. 해답상 '*'에 대한 설명

*1 자녀세액공제, 연금계좌세액공제, 성실신고확인비용에 대한 세액공제, 중소기업의 연구및인력개발비세액공제는 최저한세 대상이 아니다. 그러나, 벤처투자조합 출자 등에 대한 소득공제, 소기업·소상공인공제부금에 대한 소득공제, 각종 투자세액공제, 전자신고세액공제, 「조세특례제한법」상 성실사업자의 의료비세액공제·교육비세액공제 및 월세세액공제는 최저한세 대상이다.

*2 감면 전 과세표준을 계산하기 위하여 최저한세 대상인 연구개발출연금 총수입금액불산입액, 벤처투자조합 출자 등에 대한 소득공제액을 더한다.

*3 8세 이상 기본공제 대상 자녀가 1명 있으므로 25만원의 자녀세액공제를 적용한다.

2. 별해

최저한세 계산문제의 해답은 다음과 같이 작성해도 된다.

구 분	(1) 감면 후 세액		(최저한세 대상 조세감면)	(2) 최저한세
사업소득금액	120,000,000 + 80,000,000 − 110,000,000 =	90,000,000	(40,000,000)	
소득공제	3,000,000 + 2,000,000 =	5,000,000	(2,000,000)	
과세표준		85,000,000	+ 40,000,000 + 2,000,000 =	127,000,000
산출세액	85,000,000 × 24% − 5,760,000 =	14,640,000	127,000,000 × 35% − 15,440,000 =	29,010,000
대상 세액공제	800,000 + 900,000 + 4,000,000 + 10,000 =	5,710,000	(5,710,000)	(×) 35%
		8,930,000		10,153,500

7 / 15 실전종합문제

병은 대기업인 ㈜민국에서 영업직 사원으로 근무하고 있으며, 다음은 병의 종합소득 관련 자료이다. 〈2025. CPA〉

〈자 료〉

1. 병이 2026년 근무기간(1월 1일~12월 31일)에 회사로부터 받은 근로대가의 내역은 다음과 같다.

구 분	금 액
기본급	48,000,000원
중식대(월 30만원)*1	3,600,000원
휴가비	600,000원
교통보조금	2,400,000원
출산지원금*2	3,000,000원
상여금*3	10,000,000원

*1 회사는 중식대와 별도로 식사를 제공하고 있음

*2 셋째 자녀에 대한 출산지원금으로 2026년 9월 1일에 최초로 지급받았음

*3 이익잉여금 처분에 의한 상여로서 잉여금처분결의일은 2025년 11월 30일이고, 2026년 2월 1일에 지급받았음

2. 위 내역 이외의 사항은 다음과 같다.
   ① 병은 ㈜민국으로부터 주택임차자금을 저리로 대여받아 10,000,000원의 이익을 얻었다.
   ② ㈜민국은 모든 임직원에게 자사제품을 40% 할인 판매하고 있다. 병은 2026년에 시가 7,000,000원인 제품을 4,200,000원에 구입하였다. 병이 구입한 제품은 병이 소비하기 위한 것으로 재판매가 허용되지 않는다.

3. 병과 생계를 같이 하는 부양가족의 현황은 다음과 같다.

구 분	나 이	내 용
본인	45세	–
배우자	42세	총급여액 50,000,000원
부친	73세	직장공제회초과반환금 5,000,000원 수령
딸	16세	소득없음
아들	13세	소득없음
딸	0세	2026. 8. 18. 출생, 소득없음

4. 신용카드, 직불카드 및 현금영수증 사용내역
   ① 본인 명의의 신용카드 사용액 22,000,000원(대중교통 이용분 3,500,000원, 배우자 생일 선물 구입비 3,000,000원 및 부친의 생활비 5,000,000원 포함)
   ② 본인 명의의 직불카드A 사용액 7,700,000원(전통시장 사용분 2,000,000원 및 미국 여행시 사용한 1,700,000원 포함)
   ③ 본인 명의의 현금영수증 사용액 2,000,000원
   ④ 배우자 명의의 직불카드B 사용액 2,000,000원(모두 도서구입 · 공연관람 사용분임)

5. ㈜민국은 병의 근로소득에 대한 연말정산을 적법하게 수행하였고, 병은 결정세액 7,000,000원을 납부하였다.

6. 병은 근로소득 이외에 다음의 추가적인 소득이 있으며, 모든 소득은 사업성이 없다.
   ① 거주자 정에게 아파트를 매도하기로 하고 2025년 12월 29일에 계약금 50,000,000원을 수령하였으나, 2026년 2월 25일에 정이 계약을 해약하여 계약금이 위약금으로 대체되었다.
   ② 2025년 12월 15일에 모교를 방문하여 특강을 하고 이에 대한 대가 2,000,000원을 2026년 1월 10일에 수령하였다.
   ③ 통신판매중개를 하는 자를 통하여 물품을 대여하고 2,000,000원의 사용료를 수령하였으며, 본 물품을 대여하기 위한 경비는 400,000원이 지출되었다.

7. 근로소득공제표, 종합소득세 기본세율 : '제3편. 부록' 참고

[요구사항 1]

병의 근로소득금액을 〈답안양식〉에 따라 제시하시오.

〈답안양식〉

총급여액	
근로소득공제액	
근로소득금액	

[요구사항 2]

병의 인적공제액, 신용카드 등 사용금액에 대한 소득공제액 및 자녀세액공제액을 〈답안양식〉에 따라 제시하시오. 단, 병의 총 급여액은 63,000,000원이라고 가정한다.

〈답안양식〉

인적공제액	기본공제액	
	추가공제액	
신용카드 등 사용금액에 대한 소득공제액		
자녀세액공제액		

[요구사항 3]

병은 근로소득 이외에 추가적으로 발생한 소득을 합산하여 종합소득 신고를 하려고 한다. 종합소득세 확정신고 시 자진 납부할 세액(또는 환급받을 세액)을 〈답안양식〉에 따라 제시하시오. 단, 근로소득금액 65,000,000원, 종합소득공제액 12,600,000원, 세액공제액 2,000,000원으로 가정한다.

〈답안양식〉

종합소득금액	
결정세액	
기납부세액	
납부할 세액(환급받을 세액)	

해 답

1.

총급여액	65,000,000〈주1〉
근로소득공제액	13,000,000〈주2〉
근로소득금액	52,000,000

〈주1〉 48,000,000 + 3,600,000 + 600,000 + 2,400,000 + 10,000,000*1 + 400,000* = 65,000,000

* (7,000,000－4,200,000) － max(7,000,000×20%=1,400,000, 2,400,000) = 400,000

〈주2〉 12,000,000 + (65,000,000－45,000,000) × 5% = 13,000,000

2.

인적공제액	기본공제액	7,500,000〈주1〉
	추가공제액	1,000,000〈주2〉
신용카드 등 사용금액에 대한 소득공제액		4,412,500〈주3〉
자녀세액공제액		1,250,000〈주4〉

〈주1〉 1,500,000 × 5* = 7,500,000

* 본인, 부친, 딸, 아들, 딸

〈주2〉 1,000,000 (경로우대자)

〈주3〉 min[(1), (2)] = 4,412,500

(1) 공제대상액

구 분	사용액*2	최저사용액	초과사용액	공제율	공제액
전통시장	2,000,000		2,000,000	40%	800,000
대중교통	3,500,000		3,500,000	40%	1,400,000
도서등	–		–	–	–
직불카드등	6,000,000②		6,000,000	30%	1,800,000
신용카드	18,500,000①		2,750,000	15%	412,500
계	30,000,000	15,750,000③	14,250,000		4,412,500

① 22,000,000 (신용카드) − 3,500,000 (대중교통) = 18,500,000

② (7,700,000 (직불카드 A) − 2,000,000 (전통시장) − 1,700,000 (미국여행)) + 2,000,000 (현금영수증) = 6,000,000

③ 63,000,000 (총급여(가정치)) × 25% = 15,750,000

(2) 한도 : ① + ② = 4,412,500

① 기본 : 4,000,000*3

② 추가 : min(㉠, ㉡) = 412,500

㉠ 4,412,500 − 4,000,000 = 412,500

㉡ min(800,000+1,400,000=2,200,000, 3,000,000) = 2,200,000

〈주4〉 550,000 (기본(2명)) + 700,000 (출산(셋째)) = 1,250,000

3.

종합소득금액	116,600,000〈주1〉
결정세액	18,960,000〈주2〉
기납부세액	7,320,000〈주3〉
납부할 세액(환급받을 세액)	11,640,000

〈주1〉

(1) 기타소득금액

		원천징수 대상 ○	원천징수 대상 ×	계
조건부	위약금		50,000,000	
	특강료	2,000,000 × 40% = 800,000		
	통신판매	800,000*		
		1,600,000	50,000,000	51,600,000*4

* 2,000,000 － max(2,000,000×60%, 400,000) ＝ 800,000

(2) 종합소득금액 : 65,000,000(근로) ＋ 51,600,000(기타) ＝ 116,600,000

〈주2〉

(1) 과세표준 : 116,600,000 － 12,600,000 ＝ 104,000,000

(2) 산출세액 : 15,360,000 ＋ (104,000,000－88,000,000) × 35% ＝ 20,960,000

(3) 결정세액 : 20,960,000 － 2,000,000 ＝ 18,960,000

〈주3〉 7,000,000(근로소득) ＋ (1,600,000×20%＝320,000)(기타소득) ＝ 7,320,000

해설

1. 해답상 '*'에 대한 설명

*1 주택임차자금 저리 대여이익은 병이 중소기업이 아닌 대기업의 종업원이므로 과세한다.

*2 배우자는 소득금액 요건을 위배하므로 배우자 명의의 직불카드 사용액은 공제대상 사용액에 포함하지 않는다.

*3 총급여액 7,000만원 이하의 자로서 나이와 소득금액 요건을 충족한 직계비속이 2명 이상이므로 기본한도는 400만원이다.

*4 판단대상 기타소득금액이 300만원을 초과하므로 종합과세한다.

7 / 16 실전종합문제

병(40세, 남성)의 2026년 종합소득 관련 자료이다. 제시된 금액은 원천징수 전 금액이다. 세부담 최소화 가정하에 물음에 답하시오. 〈2024. CPA〉

〈자 료〉

1. 병의 기타소득 관련 내역은 다음과 같다.
   ① 상표권을 대여하고 받은 금액 : 6,000,000원(실제확인된 필요경비는 4,800,000원임)
   ② 제작된 이후 200년이 경과된 골동품 1점을 양도하고 받은 금액 : 80,000,000원(실제확인된 필요경비는 71,000,000원이며 보유기간은 11년임)
   ③ 주식매수선택권을 퇴직 이후 행사하여 얻은 이익 : 10,000,000원
   ④ 알선수재에 의하여 받은 금품 : 7,000,000원
   ⑤ 지방자치단체로부터 받은 상금 : 2,000,000원

2. 병(간편장부대상자)의 기타소득 이외의 종합소득내역은 다음과 같다.

구 분	금 액
근로소득금액	33,000,000원
사업소득금액	50,000,000원

   ① 근로소득 총급여액은 ㈜A에서 받은 45,000,000원이며, 병은 2026년 6월 30일에 퇴직하였다.
   ② 사업소득(부동산매매업)은 전액 분양권(보유기간 4년) 양도에 의한 매매차익(양도가액 : 110,000,000원, 취득가액 : 60,000,000원)이다.
   ③ 사업소득은 복식부기에 의하여 장부를 기장하고 「소득세법」에 따라 장부 및 증명서류를 관리하고 있으며, 신고해야 할 소득금액을 비치·기록한 장부에 의하여 모두 신고하였다.

3. 병과 생계를 같이하는 부양가족은 배우자(39세), 딸(7세)이 있으며 모두 기본공제대상이다.

4. 병은 본인의 질병치료를 위한 입원비로 6,500,000원, 배우자의 난임시술비로 8,000,000원, 딸의 상처치료를 위한 수술비로 1,850,000원을 지출하였다.

5. 병은 연금저축계좌에 5,000,000원, 퇴직연금계좌에 3,000,000원을 납입하였다.

6. 종합소득세 기본세율 : '제3편. 부록' 참고

[물음 1]

병의 종합소득에 합산되는 기타소득금액을 〈답안양식〉에 따라 제시하시오.

〈답안양식〉

기타소득금액	

[물음 2]

병의 종합소득과세표준이 100,000,000원이라고 가정할 경우, 병의 종합소득산출세액을 구하기 위한 일반산출세액 및 비교산출세액을 〈답안양식〉에 따라 제시하시오.

〈답안양식〉

구 분	금 액
일반산출세액	
비교산출세액	

[물음 3]

병의 종합소득에 합산되는 기타소득금액은 17,000,000원이며, 종합소득산출세액은 33,000,000원으로 가정한다. 이 경우 병의 의료비세액공제액 및 기장세액공제액, 연금계좌세액공제액을 〈답안양식〉에 따라 제시하시오.

〈답안양식〉

구 분	금 액
의료비세액공제액	
기장세액공제액	
연금계좌세액공제액	

해답

[물음 1]

기타소득금액	18,200,000〈주〉

〈주〉 조건부 : 상표권 6,000,000 − max(4,800,000, 6,000,000×60%) = 1,200,000

주식매수선택권 10,000,000

종합과세 : 알선수재 7,000,000

18,200,000*1

[물음 2]

구 분	금 액
일반산출세액	19,560,000〈주1〉
비교산출세액	34,740,000〈주2〉

〈주1〉 100,000,000 × 기본세율 = 19,560,000

〈주2〉 $(\underbrace{50{,}000{,}000^*}_{\text{매매차익}} - \underbrace{2{,}500{,}000}_{\text{양도소득기본공제}}) \times 60\% + (\underbrace{100{,}000{,}000}_{\text{종합소득금액}} - \underbrace{50{,}000{,}000}_{\text{매매차익}}) \times$ 기본세율

= 34,740,000*2

* 110,000,000 － 60,000,000 = 50,000,000

[물음 3]

구 분	금 액
의료비세액공제액	3,450,000〈주1〉
기장세액공제액	1,000,000〈주2〉
연금계좌세액공제액	960,000〈주3〉

〈주1〉 (①+②) × 15% + ③ × 20% + ④ × 30% = 3,450,000

① 일반 : 1,850,000 － 45,000,000 × 3% = 500,000

② 본인 등 : 6,500,000

③ 미숙아 등 : 0

④ 난임시술비 : 8,000,000

〈주2〉 min(①, ②) = 1,000,000 → 간편장부대상자가 복식부기로 기장하였으므로 기장세액공제대상임

① $33{,}000{,}000 \times \dfrac{50{,}000{,}000}{100{,}000{,}000^*} \times 20\% = 3{,}300{,}000$

② 1,000,000

* 종합소득금액 : $\underbrace{33{,}000{,}000}_{\text{근로}} + \underbrace{50{,}000{,}000}_{\text{사업}} + \underbrace{17{,}000{,}000}_{\text{기타}} = 100{,}000{,}000$

〈주3〉 min(①, ②) × 12% = 960,000

① 납입액 : 5,000,000 + 3,000,000 = 8,000,000

② 한도 : 6,000,000 + min(3,000,000, 3,000,000) = 9,000,000

해설

1. 해답상 '*'에 대한 설명

*1 골동품 양도소득은 분리과세하므로 종합소득에 합산하지 않으며, 지방자치단체로부터 받은 상금은 비과세한다.

*2 ① 부동산매매업자의 종합소득금액에 분양권 매매차익이 포함되어 있으므로 세액계산특례를 적용한다.

② 분양권에 대해서는 장기보유특별공제를 적용하지 않으나 양도소득기본공제는 적용한다. 분양권에 적용되는 양도소득세율은 60%이다.

7 / 17 실전종합문제 2차 필수

다음은 소프트웨어 개발업을 영위하는 ㈜A에서 차장으로 근무하고 있는 거주자 갑(남성, 48세)의 2026년도 소득에 관한 자료이다. 다음 자료를 바탕으로 각 물음에 답하시오(단, 제시된 금액은 원천징수 전의 금액으로 별도의 언급이 없는 한 원천징수는 적법하게 이루어졌고, 연말정산 및 종합소득 과세표준확정신고를 위한 관련 증명서류도 모두 제출하였다). 주어진 자료 이외의 사항은 고려하지 않는다. 다른 언급이 없는 한 조세 부담 최소화를 가정하며, 금액계산의 경우 원 단위 미만에서 반올림한다. 〈2023. CTA〉

[금융소득 자료]

1. 지방자치단체가 발행한 채권의 할인액 : ₩10,000,000
2. 외국법인으로부터 받은 배당금(국내에서 원천징수되지 않음) : ₩8,000,000
3. 공모부동산집합투자기구 집합투자증권의 배당소득(「조세특례제한법」상 요건을 모두 갖춤) : ₩2,000,000
4. 개인종합자산관리계좌의 이자소득(「조세특례제한법」상 요건을 모두 갖춤) : ₩1,000,000
5. 법인과세 신탁재산(「법인세법」에 따라 내국법인으로 보는 신탁재산)으로부터 받은 배당금 : ₩5,000,000
6. 「상법」에 따른 파생결합사채로부터의 이익 : ₩3,000,000
7. 국내 비상장법인으로부터 받은 배당금 : ₩12,000,000

[근로소득 및 기타소득 자료]

1. 갑은 ㈜A로부터 월 ₩5,000,000의 급여를 12회 수령하였고, 분기마다 ₩2,000,000씩 4회에 걸쳐 상여금을 수령하였다.
2. ㈜A는 종업원을 보험계약자 및 수익자로 하는 단체환급부보장성보험을 보험사와 계약하고 보험료를 지급하고 있다. ㈜A가 갑을 위하여 지급하는 보험료는 월 ₩125,000으로 보험사에 12회 지급하였다.
3. ㈜A는 종업원에게 식사 기타 음식물을 제공하지 않는 대신에 매월 식대를 지급하고 있다. 갑은 ㈜A로부터 월 ₩200,000의 식대를 12회 수령하였다.
4. ㈜A는 임직원의 자녀보육을 지원하기 위해 자녀보육수당을 매월 지급하고 있다. 갑은 자녀 중 8세 자녀가 있으며 ㈜A로부터 월 ₩100,000의 자녀보육수당을 12회 수령하였다.

5. 갑은 연구원으로 근무하다 2025년에 퇴사한 ㈜B로부터 직무발명보상금 ₩17,000,000을 퇴사 후 수령하였다. 갑은 ㈜B와 특수관계에 있지 않다.

6. 갑은 감상용으로 보유하고 있던 회화 1점을 미술관에 ₩80,000,000에 양도하였다. 본 회화의 원작자는 2023년에 사망하였다. 갑은 본 회화를 양도하기 전 20년간 보유하고 있었고, 양도에 따른 필요경비는 확인되지 않는다.

7. 갑은 고등학생을 대상으로 한 특강료 ₩2,000,000을 수령하였다. 갑이 본 특강을 위해 사용된 필요경비는 확인되지 않는다.

8. 근로소득공제액 계산을 위한 자료 : '제3편. 부록' 참고

[종합소득공제 및 세액공제 자료]

1. 본인(갑)과 생계를 같이하는 가족의 나이 및 소득내역 등은 다음과 같다.

구 분	나이	소득내역	비고
배우자	45세	총급여액 ₩5,000,000	
모친	78세	－	
아들	18세	－	고등학생
딸	8세	－	초등학생, 장애인

2. 본인(갑) 및 생계를 같이하는 가족의 교육비 지출내역은 다음과 같다.

구 분	지출내역	금액
본인	대학원 박사과정 수업료	₩10,000,000
배우자	대학원 석사과정 수업료	8,000,000
아들	교복 구입비 학교에서 구입한 교과서 대금 사설 수학학원 수강료 학교에서 교육과정으로 실시한 현장체험학습비	1,000,000 200,000 3,000,000 800,000
딸	교복 구입비 장애인 특수교육비*	500,000 5,000,000

* 장애인의 재활교육을 위한 사회복지시설에 지급하는 교육비이며, 국가 또는 지방자치단체로부터 지원받는 금액은 없음

3. 갑의 연금저축계좌 납입액은 ₩53,000,000이고 퇴직연금계좌 납입액은 ₩5,000,000이다. 연금저축계좌 납입액 중 ₩50,000,000은 개인종합자산관리계좌(「조세특례제한법」상 요건을 모두 갖춤)의 계약만료된 계좌잔액 전부를 계약만료일 다음 날 연금계좌로 납입된 금액이다.

[물음 1]

갑의 종합소득금액에 합산될 이자소득금액, 배당소득금액, 분리과세되는 금융소득총수입금액, 금융소득에 대한 소득세 원천징수세액을 다음의 양식에 따라 제시하시오.

항목	금액
종합소득금액에 합산될 이자소득금액	①
종합소득금액에 합산될 배당소득금액	②
분리과세되는 금융소득 총수입금액	③
금융소득에 대한 소득세 원천징수세액	④

[물음 2]

갑의 총급여액, 근로소득금액, 종합소득금액에 합산될 기타소득금액, 기타소득에 대한 소득세 원천징수세액을 다음의 양식에 따라 제시하시오.

항목	금액
총급여액	①
근로소득금액	②
종합소득금액에 합산될 기타소득금액	③
기타소득에 대한 소득세 원천징수세액	④

[물음 3]

갑의 종합소득금액에서 차감되는 기본공제액, 추가공제액을 다음의 양식에 따라 제시하시오.

항목	금액
기본공제액	①
추가공제액	②

[물음 4]

갑의 종합소득산출세액에서 공제되는 자녀세액공제액, 교육비 세액공제액, 연금계좌 세액공제액을 다음의 양식에 따라 제시하시오.

항목	금액
자녀세액공제액	①
교육비 세액공제액	②
연금계좌 세액공제액	③

해 답

1.

항목	금액
종합소득금액에 합산될 이자소득금액	① 10,000,000〈주1〉
종합소득금액에 합산될 배당소득금액	② 29,200,000〈주1〉
분리과세되는 금융소득 총수입금액	③ 2,000,000
금융소득에 대한 소득세 원천징수세액	④ 4,380,000〈주2〉

〈주1〉

	이자	Gross－up 제외	Gross－up 대상	계
종합과세		8,000,000		
조건부과세	10,000,000	5,000,000	12,000,000	
		3,000,000		
계	10,000,000	16,000,000	12,000,000	38,000,000 ＋ 12,000,000 × 10% ＝ 39,200,000

〈주2〉 (38,000,000－8,000,000) × 14% ＋ 2,000,000 × 9% ＝ 4,380,000*1

2.

항목	금액
총급여액	① 70,000,000〈주1〉
근로소득금액	② 56,750,000〈주2〉
종합소득금액에 합산될 기타소득금액	③ 10,800,000〈주3〉
기타소득에 대한 소득세 원천징수세액	④ 2,160,000〈주4〉

〈주1〉 (5,000,000×12개월) ＋ (2,000,000×4회) ＋ (125,000×12개월－700,000)[단체보험료]

＋ (100,000×12개월)*2[보육수당] ＝ 70,000,000

〈주2〉 70,000,000 － [12,000,000＋(70,000,000－45,000,000)×5%] ＝ 56,750,000

〈주3〉 (17,000,000－7,000,000)[직무발명보상금] ＋ [2,000,000×(1－60%)][특강료] ＝ 10,800,000*3

〈주4〉 10,800,000 × 20% ＝ 2,160,000

3.

항목	금액
기본공제액	① 7,500,000〈주1〉
추가공제액	② 3,000,000〈주2〉

〈주1〉 1,500,000 × 5* ＝ 7,500,000

* 본인, 배우자, 모친, 아들, 딸

〈주2〉 $\underbrace{1{,}000{,}000}_{\text{경로우대자}} + \underbrace{2{,}000{,}000}_{\text{장애인}} = 3{,}000{,}000$

4.

항목	금액
자녀세액공제액	① 550,000*[4]
교육비 세액공제액	② 2,400,000〈주1〉
연금계좌 세액공제액	③ 1,440,000〈주2〉

〈주1〉 $(\underbrace{10{,}000{,}000}_{\text{본인}} + \underbrace{\underbrace{500{,}000}_{\text{교복 한도}} + \underbrace{200{,}000}_{\text{교과서대}} + \underbrace{300{,}000}_{\text{현장체험비 한도}}}_{\text{아들}} + \underbrace{5{,}000{,}000}_{\text{딸 특수교육비}}) \times 15\% = 2{,}400{,}000$*[5]

〈주2〉 min(①, ②) × 12% ＝ 1,440,000

① 53,000,000 ＋ 5,000,000 ＝ 58,000,000

② 한도 : ㉠ ＋ ㉡ ＋ ㉢ ＝ 12,000,000

㉠ 6,000,000

㉡ min(5,000,000, 3,000,000) ＝ 3,000,000

㉢ min(50,000,000×10%, 3,000,000) ＝ 3,000,000

해 설

1. 해답상 '*'에 대한 설명

*1 ① '금융소득에 대한 소득세 원천징수세액'을 묻고 있으므로 분리과세대상에 대한 원천징수세액도 계산한다.

② 국내에서 원천징수되지 않은 외국법인 배당소득은 제외하며, 공모부동산집합투자기구 배당소득은 9% 세율로 분리과세한다. 개인종합자산관리계좌 이자소득은 400만원(200만원)까지 비과세하고, 초과분은 9% 세율로 분리과세한다.

*2 자녀가 과세기간개시일 현재 6세 이하가 아니므로 자녀보육수당은 전액 과세한다.

*3 ① 직무발명보상금은 퇴사 후 수령하였으므로 기타소득으로 과세하되, 700만원까지는 비과세한다.

② 서화를 미술관에 양도하였으므로 비과세한다.

③ 특강료는 최소한 60% 필요경비를 인정한다.

*4 8세 이상인 기본공제대상 자녀가 2명이므로 550,000을 공제한다.

*5 ① 배우자 : 대학원 수업료는 본인만 공제가능하다.

② 아들 : 중·고생의 교복 구입비는 1명당 연 50만원을 한도로 하며, 초·중·고생의 현장체험학습비는 1명당 연 30만원을 한도로 한다. 수학학원 수강료는 초등학교 취학 전 아동에 대한 것만 공제대상이므로 고등학생인 아들에 대한 것은 공제대상이 아니다.

③ 딸 : 초등학생인 딸의 교복 구입비는 공제대상이 아니다.

7 / 18 세액공제 - 실전문제 2차

상호 독립된 각 【문】에 답하시오.

【문 1】

다음은 거주자 갑(70세, 남성)의 2026년 귀속 종합소득 신고자료이다.

〈자 료〉 〈2016. CPA 수정〉

1. 생계를 같이하는 부양가족의 현황

구 분	나 이	비 고
배우자	71세	2026년 6월 20일 사망
장남	27세	장애인, 소득없음
차남	18세	총급여액 450만원
장녀	15세	외국유학중으로 동거하지 않음

2. 보험료의 납입내역은 다음과 같다.
   ① 「고용보험법」상 고용보험료 : ₩600,000
   ② 본인을 피보험자로 하는 생명보험의 보험료(만기환급금이 납입보험료를 초과하지 않음) : ₩400,000
   ③ 장남을 피보험자로 하는 장애인전용보장성보험의 보험료 : ₩1,600,000
   ④ 「국민연금법」상 국민연금보험료 : ₩4,200,000

3. 기부금의 지출내역은 다음과 같다.
   ① 사립학교가 운영하는 병원에 지출한 시설비 : ₩20,000,000
   ② 차남이 다니는 고등학교의 장이 추천하는 학생에게 지급한 장학금 : ₩600,000
   ③ 장남이 다녔던 고등학교에 고유목적사업비로 지출한 기부금 : ₩1,200,000
   ④ 종교단체에 지출한 일반기부금 : ₩3,600,000

[물 음]

각 항목별 세액공제액의 한도를 고려하기 전 갑의 자녀세액공제액, 보험료세액공제액 및 기부금세액공제액을 계산한 후, 그 공제액을 기초로 공제기준 산출세액 한도를 고려한 세액공제 합계액을 다음의 〈답안양식〉에 따라 제시하시오. 단, 갑의 2026년 종합소득금액은 이자소득금액 ₩15,000,000, 배당소득금액 ₩5,000,000, 근로소득금액 ₩30,000,000이라고 가정하며, 종합소득 산출세액은 ₩5,000,000이라고 가정한다.

〈답안양식〉

자녀세액공제액	
보험료세액공제액	
기부금세액공제액	
공제기준 산출세액 한도를 고려한 세액공제 합계액	

【문 2】 유예

유예생은 제2편 소득유예 38 ～ 소득유예 40 풀이

해답

자녀세액공제액	950,000(3명)
보험료세액공제액	198,000〈주1〉
기부금세액공제액	5,340,000〈주2〉
공제기준 산출세액 한도를 고려한 세액공제 합계액	3,000,000〈주3〉

〈주1〉 ① × 15% ＋ ② × 12% ＝ 198,000

① 장애인 : min(1,600,000, 1,000,000) ＝ 1,000,000

② 일반 : 400,000

〈주2〉

(1) 공제대상액

기부금*1	한 도	대상액
특례 : 20,000,000		20,000,000
일반 : 600,000 ＋ 1,200,000 ＋ 3,600,000(종교단체) ＝ 5,400,000	10,000,000*2 × 10% ＋ min(10,000,000×20% ＝2,000,000, 600,000＋1,200,000＝1,800,000) ＝ 2,800,000	2,800,000
계		22,800,000

*1 나이의 제한을 받지 않는 기본공제대상 배우자 및 부양가족이 지급한 기부금도 공제대상에 포함한다.

*2 50,000,000(종합소득금액) － 20,000,000(원천징수세율 적용분 금융소득) － 20,000,000(특례기부금) ＝ 10,000,000

(2) 기부금세액공제 : 10,000,000 × 15% ＋ 12,800,000 × 30% ＝ 5,340,000*

* 기부금세액공제는 '산출세액(5,000,000) － 필요경비 산입 기부금이 있는 경우 사업소득 산출세액(0) ＝ 5,000,000'을 한도로 하나, 물음에서 각 항목별 세액공제의 한도를 고려하기 전의 금액을 계산하라고 하였으므로 한도는 고려하지 않았다.

〈주3〉 세액공제액 : min(①, ②) ＝ 3,000,000 summary p2-210. *2. ①

① $\underset{\text{자녀세액공제}}{\underline{950,000}} + \underset{\text{보험료세액공제}}{\underline{198,000}} + \underset{\text{기부금세액공제}}{\underline{5,340,000}} = 6,488,000$

② 공제기준 산출세액 : $5,000,000 - 5,000,000 \times \dfrac{20,000,000}{50,000,000} = 3,000,000$

제 8 절

퇴 직 소 득 summary p2-223. 제3장

8 - 1 퇴직소득

1.5차 2차 필수

다음은 정상영씨(직원)의 퇴직으로 인한 소득자료이다. 이를 이용하여 정상영씨의 퇴직소득결정세액을 계산하시오.

1. 근속기간 : 2002년 7월 10일 ~ 2026년 9월 25일

2. 국내에서 퇴직시 수령한 금액의 내역
   (1) 퇴직급여지급규정에 따라 회사로부터 직접 지급받은 퇴직급여는 ₩137,000,000이다.
   (2) 퇴직급여지급규정에 따라 정리해고수당 ₩18,000,000을 지급받았다.
   (3) 퇴직공로금으로 ₩2,000,000을 지급받았는데, 회사의 퇴직급여지급규정에는 퇴직공로금에 관한 규정이 없으나 이사회의 특별결의에 따라 지급받은 것이다.
   (4) 정상영씨는 2023년 초에 직장공제회에 가입하였는데, 퇴직시 직장공제회로부터 받은 초과반환금은 ₩8,000,000이다.
   (5) 회사 직원들로부터 퇴직위로금 ₩1,000,000을 받았다.

3. 위 외에 국외에서 퇴직시 받은 과세대상 퇴직급여는 ₩30,000,000이며, 이에 대하여 국외에서 원천징수된 세액은 ₩2,000,000이다.

4. 종합소득에서 미공제된 소득공제액은 ₩3,500,000이다.

5. 퇴직소득공제액 중 근속연수에 따른 공제
   - 근속연수 20년 초과 : ₩40,000,000 + 3,000,000 × (근속연수－20년)

6. 환산급여 800만원 초과 7,000만원 이하인 경우 환산급여공제(차등공제) :
   ₩8,000,000 + 8,000,000 초과분 × 60%

7. 과세표준 1,400만원 초과 5,000만원 이하인 경우 산출세액 :
   과세표준 × 15% － ₩1,260,000

핵심정리

문제의 포인트

1. 퇴직소득의 범위 : summary p2-223. 1
2. 퇴직소득세 계산구조 : summary p2-225. 3

해 답

1. 퇴직소득금액

$$\underbrace{137{,}000{,}000}_{\text{퇴직급여}} + \underbrace{18{,}000{,}000}_{\text{정리해고수당}} + \underbrace{2{,}000{,}000^{*1}}_{\text{퇴직공로금}} + \underbrace{30{,}000{,}000}_{\text{국외퇴직소득}} = 187{,}000{,}000^{*2}$$

2. 산출세액

$$\begin{array}{l} 187{,}000{,}000 \\ \triangle 55{,}000{,}000^{①} \\ \hline 132{,}000{,}000 \times \frac{1}{25} \times 12 = 63{,}360{,}000 \\ \qquad\qquad\qquad\qquad \triangle 41{,}216{,}000^{②} \\ \qquad\qquad\qquad\qquad \overline{22{,}144{,}000} \times 세율 \times \frac{1}{12} \times 25 = 4{,}295{,}000 \end{array}$$

① 40,000,000 + (25년*3-20년) × 3,000,000 = 55,000,000

② 8,000,000 + (63,360,000-8,000,000) × 60% = 41,216,000

3. 외국납부세액공제

$$\min\left(① 2{,}000{,}000,\ ② 한도 : 4{,}295{,}000 \times \frac{30{,}000{,}000}{187{,}000{,}000} = 689{,}037\right) = 689{,}037$$

4. 결정세액 : 4,295,000 − 689,037 = 3,605,963

해 설

1. 해답상 '*'에 대한 설명

*1 직원이 퇴직을 원인으로 회사로부터 지급받은 정리해고수당, 퇴직공로금·퇴직위로금은 퇴직소득이며, 회사가 아닌 직원들로부터 받은 퇴직위로금은 소득세 과세대상이 아니다(증여에 해당되나, 사회통념상 타당한 금액이므로 비과세함).

*2 직장공제회초과반환금은 1999년 1월 1일 이후 최초로 직장공제회에 가입하고 퇴직으로 인하여 지급받는 초과반환금만 이자소득으로 과세한다(무조건 분리과세대상).

*3 1년 미만은 1년으로 한다.

8 / 2 퇴직소득 1.5차 2차

다음은 거주자 이철규씨의 2026년도 소득자료이다. 퇴직소득산출세액을 계산하시오.

1. 근무하던 회사를 퇴직하면서 받은 퇴직급여는 ₩31,000,000이다(근속연수는 국민연금 납입기간과 동일함).

2. 「국민연금법」에 따라 지급받은 반환일시금은 ₩20,000,000인데, 그 내역은 다음과 같다. 2002. 1. 1. 이후 납입한 연금보험료에 대하여 소득공제를 적용받지 못한 금액은 ₩1,000,000이라고 가정한다.
   ① 2002. 1. 1. 전에 납입한 연금보험료 ₩9,000,000
   ② 2002. 1. 1. 이후에 납입한 연금보험료 ₩12,000,000과 그에 대한 이자 ₩2,000,000

3. 국민연금의 납입기간은 19년 9개월이다.

4. 근속연수 10년 초과 20년 이하인 경우 근속연수공제 : 1,500만원 + 10년 초과연수 × 250만원

5. 환산급여공제(차등공제) － 일부 발췌
   - 환산급여 800만원 이하인 경우 : 환산급여 × 100%
   - 환산급여 800만원 초과 7,000만원 이하인 경우 : 800만원 + 800만원 초과분 × 60%

핵심정리

문제의 포인트

1. 국민연금 일시금이 있는 경우 퇴직소득 계산방법 : summary p2-224. ②
2. 퇴직소득세 계산구조 : summary p2-225. 3

해 답

1. 퇴직소득금액 : 31,000,000 ＋ 10,000,000* ＝ 41,000,000

* min(①, ②) － 1,000,000 ＝ 10,000,000*[1]

① 12,000,000 ＋ 2,000,000 ＝ 14,000,000

② 20,000,000 － 9,000,000 ＝ 11,000,000

2. 산출세액

$$\begin{array}{l} 41{,}000{,}000 \\ \underline{\triangle 40{,}000{,}000^{①}} \\ \underline{1{,}000{,}000} \times \dfrac{1}{20^{*2}} \times 12 = 600{,}000 \\ \qquad\qquad\qquad\qquad \underline{\triangle 600{,}000^{②}} \\ \qquad\qquad\qquad\qquad \underline{0} \end{array}$$

① 15,000,000 ＋ (20－10) × 2,500,000 ＝ 40,000,000

② 600,000 × 100% ＝ 600,000

• 산출세액 : 0

해 설

1. 해답상 '*'에 대한 설명

*1 min(①, ②) － 2002. 1. 1. 이후 납입분 중 소득공제 받지 못한 금액

① 2002. 1. 1. 이후 납입한 연금보험료(사용자부담분 포함) 누계액 ＋ 이에 대한 이자 및 가산이자

② 실제 지급받은 일시금 － 2002. 1. 1. 전에 납입한 연금보험료

*2 1년 미만은 1년으로 한다.

8 / 3 임원퇴직급여 필수

상호 독립된 각 【문】에 답하시오.

【문 1】 1.5차 2차

거주자인 임원 甲은 2019. 7. 5.에 입사하여 2026. 6. 20.에 퇴사하였다. 퇴사시 지급받은 퇴직급여는 ₩380,000,000이며, 2019. 12. 31.에 퇴직하였다면 받았을 퇴직급여는 ₩20,000,000이다. 근무기간동안 지급받은 총급여액의 내역이 다음과 같은 경우 甲의 퇴직소득금액을 계산하시오.

기 간	총급여액
2019. 7. 5.~2019. 12. 31.	130,000,000*1
2020. 1. 1.~2020. 12. 31.	220,000,000
2021. 1. 1.~2021. 12. 31.	200,000,000
2022. 1. 1.~2022. 12. 31.	150,000,000
2023. 1. 1.~2023. 6. 20.	110,000,000
2023. 6. 21.~2023. 12. 31.	130,000,000
2024. 1. 1.~2024. 12. 31.	250,000,000
2025. 1. 1.~2025. 12. 31.	260,000,000
2026. 1. 1.~2026. 6. 20.	120,000,000*2

*1 인정상여 ₩4,000,000이 포함된 금액

*2 비과세근로소득 ₩10,000,000이 포함된 금액

【문 2】 2차

다음은 ㈜백상의 임원인 거주자 甲의 퇴직소득자료이다. 자료를 이용하여 세부담 최소화 가정하에 甲의 2026년도의 퇴직소득금액과 근로소득금액을 〈답안양식〉에 따라 계산하시오.

〈답안양식〉

구 분	금 액
퇴직소득금액	
근로소득금액	

〈자 료〉

1. 甲은 ㈜백상에 2011. 1. 20. 입사하여 근무하다 2026. 9. 15.에 퇴사하였다. 퇴직시 회사에서 받은 퇴직급여는 ₩568,000,000이며, 「국민연금법」에 따라 받은 과세대상 일시금은 ₩10,000,000이다.

2. 甲이 2019. 12. 31.부터 소급하여 3년간 지급받은 총급여액은 ₩360,000,000이다. 2020. 1. 1.부터 2026. 9. 15.까지 급여로 지급받은 총급여액은 ₩600,000,000이고 2026. 9. 15.부터 소급하여 3년동안 지급받은 총급여액은 ₩420,000,000이며, 각각의 총급여액에는 2026년분 총급여액 ₩50,000,000이 포함되어 있다.

3. 甲이 2011년 말에 퇴직하였다면 받았을 정관의 위임규정에 따른 퇴직급여는 ₩72,000,000이다.

4. 근로소득 외의 종합소득금액은 ₩1,020,000,000, 종합소득공제액은 ₩10,000,000이다.

5. (1) 총급여액 4,500만원 초과 1억원 이하인 경우 근로소득공제 : 1,200만원 + 4,500만원 초과액 × 5%

   (2) 근속연수 10년 초과 20년 이하인 경우 퇴직소득공제 중 근속연수공제 : 1,500만원 + 250만원 × (근속연수－10년)

핵심정리

문제의 포인트

• 임원 퇴직소득의 경우 퇴직소득금액의 계산 : summary p2-228. 3.3

해답

【문 1】

• 퇴직소득금액 : 380,000,000 － 17,200,000* ＝ 362,800,000

→ 간편법(2012. 1. 1. 이후 입사하고 공적연금 관련 법에 따라 받는 일시금이 없는 경우) : min(퇴직급여 : 380,000,000, 한도 : 362,800,000) ＝ 362,800,000

* ① 한도 : $\left[\frac{(130,000,000-4,000,000)}{6^{*1}} \times 12 \times \frac{1}{10} \times \frac{6}{12} \times 3\right]$

$+\left[\frac{130,000,000+250,000,000+260,000,000+(120,000,000-10,000,000)}{3} \times \frac{1}{10} \times \frac{78}{12} \times 2\right]$

＝ 362,800,000

② 한도초과 : 380,000,000 － 362,800,000 ＝ 17,200,000 → 근로소득

【문 2】

구 분	금 액
퇴직소득금액	559,000,000〈주1〉
근로소득금액	55,800,000〈주2〉

〈주1〉 (568,000,000＋10,000,000) － 19,000,000* ＝ 559,000,000

* ① 한도 : $\left[\frac{360,000,000}{3} \times \frac{1}{10} \times \frac{96}{12} \times 3\right] + \left[\frac{420,000,000}{3} \times \frac{1}{10} \times \frac{81}{12} \times 2\right]$

＝ 477,000,000

② 한도초과 : (568,000,000*2－72,000,000**) － 477,000,000 ＝ 19,000,000 → 근로소득

** max(①, ②)*3 ＝ 72,000,000

① 퇴직소득금액 × $\frac{\text{2011. 12. 31. 이전 근무기간 월수}}{\text{전체 근무기간 월수}}$ ＝ 568,000,000 × $\frac{12}{188}$ ＝ 36,255,319

② 퇴직급여규정에 따라 2011. 12. 31.에 퇴직한다고 가정할 때 지급받을 퇴직소득금액 : 72,000,000

〈주2〉

(1) 총급여 : 50,000,000 ＋ 19,000,000 ＝ 69,000,000

(2) 근로소득공제 : 12,000,000 ＋ 24,000,000 × 5% ＝ 13,200,000

(3) 근로소득금액 : 55,800,000

해 설

1. 해답상 '*'에 대한 설명

*1 근무기간이 3년 미만인 경우에는 해당 근무기간으로 한다. 근무기간은 개월 수로 계산하되, 1개월 미만은 1개월로 본다.

*2 공적연금 관련법에 따라 받는 일시금은 한도계산 대상 퇴직급여가 아니다.

*3 '2011. 12. 31.에 퇴직하였다고 가정할 때 퇴직소득금액'은 둘 중 선택한 금액으로 할 수 있으므로 어떤 금액이 세부담을 최소화하는지 판단하여야 한다. 자료 4번에 따르면 근로소득 외의 종합소득금액이 10억원을 초과하므로 적용세율은 최고세율인 45%가 된다. 따라서 근로소득으로 보는 금액인 임원퇴직급여 한도초과액이 작을수록 세부담을 최소화할 것이라고 추정할 수 있다. 따라서 근로소득금액을 줄이고 퇴직소득금액을 많게 하려면 둘 중 큰 금액으로 한다.

8 / 4 임원퇴직급여 2차

다음은 거주자 甲의 퇴직소득 관련 자료이다. 제시된 금액은 원천징수 전 금액이며, 별도의 언급이 없는 한 원천징수는 적법하게 이루어졌다. 금액 계산의 경우 원 단위 미만에서 반올림한다. 〈2024. CTA 수정〉

〈자　료〉

1. 甲은 2011. 5. 20. 입사하여 ㈜경기의 대표이사로 근무하다가 2026. 8. 31. 퇴직하였다.
2. 甲은 퇴직시 ㈜경기로부터 퇴직급여로 ₩667,000,000을 지급받았으며 동 금액은 임원퇴직급여지급규정에 따라 산출한 금액이다.
3. 2019. 12. 31.부터 소급하여 3년간 지급받은 총급여의 연평균환산액은 ₩120,000,000이다.
4. 퇴직일부터 소급하여 3년간 지급받은 총급여의 연평균환산액은 ₩150,000,000이다.
5. 甲이 정관의 위임에 따른 임원퇴직급여지급규정에 따라 2011. 12. 31.에 퇴직하였다고 가정할 때 지급받을 퇴직급여는 ₩25,000,000이다.
6. 선택 가능한 경우 근로소득금액이 적게 계산되는 방법을 선택하기로 한다.
7. 근속연수공제액, 환산급여공제액, 기본세율 : '제3편. 부록' 참고

[물　음]

퇴직소득과 관련하여 다음을 계산하여 답안양식에 따라 ①~④의 금액을 제시하시오. 다만, ③, ④의 금액 계산시 퇴직소득 관련 자료를 이용하여 계산한 퇴직소득금액이 ₩445,000,000이라고 가정한다.

소득세법상 임원퇴직소득 한도액	①
퇴직소득 중 근로소득으로 보는 금액	②
퇴직소득 과세표준	③
퇴직소득 산출세액	④

해답

소득세법상 임원퇴직소득 한도액	① 488,000,000〈주1〉
퇴직소득 중 근로소득으로 보는 금액	② 150,000,000〈주2〉
퇴직소득 과세표준	③ 155,612,500〈주3〉
퇴직소득 산출세액	④ 52,257,000〈주3〉

〈주1〉 $(120{,}000{,}000 \times \frac{1}{10} \times \frac{96}{12}) \times 3 + (150{,}000{,}000 \times \frac{1}{10} \times \frac{80}{12}) \times 2 = 488{,}000{,}000$

〈주2〉 (667,000,000 − 29,000,000*) − 488,000,000 = 150,000,000

* max(①, ②) = 29,000,000

① $667{,}000{,}000 \times \frac{8개월}{184개월} = 29{,}000{,}000$

② 25,000,000

〈주3〉

445,000,000 (가정치)		
△30,000,000 ①		
415,000,000	$\times \frac{1}{16} \times 12 =$	311,250,000
		△155,637,500②
		155,612,500 $\times$ 기본세율 $\times \frac{1}{12} \times 16 = 52{,}257{,}000$

① 15,000,000 + 2,500,000 × (16년−10년) = 30,000,000

② 151,700,000 + (311,250,000−300,000,000) × 35% = 155,637,500

해설

1. 월수 계산

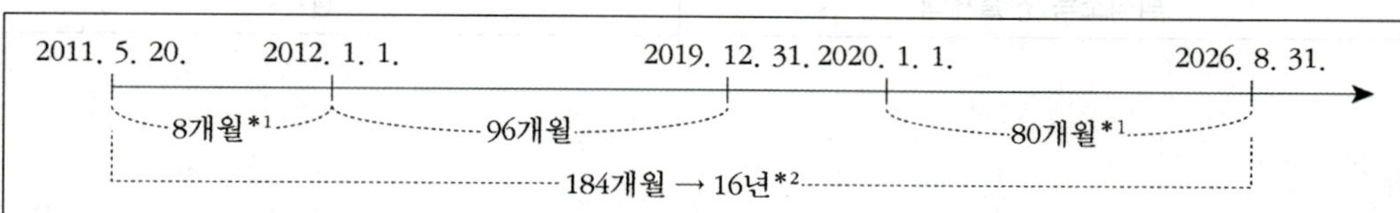

*1 1개월 미만의 기간은 1개월로 본다.

*2 근속연수 계산시 1년 미만의 기간은 1년으로 본다.

8 / 5 임원퇴직급여 한도초과 - 실전문제

상호 독립된 각 【문】에 답하시오.

【문 1】 2차 필수

을은 ㈜B에서 임원으로 근무하다가 2026년 6월 30일 퇴직하였다. 〈2023. CPA 수정〉

〈자 료〉

1. 을은 퇴직하면서 ㈜B의 퇴직금지급규정에 따라 퇴직금 ₩281,500,000을 수령하였으며, 별도로 퇴직위로금 8,000,000원을 수령하였다.
2. 을은 2018년 1월 1일부터 근무를 시작하여 2019년 12월 31일까지 매년 ₩100,000,000의 총급여액을 수령하였다.
3. 을은 2020년 1월 1일부터 2025년 12월 31일까지 매년 ₩150,000,000(매월 균등액을 수령)의 총급여액을 수령하였으며, 2026년에 ₩90,000,000의 총급여액을 수령하였다.
4. 을은 퇴직 후 부동산임대업을 개시하였고, 소유하고 있는 주택 3채 중 1채를 임대하였다. 주택임대와 관련된 내역은 다음과 같으며, 장부를 비치 · 기장하고 있다.

구 분	내 용
임대기간	2026. 8. 1. ~ 2027. 7. 31.
임대보증금*	₩500,000,000
월임대료	2,000,000
주택 취득가액	700,000,000

* 임대보증금은 전액 은행에 예치하였고 ₩1,000,000의 이자수익이 발생함

5. 을이 소유한 주택은 모두 기준시가가 2억원을 초과하며, 정기예금이자율은 연 3.65%이다.
6. 근속연수 공제액

근속연수	공제액
5년 이하	100만원 × 근속연수
5년 초과 10년 이하	500만원 + 200만원 × (근속연수—5년)

7. 환산급여 공제액

환산급여	공제액
1억원 초과 3억원 이하	6,170만원 ＋ 1억원 초과분의 45%
3억원 초과	1억5,170만원 ＋ 3억원 초과분의 35%

[물음 1]
을의 임원 퇴직소득 한도초과액(근로소득 해당액)을 계산하시오.

[물음 2]
을의 퇴직소득과세표준을 계산하시오. 단, 퇴직소득금액은 ₩191,875,000이라고 가정한다.

[물음 3]
을의 사업소득 총수입금액을 계산하시오.

【문 2】 유예
유예생은 제2편 소득유예 41 풀이

핵심정리

문제의 포인트

• 임원 퇴직소득의 경우 퇴직소득금액의 계산 : summary p2-228. 3.3

해 답

1. 임원 퇴직소득 한도초과액(근로소득 해당액) : ① ＋ ② ＝ 28,000,000

   ① 「법인세법」상 한도초과 : 8,000,000*[1]

   ② 「소득세법」상 한도초과 : 281,500,000 － 261,500,000* ＝ 20,000,000

   * 한도 : $\left(\frac{100,000,000\times2}{2}\times\frac{1}{10}\times\frac{24}{12}\times3\right)$

   $+\left(\frac{75,000,000+150,000,000+150,000,000+90,000,000^{*2}}{3}\times\frac{1}{10}\times\frac{78}{12}\times2\right)$

   ＝ 261,500,000

2. 퇴직소득 과세표준 : 114,475,000

191,875,000		
△13,000,000①		
178,875,000	$\times\frac{1}{9}\times12=$	238,500,000
		△124,025,000②
		114,475,000

   ① 5,000,000 ＋ 2,000,000 × (9－5) ＝ 13,000,000

   ② 61,700,000 ＋ (238,500,000－100,000,000) × 45% ＝ 124,025,000

3. 사업소득 총수입금액 : ① ＋ ② ＝ 10,836,000

   ① 임 대 료 : 2,000,000 × 5 ＝ 10,000,000

   ② 간주임대료 : (500,000,000－300,000,000) × 153 × 60% × 3.65% × $\frac{1}{365}$ － 1,000,000 ＝ 836,000

해 설

1. 해답상 '*'에 대한 설명

*[1] 퇴직급여지급규정에 없는 임원 퇴직위로금에 대해서 지급하는 법인은 임원퇴직급여 한도초과액으로 손금불산입하고 상여처분한다. 이 금액은 인정상여로 귀속자의 근로소득을 구성한다.

*[2] 분자의 금액은 퇴직일로부터 소급하여 3년간인 2023. 7. 1.부터 2026. 6. 30.까지의 총급여액이다.

8 / 6 퇴직소득세 1.5차 2차

거주자 甲은 2026년도에 ㈜태백과 ㈜백두에서 직원으로 퇴직하였다.

〈자 료〉

1. ㈜태백 - 근속기간 : 2011. 5. 1.~2026. 7. 31.
   (1) 2026년도의 총급여액 : ₩40,000,000
   (2) 퇴직급여수령액 ₩80,000,000(퇴직급여지급규정에 없는 퇴직위로금 ₩10,000,000이 포함된 금액)

2. ㈜백두 - 근속기간 : 2018. 8. 1.~2026. 12. 31.
   (1) 2026년도의 총급여액 : ₩20,000,000
   (2) 퇴직시 수령액

① 퇴직급여	₩14,000,000(퇴직급여지급규정에 따름)
② 퇴직위로금	2,000,000(퇴직급여지급규정에 따름)
③ 「근로기준법」에 의한 해고예고수당	1,000,000

3. 근속연수공제, 환산급여공제(차등공제) 및 기본세율 : '제3편. 부록' 참고

[물 음]

자료를 이용하여 퇴직소득 산출세액을 계산하고 그 계산근거를 제시하시오. 원 미만은 반올림하기로 한다.

핵심정리

문제의 포인트

- 같은 과세기간 중 둘 이상의 근무지에서 퇴직한 경우 퇴직소득금액의 계산 : summary p2-226. ⑤, 사 례

해답

[근 거]

1. 근속연수의 계산

(183개월＋101개월) － 96개월(중복월수, 2018. 8. 1.～2026. 7. 31.)

＝ 188개월* → 15년 8개월 → 16년

* 근속연수는 퇴직한 각 근무지의 근속연수를 합산한 월수에서 중복되는 기간의 월수를 공제한 월수에 의하여 계산한다. → 〈간편법〉 2011. 5. 1. ～ 2026. 12. 31.까지의 월수로 계산하는 것이 간편하다.

2. 퇴직소득금액

① ㈜태백	80,000,000
② ㈜백두 : 14,000,000 ＋ 2,000,000 ＋ 1,000,000* ＝	17,000,000
	97,000,000

* 해고예고수당은 퇴직소득에 해당한다.

3. 산출세액

97,000,000

△30,000,000①

$67{,}000{,}000 \times \frac{1}{16} \times 12 =$ 50,250,000

△33,350,000②

$16{,}900{,}000 \times$ 세율 $\times \frac{1}{12} \times 16 =$ 1,700,000

① 15,000,000 ＋ (16년－10년) × 2,500,000 ＝ 30,000,000

② 8,000,000 ＋ (50,250,000－8,000,000) × 60% ＝ 33,350,000

8 / 7 퇴직소득세 - 이연퇴직소득세 2차 필수

거주자 갑(60세)은 2026. 5. 20.에 직원으로 근무하던 ㈜태백을 퇴사하였다. 다음의 상호 독립된 각 경우별로 물음에 답하시오.

〈경우 1〉
㈜태백은 확정급여형 퇴직연금제도를 시행하고 있으며, 갑의 퇴직급여 ₩80,000,000 중 ₩60,000,000은 개인형퇴직연금계좌로 지급하였으며, ₩20,000,000은 갑에게 지급하였다. 갑의 근무기간은 2016. 7. 23.부터 2026. 5. 20.이다.

〈경우 2〉
갑은 퇴직급여 ₩80,000,000 중 원천징수세액을 차감한 잔액을 직접 급여계좌로 수령하였으며, 그 금액 중 ₩60,000,000을 지급받은 날부터 60일 이내에 연금계좌에 입금하였다.

[물 음]
각 경우별로 다음을 계산하시오(근속연수공제, 환산급여공제 및 기본세율은 '제3편. 부록' 참고). 다만, 원 미만은 반올림하기로 한다.

1. 갑의 2026년 귀속 퇴직소득세로 ㈜태백이 원천징수할 세액(이연퇴직소득세를 차감한 순액)을 계산하시오. 다만, '〈경우 2〉'는 환급되는 이연퇴직소득세도 계산하시오.

2. 갑이 추후 위 연금계좌의 이연퇴직소득 중 ₩15,000,000을 연금외수령하는 경우 이에 대하여 원천징수의무자가 원천징수할 이연퇴직소득세를 계산하시오.

3. 갑이 추후 위 연금계좌의 이연퇴직소득 중 ₩15,000,000을 연금수령하는 경우 그 연금소득에 대하여 원천징수의무자가 원천징수할 세액(연금 실제 수령연차 10년 이하인 경우)을 계산하시오.

핵심정리

문제의 포인트

- 이연퇴직소득이 있는 경우 이연퇴직소득세 등의 계산 : summary p2-232. 5

해 답

〈경우 1〉

1. ㈜태백이 원천징수할 퇴직소득세액

(1) 산출세액

$$\begin{array}{l} 80{,}000{,}000 \\ \underline{\triangle 15{,}000{,}000^{①}} \\ 65{,}000{,}000 \times \frac{1}{10} \times 12 = 78{,}000{,}000 \\ \qquad\qquad\qquad\qquad \underline{\triangle 49{,}600{,}000^{②}} \\ \qquad\qquad\qquad\qquad 28{,}400{,}000 \times \text{세율} \times \frac{1}{12} \times 10 = 2{,}500{,}000 \end{array}$$

① 5,000,000 + 2,000,000 × (10년－5년) = 15,000,000
→ [간편법] 10년 초과 20년 이하인 경우의 기본공제액 15,000,000을 그대로 기재

② 45,200,000 + (78,000,000－70,000,000) × 55% = 49,600,000

(2) 원천징수할 세액 : 2,500,000 － 1,875,000* = 625,000

* 이연퇴직소득세액 = 퇴직소득 산출세액 × $\frac{\text{이연퇴직소득}}{\text{퇴직소득금액}}$

$= 2{,}500{,}000 \times \frac{60{,}000{,}000}{80{,}000{,}000} = 1{,}875{,}000$ → 이 금액은 연금외수령시 원천징수함

2. 연금외수령시 원천징수할 이연퇴직소득세

연금외수령 당시 이연퇴직소득세 × $\frac{\text{연금외수령한 이연퇴직소득}}{\text{연금외수령 당시 이연퇴직소득}}$

$= 1{,}875{,}000 \times \frac{15{,}000{,}000}{60{,}000{,}000} = 468{,}750$

3. 연금수령하는 경우 연금소득 원천징수세액

468,750 × 70% = 328,125

〈경우 2〉

1. (1) ㈜태백이 원천징수할 퇴직소득세액 : 퇴직소득 산출세액 2,500,000 → '〈경우 1〉'과 동일

(2) 환급되는 이연퇴직소득세액

퇴직소득 산출세액 × $\frac{\text{이연퇴직소득(연금계좌로 입금된 금액)}}{\text{퇴직소득금액(원천징수세액을 뺀 급여계좌로 입금된 금액)}}$

$= 2{,}500{,}000 \times \frac{60{,}000{,}000}{80{,}000{,}000 - 2{,}500{,}000} = 1{,}935{,}484$

2. 연금외수령시 원천징수할 이연퇴직소득세

$$\text{연금외수령 당시 이연퇴직소득세} \times \frac{\text{연금외수령한 이연퇴직소득}}{\text{연금외수령 당시 이연퇴직소득}}$$

$$= 1,935,484 \times \frac{15,000,000}{60,000,000(\text{이연퇴직소득}) + 1,935,484(\text{환급세액})^{*}} = 468,750$$

* 환급세액은 연금계좌에 입금되며, 이 금액을 이연퇴직소득에 포함한다.

3. 연금수령하는 경우 연금소득 원천징수세액

468,750 × 70% = 328,125

해 설

1. '〈경우 1〉'의 과세체계

아래 그림의 '①'부터 '③' 순서대로 계산한다.

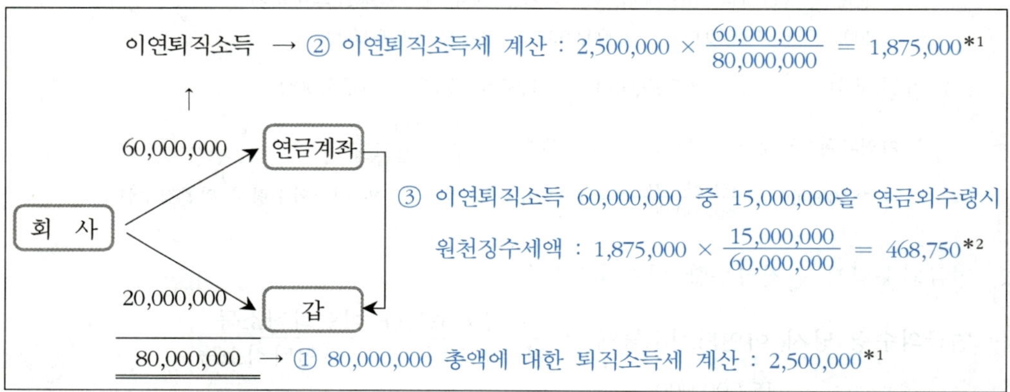

*[1] 퇴직시 회사가 퇴직자로부터 원천징수할 세액은 총 퇴직소득세 2,500,000에서 이연퇴직소득세 1,875,000을 뺀 625,000이다(1,875,000의 이연퇴직소득세는 추후 수령시 원천징수한다).

*[2] 만약 이연퇴직소득 60,000,000 중 15,000,000을 연금수령하였다면 원천징수세액은 연금 실제 수령연차가 10년 이하이므로 연금외수령시 원천징수세액 468,750에 70%를 곱한 328,125이다.

8 / 8 연금소득과 퇴직소득 2차

다음은 을(55세, 임원 아님)의 종합소득 관련 자료이다. 〈2025. CPA〉

〈자 료〉

1. 을은 2013년 6월 18일 ㈜대한에 입사하여 근무하다가 2026년 5월 31일에 퇴사하였다. 을의 퇴직금은 178,500,000원이며, 퇴직일에 이 중 100,000,000원이 연금계좌로 이체되었고 잔액을 수령하였다.

2. 을은 2016년 2월 1일에 연금계좌에 가입하였고, 2026년 11월 3일에 연금수령 개시를 신청하였다. 연금수령 개시 신청일 현재 연금계좌의 구성내역은 다음과 같다.

구 분	금 액
이연퇴직소득	100,000,000원
을의 불입액*	330,000,000원
연금계좌운용수익	20,000,000원

* 연금계좌세액공제를 받지 못한 금액은 없음

3. 을은 2026년 12월에 60,000,000원을 연금계좌에서 인출하였다. 단, 의료목적 · 천재지변 등 부득이한 사유로 인출한 금액은 없다.

4. 근속연수공제, 환산급여공제액, 종합소득세 기본세율 : '제3편. 부록' 참고

[물음 1]
을의 퇴직 시 퇴직소득 산출세액, 이연퇴직소득세액 및 퇴직소득금액에 대한 원천징수세액을 〈답안양식〉에 따라 제시하시오.

〈답안양식〉

산출세액	
이연퇴직소득세액	
원천징수세액	

[물음 2]

연금계좌에서 60,000,000원 인출 시 연금수령 한도, 퇴직소득 원천징수세액 및 연금소득 원천징수세액을 〈답안양식〉에 따라 제시하시오. 단, 을의 퇴직 시 퇴직소득 산출세액을 10,710,000원으로 가정한다.

〈답안양식〉

연금수령 한도	
퇴직소득 원천징수세액	
연금소득 원천징수세액	

[물음 3]

을이 임원인 경우, 퇴직소득 한도액을 〈답안양식〉에 따라 제시하시오. 단, 을은 근무를 시작하여 2019년 12월 31일까지는 매년 90,000,000원, 2023년 1월 1일부터 2025년 12월 31일까지는 매년 120,000,000원(매월 균등), 2026년 1월 1일부터 퇴사일까지는 50,000,000원의 총급여액을 수령하였다고 가정한다.

〈답안양식〉

퇴직소득 한도액	

해답

1.

산출세액	10,010,000〈주1〉
이연퇴직소득세액	5,607,843〈주2〉
원천징수세액	4,402,157〈주3〉

〈주1〉

178,500,000
△22,500,000①

$156{,}000{,}000 \times \frac{1}{13} \times 12 = 144{,}000{,}000$

△81,500,000②

$62{,}500{,}000 \times \text{기본세율} \times \frac{1}{12} \times 13 = 10{,}010{,}000$

① 15,000,000 ＋ 2,500,000 × (13－10) ＝ 22,500,000

② 61,700,000 ＋ (144,000,000－100,000,000) × 45% ＝ 81,500,000

〈주2〉 $10{,}010{,}000 \times \frac{100{,}000{,}000}{178{,}500{,}000} = 5{,}607{,}843$

〈주3〉 10,010,000 － 5,607,843 ＝ 4,402,157

2.

연금수령 한도	54,000,000〈주1〉
퇴직소득 원천징수세액	360,000〈주2〉
연금소득 원천징수세액	2,268,000〈주3〉

〈주1〉 $\frac{450{,}000{,}000^{*}}{11 - 1^{*1}} \times 120\% = 54{,}000{,}000$

* 100,000,000 ＋ 330,000,000 ＋ 20,000,000 ＝ 450,000,000

〈주2〉

(1) 구분

인출액 60,000,000		
연　금 54,000,000	이연퇴직소득 54,000,000	연금소득(분리과세)
연금외 6,000,000	이연퇴직소득 6,000,000	퇴직소득

(2) 퇴직소득 원천징수세액

$$6{,}000{,}000^{*} \times \frac{6{,}000{,}000}{100{,}000{,}000} = 360{,}000$$

* 이연퇴직소득세 : 10,710,000(퇴직소득 산출세액, 가정치) × $\frac{100{,}000{,}000}{178{,}500{,}000}$ = 6,000,000

〈주3〉 $\underset{\text{이연퇴직소득세}}{\underline{6{,}000{,}000}} \times \frac{54{,}000{,}000}{100{,}000{,}000}$ × 70%(수령연차 10년 이하) = 2,268,000

3.

퇴직소득 한도액	331,750,000

[근 거]

$$90{,}000{,}000 \times \frac{1}{10} \times \frac{79}{12}^{*2} \times 3 + \frac{[10{,}000{,}000\times31+50{,}000{,}000]^{*3}}{3} \times \frac{1}{10} \times \frac{77}{12}^{*4} \times 2$$

$= 331{,}750{,}000$

해설

1. 해답상 '*'에 대한 설명

*1 연금요건 및 기산연차 결정 : Q 이연퇴직소득이 있는가? : Yes → Q 연금요건 충족하였는가? : Yes[이연퇴직소득이 연금계좌에 있으므로 가입기간요건(5년)과 무관하게 연령요건(55세)을 충족한 2026년이 기산연차] → Q 2013. 3. 1. 전에 가입했는가? : no → ∴ 기산연차인 2026년의 수령연차는 1년차

*2 2012. 1. 1.부터 2019. 12. 31.까지 근무월수는 2013. 6. 18.부터 2019. 12. 31.까지 월수인 79개월

*3 [세부설명] 퇴직일(2026. 5. 31.)부터 소급하여 3년간 총급여. 즉, 2023. 6. 1.부터 2026. 5. 31.까지의 총급여

① 2023. 6. 1.~2025. 12. 31.분 : $\frac{120{,}000{,}000}{12\text{개월}}$ × 31개월 = 310,000,000

② 2026. 1. 1.~2026. 5. 31.분 : 50,000,000

합계 360,000,000

*4 2020. 1. 1. 이후의 근무월수는 2020. 1. 1.부터 2026. 5. 31.까지 월수인 77개월

제 9 절

양 도 소 득 summary p2-234. 제4장

9 / 1 양도차익의 계산 1.5차 2차

다음은 거주자 갑씨의 2026년도에 양도한 자산에 대한 자료이다. 물음에 답하시오.

〈자 료〉

1. 토지 · 건물 · 비상장주식의 양도내역(모두 특수관계인 외의 자와의 거래임)

구 분		사업용토지	건 물	비상장주식
등 기 여 부		등 기	등 기	미 등 록
양도가액	실지거래가액	₩300,000,000	?*1	₩80,000,000
	기준시가	200,000,000	₩120,000,000	70,000,000
취득가액	실지거래가액	250,000,000	?*2	60,000,000
	기준시가	150,000,000	108,000,000	60,000,000
자본적지출액 및 양도비용		7,000,000	140,000,000*3	2,000,000

*1 건물의 양도당시의 실지거래가액은 확인되지 않는다. 인근 유사건물의 최근의 매매사례가액은 없으며, 하나의 감정평가업자의 감정가액(양도일 한달 전을 감정평가기준일로 하여 그 날 평가한 가액)은 ₩150,000,000이다.

*2 건물의 취득당시 실지거래가액 · 매매사례가액 · 감정가액은 모두 확인되지 않고 있다.

*3 건물의 리모델링 비용이다.

2. 유가증권시장 상장법인 ㈜성음제조의 주식(지분율 1%, 액면가액 ₩400,000,000, 시가 ₩500,000,000)을 2026. 4. 5.에 유가증권시장에서 ₩500,000,000에 양도하였는데, 그 주식의 취득가액은 ₩350,000,000, 양도비용은 ₩3,000,000이다.

[물 음]

〈답안양식〉에 따라 양도차익을 계산하시오. 다만, 선택가능한 경우 세부담을 최소화하기로 한다.

〈답안양식〉

구 분	양도차익
사 업 용 토 지	
건 물	
비 상 장 주 식	
상 장 주 식	

핵심정리

문제의 포인트

1. 양도가액과 취득가액의 계산 : summary p2-248. 1
2. 양도소득세 계산구조 : summary p2-252. 2

해 답

구 분	양도차익
사 업 용 토 지	₩43,000,000
건 물	10,000,000
비 상 장 주 식	18,000,000
상 장 주 식	147,000,000

[근 거]

구 분	사업용토지	건 물	비상장주식	상장주식*3
양 도 가 액	300,000,000	150,000,000*1	80,000,000	500,000,000
취 득 가 액	△250,000,000	–	△60,000,000	△350,000,000
기타 필요경비	△7,000,000	△140,000,000*	△2,000,000	△3,000,000
양 도 차 익	43,000,000	10,000,000	18,000,000	147,000,000

* max(①, ②) = 140,000,000*2

① $\underbrace{\left(150{,}000{,}000\times\frac{108{,}000{,}000}{120{,}000{,}000}=135{,}000{,}000\right)}_{\text{환산취득가액}} + \underbrace{(108{,}000{,}000\times3\%=3{,}240{,}000)}_{\text{필요경비개산공제}}$

= 138,240,000

② $\underbrace{140{,}000{,}000}_{\text{자본적지출·양도비용}}$

해설

1. 해답상 '*'에 대한 설명

*1 양도당시 실지거래가액이 불분명하므로 매매사례가액 → 감정가액 → 기준시가를 순차로 적용한다. 따라서 매매사례가액이 없으므로 감정가액을 적용한다. 이 경우 감정가액은 둘 이상의 감정가액의 평균액을 원칙으로 하되, 기준시가 10억원 이하의 자산은 하나의 감정평가업자의 감정가액도 인정한다(양도일 · 취득일 전후 각 3개월 이내에 평가한 것으로서 감정평가기준일이 양도일 · 취득일 전후 각 3개월 이내인 것에 한정한다). summary p2-251. 1.2

*2 취득당시 실지거래가액 · 매매사례가액 · 감정가액이 확인되지 않으므로 환산취득가액을 적용한다. 이 경우 필요경비는 위 해답과 같이 둘 중 큰 금액으로 한다. summary p2-254. (1)

3 유가증권시장에 상장된 법인의 주식을 지분율 1% 이상 소유하고 있으므로 시가 총액과 무관하게 대주주 가 된다. 따라서 양도소득세를 과세 한다. summary p2-237. 4. (1)

* 유가증권시장 상장법인의 대주주 기준 : 직전 사업연도 종료일 현재 소유주식을 기준으로 1% 이상이거나 시가총액 50억원 이상인 주주

9 / 2 <유형 1> 1개의 자산을 양도하는 경우 1.5차 2차 필수

다음은 김성윤씨의 2026년도 양도소득세 계산자료이다. 이를 기초로 물음에 답하시오.

1. 양도자산 : 사업용토지 1,000m^2

2. 양도일 및 취득일 : ① 양도일 : 2026년 3월 25일, ② 취득일 : 2000년 5월 10일

3. 양도가액 및 취득가액 등

(1) 실지거래가액 : ① 양도가액 : ₩500,000,000, ② 취득가액 : ₩300,000,000

(2) 개별공시지가 및 지방세시가표준액(m^2당)

구 분	2000. 1. 1.	2001. 8. 30.	2025. 6. 1.	2026. 6. 1.
개별공시지가	—	₩200,000	₩400,000	₩420,000
시가표준액	₩90,000	110,000	220,000	230,000

(3) 토지 취득 후 토지의 개량을 위하여 지출한 비용은 ₩15,000,000, 양도비용은 ₩8,000,000이며, 모두 증빙에 의하여 입증된다.

4. 2026년에 종합소득금액에서 미공제된 종합소득공제액은 ₩2,000,000이다.

5. 소득세 기본세율 : '제3편. 부록' 참고

[물 음]

1. 다음 〈답안양식〉에 따라 각 경우별로 양도소득 산출세액을 계산하시오. 다만, 선택가능한 경우 세부담을 최소화한다고 가정한다.

구 분	산출세액
〈경우 1〉 토지가 등기자산인 경우	
〈경우 2〉 토지가 미등기자산인 경우	

2. 토지가 등기자산인 경우로서 토지양도에 대하여 김성윤씨가 예정신고기한 이내에 직접 전자신고하는 경우 그 예정신고기한과 차감납부세액을 계산하시오. 김성윤씨는 부동산매매업자가 아니다.

핵심정리

문제의 포인트

1. 토지 · 건물 · 부동산에 관한 권리로서 미등기된 것을 양도하는 경우 양도소득세 계산에 미치는 영향 : 아래 ※
2. 양도소득세 예정신고 : summary p2-264. (7)

※ 토지 · 건물 · 부동산에 관한 권리로서 미등기양도자산에 적용하는 불이익 summary p2-265. (1)

① 토지 · 건물의 필요경비개산공제액의 계산에 있어서 미등기양도자산은 등기된 양도자산에 적용되는 적용률 3%의 1/10인 0.3%를 적용한다.

② 장기보유특별공제와 양도소득기본공제를 적용하지 아니한다.

③ 미등기양도자산에 대한 양도소득세율은 70%이다.

④ 미등기양도자산에 대하여는 양도소득세의 비과세와 감면규정을 적용하지 아니한다.

해답

1. 양도소득 산출세액

구 분	산출세액
〈경우 1〉 등기자산인 경우	₩27,050,000
〈경우 2〉 미등기자산인 경우	123,900,000

[근 거]

구 분	등기자산	미등기자산
양 도 가 액	500,000,000	500,000,000
취 득 가 액	△300,000,000	△300,000,000
기타 필요경비	△23,000,000*	△23,000,000
양 도 차 익	177,000,000	177,000,000
장기보유특별공제	△53,100,000*1	–
양도소득기본공제	△2,500,000	–
과 세 표 준	121,400,000	177,000,000
세 율	기본세율	70%
산 출 세 액	27,050,000**	123,900,000

* 15,000,000(자본적 지출) + 8,000,000(양도비용) = 23,000,000

** 121,400,000 × 35% − 15,440,000 = 27,050,000

2. 예정신고

(1) 예정신고기한 : 2026년 5월 31일*2

(2) 예정신고납부시 자진납부세액 : 27,050,000 − 20,000*3 = 27,030,000

해설

1. 해답상 '*'에 대한 설명

*1 등기된 토지로서 보유기간 15년 이상이므로 양도차익의 30%를 공제한다(1세대 1주택 외의 자산은 30% 한도).

*2 양도일이 속하는 달의 말일로부터 2개월 이내인 5월 31일까지 예정신고하여야 한다.

*3 납세자가 직접 전자신고의 방법으로 양도소득 과세표준 예정신고를 하는 경우에는 2만원을 공제한다. summary p2-254. *5

9 / 3 <유형 2> 2개의 자산을 동시에 양도하는 경우 1.5차 2차 필수

【문 1】

사업자 고경철씨는 2026년 3월 10일 등기된 사업용 건물(취득일 : 2019. 2. 10.)과 그 부수토지(취득일 : 2014. 12. 10.)를 동시에 양도하였다. 실지거래가액을 기준으로 예정신고시 양도소득세 자진납부세액을 계산하시오.

1. 건 물

(1) 건물의 양도가액은 ₩300,000,000이고, 양도비용은 ₩20,000,000이다. 건물의 취득가액 ₩150,000,000은 총취득가액인데, 취득당시 고경철씨는 기업회계기준에 따라 다음과 같이 회계처리하였으며, 취득일 이후 사업소득금액계산시 필요경비로 산입한 현재가치할인차금상각비의 총합계액은 ₩8,000,000이다.

(차)			(대)	
	건 물	140,000,000	장 기 미 지 급 금	150,000,000
	현재가치할인차금	10,000,000		

(2) 양도 당시 감가상각누계액은 ₩58,000,000(상각부인액 ₩2,000,000 포함)이다.

2. 토 지

(1) 토지는 특수관계인에게 ₩370,000,000에 양도(시가는 ₩400,000,000)한 것이다.

(2) 토지의 취득가액의 내역은 다음과 같다.

① 특수관계인으로부터의 취득가(취득당시 시가는 ₩170,000,000)	₩220,000,000
② 감정평가법인의 감정가액으로 평가증함에 따른 평가차익	30,000,000
	₩250,000,000

(3) 취득 후 지출한 자본적지출액 등의 내역은 다음과 같으며, 별도의 언급이 없는 한 증빙에 의하여 입증된다.

① 취득세 · 등록면허세(납부영수증 없음)	₩10,000,000
② 토지를 취득할 때 지출한 중개수수료	1,600,000*[1]
③ 토지취득시 법에 따라 취득한 국민주택채권	3,000,000*[2]
④ 소송비용	7,000,000*[3]
⑤ 재산세 및 종합부동산세(2015년~2025년의 합계액)	8,000,000
⑥ 매매계약의 해약으로 인하여 지급한 위약금	5,000,000

*[1] 중개수수료의 공정가액(시가)은 ₩1,000,000인데, ₩600,000을 더하여 지급한 금액이다.

*[2] 고경철씨는 동 국민주택채권을 사채업자에게 ₩2,400,000에 매각하였다. 매각일에 그 채권을 은행에 매각한다면 ₩2,600,000을 받을 수 있다.

*[3] 토지 취득 후 소유권확보를 위하여 소요된 소송비용으로, 그 지출한 연도의 사업소득금액계산시 필요경비에 산입하지 아니하였다.

3. 소득세 기본세율 : '제3편. 부록' 참고

【문 2】

다른 자료는 【문 1】과 동일하고 보유기간만 다음과 같이 달라지는 경우 세부담 최소화 가정하에 각 자산의 양도소득 산출세액을 계산하시오.

① 건물 : 8년 10개월

② 토지 : 11개월

핵심정리

문제의 포인트

1. 토지와 건물을 동시에 양도한 문제의 접근방법 : 아래 1
2. 고가매입·저가양도시 부당행위계산부인 : 아래 2
3. 실지거래가액을 적용하는 경우 필요경비의 범위 : summary p2-254. (1) ~ p2-258. (4)

1. 토지와 건물을 동시에 양도한 문제의 접근방법

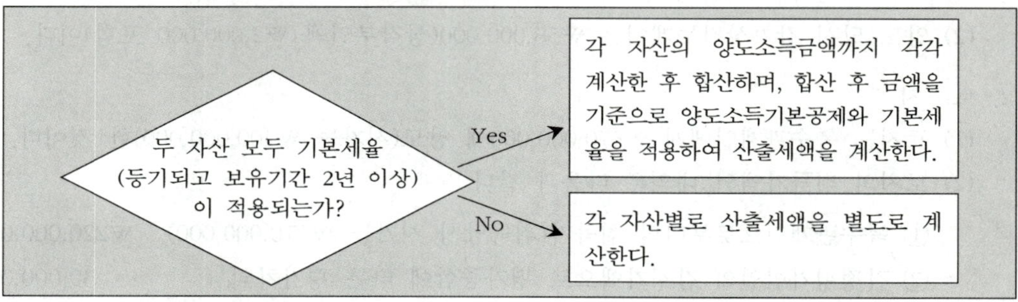

2. 고가매입·저가양도시 부당행위계산부인 summary p2-267. 4.2

특수관계인과의 거래이면서 조세부담 부당감소의 고가매입·저가양도시 취득가액·양도가액은 시가로 한다. 단, 중요성 요건(「상속세 및 증여세법」에 의한 시가와 거래금액의 차액이 3억 이상 또는 시가의 5% 이상)을 충족한 경우로 한정한다*.

* 주권상장법인이 발행한 주식의 시가는 「법인세법 시행령」에 따른 시가로 하며, 이 경우 중요성 요건은 적용하지 아니한다.

해 답

【문 1】

구 분	건 물	토 지	계
양도가액	300,000,000	400,000,000*1	
취득가액	△86,000,000①	△181,600,000③	
기타필요경비	△20,000,000	△7,400,000④	
양도차익	194,000,000	211,000,000	
장기보유특별공제	△27,160,000②	△46,420,000⑤	
양도소득금액	166,840,000	164,580,000	331,420,000*3
양도소득기본공제			△2,500,000*3
과세표준			328,920,000
세율			기본세율*3
산출세액 (＝자진납부세액)			105,628,000⑥

① 150,000,000(취득가액) － 8,000,000(현재가치할인차금상각비) － (58,000,000－2,000,000)(감가상각비 필요경비산입액) ＝ 86,000,000

② 194,000,000(양도차익) × 14%(보유기간 7년 이상 8년 미만) ＝ 27,160,000

③ 170,000,000 ＋ 10,000,000(취득세) ＋ 1,600,000(취득시 중개수수료) ＝ 181,600,000*1

④ min [㉠ 3,000,000 － 2,400,000 ＝ 600,000, ㉡ 3,000,000 － 2,600,000 ＝ 400,000](국민주택채권 매각차손) ＋ 7,000,000(소송비용) ＝ 7,400,000*2

⑤ 211,000,000(양도차익) × 22%[보유기간 11년 이상 12년 미만이므로 22%(＝11년×2%) 적용] ＝ 46,420,000

⑥ 328,920,000 × 40% － 25,940,000 ＝ 105,628,000

【문 2】

1. 산출세액

구 분	건 물	토 지	계
양도차익	194,000,000	211,000,000	
장기보유특별공제	△31,040,000①	－	
양도소득금액	162,960,000	211,000,000	
양도소득기본공제	－	△2,500,000*4	
과세표준	162,960,000	208,500,000	
세율	기본세율	50%	
산출세액	41,984,800②	104,250,000	146,234,800

① 194,000,000 × 16% ＝ 31,040,000

② 162,960,000 × 38% － 19,940,000 ＝ 41,984,800

2. 비교과세 : max(①, ②) ＝ 146,234,800*5

① (208,500,000＋162,960,000) × 기본세율

＝ 371,460,000 × 40% － 25,940,000 ＝ 122,644,000

② 146,234,800

해 설

1. 해답상 '*'에 대한 설명

*1 (1) 토지의 경우 특수관계인에 대한 저가양도, 특수관계인으로부터 고가매입에 해당하므로 다음과 같이 중요성요건 충족여부를 판단한 후, 해당되면 시가를 양도가액과 취득가액으로 한다(평가차익은 취득가액으로 보지 않음).

① 저가양도 여부 : '400,000,000－370,000,000＝30,000,000' ≧ 'min(3억원, 400,000,000×5%＝20,000,000)'
→ ∴ 시가 400,000,000이 양도가액이 됨

② 고가매입 여부 : '220,000,000－170,000,000＝50,000,000' ≧ 'min(3억원, 170,000,000×5%＝8,500,000)'
→ ∴ 시가 170,000,000이 취득가액이 됨

(2) 취득세는 취득가액에 포함하며, 취득시 지출하는 중개수수료는 취득가액에 포함한다(양도시 지출하는 중개수수료는 양도비용). 중개수수료가 통상적인 중개수수료보다 많다 하더라도 실지 지급된 금액은 필요경비에 산입된다(집행기준 97－163－43).

*2 재산세 및 종합부동산세는 보유단계의 조세이므로 자본적 지출로 보지 않으며, 매매계약의 해약으로 지급하는 위약금은 필요경비로 공제하지 않는다.

*3 건물과 토지 모두 등기되고 보유기간 2년 이상이므로 양도소득금액을 합산한 후, 양도소득기본공제와 기본세율을 적용한다(핵심정리 1번).

*4 자산을 동시에 양도한 경우 적용세율이 다르면 양도소득기본공제는 납세자가 선택한 자산의 양도소득금액에서 적용할 수 있다. 따라서 세부담을 최소화하기 위하여 높은 세율이 적용되는 토지에서 공제한다.

5 당기에 1그룹에 속하는 자산을 둘 이상 양도하는 경우 산출세액 summary p2－263. ■

- max(①, ②)
  ① 당기 양도소득과세표준 합계액 × 기본세율
  ② 자산별 양도소득 산출세액 합계액

* 양도소득세 감면액이 있는 경우에는 해당 감면세액을 차감한 금액을 말한다.

9 / 4 <유형 3> 2개의 자산을 순차적으로 양도하는 경우

상호 독립된 각 【문】에 답하시오.

【문 1】 1.5차 2차 필수

다음 자료에 근거하여 거주자인 개인사업자 갑의 2026년 양도소득세 산출세액과 건물의 취득가액 계산과 관련하여 결정세액에 더할 가산세를 〈답안양식〉에 적고, 그 계산 과정을 별도로 제시하시오.

〈답안양식〉

양도소득 산출세액	
가 산 세	

〈자 료〉

1. 갑은 사업용으로 사용하던 건물(등기)과 비사업용토지(등기)를 양도하였는데, 그 내역은 다음과 같다. 건물과 토지는 투기지정지역에 소재하지 않는다.

구 분	건 물	비사업용토지
취득일자	2024. 10. 10.	2021. 8. 10.
양도일자	2026. 11. 20.	2026. 10. 12.
취득가액(실지거래가액)	—	60,000,000
양도가액(실지거래가액)	50,000,000	110,000,000
자본적 지출액	1,000,000	2,000,000
양도비용	700,000	1,000,000

2. 위 건물은 갑이 신축하였는데, 실지취득가액은 확인되지 않고 있다. 건물의 양도당시의 기준시가는 ₩40,000,000이며, 취득당시의 기준시가는 ₩28,000,000이다.

3. 갑의 사업소득금액 계산시 위 건물과 관련하여 필요경비에 산입되었거나 산입될 금액은 감가상각비 ₩1,500,000, 현재가치할인차금상각비 ₩1,000,000이다.

4. 세율 : '제3편. 부록' 참고

【문 2】 2차

거주자 갑이 사업용으로 사용하던 토지A 및 건물B의 양도 관련 자료이다. 자본적지출액 및 양도비에 대해서는 적격증명서류를 수취·보관하고 있다. 〈2024. CPA〉

〈자 료〉

1. 토지A(등기)의 취득 및 양도 내역은 다음과 같다.

취 득 일		2023. 2. 15.
양 도 일		2026. 1. 5.
양 도 시	실지양도가액	500,000,000원
	기준시가	300,000,000원
취 득 시	실지거래가액	불분명
	감정평가가액	250,000,000원
	매매사례가액	200,000,000원
	기준시가	150,000,000원

① 토지A의 개량을 위해 6,000,000원의 비용을 지출하였다.

② 취득 시 지출한 부동산 중개수수료는 2,500,000원이며, 양도 시 지출한 부동산 중개수수료는 1,500,000원이다.

2. 건물B(등기)의 취득 및 양도 내역은 다음과 같다.

취 득 일		2009. 7. 1.
양 도 일		2026. 10. 5.
양 도 시	실지양도가액	250,000,000원
	기준시가	150,000,000원
취 득 시	실지거래가액	100,000,000원
	감정평가가액	120,000,000원
	매매사례가액	160,000,000원
	기준시가	110,000,000원

① 건물B는 사업용자산으로 사용하던 것으로 감가상각누계액은 18,000,000원이다. 이는 그 사업의 필요경비로 장부에 계상한 금액으로서 양도 시 상각부인액 3,000,000원을 포함한 것이다.

② 건물B를 취득한 후 소유권확보를 위한 소송비용 4,000,000원과 「개발이익환수에 관한 법률」에 따른 개발부담금 6,000,000원을 지출하였다.

③ 건물B의 매매계약에 따른 인도의무를 이행하기 위해 명도비용 3,000,000원을 지출하였다.

④ 건물B는 2026년 1월 5일에 매매계약을 체결한 후 부동산 가격의 급격한 상승으로 해약하였고, 2026년 6월 5일 매매계약을 다시 체결하였다. 이에 따라 해약으로 인한 위약금이 25,000,000원 발생하였다.

3. 보유기간 15년 이상인 경우 장기보유특별공제율은 30%이다.

[물음 1]
토지A 및 건물B의 양도로 인한 갑의 양도소득과세표준을 〈답안양식〉에 따라 제시하시오.

〈답안양식〉

구 분	토지A	건물B
양도차익		
과세표준		

[물음 2]
거주자 갑이 건물B를 특수관계법인에게 고가양도한 경우로서 「법인세법」상 양도가액과 시가의 차이에 대하여 상여로 소득처분한 금액이 있는 경우, 양도소득세 계산시 양도가액에 미치는 영향과 이에 대한 근거 규정의 취지를 3줄 이내로 서술하시오.

해답

【문 1】

양도소득 산출세액	₩9,779,000〈주1〉
가 산 세	1,750,000〈주2〉

〈주1〉

1. 자산별 산출세액

	건 물	비사업용 토지	계
양 도 가 액	50,000,000	110,000,000	
필 요 경 비	△34,340,000①	△63,000,000②	
양 도 차 익	15,660,000	47,000,000	
장기보유특별공제*2	–	△4,700,000③	
양도소득기본공제	–*3	△2,500,000	
과 세 표 준	15,660,000	39,800,000	
	(×) 세 율	(×) 세 율	
산 출 세 액	1,089,000④	8,690,000⑤	9,779,000

① max(㉠, ㉡) = 34,340,000

㉠ $\underbrace{(50{,}000{,}000\times\frac{28{,}000{,}000}{40{,}000{,}000}}_{\text{환산취득가액}} - \underbrace{1{,}500{,}000^{*1}}_{\text{감가상각비}}) + \underbrace{(28{,}000{,}000\times3\%)}_{\text{개산공제}} = 34{,}340{,}000$

㉡ 1,000,000 + 700,000 = 1,700,000

② 60,000,000 + 2,000,000 + 1,000,000 = 63,000,000

③ 47,000,000 × 10%(보유기간 5년 이상 6년 미만) = 4,700,000

④ 15,660,000 × 15% − 1,260,000 = 1,089,000

⑤ 2,240,000 + (39,800,000−14,000,000) × 25% = 8,690,000*4

[별해] $\underbrace{(39{,}800{,}000\times15\%-1{,}260{,}000)}_{\text{기본세율 적용분}} + \underbrace{39{,}800{,}000}_{\text{과세표준}} \times \underbrace{10\%}_{\text{중과세율}} = 8{,}690{,}000$

2. 비교과세 : max(①, ②) = 9,779,000

① (15,660,000+39,800,000) × 기본세율

= 55,460,000 × 24% − 5,760,000 = 7,550,400

② 9,779,000

〈주2〉 $\underbrace{\left(50{,}000{,}000\times\frac{28{,}000{,}000}{40{,}000{,}000}\right)}_{\text{환산취득가액}} \times 5\% = 1{,}750{,}000^{*5}$

【문 2】

[물음 1]

구 분	토지A	건물B
양도차익	295,500,000	152,000,000
과세표준	293,000,000	106,400,000

[근 거]

	토지A	건물B
양도가액	500,000,000	250,000,000
취득가액	△200,000,000*6	△85,000,000②
기타 필요경비	△4,500,000①, *6	△13,000,000③
양도차익	295,500,000	152,000,000
장기보유특별공제	—*7	△45,600,000④
양도소득기본공제*8	△2,500,000	—
과세표준	293,000,000	106,400,000

① $\frac{150,000,000}{\text{기준시가}} \times 3\% = 4,500,000$

② 100,000,000 − (18,000,000−3,000,000) = 85,000,000*9

③ 4,000,000 + 6,000,000 + 3,000,000 = 13,000,000*10

④ 152,000,000 × 30% = 45,600,000

[물음 2]

상여로 처분한 금액(인정상여)이 있는 경우 「법인세법」상 시가를 양도가액으로 한다*11. 그 취지는 근로소득으로 과세된 부분에 대해서 양도소득으로 이중으로 과세하지 않기 위해서다.

해설

1. 해답상 '*'에 대한 설명

*1 추계 등의 경우에도 사업소득금액계산시 필요경비로 공제한 감가상각비는 취득가액에서 공제한다. 그러나 현재가치할인차금상각비는 실지거래가액으로 취득가액을 계산하는 경우에만 공제한다.

*2 ① 건물은 보유기간 3년 이상이 아니므로 장기보유특별공제를 적용하지 않는다.
② 비사업용토지는 등기되고 보유기간 3년 이상이므로 장기보유특별공제 대상이 된다.

*3 먼저 양도하는 토지에서 2,500,000을 공제하므로 같은 그룹인 건물에서 공제할 금액은 없다.

*4 비사업용토지에 대하여는 '제3편. 부록. 2'의 세율을 적용한다.

*5 건물을 신축하고 그 신축한 건물의 취득일부터 5년 이내에 건물을 양도한 경우로서 환산가액을 취득가액으로 하였으므로 환산취득가액의 5%를 양도소득 결정세액에 더한다.

*6 실지거래가액이 확인되지 않으므로 매매사례가액, 감정가액, 환산취득가액을 순차적으로 적용한다. 따라서 매매사례가액을 적용하며, 이 경우 기타필요경비는 필요경비개산공제액(취득당시 기준시가×3%)을 적용한다.

*7 토지A는 보유기간이 3년 미만이므로 장기보유특별공제를 적용하지 않는다.

*8 양도소득기본공제는 그룹별로 2,500,000을 적용하며, 먼저 양도한 토지A에서 먼저 공제한다.

*9 사업소득금액 계산시 필요경비로 인정된 감가상각비는 취득가액에서 공제한다.

*10 ① 취득에 관한 쟁송시 소유권 확보를 위한 소송비용·화해비용은 취득가액에 포함하나, 취득 '후' 쟁송시 소유권 확보를 위한 소송비용·화해비용은 자본적지출에 해당한다.
② 개발부담금은 자본적지출이며, 인도의무를 이행하기 위한 명도비용은 양도비용이다.
③ 부동산매매계약의 해약으로 인하여 지급하는 위약금 등은 필요경비로 공제하지 않는다.

*11 summary p2-248. 표 안. 양도가액. ① 내용

2. Case 문제

Case

'문 9-4. 【문 1】'에서 비사업용토지만 양도하였다는 가정하에 비사업용토지의 취득일이 2024. 11. 1.인 경우 비사업용토지의 양도소득 산출세액을 계산하시오.

(1) 과세표준 : 47,000,000 (양도차익) － 0*1 (장기보유특별공제) － 2,500,000 (양도소득기본공제) ＝ 44,500,000

(2) 산출세액 : max(①, ②) ＝ 17,800,000*2

① 44,500,000 × 40%(1년 이상 2년 미만) ＝ 17,800,000

② 2,240,000 ＋ (44,500,000－14,000,000) × 25% ＝ 9,865,000

*1 보유기간이 2024. 11. 1.～2026. 10. 12.로 3년 이상이 아니므로 장기보유특별공제를 적용하지 않는다.

*2 하나의 자산이 양도소득세율 중 둘 이상에 해당할 때에는 해당 세율을 적용하여 계산한 양도소득 산출세액 중 큰 것을 세액으로 한다. 따라서 보유기간이 1년 이상 2년 미만이므로 40% 세율을 적용한 세액과 비사업용토지에 적용되는 세율을 적용한 세액과 비교하여 큰 금액을 산출세액으로 한다.

9 / 5 <유형 4> 2개 이상의 자산을 양도하는 경우 양도차손의 통산

【문 1】 1.5차 2차 필수

다음은 박병일씨가 2026년도에 양도한 자산의 내역이다. 전체 세부담을 최소화하는 방향으로 각 자산별 양도소득 산출세액을 계산하여 〈답안양식〉에 적으시오. 원 미만은 반올림하기로 한다.

1. 양도자산내역

구 분	건 물	상가분양당첨권	상장주식*1	국외주식등*2	사업용토지
등 기 여 부	미 등 기	미 등 기	상 장	미 등 록	등 기
양 도 일 취 득 일 보유기간물가상승률	2026. 1. 20. 2019. 10. 7. 15%	2026. 3. 10. 2025. 8. 5. 2%	2026. 5. 25. 2022. 6. 10. 8%	2026. 8. 6. 2024. 11. 15. 3%	2026. 10. 12. 2021. 2. 5. 13%
양도당시 실지거래가액	80,000,000	60,000,000	25,000,000	30,000,000	41,400,000
취득당시 실지거래가액	50,000,000	69,000,000	13,000,000	35,000,000	30,000,000
양 도 비 용	5,500,000	1,000,000	300,000	400,000	900,000

*1 상장주식을 발행한 법인은 중소기업이 아니며, 박병일씨는 대주주가 아니다. 해당 주식은 기타자산에 해당되지 않는다(장외거래로 양도소득세 과세대상에 해당함).

*2 내국법인(중소기업 아님)이 발행한 주식으로서 해외 증권 시장에 상장된 주식을 국외에서 거래한 것이다.

2. 2025년도에 양도한 토지에서 발생한 양도차손으로 2026년도로 이월된 금액은 ₩4,000,000이다.

3. 과세표준이 1,400만원 초과 5,000만원 이하인 경우 기본세율 : 과세표준 × 15% − 1,260,000

〈답안양식〉

구 분	산출세액
건 물	
상 가 분 양 당 첨 권	
상 장 주 식	
국 외 주 식 등	
사 업 용 토 지	

【문 2】 2차

다음 자료를 이용하여 양도 자산별 양도소득 과세표준을 계산하시오. 〈2013. CPA 수정〉

1주택 소유자인 거주자 을은 해외발령으로 인하여 세대전원이 2026년 11월 3일에 출국하였다. 이에 따라 보유중인 자산을 출국 전에 전부 처분하였으며, 2026년에 처분한 자산별 내역은 다음과 같다.

구 분	양도차익(△차손)	보유기간	등기여부	처분일자
토지 A	△20,000,000	5년 2개월	미등기	6월 3일
토지 B	140,000,000	1년 3개월	등기	10월 20일
건 물	60,000,000	2년 8개월	등기	3월 2일
주 식	20,000,000	2년 7개월	등기	7월 1일
주 택	19,000,000	6개월	등기	5월 25일

토지 A와 토지 B는 비사업용토지에 해당하지 않으며, 지정지역에 소재하고 있지 않다. 또한 주식은 비상장법인의 주식으로서 을은 대주주가 아니며, 중소기업에 해당하지 않는다.

핵심정리

문제의 포인트

1. 양도차손의 합산방법 : 아래 1
2. 그룹별로 적용하는 규정 : 아래 2
3. 국외주식등(해외주식)에 대한 과세방법 : 아래 3

1. 양도차손의 합산방법 summary p2-266. 4.1

해당 과세기간 중에 여러 자산을 양도함으로 인하여 양도자산별로 양도차손이 발생하는 경우에는 다음과 같이 합산한다[주의 : 양도차손은 이월공제되지 아니함].

① 먼저 양도자산을 다음과 같이 4그룹으로 분류한다.

〈1그룹〉 토지 · 건물 · 부동산에 관한 권리 · 기타자산

〈2그룹〉 일반 주식

〈3그룹〉 파생상품

〈4그룹〉 신탁수익권

② 각 그룹별로 같은 그룹에 속하는 자산끼리만 다음과 같이 양도차손을 합산한다.

〈1단계〉 그룹별 양도자산을 다시 같은 세율이 적용되는 자산끼리 구분한다.
〈2단계〉 각 자산별로 양도소득금액을 계산한다.
〈3단계〉 1차통산 : 양도차손을 양도차손이 발생하는 자산과 같은 세율을 적용받는 자산의 양도소득금액에서 먼저 공제한다.
〈4단계〉 2차통산 : 1차통산 후에도 양도차손이 남아 있는 경우에는 이를 다른 세율을 적용받는 자산의 양도소득금액에서 공제한다.* 이 경우 다른 세율을 적용받는 자산의 양도소득금액이 둘 이상인 경우에는 각 세율별 양도소득금액의 합계액에서 해당 양도소득금액이 차지하는 비율로 안분하여 공제한다.

* 만약 양도소득금액에 감면소득금액이 포함되어 있는 경우에는 「감면소득금액」과 「감면소득금액을 제외한 소득금액」이 차지하는 비율로 안분하여 해당 양도차손을 공제한 것으로 보아 감면소득금액에서 그 양도차손 해당분을 공제한 금액을 감면세액계산상 감면소득금액으로 본다.

2. 그룹별로 적용하는 규정

'〈1그룹〉 토지 · 건물 · 부동산에 관한 권리 · 기타자산', '〈2그룹〉 일반 주식', '〈3그룹〉 파생상품'으로 구분하여 각 그룹별로 적용하는 규정을 요약하면 다음과 같다.

구 분	내 용
(1) 양도차손의 합산	다른 그룹의 양도차손과 양도차익은 합산할 수 없다. summary p2-266. 4.1
(2) 양도소득기본공제	각 그룹별로 연 250만원을 공제한다. summary p2-253. 표 안 내용
(3) 세 율 의 적 용	자산별로 세율을 적용하되, 〈1그룹〉 자산을 둘 이상 양도하는 경우에는 비교과세한다. summary p2-263. ▪ → 〈2그룹〉과 〈3그룹〉 자산은 비교과세하지 않음

3. 국외주식등(해외주식)에 대한 양도소득 과세방법 summary p2-276. ▪

국내주식과 해외주식 간의 양도소득의 손익통산이 가능하도록 2020년부터 국외주식(해외주식)을 국외소재 과세대상 자산에서 삭제하고 국내소재 과세대상 자산 중 일반주식에 포함하였다. 그 영향은 다음과 같다.

종 전	현 행
• 국내주식 · 해외주식을 구분하여 양도손익 계산 ① 국내주식은 국내주식간 손익통산만 허용 ② 해외주식은 해외주식간 손익통산만 허용	• 국내주식, 해외주식 간 손익통산 허용
• 양도소득기본공제액 ① 국내주식 : 250만원 ② 해외주식 : 250만원	• 국내주식, 해외주식 합산하여 250만원 적용

해답

【문 1】

구 분	산출세액
건 물	₩12,098,454
상 가 분 양 당 첨 권	0
상 장 주 식	760,000
국 외 주 식 등	0
사 업 용 토 지	249,990

[근 거]

1. 자산별 산출세액

구 분	〈1그룹〉			〈2그룹〉	
	미등기 (70%세율)	1년 미만 보유 (50%세율)	2년 이상 보유 (기본세율)	20%세율	
	건 물	상가분양당첨권*1	사업용토지	상장주식*1	국외주식등*1
양 도 가 액	80,000,000	60,000,000	41,400,000	25,000,000	30,000,000
취 득 가 액	△50,000,000	△69,000,000	△30,000,000	△13,000,000	△35,000,000
기타 필요경비	△5,500,000	△1,000,000	△900,000	△300,000	△400,000
양 도 차 익	24,500,000	△10,000,000	10,500,000	11,700,000	△5,400,000
장기보유특별공제	–	–	△1,050,000*	–	–
양도소득금액	24,500,000	△10,000,000	9,450,000	11,700,000	△5,400,000
1 차 통 산*2	–	–	–	△5,400,000	5,400,000
통산 후 양도소득금액	24,500,000	△10,000,000	9,450,000	6,300,000	–
2 차 통 산**	△7,216,495	10,000,000	△2,783,505	–	–
통산 후 양도소득금액	17,283,505	–	6,666,495	6,300,000	–
양도소득기본공제	–	–	△2,500,000	△2,500,000	–
과 세 표 준	17,283,505	–	4,166,495	3,800,000	–
세 율	70%	–	6%	20%	–
산 출 세 액	12,098,454	–	249,990	760,000	–

* 10,500,000 × 10%(5년 이상 6년 미만) = 1,050,000

** 2차 통산*3

① 건 물 : $10{,}000{,}000 \times \dfrac{24{,}500{,}000}{24{,}500{,}000+9{,}450{,}000} = 7{,}216{,}495$

② 토 지 : $10{,}000{,}000 \times \dfrac{9{,}450{,}000}{24{,}500{,}000+9{,}450{,}000} = 2{,}783{,}505$

2. '〈1그룹〉' 자산에 대한 비교과세 : max(①, ②) = 12,348,444

① (17,283,505+4,166,495) × 기본세율

= 21,450,000 × 15% − 1,260,000 = 1,957,500

② 12,098,454 + 249,990 = 12,348,444

【문 2】

구 분	〈1그룹〉				〈2그룹〉
	건물 (기본세율)	(70%)		토지 B (40%)	주식 (20%)
		토지 A	주택*4		
양 도 차 익	60,000,000	△20,000,000	19,000,000	140,000,000	20,000,000
1 차 통 산		19,000,000	△19,000,000		
통 산 후	60,000,000	△1,000,000	0	140,000,000	20,000,000
2 차 통 산*	△300,000	1,000,000		△700,000	
양 도 소 득 금 액	59,700,000	0	0	139,300,000	20,000,000
양도소득기본공제	△2,500,000	−		−	△2,500,000
양도소득과세표준	57,200,000	0	0	139,300,000	17,500,000

* 건 물 : $1,000,000 \times \frac{60,000,000}{60,000,000+140,000,000} = 300,000$

토지 B : $1,000,000 \times \frac{140,000,000}{200,000,000} = 700,000$

해설

1. 해답상 '*'에 대한 설명

*1 ① 상가분양당첨권은 그 자산의 취득에 관한 등기가 불가능한 자산이므로 미등기자산으로 보지 않는다. 따라서 등기자산으로 취급하여 양도소득세를 계산한다.

② 국내상장주식은 대주주가 아닌 자가 비중소기업주식을 양도했으므로 20% 세율을 적용한다.

③ 국외주식등(해외주식)은 중소기업주식이 아니므로 20% 세율을 적용한다.

④ '핵심정리 3번'에 따라 국내주식과 국외주식등(해외주식)간 양도손익은 통산한다.

*2 1차 통산 : 각 그룹별로 동일한 세율이 적용되는 것끼리 합산한다.

*3 2차 통산 : 1차 통산 후 남아있는 양도차손을 각 그룹별로 다른 세율이 적용되는 자산의 양도소득금액비율로 안분한다.

*4 주택 : 1세대 1주택을 양도한 경우 보유기간이 2년 이상(취득당시 조정대상지역에 있는 주택은 보유기간이 2년 이상이고 그 보유기간 중 거주기간이 2년 이상이어야 함)이어야 양도소득세를 비과세하는 것이 원칙이나, 1년 이상 계속하여 국외 거주를 필요로 하는 취학 또는 근무상 형편으로 세대전원이 출국하는 경우에는 보유기간이 2년 미만이더라도 비과세된다. 다만, 출국일 현재 1주택을 보유한 경우로서 출국일부터 2년 이내 양도하는 경우에 한한다(summary p2-244. 上11행). 문제 자료의 주택은 출국일 전에 양도하였으므로 과세한다. → 보유기간이 1년 미만이므로 70% 세율 적용

9 / 6 이중과세조정

1.5차 2차 필수

상호 독립된 각 【문】에 답하시오.

【문 1】

2026년 중 거주자 갑과 거주자 을의 자산양도내역은 다음과 같다. 자료를 이용하여 〈답안양식〉에 해당 금액을 적고 그 계산근거를 제시하시오. 〈2013, 2014. CPA 수정〉

〈답안양식〉

구 분	금 액
갑의 양도차익	
을의 과세표준	

〈자 료〉

1. 갑의 양도내역
   (1) 갑은 2026. 8. 10.에 특수관계인인 ㈜정에게 토지 A를 ₩800,000,000(시가 ₩600,000,000)에 양도하였다. ㈜정은 이 거래에 대하여 적정하게 세무조정하였다.
   (2) 갑은 2019. 11. 10.에 모친으로부터 시가 ₩400,000,000인 토지 A를 ₩200,000,000에 양수하였다. 갑은 토지 A의 저가양수와 관련하여 「상속세 및 증여세법」의 규정에 따라 증여세를 과세받았으며, 증여재산가액은 ₩80,000,000이다.
   (3) 토지 A에 대한 자본적 지출액은 ₩8,000,000, 양도비용은 ₩3,000,000이다.

2. 을의 양도내역
   (1) 을은 토지 B를 2016년 1월 10일에 을이 대주주로 있는 법인으로부터 현금 ₩100,000,000에 취득하였으며, 이와 관련하여 을에게 배당으로 소득처분된 금액이 ₩10,000,000 있다.
   (2) 토지 B 취득시 취득세 ₩3,000,000(「지방세법」 등에 의해 감면된 세액은 없음)을 납부하였다.
   (3) 을이 소유하고 있는 토지 B를 특수관계인 병(을의 동생임)에게 양도하였다. 토지 B의 양도일은 2026년 2월 20일이고 양도가액은 ₩200,000,000이며, 양도당시의 시가는 ₩210,000,000이다. 양도한 토지 B는 국내에 소재한 등기된 토지로서 비사업용토지에 해당한다.

【문 2】

거주자 갑씨의 다음 자료를 이용하여 양도소득금액을 계산하시오.

〈자 료〉

갑씨는 자신이 4년 간 보유하던 상가건물(등기자산)을 2026년도 중 특수관계가 있는 법인에게 ₩200,000,000에 양도하였다. 이 건물의 양도당시 시가는 ₩150,000,000이었기에 법인세법상 부당행위계산부인 규정이 적용되어 갑씨에게 인정소득이 처분되었다. 양도한 건물과 관련된 자료는 다음과 같다. 〈2017. CTA〉

(1) 취득가액 : ₩85,000,000*1

(2) 감가상각누계액 : ₩30,000,000*2

(3) 자본적지출과 양도비용 : ₩15,000,000*3

*1 취득가액에는 ₩2,000,000의 취득세가 포함되어 있는데, 이에 대한 영수증은 분실한 상태이다.

*2 건물은 사업용자산으로 사용하던 것으로 감가상각누계액은 그 사업의 필요경비로 장부상 계상한 금액이다. (단, 양도당시 상각부인액 ₩4,000,000이 있다.)

*3 공정가액보다 10%를 더하여 준 부동산중개수수료 ₩5,500,000이 포함되어 있다.

핵심정리

문제의 포인트

- 이중과세를 조정하기 위한 양도가액 및 취득가액의 특례

1. 법 규정 : summary p2-248. 1)

2. 계산문제 풀이시 이중과세조정 방식 — 일반원칙 summary p2-250. 정리

양도가액 : 실제 양도가액 — 이중과세조정액* 취득가액 : 실제 취득가액 + 이중과세조정액*

* 「법인세법」상 상여·배당 등으로 처분된 금액, 증여세가 과세된 증여재산가액 등

〈Tip〉 개인의 매입·양도거래에 대한 이중과세조정 문제의 접근방법

• 내가 고가매입·저가양도한 경우 : 나의 입장에서 부당행위계산부인여부 판단 • 내가 고가양도·저가매입한 경우 : ① 상대방이 영리법인인 경우 : 상대방 입장에서 부당행위계산부인 판단 ② 상대방이 개인인 경우 : 나의 입장에서 특수관계 유무에 따른 증여재산가액 판단

해답

【문 1】

구　분	금　액
갑의 양도차익	₩309,000,000
을의 과세표준	67,100,000

[근　거]

구　분	갑	을
양　도　가　액	600,000,000①	200,000,000*3
취　득　가　액	△280,000,000②	△113,000,000③
기타필요경비	△11,000,000	－
양　도　차　익	309,000,000	87,000,000
장기보유특별공제		△17,400,000④
양도소득기본공제		△2,500,000
과　세　표　준		67,100,000

① 800,000,000 － 200,000,000*1 ＝ 600,000,000

② 200,000,000 ＋ 80,000,000*2 ＝ 280,000,000

③ 100,000,000 ＋ 10,000,000 ＋ 3,000,000(취득세) ＝ 113,000,000

④ 87,000,000 × 20%(2016. 1. 10.～2026. 2. 20.) ＝ 17,400,000

【문 2】

구　분	계산근거	가　액
양　도　가　액 취　득　가　액 기　타　비　용	200,000,000 － 50,000,000*4 85,000,000 － (30,000,000－4,000,000)	150,000,000 △59,000,000*5 △15,000,000*6
양　도　차　익 장기보유특별공제	 76,000,000 × 8%(4년 이상)	76,000,000 △6,080,000
양 도 소 득 금 액		69,920,000

해설

1. 해답상 '*'에 대한 설명

*1 특수관계 있는 법인에게 고가양도한 경우 양수한 법인이 고가매입으로 인한 부당행위계산의 부인으로 익금산입하고 상여 등으로 처분한 금액이 있으면 그 금액을 뺀 금액을 양도가액으로 한다. 즉, 시가를 양도가액으로 한다.

*2 특수관계인으로부터 저가매입함에 따라 증여세를 과세받은 경우 해당 증여재산가액을 취득가액에 더한다.

*3 중요성 판단
시가와의 차액 10,000,000(=210,000,000−200,000,000)이 'min(3억원, 시가×5%=10,500,000)=10,500,000' 이상이 아니므로 부당행위계산의 부인대상이 아니다. 따라서 실제 양도가액을 양도가액으로 한다.

*4 상대방 법인의 부당행위계산 부인액

*5 실지거래가액으로 계산하는 경우 취득세, 등록세는 납부영수증이 없더라도 인정되며, 사업소득금액 계산시 필요경비에 산입된 감가상각비는 취득가액에서 뺀다.

*6 중개수수료가 통상의 부동산 취득에 따른 중개수수료보다 많다고 하더라도 실지 지급된 금액은 필요경비에 산입된다.

9 / 7 이중과세 조정 - 실전문제 2차

다음은 거주자 갑의 양도 관련 자료이다. 물음에 답하시오. 〈2021. CPA〉

〈자 료〉

1. 갑은 2020년 4월 20일 취득하여 사무실로 사용하던 오피스텔을 특수관계가 있는 A법인에게 2026년 12월 31일에 양도하였다.

2. 양도 시 오피스텔의 양도가액과 시가는 다음과 같다.

양도가액	시가
390,000,000원	400,000,000원

3. 양도 시 오피스텔의 장부가액 및 필요경비 관련 자료는 다음과 같다.

취득가액	감가상각누계액	필요경비
200,000,000원*1	120,000,000원*2	25,000,000원*3

*1 노후된 오피스텔의 개량을 위한 자본적 지출 15,000,000원이 제외됨

*2 사업소득의 필요경비로 장부상 계상한 금액임

*3 지출증빙이 확인되는 중개인 수수료 13,000,000원과 매매계약에 따른 인도의무를 이행하기 위하여 갑이 지출한 명도비용 12,000,000원임

4. 양도한 오피스텔은 갑이 대주주로 있는 B법인으로부터 취득한 것이며, 취득과 관련하여 갑에게 배당으로 소득처분된 금액 20,000,000원이 있다.

[물음 1]

건물 양도로 인한 갑의 양도차익을 다음의 〈답안양식〉에 따라 제시하시오.

〈답안양식〉

양도가액	
취득가액	
기타의 필요경비	
양도차익	

[물음 2]

위의 자료 중 갑의 양도가액 및 시가가 다음과 같을 때 양도차익을 계산하기 위한 양도가액을 다음의 〈답안양식〉에 따라 제시하시오. 단, A법인의 세무조정 시에 법인세법 상 부당행위계산부인 규정이 적용되어 갑에게 인정소득이 처분되었다.

양도가액	시가
400,000,000원	300,000,000원

〈답안양식〉

양도가액	

해 답

1.

양도가액	390,000,000*[1]
취득가액	100,000,000〈주1〉
기타의 필요경비	40,000,000〈주2〉
양도차익	250,000,000

〈주1〉 200,000,000 − 120,000,000(감가상각비) + 20,000,000*[2](인정배당) = 100,000,000

〈주2〉 15,000,000(자본적지출) + 25,000,000(양도비용) = 40,000,000

2.

양도가액	300,000,000*

* 400,000,000 − 100,000,000 = 300,000,000*[3]

해 설

1. 해답상 '*'에 대한 설명

*[1] 시가와 양도가액의 차액 10,000,000이 'min(400,000,000×5%, 3억원)' 이상이 아니므로 실지거래가액을 양도가액으로 한다.

*[2] 이중과세조정을 위하여 배당으로 소득처분된 금액을 취득가액에 더한다.

*[3] 특수관계법인에게 양도한 경우로서 「법인세법」상 부당행위계산의 부인규정에 따라 양도자에게 상여·배당 등으로 처분된 금액이 있는 경우 시가를 양도가액으로 한다. → 이중과세조정을 위하여 '양도가액(400,000,000) − 부당행위계산의 부인액(100,000,000) = 시가(300,000,000)'를 양도가액으로 함

9 / 8 주식의 양도

1.5차 2차 필수

거주자 조명도씨는 비상장중소기업인 (주)가나가 발행한 주식 5,000주를 특수관계인이 아닌 고창길씨에게 양도하였다. 다음 자료를 기초로 주식양도와 관련한 양도소득 산출세액을 계산하시오. 〈2008. CTA 수정〉

1. 주식취득 및 양도 현황

구 분	일 자	수 량	실지거래가액
취 득	2023. 5. 1.	10,000주	₩100,000,000 (주당 ₩10,000에 취득)
양 도	2026. 5. 30.	5,000주	₩500,000,000 (주당 ₩100,000에 양도)

2. 주식양도시 증권거래세 ₩1,000,000을 납부하였으며, 그 외의 필요경비는 없다.
3. 보유한 주식은 모두 「소득세법」상 특수관계인 외의 자로부터 취득하였으며, 이때 「상속세 및 증여세법」상 평가액은 주당 ₩10,000이다.
4. 양도한 주식은 「소득세법」상 기타자산에 해당하는 주식이 아니며, 조명도씨는 대주주에 해당하지 않는다.
5. 2026년 4월 토지에 대한 양도소득과세표준예정신고시 양도소득기본공제 ₩2,500,000을 공제받았다.
6. 고창길씨에게 양도한 위 주식의 「상속세 및 증여세법」상 시가는 주당 ₩20,000이며, 같은 법에 따라 고가양도에 의한 증여규정이 적용되어 ₩100,000,000을 증여재산가액으로 하여 조명도씨에게 증여세가 과세되었다.

핵심정리

문제의 포인트

• 주식을 양도하는 경우 양도소득세 계산방법

※ 주식을 양도하는 경우 양도소득세 계산시 고려사항 summary p2−265. (2)

양도한 주식이 기타자산(법정주식 A 또는 법정주식 B)인지 일반 주식인지를 구분하여 다음과 같이 처리한다.

구 분	장기보유특별공제	양도소득기본공제	양도차손 통산	세 율
기타자산인 경우	대상 아님	1그룹에 해당 (연 250만원)	1그룹 자산과 통산	기본세율
일반주식인 경우	대상 아님	2그룹에 해당 (연 250만원)	2그룹 자산과 통산	10% ~ 30%

해답

구 분	계 산	금 액
양 도 가 액	500,000,000 － 100,000,000*1	400,000,000
취 득 가 액	100,000,000 × 50%	△50,000,000
기 타 필 요 경 비		△1,000,000
양 도 차 익		349,000,000
장기보유특별공제		－*2
양도소득기본공제		△2,500,000*3
과 세 표 준		346,500,000
산 출 세 액	346,500,000 × 10%*4	34,650,000

해설

1. 해답상 '*'에 대한 설명

*1 특수관계인 외의 자에게 자산을 시가보다 고가로 양도한 경우로서 「상속세 및 증여세법」상 고가양도에 따른 이익의 증여규정에 따라 해당 거주자의 증여재산가액으로 과세된 금액이 있는 경우에는 그 양도가액에서 증여재산가액을 뺀 금액을 양도가액으로 한다. → 이중과세방지

*2 주식은 장기보유특별공제 대상이 아니다.

*3 문제 자료 4번에서 주식은 기타자산에 해당하는 주식이 아니라고 하였으므로 〈1그룹〉 자산이 아닌 〈2그룹〉 자산에 해당한다. 따라서 자료 5번에서 〈1그룹〉 자산에 대하여 기본공제를 하였더라도 별도로 기본공제를 적용한다(그룹별로 250만원 공제).

*4 대주주가 아닌 자가 양도하는 중소기업주식이므로 10%의 세율을 적용한다.

9 / 9 비사업용토지 양도 1.5차 2차 

거주자 갑의 토지A에 대한 양도소득과 관련된 다음의 자료를 이용하여 아래 요구사항에 답하시오. 〈2019. CPA 수정〉

〈자 료〉

1. 토지A(등기된 비사업용 토지)의 취득 및 양도와 관련된 내역은 다음과 같다.

양 도 일	2026. 12. 12.
취 득 일	2019. 10. 18.
실 지 양 도 가 액	₩200,000,000
실 지 취 득 가 액	80,000,000
양 도 비 용	4,000,000

2. 갑은 토지A를 아들 을에게 양도하였다(양도당시 시가 : ₩220,000,000).
3. 토지A의 실지양도가액은 양도 후 매 3개월마다 ₩25,000,000씩 수령하기로 하였다(현재가치 평가금액 : ₩180,000,000).
4. 토지A의 실지취득가액에는 취득세 ₩3,000,000(「지방세법」에 의한 감면액 ₩600,000을 감면하기 전 금액임)이 포함되어 있다(적격증명서류 분실).
5. 양도비용은 부동산 매매계약의 해약으로 인하여 지급한 위약금 ₩2,000,000, 공증비용 ₩500,000 및 부동산중개수수료 ₩1,500,000으로 구성되어 있다(적격증명서류를 보관하고 있음).
6. 토지A는 토지투기지역으로 지정된 지역에 소재하고 있으며, 갑은 2026년에 토지A 외에 양도한 다른 자산은 없다.
7. 보유기간 7년 이상 8년 미만 토지의 장기보유특별공제율은 14%이다.
8. 종합소득세율(일부)

과세표준	세 율
1,400만원 이하	과세표준의 6%
1,400만원 초과 5,000만원 이하	84만원 ＋ 1,400만원을 초과하는 과세표준의 15%
5,000만원 초과 8,800만원 이하	624만원 ＋ 5,000만원을 초과하는 과세표준의 24%
8,800만원 초과 1억5천만원 이하	1,536만원 ＋ 8,800만원을 초과하는 과세표준의 35%

[물음 1]

갑의 토지A 양도에 따른 양도소득금액을 다음의 〈답안양식〉에 따라 제시하시오. 단, 세부담 최소화를 가정한다.

〈답안양식〉

양도가액	
취득가액	
기타의 필요경비	
장기보유특별공제	
양도소득금액	

[물음 2]

갑의 토지A 양도에 따른 양도소득산출세액을 다음의 〈답안양식〉에 따라 제시하시오. 단, 양도소득금액은 ₩100,000,000이라고 가정한다.

〈답안양식〉

양도소득과세표준	
양도소득산출세액	

핵심정리

문제의 포인트

- 비사업용토지를 양도하는 경우 양도소득세 계산방법

※ 비사업용토지를 양도하는 경우 양도소득세 계산방법

① 비사업용토지를 양도하는 경우에는 요건 충족시 장기보유특별공제, 양도소득기본공제를 적용한다.

② 산출세액 계산시 세율은 '기본세율에 10%를 더한 세율'을 적용하되, 부동산투기지역으로 지정된 지역 안에서 비사업용토지를 양도한 경우에는 '기본세율에 10%를 더한 세율에 10%를 더한 세율'을 적용한다.

해답

1.

양도가액	220,000,000*1
취득가액	79,400,000〈주1〉
기타의 필요경비	2,000,000〈주2〉
장기보유특별공제	19,404,000〈주3〉
양도소득금액	119,196,000

〈주1〉 80,000,000 − 600,000 = 79,400,000*2

〈주2〉 500,000 + 1,500,000 = 2,000,000*3

〈주3〉 $\underbrace{(220,000,000-79,400,000-2,000,000)}_{\text{양도차익}} \times 14\% = 19,404,000$

2.

양도소득과세표준	97,500,000〈주1〉
양도소득산출세액	38,185,000〈주2〉

〈주1〉 $100,000,000 - \underbrace{2,500,000}_{\text{양도소득기본공제}} = 97,500,000$

〈주2〉 $\underbrace{15,360,000 + (97,500,000-88,000,000) \times 35\%}_{\text{기본세율 적용분}} + \underbrace{97,500,000}_{\text{과세표준}} \times \underbrace{20\%^{*4}}_{\text{중과세율}}$
$= 38,185,000$

해설

1. 해답상 '*'에 대한 설명

*1 시가와 양도가액의 차액이 'min(3억원, 시가×5%)'이상이므로 시가를 양도가액으로 한다. 장기할부조건부 거래의 양도시기는 등기접수일 · 인도일 · 사용수익일 중 빠른 날인데, 이 문제의 경우 별도 언급없이 양도일을 2026. 12. 12.라고 제시하였으므로 2026년을 양도시기로 보아 문제를 풀이한다.

*2 취득세는 납부영수증이 없더라도 취득가액으로 보되, 감면된 경우 그 세액은 제외한다.

*3 부동산매매계약의 해약으로 인하여 지급하는 위약금은 필요경비로 공제하지 않는다.

*4 부동산투기지역으로 지정된 지역 안의 비사업용토지를 양도한 경우에는 특례세율[(기본세율+10%) + 10%]을 적용한다.

[참고] 2009. 3. 16.부터 2012. 12. 31.까지 취득한 비사업용토지에 대해서는 양도시기와 관계없이 중과하지 않는다.

9 / 10 고가주택의 양도 1.5차 2차

거주자 박길웅씨는 2026년도에 고가주택인 아파트(등기필, 전용면적 100m²)를 다음과 같이 양도하였다. 박길웅씨와 그 가족은 그 아파트 외에 다른 주택을 소유하고 있지 않고 있다.

1. 양도가액과 취득가액

구 분	일 자	실지거래가액	기준시가
양 도	2026. 10. 1.	₩1,500,000,000	₩800,000,000
취 득	2022. 6. 10.	600,000,000	560,000,000

2. 위 보유기간 중 거주기간은 2024. 8. 10.부터 2026. 10. 1.이다.

3. 양도 당시 계약서 작성비용은 ₩2,000,000(공증비용 ₩300,000 포함), 부동산 중개수수료는 ₩8,000,000이다.

4. 과세표준이 8,800만원 초과 1억 5,000만원 이하인 경우 기본세율 : 과세표준 × 35% − 15,440,000

[물 음]

1. 양도소득 산출세액을 계산하시오.
2. 아파트의 양도당시 실지거래가액은 ₩1,500,000,000이나, 취득가액이 확인되지 않는다는 가정하에 양도차익을 계산하시오. 다만, 세부담을 최소화 하기로 한다.

핵심정리

문제의 포인트

• 고가주택 등을 양도하는 경우 양도소득세 계산방법

※ 고가주택*[1] 및 고가조합원 입주권을 양도하는 경우 양도소득세 계산 summary p2-273. 4.4

구 분	내 용
1세대 1주택*[2]인 경우	양도가액 중 12억원을 초과하는 부분에 대해서만 과세. 따라서 다음과 같이 계산한다. • 양도차익 : 본래의 양도차익 × $\frac{\text{양도가액}-\text{12억원}}{\text{양도가액}}$ • 장기보유특별공제 : 본래의 장기보유특별공제*[3] × $\frac{\text{양도가액}-\text{12억원}}{\text{양도가액}}$ • 양도소득기본공제 : 250만원
1세대 1주택*[2]이 아닌 경우	정상적으로 과세

*[1] 고가 겸용주택의 주택과 주택외 부분

경우	내용*
주택 연면적 ≦ 주택외 부분 연면적	주택 부분만 주택으로 본다.
주택 연면적 > 주택외 부분 연면적	

* 법 규정 : 하나의 건물이 주택과 주택 외의 부분으로 복합되어 있는 경우와 주택에 딸린 토지에 주택 외의 건물이 있는 경우에는 주택 외의 부분은 주택으로 보지 않는다.

*[2] 고가조합원 입주권의 경우 비과세 요건을 갖춘 고가조합원입주권 중 12억원을 초과하는 것을 말한다.

*[3] 장기보유특별공제액은 1세대1주택으로서 보유기간 중 거주기간이 2년 이상인 것은 양도차익에 '보유기간 공제율 + 거주기간 공제율'을 적용하여 계산하며, 그 외의 자산은 양도차익에 6%~30%의 공제율을 적용하여 계산한다. summary p2-259. (5)

해답

1. 양도소득세 산출세액

(1) 전체 양도차익

$$\underbrace{1{,}500{,}000{,}000}_{\text{양도가액}} - \underbrace{600{,}000{,}000}_{\text{취득가액}} - \underbrace{10{,}000{,}000}_{\text{기타 필요경비}} = 890{,}000{,}000$$

(2) 산출세액

구 분	내 역	금 액
양 도 차 익	$890{,}000{,}000 \times \frac{15억원-12억원}{15억원}$	178,000,000
장기보유특별공제	178,000,000 × (16% + 8%)*1	△42,720,000
양 도 소 득 금 액		135,280,000
양도소득기본공제		△2,500,000
과 세 표 준		132,780,000
산 출 세 액		31,033,000*2

*1 양도차익 × (보유기간 공제율 + 거주기간 공제율)

*2 132,780,000 × 35% − 15,440,000 = 31,033,000

2. 취득가액이 확인되지 않는 경우

(1) 전체 양도차익

$$\underbrace{1{,}500{,}000{,}000}_{\text{양도가액}} - \underbrace{1{,}066{,}800{,}000^{*}}_{\text{필요경비}} = 433{,}200{,}000$$

* max(①, ②) = 1,066,800,000

① $\underbrace{\left(1{,}500{,}000{,}000 \times \frac{560{,}000{,}000}{800{,}000{,}000} = 1{,}050{,}000{,}000\right)}_{\text{환산취득가액}} + \underbrace{[560{,}000{,}000(\text{기준시가}) \times 3\% = 16{,}800{,}000]}_{\text{개산공제}}$

= 1,066,800,000

② 2,000,000 + 8,000,000 = 10,000,000

(2) 고가주택의 양도차익

$$433{,}200{,}000 \times \frac{15억원-12억원}{15억원} = 86{,}640{,}000$$

9 / 11 고가주택의 양도 - 실전문제

상호 독립된 각 【문】에 답하시오.

【문 1】 2차 필수

다음 자료를 이용하여 물음에 답하시오. 〈2012. CPA 수정〉

〈자 료〉

거주자 갑은 2021년 2월 14일에 ₩630,000,000에 취득하여 거주하던 1세대 1주택에 해당하는 주택A를 2026년 3월 14일에 을(갑의 특수관계인이 아님)이 소유한 주택B와 교환했다. 교환 당시 주택A와 주택B의 시가는 각각 ₩950,000,000과 ₩1,580,000,000이고, 갑은 을에게 시가 차이의 일부인 ₩80,000,000을 현금으로 지급하였다.

[물 음]

주택A와 주택B의 교환에 대하여 갑이 예정신고납부해야 할 양도소득세액을 계산하시오. 단, 갑은 법정기한 내에 예정신고를 했고, 양도소득세를 분할납부하지 않았으며, 취득가액 외에 기타의 필요경비는 없으며, 제시된 자료 외에 2026년에 양도한 자산은 없다(전자신고 여부는 고려하지 않기로 하며, 세율은 '제3편. 부록'을 참고하기로 한다).

【문 2】 2차

다음은 거주자 갑의 주택A 양도소득과 관련된 자료이다. 이 자료를 이용하여 갑의 주택A 양도로 인한 양도소득금액을 다음의 〈답안양식〉에 따라 제시하시오. 단, 세부담 최소화를 가정한다. 〈2018. CPA 수정〉

〈답안양식〉

양 도 가 액	
취 득 가 액	
기타의 필요경비	
양 도 차 익	
양도소득금액	

〈자 료〉

1. 주택A(등기된 주택임)의 취득 및 양도와 관련된 내역은 다음과 같다.

양 도 일	2026. 6. 5.
취 득 일	2020. 9. 8.
실 지 양 도 가 액	1,200,000,000원
실 지 취 득 가 액	불분명
양 도 비 용	6,500,000원
자 본 적 지 출 액	4,000,000원

2. 주택A는 1세대 1주택 비과세요건을 충족하며, 조정대상지역 밖에 소재하고 있다. 갑은 해당 주택에서 보유기간 중 2020. 9. 8.부터 2024. 7. 10.까지 거주하였다.

3. 갑은 시가가 1,500,000,000원인 주택A를 특수관계가 있는 ㈜K에게 양도하였다.

4. 주택A의 실지취득가액은 불분명하며, 매매사례가액 및 감정가액은 확인되지 않는다.

5. 주택A의 양도당시 기준시가는 1,200,000,000원이며, 취득당시의 기준시가는 800,000,000원이다.

6. 양도비용은 주택A 양도시 부동산 중개수수료로 지급한 금액이며, 자본적지출액은 주택A의 리모델링 비용이다. 양도비용과 자본적지출액에 대해 현금영수증을 수취하였다.

【문 3】 2차

거주자 갑이 아들에게 양도한 주택 A의 양도소득 관련 자료이다. 별도의 언급이 없는 한 세부담을 최소화하는 방법으로 풀이하기로 한다. 〈2022. CPA〉

〈자 료〉

1. 주택 A의 양도거래내용은 다음과 같다.

양 도 일	2026. 5. 29.
취 득 일	2019. 4. 24.
실 지 양 도 가 액	2,300,000,000원
실 지 취 득 가 액	1,300,000,000원
기 타 의 필 요 경 비	48,000,000원*

* 8,000,000원은 부동산 중개수수료로 지급한 금액이며, 40,000,000원은 주택 A를 경매를 통해 매입하는 과정에서 발생한 것으로 갑이 당해 주택의 소유권을 확보하기 위해 지출한 소송비용임

2. 주택 A는 부동산투기지역에 소재하고 있는 등기된 주택이다. 갑은 주택 A에 대해 1세대 1주택 비과세요건을 충족하고 보유기간동안 거주하였으며, 다른 주택을 보유한 사실이 없다.

3. 갑이 주택 A를 아들 을에게 양도할 당시 시가는 확인되지 않으며 매매사례가액은 2,500,000,000원이다. 주택A는 2026년 갑의 유일한 양도자산이다.

4. 주택 A의 양도당시 기준시가는 2,000,000,000원이며, 취득당시 기준시가는 1,075,000,000원이다.

5. 7년 이상 8년 미만 장기보유특별공제율은 보유기간별 공제율과 거주기간별 공제율이 각각 28%이다.

6. 종합소득세율 : '제3편. 부록' 참고

[물음 1]
갑의 주택 A 양도로 인한 양도소득금액을 〈답안양식〉에 따라 제시하시오.

〈답안양식〉

구분	금액
양 도 가 액	
취 득 가 액	
기 타 의 필 요 경 비	
양 도 차 익	
장 기 보 유 특 별 공 제	
양 도 소 득 금 액	

[물음 2]
갑의 주택 A 양도에 따른 양도소득산출세액을 제시하시오. 단, 양도소득금액은 200,000,000원이라고 가정한다.

【문 4】 유예

유예생은 제2편 소득유예 42 풀이

해 답

【문 1】

양도가액 1,580,000,000 － 80,000,000 ＝ 1,500,000,000*[1]

취득가액 △630,000,000

양도차익 870,000,000 × $\frac{1,500,000,000 - 1,200,000,000}{1,500,000,000}$ ＝ 174,000,000

장기보유특별공제 174,000,000 × 40%(5년 이상 6년 미만) ＝ 69,600,000

양 도 소 득 금 액 104,400,000

양도소득기본공제 △2,500,000

양도소득과세표준 101,900,000

양도소득산출세액 101,900,000 × 35% － 15,440,000 ＝ 20,225,000

(＝ 예정신고납부세액)

【문 2】

구분	금액
양 도 가 액	1,500,000,000(시가)*[2]
취 득 가 액	1,000,000,000〈주1〉
기 타 의 필 요 경 비	24,000,000〈주1〉
양 도 차 익	95,200,000〈주2〉
양 도 소 득 금 액	64,736,000〈주3〉

〈주1〉 max(①, ②)*[3]

① 1,000,000,000*(환산취득가액) ＋ (800,000,000×3% ＝24,000,000)(개산공제) ＝ 1,024,000,000

② 6,500,000(양도비용) ＋ 4,000,000(자본적 지출) ＝ 10,500,000

* 1,500,000,000 × $\frac{800,000,000}{1,200,000,000}$ ＝ 1,000,000,000

〈주2〉 (1,500,000,000－1,024,000,000) × $\frac{1,500,000,000 - 1,200,000,000}{1,500,000,000}$ ＝ 95,200,000*[4]

〈주3〉 95,200,000 × [1－(20%＋12%)] ＝ 64,736,000*[5]

【문 3】

1.

양 도 가 액	2,500,000,000〈주1〉
취 득 가 액	1,340,000,000〈주2〉
기 타 의 필 요 경 비	8,000,000*7
양 도 차 익	599,040,000〈주3〉
장 기 보 유 특 별 공 제	335,462,400〈주4〉
양 도 소 득 금 액	263,577,600

〈주1〉 중요성판단 : "(2,500,000,000 [시가(매매사례가액)] − 2,300,000,000) ≧ min(300,000,000, 2,500,000,000×5% =125,000,000)" → ∴ 시가가 양도가액

〈주2〉 1,300,000,000 ＋ 40,000,000*6 [취득 소송비용] ＝ 1,340,000,000

〈주3〉 $(2,500,000,000-1,340,000,000-8,000,000) \times \frac{2,500,000,000 - 1,200,000,000}{2,500,000,000} =$ 599,040,000

〈주4〉 599,040,000 × (28%＋28%) ＝ 335,462,400

2. (200,000,000 [가정액] − 2,500,000 [양도소득기본공제]) × 기본세율 ＝ 55,110,000

해 설

1. 해답상 '*'에 대한 설명

*1 교환으로 양도되는 목적물의 소유자가 교환으로 취득하는 목적물의 감정가액과의 차액을 현금으로 지급받는 경우에는 교환으로 취득하는 목적물의 감정가액과 그 현금을 합한 금액이 교환으로 양도되는 목적물의 실지양도가액이 된다(대법 96누860, 1997. 2. 11.). 즉, 양도하는 자산의 실지거래가액은 그 자산의 양도대가로 받은 인수한 자산의 가액이 된다. 만약 목적물의 가격이 동일하지 않은 경우에는 인수한 자산의 가액에서 수수한 금전의 가액을 가감하여 계산하는 것이 타당하다.

*2 양도가액 : 특수관계인에게 저가양도한 경우로서 중요성요건[시가와의 차액이 'min(3억원, 시가×5%)' 이상이므로 시가를 양도가액(실지거래가액)으로 한다.

*3 취득가액 및 기타 필요경비 : 환산취득가액을 적용하므로 해답과 같이 둘 중 큰 금액으로 계산한다.

*4 양도차익 : 실지거래가액이 12억원을 초과하는 고가주택이므로 12억원 초과분만 과세한다.

5 양도소득금액 : 양도차익 － 장기보유특별공제액

* 공제율 : (보유기간 공제율) 5년 × 4% ＋ (거주기간 공제율) 3년 × 4% ＝ 32%

*6 취득에 관한 쟁송이 있는 자산에 대하여 그 소유권을 확보하기 위하여 직접 소요된 소송비용은 취득가액에 해당한다(비교 : 취득한 후 쟁송이 있는 경우 소유권 확보 소송비용은 자본적 지출에 해당함).

*7 부동산 거래시 지급하는 중개수수료는 취득시 지출한 것은 취득가액, 양도시 지출한 것은 양도비용에 해당한다. 문제 자료에 별도로 취득시 지출한 것이라는 언급이 없어 양도시 지출한 것으로 보고 풀이하였다.

9 / 12 겸용주택의 일괄양도

상호 독립된 각 【문】에 답하시오.

【문 1】 2차

다음 자료를 이용하여 건물 및 부수토지의 양도소득금액을 〈답안양식〉에 적으시오.

〈2013. CPA 수정〉

〈답안양식〉

구 분	양도소득금액
건 물	
토 지	

〈자 료〉

거주자 갑은 주택과 상가로 구성된 겸용주택(단층건물)과 부수토지를 일괄 양도하였다. 겸용주택 및 부수토지에 대한 내용은 다음과 같다. 부수토지에 대한 적용 배율은 5배로 가정한다.

1. 건물의 주택면적은 30m²이고 상가면적은 70m²이다. 건물에 대한 부수토지는 400m²이며, 도시지역 안에 소재한다. 단, 주택은 1세대 1주택 비과세요건을 충족하며, 갑은 보유기간동안 거주하였다.

2. 겸용주택 및 부수토지의 양도당시의 내역은 다음과 같다.

구 분	실지양도가액 (양도일 : 2026. 7. 1.)	양도당시 기준시가	양도당시 감정가액 (감정일 : 2026. 7. 15.)
겸용주택	₩200,000,000	₩90,000,000	₩100,000,000
부수토지		₩100,000,000	₩150,000,000

3. 겸용주택 및 부수토지의 취득당시의 내역은 다음과 같다.

구 분	취득일자	실지취득가액	취득당시 기준시가
겸용주택	2023. 3. 20.	₩70,000,000	₩60,000,000
부수토지	2020. 12. 1.	₩50,000,000	₩40,000,000

4. 상가건물과 관련하여 취득시부터 양도일까지 사업소득 필요경비에 산입한 감가상각비는 ₩2,250,000이다. 그리고 매수자의 요구로 겸용주택을 철거하게 되어 철거비용 ₩1,000,000이 지출되었다.

5. 장기보유특별공제율은 보유기간 3년 이상 15년 미만은 보유연수 × 2%, 15년 이상은 30%이다.

【문 2】 유예

유예생은 제2편 소득유예 43 풀이

핵심정리

문제의 포인트

1. 일괄취득 · 일괄양도의 경우 실지거래가액의 계산 : 아래 1
2. 1세대 1주택에 해당하는 겸용주택을 양도한 경우 양도소득세 계산방법 : 아래 2

1. 일괄취득 · 일괄양도의 경우 실지거래가액의 계산 summary p2-250. 2)

실지거래가액에 의한 경우로서 토지 · 건물 등을 일괄취득 · 일괄양도의 경우 : 각각 구분하여 기장하되, 다음의 경우에는 부가가치세 과세표준계산상 토지 · 건물 일괄공급시 안분계산방법을 준용하여 안분계산한다(감정가액 → 기준시가 → 장부가액 → 취득가액). 이 경우 공통되는 취득가액과 양도비용은 해당 자산가액에 비례하여 안분계산한다.

① 토지 · 건물 등의 가액 구분이 불분명한 때
② 토지 · 건물 등을 구분 기장한 가액이 부가가치세 안분계산방법을 준용하여 안분계산한 가액과 30% 이상 차이가 있는 경우*

* 다만, 다음 중 어느 하나에 해당하는 경우는 제외한다.
㉠ 다른 법령에서 정하는 바에 따라 토지와 건물 등의 가액을 구분한 경우
㉡ 토지와 건물 등을 함께 공급받은 후 건물 등을 철거하고 토지만 사용하는 경우

Case

거주자 갑은 건물과 토지를 ₩1,500,000,000에 일괄양도하였다. 건물과 토지의 실제 구분 기장한 가액, 감정가액, 기준시가가 다음과 같은 경우 양도소득세 계산에 필요한 건물과 토지의 실지 양도가액을 계산하시오. 다만, 다른 법령에 따라 가액을 구분한 경우 등에 해당하지 않는다.

구 분	구분 기장한 가액	감정가액	기준시가
건 물	₩1,053,000,000	₩624,000,000	₩550,000,000
토 지	447,000,000	576,000,000	450,000,000

〈1단계〉 판단 → 구분 기장한 가액이 안분계산 가액과 30% 이상 차이가 나는지 판단

구 분	구분 기장한 가액	감정가액기준	차이(차이비율)
건 물	1,053,000,000	$1,500,000,000 \times \frac{624,000,000}{1,200,000,000} = 780,000,000$	273,000,000(35%)
토 지	447,000,000	720,000,000	273,000,000(37.91%)
계	1,500,000,000	1,500,000,000	

하나의 자산이라도 30%이상 차이가 나면 안분가액을 적용한다(사전법령재산-11. 2018. 02. 13.).

〈2단계〉 실지양도가액 : 건물 : 780,000,000, 토지 720,000,000

2. 1세대1주택에 해당하는 겸용주택을 양도한 경우 양도차익 계산방법

〈1단계〉 과세대상면적의 구분*
〈2단계〉 건물과 토지에 대한 총양도차익을 계산한다(일괄취득 · 일괄양도의 경우에는 안분계산).
〈3단계〉 총양도차익을 과세대상 면적비율로 안분하여 과세대상 양도차익을 계산한다.
→다만, '문 9－12. 【문 1】'처럼 토지와는 무관한 건물의 감가상각비, 건물 철거비 등이 제시된 경우에는 건물과 토지별로 각각 양도차익을 계산한다.

* 1세대 1주택에 해당하는 주택과 주택부수토지에 대하여는 양도소득세를 비과세하므로 다음과 같이 과세대상이 되는 상가와 상가부수토지의 면적을 구분한다.

구 분	건물의 안분	과세되는 상가 등 부수토지의 계산방법
(1) '주택연면적 ＞ 상가 등 연면적'인 경우	겸용주택 전부를 주택으로 본다.*1	상가분 부수토지 ＝ 총토지면적 － 주택정착면적 × 배율*2
(2) '주택연면적 ≤ 상가 등 연면적'인 경우	주택부분만 주택으로 보고, 주택부분 외의 상가 등 부분은 주택으로 보지 아니한다.	1) 주택의 부수토지 : min(①, ②) ① 주택정착면적 × 배율*2 ② 총토지면적 × $\frac{\text{주택연면적}}{\text{총건물연면적}}$ 2) 상가부수토지 : 총토지면적 － 주택부수토지

*1 특례 : 고가겸용주택의 경우 위 표 안 '(1)'의 경우에도 '(2)'의 경우와 동일하게 주택부분만 주택으로 보아 '(2)' 규정을 적용한다.

*2 다음의 배율을 적용한다.

구 분			배율
도시지역 내의 토지	수도권 내의 토지	주거지역 · 상업지역 및 공업지역 내의 토지	3배
		녹지지역 내의 토지	5배
	수도권 밖의 토지		
도시지역 밖의 토지			10배

해답

구 분	양도소득금액
건 물	₩8,037,000
토 지	44,100,000

[근 거]

1. 과세면적

① 상가 : $70m^2 \rightarrow$ 과세비율 : $\frac{70}{100} = 70\%$

② 상가부수토지 : $400 - \min\left(30 \times 5 = 150,\ 400 \times \frac{30}{100} = 120\right) = 280m^2 \rightarrow$ 과세비율 : $\frac{280}{400} = 70\%$

2. 양도소득금액

	건 물	토 지	합 계
양 도 가 액	56,000,000①	84,000,000②	
취 득 가 액	△46,750,000③	△35,000,000④	
기 타 필 요 경 비	△700,000⑤	－	
양 도 차 익	8,550,000	49,000,000	
장기보유특별공제	(6%) △513,000	(10%) △4,900,000	
양 도 소 득 금 액	8,037,000	44,100,000	52,137,000

① $200,000,000 \times \frac{100,000,000}{250,000,000}$(감정가액 비율)*1 × 70%(과세면적비율) ＝ 56,000,000

② $200,000,000 \times \frac{150,000,000}{250,000,000}$ × 70%(과세면적비율) ＝ 84,000,000

③ 70,000,000 × 70% － 2,250,000(감가상각비)*2 ＝ 46,750,000

④ 50,000,000 × 70% ＝ 35,000,000

⑤ 1,000,000 × 70% ＝ 700,000*3

해설

1. 해답상 '*'에 대한 설명

*1 「부가가치세법」상 토지·건물의 일괄공급시 안분계산방법을 준용하여 감정가액을 우선 적용한다.

*2 감가상각비는 토지와는 무관한 과세대상인 상가건물에 대한 것이므로 감가상각비 전액을 차감한다.

*3 철거비는 겸용주택(건물)을 철거하면서 지출하였으므로 철거비용에 과세비율을 곱하여 계산한 상가분에 대한 철거비만 차감한다.

9 / 13 조정대상지역 내 1세대 2주택 이상 보유자의 양도소득 1.5차 2차 필수

다음은 거주자 갑의 2026년 양도 관련 자료이다. 자료를 이용하여 물음에 답하시오.

〈자 료〉

1. 갑은 2개의 주택을 소유하고 있던 중 주택A(등기)를 양도하였다. 그 내역은 다음과 같다.

구 분	주택A	주택B
취득일자	2023. 5. 1.	2019. 5. 20.
양도일자	2026. 5. 9.	—
취득가액(실지거래가액)	확인되지 않음	₩150,000,000
양도가액(실지거래가액)	₩1,500,000,000	—
자본적 지출액	₩10,000,000	—
양도비용	₩5,000,000	—
소재지역	조정대상지역 안	조정대상지역 밖

2. 주택A의 취득 당시 둘 이상의 감정평가업자의 감정가액의 평균액은 ₩520,000,000, 유사자산의 매매사례가액은 ₩550,000,000이다. 주택A의 취득 당시 기준시가는 ₩500,000,000, 양도 당시 기준시가는 ₩1,000,000,000이다.

3. 기본세율 : '제3편. 부록' 참고

[물음 1] 주택A에 대한 양도소득 산출세액을 계산하시오.

[물음 2] 주택A의 양도일이 2026. 12. 20.인 경우 주택A에 대한 양도소득 산출세액을 계산하시오.

핵심정리

문제의 포인트

- 조정대상지역에 있는 주택으로서 1세대 2주택 이상에 해당하는 주택을 양도한 경우 양도소득세 계산상 특례 : 아래 ※

※ 조정대상지역*1에 있는 주택으로서 1세대 2주택 이상에 해당하는 주택을 양도한 경우 양도소득세 계산상 특례

구 분	내 용
장기보유특별공제	적용 배제*2
양도소득기본공제	적용
산 출 세 액*2	① 기본세율(6%~45%)에 1세대 2주택의 경우에는 20%, 1세대 3주택 이상인 주택의 경우에는 30%를 더한 세율을 적용하여 계산한다. ② 해당 주택 보유기간이 2년 미만인 경우에는 위 '①'의 세율을 적용한 산출세액과 60%, 70% 세율을 적용한 산출세액 중 큰 세액을 산출세액으로 한다.
부동산매매업자의 경우	부동산 매매업자의 세액계산 특례 적용 대상에 해당하므로 비교과세한다.*2

*1 조정대상지역 : 「주택법」 제63조의 2 제1항 제1호에 따른 조정대상지역을 말한다.

*2 '보유기간이 2년 이상인 주택을 2026. 5. 9.까지 양도하는 경우 그 해당 주택'은 위 특례 규정을 적용하지 않는다. 따라서 요건 충족시 장기보유특별공제를 적용하며, 산출세액 계산시 중과세율을 적용하지 않으며, 부동산매매업자의 비교과세 대상도 아니다. 2026. 5. 10. 이후 양도하는 경우에는 중과규정을 적용하되, 보유기간 2년 이상인 주택을 2026. 5. 9. 이전에 매매계약을 체결하고 계약금을 받은 사실이 확인되면서 계약일로부터 4개월(서울특별시 성동구, 마포구, 경기도 수원시 장안구 등 2025. 10. 16. 신규 지정된 조정대상지역은 6개월) 이내에 양도한 경우(토지거래 허가 대상 주택의 경우에는 토지거래 허가를 받아야 함)에는 중과규정을 적용하지 않는다. 개정안

해답

구 분		물음 1	물음 2
양 도 가 액		1,500,000,000	1,500,000,000
취 득 가 액 :	(매매사례가액)	△550,000,000	△550,000,000
기타필요경비 :	500,000,000(기준시가) × 3% =	△15,000,000	△15,000,000
양 도 차 익		935,000,000	935,000,000
장기보유특별공제 :	935,000,000 × 6% =	△56,100,000	–
양도소득기본공제		△2,500,000	△2,500,000
과 세 표 준		876,400,000	932,500,000
산 출 세 액 :		332,148,000*1	542,210,000*2

*1 876,400,000 × 42% － 35,940,000 ＝ 332,148,000

2 (932,500,000×42%－35,940,000) ＋ 932,500,000 × 20% ＝ 542,210,000

* 2026. 5. 10. 이후 양도하는 경우에는 위 '핵심정리. *2'의 후단 내용에 해당하지 않는다면 특례규정을 적용한다. 주택B는 조정대상지역 밖에 있더라도 양도하는 주택이 조정대상지역에 있는 주택으로서 1세대 2주택에 해당하는 주택이므로 특례 규정을 적용한다.

9 / 14 부담부증여 필수

거주자 이상현씨(남성)는 장남(28세)에게 등기된 사업용 토지를 증여하였다. 그 토지에는 금융기관으로부터 차입한 차입금 ₩200,000,000에 대한 근저당권이 설정되어 있는 상태이며, 장남은 토지를 증여받고 동 채무를 부담하기로 하였다. 다음 자료에 의하여 물음에 답하시오.

1. 토지의 내역

구 분	일 자	시 가	기준시가	지방세시가표준액
증여당시	2026. 12. 12.	₩1,000,000,000	₩800,000,000	₩300,000,000
취득당시	2020. 4. 10.	불분명	500,000,000	240,000,000

2. 장남은 2024년 5월에 모친으로부터 ₩70,000,000을 증여받고 증여세로 ₩1,940,000(증여세 산출세액은 ₩2,000,000)을 납부하였다.

3. 증여세율(일부 발췌)

과세표준	세 율
5억원 초과 10억원 이하	9,000만원 ＋ 5억원 초과액의 30%
10억원 초과 30억원 이하	2억 4,000만원 ＋ 10억원 초과액의 40%

4. 과세표준이 5,000만원 초과 8,800만원 이하인 경우 소득세 기본세율 :
과세표준 × 24% － 5,760,000

[물 음]

1. 이상현씨와 장남의 조세부담액을 다음과 같이 계산하시오.
   (1) 양도소득세 납세의무자 및 산출세액 1.5차 2차
   (2) 증여세 납세의무자 및 자진납부세액 2차 → 증여세 학습 후 풀이 할 것

2. 만약 이상현씨가 토지만 장남에게 증여하고 채무는 이상현씨가 부담하였을 경우 이상현씨와 장남의 조세부담액을 다음과 같이 계산하시오.
   (1) 양도소득세 산출세액 1.5차 2차
   (2) 증여세 산출세액 2차 → 증여세 학습 후 풀이 할 것

핵심정리

문제의 포인트

• 부담부증여시 양도소득세와 증여세 계산 : 아래 ※

※ 부담부증여 summary p2－274. (2)

1. 기본개념

부담부증여란 수증자가 증여자의 채무(임대보증금 포함)를 부담하는 조건으로 재산을 증여받는 계약을 말한다. 이에 대한 세법의 취급은 다음과 같다.

증여재산 총액	① 수증자의 채무인수액 : 유상양도로 봄 → ∴ 양도자에게 양도소득세 과세 ② '①' 외의 금액 : 무상양도로 봄 → ∴ 수증자에게 증여세 과세

다만, 배우자간 또는 직계존비속간의 부담부증여에 대하여는 다음과 같이 취급한다.

구 분	내 용
원 칙	수증자가 증여자의 채무를 인수한 경우에도 해당 채무액은 수증자에게 인수되지 아니한 것으로 추정한다. 따라서 증여재산 총액에 대하여 수증자에게 증여세를 과세한다.
예 외	국가 · 지방자치단체 · 금융기관의 채무 및 증빙에 의하여 수증자가 실제로 증여자의 채무를 부담한 사실이 객관적으로 인정되는 경우에는 수증자에게 채무액이 인수된 것으로 본다.

2. 부담부증여시 채무인수액에 대한 양도소득세 과세방법

① 양도가액 : 양도당시 자산가액*1 × $\frac{\text{채무액}^{*4}}{\text{증여가액}^{*3}}$

② 취득가액 : 취득당시 자산가액*2 × $\frac{\text{채무액}^{*4}}{\text{증여가액}^{*3}}$

*1 양도당시 자산가액 : 양도당시 「상속세 및 증여세법」에 의하여 평가한 가액, 즉 시가 → 불분명시 보충적 평가방법에 의한 평가액을 적용한다.

*2 취득당시 자산가액

① 양도가액에 시가를 적용한 경우에는 실지거래가액으로 계산한 것으로 보아 취득가액도 실지거래가액 → 매매사례가액 → 감정가액 → 환산취득가액을 적용한다.

② 양도가액을 「상속세 및 증여세법」 제61조 제1항 · 2항(부동산에 대한 보충적 평가방법. 예를 들면 토지는 개별공시지가, 건물은 국세청장 산정 · 고시가액) · 제5항(사실상 임대차계약이 체결되거나 임차권이 등기된 재산의 보충적 평가방법) 및 제66조(저당권이 설정된 재산 평가의 특례)에 따라 평가한 경우로서 기준시가로 산정한 경우에는 취득가액도 기준시가로 산정한다.

*3 증여가액 : 증여세 계산시 적용하는 가액, 즉 증여당시의 시가를 원칙으로 하되, 시가 불분명시에는 「상속세 및 증여세법」에 의한 보충적 평가방법에 의한 가액을 말한다.

*4 양도소득세 과세대상 자산과 과세대상이 아닌 자산을 함께 부담부증여하는 경우로서 증여자의 채무를 수증자가 인수하는 경우 채무액의 계산방법

$$\text{채무액} = \text{총채무액} \times \frac{\text{과세대상 자산가액}}{\text{총증여자산가액}}$$

해 답

1. 장남이 채무를 부담하는 경우*1

(1) 양도소득세 납세의무자 및 산출세액

- 납세의무자 : 이상현씨
- 산출세액 : 8,846,400

[근 거]

구 분	계산근거	금 액
양 도 가 액	$1,000,000,000 \times \frac{2억원}{10억원}$	200,000,000
취 득 가 액	$(1,000,000,000 \times \frac{5억원}{8억원})^{*2} \times \frac{2억원}{10억원}$	△125,000,000
기타 필요경비	$(500,000,000 \times 3\%) \times \frac{2억원}{10억원}$	△3,000,000*3
양 도 차 익		72,000,000
장기보유특별공제	12%(6년 이상 7년 미만)	△8,640,000
양도소득기본공제		△2,500,000
과 세 표 준		60,860,000
산 출 세 액	60,860,000 × 24% − 5,760,000	8,846,400

〈간편법〉 ① 양도차익 : $(1,000,000,000 - 1,000,000,000 \times \frac{5억원}{8억원} - 500,000,000 \times 3\%) \times \frac{2억원}{10억원} = 72,000,000$

② 과세표준 : 72,000,000 × (1−12%) − 2,500,000 = 60,860,000

③ 산출세액 : 60,860,000 × 24% − 5,760,000 = 8,846,400

(2) 증여세 납세의무자 및 자진납부세액

- 납세의무자 : 장남
- 자진납부세액 : 178,480,000

[근 거]

증 여 재 산 가 액	1,000,000,000
부담부증여시 채무인수액	△200,000,000*4
10년 이내 동일인으로부터 증여받은 재산	70,000,000*5
증 여 세 과 세 가 액	870,000,000
증 여 재 산 공 제	△50,000,000*6
증 여 세 과 세 표 준	820,000,000
산 출 세 액	186,000,000①
납 부 세 액 공 제	△2,000,000②
신 고 세 액 공 제	△5,520,000③
자 진 납 부 세 액	178,480,000

① 90,000,000 ＋ (820,000,000－500,000,000) × 30% ＝ 186,000,000

② min(①, ②) ＝ 2,000,000

① 기납부한 증여세의 당초 증여당시 '산출세액' : 2,000,000

② 한 도 : 산출세액 × $\dfrac{\text{가산한 증여재산에 대한 과세표준}}{\text{과세표준}}$

$= 186{,}000{,}000 \times \dfrac{70{,}000{,}000 - 50{,}000{,}000(\text{증여재산공제})}{820{,}000{,}000} = 4{,}536{,}585$

③ ($\underset{\text{산출세액}}{\underline{186{,}000{,}000}}$ － $\underset{\text{다른 세액공제}}{\underline{2{,}000{,}000}}$) × 3%*7 ＝ 5,520,000

2. 부친이 채무를 부담하는 경우*8

(1) 이상현씨의 양도소득세 산출세액 : 없음

(2) 장남의 증여세 산출세액

1) 증여세 과세표준

증 여 재 산 가 액	1,000,000,000
10년 이내 동일인으로부터 증여받은 재산	70,000,000
증 여 세 과 세 가 액	1,070,000,000
증 여 재 산 공 제	△50,000,000
증 여 세 과 세 표 준	1,020,000,000

2) 증여세 산출세액 : 240,000,000 ＋ (1,020,000,000－1,000,000,000) × 40% ＝ 248,000,000

해 설

1. 해답상 '*'에 대한 설명

*1 부담부증여에 해당하므로 채무액상당액에 대하여는 양도자에게 양도소득세가 과세되며, 증여가액에서 채무액을 공제한 금액에 대하여는 수증자에게 증여세가 과세된다.

*2 양도가액에 시가를 적용하였으므로 취득가액에 실지거래가액을 적용하여야 하나, 불분명하므로 실지양도가액을 기준시가 기준으로 환산한 환산취득가액을 계산한다.

*3 환산취득가액을 적용하였고 자본적지출액 · 양도비용이 없으므로 필요경비개산공제를 적용한다.

*4 채무부담액은 양도소득세 과세대상이므로 증여세과세가액을 계산할 때 증여재산가액에서 채무부담액을 차감한다.

*5 동일인(직계존속은 그 직계존속의 배우자도 동일인으로 봄)으로부터 10년 이내에 증여받은 재산이 1,000만원 이상이므로 2024년 5월에 모친으로부터 증여받은 재산도 합산한다.

*6 직계존속으로부터 증여받은 경우에는 5,000만원(미성년자가 받는 경우에는 2,000만원)의 증여재산공제를 적용한다. 2024년 5월에 직계존속(모친)으로부터 증여를 받을 때 5,000만원의 증여재산공제를 받았으나, 증여재산공제는 10년간 합산하여 해당 금액을 공제하는 것이므로 합산하여 공제한다.

*7 상속세 및 증여세 신고세액공제율은 3%이다.

*8 부담부증여가 아니므로 양도소득세는 과세되지 아니하며, 증여가액 전부에 대하여 수증자에게 증여세가 과세된다.

9 / 15 부담부증여 - 실전문제 2차

상호 독립된 각 【문】에 답하시오.

【문 1】

다음은 거주자 을의 2026년도 상가건물의 증여에 관한 자료이다. 다음 자료를 바탕으로 물음에 답하시오. 〈2023. CTA〉

1. 거주자 을은 2018년 3월 5일 ₩500,000,000에 상가건물을 취득하고 등기한 후, 2021년 2월 10일 본 상가건물을 은행에 근저당권 설정을 통해 담보로 제공하고 ₩300,000,000을 차입하였다. 이후 을은 2026년 5월 10일 거주자인 자녀 병에게 은행 차입금 전부를 인수하는 조건으로 본 상가건물을 증여(「상속세 및 증여세법」상 시가 : ₩1,000,000,000)하였다.
2. 을의 본 상가건물에 대한 자본적 지출액 및 양도비용 등 기타필요경비는 ₩50,000,000으로 실제 지출사실이 금융거래 증명서류에 의해 확인된다. 병의 본 상가건물에 대한 은행차입금 인수사실도 객관적으로 입증된다.
3. 양도소득세 장기보유특별공제율 : 보유기간 7년 이상 8년 미만은 14%, 8년 이상 9년 미만은 16%
4. 소득세 기본세율 : 제3편 부록 참고

[물 음]

을의 상가건물에 대한 양도차익과 양도소득산출세액을 다음의 양식에 따라 제시하시오.

항목	금액
양도차익	①
양도소득산출세액	②

【문 2】

다음은 거주자 갑의 부담부증여 관련 자료이다. 〈2020. CPA〉

〈자 료〉

1. 갑은 2016년 5월 20일 취득한 토지(등기됨)를 아들 을(29세)에게 2026년 8월 13일에 증여하였다. 증여한 토지에는 갑이 A은행으로부터 차입한 차입금 100,000,000원에 대한 근저당권이 설정되어 있으며, 을은 토지를 증여받고 동 채무를 인수하였음이 객관적으로 입증된다.

2. 증여한 토지의 취득당시 가액은 다음과 같다.

실지거래가액	기준시가	지방세 시가표준액
확인되지 않음	200,000,000원	180,000,000원

3. 증여한 토지의 증여당시 가액은 다음과 같다.

시가	기준시가	지방세 시가표준액
500,000,000원	400,000,000원	250,000,000원

4. 증여한 토지에 대한 자본적지출액과 양도비용은 확인되지 않는다.

5. 을은 갑(부친)으로부터 처음 증여를 받았으며, 모친으로부터 2023년 3월 14일 현금 80,000,000원을 증여받고 증여세를 납부한 바 있다.

[물음 1]
토지 증여로 인한 갑의 양도차익을 다음의 〈답안양식〉에 따라 제시하시오.

〈답안양식〉

양도가액	
취득가액	
기타의 필요경비	
양도차익	

[물음 2]
토지 증여에 따른 을의 증여세 과세가액을 다음의 〈답안양식〉에 따라 제시하시오.

〈답안양식〉

증여세 과세가액	

【문 3】 필수

거주자 김우리씨는 특수관계 없는 거주자 이상훈씨에게 2026. 2. 1.에 다음과 같이 등기된 주택(1세대 1주택 아니며, 조정대상지역에 소재하지 않음)을 증여하였다. 양도소득 과세표준을 계산하시오. 〈2008. CTA 수정〉

1. 건물의 증여가액은 ₩200,000,000이며, 이 금액은 「상속세 및 증여세법」상 평가액으로서 증여 당시의 개별주택가격에 해당한다.

2. 김우리씨는 2022년 3월 5일에 위 건물을 ₩160,000,000에 취득하였다. 취득 당시 개별주택가격은 ₩80,000,000이다.

3. 증여는 이상훈씨가 주택 세입자의 전세보증금을 인수하는 조건으로 이루어졌다. 증여 당시 세입자의 전세보증금은 ₩100,000,000이다.

【문 4】 필수

다음은 거주자 갑의 양도소득 관련 자료이다. 이 자료를 이용하여 물음에 답하시오.

〈2015. CPA〉

〈자 료〉

1. 갑은 2020년 3월 1일 타인으로부터 상가건물을 ₩500,000,000에 취득하였음이 매매계약서로 입증된다.
2. 위 상가에는 갑이 매수할 때 A은행에서 차입한 채무에 대한 근저당권(채권최고액 ₩200,000,000, 실제 채무액 ₩200,000,000)이 설정되어 있다.
3. 갑과 그의 아들 을은 다음 조건으로 위 상가에 대한 매매계약을 체결하고, 2026년 10월 1일 소유권이전등기를 완료하였다.
   ① 매매가액 : ₩800,000,000
   ② 을이 갑의 A은행 차입금 ₩200,000,000 인수
   ③ 잔금 ₩600,000,000은 2026년 10월 1일까지 지급하기로 함
4. 위 매매가액은 당시 시세에 비추어 볼 때 정당한 가액이다. 을은 그 동안 갑으로부터 증여받은 사실이 없다.
5. 위 상가와 관련하여 갑이 지출한 기타비용은 다음과 같다.

(단위 : 원)

구 분	일 자	금 액
취득세	2020. 3. 5.	2,000,000
부동산중개수수료 및 기타 양도비용	2026. 10. 1.	250,000
도배비용	2020. 3. 10.	500,000
자본적 지출	2022. 5. 30.	10,000,000

6. 기본세율 : '제3편. 부록' 참고

[물음 1]

갑과 을의 매매거래가 금융거래 자료에 의하여 진실한 것으로 인정되는 경우, 갑이 부담할 양도소득세를 계산하시오.

[물음 2]

갑과 을의 매매거래가 금융거래 자료 등에 의하여 입증되지 아니하고, 갑의 A은행 근저당권 설정과 을의 채무인수만 입증되었다고 가정한다. 위 자료에 의하여 아래 요구사항에 답하시오.

1. 갑이 부담할 양도소득세 계산에 있어서 양도가액과 취득가액을 다음의 〈답안양식〉에 따라 제시하시오.

〈답안양식〉

양도가액	
취득가액	

2. 관할세무서장이 을에게 부과할 수 있는 세목의 종류와 과세가액을 다음의 〈답안양식〉에 따라 제시하시오.

〈답안양식〉

세　　목	
과세가액	

해답

【문 1】

항목	금액
양도차익	① 135,000,000
양도소득산출세액	② 23,375,000

[근 거]

구 분	계 산	금 액
양 도 가 액	$1,000,000,000 \times \frac{300,000,000}{1,000,000,000}$	300,000,000
취 득 가 액	$500,000,000 \times \frac{300,000,000}{1,000,000,000}$	△150,000,000
기타 필요경비	$50,000,000 \times \frac{300,000,000}{1,000,000,000}$	△15,000,000
양 도 차 익		135,000,000
장기보유특별공제	135,000,000 × 16%	△21,600,000
양도소득기본공제		△2,500,000
과 세 표 준		110,900,000
산 출 세 액	110,900,000 × 35% － 15,440,000	23,375,000

〈간편법〉 ① 양도차익 : $(1,000,000,000-500,000,000-50,000,000) \times \frac{300,000,000}{1,000,000,000} = 135,000,000$

② 과세표준 : 135,000,000 × (1－16%) － 2,500,000 ＝ 110,900,000

③ 산출세액 : 110,900,000 × 35% － 15,440,000 ＝ 23,375,000

【문 2】

[물음 1]

양도가액	$500,000,000 \times \frac{100,000,000}{500,000,000} = 100,000,000$
취득가액	$\left(500,000,000 \times \frac{200,000,000}{400,000,000}\right) \times \frac{100,000,000}{500,000,000} = 50,000,000$
기타의 필요경비	$(200,000,000 \times 3\%) \times \frac{100,000,000}{500,000,000} = 1,200,000$
양도차익	48,800,000

〈간편법〉 $\left(500,000,000 - 500,000,000 \times \frac{200,000,000}{400,000,000} - 200,000,000 \times 3\%\right) \times \frac{100,000,000}{500,000,000}$

$= 48,800,000$

[물음 2]

증여세 과세가액	480,000,000〈주〉

〈주〉 (500,000,000 (증여재산가액) − 100,000,000 (채무인수액)) + 80,000,000*1 (합산 대상) = 480,000,000

【문 3】

구 분	근 거	금 액
양 도 가 액	$200,000,000 \times \frac{100,000,000}{200,000,000}$	100,000,000
취 득 가 액	$80,000,000^{*2} \times \frac{100,000,000}{200,000,000}$	△40,000,000
기타 필요경비*3	$(80,000,000 \times 3\%) \times \frac{100,000,000}{200,000,000}$	△1,200,000
양 도 차 익		58,800,000
장기보유특별공제	58,800,000 × 6%	△3,528,000
양도소득기본공제		△2,500,000
과 세 표 준		52,772,000

〈간편법〉 ① 양도차익 : $(200,000,000 - 80,000,000 - 80,000,000 \times 3\%) \times \frac{100,000,000}{200,000,000}$

= 58,800,000

② 과세표준 : 58,800,000 × (1 − 6%) − 2,500,000 = 52,772,000

【문 4】

[물음 1]*4

구 분	근 거	금 액
양 도 가 액		800,000,000*5
취 득 가 액	500,000,000 + 2,000,000(취득세)	△502,000,000
기 타 필 요 경 비	250,000*6 + 10,000,000	△10,250,000
양 도 차 익		287,750,000
장 기 보 유 특 별 공 제	12%	△34,530,000
기 본 공 제		△2,500,000
과 세 표 준		250,720,000
산 출 세 액	250,720,000 × 38% − 19,940,000	75,333,600

[물음 2]*7

1.

양도가액	200,000,000
취득가액	$502{,}000{,}000 \times \dfrac{2억원}{8억원} = 125{,}500{,}000$

2.

세　　목	증　여　세
과세가액	800,000,000 － 200,000,000 ＝ 600,000,000

해설

1. 해답상 '*'에 대한 설명

*1 10년 이내 동일인(증여자가 직계존속인 경우에는 그 직계존속의 배우자 포함)으로부터 받은 증여재산가액이 1천만원 이상이므로 가산한다.

*2 양도가액에 「상속세 및 증여세법」에 따른 보충적 평가방법(기준시가)을 적용한 경우에는 취득가액도 같은 방식에 따라 기준시가를 적용한다.

*3 취득가액을 기준시가로 계산하였으므로 필요경비개산공제를 적용한다.

*4 '【문 4】. [물음 1]'의 의미 : 매매거래가 진실된 것으로 인정되므로 부담부증여에 해당하지 않는다. 따라서 양도소득세를 계산하면 된다.

*5 채무인수조건부 양도시 양도가액 계산 : 양도하는 자산에 일정액의 채무가 있어 동 채무를 그 자산을 취득하는 자가 인수·변제하기로 하는 계약조건인 경우에 있어서 동 채무는 양도가액에서 공제하지 아니한다(소기통 96－0…1).

*6 부동산 거래시 지급하는 중개수수료는 취득시 지출한 것은 취득가액, 양도시 지출한 것은 양도비용에 해당한다.

*7 '【문 4】. [물음 2]'의 의미 : 매매거래가 입증되지 않으므로 증여로 추정하며, 근저당 설정과 채무인수는 입증되므로 부담부증여에 해당한다. 따라서 채무인수액 부분은 양도소득세를, 그 밖의 부분은 증여세를 계산한다.

9 / 16 이월과세

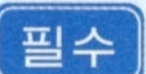

필수

상호 독립된 각 【문】에 답하시오.

【문 1】

거주자 갑(30세)은 배우자인 을로부터 2023년에 증여받은 사업용토지(등기필)를 2026년에 다음과 같이 양도하였다. 다음 자료를 이용하여 갑의 양도소득 결정세액을 계산하시오. 다만, 과세표준 5,000만원 초과 8,800만원 이하인 경우의 소득세 기본세율은 '과세표준 ×24%－5,760,000'이다.

구 분	을의 취득내역	을이 갑에게 증여한 내역	갑의 양도내역
일자	2020. 8. 16.	2023. 4. 10.	2026. 7. 20.
실지거래가액(시가)	₩30,000,000	₩36,000,000	₩120,000,000
개별공시지가	30,000,000	42,000,000	100,000,000
자본적지출	4,000,000	－	6,000,000
양도비용	－	－	3,000,000

【문 2】

다음은 거주자 갑의 2026년 양도소득자료이다. 물음에 답하시오.

1. 갑은 부친 을로부터 증여(증여 당시 시가 8억원)받은 비상장주식을 2026. 11. 1.에 10억원에 양도하였다. 증여 당시 증여세 산출세액은 ₩225,000,000 증여세 납부세액은 ₩218,250,000이었다.

2. 갑이 양도한 비상장주식 관련 자료는 다음과 같다.

구 분	을의 취득가액	증여내역	갑의 양도내역
일자	2022. 5. 1.	아래 '[물음]'에 제시	2026. 11. 1.
실지거래가액	₩500,000,000	₩800,000,000	₩1,000,000,000
양도비용	－	－	₩50,000,000

[물 음]

비상장주식의 양도소득금액을 다음 양식에 따라 계산하시오.

구 분	을로부터 증여받은 날	
	2025. 10. 20.인 경우	2025. 12. 20.인 경우
양도소득금액		

핵심정리

문제의 포인트

- 배우자 또는 직계존비속으로부터 증여받은 자산을 양도하는 경우 이월과세 : 아래 ※

※ 배우자 또는 직계존비속으로부터 증여받은 자산을 양도하는 경우 이월과세 summary p2-268. 4.3. (1)

1. 적용대상자산 및 적용기간

양도일부터 소급하여 다음의 적용대상자산별로 다음의 적용기간 이내(등기부에 기재된 소유기간에 따른다)에 배우자(양도 당시 혼인관계가 소멸된 경우 포함하되, 사망으로 혼인관계가 소멸한 경우는 제외함) 또는 직계존비속(양도 당시 사망한 경우는 제외함)으로부터 증여받은 적용대상자산을 양도한 경우에는 '2'와 같이 양도차익을 계산한다.

적용대상자산	적용기간
토지 · 건물 · 부동산을 취득할 수 있는 권리 · 시설물이용권	① 2023. 1. 1. 이후 증여받은 자산을 양도하는 경우 : 10년 ② 2023. 1. 1. 전에 증여받은 자산을 양도하는 경우 : 5년
일반 주식	1년(2025. 1. 1. 이후 증여받은 분부터 적용)

2. 양도차익 계산방법

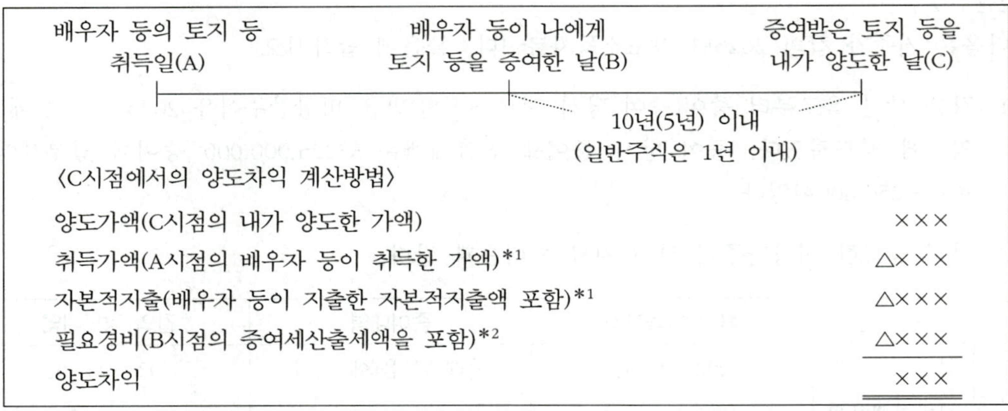

〈C시점에서의 양도차익 계산방법〉

양도가액(C시점의 내가 양도한 가액)	×××
취득가액(A시점의 배우자 등이 취득한 가액)*1	△×××
자본적지출(배우자 등이 지출한 자본적지출액 포함)*1	△×××
필요경비(B시점의 증여세산출세액을 포함)*2	△×××
양도차익	×××

*1 이월과세시에는 배우자 등의 취득일(A시점)을 기준으로 취득가액이나 보유기간을 판단하며, 배우자 등이 지출한 자본적지출액을 필요경비에 포함한다.

*2 ① 증여받은 자산에 대하여 납부하였거나 납부할 증여세 상당액은 양도차익을 한도로 필요경비에 산입한다.

② 증여받은 자산의 일부만 양도하는 경우 필요경비에 산입되는 증여세는 다음과 같다.

$$\text{증여세 산출세액} \times \frac{\text{양도한 자산의 증여세 과세가액}}{\text{증여세 과세가액}}$$

■ 이월과세규정 적용배제

다음의 경우에는 이월과세를 적용하지 않는다.

① 사업인정고시일부터 소급하여 2년 이전에 증여받은 경우로서 「공익사업을 위한 토지 등의 취득 및 보상에 관한 법률」이나 그 밖의 법률에 따라 협의매수 또는 수용된 경우

② 이월과세가 적용되는 경우 양도소득세가 비과세되는 1세대 1주택(1세대 1주택이라도 비과세대상에서 제외되는 고가주택 포함) 양도에 해당하게 되는 경우

③ 이월과세규정을 적용하여 계산한 양도소득 결정세액이 이월과세규정을 적용하지 않고 계산한 양도소득 결정세액보다 적은 경우 → ∴ 계산문제 풀이시 'max(① 이월과세규정을 적용한 양도소득 결정세액, ② 이월과세규정을 적용하지 않은 양도소득 결정세액)'을 결정세액으로 하여야 한다.

해 답

【문 1】

• max[(1), (2)] = 10,560,000

구 분	(1) 이월과세 적용시 근 거	(1) 이월과세 적용시 금 액	(2) 이월과세 미적용시 근 거	(2) 이월과세 미적용시 금 액
양도가액		120,000,000		120,000,000
취득가액	특례규정에 따른 배우자의 취득가액	△30,000,000	본래의 취득시기인 증여받은 날의 취득가액	△36,000,000
증여세		－*1	(고려 불필요)	－
기타 필요경비		△13,000,000①		△9,000,000②
양도차익		77,000,000		75,000,000
장기보유특별공제	77,000,000 × 10%*3	△7,700,000	75,000,000 × 6%*5	△4,500,000
양도소득기본공제		△2,500,000		△2,500,000
과세표준		66,800,000		68,000,000
산출세액(=결정세액)*4	66,800,000 × 24% － 5,760,000	10,272,000	68,000,000 × 24% － 5,760,000	10,560,000

① 4,000,000*2 + 6,000,000 (자본적 지출) + 3,000,000 (양도비용) = 13,000,000

② 6,000,000 (자본적 지출) + 3,000,000 (양도비용) = 9,000,000

【문 2】

구 분	을로부터 증여받은 날	
	2025. 10. 20.인 경우	2025. 12. 20.인 경우
양도소득금액	150,000,000	225,000,000

[근 거]

구 분	2025. 10. 20.인 경우	2025. 12. 20.인 경우 : max[(1), (2)]	
		(1) 이월과세 적용시	(2) 이월과세 미적용시
양 도 가 액	1,000,000,000	1,000,000,000	
취 득 가 액	△800,000,000*6	△500,000,000	
증 여 세	－	△225,000,000*7	
기타 필요경비	△50,000,000	△50,000,000	
양 도 차 익	150,000,000	225,000,000	
장기보유특별공제*8	－	－	
양도소득금액	150,000,000	225,000,000	150,000,000 (2025. 10. 20. 증여받는 경우와 동일)

해설

1. 해답상 '*'에 대한 설명

*1 증여받은 당시의 증여세산출세액 : (36,000,000 － 600,000,000) × 세율 ＝ 0
(36,000,000: 증여재산가액, 600,000,000: 증여재산공제)

Case

만약 갑이 을로부터 토지를 증여받은 당시의 증여세가 다음과 같은 경우 이월과세규정 적용으로 양도소득세 계산시 필요경비로 차감하는 증여세는?

증여세 산 출 세 액	₩20,000,000
증여세 신고세액공제(세액공제율 : 3%)	△600,000
증여세 차감납부세액	19,400,000

• 필요경비로 차감하는 증여세 : 산출세액인 ₩20,000,000

*2 이월과세로 인한 양도소득세 계산시 증여자인 을에게 자본적지출액이 있는 경우 그 자본적 지출액을 필요경비로 인정한다.

*3 보유기간 : 증여한 배우자(을)의 취득일(2020. 8. 16.)부터 양도일(2026. 7. 20.)까지의 기간 → 5년 이상 6년 미만 : 10%

*4 공제·감면세액에 대한 자료가 없으므로 산출세액이 곧 결정세액이 된다.

*5 보유기간 : 증여받은 날(2023. 4. 10.)부터 양도일(2026. 7. 20.)까지의 기간 → 3년 이상 4년 미만 : 6%

*6 증여받은 날부터 1년 경과 후 양도하였으므로 2025. 10. 20.에 증여받은 주식은 이월과세 적용대상이 아니다. 따라서 본래의 취득시기인 증여받은 날의 취득가액을 적용한다.

*7 증여세액공제의 효과를 유지하기 위하여 증여세 납부세액이 아닌 증여세 산출세액을 필요경비로 한다.

*8 일반주식에 대하여는 장기보유특별공제를 적용하지 않는다.

9 / 17 이월과세 - 실전문제 2차

상호 독립된 각 【문】에 답하시오.

【문 1】

다음은 거주자 갑의 2026년 양도소득 관련자료이다. 물음에 답하시오. 〈2020. CTA〉

1. 갑은 2026. 3. 1.에 배우자 을로부터 등기된 상가건물을 증여받고(증여당시 시가 8억원) 2026. 10. 5.에 이를 9억원에 양도하였다. 증여당시 증여세산출세액은 ₩30,000,000이었고 신고세액공제 ₩900,000을 제외한 ₩29,100,000을 납부하였다.

2. 갑이 양도한 상가건물과 관련된 자료는 다음과 같다.

구 분	을의 취득내역	증여내역	갑의 양도내역
일 자	2017. 4. 1.	2026. 3. 1.	2026. 10. 5.
실거래가액	₩600,000,000	₩800,000,000	₩900,000,000
자본적지출	15,000,000	—	20,000,000

3. 장기보유특별공제율은 보유기간 8년 이상 9년 미만의 경우 16%이고 9년 이상 10년 미만의 경우 18%이다.

4. 기본세율 : '제3편. 부록' 참고

[물 음]

양도소득과 관련하여 다음 양식에 따른 해답을 제시하시오.

구 분	이월과세를 적용하는 경우	이월과세를 적용하지 않는 경우
① 양도소득금액		
② 양도소득산출세액		

③ 갑에게 적용될 양도소득 산출세액	

【문 2】

거주자 갑의 2026년 토지A 및 주식B의 양도 관련 자료이다. 갑은 특수관계 없는 제3자에게 각각의 재산을 시가로 양도하였다. 〈2025. CPA〉

〈자　료〉

1. 토지A(등기)의 취득 및 양도 내역은 다음과 같다.

구분		내용
취득일		2006. 1. 2.
양도일		2026. 6. 5.
양도시	실지양도가액	400,000,000원
	기준시가	240,000,000원
취득시	실지거래가액	불분명
	감정가액	불분명
	매매사례가액	불분명
	기준시가	150,000,000원

① 토지에 대한 자본적 지출액은 80,000,000원이고, 양도비는 5,000,000원이다.

② 자본적 지출액 및 양도비에 대해서는 적격증명서류를 수취·보관하고 있다.

2. 비상장기업이 발행한 주식B의 취득 및 양도 내역은 다음과 같다.

구분		내용
취득일		2026. 2. 5.
양도일		2026. 10. 20.
양도시	실지양도가액	900,000,000원
	기준시가	750,000,000원
취득시	매매사례가액	불분명
	기준시가	700,000,000원

① 갑은 2026년 2월 5일 배우자 을로부터 주식B를 증여받아 「상속세 및 증여세법」상 보충적 평가방법에 따라 700,000,000원으로 증여세를 신고하였다. 증여세 산출세액은 10,000,000원이고, 납부세액은 9,700,000원이다.

② 을은 갑에게 증여한 주식B를 2006년 7월 3일에 특수관계 없는 제3자로부터 20,000,000원에 취득하였다.

3. 보유기간 15년 이상인 경우 장기보유특별공제율은 30%이다.

[물음 1]
토지A의 양도로 인한 갑의 양도소득금액을 〈답안양식〉에 따라 제시하시오.

〈답안양식〉

양도가액	
취득가액	
기타의 필요경비	
장기보유특별공제	
양도소득금액	

[물음 2]
주식B의 양도로 인한 갑의 양도소득금액을 〈답안양식〉에 따라 제시하시오.

〈답안양식〉

양도가액	
취득가액	
기타의 필요경비	
장기보유특별공제	
양도소득금액	

해 답

【문 1】

구 분	이월과세를 적용하는 경우	이월과세를 적용하지 않는 경우
① 양도소득금액	192,700,000	80,000,000
② 양도소득산출세액	52,336,000	38,750,000

③ 갑에게 적용될 양도소득 산출세액	52,336,000

[근 거] max[(1), (2)] = 52,336,000

구 분	(1) 적용하는 경우 근 거	(1) 적용하는 경우 금 액	(2) 적용하지 않는 경우 근 거	(2) 적용하지 않는 경우 금 액
양 도 가 액		900,000,000		900,000,000
취 득 가 액		△600,000,000		△800,000,000
증 여 세		△30,000,000		−
기 타 필 요 경 비		△35,000,000*		△20,000,000
양 도 차 익		235,000,000		80,000,000
장기보유특별공제	235,000,000 × 18%	△42,300,000		−
양 도 소 득 금 액		192,700,000		80,000,000
양도소득기본공제		△2,500,000		△2,500,000
과 세 표 준		190,200,000		77,500,000
산 출 세 액	190,200,000 × 38% − 19,940,000	52,336,000	77,500,000 × 50%	38,750,000

* 15,000,000 + 20,000,000 = 35,000,000

【문 2】

1.

양도가액	400,000,000
취득가액	250,000,000〈주1〉
기타의 필요경비	4,500,000〈주1〉
장기보유특별공제	43,650,000〈주2〉
양도소득금액	101,850,000〈주3〉

〈주1〉 max(①, ②) = 254,500,000

① $\underbrace{(400,000,000\times\frac{150,000,000}{240,000,000}=250,000,000)}_{\text{환산취득가액}} + \underbrace{(150,000,000\times3\%=4,500,000)}_{\text{개산공제}}$

= 254,500,000

② $\underbrace{80,000,000}_{\text{자본적지출}} + \underbrace{5,000,000}_{\text{양도비용}} = 85,000,000$

〈주2〉

(1) 양도차익 : 400,000,000 - 254,500,000 = 145,500,000

(2) 장기보유특별공제 : 145,500,000 × 30% = 43,650,000

〈주3〉 145,500,000 − 43,650,000 = 101,850,000

2.

양도가액	900,000,000
취득가액	20,000,000*1
기타의 필요경비	10,000,000*1
장기보유특별공제	0
양도소득금액	870,000,000〈주〉

〈주〉 900,000,000 − 20,000,000 − 10,000,000 = 870,000,000

해 설

1. 해답상 '*'에 대한 설명

*1 2025. 1. 1. 이후 증여받는 주식을 1년 이내에 양도하였으며, 다음과 같이 이월과세를 적용한 경우의 세액이 이월과세를 적용하지 않은 경우의 세액보다 크므로 이월과세 규정을 적용한다. 따라서 배우자인 을의 취득가액을 취득가액으로 하며, 갑이 부담한 증여세산출세액을 기타필요경비로 한다.

① 이월과세를 적용한 경우 양도소득금액* : 900,000,000 − 20,000,000 − 10,000,000 = 870,000,000

② 이월과세를 적용하지 않는 경우 양도소득금액* : 900,000,000 − 700,000,000 = 200,000,000

* 결정세액 기준으로 비교하는 것이 원칙이나, 대주주 및 중소기업 여부에 대한 언급이 없어 양도소득금액 기준으로 단순 비교하였다.

9 / 18 부당행위계산의 부인 1.5차 2차 필수

김가나씨(35세)는 형인 甲으로부터 2023년에 증여받은 사업용 토지(등기필)를 2026년에 양도하였다(양도비용은 ₩3,000,000). 다음 자료를 기초로 양도소득세 결정세액을 계산하시오. 다만, 증여세 신고와 양도소득세 신고(예정신고납부 포함)는 적정하게 이루어졌으며, 증여세 과세표준 1억원 이하인 경우 증여세세율은 10%이다(증여당시인 2023년도의 형으로부터 증여받은 경우 증여재산공제액은 1,000만원, 신고세액공제율은 3%였다).

구 분	甲의 취득내역	甲이 김가나씨에게 증여한 내역	김가나씨의 양도내역
일 자	2020. 8. 16.	2023. 4. 10.	2026. 6. 15.
실지거래가액(시가)	₩40,000,000	₩70,000,000	₩120,000,000
개 별 공 시 지 가	30,000,000	70,000,000	100,000,000

핵심정리

문제의 포인트

- 증여를 통한 우회양도의 경우 부당행위계산의 부인 : 아래 1

1. 증여를 통한 우회양도의 경우 부당행위계산의 부인 summary p2－270. (2)

특수관계인에게 자산을 증여한 후 그 자산을 증여받은 자가 그 증여일부터 10년 (2023. 1. 1. 이후 증여받는 분부터 적용하며, 2023. 1. 1. 전에 증여받은 자산을 2023. 1. 1. 이후 양도하는 경우에는 종전 규정에 따라 5년) 이내(등기부에 기재된 소유기간에 따른다)에 다시 이를 타인에게 양도한 경우로서 아래 '①'에 따른 세액이 '②'에 따른 세액보다 적은 경우에는 증여자가 그 자산을 직접 양도한 것으로 본다. 다만, 양도소득이 해당 수증자에게 실지로 귀속된 경우에는 그러하지 아니한다.

> ① 증여받은 자의 증여세*1 + 증여받은 자의 양도소득세*2
> ② 증여자가 직접 양도하는 경우로 보아 계산한 양도소득세*2

*1 「상속세 및 증여세법」에 따른 산출세액에서 공제·감면세액을 뺀 세액을 말한다.

*2 「소득세법」에 따른 산출세액에서 공제·감면세액을 뺀 결정세액을 말한다.

위 규정에 따라 증여자에게 양도소득세가 과세되는 경우에는 당초 증여받은 자산에 대하여는 「상속세 및 증여세법」의 규정에 불구하고 증여세를 부과하지 아니한다(취지 : 이중과세 방지).

[정리]

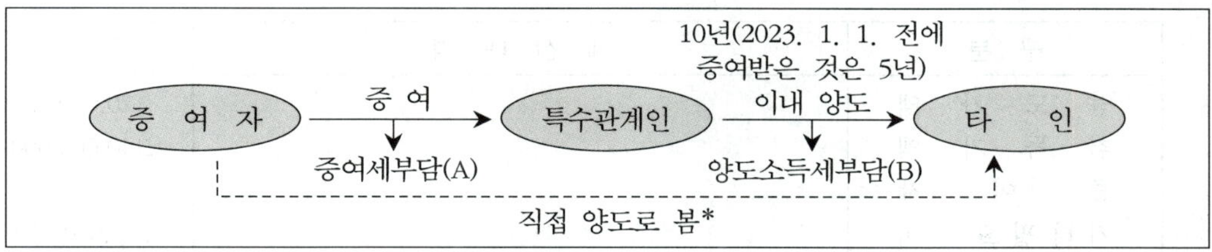

* 이 경우 무조건 직접 양도로 보는 것은 아니며, 증여자가 타인에게 직접 양도한 것으로 보아 양도소득세를 과세하는 경우 그 양도소득세가 'A+B'의 합계액보다 큰 경우에 한한다(∵ 증여를 통한 우회양도를 이용한 세부담 회피행위를 방지하기 위함).

2. 이월과세와 부당행위계산 부인의 비교정리 : 'summary p2-270. 정리' 참고

해답

특수관계인으로부터 증여받은 토지를 5년 이내에 양도한 경우에 해당 → ∴ '1'과 '2'의 결정세액을 비교해 우회양도로 인한 부당행위계산부인여부를 검토하여야 한다.

1. 증여거래와 양도거래를 그대로 인정하는 경우

구 분	납세의무자	산출세액	
증 여 세	김가나씨 (수증자)	① 증여세산출세액 (증여재산가액－증여재산공제) × 세율 = (70,000,000－10,000,000) × 10% = 6,000,000 ② 신고세액공제 : 6,000,000 × 3% = 180,000 ③ 증여세 부담액 : 6,000,000 － 180,000 = 5,820,000	
양도소득세	김가나씨 (양도자)	① 양도가액	120,000,000
		② 취득가액	△70,000,000
		③ 기타의 필요경비	△3,000,000
		④ 양도차익	47,000,000
		⑤ 장기보유특별공제 : 47,000,000 × 6%	△2,820,000
		⑥ 양도소득기본공제	△2,500,000
		⑦ 과세표준	41,680,000
		⑧ 산출세액 : 41,680,000 × 15% － 1,260,000 = (= 결정세액)	4,992,000
합 계		5,820,000 + 4,992,000 = 10,812,000	

2. 甲이 직접 양도한 것으로 보는 경우 甲의 양도소득세 결정세액

구 분	계 산 내 역	금 액
양 도 가 액 취 득 가 액 증 여 세 기 타 필 요 경 비		120,000,000 △40,000,000 －*1 △3,000,000*2
양 도 차 익 장기보유특별공제 양도소득기본공제	 77,000,000 × 10%	77,000,000 △7,700,000 △2,500,000
과 세 표 준		66,800,000
산 출 세 액 (＝ 결정세액)	66,800,000 × 24% － 5,760,000	10,272,000

*1 증여자인 甲이 직접 양도한 것으로 보는 경우에는 당초 증여받은 자산에 대하여는 증여세를 부과하지 않는다.

*2 증여자가 직접 양도한 것으로 볼 때에도 양도비용이 발생하므로 문제에서 제시된 양도비용을 공제하는 것이 타당하여 양도비용을 필요경비로 차감하였다.

3. 결 론 : '1'의 세액 합계액이 '2'의 세액보다 크므로 조세부담을 부당하게 감소시킬 목적의 우회양도로 보지 않는다. 따라서 '4,992,000'을 양도소득세 결정세액으로 한다.

9 / 19 이월과세 - 가업상속공제 관련

1.5차 2차 필수

다음 자료를 이용하여 거주자 갑의 2026년도 양도소득산출세액을 계산하시오.

1. 갑은 2026. 5. 20.에 부친의 사망으로 상속받은 양도소득세 과세대상인 등기된 토지를 2026. 12. 5.에 ₩1,200,000,000에 양도하였다. 양도비용은 ₩10,000,000이다.
2. 양도자산은 부친이 2016. 1. 10.에 ₩100,000,000에 취득하였으며, 상속개시일인 2026. 5. 20. 현재 「상속세 및 증여세법」상 시가는 ₩1,000,000,000이다.
3. 갑은 위 양도자산을 상속받을 때 「상속세 및 증여세법」에 따라 가업상속공제를 받았으며, 가업상속공제율은 70%라고 가정한다.
4. 과세표준 5억원 초과 10억원 이하인 경우 소득세 기본세율 : 과세표준 × 42% — 35,940,000

핵심정리

문제의 포인트

- 가업상속공제가 적용된 자산에 대한 이월과세 : 아래 1

※ 가업상속공제가 적용된 자산에 대한 이월과세 summary p2-271. (3)

구 분	내 용
(1) 취 득 가 액	「상속세 및 증여세법」에 따른 가업상속공제가 적용된 자산의 양도차익을 계산할 때 취득가액은 다음의 금액을 합한 금액으로 한다. ① 피상속인의 취득가액 × 가업상속공제적용률*[1] ② 상속개시일 현재 해당 자산가액 × (1—가업상속공제적용률*[1])
(2) 보 유 기 간	① 장기보유특별공제 : 상속받은 자산은 상속개시일을 취득한 날로 하여 보유기간을 계산하는 것이 원칙이나, 위 이월과세규정에 따라 가업상속공제가 적용된 비율에 해당하는 자산의 경우에는 피상속인이 해당 자산을 취득한 날부터 기산하여 보유기간을 계산한다. ② 세율 : 상속받은 자산에 대해서는 피상속인이 해당 자산을 취득한 날부터 기산하여 보유기간을 계산한다.
(3) 상속세 추징시	가업상속공제 사후관리 요건을 위배하여 상속세를 부과할 때 위 이월과세 규정을 적용받는 양도소득세가 있는 경우에는 법에 정한 양도소득세 상당액*[2]을 상속세 산출세액에서 공제한다. 다만, 공제한 해당 금액이 음수인 경우에는 영으로 본다.

*1 가업상속공제적용률의 계산방법

$$\text{가업상속공제적용률} = \frac{\text{상속과세가액에서 공제한 가업상속공제액*}}{\text{가업상속재산가액}}$$

* 가업상속공제가 적용된 자산별 가업상속공제액은 가업상속공제액을 상속개시 당시의 해당 자산별 평가액을 기준으로 안분하여 계산한다.

*2 법에 정한 양도소득세 상당액 : 다음과 같이 계산한다.

$$\left(\begin{array}{c}\text{가업상속공제를 받고 양도하는 가업상속재산에 대하여}\\ \text{위의 이월과세규정을 적용하여 계산한 양도소득}\end{array} - \begin{array}{c}\text{이월과세를 적용하지}\\ \text{않고 계산한 양도소득세}\end{array}\right) \times \begin{array}{c}\text{기간별}\\ \text{추징비율}\end{array}$$

해답

	이월과세 적용분(70%)	이월과세 배제분(30%)	계
양도가액	840,000,000*1	360,000,000*2	1,200,000,000
취득가액	△70,000,000*3	△300,000,000*4	△370,000,000
기타필요경비	△7,000,000*5	△3,000,000*6	△10,000,000
양도차익	763,000,000	57,000,000	820,000,000
장기보유특별공제	△152,600,000*7	-*8	△152,600,000
양도소득금액	610,400,000	57,000,000	667,400,000
양도소득기본공제			△2,500,000
과세표준			664,900,000
산출세액			243,318,000*9

*1 1,200,000,000 × 70% = 840,000,000

*2 1,200,000,000 × 30% = 360,000,000

*3 100,000,000(피상속인 취득가액) × 70% = 70,000,000

*4 1,000,000,000(상속인 취득가액, 상속개시일 시가) × 30% = 300,000,000

*5 10,000,000 × 70% = 7,000,000

*6 10,000,000 × 30% = 3,000,000

*7 763,000,000 × 20%(피상속인의 취득일부터 양도일까지의 보유기간 10년 이상 11년 미만) = 152,600,000

*8 상속개시일부터 양도일까지의 보유기간이 3년 이상이 아니므로 장기보유특별공제 대상이 아니다.

*9 664,900,000 × 42% - 35,940,000 = 243,318,000
(산출세액 계산시 보유기간은 이월과세 적용여부와 무관하게 피상속인의 취득일부터 양도일까지의 기간으로 계산한다. 따라서 등기되고 보유기간 2년 이상이므로 기본세율을 적용한다.)

해 설

1. 해답 풀이과정의 이해

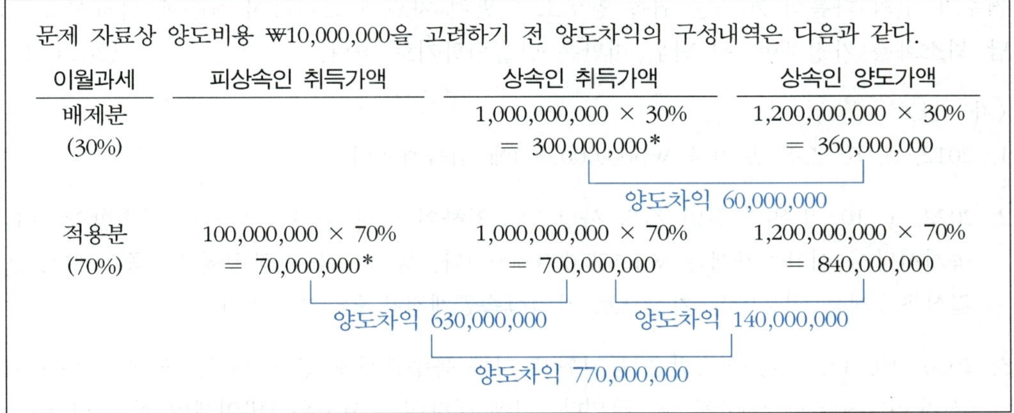

문제 자료상 양도비용 ₩10,000,000을 고려하기 전 양도차익의 구성내역은 다음과 같다.

이월과세	피상속인 취득가액	상속인 취득가액	상속인 양도가액
배제분 (30%)		1,000,000,000 × 30% = 300,000,000*	1,200,000,000 × 30% = 360,000,000
적용분 (70%)	100,000,000 × 70% = 70,000,000*	1,000,000,000 × 70% = 700,000,000	1,200,000,000 × 70% = 840,000,000

양도차익 60,000,000

양도차익 630,000,000 양도차익 140,000,000

양도차익 770,000,000

* '핵심정리 (1)'의 취득가액은 다음과 같이 위 '*'의 합계액을 말한다.

- 취득가액 : ① + ② = 370,000,000
  ① 피상속인의 취득가액 × 가업상속공제율 = 100,000,000 × 70% = 70,000,000
  ② 상속개시일 현재의 자산가액 × (1-가업상속공제율) = 1,000,000,000 × (1-70%) = 300,000,000

9 / 20 이월과세 - 실전문제 2차

거주자 甲의 다음의 2026년 귀속 양도소득 관련 자료에 근거하여 물음에 답하시오. 세부담 최소화를 가정하며, 원 단위 미만은 반올림하기로 한다. 〈2024. CTA〉

〈자 료〉

1. 2012. 3. 8. 乙은 토지를 ₩500,000,000에 취득하였다.
2. 2022. 4. 10. 甲은 부친인 乙의 사망으로 인하여 위의 등기된 토지를 상속받았으며, 상속개시당시 시가평가액은 ₩1,500,000,000이다. 동 토지는 「상속세 및 증여세법」상 가업상속공제를 적용받은 자산으로 가업상속공제적용률은 70%이다.
3. 2026. 10. 15. 甲은 상속받은 등기된 토지를 특수관계에 있는 ㈜서울에 ₩2,000,000,000(시가 ₩1,800,000,000)에 양도하였다. 이에 대하여 ㈜서울은 「법인세법」상 부당행위계산부인 규정을 적용하여 적정하게 세무조정하였다.
4. 양도자산과 관련하여 지출한 양도비용은 ₩30,000,000으로 적격증명서류를 수취하여 보관하고 있다.
5. 위의 토지 이외에 甲이 2026년 중에 양도한 양도소득세 과세대상 자산은 없다.
6. 장기보유특별공제율은 다음과 같다.

보유기간	공제율	보유기간	공제율
3년 이상 4년 미만	6%	10년 이상 11년 미만	20%
4년 이상 5년 미만	8%	11년 이상 12년 미만	22%
5년 이상 6년 미만	10%	12년 이상 13년 미만	24%
6년 이상 7년 미만	12%	13년 이상 14년 미만	26%
7년 이상 8년 미만	14%	14년 이상 15년 미만	28%
8년 이상 9년 미만	16%	15년 이상	30%
9년 이상 10년 미만	18%		

[물 음]

토지양도와 관련하여 다음을 계산하여 답안양식에 따라 ①~④의 금액을 제시하시오.

양도가액	①
취득가액	②
장기보유특별공제액	③
양도소득 과세표준	④

해답

양도가액	① 1,800,000,000
취득가액	② 800,000,000
장기보유특별공제액	③ 255,400,000
양도소득 과세표준	④ 712,100,000

[근 거]

구 분	이월과세 적용분(70%)	이월과세 배제분(30%)	계
양 도 가 액	1,260,000,000	540,000,000	1,800,000,000*1
취 득 가 액	△350,000,000①	△450,000,000②	△800,000,000
기 타 필 요 경 비	△21,000,000	△9,000,000	△30,000,000
양 도 차 익	889,000,000	81,000,000	970,000,000
장기보유특별공제	△248,920,000③	△6,480,000④	△255,400,000
양 도 소 득 금 액	640,080,000	74,520,000	714,600,000
양도소득기본공제			△2,500,000
과 세 표 준			712,100,000

① 500,000,000 × 70% = 350,000,000

② 1,500,000,000 × 30% = 450,000,000

③ 889,000,000 × 28%(14년 이상 15년 미만) = 248,920,000

④ 81,000,000 × 8%(4년 이상 5년 미만) = 6,480,000

해설

1. 해답상 '*'에 대한 설명

*1 특수관계법인에게 양도한 경우로서 「법인세법」상 부당행위계산의 부인규정에 따라 양도자의 상여·배당 등으로 처분된 금액이 있는 경우 이중과세를 조정하기 위하여 시가를 양도가액으로 한다.

9 / 21 국외자산양도에 대한 양도소득세 1.5차 2차

다음은 거주자 양승민씨(35세)의 미국에 소재한 토지의 양도자료이다. 이를 이용하여 물음에 답하시오. 양승민씨는 출생 이후 계속하여 국내에 주소를 두고 있다.

〈자 료〉

1. 취득 및 양도내역
   (1) 취득내역 : 2021년 6월 10일에 $100,000에 취득하였다.
   (2) 양도내역 : 2026년 7월 25일에 $200,000에 양도하였으며, 양도일에 부동산중개수수료 $1,000를 지출하였고 미국에서 양도소득세 $3,000을 납부하였다.

2. 1$당 원화의 환율 자료

구 분	대고객외국환매입률	기 준 환 율	대고객외국환매도율
2021. 6. 10.	₩990	₩1,000	₩1,050
2026. 7. 25.	1,250	1,300	1,310

3. 과세표준 1억 5,000만원 초과 3억원 이하인 경우 기본세율 : 과세표준 × 38% − 19,940,000

[물 음]

1. 다음 각 경우별로 양도소득 산출세액을 계산하시오. 다만, 세부담을 최소화하기로 한다.
   〈경우 1〉 토지가 등기된 경우
   〈경우 2〉 토지가 미등기된 경우
2. '〈경우 2〉'의 경우 외국납부세액공제액을 계산하시오.

핵심정리

문제의 포인트

- 국외자산의 양도에 대한 양도소득세 : 아래 ※

※ 국외자산의 양도에 대한 양도소득세 summary p2-276. 6

1. 납세의무자
   국외에 있는 자산의 양도에 대한 양도소득세는 해당 자산의 양도일까지 계속하여 5년 이상 국내에 주소·거소를 둔 거주자에 한정하여 납세의무를 진다.

2. 과세대상
   국외에 있는 다음 자산을 양도함으로써 발생하는 소득을 과세대상으로 한다(과세대상 자산의 범위는 국내소재 양도소득세 과세대상 자산의 범위와 아래 표 내용의 차이를 제외하고는 동일하다).

구 분	국내소재 과세대상 자산	국외소재 과세대상 자산
토지 · 건물	지적공부에 등록해야 할 지목에 해당하는 토지	지적공부에의 등록여부와 무관하게 국외의 모든 토지
부동산에 관한 권리	부동산임차권은 등기된 것에 한함	부동산임차권도 등기여부와 무관하게 과세
일반주식	국외주식등(해외주식)도 일반주식에 포함하여 과세	–
기타자산	법정주식 A · B, 사업에 사용하는 토지 · 건물 · 부동산에 관한 권리와 함께 양도하는 영업권, 시설물이용권	

과세대상 양도소득에서 제외하는 것 : 위 자산의 양도소득이 국외에서 외화를 차입하여 취득한 자산을 양도하여 발생하는 소득으로서 환율변동으로 인하여 외화차입금으로부터 발생하는 환차익을 포함하고 있는 경우에는 해당 환차익을 양도소득의 범위에서 제외한다.

3. 계산구조 : 국내자산의 양도소득세 계산구조를 준용하되, 다음은 별도규정이 있다.

구 분	내 용
양도가액과 취득가액	① 자산의 종류와 무관하게 실지거래가액으로 계산한다. 다만, 실지거래가액을 확인할 수 없는 경우에는 양도자산이 소재하는 국가의 양도 또는 취득당시의 현황을 반영한 시가에 따르되, 시가를 산정하기 어려울 때에는 시행령이 정하는 방법에 의한다. ② 양도차익의 환산 : 양도가액 및 필요경비를 수령하거나 지출한 날 현재 「외국환거래법」에 의한 기준환율 또는 재정환율에 의하여 계산한다. ③ 과세대상 양도소득에서 제외하는 것 : 양도소득이 국외에서 외화를 차입하여 취득한 자산을 양도하여 발생하는 소득으로서 환율변동으로 인하여 외화차입금으로부터 발생하는 환차익을 포함하고 있는 경우에는 해당 환차익을 양도소득의 범위에서 제외한다.
장기보유특별공제	적용하지 않는다.
양도소득 기본공제	해당 과세기간의 양도소득금액에서 연 250만원 공제(미등기자산도 공제 대상)
세 율	40%, 50%, 70%의 중과세율 규정은 없음 → 모두 기본세율(미등기 불문)
외국에서 납부한 세액에 대한 이중과세 조정방법	다음 방법 중 하나를 선택하여 적용받을 수 있다. ① 외국납부세액공제를 받는 방법 • 외국납부세액공제액 : min(㉠, ㉡) ㉠ 외국에서 납부한 국외자산 양도소득세액 ㉡ 한도 : 해당 과세기간의 양도소득산출세액 $\times \frac{\text{국외자산 양도소득금액}}{\text{해당 과세기간의 양도소득금액}}$ ② 국외자산양도소득에 대하여 납부하였거나 납부할 국외자산양도소득세액을 해당연도의 양도소득금액 계산상 필요경비에 산입하는 방법
준용 및 적용배제 규정	국내자산 양도소득세 규정을 준용하되, 장기보유특별공제 규정, 미등기자산에 대한 비과세의 적용배제 규정, 배우자 · 직계존비속을 통한 양도시 이월과세 규정 및 가업상속공제재산에 대한 이월과세 규정, 결손금의 그룹별 통산에 관한 규정 등은 적용배제한다.

해답

1. 산출세액

〈경우 1〉 토지가 등기된 경우

구 분	계산내역	금 액
양 도 가 액	$200,000 × 1,300*1	260,000,000
취 득 가 액	100,000 × 1,000*1	△100,000,000
기타 필요경비	1,000 × 1,300*1	△1,300,000
양 도 차 익		158,700,000
장기보유특별공제		_*2
양도소득기본공제		△2,500,000
과 세 표 준		156,200,000
산 출 세 액	156,200,000 × 38% − 19,940,000	39,416,000

〈경우 2〉 토지가 미등기된 경우 : 39,416,000*3

2. 외국납부세액공제 : min(①, ②) = 3,900,000

① $3,000 × 1,300 = 3,900,000

② 한도 : 39,416,000

해설

1. 해답상 '*'에 대한 설명

*1 외화환산시 양도가액은 수령한 날의 기준환율(또는 재정환율)을, 필요경비는 지출한 날의 기준환율(또는 재정환율)을 적용한다.

*2 국외자산의 양도시에는 장기보유특별공제를 적용하지 않는다.

*3 국외자산에 대하여는 미등기자산에 대한 별도규정이 없다. 따라서 미등기자산에 대하여도 양도소득기본공제를 적용하며, 세율도 등기된 경우와 동일하게 적용한다.

9 / 22 국외자산양도에 대한 양도소득세 - 실전문제 2차

상호 독립된 각 【문】에 답하시오.

【문 1】

거주자 갑이 양도한 국외 소재 토지A에 대한 자료이다. 〈2023. CPA〉

〈자 료〉

1. 토지A(미등기)의 취득 및 양도 내역은 다음과 같다.

취득일	2022. 1. 15.
양도일	2026. 7. 10.
실지취득가액	$400,000
실지양도가액	$900,000

2. 취득일과 양도일의 환율은 다음과 같다.

구 분	취득일	양도일
대고객외국환매입률	1,250원/$	1,050원/$
기준환율	1,300원/$	1,100원/$
대고객외국환매도율	1,350원/$	1,150원/$

3. 토지A를 양도하면서 $30,000의 양도비용이 발생하였으며, 그 지출에 관하여 적격증빙서류를 수취하였다.
4. 보유기간 4년 이상 5년 미만의 경우 장기보유특별공제율은 8%이다.

[물음 1]

국외자산 양도에 대한 양도소득세의 ① 납세의무자, ② 양도소득의 범위 및 ③ 양도가액과 취득가액 적용순서를 5줄 이내로 서술하시오.

[물음 2]

갑이 양도한 토지A가 국외자산 양도에 대한 양도소득세 과세대상에 해당하는 경우, 양도소득금액과 양도소득 과세표준을 〈답안양식〉에 따라 제시하시오.

〈답안양식〉

양도소득금액	
양도소득과세표준	

【문 2】 필수

거주자 갑(계속 5년 이상 국내에 주소를 둠)의 2026년 귀속 양도소득 관련 내역이 다음과 같을 때 물음에 답하시오. 〈2017. CPA〉

〈자　료〉

1. 국내건물과 국외건물의 취득 및 양도내역은 다음과 같다.

구 분	국내건물	국외건물
양도일	2026. 4. 20.	2026. 8. 22.
취득일	2025. 1. 26.	2023. 7. 14.
실지양도가액	₩500,000,000	$400,000
실지취득가액	₩400,000,000	$100,000

2. 국내건물(상가, 등기되었음)을 취득하면서 리모델링비용(자본적지출에 해당함) ₩30,000,000을 지출하였고 신용카드매출전표를 수취하였다.

3. 국내건물을 양도하면서 부동산중개수수료로 ₩10,000,000이 발생하였고 양도관련 공증비용 ₩5,000,000이 발생하였다.

4. 국외건물(주택, 미등기임) 취득일의 외국환거래법에 의한 기준환율은 ₩1,300/$(대고객외국환매입률 : ₩1,200/$)이고 양도일의 기준환율은 ₩1,000/$(대고객외국환매입률 : ₩900/$)이다.

5. 국외건물을 양도하면서 $4,000의 부동산중개수수료가 발생하였다.

6. 장기보유특별공제율은 3년이상 4년미만의 경우에 6%이다(1세대 1주택의 경우에는 24% 가정).

[물음 1]

갑의 국내건물 및 국외건물의 양도소득금액을 다음의 〈답안양식〉에 따라 제시하시오.

〈답안양식〉

국내건물	
국외건물	

[물음 2]

갑의 국내건물 및 국외건물의 양도소득과세표준을 다음의 〈답안양식〉에 따라 제시하시오. 단, 국내건물의 양도소득금액은 ₩8,000,000, 국외건물의 양도소득금액은 ₩9,000,000이고, 세부담 최소화를 가정한다.

〈답안양식〉

구 분	과세표준
국내건물	
국외건물	

해 답

【문 1】

[물음 1]

① 납세의무자 : 해당 자산의 양도일까지 계속하여 5년 이상 국내에 주소·거소를 둔 거주자

② 양도소득의 범위 : 토지·건물, 부동산에 관한 권리(부동산임차권은 등기 여부와 무관), 기타자산을 양도함으로써 발생하는 소득

③ 양도가액과 취득가액 적용순서 : 실지거래가액. 다만, 실지거래가액을 확인할 수 없는 경우에는 양도자산이 소재하는 국가의 양도·취득당시의 현황을 반영한 시가에 따르되, 시가를 산정하기 어려울 때에는 소득세법령으로 정하는 방법에 의한다.

[물음 2]

양도소득금액	437,000,000
양도소득과세표준	434,500,000

[근 거]

구 분	계산내역	금 액
양 도 가 액	$900,000 × 1,100*1	990,000,000
취 득 가 액	$400,000 × 1,300*1	△520,000,000
기 타 필 요 경 비	$ 30,000 × 1,100*1	△33,000,000
양 도 차 익		437,000,000
장기보유특별공제		—*1
양 도 소 득 금 액		437,000,000
양도소득기본공제		△2,500,000*2
과 세 표 준		434,500,000

【문 2】

[물음 1]

국내건물	55,000,000
국외건물	266,000,000

[계 산]

구 분	국내건물	국외건물
양 도 가 액	500,000,000	\$400,000 × 1,000*1 = 400,000,000
취 득 가 액	△400,000,000	\$100,000 × 1,300*1 = △130,000,000
기 타 필 요 경 비	△45,000,000*	\$4,000 × 1,000*1 = △4,000,000
양 도 차 익	55,000,000	266,000,000
장 기 보 유 특 별 공 제	(3년미만) —	—
	55,000,000	266,000,000

* 30,000,000 + 10,000,000 + 5,000,000

[물음 2]

국내건물	5,500,000〈주1〉
국외건물	6,500,000〈주2〉

〈주1〉 8,000,000 − 2,500,000*2 = 5,500,000

〈주2〉 9,000,000 − 2,500,000*2 = 6,500,000

해설

1. 해답상 '*'에 대한 설명

*1 ① 외화환산시 양도가액은 수령한 날의 기준환율(또는 재정환율)을, 필요경비는 지출한 날의 기준환율(또는 재정환율)을 적용한다.

② 국외자산의 양도시에는 장기보유특별공제를 적용하지 않는다.

*2 양도소득기본공제는 국내자산, 국외자산 별도로 그룹별로 250만원을 공제하며, 국외자산의 경우 미등기자산도 등기자산과 동일하게 취급하여 양도소득기본공제를 적용한다.

9 / 23 국외전출자의 주식등 과세 특례 2차

거주자 갑은 2026년 10월 5일 이민을 가기 위하여 출국하였다. 갑의 2026년 귀속 양도소득 관련 내역이 다음과 같을 때 물음에 답하시오. 갑은 출국일 현재 계속해서 5년 이상 국내에 주소를 두고 있었다.

〈자 료〉

1. 국내 주식의 취득 및 양도 등의 내역은 다음과 같다.

구 분	상장주식(장외거래)	비상장주식
양 도 일	2026. 4. 20.	－
취 득 일	2023. 1. 26.	2023. 11. 14.
실지양도가액	₩100,000,000	－
실지취득가액	₩80,000,000	₩200,000,000
양 도 비 용	₩1,400,000	－

2. 상장주식은 상장법인A(중소기업)의 대주주가 아닌 갑이 출국 전에 양도한 것이다. 비상장주식은 비상장법인B(중소기업 아님)의 대주주인 갑이 출국일 현재 보유하고 있는 주식으로 출국일 현재의 시가는 ₩300,000,000이다.

3. 장기보유특별공제율은 보유기간 3년 이상 4년 미만의 경우 6%이다.

[물음 1]
갑의 양도소득 산출세액을 다음의 〈답안양식〉에 따라 제시하시오.

〈답안양식〉

상장주식	
비상장주식	

[물음 2]
갑이 출국 후 비상장주식을 실제로 ₩250,000,000에 양도한 경우로서 그 주식의 양도소득에 대한 양도소득세 산출세액에서 공제할 조정공제액은 얼마인가?

핵심정리

문제의 포인트

• 국외전출자의 출국 시 국내 주식 등에 대한 과세 특례 : summary p2-278. 7

해답

[물음 1]

상장주식	1,610,000
비상장주식	19,500,000

[근 거]

	상장주식(장외거래)	비상장주식*1
양도가액	100,000,000	300,000,000
취득가액	△80,000,000	△200,000,000
기타필요경비	△1,400,000	—
양도차익	18,600,000	100,000,000
장기보유특별공제*2	—	—
양도소득기본공제	△2,500,000	△2,500,000
과세표준	16,100,000	97,500,000*3
세율	10%*4	20%*5
산출세액	1,610,000	19,500,000

[물음 2]

조정공제액 : (300,000,000 (전출시 의제양도가액) − 250,000,000 (실제 양도가액)) × 20% = 10,000,000

해설

1. 해답상 '*'에 대한 설명

*1 출국일 10년 전부터 출국일까지 기간 중 국내에 주소 또는 거소를 둔 기간의 합계가 5년 이상이고 출국일이 속하는 연도의 직전연도 종료일 현재 대주주에 해당하므로 국외 전출자의 출국당시 주식의 평가이익에 대하여 소득세를 납부할 의무가 있다.

*2 주식에 대해서는 장기보유특별공제를 적용하지 아니한다.

*3 국외전출자의 주식 평가이익에 대한 양도소득 과세표준은 종합소득, 퇴직소득 및 국내자산 양도에 따른 양도소득 과세표준과 구분하여 계산한다.

*4 대주주가 아닌 자가 중소기업 주식을 양도하는 경우 10% 세율을 적용한다.

*5 국외전출자의 주식 평가이익에 대한 양도소득세 계산시 세율은 과세표준 3억원 이하인 경우 20%, 3억원을 초과하는 경우 '6천만원 + 3억원 초과액 × 25%'를 적용한다.

9 / 24 증여추정, 기준시가 등 유예

유예생은 제2편 소득유예 44, 45 풀이

제 10 절

동업기업에 대한 조세특례 summary p2-220. 제10절

10 / 1 동업기업에 대한 조세특례 2차

도매업을 영위하는 합자회사인 가나(중소기업 아님)는 동업기업과세특례 적용신청을 한 동업기업으로서 2026년도 자료이다. 다음 자료를 기초로 물음에 답하시오. 가나는 복식부기의무자에 해당한다.

1. 동업기업의 동업자와 손익배분비율

동 업 자	손익배분비율	비 고
홍 길 동	40%	거 주 자
김 삿 갓	20%	거 주 자
법 인 A	15%	내국법인, 수동적동업자
법 인 B	25%	내국법인

2. 동업기업의 2026년도 손익계산서 및 조정내역

매출원가	1,200,000,000	매출액	2,000,000,000
인건비	188,000,000	이자수익	50,000,000
대손상각비	35,000,000	건물처분이익	20,000,000
기업업무추진비	42,000,000		
기부금	100,000,000		
잡비	10,000,000		
기계장치처분손실	30,000,000		
당기순이익	465,000,000		
	2,070,000,000		2,070,000,000

(1) 이자수익은 모두 비영업대금의 이익이다.

(2) 건물처분이익은 양도소득세 계산상 양도소득과 동일한 금액이라고 가정한다.

(3) 당기말 재무상태표상 채권의 내역은 다음과 같으며, 대손충당금 기말잔액은 ₩50,000,000 이다(대손실적률은 0.8%).

① 대 여 금	₩900,000,000	(특수관계 없는 자에 대한 대여금임)
② 매 출 채 권	1,200,000,000	
③ 건물처분미수금	60,000,000	
계	2,160,000,000	

(4) 기부금은 모두 사회복지법인에 대한 고유목적사업비 기부금이다.

(5) 잡비 중 ₩10,000,000은 건당 3만원 초과 용역을 공급받고 신용카드 등 적격증명서류를 구비하지 못한 금액이다(업무와 관련된 거래라는 사실은 입증됨).

(6) 원천징수는 세법에 따라 적정하게 이루어졌다.

[물 음]

1. 각 동업자별로 배분되는 소득금액을 계산하시오. 다만, 거주자의 경우에도 기부금은 한도 범위에서 필요경비에 산입하기로 한다.
2. 각 동업자별로 배분되는 가산세와 원천징수세액을 계산하시오.

핵심정리

문제의 포인트

- 동업기업에 대한 조세특례 계산문제의 접근방법 : summary p2-221. (2)

※ 풀이방법

〈1단계〉 동업자군별 구분 및 손익배분비율 계산 : '자료 1'에 제시된 동업자 자료를 이용하여 거주자군과 내국법인군으로 구분하여 각 군별 손익배분비율을 계산한다.

〈2단계〉 동업기업소득금액 계산 : '자료 2'에 제시된 손익계산서와 조정내역을 이용하여 각 군별로 소득금액을 계산한다. 이 경우 거주자 동업군 소득금액을 계산할 때에는 「소득세법」에 따른 세무조정을 거쳐 사업소득금액 및 그 밖의 소득금액을 계산하며, 내국법인군 소득금액을 계산할 때에는 「법인세법」에 따른 세무조정을 거쳐 각사업연도소득금액을 계산한다.

① 이자수익 : 거주자의 경우 이자소득이지 사업소득이 아니므로 총수입금액불산입한 후 이자소득에 포함한다. 내국법인의 경우 익금항목을 수익으로 계상하였으므로 세무조정은 불필요하다.

② 건물처분이익 : 거주자의 경우 양도소득으로 과세하므로 총수입금액불산입한 후 양도소득에 포함한다. 내국법인의 경우 익금항목을 수익으로 계상하였으므로 세무조정은 불필요하다.

③ 대손충당금 한도초과 : 건물처분미수금은 거주자의 경우 양도소득세가 과세되는 건물처분에서 발생한 미수금이므로 사업소득 대손충당금 설정대상에서 제외하나, 내국법인의 경우 설정대상에 포함한다.

④ 기업업무추진비 한도초과 : 거주자와 내국법인 간의 한도계산에 차이 없다.

⑤ 기계처분손실 : 거주자의 경우 복식부기의무자이므로 필요경비 인정하며, 법인의 경우에도 손금 인정한다.

⑥ 기부금 : 일반기부금 한도율은 거주자의 경우 종교단체기부금이 없으면 30%이나, 법인의 경우 10%(사회적기업은 20%)이다. 사업소득과 다른 종합소득이 같이 있는 경우 사업소득 필요경비산입과 기부금세액공제를 받을 수 있는데, 물음 단서에서 필요경비산입하기로 하였으므로 이에 따른다.

〈3단계〉 동업자군별 배분대상 소득금액 계산 : '〈2단계〉'에서 계산한 각 소득금액에 동업자군별 손익분배비율을 곱하여 동업자군별 배분대상 소득금액을 계산한다.

〈4단계〉 각 동업자에게 배분 : '〈3단계〉'에서 계산한 동업자군별 배분대상 소득금액에 $\frac{\text{각 인별 손익배분비율}}{\text{동업자군 손익배분비율}}$ 을 곱하여 각 동업자에게 배분한다.

해답

1. 동업자별 소득금액

〈1단계〉 동업자군별 구분 및 손익배분비율 계산

① 거주자 동업자군 : 40% ＋ 20% ＝ 60%

② 내국법인 동업자군 : 15% ＋ 25% ＝ 40%

〈2단계〉 동업기업소득금액 계산

구 분	거주자 동업군 (소득세법 적용)	내국법인 동업군 (법인세법 적용)
1. 당 기 순 이 익	465,000,000	465,000,000
2. 세 무 조 정		
① 이 자 수 익	△50,000,000	－
② 건 물 처 분 이 익	△20,000,000	－
③ 대손충당금한도초과〈주1〉	38,000,000	28,400,000
④ 기업업무추진비한도초과〈주2〉	24,000,000	24,000,000
⑤ 기 계 처 분 손 실	－*	－
3. 차 가 감 소 득 금 액	457,000,000	517,400,000
4. 기 부 금 한 도 초 과〈주3〉	－	38,260,000
5. 소 득 금 액	① 사업소득 457,000,000 ② 이자소득 50,000,000 ③ 양도소득 20,000,000	555,660,000 (각사업연도소득금액)

* 동업기업이 복식부기의무자에 해당하므로 기계처분손실에 대한 세무조정은 불필요하다(양도가액을 총수입금액, 장부가액을 필요경비로 함).

〈주1〉 ① 거주자 동업군 : 50,000,000 － 1,200,000,000* × 1% ＝ 38,000,000

② 내국법인 동업군 : 50,000,000 － 2,160,000,000 × 1% ＝ 28,400,000

* 대여금과 건물처분미수금은 「소득세법」상 대손충당금설정대상이 아니다.

〈주2〉 ① 거주자 동업군 : 42,000,000 － $\left(12{,}000{,}000 \times \frac{12}{12} + 2{,}000{,}000{,}000 \times 0.3\%\right)$ ＝ 24,000,000

② 내국법인 동업군 : 42,000,000 － 18,000,000 ＝ 24,000,000

〈주3〉 ① 거주자 동업군 : 100,000,000－(457,000,000＋100,000,000)×30%＝△67,100,000 → 0

② 내국법인 동업군 : 100,000,000－(517,400,000＋100,000,000)×10%＝38,260,000

〈3단계〉 동업자군별 배분대상 소득금액 계산

(1) 거주자 동업군

① 사업소득 : 457,000,000 × 60% ＝ 274,200,000

② 이자소득 : 50,000,000 × 60% ＝ 30,000,000

③ 양도소득 : 20,000,000 × 60% ＝ 12,000,000

(2) 내국법인 동업군 : 555,660,000 × 40% ＝ 222,264,000

〈4단계〉 각 동업자에게 배분

(1) 거주자 동업군

구 분	소득금액	각 동업자의 소득금액	
		홍길동$\left(\frac{40\%}{60\%}\right)$	김삿갓$\left(\frac{20\%}{60\%}\right)$
사업소득	274,200,000	182,800,000 (사업소득)	91,400,000 (사업소득)
이자소득	30,000,000	20,000,000 (이자소득)	10,000,000 (이자소득)
양도소득	12,000,000	8,000,000 (양도소득)	4,000,000 (양도소득)

(2) 내국법인 동업군

구 분	각 동업자의 소득금액	
	법인 A$\left(\frac{15\%}{40\%}\right)$	법인 B$\left(\frac{25\%}{40\%}\right)$
222,264,000	83,349,000* (각사업연도소득금액)	138,915,000 (각사업연도소득금액)

* 법인 A는 수동적동업자이므로 83,349,000을 배당소득으로 본다.

[주] 〈간편법〉

실제 시험에서는 위 '〈3단계〉'와 '〈4단계〉'를 통합하여 다음과 같이 각 소득금액에 본래의 각 인별 손익배분비율을 곱하여 계산하는 것이 간편하다.

(1) 거주자 동업군

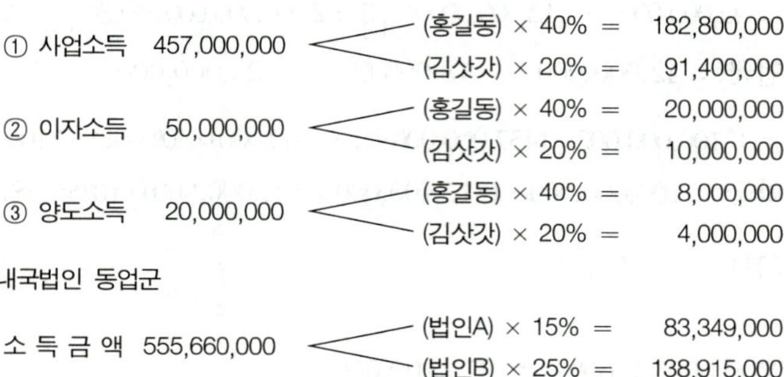

2. 각 동업자별로 배분되는 가산세와 원천징수세액

(1) 증명서류수취불성실가산세 : 10,000,000* × 2% = 200,000

* 건당 3만원 초과금액에 대하여 적격증명서류를 구비하지 않았으므로 증명서류수취불성실가산세를 적용한다.

(2) 원천징수세액 : 50,000,000(비영업대금의 이익) × 25% = 12,500,000

(3) 가산세와 원천징수세액의 배분

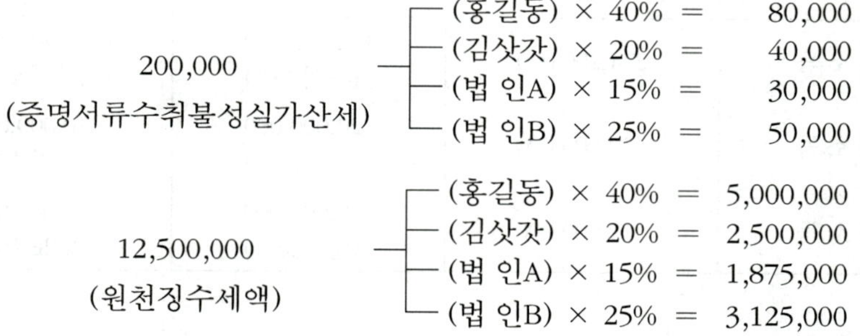

10 / 2 동업기업에 대한 조세특례 - 실전문제 2차

갑법인은 제26기(2026. 1. 1.~2026. 12. 31.) 사업연도부터 「조세특례제한법」상 동업기업 과세특례의 적용을 받는다. 갑법인의 제26기와 관련된 다음의 자료를 이용하여 물음에 답하시오. 갑법인은 복식부기의무자에 해당한다. 〈2009. CPA 수정〉

〈자 료〉

1. 동업자별 손익배분비율은 다음과 같다.

동업자 구분	손익배분비율	비 고
김씨	40%	거주자
이씨	30%	거주자(김씨와 특수관계인)
을법인	30%	내국법인

2. 갑법인의 제26기분 소득의 내역은 다음과 같다.

소득 구분	금 액	비 고
사 업 소 득	100,000,000	
부동산양도소득	20,000,000	
기계장치 처분이익	10,000,000	유형자산 처분관련액
합 계	130,000,000	

[물 음]

1. 동업자군을 구분하고 '동업자군별 동업기업소득금액'을 계산하시오.
2. '동업자군별 배분대상 소득금액'을 계산하시오.
3. 김씨에게 배분할 소득금액을 계산하시오. 단, 김씨와 이씨는 세법상 특수관계인이며 이들의 출자비율은 35%씩으로 동일하다.

핵심정리

문제의 포인트

- 특수관계 있는 자들의 출자지분비율의 합계가 가장 큰 경우 배분비율 특례 : 아래 ※

※ 각 동업자에게 배분시 배분비율 계산 특례 summary p2-221. *
어느 동업자의 출자지분과 그와 특수관계에 있는 자인 동업자의 출자지분의 합계가 가장 큰 경우에는 그 동업자와 특수관계인인 동업자 간에는 출자지분의 비율에 따른다.

해 답

1. 동업자군별 동업기업소득금액

① 거 주 자 군 : 사업소득금액 : 100,000,000 ＋ 10,000,000* ＝ 110,000,000
양도소득금액 : 20,000,000

② 내국법인군 : 각사업연도소득금액 : 130,000,000

* 동업기업이 복식부기의무자에 해당하므로 기계장치처분이익도 사업소득으로 과세한다.

2. 동업자군별 배분대상 소득금액

① 거 주 자 군 : 사업소득금액 : 110,000,000 × 70% ＝ 77,000,000
양도소득금액 : 20,000,000 × 70% ＝ 14,000,000

② 내국법인군 : 각사업연도소득금액 : 130,000,000 × 30% ＝ 39,000,000

3. 김씨에게 배분할 소득금액

① 사업소득금액 : $77,000,000 \times \frac{35\%^{*}}{70\%} = 38,500,000$

② 양도소득금액 : $14,000,000 \times \frac{35\%^{*}}{70\%} = 7,000,000$

* '핵심정리 ※'에 따른 배분비율

10 / 3 동업기업에 대한 조세특례 - 실전문제

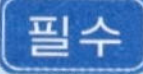

자료를 이용하여 각 동업자가 배분받을 소득금액을 〈답안양식〉에 따라 제시하시오. 동업기업은 복식부기의무자에 해당한다. 〈2015. CTA 수정〉

〈자 료〉

다음은 동업기업 과세특례를 신청한 동업기업인 합자회사 설악의 2026년 자료이다.

1. 설악에 출자한 동업자와 손익배분비율

동업자	손익배분비율	비 고
이파랑	60%	거주자
김노랑	20%	거주자, 수동적 동업자
A법인	20%	내국법인, 수동적 동업자

2. 설악의 2026년도 손익계산서

손익계산서

(단위 : 원)

매출원가	3,600,000,000	매출액	5,000,000,000
인건비	1,220,000,000	비영업대금 이자수익	30,000,000
대손상각비	24,000,000	부동산처분이익〈주〉	200,000,000
당기순이익	406,000,000	기계장치처분이익	20,000,000
합 계	5,250,000,000	합 계	5,250,000,000

〈주〉 부동산처분이익은 양도소득세 계산상 양도소득과 동일한 금액이라고 가정한다.

3. 설악의 대손충당금 관련 세무조정 내역

2026년 말 현재 재무상태표에 나타난 채권은 다음과 같으며, 대손충당금 기말잔액은 ₩30,000,000이고 대손실적률은 1%이다.

구 분	금 액
기계장치처분 미수금	₩120,000,000
대여금〈주1〉	340,000,000
외상매출금	1,800,000,000
합 계	2,260,000,000

〈주1〉 대여금은 특수관계 없는 거래처에 대한 대여금이다.

〈답안양식〉

동업자	배분받을 소득금액의 구분	금액
이파랑	1. .	
김노랑	1. .	
A법인	1. .	

핵심정리

문제의 포인트

• 수동적 동업자가 배분받은 소득의 과세방법

※ 동업기업과세특례규정에 따라 수동적 동업자가 받는 소득 summary p2-55. 정리

수동적 동업자가 동업기업으로부터 배분받은 소득은 소득의 성격과 무관하게 모두 배당소득으로 과세한다. → 문제에의 적용 : 수동적 동업자인 김노랑에게 배분되는 소득은 모두 배당소득(Gross-up 배제대상 조건부과세대상 배당소득)으로 과세한다.

해 답

동업자	배분받을 소득금액의 구분	금액*1
이파랑	1. 사업소득 : 186,800,000〈주〉 × 60% = 2. 이자소득 : 30,000,000 × 60% = 3. 양도소득 : 200,000,000 × 60% =	112,080,000 18,000,000 120,000,000
김노랑	배당소득 : (186,800,000+30,000,000+200,000,000) × 20% =	83,360,000*2
A법인	각사업연도소득 : 413,400,000〈주〉 × 20% =	82,680,000

〈주〉 동업기업소득금액

구 분	거주자군		내국법인군	
(1) 당기순이익		406,000,000		406,000,000
(2) 세무조정				
① 비영업대금이익		△30,000,000		–
② 부동산처분이익		△200,000,000		–
③ 기계처분이익		–*3		–
④ 대손충당금 한도초과		10,800,000①		7,400,000②
(3) 소득금액	사업소득	186,800,000	각사업연도소득	413,400,000
	이자소득	30,000,000		
	양도소득	200,000,000		

① 30,000,000 − (120,000,000*3+1,800,000,000) × 1% = 10,800,000

② 30,000,000 − 2,260,000,000 × 1% = 7,400,000

해 설

1. 해답상 '*'에 대한 설명

*1 배분되는 소득금액은 '① 동업기업소득금액 계산 → ② 동업자군별 배분대상 소득금액 계산 → ③ 각 동업자에게 배분'하는 순으로 계산하는 것이 원칙이나, 시간을 절약하기 위하여 ②와 ③을 통합하여 해답과 같이 계산하였다(간편법).

*2 수동적 동업자의 경우 소득을 구분하지 않고 배분되는 소득금액을 배당소득으로 본다.

*3 동업기업이 복식부기의무자에 해당하므로 기계장치처분이익도 사업소득으로 과세하며, 기계장치처분미수금도 대손충당금 설정대상에 포함하는 것이 타당하다.

CHAPTER 03

TAX ACCOUNTING

제 1 절 상속세 summary p3-10. 제2절

I 상속세 계산구조

	상속세 과세가액
(−)	상속공제
(−)	감정평가수수료공제
	상속세 과세표준
(×)	세율
	산출세액
(−)	지정문화재 등 징수유예세액
(−)	세액공제
(+)	가산세
	차가감납부세액

II 상속세 과세가액

	상속재산가액(의제상속재산 포함)
(+)	추정상속재산
	1. 총상속재산가액*1
(−)	2. 비과세재산가액
(−)	3. 과세가액불산입액
(−)	4. 과세가액공제액*2
(+)	5. 증여재산가액
	상속세 과세가액

*1 총상속재산가액

총상속재산가액 = (본래의 상속재산가액 + 의제상속재산가액) + 추정상속재산가액

*2 과세가액공제액이 상속재산의 가액(총상속재산가액−비과세재산가액−과세가액불산입액)을 초과하는 경우 그 초과액은 없는 것으로 본다.

Ⅲ 상속공제

상속공제액은 다음과 같이 계산한다(비거주자 사망의 경우 기초공제만 적용).

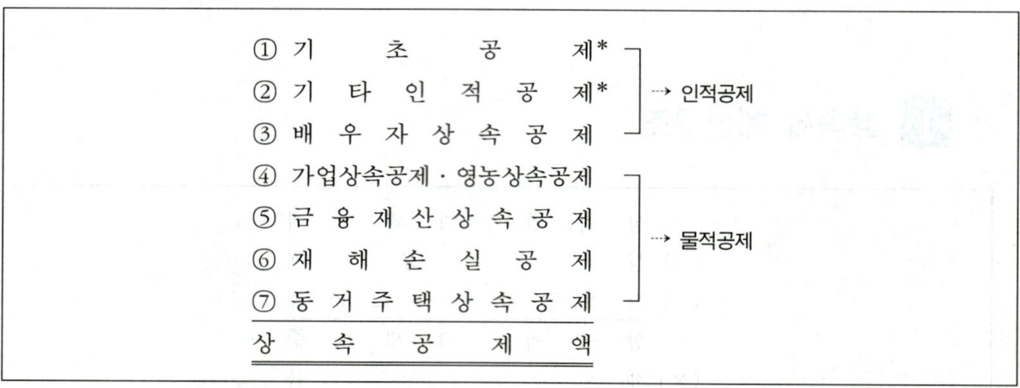

① 기 초 공 제*
② 기 타 인 적 공 제*
③ 배 우 자 상 속 공 제
→ 인적공제

④ 가업상속공제 · 영농상속공제
⑤ 금 융 재 산 상 속 공 제
⑥ 재 해 손 실 공 제
⑦ 동 거 주 택 상 속 공 제
→ 물적공제

상 속 공 제 액

* '① 기초공제'와 '② 기타인적공제' 대신 '일괄공제(5억원)'를 선택할 수 있다.

Ⅳ 감정평가수수료공제

상속세를 신고 · 납부하기 위하여 상속재산을 평가하는데 소요되는 수수료는 과세가액에서 공제한다. 다만, 아래 '①'은 그 평가된 가액으로 상속세를 신고 · 납부하는 경우에 한한다.

- 감정평가수수료공제액 : ① + ② + ③

① min [㉠ 감정평가업자의 평가에 따른 수수료*
　　　　㉡ 한도 : 500만원

② min [㉠ 비상장주식의 평가심의위원회 의뢰 신용평가 전문기관의 평가수수료
　　　　㉡ 한도 : 평가대상법인수 및 평가를 의뢰한 신용평가전문기관수 별로 각 1,000만원

③ min [㉠ 판매용이 아닌 서화 · 골동품 등 예술적 가치가 있는 유형재산의 전문가 감정수수료
　　　　㉡ 한도 : 500만원

* 상속세 납부목적용으로 한정한다.

V 상속세 차감납부세액

	상 속 세 과 세 표 준*1
(×)	세 율*2
	상 속 세 산 출 세 액
(－)	지정문화재 등 징수유예세액
(－)	세 액 공 제
	차 감 납 부 세 액

*1 과세표준이 50만원 미만이면 상속세를 부과하지 아니한다. → 증여세 과세최저한도 50만원으로 동일

*2 세 율 → 증여세 세율도 동일

산출세액 : 상속세 과세표준 × 세율

과 세 표 준	세 율
1억원 이하	과세표준의 10%
1억원 초과 ～ 5억원 이하	1천만원 ＋ 1억원을 초과하는 금액의 20%
5억원 초과 ～ 10억원 이하	9천만원 ＋ 5억원을 초과하는 금액의 30%
10억원 초과 ～ 30억원 이하	2억4천만원 ＋ 10억원을 초과하는 금액의 40%
30억원 초과	10억4천만원 ＋ 30억원을 초과하는 금액의 50%

1 / 1 상속세 과세가액 - 계산구조의 파악

다음 자료를 기초로 2026년 5월 10일에 사망한 거주자 甲의 상속세 과세가액을 계산하시오.

〈답안양식〉

구 분	금 액
총상속재산가액	
상속세 과세가액	

〈자 료〉

1. 상속재산현황

(1) 건 물 ₩110,000,000
(2) 토 지 A 30,000,000*[1]
(3) 토 지 B 60,000,000*[2]
(4) 정 기 예 금 8,000,000
(5) 생명보험금 50,000,000*[3]
(6) 유 족 연 금 4,000,000*[4]
(7) 퇴 직 금 49,000,000(퇴직공로금 ₩17,000,000 포함)
(8) 「신탁업법」에 따른 금전신탁 12,000,000*[5]
(9) 금전신탁 이외의 신탁재산 9,000,000

*[1] 토지 A는 상속인이 상속세 신고기한 내에 인천시청에 증여하였다.

*[2] 토지 B는 공익을 목적으로 사업을 영위하는 종교법인에게 상속세 신고기한 내에 출연하였다.

*[3] 피상속인의 사망으로 지급받은 것으로 이에 대한 불입보험료는 총 ₩10,000,000이며, 그 금액 중 ₩8,000,000은 피상속인이, 잔액은 상속인이 불입하였다.

*[4] 「국민연금법」에 따라 지급되는 유족연금이다.

*[5] 동 금액 중에는 타인이 신탁의 이익을 받을 권리를 소유하고 있는 이익 ₩2,000,000이 포함되어 있다.

2. 상속개시 전에 피상속인이 부동산 매수계약을 체결하고 잔금을 지급하지 못한 시가 ₩50,000,000의 부동산이 있다. 이미 지급한 계약금 및 중도금 합계는 ₩30,000,000이며, 잔금지급일은 2026년 12월 20일이다.

3. 피상속인의 채무와 공과금은 없다.

4. 甲은 2021년 10월 20일에 상속인에게 ₩100,000,000의 상가를 증여하였다.

핵심정리

문제의 포인트

- 상속세 계산구조의 파악 : summary p3-10. 1

해답

구　　분	금 액
총상속재산가액	₩346,000,000
상속세 과세가액	351,000,000

1. 총상속재산가액

① 건　　물	110,000,000	
② 토　　지 A	30,000,000	
③ 토　　지 B	60,000,000	
④ 정 기 예 금	8,000,000	
⑤ 생명보험금 : $50,000,000 \times \frac{8,000,000}{10,000,000} =$	40,000,000	
⑥ 유 족 연 금	—*1	
⑦ 퇴직금 · 퇴직공로금	49,000,000	
⑧ 금 전 신 탁 : 12,000,000 − 2,000,000 =	10,000,000	
⑨ 금전신탁외의 신탁재산	9,000,000	
⑩ 매수부동산에 대한 계약금 · 중도금	30,000,000*2	346,000,000

2. 비과세재산가액(토지 A) △30,000,000
3. 과세가액불산입액(토지 B) △60,000,000
4. 과세가액공제액 : 장례비 △5,000,000*3
5. 증여재산가액 100,000,000*4
6. 상속세 과세가액 351,000,000

해설

1. 해답상 '*'에 대한 설명

*1 「국민연금법」에 따른 유족연금은 의제상속재산으로 보지 않는다.

*2 부동산매매계약 이행 중인 재산의 상속재산 포함 여부(상증통 2-0…3)

① 상속개시 전 피상속인이 부동산 양도계약을 체결하고 잔금을 받기 전에 사망한 경우에는 양도대금 전액(양도대금이 불분명한 경우에는 그 부동산을 「상속세 및 증여세법」에 따라 평가한 가액으로 한다)에서 상속개시 전에 받은 계약금과 중도금을 뺀 잔액을 그 상속재산의 가액으로 한다.

② 상속개시 전 피상속인이 부동산 양수계약을 체결하고 잔금을 지급하기 전에 사망한 경우에는 이미 지급한 계약금과 중도금을 상속재산에 포함한다.

*3 거주자의 사망으로 상속이 개시된 경우에는 별도의 언급이 없더라도 장례비로 500만원을 공제한다.

*4 피상속인이 상속인에게 상속개시일 전 10년 이내에 증여한 재산가액이므로 상속세 과세가액에 포함한다.

1－2 추정상속재산

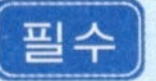

2026년 11월 10일에 각각 사망한 거주자 갑과 을의 다음 자료를 이용하여 상속세 과세가액에 포함될 추정상속재산가액을 〈답안양식〉에 따라 계산하시오.

〈자　료〉

1. 갑의 계산자료는 다음과 같다.
   (1) 상속개시 전에 처분한 재산의 내역은 다음과 같다.

구　분	처 분 일	처 분 가 액	취 득 가 액
(1) 상　　가	2025. 12. 6.	₩180,000,000*1	₩150,000,000
(2) 토　　지	2024. 7. 10.	60,000,000	20,000,000
(3) 사 무 실	2024. 11. 20.	330,000,000*2	80,000,000
(4) 유 가 증 권	2024. 5. 4.	120,000,000	110,000,000
(5) 특 허 권	2025. 5. 16.	95,000,000	60,000,000
계		₩785,000,000	₩420,000,000

*1 상가처분가액 중 ₩150,000,000은 사용용도가 분명하고 나머지는 용도가 불분명하다.

*2 사무실 처분가액 중 사용용도가 분명한 금액은 ₩231,000,000이다.

   (2) 2026년 1월 31일에 은행으로부터 ₩200,000,000의 차입금을 차입하였는데, 그 중 ₩170,000,000만이 사용용도가 분명하다.

2. 을은 2024년 7월 1일에 다음과 같은 토지 매매계약을 체결하고 대금을 수령하였으나, 그 대금의 사용용도를 입증할 수 없다.
   ① 계약금(2024. 7. 1.)　₩100,000,000
   ② 중도금(2025. 7. 1.)　150,000,000
   ③ 잔　금(2026. 7. 1.)　200,000,000

〈답안양식〉

구　분	추정상속재산가액
갑	
을	

핵심정리

문제의 포인트

• 추정상속재산가액의 계산방법 파악 : summary p3-12. (3), 아래 ※

※ 추정상속재산가액 계산문제의 접근방법

〈1단계〉	재산종류별로 구분한다.
〈2단계〉	재산종류별로 적용대상인지 여부를 판단한다. ① 2년 이내 5억원 이상인가? → 이상이면 대상, 아니면 '②'로 진행 ② 1년 이내 2억원 이상인가? → 이상이면 대상, 아니면 대상 아님
〈3단계〉	용도불분명금액을 계산한다.
〈4단계〉	판단기준금액[min(처분대금 · 인출금액 · 채무부담액×20%, 2억원)]을 계산한다.
〈5단계〉	추정상속재산을 계산한다 : 〈3단계〉－〈4단계〉

해답

구 분	추정상속재산가액
갑	₩27,000,000〈주1〉
을	160,000,000〈주2〉

〈주1〉

구 분	부동산 · 부동산에 관한 권리	현금 · 예금 · 유가증권	기타 자산	채 무
〈1단계〉 적용대상여부 ① 2년 이내 처분재산이 5억원 이상인가? ② '①'이 아니면 1년 이내 2억원 이상인가?	상가와 사무실의 처분가액이 ₩510,000,000이므로 대상임 —	— —	— —	— ₩200,000,000이므로 대상임
〈2단계〉 용도불분명금액의 계산	510,000,000－(150,000,000＋231,000,000) ＝ 129,000,000	—	—	200,000,000－170,000,000 ＝ 30,000,000
〈3단계〉 판단기준금액의 계산	• min(①, ②)＝102,000,000 ① 510,000,000 × 20% ＝ 102,000,000 ② 200,000,000	—	—	• min(①, ②)＝40,000,000 ① 200,000,000 × 20% ＝ 40,000,000 ② 200,000,000
〈4단계〉 추정상속재산가액의 계산*1	129,000,000 － 102,000,000 ＝ 27,000,000	—	—	—

〈주2〉 200,000,000 － min(200,000,000×20%, 200,000,000) ＝ 160,000,000*2

해설

1. 해답상 '*'에 대한 설명

*1 '〈2단계〉'의 용도불분명금액이 '〈3단계〉'의 판단기준금액 미만이면 추정상속재산은 없으며, 이상이면 「용도불분명금액－판단기준금액」을 추정상속재산으로 한다.

*2 추정상속재산가액 계산시 기간과 금액요건의 판단은 대금을 받은 일자를 기준으로 계산한다. 2년 이내에 받은 금액이 350,000,000(＝150,000,000＋200,000,000)으로 5억원 미만이므로 1년 이내에 받은 200,000,000(2억원 이상임)만을 대상으로 추정상속재산을 계산한다.

1 / 3 과세가액공제액

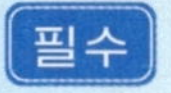

2026년 11월 6일 사망한 거주자 甲의 다음 자료를 기초로 상속세 과세가액을 계산하시오.

1. 토지·건물 등 일반 상속재산가액은 ₩430,000,000이다. 여기에는 미국에 소재하는 토지로서 친구에게 유증한 토지 A ₩250,000,000과 국가에 유증한 토지 B ₩50,000,000이 포함되어 있다.

2. 甲은 2025년 12월 10일에 은행으로부터 ₩200,000,000을 차입하였다. 그 중 ₩67,000,000은 사용용도가 불분명하다.

3. 甲은 2021년 10월 20일에 아들에게 주택을 증여하였다. 그 주택의 증여 당시 가액은 ₩100,000,000이며, 상속개시 당시 가액은 ₩120,000,000이다.

4. 甲의 소득세 미납액 등은 ₩22,000,000인데, 이 중 ₩3,000,000은 상속인인 甲의 아들 실수로 인하여 발생한 강제징수비이다.

5. 장례비는 총 ₩18,000,000인데, 이 중에는 봉안시설사용료 ₩8,000,000이 포함되어 있으며 모두 증빙으로 입증된다.

6. 甲의 사망일 현재 채무와 관련된 내역은 다음과 같다.
   ① 보증채무 ₩20,000,000(주채무자에게 구상권을 행사할 수 있음)
   ② 연대채무 ₩30,000,000이 있으며, 이 중 甲의 균등액 상당액은 ₩15,000,000이고, 잔액 ₩15,000,000은 연대채무 중 변제불능자의 부담부분을 부담한 것으로서 그에 대한 구상권 행사가 불가능하다.
   ③ 甲의 증여채무 내역은 다음과 같다.

수 증 자	금 액	발 생 일
상 속 인	₩20,000,000	2021년 3월 2일
상속인 이외의 자	35,000,000	2019년 5월 10일

   ④ 보험회사로부터의 차입금 ₩40,000,000과 그 미지급이자 ₩4,000,000이 있다.
   ⑤ 甲이 생전에 근무했던 A법인의 법인세 계산시 부당행위계산부인에 해당하여 甲씨에 대한 가지급금 인정이자로 익금산입한 금액 ₩3,000,000이 있다.

핵심정리

문제의 포인트

- 과세가액공제액의 계산 : summary p3-16. 3

해답

구 분		금 액	비 고
1. 총 상 속 재산가액	(1) 일 반 상 속 재 산	430,000,000	거주자의 사망이므로 국외소재재산도 포함하며, 국가에 유증한 것을 일단 포함하고, 아래에서 비과세재산으로 차감함
	(2) 추정상속재산가액	27,000,000	67,000,000－min(① 2억원×20%=40,000,000, ② 2억원)
	계	457,000,000	—
2. 비 과 세 상 속 재 산 가 액		50,000,000	토지 B(국가에 유증)
3. 과세가액 공 제 액	(1) 공 과 금	19,000,000	귀책사유가 피상속인에게 있는 것만 공제함
	(2) 장 례 비	15,000,000	10,000,000(일반장례비 한도)+5,000,000(봉안시설사용료 한도)
	(3) 채 무		
	① 은 행 차 입 금	200,000,000	은행차입금은 확정채무임
	② 보 증 채 무	—	보증채무 중 구상권을 행사할 수 있음(해설 1)
	③ 연 대 채 무	30,000,000	구상권행사가 불가능함(해설 1)
	④ 증 여 채 무		
	㉠ 상 속 인	—	증여채무발생일이 상속개시일 전 10년 이내이므로 공제불가
	㉡ 상속인 외의 자	35,000,000	증여채무발생일이 상속개시일 전 5년 전이므로 공제가능
	⑤ 차 입 금 · 이 자	44,000,000	차입금 및 그에 대한 미지급이자는 확정채무임(해설 1)
	⑥ 인 정 이 자	—	부당행위계산부인으로 계상한 인정이자 과세대상은 채무로 공제할 수 없음(해설 1)
	과 세 가 액 공 제 액 계	343,000,000	—
4. 증 여 재 산 가 액		100,000,000	상속인에게 10년 이내 증여한 것이므로 증여당시 가액을 합산함
5. 상 속 세 과 세 가 액		164,000,000	‘1’ － ‘2’ － ‘3’ ＋ ‘4’

해설

1. 채무의 범위에 대한 부연설명

① 피상속인이 부담하고 있는 '보증채무' 중 주채무자가 변제불능의 상태로서 상속인이 주채무자에게 구상권을 행사할 수 없다고 인정되는 부분에 상당하는 금액은 채무로서 공제한다.

② 피상속인이 '연대채무자'인 경우 상속재산에서 공제할 채무액은 피상속인의 부담분에 상당하는 금액에 한하여 공제할 수 있다. 다만, 연대채무자가 변제불능의 상태가 되어 피상속인이 변제불능자의 부담분까지 부담하게 된 경우로서 해당 부담분에 대하여 상속인이 구상권행사에 의해 변제받을 수 없다고 인정되는 경우에는 채무로서 공제할 수 있다.

③ 상속개시일 현재 소비대차에 의한 '피상속인의 채무에 대한 미지급이자'는 채무에 해당한다. 그러나 법인세법 규정에 따른 부당행위계산의 부인으로 계상한 인정이자 과세대상(법인세의 과세표준과 세액의 신고시 계상한 것을 포함함)은 포함하지 아니한다.

2. Case 문제

Case

2026. 2. 10.에 사망한 거주자 甲의 상속세 계산결과가 다음과 같은 경우 상속세 과세가액을 계산하시오.

1. 총상속재산가액 : 10억원
2. 과세가액공제액의 합계 : 11억원
3. 10년 이내 상속인에게 증여한 증여재산가액 : 2억원

• 상속세 과세가액 : (10억원－11억원)* ＋ 2억원 ＝ 2억원

* 과세가액공제액이 상속재산의 가액(총상속재산가액－비과세재산가액－과세가액불산입액)을 초과하는 경우 그 초과액은 없는 것으로 본다.

1 / 4 상속재산의 평가

다음 자료를 기초로 2026년 5월 3일 사망한 거주자 甲의 상속세 과세가액을 계산하시오.

1. 상속재산 내역
   (1) 예금 : 은행의 정기예금 ₩30,000,000, 그 예금에 대한 미수이자 ₩2,500,000
   (2) 토지 A : 상속개시일 현재의 시가는 확인되지 아니하나 그에 대한 개별공시지가는 ₩180,000,000이고 지방세 시가표준액은 ₩85,000,000이다. 토지 A는 2026년 7월 10일에 ₩200,000,000에 경매되었다.
   (3) 토지 B의 개별공시지가는 ₩90,000,000이다. 토지 B는 장남의 은행차입금담보로 저당권이 설정되어 있는 상태인데, 토지가 담보하는 채권액은 ₩100,000,000이다.
   (4) 점포 : 상속개시일 현재의 시가는 확인되지 아니하나 그에 대한 국세청장 고시가액은 ₩80,000,000이다. 이 점포는 사실상 임대차계약이 체결되어 임대보증금 ₩10,000,000, 연간 임대료 ₩12,000,000에 임대하고 있다. 「상속세 및 증여세법 시행규칙」에서 정하는 임대료 환산율은 12%라고 가정한다.
   (5) 실용신안권 : 실용신안권을 타인에게 대여하고 있으며 상속개시일로부터 1년 후부터 매년 ₩30,000,000씩 5년간 대여료를 받을 것으로 추정된다.
   (6) 저작권 : 각 연도의 인세수입은 상속개시일로부터 1년이 되는 날 ₩30,000,000, 2년이 되는 날 ₩20,000,000, 3년이 되는 날 ₩10,000,000을 받을 것으로 추정된다.

2. 장례비용은 총 ₩11,000,000으로 사용내역은 간이계산서 등 영수증에 의하여 입증된다.

3. 피상속인의 채무 : 피상속인의 병원치료비 미지급액 ₩25,000,000, 은행차입금 ₩80,000,000과 그에 대한 연체이자 ₩7,000,000

4. 현재가치환산율은 10%라고 가정하며, 연이율 10%에 대한 현가계수는 다음과 같다.

구 분	1	2	3	4	5
현 가 계 수	0.90909	0.82645	0.75131	0.68301	0.62092
연금현가계수	0.90909	1.73554	2.48685	3.16987	3.79079

핵심정리

문제의 포인트

• 상속재산 또는 증여재산의 평가방법 : summary p3－101. 제5장

해 답

1. 총상속재산가액

정기예금 및 미수이자	32,150,000*1
토 지 A	200,000,000*2
토 지 B	100,000,000
점 포	110,000,000*3
실 용 신 안 권	113,723,700*4
저 작 권	51,314,800*5
계	607,188,500

*1 30,000,000(예금) ＋ [2,500,000(미수이자)－2,500,000×14%(｢소득세법｣에 따른 원천징수세액)]
＝ 32,150,000 summary p3－114. (4)

*2 상속개시일 전후 6개월 이내에 경매사실이 있는 경우에는 그 경매가액을 시가로 본다. summary p3－102. (2)

*3 점포 : max(①, ②) : 110,000,000 summary p3－105. (3)

① 국세청장 고시가액 : 80,000,000

② $\text{임대보증금} + \dfrac{\text{1년간 임대료 합계}}{\text{환산율}} = 10{,}000{,}000 + \dfrac{12{,}000{,}000}{12\%} = 110{,}000{,}000$

*4 실용신안권 : $\Sigma \dfrac{\text{각 연도의 대여료 수입}}{(1+10\%)^n} = 30{,}000{,}000 \times 3.79079 = 113{,}723{,}700$ summary p3－107. 2

*5 저 작 권 : $\Sigma \dfrac{\text{각 연도의 대여료 수입}}{(1+10\%)^n}$

$= 30{,}000{,}000 \times 0.90909 + 20{,}000{,}000 \times 0.82645 + 10{,}000{,}000 \times 0.75131$

$= 51{,}314{,}800$

2. 과세가액공제액

(1) 장 례 비		10,000,000
(2) 채 무		
① 임 대 보 증 금	10,000,000	
② 병원비 미지급액	25,000,000	
③ 은 행 차 입 금	80,000,000	
④ 연 체 이 자	7,000,000	122,000,000
계		132,000,000

3. 상속세 과세가액 : 607,188,500 － 132,000,000 ＝ 475,188,500

1 / 5 주식의 평가 필수

2026년 4월 10일 거주자 甲의 사망으로 상속이 개시되었다. 물음에 답하시오.

1. 상속재산 중 주식의 현황

구 분	주식수	상장여부	최대주주여부
㈜을 지	3,000주	유가증권시장 상장	최대주주임(의결권 있는 주식 지분율 : 60%)
㈜풍 산	4,000주	비상장	최대주주 아님

2. ㈜을지의 1주당 시가는 다음과 같다.
   (1) 2026년 4월 10일의 거래소의 최종시세가액 : ₩20,000
   (2) 거래소의 매일의 최종시세가액 평균액

구 분	1주당 가액
① 3월 한 달간의 평균액	₩21,000
② 3월과 4월 두 달간의 평균액	20,000
③ 2026년 2월 11일부터 6월 9일까지 네 달간의 평균액	18,000

3. 상속개시일 현재 ㈜풍산(부동산과다법인이 아니며, 자산총액 중 주식등이 차지하는 비율이 80% 이상인 법인이 아님)의 재무상태표는 다음과 같다.
   (1) 재무상태표

재무상태표

유동자산합계	₩600,000,000	유동부채합계	₩300,000,000
토 지	440,000,000	차 입 금	450,000,000
선 급 비 용	80,000,000	판매보증충당부채	30,000,000
		자 본 합 계	340,000,000
계	₩1,120,000,000	계	₩1,120,000,000

   (2) 토지의 장부가액은 ₩440,000,000이나, 공신력있는 감정기관의 시가평가액은 ₩558,000,000이며, 토지 이외의 재산의 시가평가액은 재무상태표상 금액과 동일하다.
   (3) 영업권평가액은 ₩48,000,000이라고 가정한다.

4. ㈜풍산의 최근 3개연도의 세무조정내역은 다음과 같다.

과　　목	2023년	2024년	2025년
(1) 결 산 서 상　당 기 순 이 익	₩52,000,000	₩20,000,000	₩30,000,000
(2) 익 금 산 입　및　손 금 불 산 입			
① 법　인　세　등*	12,000,000	8,000,000	10,000,000
② 감 가 상 각 비　한 도 초 과	2,000,000	7,000,000	7,000,000
③ 기업업무추진비 한도초과	13,000,000	4,000,000	4,000,000
④ 대 손 충 당 금　한 도 초 과 액	15,000,000	12,000,000	11,000,000
⑤ 징벌적 목적의 손해배상금	－	－	2,000,000
(3) 손 금 산 입　및　익 금 불 산 입			
① 전기대손충당금 한도초과액	△27,000,000	△15,000,000	△12,000,000
② 국세과오납금 환급금이자	△3,000,000	△2,000,000	－
③ 수입배당금의 이중과세조정	－	－	△10,000,000
(4) 각 사 업 연 도 소 득 금 액	₩64,000,000	₩34,000,000	₩42,000,000

* 법인세 총결정세액과 그 부가세액을 손익계산서에 계상한 것이다.

5. ㈜풍산은 화폐성 외화자산·부채에 대해서 평가손익을 계상하지 않고 있다. 각 사업연도 종료일 현재의 매매기준율로 평가하는 경우 2025년도에는 화폐성 외화자산의 평가손실 ₩6,000,000이 발생하였다.

6. ㈜풍산의 최근 3개연도 종료일 현재의 「상속세 및 증여세법」에 따라 계산한 발행주식총수는 24,000주로 2022년 이후 변동없었다고 가정한다.

7. 3년 만기 회사채 유통수익률을 감안하여 재정경제부령으로 정하는 이자율은 10%라고 가정한다.

[물　음]

1. 다음 각 경우별로 상속재산가액에 포함될 ㈜을지 주식의 평가액을 계산하시오.
   (1) ㈜을지가 중소기업·법령으로 정한 중견기업 등 할증평가 제외대상이 아닌 경우
   (2) ㈜을지가 중소기업인 경우

2. 상속재산가액에 포함될 ㈜풍산 주식의 평가액을 계산하시오. 다만, ㈜풍산은 중소기업·법령으로 정한 중견기업 등 할증평가 제외대상이 아니다.

핵심정리

문제의 포인트

• 유가증권의 평가방법 : summary p3-108. 3

해 답

1. ㈜을지 평가액

(1) 할증평가 제외대상이 아닌 경우 : 3,000주 × (18,000×120%*1) = 64,800,000

(2) 중소기업인 경우 : 3,000주 × 18,000 = 54,000,000

2. ㈜풍산의 1주당 평가액

(1) 1주당 순손익가치

1) 1주당 최근 3년간 가중평균순손익액

① 각 사업연도의 1주당 순손익액

과 목	2023년	2024년	2025년
각사업연도소득금액	64,000,000	34,000,000	42,000,000
국세과오납금 환급금이자	3,000,000	2,000,000	—
수입배당금의 이중과세조정	—	—	10,000,000
법 인 세 등	△12,000,000	△8,000,000	△10,000,000
기업업무추진비한도초과	△13,000,000	△4,000,000	△4,000,000
징벌적 손해배상금	—	—	△2,000,000
외화자산·부채 평가손실	—	—	△6,000,000
순 손 익 액	42,000,000	24,000,000	30,000,000
발 행 주 식 총 수	24,000주	24,000주	24,000주
1 주 당 순 손 익 액	1,750	1,000	1,250

② 1주당 최근 3년간 가중평균순손익액

$$[(1{,}750\times1)+(1{,}000\times2)+(1{,}250\times3)]\times\frac{1}{6}=1{,}250$$

2) 1주당 순손익가치 : $\frac{1{,}250}{10\%}=12{,}500$

(2) 1주당 순자산가치

1) 순자산가액

$$\underbrace{(600{,}000{,}000+558{,}000{,}000^{*2})}_{\text{자산}^{*3}}-\underbrace{(300{,}000{,}000+450{,}000{,}000)}_{\text{부채}^{*4}}+\underbrace{48{,}000{,}000}_{\text{영업권평가액}^{*5}}$$

= 456,000,000

2) 1주당 순자산가치 : $\frac{456,000,000}{24,000주} = 19,000$

(3) 1주당 평가액 : max(①, ②)*6 = 15,200

① $(12,500 \times 3 + 19,000 \times 2) \times \frac{1}{5} = 15,100$

② $19,000 \times 80\% = 15,200$

(4) ㈜풍산의 평가액 : 4,000주 × 15,200 = 60,800,000*7

해설

1. 해답상 '*'에 대한 설명

*1 최대주주가 보유한 주식으로서 중소기업 등 할증평가 제외대상 주식이 아니므로 20%를 가산하여 평가한다.

*2 자산가액은 장부가액이 아닌 「상속세 및 증여세법」에 따른 평가액(시가)을 원칙으로 한다.

*3 선급비용과 개발비는 자산에 포함하지 않는다.

*4 충당금과 준비금은 부채에 포함하지 않되, 평가기준일 현재 비용으로 확정된 충당금은 포함한다.

*5 영업권평가액은 순자산가액에 포함하여 계산하는 것이 원칙이다.

*6 'summary p3-108'의 순자산가치로 평가하는 법인의 주식이 아니므로 원칙대로 'max(① 가중평균액, ② 순자산가치×80%)'로 평가한다. 만약 자산총액 중 부동산등이 차지하는 비율이 80% 이상이거나 자산총액 중 주식등이 차지하는 비율이 80% 이상인 법인의 주식이라면 'max(① 가중평균액, ② 순자산가치)'로 평가한다.

*7 최대주주 및 그와 특수관계에 있는 주주가 아니므로 할증평가하지 않는다.

1 / 6 주식의 평가 - 실전문제 필수

상호 독립된 각 【문】에 답하시오.

【문 1】

다음은 2026년 6월 15일 사망한 거주자 갑의 상속재산 중 주식 관련 자료이다.

〈2021. CPA 수정〉

〈자 료〉

1. 상속주식은 제조업을 영위하는 비상장기업인 ㈜한국의 주식이며, 상속개시 당시 갑의 보유주식은 50,000주(총발행주식수 125,000주 중 40%에 해당)로 갑은 최대주주이다.

2. 상속개시일 현재 상속세 및 증여세법에 의한 ㈜한국의 순자산가치는 7,000,000,000원으로 다음의 금액이 반영되어 있다.
   ① 선급비용 : 100,000,000원
   ② 영업권 평가액 : 1,000,000,000원
   ③ 수선충당금 : 600,000,000원
   ④ 퇴직급여충당금 : 1,200,000,000원*

   * 퇴직급여추계액과 일치함

3. ㈜한국의 순손익가치 계산을 위한 3년간의 각 사업연도 순손익액은 다음과 같으며, 순손익액을 산정함에 있어 일시적, 우발적 사건에 의한 금액은 없다.

구 분	2025년	2024년	2023년
순손익액	300,000,000원	200,000,000원	140,000,000원

4. ㈜한국은 부동산과다법인이 아니며, 자산총액 중 주식등이 차지하는 비율이 90%인 법인이라고 가정한다. 순손익가치 계산 시 적용할 이자율은 10%, 최대주주 보유주식에 대한 할증률은 20%이다.

[물 음]

상속재산인 ㈜한국의 비상장주식 평가액을 다음의 〈답안양식〉에 따라 제시하시오.

〈답안양식〉

1주당 순자산가치	
1주당 순손익가치	
1주당 평가액	
비상장주식 평가액	

【문 2】

거주자 갑이 상속받은 ㈜대한의 주식과 관련된 다음 자료를 이용하여 물음에 답하시오.

〈2018. CPA 수정〉

〈자 료〉

1. 상속받은 주식 수는 70,000주이며, 상속개시일은 2026년 7월 1일이다.

2. 12월말 비상장법인인 ㈜대한은 부동산과다법인이 아니며, 중소기업 및 중견기업도 아니다.

3. 상속개시일 현재 상속세 및 증여세법에 따른 ㈜대한의 자산과 부채는 다음과 같다.

자산 총계	부채 총계
100억원	50억원

① 자산 총계에는 개발비 500,000,000원이 포함되어 있고, 세무상 영업권 평가액 500,000,000원은 포함되어 있지 않다.

② 부채 총계에는 퇴직급여충당금 계상액 800,000,000원이 포함되어 있고, 이는 상속개시일 현재 퇴직금추계액의 50%에 해당한다.

4. ㈜대한의 총 발행주식수는 2016년 설립 이후 변동없이 100,000주이다.

5. ㈜대한의 각 사업연도 순손익액을 구하기 위한 자료는 다음과 같다.

사업연도	내 역
2025년	– 각사업연도소득금액 : 650,000,000원 – 국세 환급금 이자 : 5,000,000원 – 당해연도 법인세 등 : 150,000,000원
2024년	– 각사업연도소득금액 : 580,000,000원 – 기업업무추진비 한도초과액 : 20,000,000원 – 당해연도 법인세 등 : 110,000,000원
2023년	– 각사업연도소득금액 : 470,000,000원 – 지급이자 손금불산입액 : 15,000,000원 – 당해연도 법인세 등 : 80,000,000원

6. 순손익가치 계산시 적용할 이자율은 10%이다.

[물음 1]

상속재산인 ㈜대한의 비상장주식 평가액을 다음 〈답안양식〉에 따라 제시하시오. 단, ㈜대한의 비상장주식 평가는 순자산가치만 평가하는 경우에 해당하지 아니한다.

〈답안양식〉

1주당 순자산가치	
1주당 순손익가치	
1주당 평가액	
비상장주식평가액	

[물음 2]

「상속세 및 증여세법」상 비상장주식 평가방법과 「소득세법」상 비상장주식 기준시가 평가방법의 차이에 대해 5줄 이내로 기술하시오.

해 답

【문 1】

1주당 순자산가치	60,000〈주1〉
1주당 순손익가치	19,200〈주2〉
1주당 평가액	60,000〈주3〉
비상장주식 평가액	3,600,000,000〈주4〉

〈주1〉 $\dfrac{7{,}000{,}000{,}000 - 100{,}000{,}000 + 600{,}000{,}000}{125{,}000\text{주}} = 60{,}000^{*1}$

〈주2〉 $\dfrac{\dfrac{300{,}000{,}000 \times 3 + 200{,}000{,}000 \times 2 + 140{,}000{,}000 \times 1}{125{,}000\text{주}} \div 6}{10\%} = 19{,}200$

〈주3〉 max(①, ②) = 60,000

① $(60{,}000 \times 2 + 19{,}200 \times 3) \times \dfrac{1}{5} = 35{,}520$

② $60{,}000^{*2}$

〈주4〉 50,000주 × 60,000 × 120% = 3,600,000,000

【문 2】

[물음 1]

1주당 순자산가치	42,000〈주1〉
1주당 순손익가치	46,500〈주2〉
1주당 평가액	44,700〈주3〉
비상장주식평가액	3,754,800,000〈주4〉

〈주1〉 $\dfrac{(100억원-5억원+5억원)^{*3} - (50억원-8억원+\dfrac{8억원}{50\%})^{*4}}{100{,}000주} = 42{,}000$

〈주2〉 (1) 1주당 순손익액 : $(5{,}050^{①}\times3+4{,}500^{②}\times2+3{,}750^{③}\times1)\times\dfrac{1}{6} = 4{,}650$

① 2025년 : $\dfrac{650{,}000{,}000 + 5{,}000{,}000 - 150{,}000{,}000}{100{,}000주} = 5{,}050$

② 2024년 : $\dfrac{580{,}000{,}000 - 20{,}000{,}000 - 110{,}000{,}000}{100{,}000주} = 4{,}500$

③ 2023년 : $\dfrac{470{,}000{,}000 - 15{,}000{,}000 - 80{,}000{,}000}{100{,}000주} = 3{,}750$

(2) 1주당 순손익가치 : $\dfrac{4{,}650}{10\%} = 46{,}500$

〈주3〉 max(①, ②) = 44,700

① $(42{,}000\times2+46{,}500\times3)\times\dfrac{1}{5} = 44{,}700$

② $42{,}000 \times 80\%^{*5} = 33{,}600$

〈주4〉 70,000주 × 44,700 × 120% = 3,754,800,000

[물음 2]

소득세법상 비상장주식의 기준시가도 순손익가치와 순자산가치를 가중평균하여 계산하나, 다음의 차이가 있다.

구 분	상속세 및 증여세법	소득세법
순손익가치 계산상 순 손 익 액	평가기준일 이전 3년간 가중평가액	직전사업연도 순손익액
순자산가치 계산상 자 산 가 액	평가기준일 현재의 시가 · 보충적 평가액	직전사업연도 종료일 현재의 장부가액(토지는 기준시가)

해설

1. 해답상 '*'에 대한 설명

*1 ① 선급비용은 자산에서 제외한다.
② 영업권평가액은 순자산가액에 포함하여야 하는데, 이미 반영되어 있으므로 고려하지 않는다.
③ 수선충당금 등 충당금과 준비금은 부채에서 제외하므로 제시된 순자산가액에 더한다.
④ 퇴직급여충당금은 부채에서 제외하나, 퇴직급여추계액은 부채에 포함하므로 따로 가감하지 않았다.

*2 자산총액 중 주식등이 차지하는 비율이 80% 이상인 법인의 경우 가중평균액이 순자산가치보다 낮은 경우에 한정하여 순자산가치로 평가한다. 따라서 이 경우 계산문제 풀이시 'max(① 가중평균액, ② 순자산가치)'로 평가하는 것이 간편하다.

*3 자산가액 : 개발비는 제외하고, 영업권평가액은 포함한다.

*4 부채가액 : 충당금은 제외하되, 평가기준일 현재 퇴직급여추계액은 포함한다.

*5 부동산과다법인이 아니므로 자산총액 중 부동산등이 차지하는 비율이 80% 이상인 법인이 아니고, 자산총액 중 주식등이 차지하는 비율이 80% 이상인 법인의 주식이라는 별도의 언급이 없으므로 원칙에 따라 순자산가치에 80%를 적용한다(그 밖에 순자산가치로만 평가하는 경우에도 해당되지 않음).

1 / 7 상속세 과세가액의 계산

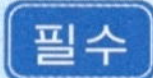

2026년 1월 5일 사망한 거주자 甲의 다음 자료를 이용하여 상속세 과세가액을 계산하시오.

1. (1) 상속재산 : 토지 A ₩1,000,000,000, 건물 A ₩460,000,000, 서화 · 골동품 ₩100,000,000, 예금 ₩120,000,000, 주택 ₩90,000,000(영리법인에게 유증한 재산), 비상장주식 ₩80,000,000
   (2) 상속세 신고 · 납부목적으로 위의 상속재산 평가에 공제요건을 갖춘 다음의 수수료를 지출하였다.
   ① 토지 A와 건물 A에 대한 감정평가법인에 대한 평가수수료 ₩6,000,000
   ② 비상장주식의 평가와 관련하여 평가심의위원회가 의뢰한 두 개의 신용평가전문기관의 각 평가수수료 : X법인주식 평가수수료 ₩7,000,000, Y법인주식 평가수수료 : ₩11,000,000
   ③ 판매용이 아닌 서화 · 골동품에 대한 전문가 감정수수료 ₩5,500,000
2. 2025. 10. 20.에 ₩300,000,000에 처분한 건물 B의 처분대금에 대한 사용용도가 불명확하다.
3. 2025. 5. 10.에 장남에게 증여한 토지 B ₩50,000,000과 2025. 4. 5.에 친구에게 증여한 건물 C ₩70,000,000이 있다.
4. 상속개시일 현재 피상속인의 미납부세액은 ₩3,500,000이다.
5. 장례비는 총 ₩12,000,000 소요되었으나 영수증 등 관련증빙이 전혀 없다.
6. 채무로는 주택을 담보로 한 은행차입금 ₩30,000,000이 있다.

핵심정리

문제의 포인트

- 상속세 과세가액 계산구조 파악 : summary p3-10. 1

해답

1. 총상속재산가액

(1) 상속재산가액

① 토지 A	1,000,000,000	
② 건물 A	460,000,000	
③ 서화 · 골동품	100,000,000	
④ 예금(금융재산)	120,000,000	
⑤ 주택(상속인 외의 자에 대한 유증재산)	90,000,000	
⑥ 주식(금융재산)	80,000,000	1,850,000,000
(2) 추정상속재산가액		240,000,000 *
		2,090,000,000

* 300,000,000 － min(① 300,000,000×20% ＝ 60,000,000, ② 200,000,000) ＝ 240,000,000

2. 과세가액공제액

① 공과금	3,500,000
② 장례비	5,000,000 *1
③ 채무	30,000,000
	38,500,000

3. 증여재산가액

① 토지 B	50,000,000 *2
② 건물 C	70,000,000 *3
	120,000,000

4. 상속세 과세가액

총상속재산가액	2,090,000,000
과세가액공제액	△38,500,000
증여재산가액	120,000,000
	2,171,500,000

해 설

1. 해답상 '*'에 대한 설명

*1 거주자의 사망으로 상속이 개시되는 경우 장례비는 증빙이 없더라도 500만원을 공제한다.

*2 상속인에게 상속개시일 전 10년 이내에 증여한 재산가액

*3 상속인 외의 자에게 상속개시일 전 5년 이내에 증여한 재산가액

1 / 8 상속세 과세표준

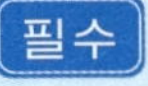

'문 1—7'의 자료에 다음 자료를 추가하여 상속세 과세표준을 계산하시오.

1. 상속인 및 가족현황은 다음과 같으며 동거가족은 전부 피상속인이 부양하고 있다.

피상속인과의 관계	연 령	동거여부	비 고
모	85세 4개월	동거	—
배 우 자	65세 2개월	별거	결혼 후 30년 11개월 경과
장 남	29세 1개월	동거	—
장 남 의 처	28세 4개월	동거	—
장남의 아들	6세 6개월	동거	—
장 녀	28세 2개월	별거	장 애 인*
장녀의 남편	30세 7개월	별거	—
차 남	27세 3개월	별거	—
차 남 의 처	27세 9개월	별거	—
차남의 아들	2세 10개월	별거	—

* 장애인의 기대여명의 연수는 46.10년이라고 가정한다.

2. 상속인끼리 상속재산을 협의분할하여 배우자는 토지 A를 상속받았다.

핵심정리

문제의 포인트

- 상속세 과세표준 계산구조 파악 : summary p3-21. 2

해 답

1. 상속세 과세가액 : 2,171,500,000('문 1-7'의 해답)

2. 상속공제액

(1) 「일괄공제」와 「기초공제+기타인적공제」 중 큰 금액 : 1,000,000,000

1) 일괄공제액 : 500,000,000

2) 기초공제와 기타인적공제

① 기초공제	200,000,000
② 기타인적공제	
㉠ 자 녀 공 제(5,000만원×3명)	150,000,000*1
㉡ 연 로 자 공 제(5,000만원×1명)	50,000,000*2
㉢ 미성년자공제(1,000만원×13년)	130,000,000*3
㉣ 장 애 인 공 제(1,000만원×47년)	470,000,000*4
	1,000,000,000

(2) 배우자상속공제 : max[500,000,000, min(①, ②)] = 672,166,666

① 실제상속액 : 1,000,000,000

② 한도액 : 대상 재산가액 × 배우자의 법정상속분 − 상속재산가액에 가산한 증여재산 중 배우자가 사전증여 받은 재산에 대한 과세표준

$$= 2{,}016{,}500{,}000^{*} \times \frac{1.5^{*5}}{4.5} - 0 = 672{,}166{,}666(30억원\ 한도)$$

* 대상 재산가액의 계산

총상속재산가액 − 상속인이 아닌 수유자가 유증 등을 받은 재산가액 + 10년이내 상속인에게 증여한 재산가액 − 공과금·채무

= 2,090,000,000 − 90,000,000 + 50,000,000 − (3,500,000+30,000,000)

= 2,016,500,000 → 장례비는 차감하지 않음

(3) 금융재산상속공제 : min(①, ②) = 34,000,000

① 순금융재산가액 × 20%(2,000만원에 미달할 때는 2,000만원)

= [120,000,000(예금)+80,000,000(주식) − 30,000,000(차입금)] × 20%
(120,000,000(예금)+80,000,000(주식): 금융재산, 30,000,000(차입금): 금융채무)

= 34,000,000

② 한 도 : 200,000,000

(4) 상속공제 : min(①, ②) ＝ 1,706,166,666

① 공제액

기초공제와 기타인적공제	1,000,000,000
배우자상속공제	672,166,666
금융재산상속공제	34,000,000
계	1,706,166,666

② 한도액

상속세 과세가액 － 선순위인 상속인이 아닌 자에 대한 유증 등을 한 재산가액 － 증여재산가액
＝ 2,171,500,000 － 90,000,000 － (120,000,000－50,000,000*7))*6 ＝ 2,011,500,000

3. 감정평가수수료공제 : ① ＋ ② ＋ ③ ＝ 27,000,000

① min [㉠ 6,000,000 / ㉡ 한도 : 5,000,000] ＝ 5,000,000

② min [㉠ 7,000,000 / ㉡ 한도 : 10,000,000] ＋ min [㉠ 11,000,000 / ㉡ 한도 : 10,000,000] ＝ 17,000,000*8

③ min [㉠ 5,500,000 / ㉡ 한도 : 5,000,000] ＝ 5,000,000

4. 상속세 과세표준

상속세 과세가액	2,171,500,000
상속공제	△1,706,166,666
감정평가수수료공제	△27,000,000
	438,333,334

해 설

1. 해답상 '*'에 대한 설명

*1 자녀공제는 동거여부와는 무관하며 수의 제한도 없다. 문제 자료에서 피상속인의 자녀는 장남, 장녀, 차남으로 3명이므로 1명당 5,000만원씩 자녀공제를 적용한다.

*2 배우자는 65세 이상이라도 연로자공제대상이 아니므로 모만 연로자공제를 적용한다.

*3 미성년자공제는 상속인(배우자 제외) 및 동거가족 중 미성년자(태아 포함)가 공제대상이다. 문제 자료상 19세 미만인 자로 장남의 아들과 차남의 아들이 있는데, 이들에 대한 미성년자공제 여부를 검토하면 다음과 같다. → 미성년자공제 · 연로자공제 · 장애인공제시 상속인의 경우에는 동거여부와 무관하게 공제대상이나, 상속인 외의 가족은 동거하고 있는 경우에만 공제대상이 됨

① 장남의 아들 : 동거가족이므로 공제대상이 된다. 19세가 될 때까지의 연수는 12년 6개월 남아 있으나 1년 미만은 1년으로 보므로 13년에 1,000만원을 곱하여 미성년자공제액을 계산한다.

② 차남의 아들 : 비록 미성년자이나 동거가족이 아니므로 공제대상이 아니다.

*4 ① 장애인공제시 상속인의 경우는 동거여부를 불문하고 공제대상이 되나, 나머지 가족은 동거하고 있는 경우에만 공제대상이 된다. 문제 자료에서 장애인인 장녀는 비록 별거하고 있으나 상속인에 해당하므로 장애인공제대상이 된다.

② 기대여명의 연수 계산시 1년 미만의 기간은 1년으로 본다.

*5 배우자 : 장남 : 장녀 : 차남 = 1.5 : 1 : 1 : 1 → $\frac{1.5}{4.5}$

*6 상속세 과세가액이 5억원을 초과하는 경우에만 한도계산시 증여재산가액을 차감한다.

*7 장남에 대한 증여재산공제액

*8 비상장주식 평가수수료는 평가대상 법인수 및 평가를 의뢰한 신용평가전문기관수 별로 각 1,000만원을 한도로 한다.

1 / 9 상속세 과세가액 - 실전문제 2차

2026년 4월 1일 사망한 갑(60세)의 상속세 관련 자료이다. 세부담 최소화 가정에 따라 물음에 답하시오. 〈2024. CPA〉

〈자 료〉

1. 상속개시일 현재 상속재산의 내역은 다음과 같다.
   ① 국내 소재 은행에 예치 중인 200,000,000원의 정기예금(미수이자는 5,000,000원으로 「소득세법」상 원천징수세액 상당액 700,000원을 포함한 금액임)
   ② 시가 1,500,000,000원인 국내 소재 주택
   ③ 부동산과다보유법인이 아닌 비상장 중소기업 ㈜A의 주식 20,000주(갑은 최대주주가 아니며, ㈜A의 상속개시일 현재 1주당 순손익가치는 20,000원, 1주당 순자산가치는 25,000원임).
   ④ 국외 소재 은행에 예치된 500,000,000원의 예금(해당 국가의 법령에 따라 실명확인된 갑 명의 계좌이며, 상속개시일 현재 기준환율을 적용하여 환산한 금액임)

2. 상속개시일 현재 갑의 채무로는 주택담보대출 400,000,000원이 있으며, 해당 채무는 상속재산 중 국내 소재 주택을 담보물로 하여 2015년 중 국내 소재 은행으로부터 차입한 것이다.

3. 봉안시설을 제외한 장례비용은 9,000,000원이며, 봉안시설 비용은 6,000,000원으로 모두 증명서류에 의해 입증된다.

4. 2025년 10월 1일에 상속인인 장남에게 국내 소재 토지를 다음과 같이 양도하였으며, 장남의 토지취득 자금은 그 출처가 입증되었다.
   ① 양도 당시 시가 : 300,000,000원
   ② 양도가액 : 130,000,000원

[물음 1]
갑이 거주자인 경우 갑의 사망에 따른 상속세 과세가액을 〈답안양식〉에 따라 제시하시오.

〈답안양식〉

구 분	금 액
총상속재산가액	
과세가액 공제액	
합산되는 증여재산가액	
상속세 과세가액	

[물음 2]

갑이 비거주자인 경우 주어진 〈자료〉의 범위 내에서 위 [물음 1]과 차이가 발생하는 사항 2가지를 각각 1줄 이내로 서술하시오.

해답

[물음 1]

구 분	금 액
총상속재산가액	2,644,300,000〈주1〉
과세가액 공제액	414,000,000〈주2〉
합산되는 증여재산가액	80,000,000〈주3〉
상속세 과세가액	2,310,300,000

〈주1〉 200,000,000(정기예금) + (5,000,000(미수이자) − 700,000(원천징수세액)) + 1,500,000,000(주택) + (22,000*×20,000주)(비상장주식) + 500,000,000(국외예금) = 2,644,300,000

* max(①, ②) = 22,000

① $\frac{(20{,}000\times3) + (25{,}000\times2)}{5} = 22{,}000$

② 25,000 × 80% = 20,000

〈주2〉 ① 장례비 : 9,000,000(일반) + min(6,000,000, 5,000,000)(봉안시설) = 14,000,000

② 채 무 400,000,000

414,000,000

〈주3〉 (300,000,000−130,000,000) − min(300,000,000×30%, 300,000,000) = 80,000,000*1

[물음 2]

① 국내 상속재산만 상속세 과세하므로 국외예금은 과세대상이 아니다.

② 장례비용을 공제하지 않는다.

해설

1. 해답상 '*'에 대한 설명

*1 합산되는 증여재산가액

피상속인이 상속인에게 상속개시일 전 10년 이내에 증여한 재산가액은 상속세 과세가액 계산시 상속재산가액에 가산한다. 따라서 갑이 상속인인 장남에게 2025년 10월 1일에 저가양도한 금액 중 다음과 같이 증여재산가액을 합산한다. summary p3-17. 4. (2), p3-58. 3

- 증여재산가액 : 시가와 대가와의 차액 − min(시가×30%, 3억원)

1 / 10 상속세 과세가액 - 실전문제 2차

상호 독립된 각 【문】에 답하시오. 〈2023. CPA〉

【문 1】

2026년 3월 26일 사망한 거주자 갑(60세)의 상속세 관련 자료이다. 자료를 이용하여 물음에 답하시오.

〈자 료〉

1. 상속개시일 현재 상속재산 현황은 다음과 같다.
   ① 주택 : 1,800,000,000원(상속개시일의 시가)
   ② 갑이 신탁한 금전신탁 : 100,000,000원
   ③ 상장주식(갑은 최대주주 아님) : 10,000주*

   * 상속개시일 현재 거래소 최종시세가액은 60,000원이며, 상속개시일 이전·이후 각 2개월 간의 거래소 최종시세가액의 평균액은 50,000원임

2. 상속개시일 현재 갑의 채무 현황은 다음과 같다.
   ① 은행차입금 : 400,000,000원*

   * 상속개시 1년 6개월 전에 차입한 금액으로 상속개시일까지 상환하지 않았으며, 차입한 자금의 용도가 객관적으로 명백하지 않음

   ② 공과금 미납액 : 12,000,000원*

   * 상속인의 귀책사유로 인한 강제징수비 2,000,000원 포함

3. 증빙서류에 의해 입증되는 장례비용은 없다.

4. 2023년 10월 5일에 상속인인 장남에게 토지를 증여하였으며, 증여한 토지의 시가는 다음과 같다.
   ① 상속개시일의 시가 : 300,000,000원
   ② 증여 당시의 시가 : 200,000,000원

5. 상속인으로 배우자(55세)와 장남(30세), 장녀(27세)가 있다.

[물음 1]

갑의 사망에 따른 상속세 과세가액을 답안양식에 따라 제시하시오.

구 분	금 액
총상속재산가액	
과세가액 공제액	
합산되는 증여재산가액	
상속세 과세가액	

[물음 2]

공동상속인은 상속세 과세표준 신고 이전에 상속세 부담 최소화를 위한 다양한 방안을 검토하고 있다. 주어진 〈자료〉의 범위 내에서 상속세 부담을 최소화하기 위해 활용할 수 있는 세법 규정이 있다면 3줄 이내로 서술하시오.

【문 2】

'증여추정'과 '증여의제'의 차이를 비교하여 설명한 후, 「상속세 및 증여세법」에 규정된 '재산취득자금의 증여추정'과 '명의신탁재산의 증여의제'에 대하여 각각 설명하시오.

해 답

【문 1】

1.

구 분	금 액
총상속재산가액	2,400,000,000〈주1〉
과세가액 공제액	415,000,000〈주2〉
합산되는 증여재산가액	200,000,000*3
상속세 과세가액	2,185,000,000〈주3〉

〈주1〉 1,800,000,000(주택) + 100,000,000(금전신탁) + (10,000주×50,000=500,000,000)(상장주식) = 2,400,000,000*1

〈주2〉 (12,000,000−2,000,000)(공과금) + 5,000,000*2(장례비) + 400,000,000*1(채무) = 415,000,000

〈주3〉 2,400,000,000 − 415,000,000 + 200,000,000 = 2,185,000,000

2. ① '기초공제(2억원)와 그 밖의 인적공제(자녀공제 1억원)의 합계액'과 '일괄공제(5억원)' 중 큰 금액 선택
   ② 배우자상속공제, 금전신탁과 주식에 대한 금융재산상속공제, 증여세액공제, 신고세액공제(신고기한 이내 신고시) 적용*4
   ③ 분납, 연부연납, 물납제도 활용

【문 2】

(1) 증여추정과 증여의제의 차이

증여추정은 과세관청의 입증책임을 완화할 취지에서 법정요건을 충족하면 증여로 추정하되, 납세의무자가 증여가 아니라는 반대의 증거를 입증하면 증여로 보지 않는 것을 말한다. 증여의제는 법정요건에 해당하면 증여로 보는 것을 말하며, 납세의무자의 반대의 증거를 허용하지 않고 일률적으로 증여세가 부과되는 것이 증여추정과의 차이점이다.

(2) ① 재산취득자금의 증여추정 : 재산 취득자의 직업·연령·소득 및 재산상태 등으로 볼 때 재산을 자력으로 취득하였다고 인정하기 어려운 경우로서 자금출처로 입증된 금액이 취득재산의 가액에 미달하는 경우에는 그 재산을 취득한 때에 그 재산의 취득자금을 그 재산 취득자가 증여받는 것으로 추정하여 이를 그 재산 취득자의 증여재산가액으로 한다.

② 명의신탁재산의 증여의제 : 권리의 이전이나 행사에 등기 등이 필요한 재산(토지와 건물은 제외)에 있어서 실제소유자와 명의자가 다른 경우에는 「국세기본법」상 실질과세원칙에 불구하고 그 명의자로 등기 등을 한 날에 그 재산가액을 실제 소유자가 명의자에게 증여한 것으로 본다.

해설

1. 해답상 '*'에 대한 설명

*1 은행차입금 4억원은 상속개시일까지 상환하지 않았으므로 채무로 공제한다. 비록 차입자금의 용도가 명백하지 않지만 채무의 합계액이 상속개시일 전 2년 이내에 5억원 이상이 아니므로 추정상속재산가액에 해당하지 않는다.

*2 거주자의 사망으로 상속이 개시된 경우 장례비용은 입증되지 않더라도 5백만원을 공제한다.

*3 피상속인이 상속인에게 10년 이내에 증여한 재산가액은 증여당시의 시가를 상속재산가액에 가산한다.

*4 만약 주택이 동거주택상속공제 요건을 충족한다면 동거주택상속공제도 받을 수 있다.

1 / 11 상속세 과세표준 - 실전문제 필수

상호 독립된 각 【문】에 답하시오.

【문 1】

2026년 5월 3일 사망한 거주자 갑의 상속세 관련 자료이다. 〈2022. CPA〉

〈자 료〉

1. 상속재산 현황은 다음과 같다.
   ① 토지 : 1,100,000,000원
   ② 생명보험금 : 200,000,000원*
      * 생명보험금의 총납입보험료는 50,000,000원으로 상속인이 전부 부담함
   ③ 퇴직금 : 20,000,000원*
      * 사망으로 인하여 「국민연금법」에 따라 지급되는 반환일시금임
2. 갑이 사망 전에 처분한 재산은 없었고, 상속일 현재 갑의 채무 현황은 다음과 같다.
   ① 은행차입금 : 300,000,000원*
      * 상속개시 10개월 전에 차입한 금액으로 상속개시일까지 상환하지 않았으며, 차입한 자금의 용도가 객관적으로 명백하지 않음
   ② 소득세 미납액 : 20,000,000원
3. 장례비용은 4,000,000원(봉안시설 비용 제외)이고, 봉안시설 비용은 7,000,000원이며, 모두 증빙서류에 의해 입증된다.
4. 상속인은 배우자(58세)와 자녀 3명(27세, 25세, 22세)이며, 자녀들은 상속을 포기하고 배우자가 단독 상속을 받았다.

[물 음]

갑의 사망에 따른 상속세 과세표준을 〈답안양식〉에 따라 제시하시오.

〈답안양식〉

구 분	금 액
총상속재산가액	
과세가액 공제액	
상속세 과세가액	
상속세 과세표준	

【문 2】

거주자인 허무해씨는 2026년 5월 15일에 사망하였다. 다음 자료를 이용하여 상속을 전제로 상속세부담을 최소화하는 경우의 상속세 과세표준을 〈답안양식〉에 따라 제시하시오.

〈2012. CPA 수정〉

1. 허무해씨의 상속재산내역은 다음과 같다.
   ① 예금 ₩500,000,000
   ② 퇴직금 ₩150,000,000
   ③ 비상장 중소기업인 ㈜대박의 보통주 40,000주
   - ㈜대박은 부동산과다보유법인이 아니며, 순자산가치만으로 주식을 평가하는 법인에도 해당하지 아니함. 자산총액 중 주식이 차지하는 비율은 10%임.
   - ㈜대박의 발행주식총수는 50,000주로 설립 이후 변동없음
   - 1주당 순손익가치는 ₩30,000, 1주당 순자산가치는 ₩20,000임
2. 허무해씨의 은행차입금은 ₩350,000,000(2025년 10월 1일 차입)이며, 이 중 ₩250,000,000은 용도가 불분명하다.
3. 장례비용은 ₩3,000,000(봉안시설 사용비용 없음)이다.
4. 허무해씨의 동거가족은 부인(53세)과 아들(27세)이 있으며, 상속세 신고시 상속재산의 분할신고를 하지 않았다.

〈답안양식〉

구 분	계산내역	금 액
① 상속재산가액		
② 추정상속재산		
③ 과세가액공제액		
④ 상속세 과세가액		
⑤ 인적공제		
⑥ 금융재산상속공제		
⑦ 상속세 과세표준		

해답

【문 1】

구 분	금 액
총상속재산가액	1,340,000,000〈주1〉
과세가액 공제액	330,000,000〈주2〉
상속세 과세가액	1,010,000,000
상속세 과세표준	10,000,000〈주3〉

〈주1〉

① 상속재산가액 : 1,100,000,000*1

② 추정상속재산 : 300,000,000 − min(300,000,000×20%, 200,000,000) = 240,000,000

③ 계 : 1,340,000,000

〈주2〉

① 공과금 : 20,000,000

② 장례비 : 5,000,000(일반) + min(7,000,000, 5,000,000)(봉안시설) = 10,000,000

③ 채무 : 300,000,000

④ 계 : 330,000,000

〈주3〉

1. 상속공제액 : 1,000,000,000

(1) max(①, ②) = 500,000,000*2

① 500,000,000(일괄공제)

② 200,000,000(기초공제) + 50,000,000 × 3명(자녀공제) = 350,000,000

(2) 배우자상속공제 : max[500,000,000, min(①, ②)] = 500,000,000

① 배우자가 실제 상속받은 금액*3 : 1,100,000,000(배우자 상속재산가액) − (20,000,000(공과금) + 300,000,000(채무)) = 780,000,000

② min(㉠, ㉡) = 340,000,000

㉠ [1,340,000,000(총상속재산가액) − (20,000,000(공과금) + 300,000,000(채무))] × $\frac{1.5}{4.5^{*4}}$ = 340,000,000

㉡ 3,000,000,000

2. 과세표준 : 1,010,000,000 − 1,000,000,000 = 10,000,000

【문 2】

구 분	계산내역	금 액
① 상속재산가액	500,000,000 + 150,000,000(의제) + 40,000 × 26,000* =	1,690,000,000
② 추정상속재산	250,000,000 − min(350,000,000×20%, 200,000,000) =	180,000,000
③ 과세가액공제액	350,000,000(채무) + 5,000,000(장례비) =	△355,000,000
④ 상속세 과세가액		1,515,000,000
⑤ 인 적 공 제	500,000,000*5(배우자) + max[500,000,000(일괄), 200,000,000(기초) + 50,000,000(자녀)] =	△1,000,000,000
⑥ 금융재산상속공제	min[① (500,000,000*6−350,000,000) × 20%, ② 2억원] =	△30,000,000
⑦ 상속세 과세표준		485,000,000

* max(①, ②) = 26,000
① (30,000×3+20,000×2) ÷ 5 = 26,000
② 20,000 × 80% = 16,000

해 설

1. 해답상 '*'에 대한 설명

*1 ① 생명보험금의 경우 피상속인이 부담한 보험료가 없으므로 의제상속재산가액은 없다.
② 「국민연금법」에 따른 반환일시금은 상속재산가액으로 보지 않는다.

*2 ① 상속인이 배우자 단독인 경우에는 일괄공제를 적용하지 않고 기초공제와 그 밖의 인적공제액을 합친 금액으로 한다. 문제의 경우와 같이 공동상속인이 상속포기함에 따라 배우자가 단독으로 상속받는 경우에는 일괄공제를 적용할 수 있다.
② 인적공제는 배우자나 자녀가 상속포기로 상속을 받지 않는 경우에도 적용한다.

*3 배우자가 실제 상속받은 금액의 계산방법(상증법 집행기준 19-17-1)

	배우자가 상속받은 상속재산가액(사전증여재산가액 및 추정상속재산가액 제외)
(−)	배우자 상속재산 중 비과세 재산가액
(−)	배우자 상속재산 중 과세가액불산입액
(−)	배우자가 승계하기로 한 공과금 및 채무액
	배우자가 실제 상속받은 금액

*4 1.5(배우자) + 1 + 1 + 1(자녀) = 4.5

*5 상속세 신고시 상속재산분할신고를 하지 않았으므로 배우자상속공제액은 5억원이다.

*6 최대주주가 보유하고 있는 주식은 금융재산상속공제 대상이 아니다.

1 / 12 상속세 과세표준 - 실전문제

상호 독립된 각 【문】에 답하시오.

【문 1】 필수

다음은 2026년 6월 6일 사망한 거주자 갑의 상속세 관련 자료이다. 〈2020. CPA〉

〈자 료〉

1. 상속재산현황은 다음과 같다.

   ① 주택 : 300,000,000원

   아들과 동거한 주택으로 법에서 정하는 동거주택상속공제의 요건을 갖추고 있다.

   ② 생명보험금 : 600,000,000원

   생명보험금의 총납입보험료는 120,000,000원으로 갑이 부담한 보험료는 80,000,000원이며 나머지는 상속인이 부담한 것이다.

   ③ 예금 : 800,000,000원

2. 갑이 사망 전 처분한 재산내역은 다음과 같다.

구 분	처분일	처분금액	용도입증금액
토지	2026. 2. 5.	250,000,000원	210,000,000원
건물	2025. 5. 12.	450,000,000원	250,000,000원
주식	2025. 7. 25.	300,000,000원	60,000,000원

3. 상속개시 전 증여내역은 다음과 같다.

구 분	증여일	증여일 시가	상속개시일 시가
아들	2015. 11. 1.	50,000,000원	200,000,000원
딸	2019. 5. 12.	70,000,000원	140,000,000원
친구	2024. 3. 10.	30,000,000원	80,000,000원

4. 상속개시일 현재 갑의 공과금과 채무는 없으며, 장례비용은 12,000,000원(봉안시설 비용 제외), 봉안시설 비용은 7,000,000원으로 모두 증명서류에 의해 입증된다.

5. 갑의 동거가족으로 배우자(75세), 아들(35세), 딸(28세)이 있으며, 배우자는 상속을 포기하였다.

[요구사항]

갑의 사망에 따른 상속세 과세표준을 다음의 〈답안양식〉에 따라 제시하시오.

〈답안양식〉

구 분	금 액
총상속재산가액	
과세가액공제액	
합산되는 증여재산가액	
상속세 과세가액	
상속공제액	
상속세 과세표준	

【문 2】 유예

유예생은 제2편 상증유예 1 풀이

해 답

구 분	금 액
총상속재산가액	1,780,000,000〈주1〉
과세가액공제액	15,000,000〈주2〉
합산되는 증여재산가액	100,000,000〈주3〉
상속세 과세가액	1,865,000,000
상속공제액	1,500,000,000〈주4〉
상속세 과세표준	365,000,000

〈주1〉

(1) 상속재산가액 : 300,000,000 + $(600,000,000\times\frac{80,000,000}{120,000,000}=400,000,000)$ + 800,000,000

= 1,500,000,000

(2) 추정상속재산 : 280,000,000

① 토지 · 건물 : (700,000,000−460,000,000) − min(700,000,000×20%, 200,000,000)

= 100,000,000

② 주 식 : (300,000,000−60,000,000) − min(300,000,000×20%, 200,000,000)

= 180,000,000

(3) 계 : 1,780,000,000

〈주2〉 장례비 : min(12,000,000, 10,000,000) + min(7,000,000, 5,000,000) = 15,000,000
(일반) (봉안시설)

〈주3〉 70,000,000 + 30,000,000 = 100,000,000

〈주4〉

(1) max(①, ②) : 500,000,000

① 500,000,000 (일괄공제)

② 200,000,000,000 (기초공제) + 50,000,000×2명 (자녀공제) = 300,000,000

(2) 배우자상속공제 : 500,000,000

(3) 금융재산상속공제 : min(①, ②) = 200,000,000

① (400,000,000 (생명보험금) + 800,000,000 (예금)) × 20% = 240,000,000

② 200,000,000

(4) 동거주택상속공제 : min(①, ②) = 300,000,000

① 300,000,000

② 600,000,000

(5) 상속공제 : min(①, ②) = 1,500,000,000

① 500,000,000 + 500,000,000 + 200,000,000 + 300,000,000 = 1,500,000,000

② 1,865,000,000 − [(70,000,000−50,000,000*) (딸) + 30,000,000 (친구)] (합산되는 증여재산가액) = 1,815,000,000

* 증여재산공제액

1 / 13 상속세 납세의무

아래의 자료를 이용하여 물음에 답하시오. 〈2017. CPA〉

〈자 료〉

1. ㈜대한은 비상장영리법인으로 중소기업에 해당하며, 구체적인 주주현황은 다음과 같다. 단, ㈜대한의 총발행주식수는 설립이후 변동된 적이 없다.

주주	주식수	지분비율
갑(본인)	50,000주	50%
을(배우자)	30,000주	30%
병(아들)	20,000주	20%
합계	100,000주	100%

2. ㈜대한은 부동산과다법인 및 순자산가치만으로 주식을 평가하는 법인에 해당하지 않으며, 가업상속공제대상에도 해당하지 아니한다. ㈜대한의 1주당 순손익가치 및 순자산가치는 각각 20,000원이다.

3. 갑, 을, 병은 모두 거주자이다.

4. 갑은 2026년 3월 1일에 사망하면서 소유하고 있던 ㈜대한의 주식 전체를 ㈜대한에게 유증하였다. 상법상 ㈜대한이 갑의 주식을 유증받는데 문제가 없으며, 회사는 수증한 자기주식을 소각할 계획이 없다.

5. ㈜대한의 주식 이외에 갑의 상속재산은 없다.

6. 영리법인에게 과세된 법인세 계산시 적용되는 법인세율은 10%이다.

7. 상속세 및 증여세 세율 : 'p3－5. *2' 참고

[물음 1]
갑의 유증과 관련하여 을과 병에게 부과되는 지분상당액의 상속세를 계산하시오.

[물음 2]
갑의 유증과 관련하여 을과 병에게 상속세를 부과하는 이유를 기술하시오.

핵심정리

문제의 포인트

- 특별연고자 · 수유자가 영리법인인 경우 상속세 납부의무 특례 : summary p3-8. (2), 아래 ※

※ 영리법인에 유증한 경우 상속세 납부의무

특별연고자 또는 수유자가 영리법인인 경우로서 그 영리법인의 주주등 중 상속인, 상속인의 배우자, 상속인의 직계비속 또는 그 직계비속의 배우자(이하 이 페이지에서 '상속인등'이라 한다)가 있는 경우에는 다음의 지분상당액을 그 상속인등이 납부할 의무가 있다.

(영리법인이 받았거나 받을 상속재산에 대한 상속세상당액 － 영리법인이 받았거나 받을 상속재산 × 10%) × 상속인등의 주식 등 비율

해답

[물음 1]

1. 상속세

구분	계산근거	금액
총상속재산가액	50,000주 × 20,000*	1,000,000,000*[1]
과세가액공제액	장례비	△5,000,000
상속세 과세가액		995,000,000
상속공제	한도 : 995,000,000 － 1,000,000,000 ＝ △5,000,000*[2] → 0	0
과세표준		995,000,000
산출세액	90,000,000＋495,000,000×30%	238,500,000

* $\max\left(\frac{20,000 \times 3 + 20,000 \times 2}{5} = 20,000,\ 20,000 \times 80\% = 16,000\right) = 20,000$

2. 지분상당액의 상속세

을 : (238,500,000－1,000,000,000×10%) × 30% ＝ 41,550,000

병 : (238,500,000－1,000,000,000×10%) × 20% ＝ 27,700,000

[물음 2]

영리법인이 유증받은 재산에 대해서는 자산수증이익으로 법인세가 과세되며 상속세는 면제된다. 법인세율이 상속세율보다 낮은 점을 악용한 영리법인 유증을 통한 상속세 회피를 방지하기 위하여 상속인등이 영리법인의 주주인 경우 면제된 상속세 중 상속인등의 지분상당액을 상속인등에게 과세한다.

해 설

1. 해답상 '*'에 대한 설명

*1 최대주주이나 중소기업 주식이므로 할증평가하지 않는다.

*2 상속공제 한도계산시 상속세 과세가액에서 '선순위인 상속인이 아닌 자에게 유증·사인증여한 재산가액'을 뺀다. 이 문제의 경우 한도는 0이 되기 때문에 상속공제를 일일이 계산할 필요가 없다.

제 2 절 증 여 세

summary p3-39. 제2절

I 증여세 기본 계산구조

증여세는 다음과 같이 계산한다(명의신탁재산과 합산배제증여재산은 별도 계산).

	증여재산가액
(+)	10년 이내 동일인으로부터 증여받은 재산
(−)	비과세재산가액
(−)	과세가액불산입액
(−)	부담부증여시 채무인수액
	증여세과세가액
(−)	증여재산공제
(−)	혼인 · 출산 증여재산공제
(−)	재해손실공제
(−)	감정평가수수료공제
	과세표준
(×)	세율
	산출세액
(−)	징수유예세액
(−)	세액공제
	차감납부세액

2 / 1 증여세 과세표준 계산구조 - summary p3-45. 3

거주자 갑(25세)은 2026년도에 다음의 재산 등을 증여받았다. 각 증여에 대하여 증여세 납세의무자를 적고 증여세과세표준을 계산하시오.

1. 2월 5일에 조부가 실제로 소유하고 있는 선박(평가액 : 10억원)에 대한 등기 등을 조세회피목적으로 갑의 명의로 이전하였다.
2. 7월 5일을 정산기준일로 2년전에 A법인의 최대주주인 부친으로부터 갑이 증여받은 비상장법인인 A법인 주식의 5년 이내 상장으로 인하여 시세차익 ₩500,000,000(「상속세 및 증여세법」에 따라 계산한 이익임)이 발생하였다.
3. 갑은 12월 20일에 부친으로부터 건물 ₩2,000,000,000을 증여받았다. 그 건물을 증여세 신고목적으로 감정평가법인으로부터 감정평가받고 지급한 수수료는 ₩8,000,000이다.

해답

1. 명의신탁재산(합산배제증여재산)
   ① 납세의무자 : 조부(실제소유자)
   ② 과세표준 : 명의신탁재산가액 － 감정평가수수료공제 ＝ 1,000,000,000*[1]
2. 주식의 상장에 따른 이익 → 'summary p3-45. (1). ④'의 합산배제증여재산에 해당함
   ① 납세의무자 : 갑
   ② 과세표준 : 합산배제증여재산가액 － 30,000,000 － 감정평가수수료공제
   ＝ 500,000,000 － 30,000,000 ＝ 470,000,000*[1]
3. 건물 증여의 경우
   ① 납세의무자 : 갑
   ② 과세표준 : 증여세과세가액 － 증여재산공제 － 혼인·출산 증여재산공제 － 재해손실공제 － 감정평가수수료공제
   ＝ 2,000,000,000*[2] － 50,000,000(직계존속) － 0 － 0 － 5,000,000* ＝ 1,945,000,000

   * min(① 평가수수료 : 8,000,000, ② 한도 : 5,000,000) ＝ 5,000,000

해설

1. 해답상 '*'에 대한 설명

*[1] 합산배제증여재산에 대하여는 증여재산공제, 혼인출산증여재산공제 및 재해손실공제를 적용하지 아니한다.

*[2] 비록 위의 주식의 상장에 따른 이익은 해당 건물 증여 전 10년 이내에 동일인(부친)으로부터 증여에 따른 것으로서 1,000만원 이상이나 합산배제증여재산이므로 건물 증여세 계산시 합산하지 않는다.

2 / 2 증여세의 계산 - summary p3-39. 제2절

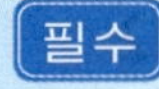

다음 자료를 이용하여 A씨의 증여세 과세표준과 B씨부터 G씨까지의 증여세 차감납부세액을 계산하시오. 각 자료는 독립적이며, 각 거주자는 신고기한 내에 증여세를 신고한다고 가정한다.

1. A씨(32세)는 아버지와 혼인 중인 계모로부터 ₩300,000,000, 배우자로부터 ₩800,000,000을 증여받았다. A씨는 2025년 7월 1일에 혼인하였다.

2. B씨(40세)는 부친의 사망으로 다음의 재산을 취득하였다.
   ① 거래처와 친지 등으로부터 받은 사망부의금의 합계는 ₩10,000,000이며, 이는 사회통념상 타당한 금액이다.
   ② 부친의 사망으로 상속재산의 등기 전에 B씨의 동생과 협의분할에 의하여 ₩300,000,000의 재산을 취득하였다. 「민법」에서 정하는 B씨의 법정상속분은 ₩250,000,000으로 ₩50,000,000은 법정상속분을 초과하여 취득한 것이다.

3. C씨(25세)는 2025년 10월 12일에 누이에게 증여한 토지(증여당시 시가는 ₩80,000,000, 개별공시지가는 ₩60,000,000)를 2026년 3월 20일에 반환받았다. 반환당시 시가와 개별공시지가는 증여당시와 동일하다.

4. D씨(35세)는 남편으로부터 토지에 대한 담보채무 ₩500,000,000과 그 토지에 대한 임대보증금 ₩100,000,000을 인수하는 조건으로 ₩1,800,000,000의 토지를 2026년 7월 1일에 증여받았다. 그 담보채무는 은행채무로 채무가 객관적으로 인정된다. 토지의 감정평가법인의 평가수수료는 ₩11,000,000이다.

5. E씨(26세)는 2025년 5월 6일에 부친으로부터 상가 甲 ₩100,000,000을 증여받고 증여세 ₩4,850,000을 납부하였다(증여세 과세표준은 ₩50,000,000, 증여세 산출세액은 ₩5,000,000). E씨가 2026년 10월에 모친으로부터 증여받은 재산은 다음과 같다.
   ① 상가 乙 ₩50,000,000
   ② 생활비와 교육비로 ₩10,000,000을 받아 ₩3,000,000은 실제로 그 용도로 사용하였으나, ₩7,000,000은 3년 만기 정기예금에 불입하였다.

6. F씨(15세)는 2026년 2월 22일에 부친으로부터 ₩40,000,000을 증여받았고, 2026년 3월 7일에 조모로부터 ₩2,500,000,000을 증여받았다.

7. G씨(30세)는 2026년 4월 10일에 조부로부터 ₩300,000,000, 부친으로부터 ₩200,000,000을 증여받았다.

8. 상속세 및 증여세 세율 : 'p3－5. *2' 참고

해답

1. A씨

구 분	직계존속*[1]	배우자
증여세과세가액	300,000,000	800,000,000
증여재산공제	△50,000,000	△600,000,000
혼인증여재산공제	△100,000,000*[2]	—
과세표준	150,000,000	200,000,000

2. B씨 : 0*[3]

3. C씨 : 0*[4]

4. D씨와 E씨

구 분	D씨	E씨
증여재산가액	1,800,000,000	60,000,000
10년 이내 동일인으로부터 증여받은 재산	—	100,000,000*[7]
비과세재산가액	—	△3,000,000*[8]
부담부증여시 채무인수액	△600,000,000*[5]	—
증여세과세가액	1,200,000,000	157,000,000
증여재산공제	△600,000,000*[6]	△50,000,000*[9]
감정평가수수료공제	△5,000,000①	—
과세표준	595,000,000	107,000,000
산출세액	118,500,000②	11,400,000④
세액공제		
① 납부세액공제	—	△5,000,000⑤
② 신고세액공제	△3,555,000③	△192,000⑥
차감납부세액	114,945,000	6,208,000

① min(① 평가수수료 : 11,000,000, ② 한도 : 5,000,000) = 5,000,000

② 90,000,000 + (595,000,000 − 500,000,000) × 30% = 118,500,000

③ 118,500,000 × 3% = 3,555,000

④ 10,000,000 + (107,000,000−100,000,000) × 20% = 11,400,000

⑤ 납부세액공제 : min(㉠, ㉡) = 5,000,000

㉠ 당초의 증여세 산출세액 : 5,000,000

㉡ 산출세액 $\times \frac{\text{당초의 증여세 과세표준}}{\text{과세표준}} = 11,400,000 \times \frac{50,000,000}{107,000,000} = 5,327,102$

⑥ 신고세액공제 : (11,400,000(산출세액) − 5,000,000(다른 세액공제)) × 3% = 192,000

5. F씨

구 분	(2. 22.) 부친 증여분	(3. 7.) 조모 증여분
증여세과세가액	40,000,000	2,500,000,000
증여재산공제	△20,000,000*10	—*11
과세표준	20,000,000	2,500,000,000
산출세액	2,000,000	840,000,000②
할증과세액	—	336,000,000③
산출세액합계	2,000,000	1,176,000,000
신고세액공제	△60,000①	△35,280,000
차감납부세액	1,940,000	1,140,720,000

① 2,000,000 × 3% = 60,000

② 240,000,000 + (2,500,000,000−1,000,000,000) × 40% = 840,000,000

③ 840,000,000 × 40% = 336,000,000*12

6. G씨

구 분	조부 증여분	부친 증여분
증여세과세가액	300,000,000	200,000,000
증여재산공제	△30,000,000①	△20,000,000
과세표준	270,000,000	180,000,000
산출세액	44,000,000②	26,000,000
할증과세액	13,200,000③	—
산출세액합계	57,200,000	26,000,000
신고세액공제	△1,716,000	△780,000
차감납부세액	55,484,000	25,220,000

① $50{,}000{,}000 \times \frac{300{,}000{,}000}{500{,}000{,}000} = 30{,}000{,}000$*13

② 10,000,000 + (270,000,000−100,000,000) × 20% = 44,000,000

③ 44,000,000 × 30% = 13,200,000

해 설

1. 해답상 '*'에 대한 설명

*[1] 증여재산공제 및 혼인·출산 증여재산공제를 적용할 때 직계존속의 범위에는 수증자의 직계존속과 혼인(사실혼은 제외한다) 중인 배우자를 포함하므로 계부·계모도 포함한다. summary p3-46. (1)

*[2] ① 혼인일(혼인관계증명서상 신고일) 전후 2년 이내에 증여받았으므로 혼인증여재산공제를 적용한다.
② 혼인·출산 증여재산공제는 증여재산공제와 별개로 1억원을 공제한다. summary p3-48. 2.2

*[3] ① 사회통념상 인정되는 축의금 또는 부의금에 대하여는 증여세를 부과하지 않는다. summary p3-42. ⑤
② 상속재산의 등기 전에 공동상속인이 협의분할하여 취득한 재산가액이 「민법」상 법정상속분을 초과하더라도 증여세를 과세하지 않는다. summary p3-34. 2.3

*[4] 수증자가 증여받은 재산을 신고기한(증여받은 날이 속하는 달의 말일부터 3개월 이내) 경과 후 3개월 이내에 반환하는 경우 당초의 증여는 증여로 보나, 반환하는 것에 대하여는 증여세를 부과하지 않는다. summary p3-35. 2.4

*[5] 배우자·직계존비속간의 부담부증여라도 금융기관채무 등 객관적으로 인정되는 경우에는 수증자가 인수한 채무액(그 자산에 대한 임대보증금 포함)을 차감한다. summary p3-44. 4

*[6] 배우자로부터의 증여이므로 6억원을 공제한다.

*[7] 해당 증여일 전 10년 이내에 동일인(증여자가 직계존속인 경우에는 그 직계존속의 배우자를 동일인으로 봄)으로부터 받은 증여재산가액의 합계액이 1,000만원 이상인 경우에는 그 가액을 증여세과세가액에 가산한다. summary p3-41. 2

*[8] 생활비·교육비는 필요시마다 직접 이러한 비용에 충당하기 위하여 받는 것은 비과세되나, 생활비·교육비의 명목으로 받는 재산이라도 그 금액을 예·적금하거나 주식, 토지, 주택 등의 매입자금으로 사용하는 경우에는 증여세를 과세한다.

*[9] 부친과 모친은 직계존속이므로 합산한 금액에서 5,000만원을 공제한다.

*[10] 미성년자가 직계존속으로부터 받은 증여이므로 2,000만원을 공제한다.

*[11] 이미 직계존속인 부친으로부터 수증시 2,000만원을 공제하였으므로 조모로부터 수증시 공제할 금액은 없다.

*[12] 조모로부터 손자가 수증받았으며, 부친이 사망했다는 언급이 없으므로 할증과세한다. 손자가 미성년자이면서 증여재산가액이 20억원을 초과하므로 40% 할증과세한다. summary p3-51. 2

*[13] 둘 이상의 증여가 동시에 있는 경우 증여재산공제는 각각의 증여세과세가액을 기준으로 안분하여 계산한다. summary p3-47. (2)

2 / 3 증여세 산출세액 - 실전문제

상호 독립된 각 【문】에 답하시오.

【문 1】

거주자 을은 2026년 1월 16일 시가 2억원인 토지를 장남 병(30세)에게 증여하였다. 그러나 병은 을과 합의 하에 해당 토지를 다시 을에게 반환하기로 하였으며, 반환 전에 과세표준과 세액을 결정받지는 않았다. 병이 을에게 토지를 반환하는 시기에 따른 을과 병의 증여세 납세의무를 〈답안양식〉에 제시하시오. 단, 병의 반환 시기는 구체적인 날짜의 범위로 표시하고, 증여세 납세의무는 "있음" 또는 "없음"으로 표시하시오. 〈2024. CPA〉

〈답안양식〉

병의 반환 시기	증여세 납세의무	
	을	병
예시) 2026년 2월 29일까지	있음	없음

【문 2】

거주자 을(30세)의 증여세 관련 자료이다. 〈2022. CPA〉

〈자　료〉

1. 을이 2026년 이모로부터 증여받은 내용은 다음과 같다.
   ① 토지 : 200,000,000원*

      * 2026년 2월 27일에 토지를 증여받으면서 동 토지에 담보된 은행차입금 150,000,000원을 채무인수함

   ② 부동산 : 300,000,000원*

      * 2026년 7월 16일에 증여받았으나 2026년 10월 16일에 이모에게 반환하였고, 반환 전에 증여세 과세표준과 세액을 결정받지는 않음

2. 을은 2026년 3월 3일에 이모로부터 시가 400,000,000원인 비상장주식을 40,000,000원에 양수하였다.

3. 을은 증여재산에 대한 감정평가수수료로 6,000,000원을 부담하였고, 과거 10년 이내에 증여받은 사실이 없다.

[물　음]

을의 2026년도 증여세 과세표준을 〈답안양식〉에 따라 제시하시오.

〈답안양식〉

구 분	금 액
증여재산가액	
증여세 과세표준	

【문 3】

다음은 거주자 甲(45세)의 증여관련 자료이다. 〈1999. CPA 수정〉

1. 2026년 3월에 모친으로부터 토지를 증여받았으며, 은행채무 1억원은 甲이 승계하기로 하였다. 해당 토지의 개별공시지가는 ₩320,000,000이고 시가는 ₩300,000,000이다.
2. 2026년 3월에 부친사망으로 인한 상속등기 후 상속세 신고기한 이내에 협의분할로 인하여 당초 상속분을 초과하여 추가로 지급받은 금액 ₩100,000,000이 있다(상속인은 모친과 甲 2인임).
3. 2026년 6월에 조부로부터 ₩60,000,000을 증여받았다.
4. 2026년 8월에 ㈜종로의 소액주주이던 甲은 ㈜종로의 증자시 甲과 특수관계가 없는 다른 주주가 신주인수를 포기함에 따라 추가로 배정받은 신주인수권 1,000주를 행사하였다. 이 회사의 증자 후 주가는 1주당 ₩9,000이며, 1주당 납입액은 ₩5,000(증자 전 주가보다 낮은 가액임)이다.

[물 음]

다음 양식의 빈칸을 채우면서 그 계산근거를 제시하시오(증여세 세율 : 'p3－5. *2' 참고).

증 여 자	증여세 과세표준	산출세액
모 친		
조 부		
기 타		

【문 4】 약술형 문제

친구가 부친으로부터 부동산을 증여받고 귀하에게 증여세를 현금 이외로 납부하거나 분할하여 납부하는 방법에 대하여 조언을 구하였다. 직업적 전문가로서 귀하의 조언을 간략하게 서술하시오.

해답

【문 1】

병의 반환 시기	증여세 납세의무	
	을	병
2026년 4월 30일까지*1	없음	없음
2026년 7월 31일까지*2	없음	있음
2026년 8월 1일 이후*3	있음	있음

【문 2】

구 분	금 액
증여재산가액	440,000,000〈주1〉
증여세 과세표준	275,000,000〈주2〉

〈주1〉 토지 : 200,000,000

주식 : (400,000,000－40,000,000) － min(400,000,000×30%, 300,000,000) ＝ 240,000,000

계 : 440,000,000*4

〈주2〉

증여재산가액	440,000,000
부담부증여시 채무인수액	△150,000,000
증여세 과세가액	290,000,000
증여재산공제	△10,000,000
감정평가수수료공제 : min(6,000,000, 5,000,000) ＝	△5,000,000
	275,000,000

【문 3】

증여자	증여세 과세표준	산출세액
모 친	① 과 세 가 액 : (300,000,000－100,000,000)*5 ＝ 200,000,000 ② 증여재산공제 : 50,000,000 ③ 과 세 표 준 : 150,000,000	10,000,000 ＋ (150,000,000 －100,000,000) × 20% ＝ 20,000,000
조 부	① 과 세 가 액 : 60,000,000 ② 증여재산공제 : 0*6 ③ 과 세 표 준 : 60,000,000	60,000,000 × 10% ＝ 6,000,000*7
기 타	① 과 세 가 액 : (9,000－5,000) × 1,000주 ＝ 4,000,000*8 ② 증여재산공제 : 0 ③ 과 세 표 준 : 4,000,000	4,000,000 × 10% ＝ 400,000

【문 4】

증여세는 신고기한 이내에 납부하여야 한다. 다만, 요건을 충족하면 분납, 연부연납이 가능하다.

(1) 분 납 : 납부세액이 1천만원을 초과하는 경우에는 다음의 금액을 납부기한이 지난 후 2개월 이내에 분할납부할 수 있다. 다만, 연부연납 허가를 받은 경우에는 분납할 수 없다.
① 2,000만원 이하인 때 : 1,000만원을 초과하는 금액
② 2,000만원 초과하는 때 : 납부할 세액의 50% 이하의 금액

(2) 연부연납 : 납부세액이 2천만원을 초과하는 경우에는 납세지관할세무서장의 허가를 받아 일정한 담보를 제공하고 연부연납할 수 있다. 증여세 연부연납기간은 가업의 승계에 대한 증여세 과세특례를 적용받은 증여재산은 연부연납 허가일부터 15년, 그 외의 증여재산은 5년으로 한다.

(3) 물납 : 상속세는 요건을 갖춘 경우 물납할 수 있으나, 증여세는 물납할 수 없다.

해설

1. 해답상 '*'에 대한 설명

*1 증여세 신고기한인 증여일이 속하는 달의 말일부터 3개월 이내에 반환하는 경우 처음부터 증여가 없는 것으로 본다.

*2 신고기한이 지난 후 3개월 이내에 반환하는 경우 반환하는 것에 대해서는 증여세를 과세하지 않는다.

*3 신고기한이 지난 후 3개월 후 반환하는 경우 당초 증여와 반환 모두에 대해서 증여세를 과세한다.

*4 부동산은 증여세 신고기한인 2026. 10. 31. 이내에 반환하였으므로 당초 증여와 반환 모두 증여세 과세대상이 아니다.

*5 모친으로부터의 부담부증여라도 은행채무이므로 채무액을 차감한다(상속등기 후 협의분할로 당초 상속분을 초과하여 취득하는 재산이라도 상속세과세표준 신고기한 이내에 재분할한 경우에는 증여세를 과세하지 아니함).

*6 직계존속인 모친으로부터 증여시 이미 5,000만원의 증여재산공제를 받았으므로 직계존속인 조부로부터 증여시에는 증여재산공제를 받을 수 없다.

*7 이미 부친이 사망하였으므로 조부로부터 증여받은 재산에 대하여 할증과세를 적용하지 아니한다.

*8 신주를 시가보다 낮은 가액으로 발행하고 실권주가 재배정되는 경우에는 특수관계여부 및 현저한 이익유무와 무관하게 증여의제를 적용한다.

2 / 4 증여세 과세표준 및 산출세액

필수

다음은 거주자 병(45세)의 증여세 관련 자료이다. 〈2019. CPA〉

〈자 료〉

1. 병이 증여받은 내역은 다음과 같으며, 그 외 증여받은 재산은 없다.

증여자	증여일자	유형	증여재산가액
외 조 모	2024. 5. 1.	토지	₩15,000,000
조 부	2024. 7. 1.	현금	10,000,000
부 친	2025. 6. 1.	현금	15,000,000
모 친	2026. 3. 1.	현금	50,000,000
조 모	2026. 3. 1.	토지	25,000,000

2. 증여받은 재산에 대해 당사자 간 합의에 따라 반환한 내역은 다음과 같으며, 반환하기 전에 과세표준과 세액을 결정받은 바 없다.

증여자	증여일자	유형	반환일자
외 조 모	2024. 5. 1.	토지	2024. 8. 2.
조 부	2024. 7. 1.	현금	2024. 9. 2.

3. 상속세 및 증여세율(일부)

과세표준	세 율
1억원 이하	과세표준의 10%
1억원 초과 5억원 이하	1천만원 + 1억원을 초과하는 금액의 20%

[요구사항]

병의 증여세 과세표준 및 증여세 산출세액을 다음의 〈답안양식〉에 따라 제시하시오.

〈답안양식〉

증여자	증여세 과세표준	증여세 산출세액
외 조 모		
조 부		
부 친		
모 친		
조 모		

해 답

증여자	증여세 과세표준	증여세 산출세액
외 조 모*[1]	-	-
조 부	0	0
부 친	0	0
모 친	32,500,000	3,250,000
조 모	17,500,000	2,275,000

[근 거]

구분	조부	부친	모친	조모
과 세 가 액	10,000,000*[1]	15,000,000	65,000,000〈주1〉	35,000,000〈주2〉
증여재산공제	△10,000,000	△ 15,000,000	△32,500,000〈주3〉	△17,500,000〈주4〉
과 세 표 준	0	0	32,500,000	17,500,000
산 출 세 액	0	0	3,250,000	2,275,000〈주5〉

〈주1〉 15,000,000 + 50,000,000 = 65,000,000*[2]

〈주2〉 10,000,000 + 25,000,000 = 35,000,000*[2]

〈주3〉 $50,000,000 \times \dfrac{65,000,000}{100,000,000} = 32,500,000$*[3]

〈주4〉 $50,000,000 \times \dfrac{35,000,000}{100,000,000} = 17,500,000$*[4]

〈주5〉 (17,500,000×10%) × 130% = 2,275,000*[4]

해 설

1. 해답상 '*'에 대한 설명

*[1] 수증일이 속하는 날의 말일부터 3개월 이내에 반환하였으므로 당초 증여와 반환 모두 증여로 보지 않는다. 다만, 금전은 증여로 본다.

*[2] 10년 이내 동일인으로부터 받은 증여재산가액이 1,000만원 이상인 경우 합산하는데, 이 경우 증여자가 직계존속인 경우에는 그 직계존속의 배우자도 동일인으로 본다. 따라서 모친의 과세가액에 부친의 것, 조모의 과세가액에 조부의 것도 합산하여 계산한다.

*[3] 수증자가 성년이므로 직계존속으로부터 증여받은 경우 10년간 합산하여 5,000만원을 공제한다. 둘 이상의 증여가 동시에 있는 경우에는 각각의 증여세 과세가액을 기준으로 안분계산한다.

*[4] 수증자가 자녀 아닌 직계비속이므로 30% 할증과세한다.

2 / 5 증여재산가액 - 저가 양수·고가 양도 필수

거주자 갑은 2025. 6. 30.에 특수관계인인 을로부터 토지 1필지를 1억원(취득당시 시가는 1억원임)에 취득하였고, 갑은 2026. 4. 30.에 병에게 위 토지를 6억원에 양도하였다. 양도 당시 토지의 시가가 10억원인 경우와 2억원인 경우로 구분하여 다음의 빈칸을 채우시오.

갑과 병의 관계	증여세 납세의무자	증여재산가액	양도소득세 계산시 양도가액
특 수 관 계 인			
비 특 수 관 계 인			

핵심정리

문제의 포인트

• 저가 양수 또는 고가 양도에 따른 이익의 증여 : summary p3-58. 3

해답

1. 토지의 시가가 10억원인 경우(저가양도)

갑과 병의 관계	증여세 납세의무자	증여재산가액	양도소득세 계산시 양도가액
특수관계인	병	(10억－6억) － min(10억×30%, 3억) ＝ 1억	10억*[1]
비특수관계인	병	(10억－6억)*[2] － 3억 ＝ 1억	6억

2. 토지의 시가가 2억원인 경우(고가양도)

갑과 병의 관계	증여세 납세의무자	증여재산가액	양도소득세 계산시 양도가액
특수관계인	갑	(6억－2억) － min(2억×30%, 3억) ＝ 340,000,000	6억 － 340,000,000 ＝ 260,000,000
비특수관계인	갑	(6억－2억) － 3억 ＝ 1억	6억 － 1억 ＝ 5억*[3]

해설

1. 해답상 '*'에 대한 설명

*[1] 부당행위계산의 부인대상이므로 시가를 기준으로 양도소득세를 계산한다.

*[2] 차이 4억원이 시가의 30%인 3억원 이상이므로 증여세 과세대상이다.

*[3] 「법인세법」 제52조(부당행위계산의 부인)에 따른 특수관계법인 외의 자에게 자산을 시가보다 높은 가격으로 양도한 경우로서 「상속세 및 증여세법」상 저가 양수·고가 양도에 따른 증여 규정에 따라 해당 거주자의 증여재산가액으로 하는 금액이 있는 경우에는 양도가액에서 증여재산가액을 뺀 금액을 양도 당시의 실지거래가액으로 본다(소법 96 ③ (2)).

2 / 6 특수관계법인과의 거래를 통한 이익의 증여의제

다음은 ㈜산돌의 제26기(2026. 1. 1.~2026. 12. 31.) 자료이다. 다음 자료를 이용하여 물음에 답하시오. ㈜산돌은 중소기업 및 중견기업이 아니다. 〈2013. CPA 수정〉

〈자 료〉

1. ㈜산돌의 주주내역은 다음과 같다.

주 주	지분율
김철원(거주자)	20%
이영희(거주자)	10%
㈜한돌	60%
㈜두돌	10%

2. 이영희는 김철원의 배우자이며 ㈜한돌의 지분을 60% 보유하고 있다.

3. ㈜산돌의 매출 내역은 다음과 같다.

(단위 : 원)

거래처	매출액
㈜한돌	50,000,000,000
㈜일군	30,000,000,000
㈜이군	20,000,000,000
합 계	100,000,000,000

4. ㈜한돌과 ㈜일군은 ㈜산돌의 지배주주와 특수관계에 있는 법인이다.

5. ㈜산돌의 제26기 법인세 신고시 제출한 손익계산서상 매출원가 및 판매관리비의 합계액은 ₩70,000,000,000이고 영업외수익과 영업외비용은 각각 ₩20,000,000,000 및 ₩10,000,000,000이다.

6. ㈜산돌의 제26기 세무조정사항은 퇴직급여충당금 손금불산입액 ₩1,000,000,000, 대손충당금 손금불산입액 ₩2,000,000,000이다.

7. ㈜산돌의 제26기의 법인세 결정세액은 ₩8,600,000,000이다.

[물 음]

1. 「상속세 및 증여세법」상 특수관계법인과의 거래를 통한 이익의 증여의제 요건에 해당하는 ㈜산돌의 지배주주와 증여세 납세의무자는 누구이며, 지배주주 지분율과 과세요건을 판단할 때 특수관계법인 거래비율은 얼마인지를 다음 양식에 따라 제시하시오.

〈답안양식〉

지배주주	
납세의무자	
지배주주 지분율	
특수관계법인 거래비율	

2. 「상속세 및 증여세법」상 특수관계법인과의 거래를 통한 증여의제 계산시 증여의제이익을 다음 양식에 따라 제시하시오.

〈답안양식〉

김철원의 증여의제이익	
이영희의 증여의제이익	

핵심정리

문제의 포인트

• 특수관계법인과의 거래를 통한 이익의 증여의제 : summary p3-80. 2

해답

1.

지배주주	이영희〈주1〉
납세의무자	김철원, 이영희
지배주주 지분율	46%
특수관계법인 거래비율	80%〈주2〉

〈주1〉

구분	직접	간접	계*1
김철원	20%	－	20%
이영희	10%	60% × 60% ＝ 36%	46%

〈주2〉

$$\frac{50,000,000,000 + 30,000,000,000}{100,000,000,000} = 80\%^{*2}$$

2.

김철원의 증여의제이익	₩3,960,000,000
이영희의 증여의제이익	3,339,600,000

[근　거]

(1) 세후영업이익

① 김철원 : $\left(330억원^{*} - 86억원 \times \frac{330억원}{430억원^{**}}\right) \times \left(1 - \frac{0^{*3}}{1,000억원}\right) = 264억원$

* 세법상 영업손익 : 1,000억원 － 700억원 ＋ 10억원 ＋ 20억원 ＝ 330억원

** 각사업연도소득금액 : 330억원 ＋ 200억원 － 100억원 ＝ 430억원

② 이영희 : $264억원 \times \left(1 - \frac{500억원^{*4}}{1,000억원}\right) = 132억원$

(2) 특수관계법인 거래비율

① 김철원 : 80%(‘해답 1. 〈주2〉’ 참고)

② 이영희 : $\frac{800억원 - 500억원}{1,000억원 - 500억원} = 60\%^{*5}$

(3) 증여의제이익*6

구 분		세후영업이익 × (특수관계법인 거래비율−5%) × 보유비율 = 증여의제이익
김철원	직접보유분	264억원 × (80%−5%) × 20% = 3,960,000,000
	간접보유분	
	계	3,960,000,000
이영희	직접보유분	132억원 × (60%−5%) × 10% = 726,000,000
	간접보유분	132억원 × (60%−5%) × 36% = 2,613,600,000
	계	3,339,600,000

해 설

1. 해답상 '*'에 대한 설명

*1 수혜법인의 최대주주 중에서 수혜법인에 대한 직접보유비율이 가장 높은 자가 법인인 경우에는 수혜법인에 대한 직접보유비율과 간접보율비율을 합한 비율이 가장 높은 개인을 지배주주로 한다(김철원, 이영희 모두 한계보유비율을 초과함).

*2 지배주주와 특수관계 있는 법인은 ㈜한돌과 ㈜일군이며, 과세제외매출액은 없다.

*3 김철원씨는 특수관계법인에게 출자하지 않았으므로 추가 과세제외매출액은 없다.

*4 추가 과세제외매출액 : max(①, ②) = 500억원

① 수혜법인이 간접출자법인인 특수관계인인 ㈜한돌과 거래한 매출액 : 500억원

② 수혜법인이 특수관계법인인 ㈜한돌과 거래한 매출액에 지배주주 등의 특수관계법인에 대한 주식보유비율을 곱한 금액 : 500억 × 60% = 300억원

*5 추가 과세제외매출액의 처리방법(상속증여세과−82)

① 수혜법인의 세후영업이익을 계산할 때와 정상거래비율을 초과하는 특수관계법인 거래비율을 계산할 때 과세제외매출액에 포함하여 계산한다.

② 단, 과세요건(특수관계법인 거래비율이 정상거래비율을 초과하는지에 대한 여부)을 판단할 때에는 과세제외매출액에 포함하지 아니한다.

*6 만약 수혜법인이 중견기업이라고 가정하면 증여의제이익은 다음과 같이 계산한다.

구 분		세후영업이익 × (특수관계법인 거래비율−20%) × (보유비율−5%) = 증여의제이익
김철원	직접보유분	264억원 × (80%−20%) × (20%−5%) = 2,376,000,000
	간접보유분	
	계	2,376,000,000
이영희	직접보유분	132억원 × (60%−20%) × (10%−0%)* = 528,000,000
	간접보유분	132억원 × (60%−20%) × (36%−5%)* = 1,636,800,000
	계	2,164,800,000

* 5%를 간접보유비율에서 먼저 뺀다.

2 / 7 특수관계법인으로부터 제공받은 사업기회로 발생한 이익의 증여의제

다음은 ㈜하나의 제26기(2026. 1. 1.～2026. 12. 31.) 자료이다. 다음 자료를 이용하여 물음에 답하시오.

〈자 료〉

1. 제26기말 현재 ㈜하나의 주주내역은 다음과 같다.

주 주	지분율
갑(거주자)	60%
을(거주자)	20%
㈜둘	10%
㈜셋	10%

2. 을은 갑의 배우자이며, 갑은 ㈜둘의 주식을 60% 보유하고 있다. ㈜둘은 중소기업이 아니다.

3. ㈜하나는 제26기에 ㈜둘로부터 ㈜둘이 직접 수행하고 있던 사업기회를 임대차계약, 입점계약 등 재정경제부령으로 정하는 방법으로 제공받았다.

4. 제26기에 ㈜둘로부터 사업기회를 제공받은 사업부문의 손익계산서상 매출액은 ₩10,000,000,000, 매출원가 및 판매관리비의 합계액은 ₩7,000,000,000이고 영업외수익과 영업외비용은 각각 ₩2,000,000,000 및 1,000,000,000이다.

5. 제26기 세무조정사항 중 ㈜둘로부터 사업기회를 제공받은 사업부문의 퇴직급여충당금 손금불산입액 ₩298,000,000이 있다.

6. ㈜하나의 제26기의 각사업연도소득금액은 ₩4,850,000,000이며, 법인세 산출세액은 ₩1,000,000,000(토지 등 양도소득에 대한 법인세 ₩50,000,000 포함), 공제·감면세액은 ₩90,000,000이다.

[물음 1]

「상속세 및 증여세법」상 특수관계법인으로부터 제공받은 사업기회로 발생한 이익의 증여의제 요건에 해당하는 ㈜하나의 지배주주와 증여세 납세의무자는 누구인지 다음 양식에 따라 제시하시오.

〈답안양식〉

지배주주	
납세의무자	

[물음 2]

「상속세 및 증여세법」상 특수관계법인으로부터 제공받은 사업기회로 발생한 이익의 증여의제 계산시 증여의제이익을 다음 양식에 따라 제시하시오.

〈답안양식〉

갑의 증여의제이익	
을의 증여의제이익	

[물음 3]

[물음 2]에서 계산한 갑의 증여의제이익이 ₩2,900,000,000이라고 가정하며, 다음 자료가 추가되는 경우 갑의 증여재산가액을 계산하시오.

〈추가자료〉

1. 갑이 2027. 3. 5.에 ㈜하나로부터 배당받은 소득은 ₩1,500,000,000이다.
2. ㈜하나의 제26기 말일의 손익계산서상 당기순이익은 ₩6,000,000,000, 이월이익잉여금은 ₩200,000,000, 「상법」에 따라 적립한 이익준비금은 ₩400,000,000이라고 가정한다.

핵심정리

문제의 포인트

- 특수관계법인으로부터 제공받은 사업기회로 발생한 이익의 증여의제 : summary p3-87. 3

해답

1.

지배주주*[1]	갑
납세의무자*[2]	갑, 을

2.

갑의 증여의제이익	₩4,182,000,000
을의 증여의제이익	224,400,000

[근 거]

(1) 제공받은 사업기회로 인한 수혜법인의 이익

$$\underbrace{\underbrace{10,000,000,000}_{\text{매출액}} - \underbrace{7,000,000,000}_{\text{매출원가·판관비}}}_{\text{사업기회 제공받은 사업부분의 영업이익}} + \underbrace{298,000,000}_{\text{퇴직급여충당금손금불산입}} = 3,298,000,000$$

(2) 법인세 납부세액 중 상당액

$$(950,000,000^{*3} - 90,000,000) \times \frac{3,298,000,000}{4,850,000,000} = 584,800,000$$

(3) 증여의제이익

$$\text{갑} : \left[(3,298,000,000 \times 60\% - 584,800,000) \times \frac{12}{12}\right] \times 3 = 4,182,000,000$$

$$\text{을} : \left[(3,298,000,000 \times 20\% - 584,800,000) \times \frac{12}{12}\right] \times 3 = 224,400,000$$

3. 갑 증여재산가액

$$2,900,000,000 - 1,500,000,000 \times \frac{2,900,000,000}{5,800,000,000^{*} \times 60\%} = 1,650,000,000$$

$$* \underbrace{6,000,000,000}_{\text{당기순이익}} + \underbrace{200,000,000}_{\text{이월이익잉여금}} - \underbrace{400,000,000}_{\text{이익준비금}} = 5,800,000,000$$

해설

1. 해답상 '*'에 대한 설명

*[1] 수혜법인의 최대주주 중에서 수혜법인에 대한 직접보유비율이 가장 높은 자가 개인이므로 그 개인인 갑이 지배주주이다.

*[2] 지배주주와 그 친족이 납세의무자이다.

*[3] 토지 등 양도소득에 대한 법인세를 제외한다.

2-8 증여재산가액

다음은 각 거주자의 증여세 계산자료이다. 각각의 상호 독립된 자료를 이용하여 증여재산가액을 〈답안양식〉에 적고 그 계산근거를 제시하시오.

〈답안양식〉

구　분	증여재산가액
A	
B	
C	
D	
E	

〈자　료〉

1. A씨는 ㈜의왕제조로부터 시가 ₩300,000,000인 토지를 ₩180,000,000에 취득하였다. A씨는 ㈜의왕제조의 대주주이며, 동 거래에 대한 ㈜의왕제조의 세무조정은 적정하게 이루어졌다.

2. B씨는 甲씨로부터의 차입금 ₩200,000,000을 면제받고, 그 사례로 시가 ₩80,000,000 상당의 골프회원권을 제공하였다.

3. C씨는 모친이 소유하고 있는 건물과 토지를 다음과 같이 무상으로 사용하고 있다.
   (1) 건물(평가액 : ₩100,000,000) : 모친과 함께 거주하고 있는 주택이다.
   (2) 토지(평가액 : ₩1,500,000,000) : C씨는 토지 위에 건물을 신축하여 사용하고 있다.
   (3) 재정경제부령으로 정하는 부동산무상사용수익률은 연간 2%이며, 이에 대한 5년의 연금 현가계수는 4.71346이다.

4. D씨는 부친으로부터 ₩1,000,000,000을 2026. 5. 1.부터 2027. 12. 31.까지 연 2%의 이자율로 차용하였다. 금전대출에 대하여 당좌대출이자율을 고려하여 재정경제부령으로 정하는 이자율은 연 4.6%라고 가정한다. → 증여재산가액을 2026년의 증여재산가액과 2027년의 증여재산가액으로 구분하여 계산하시오.

5. ㈜확장은 ㈜흡수를 흡수합병하였다(㈜흡수의 주식 2주당 ㈜확장의 주식 1주를 교부함). 양사는 특수관계인에 해당하며, 비상장법인이다. 합병당사법인의 합병전 주식평가액은 다음과 같으며, E씨는 ㈜흡수의 주식을 30% 소유하고 있다.

구 분	주식수	1주당 평가액	총평가액
㈜확 장	30,000주	₩30,000	₩900,000,000
㈜흡 수	15,000주	5,000	75,000,000

핵심정리

문제의 포인트

1. 채무면제 등에 따른 이익의 증여 : summary p3-60. 4
2. 부동산의 무상사용에 따른 이익의 증여 : summary p3-60. 5
3. 금전무상대출에 따른 이익의 증여 : summary p3-69. 11
4. 합병·증자·감자에 따른 이익의 증여 : summary p3-62. 6

해 답

구 분	증여재산가액
A	0*1
B	₩120,000,000〈주1〉
C	141,403,800〈주2〉
D	2026년 : 26,000,000〈주3〉 2027년 : 17,380,821〈주3〉
E	36,000,000〈주4〉

〈주1〉 200,000,000 (채무면제이익) － 80,000,000 (보상액 지급액) ＝ 120,000,000

〈주2〉 ① 건물 : 부동산소유자와 함께 거주하는 주택은 증여세 과세대상이 아니다.
② 토지 : 증여재산가액 : 1,500,000,000 × 2% × 4.71346 ＝ 141,403,800

〈주3〉 2026. 5. 1. : 1,000,000,000 × (4.6%－2%) ＝ 26,000,000

2027. 5. 1.*2 : $1,000,000,000 \times (4.6\% - 2\%) \times \frac{244}{365} = 17,380,821$

〈주4〉 ① 합병 후 ㈜확장의 1주당 평가액

$$\frac{\text{합병직전 ㈜확장과 ㈜흡수의 주식가액의 합계액}}{\text{합병 후 ㈜확장의 주식수}} = \frac{(900{,}000{,}000+75{,}000{,}000)}{37{,}500\text{주}^{*3}} = 26{,}000$$

② 현저한 이익(중요성) 요건

(26,000－5,000×2＝16,000) ≧ 26,000 × 30% → ∴ 요건 충족 → 증여세 과세대상

③ 증여재산가액 : $\underbrace{(30{,}000-26{,}000)\times 30{,}000\text{주}}_{\text{㈜확장 주주의 손해}} \times \underbrace{30\%}_{\text{분여비율}} = 36{,}000{,}000^{*4}$

해 설

1. 해답상 '*'에 대한 설명

*1 법인으로부터 토지의 저가구입 : 법인이 특수관계인인 개인주주에게 시가보다 저가양도한 경우 '〈익금산입〉 부당행위계산의 부인 120,000,000(배당)'으로 세무조정한다. 이 경우 귀속자인 개인주주에게 인정배당으로 소득세가 과세되므로 증여세는 과세하지 않는다.

*2 대출기간이 1년 이상인 경우에는 1년이 되는 날의 다음 날에 매년 새로 대출받은 것으로 보아 증여재산가액을 계산한다. 문제 해답은 「상속세 및 증여세법」 집행기준 41의4－31의4－3[금전무상대출 증여이익 계산사례]에 따랐다.

*3 ㈜흡수의 주식 15,000주에 대해 7,500주를 교부하였으므로 합병 후 주식수는 '30,000주 ＋ 7,500주 ＝ 37,500주'이다.

*4 [별해] 1주당 평가차익 × ㈜흡수의 대주주(E)의 합병 후 주식수
＝ 16,000 × (7,500주×30%) ＝ 36,000,000

2 / 9 부동산 무상사용 · 금전 무상대출 · 보험금의 증여 

【문 1】

2026년 을의 증여세를 계산하기 위한 갑, 을, 병 간의 거래 자료이다. 갑, 을, 병은 모두 국내거주자이다. 〈2025. CPA〉

〈자 료〉

1. 갑, 을, 병 간의 토지 거래내용

① 시기별 토지 사용현황

구 분	내 용
2026. 1. 1.~2026. 6. 30.	을이 갑의 토지를 무상사용*
2026. 7. 1.	갑이 병에게 토지 양도
2026. 7. 1.~2026. 12. 31.	병이 직접 사용

* 미성년자가 아닌 을은 토지의 무상사용 이외에 어떤 형태의 증여도 받은 바가 없음

② 갑은 을의 부친이며, 을이 무상 사용하는 토지(「상속세 및 증여세법」상 시가 20억원)는 갑과 함께 거주하는 주택에 딸린 토지가 아니다.

③ 이자율 10%의 5년 연금현가계수는 3.7907이고 재정경제부령으로 정한 부동산 무상사용 연간 이익률은 2%이다.

④ 2026년 중에 증여세 결정을 받은 을은 갑의 부동산 양도에 따라 더 이상 토지를 무상으로 사용하지 못하게 되어 경정청구를 하고자 한다.

2. 증여세 세율

과세표준	세율
1억원 이하	과세표준의 10%
1억원 초과 5억원 이하	1천만원 + 1억원을 초과하는 금액의 20%

[요구사항]

토지 무상사용으로 인한 을의 증여재산가액, 증여세 산출세액 및 경정청구대상금액을 〈답안양식〉에 따라 제시하시오.

〈답안양식〉

증여재산가액	
증여세 산출세액	
경정청구대상금액	

【문 2】

2026년 갑의 증여세를 계산하기 위한 갑, 을, 병 간의 거래 자료이다. 갑, 을, 병은 모두 국내거주자이다.

〈자 료〉

1. 갑과 을 간의 금전무상대출 거래내용
   ① 갑은 모친인 을로부터 긴급 운용자금 2억원을 무상으로 차입(기간 : 2026. 9. 1.~2027. 12. 31.)하였다.
   ② 차용증서 등 관련 증빙은 적법하게 구비되어 있다.
   ③ 재정경제부령으로 정한 당좌대출이자율은 연간 5%로 가정한다.

2. 갑은 2026년 11월 1일에 집중호우로 인한 침수피해가 발생하여 2027년 1월 5일에 손해보험금 50,000,000원을 받았다. 이 손해보험의 보험료 24,000,000원은 갑이 전액 납부하였으며, 15,000,000원은 자신의 자금으로, 나머지는 형인 병으로부터 증여받은 재산으로 납부하였다.

[요구사항]

갑의 증여재산가액을 〈답안양식〉에 따라 제시하시오. 단, 해당금액이 없는 경우 "0"으로 표시하시오.

〈답안양식〉

금전무상대출 등에 따른 이익	
보험금의 증여	

【문 3】

자산을 무상으로 취득한 법인은 법인세를, 개인은 증여세를 부담하는 것이 일반적이나, ① 법인이 토지를 무상으로 취득하였을 때 증여세를 부과하는 경우와 ② 개인이 토지를 무상으로 취득하였을 때 소득세를 부담하는 경우도 있다. ①과 ②가 적용되는 경우에 대하여 3줄 이내로 서술하시오.

핵심정리

문제의 포인트

1. 부동산 무상사용에 따른 이익의 증여 : summary p3-60. 5
2. 금전 무상대출에 따른 이익의 증여 : summary p3-69. 11
3. 보험금의 증여 : summary p3-57. 2

해답

【문 1】

증여재산가액	151,628,000〈주1〉
증여세 산출세액	10,325,600〈주2〉
경정청구대상금액	9,293,040〈주3〉

〈주1〉 20억원 × 2% × 3.7907 ＝ 151,628,000(→ 1억원 이상임)

〈주2〉 (1) 과세표준 : 151,628,000 － 50,000,000*1 ＝ 101,628,000
(2) 산출세액 : 10,000,000 ＋ 1,628,000 × 20% ＝ 10,325,600

〈주3〉 $10,325,600 \times \frac{54개월^{*}}{60개월} = 9,293,040^{*2}$

* 2026. 7. 1.부터 2030. 12. 31.까지의 월수. → 간편법 : 60개월 － 6개월 ＝ 54개월

【문 2】

금전무상대출 등에 따른 이익	10,000,000〈주1〉
보험금의 증여	9,750,000〈주2〉

〈주1〉 2026. 9. 1. 증여재산가액 : 2억원 × 5% ＝ 10,000,000(→ 1천만원 이상임)

2027. 9. 1. 증여재산가액 : $2억원 \times 5\% \times \frac{121^{*}}{365} = 3,315,068$(→ 1천만원 미만)

* 일수 계산은 「상속세 및 증여세법 집행기준」 41의 4－31의 4－3의 사례 계산방법에 따랐음

〈주2〉 $50,000,000 \times \frac{9,000,000}{24,000,000} - 9,000,000 = 9,750,000^{*3}$

【문 3】

① 비영리법인이 수익사업과 직접 관련 없이 무상으로 토지를 취득한 경우
② 개인사업자가 사업과 관련하여 무상으로 토지를 취득한 경우 사업소득 총수입금액에 산입함. 단, 이월결손금 보전에 충당하는 경우 총수입금액불산입함

해설

1. 해답상 '*'에 대한 설명

*[1] 증여재산공제액 : 미성년자가 아닌 자가 직계존속으로부터 증여를 받았으므로 5천만원을 공제한다.

*[2] '부동산 무상사용에 따른 이익의 증여' 규정에 따른 증여세를 결정·경정받은 자가 부동산 무상사용기간 중 부동산 소유자로부터 해당 부동산을 상속·증여받거나 부동산 소유자가 해당 토지를 양도한 경우, 부동산 소유자가 사망한 경우, 이와 유사한 경우로서 부동산 무상사용자가 해당 부동산을 무상으로 사용하지 아니하게 되는 경우에는 그 사유가 발생한 날부터 3개월 이내에 다음 금액의 결정·경정을 청구할 수 있다(상증법 79 ②, 상증령 81 ⑨).

결정·경정 청구금액 : 증여세산출세액*[1] × $\frac{\text{사유발생일부터 부동산 무상사용기간의 종료일까지의 월수*}^{2}}{\text{부동산 무상사용기간의 월수*}^{2}}$

*[1] 직계비속에 대한 증여의 할증과세 특례 규정에 따라 산출세액에 가산하는 금액을 포함한다.

*[2] 월수는 역에 따라 계산하되, 1개월 미만의 일수는 1개월로 한다.

*[3] 보험계약기간에 보험금 수령인이 재산을 증여받아 보험금을 납부하였으므로 다음과 같이 증여재산가액을 계산한다. summary p3-57. ②

보험금의 증여재산가액 = 보험금 × $\frac{\text{증여재산으로 납부한 보험금}}{\text{납부한 보험료 총액}}$ − 증여재산으로 납부한 보험료

2 / 10 초과배당에 따른 이익의 증여

비상장 영리내국법인 ㈜갑은 2026년 3월 2일 정기주주총회 결의로 이익잉여금을 처분하여 배당을 실시하였다. 다음 자료를 이용하여 증여세 납세의무자를 모두 제시하고 납세의무자별로 증여세 신고기한인 2026년 6월말까지 증여세를 신고할 경우 증여재산가액 및 증여세 산출세액을 〈답안양식〉에 따라 계산하시오. 〈2018. CPA 수정〉

〈답안양식〉

납세의무자	증여재산가액	증여세 산출세액

〈자　료〉

1. ㈜갑의 사업연도는 매년 1월 1일 ~ 12월 31일이다.

2. ㈜갑의 주주 구성 및 실제배당내역은 다음과 같다.

주주	관계	지분비율	실제배당
A(70세)		40%	20억원
B(45세)	A의 아들	10%	30억원
C(18세)	B의 딸	5%	90억원
D(60세)		30%	30억원
E(30세)	D의 딸	5%	20억원
㈜F		10%	10억원
합계		100%	200억원

3. A, B, C, D, E는 모두 거주자이며, ㈜F는 영리 내국법인이다. A와 D는 특수관계인이 아니다.

4. 소득세 기본세율(일부) :
   - 과세표준 3억원 초과 5억원 이하 : 94,060,000 ＋ 3억원 초과액 × 40%
   - 과세표준 5억원 초과 10억원 이하 : 174,060,000 ＋ 5억원 초과액 × 42%
   - 과세표준 10억원을 초과하는 경우 : 384,060,000 ＋ 10억원 초과액 × 45%

5. 초과배당금액에 대한 소득세 계산시 적용하는 재정경제부령으로 정하는 율

초과배당금액	율
5,760만원 이하	초과배당금액 × 14%
5,760만원 초과 8,800만원 이하	8,060,000 + 5,760만원 초과 초과배당금액 × 24%
8,800만원 초과 1억 5,000만원 이하	15,360,000 + 8,800만원 초과 초과배당금액 × 35%
1억 5,000만원 초과 3억원 이하	37,060,000 + 1억 5,000만원 초과 초과배당금액 × 38%
3억원 초과 5억원 이하	94,060,000 + 3억원 초과 초과배당금액 × 40%
5억원 초과 10억원 이하	174,060,000 + 5억원 초과 초과배당금액 × 42%
10억원 초과	384,060,000 + 10억원 초과 초과배당금액 × 45%

6. 상속세 및 증여세 세율

과 세 표 준	세 율
1억원 이하	과세표준의 10%
1억원 초과 ~ 5억원 이하	1천만원 + 1억원을 초과하는 금액의 20%
5억원 초과 ~ 10억원 이하	9천만원 + 5억원을 초과하는 금액의 30%
10억원 초과 ~ 30억원 이하	2억4천만원 + 10억원을 초과하는 금액의 40%
30억원 초과	10억4천만원 + 30억원을 초과하는 금액의 50%

핵심정리

문제의 포인트

- 초과배당에 따른 이익의 증여 : summary p3-65. 9

해 답

납세의무자	증여재산가액	증여세 산출세액
B	383,940,000	56,788,000
C	2,705,940,000	1,280,126,400

[근 거]

(1) 최대주주등 : A와 그 특수관계인인 B, C의 지분율 합계 55%가 가장 많으므로 A, B, C가 최대주주등이다.

(2) 과소배당금액 계산

구 분	지분율	지분율 배당	실제 배당	과소배당
A	40%	80억원	20억원	60억원
B	10%	20억원	30억원	
C	5%	10억원	90억원	
D	30%	60억원	30억원	30억원
E	5%	10억원	20억원	
F	10%	20억원	10억원	10억원
계	100%	200억원	200억원	100억원

(3) 초과배당금액

B : $(30억원-20억원) \times \dfrac{60억원}{100억원} = 6억원$

C : $(90억원-10억원) \times \dfrac{60억원}{100억원} = 48억원$

(4) 증여재산가액

B : 600,000,000 － [174,060,000＋(600,000,000－500,000,000)×42%＝216,060,000]*1
＝ 383,940,000

C : 4,800,000,000 － [384,060,000＋(4,800,000,000－1,000,000,000)×45%＝2,094,060,000]
＝ 2,705,940,000

(5) 산출세액

B : ① 과세표준 : 383,940,000 － 50,000,000*2 ＝ 333,940,000
② 산출세액 : 10,000,000 ＋ 233,940,000 × 20% ＝ 56,788,000

C : ① 과세표준 : 2,705,940,000 － 20,000,000*3 ＝ 2,685,940,000
② 산출세액 : 240,000,000 ＋ 1,685,940,000 × 40% ＝ 914,376,000
③ 할증과세 후 산출세액 : 914,376,000 × (1＋40%)*4 ＝ 1,280,126,400

해설

1. 해답상 '*'에 대한 설명

*1 초과배당금액에 대한 증여세 신고기한(2026. 6. 30.)이 초과배당 발생연도의 다음연도 6월 1일(최대주주등의 특수관계인이 성실신고확인서를 제출한 성실신고확인대상사업자인 경우에는 7월 1일) 전이므로 초과배당금액에 대한 소득세 상당액은 '초과배당금액×재정경제부령으로 정하는 율'로 계산한다.

*2 증여재산공제액 : 직계존속으로부터 증여를 받았으므로 5천만원을 공제한다.

*3 증여재산공제액 : 미성년자가 직계존속으로부터 증여를 받았으므로 2천만원을 공제한다.

*4 수증자가 증여자의 자녀가 아닌 직계비속이면서 미성년자인 경우로서 증여재산가액이 20억원을 초과하므로 40%를 할증과세한다.

2 / 11 증여재산가액 - 약술형 문제

㈜대한과 ㈜민국의 최대주주인 거주자 갑은 외아들인 거주자 을의 재산을 증대시키기 위하여 다음 자료와 같은 사항을 순차적으로 수행할 계획을 수립하였다. 〈2019. CPA〉

〈자 료〉

1. 갑은 ㈜대한과 ㈜민국의 주식 70%를 각각 보유하고 있다. ㈜대한과 ㈜민국은 모두 비상장회사이다.
2. 갑은 보유하고 있던 ㈜대한의 주식 중 80%를 을에게 액면가로 양도한다.
3. 골프장을 운영하는 ㈜민국은 직영하던 클럽하우스 내 식당 운영권을 ㈜대한에게 무상으로 제공한다.
4. 갑이 을에게 ㈜대한의 주식을 양도한 시점으로부터 3년 이내에 ㈜대한을 코스닥시장에 상장시킨다.

[요구사항]

을에게 발생가능한 모든 증여세 과세 문제에 대해 간략하게 기술하시오.

해 답

1. 갑이 을에게 액면가로 양도한 경우 ⤏ summary p3-58. 3

을이 특수관계인인 갑으로부터 시가보다 낮은 가액으로 양수한 경우로서 '①'의 차이가 나면 '②'의 금액을 을의 증여재산가액으로 한다.

① 현저한 차이 : (시가-대가) ≧ min(시가×30%, 3억원)

② 증여재산가액 : (시가-대가) - min(시가×30%, 3억원)

2. 식당 운영권을 무상으로 제공한 경우 ⤏ summary p3-87. 3

지배주주인 을의 주식보유비율이 30% 이상인 ㈜대한(수혜법인)이 을과 특수관계 있는 법인인 ㈜민국으로부터 사업기회를 제공받는 경우에는 그 수혜법인의 지배주주인 을이 증여의제이익을 증여받은 것으로 본다.

3. 코스닥시장에 상장한 경우 ⤏ summary p3-68. 10

최대주주 등의 특수관계인인 을이 최대주주로부터 법인의 주식을 취득하고, 그 취득일부터 5년 이내에 상장됨에 따라 현저한 이익(30%, 3억원 기준)을 얻은 경우에는 법령에 따라 계산한 금액을 그 이익을 얻는 자인 을의 증여재산가액으로 한다.

2 / 12 주식의 상장에 따른 이익의 증여

다음은 을의 증여세 관련 자료이다. 〈2020. CPA〉

〈자 료〉

1. 거주자 을은 비상장법인 ㈜무한의 최대주주 병(지분율 70%)으로부터 2024년 5월 1일 ㈜무한의 주식 10,000주를 1주당 5,000원에 취득하였다. 을과 병은 특수관계인이다.
2. ㈜무한의 주식은 유가증권시장에 상장되어 2026년 3월 5일 최초로 매매가 시작되었다. ㈜무한 주식의 평가액은 다음과 같다.

일 자	상속세 및 증여세법에 의한 1주당 평가액
2026. 3. 5.	15,000원
2026. 6. 5.	25,000원

3. 을의 주식 취득 이후 1주당 기업가치의 실질적인 증가로 인한 이익은 6,000원이다.

[물 음]

을이 취득한 주식의 상장에 따른 이익의 증여재산가액을 다음의 〈답안양식〉에 따라 제시하시오.

〈답안양식〉

증여재산가액	

핵심정리

문제의 포인트

• 주식 등의 상장으로 인한 이익의 증여 : summary p3-68. 10

최대주주의 특수관계인이 최대주주로부터 법인의 주식을 증여받거나 취득한 경우로서 증여일 또는 취득일부터 5년 이내에 상장한 경우 상장일로부터 3개월이 되는 날을 정산기준일로 하여 현저한 이익*[1]을 얻은 경우 그 이익을 얻는 자의 증여재산가액으로 본다.

증 여 재산가액 =	[① 정산기준일 현재 1주당 평가액 − (② 주식등을 증여받은 날 현재 1주당 증여세 과세가액*[2] + ③ 1주당 기업가치의 실질적증가로 인한 이익)]	× 증여받거나 유상으로 취득한 주식수

*[1] 현저한 이익 : '증여재산가액 ≧ min(①, ②)'인 경우를 말한다.

① [주식등을 증여받은 날 현재 1주당 증여세 과세가액 (취득의 경우는 1주당 취득가액) + 1주당 기업가치의 실질적 증가로 인한 이익] × 취득한 주식등의 수 × 30%

② 3억원

*[2] 취득의 경우에는 취득일 현재 1주당 취득가액을 말한다.

해 답

증여재산가액	140,000,000

[근 거]

(1) 계산 : [25,000−(5,000+6,000)] × 10,000주 = 140,000,000

(2) 현저한 이익 요건 판단 : '140,000,000 ≧ min(①, ②)' → 충족

① (5,000+6,000) × 10,000주 × 30% = 33,000,000

② 300,000,000

2 / 13 증여재산가액 - 불공정합병

비상장 영리 내국법인인 ㈜갑은 특수관계인인 비상장 영리 내국법인인 ㈜을을 흡수합병하고 2026년 6월 5일 합병등기를 하였다. 아래의 자료를 이용하여 물음에 답하시오. 각 물음은 독립적이다. 〈2017. CPA〉

〈자 료〉

1. 합병 직전 ㈜갑의 주식 1주당 평가액은 ₩500,000(액면가액 ₩100,000)이며, ㈜을의 주식 1주당 평가액은 ₩100,000(액면가액 ₩50,000)이다.

2. 합병 직전 ㈜갑과 ㈜을의 주주구성은 다음과 같다.

회사	주주	주식수	지분비율
㈜갑	A	1,400주	70%
	B	600주	30%
	합계	2,000주	100%
㈜을	X	1,125주	75%
	Y	363주	24.2%
	Z	12주	0.8%
	합계	1,500주	100%

3. ㈜갑은 ㈜을의 주주들에게 ㈜을의 주식 3주당 ㈜갑의 신주 1주를 교부하였다.

4. ㈜갑의 주주 B와 ㈜을의 주주 Y는 특수관계인이며, 그 이외에는 서로 특수관계인에 해당하는 주주가 없다.

[물음 1]

㈜갑의 주주 A, B와 ㈜을의 주주 X, Y, Z가 모두 개인인 경우 각각의 과세문제(구체적인 금액 포함)를 〈답안양식〉에 따라 제시하시오. 만일 과세문제가 없다면 '없음'이라고 적고 그 이유를 기술하시오.

〈답안양식〉

구 분	세무처리 내용
A	
B	
X	
Y	
Z	

[물음 2]

㈜갑의 주주 A, B와 ㈜을의 주주 X, Y, Z가 모두 영리내국법인인 경우 각각의 과세문제(구체적인 금액 포함)를 〈답안양식〉에 따라 제시하시오. 만일 과세문제가 없다면 '없음'이라고 적고 그 이유를 기술하시오.

〈답안양식〉

구 분	세무처리 내용
A	
B	
X	
Y	
Z	

해 답

[물음 1] ⇢ '세무회계연습 2권. 문 17－1'과 연계정리

구 분	세무처리 내용
A	없음 (개인이 분여한 이익은 과세하지 않음)
B	없음 (개인이 분여한 이익은 과세하지 않음)
X	증여세 과세 (증여재산가액 : 60,000,000)
Y	증여세 과세 (증여재산가액 : 19,360,000)
Z	없음 (대주주가 아니기 때문)

[계산근거]

1. 합병 후 1주당 주가 : $\dfrac{500{,}000 \times 2{,}000\text{주} + 100{,}000 \times 1{,}500\text{주}}{2{,}000\text{주} + 500\text{주}} = 460{,}000$
2. 중요성 요건 : (460,000－100,000×3) ≧ 460,000 × 30% → ∴ 충족
3. 분여이익

〈방법1〉

A : 1,400주 × (500,000－460,000)
- X : 75% = 42,000,000 → X의 증여재산
- Y : 24.2% = 13,552,000

B : 600주 × 40,000
- X : 75% = 18,000,000
- Y : 24.2% = 5,808,000

(X의 증여재산 : 42,000,000 + 18,000,000 / Y의 증여재산 : 13,552,000 + 5,808,000)

〈방법2 : 간편법〉 X, Y가 A, B로부터 분여받은 이익 전액이 과세대상이므로 다음과 같이 계산

X : 2,000주 × (500,000－460,000) × 75% = 60,000,000
Y : 2,000주 × (500,000－460,000) × 24.2% = 19,360,000

[물음 2]

구 분	세무처리 내용
A	없음 (특수관계인 없음)
B	〈 손금불산입 〉 부당행위계산 부인 5,808,000(기타사외유출)(주)
X	없음 (특수관계인 없음)
Y	〈 익금산입 〉 주 식 5,808,000(유 보)(주)
Z	없음 (특수관계인 없음)

〈주〉 B → Y : 600주 × 40,000 × 24.2% = 5,808,000

2 / 14 증여재산가액 - 불공정증자

비상장법인인 ㈜한국은 증자를 위해 10,000주의 신주를 발행하기로 결의하였다. 아래의 자료를 이용하여 물음에 답하시오. 단, 각 물음은 독립적이다. 〈2016. CPA〉

〈자　료〉

1. 신주인수권은 구 주주들에게 지분비율대로 균등하게 배정되었다.
2. ㈜한국의 증자 전 개인 주주현황은 다음과 같다.

개인 주주	주식수	지분율
갑	4,000주	40%
을	3,000주	30%
병	2,000주	20%
정	1,000주	10%
합 계	10,000주	100%

3. ㈜한국의 증자 전 1주당 평가액은 ₩100,000(액면가액 ₩10,000)이며, 1주당 인수가액은 ₩50,000이다.
4. 갑과 을은 특수관계인에 해당하며, 이 밖에는 특수관계인에 해당하는 주주가 없다.

[물음 1]

갑이 신주인수권의 전부를 포기하고, 그 실권주를 다시 배정하지 아니한 경우 증여재산가액을 다음의 〈답안양식〉에 따라 제시하시오.

〈답안양식〉

구 분	증여재산가액
을	
병	
정	

[물음 2]

갑과 병이 신주인수권의 전부를 포기하여 다음과 같이 재배정한 경우 증여재산가액을 〈답안양식〉에 따라 제시하시오.

주주	증자 전 주식수	당초 인수 주식수	재배정 주식수	증자 후 주식수
갑	4,000주	—	—	4,000주
을	3,000주	3,000주	4,500주	10,500주
병	2,000주	—	—	2,000주
정	1,000주	1,000주	1,500주	3,500주
합 계	10,000주	4,000주	6,000주	20,000주

〈답안양식〉

구 분	증여재산가액
을	
정	

해 답

[물음 1] ⟶ '세무회계연습 2권. 문 17-3'과 연계정리

구　분	증여재산가액
을	37,500,000〈주1〉
병	—〈주2〉
정	—〈주2〉

〈주1〉

1. 증자 후 실제 시가 : $\frac{10,000주 \times 100,000 + 6,000주 \times 50,000}{16,000주} = 81,250$

2. 중요성 요건 : (75,000* − 50,000) ≧ 75,000 × 30% → 충족

   * 균등증자시 주가 : $\frac{10,000주 \times 100,000 + 10,000주 \times 50,000}{20,000주} = 75,000$

3. 화살표방향 결정 ⟶ 답안에 적을 필요는 없음

주식수 변동 없는 주주		변동 있는 주주
갑의 손해*	분여 →	을, 병, 정의 이익

   * 1주당 100,000원의 주식이 증자로 81,250원이 되므로 손해가 발생한다.

4. 분여이익

   갑 → 을 : $4,000주 \times (100,000 - 81,250) \times \frac{3,000주^{*}}{6,000주} = 37,500,000$

   * $\frac{\text{주식수 변동이 있는 주주가 인수한 주식수}}{\text{총증자주식수}}$

〈주2〉 갑과 특수관계 없으므로 계산 불필요

[물음 2]

구　분	증여재산가액
을	112,500,000
정	37,500,000

[근　거]

1. 증자 후 실제 주가 : 75,000

2. 중요성 요건 : 고려 불필요

3. 화살표방향 결정

변동 없는 주주		변동 있는 주주
갑, 병의 손해*	→	을, 정의 이익

   * 1주당 100,000원의 주식이 증자로 75,000원이 되므로 손해가 발생한다.

4. 분여이익

• 갑 ↗ 을 / ↘ 정 4,000주 × (100,000－75,000) ↗ × 75%* ＝ 75,000,000 / ↘ × 25% ＝ 25,000,000

• 병 ↗ 을 / ↘ 정 2,000주 × 25,000 ↗ × 75% ＝ 37,500,000 / ↘ × 25% ＝ 12,500,000

* 분여비율 : $\frac{\text{주식수 변동이 있는 주주가 재배정받은 주식수}}{\text{총실권주식수}} = \frac{4{,}500\text{주}}{6{,}000\text{주}} = 75\%$

5. 증여재산가액

을 : 75,000,000 ＋ 37,500,000 ＝ 112,500,000

정 : 25,000,000 ＋ 12,500,000 ＝ 37,500,000

[간편법]

위 4번과 5번을 묶어서 다음과 같이 계산하면 간단하다.

을 : (100,000－75,000) × (4,000주+2,000주) × 75% ＝ 112,500,000

정 : 25,000 × 6,000주 × 25% ＝ 37,500,000

2 / 15 증여재산가액

상호 독립된 각 【문】에 답하시오

【문 1】

상호 연결된 다음 자료를 기초로 증여세 과세표준을 〈답안양식〉에 적고 그 계산근거를 제시하시오.

〈답안양식〉

구 분	과세표준
자료 1	
자료 2	

1. 거주자인 자녀 B(17세)는 부친인 거주자 甲의 재산을 담보로 ₩100,000,000의 자금을 차입하여 임야 1,000m²(시가 ₩100,000,000)를 취득한 후 양질의 지하수를 개발하였다. 2026년 3월 1일 지하수개발권(온천)을 관할관청에 허가를 받자 토지가액이 ₩400,000,000으로 상승하였다. 지하수개발원 허가에 소요된 비용은 ₩50,000,000이며, 보유기간 중 평균지가 상승분은 ₩90,000,000이다.

2. 거주자 B는 2026년 10월 10일 부친인 거주자 甲으로부터 비상장 중소기업의 주식을 증여 받았다. 동 주식의 평가와 관련하여 B는 평가심의위원회에 비상장주식의 평가가액 및 평가방법에 대한 심의를 신청하였다. 평가심의위원회는 같은 업종을 영위하고 있는 주권상장법인 등의 주식과 비교할 때 「상속세 및 증여세법」에 따라 평가하는 것이 불합리하다고 인정하여 신용평가전문기관에 평가를 의뢰하여 동 주식가액을 ₩300,000,000으로 평가하였다. B는 이에 따른 평가수수료 ₩12,000,000을 부담하였다.

【문 2】

다음은 거주자 을의 증여세 관련 자료이다. 〈2021. CPA〉

〈자 료〉

1. 거주자 을은 자력으로 주식을 취득할 수 없음에도 부친의 재산을 담보로 자금을 차입하여 비상장 내국법인 주식을 취득하였다. 주식 취득일로부터 3년 후 재산가치 증가사유인 비상장주식의 한국금융투자협회 등록에 따라 이익을 얻은 것으로 확인된다.

2. 재산가치 증가사유에 따른 관련 내용은 다음과 같으며 을이 해당 주식의 가치증가에 기여한 부분은 없다.

구 분	금 액
주식 취득가액	100,000,000원
취득한 주식의 등록일 현재 가액	500,000,000원*
통상적인 가치상승분	80,000,000원

* 「상속세 및 증여세법」 규정에 따라 평가한 가액으로 재산가치 증가사유에 따른 증가분이 반영됨

3. 을은 해당 주식이 등록되기 1개월 전 450,000,000원에 전부 양도하였으며 양도가액은 「상속세 및 증여세법」에 따라 평가한 가액과 같다.

[물 음]

을의 주식 취득 후 재산가치 증가에 따른 증여재산가액을 다음의 〈답안양식〉에 따라 제시하시오.

〈답안양식〉

증여세 과세여부 판단 기준금액	
증여재산가액	

핵심정리

문제의 포인트

- 재산 취득 후 재산가치 증가에 따른 이익의 증여 : summary p3-73. 15

해 답

【문 1】

구 분	과세표준
자료 1	₩130,000,000〈주1〉
자료 2	270,000,000〈주2〉

〈주1〉

(1) 재산가치 상승금액

$\underbrace{400,000,000}_{\text{재산가액}} - (\underbrace{100,000,000}_{\text{취득가액}} + \underbrace{90,000,000}_{\text{통상적 가치상승분}} + \underbrace{50,000,000}_{\text{가치상승기여분}}) = 160,000,000$

(2) 요건검토

① 판단 기준금액 : min(①, ②) = 72,000,000

㉠ $\underbrace{(100,000,000+90,000,000+50,000,000) \times 30\% = 72,000,000}_{\text{(취득가액+통상적 가치상승분+가치상승기여분)} \times 30\%}$

㉡ 300,000,000

② $\underbrace{160,000,000}_{\text{재산가치상승금액}} \geq 72,000,000$ → 충족

③ 증여세 과세표준 : 160,000,000 − 30,000,000*1 = 130,000,000

〈주2〉 $\underbrace{300,000,000}_{\text{증여재산가액}} - \underbrace{20,000,000}_{\text{증여재산공제}} - \underbrace{\min(12,000,000,\ 10,000,000)}_{\text{감정평가수수료공제}} = 270,000,000$*2

【문 2】

증여세 과세여부 판단 기준금액	54,000,000〈주1〉
증여재산가액	270,000,000〈주2〉

〈주1〉 min(①, ②)

① $(\underbrace{100,000,000}_{\text{취득가액}} + \underbrace{80,000,000}_{\text{통상적 가치상승분}} + \underbrace{0}_{\text{가치상승기여분}}) \times 30\% = 54,000,000$

② 300,000,000

〈주2〉 450,000,000*3 − (100,000,000+80,000,000+0) = 270,000,000

해 설

1. 해답상 '*'에 대한 설명

*1 재산가치 증가에 따른 이익의 증여는 합산배제증여재산이므로 증여재산공제와 재해손실공제를 적용하지 않고 3,000만원을 공제한다.

*2 3월 1일의 재산가치 증가에 따른 이익의 증여는 합산배제증여재산이므로 10월 10일 비상장주식 수증에 따른 증여세 과세표준에 합산하지 않는다.

*3 재산가액은 재산가치 증가사유가 발생한 날 현재의 가액으로 하되, 증가사유 발생일 전에 양도한 경우에는 그 양도일을 증가사유 발생일로 본다.

2 / 16 증여추정 및 증여의제

상호 독립된 각 【문】에 답하시오.

【문 1】

다음 각각의 독립적인 자료를 이용하여 요구사항에 답하시오.

1. 거주자 A는 6억원에 취득한 부동산을 자신이 최대주주로 있는 법인의 임원에게 10억원에 양도하고 양도소득세를 부담하였다. 그 임원은 부동산 취득 후 6개월만에 거주자 A의 아들 B(27세)에게 그 토지를 10억원에 양도하였다. 당초 양도자 A와 양수자인 임원이 부담한 양도소득세 결정세액을 합친 금액은 아들 B가 증여받은 것으로 추정할 경우의 증여세액보다 크지 않은 경우 거주자 B의 증여세 과세표준을 계산하시오.
2. 거주자 C(21세)가 해당연도 중 취득한 재산가액은 24억원이다. 이 중 21억4천만원은 자금출처가 입증되었으나 나머지 금액은 자금출처가 입증되지 아니하였다. 한편, 해당연도 중 채무상환액은 15억원이며 이 중 13억1천만원에 대하여만 자금출처가 입증되었다. C의 직업·연령·소득 및 재산상태 등으로 보아 자력으로 재산을 취득하거나 채무를 상환하였다고 인정하기가 어려운 경우 각각의 증여추정금액을 계산하시오.
3. 상호 독립된 다음 각 사례별로 증여시기, 증여세 납세의무자, 증여세 과세표준을 〈답안양식〉에 적으시오. 다만, 별도의 언급이 없는 한 조세회피목적이 있다고 보기로 한다.

[사례 1] 거주자 A는 거주자 B로부터 2026년 5월 1일 주식을 취득하고 2026년 5월 15일 거주자 甲의 명의로 명의개서를 하였다. 주식가액은 1억원이다.

[사례 2] 거주자 A는 거주자 甲으로부터 2026년 5월 1일 주식을 취득하고 2027년 12월 31일 현재까지 명의변경을 하지 않았다. 주식가액은 1억원이다. 다만, 거주자 甲은 주식 양도에 대하여 양도소득세신고 및 「증권거래법」에 따른 소유권 변경신고를 하지 않았다.

[사례 3] 거주자 A는 소유하고 있던 토지를 2026년 7월 1일 거주자 甲의 명의로 이전하였다. 동 토지의 실제소유자는 거주자 A이다. 토지가액은 1억원이다.

〈답안양식〉

구 분	증여시기	증여세 납세의무자	증여세 과세표준
사례 1			
사례 2			
사례 3			

【문 2】 「조세특례제한법」상 증여세 과세특례 유예

유예생은 제2편 상증유예 2 풀이

핵심정리

문제의 포인트

1. 배우자 · 직계존비속에 대한 양도시 증여추정 : summary p3-75. 1
2. 재산취득자금 등의 증여추정 : summary p3-76. 2
3. 명의신탁재산의 증여의제 : summary p3-78. 1

해 답

1. 배우자 · 직계존비속에 대한 증여추정

증여세 과세표준 : 1,000,000,000 − 50,000,000(증여재산공제) = 950,000,000

2. 재산취득자금 등의 증여추정

(1) 재산취득자금

① 용도미입증금액 : 2,400,000,000 − 2,140,000,000 = 260,000,000
② 적용배제 미입증액 한도 : min(2,400,000,000×20%, 2억) = 200,000,000
③ 추정여부 : '① ≧ ②'이므로 전액 증여로 추정한다.
④ 증여추정금액 : 260,000,000

(2) 채무상환 금액

① 용도미입증금액 : 1,500,000,000 − 1,310,000,000 = 190,000,000
② 적용배제 미입증액 한도 : min(1,500,000,000×20%, 2억) = 200,000,000
③ 추정여부 : '① < ②'이므로 전액 증여로 추정하지 않는다.
④ 증여추정금액 : 0

3. 명의신탁재산의 증여의제

구 분	증여시기	증여세 납세의무자	증여세 과세표준
사례 1	2026. 5. 15.*[1]	거주자A*[3]	100,000,000*[4]
사례 2	2028. 1. 1.*[2]	거주자A*[3]	100,000,000*[4]
사례 3	명의신탁재산이 토지와 건물인 경우에는 증여의제규정을 적용하지 않는다.		0

*[1] 소유권을 취득한 자가 타인명의로 명의개서한 주식 등 : 명의자로 명의개서 등을 한 날

*[2] 소유권을 취득한 자가 종전소유자 명의로 두고 있는 주식 등 : 소유권 취득일이 속하는 연도의 다음연도 말일의 다음 날(단, 양도자가 양도소득세, 증권거래세 신고시 변동세액을 신고한 경우에는 과세하지 않음)

*[3] 실제소유자가 증여세 납부의무를 진다.

*[4] 명의신탁재산의 증여의제에 대해서는 증여재산공제, 혼인 · 출산증여재산공제 및 재해손실공제를 적용하지 아니한다.

PART 02

유예생문제

- 부가가치세법
- 소득세법
- 상속세 및 증여세법

TAX ACCOUNTING

CHAPTER 01

- ▶ **부가가치세법**
- 소득세법
- 상속세 및 증여세법

TAX ACCOUNTING

부가유예 1 공급시기

다음은 일반과세자인 ㈜세무의 2026년 제2기 부가가치세 관련 자료이다(단, 제시된 금액은 별도의 언급이 없는 한 부가가치세가 포함되지 아니한 금액이며, 세금계산서는 공급시기에 적법하게 발급 및 수취된 것으로 가정한다). 〈2020. CTA〉

〈자 료〉

1. 2026. 12. 1.에 제품을 할부조건으로 ₩50,000,000(회계기준에 따른 현재가치는 ₩45,000,000임)에 판매하였다. 대금은 인도일에 ₩10,000,000을 수령하고, 나머지는 4회로 분할하여 매 6개월마다 ₩10,000,000씩 수령하기로 하였다. 2026. 12. 1.에 계약금을 수령하면서 거래 상대방의 요청으로 계약금과 할부금을 합한 ₩50,000,000에 대하여 전자세금계산서를 발급하였다.

2. 2026. 10. 1.에 거래처에 판매장려 목적으로 원가 ₩5,000,000(시가 ₩8,000,000)의 제품(매입세액 공제를 받음)을 무상으로 제공하고 세금계산서는 발급하지 아니하였다.

3. 2026. 11. 30.에 업무용 소형승용차(배기량 2,000cc, 취득시 매입세액 불공제됨)를 ₩12,000,000에 6개월 할부조건으로 매각하고 인도하였다. 대금은 2026. 11. 30.부터 매월 말에 ₩2,000,000씩 수령하기로 하였다.

4. 제품을 2027. 1. 20.에 인도할 예정이나 2026. 12. 30.에 거래처의 요청으로 ₩17,000,000에 대하여 전자세금계산서를 발급하였다. 거래내역은 다음과 같으며, 대금청구시기 및 지급시기에 관한 약정 등은 없다.

구분	세금계산서 발급일	제품인도일	대금수령일	금액
제품A	2026. 12. 30.	2027. 1. 20.	2027. 1. 5.	₩9,000,000
제품B	2026. 12. 30.	2027. 1. 20.	2026. 6. 30.	₩8,000,000

5. 2026. 11. 1.에 장부가액 ₩25,000,000인 기계장치A를 동종업종 타 회사의 기계장치B(시가 ₩20,000,000)와 교환하였다. 기계장치A의 시가는 불분명하나 교환당시 감정평가업자의 감정가액은 ₩23,000,000이다.

6. 제품을 다음과 같이 중간지급조건부로 직수출하기로 하였다. 총공급가액은 $40,000이며, 선적일에 잔금을 수령한다.

일자	2026. 10. 10. (계약일)	2026. 12. 20. (1차 중도금)	2027. 2. 20. (2차 중도금)	2027. 4. 20. (선적일)
수령금액	$10,000	$10,000	$10,000	$10,000
기준환율(₩/$)	1,000	1,050	1,100	1,150

7. 제품을 다음과 같이 국내거래처에 내국신용장에 의하여 공급하였다.

매출처	거래금액	제품인도일	내국신용장개설일
㈜A	₩10,000,000	2026. 10. 1.	2026. 6. 30.
㈜B	12,000,000	2026. 11. 1.	2027. 1. 25.
㈜C	13,000,000	2026. 12. 1.	2027. 1. 30.

8. 국내사업장이 없는 비거주자에게 $20,000의 제품을 2026. 10. 10.에 인도하고 그 대금은 2026. 12. 10.에 미화($)로 수령하였다.

일 자	2026. 10. 10.	2026. 12. 10.
기준환율(₩/$)	1,000	1,100
대고객외국환매입률(₩/$)	990	1,080

9. 2026. 11. 10.에 동종업종의 다른 사업자에게 제품의 원재료(수량 100개, 장부가액 ₩15,000,000, 시가 ₩16,000,000)를 대여하고 2026. 12. 10.에 동일한 원재료(수량 100개, 시가 ₩17,000,000)를 반환받았다.

[물 음]

자료를 이용하여 ㈜세무의 2026년 제2기 과세기간 최종 3개월(2026. 10. 1.～2026. 12. 31.)의 부가가치세 과세표준과 세율 및 매출세액을 다음의 〈답안양식〉에 따라 제시하시오.

〈답안양식〉

자료의 항목번호	과세표준	세율	매출세액
1			
· ·			
9			
합 계			

해답

〈자료 1〉의 항목번호	과세표준	세율	매출세액
1	50,000,000	10%	5,000,000
2	8,000,000	10%	800,000
3	12,000,000	10%	1,200,000
4	17,000,000*1	10%	1,700,000
5	20,000,000	10%	2,000,000
6	0*2	0%	0
7	22,000,000*3	0%	0
	13,000,000*3	10%	1,300,000
8	20,000,000〈주〉	10%	2,000,000
9	16,000,000	10%	1,600,000
합 계	178,000,000		15,600,000

〈주〉 $20,000 × 1,000*4 = 20,000,000

해설

1. 해답상 '*'에 대한 설명

*1 ① 9,000,000 : 선세금계산서 발급하고 7일 이내에 대가를 받았으므로 발급일인 2026. 12. 30.이 공급시기이다.
② 8,000,000 : 공급시기 전에 대가를 받고 그 받은 대가에 대해서 세금계산서를 발급하였으므로 발급일인 2026. 12. 30.이 공급시기이다.

*2 중간지급조건부 수출의 공급시기는 선적일이므로 2027. 4. 20.이 공급시기이다.

*3 10,000,000과 12,000,000은 공급시기(인도일)가 속하는 과세기간이 끝난 후 25일 이내에 내국신용장을 개설했으므로 0%, 13,000,000은 25일이 지난 후 개설했으므로 10% 세율을 적용한다.

*4 공급시기인 2026. 10. 10.의 기준환율

부가유예 2 공급시기

다음 자료를 이용하여 ㈜청계의 2026년 제1기 확정신고기간(2026. 4. 1.~2026. 6. 30.)의 부가가치세 매출세액을 계산하시오.

〈자 료〉

회사는 아파트를 건설하여 분양하는데, 분양대금은 계약금으로 10%(계약시), 1차 중도금으로 20%(계약일로부터 3개월 후), 2차 중도금으로 30%(계약일로부터 6개월 후), 입주시 잔금으로 40%(계약일로부터 12개월 후, 잔금지급하면 이용가능함)를 받기로 계약하고 있으며, 실제로 연체없이 약정된 기간에 입금되었다. 제1기 확정신고기간의 분양내역은 다음과 같다. 분양금액의 20%는 토지가격이며, 80%는 주택가격이다.

구 분	2026. 4. 1.~6. 30.의 총계약금액	계약금 입금액	중도금 입금액*	잔금 입금액*
국 민 주 택	₩300,000,000	₩30,000,000	₩200,000,000	₩70,000,000
국민주택규모 초 과 주 택	400,000,000	40,000,000	250,000,000	190,000,000

* 중도금 · 잔금입금액에는 이전 기간 계약분이 포함되어 있다.

해 답

1. 과세표준 : (40,000,000 + 250,000,000 + 190,000,000) × 80% = 384,000,000
2. 매출세액 : 384,000,000 × 10% = 38,400,000

해 설

국민주택규모 초과 주택 중 건물 부분의 공급만 과세대상이며, 중간지급조건부이므로 대가의 각 부분을 받기로 한 때가 공급시기이다.

[그림] 2026. 4. 1. ~ 2026. 6. 30.에 대가의 각 부분을 받기로 한 금액

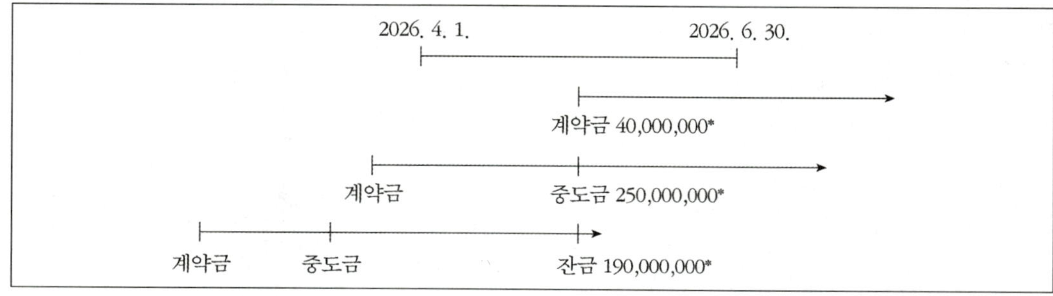

* 자료에 '연체없이 약정된 기간에 입금되었다'고 하였으므로 입금된 금액이 곧 받기로 한 금액이다.

부가유예 3 부동산 등 일괄공급

다음은 겸영사업자인 ㈜민국의 부가가치세 계산자료이다. 자료를 이용하여 물음에 답하시오.

〈2015. CTA〉

〈자 료〉

1. 복숭아 판매와 복숭아통조림을 가공·판매하는 ㈜민국은 2026. 6. 25. 토지와 토지에 정착된 건물 및 기계장치를 ₩532,500,000(부가가치세 포함)에 일괄양도하였다. 양도일의 토지, 건물, 기계장치의 실지거래가액은 불분명하고, 취득가액, 장부가액 및 기준시가는 다음과 같으며 감정평가액은 없다.

(단위 : 원)

구 분	토 지	건 물	기 계 장 치
취 득 가 액	30,000,000	50,000,000	30,000,000
장 부 가 액	30,000,000	40,000,000	10,000,000
기 준 시 가	20,000,000	30,000,000	—

2. 건물은 복숭아 판매와 복숭아통조림 가공·판매에 공통으로 사용하는 용도이다. 건물 매입시 사용면적비율에 의해 공통매입세액을 안분계산하였으며, 건물 사용면적 비율은 복숭아 판매용 면적 30%, 복숭아통조림 가공·판매용 면적 70%이며, 이 면적은 취득 후 변동이 없다.

3. 기계장치는 복숭아통조림 가공용이다.

[물 음]

자료를 이용하여 토지, 건물, 기계장치의 과세표준을 계산하시오.

해답

[견해 1]

1. 안분기준

구 분		1차 : 장부가액		2차 : 기준시가	
면세	토지		30,000,000		20,000,000
	건물(30%)	40,000,000 × 30% =	12,000,000	30,000,000 × 30% =	9,000,000
과세	건물(70%)	40,000,000 × 70% × 1.1 =	30,800,000	30,000,000 × 70% × 1.1 =	23,100,000
	기계	10,000,000 × 1.1 =	11,000,000		—
계			83,800,000		52,100,000

2. 과세표준

① 토지(면세) : 0

② 건물 : $\left(532{,}500{,}000 \times \overset{1차}{\frac{30{,}000{,}000 + 12{,}000{,}000 + 30{,}800{,}000}{83{,}800{,}000}} \times \overset{2차}{\frac{23{,}100{,}000}{52{,}100{,}000}}\right) \times \frac{100}{110}$

$= 186{,}461{,}229$

③ 기계 : $\left(532{,}500{,}000 \times \frac{11{,}000{,}000}{83{,}800{,}000}\right) \times \frac{100}{110} = 63{,}544{,}152$

④ 계 : 250,005,381

[견해 2]

1. 안분기준

구 분		1차 : 장부가액		2차 : 기준시가		안분비율
면세	토지	30,000,000	87.5%	20,000,000	58%	(87.5%×58%=50.75%)×1= 50.75%
	건물(30%)	12,000,000		9,000,000		
과세	건물(70%)	28,000,000		21,000,000	42%	(87.5%×42%=36.75%)×1.1=40.425%
	기계	10,000,000	12.5%			12.5%×1.1 = 13.75%
계		80,000,000	100%	50,000,000	100%	100% 104.925%

2. 과세표준

① 토지(면세) : 0

② 건물 : $532{,}500{,}000 \times \frac{36.75}{104.925} =$ 186,508,220

③ 기계 : $532{,}500{,}000 \times \frac{12.5}{104.925} =$ 63,438,170

249,946,390

부가유예 4 매출세액

상호 독립된 각 물음에 답하시오. 〈2020. CPA〉

[물음 1]

다음은 상호 독립된 각 과세사업자의 2026년 제1기 부가가치세 관련 자료이다. 별도의 언급이 없는 한 제시된 금액은 부가가치세가 포함되지 않은 금액이며, 세금계산서는 적법하게 발급되었다.

〈자 료〉

1. ㈜A는 다음과 같이 기계장치를 매각하는 계약을 체결하였다.

구 분	기계장치A	기계장치B*1
계약금	10,000,000원 (2026. 3. 20.)	8,000,000원 (2026. 5. 20.)
중도금	10,000,000원 (2026. 6. 20.)	8,000,000원 (2026. 8. 20.)
잔 금	10,000,000원 (2026. 9. 20.)	8,000,000원 (2026. 11. 20.)
인도일	2026. 3. 20.	2026. 11. 20.

*1 2026년 5월 20일에 계약금만 수령하고 기계장치 공급가액 전액에 대하여 세금계산서를 발급하였다.

2. ㈜B는 2026년 4월 4일에 장부가액 25,000,000원인 기계장치A(시가 20,000,000원)를 개인사업자 갑의 기계장치B(시가 불분명)와 교환하였다. 교환시점의 기계장치B의 감정가액은 19,000,000원, 상속세 및 증여세법상 보충적 평가액은 17,000,000원이다.

3. ㈜C는 외국에서 반입한 원재료를 가공하여 생산한 제품을 국내에 공급하는 보세구역 내의 사업자이다. ㈜C는 보세구역 밖에 있는 국내사업자 갑과 을에게 다음과 같이 제품을 공급하였다.

   ① 제품A(인도일 2026년 4월 25일)를 사업자 갑에게 10,000,000원에 공급하였다. 이에 대한 관세의 과세가격은 5,000,000원, 관세는 500,000원, 개별소비세는 1,500,000원이다.

   ② 제품B(인도일 2026년 6월 25일)를 사업자 을에게 20,000,000원에 공급하였다. 이에 대하여 세관장이 징수한 부가가치세는 1,700,000원이다.

4. ㈜D는 도시지역 안에 있는 겸용주택을 다음과 같이 임대하고 있다. 겸용주택은 2층 건물로 1층(500m²)은 상가로, 2층(500m²)은 주택으로 임대하고 있으며, 부수토지면적은 3,000m²이다. 각 층의 면적에 지하층 및 주차용 면적은 제외되어 있다.

① 임대계약조건

구 분	내 용
임대기간	2026. 4. 1.~2028. 3. 31.
월임대료	2,000,000원
임대보증금	146,000,000원*2

*2 임대보증금 운용수입으로 155,200원의 이자수익이 발생하였다.

② 2026년 6월 30일 현재 겸용주택의 감정가액 및 기준시가 내역

구 분	감정가액	기준시가
토지	250,000,000원	160,000,000원
건물	150,000,000원	160,000,000원
합계	400,000,000원	320,000,000원

③ 2026년 6월 30일 현재 계약기간 1년의 정기예금이자율은 1.8%이다.

5. ㈜E는 2026년 5월 30일에 국내사업장이 없는 외국법인과 직접 판매계약을 체결하고 그 외국법인이 지정하는 국내사업자 갑과 을에게 각각 다음과 같이 제품을 인도한 후, 그 대금을 외국환은행에서 원화로 수령하였다.

① 제품A(공급가액 10,000,000원)를 갑에게 인도하였으며, 갑은 제품A를 그대로 외국법인에 반출하였다.

② 제품B(공급가액 20,000,000원)를 을에게 인도하였으며, 을은 제품B 중 70%를 과세사업에, 30%를 면세사업에 사용하였다.

[요구사항]

각 사업자가 2026년 제1기 부가가치세 확정신고 시 신고해야 할 과세표준을 다음의 답안 양식에 따라 제시하시오. 단, 2026년 제1기 부가가치세 예정신고는 적법하게 이루어졌다.

〈답안양식〉

구 분	과세표준	
	과세	영세율
㈜A		
㈜B		
㈜C		
㈜D		
㈜E		

[물음 2]

다음은 과세사업과 면세사업을 겸영하고 있는 ㈜한국의 부가가치세 신고 관련 자료이다. 별도의 언급이 없는 한 제시된 금액은 부가가치세가 포함되지 않은 금액이다.

〈자 료〉

1. 다음은 ㈜한국이 2026년 3월 20일 현재 사업에 사용하던 자산의 내역이다. 아래 자산 중 건물과 토지는 과세사업과 면세사업 겸용자산이며, 다른 자산은 과세사업 전용자산이다.

구 분*1	취득일	취득가액	시가
원재료	2025. 12. 5.	10,000,000원	7,000,000원
건물	2023. 7. 15.	80,000,000원	90,000,000원
토지	2018. 10. 5.	40,000,000원	80,000,000원
차량	2025. 2. 20.	30,000,000원	18,000,000원
기계장치	2025. 7. 10.	20,000,000원	15,000,000원
비품	2023. 9. 13.	5,000,000원	2,000,000원

*1 위 자산 중 토지와 차량(소형승용차)은 매입당시 매입세액공제를 받지 못하였으며, 나머지 자산은 매입당시 매입세액공제를 받았다.

2. ㈜한국은 2026년 1월 10일 제품을 인도하고 1월 31일부터 매월 말일에 1,000,000원씩 총 12회에 걸쳐 대금을 수령하기로 약정하였다. 이 건 이외에 2026년 제1기의 과세매출은 없다.

3. 각 과세기간별 과세공급가액과 면세공급가액 비율은 다음과 같다.

과세기간	과세공급가액	면세공급가액
2025년 제2기	80%	20%
2026년 제1기	70%	30%

[요구사항]

㈜한국이 2026년 3월 20일에 폐업하는 경우, 2026년 제1기 부가가치세 과세표준을 각 재화별로 다음의 〈답안양식〉에 따라 제시하시오.

〈답안양식〉

구 분	과세표준
원재료	
건물	
토지	
차량	
기계장치	
비품	
제품	
합계	

해 답

[물음 1]

구 분	과세표준	
	과세	영세율
㈜A	8,000,000*1	
㈜B	20,000,000	
㈜C	6,000,000〈주1〉	
㈜D	3,604,900〈주2〉	
㈜E	6,000,000〈주4〉	24,000,000〈주3〉

〈주1〉

공급가액 − 세관장 징수분

제품 A : 10,000,000 − (5,000,000+500,000+1,500,000) = 3,000,000

제품 B : $20{,}000{,}000 - \frac{1{,}700{,}000}{10\%} =$ 3,000,000

합계: 6,000,000

〈주2〉

(1) 과세면적

상가 : 500m^2

토지 : $3{,}000 - \min\left[\max\left(500,\ 500\times\frac{500}{1{,}000}\times 5\right),\ 3{,}000\times\frac{500}{1{,}000}\right]$

$= 1{,}750m^2$

(2) 과세표준

2,000,000 × 3 = 6,000,000

$146{,}000{,}000 \times 1.8\% \times \frac{91}{365} =$ 655,200

합계 6,655,200

$\times \frac{160{,}000{,}000}{320{,}000{,}000} \times \frac{500}{1{,}000} =$ 1,663,800

$\times \frac{160{,}000{,}000}{320{,}000{,}000} \times \frac{1{,}750}{3{,}000} =$ 1,941,100

합계 3,604,900

〈주3〉 10,000,000 (제품 A) + 20,000,000 × 70% (제품 B) = 24,000,000

〈주4〉 20,000,000 × 30% = 6,000,000

[물음 2]

구 분	과세표준
원재료	7,000,000
건물	48,000,000〈주1〉
토지	—
차량	—
기계장치	15,000,000〈주2〉
비품	—〈주3〉
제품	12,000,000〈주4〉
합계	82,000,000

〈주1〉 80,000,000 × (1−5%×5) × 80%*2 = 48,000,000

〈주2〉 20,000,000 × (1−25%×1) = 15,000,000

〈주3〉 5,000,000 × (1−25%×4) = 0

〈주4〉 1,000,000 × 12*3 = 12,000,000

해 설

1. 해답상 '*'에 대한 설명

*1 ① 기계 A : 단기할부판매 → ∴ 공급시기 : 인도일인 2026. 3. 20.

② 기계 B : 계약금을 받기로 한 날의 다음 날(2026. 5. 21.)부터 인도일(2026. 11. 20.)까지의 기간이 6개월 이상이고 그 기간에 계약금 외의 대가를 분할하여 수령 → ∴ 중간지급조건부 → ∴ 공급시기 : 대가의 각 부분을 받기로 한 때(중간지급조건부 공급의 경우 대가를 받지 않은 선세금계산서 발급은 인정되지 않음)

*2 겸영사업자의 폐업시 남아 있는 감가상각자산에 대한 간주공급 과세표준 계산시 '직전 $\frac{\text{과세공급가액}}{\text{총공급가액}}$' 비율로 안분계산한다.

*3 인도일의 다음 날(2026. 1. 11.)부터 최종 할부금 지급일(2026. 12. 31.)까지의 기간이 1년 미만이므로 단기할부판매에 해당된다. 따라서 인도일이 공급시기이다.

[참고] 만약 해당 거래가 장기할부판매에 해당되고 대가의 각 부분을 받기로 한 때가 폐업일 이후에 도래하는 경우에는 폐업일 이후에 받기로 한 금액의 공급시기는 폐업일이 된다.

부가유예 5 매출세액

다음은 제조업과 부동산임대업을 겸영하는 일반과세자인 ㈜대한의 2026년 제2기 부가가치세 과세기간 최종 3개월(2026. 10. 1.~2026. 12. 31.)의 거래 자료이다(단, 별도의 언급이 없는 한 자료에 제시된 금액은 부가가치세가 포함되지 아니한 금액이며 세금계산서는 공급시기에 적법하게 발급되었다). 〈2021. CTA 수정〉

1. 2026. 10. 2. 본사 건물 일부에 대한 전세임대계약(임대기간 2026. 10. 3.~2027. 10. 2.)을 체결하고, 2026년 10월 5일에 임대보증금 ₩732,000,000을 수령하였다. 2026년 12월 31일 기준 국세청장이 고시하는 이자율은 2.4%로 가정한다.

2. 2026. 10. 4. 제품 A를 운송비 ₩50,000과 하자보증금 ₩150,000을 포함하여 ₩2,000,000에 판매하고, 판매장려금 ₩100,000을 차감한 ₩1,900,000을 수령하였다.

3. 2026. 10. 11. 제품 B를 거래처 ㈜ABC에게 시가인 ₩1,000,000에 판매하였다. 판매대금은 ㈜ABC에게 제품 인도시 ₩500,000을 현금으로 수령하였고 ₩400,000은 ㈜대한이 ㈜ABC에게 적립해 준 자기적립마일리지로 결제받았으며, 나머지 ₩100,000은 ㈜S카드가 ㈜ABC에게 제공한 마일리지로 결제받았다(단, ㈜대한과 ㈜S카드는 세법상 특수 관계인이 아니며, ㈜대한은 마일리지 결제액에 대하여 거래일이 속한 월의 말일에 ㈜S카드로부터 전액 현금으로 보전받았다).

4. 2026. 11. 1. 판매가액 ₩6,000,000인 제품 C를 잔금회수일에 인도하기로 하는 판매계약을 체결하였으며 판매대금의 회수약정일은 다음과 같다.

구 분	금 액	회수약정일
계약금	₩1,000,000	2026. 11. 5.
중도금	3,000,000	2027. 3. 5.
잔금	2,000,000	2027. 7. 5.

5. 2026. 11. 10. 거래처로부터 원재료(시가 ₩1,000,000)를 차용하여 사용한 후 2026. 12. 10.에 다른 종류의 원재료(취득원가 ₩1,000,000, 시가 ₩1,200,000)를 구입하여 반환하였다.

6. 2026. 11. 11. 제품 E에 대해 해외 K사와 $10,000 수출계약을 체결하고 2026년 11월 15일에 제품을 선적하였다. 수출대금 중 $3,000는 2026년 11월 12일에 수령하여 원화 ₩3,150,000으로 환가하였으며, 나머지 $7,000는 2026년 11월 20일에 수령하여 2026년 11월 30일에 원화로 환가하였다.

구 분	2026. 11. 11.	2026. 11. 12.	2026. 11. 15.	2026. 11. 20.	2026. 11. 30.
기준환율/$	₩1,000	₩1,050	₩1,100	₩1,150	₩1,200

7. 2026. 12. 1. 제조업에 사용하던 토지, 건물 및 기계장치를 일괄하여 매각하면서 현금 ₩400,000,000을 수령하였다. 양도자산의 장부가액과 기준시가는 매각일 현재가액이며, 감정가액은 2026년 6월 30일 평가가액이다.

구 분	취득가액	장부가액	기준시가	감정가액
토지	₩100,000,000	₩100,000,000	₩300,000,000	₩500,000,000
건물	160,000,000	50,000,000	100,000,000	200,000,000
기계장치	100,000,000	50,000,000	—	—

[물 음]

자료를 이용하여 ㈜대한의 2026년 제2기 과세기간 최종 3개월(2026. 10. 1.～2026. 12. 31.)의 부가가치세 과세표준을 다음의 〈답안양식〉에 따라 작성하시오.

〈답안양식〉

번호	과세표준
1	
· ·	
7	

해답

번호	과세표준
1	$732,000,000 \times 2.4\% \times \frac{90}{365} =$ 4,331,835
2	2,000,000*1
3	500,000 + 100,000 = 600,000
4	1,000,000*2
5	1,200,000
6	3,150,000 + $7,000 × 1,100 = 10,850,000
7	건 물 : $400,000,000 \times \frac{100,000,000 + 50,000,000}{200,000,000}$ (1차(장부가액)) $\times \frac{100,000,000}{400,000,000}$ (2차(기준시가)) = 75,000,000 기계장치 : $400,000,000 \times \frac{50,000,000}{200,000,000} =$ 100,000,000 175,000,000

해설

1. 해답상 '*'에 대한 설명

*1 ① 별도 언급이 없는 운송비는 대가의 일부로 받는 것으로 보아 과세표준에 포함한다.
② 하자보증금과 판매장려금은 과세표준에서 공제하지 않는다.

*2 중간지급조건부공급이므로 대가의 각 부분을 받기로 한 때가 공급시기이다. 따라서 2026년 제2기 과세기간 최종 3개월에 받기로 한 금액인 1,000,000을 과세표준으로 한다.

부가유예 6 매출세액

다음 자료는 일반과세사업자인 ㈜금강의 2026년 4월 1일부터 2026년 6월 30일까지 제1기 확정신고기간에 대한 부가가치세 신고내역 자료이다. 이를 참고하여 물음에 답하시오. 다만, 별도의 언급이 없는 한 제시한 금액은 부가가치세가 포함되지 않은 금액이며, 아래 2번에 제시된 사항 외의 거래에 대해서는 세금계산서 등 관련 증빙을 적정하게 발급한 것으로 가정한다. 〈2010. CPA 수정〉

〈자 료〉

1. ㈜금강의 2026년 제1기 확정신고를 위한 부가가치세 신고서 일부를 발췌하면 다음과 같다.

(단위 : 원)

구 분			금 액	세 액
과세표준 및 매출세액	과 세	세금계산서 발급분	6,000,000,000	600,000,000
		기 타	1,200,000,000	120,000,000
	영 세 율	세금계산서 발급분	750,000,000	—
		기 타	432,500,000	—
	합 계		8,382,500,000	720,000,000

2. ㈜금강의 2026년 제1기 확정신고서상 과세표준 및 매출세액에 포함되거나 포함되지 아니한 거래 중 일부를 요약하면 다음과 같다.
   ① 2026년 제1기 확정신고기간 중 ㈜한라에 대한 매출과 관련하여 약정된 수량 초과에 따라 제공된 에누리금액 ₩10,000,000이 세금계산서발급분(과세)에 포함되어 있다.
   ② 2026년 제1기 확정신고기간 중 ㈜금강은 ㈜도매에 판매장려 목적으로 제품(원가 ₩3,000,000, 시가 ₩5,000,000 상당액)을 무상으로 제공하면서 세금계산서를 발급하지 않았으며, 2026년 제1기 확정신고에 포함하지 않았다.
   ③ 2025년 제2기 확정신고시 포함된 ㈜고려에 대한 매출채권을 2026년 제1기 확정신고 기간 중 회수하면서 지연이자로서 ₩1,000,000을 수령하였으나 세금계산서를 발급하지 않았고, 2026년 제1기 확정신고에 포함하지 않았다.

④ 2026년 제1기 확정신고기간 중 사업에 사용하던 토지, 건물 및 기계장치를 ₩400,000,000(각 자산별 거래가액 구분이 불명확함)에 매각하면서 공급가액을 ₩150,000,000으로 하는 세금계산서를 발급하고, 세금계산서발급분(과세)에 포함하였다. 양도자산에 대한 가액은 다음과 같다.

(단위 : 원)

구 분	토 지	건 물	기계장치
기 준 시 가	300,000,000	100,000,000	없음
장 부 가 액	100,000,000	50,000,000	50,000,000
감정평가액	없음	없음	없음

⑤ 2026년 제1기 확정신고기간 중 수출업자인 ㈜무역의 신청에 의해 ㈜백두은행이 발행한 내국신용장에 의하여 제품을 ㈜무역에 공급하면서 세금계산서를 발급하지 않았고, 영세율(기타)에 ₩20,000,000을 포함하였다.

⑥ 2026년 4월 5일 ㈜금강은 싱가폴수입업자와 제품 10개를 개당 $1,200에 수출하는 계약을 체결하고, 2026년 5월 10일 수출물품을 선적하였다. 2026년 4월 5일 현재 기준환율은 1달러당 ₩1,150이며, 2026년 5월 10일 현재 기준환율은 1달러당 ₩1,200이다. ㈜금강은 2026년 제1기 확정신고시 2026년 4월 5일 현재 기준환율을 적용하여 환산한 ₩13,800,000을 영세율(기타)에 포함하였다.

⑦ 2026년 제1기 확정신고기간 중 공장에 위치한 사무실 일부를 ㈜임차에 임대하면서 매월 말일에 ₩1,000,000을 임대료로 수령하기로 하였으나, 6월 말일에 받기로 한 임대료를 수령하지 못하였다. 이에 따라 동 임대료에 대해 세금계산서를 발급하지 않았고 2026년 제1기 확정신고에 포함하지 않았다.

[물 음]

자료 2번 거래를 부가가치세법에 따라 적정하게 수정한다면 2026년 제1기 확정신고서상 공급가액 합계액이 어떻게 수정되는지 다음 수정예시사항을 참고하여 답안양식에 따라 제시하시오. 이때 가산 시에는 (+), 차감 시에는 (−)를 앞에 표시하시오.

수정예시1 : 과세표준(공급가액)이 과대한 경우 과대금액을 차감, 과세표준(공급가액)이 과소한 경우 과소금액을 가산

수정예시2 : 세금계산서 발급대상이나 발급하지 아니하여 세금계산서 발급분에 포함되지 아니한 경우 세금계산서 발급분에 가산

수정예시3 : 세금계산서 발급대상이나 발급하지 않고 기타에 포함한 경우 기타에서 차감

〈답안양식〉

(단위 : 원)

구 분	과 세		영 세 율	
	세금계산서 발급분	기 타	세금계산서 발급분	기 타
수정전 금액	6,000,000,000	1,200,000,000	750,000,000	432,500,000
거 래 ①				
⋮				
거 래 ⑦				
수정후 금액				

해답

• 공급가액

(단위 : 원)

구 분	과 세		영 세 율	
	세금계산서 발급분	기 타	세금계산서 발급분	기 타
수정전 금액	6,000,000,000	1,200,000,000	750,000,000	432,500,000
거 래 ①	(−)10,000,000			
거 래 ②		(+)5,000,000		
거 래 ③				
거 래 ④	(+)25,000,000*1			
거 래 ⑤			(+)20,000,000	(−)20,000,000
거 래 ⑥				(+)600,000*2
거 래 ⑦	(+)1,000,000			
수정후 금액	6,016,000,000	1,205,000,000	770,000,000	413,100,000

*1 (1) 과세표준

• 건 물 : $400,000,000 \times \frac{150,000,000}{200,000,000} \times \frac{100,000,000}{400,000,000} =$ 75,000,000

• 기계장치 : $400,000,000 \times \frac{50,000,000}{200,000,000} =$ 100,000,000

175,000,000

(2) 수정금액 : 175,000,000 − 150,000,000 = 25,000,000

*2 10개 × $1,200 × ₩1,200/$ − 13,800,000 = 600,000

부가유예 7 매출세액

다음은 일반과세자인 ㈜대한의 2026년 제2기 부가가치세 관련 자료이다(단, 제시된 금액은 별도의 언급이 없는 한 부가가치세가 포함되지 아니한 금액이며, 세금계산서는 공급시기에 적법하게 발급 및 수취된 것으로 가정한다). 물음에 답하시오. 〈2019. CTA〉

1. 국내 수출업자인 ㈜서울에 내국신용장에 의하여 $120,000의 제품을 2026. 11. 25. 인도하였다. 인도대금 중 $50,000은 2026. 11. 1. 선수하여 원화 ₩60,500,000으로 환가하였으며, 나머지 $70,000은 2027. 1. 5. 수령하였다. 내국신용장은 2027. 1. 10. 개설되었다. 2026. 11. 25. 기준환율은 ₩1,250/$1이며 2027. 1. 5. 기준환율은 ₩1,270/$1이다.

2. 국내사업장이 없는 외국법인이 지정하는 국내사업자 ㈜부산에게 ₩50,000,000의 제품을 인도하고 대금은 외국환은행에서 원화로 수령하였다. ㈜부산은 인도된 제품 중 70%는 과세사업에 30%는 면세사업에 사용하였다.

3. 제조업을 영위하는 ㈜대구(수출업자 ㈜인천에게 내국신용장으로 재화를 공급하고 있음)에게 직접도급계약에 의하여 ₩7,000,000의 수출재화 임가공용역을 제공하였다.

4. 국내에서 대한적십자사에 ₩30,000,000의 재화를 공급하고 원화로 수령하였다. 대한적십자사는 공급받은 재화의 80%를 해외구급봉사에 무상으로 반출하고 20%는 국내에서 사용하였다.

5. ㈜대전에 제품 A와 제품 B를 다음과 같은 대금회수조건으로 판매하기로 계약을 체결하였으며, 잔금지급약정일에 인도하기로 하였다.

구분	계약금		중도금		잔금	
	일자	금액	일자	금액	일자	금액
제품A*[1]	2026. 10. 4.	₩3,000,000	2027. 1. 20.	₩5,000,000	2027. 6. 15.	₩2,000,000
제품B*[2]	2026. 10. 5.	₩4,000,000	2026. 11. 20.	₩6,000,000	2027. 2. 15.	₩5,000,000

*1 2026. 10. 10.에 계약자와의 합의로 제품 A에 대한 중도금 및 잔금 ₩7,000,000을 2027. 6. 15.에 일시에 수령하기로 변경하였다(계약금은 2026. 10. 4.에 수령함).

*2 2026. 10. 30.에 계약자와의 합의로 제품 B에 대한 중도금 ₩6,000,000은 2026. 12. 30.에, 잔금 ₩5,000,000은 2027. 6. 20.에 수령하기로 계약조건을 변경하였다(계약금과 중도금은 해당일자에 수령함).

6. 2026. 10. 5.에 ㈜광주에 제품 C를 ₩27,000,000에 외상으로 판매하고 세금계산서를 발급하였으며 대금은 2026. 12. 5.에 지급기간 연장에 따른 연체이자 ₩450,000을 포함하여 ₩27,450,000을 수령하였다.

7. 2026. 12. 30.에 거래처 ㈜서울에 2026. 7. 1.～2026. 12. 31.까지의 거래 실적에 따라 판매장려금 ₩3,000,000 및 판매장려품(시가 ₩1,560,000, 원가 ₩1,200,000)을 지급하였다.

8. 2026. 11. 1. 고객에게 공기청정기(시가 ₩800,000 원가 ₩600,000)를 판매하고 대금은 S신용카드사가 제공한 마일리지로 전액 결제되었으나, S신용카드사로부터 보전받지 못하였다.

9. 2026. 10. 27.에 과세사업에 사용하던 토지, 건물, 구축물에 대하여 ㈜울산과 일괄양도 계약을 체결하였으며, 대금청산일(소유권이전등기일)은 2026. 12. 27.이다. 양도와 관련된 자료는 다음과 같으며, 매매계약서상 토지, 건물, 구축물의 공급가액을 구분하여 기재하였다. 장부가액과 기준시가는 계약일 현재 가액이며, 감정가액은 2026. 6. 30. 기준으로 평가한 가액이다.

구 분	취득가액	장부가액	기준시가	감정가액	매매계약서상 공급가액
토지	₩140,000,000	₩140,000,000	₩160,000,000	₩180,000,000	₩350,000,000
건물	160,000,000	120,000,000	100,000,000	150,000,000	140,000,000
구축물	100,000,000	50,000,000	—	70,000,000	50,000,000
합계	₩400,000,000	₩310,000,000	₩260,000,000	₩400,000,000	₩540,000,000

[물 음]

자료를 이용하여 ㈜대한의 2026년 제2기 과세기간 최종 3개월(2026. 10. 1.～2026. 12. 31.)의 부가가치세 과세표준 및 매출세액을 다음 양식에 따라 기입하시오.

자료번호	과세표준	세율	매출세액
1			
⋮			
9			

해 답

자료번호	과세표준	세율	매출세액
1	60,500,000 + $70,000 × 1,250 = 148,000,000	0%	0
2	50,000,000 × 70% = 35,000,000	0%	0
	50,000,000 × 30% = 15,000,000	10%	1,500,000
3	7,000,000	10%	700,000
4	30,000,000 × 80% = 24,000,000	0%	0
	30,000,000 × 20% = 6,000,000	10%	600,000
5	3,000,000*1 + (4,000,000+6,000,000)*2 = 13,000,000	10%	1,300,000
6	27,000,000	10%	2,700,000
7	1,560,000*3	10%	156,000
8	800,000*4	10%	80,000
9	① 판단 : 감정가액기준 안분금액과 30%이상 차이가 남(주) ② 계산 : 202,500,000 + 94,500,000 = 297,000,000	10%	29,700,000

〈주〉

(단위 : ₩1,000,000)

구 분	실거래가액	안분금액	차이(비율)
토지	350	243	107 (44%)
건물	140	202.5	62.5(30%)
구축물	50	94.5	44.5(47%)
계	540	540	

해 설

1. 해답상 '*'에 대한 설명

*1 계약당시에는 중간지급조건부 공급이었으나 계약내용 변경으로 중간지급조건부 공급에 해당하지 않게 되었으므로 공급시기는 인도한 날이다. 다만, 계약 내용 변경 전 받은 계약금은 세금계산서를 발급하였을 것이므로 선세금계산서 특례규정에 따라 발급일을 공급시기로 한다.

*2 당초 재화의 공급계약이 중간지급조건부에 해당하지 아니하였으나, 당사자간에 계약조건을 변경하여 중간지급조건부계약으로 변경된 경우 계약변경 이전에 지급한 계약금은 변경계약일을, 변경계약일 이후에는 변경된 계약에 의하여 대가의 각 부분을 받기로 한 때를 각각 공급시기로 본다.

*3 판매장려물품은 사업상증여에 해당하므로 시가를 과세표준으로 한다.

*4 제3자 적립 마일리지 등으로 결제한 금액에 대하여 보전받지 않고 자기생산·취득재화를 공급한 경우에는 시가를 과세표준으로 한다.

부가유예 8 매입세액

다음 자료를 기초로 과세 제조업을 경영하는 ㈜별마로의 2026년 제2기 과세기간 최종3개월(2026. 10. 1.~2026. 12. 31.)의 매입세액공제액을 다음 양식에 따라 계산하시오.

〈답안양식〉

구 분	금 액
세금계산서 수령분 매입세액 신용카드 매출전표 등 수령분 매입세액 매입세액불공제	
매입세액공제	

〈자 료〉

2026년 10월 1일부터 2026년 12월 31일 기간 동안의 총매입액은 ₩400,000,000(부가가치세 제외금액)인데, 그 금액에는 다음의 매입가액이 포함되어 있다. 공급하는 사업자는 세금계산서를 「부가가치세법」에 따라 적정하게 발급하였으며, 제시된 것 외의 매입액은 매입세액이 공제되는 것이다.

① 과세원재료매입액 ₩100,000,000*

* 이 중 ₩20,000,000은 외국에서 수입한 것으로, 세관장으로부터 세금계산서를 발급받은 것이다.

② 전기요금 1,000,000*

* 이 중 ₩300,000은 소액주주가 아닌 출자임원이 거주하는 사택에 대한 것이다.

③ 수도요금 1,800,000

④ 일반영수증수령분 2,000,000

⑤ 광고료 5,000,000

⑥ 9인승 승용자동차 구입 12,000,000

⑦ 종업원간식구입비 3,000,000*

* 신용카드매출전표를 수령한 것으로 이 중 30%만 부가가치세가 구분 가능하다.

⑧ 거래처증정용시계구입 4,000,000

⑨ 종업원병원건강진단비 16,000,000

⑩ 토지 · 건물의 일괄구입가액 ₩150,000,000, 건축물 철거비용 ₩10,000,000, 석축공사비용 ₩3,000,000*

* 건물신축을 위하여 건축물이 있는 토지를 구입한 후 기존 건축물을 철거하였으며, 건물신축을 위한 석축공사를 하였다. 토지와 건물의 감정가액은 없고, 기준시가는 토지 ₩80,000,000, 건물 ₩20,000,000이다.

해 답

구 분	금 액
세금계산서 수령분 매입세액 신용카드 매출전표 수령분 매입세액 매입세액불공제액	25,720,000〈주1〉 90,000〈주2〉 △4,430,000〈주3〉
매입세액공제액	21,380,000

〈주1〉 (400,000,000 － 1,800,000*1 － 2,000,000*2 － 3,000,000*3 － 16,000,000*1 － 120,000,000*4) × 10% ＝ 25,720,000

〈주2〉 (3,000,000×30%) × 10% ＝ 90,000

〈주3〉 [300,000*5 (출자임원 사택 전기요금) ＋ 4,000,000 (거래처 증정용 시계(기업업무추진비)) ＋ (30,000,000＋10,000,000)*4 (건물가액 · 철거비용)] × 10% ＝ 4,430,000*6

해 설

1. 해답상 '*'에 대한 설명

*1 수도요금, 병원 진단비(의료보건용역)는 면세대상으로 세금계산서를 발급받지 못함

*2 일반영수증수취분은 세금계산서 수령분 매입세액이 아님

*3 신용카드매출전표는 영수증이므로 차감하되, 부가가치세가 구분가능한 것은 '〈주2〉'에 기재함

*4 ① 사업자가 기존 건축물이 있는 토지를 매입하여 기존 건축물을 철거하고 건물을 신축하는 경우 기존 건축물의 취득가액과 철거비용은 토지의 자본적 지출에 해당하므로 관련된 매입세액은 공제하지 않는다(부가가치세과－235)(비교 : 자기 소유 노후 건물을 철거하고 신축하는 경우의 철거비용은 매입세액공제함).

② 토지와 구분되는 감가상각자산인 구축물(옹벽, 석축, 하수도, 맨홀 등) 공사관련 매입세액은 공제한다.

③ 계산

		세금계산서
㉠ 일괄구입가액		
• 토지분 : 150,000,000 × $\frac{80,000,000}{100,000,000}$ ＝	120,000,000	발급 ×
• 건물분 :	30,000,000	발급 ○
㉡ 철거비용	10,000,000	발급 ○
㉢ 석축공사비용	3,000,000	발급 ○

㉣ 세금계산서 발급분 중
- 매입세액불공제 대상 : 30,000,000 ＋ 10,000,000 ＝ 40,000,000
- 매입세액공제 대상 : 3,000,000

*5 출자임원(소액주주 임원 제외)이 거주하는 사택 유지비 · 관리비 · 사용료 등은 「법인세법」상 업무무관 비용이므로, 「부가가치세법」상 매입세액공제대상 아님(비출자임원 · 사용인에 대한 것은 업무관련비용으로 봄)

*6 9인승 승용자동차는 정원 8명 이하가 아니므로 소형승용차가 아님. 따라서 매입세액공제대상임

부가유예 9 매입세액

다음 〈자료〉는 일반과세사업자인 ㈜금강의 2026년 4월 1일부터 2026년 6월 30일까지 제1기 확정신고기간에 대한 부가가치세 신고내역이다. 이를 참고하여 물음에 답하라. 다만, 별도의 언급이 없는 한 제시한 금액은 부가가치세가 포함되지 않은 금액이며, 아래 2번에 제시된 사항 외의 거래에 대해서는 세금계산서 등 관련증빙을 적정하게 수령하였다고 가정한다.

〈2010. CPA 수정〉

〈자 료〉

1. ㈜금강의 2026년 제1기 확정신고를 위한 부가가치세 신고서 일부를 발췌하면 다음과 같다.

(단위 : 원)

구 분			금 액	세 액
매입세액	세금계산서 수취분	일반 매입	4,735,000,000	473,500,000
		고정자산매입	1,230,000,000	123,000,000
	예정신고누락분		125,000,000	12,500,000
	기타공제매입세액		78,000,000	7,800,000
	공제받지 못할 매입세액		4,500,000	450,000
	차감계		6,163,500,000	616,350,000

2. ㈜금강의 2026년 제1기 확정신고서상 매입세액에 포함되거나 포함되지 아니한 거래 중 일부를 요약하면 다음과 같다.

   ① 2026년 제1기 확정신고기간 중 ㈜한려로부터 원재료를 구입하면서 약정일자보다 조기에 대가를 지급함에 따라 제공 받은 할인금액 ₩5,000,000을 세금계산서 수취분(일반매입)에 포함하였다.

   ② 2026년 제1기 확정신고기간 중 공장을 신축할 목적으로 ㈜부동산으로부터 토지를 매입하면서 지급한 ₩500,000,000을 세금계산서 수취분(고정자산 매입)에 포함하였다.

   ③ 2026년 제1기 예정신고기간 중 ㈜이연으로부터 원재료를 매입하였으나 예정신고시 누락한 매입가액 ₩50,000,000을 2026년 제1기 확정신고시 예정신고누락분에 포함하였다.

   ④ 2025년 제2기 예정신고기간 중 ㈜누락으로부터 원재료를 ₩30,000,000에 매입하였으나, 2025년 제2기 예정신고 및 2025년 제2기 확정신고에 포함하지 못하여 2026년 제1기 확정신고시 예정신고누락분에 포함하였다.

⑤ 2026년 제1기 확정신고기간 중 대표이사가 사용하는 업무용 승용자동차에 대해 ㈜정비로부터 정비용역을 제공받고 지급한 ₩5,000,000을 세금계산서 수취분(일반매입)에만 포함하였다.

⑥ 2026년 제1기 확정신고기간 중 ㈜금강의 대표이사가 제품의 주요구매자인 ㈜한라에 대한 접대 목적으로 ㈜한라 구매부서 회식에 참여하면서 발생한 회식비 ₩1,100,000(동 금액 중 ₩100,000은 부가가치세이며, 별도로 구분기재되었음)을 ㈜금강의 법인신용카드로 결제하면서 신용카드매출전표를 수령하고 이를 기타공제매입세액에 포함하였다.

[물 음]

자료 2번 거래를 부가가치세법에 따라 적정하게 수정한다면 2026년 제1기 확정신고서상 매입가액 차감계금액이 어떻게 수정되는지 다음 수정예시사항을 참고하여 답안양식에 따라 제시하시오. 이때 가산 시에는 (+), 차감 시에는 (−)를 금액 앞에 표시하시오.

수정예시 1 : 수취한 세금계산서 공급가액이 과대한 경우 세금계산서수취분에서 차감, 과소한 경우 세금계산서수취분에 가산

수정예시 2 : 세금계산서 수취대상은 아니나 수취한 경우 세금계산서수취분에서 차감

수정예시 3 : 예정신고누락분에 포함대상이 아니나 포함한 경우 예정신고누락분에서 차감

수정예시 4 : 불공제 매입세액 대상이나 공제받지 못할 매입세액에 포함하지 아니한 경우 공제받지 못할 매입세액에 가산

수정예시 5 : 기타공제 대상이 아니나 포함한 경우 기타공제에서 차감

〈답안양식〉

(단위 : 원)

구 분	금 액*				
	세금계산서 수취분		예정신고누락	기타공제	공제받지 못할 세액
	일반매입	고정자산매입			
수정전 금액	4,735,000,000	1,230,000,000	125,000,000	78,000,000	4,500,000
거 래 ①					
⋮					
거 래 ⑥					
수정후 금액					

* 대상금액은 매입가액 기준임

해답

• 매입가액

(단위 : 원)

구 분	금 액				
	세금계산서수취분		예정신고누락	기타공제	공제받지 못할 세액
	일반매입	고정자산매입			
수정전 금액	4,735,000,000	1,230,000,000	125,000,000	78,000,000	4,500,000
거 래 ①	(−)5,000,000				
거 래 ②		(−)500,000,000*1			
거 래 ③					
거 래 ④			(−)30,000,000		
거 래 ⑤					(+)5,000,000
거 래 ⑥				(−)1,000,000*2	
수정후 금액	4,730,000,000	730,000,000	95,000,000	77,000,000	9,500,000

해설

1. 해답상 '*'에 대한 설명

*1 토지를 매입하면서 세금계산서를 발급받은 경우 '세금계산서수취분'에 적은 후 '공제받지 못할 세액'으로 차감하는 것이 원칙이다. 그러나 문제의 경우 '수정예시 2'에 따르면 세금계산서 수취대상이 아니나 수취한 경우 세금계산서수취분에서 차감하라고 하였으므로 이에 따라 해답을 작성하였다. → 요구사항에 답안 작성예시나 작성요령이 제시되면 그에 따라야 함에 주의할 것

*2 구매자 접대 목적 회식비 관련 매입세액은 기업업무추진비 관련 매입세액이므로 기타공제(신용카드매출전표 수령분)에서 차감한다. 자료 1번 표를 보면 기타공제매입세액란의 금액 '78,000,000'의 10%인 '7,800,000'이 세액란에 기재되어 있으므로 회식비 1,100,000 중 부가가치세 100,000을 제외한 공급가액 1,000,000만 78,000,000에 포함된 것으로 보아 해답을 작성하였다.

부가유예 10 매입세액

다음은 과세사업(제조 및 임대용역)과 면세사업(교육용역)을 겸영하는 ㈜서울의 2026년 제1기 부가가치세 확정신고기간(2026. 4. 1.~2026. 6. 30.)과 관련된 자료이다. 다음의 자료를 근거로 물음에 답하시오. (단, 별도의 언급이 없는 한 제시금액은 부가가치세가 포함되지 않은 금액이며, 세금계산서는 공급시기에 정당하게 교부 및 수취된 것으로 가정한다)

〈2017. CTA 수정〉

〈자 료〉

1. ㈜서울의 제조부문과 관련된 예정신고 누락사항 및 매입세금계산서 등 지출증빙 수취내역은 다음과 같다.
   (1) 2026. 3. 30.에 원재료를 매입하고 발급받은 세금계산서 ₩5,000,000을 예정신고시 누락하였다.
   (2) 2026. 4. 15.에 사내 워크샵에 독립적으로 강연용역을 제공하는 전문강사를 초빙하여 강연료 ₩500,000을 지급하였다.
   (3) 2026. 6. 1.에 공급받은 원재료 ₩10,000,000에 대하여 공급시기가 2026. 6. 1.로 기재된 전자세금계산서를 2026. 7. 25.에 수취하였다.
   (4) 2026. 6. 10.에 소모품을 구입하고 부가가치세가 별도로 구분 기재된 현금영수증 ₩300,000을 수취하였으며, 2026. 6. 15.에 영수증을 발급하는 과세기간에 재화를 공급하는 간이과세자로부터 사무용품을 구입하고 ₩1,000,000의 영수증을 수취하였다.
   (5) 회사는 보유중인 비상장주식을 매각하였으며, 이와 관련하여 법무사 수수료 및 중개 수수료 ₩5,000,000을 2026. 6. 20.에 지급하였다.
   (6) 2025년 제2기에 기계장치 구입계약을 체결하고 계약금과 중도금을 각각 2025. 12. 1.에 ₩10,000,000, 2026. 3. 10.에 ₩20,000,000을 지급하고 매입세액공제를 받았으나 2026. 6. 25.에 계약이 취소되었다.

2. 2026년 제1기 확정신고기간 중 과세사업용 건물 신축을 위하여 건축물이 있는 토지를 구입한 후 기존 건축물을 철거하였으며, 옹벽공사를 완료하였다. 매매계약서상 토지와 건물의 가액은 구분되어 있지 않으며, 감정가액은 없다. 이와 관련된 세부내역은 다음과 같다.

(1) 일괄구입가격 : ₩300,000,000(부가가치세 제외)

(2) 기준시가 : 토지 ₩180,000,000, 건물 ₩20,000,000

(3) 건축물 철거비용 : ₩20,000,000

(4) 옹벽공사비 : ₩25,000,000

3. 2026. 6. 20.에 임대중인 건물과 부속토지를 양도하기 위하여 부동산 컨설팅 회사와 자문계약을 체결하였으며, 자문수수료로 ₩10,000,000을 지급하였다. 토지와 건물의 기준시가는 각각 ₩80,000,000과 ₩200,000,000이다.

4. 면세사업에 사용하던 사무용 비품 등 일부를 인원변동에 따라 2026. 5. 10.에 과세사업으로 전환하였으며 그 내역은 다음과 같다.

구분	취득일	취득가액	매입세액
책상 및 의자	2023. 2. 10.	₩5,000,000	₩500,000
개인용 컴퓨터	2025. 4. 20.	6,000,000	600,000
회의실 비품*	2025. 7. 12.	10,000,000	1,000,000
소모품	2026. 3. 25.	3,000,000	300,000

* 과세사업과 면세사업에 공통으로 사용하며, 과세사업과 면세사업의 공급가액비율은 각각 40%와 60%이다.

[물 음]

자료를 이용하여 2026년 제1기 부가가치세 확정신고기간의 매입세액 관련 신고내용을 아래의 답안양식에 기입하시오.

자료번호		매입세액	매입세액 불공제액	매입세액 공제액
1	(1)			
	(2)			
	…			
2				
…				

해 답

자료번호		매입세액	매입세액불공제액	매입세액공제액
1	(1)	500,000	—	500,000
	(2)	면세*[1]	—	—
	(3)	1,000,000*[2]		1,000,000
	(4)	30,000*[3]	—	30,000
	(5)	500,000*[4]	500,000	
	(6)	△3,000,000*[5]		△3,000,000
2		계 : 7,500,000 ① (건물분) $300,000,000 \times \frac{20,000,000}{200,000,000} \times 10\%$ $= 3,000,000$ ② 2,000,000 ③ 2,500,000	5,000,000	2,500,000*[6]
3		1,000,000*[7]		1,000,000
4		계 : 600,000 ① $500,000 \times (1-25\%\times4) = 0$ ② $600,000 \times (1-25\%\times2) = 300,000$ ③ $1,000,000 \times (1-25\%\times1) \times 40\% = 300,000$ ④ 소모품은 비상각자산		600,000

해 설

1. 해답상 '*'에 대한 설명

*[1] 개인이 물적시설 없이 근로자 등을 고용하지 않고 독립된 자격으로 제공하는 강연료 · 강사료는 면세되는 인적용역이다.

*[2] 공급시기가 속하는 과세기간에 대한 확정신고기한까지 발급받았으므로 매입세액공제 대상이다.

*[3] 영수증을 발급하는 과세기간에 재화를 공급하는 간이과세자로부터 받은 영수증은 신고서 서식[별지 제21호 서식]에 기재하지 않으므로 답안에 적지 않았다.

*[4] 보유한 주식매각 관련 수수료는 사업과 관련 없는 매입세액이므로 공제되지 않는다.

*[5] 계약의 해제로 공급이 취소되면 계약해제일을 작성일로 하는 수정세금계산서를 발급하므로 매입세액공제액의 차감으로 적는 것이 타당하다.

*[6] 행정해석이나 심판사례에 따르면 옹벽공사비와 관련된 매입세액은 사실판단 결과 건물 건축과 관련된 것이면 매입세액공제하나, 토지와 관련된 것이면 불공제한다. 문제의 경우 자료에 '건물 신축을 위하여'라고 하였으므로 건물과 관련된 것으로 보아 공제액란에 적었다.

*[7] 부동산임대업(과세사업)을 영위하던 사업자가 과세사업에 사용하던 건물과 그 부속토지를 양도하기 위하여 부동산컨설팅 및 중개수수료를 지급하면서 부담한 매입세액은 매출세액에 공제한다(서면상담 3팀—309).

부가유예 11 참고문제

과세재화가 사업자 A, B, C를 거쳐 최종소비자에게 공급되는 경우 A, B, C가 일반과세사업자인 경우 부가가치세 자료는 다음과 같다. 물음에 답하시오.

구 분	A	B	C	계
매 출 액 매 입 액	₩1,000,000 0	₩4,000,000 1,000,000	₩6,000,000 4,000,000	
부 가 가 치	1,000,000	3,000,000	2,000,000	₩6,000,000
매 출 세 액 매 입 세 액	100,000 0	400,000 100,000	600,000 400,000	
납 부 세 액	100,000	300,000	200,000	600,000

[물 음]

1. B사업자가 영세율사업자인 경우 환수효과와 누적효과를 설명하시오.
2. B사업자가 면세사업자인 경우 환수효과와 누적효과를 설명하시오. 다만, B사업자와 C사업자가 창출하는 부가가치를 위 표와 동일한 금액으로 유지하기 위하여 A사업자의 부가가치세를 최종소비자에게 전가한다고 가정한다.

핵심정리

※ 환수효과와 누적효과

1. 환수효과(또는 취소효과)

거래의 중간단계에서 영세율 또는 면세를 적용하고 그 후속단계에서 일반과세를 적용하게 되면 중간단계에서 경감된 세액이 그 후속단계에서 다시 징수(환수)됨에 따라 중간단계에서의 세액경감이 의미가 없게 되는 효과를 말한다.

환수효과 = 중간단계에서 영세율 또는 면세적용으로 경감받은 세액

2. 누적효과

거래의 중간단계에서 면세를 적용하고 그 후속단계에서 일반과세를 적용하게 되면 중간단계에서 면세적용으로 인하여 공제받지 못한 세액만큼 그 후속단계에서 다시 한 번 징수함에 따라 각 거래단계를 통하여 징수한 부가가치세의 합계가 각 거래단계에서 창출한 부가가치에 세율을 곱한 금액보다 많아지게 되는 효과를 말한다.

$$\text{누적효과} = \frac{\text{각 거래단계에서 징수한}}{\text{부가가치세의 합계액}} - \frac{\text{각 거래단계에서 창출한}}{\text{부가가치의 합계액}} \times \text{세율}$$

3. 누적효과를 제거하기 위한 제도

① 거래의 중간단계에 면세사업자가 개입되는 경우 발생하는 누적효과를 제거하기 위하여 의제매입세액공제제도, 재활용폐자원 등에 대한 매입세액공제제도, 면세포기제도를 두고 있다.

② 거래의 중간단계에 간이과세자가 개입되는 경우 발생하는 누적효과를 제거하기 위하여 간이과세포기제도를 두고 있다.

해 답

1. B가 영세율사업자인 경우

(1) 분　석

구　분	A	B(영세율)	C	계
매　출　액 매　입　액	₩1,000,000 0	₩4,000,000 1,000,000	₩6,000,000 4,000,000	
부 가 가 치	1,000,000	3,000,000	2,000,000	₩6,000,000
매 출 세 액 매 입 세 액	100,000 0	0 100,000	600,000 0	
납 부 세 액	100,000	△100,000	600,000	600,000

(2) 환수효과

B가 영세율 적용으로 경감받은 세액 : ($\underbrace{3,000,000}_{\text{B단계의 부가가치}}$ + $\underbrace{1,000,000}_{\text{A단계의 부가가치}}$) × 10% = 400,000*

* 영세율 적용으로 인하여 B가 창출한 부가가치에 대한 세액을 납부하지 아니함은 물론, A단계에서 과세된 부가가치세도 환급받는 혜택을 얻게 된다(완전면세제도).

(3) 누적효과

각 거래단계에서 징수한 부가가치세 합계액 − 각 거래단계별 부가가치 합계액 × 세율
= 600,000 − 6,000,000 × 10% = 0

이와 같이 중간단계에서 영세율이 적용되는 경우 누적효과는 발생하지 않는다.

2. B가 면세사업자인 경우

(1) 분 석

구 분	A	B(면세)	C	계
매 출 액 매 입 액	₩1,000,000 0	₩4,100,000* 1,100,000*	₩6,100,000* 4,100,000	
부 가 가 치	1,000,000	3,000,000	2,000,000	₩6,000,000
매 출 세 액 매 입 세 액	100,000 0	0 0	610,000 0	
납 부 세 액	100,000	0	610,000	710,000

* B가 면세사업자로 매입세액공제를 받지 못하므로 매입가액에 B가 부담한 부가가치세를 가산할 것이며, 그 부가가치세는 B와 C의 매출액에 포함된다.

(2) 환수효과

B가 면세적용으로 경감받은 세액 : 3,000,000(B단계의 부가가치) × 10% = 300,000*

* 면세사업자는 영세율사업자와 달리 A단계에서 과세된 부가가치세를 환급받지 못한다. 따라서 위 해답 '1. (2). *'와는 달리 A단계에서 과세된 부가가치세는 B가 경감받은 세액이 아니다.

(3) 누적효과

각 거래단계에서 징수한 부가가치세 합계액 − 각 거래단계별 부가가치 합계액 × 세율
= 710,000 − 6,000,000 × 10% = 110,000*

* 이는 다음과 같이 계산하여도 된다.
(면세 전단계(A단계)의 [부가가치+부가가치세]) × 10% = (1,000,000+100,000) × 10% = 110,000

해 설

1. 의제매입세액공제제도가 필요한 이유

'[물음] 2'와 같이 B가 면세사업자인 경우 조세의 중립성을 유지하기 위해서는 B의 면세로 매입세액이 공제되지 않아 최종소비자에게 전가된 ₩100,000을 C의 매입세액으로 의제하여 공제하면 된다. 이로 인하여 누적효과는 제거되며 최종소비자 가격은 B가 과세사업자인 경우와 동일하게 ₩6,000,000으로 유지된다.

문제 사례에서의 의제매입세액공제율을 계산하면 다음과 같다.

$$\text{공제율} = \frac{100{,}000(\text{A의 부가가치세})}{4{,}100{,}000(\text{C의 면세 매입액})} \fallingdotseq 2.44\%$$

부가유예 12 겸영사업자

상호 독립된 각 【문】에 답하시오.

【문 1】

다음은 ㈜민국의 부가가치세 관련 자료이다. 단, 별도의 언급이 없는 한 제시된 금액은 부가가치세를 포함하지 않은 금액이며, 세금계산서 및 계산서는 적법하게 수취한 것으로 가정한다. 〈2018. CPA〉

〈자 료〉

㈜민국은 과세사업과 면세사업을 겸영하고 있으며, 과세기간별 공급가액은 다음과 같다.

과세기간	기간구분	과세공급가액	면세공급가액
2025년 제1기	1. 1.~ 3. 31.	4.8억원	5.2억원
	4. 1.~ 6. 30.	5.2억원	4.8억원
2025년 제2기	7. 1.~ 9. 30.	5억원	5억원
	10. 1.~12. 31.	5.8억원	4.2억원
2026년 제1기	1. 1.~ 3. 31.	5억원	5억원
	4. 1.~ 6. 30.	7억원	3억원
2026년 제2기	7. 1.~ 9. 30.	7억원	3억원
	10. 1.~12. 31.	7억원	3억원

① 건물A를 2025년 1월 1일 55,000,000원(부가가치세 포함)에 구입한 후 과세사업과 면세사업에 공통으로 사용하였으며, 2026년 12월 31일 40,000,000원에 매각하였다.

② 기계장치B를 2026년 7월 1일 22,000,000원(부가가치세 포함)에 구입한 후 과세사업과 면세사업에 공통으로 사용하였으며, 2026년 11월 1일 10,000,000원에 매각하였다.

[물 음]

㈜민국의 건물A와 기계장치B의 취득과 관련된 다음 각 금액을 〈답안양식〉에 따라 제시하시오. 단, 정산 및 재계산의 경우 납부세액을 증가시키면 (+), 감소시키면 (−) 부호를 금액과 함께 기재하시오.

〈답안양식〉

건물A	금 액
2025년 제1기 확정신고시 공통매입세액 정산액	
2025년 제2기 납부(환급)세액 재계산액	
2026년 제1기 납부(환급)세액 재계산액	
2026년 제2기 납부(환급)세액 재계산액	

기계장치B	금 액
2026년 제2기 예정신고시 공제받지 못할 매입세액	
2026년 제2기 확정신고시 공통매입세액 정산액	

【문 2】

다음은 과세사업과 면세사업을 겸영하는 ㈜한국(중소기업 아님)의 2026년 과세기간의 자료이다(단, 별도의 언급이 없는 한 세금계산서 및 계산서는 적법하게 발급 및 수취한 것으로 가정한다). 〈2018. CTA〉

〈자 료〉

1. 공급가액

구 분	2026년 제1기	2026년 제2기		
		7. 1.~9. 30.	10. 1.~12. 31.	계
과일판매사업	₩90,000,000	₩62,500,000	₩83,300,000	₩145,800,000
과일통조림사업	247,500,000	132,812,500	207,387,500	340,200,000
부동산임대사업	112,500,000	54,687,500	59,312,500	114,000,000
계	₩450,000,000	₩250,000,000	₩350,000,000	₩600,000,000

2. 세금계산서수취분 매입세액

구 분	2026. 7. 1.~2026. 9. 30.	2026. 10. 1.~2026. 12. 31.
과일판매사업	₩4,000,000	₩4,500,000
과일통조림사업	10,000,000	14,000,000
부동산임대사업	1,000,000	1,500,000
공통매입세액*	5,000,000	4,000,000
합 계	₩20,000,000	₩24,000,000

* 공통매입세액은 과일판매사업, 과일통조림사업 및 부동산임대사업의 공통매입세액으로서 실지귀속을 확인할 수 없다.

3. 2026년 제2기 과세기간 최종 3개월(2026. 10. 1.~2026. 12. 31.)에 신용카드매출전표를 수취한 매입세액은 다음과 같으며, 신용카드매출전표 수령명세서는 적법하게 제출하였다.
   ① 과일판매사업과 과일통조림사업에 공통으로 사용되는 소모품의 매입세액 ₩500,000
   ② 과일판매사업, 과일통조림사업과 부동산임대사업에 공통으로 사용되는 비품의 매입세액 ₩1,000,000

4. 트럭을 2025. 4. 10.에 구입(취득시 매입세액 ₩3,000,000)하여 과일판매사업에서 사용해오던 중, 2026. 11. 25.부터 과일통조림사업에도 공통으로 사용하였다.

5. 2026년 제2기 과세기간 중 과일판매사업과 과일통조림사업에 사용될 과일의 매입과 사용내역은 다음과 같으며, 의제매입세액 공제 요건을 충족한다. ㈜한국은 과일의 매입시기가 한 과세기간에 집중되는 법인이 아니며, 2026년 제1기 과세기간에서 이월된 재고는 없다.

구 분	적 요	2026. 7. 1.~2026. 9. 30.	2026. 10. 1.~2026. 12. 31.
입 고	기간 초일 과일재고액	₩0	₩7,000,000
	과 일 매 입	80,640,000	111,260,000
출 고	과 일 판 매 로 사 용	32,500,000	41,800,000
	과일통조림 원료로 사용	41,140,000	66,960,000
	기간 말일 과일재고액*	7,000,000	9,500,000

* 면세사업과 과세사업에 대한 실지귀속을 확인할 수 없다.

6. 2026년 제2기 예정신고는 적정하게 이루어졌으며, 세부담 최소화를 가정한다.

[물 음]

〈자료〉를 이용하여 ㈜한국의 2026년 제2기 확정신고시 매입세액 공제액을 다음의 〈답안양식〉에 따라 제시하시오(단, 의제매입세액 공제율은 2/102이며, 의제매입세액 공제한도는 고려하지 않는다).

〈답안양식〉

구 분	세 액
(1) 세금계산서수취분 매입세액	
(2) 신용카드매출전표등 수령명세서 제출분	
(3) 의제매입세액	
(4) 과세사업전환 매입세액	
(5) 공제받지 못할 매입세액	
(6) 공통매입세액 면세사업등분	
(7) 차가감 계 {(1)+(2)+(3)+(4)−(5)−(6)}	

해답

【문 1】

건물A	금 액
2025년 제1기 확정신고시 공통매입세액 정산액	(−)100,000〈주1〉
2025년 제2기 납부(환급)세액 재계산액	0〈주2〉
2026년 제1기 납부(환급)세액 재계산액	(−)450,000〈주3〉
2026년 제2기 납부(환급)세액 재계산액	0〈주4〉

기계장치B	금 액
2026년 제2기 예정신고시 공제받지 못할 매입세액	600,000〈주5〉
2026년 제2기 확정신고시 공통매입세액 정산액	(+)200,000〈주6〉

〈주1〉 (1) 면세비율

2025년			2026년		
1기		2기	1기	2기	
예정기간	1기			예정기간	2기
52%	50%	46%	40%	30%	30%

(2) 5,000,000 × (50%−52%) = (−)100,000

〈주2〉 면세비율 차이가 5% 미만

〈주3〉 5,000,000 × (1−5%×2) × (40%−50%) = (−)450,000

〈주4〉 공급하는 과세기간에는 재계산 배제

〈주5〉 2,000,000 × 30% = 600,000

〈주6〉 $2,000,000 \times \dfrac{40\%}{\text{전기 면세비율}} - 600,000 = (+)200,000$

【문 2】

구 분	세 액
(1) 세금계산서수취분 매입세액	24,000,000
(2) 신용카드매출전표등 수령명세서 제출분	1,107,000〈주1〉
(3) 의제매입세액	1,350,000〈주2〉
(4) 과세전환 매입세액	525,000〈주3〉
(5) 공제받지 못할 매입세액(면세사업분)	4,500,000
(6) 공통매입세액 면세사업등분	937,000〈주4〉
(7) 차가감 계 {(1)+(2)+(3)+(4)−(5)−(6)}	21,545,000

〈주1〉

① 소 모 품 : 500,000 × 70%* = 350,000
② 비 품 : 1,000,000 × 75.7%** = 757,000

1,107,000 ····› 공제받을 금액만 계산

$$* \frac{340,200,000(\text{통조림})}{145,800,000(\text{과일}) + 340,200,000(\text{통조림})} = 70\%$$

$$** \frac{340,200,000(\text{통조림}) + 114,000,000(\text{임대})}{600,000,000(\text{총공급가액})} = 75.7\%$$

〈주2〉 (1) − (2) = 1,350,000

(1) 제2기분 : $(41,140,000+66,960,000+9,500,000\times70\%^{*1}) \times \frac{2}{102} = 2,250,000$

(2) 예정신고분 : $(41,140,000+7,000,000\times68\%^{*2}) \times \frac{2}{102} = 900,000$

$$*1 \frac{340,200,000(\text{통조림})}{145,800,000(\text{과일}) + 340,200,000(\text{통조림})} = 70\%$$

$$*2 \frac{132,812,500(\text{통조림})}{62,500,000(\text{과일}) + 132,812,500(\text{통조림})} = 68\%$$

〈주3〉 3,000,000 × (1−25%×3) × 70% = 525,000

〈주4〉 (1) − (2) = 937,000

(1) 제2기분 : (5,000,000+4,000,000) × 24.3%* = 2,187,000

(2) 예정신고분 : 5,000,000 × 25%** = 1,250,000

$$* \text{ 면세비율 : } \frac{145,800,000(\text{과일})}{600,000,000(\text{총공급가액})} = 24.3\%$$

$$** \text{ 면세비율 : } \frac{62,500,000}{250,000,000} = 25\%$$

해 설

해답의 (2)와 (6), 〈주1〉과 〈주4〉는 p1－240. 해설. *¹의 '[방법 1]'에 따른 것이며, 참고 목적으로 '[방법 2]'에 따른 해답도 제시하면 다음과 같다(어느 방법에 따르든 차가감 계는 동일하게 계산됨).

(2) 신용카드매출전표등 수령명세서 제출분 1,500,000〈주1〉
(6) 공통매입세액 면세사업등분 1,330,000〈주4〉

〈주1〉 500,000 (소모품) + 1,000,000 (비품) = 1,500,000

〈주4〉 (1) － (2) = 1,330,000

(1) 제2기분

(5,000,000+4,000,000) × 24.3%*¹ [세금계산서 수취분] + (500,000×30%*²) [소모품] + (1,000,000×24.3%*¹) [비품] [신용카드매출전표 수취분] = 2,580,000

(2) 예정신고분 : 5,000,000 × 25%*³ = 1,250,000

*¹ $\frac{145,800,000(\text{과일})}{600,000,000(\text{총공급가액})} = 24.3\%$

*² $\frac{145,800,000(\text{과일})}{145,800,000(\text{과일}) + 340,200,000(\text{통조림})} = 30\%$ → 간단하게 100%－70%(위 '〈주2〉. *¹'의 과세비율)= 30%로 계산하면 됨

*³ $\frac{62,500,000(\text{과일})}{250,000,000(\text{총공급가액})} = 25\%$

부가유예 13 겸영사업자

다음은 과세사업(과일통조림 제조판매사업)과 면세사업(과일판매사업)을 겸영하는 ㈜한국(중소기업)의 2026년 부가가치세 관련 자료이다. ㈜한국은 2019. 1. 1.에 설립되었으며, 설립연도부터 과일통조림 제조업을 영위하고 있다(단, 세부담 최소화를 가정하고 별도의 언급이 없는 한 세금계산서 및 계산서는 적법하게 발급 및 수취한 것으로 가정한다). 〈2022. CTA〉

1. 과세기간별 공급가액

구 분	2026년 제1기	2026년 제2기		
		7. 1. ~ 9. 30.	10. 1. ~ 12. 31.	계
과세사업	₩187,200,000	₩291,200,000	₩395,200,000	₩686,400,000
면세사업	62,400,000	156,800,000	196,800,000	353,600,000
계	₩249,600,000	₩448,000,000	₩592,000,000	₩1,040,000,000

2. 세금계산서 수취분 매입세액(2026년 제2기)

구 분	2026. 7. 1. ~ 2026. 9. 30.	2026. 10. 1. ~ 2026. 12. 31.	계
과세사업	₩18,000,000*[1]	₩22,000,000	₩40,000,000
면세사업	7,000,000	11,000,000	18,000,000
공통매입세액1*[2]	6,000,000	9,000,000	15,000,000
공통매입세액2*[3]	10,000,000	12,000,000	22,000,000
계	₩41,000,000	₩54,000,000	₩95,000,000

*[1] 기업업무추진비 관련 매입세액 ₩2,000,000이 포함되어 있음

*[2] 공통매입세액1은 과세사업과 면세사업의 공통매입세액으로서 실지귀속을 확인할 수 없음

*[3] 공통매입세액2는 면세사업용 과일을 보관하기 위하여 2026. 7. 10. 착공하여 2026. 12. 25. 완공한 저온창고신축관련 매입세액임. ㈜한국은 저온창고 시설 중 일부를 타업체에 임대할 예정임. 저온창고신축 관련 매입세액은 2026년 제2기 예정신고시에는 예정사용 면적(과일판매사업 : 300m^2, 임대사업 : 200m^2)으로 안분 계산하였으나 2026. 12. 31.에 실제사용면적(과일판매사업 : 350m^2, 임대사업 : 150m^2)이 확정되었음

3. 2026년 중 과세사업(과일통조림 제조판매사업)과 면세사업(과일판매사업)에 사용될 면세농산물인 과일의 매입과 사용내역은 다음과 같으며, 의제매입세액 공제요건을 충족한다. 2025년 제2기 과세기간에서 이월된 과일의 재고는 없으며, 2026년 제1기 과세기간 확정신고는 적정하게 이루어졌다. ㈜대한은 부가가치세법 시행령 제84조 제3항에 의한 매입시기 집중 제조업 면세농산물등 의제매입세액 공제 대상에 해당한다(단, 의제매입세액 공제율은 4/104이며, 의제매입세액 공제한도의 기준금액은 과세표준의 100분의 50에 해당하는 금액으로 가정한다).

구 분	매입	사용		기간말일 재고*1
		과일통조림 원료	과일판매	
2026년 제1기 과세기간 (1. 1. ~ 6. 30.)	₩140,000,000	₩104,000,000	₩36,000,000	—
2026년 제2기 예정신고기간 (7. 1. ~ 9. 30.)	230,000,000	118,300,000	61,700,000	₩50,000,000
2026년 제2기 확정신고기간 (10. 1. ~ 12. 31.)	258,900,000	198,900,000	110,000,000	—
계	₩628,900,000	₩421,200,000	₩207,700,000	

*1 과세사업과 면세사업에 대한 실지귀속을 확인할 수 없음

4. ㈜한국은 과일판매사업에만 사용하던 운반용 트럭을 2026. 7. 1.부터 과일통조림 제조판매사업에도 함께 사용하기 시작하였다. 동 트럭은 2025. 6. 1.에 취득하였으며, 취득시 공급가액은 ₩60,000,000(2026. 7. 1.현재 장부가액 ₩44,000,000)이며 매입세액불공제되었다.

[물 음]

자료를 이용하여 ㈜한국의 2026년 제2기 부가가치세 예정신고시와 확정 신고시, ① ~ ④의 금액을 다음의 양식에 따라 제시하시오.

구 분	예정신고시	확정신고시
(1) 세금계산서 수취분 매입세액	₩41,000,000	₩54,000,000
(2) 그 밖의 공제매입세액	①	③
(3) 공제받지 못할 매입세액	②	④
(4) 매입세액 공제액 : (1) + (2) − (3)		

해답

구 분	예정신고시	확정신고시
(1) 세금계산서 수취분 매입세액	₩41,000,000	₩54,000,000
(2) 그 밖의 공제매입세액	① 5,800,000〈주1〉	③ 7,790,000〈주3〉
(3) 공제받지 못할 매입세액	② 17,100,000〈주2〉	④ 23,400,000〈주4〉
(4) 매입세액 공제액 : (1) + (2) − (3)	29,700,000	38,390,000

〈주1〉 의제매입세액*2 : $(118{,}300{,}000+50{,}000{,}000\times65\%^{*1})\times\frac{4}{104}=5{,}800{,}000$

〈주2〉 $\underbrace{2{,}000{,}000}_{\text{기업업무추진비 관련}}+\underbrace{7{,}000{,}000}_{\text{면세사업분}}+\underbrace{(6{,}000{,}000\times35\%^{*1}=2{,}100{,}000)}_{\text{공통매입세액1 중 면세분}}+\underbrace{\left(10{,}000{,}000\times\frac{300m^2}{500m^2}=6{,}000{,}000\right)}_{\text{공통매입세액2 중 면세분}}$
$=17{,}100{,}000$

〈주3〉 1 + 2 = 7,790,000

1. 의제매입세액*3 : max[(1), (2)] = 6,800,000

   (1) 원칙 : $\min(①, ②)\times\frac{4}{104}-\underbrace{5{,}800{,}000}_{\text{2기 예정신고분}}=6{,}400{,}000$

   ① 118,300,000 + 198,900,000 = 317,200,000

   ② 686,400,000 × 50% = 343,200,000

   (2) 특례 : $\min(①, ②)\times\frac{4}{104}-\underbrace{3{,}600{,}000^{*}}_{\text{1기분}}-\underbrace{5{,}800{,}000}_{\text{2기 예정신고분}}=6{,}800{,}000$

   ① 421,200,000

   ② (187,200,000+686,400,000) × 50% = 436,800,000

   * $\min(①, ②)\times\frac{4}{104}=3{,}600{,}000$

     ① 104,000,000

     ② 187,200,000 × 50% = 93,600,000

2. 과세전환 매입세액*4 : 6,000,000 × (1−25%×3) × 66%*1 = 990,000

〈주4〉 $\underbrace{11{,}000{,}000}_{\text{면세사업분}}+\underbrace{3{,}000{,}000^{*}}_{\text{공통매입세액1 중 면세분}}+\underbrace{9{,}400{,}000^{**}}_{\text{공통매입세액2 중 면세분}}=23{,}400{,}000$

* $\underbrace{15{,}000{,}000\times34\%^{*1}}_{\text{당기분}}-\underbrace{2{,}100{,}000}_{\text{예정신고분}}=3{,}000{,}000$

** $\underbrace{22{,}000{,}000\times\frac{350m^2}{500m^2}}_{\text{당기분(확정면적비율)}}-\underbrace{6{,}000{,}000}_{\text{예정신고분}}=9{,}400{,}000$

해 설

1. 해답상 '*'에 대한 설명

*1 안분비율

구분	제1기	제2기 예정	제2기 제2기
과세사업	187,200,000(75%)	291,200,000(65%)	686,400,000(66%)
면세사업	62,400,000(25%)	156,800,000(35%)	353,600,000(34%)
계	249,600,000(100%)	448,000,000(100%)	1,040,000,000(100%)

*2 예정신고시에는 의제매입세액 계산시 한도를 고려하지 않는다.

3 문제 자료에 '매입시기 집중 제조업 면세농산물 등 의제매입세액 공제 대상'이라고 하였으므로 세부담을 최소화 하기 위해 'max(① 원칙 : 제2기 기준 매입세액, ② 특례 : 1년 기준 의제매입세액 − 제1기에 공제받은 의제매입세액*)'으로 계산한다.

* 이 문제의 경우 제2기 확정신고기간분 의제매입세액을 계산해야 하므로 각 산식에서 제2기 예정신고시 공제받은 금액을 차감하여야 한다.

*4 과세전환 매입세액은 예정신고시에는 계산하지 않고 확정신고시에만 계산한다.

부가유예 14 겸영사업자

다음은 중소기업인 ㈜미래수산의 자료이다. 2026년 제1기 확정신고와 제2기 예정신고는 정확하게 이루어졌고, 과세거래에 대해서는 세금계산서를, 면세거래에 대해서는 계산서를 발급하고 수취하였다. 제시된 금액은 별도의 언급이 없는 한 부가가치세가 포함되지 않은 금액이다. 〈2015. CPA〉

〈자 료〉

1. 회사는 수산물을 매입하여 가공(과세) 또는 미가공(면세) 상태로 판매하고 있으며, 회사의 냉동창고 중 여유분을 임대하고 있다. 냉동창고 임대는 일정 면적을 제공하는 방식이 아니라, 일정 분량 이내의 보관을 보장하는 방식으로 계약하고 있어 냉동창고의 회사사용부분과 임대부분의 실질구분이 어렵다.

2. 구 냉동창고는 2022년 11월 1일에 ₩600,000,000(토지가 ₩200,000,000, 건물가 ₩400,000,000)에 구입하여 회사 수산물 보관에 사용하다 2026년 5월부터 창고 여유분을 ㈜현재수산에 임대하였다. 임대보증금은 없으며, 월임대료는 ₩10,000,000으로 2026년 5월 1일에 6개월분을 수령하였다.

3. 회사는 2026년 10월 31일에 사용중인 구 냉동창고를 ₩800,000,000(토지가 ₩300,000,000, 건물가 ₩500,000,000)에 매각하고 대금은 다음과 같이 수령하였다.
   ① 2026년 6월 25일 계약금 ₩100,000,000
   ② 2026년 8월 31일 중도금 ₩200,000,000
   ③ 2026년 10월 31일 잔금 ₩500,000,000

4. 냉동창고의 공간부족으로 2026년 11월 1일에 신 냉동창고를 ₩1,600,000,000(토지가 ₩600,000,000, 건물가 ₩1,000,000,000)에 매입하여 이전하였다. 매입대금은 다음과 같이 지급하였다.
   ① 2026년 7월 7일 계약금 ₩200,000,000
   ② 2026년 8월 8일 중도금 ₩600,000,000
   ③ 2026년 11월 1일 잔금 ₩800,000,000

5. 신 냉동창고도 회사 수산물 보관과 임대용의 공용으로 사용하고 있다. 신 냉동창고의 월임대료는 ₩20,000,000으로 2026년 11월 1일에 1년분을 수령하였으며, 임대보증금은 없다.

6. 2026년 수산물의 매출내역은 다음과 같으며, 회사는 면세재화의 수출에 대하여 면세의 포기를 신고하였다.

(단위 : 원)

구분		1. 1.~6. 30.	7. 1.~9. 30.	10. 1.~12. 31.
국내판매	미가공	4,000,000,000	900,000,000	800,000,000
	가공	3,000,000,000	800,000,000	700,000,000
수출	미가공	2,000,000,000	700,000,000	600,000,000
	가공	1,000,000,000	600,000,000	500,000,000
합계		10,000,000,000	3,000,000,000	2,600,000,000

7. 2026년에 발급받은 세금계산서상 매입세액 내역은 다음과 같다.

(단위 : 원)

구분	1. 1.~6. 30.	7. 1.~9. 30.	10. 1.~12. 31.
국내 미가공판매 관련	40,000,000	9,000,000	8,000,000
국내 가공판매 관련	80,000,000	30,000,000	20,000,000
미가공수출 관련	20,000,000	7,000,000	6,000,000
가공수출 관련	30,000,000	20,000,000	15,000,000
공통매입세액*	—	—	100,000,000
합계	170,000,000	66,000,000	149,000,000

* 공통매입세액은 신 냉동창고의 매입에 따라 발생한 매입세액이다.

8. 면세수산물의 매입액은 다음과 같다. 면세수산물의 가공판매 또는 미가공판매에 대한 실지귀속이 불분명하다.

(단위 : 원)

구분	1. 1.~6. 30.	7. 1.~9. 30.	10. 1.~12. 31.
면세수산물 매입액	6,000,000,000	2,200,000,000	2,000,000,000

[물음 1]

2026년 제2기 부가가치세 확정신고시의 매출세액을 다음 〈답안양식〉으로 제시하시오.

〈답안양식〉

구 분	과세표준	세 율	매출세액
수 산 물 매 출			
창 고 임 대			
창 고 매 각			
합 계			

[물음 2]

2026년 제2기 부가가치세 확정신고시의 매입세액과 관련된 다음의 [요구사항]에 답하시오.

[요구사항 1]

공통매입세액 중 면세사업분을 계산하시오.

[요구사항 2]

의제매입세액공제액을 계산하시오.

[요구사항 3]

공제되는 매입세액을 계산하시오.

핵심정리

※ 겸영사업자 종합문제 출제유형

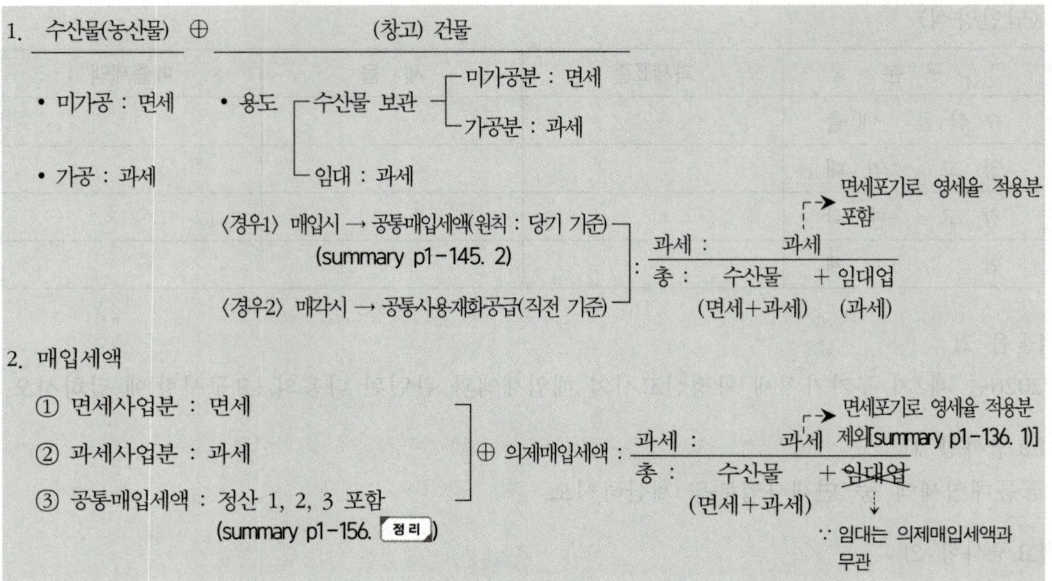

해 답

〈분석〉 공급가액

(단위 : ₩1,000,000)

구 분		1. 1.~6. 30.	7. 1.~9. 30.	10. 1.~12. 31.	7. 1.~12. 31. 계
국내판매	미가공(면세)	4,000	900	800	1,700
	가공	3,000	800	700	1,500
수출	미가공(면세포기→과세)	2,000	700	600	1,300
	가공	1,000	600	500	1,100
계		10,000	3,000	2,600	5,600
창고임대	구	20*1	30*2	10*2	40
	신			40*3	40
합 계		10,020	3,030	2,650	5,680

*1 구 냉동창고의 5월, 6월 임대료 수입

*2 구 냉동창고의 7월~10월 임대료 수입

*3 신 냉동창고의 11월, 12월 임대료 수입

[물음 1]

구 분	과세표준	세율	매출세액
수산물 매 출	① 700,000,000 ② 600,000,000*[1] + 500,000,000 = 1,100,000,000	10% 0%	70,000,000 0
창 고 임 대	① 구 : 60,000,000 × $\frac{1}{6}$ = 10,000,000*[2] (또는 바로 10,000,000) ② 신 : 240,000,000 × $\frac{2}{12}$ = 40,000,000 (또는 20,000,000 × 2 = 40,000,000)	10% 10%	1,000,000 4,000,000
창 고 매 각	500,000,000 × $\frac{6,000,000,000 + 20,000,000}{10,020,000,000}$ = 300,399,201*[3]	10%	30,039,920
합 계	2,150,399,201*[3]		105,039,920

[물음 2]

1. 공통매입세액 중 면세분

$$100,000,000 \times \frac{1,700,000,000}{5,680,000,000} = 29,929,577^{*4}$$

2. 의제매입세액

(1) 제조업 특례 여부 판단 : 제1기 면세농산물 비중 : $\frac{6,000,000,000}{10,200,000,000} = 58.8\%$ → 75% 이상 또는 25% 미만 아니므로 특례대상 아님

(2) 계산(정산) : 1) − 2) = 10,512,821

1) 확정신고시 : min(①, ②) × $\frac{4}{104}$ = 50,000,000

① $(2,200,000,000+2,000,000,000) \times \frac{2,600,000,000}{5,600,000,000} = 1,950,000,000^{*5}$

② 2,600,000,000 × 50% = 1,300,000,000

2) 예정신고시 : $2,200,000,000 \times \frac{1,400,000,000}{3,000,000,000} \times \frac{4}{104} = 39,487,179$

3. 공제액

$$\underbrace{149,000,000}_{\text{합계}} + \underbrace{10,512,821}_{\text{의제매입세액}} - \underbrace{8,000,000}_{\text{면세사업분}} - \underbrace{29,929,577}_{\text{공통매입세액 중 면세분}} = 121,583,244$$

해 설

1. 해답상 '*'에 대한 설명

*1 면세재화의 수출에 대하여 면세포기신고를 했으므로 미가공수출액도 영세율 적용대상이다.

*2 임대기간이 2026년 5월부터 6개월이므로 2026년 제2기 확정신고기간분은 10월 한달분만 해당된다.

*3 ① 중간지급조건부가 아니므로 인도일인 2026. 10. 31.이 공급시기(매입시기)이다.

② 토지는 면세대상이므로 건물분에 대해서만 다음과 같이 과세표준을 계산한다.

• 과세표준 $= \text{건물 공급가액} \times \dfrac{\text{전기 과세공급가액}}{\text{전기 총공급가액}}$

$$= 500{,}000{,}000 \times \frac{3{,}000{,}000{,}000 + 2{,}000{,}000{,}000^{*} + 1{,}000{,}000{,}000 + 20{,}000{,}000}{10{,}020{,}000{,}000}$$

$$= 300{,}399{,}201$$

* 면세포기로 영세율을 적용받는 분도 과세공급가액에 포함한다.

*4 $\text{공통매입세액} \times \dfrac{\text{당기 면세공급가액}}{\text{당기 총공급가액}} = 100{,}000{,}000 \times \dfrac{1{,}700{,}000{,}000}{5{,}680{,}000{,}000} = 29{,}929{,}577$

*5 $\text{당기 공제대상 매입가액} \times \dfrac{\text{당기 과세공급가액}}{\text{당기 총공급가액}}$

$$= (2{,}200{,}000{,}000+2{,}000{,}000{,}000) \times \frac{1{,}500{,}000{,}000 + 1{,}100{,}000{,}000 = 2{,}600{,}000{,}000}{5{,}600{,}000{,}000}$$

$$= 1{,}950{,}000{,}000^{*}$$

* ① 창고임대료수입은 의제매입세액과는 무관하므로 위 '*4'와 달리 총공급가액(분모)과 과세공급가액(분자)에 포함하지 않는 것이 타당하다.

② 면세포기로 영세율을 적용받는 분에 대해서는 의제매입세액공제를 적용하지 않으므로 위 산식 분자의 과세공급가액에 포함하지 않는다.

부가유예 15 가산세

공인회계사 정세무는 과세사업자인 ㈜과거전자의 신입직원이 작성하여 2026년 10월 25일 신고·납부한 2026년 제2기 부가가치세 예정신고서를 검토하던 중 다음 사항을 발견하였다. 각종 신고·납부기한은 공휴일·토요일이 아니라고 가정한다. 〈2015. CPA 수정〉

〈자 료〉

1. 회사는 온라인 매출에 대하여 마일리지를 적립해주고 결제대금의 50%까지 사용할 수 있도록 하고 있으며, 예정신고기간 동안에 적립된 마일리지는 ₩30,000,000이다. 회사는 매출시에 적립해주는 마일리지를 공급가액에서 차감하지 않았으며, 예정신고기간 동안에 사업자와의 거래에서 자기적립마일리지를 사용하여 결제되는 매출액 ₩20,000,000과 자기적립마일리지 외의 제3자 적립마일리지를 사용하여 결제되는 매출액 ₩10,000,000(신용카드사가 적립하여 준 마일리지사용액으로서 신용카드사로부터 보전 받음)에 대해서는 마일리지 결제액을 제외한 금액을 공급가액으로 하였다.

2. 회사는 일정금액 이상의 매출거래처에 대하여 현금 또는 판매용 상품으로 판매장려금품을 지급하고 있는데, 예정신고기간 동안에 지급된 현금 판매장려금은 ₩20,000,000이고, 판매장려상품은 시가로 ₩60,000,000(원가 ₩40,000,000)이다. 회사는 지급한 판매장려금과 판매장려상품을 공급가액에서 차감하지 않고 판매비로 회계처리하였으며, 이를 예정신고시 과세표준에 포함하여 신고하지 않았다.

3. 회사가 예정신고기간 동안 전자세금계산서를 발급하지 않고 종이세금계산서를 발급한 금액은 ₩50,000,000이다. 동 금액은 매출처별세금계산서합계표에 기재되어 신고되었다.

4. 회사는 7월 15일에 재화를 인도하고 8월 25일에 대금 ₩70,000,000을 받은 거래에 대하여 8월 25일에 전자세금계산서를 발급하여 8월 26일에 전자세금계산서 발급명세를 전송하였고, 과세표준에 포함하여 신고하였다.

5. 특판 사업부의 매입 ₩60,000,000과 매출 ₩80,000,000에 대하여 실수로 세금계산서 수취 및 발급이 이루어지지 않았으며, 신고도 누락되었다.

[물 음]

2027년 1월 25일 확정신고시에 위 오류를 수정하여 신고할 경우(자료 5번의 세금계산서도 확정신고기한까지 각각 수수하였음) 추가로 납부해야 하는 부가가치세(지방소비세 포함)와 가산세를 다음 양식에 따라 계산하시오. 단, 위 오류는 회사 직원의 세법 지식 부족으로 발생한 사항이며, 조세회피를 위한 고의적인 오류는 아니다.

〈답안양식〉

자 료 번 호	부가가치세 추가납부세액	가산세 종류	계산식	가산세액
1				
2				
3				
4				
5				
합 계				
과소신고가산세				
납부지연가산세				

해 답

자 료 번 호	부가가치세 추가납부세액	가산세 종류	계산식	가산세액
1	10,000,000 × 10% = 1,000,000	세금계산서불성실가산세	10,000,000 × 1%(부실거래)	100,000*[1]
2	60,000,000 × 10% = 6,000,000	—		
3		세금계산서불성실가산세	50,000,000 × 1%*[2]	500,000
4		세금계산서불성실가산세	70,000,000 × 1%	700,000
5*[3]	(80,000,000−60,000,000) × 10% = 2,000,000	세금계산서불성실가산세	80,000,000 × 1%(지연발급)	800,000
		매입처별세금계산서합계표 불성실가산세(또는 세금계산서지연수령가산세)	60,000,000 × 0.5%	300,000
합 계	9,000,000			2,400,000
과소신고가산세	9,000,000 × 10% × (1−75%) = 225,000			
납부지연가산세	$9,000,000 \times \frac{22}{100,000} \times 91$일*[4] = 180,180			

해설

1. 해답상 '*'에 대한 설명

*1 ① 마일리지 적립액을 공급가액에서 차감하지 않았으므로 적정하게 처리하였다.

② 마일리지 결제액은 자기적립마일리지 결제액의 경우 과세표준에서 제외하므로 적정하게 처리하였다. 그러나 그 외의 제3자 적립마일리지 결제액의 경우 사업자가 받았거나 받을 금액을 과세표준에 포함하여야 하는데, 포함하지 않았으므로 과소신고·납부가산세와 세금계산서 관련 가산세 적용대상이 된다.

③ 행정해석에서는 세금계산서 발급시 공급가액의 일부를 과소기재하는 경우 사실과 다른 세금계산서(부실기재)에 해당하여 1%의 가산세를 적용하도록 하고 있다(국세청 부가가치세제과—1016). 이 경우 전자세금계산서전송불성실가산세 및 부실기재로 인한 매출처별세금계산서합계표불성실가산세는 중복적용하지 않는다.

*2 전자세금계산서 의무 발급사업자인 법인이 전자세금계산서 외의 세금계산서를 발급하였으므로 1%의 가산세를 적용한다.

*3 ① 매출 80,000,000 : 공급시기가 속하는 과세기간에 대한 확정신고기한까지 발급하였으므로 1%의 세금계산서불성실가산세가 부과된다.

② 매입 60,000,000 : 공급시기가 속하는 과세기간에 대한 확정신고기한까지 발급받았으므로 매입세액공제를 받으면서 0.5%의 매입처별세금계산서합계표불성실가산세(세금계산서지연수령가산세라고도 함)를 부과한다.

*4 2026. 10. 26.(납부기한의 다음 날) ~ 2027. 1. 24.(자진납부일 전날)의 일수 : 91일

부가유예 16 가산세 2차

일반과세자인 거주자 갑의 다음 〈자료〉를 이용하여 2026년 제2기 확정신고시 지방소비세를 포함한 부가가치세 차가감납부세액을 〈답안양식〉에 따라 계산하시오. 다만, 확정신고납부는 2027년 1월 22일에 하였으며 갑은 총괄납부사업자 및 사업자단위과세사업자가 아니다. 별도의 언급이 없는 한 아래에 제시된 금액은 부가가치세가 제외된 금액이다. 2024년 1월 초에 사업을 개시한 거주자 갑의 2024년의 공급가액 합계액은 ₩70,000,000, 2025년도의 공급가액 합계액은 ₩120,000,000이었으며, 별도의 언급이 없는 한 세금계산서는 적정하게 수수하였다고 가정한다.

〈자 료〉

1. 2026년 제2기 확정신고기간(2026. 10. 1.～12. 31.)의 국내매출액은 ₩300,000,000, 직수출액은 ₩200,000,000이다. 국내매출액에 대한 전자세금계산서 발급건수는 2,000건이다(발급명세서를 발급일의 다음 날까지 국세청장에 전송함).

2. 2026년 제2기 확정신고기간 중 제품을 매출 외의 목적으로 사용한 내역은 다음과 같으며, 모두 공급일에 세금계산서를 발급하지 아니하였음을 발견하여 확정신고일인 2027. 1. 22.에 발급하였다.
   (1) 거래처에 접대목적으로 제품(원가 ₩3,000,000, 시가 ₩4,000,000)을 제공하고 기업업무추진비계정으로 회계처리하였다.
   (2) 판매목적으로 직매장에 반출한 제품(원가 ₩5,000,000, 시가 ₩7,000,000)을 소모품비로 회계처리하였다.

3. 2026년 제2기 확정신고기간 중 세금계산서에 의하여 확인되는 매입세액 공제대상 매입가액(공급가액)은 ₩150,000,000이다.

4. 갑은 2026년 제2기 부가가치세 예정신고를 2026년 10월 23일에 신고하면서 국내매출로 인한 매출세액 ₩2,000,000(전자세금계산서를 발급하였으나 국세청장에게 전송하지 않았음)과 매입세액 ₩1,000,000(세금계산서는 발급받았음)을 누락하였는데, 2026년 제2기 부가가치세 확정신고시 누락한 매출세액과 매입세액을 포함하여 신고하고 관련 의무를 이행하려고 한다. 다만, 부정한 방법에 의한 누락은 아닌 것으로 가정하며, 각종 신고 · 납부기한은 공휴일 · 토요일이 아니라고 가정한다.

〈답안양식〉

구 분	계산근거	금 액
매 출 세 액 매 입 세 액		
납 부 세 액 세 액 공 제 가 산 세		
차가감납부세액		

해 답

구 분	계산근거	금 액
매 출 세 액	① 매출액 : 300,000,000 × 10% + 200,000,000 × 0% = 30,000,000 ② 사업상 증여 : 4,000,000 × 10% = 400,000 ③ 직매장 반출 : 5,000,000 × 10% = 500,000 ④ 예정신고누락분 : 2,000,000	32,900,000
매 입 세 액	① 확정신고기간분 : 150,000,000 × 10% = 15,000,000 ② 예정신고누락분 : 1,000,000	△16,000,000
납 부 세 액		16,900,000
세 액 공 제	• 전자세금계산서 발급 · 전송에 대한 세액공제 : min(①, ②) = 400,000 ① 2,000 × 200 = 400,000 ② 연간 1,000,000	△400,000*1
가 산 세	① 세금계산서불성실가산세 : 5,000,000 × 1%(지연발급) = 50,000*2 ② 전자세금계산서전송불성실가산세 : $\frac{2,000,000}{0.1}$ × 0.3% = 60,000*3 ③ 과소신고가산세 ㉠ 과소신고납부세액 : 2,000,000(매출세액 오류) − 1,000,000(매입세액 오류) = 1,000,000 ㉡ 가산세 : 1,000,000 × 10% × (1−75%)*4 = 25,000 ④ 납부지연가산세 : 1,000,000 × 88일*5 × $\frac{22}{100,000}$ = 19,360	154,360
차가감납부세액		16,654,360

해설

1. 해답상 '*'에 대한 설명

*1 직전연도 사업장별 재화 · 용역의 공급가액(면세공급가액 포함)의 합계액이 3억원 미만인 개인사업자가 전자세금계산서 발급명세를 발급일의 다음 날까지 전송하는 경우 전자세금계산서 발급 · 전송에 대한 세액공제액을 납부세액에서 공제할 수 있다.

*2 ① 사업상증여는 세금계산서 발급대상이 아니므로 세금계산서불성실가산세를 고려할 필요가 없다.
② 총괄납부사업자 및 사업자단위 과세사업자가 아니므로 직매장 반출에 대하여 세금계산서를 발급하여야 하는데, 공급일에 발급하지 않아 공급시기가 속하는 과세기간에 대한 확정신고기한인 2027. 1. 25.까지 발급하였으므로 1%의 가산세를 적용한다.

*3 2025년도의 공급가액이 8,000만원 이상이므로 거주자 갑은 2026. 7. 1.부터 전자세금계산서 의무발급 개인사업자가 된다. 자료 4번에 제시된 전자세금계산서를 발급하였으나 전송하지 않아 예정신고시 누락된 매출세액 2,000,000에 대하여 '확정신고시 포함하여 신고하고 관련 의무를 이행하려고 한다'고 하였으므로 전송하지 않은 발급명세를 확정신고시 지연전송할 것이다. 따라서 공급가액의 0.3%의 전자세금계산서 지연전송가산세를 부과한다.

*4 1개월 초과 3개월 이내 수정신고하였으므로 75%를 감면한다. 행정해석(법령해석과–3030, 2021. 8. 31.)에 따르면 매출세액 예정신고 누락분을 확정신고에 반영하여 신고하는 경우 가산세액의 75%를 감면하도록 하고 있다.

*5 2026. 10. 26.(납부기한의 다음 날) ~ 2027. 1. 21.(자진납부일 전날)의 일수 : 88일

부가유예 17 재고매입세액과 재고납부세액 - 실전문제 2차

상호 독립된 각 【문】에 답하시오.

【문 1】

개인사업자 甲씨는 제조업(최종소비자에게 직접 재화를 공급하는 사업)을 영위하는 일반과세자였다가 2026년 7월 1일부터 간이과세자로 전환되었다. 다음은 간이과세자 甲씨의 2026년 과세기간(2026. 7. 1.~2026. 12. 31.)의 부가가치세 신고 관련 자료이다. 물음에 답하시오. 〈2021. CTA〉

〈자 료〉

1. 재화의 공급 시에 공급가액과 세액을 구분 기재하여 발급한 영수증이다.

구 분	공급가액	세 액
영수증	₩60,000,000	₩6,000,000

2. 사업 관련 매입내역은 다음과 같으며, 세금계산서는 모두 일반과세자로부터 발급받았다.

구 분	공급대가
세금계산서	₩44,000,000
영수증	4,000,000

3. 2026년 7월 1일 현재 사업 관련 보유자산의 현황은 다음과 같다. 해당가액은 부가가치세가 포함되지 않은 금액이며, 보유자산 매입 시 부가가치세는 적법하게 처리되었다.

구 분	취득일	취득가액	장부가액	시 가
제품	2025. 6. 10.	—	₩2,000,000	₩1,500,000
기계장치	2026. 3. 20.	₩10,000,000	8,000,000	9,000,000

4. 제조업의 부가가치율은 다음과 같다고 가정한다.

구 분	2025. 1. 1.~2025. 12. 31.	2026. 1. 1.~2026. 12. 31.
부가가치율	10%	20%

[물 음]

〈자료〉를 이용하여 개인사업자 甲씨의 2026년 과세기간(2026. 7. 1.~2026. 12. 31.)의 부가가치세 신고시 다음 세액을 〈답안양식〉에 따라 작성하시오.

〈답안양식〉

구 분	세 액
(1) 납부세액	
(2) 재고납부세액	
(3) 세금계산서 등 수취세액공제	

【문 2】 유예필수

다음 자료를 이용하여 재고매입세액을 〈답안양식〉에 따라 작성하시오.〈2014. CPA 수정〉

〈답안양식〉

구 분	재고매입세액
건 물	
기 계 장 치	
건 설 중 인 자 산	
토 지	
자 동 차	
제 품	
저 장 품	
합 계	

〈자 료〉

1. 간이과세자 김갑돌은 간이과세 포기로 2026년 1월 1일부터 일반과세자로 전환되었다. 2026년 1월 1일 현재 김갑돌이 보유하고 있는 자산현황은 다음과 같다.

(단위 : 천원)

구 분	취득일	취득가액*1	장부가액	시가
건 물	2021. 1. 11.	110,000	80,000	70,000
기 계 장 치	2025. 2. 10.	88,000	75,000	65,000
건 설 중 인 자 산*2	건설중	—	90,000	—
토 지	2023. 8. 18.	250,000	200,000	300,000
자 동 차*3	2024. 11. 3.	30,000	28,000	29,000
제 품	2025. 7. 19.	11,000	11,000	12,000
저 장 품	2024. 5. 10.	6,000	5,000	3,000

*1 취득가액에는 부가가치세가 포함되어 있다.

*2 건설중인자산과 관련된 매입세액은 ₩10,000,000이다.

*3 자동차는 직접 영업용으로 사용되지 않는 개별소비세 과세대상 자동차이다.

2. 김갑돌의 사업에 적용되는 각 과세기간의 부가가치율은 다음과 같다.

과세기간	2022년 이전	2023년	2024년	2025년, 2026년
부가가치율	20%	25%	30%	35%

해 답

【문 1】

구 분	세 액
(1) 납부세액	1,320,000〈주1〉
(2) 재고납부세액	897,750〈주2〉
(3) 세금계산서 등 수취세액공제	220,000〈주3〉

〈주1〉 $\underbrace{(60{,}000{,}000+6{,}000{,}000)}_{\text{공급대가}} \times 20\% \times 10\% = 1{,}320{,}000$

〈주2〉 ① 제품 : $2{,}000{,}000^{*} \times \dfrac{10}{100} \times (1-5.5\%) =$ 189,000

② 기계장치 : $10{,}000{,}000 \times \dfrac{10}{100} \times (1-25\%\times1) \times (1-5.5\%) =$ 708,750

897,750

* 재고납부세액 계산시 재고품 등의 금액은 장부 또는 세금계산서에 의하여 확인되는 해당 재고품 등의 취득가액으로 하며, 장부에 기록이 누락된 경우 시가에 따른다. '문제'의 경우 제품은 취득가액이 제시되지 않아서 다음 두가지 견해가 있을 수 있다.

[견해1] 취득가액이 제시되지 않았으므로 시가를 적용한다.

[견해2] 취득가액이 제시하지 않았으나, 제품은 외부 취득이 아닌 자기가 생산한 것이므로 제품의 생산 · 취득과정에서 발생한 장부가액을 취득가액으로 본다.

[판단] 확인결과 실제 채점을 '[견해2]'에 따라 하였으므로 해답도 이에 따랐다. 출제의도를 고려해보면 제품은 외부에서 취득한 것이 아닌 자기가 제조하는 것이므로 외부 취득가액을 제시하지 않고 장부가액을 제시한 것으로 보인다. 이런 문제가 출제되고 해답처럼 답안을 작성한다면 취득가액이 원칙이나 제시되지 않았으므로 제품의 장부가액을 취득가액으로 보고 풀이한다는 전제를 달고 해답을 작성하는 것이 안전할 것으로 보인다.

〈주3〉 $44{,}000{,}000 \times 0.5\% = 220{,}000$

【문 2】

구 분	재고매입세액
건 물	₩4,000,000〈주1〉
기 계 장 치	3,780,000〈주2〉
건 설 중 인 자 산	9,450,000〈주3〉
토 지	0
자 동 차	0
제 품	945,000〈주4〉
저 장 품	0
합 계	18,175,000

〈주1〉 $110{,}000{,}000 \times (1-10\%\times5) \times \frac{10}{110} \times (1-20\%) = 4{,}000{,}000$

〈주2〉 $88{,}000{,}000 \times (1-50\%\times1) \times \frac{10}{110} \times (1-5.5\%) = 3{,}780{,}000$

〈주3〉 $10{,}000{,}000 \times (1-5.5\%) = 9{,}450{,}000$

〈주4〉 $11{,}000{,}000 \times \frac{10}{110} \times (1-5.5\%) = 945{,}000$

부가유예 18 일반과세자와 간이과세자 - 종합문제

개인과세사업자 박세무씨의 2026년 7월 1일부터 12월 31일까지의 부가가치세 신고자료는 다음과 같다. 박세무씨는 영수증발급사업자이다.

〈자 료〉

1. 부가가치세가 포함된 매출액은 ₩41,250,000인데, 여기에는 수출액 ₩9,900,000이 포함되어 있다. 국내 매출액은 모두 신용카드매출전표가 발급된 것이다.

2. 2026년 7월 1일 현재 자산은 2025년 7월 10일에 취득한 건물 ₩200,000,000(부가가치세가 제외된 금액)이 유일하다.

3. 세금계산서에 의하여 확인된 공제가능한 매입세액은 ₩3,000,000이다.

4. 업종별 부가가치율은 2025년까지는 40%, 2026년에는 30%라고 가정하며, 영위 업종이 음식업 및 숙박업은 아니다.

5. 전자신고는 하지 않는다.

[물 음]

1. 박세무씨가 일반과세자였다가 2026년 7월 1일부터 간이과세자로 전환하는 경우 2026년 7월 1일부터 12월 31일 과세기간의 지방소비세를 차감하기 전 차감납부세액을 계산하시오.

2. 박세무씨가 간이과세자였다가 2026년 제2기부터 일반과세자로 전환하는 경우 2026년 제2기 과세기간의 지방소비세를 차감하기 전 차감납부세액을 계산하시오.

해답

1. 간이과세자로 전환한 경우

(1) 납부세액

① 국내매출액 : (41,250,000−9,900,000) × 30% × 10% = 940,500

② 수 출 액 : 9,900,000 × 30% × 0% = 0

③ 계 : 940,500

(2) 재고납부세액 : $200{,}000{,}000 \times (1-5\%\times2) \times \frac{10}{100} \times (1-5.5\%) = 17{,}010{,}000$

(3) 세액공제

① 매입세금계산서등수취세액공제	: 3,000,000 × 5.5% =	165,000
② 신용카드발급세액공제	: (41,250,000−9,900,000) × 1.3% =	407,550
③ 계	:	572,550

(4) 차감납부세액 : 940,500 + 17,010,000 − 572,550 = 17,377,950

2. 일반과세자로 전환하는 경우

(1) 매출세액

① 국내매출액	: $(41{,}250{,}000-9{,}900{,}000) \times \frac{10}{110}^{*1}$ =	2,850,000
② 수 출 액	: 9,900,000 × 0% =	0
③ 계	:	2,850,000

(2) 매입세액

① 세금계산서 매입세액 : 3,000,000

② 재고매입세액 : $200{,}000{,}000 \times (1-10\%\times2) \times \frac{10^{*2}}{100} \times (1-5.5\%)^{*3} = 15{,}120{,}000$

③ 계 : 18,120,000

(3) 납부세액 : 2,850,000 − 18,120,000 = △15,270,000(환급세액)

(4) 신용카드발급세액공제 : 납부세액이 없으므로 적용하지 않는다.

(5) 환급세액 : 15,270,000

해 설

1. 해답상 '*'에 대한 설명

*1 문제에 제시된 매출액이 부가가치세가 포함된 공급대가이므로 $\frac{10}{110}$을 곱한다.

*2 문제에 제시된 취득가액 ₩200,000,000이 부가가치세가 제외된 금액이므로 재고매입세액 계산시에도 $\frac{10}{110}$이 아닌 $\frac{10}{100}$을 곱함에 유의할 것

*3 2021. 7. 1. 이후에 공급받았으므로 '(1−5.5%)'를 적용한다.

CHAPTER 02

부가가치세법

▶ **소득세법**

상속세 및 증여세법

소득유예 1 금융소득

거주자 갑은 원금이 물가에 연동되는 액면가액 100,000,000, 표면이자율 연2%, 이자는 매년말 지급조건의 10년 만기 물가연동국고채를 발행일에 취득하였다. 발행일의 물가연동계수는 1.00000이다. 다음 각 경우별로 물가연동국채의 2026년도 이자소득을 〈답안양식〉에 따라 계산하시오. 1년은 항상 365일이라고 가정한다.

〈경우 1〉 발행일이 2025. 12. 31.이고 2026. 12. 31. 현재 보유하고 있으며, 2026. 12. 31.에 액면이자를 수령한 경우. 물가연동계수는 2025. 12. 31. 1.00000, 2026. 12. 31. 1.01500이다.

〈경우 2〉 발행일이 2025. 6. 30.이고 2026. 6. 30. 매도한 경우. 물가연동계수는 2025. 6. 30. 1.00000, 2025. 12. 31. 1.01500, 2026. 6. 30. 1.02000이다.

〈답안양식〉

구 분	원금증가분	액면이자	이자소득
경우 1			
경우 2			

핵심정리

문제의 포인트

1. 물가연동국채의 원금증가분의 과세방법 : summary p2-19. ■
2. 보유기간 이자의 계산방법 : summary p2-32. 사례 2

※ 자료별 정리사항

〈경우 1〉 2015. 1. 1. 이후에 발행된 물가연동국채의 원금증가분은 과세대상이나, 그 원금증가분의 수입시기는 만기일 또는 매도일이다. 따라서 '〈경우 1〉'과 같이 만기일이 도래하지 않거나 매도하지 않은 경우의 원금증가분은 2026년에 과세하지 않으며, 액면이자만 과세한다.

• 액면이자 : 액면가액 × 매도일 · 이자지급일의 물가연동계수 × 연이자율 × $\frac{\text{일수*}}{365(366)}$

* 발행일(2025. 12. 31.)의 다음 날(2026. 1. 1.)부터 이자지급일(2026. 12. 31.)의 일수

〈경우 2〉 2015. 1. 1. 이후에 발행된 물가연동국채의 원금증가분으로서 만기 전에 매도하였으므로 매도일을 수입시기로 한다.

① 원금증가분 : 액면가액 × (매도일의 물가연동계수－발행일 · 매수일의 물가연동계수)
② 액면이자 : 액면가액 × 매도일의 물가연동계수 × 연이자율 × $\frac{\text{일수*}}{365(366)}$

* 직전 원천징수일(이자지급일인 2025. 12. 31.)의 다음 날(2026. 1. 1.)부터 매도일(2026. 6. 30.)의 일수

해 답

구　분	원금증가분	액면이자	이자소득
경우 1	0	2,030,000①	2,030,000
경우 2	2,000,000②	1,011,616③	3,011,616

① 100,000,000 × 1.01500 × 2% ＝ 2,030,000

② 100,000,000 × ($\underset{\text{매도일}}{\underline{1.02000}}$ － $\underset{\text{매수일}}{\underline{1.00000}}$) ＝ 2,000,000

③ 100,000,000 × 1.02000 × 2% × $\frac{181}{365}$ ＝ 1,011,616

소득유예 2 금융소득

거주자 이산하씨의 2026년도의 다음 소득자료를 이용하여 물음에 답하시오. 별도의 언급이 없는 한 제시된 금액은 원천징수 전 금액이며, 원천징수는 적정하게 이행되었다고 가정한다.

〈자 료〉

1. 전용계좌에 ₩100,000,000을 납입하여 투자한 「조세특례제한법」 제27조에서 정하는 요건을 갖춘 투융자집합투자기구(사모집합투자기구에 해당하는 투융자집합투자기구가 아님)로부터 배당금 ₩5,000,000을 받았다.
2. 2025. 1. 1.에 거주자 갑에게 ₩200,000,000을 3년간 빌려주고 이자는 매년 6월말과 12월말에 받기로 약정하였다. 이에 따라 2025. 6. 30., 2025. 12. 31., 2026. 6. 30.에 각각 ₩5,000,000의 이자를 수령하였다. 2026. 8. 1.에 갑이 강제집행을 당하여 ₩100,000,000을 회수하였다. 2025년의 소득세는 적정하게 2026. 5. 31.에 확정신고하였다.
3. 2024. 1. 1.에 개인사업자인 을에게 ₩300,000,000을 빌려주고 2025년에 ₩45,000,000의 이자를 받았다. 2025. 12. 31.에 을의 사업폐지로 일부를 회수할 수 없게 되어 ₩250,000,000만 회수하였는데, 2026. 10. 1.에 추가로 ₩20,000,000을 회수하였다.
4. 엔화정기예금과 선도환계약을 결합한 엔화스왑예금의 거래에서 발생한 환차익은 ₩1,000,000이다.
5. 코스피 200ELW(주식워런트증권)에서 발생한 이익은 ₩6,000,000이다.
6. 외국에서 발행한 회사채에서 발생한 이자 ₩8,000,000에서 외국에서 원천징수한 ₩1,000,000을 뺀 ₩7,000,000을 받았다. 이자 중 ₩3,000,000은 외국에서 직접 받았고, ₩5,000,000은 국내에서 지급을 대리하는 자로부터 받았다.
7. 주권상장법인인 ㈜서울의 제25기 사업연도(2025. 1. 1.～2025. 12. 31.) 실적에 대한 잉여금 처분결의에 따라 주식배당 ₩20,000,000을 받았다.

[물음 1] 2026년도의 종합과세되는 이자소득금액과 배당소득금액을 계산하시오.

[물음 2] 분리과세되는 소득에 대한 소득세 원천징수세액을 계산하시오.

[물음 3] '[물음 1]'과 '[물음 2]'의 계산결과와 무관하게 2026년 종합소득금액은 ₩40,000,000, 산출세액은 ₩6,000,000이라는 가정하에 종합소득세 차감납부세액계산시 차감하는 다음 금액을 계산하시오.

(1) 외국납부세액공제액

(2) 기납부세액으로 차감할 원천징수세액

핵심정리

문제의 포인트

1. 분리과세되는 투융자집합투자기구 배당 : summary p2-49. ⑧
2. 파산 등의 경우 비영업대금의 이익의 계산특례 : summary p2-26. *4, *5
3. 국외 금융소득의 과세방법 및 원천징수세액의 처리방법 : summary p2-53. (3)

※ 자료별 정리사항

1. 법령에 정한 요건을 모두 갖추어 2028. 12. 31.까지 「사회기반시설에 대한 민간투자법」에 따른 투융자집합투자기구(사모집합투자기구에 해당하는 투융자집합투자기구는 제외한다)로부터 받는 배당소득은 14% 세율로 분리과세한다.

2, 3. 파산 등의 경우 비영업대금의 이익 계산특례

2. ① 문제 자료 2의 비영업대금의 이익 중 2025년 6월말과 12월말에 약정에 따라 받은 10,000,000은 2025년분에 대한 과세표준 확정신고 후에 강제집행을 당하였으므로 2025년의 이자소득이다.
   ② 2026년 발생한 비영업대금의 이익 5,000,000 : 2026년분에 대한 과세표준 확정신고 전에 채무자가 강제집행 당하였으므로 2026년 총회수액 105,000,000[=5,000,000(이자)+100,000,000(회수액)]의 구성순서는 다음과 같다.
   〈1순위〉 원금 : 105,000,000
   〈2순위〉 이자 : 0

[그림]

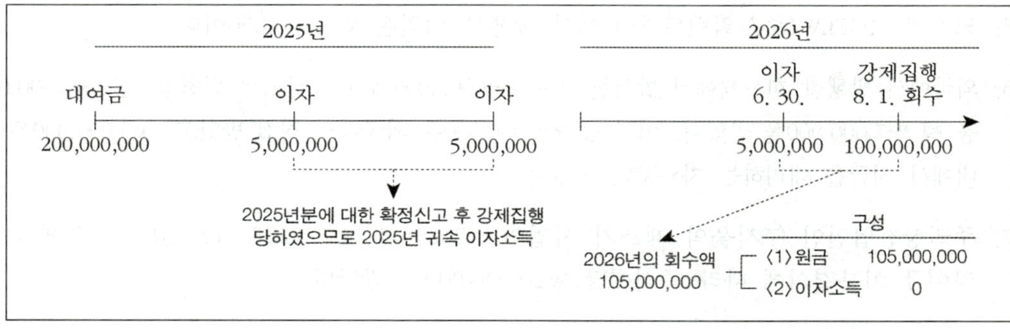

3. ① 파산, 강제집행, 형의 집행, 사업의 폐지, 실종 또는 행방불명으로 회수할 수 없는 채권에 해당하여 총수입금액에서 제외하였던 비영업대금의 이익을 지급받는 경우 그 이자의 수입시기는 그 이자지급일이다.

   ② 회수액은 원금부터 회수한 것으로 보는데, 2025년분에 대한 확정신고 전인 2025. 12. 31.에 사업폐지되었으므로 2025. 1. 1.부터 2025년분에 대한 확정신고 전의 회수액인 295,000,000(=45,000,000+250,000,000)은 원금회수액으로 본다. 따라서 원금미회수액은 원금 300,000,000에서 회수액 295,000,000을 뺀 5,000,000이며, 2026년 귀속 비영업대금의 이익은 2026년 추가회수액 20,000,000에서 원금미회수액 5,000,000을 뺀 15,000,000이다.

4. 요건을 충족한 파생금융상품 이자(이자소득이 발생하는 거래·행위와 파생상품이 결합된 경우 그 파생상품의 거래·행위로부터의 이익)도 이자소득에 해당한다.

5. 코스피 200ELW 등 주식워런트증권에서 발생한 이익은 양도소득이다. summary p2-239. *7. ③

6. ① 국외금융소득은 종합과세하는 것이 원칙이나, 국내에서 그 지급을 대리하는 자가 원천징수하는 경우에는 조건부과세대상이 된다. 이 경우 외국에서 원천징수한 금액은 외국납부세액공제대상이 되며, 국내에서 원천징수한 금액은 기납부세액으로 뺀다.

   ② 국내에서 그 지급을 대리하는 자의 원천징수세액은 다음과 같이 계산한다.

• 원천징수세액 : 지급액 × 원천징수세율 – 외국에서 납부한 외국소득세액

7. 주식배당의 수입시기는 잉여금처분결의일이며 조건부과세대상이다. → Gross–up 대상

해 답

1.

이자소득금액 : 24,000,000

배당소득금액 : 22,000,000

[근　거]

	이자	G－up 제외	G－up 대상	계
종 합 과 세	3,000,000			
조건부과세	15,000,000[비],*		20,000,000	
	1,000,000			
	5,000,000			
	24,000,000	－	20,000,000	44,000,000 ＋ 20,000,000 × 10% ＝ 46,000,000
출자공동 사업자 배당				

* $\underset{\text{추가 회수액}}{20,000,000} - \underset{\text{원금미회수액}}{5,000,000} = 15,000,000$

2. 5,000,000 × 14% ＝ 700,000

3. (1) 외국납부세액공제 : min(①, ②) ＝ 1,000,000

① 1,000,000

② $6,000,000 \times \frac{8,000,000}{40,000,000} = 1,200,000$

(2) 기납부세액 : 15,000,000 × 25% ＋ (1,000,000＋20,000,000) × 14% ＋ 75,000*
＝ 6,765,000

* 국내대리인의 원천징수세액 : $5,000,000 \times 14\% - 1,000,000 \times \frac{5,000,000}{8,000,000} = 75,000$

소득유예 3 금융소득

거주자 갑의 2026년 금융소득과 관련 내역이 〈자료〉와 같을 때 물음에 답하시오. 별도의 언급이 없는 한 제시된 금액은 원천징수하기 전 금액이며, 원천징수는 적법하게 이루어졌다고 가정한다.

〈자 료〉

1. 만기일이 2025. 12. 31.인 국내 은행 정기예금이자 ₩17,200,000(소득세를 원천징수 한 후의 금액)을 해지일인 2026. 1. 10.에 수령하였다.

2. 갑은 비상장법인인 ㈜태백의 소액주주인 우리사주조합원으로서 우리사주 ₩18,000,000(액면가액)을 보유하고 있다. 갑은 우리사주를 우리사주조합을 통하여 취득한 후 증권금융회사에 예탁하였는데, 2026년 중에 우리사주 배당금 ₩2,000,000을 받았다.

3. 2026년 9월 10일 직장공제회 탈퇴로 인한 반환금은 ₩27,000,000이며, 이는 2010년 10월 1일에 가입한 이후 2026년 8월말까지 매월 납입한 금액 ₩12,000,000에 대한 것이다[납입연수 10년 초과 20년 이하에 대한 납입연수 공제액 : 400만원+80만원×(납입연수−10년)]. 약정에 의한 지급일은 2026. 9. 10.인데, 실제 수령일은 2027. 1. 10.이다.

4. 「조세특례제한법」에서 정한 요건을 갖춘 2026년 초에 가입한 개인종합자산관리계좌(ISA)에서 2026년 말에 이자소득 ₩5,000,000을 수령하였다. 이 인출은 해외이주로 인한 해지에 따른 인출이다. 갑은 2025년도에 총급여액 ₩50,000,000의 근로소득이 있었으며, 2025년까지 종합과세판단대상 금융소득이 ₩20,000,000을 초과한 적은 없었다.

5. 신탁의 이익에서 발생한 소득내역은 다음과 같다.

   ① 집합투자기구로부터의 이익 ₩11,500,000*1 ② 확정급여형퇴직연금 신탁의 이익 ₩2,000,000
   ③ 학술을 목적으로 하는 신탁의 이익 ₩1,000,000 ④ 부동산 신탁의 이익 ₩8,000,000*2

   *1 공사채 50%와 주식 50%로 구성된 소득세법령의 요건을 갖춘 집합투자기구에서 발생한 것이다. 그 내역은 코스닥상장주식으로부터의 배당금 ₩3,000,000, 벤처기업주식의 처분이익 ₩8,000,000, 상장주식을 대상으로 한 장내 파생상품의 평가손실 ₩1,500,000, 비상장주식의 처분이익 ₩3,000,000, 채권의 처분손실 ₩2,000,000, 채권으로부터의 이자 ₩1,000,000으로 구성되어 있으며, 이 금액은 집합투자기구에 대한 보수 ₩400,000을 뺀 후의 금액이다.

   *2 수탁자가 토지를 임대하고 발생한 이익 ₩3,000,000과 건물을 매매하고 발생한 소득 ₩5,000,000을 분배한 것이다.

6. 거주자 갑과 을은 공동사업을 영위하고 있는데, 갑은 경영에 참가하지 않고 출자만 하고 있다. 갑과 을의 손익분배비율은 40% : 60%이며, 갑은 공동사업에서 발생한 채무에 대하여 무한책임을 부담하기로 약정하였다. 공동사업장의 사업소득금액은 ₩8,000,000이다.

[물 음]

1. 자료를 이용하여 다음의 〈답안양식〉을 작성하고 그 계산근거를 제시하시오.

〈답안양식〉

비과세되는 금융소득	
분리과세되는 소득에 대한 소득세 원천징수세액	
종합과세되는 이자소득금액	
종합과세되는 배당소득금액	

2. '[물음 1]'의 결과와 무관하게 종합과세되는 2026년 귀속 금융소득금액은 ₩25,000,000이라는 가정하에 2026년의 종합소득금액을 계산하시오. 다만, 제시된 것 외의 필요경비는 고려하지 않기로 한다.

핵심정리

문제의 포인트

1. 우리사주조합원 배당의 과세방법 : summary p2-47. ㉦
2. 직장공제회초과반환금의 과세방법 : summary p2-23. 1.3
3. 개인종합자산관리계좌(ISA)에 대한 과세특례 : summary p2-51. [1]
4. 집합투자기구로부터의 이익의 과세방법 : summary p2-38. 1.3
5. 출자공동사업자 배당 : summary p2-37. 1.2

※ 자료별 정리사항

1. 예금이자의 수입시기는 지급을 받는 날이 속하는 2026년이다. 제시된 금액이 원천징수 후 금액이므로 '1－원천징수세율'로 나누어 원천징수 전 금액을 계산한다.

2. 소액주주인 우리사주조합원이 보유하고 있는 액면가액 1,800만원 이하의 법령에 정하는 요건을 갖춘 우리사주 배당소득에 대해서는 소득세를 과세하지 않는다.

3. 1999. 1. 1. 이후 가입한 직장공제회의 초과반환금은 무조건 분리과세대상이자이며, 다음을 고려하여 연분연승법에 따라 원천징수세액을 계산한다. 수입시기는 약정에 따른 지급일이다.
   ① 기본공제 : 가입일이 2010. 12. 31.이전이므로 2010. 12. 31.까지 분은 50%, 2011. 1. 1. 이후분은 40%의 공제율을 적용한다.
   ② 납입월수 : 2010년 10월부터 2026년 8월까지 191개월이며, 1년 미만은 1년으로 보므로 납입연수 계산시 납입연수는 16년이다.

4. 개인종합자산관리계좌를 계약체결일부터 3년이 되기 전에 해지했으나, 해외이주로 인한 것이므로 과세특례를 적용한다. 가입일 기준으로 직전 과세기간의 총급여액이 5천만원 이하이므로 400만원까지 비과세하고, 초과분은 9%세율로 분리과세한다.

5. 신탁의 이익
   ① 집합투자기구로부터의 이익 : 채권 및 주식 비율과 무관하게 보수 및 수수료를 뺀 금액을 배당소득으로 과세한다. 문제 자료에 제시된 소득 중 벤처기업의 처분이익, 상장주식을 대상으로 한 장내파생상품의 평가손실은 과세대상이 아니다.
   ② 확정급여형 퇴직연금제도의 보험차익과 신탁계약의 이익 또는 분배금 : 그 소득의 성격에 불구하고 사업소득 총수입금액에 산입한다.
   ③ 학술을 목적으로 하는 신탁의 이익은 공익신탁의 이익에 해당하므로 비과세한다.
   ④ 부동산신탁의 이익 중 토지 임대소득 및 건물 양도소득 : 재산권에서 발생한 소득의 내용에 따라 토지 임대소득은 부동산임대업 사업소득으로, 건물 양도소득은 양도소득으로 과세한다.

6. 공동사업에서 발생한 채무에 대하여 무한책임을 부담하기로 약정하였으므로 출자공동사업자로 보지 않는다. 따라서 '8,000,000 × 40% = 3,200,000'은 사업소득금액에 해당한다.

해 답

1.

비과세되는 금융소득	7,000,000〈주1〉
분리과세되는 소득에 대한 소득세 원천징수세액	100,586〈주2〉
종합과세되는 이자소득금액	20,000,000〈주3〉
종합과세되는 배당소득금액	5,000,000〈주3〉

〈주1〉 2,000,000(우리사주배당) + 4,000,000(ISA이자) + 1,000,000(공익신탁이익) = 7,000,000

〈주2〉 ① 직장공제회 초과반환금 : 10,586*
② ISA 이자 : (5,000,000 − 4,000,000) × 9% = 90,000
합계 100,586

* (15,000,000① − 6,023,560② − 8,800,000③) × $\frac{1}{16}$ × 6% × 16 = 10,586

① 초과반환금(반환금초과이익) : 27,000,000 − 12,000,000 = 15,000,000

② 기본공제 : ㉠ + ㉡

㉠ 15,000,000 × $\frac{3}{191}$ × 50% = 117,801

㉡ 15,000,000 × $\frac{188}{191}$ × 40% = 5,905,759

합계 6,023,560

③ 4,000,000 + 800,000 × (16−10) = 8,800,000

〈주3〉

	이자	G-up 제외	G-up 대상	계
종 합 과 세				
조건부과세	20,000,000*1	5,000,000*2		25,000,000

*1 17,200,000 ÷ (1－0.14) ＝ 20,000,000

*2 3,000,000(배당금) ＋ 3,000,000(비상장주식 처분이익) － 2,000,000(채권 처분손실) ＋ 1,000,000(채권 이자) ＝ 5,000,000

2. 종합소득금액 : 25,000,000(금융(가정치)) ＋ 8,200,000*(사업) ＝ 33,200,000

* ① 확정급여형퇴직연금 신탁의 이익 : 2,000,000

② 부동산신탁의 이익 중 토지 임대소득 : 3,000,000

③ 공동사업장 소득금액 : 8,000,000 × 40% ＝ 3,200,000

④ 계 : 8,200,000 → '[물음 2]'의 단서에 따라 자료에 제시되지 않은 필요경비는 고려하지 않음

소득유예 4 금융소득

다음은 거주자 갑의 2026년도 귀속 금융소득 등 자료이다. 〈자료〉를 이용하여 2026년도 귀속 금융소득을 〈답안양식〉에 따라 계산하시오. 제시된 자료는 원천징수 전 금액이며, 원천징수는 적법하게 이루어졌다.

〈답안양식〉

자료번호	조건부과세대상	분리과세대상(원천징수세율)*
1		
2		
3		
4		

* 분리과세대상은 금액 옆의 '(   )'안에 원천징수세율도 적을 것

〈자 료〉

1. 2026년에 귀속되는 파생상품에서 발생한 소득으로 「상법」상 파생결합사채에서 발생한 수익의 분배금 ₩1,500,000, 주가연계증권(ELS)에서 발생한 수익분배금 ₩1,000,000[다른 주가연계증권(ELS)에서 발생한 원금손실액 ₩600,000을 차감하기 전 금액], 금의 가격에 따라 수익이 결정되는 골드뱅킹 수익분배금 ₩700,000, 그 밖의 파생결합증권(DLS)에서 발생한 수익의 분배금 ₩1,300,000, 상장지수증권(ETN)에서 발생하는 수익의 분배금 ₩800,000*, 코스피200주식워런트증권(ELW) 거래에서 발생한 수익의 분배금 ₩2,000,000이 있다.

   * 이 중 ₩300,000은 증권시장에서 거래되는 주식의 가격만을 기반으로 하는 지수의 변화를 그대로 추적하는 것을 목적으로 하는 상장지수증권을 계좌간 이체하는 방법으로 거래하여 발생한 이익이다.

2. 2025년에 「조세특례제한법」에 정한 요건을 갖추어 가입한 개인종합자산관리계좌(ISA)에서 2026년 6월에 최초로 주식투자자금 마련을 위해 납입원금 ₩10,000,000과 이자 ₩2,000,000을 인출하였다. 신탁업자는 이에 대하여 과세특례를 적용받은 소득세를 추징하여 관할세무서장에게 납부하였다.

3. 2026. 5. 10.에 전용계좌에 가입하고 ₩300,000,000을 납입하여 투자한 「조세특례제한법」 제121의 35에서 정하는 요건을 갖춘 기회발전특구집합투자기구로부터 받은 배당 ₩3,000,000이 있다.

4. 2019. 12. 10.에 계약을 체결한 저축성보험에서 만기환급금 ₩18,000,000을 받았다. 납입보험료 총액은 ₩15,000,000인데, 이 중 ₩2,000,000은 갑이 부담하였고, ₩13,000,000은 을이 부담하였다.

핵심정리

문제의 포인트

• 파생상품, 개인종합자산관리계좌, 저축성보험의 보험차익 관련 세부사항의 파악 : 아래 '※' 및 '해설' 참고

※ 파생상품 등에 대한 과세방법

<table>
<tr><th colspan="2">구 분</th><th>과세여부</th></tr>
<tr><td colspan="2">양도소득세 과세대상으로 열거된 파생상품
summary p2-239. *7</td><td>코스피200선물 · 옵션, 코스피200ELW(주식워런트증권) 등 양도소득세 과세대상으로 열거된 파생상품의 거래 · 행위에서 발생한 소득(이자소득 또는 배당소득으로 과세하는 파생상품의 거래 · 행위로부터의 이익은 제외)에 대해서는 양도소득세 과세</td></tr>
<tr><td colspan="2">「상법」상 파생결합사채에서 발생하는 수익의 분배금</td><td>배당소득으로 과세*</td></tr>
<tr><td rowspan="3">파생결합증권에서 발생하는 수익의 분배금</td><td>주가연계증권(ELS)</td><td>배당소득으로 과세*</td></tr>
<tr><td>골드 · 실버뱅킹</td><td>배당소득으로 과세*</td></tr>
<tr><td>그 밖의 파생결합증권(DLS)</td><td>배당소득으로 과세*</td></tr>
<tr><td colspan="2">상장지수증권(ETN)에서 발생하는 수익의 분배금</td><td>• 배당소득으로 과세*
• 다만, 증권시장에서 거래되는 주식의 가격만을 기반으로 하는 지수의 변화를 그대로 추적하는 것을 목적으로 하는 상장지수증권을 계좌간 이체, 계좌의 명의변경, 실물양도의 방법으로 거래하여 발생하는 이익은 과세하지 않는다.</td></tr>
<tr><td colspan="3">• 이자소득을 발생시키는 거래 · 행위와 파생상품이 결합된 경우 해당 파생상품의 거래 · 행위로부터의 이익 : 이자소득
• 배당소득을 발생시키는 거래 · 행위와 파생상품이 결합된 경우 해당 파생상품의 거래 · 행위로부터의 이익 : 배당소득*</td></tr>
</table>

* 파생결합증권, 파생결합사채 배당, 유사배당 및 파생금융상품 배당은 Gross-up 대상이 아니다.

해 답

자료번호	조건부과세대상	분리과세대상(원천징수세율)
1	5,000,000①	
2	2,000,000*2	
3		3,000,000(9%)*3
4	3,000,000②	

① 1,500,000(파생결합사채) + 1,000,000*1(ELS) + 700,000(골드뱅킹) + 1,300,000(기타 DLS) + (800,000−300,000)(ETN) = 5,000,000('핵심정리' 참고)

→ 코스피200주식워런트증권(ELW), 코스피200선물·옵션, 코스닥150선물·옵션 등 주가지수 관련 파생상품의 거래에서 발생한 수익은 양도소득세 과세대상임

② 18,000,000 − 15,000,000 = 3,000,000*4

해 설

1. 해답상 '*'에 대한 설명

*1 주가연계증권(ELS)으로부터 발생한 배당소득이 있는 거주자가 다른 주가연계증권에서 원금손실이 발생한 경우, 그 거주자의 배당소득 총수입금액을 계산함에 있어서 그 손실을 차감하지 않는다(집행기준 17–0–6).

[참고] 거주자가 보유한 주식이 「상법」 제343조에 따라 연 2회에 걸쳐 소각되면서 해당연도에 주식의 소각으로 인한 손실과 주식의 소각이나 자본의 감소로 인한 의제배당소득이 각각 발생한 경우, 해당 손실가액은 배당소득의 총수입금액에서 차감하지 않는다.

*2 신탁업자등은 개인종합자산관리계좌의 계좌보유자가 최초로 계약을 체결한 날부터 3년이 되는 날 전에 계약을 해지*하는 경우에는 과세특례를 적용받은 소득세에 상당하는 세액을 추징하여야 한다. 다만, 사망·해외이주 또는 계약기간만료일 전 6개월 이내에 발생하는 천재지변, 퇴직, 폐업, 3개월 이상의 입원치료 또는 요양을 요하는 상해·질병의 발생 등의 사유로 인출하는 경우는 제외한다. → 과세특례를 적용받은 소득세에 상당하는 세액을 추징하는 경우 그 이자는 분리과세대상이 아닌 조건부 과세대상이 된다.

* 계좌보유자가 최초로 계약을 체결한 날부터 3년이 되는 날 전에 계약기간 중 납입한 금액의 합계액을 초과하는 금액을 인출하는 경우에는 해당 인출일에 계약이 해지된 것으로 보아 위 규정을 적용한다.

*3 2026. 12. 31.까지 전용계좌(납입한도 3억원 이하일 것)에 가입하고 기회발전특구집합투자기구에 투자하여 발생하는 이자소득·배당소득(전용계좌 가입일부터 10년 이내에 지급받는 경우로 한정한다)은 9% 세율로 분리과세한다.

*4 계약기간 10년 미만이므로 계약자 1명당 납입할 보험료합계액과 무관하게 저축성보험의 보험차익을 이자소득으로 과세한다. 이 경우 보험금 수취인과 보험료의 불입자가 다른 경우 타인이 부담한 보험료에서 발생한 보험차익도 모두 보험수익자에게 과세한다.

소득유예 5 금융소득

거주자 갑씨(40세)의 2026년도의 다음 소득자료를 이용하여 물음에 답하시오. 별도의 언급이 없는 한 제시된 금액은 원천징수 전 금액이며, 원천징수는 적정하게 이행되었다고 가정한다.

1. 비상장법인인 A사로부터 주식발행초과금(발행가액에서 액면가액을 차감한 금액)의 자본전입으로 인한 무상주 액면가액 ₩10,000,000을 수령하였다. 그 주식발행초과금은 채무의 출자전환으로 발생한 것으로 전환당시 주식의 1주당 발행가액은 ₩10,000, 시가는 ₩8,500, 액면가액은 ₩5,000이었다.

2. B사가 이익잉여금을 자본에 전입함에 따라 무상주 300주(무액면주식)를 받았다. 무상증자 전 B사의 자본은 ₩800,000,000, 발행주식총수는 10,000주이었으며, 무상증자로 자본금에 전입하는 금액은 ₩100,000,000, 자본전입시 발행주식수는 2,000주이다.

3. 비상장법인인 C사는 2026. 12. 10.에 갑이 보유하고 있는 C사 주식 중 600주를 1주당 13,000씩 유상으로 자본감소하기로 결의하였으며, 갑은 그 감자대가를 2027. 1. 20.에 수령하였다. C사 주식의 1주당 액면가액은 ₩10,000이며, 주식의 취득내역은 다음과 같다.
   ① 2024. 5. 8. 700주를 ₩7,000,000에 취득하였다.
   ② 2025. 8. 18. 감자차익의 자본전입으로 인해 무상주 200주를 받았다.
   ③ 2025. 10. 20. 주식발행초과금의 자본전입으로 인해 무상주 100주를 받았다.

4. 비상장법인인 D사로부터 받은 무상주 액면가액은 ₩35,000,000이다. 이는 D사가 적격합병시 발생한 합병차익(구성 : 의제배당대상 외의 금액 60%, 의제배당대상 금액 40%) 중 70%를 자본에 전입함에 따른 것이다.

5. 갑은 2024년 초에 비상장법인인 E사의 주식 1,000주를 ₩15,000,000에 취득하여 보유하고 있었는데, E사가 일부 사업부를 분할하여 X사를 설립하였다. 이로 인하여 갑은 보유하고 있던 E사 주식 600주와 교환하여 X사 주식 600주(1주당 액면가액 ₩10,000, 시가 ₩12,000)와 현금 ₩3,000,000을 받았다.

6. 2026. 1. 10.에 새마을금고에 ₩10,000,000을 출자하고 그 출자금에 대한 배당금 ₩500,000을 받았으며, 2026. 2. 5.에 농업협동조합에 ₩30,000,000을 예탁하고 그 예탁금에 대한 이자 ₩1,100,000을 받았다. 갑씨는 조세특례제한법령으로 정하는 조합원에 해당된다.

[물 음]

종합소득금액에 합산하는 이자소득금액, 배당소득 총수입금액, 배당가산액(Gross－up 금액)을 답안양식에 적고 그 계산근거를 제시하시오.

〈답안양식〉

이자소득금액	
배당소득 총수입금액	
배당가산액	

핵심정리

문제의 포인트

- 특수한 경우의 의제배당액의 계산 : 「법인세법」과 「소득세법」상 의제배당 내용을 숙지한 상태에서 아래 '해설' 참고

해 답

이자소득금액	0
배당소득 총수입금액	28,500,000
배당가산액	850,000

[근 거]

	이 자	G-up 제외	G-up 대상	계
종합과세				
조건부과세			3,000,000①	
			15,000,000②	
		4,300,000③		
			5,000,000④	
			1,200,000⑤	
계		4,300,000	24,200,000	28,500,000*6 + 8,500,000 × 10% = 29,350,000

① $10{,}000{,}000 \times \dfrac{10{,}000 - 8{,}500}{10{,}000 - 5{,}000} = 3{,}000{,}000$*1

② $300\text{주} \times \dfrac{100{,}000{,}000}{2{,}000\text{주}} = 15{,}000{,}000$*2

③ $\underbrace{(600\text{주}\times 13{,}000)}_{\text{감자대가}} - \underbrace{(\underbrace{200\text{주}\times 0}_{\text{단기소각주식}} + \underbrace{400\text{주}\times\dfrac{7{,}000{,}000+100\text{주}\times 0}{700\text{주}+100\text{주}}}_{\text{그 밖의 주식}})}_{\text{주식 취득가액}} = 4{,}300{,}000$*3

④ $35{,}000{,}000 \times \dfrac{10\%}{70\%} = 5{,}000{,}000$*4

⑤ $\underbrace{(600\text{주}\times 12{,}000+3{,}000{,}000)}_{\text{분할대가}} - \underbrace{600\text{주} \times \dfrac{15{,}000{,}000}{1{,}000\text{주}}}_{\text{주식 취득가액}} = 1{,}200{,}000$*5

해설

1. 해답상 '*'에 대한 설명

*1 주식발행초과금 중 채무의 출자전환으로 주식을 발행한 경우로서 시가를 초과하여 발행한 금액은 채무면제익(익금)에 해당된다. 따라서 이 금액의 자본전입으로 인한 무상주는 의제배당이다. 법인세 summary p4-66. ※

*2 의제배당액 계산시 무액면주식의 가액은 자본금전입액을 자본금전입시 신규로 발행되는 주식수로 나누어 계산한다. 법인세 summary p4-152. *1. ①

*3 「소득세법」에서는 주식발행초과금의 자본전입으로 인한 무상주를 단기소각주식으로 보지 않으므로 감자차익의 자본전입으로 인한 무상주만 단기소각주식에 해당한다. 따라서 단기소각주식 특례규정에 따른 소각순서에 따라 소각한 주식의 취득가액은 '단기소각주식 200주는 0, 나머지 400주는 평균법에 따라 계산한 금액'으로 한다. summary p2-36. (2) → 법인의 소득에 법인세가 과세되지 않는 배당으로서 감자(자본감소)로 인한 의제배당은 G-up대상 아님 summary p2-43. ④. ㉥

*4 적격합병차익의 일부(이 문제의 경우 70%)를 자본전입하는 경우에는 '의제배당대상 외의 금액(이 문제의 경우 60%) → 의제배당대상 금액(이 문제의 경우 40% 중 10%)'의 순서로 자본에 전입한 것으로 본다. 따라서 무상주 수령액 35,000,000에 $\frac{10\%}{70\%}$를 곱한 금액이 의제배당이다. → 법인세 summary p4-157. *4, p4-343. 제19절

*5 적격분할에 해당되려면 분할법인의 주주가 분할신설법인으로부터 받은 분할대가 전액(분할합병의 경우에는 80%)이 주식이어야 한다. 이 문제의 경우 분할대가의 전액이 주식이 아니므로 비적격분할에 해당한다. 따라서 의제배당액을 계산할 때 분할대가로 받은 주식은 시가로 평가한다. → 법인세 summary p4-161. (1), p4-343. 제19절

*6 조세특례제한법령으로 정한 조합원이 농협 · 수협 · 산림조합 · 신협 · 새마을금고에 2028. 12. 31.까지 출자 또는 가입하고 받는 다음의 소득에 대하여는 소득세를 과세하지 않는다. summary p2-47. ㉥
① 조합 등에 출자한 금액의 1인당 합계액이 2,000만원 이하인 출자금에 대한 배당소득
② 조합 등에 예탁한 금액의 합계액이 1인당 3,000만원 이하인 예탁금에서 발생하는 이자소득

소득유예 6 금융소득 - 실전문제

다음 자료를 바탕으로 각 물음에 답하시오(단, 각 〈자료〉는 상호 독립적이다).

〈자료 1〉 〈2015. CTA 수정〉

다음은 거주자 박이흠(비사업자)의 2026년도 귀속 금융소득 관련 자료이다.

1. 공동사업에 출자하여 출자공동사업자로서 ₩3,000,000의 배당소득을 수령하였다.
2. 국내에서 원천징수되지 않은 국외배당소득 ₩2,000,000이 있다.
3. 직장공제회를 탈퇴하면서 10년간 납입한 원금 ₩30,000,000에 대한 반환금으로 ₩36,000,000을 수령하였다.
4. 상환기간이 3년인 회사채의 만기 도래로 이자 ₩5,000,000을 수령하였다.
5. 2018년에 가입하여 총 불입액이 ₩46,000,000인 10년 만기 월적립식 저축성보험을 2026년 4월 15일에 해약하고 환급액 ₩50,000,000을 수령하였다.
6. 지인에게 빌려주었던 사채(私債) 원금 ₩300,000,000과 이자 ₩18,000,000을 회수하였다. 이 사채(私債)의 원금은 은행에서 차입한 것으로 이 차입금에 대한 은행이자는 ₩12,000,000이다.
7. 공사채에 50%, 주식에 50%를 투자하는 「소득세법 시행령」 제26조의 2에 의한 집합투자기구에서 발생한 이익 ₩32,000,000이 있다. 그 내역은 상장주식으로부터의 배당금 ₩2,000,000, 상장주식처분이익 ₩12,000,000, 벤처기업주식처분이익 ₩8,000,000, 비상장주식처분이익 ₩5,000,000, 채권처분이익 ₩3,000,000, 채권이자 ₩2,000,000으로 구성되어 있으며, 이 금액은 집합투자기구에 대한 보수 ₩2,500,000을 지급한 후의 금액이다.
8. 보유하고 있는 거래소 상장법인 ㈜백두의 주식에 대하여 현금배당 ₩8,000,000과 이익잉여금의 자본금전입에 의한 주식배당 12,000주(1주당 액면가액 ₩500, 시가 ₩8,000)를 수령하였다. 또 코스닥 상장법인인 ㈜소백으로부터는 주식발행초과금을 자본금전입하여 발행한 무상주 40,000주(1주당 액면가액 ₩500, 시가 ₩12,000)를 수령하였다. 수령한 무상주 중에서 10,000주는 ㈜소백의 자기주식 보유분 전체를 재배정함에 따라 거주자 박이흠이 추가로 수령한 것이다.

〈자료 2〉 〈2015. CPA 수정〉

갑의 금융소득 내역은 다음과 같다.

1. ㈜A의 2025년 사업연도(결산확정일 : 2026년 2월 25일)에 대한 법인세 신고시 법인세법에 따라 배당으로 처분된 금액 : ₩1,000,000
2. 채권의 환매조건부 매매차익 : ₩7,000,000
3. 2023년 3월 1일 발행된 장기채권(만기 12년)으로부터 발생한 2026년 귀속 이자소득 : ₩4,000,000
4. 주권상장법인인 ㈜B의 잉여금처분결의에 따른 현금배당 : ₩3,000,000(㈜B는 2025년 12월말 결산법인으로 잉여금처분결의일은 2026년 3월 20일이며, ㈜B의 배당성향과 배당수익률은 시장평균의 130%이고, 전기 대비 배당증가율은 15%임)
5. 출자공동사업자의 분배금 : ₩10,000,000
6. 외국법인으로부터의 배당소득 : ₩5,000,000(국내에서 원천징수하지 아니함)
7. 보유 중인 ㈜C 주식 1,000주의 자본감소로 인한 유상감자로 현금 ₩12,000,000을 수령하였으며, 해당 주식의 취득내역은 다음과 같다.
   ① 2024년 5월 2,000주를 ₩25,000,000에 취득
   ② 2025년 5월 이익준비금의 자본전입으로 인한 무상주 500주 수령(1주당 액면가 ₩10,000, 시가 ₩15,000)
   ③ 2026년 1월 주식발행초과금의 자본전입으로 인한 무상주 500주 수령(1주당 액면가 ₩10,000, 시가 ₩12,000)
8. 집합투자기구로부터의 이익 : ₩7,000,000(이자 ₩1,500,000, 배당 ₩4,000,000, 상장주식처분이익 ₩1,500,000으로 구성됨)

[물음 1]

〈자료 1〉을 이용하여 거주자 박이흠의 종합소득금액에 합산될 금융소득을 다음 양식에 따라 제시하시오(단, 별도의 언급이 없는 한 원천징수는 「소득세법」에 따라 적법하게 이루어 졌다고 가정한다).

소 득 구 분	내 역	금 액
이 자 소 득	1. 2. . .	
소 계		
배 당 소 득	1. 2. . .	
소 계		

[물음 2]

〈자료 2〉를 이용하여 갑의 2026년도 종합과세대상 금융소득금액을 〈답안양식〉에 따라 제시하시오.

〈답안양식〉

이자소득 총수입금액	
배당소득 총수입금액	
귀속법인세액(Gross-up금액)	
종합과세대상 금융소득금액	

[물음 3]

〈자료 2〉의 금융소득금액 외에 갑에게 근로소득금액이 ₩36,230,000있으며, 종합소득공제액이 ₩37,470,000이라고 가정하고, 종합소득 산출세액, 배당세액공제액을 다음의 〈답안양식〉에 따라 제시하시오.

〈답안양식〉

일반산출세액	
비교산출세액	
배당세액공제액	

해답

[물음 1]

소 득 구 분	내 역	금 액*1
이자소득*2	1. 회사채 이자 2. 보험차익 : 50,000,000 － 46,000,000 ＝ 3. 비영업대금 이익	5,000,000 4,000,000 18,000,000
소 계		27,000,000
배당소득	1. 출자공동사업자 배당 2. 국외배당 3. 집합투자기구 이익 : 32,000,000 － 12,000,000 － 8,000,000 ＝ 4. 백두 배당 : 8,000,000 ＋ (12,000주×500) ＝ 5. 소백 배당*3 : 10,000주 × 500 ＝	3,000,000 2,000,000 12,000,000 14,000,000 5,000,000
소 계		36,000,000

[물음 2]

이자소득 총수입금액	11,000,000
배당소득 총수입금액	26,500,000
귀속법인세액(Gross－up금액)	400,000
종합과세대상 금융소득금액	37,900,000

[근 거]

구 분	이 자	G－up 제외	G－up 대상	계
종 합 과 세		5,000,000		
조건부과세	7,000,000 4,000,000*4	2,000,000① 5,500,000②	1,000,000 3,000,000*5	
	11,000,000	12,500,000	4,000,000	27,500,000 ＋ 4,000,000 × 10% ＝ 27,900,000
출자공동 사업자 배당		10,000,000		10,000,000
				37,900,000

① $12{,}000{,}000 - 1{,}000주 \times \dfrac{25{,}000{,}000 + 5{,}000{,}000 + 0}{2{,}000주 + 500주 + 500주} = 2{,}000{,}000$*6

② 1,500,000 ＋ 4,000,000 ＝ 5,500,000

[물음 3]

일반산출세액	4,039,000〈주1〉
비교산출세액	5,250,000〈주2〉
배당세액공제액	0〈주3〉

〈주1〉 ① 과세표준 : 37,900,000(금융소득금액) + 36,230,000(근로소득금액) − 37,470,000(소득공제) = 36,660,000

② 20,000,000 × 14% + 16,660,000 × 기본세율 = 4,039,000

〈주2〉 27,500,000 × 14% + max(①, ②) = 5,250,000

① (36,660,000(과세표준) − 27,900,000(출자공동사업자 배당을 제외한 금융소득금액)) × 기본세율 = 525,600

② 10,000,000(출자공동사업자배당) × 14% + (36,660,000(과세표준) − 37,900,000(출자공동사업자 배당을 포함한 금융소득금액)) × 기본세율 = 1,400,000

〈주3〉 min(① 400,000, ② 5,250,000−5,250,000=0) = 0

해설

1. 해답상 '*'에 대한 설명

*1 요구사항이 금융소득금액이 아닌 금융소득의 계산이므로 Gross−up은 고려하지 않았다.

*2 ① 직장공제회 초과반환금은 분리과세대상 이자소득이다.
② 보험차익은 최초납입일부터 중도해지일까지의 기간이 10년 이상이 아니므로 과세대상 이자소득이다.

*3 구체적으로 자기주식배정으로 인한 재배정주식의 의제배당은 다음과 같이 접근한다.
① 의제배당 구성분 : 0
② 의제배당 미구성분 : 10,000주 × 100% × 500 = 5,000,000

*4 2018. 1. 1. 이후 발행된 10년 이상 장기채권의 이자이므로 조건부 과세대상이다.

*5 '〈자료 2〉. 4'에 제시된 배당성향과 배당수익률 등은 의미없는 자료이며, 잉여금처분결의일이 속하는 2026년도의 Gross−up 대상 배당에 포함한다.

*6 「소득세법」에서는 주식발행초과금의 자본전입으로 받은 무상주에는 감자시 단기소각주식특례규정을 적용하지 않는다. 따라서 평균법으로 취득원가를 계산한다. → 자본의 감소로 인한 의제배당은 Gross−up 대상 아님

소득유예 7 사업소득

다음은 거주자 연예인인 김용재씨의 2026년도의 소득자료이다. 물음에 답하시오. 제시된 금액은 원천징수 전 금액이며, 원천징수는 적법하게 이행되었다.

〈자 료〉

1. 비실명 비영업대금의 이익은 ₩26,700,000이다.
2. 출자공동사업자로서 받은 배당은 ₩27,000,000이다.
3. 2026년 중에 연예활동과 관련하여 다음의 전속계약금을 받았다.
   ① 2026. 7. 5.에 A사와 전속 계약(계약기간 : 2026. 7. 5.~2027. 3. 4.)을 맺고 계약에 따라 전속계약금 ₩100,000,000을 계약일에 받았다.
   ② 2026. 4. 30.에 B사와 2026. 4. 20.부터 2029. 4. 19.까지 전속 계약을 맺고 전속계약금 ₩300,000,000을 계약일에 받았다.
4. 김용재씨는 간편장부대상자이며, 복식부기에 따라 장부를 기장하고 관련 서류를 제출한다고 가정한다.

[물 음]

1. 2026년도 사업소득 총수입금액을 계산하시오.
2. 2026년도 귀속 무조건 분리과세되는 이자소득에 대한 소득세 원천징수세액을 계산하시오.
3. 문제 자료에 따라 계산한 종합소득 산출세액이 ₩40,000,000이라는 가정하에 종합소득 산출세액에서 차감할 소득세 기납부세액을 계산하시오.

핵심정리

문제의 포인트

- 전속계약금의 수입시기, 원천징수 등에 대한 세무처리 : summary p2-61. (1)

※ 자료별 정리사항

1. 비영업대금의 이익은 비실명이므로 무조건 분리과세대상이다. → 원천징수세율은 45%
2. 출자공동사업자배당은 종합과세되는 배당소득이다. → 원천징수세율은 25%

3. 전속계약금 : 연예인 · 직업운동선수 등 사업자가 사업활동과 관련하여 받는 전속계약금은 사업소득으로 본다. → 원천징수세율은 3%
   ① A사 : 계약기간이 1년을 초과하지 않으므로 용역대가를 지급받기로 한 날과 용역의 제공을 완료한 날 중 빠른 날인 2026년을 수입시기로 한다.
   ② B사 : 계약기간이 1년을 초과하는 전속계약금을 일시에 받았으므로 월할 안분계산한다(초월산입 · 말월불산입).

[물음 3] : 기납부세액으로 차감할 원천징수세액은 종합소득금액에 포함된 출자공동사업자 배당과 전속계약금에 대한 원천징수세액이다. 이 경우 전속계약금에 대한 원천징수세액의 처리방법은 다음과 같다.

지급자(원천징수의무자)	→	받는 자
그 지급금액(일시에 선지급하는 경우 해당 선지급금액)에 대해 원천징수하여야 함		일시에 원천징수된 전속계약금에 대해서 기납부세액으로 공제하는 원천징수세액은 해당연도의 과세표준에 산입된 사업소득에 대한 소득세 원천징수세액임

	2026년 원천징수세액		2026년 기납부세액
A사 :	100,000,000		100,000,000
B사 :	300,000,000	$\times \frac{9}{36} =$	75,000,000
	400,000,000		175,000,000
	× 3%		× 3%
	12,000,000		5,250,000

해 답

1. $100,000,000 + \left(300,000,000 \times \frac{9}{36} = 75,000,000\right) = 175,000,000$

2. 26,700,000 × 45% = 12,015,000

3. 27,000,000 × 25% + 175,000,000 × 3% = 12,000,000

소득유예 8 사업소득

상호 독립된 각 【문】에 답하시오.

【문 1】

다음은 2026년 4월부터 사업을 개시한 상가 부동산임대사업자 갑(중소기업 아님)의 2026년도의 부동산임대와 관련된 소득자료이다. 물음에 답하시오. 갑의 자기자본적수는 차입금적수의 60%이며, 장부를 기장하고 있다. 정기예금이자율은 2%이다.

1. 손익계산서

인건비	₩84,660,000	임대료수입	₩300,000,000
기타비용	177,200,000	관리비수입	45,000,000
대손상각비	1,000,000	이자수익	800,000
소득세(법인세)	3,200,000	배당금수익	4,600,000
당기순이익	86,840,000	유가증권처분익	2,500,000
계	₩352,900,000	계	₩352,900,000

2. 임대료수입의 내역은 다음과 같다.

(1) 상가 A에 대한 임대현황(임대기간 : 2026년 6월 15일~2029년 5월 14일)

① 임대보증금 : 2026년 6월 10일에 ₩800,000,000을 수령하였다.

② 임대기간 개시일에 35개월간의 임대료 ₩300,000,000을 일시에 수령하였고 이를 임대료수입으로 계상하였다. 임대료의 안분계산이 필요한 경우 월할계산(초월산입)한다고 가정한다.

③ 상가 A는 ₩500,000,000에 취득하였는데, 건물가액과 토지가액의 구분이 불분명하다. 취득당시 기준시가는 건물 ₩25,000,000, 토지 ₩75,000,000이다. 2026년 10월 10일에 그 상가에 대한 피난시설 설치비 ₩10,000,000을 지출하고 건물의 취득원가에 가산하였다.

(2) 상가 B에 대한 임대현황(임대기간 : 2026년 4월 1일~2027년 1월 31일)

월임대료는 ₩1,000,000씩 매월말 지급받기로 계약상 약정하였으나 2026년 중 임대료 실수령액이 없어 이를 손익계산서에 수입으로 계상하지 않았다.

3. 관리비수입 ₩45,000,000의 내역은 다음과 같다.

① 청소비 · 난방비 기타 관리비 ₩39,000,000

② 전기료 및 수도료 6,000,000*

* 전기료 및 수도료 중 ₩1,200,000은 실지납부액을 초과하여 징수한 금액이다. 갑은 이러한 초과징수액 ₩1,200,000을 제외한 전기료 및 수도료의 실지납부액 ₩4,800,000을 납부하고 비용으로 계상하였다.

4. 손익계산서상 이자수익 · 배당금수익(갑이 2025년 초부터 10% 투자하고 있는 비상장법인으로부터의 배당금임) 및 유가증권처분익은 모두 임대보증금의 운용수익이다.

5. 인건비에는 대표자인 갑에 대한 급여 ₩50,000,000이 포함되어 있다.

6. 대손충당금 기말잔액은 세법상 설정대상 채권의 3% 상당액인 ₩6,000,000이다. 당기 대손실적률은 2%이다.

[물 음]

다음의 답안양식에 따라 갑이 개인인 경우 사업소득금액과 법인인 경우 각사업연도소득금액을 계산하시오(가산항목은 (+)로, 차감항목은 (–)로 기재할 것).

구 분	사업소득금액	각사업연도소득금액
1. 손익계산서상 당기순이익 2. 세무조정 ① …	 (+)	 (+)
3. 소득금액		

【문 2】

거주자 을이 다음과 같이 상가를 임대하는 경우 2026년의 사업소득 총수입금액을 계산하시오. 재정경제부령으로 정하는 정기예금이자율은 2%라고 가정한다.

1. 100m²의 상가를 임대보증금 ₩200,000,000에 임차하여 그 중 70m²의 상가를 임대보증금 ₩300,000,000을 받고 다시 임대하였다(임대계약기간은 2026. 7. 1.부터 2027. 6. 30.).

2. 임차한 상가의 건설비는 ₩50,000,000이다.

3. 전대하고 받은 임대보증금 운용수익으로 예금이자수익 ₩500,000와 저축성보험의 보험차익 ₩300,000이 있다.

핵심정리

문제의 포인트

1. 부동산임대업 관련 법인세와 소득세 세무조정 비교
2. 부동산을 전대하는 경우 간주임대료 계산방법

해답

【문 1】

구　분	사업소득금액	각사업연도소득금액
1. 손익계산서상 당기순이익	86,840,000	86,840,000
2. 세 무 조 정		
① 상가 A의 임대료수입〈주1〉	(−) 240,000,000	(−) 240,000,000
② 상가 A의 간주임대료	(+) 1,951,780〈주2〉	−*4
③ 상가 B의 임대료수입〈주3〉	(+) 9,000,000	(+) 9,000,000
④ 관리비수입〈주4〉	−	−
⑤ 이자수익*7	(−) 800,000	−
⑥ • 배당금수익*7	(−) 4,600,000	−
• 배당금수익의 익금불산입	−	(−) 1,380,000〈주5〉
⑦ 유가증권처분익*7	(−) 2,500,000	−
⑧ 대표자급여	(+) 50,000,000	−
⑨ 대손충당금한도초과〈주6〉	(+) 2,000,000	(+) 2,000,000
⑩ 소득세·법인세	(+) 3,200,000	(+) 3,200,000
3. 소득금액	△94,908,220	△140,340,000

〈주1〉 $\underbrace{300,000,000}_{\text{장부}} - \underbrace{300,000,000 \times \frac{7^{*1}}{35}}_{\text{세법}} = 240,000,000$

〈주2〉 $[800,000,000 \times 200\text{일}^{*2} - (\underbrace{125,000,000^{*}}_{\text{건물 취득가액}} \times 200\text{일} + \underbrace{10,000,000}_{\text{자본적 지출}} \times 83\text{일})] \times 2\% \times \frac{1}{365}$

$- 5,400,000^{**} = 1,951,780$

$* \ 500,000,000 \times \frac{25,000,000}{25,000,000 + 75,000,000} = 125,000,000^{*3}$

** 800,000(이자수익) + 4,600,000(배당금수익) = 5,400,000 → 유가증권처분익은 제외

〈주3〉 $\underbrace{0}_{\text{장부}} - \underbrace{1,000,000 \times 9\text{개월}^{*5}}_{\text{세법}} = 9,000,000$

〈주4〉

		수　익	비　용
장 부		45,000,000	4,800,000
세 법	39,000,000 + 1,200,000 =	40,200,000	−
차 이		4,800,000	4,800,000
		총수입금액불산입*	필요경비불산입*

* 순액으로 차이 없으며, 자산·부채와 무관하므로 세무조정을 생략한다(각각 조정해도 됨). *6

〈주5〉 4,600,000 × 30%(지분율 20% 미만) = 1,380,000

〈주6〉 $\underbrace{6{,}000{,}000}_{\text{기말잔액}} - \frac{6{,}000{,}000}{3\%} \times 2\% = 2{,}000{,}000$

【문 2】

$(300{,}000{,}000 - 200{,}000{,}000 \times \frac{70m^2}{100m^2}) \times 2\% \times \frac{184}{365} - (500{,}000 + 300{,}000) = 813{,}150$*8

해 설

1. 해답상 '*'에 대한 설명

*1 ① 개인 : 선세금 중 당기분을 안분계산한다(초월산입).
② 법인 : 월할계산(초월산입)한다고 가정하였으므로 개인과 차이 없다.

*2 6월 15일 ~ 12월 31일까지의 일수 : 16 + 184 = 200일

*3 [별지 제53호 서식]에 따르면 취득가액이 불분명한 경우 소득세 간주임대료 계산시에는 기준시가에 따라 안분계산한다.

*4 추계결정의 경우가 아니면 부동산임대업을 주업으로 하는 내국영리법인으로서 차입금이 자기자본의 2배를 초과하는 경우에만 간주임대료를 계산한다. 문제의 경우 차입금이 자기자본의 2배를 초과하지 않으므로 법인은 간주임대료 계산대상이 아니다.

*5 계약에 의한 지급약정일을 수입시기로 한다(단기임대료이므로 법인도 동일).

*6 회계처리를 통한 세무조정의 이해 — 참고 목적

<table>
<tr><th colspan="2">구 분</th><th>관리비 수령시</th><th>전기료 · 수도료 납부시</th></tr>
<tr><td colspan="2">회 사</td><td>(차) 현 금 45,000,000
(대) 관 리 비 수 입 45,000,000</td><td>(차) 비 용 4,800,000
(대) 현 금 4,800,000</td></tr>
<tr><td colspan="2">세 법</td><td>(차) 현 금 45,000,000
(대) { 관 리 비 수 입 39,000,000
예 수 금 6,000,000</td><td>(차) 예 수 금 6,000,000
(대) { 현 금 4,800,000
잡 수 익 1,200,000*</td></tr>
<tr><td rowspan="2">세무
조정</td><td>총액법</td><td>① 〈총수입금액불산입〉 관리비수입 6,000,000</td><td>② 〈필요경비불산입〉 세금과공과 4,800,000
③ 〈총수입금액산입〉 잡 수 익 1,200,000</td></tr>
<tr><td>순액법</td><td colspan="2">총액법의 ①~③은 순액으로 소득금액에 미치는 영향이 없으므로 세무조정을 생략한다.</td></tr>
</table>

* 전기료 · 수도료의 실지납부액을 초과하여 수령한 금액은 총수입금액에 산입한다.

*7 이자수익 · 배당금수익 · 유가증권처분익

① 개 인 : 이자수익은 이자소득, 배당금수익은 배당소득으로 과세하며, 유가증권처분익은 양도소득세 과세대상으로 열거된 것을 제외하고는 소득세과세대상이 아니다. → 사업소득이 아니므로 전부 총수입금액불산입한다.

② 법 인 : 익금에 해당하며, 회사도 이를 수익으로 계상하였으므로 세무조정은 불필요하다. 다만, 수입배당금에 대한 이중과세조정을 위하여 30%를 익금불산입한다.

*8 ① 부동산을 전대하는 경우 간주임대료는 다음과 같이 계산한다.

$$\text{간주임대료} = \left[\text{전대하고 받은 보증금} - \left(\text{임차받기 위하여 지급한 보증금} \times \frac{\text{전대한 부분의 면적}}{\text{임차받은 면적}}\right)\right] \times \text{정기예금 이자율} \times \frac{\text{임대일수}}{365(\text{윤년은}366)} - \text{금융수익}^{*}$$

* 추계가 아닌 경우에만 금융수익을 차감한다.

② 을의 상가가 아니므로 건설비는 고려하지 않는다.

③ 금융수익의 범위에 보험회사로부터 지급받은 저축성보험차익(과세여부 불문)을 포함한다.

소득유예 9 사업소득 - 실전문제

거주자 최은자(여, 46세)는 상가임대업인 하늘임대사(중소기업)를 영위하고 있으며 장부를 비치 및 기장하고 있다. 하늘임대사의 당기순이익은 20,000,000원이다. 최은자씨는 간편장부대상자이다. 2026년의 다음 자료를 이용하여 물음에 답하시오. 단, 제시된 금액은 원천징수하기 전의 금액이며, 원천징수는 적법하게 이루어졌다. 〈2013. CTA 수정〉

1. 손익계산서상 급여 50,000,000원에는 사업주 최은자의 급여 15,000,000원, 국민건강보험료 1,000,000원, 국민연금보험료 5,000,000원이 포함되어 있고, 최은자의 배우자에게 지급한 급여 5,000,000원도 포함되어 있다. 최은자의 배우자는 인사부장으로 하늘임대사에서 근무하고 있다.

2. 손익계산서상 유가증권평가이익 100,000,000원은 단기매매목적으로 투자하고 있는 주권상장법인 A사 주식의 보유에 따른 평가이익이다.

3. 손익계산서상 관리비수익 20,000,000원에는 임차인으로부터 전기료와 수도료로 수취한 금액 5,000,000원이 포함(실제 전기료와 수도료 납부금액을 초과하지 않음)되어 있다.

4. 손익계산서상 유형자산처분손실 12,000,000원은 2026. 6. 10. 비품을 처분하여 발생한 것이다. 처분한 비품에 대한 당기 장부상 감가상각비는 3,200,000원, 상각범위액은 3,500,000원, 전기말 감가상각비 상각부인액은 2,000,000원이다.

5. 손익계산서상 이자수익 1,000,000원은 임대보증금을 운용하여 얻은 수익이다. 최은자는 상가임대업을 2025. 1. 1.부터 개시하였으며, 상가임대업과 관련하여 임대보증금 300,000,000원, 토지 150,000,000원과 건물 200,000,000원이 재무상태표에 계상(상가임대업 개시 이후 금액의 변동은 없음)되어 있다. 1년 만기 정기예금이자율은 2%라고 가정한다.

[물 음]

2026년도 사업소득금액을 다음의 〈답안양식〉에 따라 제시하시오. 당기순이익에 가산하는 항목의 경우 "(+)", 차감하는 경우 "(−)"를 세무조정금액 앞에 제시하되(예시 : (+)100,000원), 한 항목에 둘 이상의 가산 또는 차감사항이 발생하는 경우 각각 제시하시오. 가산 또는 차감사항이 없는 경우 "해당없음"으로 표시하시오.

〈답안양식〉

항목번호	당기순이익 가산 및 차감 세무조정금액
당기순이익	20,000,000원
1	
2	
3	
4	
5	
사업소득금액	

해답

(단위 : 원)

항목번호	당기순이익 가산 및 차감 세무조정금액
당기순이익	20,000,000
1	(+) 15,000,000*1 (+) 5,000,000*1
2	(−) 100,000,000*2
3	(−) 5,000,000*3
4	(+) 12,000,000*4 (−) 300,000〈주1〉
5	(−) 1,000,000*5 (+) 1,000,000〈주2〉
사업소득금액	(−) 53,300,000

〈주1〉 3,200,000 − 3,500,000 = △300,000 → min(300,000, 2,000,000)을 필요경비산입

〈주2〉 (300,000,000−200,000,000) × 2% − 1,000,000 = 1,000,000

해설

1. 해답상 '*'에 대한 설명

*1 국민건강보험료 · 노인장기요양보험료 및 법령으로 정한 고용보험료 · 산재보험료를 제외한 대표자급여는 필요경비불산입한다.

*2 「소득세법」상 매매 또는 만기투자를 목적으로 매입한 유가증권의 평가는 개별법(채권의 경우에 한정) · 총평균법 · 이동평균법 중 신고한 방법에 따르므로 유가증권평가손익을 인정하지 않는다.

*3 전기료 · 수도료 등 공공요금 수령액은 대납액이므로 총수입금액에 산입하지 않는다.

*4 간편장부대상자이므로 유형자산처분손실을 필요경비불산입한다. 「소득세법」에서는 사업연도 중에 처분한 자산에 대해서는 시부인계산을 한다.

*5 이자수익은 이자소득이므로 총수입금액불산입한다.

소득유예 10 사업소득

다음은 제조업을 영위하는 갑씨의 2026년도의 사업소득자료이다. 이를 기초로 [물음]에 답하시오.

1. 매출액 : ₩43,000,000. 이와 별도로 사업과 관련하여 국가로부터 받은 보조금 ₩5,000,000이 있다.

2. 2026. 6. 10.에 장부가액 ₩6,000,000의 사업용 기계장치를 ₩7,000,000에 양도하였다.

3. 부가가치세 신고시 신용카드매출전표 등 발행세액공제를 받은 금액 ₩3,000,000이 있다(제조업도 신용카드매출전표 등 발행세액공제 대상이라고 가정함).

4. 갑씨는 2026년에는 장부를 비치 · 기장하지 않았다. 다음의 것 이외의 필요경비는 증빙에 의하여 확인되지 않는다.
   ① 급 여 : 종업원분 ₩11,000,000, 갑씨 분 ₩4,000,000
   ② 매 입 비 용 : 원재료 ₩550,000(상하차비 ₩50,000 포함), 운반비 ₩1,500,000, 음식료비 ₩200,000, 유형자산매입액 ₩2,000,000, 기업업무추진비목적용 상품 매입비용 ₩300,000, 기부목적용 상품매입비용 ₩1,200,000
   ③ 유형자산임차료 : ₩1,000,000

5. 전년도까지 대손충당금은 총액법으로 기장하였는데, 전기말 현재 재무상태표상 대손충당금 기말잔액은 ₩1,000,000(한도내 금액)이다.

6. 2025년도에서 이월된 이월결손금은 ₩7,000,000이다.

7. 단순경비율은 30%, 기준경비율은 20%이며, 재정경제부령으로 정하는 배율은 복식부기의무자의 경우 3.4배, 간편장부대상자의 경우는 2.8배라고 가정한다.

[물 음] 다음 각 경우별로 세부담을 최소화하는 방향으로 계산한 사업소득금액을 〈답안양식〉에 적고 그 계산근거를 제시하시오.

〈경우 1〉 갑씨가 전기 수입금액이 ₩180,000,000인 경우로서 단순경비율대상자가 아닌 경우

〈경우 2〉 갑씨가 2026년 1월에 신규로 사업을 개시한 사업자라고 가정하는 경우(다만, 이 경우 자료 5번과 6번은 없다고 볼 것)

〈답안양식〉

구 분	사업소득금액
경우 1	
경우 2	

핵심정리

문제의 포인트

- 추계 결정 · 경정 방법 : summary p2-286. 2
  〈1단계〉 복식부기의무자 여부 및 적용할 경비율 결정 〈2단계〉 계산

해 답

구 분	사업소득금액
경우 1	40,400,000〈주1〉
경우 2	28,000,000〈주2〉

〈주1〉 복식부기의무자 : min(①, ②) + 1,000,000*2 = 40,400,000

① $58,000,000^{*} - [11,000,000+(550,000-50,000)+300,000+1,000,000] - (58,000,000\times20\%\times\frac{1}{2})^{*1}$ = 39,400,000

② 한도 : (58,000,000−58,000,000×30%) × 3.4배 = 138,040,000

* 43,000,000(매출액) + 5,000,000(보조금) + 7,000,000*3(양도가액) + 3,000,000(신카세액공제액) = 58,000,000

〈주2〉 신규사업자로서 당기 수입금액이 간편장부대상자 기준금액(제조업 : 150,000,000원)에 미달하는 사업자 : min(①, ②) = 28,000,000*4

① 단순경비율법 : 51,000,000* − 51,000,000 × 30% = 35,700,000

② 기준경비율법 : 51,000,000 − (11,000,000+500,000+300,000+1,000,000) − (51,000,000×20%) = 28,000,000

* 58,000,000(‘〈주1〉’의 수입금액) − 7,000,000*3(양도가액) = 51,000,000

해 설

1. 해답상 ‘*’에 대한 설명

*1 제조업은 전기 수입금액이 150,000,000원 이상이면 복식부기의무자이므로 추계시 기준경비율의 $\frac{1}{2}$을 곱한다.

*2 대손충당금의 전기말 잔액(전기에 필요경비로 인정된 금액)은 당기에 환입하여야 한다(총액법 논리).

*3 추계시 복식부기의무자의 사업용 유형자산 양도가액(토지 · 건물 및 2017. 12. 31. 이전에 취득한 건설기계의 양도가액은 제외)은 수입금액에 포함하나, 간편장부대상자의 경우는 포함하지 않는다.

*4 복식부기의무자 여부 및 적용할 경비율 결정 : 신규사업자는 간편장부대상자이다. 그리고 신규사업자로서 당기 수입금액이 제조업의 간편장부대상자 기준금액인 1억 5천만원에 미달하므로 단순경비율 적용대상이다. → 단순경비율 대상자는 ‘증빙으로 확인되는 주요경비’가 있으면 세부담 최소화를 위해 단순경비율법과 기준경비율법 중 적은 금액으로 사업소득금액 계산

소득유예 11 사업소득

제조업을 영위하는 갑의 2026년도의 다음의 소득자료를 기초로 세부담 최소화가정에 따라 갑이 개인인 경우 사업소득금액을 다음의 〈답안양식〉에 따라 계산하시오.

〈답안양식〉 가산항목은 (+), 차감항목은 (−)로 적을 것

구 분	사업소득금액
1. 당기순이익 2. 세무조정 ① ② ……	 (+) (−)
3. 소득금액	

〈자 료〉

1. 손익계산서상 당기순이익은 ₩30,000,000이다. 여기에는 다음과 같이 회계처리한 정기적금에 대한 이자수익 ₩15,000,000이 포함되어 있다.

(차)	현 금	11,180,000	(대) 이 자 수 익	13,000,000
	선 급 세 금*	1,820,000		
(차)	미 수 이 자	2,000,000	(대) 이 자 수 익	2,000,000

* 소득세(법인인 경우 법인세) 원천징수세액이다. → 문제풀이시 지방소득세의 효과는 고려하지 말 것

2. 손익계산서상 영업외수익에는 사업관련 외화차입금의 기말외화평가이익 ₩4,000,000 (회사는 기말환율로 평가한다고 신고하였음), 기중 외화상환이익 ₩2,000,000이 포함되어 있다.

3. 매월말 현재 사업용 자산과 부채의 현황은 다음과 같다.

구 분	자 산	부 채	부채에 포함된 충당금
1월 ~ 4월	₩400,000,000	₩402,000,000	₩5,000,000
5월 ~ 7월	390,000,000	420,000,000	10,000,000
8월 ~ 12월	395,000,000	400,000,000	15,000,000

4. 손익계산서상 이자비용의 내역은 다음과 같다.

연 이자율	이자비용	차입금적수	비 고
15%	₩3,000,000	₩7,300,000,000	채권자불분명사채이자
10%	400,000	1,460,000,000	–
9%	9,000,000	36,500,000,000	건설차입금이자*[1]
7%	2,100,000	10,950,000,000	건설차입금이자*[2]
계	₩14,500,000	₩56,210,000,000	

*[1] 당기말 현재 제작중인 기계장치에 대한 일반차입금에 대한 지급이자이다.

*[2] 당기말 현재 건설중인 공장건물의 신축관련 특정차입금에 대한 이자이다.

5. 재무상태표상 유형자산에는 전년도에 취득한 골동품가액 ₩10,000,000이 포함되어 있다.

6. 2026년 5월 1일에 대표자에게 업무와 무관하게 ₩8,000,000을 가지급하였으며, 가지급 당시 회사의 인정이자 계산시 적용이자율은 14%라고 가정한다.

핵심정리

문제의 포인트

1. 외화평가손익 및 상환손익의 처리방법 : summary p2-85. 4.7
2. 지급이자 필요경비불산입 : summary p2-78. 4.3

해답

구 분	사업소득금액	[참고] 법인인 경우 각사업연도소득금액
1. 당 기 순 이 익	30,000,000	30,000,000
2. 세 무 조 정		
① 이 자 수 익*1	(−) 15,000,000	(−) 2,000,000
② 외 화 평 가 이 익*2	(−) 4,000,000	−
③ 채권자불분명사채이자	(+) 3,000,000	(+) 3,000,000
④ 건 설 자 금 이 자*3	(+) 2,100,000	(+) 2,100,000
⑤ 초과인출금에 대한 이자	(+) 493,698〈주1〉	−
⑥ 업무무관자산에 대한 이자	(+) 900,000〈주2〉	(+) 1,389,199〈주3〉
⑦ 인 정 이 자*9	−	(+) 751,780〈주4〉
3. 소 득 금 액	17,493,698	35,240,979

〈주1〉 ① 초과인출금적수

$$[\underbrace{(420{,}000{,}000-10{,}000{,}000)}_{\text{부 채}} - \underbrace{390{,}000{,}000}_{\text{자 산}}]^{*4} \times \underbrace{92\text{일}}_{5.\ 1.\sim 7.\ 31.} = 1{,}840{,}000{,}000$$

② 필요경비불산입액*5 : 지급이자 × $\dfrac{\text{초과인출금적수(차입금적수를 한도로 함)}}{\text{차입금적수}}$

10%분 : $400{,}000 \times \dfrac{1{,}460{,}000{,}000}{1{,}460{,}000{,}000} =$ 400,000

9%분 : $9{,}000{,}000 \times \dfrac{(1{,}840{,}000{,}000-1{,}460{,}000{,}000)}{36{,}500{,}000{,}000} =$ 93,698

계 493,698

〈주2〉 지급이자 × $\dfrac{\text{업무무관자산적수}}{\text{차입금적수}}$

$$= (9{,}000{,}000-93{,}698)^{*6} \times \frac{10{,}000{,}000 \times 365}{(36{,}500{,}000{,}000-380{,}000{,}000)^{*6}} = 900{,}000$$

〈주3〉 $(400{,}000+9{,}000{,}000)^{*7} \times \dfrac{(10{,}000{,}000\times 365\text{일}) + (8{,}000{,}000\times 245\text{일})^{*8}}{(1{,}460{,}000{,}000+36{,}500{,}000{,}000)^{*7}}$

$= 1{,}389{,}199$

〈주4〉 $(8{,}000{,}000\times 245\text{일}) \times 14\% \times \dfrac{1}{365} = 751{,}780$

해 설

1. 해답상 '*'에 대한 설명

*1 이자수익

① 개인 : 이자소득으로 과세하므로 사업소득 총수입금액에는 산입하지 않는다.

② 법인 : 익금항목이나, 원천징수대상 이자에 대한 미수이자계상액은 익금불산입한다.

*2 외화평가손익과 외화상환손익

① 개인 : 기말 외화평가손익은 인정하지 않으나, 사업과 관련된 외화자산·부채의 상환손익은 총수입금액과 필요경비에 산입한다.

② 법인 : 금융회사가 아닌 경우 기말환율을 적용한다고 신고하면 화폐성 외화자산·부채의 평가손익을 인정한다(금융회사의 경우는 화폐성 외화자산·부채에 대해서 강제평가). 외화자산·부채의 상환손익도 실현된 손익이므로 인정한다.

*3 일반차입금에 대한 건설자금이자에 대해서도 「법인세법」에서는 자본화할 수 있으나, 「소득세법」에서는 자본화 불가능하다. 문제의 경우 회사가 이자비용으로 처리하였고, 세부담최소화가정이 있으므로 법인·개인사업자 모두 세무조정할 필요 없다.

*4 초과인출금계산시 부채의 범위에 충당금과 준비금은 제외한다. 따라서 5월부터 7월까지만 초과인출금이 발생한다.

*5 「소득세법」에서는 서로 다른 이자율이 적용되는 이자가 함께 있는 경우에는 높은 이자율이 적용되는 것부터 먼저 필요경비에 산입하지 아니한다. 따라서 선순위에서 필요경비불산입된 15%와 7% 이자율을 제외한 10% 이자율부터 순차로 불산입액을 계산한다.

*6 선순위에서 불산입된 15%, 7%, 10% 이자율을 적용하는 지급이자 및 그 차입금적수를 제외한 이자. 즉, 9% 이자율이 적용된 지급이자와 차입금적수이다.

*7 「법인세법」에서는 높은 이자율부터 적용한다는 규정이 없으므로 선순위에서 불산입된 채권자불분명사채이자(15%)와 건설자금이자(7%)를 제외한 나머지 이자(10%와 9%)와 그에 대한 차입금적수의 합계액을 기준으로 손금불산입액을 계산한다.

*8 대표자의 자금인출을 「소득세법」에서는 인출금으로 보므로 지급이자 손금불산입대상이 아니나, 「법인세법」에서는 업무무관가지급금으로 보므로 지급이자 손금불산입대상이 된다.

*9 인정이자

① 개인 : 대표자의 자금인출은 인출금이므로 인정이자를 계산하지 아니한다.

② 법인 : 대표자에 대한 업무무관가지급금에 대하여 인정이자를 계산한다.

소득유예 12 사업소득

당기 중 처분 또는 폐기한 감가상각자산과 관련된 다음 자료를 기초로 법인인 경우와 개인사업자(복식부기의무자)인 경우를 구분하여 세무조정을 행하시오.

구 분	처분일	제조원가명세서상 감가상각비 계상액	처분손익 등 계상액	1년 기준의 상각범위액	전기말 현재 상각부인액
생산설비 A	9월 20일	₩4,000,000	₩△4,000,000*1	₩5,000,000	₩2,000,000
생산설비 B	–	3,000,000	△2,999,000*2	4,000,000	△1,500,000

*1 기술낙후로 인하여 폐기·처분한 생산설비의 장부가액과 처분가액의 차액을 계상한 것이다.

*2 시설개체로 인하여 폐기한 생산설비의 장부가액에서 1,000원을 차감한 차액을 계상한 것이다(기말 현재 창고에 보관중임).

해답

구 분		법 인	개 인
A	처분자산의 상각시부인	– (∵ 사업연도 중 양도자산은 시부인 계산 안함)	– (∵ 기술낙후로 폐기한 경우에는 장부가액과 처분가액의 차액을 필요경비 산입가능)
	처분손익에 대한 조정	– (∵ 처분손실은 손금인정)	– (∵ 기술낙후로 인한 폐기·처분이므로 처분손실은 필요경비 인정)
	유보잔액의 추인	〈손금산입〉 2,000,000	〈필요경비산입〉 2,000,000
B	감가상각시부인	– (∵ 「법인세법」에 따름)	아래 '*'와 같은 두 가지 방법에 따른 세무조정이 가능함(별도 해석이 나오면 보완하기로 함)
	폐기손익	– (∵ 「법인세법」에 따름)	
	유보잔액의 추인	– (∵ 폐기자산에 상각부인액이 없음)	

* 〈방법 1〉 시설개체로 폐기한 자산에 대한 폐기손실계상액을 「법인세법」과 같이 손상차손계상액(즉시상각의제)으로 보아 상각시부인 계산하는 방법

- 감가상각시부인 : (2,999,000+3,000,000) − 4,000,000 = 1,999,000
  〈필요경비불산입〉 1,999,000

〈방법 2〉 시설개체로 폐기하였더라도 처분하지 않았으므로 처분될 때까지 폐기손실계상액을 전액 필요경비불산입하는 방법

- 감가상각시부인 : 3,000,000 − 4,000,000 = △1,000,000(조정 없음)
- 폐기손실계상액 : 〈필요경비불산입〉 2,999,000

〈Tip〉 감가상각비 자료 없이 당기말 현재 보관중인 생산설비에 대한 폐기손실계상액이 제시된 경우에는 폐기손실계상액을 필요경비불산입한다.

소득유예 13 사업소득

제조업을 영위하는 거주자 갑의 다음 자료를 이용하여 물음에 답하시오.

〈자 료〉

1. 손익계산서(일부)

	…	
인건비	₩100,000,000	…
퇴직급여	20,000,000	
	…	
당기순이익	60,000,000	

2. 손익계산서와 제조원가명세서상의 인건비내역은 다음과 같으며, 당기중 신입사원과 중도퇴사자는 없다.

구 분	급여 및 상여금	일시퇴직기준 퇴직급여 추계액	보험수리적기준 퇴직급여추계액
① 대표자	₩50,000,000	₩25,000,000	₩26,000,000
② 대표자의 장남(경리과장)	30,000,000	20,000,000	18,000,000
③ 기타의 임직원	210,000,000	355,000,000	400,000,000
계	₩290,000,000	₩400,000,000	₩444,000,000

3. 퇴직급여충당금계정의 내역은 다음과 같다.

퇴직급여충당금

감 소 액	0	기 초 잔 액	20,000,000*1
기 말 잔 액	50,000,000	설 정 액	30,000,000*2
	50,000,000		50,000,000

*1 전기말 현재 한도초과부인액은 ₩1,000,000이다.

*2 손익계산서에 계상한 금액 ₩20,000,000, 제조원가명세서에 계상한 금액 ₩10,000,000의 합계액이다.

4. 퇴직금전환금 기초잔액은 ₩40,000,000, 기말잔액은 ₩32,000,000이다.

5. 자료에 제시된 것 외의 것은 고려하지 않기로 한다.

[물 음]

갑이 개인사업자(복식부기의무자)인 경우 사업소득금액과 법인인 경우 각사업연도소득금액을 〈답안양식〉에 따라 계산하시오.

〈답안양식〉 가산항목은 (+)로, 차감항목은 (−)로 적을 것

구　　분	사업소득금액	각사업연도소득금액
1. 당기순이익		
2. 세무조정		
①	(+)	
②	(−)	
…		
3. 소득금액		

핵심정리

문제의 포인트

- 퇴직급여충당금에 대한 세무처리 : summary p2-86. 4.8

해 답

구　　분	사업소득금액	각사업연도소득금액
1. 당기순이익	60,000,000	60,000,000
2. 세무조정		
① 대표자급여	(+) 50,000,000	−
② 퇴직급여충당금 한도초과〈주〉	(+) 18,000,000	(+) 17,000,000
3. 소득금액	128,000,000	77,000,000

〈주〉

구　　분	개　　인	법　　인
(1) 한 도 액 :	• min(①, ②) = 12,000,000	• min(①, ②) = 13,000,000
① 총급여액기준	① (290,000,000−50,000,000*1) × 5% = 12,000,000	① 290,000,000 × 5% = 14,500,000
② 추계액기준	② (400,000,000*2−25,000,000*1) × 0% − (20,000,000−1,000,000) + 32,000,000 = 13,000,000	② max(400,000,000, 444,000,000)*2 × 0% − (20,000,000−1,000,000) + 32,000,000 = 13,000,000
(2) 한 도 초 과 액	30,000,000 − 12,000,000 = 18,000,000	30,000,000 − 13,000,000 = 17,000,000

해 설

1. 해답상 '*'에 대한 설명

*1 인건비를 필요경비로 인정하지 않는 대표자(사업주) 및 사업에 종사하지 않는 가족은 「소득세법」상 퇴직급여충당금 설정대상이 아니므로 총급여액과 퇴직급여추계액 계산시 차감한다.

*2 「법인세법」상 추계액은 일시퇴직기준과 보험수리적기준 등 중 큰 금액으로 하나, 「소득세법」상 추계액은 일시퇴직기준으로 한다.

소득유예 14 사업소득

'p2—111. 문 2—12. 【문 1】'의 자료에 다음 자료가 추가되는 경우 물음에 답하시오. 다만, 갑은 복식부기의무자이다.

[추가 자료]
갑은 'p2—111. 【문 1】'에 제시된 업무용승용차A 외에 2026. 7. 1.에 업무용승용차C를 추가로 취득하였다. 관련 자료는 다음과 같다.
① 취득가액은 ₩100,000,000이며, 신고한 상각방법은 정률법이다(신고내용연수 4년, 정률법 상각률 0.528).
② 제26기에 계상한 감가상각비는 ₩10,000,000이며, 감가상각비 외에 유류비, 수선비 등 승용차 관련 비용으로 ₩6,000,000을 비용계상하였다. 당기 중 운행일지에 따른 총주행거리는 10,000km이며, 이 중 업무용사용거리는 8,000km이다.

[물 음]
다음 각 경우별로 업무용승용차C에 대한 세무조정을 하시오. 다만, 업무용승용차C에 대하여 「소득세법」상 1대를 제외한 나머지 차량에 대한 특례규정을 적용하기로 한다.
1. 업무용승용차C에 대해서 업무전용자동차보험에 가입한 경우
2. 업무용승용차C에 대해서 업무전용자동차보험에 가입하지 않은 경우

핵심정리

문제의 포인트

- 업무용승용차 관련비용의 특례규정 : summary p2-84. 4.5

※ 업무용승용차 1대를 제외한 나머지 차량에 대하여 업무전용자동차보험에 가입하지 아니한 경우 업무관련 비용의 처리방법 : 업무용승용차 관련비용 전액을 필요경비불산입한다.

해답

1. 업무전용자동차보험에 가입한 경우

	시부인 세무조정	없음
〈필요경비불산입〉	업무미사용액	3,200,000(기 타)
〈필요경비불산입〉	상각비한도초과액	4,000,000(유 보)

[근 거] ① $10,000,000 - 100,000,000 \times \frac{1}{5} \times \frac{6}{12} = 0$

② $(10,000,000+6,000,000) \times \left(1-\frac{8,000}{10,000}\right) = 3,200,000$

③ $10,000,000 \times 80\% - 8,000,000 \times \frac{6}{12} = 4,000,000$

2. 업무전용자동차보험에 가입하지 않은 경우

	시부인 세무조정	없음
〈필요경비불산입〉	업무미사용액	16,000,000(기 타)
	상각비한도초과	없음

[근 거] ① $10,000,000 - 100,000,000 \times \frac{1}{5} \times \frac{6}{12} = 0$ → 조정 없음

② $10,000,000 + 6,000,000 = 16,000,000$ → 업무용승용차 관련비용 전액을 필요경비불산입함

③ 16,000,000 전액을 필요경비불산입하였으므로 고려 불필요

소득유예 15 사업소득

제조업(중소기업이 아님)을 영위하는 거주자 이사랑씨의 다음 자료를 이용하여 제26기(2026년도)의 종합소득세 계산과 관련하여 〈답안양식〉을 작성하시오. 이사랑씨는 사업소득만 있으므로 기부금에 대하여 인정하는 범위에서 필요경비에 산입하려고 한다.

〈답안양식〉

구 분	금 액
사업소득금액(이월결손금 공제 전)	
종합소득금액	
정치자금세액공제	

〈자 료〉

1. 손익계산서상 소득세비용 ₩4,900,000을 차감 후 당기순이익은 ₩120,720,000이다.

2. 손익계산서상 기부금의 내역은 다음과 같다.

① 정치자금 기부금	₩500,000
② 사회복지공동모금회 기부금	2,730,000
③ 종교단체 기부금	30,000,000
④ 새마을금고 기부금*1	6,000,000
⑤ 우리사주조합 기부금*2	1,000,000

*1 새마을금고에 「사랑의 좀도리운동」을 위하여 지출한 기부금이다.

*2 이사랑씨는 우리사주조합원이 아니다.

3. 종업원들과 함께 특별재난지역 복구를 위하여 자원봉사한 시간은 다음과 같으며, 이에 대해서는 별도의 회계처리를 하지 않았다. 자원봉사와 관련된 유류비용은 ₩150,000(자원봉사용역 제공 장소로의 이동을 위한 유류비는 없음)이며, 이를 손익계산서에 비용처리하였다.
   ① 이사랑씨 봉사시간 : 70시간(특별재난지역 선포 전 같은 지역 봉사기간 5시간 포함)
   ② 종업원 봉사시간 합계 : 350시간

4. 당기로 이월된 기부금 한도초과액은 특례기부금이 ₩15,000,000[이 중 ₩6,000,000은 제22기(2022년) 발생분, ₩9,000,000은 제15기(2015년) 발생분임], 우리사주조합기부금이 ₩7,000,000(제23기 발생분임)이다.

5. 제19기에 발생한 결손금 ₩6,000,000이 당기로 이월되었다.

해 답

구 분	금 액
사업소득금액(이월결손금 공제 전)	₩134,100,000
종합소득금액	128,100,000
정치자금세액공제	90,909

[근 거]

1. 차가감소득금액 : 120,720,000 + 4,900,000*[1] + 100,000*[2] − 720,000* = 125,000,000

   * $\frac{70시간}{8}$ = 8.75 → 9일. 9일 × 80,000 = 720,000*[3]

2. 기부금 한도초과

기부금	한도	한도초과
① 정치자금 · 특례 : (500,000−100,000)*[2] + (2,730,000+870,000①) = 4,000,000	160,000,000 이월액 6,000,000*[6] 필요경비산입 154,000,000	△150,000,000 → 조정 ×
② 우리사주조합 : 1,000,000	(160,000,000−6,000,000−4,000,000) × 30% = 45,000,000	△44,000,000 → 조정 ×*[5]
③ 일반 : 30,000,000(종교단체) + 6,000,000*[4] = 36,000,000	149,000,000② × 10% + min(149,000,000×20%=29,800,000, 6,000,000) = 20,900,000	15,100,000 필요경비불산입
• 기준금액 : 125,000,000 + 4,000,000 + 1,000,000 + 36,000,000 − 6,000,000(이월결손금) = 160,000,000		

① 720,000 + 150,000 = 870,000*[3]

② 160,000,000 − 6,000,000 − 4,000,000 − 1,000,000 = 149,000,000

3. 사업소득금액 : 125,000,000 − 6,000,000 + 15,100,000 = 134,100,000

4. 종합소득금액 : 134,100,000 − $\underset{이월결손금}{\underline{6,000,000}}$ = 128,100,000

5. 정치자금세액공제 : 100,000 × $\frac{100}{110}$ = 90,909

해 설

1. 해답상 '*'에 대한 설명

*1 소득세비용 필요경비불산입액이다.

*2 정치자금기부금의 처리방법

① 정치자금 중 100,000은 세액공제대상이므로 필요경비불산입한 후 해답 5번에서와 같이 세액공제한다.

② 기부금 한도계산 대상이 되는 기부금은 500,000에서 필요경비불산입한 100,000을 뺀 400,000이다.

*3 ① 자료에 사업소득만 있어 기부금을 필요경비에 산입한다고 하였는데, 특별재난지역복구를 위한 자원봉사 시간에 대한 회계처리를 하지 않았으므로 720,000을 필요경비에 산입한 후 특례기부금에 포함하여 한도 계산한다.

② 이 경우 자원봉사용역은 720,000에 손익계산서에 비용계상한 유류비용 150,000을 더한 870,000이다. 만약 유류비용 150,000에 자원봉사용역 제공 장소로의 이동을 위한 유류비 50,000이 포함되어 있다면 50,000은 필요경비불산입(업무무관비용)하고, 특례기부금에 '720,000+100,000=820,000'을 포함하여 한도 계산한다.

*4 새마을금고에 대한 기부금은 비지정기부금이나, 새마을금고에 「사랑의 좀도리운동」을 위하여 지출하는 기부금은 일반기부금이다.

*5 정치자금기부금과 30%한도기부금(우리사주조합기부금) 한도초과액은 이월공제되지 않는다.

*6 2026년에 공제가능한 기부금 한도초과이월액 : 10년이내분(2016년부터 2025년 발생분) → 「법인세법」과 동일

소득유예 16 사업소득

다음은 기계제조업과 상가임대업을 영위하는 「부가가치세법」상 일반과세자인 거주자 갑씨의 제1기 부가가치세 과세기간(2026. 1. 1.~2026. 6. 30.)의 손익계산서 자료이다. 갑씨의 2026. 1. 1.부터 2026. 6. 30.의 사업소득 총수입금액(갑씨는 복식부기의무자에 해당함)과 부가가치세 과세표준을 계산하시오. 다만, 가능하다면 총수입금액을 최소화하는 방향으로 계산하기로 한다. 아래 금액은 부가가치세가 포함되지 않은 금액이며, 계산시 1천원 미만은 절사하기로 한다. 갑씨는 장부를 기장하고 있다.

1. (1) 제품 매출액 : ₩100,000,000. 이 금액은 갑씨가 금전으로 수령한 판매장려금 ₩2,000,000이 포함된 금액이며, 대손발생액 ₩3,000,000이 차감되기 전 금액이다.

   (2) 상가임대업

   ① 임대기간 : 2026. 4. 1. ~ 2027. 3. 31.

   ② 임대조건 : 임대보증금 ₩400,000,000(수령일 : 2026. 3. 31.), 월 임대료 ₩3,000,000(매월말 받기로 약정)

   ③ 상가의 토지 취득가액 ₩300,000,000, 상가 건축비 ₩100,000,000

   ④ 제1기에 발생한 임대보증금 운용수익은 이자수익 ₩400,000, 유가증권처분이익 ₩300,000

   ⑤ 정기예금이자율은 2%라고 가정한다.

2. 매출채권의 회수지연으로 인한 기일연장이자(소비대차 미전환) : ₩1,000,000

3. 사업용 유형자산인 기계장치의 처분이익 : ₩20,000,000(장부가액 ₩40,000,000인 기계장치를 ₩60,000,000에 처분하면서 발생한 것)

4. 사업용 유형자산인 건물 처분이익 : ₩30,000,000(장부가액 ₩60,000,000인 건물을 ₩90,000,000에 처분하면서 발생한 것)

5. 개별소비세 과세대상 업무용승용차 처분이익 : ₩9,000,000(장부가액 ₩50,000,000인 승용차를 ₩59,000,000에 처분하면서 발생한 것). 이 승용차 매입시 매입세액공제를 받지 못하였다.

6. 업무와 관련하여 무상으로 받은 토지 : 시가는 ₩8,000,000(원가는 ₩6,000,000). 갑씨에게는 전기에 발생하여 당기로 이월된 결손금 ₩2,000,000이 있다.

7. 생산한 제품 중 거래처에 무상으로 제공한 제품 : 시가는 ₩7,000,000(원가는 ₩5,000,000)

8. 갑씨가 생산한 제품(시가 ₩9,000,000)을 을씨가 생산한 제품(시가 ₩11,000,000)과 교환하였다.

〈답안양식〉

구 분	총수입금액	과세표준
합 계		

핵심정리

문제의 포인트

- 개인 사업소득자의 총수입금액과 부가가치세 과세표준 계산 차이 : 아래 '※' 참고

※ 자료별 정리사항

1. (1) 제품매출액

   ① 수령한 판매장려금을 「소득세법」에서는 총수입금액에 산입하나, 갑씨의 공급과는 무관하므로 「부가가치세법」에서는 과세표준에 포함하지 않는다.

   ② 「소득세법」에서는 대손금을 대손요건 충족시 필요경비로 인정하며, 「부가가치세법」에서는 대손금을 과세표준에서 공제하지 않고 매출세액계산시 대손세액공제로 공제한다.

   (2) 상가임대업

   1) 임대료 : 약정일을 수입시기(부가가치세는 공급시기)로 하여 총수입금액(부가가치세는 과세표준)을 계산한다.

   2) 간주임대료

   ① 건설비 : 「소득세법」에서는 추계가 아닌 한 건설비적수를 보증금적수에서 빼나, 「부가가치세법」에서는 특정 지하도건설비 외의 건설비적수는 빼지 않는다.

   ② 금융수익 : 「소득세법」에서는 추계가 아닌 한 금융소득을 빼나, 「부가가치세법」에서는 빼지 않는다.

2. 매출채권의 회수지연으로 인한 기일연장이자(소비대차 미전환분)를 「소득세법」에서는 사업부수수익으로 보나, 「부가가치세법」에서는 공급이 이루어진 후의 대금결제의 문제이므로 과세표준에 포함하지 않는다.

3, 4. 복식부기의무자가 사업용 유형자산을 처분하는 경우 양도가액을 총수입금액에 산입하나, 양도소득세 과세대상인 토지·건물의 경우에는 사업소득 총수입금액에 산입하지 않는다. 문제의 요구사항이 '총수입금액' 계산문제이므로 기계장치의 경우 양도가액을 총수입금액(장부가액을 필요경비)으로 하였다. 「부가가치세법」에서는 유형자산이 부가가치세 과세대상인 경우 공급가액을 과세표준에 포함한다.

5. ① 복식부기의무자가 개별소비세 과세대상 업무용승용차를 처분하는 경우 양도가액을 총수입금액으로, 장부가액을 필요경비로 하여 처분손익을 인정한다. 단, 800만원을 초과하는 처분손실은 필요경비불산입한다.
   ② 매입시 매입세액공제를 받지 못하였더라도 공급시 과세대상이면 부가가치세 과세대상이다.

6. 사업과 관련된 자산수증이익과 채무면제이익을 「소득세법」에서는 총수입금액에 산입(이월결손금보전에 충당하는 것은 총수입금액불산입)하나, 「부가가치세법」에서는 자산수증이익과 채무면제이익은 공급과는 무관하므로 과세표준에 포함하지 않는다.

7. 거래처에 무상으로 제공한 제품에 대하여 「소득세법」에서는 시가를 총수입금액, 원가를 필요경비에 산입하며, 「부가가치세법」에서는 사업상증여로 보아 시가를 과세표준에 포함한다.

8. 제조업자 등에게 제품 등을 판매하고 금전 이외의 대가를 받은 경우 「소득세법」에서는 그 제조업자의 제품판매가액(시가)을 총수입금액으로 본다. 이에 비해 부가가치세 과세표준은 자기가 공급한 재화의 시가이다.

해답

구 분	총수입금액	과세표준
1. (1) 제품 매출액	100,000,000	98,000,000
(2) 임대업		
① 임대료	9,000,000	9,000,000
② 간주임대료	1,095,000〈주1〉	1,994,000〈주2〉
2. 기일연장이자	1,000,000	–
3. 기계 처분대금	60,000,000	60,000,000
4 건물 처분대금	–	90,000,000
5. 업무용승용차 처분대금	59,000,000	59,000,000
6. ① 업무관련 자산수증이익	8,000,000	–
② 이월결손금보전 충당액	△2,000,000	–
7. 무상제공제품	7,000,000	7,000,000
8. 제품교환	11,000,000	9,000,000
합 계	254,095,000	333,994,000

〈주1〉 $(400,000,000-100,000,000) \times 2\% \times \frac{91}{365} - 400,000 = 1,095,890 \rightarrow 1,095,000$

〈주2〉 $400,000,000 \times 2\% \times \frac{91}{365} = 1,994,520 \rightarrow 1,994,000$

소득유예 17 사업소득

아지물산의 다음과 같은 2026년도 세무조정자료를 기초로 물음에 답하시오.

1. 손익계산서

매 출 원 가	₩400,000,000	매 출 액	₩735,000,000
인 건 비	200,000,000	이 자 수 익	45,000,000
대 손 상 각 비	5,000,000	채 무 면 제 익	10,000,000
지 급 이 자	12,000,000		
소득세(법인세) 차감전순이익	173,000,000		
계	₩790,000,000	계	₩790,000,000

2. 이자수익은 국민은행 예금이자이며, 이 중 ₩3,000,000은 미수이자이다.

3. 채무면제익은 모두 영업활동과 무관하게 발생한 것이다.

4. 인건비 중 ₩35,000,000은 대표자인 김초롱씨에 대한 것이며, ₩20,000,000은 직원으로 근무하고 있는 자녀에 대한 것이다.

5. 당기말 재무상태표상 채권의 내역은 다음과 같다(대손실적률은 0.5%).

대 여 금	₩75,000,000	(2025년 말에 김초롱씨에게 무이자로 대여한 금액)
매 출 채 권	150,000,000	
토지처분미수금	30,000,000	
대 손 충 당 금	(1,950,000)	

6. 지급이자 중 ₩10,000,000은 은행차입금 이자(이자율 8%)이고, ₩2,000,000은 장기할부판매로 인한 현재가치할인차금 상각비(이자율 8%)이다. 인정이자 계산 이자율은 8%이다.

[물 음]

1. 김초롱씨가 아지물산을 개인사업으로 운영하는 경우 종합소득금액을 계산하시오.

2. 김초롱씨가 아지물산을 법인사업으로 운영하는 경우 아지물산의 각사업연도소득금액과 김초롱씨의 종합소득금액을 계산하시오. 다만, 김초롱씨가 아지물산으로부터 받는 배당금은 ₩50,000,000이며, 「소득세법」상 수입시기와 무관하게 이를 2026년의 배당소득으로 간주하시오(근로소득공제액 : '제3편. 부록' 참고).

핵심정리

문제의 포인트

• 개인이 법인사업을 하는 경우와 개인사업을 하는 경우 세부담의 차이 계산 : 아래 '※' 참고

※ 법인사업과 개인사업 세무조정의 주요 차이

구 분		세무처리	다른 조정에 미치는 영향
대표자급여	법인	손금인정	대표자의 근로소득을 구성함* (법인의 세무조정 중 대표자에 대한 인정상여가 있으면 그 인정상여도 대표자의 근로소득을 구성함)
	개인	필요경비불산입	필요경비불산입으로 사업소득금액을 구성하므로 근로소득 아님
이자수익 · 배당금수익	법인	순자산이 증가하므로 익금인정	수입배당금에 대한 이중과세조정을 해야함
	개인	이자소득 · 배당소득이므로 사업소득금액계산시 총수입금액불산입	다른 이자소득 · 배당소득과 합산하여 금융소득 종합과세 여부를 판단해야 함
법인이 지급하는 배당	지급하는 법인	잉여금처분에 따른 배당은 손금불산입항목	—
	받는주주	배당소득(Gross—up대상, 수입시기 : 잉여금처분결의일)	주주의 배당소득에 포함하여 금융소득 종합과세 여부 판단해야 함*

* 〈Tip〉 개인이 법인형태로 사업을 하면서 그 법인의 대표자로 근무하는 문제가 출제된 경우 개인의 종합소득금액을 계산하는 문제가 나오면 근로소득금액과 배당소득금액 계산여부를 반드시 확인하여야 한다.

해 답

1. 개인사업으로 운영하는 경우 종합소득금액

(1) 사업소득금액

항목	금액
세 전 순 이 익	173,000,000
이 자 수 익	△45,000,000*1
채 무 면 제 익	△10,000,000*3
대 표 자 급 여	35,000,000
대손충당금한도초과 : 1,950,000(기말잔액) − 150,000,000 × 1% =	450,000
사 업 소 득 금 액	153,450,000

(2) 종합소득금액

항목	금액
이 자 소 득 금 액	42,000,000*2
사 업 소 득 금 액	153,450,000
계	195,450,000

2. 법인사업으로 운영하는 경우

(1) 각사업연도소득금액

항목	금액
세 전 순 이 익	173,000,000
이 자 수 익 (미수이자)	△3,000,000
인 정 이 자 : 75,000,000 × 8% =	6,000,000*4
업무무관자산이자 : 10,000,000*5 × $\frac{75,000,000}{10,000,000 \div 8\%}$ =	6,000,000*4
대손충당금한도초과 : 1,950,000 − (150,000,000+30,000,000) × 1% =	150,000
차 감 계	182,150,000

(2) 종합소득금액

항목	금액
배 당 소 득 금 액 : 50,000,000*6 + (30,000,000×10%)*7 =	53,000,000
근 로 소 득 금 액 : (35,000,000+6,000,000*8) − 11,400,000* =	29,600,000
계	82,600,000

* 근로소득공제 : 7,500,000 + (41,000,000−15,000,000) × 15% = 11,400,000

해설

1. 해답상 '*'에 대한 설명

*1 이자수익은 이자소득이지 사업소득이 아니므로 총수입금액불산입한다.

*2 이자수익 중 3,000,000의 미수이자는 2026년에 수입시기가 도래하지 않았으므로 제외한다. 미수이자 제외 후 이자소득이 2,000만원을 초과하므로 종합소득금액에 합산한다.

*3 업무와 무관한 자산수증익 · 채무면제익은 증여세 과세대상이므로 총수입금액에 산입하지 아니한다.

*4 대표자인 김초롱씨에 대한 대여금은 「소득세법」에서는 출자금의 인출로 보므로 업무무관가지급금에 해당되지 않는다. 그러나 「법인세법」에서는 특수관계인에 대한 업무무관가지급금으로 보므로 인정이자와 업무무관자산에 대한 지급이자 손금불산입 세무조정을 하여야 한다.

*5 현재가치할인차금 상각비는 업무무관자산에 대한 지급이자손금불산입 대상 지급이자가 아니므로 제외한다.

*6 배당소득의 수입시기는 잉여금처분결의일인 2027년이나, 문제 가정에 따라 2026년의 배당소득으로 본다.

*7 Gross－up은 2,000만원을 초과하는 금액에 대해서만 적용한다. → Gross－up금액 : min(Gross－up대상 배당 : 50,000,000, 50,000,000－20,000,000) × 10% ＝ 3,000,000

*8 위 '*4'에 따라 법인 세무조정시 익금산입한 대표자에 대한 인정이자는 상여로 처분되어 대표자의 근로소득을 구성한다.

소득유예 18 사업소득

임업을 영위하는 개인사업자 甲의 산림의 벌채·양도소득에 대하여 각 임목별로 사업소득금액을 계산한 후, 과세대상 사업소득금액을 계산하시오.

구 분	조림기간	양도가액	취득가액	기타필요경비
임목 A*[1]	자연림	₩200,000,000	160,000,000	–
임목 B	6년*[2]	20,000,000	₩10,000,000	₩1,000,000
임목 C와 임지 C	8년	150,000,000*[3]	21,000,000*[4]	28,000,000*[5]

*[1] 임목 A는 자연생성된 임목으로 양도에 사업성이 없다. 양도가액은 임지와 임목의 일괄양도가액(임목의 지방세 시가표준액은 ₩50,000,000)이며, 취득가액은 임지의 취득가액이다.

*[2] 임목 B는 증여받은 임목으로 조림기간 6년에는 증여자가 조림한 기간 2년이 포함되어 있다.

*[3] 양도가액은 임목 C와 임지 C의 일괄양도가액이며 그 가액의 구분이 불분명하다. 임목 C의 지방세 시가표준금액은 ₩95,000,000이며, 임지 C의 개별공시지가는 ₩60,000,000, 지방세 시가표준액은 ₩50,000,000이다.

*[4] 8년 전 임목 C와 임지 C의 일괄취득가액으로 취득당시 임목 C의 지방세 시가표준액은 ₩5,000,000, 임지 C의 개별공시지가는 ₩23,000,000이다.

*[5] 전액 임목의 재배와 관련된 필요경비이다.

핵심정리

문제의 포인트

- 임목 관련 과세대상 사업소득금액의 계산 : summary p2-66. (4) → 아래에서 세부설명함

1. 비과세되는 조림기간 5년 이상인 임지의 임목의 벌채·양도소득

임업도 사업소득이나, 조림기간 5년 이상인 임지의 임목의 벌채·양도로 발생하는 소득으로서 연 3천만원 이하의 소득금액에 대해서는 소득세를 과세하지 아니한다.

2. 조림기간의 계산

구 분	조림기간
① 자기가 조림한 임목	그 식림을 완료한 날부터 벌채·양도일까지의 기간
② 도급에 의하여 식림한 임목	그 임목을 인도받은 날부터 벌채·양도일까지의 기간
③ 타인이 조림한 임목을 매입한 경우	그 매입일로부터 벌채·양도일까지의 기간
④ 증여받은 임목	그 증여를 받은 날부터 벌채·양도일까지의 기간
⑤ 상속받은 임목	피상속인의 조림개시일부터 상속인의 벌채·양도일까지의 기간
⑥ 분수계약에 따른 권리	그 권리의 취득일부터 양도일까지의 기간

3. 임목과 임지를 일괄하여 양도하는 경우 임목가액의 구분

① 임목을 임지와 함께 양도한 경우에 그 임지의 양도로 인하여 발생하는 소득은 양도소득에 해당하므로 임목의 양도소득에 포함하지 아니한다.

② 임목을 임지와 함께 양도한 경우에 임목과 임지의 양도가액(또는 취득가액)을 구분할 수 없을 때에는 다음의 기준에 따라 양도가액(또는 취득가액)을 계산한다.

〈1단계〉 임목가액 계산 : 지방세 시가표준액으로 먼저 계산

〈2단계〉 임지가액 계산* : 총양도가액(또는 총취득가액) − 양도당시(또는 취득당시) 임목의 지방세 시가표준액

* 차감한 후의 잔액이 없는 때에는 임지가액은 없는 것으로 본다.

해답

1. 임목별 사업소득금액

구 분		소득금액
임 목 A		0*1
임 목 B	20,000,000 − 10,000,000 − 1,000,000 =	9,000,000*2
임 목 C	95,000,000*3 − 5,000,000*3 − 28,000,000 =	62,000,000
		71,000,000

2. 과세대상 사업소득금액

9,000,000 + (62,000,000−30,000,000)*4 = 41,000,000

해설

1. 해답상 '*'에 대한 설명

*1 자연림인 임목 A의 양도는 사업성이 없다고 하였으므로 사업소득이 아니다. 임목과 임지의 일괄양도의 경우 임목의 양도가 임업 등 사업에 해당한다고 할 수 없는 경우에는 전부를 임야의 양도소득으로 보아 양도소득세를 부과한다(대법원 2012두1907, 2014. 4. 10.).

*2 증여받은 임목은 증여받은 날부터 벌채·양도일까지를 조림기간으로 하는데, 조림기간이 5년 이상이 되지 않으므로 비과세 적용대상이 아니다.

*3 일괄양도 또는 일괄취득한 경우 가액을 구분할 수 없으면 임목가액(지방세 시가표준액)을 먼저 계산한다.

*4 조림기간 5년 이상인 임목의 벌채·양도소득으로서 연 3천만원 이하의 소득금액은 비과세한다.

소득유예 19 근로소득

다음의 상호 독립된 각 자료별로 거주자 갑의 2026년 과세되는 총급여액을 각각 계산하시오.

1. 갑은 내국 벤처기업인 ㈜A의 임원이다. 2023. 7. 1.에 회사로부터 부여받은 주식매수선택권을 2026. 7. 1.에 행사함에 따라 1주당 시가 ₩30,000인 주식을 약정가액인 ₩10,000에 1,000주 취득하였다.

2. 갑은 내국법인인 ㈜B의 해외지점에서 2025년 7월부터 2026년 말까지 근무하고 있다. 월급여는 $5,000로 정기급여지급일은 매월 25일이다. 1월부터 11월까지의 급여는 매월 25일에 지급받았는데, 12월분 급여는 2027년 1월 5일에 지급받았다. 2026년 1월부터 11월의 기준환율은 ₩1,300/$, 대고객외국환매입율은 ₩1,290/$으로 동일하고, 2026년 12월의 기준환율은 ₩1,320/$, 대고객외국환매입율은 ₩1,310/$이며, 2027. 1. 5.의 기준환율은 ₩1,350/$, 대고객외국환매입율은 ₩1,340/$이라고 가정한다.

3. 벤처기업이 아닌 ㈜C의 우리사주조합원인 거주자 갑은 근무하고 있는 회사의 우리사주조합에 ₩4,000,000을 출자하고 시가 ₩6,000,000의 주식을 취득하였다.

핵심정리

문제의 포인트

1. 벤처기업 주식매수선택권 행사이익 비과세 특례 : summary p2-111. ■
2. 외화로 지급받은 급여의 외화환산기준 : summary p2-104. ■
3. 우리사주조합원의 자사주 취득이익에 대한 소득세 과세 특례 : summary p2-111. ■

※ 자료별 정리사항

1. 벤처기업으로 부여받은 주식매수선택권 행사이익 관련 문제이므로 그 행사이익을 계산한 후, 그 행사이익이 연간 2억원 이내의 금액이면 소득세를 과세하지 않는다(총 누적액 5억원 한도).

2. 1월부터 11월까지의 급여는 지급받은 날 현재의 기준환율 ₩1,300/$을 적용하며, 12월분 급여는 정기급여일인 12월 25일 이후에 지급받았으므로 정기급여일의 환율 ₩1,320/$을 적용하여 환산한다. 국외에서 근로를 제공하고 받은 급여이므로 월 100만원[원양어선, 국외 항행 선박, 국외 건설현장 근로(설계 · 감리업무 포함) 보수는 월 500만원] 이내의 금액은 비과세한다.

3. 우리사주조합원이 우리사주조합에 400만원(벤처기업은 1,500만원) 이하의 금액을 출자하였으므로 그 조합을 통하여 취득한 자사주의 취득가액과 시가와의 차액에 대하여 과세하지 않는다.

해답

1. 총급여액 : 0*

   * 행사이익 : (30,000－10,000) × 1,000주 ＝ 20,000,000 → 2억원 이내이므로 비과세

2. 총급여액 : 66,100,000*

   * $\underbrace{\$5{,}000 \times 1{,}300 \times 11\text{개월}}_{\text{1월 ~ 11월 급여}} + \underbrace{\$5{,}000 \times \$1{,}320}_{\text{12월 급여}} - \underbrace{1{,}000{,}000 \times 12\text{개월}}_{\text{월 100만원 비과세}} = 66{,}100{,}000$

3. 총급여액 : 0*

   * 출자금액이 400만원 이하이므로 과세하지 않는다.

소득유예 20 근로소득과 양도소득

'p2–146. 【문 2】'를 이용하여 다음 물음에 답하시오.

[물 음]

1. 유상길씨가 주식매수선택권을 행사하여 취득한 주식을 2028년에 ₩80,000,000에 양도하는 경우 양도소득세 계산상 양도차익을 계산하시오. 해당 주식은 양도소득세 과세대상이다.
2. 유상길씨가 회사에 양도한 토지A에 대한 양도소득세 계산상 양도차익을 계산하시오. 토지의 당초 취득가액은 ₩8,000,000이다.
3. 유상길씨가 토지B를 2027년에 양도하는 경우 양도소득세 계산상 취득가액을 계산하시오.

핵심정리

문제의 포인트

- 양도소득세 과세대상 자산을 양도하는 경우 인정상여 등이 양도차익 계산에 미치는 영향 파악 : summary p2–248. (2). 1)

※ 법인의 세무조정시 배당 · 상여 등으로 소득처분된 금액이 귀속자의 양도소득세 계산에 미치는 영향

1. 내용

구 분	내 용
1) 고가로 양도하는 경우	「법인세법」에 따른 특수관계법인에게 고가로 양도함에 따라 부당행위계산의 부인으로 익금산입한 금액이 배당 · 상여 등으로 소득처분된 경우에는 양도소득세를 계산할 때 거래가액이 아닌 시가를 양도당시 실지거래가액으로 본다(소법 96 ③).
2) 저가로 매입하는 경우	「법인세법」에 따른 특수관계인으로부터 시가보다 낮은 가액으로 취득한 경우로서 배당 · 상여 등으로 소득처분된 금액이 있는 때에는 그 배당 · 상여 등으로 처분된 금액을 취득가액에 가산한다(소령 163 ⑩ (2)).
3) 주식매수선택권을 행사하여 취득한 양도소득세 과세대상 주식을 양도하는 경우	이 경우 양도소득세 계산상 주식의 취득가액은 주식매수선택권을 행사하는 당시의 시가로 한다(소령 163 ⑬).

2. 이중과세조정을 감안한 양도가액 · 취득가액 계산의 일반원칙

양도가액 = 실지양도가액 − 이중과세조정액(부당행위계산 부인액, 증여재산가액 등)

취득가액 = 실지취득가액 + 이중과세조정액(부당행위계산 부인액, 증여재산가액 등)

해답

1. 양도차익 : 80,000,000 − 50,000,000(행사당시 시가) = 30,000,000

2. 양도차익 : 20,000,000(시가)[양도가액] − 8,000,000[취득가액] = 12,000,000

3. 취득가액 : 18,000,000 + 12,000,000 = 30,000,000

해설

1. 이중과세조정과정의 이해(핵심정리와 연계정리)

(1) [물음 1]

주식매수선택권 행사시		주식 양도시	
시가 : 1,000주 × 50,000 =	50,000,000	양도가액	80,000,000
행사가격 : 1,000주 × 10,000 =	10,000,000	취득가액	△50,000,000*
이익(근로소득 또는 기타소득)	40,000,000	양도차익	30,000,000

* 행사 당시의 시가[= 행사가격(10,000,000)+근로소득 또는 기타소득으로 과세된 소득(40,000,000)]

(2) [물음 2] → [Tip] 개인이 특수관계 있는 법인에게 고가양도 · 저가매입한 경우에는 상대방 입장에서 판단하는 습관을 들일 것

근로자 → 특수관계인인 법인

양도소득세	
양도가액	20,000,000(=27,000,000 −7,000,000)*
취득가액	8,000,000
양도차익	12,000,000

(회사) (차)토 지 27,000,000 (대)현 금 27,000,000

(세법) (차)토 지 20,000,000 (대)현 금 27,000,000
부당행위 7,000,000

(조정) ① 토지 7,000,000 : 손금산입(△유보)
② 부당행위부인 7,000,000 : 익금산입(상 여)

* 이유 : 27,000,000과 20,000,000의 차이 7,000,000에 대하여 인정상여로 근로소득에 대한 소득세가 과세되므로 이중과세방지를 위해 이를 차감한 시가 20,000,000을 양도가액으로 한다.

(3) [물음 3]

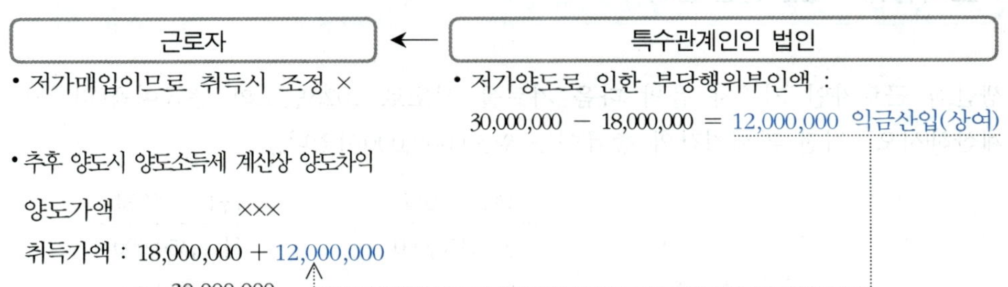
근로자
특수관계인인 법인
• 저가매입이므로 취득시 조정 ×
• 저가양도로 인한 부당행위부인액 :
30,000,000 − 18,000,000 = 12,000,000 익금산입(상여)
• 추후 양도시 양도소득세 계산상 양도차익
양도가액 ×××
취득가액 : 18,000,000 + 12,000,000
= 30,000,000

소득유예 21 근로소득

생산직 근로자인 거주자 을의 다음 자료를 기초로 2026년도의 총급여액(비과세 제외)을 계산하시오. 직전 과세기간의 총급여는 ₩30,000,000이었다.

	1월 ~ 6월	7월 ~ 12월
급 여	월 2,350,000	월 2,350,000
4세자녀보육비	월 270,000	월 150,000
야간근로수당	월 700,000	월 600,000

해답

1. 월별 구분

구 분	1월 ~ 6월	7월 ~ 12월
월정액급여	2,350,000+270,000=2,620,000	2,350,000+150,000=2,500,000
월총급여액	2,350,000+(270,000−200,000)+700,000=3,120,000*1	2,350,000*2

*1 월정액급여가 260만원 초과하므로 야간근로수당을 과세함(6세 이하 자녀보육비는 20만원까지 비과세)

*2 월정액급여가 260만원 이하이므로 야간근로수당을 비과세함(6세 이하 자녀보육비는 20만원까지 비과세)

2. 총급여액 : (3,120,000×6) + [(2,350,000×6) + (3,600,000−2,400,000)*] = 34,020,000

* 7월부터 12월까지의 야간근로수당의 합계액이 3,600,000(=600,000×6개월)이므로 한도액인 연 2,400,000을 초과하는 금액을 별도로 과세대상 급여에 가산한다.

소득유예 22 근로소득

다음은 제조업을 영위하는 ㈜한국에서 생산직으로 근무하고 있는 거주자 김정관씨의 2026년도 근로소득자료이다. 2026년도의 근로소득금액을 계산하시오. 김정관씨의 2025년도의 총급여액은 ₩33,000,000이었다(근로소득공제는 '제3편. 부록' 참고).

1. 회사로부터의 수입금액

항목	금액
(1) 기본급(월 ₩1,850,000×12)	₩22,200,000
(2) 상여금(₩500,000×4회)	2,000,000
(3) 야간근로수당	2,800,000
(4) 5세 자녀의 보육비 보조금(월 ₩220,000×12)	2,640,000
(5) 단체순수보장성보험료(월 ₩40,000×12)	480,000
(6) 식대(월 ₩240,000×12)	2,880,000
(7) 교통비명목으로 받는 월정액 수당(월 ₩50,000×12)	600,000
(8) 지급기준에 따른 업무관련 자가운전보조금*(월 ₩300,000×12) * 해당 차량은 부부공동명의의 차량이다.	3,600,000
(9) 주주총회에서의 잉여금처분에 의한 상여금	?*
(10) 「법인세법」에 의하여 상여로 처분된 금액	?*

* 회사의 사업연도 및 그에 대한 잉여금처분에 의한 상여 및 인정상여의 내역은 다음과 같다.

회사의 사업연도	잉여금처분결의일	잉여금처분상여금	인정상여
제15기(2025. 1. 1.~12. 31.)	2026. 2. 25.	₩4,000,000	₩6,000,000
제16기(2026. 1. 1.~12. 31.)	2027. 3. 2.	3,000,000	5,000,000

항목	금액
(11) 업무관련 숙식비 등 지방출장비(1회)	400,000
(12) 장남 교육비보조금(중학교입학금 전액을 보조받은 것임)	2,300,000

2. 위 외에 회사가 부담한 공적보험료는 다음과 같은데, 이 금액은 김정관씨가 부담하여야 할 금액까지 모두 회사가 부담한 것이다(해당 법률에 의한 '사용자 : 사용인'의 부담비율은 모두 '5 : 5'라고 가정함).

항목	금액
① 건강보험료(월 ₩130,000×12)	1,560,000
② 고용보험료(월 ₩110,000×12)	1,320,000
월 ₩240,000×12	₩2,880,000

해답

1. 월정액급여

$\underbrace{1,850,000}_{\text{기본급}} + \underbrace{220,000}_{\text{자녀 보육비}}{}^{*2} + \underbrace{240,000}_{\text{식대}} + \underbrace{50,000}_{\text{교통비명목수당}} + \underbrace{(300,000-200,000)}_{\text{자가운전보조금}}{}^{*3} + \underbrace{120,000}_{\text{공적보험료}} = 2,580,000^{*4}$

2. 총급여액

구 분	금 액	참 고
기본급	22,200,000	
상여금	2,000,000	
야간근로수당	400,000	2,800,000 − 2,400,000*1
보육비보조금	240,000	(220,000−200,000*2) × 12
단체순수보장성보험료	—*4	연70만원까지 비과세하며, 복리후생적성질의 급여이므로 월정액급여 계산시 제외
식대	480,000	(240,000−200,000) × 12
교통비명목수당	600,000	
자가운전보조금	1,200,000	(300,000−200,000)*5 × 12
잉여금처분상여금	4,000,000	잉여금처분결의일이 2026년도인 상여금
인정상여	5,000,000	근로를 제공한 사업연도가 2026년도인 인정상여
지방출장비	—	
장남교육비보조금	2,300,000	
건강보험료·고용보험료	1,440,000*6	2,880,000 × 50%
계	39,860,000	

3. 근로소득공제 : 7,500,000 + (39,860,000−15,000,000) × 15% = 11,229,000 → 총급여액이 362,500,000 미만이므로 한도계산 불필요

4. 근로소득금액 : 39,860,000 − 11,229,000 = 28,631,000

해 설

1. 해답상 '*'에 대한 설명

*[1] 월정액급여가 260만원 이하이면서 직전 과세기간 총급여가 3,700만원 이하인 경우 시간외 근무수당은 240만원까지 비과세한다.

*[2] 6세 이하 자녀보육비는 1명당 월 20만원까지 비과세하나, 제외되는 3가지 비과세에 해당하지 않으므로 월정액급여에 포함한다.

*[3] 자가운전보조금은 월 20만원까지 비과세하며, 실비변상적 성질의 급여이므로 20만원까지는 월정액급여에 포함하지 않는다.

*[4] 단체순수보장성보험료는 연 70만원까지 비과세하며, 복리후생적 성질의 급여이므로 월정액급여 계산시 포함하지 않는다.

*[5] 부부공동명의 차량에 대한 자기차량운전보조금은 비과세가 가능하나, 배우자 외의 자와의 공동명의차량 및 타인(배우자, 장애인 가족 포함) 명의 차량에 대한 것은 비과세를 적용하지 않는다.

*[6] 공적보험료는 회사부담분만 비과세대상이며, 근로자부담분을 회사가 대신 부담한 경우에는 근로자가 그 금액만큼 급여를 받아 납부한 것으로 보아 월정액급여와 총급여액에 합산한 후 종합소득공제(보험료공제)로 차감한다.

소득유예 23 근로소득 - 실전문제

상호 독립된 각 【문】에 답하시오.

【문 1】

다음 자료를 이용하여 갑의 2026년도 근로소득금액을 각 자료별로 〈답안양식〉에 따라 제시하시오. 다만, 근로소득공제액은 '제3편. 부록'을 참고하여 계산하기로 한다.

〈자료 1〉 〈2016. CTA 수정〉

갑은 C법인(중소기업)의 연구개발전담부서에서 연구원으로 근무해 오다가 2026년 6월말 퇴사하였다. 2026년도에 갑이 C법인으로부터 지급받은 금액 등의 내역은 다음과 같다.

① 급여 및 상여금 : ₩30,000,000(2026년 1월부터 6월까지)

② 연구보조비 : ₩2,400,000(2026년 1월부터 6월까지 매월 ₩400,000씩)

③ 2026년 3월에 사내임직원을 대상으로 강의를 하고 받은 강사료 : ₩500,000

④ C법인이 갑을 수익자로 하여 2026년 1월부터 6월까지 납부한 보험료 :

- 상해보험료 : ₩1,000,000
- 단체순수보장성보험료 : ₩1,500,000

⑤ 2020년도에 C법인으로부터 부여받은 주식매수선택권을 2026년 8월에 행사함에 따라, 1주당 시가가 ₩9,000인 주식을 사전에 약정된 가액인 1주당 ₩5,000에 2,000주를 취득하였다.

〈답안양식〉

총급여액	
근로소득공제액	
근로소득금액	

【문 2】

거주자 을은 2026년 6월 30일까지 ㈜A의 생산직 사원으로 근무하다가 2026년 7월 1일부터 ㈜B의 사무직 사원으로 이직하여 근무하고 있다. 을의 2026년 근로소득과 관련된 내역이 〈자료〉와 같을 때 ㈜A로부터 받은 총급여액, ㈜B로부터 받은 총급여액을 다음의 〈답안양식〉에 따라 제시하시오. 단, 을이 2025년에 ㈜A로부터 받은 총급여액은 20,000,000원이다. 〈2018. CPA 수정〉

〈답안양식〉

㈜A 총급여액	
㈜B 총급여액	

〈자 료〉

1. 을이 ㈜A로부터 받은 소득내역은 다음과 같다.

   ① 기본급(월 2,200,000원) : 13,200,000원

   ② 자격수당(월 100,000원) : 600,000원

   ③ 상여금 : 1,000,000원

   ④ 식사대(월 250,000원)*1 : 1,500,000원

   *1 식사 및 기타 음식물을 제공받지 않음

   ⑤ 잉여금처분에 의한 상여금*2 : 1,400,000원

   *2 전년도 실적을 바탕으로 한 상여금으로서 잉여금처분결의일은 2026년 2월 25일임

   ⑥ 연장근로수당 : 2,800,000원

   ⑦ 을의 자녀를 수익자로 하는 교육보험의 보험료를 회사가 부담한 금액 : 3,000,000원

2. 을이 ㈜B로부터 받은 소득내역은 다음과 같다.

   ① 기본급(월 1,000,000원) : 6,000,000원

   ② 사무수당 : 5,000,000원

   ③ 식사대(월 300,000원)*3 : 1,800,000원

   *3 식사 및 기타 음식물을 제공받지 않음

   ④ 자가운전보조금(월 250,000원)*4 : 1,500,000원

   *4 을의 소유차량을 본인이 직접 운전하여 회사의 업무수행에 이용하고 시내출장 등에 소요된 실제 여비를 받는 대신에 그 소요경비를 회사의 지급기준에 따라 받은 금액임

   ⑤ 연장근로수당 : 800,000원

   ⑥ 사택을 무상으로 제공받음으로 인해 얻은 이익 : 3,000,000원

   ⑦ 건강보험료 및 고용보험료의 본인 부담분을 회사가 납부한 금액(월 80,000원) : 480,000원

   ⑧ 「발명진흥법」에 따라 받은 직무발명보상금 : 2,000,000원. 을과 ㈜B는 특수관계 없다.

해답

【문 1】

총급여액	33,500,000〈주1〉
근로소득공제액	10,275,000〈주2〉
근로소득금액	23,225,000

〈주1〉 30,000,000 + (400,000－200,000) × 6 + 500,000 + 1,000,000 + (1,500,000－700,000) = 33,500,000

〈주2〉 7,500,000 + (33,500,000－15,000,000) × 15% = 10,275,000

【문 2】

㈜A 총급여액	19,900,000〈주1〉
㈜B 총급여액	13,180,000〈주2〉

〈주1〉 13,200,000 + 600,000 + 1,000,000 + (50,000×6개월) + 1,400,000 + 400,000* + 3,000,000 = 19,900,000

* 월정액급여 : 2,200,000 + 100,000 + 250,000 = 2,550,000 → ∴ 240만원까지 비과세 ⇢ 생산직근로자로서 직전연도 총급여액 3,700만원 이하이고, 월정액급여 260만원 이하임

〈주2〉 6,000,000 + 5,000,000 + (100,000×6개월) + (50,000×6개월) + 800,000*[1] + 480,000 = 13,180,000*[2]

해 설

1. 해답상 '*'에 대한 설명

*1 사무직이므로 연장근로수당은 전액 과세한다.

*2 ① 출자임원(소액주주임원 제외) 외의 임직원에 대한 사택제공이익은 근로소득이 아니다.

② 직무발명보상금으로서 연 700만원 이하의 금액은 비과세한다. 다만, 보상금을 지급한 사용자 등과 소득세법령으로 정하는 특수관계에 있는 자가 받는 보상금은 과세한다.

소득유예 24 근로소득 - 실전문제

다음은 거주자 갑의 2026년 귀속 종합소득 신고 자료이다. 〈자료 1〉과 〈자료 2〉를 이용하여 아래 물음에 답하시오. 단, 제시된 금액은 원천징수하기 전의 금액이며, 원천징수는 적법하게 이루어졌다. 〈2017. CPA 수정〉

〈자료 1〉

(2026년 1월 1일~2026년 6월 30일의 소득자료) 갑은 ㈜C(제조업)의 생산직근로자로 근무하였다.

1. ㈜C로부터의 기본급여 수령액(월 1,900,000원) : 11,400,000원
2. ㈜C로부터의 상여금 수령액(1회 수령하였음) : 2,000,000원
3. ㈜C로부터의 식사대 수령액(월 300,000원) : 1,800,000원
4. 산불재해로 인하여 ㈜C가 지급한 급여(월 400,000원) : 2,400,000원
5. 본인부담분 건강보험료를 ㈜C가 대신하여 부담한 금액(월 100,000원) : 600,000원
6. ㈜C로부터 수령한 연장근로수당(월 500,000원) : 3,000,000원
7. 전세권을 대여하고 받은 대가 : 8,000,000원
8. 2026년 5월 10일에 일시적으로 라디오에 출연하여 출연료로 받은 수당 : 5,250,000원
9. ㈜C를 퇴사한 후 운영할 예정인 치킨집 개업과 관련하여 ㈜C에게서 지원받은 개업축하금 : 5,000,000원
10. ㈜C의 사내장기자랑 행사에서 1등을 하여 수령한 상금 : 2,000,000원
11. ㈜C로부터 수령한 발명진흥법에 따른 직무발명보상금 : 8,000,000원[갑은 ㈜C의 지배주주 및 지배주주의 친족 등이 아님]
12. ㈜C로부터 수령한 휴일근로수당 : 1,000,000원

〈자료 2〉

(2026년 7월 1일~2026년 12월 31일의 소득자료) 갑은 2026년 6월 30일에 ㈜C에서 현실적으로 퇴사하였다.

1. 유가증권을 일시적으로 ㈜D사(특수관계 없음)에게 대여하고 받은 금품 : 6,000,000원
2. ㈜C로부터 지급받기로 한 발명진흥법에 따른 직무발명보상금 미수금 수령액 : 2,000,000원

3. 제작된 지 300년이 경과된 골동품을 A은행에 양도하고 받은 대가(보유기간 : 13년, 확인되는 필요경비금액 : 82,000,000원) : 90,000,000원

4. 근로소득공제액 : '제3편. 부록' 참고

[물음 1]
생산직근로자로서 받은 초과근로수당의 비과세여부를 결정하기 위한 갑의 월정액급여와 과세대상 초과근로수당금액을 다음의 〈답안양식〉에 따라 제시하시오(직전 근로기간의 총급여액은 30,000,000원이었음).

〈답안양식〉

월정액급여	
과세대상 초과근로수당금액	

[물음 2]
근로소득 총수입금액 및 근로소득금액을 〈답안양식〉에 따라 제시하시오(단, 생산직 초과근로수당의 비과세요건을 충족한다고 가정함).

〈답안양식〉

근로소득 총수입금액	
근로소득금액	

[물음 3] → 세무회계연습서 제4절. 기타소득 학습 후 풀이할 것
종합과세되는 기타소득금액과 기타소득(분리과세대상 포함)에 대한 소득세 원천징수세액을 다음의 〈답안양식〉에 따라 제시하시오.

〈답안양식〉

기타소득금액	
기타소득 원천징수세액	

해답

1.

월정액급여	2,300,000〈주1〉
과세대상 초과근로수당금액	1,600,000〈주2〉

〈주1〉 1,900,000(기본급여) + 300,000(식사대) + 100,000(건강보험료대납액) = 2,300,000*1

〈주2〉 (3,000,000(연장근로수당) + 1,000,000(휴일근로수당)) − 2,400,000 = 1,600,000

2.

근로소득 총수입금액	22,200,000〈주1〉
근로소득금액	13,620,000〈주2〉

〈주1〉 11,400,000 + 2,000,000 + 100,000 × 6개월(식사대) + 600,000 + 1,600,000(초과근무수당) + 5,000,000(개업축하금) + (8,000,000 − 7,000,000)(직무발명보상금) = 22,200,000*2

〈주2〉 22,200,000 − [7,500,000 + (22,200,000 − 15,000,000) × 15%] = 13,620,000

3.

기타소득금액	12,100,000〈주1〉
기타소득 원천징수세액	4,020,000〈주2〉

〈주1〉

구분		총수입금액	필요경비	소득금액		
				징수 ○	징수 ×	계
조건부	라디오 출연료	5,250,000	(60%)3,150,000	2,100,000		
	상금	2,000,000	−*3	2,000,000		
	유가증권대여료	6,000,000	−	6,000,000		
	직무발명보상금	2,000,000*4	−	2,000,000		
	계			12,100,000		
종합과세						
분리과세	골동품양도	90,000,000	82,000,000*	8,000,000		

* max(82,000,000, 90,000,000×90%) = 82,000,000

〈주2〉 (12,100,000 + 8,000,000) × 20% = 4,020,000

해설

1. 해답상 '*'에 대한 설명

*1 ① 산불재해로 인한 급여는 비과세항목 중 '천재 · 지변 그 밖의 재해로 받는 급여'로 실비변상적 성질의 급여에 해당하므로 월정액급여 계산시 제외한다.
② 월정액급여 계산시 시간외근무수당은 제외하고 계산한다.

*2 '〈자료 1〉' 일부 항목의 소득구분
① 전세권 대여 대가 : 사업소득
② 일시적 라디오 출연료, 사내장기자랑 상금 : 기타소득
③ 종업원이 받는 개업축하금 : 근로소득

*3 종업원이 받는 사내장기자랑 · 사내체육대회 등의 입상으로 인한 상금은 불특정다수를 대상으로 한 것이 아니므로 80% 필요경비공제 대상이 아니다.

*4 직무발명보상금은 퇴직 이전에 받는 것은 근로소득, 퇴직 후에 받는 것은 기타소득에 해당하며, 합하여 연 700만원까지 비과세한다(소득세법령으로 정한 특수관계에 있는 경우에는 비과세규정을 적용하지 않음). 퇴직 이전에 받는 직무발명보상금에서 700만원을 비과세하였으므로 퇴직 후 받은 직무발명보상금은 전액 과세한다.

소득유예 25 연금소득

거주자 김국세씨(남성, 65세)의 2026년도 소득에 대한 다음 자료에 근거하여 물음에 답하시오. 단, 제시된 금액은 원천징수 전 금액이며, 원천징수는 적법하게 이행되었다.

〈2018. CTA 수정〉

〈자 료〉

(1) 김국세씨는 근무하던 ㈜태백에서 2026. 6. 30.에 퇴사하였다. 2026년 중 「발명진흥법」에 따라 직무발명보상금으로 받은 금액은 ₩12,000,000(이 중에서 ₩7,000,000은 퇴사 이후에 받은 것임)이다. 김국세씨는 회사의 지배주주 및 지배주주의 친족 등이 아니다.

(2) 김국세씨가 2026년에 수령한 국민연금은 ₩12,000,000이다. 총납입기간 동안의 환산소득 누계액은 ₩750,000,000이고, 2002. 1. 1. 이후 납입기간의 환산소득 누계액은 ₩450,000,000이다. 그리고 2002. 1. 1. 이후에 연금보험료공제를 받지 아니하고 납입한 국민연금보험료는 ₩3,200,000으로 확인된다.

(3) 김국세씨는 2013. 1. 1. 연금저축계좌에 가입한 이후 가입기간 동안 총 ₩50,000,000을 연금저축계좌에 납입하였으며, 이중에서 ₩10,000,000에 대하여는 연금계좌세액공제를 받지 아니하였다. 당해 연금저축계좌는 2026년 초부터 연금수령하는 조건의 계약이다. 김국세씨는 2026. 1. 1.에 연금수령 개시를 신청하였으며, 신청일 현재 연금저축계좌 평가액은 ₩65,000,000이다. 그리고 김국세씨는 2026. 1. 10.에 법령에서 정하는 의료목적으로 당해 연금저축계좌에서 ₩8,000,000을 인출하였고, 그 이후 2026년 말까지 당해 연금저축계좌에서 ₩22,000,000(법령에서 정하는 의료목적이나 부득이한 인출요건에 해당하지 않음)을 인출하였다.

[물음 1]
자료를 이용하여 연금계좌로부터의 연금수령한도액을 계산하시오.

[물음 2]
[물음 1]에서 '연금계좌로부터의 연금수령한도액'의 해답이 ₩16,000,000이라고 가정할 경우, ① 종합과세되는 연금소득금액과, ② 원천징수 대상 기타소득금액을 다음의 양식에 따라 제시하시오(연금소득공제액은 '제3편. 부록' 참고). 다만, 선택가능한 경우 연금소득은 종합과세하기로 한다.

구 분	해 답
① 종합과세되는 연금소득금액	
② 원천징수 대상 기타소득금액	

해 답

1. 연금계좌로부터의 연금수령한도액

   ① 행정해석에 따른 한도액 : 한도산식 적용× → ∴ 65,000,000*

   * 이연퇴직소득이 없으므로 55세 요건과 5년 요건을 충족한 2018년이 기산연차이다. 2013. 3. 1. 전에 가입하였으므로 연금수령연차는 2018년에 6년이며, 2026년에는 14년으로 11년 이상이므로 한도계산식을 적용하지 않는다. 따라서 연금계좌평가액 전액을 연금수령한도로 한다.

2.

구 분	해 답
① 종합과세되는 연금소득금액	11,300,000⟨주1⟩
② 원천징수대상 기타소득금액	11,000,000⟨주2⟩

⟨주1⟩

1. 총연금액 : 4,000,000 + 14,000,000 = 18,000,000

   (1) 공적연금 : $12{,}000{,}000 \times \frac{450{,}000{,}000}{750{,}000{,}000} - 3{,}200{,}000 = 4{,}000{,}000$

   (2) 사적연금 : 14,000,000*

   * 구분

인출액		구 성		소 득
(1) 의료비	8,000,000	과세제외	8,000,000	–
(2) 일 반	22,000,000			
① 연 금	16,000,000	과세제외	2,000,000	–
		위 외	14,000,000	연금소득
② 연금외	6,000,000	위 외	6,000,000	기타소득(분리과세)

2. 연금소득공제 : 6,300,000 + (18,000,000−14,000,000) × 10% = 6,700,000
3. 연금소득금액 : 11,300,000

⟨주2⟩ $\underbrace{(7{,}000{,}000 - 2{,}000{,}000^*)}_{\text{퇴사후 직무발명보상금}} + \underbrace{6{,}000{,}000}_{\text{연금외수령액}} = 11{,}000{,}000$

* 비과세한도 7,000,000 중 근무기간 중에 받은 5,000,000 비과세를 제외한 금액

소득유예 26 연금소득

상호 독립된 각 【문】에 답하시오(연금소득공제액은 '제3편. 부록' 참고할 것).

【문 1】

다음은 거주자 갑(65세)의 2026년도 귀속 연금소득과 관련된 자료이다. 제시된 금액은 원천징수 전의 금액이다. 각 물음은 독립적이다. 물음에 답하시오. 〈2017. CTA 수정〉

〈자 료〉

1. 갑의 연금계좌는 2013. 3. 1. 전에 가입한 것으로 2025년부터 연금을 수령하고 있으며, 기산연차는 2025년이라고 가정한다. 갑이 2025년에 수령한 연금은 ₩2,000,000이다.
   ① 2026. 1. 1. 현재 연금계좌 평가액 : ₩150,000,000
   ② 연금계좌에 불입 시 연금계좌세액공제를 받지 못한 금액의 합계 : ₩10,000,000
   ③ 연금계좌에 포함된 이연퇴직소득 : ₩30,000,000
2. 갑은 2026년도에 위 연금계좌에서 ₩50,000,000을 수령하였다.
3. 갑의 이연퇴직소득에 대하여 이연 당시에 산출한 퇴직소득세는 ₩400,000이다.

[물 음]

연금소득과 관련하여 다음을 구하시오(단, 종합소득금액 최소화를 가정한다).

1. 연금수령한도를 구하시오.
2. 연금수령과 관련한 원천징수세액을 구하시오.
3. 종합과세할 연금소득금액을 구하시오.

【문 2】

다음은 거주자 병(남성, 67세)의 2026년 귀속 소득자료이다. 〈2016. CTA 수정〉

〈자 료〉

1. 병이 A법인을 퇴사한 이후 2026년도에 국민연금공단으로부터 연금으로 수령한 금액은 ₩12,000,000이다. 해당 국민연금 총납입기간 동안의 환산소득 누계액은 ₩800,000,000이고, 2002. 1. 1. 이후 납입기간의 환산소득 누계액은 ₩600,000,000이다. 그리고 해당 국민연금 총납입기간 동안에 납입한 연금보험료 누계액은 ₩70,000,000이고, 2002. 1. 1. 이후의 납입기간에 납입한 연금보험료 누계액은 ₩49,000,000이며, 2002. 1. 1. 이후에 납입한 연금보험료 중에서 연금보험료 소득공제를 받지 않은 금액은 없다.

2. 병이 2026년도에 사적연금계좌(사망할 때까지 연금수령 하는 종신계약에 해당하지 않음)에서 인출한 금액은 ₩11,000,000이다(의료목적, 천재지변이나 그 밖의 부득이한 인출요건을 갖추지 아니함). 해당 ₩11,000,000은 사적연금계좌에 납입한 연금보험료 중 연금계좌세액공제를 받은 납입액과 연금계좌의 운용실적에 따라 증가된 금액으로부터 인출한 것이다. 그리고 해당 ₩11,000,000 중에서 ₩6,000,000은 연금수령분이고 나머지 ₩5,000,000은 연금외수령분이다.

[물 음]

자료를 이용하여 소득세부담 최소화 가정하에 종합소득과세표준에 포함할 연금소득금액, 종합소득과세표준에 포함할 연금소득금액에 대하여 원천징수로 기납부한 소득세액을 다음의 양식에 따라 제시하시오. 다만, 병에게는 자료에 제시된 소득 외에 2026년에 종합소득금액에 합산되는 은행이자 소득금액 ₩41,090,000, 근로소득금액 ₩23,225,000, 기타소득금액 ₩18,100,000이 있으며, 종합소득공제액은 ₩4,000,000이다. 공적연금에 대한 연말정산은 적정하게 이루어졌다(종합소득 기본세율은 '제3편. 부록' 참고).

구 분	해 답
1. 과세대상 공적연금소득	
2. 종합소득과세표준에 포함할 연금소득금액	
3. 종합소득과세표준에 포함할 연금소득금액에 대하여 기납부세액으로 뺄 원천징수세액	

해답

【문 1】

1. 연금수령 한도 : $\frac{150,000,000}{11 - 7^{*1}} \times 120\% = 45,000,000$

2. 연금수령과 관련된 원천징수세액

(1) 과세구분

인 출 액 50,000,000	구성	금액	소득
	과세제외	8,000,000*	－
연 금 수 령 45,000,000	이연퇴직소득	30,000,000	연금소득(분리과세)
	위 외	7,000,000	연금소득(조건부과세)
연금외수령 5,000,000		5,000,000	기타소득(분리과세)

* 10,000,000 － 2,000,000(2025년 인출액) ＝ 8,000,000

(2) 연금수령과 관련된 원천징수세액

① 이연퇴직소득 : 400,000 × 70% ＝ 280,000*2

② 위 외 연금소득 : 7,000,000 × 5%(70세 미만) ＝ 350,000

③ 기타소득 : 5,000,000*3 × 15% ＝ 750,000

④ 계 : 1,380,000

3. 종합과세할 연금소득금액 : 0*4

【문 2】

구 분	해 답
1. 과세대상 공적연금소득	9,000,000〈주1〉
2. 종합소득과세표준에 포함할 연금소득금액	3,700,000〈주2〉
3. 종합소득과세표준에 포함할 연금소득금액에 대하여 기납부세액으로 뺄 원천징수세액	0〈주3〉

〈주1〉 $12,000,000 \times \frac{600,000,000}{800,000,000} - 0 = 9,000,000$ → 종합과세

〈주2〉

(1) 총연금액

① 공적연금 : 9,000,000

② 사적연금 : 6,000,000 → 15,000,000 이하이므로 분리과세선택 가능

(2) 6,000,000의 종합과세여부 판단

1) 분리과세시 세부담 증분 : 6,000,000 × 5%(70세 미만) ＝ 300,000

2) 종합과세시 세부담 증분 : 연금소득금액증분 4,900,000①
한 계 세 율 (×) 24%②
1,176,000

① ㉠ 종합과세시 : 15,000,000 － [6,300,000＋(15,000,000－14,000,000)×10%] ＝ 8,600,000
㉡ 분리과세시 : 9,000,000 － [4,900,000＋(9,000,000－7,000,000)×20%] ＝ 3,700,000
4,900,000

② 한계세율 결정
금융소득이 있는 경우 산출세액은 max(일반산출세액, 비교산출세액)으로 계산하므로 한계세율은 다음과 같이 결정한다.
㉠ 종합과세하는 경우 산출세액
ⓐ 과세표준
41,090,000(이자) ＋ 23,225,000(근로) ＋ 8,600,000(연금) ＋ 18,100,000(기타) － 4,000,000(소득공제) ＝ 87,015,000
ⓑ 산출세액 : max(①, ②) ＝ 13,123,600
① 20,000,000 × 14% ＋ (87,015,000－20,000,000) × 기본세율
＝ 2,800,000 ＋ (67,015,000×24%－5,760,000) ＝ 13,123,600
② 41,090,000 × 14% ＋ (87,015,000(과세표준) － 41,090,000(금융소득금액)) × 기본세율
＝ 5,752,600 ＋ (45,925,000×15%－1,260,000) ＝ 11,381,350*
* [별해] 41,090,000 × 14% ＋ (23,225,000(근로) ＋ 8,600,000(연금) ＋ 18,100,000(기타) － 4,000,000(소득공제)) × 기본세율 ＝ 11,381,350
㉡ 판단
위 'ⓑ'에서 '①'의 세액이 크므로 '①' 계산시 적용되는 한계세율은 24%
⇢ ∵ 기본세율을 곱하는 대상 금액이 '87,015,000 － 20,000,000 ＝ 67,015,000'으로 5,000만원 초과 8,800만원 이하의 구간에 있기 때문(일반산출세액보다 비교산출세액이 큰 경우에는 한계세율이 바뀔 수 있음)

3) 판단 : 분리과세 선택 → ∴ 종합소득과세표준에 포함할 연금소득금액은 공적연금소득금액인 3,700,000임

〈주3〉 공적연금에 대한 연말정산시 결정세액(원천징수세액)

(1) 과세표준 : 3,700,000(연금소득금액) － 4,000,000(소득공제) ＝ △300,000 → 0*5

(2) 결정세액 : 0

해설

1. 해답상 '*'에 대한 설명

*1 기산연차는 연금수령 개시신청과 무관하게 연령요건(55세 이후 인출할 것) 및 가입기간요건(가입일부터 5년이 경과된 후 인출할 것. 단, 이연퇴직소득이 연금계좌에 있는 경우에는 5년 요건은 적용하지 않음)을 충족하는 과세기간부터 기산하나, 가정에 따라 2025년을 기산연차로 하였다. 따라서 연금수령연차는 2025년에 6년, 2026년에는 7년이다.

*2 이연퇴직소득을 연금수령하는 경우 연금소득 원천징수세율은 '연금외수령시 원천징수세율×70%(연금 실제 수령연차가 10년 초과 20년 이하이면 60%, 20년 초과하면 50%)'이다. 이 경우 연금외수령시 원천징수세율과 원천징수세액은 다음과 같이 계산한다.

① 연금소득을 연금외수령한다고 가정할 때의 원천징수세율 : $\frac{\text{이연퇴직소득세}}{\text{이연퇴직소득}} = \frac{400,000}{30,000,000}$

② 원천징수세액 : $30,000,000 \times \frac{400,000}{30,000,000} \times 70\% = 280,000$*

* 이 문제와 같이 이연퇴직소득을 전액 당기에 연금형태로 수령한 경우 원천징수세액은 해답과 같이 '이연퇴직소득세 × 70%'로 계산하면 간편하다.

*3 연금외수령액으로 기타소득에 해당하나, 물음이 '연금소득'과 관련된 원천징수세액이 아닌 '연금수령'과 관련된 원천징수세액이므로 이를 포함하였다.

*4 조건부과세 연금소득이 1,500만원 이하이므로 분리과세 선택이 가능한데, 물음 가정이 '세부담 최소화'가 아닌 '종합소득금액 최소화'이므로 분리과세를 선택한다.

*5 기납부세액으로 뺄 원천징수세액은 종합소득금액에 포함된 공적연금소득 9,000,000에 대한 기납부세액을 말한다. 따라서 공적연금 연말정산시 결정세액이 기납부세액이 되므로 해답 '〈주3〉'과 같이 계산한다.

소득유예 27 근로소득과 기타소득

다음은 거주자 갑의 2026년 귀속 종합소득 신고를 위한 자료이다. 갑은 ㈜A에 상시 근무하던 중 2026년 6월 25일에 퇴직하였다. 제시된 금액은 원천징수하기 전의 금액이며, 별도의 언급이 없는 한 원천징수는 적법하게 이루어졌다. 세금 부담 최소화 가정하에 물음에 답하시오. 갑은 ㈜A의 지배주주인 거주자 을의 아들이다. 〈2021. CPA 수정〉

〈자 료〉

1. 재직 기간(2026년 1월 1일~2026년 6월 25일) 중 갑의 소득 자료

구 분	금 액
㈜A가 지급한 급여	30,000,000원
㈜A가 지급한 장기재직 공로금	5,000,000원
㈜A가 지급한 직무발명보상금*1	6,000,000원
㈜A가 지급한 사내 특강료	1,000,000원
㈜A가 지급한 사내소식지 원고료*2	600,000원
외부 거래처 특강료*3	2,500,000원

*1 「발명진흥법」에 따른 보상금임

*2 업무와 관련성이 있음

*3 거래처가 갑에게 지급함

2. 퇴직 후(2026년 6월 26일 이후) 갑의 소득 자료

구 분	금 액
㈜A가 지급한 퇴직금	9,000,000원
㈜A가 지급한 직무발명보상금*1	7,000,000원
㈜A 직원재교육 강연료	2,000,000원
㈜A 사원채용면접문제 출제 수당	1,000,000원
차량판매 계약금이 대체된 위약금	500,000원
슬롯머신 당첨금품*2	1,500,000원

*1 「발명진흥법」에 따른 보상금임

*2 1건에 해당하며 투입금액은 10,000원임

3. 근로소득공제

총급여액	근로소득공제액
1,500만원 초과 4,500만원 이하	750만원 + 1,500만원을 초과하는 금액의 15%
4,500만원 초과 1억원 이하	1,200만원 + 4,500만원을 초과하는 금액의 5%

[물음 1]

갑의 근로소득 총급여액과 종합소득에 합산되는 기타소득 총수입금액을 다음의 〈답안양식〉에 따라 제시하시오.

〈답안양식〉

근로소득 총급여액	
기타소득 총수입금액	

[물음 2]

갑의 기타소득 원천징수세액과 종합소득금액을 다음의 〈답안양식〉에 따라 제시하시오.

〈답안양식〉

기타소득 원천징수세액	
종합소득금액	

해답

1.

근로소득 총급여액	42,600,000〈주1〉
기타소득 총수입금액	13,000,000〈주2〉

2.

기타소득 원천징수세액	1,840,000〈주3〉
종합소득금액	40,660,000〈주4〉

〈주1〉 30,000,000 + 5,000,000 + 6,000,000*1 + 1,000,000 + 600,000 = 42,600,000

〈주2〉

구 분		총수입금액	필요경비	소득금액 징수대상 ○	소득금액 징수대상 ×	소득금액 계
조건부	외부특강료	2,500,000	60%	1,000,000		
	직무발명보상금	7,000,000*1		7,000,000		
	강연료	2,000,000	60%	800,000		
	출제수당	1,000,000	60%	400,000		
	위약금대체액	500,000			500,000	
	슬롯머신 당첨금품	과세최저한*2				
		13,000,000		9,200,000	500,000	9,700,000

〈주3〉 9,200,000 × 20% = 1,840,000

〈주4〉 근로소득금액 : 42,600,000 − [7,500,000+(42,600,000−15,000,000)×15%] = 30,960,000
기타소득금액 : 9,700,000
40,660,000

해설

1. 해답상 '*'에 대한 설명

*1 직무발명보상금은 근무기간 중에 받은 것은 근로소득, 퇴직 후에 받은 것은 기타소득으로 과세하며, 근로소득 비과세금액과 기타소득 비과세금액을 합하여 연 700만원까지만 비과세한다. 다만, 사용자와 특수관계에 있는 자가 받는 직무발명보상금은 비과세 규정을 적용하지 않는데, 이 경우 특수관계에 있는 자란 사용자가 법인인 경우 해당 법인의 지배주주등 및 해당 지배주주등과 「국세기본법시행령」에 따른 친족관계(4촌 이내의 혈족, 3촌 이내의 인척 등) 또는 경제적 연관관계에 해당하는 자를 말한다. 이 문제의 경우 갑이 지배주주의 아들로 특수관계에 있으므로 직무발명보상금은 전액 과세한다.

*2 슬롯머신 당첨금품은 건별로 200만원을 초과하는 경우부터 과세한다(무조건 분리과세).

소득유예 28 근로소득과 기타소득

상호 독립된 각 【문】에 답하시오.

【문 1】

거주자 갑의 2026년 기타소득과 관련된 내역이 〈자료〉와 같을 때 갑의 종합과세되는 기타소득금액과 기타소득(분리과세대상 포함)에 대한 소득세 원천징수세액을 다음의 답안양식에 따라 제시하시오. 〈2018. CPA〉

〈답안양식〉

종합과세되는 기타소득금액	
기타소득 원천징수세액	

〈자 료〉

1. 고려시대 골동품의 양도로 받은 금액 : 80,000,000원(5년 보유 후 양도하였음)
2. 공익사업과 관련없는 지역권의 대여로 인해 받은 금품 : 25,000,000원(지역권의 대여와 관련하여 실제 발생한 경비는 22,000,000원임)
3. ㈜C의 2025년 각사업연도소득금액에 대한 세무조정시 기타소득으로 갑에게 처분된 금액 : 6,000,000원(결산확정일 : 2026년 2월 24일)
4. 일시적으로 잡지에 원고를 기고하고 2026년 6월 30일에 받은 원고료 : 2,500,000원
5. 주택매수자가 계약을 해약함에 따라 계약금이 위약금으로 대체된 금액 : 5,000,000원
6. 연금계좌에서 이연퇴직소득의 일부를 일시금으로 연금외수령한 금액 : 8,000,000원

【문 2】

㈜성공의 생산직 직원으로 재직 중인 거주자 을의 2026년도 소득관련 자료이다. 조세부담을 최소화하고자 할 때 을의 2026년도 종합소득금액을 계산하시오. 〈2012. CPA 수정〉

1. 연간 급여 관련 자료

기본급(월 ₩1,600,000×12개월)	₩19,200,000
상여금	1,500,000
직책수당(월 ₩100,000×12개월)	1,200,000
식대보조금(월 ₩225,000×12개월, 별도 식사나 음식물 제공 없음)	2,700,000
연장근로수당	2,500,000

2. 2026. 3. 1.에 을은 ㈜성공으로부터 부여받은 주식매수선택권을 행사하였으며 행사로 인한 이익(주식매수선택권 행사 당시의 시가와 실제 매수가액과의 차액)은 ₩2,000,000이다.

3. 을은 위 '1'과 '2' 외에 다음과 같은 소득이 있다.

   ① 문예잡지에 수필을 쓰고 2026. 3. 20.에 받은 대가(실제 필요경비 확인 안됨) ₩3,000,000

   ② 산업재산권을 대여하고 2026. 7. 10.에 받은 대가(실제 필요경비 확인 안됨) ₩4,000,000

   ③ 복권당첨금(복권구입비는 ₩1,000임) ₩50,000,000

4. 2025년도에 을이 받은 총급여액은 ₩28,000,000이었으며, 2026년도 종합소득공제액은 ₩2,500,000으로 가정한다.

5. 총급여액 1,500만원 초과 4,500만원 이하인 경우의 근로소득공제액은 '750만원 + (총급여액－1,500만원) × 15%'이며, 기본세율은 '제3편. 부록'을 참고하기로 한다.

【문 3】

거주자 홍길동씨의 2026년도 소득자료이다. 조세부담 최소화 가정하에 물음에 답하시오.

〈2015. CPA 수정〉

〈자　료〉

홍길동씨의 기타소득 관련 자료는 다음과 같으며 필요경비는 확인되지 않는다.

1. 공익사업 관련 지상권을 대여하고 받은 금액 : ₩1,500,000

2. 연금계좌에서 연금외수령한 기타소득금액 : ₩4,000,000

3. 계약의 위약으로 받은 배상금으로 계약금이 배상금으로 대체된 금액 : ₩2,000,000

4. ㈜E의 제16기(2026. 1. 1.～2026. 12. 31.) 법인세 신고시 「법인세법」에 따라 기타소득으로 처분된 금액 : ₩2,500,000

[물음 1]

자료를 이용하여 홍길동씨의 2026년도 기타소득금액(분리과세 포함) 및 이에 대한 소득세 원천징수세액을 〈답안양식〉에 따라 제시하시오.

〈답안양식〉

구 분	기타소득금액	원천징수세액
1		
2		
3		
4		
합 계		

[물음 2]

홍길동씨에게 〈자료〉의 소득 외에 이자소득금액(모두 14% 원천징수세율 적용분) ₩38,160,000, 근로소득금액 ₩33,570,000이 있으며, 종합소득공제액이 ₩37,470,000이라고 가정하고, 종합소득 산출세액을 다음의 〈답안양식〉에 따라 제시하시오.

〈답안양식〉

일반산출세액	
비교산출세액	

해답

【문 1】

종합과세되는 기타소득금액	12,000,000〈주1〉
기타소득 원천징수세액	3,000,000〈주2〉

〈주1〉 기타소득금액

구분		총수입금액	필요경비	소득금액		
				징수 대상 ○	징수 대상 ×	계
조건부	인정기타소득	6,000,000		6,000,000		
	원고료	2,500,000	(60%)1,500,000	1,000,000		
	계약금 → 위약금	5,000,000			5,000,000	
	계			7,000,000	5,000,000	12,000,000
종합과세						
분리과세	골동품양도	80,000,000	(90%)72,000,000	8,000,000		

〈주2〉 (7,000,000+8,000,000) × 20% = 3,000,000

[해 설]

① 공익사업과 관련없는 지역권 대여소득은 사업소득이다.

② 계약금이 위약금으로 대체된 금액은 조건부과세대상이며, 원천징수대상이 아니다.

③ 이연퇴직소득의 연금외수령분은 퇴직소득에 해당하며, 이연퇴직소득세를 원천징수한다.

④ 조건부과세대상액의 합계액이 300만원을 초과하므로 종합과세한다.

【문 2】

1. 근로소득금액 : 15,405,000
   ① 총급여액 : 19,200,000 + 1,500,000 + 1,200,000 + (25,000×12=300,000) + (2,500,000−2,400,000)* + 2,000,000 = 24,300,000

   * 월정액급여 : 1,600,000 + 100,000 + 225,000 = 1,925,000 ⋯→ 260만원 이하이고 전연도 총급여액이 3,700만원 이하이므로 시간외근무수당은 240만원까지 비과세한다.

   ② 근로소득공제 : 7,500,000 + (24,300,000−15,000,000) × 15% = 8,895,000

2. 기타소득금액 : (3,000,000+4,000,000) × 40% = 2,800,000

3. 종합소득금액
   (1) 조건부 기타소득금액의 종합과세여부 판단
      1) 분리과세시 세부담 증분 : 2,800,000 × 20% = 560,000
      2) 종합과세시 세부담 증분
         ① 분리과세시 과세표준 : 15,405,000 − 2,500,000 = 12,905,000
         ② 증가세액

대상액	한계세율	세 액
14,000,000 − 12,905,000 = 1,095,000	6%	65,700
2,800,000 − 1,095,000 = 1,705,000	15%	255,750
		321,450

      3) 결론 : 종합과세 선택
   (2) 종합소득금액 : 15,405,000 + 2,800,000 = 18,205,000

【문 3】

[물음 1]

구 분	기타소득금액		원천징수세액
1	(조건부)	1,500,000 × 40% = 600,000	(20%) 120,000
2	(분리)	4,000,000	(15%) 600,000
3	(조건부)	계약금 → 위약금 2,000,000	—
4	(2027년 귀속)	—	—
합 계		6,600,000	720,000

[물음 2]

일반산출세액	4,069,000
비교산출세액	5,342,400

[근 거]

조건부 기타소득금액 2,600,000의 종합과세여부 판단

1. 분리과세시 세부담 증분 : (600,000＋2,000,000*) × 20% ＝ 520,000

   * 분리과세를 선택하더라도 계약금의 위약금대체액은 '기타소득금액×20%'를 결정세액으로 확정신고하여야 한다.

2. 종합과세시 세부담 증분 : $\underbrace{2,600,000}_{\text{기타소득금액증분}} \times \underbrace{0\%^{*}}_{\text{한계세율}} = 0$

   * 한계세율 결정방법
   금융소득이 있는 경우 산출세액은 max(일반산출세액, 비교산출세액)으로 계산하므로 한계세율은 다음과 같이 결정한다.
   (1) 조건부과세 기타소득금액 2,600,000을 종합과세하는 경우 산출세액
      1) 과세표준 : $\underbrace{38,160,000}_{\text{이자}} + \underbrace{33,570,000}_{\text{근로}} + \underbrace{2,600,000}_{\text{기타}} - \underbrace{37,470,000}_{\text{소득공제}} = 36,860,000$
      2) 산출세액 : max(①, ②) ＝ 5,342,400
         ① 20,000,000 × 14% ＋ 16,860,000 × 기본세율
            ＝ 2,800,000 ＋ (16,860,000×15%－1,260,000) ＝ 4,069,000
         ② $38,160,000 \times 14\% + (\underbrace{36,860,000}_{\text{과세표준}} - \underbrace{38,160,000}_{\text{금융소득금액}}) \times \text{기본세율} = 5,342,400^{*}$

         * [별해] $38,160,000 \times 14\% + (\underbrace{33,570,000}_{\text{근로소득}} + \underbrace{2,600,000}_{\text{기타소득}} - \underbrace{37,470,000}_{\text{소득공제}}) \times \text{기본세율}(0\%) = 5,342,400$

   (2) 판단
      위 '(1). 2). ②에서 보듯이 조건부과세대상 2,600,000에 적용되는 세율은 0%이다. 따라서 종합과세한다.

소득유예 29 공동사업

상호 독립된 각 【문】에 답하시오.

【문 1】

다음은 거주자 갑의 2026년도 귀속 사업소득과 관련된 자료이다. 제시된 금액은 원천징수 전의 금액이다. 물음에 답하시오. 〈2017. CTA〉

1. 갑씨는 생계를 같이 하는 특수관계인과 공동으로 소유하는 상가용 빌딩(갑씨의 지분율은 60%이며, 공동사업의 지분율은 사실과 합치된다)을 2025년도부터 임대하고 있는데, 2026년의 연간 임대료는 ₩10,000,000이다. 임대보증금은 ₩200,000,000이며 임대보증금을 운용하여 이자 ₩300,000과 유가증권처분이익 ₩500,000을 얻었다. 간주임대료 계산에 적용되는 이자율은 연 3%로 가정한다.

2. 임대용 건물의 실제 취득가액은 토지가액 ₩200,000,000을 포함하여 ₩300,000,000이다.

3. 위 상가 임대에 따른 필요경비는 ₩5,000,000이며, 이 필요경비에는 공동사업용 건물을 취득하기 위해 조달한 차입금의 이자 ₩700,000이 포함되어 있다.

[물 음]

사업소득과 관련하여 다음을 구하시오.

1. 임대보증금에 대한 간주임대료를 구하시오.

2. 부동산임대와 관련된 공동사업장의 소득금액을 구하시오.

3. 갑씨의 사업소득금액을 구하시오.

【문 2】

다음은 거주자 김서울(50세 남자)의 2026년도 귀속 소득자료이다. 다음의 자료를 기초로 물음에 답하시오. 별도의 언급이 없다면 제시된 금액은 원천징수 전 금액이며, 원천징수는 적정하게 이루어 졌다.

〈자료 1〉 금융소득 관련 자료

(1) 비상장법인으로부터의 현금배당	₩10,000,000
(2) 외국에 있는 은행으로부터 받은 이자수령액	12,000,000*
(3) 국내은행으로부터 받은 이자	5,000,000

* 외국의 은행에서 이자지급시 원천징수한 세액 ₩3,000,000이 차감된 실수령액이다.

〈자료 2〉 사업소득 관련 자료 〈2006. CTA 수정〉

(1) 김서울과 최부산(김서울의 배우자)은 공동으로 중소기업체인 하나물산(도매업)을 운영하고 있는데, 손익분배비율은 김서울과 최부산이 60% : 40%로 되어있다. 손익분배비율은 사업에 대한 실질적인 기여도를 기준으로 설정한 것이다.

(2) 하나물산의 요약손익계산서는 다음과 같으며, 사업소득금액은 복식부기에 의한 장부기장을 근거로 신고하였다. 한편, 직전연도 수입금액은 ₩200,000,000이다.

손익계산서 (2026년도)

매출원가	₩156,000,000	매출액	₩250,000,000
판매비와관리비	92,000,000	이자수익	5,000,000*
당기순이익	9,000,000	유형자산처분이익	2,000,000
	₩257,000,000		₩257,000,000

* 상기 〈자료 1〉의 국내은행으로부터 김서울씨가 받은 이자수익을 계상한 것이다.

(3) 유형자산처분이익은 2026년 6월 25일에 매각한 건물과 관련된 것으로 당기의 감가상각비는 적정하게 계상되었다. 2025년말을 기준으로 동 자산에 대한 상각부인액이 ₩2,000,000 있다.

(4) 김서울이 사업소득금액의 계산을 위하여 산출한 기업업무추진비 한도초과액은 ₩2,000,000인데, 기업업무추진비 한도액의 계산은 다음과 같이 하였다.

- 36,000,000 × 2명 + 250,000,000 × 0.3% = 72,750,000

(5) 위 자료에서 확인되는 것 이외의 세무조정사항은 없다고 가정할 것

[물 음]

세부담 최소화 가정에 따라 김서울의 2026년도분 종합소득과 관련한 다음의 물음에 답하되, 중간가정이 제시되어 있는 경우 그 가정된 내용에 따라 계산할 것(소수점 이하 절사)

1. 금융소득종합과세여부를 판단하고 종합소득에 합산할 금융소득금액을 계산하시오.

2. 사업소득금액을 다음의 구분별로 계산하시오.
   (1) 세무조정사항 중 가산조정액(총수입금액산입 및 필요경비불산입)
   (2) 세무조정사항 중 차감조정액(필요경비산입 및 총수입금액불산입)
   (3) 공동사업장의 사업소득금액 및 김서울의 사업소득금액

3. 종합소득 관련 세액공제액을 다음의 구분별로 계산하시오. 다만, 물음 1번과 2번의 결과와 무관하게 종합소득금액은 ₩40,000,000(사업소득금액 ₩24,000,000 포함), 산출세액은 ₩5,000,000이라고 가정하고 물음 3번을 답하기로 한다.
   (1) '〈자료 1〉'의 금융소득 자료를 이용한 외국납부세액공제
   (2) '〈자료 2〉'에 따라 계산한 김서울의 사업소득금액이 ₩24,000,000인 경우 기장세액공제

해 답

【문 1】

1. 간주임대료 : (200,000,000－100,000,000) × 3% － 300,000 ＝ 2,700,000

2. 부동산임대와 관련된 공동사업장 소득금액

   (10,000,000(임대료) + 2,700,000(간주임대료)) － 5,000,000*1 ＝ 7,700,000

3. 갑씨의 사업소득금액 : 7,700,000 × 60% ＝ 4,620,000

【문 2】

1. 금융소득금액 : 31,000,000

	이자	Gross−up 제외	Gross−up 대상	계
종 합 과 세	15,000,000*			
조건부과세	5,000,000		10,000,000	
계	20,000,000		10,000,000	30,000,000 + 10,000,000 × 10% ＝ 31,000,000

* 12,000,000 + 3,000,000 ＝ 15,000,000(원천징수 전 금액)

2. 사업소득금액

   (1) 가산조정액

   기업업무추진비 한도초과 : 2,000,000(수정전 한도초과) + 36,000,000*2(한도감소액) ＝ 38,000,000

   (2) 차감조정액

   5,000,000(이자수익) + 2,000,000*3(유형자산처분이익) ＝ 7,000,000

   (3) 사업소득금액

   ① 공동사업장의 사업소득금액 : 9,000,000 + 38,000,000 － 7,000,000 ＝ 40,000,000

   ② 김서울의 사업소득금액 : 40,000,000 × 60% ＝ 24,000,000

3. 세액공제액

   (1) 외국납부세액공제 : min(①, ②) ＝ 1,875,000

   ① 외국납부세액 : 3,000,000

   ② 한도 : 산출세액 × $\frac{\text{국외원천소득금액}}{\text{종합소득금액}}$ ＝ 5,000,000 × $\frac{15,000,000}{40,000,000}$ ＝ 1,875,000

(2) 기장세액공제*3 : min(①, ②) = 600,000

① 산출세액 × $\frac{\text{기장된 사업소득금액}}{\text{종합소득금액}}$ × 20% = 5,000,000 × $\frac{24,000,000}{40,000,000}$ × 20%

= 600,000

② 한도 : 1,000,000

해설

1. 해답상 '*'에 대한 설명

*1 공동사업용 건물의 취득을 위한 차입금 이자는 총수입금액을 얻기 위하여 직접 사용된 부채에 대한 지급이자이므로 필요경비에 산입된다(비교 공동사업에 출자하기 위한 차입금의 이자 : 필요경비불산입).

*2 소득금액을 계산할 때에는 공동사업장을 1거주자로 보므로 기업업무추진비 기본한도는 36,000,000이지 '36,000,000 × 2명'이 아니다. 따라서 수정 전 한도초과액에 36,000,000을 더하여 수정 후 한도초과액을 계산한다.

*3 ① 도매업의 직전연도 수입금액이 3억원 미만이므로 간편장부대상자이다. 따라서 유형자산처분이익을 총수입금액불산입하고, 간편장부대상자가 복식부기로 장부를 기장하였으므로 20%의 기장세액공제를 적용한다.

② 간편장부대상자란 신규사업개시자, 전년도 수입금액이 다음 금액에 미달하는 사업자를 말한다.

㉠ 도매업, 부동산매매업 등 : 300,000,000원

㉡ 제조업, 음식 · 숙박업 등 : 150,000,000원

㉢ 부동산임대업, 개인서비스업 등 : 75,000,000원

소득유예 30 공동사업 - 종합문제

다음은 거주자 이정규씨와 그 동거가족의 2026년도 소득자료이다. 이를 이용하여 〈답안양식〉에 따라 2026년도의 이정규씨 본인과 배우자의 종합소득금액을 계산하시오.

〈답안양식〉

이정규씨 종합소득금액	
배우자 종합소득금액	

〈자　료〉

1. 금융소득(원천징수 전 금액이며, 원천징수는 「소득세법」에 따라 적정하게 이루어졌음)

구　분	본 인	배우자	장 남
외화스왑예금에서 발생한 이익	₩10,000,000	—	—
집합투자기구로부터의 이익	5,000,000	₩1,000,000	₩2,000,000

2. 제조업소득

(1) 이정규씨는 2025년까지 개인제조업체를 영위하다가 2025년말에 폐업(폐업한 사업장의 2025년도에 발생되어 2026년도로 이월된 결손금은 ₩20,000,000)하고, 2026년 5월부터 다음과 같은 손익분배비율로 공동사업(간편장부대상자, 제조업, 중소기업)을 영위하고 있다.

공동사업자	손익분배비율	비　고
본　인	50%	동생을 제외하고는 동거하면서 생계를 같이하고 있으며, 조세회피목적으로 손익분배비율을 허위로 정하였다.
동　생	15%	
장　인	35%	

(2) 공동사업장의 손익계산서는 다음과 같다.

차변	금액	대변	금액
매출원가	₩85,981,000	매출액	₩190,000,000
공동사업자 급여	30,000,000	사채(私債)이자	14,000,000*1
종업원급여	25,000,000	건물 처분이익	10,000,000
기업업무추진비	26,019,000*2		
세금과공과	15,000,000*3		
생산설비폐기손실	8,000,000*4		
당기순이익	24,000,000		
	₩214,000,000		₩214,000,000

*1 업무와 무관하게 특수관계인에게 자금을 대여함에 따른 이자로, 「법인세법」 규정에 따라 계산한 적정한 이자는 ₩20,000,000이다.

*2 공동사업장의 기업업무추진비 한도액은 ₩24,057,000이라고 가정한다.

*3 세금과공과 중 ₩2,000,000은 전기요금납부지연으로 인한 연체가산금, ₩1,984,000은 사계약상 의무불이행으로 인한 지체상금, ₩11,016,000은 업무와 관련하여 발생한 교통사고벌과금이다.

*4 기술낙후로 인한 기계장치 폐기로 인한 손실이며, 그 기계장치는 기말 현재 공장에 보관 중이다.

3. 부동산임대업소득(중소기업 아님)

(1) 다음의 비율로 공동소유하고 있는 상가·주택겸용 건물을 임대하고 있다.

소 유 자	손익분배비율	지분비율	비 고
본 인	20%	25%	모두 생계를 같이하는 동거가족이며, 업무공헌도 등에 따라 손익분배비율을 약정하였다.
배 우 자*	55%	55%	
조 카	25%	20%	

* 배우자는 경영에 참여하지 않고 출자만 하는 출자공동사업자라고 가정한다.

(2) 위 상가에서 발생한 소득에 대한 1차 세무조정 후의 총수입금액은 ₩115,380,000, 필요경비는 ₩80,000,000이다. 이러한 1차 세무조정시 다음 사항은 고려되지 아니하였다.

① 전년도부터 건물 중 5층 주택(시가 ₩100,000,000, 장남이 실제 거주하고 있음)과 4층의 상가(시가 ₩200,000,000)를 장남에게 무상으로 사용하게 하고 있다. 정기예금이자율은 4%라고 가정한다.

② 총수입금액에는 임대료의 일시예치로 인한 정기예금이자수익 ₩25,380,000이 포함되어 있다. 이 금액은 「소득세법」 및 「지방세법」에 따라 소득세 및 지방소득세를 원천징수 한 후의 실제 수령액이다.

③ 필요경비에는 기업업무추진비 한도초과액을 제외한 기업업무추진비 필요경비인정액 ₩45,000,000이 포함되어 있는데, 이 금액은 기업업무추진비 한도액을 '₩12,000,000 × 3명 + 적정한 수입금액을 기준으로 한 한도액'으로 하여 계산한 금액이다.

④ 필요경비에는 공동사업에 출자하기 위한 차입금에 대한 지급이자 ₩1,000,000이 포함되어 있다.

⑤ 필요경비에는 채권자가 분명한 차입금이자 ₩1,000,000과 위 장남 무상사용 주택에 대한 경비 ₩800,000, 상가에 대한 장남 경비를 대납한 금액 ₩1,200,000이 포함되어 있다.

4. 위 외의 이정규씨 배우자에게는 근로소득금액이 ₩10,000,000 있다.

핵심정리

※ 공동사업합산과세와 결손금, 이월결손금공제의 단계적 접근방법

〈1단계〉 공동사업장의 소득금액 계산
〈2단계〉 공동사업합산과세 후 소득별 소득금액의 계산
〈3단계〉 결손금 및 이월결손금공제 후 종합소득금액의 계산
① 부동산임대업(주거용건물 임대업 제외) 외의 일반사업소득에서 발생한 결손금공제
② 이월결손금공제[순서 : 부동산임대업(주거용건물 임대업 제외) 외의 일반사업소득 이월결손금공제 → 부동산임대업 이월결손금공제]*

* 사업소득이 있는 자가 그 사업을 폐업하고 다른 사업을 영위하는 경우 종전 사업에서 발생한 이월결손금은 해당 과세기간의 다른 사업에서 발생한 사업소득금액에서 공제가능하다.

해 답

이정규씨 종합소득금액	₩59,531,300
배우자 종합소득금액	32,550,000

[근 거]

1. 공동사업장의 소득금액계산

(1) 제조업

$\underset{\text{당기순이익}}{\underline{24,000,000}} - \underset{\text{私債이자}}{\underline{14,000,000^{*1}}} - \underset{\text{건물 처분이익}}{\underline{10,000,000^{*2}}} + \underset{\text{공동사업자 급여}}{\underline{30,000,000}} + \underset{\text{기업업무추진비 한도초과}}{\underline{1,962,000^{*}}}$

$+ \underset{\text{교통사고 벌과금}}{\underline{11,016,000}} + \underset{\text{생산설비폐기손실}}{\underline{8,000,000^{*3}}} = 50,978,000$

* 26,019,000 － 24,057,000 ＝ 1,962,000

(2) 부동산임대업

$\underset{\text{1차 조정 후}}{\underline{(115,380,000-80,000,000)}} + \underset{\text{부당행위부인}}{\underline{4,000,000^{①}}} - 25,380,000^{*5} + \underset{\text{기업업무추진비 한도초과 증액}}{\underline{24,000,000^{②}}} +$

$\underset{\text{출자 관련 지급이자}}{\underline{1,000,000^{*6}}} + \underset{\text{장남 사용분 경비}}{\underline{(800,000+1,200,000)^{*7}}} = 41,000,000$

① (시가×50%－보증금) × 정기예금이자율 ＝ (200,000,000×50%－0) × 4% ＝ 4,000,000*4

② 12,000,000 × 2명 ＝ 24,000,000

2. 금융소득

(1) 이정규씨

	이자	G-up 제외	G-up 대상	계
종 합 과 세				
조건부과세	10,000,000	5,000,000		
	+ 7,000,000[비]*			
	+ 6,000,000**			
계	23,000,000	5,000,000	–	28,000,000
출자공동 사업자 배당		–		

* 私債이자 : 14,000,000 × 50% = 7,000,000*[8]

** $\left(25{,}380{,}000 \times \frac{1}{1 - 15.4\%} = 30{,}000{,}000\right) \times 20\% = 6{,}000{,}000$*[5]

(2) 배우자

출자공동사업자배당 : 41,000,000 × 55% = 22,550,000*[9]

3. 종합소득금액

(1) 공동사업합산과세 후 소득금액

구 분	본 인	배우자*[9]
이 자 소 득 금 액	23,000,000	–
배 당 소 득 금 액	5,000,000	(41,000,000×55%)*[11] 22,550,000
일반사업소득금액	(50,978,000×85%)*[10] 43,331,300	–
부동산임대업소득금액	(41,000,000×20%)*[11] 8,200,000	–
근 로 소 득 금 액	–	10,000,000

(2) 이월결손금공제 후 종합소득금액

구 분	본 인	배우자
이 자 소 득 금 액	23,000,000	–
배 당 소 득 금 액	5,000,000	22,550,000
일 반 사 업 소 득 금 액	23,331,300*	–
부 동 산 임 대 업 소 득 금 액	8,200,000	–
근 로 소 득 금 액	–	10,000,000
계	59,531,300	32,550,000

* 43,331,300 – 20,000,000(일반사업소득 이월결손금) = 23,331,300

해설

1. 해답상 '*'에 대한 설명

*1 私債이자는 이자소득이므로 특수관계인에 대한 저리대여라도 부당행위계산의 부인규정을 적용하지 않는다. 이자소득이 사업자의 손익계산서에 수익으로 계상되어 있으므로 사업소득 총수입금액에서는 불산입한 후, 다른 금융소득과 연결하여 금융소득 종합과세여부를 판단하여야 한다.

*2 건물 처분이익은 총수입금액불산입한다.

*3 시설개체 · 기술낙후로 생산설비를 폐기하였으나 처분하지 않았으므로 폐기손실을 필요경비불산입한다.

*4 직계존비속에게 주택을 무상사용하게 하고 직계존비속이 그 주택에 실제 거주하는 경우에는 무상임대라도 부당행위계산부인 대상이 아니나, 상가의 무상임대는 부당행위계산부인 대상이므로 적정임대료와의 차액을 총수입금액에 산입한다.

*5 사업소득 총수입금액에 포함된 이자수익 25,380,000을 총수입금액불산입하고, 원천징수 전 이자소득 '25,380,000 $\times \dfrac{1}{1-\text{원천징수세율}(14\%+1.4\%)}$ = 30,000,000'의 20%인 6,000,000을 이정규씨의 조건부 과세대상 이자소득에 포함한다.

*6 거주자가 부동산임대 공동사업에 출자하기 위하여 차입한 차입금의 지급이자는 해당 공동사업장의 소득금액 계산에 있어서 필요경비에 산입할 수는 없는 것이나, 출자를 위한 차입금 외에 해당 공동사업을 위하여 차입한 차입금의 지급이자는 해당 공동사업의 필요경비에 산입할 수 있다. 다만, 그 차입금이 출자를 위한 차입금인지 아니면 공동사업장의 사업을 위한 차입금인지 여부는 공동사업 구성원간에 정한 동업계약의 내용 및 출자금의 실제 사용내역 등에 따라 판단한다(재정경제부 소득세과-149).

*7 ① 주택에 대한 경비 부담액은 가사관련경비로 보아 필요경비불산입한다.
② 상가에 대한 사업자의 경비는 필요경비에 산입하나, 문제의 경우는 장남이 부담할 경비를 대납한 것이므로 필요경비불산입한다.

*8 이자소득은 사업소득이 아니므로 공동사업합산과세대상이 아니다. 따라서 총수입금액에 불산입한 ₩14,000,000 중 본인의 지분인 50%만 이정규씨의 이자소득금액이 된다.

*9 조건부과세대상 금융소득이 ' $\underbrace{1,000,000}_{\text{집합투자기구이익}}$ + $\underbrace{(30,000,000\times55\%=16,500,000)}_{\text{공동사업장 정기예금이자 배분액}}$ = 17,500,000'으로 2,000만원 이하이므로 조건부과세대상 금융소득 17,500,000은 분리과세하며, 출자공동사업 배당소득(41,000,000×55%=22,550,000)만 종합과세한다.

*10 조세회피목적이므로 공동사업합산과세한다 : 50%(본인) + 35%(장인) = 85%

*11 조세회피목적의 공동사업이 아니므로 손익분배비율(없으면 지분비율)에 따라 분배한다.

소득유예 31 결손금소급공제

다음은 도매업(중소기업)을 영위하는 간편장부대상자인 개인사업자 양선애씨의 소득세 신고자료이다. 물음에 답하시오.

1. 2026년 소득자료. 제시된 금액은 원천징수 전 금액이다.
   ① 사업소득 총수입금액은 ₩80,000,000(사업용 유형자산인 비품 처분이익 ₩10,000,000 포함), 필요경비는 ₩85,000,000이다.
   ② 2026. 4. 12.에 주택입주지체로 인한 보상금 ₩1,000,000을 받았다.
   ③ 2026. 11. 22.에 방송사에서 주최하는 퀴즈대회에 참가하여 상금 ₩15,000,000을 받았다.

2. 2025년도 종합소득세 신고자료
   ① 종합소득금액 : 사업소득금액 ₩28,000,000, 기타소득금액 ₩12,000,000
   ② 종합소득 과세표준 : ₩30,000,000
   ③ 종합소득 산출세액 : ₩3,240,000
   ④ 종합소득 결정세액 : ₩3,240,000 − 298,800(세액공제) = 2,941,200

3. 종합소득세 기본세율은 다음과 같다(속산표 일부구간).

과세표준	기본세율
1,400만원 이하	과세표준 × 6%
1,400만원 초과 5,000만원 이하	과세표준 × 15% − 1,260,000

[물음 1]
2026년도 사업소득금액과 종합과세되는 결손금 공제 전 기타소득금액을 〈답안양식〉에 적으시오.

〈답안양식〉

사업소득금액	
기타소득금액	

[물음 2]
양선애씨는 2026년도 결손금을 소급공제하여 가능한 최대의 금액을 환급받으려고 한다. 소급공제로 인한 환급세액을 계산하시오.

핵심정리

※ 결손금소급공제

1. 소급공제로 인한 환급세액

중소기업을 경영하는 거주자가 중소기업의 사업소득금액을 계산할 때 발생한 결손금(부동산임대업에서 발생한 결손금은 제외)을 '다른 종합소득에서 공제하고 남은 잔액이 있는 경우'에는 그 잔액을 소급공제하여 직전 과세기간의 그 중소기업의 사업소득에 부과된 종합소득 결정세액을 한도로 환급신청할 수 있다.

• 환급세액 : min(①, ②)

① 직전과세기간 사업장별 종합소득 산출세액* − (직전과세기간 종합소득 과세표준 − 해당과세기간의 결손금으로서 소급공제를 받고자 하는 금액) × 직전과세기간의 세율 × $\frac{\text{(직전과세기간의 사업장별 소득금액} - \text{해당사업장의 소급공제를 받고자 하는 결손금)}}{\text{(직전과세기간의 종합소득금액} - \text{소급공제를 받고자 하는 결손금)}}$

② 직전과세기간 사업장별 종합소득결정세액 : 직전과세기간의 종합소득결정세액 × $\frac{\text{각 사업장별 소득금액}}{\text{직전과세기간의 종합소득금액}}$

* 직전과세기간 사업장별 종합소득산출세액

= 직전과세기간 종합소득산출세액 × $\frac{\text{각 사업장별 소득금액}}{\text{직전과세기간의 종합소득금액}}$

2. 「법인세법」과 「소득세법」의 차이

구 분	법인세법	소득세법
적용대상자	중소기업*에 한하며 신청을 요건으로 함	
소급공제기간	직전 과세기간에서만 공제가능함	
소급공제가능한 결손금	별도 제한 없음	사업소득에서 발생한 결손금에 한함
소급공제 단위	법인별로 소급공제	사업장별로 소급공제
환급취소시 이자 추징기간	환급세액통지일의 다음 날부터 환급취소에 의하여 징수하는 법인세액(또는 소득세액)의 고지일까지의 일수	
추징이자율	1일 $\frac{22}{100,000}$ (정당한 사유가 있으면 국세환급가산금 이자율)	1일 $\frac{22}{100,000}$ (정당한 사유 불문)

* 중소기업이 될 수 없는 소비성서비스업 · 부동산임대업은 결손금소급공제 대상이 아니다.

해답

1.

사 업 소 득 금 액	△15,000,000〈주1〉
기 타 소 득 금 액	3,200,000〈주2〉

〈주1〉 (80,000,000－10,000,000*[1]) － 85,000,000 ＝ △15,000,000

〈주2〉 (1,000,000＋15,000,000) × (1－80%) ＝ 3,200,000

2. 환급세액 : min(①, ②) ＝ 1,423,532(핵심정리 참고)

① 2,268,000* － 844,468** ＝ 1,423,532

$$* \ 3{,}240{,}000 \times \frac{28{,}000{,}000}{40{,}000{,}000} = 2{,}268{,}000$$

$$** \ [(30{,}000{,}000 - 11{,}800{,}000^{*2}) \times 15\% - 1{,}260{,}000] \times \frac{28{,}000{,}000 - 11{,}800{,}000}{40{,}000{,}000 - 11{,}800{,}000} = 844{,}468$$

$$② \ 2{,}941{,}200 \times \frac{28{,}000{,}000}{40{,}000{,}000} = 2{,}058{,}840$$

해설

1. 해답상 '*'에 대한 설명

*[1] 간편장부대상자이므로 사업용 유형자산의 처분이익은 총수입금액불산입한다.

*[2] 사업소득금액에서 발생한 결손금을 다른 종합소득금액에서 공제하고 남은 잔액이 있는 경우 그 잔액에 대하여 소급공제 신청할 수 있다.

- 소급공제가능액 : $\underbrace{15{,}000{,}000}_{\text{결손금}} - \underbrace{3{,}200{,}000}_{\text{기타소득금액}} = 11{,}800{,}000$

소득유예 32 소득공제

'p2−251. 문 6−5' 자료를 이용하여 세부담 최소화 가정하에 갑에게 사업소득금액 ₩20,000,000(총수입금액은 ₩30,000,000), 종합과세되는 연금소득금액 ₩10,000,000이 있는 경우 2026년도의 소득공제액을 계산하시오. 다만, 지급받는 주택담보노후연금에 대하여 당기에 발생한 이자(소득공제요건을 갖추고 있다고 가정함)는 ₩2,500,000이라고 가정한다.

해 답

(1) 인적공제 : 5,500,000('p2−253. 해답 2. (1)'과 동일)

(2) 연금보험료공제 : 1,200,000('p2−253. 해답 2. (2)'와 동일)

(3) 주택담보노후연금이자비용공제 : min(① 이자비용 : 2,500,000, ② 2,000,000, ③ 연금소득금액 : 10,000,000) = 2,000,000

(4) 특별소득공제, 주택청약종합저축에 대한 소득공제 : 근로자가 아니므로 적용불가

(5) 신용카드등 소득공제 : 근로자가 아니므로 공제불가

(6) 벤처기업에 대한 소득공제 : min(①, ②) = 8,000,000

① 8,000,000 × 100% = 8,000,000

② (20,000,000+10,000,000) × 50% = 15,000,000

(7) 합계 : 5,500,000(인적공제) + 1,200,000(연금보험료공제) + 2,000,000(주택담보노후연금공제) + 8,000,000(벤처기업공제) = 16,700,000

→ 2,500만원 한도 계산대상 소득공제가 없으므로 한도 고려 불필요

소득유예 33 기부금 필요경비산입 및 기부금 세액공제

제조업을 영위하는 개인사업자인 거주자 갑의 2026년도 귀속 종합소득세 및 기부금과 관련된 자료이다. 갑은 「소득세법」상 성실사업자나 성실신고확인대상사업자에 해당하지 않는다. 〈2025. CTA〉

1. 갑의 종합소득금액 및 과세표준, 종합소득세 계산 등과 관련된 자료는 다음과 같다.
   (1) 갑의 종합소득금액은 이자소득금액 ₩25,000,000(국내은행이자)과 기부금 필요경비 산입 전 사업소득금액 ₩60,000,000으로 구성되어 있고 다른 종합소득금액은 없으며, 종합소득공제액은 ₩10,000,000이다. 갑은 사업소득금액 계산시 기부금 필요경비산입 한도액까지 필요경비에 산입한다.
   (2) 소득세 기본세율표는 〈자료 1〉의 소득세 기본세율표와 같다.

2. 갑의 기부금 등과 관련된 자료는 다음과 같다. 기부금 등은 별도의 언급이 없는 한 2026년에 갑이 지출하거나 제공하였으며, 사업소득금액 계산시 반영되지 않았다.

구 분	금 액	비 고
(1) 정치자금기부금	₩300,000	「정치자금법」에 따라 정당에 기부한 금액이다.
(2) 고향사랑기부금	2,000,000	「고향사랑 기부금에 관한 법률」에 따라 지방자치단체에 기부한 금액이다.
(3) 종교단체 기부금	10,000,000	「민법」에 따라 지방자치단체 장의 허가를 받아 설립한 비영리법인인 종교단체의 고유목적사업비로 지출하는 기부금이다.
(4) 사회복지법인 기부금	6,000,000	「사회복지사업법」에 의한 사회복지법인의 고유목적사업비로 지출하는 기부금이다.
(5) 사립학교 장학금	20,000,000	「사립학교법」에 따른 사립학교에 장학금으로 지출하는 기부금이다.
(6) 이재민 구호금품가액	2,000,000	특별재난지역으로 선포된 지역의 이재민 구호금품에 해당하는 금액이다.
(7) 자원봉사용역 관련내역	?	특별재난지역을 복구하기 위하여 갑이 74시간, 갑의 직원이 42시간 자원봉사를 하였고, 해당 자원봉사용역에 부수되어 유류비 ₩350,000(자원봉사용역 제공장소로의 이동을 위한 유류비 ₩100,000 포함) 및 재료비 ₩150,000을 지출하였다.
(8) 제품기부금	?	부가가치세가 면세인 제품(장부가액 ₩2,000,000, 시가 ₩3,000,000)을 특수관계인이 아닌 의료법인에 기부하였다. 제품 기부금은 「의료법」에 의한 의료법인의 고유목적사업비로 지출하는 기부금이다.

[물 음]

자료를 이용하여 〈답안양식〉에 따라 ① ~ ③의 금액을 제시하시오.

〈답안양식〉

구 분	금 액
특례기부금 필요경비산입액	①
종합소득세 산출세액	②
「소득세법」상 기부금세액공제액	③

해답

구 분	금 액
특례기부금 필요경비산입액	① 23,200,000〈주1〉
종합소득세 산출세액	② 4,433,500〈주2〉
「소득세법」상 기부금세액공제액	③ 216,000〈주3〉

〈주1〉

기부금	한도	필요경비 산입액
(1) 정치자금 · 고향사랑 · 특례 : (300,000−100,000*¹) [정치자금] + (2,000,000−100,000*¹) [고향사랑] + 20,000,000 [장학금] + 2,000,000 [이재민] + 1,200,000① [자원봉사] 특례 : 23,200,000 = 25,300,000	60,000,000	25,300,000 (이 중 특례는 23,200,000)
(2) 일반기부금 : 10,000,000 [종교단체] + 6,000,000 [사회복지법인] + max(2,000,000, 3,000,000) [의료법인] = 19,000,000	34,700,000② × 10% + min(34,700,000×20%= 6,940,000, 6,000,000+ 3,000,000=9,000,000) = 10,410,000	10,410,000
	계	35,710,000

① 10일* × 80,000 + (350,000−100,000) + 150,000 = 1,200,000

* $\frac{74시간}{8시간}$ = 9.25일 → 10일

② 60,000,000 − 25,300,000 = 34,700,000

〈주2〉

1. 종합소득금액 : $\underset{\text{이자}}{\underline{25,000,000}} + \underset{\text{사업}}{\underline{(60,000,000-35,710,000)}} = 49,290,000$
2. 과세표준 : 49,290,000 − 10,000,000 = 39,290,000
3. 산출세액 : max(①, ②) = 4,433,500
   ① 2,800,000 + (39,290,000−20,000,000) × 기본세율 = 4,433,500
   ② 25,000,000 × 14% + (39,290,000−25,000,000) × 기본세율 = 4,383,500

〈주3〉

(1) 공제대상액

기부금	한도	공제대상액
정치자금 : 300,000 − 100,000*1 = 200,000	65,000,000①	200,000
고향사랑 : 2,000,000 − 100,000*1 = 1,900,000	64,700,000②	1,900,000
특례 : 23,200,000	62,700,000③	23,200,000
일반 : $\underset{\text{종교단체}}{\underline{10,000,000}} + \underset{\text{종교단체 외}}{\underline{9,000,000}}$ = 19,000,000	39,500,000④ × 10% + min(39,500,000×20%= 7,900,000, 9,000,000) = 11,850,000	11,850,000
계		37,150,000
필요경비산입액		△35,710,000
		1,440,000

① $\underset{\text{종합소득금액}}{\underline{49,290,000}} + \underset{\text{필요경비산입액}}{\underline{35,710,000}} - \underset{\text{원천징수세율 적용분 금융소득}}{\underline{20,000,000}}$

② 65,000,000 − 300,000*2 = 64,700,000

③ 64,700,000 − 2,000,000*2 = 62,700,000

④ 62,700,000 − 23,200,000 = 39,500,000

(2) 「소득세법」상 기부금세액공제 : min(①, ②) = 216,000

① 1,440,000 × 15% = 216,000

② $4,433,500 \times (1-\frac{24,290,000}{49,290,000}) = 2,248,681$

해 설

1. 해답상 '*'에 대한 설명

*1 정치자금기부금과 고향사랑기부금 각각 10만원까지는 「조세특례제한법」에 따라 '기부금 × $\frac{100}{110}$'을 세액공제로 차감한다. 따라서 해답상 필요경비산입 대상과 「소득세법」상 세액공제 대상에서 제외한다.

*2 기준금액에서 차감하는 정치자금기부금에 $\frac{100}{110}$의 세액공제를 적용받는 10만원을 포함할 것인지에 대한 별도의 세법 규정은 없으나, 국세청 연말정산 종합안내에 따르면 별도 언급없이 정치자금을 차감하고 있으므로 10만원을 포함한 총액으로 해답을 작성하였다.

소득유예 34 연말정산과 확정신고

다음은 ㈜한국의 재무팀장으로 근무하는 홍길동(남성)씨의 2026년도 소득에 관한 자료이다. 다음 자료를 바탕으로 물음에 답하시오(원천징수대상이 되는 소득은 세법에 따라 적법하게 원천징수 되었다). 다른 언급이 없는 한 조세 부담 최소화를 가정한다. 〈2022. CTA〉

〈근로소득 자료〉

구 분	금 액	비 고
기본급	₩50,400,000	월 ₩4,200,000
상여금	28,000,000	연 4회 매회 ₩7,000,000
직책수당	3,600,000	월 ₩300,000
식대보조금	2,400,000	㈜한국은 직원들에게 별도의 식사를 제공함
자가운전보조금	2,400,000	월 ₩200,000 홍길동씨 본인의 소유차량을 업무수행에 이용하였으며, 출장 등에 실제로 소요된 여비를 지급받는 대신 ㈜한국의 지급기준에 따라 지급받은 금액임
연장근로수당	2,000,000	
연월차수당	1,200,000	
계	₩90,000,000	

〈종합소득공제 및 세액공제 자료〉

1. 인적공제자료

가족	나이(만)	소득	비고
모친	73세	–	2026. 12. 3. 사망
본인	54세	〈근로소득 자료〉 참조	
배우자	50세	총급여액 ₩5,000,000	장애인
장녀	23세	–	–
장남	20세	–	–
차남	16세	사업소득금액 ₩2,500,000	장애인

* 위의 가족은 모두 2026년도 과세연도 종료일 현재(모친은 사망일 전일 현재) 생계를 같이 하고 있으며, 나이는 2026년도 과세연도 종료일 현재(모친은 사망일 전일 현재)의 상황에 의한 것임

2. 2026년도 과세기간 홍길동씨는 국민연금법에 따라 연금보험료 ₩2,000,000을 납부하였다.

3. 보험료 지급명세

종 류	금 액
건강보험료	₩200,000
고용보험료	100,000
생명보험료	1,500,000
계	₩1,800,000

* 위의 건강보험료와 고용보험료는 사용자 부담분 50%를 제외하고 국민건강보험법 및 고용보험법에 따라 본인이 실제로 부담한 나머지 50%에 해당하는 금액이며, 생명보험료는 배우자를 피보험자로 하는 생명보험의 보험료(장애인전용보험에 해당하지 않음)로 동 보험의 만기환급금은 납입보험료를 초과하지 않음

4. 홍길동씨는 무주택자로 주택청약종합저축에 가입하여 2026년에 ₩2,200,000을 납입하였다.

5. 홍길동씨의 소득공제대상 신용카드 등 사용금액의 연간합계액은 다음과 같다.

구 분	신용카드	직불카드	현금영수증	계
전통시장사용분	₩2,000,000	₩100,000	₩600,000	₩2,700,000
대중교통이용분	200,000	10,000	—	210,000
도서 · 신문 · 공연 · 박물관 · 미술관 사용분	—	—	—	—
위 이외의 사용분	21,000,000	1,200,000	1,300,000	23,500,000
계	₩23,200,000	₩1,310,000	₩1,900,000	₩26,410,000

6. 의료비 지급명세

구 분	금 액
본인의 정밀건강진단비	₩400,000
본인의 치료를 위한 한약 구입비	500,000
모친의 입원치료비 및 의약품 구입비	1,200,000
장남의 입원치료비 및 의약품 구입비	12,000,000
계	₩14,100,000

7. 교육비 지급명세

구 분	금 액
본인의 야간대학 등록금	₩7,000,000
장남의 대학 등록금	12,000,000
계	₩19,000,000

〈근로소득공제 자료, 기본세율 속산표 자료〉

근로소득공제 및 기본세율 : '제3편. 부록' 참고

[물음 1]

다음은 홍길동씨에 대한 ㈜한국의 연말정산 신고서이다. 다음의 양식에 따라 ① ~ ⑫ 의 금액을 제시하시오(금액이 ₩0인 경우 ₩0으로 표기한다).

<table>
<tr><th colspan="4">항 목</th><th>금 액</th></tr>
<tr><td colspan="4">총급여액</td><td>①</td></tr>
<tr><td colspan="4">근로소득공제</td><td>②</td></tr>
<tr><td colspan="4">근로소득금액</td><td></td></tr>
<tr><td rowspan="10">종합소득공제</td><td rowspan="3">기본공제</td><td colspan="2">본인공제</td><td rowspan="3">③</td></tr>
<tr><td colspan="2">배우자공제</td></tr>
<tr><td colspan="2">부양가족공제</td></tr>
<tr><td rowspan="2">추가공제</td><td colspan="2">경로우대공제</td><td rowspan="2">④</td></tr>
<tr><td colspan="2">장애인공제</td></tr>
<tr><td colspan="3">연금보험료공제</td><td>⑤</td></tr>
<tr><td rowspan="3">특별소득공제</td><td rowspan="2">보험료공제</td><td>건강보험료</td><td></td></tr>
<tr><td>고용보험료</td><td></td></tr>
<tr><td>주택자금소득공제</td><td>주택청약종합저축</td><td>⑥</td></tr>
<tr><td colspan="3">신용카드 등 사용금액에 대한 소득공제</td><td>⑦</td></tr>
<tr><td colspan="4">소득공제 종합한도 초과액</td><td>₩0</td></tr>
<tr><td colspan="4">종합소득 과세표준</td><td></td></tr>
<tr><td colspan="4">산출세액</td><td></td></tr>
<tr><td rowspan="5">세액공제</td><td colspan="3">근로소득 세액공제</td><td>₩500,000</td></tr>
<tr><td colspan="3">자녀세액공제</td><td>⑧</td></tr>
<tr><td rowspan="3">특별세액공제</td><td rowspan="3">항목별 세액공제</td><td>보장성보험료 세액공제</td><td>⑨</td></tr>
<tr><td>의료비 세액공제</td><td>⑩</td></tr>
<tr><td>교육비 세액공제</td><td>⑪</td></tr>
<tr><td colspan="4">결정세액</td><td>⑫</td></tr>
</table>

[물음 2]

홍길동씨는 2026년도의 근로소득에 대한 연말정산을 적법하게 하였다. 추가적으로 2026년도에 발생한 기타소득금액 ₩20,000,000(20% 세율로 적법하게 원천징수가 이루어짐)으로 인하여 종합소득신고를 하여야 한다. 다음은 2026년도 종합 소득세 확정신고시 자진 납부할 세액(또는 환급세액)을 계산하기 위한 자료이다. 다음의 양식에 따라 ① ~ ③의 금액을 제시하시오(단, 근로소득에 대한 연말정산시 결정세액은 ₩4,000,000으로 가정한다).

항 목		금 액
근로소득금액		₩70,000,000
기타소득금액		
종합소득금액		
종합소득공제	기본공제	3,000,000
	추가공제	3,000,000
	연금보험료공제	3,000,000
	특별소득공제	3,000,000
	신용카드 등 사용금액에 대한 소득공제	3,000,000
소득공제 종합한도 초과액		0
종합소득 과세표준		
산출세액		
세액공제		3,000,000
결정세액		①
기납부세액		②
납부할 세액(환급받을 세액)		③

해 답

[물음 1]

항 목				금 액
총급여액				① 87,600,000〈주1〉
근로소득공제				② 14,130,000〈주2〉
근로소득금액				73,470,000
종합소득공제	기본공제	본인공제		③ 6,000,000〈주3〉
		배우자공제		
		부양가족공제		
	추가공제	경로우대공제		④ 3,000,000〈주4〉
		장애인공제		
	연금보험료공제			⑤ 2,000,000
	특별소득공제	보험료공제	건강보험료	200,000
			고용보험료	100,000
		주택자금소득공제	주택청약종합저축	⑥ 0〈주5〉
	신용카드 등 사용금액에 대한 소득공제			⑦ 1,644,000〈주6〉
소득공제 종합한도 초과액				₩0
종합소득 과세표준				60,526,000
산출세액				8,766,240〈주7〉
세액공제	근로소득 세액공제			500,000
	자녀세액공제			⑧ 250,000 (장남)
	특별세액공제	항목별 세액공제	보장성보험료 세액공제	⑨ 120,000〈주8〉
			의료비 세액공제	⑩ 1,365,000〈주9〉
			교육비 세액공제	⑪ 2,400,000〈주10〉
결정세액				⑫ 4,131,240

〈주1〉 50,400,000 ＋ 28,000,000 ＋ 3,600,000 ＋ 2,400,000 ＋ 2,000,000 ＋ 1,200,000 ＝ 87,600,000

〈주2〉 12,000,000 ＋ (87,600,000－45,000,000) × 5% ＝ 14,130,000

〈주3〉 1,500,000 × 4(본인, 모친, 배우자, 장남) ＝ 6,000,000

〈주4〉 $\underset{\text{경로우대자}}{\underline{1,000,000}} + \underset{\text{장애인}}{\underline{2,000,000}} = 3,000,000$

〈주5〉 총급여액이 7,000만원 초과하므로 0

〈주6〉 min[(1), (2)] = 1,644,000

(1) 공제대상액 : 1,644,000

구분	사용액	총급여×25%	초과사용액	공제율	공제액
전통시장	2,700,000		2,700,000	40%	1,080,000
대중교통	210,000		210,000	40%	84,000
직불카드등	2,500,000*		1,600,000	30%	480,000
신용카드	21,000,000				
계	26,410,000	21,900,000**	4,510,000		1,644,000

* 1,200,000 + 1,300,000 = 2,500,000

** 87,600,000 × 25% = 21,900,000

(2) 한도 : ① + ② = 2,750,000

① 2,750,000

② 초과한도 : 0

〈주7〉 60,526,000 × 24% − 5,760,000 = 8,766,240

〈주8〉 min(1,500,000 (생명보험료), 1,000,000) × 12% = 120,000

〈주9〉 (①+②) × 15% = 1,365,000

① min(12,000,000−87,600,000×3%=9,372,000, 7,000,000) = 7,000,000

② 400,000 + 500,000 + 1,200,000 = 2,100,000

〈주10〉 [7,000,000+min(12,000,000, 9,000,000)] × 15% = 2,400,000

[물음 2]

항 목		금 액
근로소득금액		₩70,000,000
기타소득금액		20,000,000
종합소득금액		90,000,000
종합소득 공제	기본공제	3,000,000
	추가공제	3,000,000
	연금보험료공제	3,000,000
	특별소득공제	3,000,000
	신용카드 등 사용금액에 대한 소득공제	3,000,000
소득공제 종합한도 초과액		0
종합소득 과세표준		75,000,000
산출세액		12,240,000〈주1〉
세액공제		3,000,000
결정세액		① 9,240,000
기납부세액		② 8,000,000〈주2〉
납부할 세액(환급받을 세액)		③ 1,240,000

〈주1〉 75,000,000 × 24% − 5,760,000 = 12,240,000

〈주2〉 $\underbrace{4,000,000}_{\text{연말정산시 결정세액}} + \underbrace{20,000,000 \times 20\%}_{\text{기타소득 원천징수액}} = 8,000,000$

소득유예 35 소득공제 및 세액공제액의 한도

거주자 갑의 2026년도의 소득세 계산자료를 기초로 종합소득 결정세액을 계산하시오. 제시된 금액은 「소득세법」에 따라 계산된 금액이라고 가정한다.

1. 종합소득금액

   $\underbrace{₩28,750,000}_{\text{근로소득금액}} + \underbrace{₩21,250,000}_{\text{기타소득금액}} = ₩50,000,000$

2. 소득공제액
   (1) 기본공제 : ₩4,500,000(갑, 배우자, 8세 자녀)
   (2) 벤처투자조합 출자에 따른 소득공제액 : ₩23,000,000
   (3) 신용카드사용액에 대한 소득공제액 : ₩4,000,000

3. 세액공제 자료
   (1) 연금계좌세액공제 대상 연금저축계좌납입액은 ₩7,000,000, 퇴직연금계좌납입액은 ₩4,000,000
   (2) 보험료세액공제 대상 보험료 : ₩1,000,000
   (3) 의료비세액공제 대상 의료비(총급여의 3%를 초과하는 금액) : ₩10,000,000(미숙아 · 선천성 이상아 의료비 및 난임시술비 아님)
   (4) 교육비세액공제 대상 교육비 : ₩3,000,000
   (5) 근로소득세액공제액 : ₩469,137

4. 기본세율 : '제3편. 부록' 참고

해답

1. 종합소득금액 : 50,000,000

2. 소득공제액

   4,500,000 + min(23,000,000+4,000,000=27,000,000, 한도 : 25,000,000*) = 29,500,000

   * 'summary p2-180. [4]' 참고

3. 과세표준 : 50,000,000 − 29,500,000 = 20,500,000

4. 산출세액 : 20,500,000 × 15% − 1,260,000 = 1,815,000

5. 세액공제

   (1) 자녀세액공제 : 250,000

   (2) 연금계좌세액공제 : min(①, ②) × 12% = 1,080,000

   ① 7,000,000 + 4,000,000 = 11,000,000

   ② 6,000,000 + min(4,000,000, 3,000,000) =9,000,000

   (3) 특별세액공제

   1) 보험료세액공제 : 1,000,000 × 12%* = 120,000

   * 소득공제 내역에 장애인 추가공제가 없으므로 일반보장성보험료에 해당한다.

   2) 의료비세액공제 : 10,000,000 × 15% = 1,500,000

   3) 교육비세액공제 : 3,000,000 × 15% = 450,000

   4) 계 : 2,070,000 → min(2,070,000, 한도 : $1,815,000 \times \frac{28,750,000}{50,000,000} = 1,043,625$)*

   = 1,043,625

   * 'summary p2-210. 6. 표 안 첫째 항목' 참고

   (4) 근로소득세액공제 : 469,137

   (5) 계 : 250,000 + 1,080,000 + 1,043,625 + 469,137 = 2,842,762

   → min(2,842,762, 한도 : 1,815,000*) = 1,815,000

   * 세액감면 및 세액공제액의 합계액이 종합소득산출세액을 초과하는 경우 그 초과하는 금액은 없는 것으로 보며, 그 초과하는 금액을 한도로 연금계좌세액공제를 받지 아니한 것으로 본다('summary p2-210. 6. 표 안 셋째 항목' 참고).

6. 결정세액 : 1,815,000 − 1,815,000 = 0

소득유예 36 가산세

거주자 갑의 다음 자료를 이용하여 2026년분 종합소득세에 대한 수정신고·납부시 가산세를 포함한 추가납부세액을 계산하시오.

1. 갑의 신고내역(신고·납부일 : 2027년 5월 29일)

종합소득금액		소득공제	과세표준	산출세액 (=자진납부세액)
사업소득금액(복식부기의무자)	50,000,000	1,600,000	58,400,000	8,256,000
기타소득금액(원천징수대상 아님)*	10,000,000			

* 계약금이 위약금으로 대체된 금액이다.

2. 위의 소득세 신고 후 다음의 오류를 발견하여 2027년 12월 31일에 수정신고·납부하였다.
   (1) 사업소득 오류 : 이중장부작성을 통한 매출 누락 ₩7,000,000, 착오에 의한 퇴직급여충당금 한도초과액의 누락 ₩1,600,000
   (2) 기타소득 오류 : 주택입주지체상금의 실수로 인한 누락 ₩15,000,000. 이에 대한 원천징수는 적법하게 이루어졌다.

3. 기본세율 : '제3편. 부록' 참고

핵심정리

문제의 포인트

- 소득세 가산세 계산

1. 무신고가산세

구 분		무신고가산세액
원 칙	복식부기의무자외의 자	• 무신고납부세액*1 × 20%
	복식부기의무자	• max(①, ②) ① 무신고납부세액*1 × 20% ② 수입금액 × $\frac{7}{10,000}$
부정행위로 무신고한 경우	복식부기의무자외의 자	• 무신고납부세액*1 × 40%*2
	복식부기의무자	• max(①, ②) ① 무신고납부세액*1 × 40%*2 ② 수입금액 × $\frac{14}{10,000}$

*1 무신고납부세액 : 법정신고기한까지 과세표준 신고를 하지 아니한 경우 그 신고로 납부하여야 할 세액(가산세와 세법에 따라 가산하여 납부하여야 할 이자상당가산액은 제외)을 말한다.

*2 역외거래에서 발생한 부정행위로 무신고하거나 과소신고·초과환급신고한 경우에는 60%

2. 과소신고·초과환급신고가산세

구 분		과소신고가산세액
원 칙		• 과소신고납부세액등*1 × 10%
부정행위로 인한 경우	복식부기 의무자 외의 자	• ① + ② ① 부정과소신고납부세액등*3 × 40%*2 ② (과소신고납부세액등—부정과소신고납부세액등) × 10%
	복식부기 의무자	• ① + ② ① max(㉠, ㉡) ㉠ 부정과소신고납부세액등*3 × 40%*2 ㉡ 부정과소신고수입금액 × $\frac{14}{10,000}$ ② (과소신고납부세액등—부정과소신고납부세액등) × 10%

*1 과소신고납부세액등 : 납부할 세액을 신고하여야 할 세액보다 과소신고하거나 환급받을 세액을 신고하여야 할 금액보다 초과신고한 경우 과소신고한 납부세액과 초과신고한 환급세액을 합한 금액(가산세와 세법에 따라 가산하여 납부하여야 할 이자상당가산액은 제외)을 말한다.

*2 역외거래에서 발생한 부정행위로 무신고하거나 과소신고·초과환급신고한 경우에는 60%

*3 과소신고납부세액등 중에 부정과소신고납부세액과 일반과소신고납부세액이 있는 경우로서 부정과소신고납부세액과 일반과소신고납부세액을 구분하기 곤란한 경우 부정과소신고납부세액은 다음과 같이 계산한다.

$$\text{부정과소신고 납부세액} = \text{과소신고납부세액등} \times \frac{\text{부정행위로 인하여 과소신고한 과세표준}}{\text{과소신고한 과세표준}}$$

3. 납부지연가산세 : '법인세 summary p4-339. (2)' 참고

4. 신고·납부·환급 관련 가산세의 감면 : '법인세 summary p4-340. (3)' 참고

해답

1. 과소신고·납부세액

(1) 적정세액

1) 과세표준 : 58,400,000(당초 신고과표) + [부정 : 7,000,000 / 일반 : 1,600,000](사업소득금액 오류) + 일반 : 3,000,000*(기타소득금액 오류)

= 70,000,000

* 15,000,000 × (1−80%) = 3,000,000

2) 산출세액 : 70,000,000 × 24% − 5,760,000 = 11,040,000

3) 차감납부세액 : 11,040,000 − 70,000(표준세액공제) − 600,000* = 10,370,000

* 주택입주지체상금 원천징수세액 : 3,000,000(기타소득금액) × 20% = 600,000

(2) 과소신고납부세액 : $\underbrace{10,370,000}_{\text{적정세액}} - \underbrace{8,256,000}_{\text{당초 신고납부세액}} = 2,114,000$

2. 가산세

(1) 과소신고가산세 : (①+②) × (1−30%)*2 = 415,874

① 부정 : max(㉠, ㉡) = 510,275

㉠ 1,275,689* × 40% = 510,275

㉡ $7,000,000 \times \frac{14}{10,000} = 9,800$

② 일반 : 838,311** × 10% = 83,831

* 부정과소신고납부세액 : $2,114,000 \times \frac{7,000,000}{(7,000,000+1,600,000+3,000,000)} = 1,275,689$*1

** 일반과소신고납부세액 : 2,114,000 − 1,275,689 = 838,311

(2) 납부지연가산세

$2,114,000 \times 213\text{일}^{*3} \times \frac{22}{100,000} = 99,062$

(3) 계 : 415,874 + 99,062 = 514,936

3. 추가납부세액 : 2,114,000 + 514,936 = 2,628,936

해설

1. 해답상 '*'에 대한 설명

*1 부정과소신고납부세액과 일반과소신고납부세액을 구분하기 곤란한 경우 부정과소신고납부세액은 다음과 같이 계산한다.

$$\text{부정과소신고납부세액} = \text{과소신고납부세액등} \times \frac{\text{부정행위로 인하여 과소신고한 과세표준}}{\text{과소신고한 과세표준}}$$

*2 법정신고기한(2027. 5. 31.) 경과 후 6개월 초과 1년 이내 수정신고이므로 30%를 감면한다.

*3 2026. 7. 1. 이후 지정납부기한이 도래하므로 법정납부기한의 다음 날부터 자진납부일의 전날까지 일수인 6월 1일부터 12월 30일까지의 일수를 계산한다.

소득유예 37 최저한세

거주자 조성범씨의 2026년도의 다음의 소득세 계산 자료를 이용하여 ① 최저한세, ② 최저한세로 인한 경정시 배제순서에 따른 배제액, ③ 종합소득 결정세액을 계산하시오.

1. 조성범씨의 종합소득금액 : 사업소득금액 + 기타소득금액
   = ₩49,500,000* + 5,500,000 = ₩55,000,000

   * 연구개발출연금 ₩15,000,000을 총수입금액불산입한 후의 금액이다.

2. 2026년도의 종합소득공제액은 ₩3,000,000(기본공제와 추가공제의 합계액)이다.

3. 사업소득금액에 대한 외국납부세액공제액은 ₩2,000,000(한도내 금액)이며, 「조세특례제한법」상 투자세액공제액은 ₩3,770,000이다.

4. 기본세율 : '제3편. 부록' 참고

해답

1. 최저한세

(1) 조세감면 후 세액

① 과세표준 : $\underbrace{(49{,}500{,}000+5{,}500{,}000)}_{\text{종합소득금액}} - \underbrace{3{,}000{,}000}_{\text{소득공제}} = 52{,}000{,}000$

② 산출세액 : 52,000,000 × 24% − 5,760,000 = 6,720,000

③ 사업소득 산출세액 : $6{,}720{,}000 \times \dfrac{49{,}500{,}000(\text{사업소득금액})}{55{,}000{,}000(\text{종합소득금액})} = 6{,}048{,}000$

④ 조세감면 후 세액 : 6,048,000 − 3,770,000(투자세액공제) = 2,278,000

(2) 최저한세 : 조세감면 전 사업소득 산출세액 × 최저한세율

① 조세감면 전 과세표준

$\underbrace{(49{,}500{,}000+15{,}000{,}000)^{*1}}_{\text{사업소득금액}} + \underbrace{5{,}500{,}000}_{\text{기타소득금액}} - \underbrace{3{,}000{,}000}_{\text{소득공제}} = 67{,}000{,}000$

② 조세감면 전 산출세액 : 67,000,000 × 24% − 5,760,000 = 10,320,000

③ 사업소득 산출세액 : $10{,}320{,}000 \times \dfrac{64{,}500{,}000(\text{사업소득금액})}{70{,}000{,}000(\text{종합소득금액})} = 9{,}509{,}142$

④ 9,509,142 × 35% = 3,328,199

2. 경정시 배제액

① 배제세액 : 최저한세 − 조세감면 후 세액 = 3,328,199 − 2,278,000 = 1,050,199

② 적용배제 연구개발출연금 : 1,050,199 ÷ 24% = 4,375,829*2

3. 결정세액

① 과세표준 : $\underbrace{(49{,}500{,}000+4{,}375{,}829)}_{\text{사업소득금액}} + \underbrace{5{,}500{,}000}_{\text{기타소득금액}} - \underbrace{3{,}000{,}000}_{\text{소득공제}} = 56{,}375{,}829$

② 산출세액 : 56,375,829 × 24% − 5,760,000 = 7,770,198

③ 결정세액 : $7{,}770{,}198 - (\underbrace{70{,}000}_{\text{표준세액공제}} + \underbrace{2{,}000{,}000}_{\text{외국납부세액공제}} + \underbrace{3{,}770{,}000}_{\text{투자세액공제}}) = 1{,}930{,}198$

해설

1. 해답상 '*'에 대한 설명

*1 「조세특례제한법」상 감면을 적용받기 전 사업소득금액을 계산하기 위하여 총수입금액불산입된 연구개발출연금을 더한다.

*2 과세표준 8,800만원까지의 구간에 대하여 한계세율 24%를 적용한다(적용배제 연구개발출연금을 계산함에 있어서 조세특례 후 세액이 최저한세와 일치될 때까지 시행착오법을 적용하는 것은 너무 복잡하기 때문에 여기서는 한번만 배제액을 계산하기로 함).

소득유예 38 소득공제와 세액공제 - 실전종합문제

거주자 병(43세, 여성)의 2026년 종합소득 신고와 관련된 내역이 〈자료〉와 같을 때 아래 요구사항에 답하시오. 〈2019. CPA〉

〈자 료〉

1. 종합소득금액의 내역은 다음과 같다.

구 분	금 액	비 고
근로소득금액	₩16,000,000	총급여액 ₩25,000,000
사업소득금액(부동산매매업)	14,000,000*[1]	
종합소득금액	30,000,000	

*[1] 미등기토지(보유기간 10년)의 양도로 인한 소득으로 양도가액 ₩200,000,000, 취득가액 ₩180,000,000, 양도비용 ₩6,000,000(기타필요경비로 인정됨)임

2. 생계를 같이하는 부양가족의 현황은 다음과 같다.

구 분	나 이	비 고
부친	67세	소득없음
모친	71세	장애인, 2026년 3월 4일 사망
배우자	46세	퇴직소득금액 80만원, 총급여액 400만원(일용근로자 아님)
장남	20세	근로소득 연 200만원 (일용근로자로서 받은 급여)
차남	18세	소득없음

3. 교육비의 지출내역은 다음과 같다.
   ① 본인의 대학원 등록금 : ₩8,000,000
   ② 장남의 직업훈련을 위하여 직업훈련개발시설에 지급한 수강료 : ₩5,000,000
   ③ 차남에 대한 고등학교 수업료 : ₩2,000,000
   ④ 차남에 대한 교복비 : ₩600,000
   ⑤ 차남의 고등학교가 교육과정으로 실시하는 현장체험학습에 지출한 비용 : ₩500,000

4. 사업소득에 대해서는 복식부기 장부를 기장하고 있으며, 소득세법에 따라 장부 및 증명서류를 보관하고 있다(간편장부대상자이며 신고해야 할 소득금액을 누락하지 않음).

5. 주택자금(병은 무주택세대주임) 및 보험료의 지출내역은 다음과 같다.
   ① 주택청약저축 납입액 : ₩2,000,000
   ② 주택임차자금의 원리금 상환액 : ₩4,000,000(국민주택규모의 주택임차자금임)
   ③ 국민건강보험법에 따라 본인이 부담하는 건강보험료 납입액 : ₩1,000,000
   ④ 국민연금법에 따라 본인이 부담하는 국민연금 보험료 납입액 : ₩4,000,000

6. 보유기간 10년 이상 11년 미만 토지의 장기보유특별공제율은 20%이다.

7. 종합소득세율(일부)

과세표준	세 율
1,400만원 이하	6%
1,400만원 초과 5,000만원 이하	84만원 + 1,400만원을 초과하는 과세표준의 15%
5,000만원 초과 8,800만원 이하	624만원 + 5,000만원을 초과하는 과세표준의 24%

[물음 1]
병의 인적공제액 및 특별소득공제액을 다음의 〈답안양식〉에 따라 제시하시오.

〈답안양식〉

인적공제액	기본공제액	
	추가공제액	
특별소득공제액		

[물음 2]
병의 일반산출세액과 비교산출세액을 다음의 〈답안양식〉에 따라 제시하시오. 단, 종합소득공제는 ₩3,000,000이라고 가정한다.

〈답안양식〉

일반산출세액	
비교산출세액	

[물음 3]
특별세액공제를 항목별로 신청한 병의 교육비세액공제액 및 기장세액공제액을 다음의 〈답안양식〉에 따라 제시하시오. 단, 종합소득산출세액은 ₩9,000,000이라고 가정한다.

〈답안양식〉

교육비세액공제액	
기장세액공제액	

해 답

1.

인적공제액	기본공제액	7,500,000〈주1〉	
	추가공제액	3,500,000〈주2〉	
특별소득공제액〈주3〉		경우 1	2,600,000
		경우 2	3,400,000

〈주1〉 1,500,000 × 5* = 7,500,000*[1]

* 본인, 부 · 모, 장남, 차남

〈주2〉 $\underset{\text{경로우대자}}{\underline{1,000,000}}$ + $\underset{\text{장애인}}{\underline{2,000,000}}$ + $\underset{\text{부녀자}}{\underline{500,000}}$ = 3,500,000

〈주3〉 • 경우 1 : 소득세법상 특별소득공제액만 계산하는 경우*[2]

$\underset{\text{보험료공제}}{\underline{1,000,000}}$ + min(4,000,000×40%=1,600,000, 4,000,000) = 2,600,000

• 경우 2 : 조세특례제한법상 주택청약저축 납입액을 포함하여 계산하는 경우*[2]

1,000,000 + min[(2,000,000+4,000,000)×40%=2,400,000, 4,000,000] = 3,400,000

2.

일반산출세액	2,790,000〈주1〉
비교산출세액	10,580,000〈주2〉

〈주1〉 27,000,000* × 기본세율 = 2,790,000

* 과세표준 : 30,000,000 − 3,000,000 = 27,000,000

〈주2〉 14,000,000*[3] × 70% + (27,000,000−14,000,000) × 기본세율 = 10,580,000

3.

교육비세액공제액	1,620,000〈주1〉
기장세액공제액	840,000〈주2〉

〈주1〉 [$\underset{\text{본인}}{\underline{8,000,000}}$ + $\underset{\text{차남}}{\underline{\min(2,000,000+500,000+300,000=2,800,000,\ 3,000,000)}}$] × 15%

= 1,620,000*[4] → 한도 : 근로소득 산출세액 : $9,000,000 \times \frac{16,000,000}{30,000,000} = 4,800,000$

〈주2〉 min(①, ②) = 840,000*[5]

① $9,000,000 \times \frac{14,000,000}{30,000,000} \times 20\% = 840,000$

② 1,000,000

해 설

1. 해답상 '*'에 대한 설명

*1 배우자의 소득금액이 '$\underset{\text{퇴직}}{\underline{800,000}} + \underset{\text{근로}}{\underline{4,000,000 \times (1-70\%)}} = 2,000,000$'으로 100만원을 초과하므로 기본공제대상자가 아니다.

*2 ① 단순히 특별소득공제액을 계산하라고 하였으므로 「소득세법」상 특별소득공제를 요구하는 것으로 보이나, 문제자료에 「조세특례제한법」상 소득공제 대상인 주택청약저축 납입액이 있어 두가지 경우로 해답을 제시하였다.

② '〈주3〉. 경우 1'의 해답 작성시 「소득세법」상 특별소득공제를 먼저 적용하는 것으로 보아 주택청약저축 납입액을 고려하지 않고 한도 4,000,000 전액을 적용하였다.

*3 미등기자산이므로 장기보유특별공제와 양도소득기본공제는 적용하지 않으며 양도소득세율은 70%이다.

*4 ① 직업능력개발훈련시설 수강료는 근로자 본인을 위한 것만 대상이다.

② 교복비는 1명당 50만원, 현장체험학습비는 1명당 30만원을 한도로 한다.

*5 간편장부대상자가 복식부기로 기장하고 20% 이상 누락신고를 하지 않았으므로 기장세액공제를 적용한다.

- 기장세액공제액 : min(①, ②)

① 산출세액 $\times \dfrac{\text{기장된 사업소득금액}}{\text{종합소득금액}} \times 20\%$

② 한도 : 100만원

소득유예 | 39 소득공제와 세액공제 - 실전종합문제

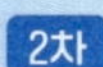

다음 자료를 이용하여 각 물음에 답하시오. 답은 주어진 양식에 작성하시오. 〈자료〉에서 다른 언급이 없는 한 조세부담 최소화를 가정하며, 금액 계산의 경우 원단위 미만에서 반올림하기로 한다. 각 문제의 물음에 대해 계산근거를 표시하여 답하시오. 〈2021. CTA 수정〉

거주자 갑은 ㈜산업테크의 인사팀 과장으로 재직 중이다. ㈜산업테크는 기본급, 상여금 및 수당 등을 급여지급일인 매월 25일에 지급한다. 거주자 갑은 근로소득만 있으며, 이외의 소득은 없다고 가정한다.

〈자료 1〉

다음은 거주자 갑의 2026. 1. 1.부터 2026. 12. 31.까지 소득 및 이에 관련된 지출 자료이다.

1. ㈜산업테크와 거주자 갑 간의 근로계약에 따르면 기본급은 월 ₩3,500,000이며, 상여금은 연간 월 기본급의 600%이다. 이와는 별도로 과장 직책수당은 월 ₩250,000이다.

2. ㈜산업테크는 사내 식당에서 식사를 제공하고 있으며, 이와는 별도 규정에 의해 월 ₩150,000의 식대를 급여일에 지급한다. 거주자 갑은 사내 식당에서 식사를 하였으며, 식대를 급여일에 수령하였다.

3. ㈜산업테크는 시내출장에 대해서는 실제 여비를 지급하지 않고 직책에 따라 자가운전보조금을 차등 지급하는 '자가운전보조금 지급규정'이 있다. 거주자 갑은 시내출장 시 본인의 승용차를 이용하였고, 실제 여비를 받는 대신에 자가운전보조금 ₩300,000을 매월 급여일에 수령하였다.

4. ㈜산업테크는 임직원의 자녀가 대학원 또는 대학에 재학 중인 경우, 실제 등록금을 넘지 않는 범위에서 자녀 1인당 학기별로 ₩4,000,000의 학비보조금을 회사의 복리후생비로 지급하는 '장학금 규정'이 있다. 거주자 갑은 대학원 재학 중인 자녀 A와 대학에 재학 중인 자녀 B의 학비보조금으로 3월과 9월에 각각 ₩8,000,000을 수령하였다.

5. ㈜산업테크와 거주자 갑이 2026년 동안 납부한 사회보험료 내역은 아래와 같다.

구 분	총 액	사용자부담금	본인부담분
국민연금보험료	₩6,000,000	₩3,000,000	₩3,000,000
국민건강보험료	2,400,000	1,200,000	1,200,000
노인장기요양보험료	200,000	100,000	100,000
고용보험료	400,000	200,000	200,000

6. ㈜산업테크가 거주자 갑의 근로소득에 대해 원천징수한 소득세는 총 ₩4,750,000이다.

〈자료 2〉

다음은 거주자 갑이 2026년 귀속 근로소득 연말정산을 하기 위해 회사에 제출한 자료이다. 각 자료에 대한 증빙은 적법하게 제출되었다.

1. 거주자 갑과 생계를 같이 하는 기본공제대상자는 다음과 같다.

관 계	생년월일	연간소득금액	비 고
본 인	1981. 5. 25.	〈자료 1〉	
배우자	1977. 5. 30.	—	전업주부
모 친	1958. 4. 15.	₩17,000,000*	
자녀 A	2003. 8. 20.	—	대학원생
자녀 B	2005. 7. 17.	—	대학생, 장애인
자녀 C	2008. 9. 25.	—	고등학생

* 모친은 국내 상장주식에 직접투자를 하고 있으며, 2026년 12월 31일 현재 보유하고 있는 상장주식의 평가액은 ₩150,000,000이다. 위의 연간소득금액은 원천징수를 하기 전의 현금배당금액이다.

2. 거주자 갑은 본인을 피보험자로 하는 자동차 손해보험의 보험료 ₩1,300,000을 지출하였고, 자녀 B를 피보험자로 하는 장애인전용보험의 보험료 ₩1,200,000을 지출하였다.

3. 거주자 갑과 그 배우자 및 생계를 같이 하는 자녀 등의 소득공제 대상 신용카드 등 사용금액의 연간 합계액은 다음과 같다.

구 분	신용카드	직불카드	현금영수증	합 계
전통시장	₩3,500,000	₩500,000	₩200,000	₩4,200,000
대중교통	500,000	100,000	—	600,000
위 외의 사용분*	28,300,000	4,900,000	1,000,000	34,200,000
합계	₩32,300,000	₩5,500,000	₩1,200,000	₩39,000,000

* 위 외의 사용분은 백화점과 대형마트에서 식료품을 구매하기 위하여 지출한 금액이다.

4. 거주자 갑이 기본공제대상자를 위하여 지출한 의료비 내역은 다음과 같다. 거주자 갑과 기본공제대상자는 실손의료보험에 가입하지 않았다.

관 계	지출 내역	금 액
본 인	질병예방비, 치료목적 의약품 구입	₩860,000
모 친	입원치료비, 치료목적 의약품 구입	870,000
자녀 A	입원치료비, 치료목적 의약품 구입	750,000
자녀 B	의사처방에 따른 의료기기 구입	1,580,000
자녀 C	입원치료비 콘택트 렌즈 구입비 치료목적 의약품 구입	350,000 650,000 50,000

5. 거주자 갑이 기본공제대상자를 위하여 지출한 교육비 내역은 다음과 같다. 교육비와 관련된 학자금 대출을 받지 않았으며, 교육비 지출액 중 소득세나 증여세가 비과세되는 장학금은 없다. 모친은 2026년에 만학도로 4년제 대학에 입학하여 언론에 기사화된 바가 있다.

관 계	교육비 내역	금 액	비 고
모 친	입학금과 수업료	₩6,000,000	일반대학 재학
자녀 A	대학원 수업료	14,000,000	
자녀 B	대학 수업료	9,500,000	일반대학 재학
자녀 C	교복구입 비용 학교에서 구입한 교과서 대금 방과후학교 수업료 학교 급식비 사설 입시학원 수강료	700,000 50,000 900,000 550,000 4,000,000	

〈자료 3〉

근로소득공제, 기본세율 및 근로소득세액공제는 '제3편. 부록'을 참고하시오.

[물음 1]

총급여액과 근로소득금액을 계산하시오.

(1) 총급여액	(2) 근로소득금액

[물음 2]

인적공제를 기본공제액과 추가공제액으로 구분하여 계산하시오.

(1) 기본공제액	(2) 추가공제액	(3) 인적공제 합(1+2)

[물음 3]

건강보험료 등 소득공제액과 연금보험료 소득공제액을 계산하시오.

(1) 건강보험료 등 소득공제액	(2) 연금보험료 소득공제액

[물음 4]

[물음 1]과 관계없이 총급여액을 ₩82,000,000이라고 가정하고, 신용카드 등 사용금액에 대한 소득공제액을 계산하시오.

(1) 기본한도내 공제액	(2) 추가공제액	(3) 신용카드 등 소득공제액 합(1+2)

[물음 5]

[물음 1]부터 [물음 4]까지의 답을 적용하여 근로소득 과세표준과 산출세액을 계산하시오.

(1) 과세표준	(2) 산출세액

[물음 6]

[물음 1] 및 [물음 5]와 관계없이 총급여액은 ₩82,000,000, 산출세액이 ₩7,300,000이라고 가정하고, 세액공제를 계산하시오(단, 해당 세액공제 금액이 없으면 금액란에 '없음'이라고 표시한다).

세액공제 항목	금 액
(1) 근로소득세액공제	
(2) 자녀세액공제	
(3) 보장성보험료세액공제	
(4) 의료비세액공제	
(5) 교육비세액공제	
합 계	

[물음 7]

산출세액이 ₩7,300,000이라고 가정하고 [물음 6]의 답을 적용하여 거주자 갑의 결정세액을 계산한 후, 연말정산시 추가 납부할 세액 혹은 환급받을 세액을 계산하시오.

(1) 결정세액	(2) 원천징수세액(기납부세액)	(3) 추가납부(환급세액)

해 답

1.

(1) 총급여액	(2) 근로소득금액
85,000,000〈주1〉	71,000,000〈주2〉

〈주1〉 3,500,000 × 12 + 3,500,000 × 600% + 250,000 × 12 + 150,000 × 12 + (300,000－200,000) × 12 + 8,000,000 × 2 = 85,000,000

〈주2〉 85,000,000 － [12,000,000＋(85,000,000－45,000,000)×5%] = 71,000,000

2.

(1) 기본공제액	(2) 추가공제액	(3) 인적공제 합(1+2)
7,500,000〈주〉	2,000,000(장애인)	9,500,000

〈주〉 1,500,000 × 5명* = 7,500,000

* 본인, 배우자, 모친, 자녀 B, 자녀 C

3.

(1) 건강보험료 등 소득공제액	(2) 연금보험료 소득공제액
1,500,000〈주〉	3,000,000

〈주〉 1,200,000 + 100,000 + 200,000 = 1,500,000

4.

(1) 기본한도내 공제액	(2) 추가공제액	(3) 신용카드 등 소득공제액 합(1+2)
3,000,000	1,860,000	4,860,000

[근 거] 공제액 : min[(1), (2)] = 4,860,000

(1) 공제대상액

구분	사용액	총급여×25%	초과사용액	공제율	공제액
전통시장	4,200,000		4,200,000	40%	1,680,000
대중교통	600,000		600,000	40%	240,000
직불카드 등	5,900,000*		5,900,000	30%	1,770,000
신용카드	28,300,000		7,800,000	15%	1,170,000
계	39,000,000	20,500,000**	18,500,000		4,860,000

* 4,900,000 + 1,000,000 = 5,900,000

** 82,000,000(가정치) × 25% = 20,500,000

(2) 한도 : ① + ② = 4,860,000

① 기본 : 3,000,000

② 추가 : min(㉠, ㉡) = 1,860,000

㉠ 4,860,000 − 3,000,000 = 1,860,000

㉡ min(1,680,000+240,000=1,920,000, 2,000,000) = 1,920,000

5.

(1) 과세표준	(2) 산출세액
52,140,000〈주1〉	6,753,600〈주2〉

〈주1〉 71,000,000 − 9,500,000 − 1,500,000 − 3,000,000 − 4,860,000 = 52,140,000

〈주2〉 52,140,000 × 24% − 5,760,000 = 6,753,600

6.

세액공제 항목	금 액
(1) 근로소득세액공제	500,000〈주1〉
(2) 자녀세액공제	(2명)550,000
(3) 보장성보험료세액공제	270,000〈주2〉
(4) 의료비세액공제	375,000〈주3〉
(5) 교육비세액공제	1,650,000〈주4〉
합 계	3,345,000

〈주1〉 min(①, ②) = 500,000

① 715,000 + (7,300,000−1,300,000) × 30% = 2,515,000

② max(㉠, ㉡) = 500,000

㉠ 660,000 − (82,000,000−70,000,000) × 50% = △5,340,000

㉡ 500,000

〈주2〉 ① + ② = 270,000

① min(1,200,000, 1,000,000) × 15% = 150,000

② min(1,300,000, 1,000,000) × 12% = 120,000

〈주3〉 (①+②) × 15% = 375,000

① 1,650,000* − 82,000,000 × 3% = △810,000 → 0

② 860,000 (본인) + 870,000 (모(65세이상자)) + 1,580,000 (자녀 B(장애인)) − 810,000 = 2,500,000

* 750,000 + 350,000 + min(650,000, 500,000) + 50,000 = 1,650,000

〈주4〉 $\underbrace{[\min(9{,}500{,}000,\ 9{,}000{,}000)}_{\text{자녀 B}} + \underbrace{\min(700{,}000,\ 500{,}000)+50{,}000+900{,}000+550{,}000]}_{\text{자녀 C}}$

$\times 15\% = 1{,}650{,}000$

7.

(1) 결정세액	(2) 원천징수세액(기납부세액)	(3) 추가납부세액(환급세액)
3,955,000〈주1〉	4,750,000	△795,000〈주2〉

〈주1〉 $\underbrace{7{,}300{,}000}_{\text{산출세액}} - \underbrace{3{,}345{,}000}_{\text{세액공제}} = 3{,}955{,}000$

〈주2〉 3,955,000 − 4,750,000 = △795,000

소득유예 40 실전종합문제

다음은 거주자 김산인씨의 2026년 귀속 소득세를 계산하기 위한 자료이다. 자료를 이용하여 2026년의 종합소득 차가감납부세액을 (1) 종합소득금액, (2) 과세표준, (3) 산출세액, (4) 세액공제, (5) 결정세액, (6) 기납부세액, (7) 차가감납부세액의 순서로 계산하되, 이를 계산하기 위한 과정과 세부항목을 표시하시오(예 : 세액공제의 종류별 금액). 2026년 근로소득에 대하여 원천징수한 근로소득세는 233,500원이라고 가정한다. 인적공제와 물적공제는 모두 김산인씨가 받으며, 세금신고는 서면으로 한다. 〈2014. CTA 수정〉

〈자료 1〉

김산인씨는 ㈜신나라에 2년 전부터 경리담당으로 재직 중에 있다.

1. 다음의 소득은 2026년 중에 ㈜신나라로부터 받은 소득의 일부이다.

항 목	내 역	금 액
급 여	₩3,000,000/월 × 12개월	₩36,000,000
상 여 금	연 600%	18,000,000
중 식 대	₩300,000/월 × 12개월(식사제공 없음)	3,600,000
신입사원 면접수당	경리부서 신입사원 심층면접	300,000
연 월 차 수 당	월차 및 연차 휴가 미사용분 보상	1,500,000

2. 주주총회에서 잉여금 처분결의에 따라 김산인씨에게 지급된 상여금

대상사업연도	처분결의일	지급일	금 액
2025년	2026. 2. 20.	2026. 2. 27.	₩1,200,000
2026년	2027. 2. 18.	2027. 2. 25.	2,000,000

3. 법인세 신고시 김산인씨에게 처분된 것으로 인정된 익금산입액

대상사업연도	결산확정일	법인세신고일	금 액
2025년	2026. 2. 20.	2026. 3. 27.	₩1,500,000
2026년	2027. 2. 18.	2027. 3. 25.	1,800,000

〈자료 2〉

김산인씨와 생계를 같이하는 가족 현황

관계	성명	생년월일	연간소득 금액	비 고
본인	김산인	1982. 8. 15.	〈자료 1〉부터 〈자료 4〉를 참고	여성임
남편	권상덕	1980. 3. 20.	이자소득 ₩25,000,000 + ?	은행예금 이자
부친	김고림	1950. 5. 20.	소득 없음	2026. 5. 21. 사망함
모친	최장수	1959. 6. 20.	일용근로소득 ₩1,500,000	
장남	권일국	2005. 5. 15.	소득 없음	대학생, 장애인임
차남	권이국	2009. 4. 20.	소득 없음	고등학교 재학
장녀	권일녀	2016. 5. 15.	소득 없음	초등학교 재학
조카	김강수	1984. 8. 15.	?	김산인 조카로 미혼 남성

〈자료 3〉

2026년 중 김산인씨가 지출한 내역은 다음과 같다.

1. 연금과 관련된 지출액 명세

(단위 : 원)

내 역	금 액
(1) 「국민연금법」에 의한 연금보험료 개인 부담분	1,800,000
(2) 은행에 가입되어 있는 개인연금저축계좌에 납입한 금액	6,200,000

2. 2026년 과세기간에 지급한 보험료 명세

(단위 : 원)

내 역	금 액
(1) 건강보험료 · 노인장기요양보험료 및 고용보험료 합계	1,800,000
(2) 본인을 피보험자로 하는 자동차 손해보험료	600,000
(3) 남편을 피보험자로 하는 상해보험료	300,000
(4) 장녀(권일녀)를 피보험자로 하는 교육보험료	1,200,000
(5) 장남(권일국)을 피보험자로 하는 장애인전용 보험료	1,200,000

〈주〉 (2), (3), (5)는 만기환급금이 납입보험료를 초과하지 않으며, (4)는 만기환급금이 납입보험료를 초과한다.

3. 과세기간 중 소득공제 대상 신용카드 등 사용금액 연간 합계액은 다음과 같다.

(단위 : 원)

구분	관계	성명	신용카드	직불카드	현금영수증	금액
전통시장	본인	김산인	4,500,000	500,000	1,500,000	6,500,000
	남편	권상덕	300,000	250,000	500,000	1,050,000
	소계		4,800,000	750,000	2,000,000	7,550,000
대중교통	본인	김산인	300,000	200,000	—	500,000
	장남	권일국	200,000	900,000	—	1,100,000
	소계		500,000	1,100,000	—	1,600,000
도서·공연	본인	김산인	200,000	100,000	—	300,000
위 외의 사용분	본인	김산인	16,000,000	1,400,000	4,000,000	21,400,000
	남편	권상덕	14,000,000	—	5,200,000	19,200,000
	차남	권이국	4,000,000	600,000	1,000,000	5,600,000
	소계		34,000,000	2,000,000	10,200,000	46,200,000

4. 2026년 과세기간에 지급한 의료비 명세

(단위 : 원)

관계	성명	지출사유	금 액
본인	김산인	질병예방비, 의약품 구입비	400,000
남편	권상덕	질병치료비, 의약품 구입비	1,300,000
부친	김고림	입원치료비, 치료목적 한약 구입비	300,000
장남	권일국	장애인 보장구 구입과 장애치료비	800,000

5. 2026년 과세기간에 지급한 교육비 명세

(단위 : 원)

관계	성명	지출사유	금 액
장남	권일국	대학등록금 및 장애인 재활교육을 위한 사회복지법인에 지급한 특수교육비(주)	12,000,000
차남	권이국	고등학교 등록금 및 교복구입비 600,000원	3,100,000
장녀	권일녀	보육시설 등에 지급한 교육비	3,600,000

〈주〉 장남 교육비 12,000,000원 중 대학등록금은 9,000,000원이나 이 중 ㈜신나라 사내 근로복지기금에서 8,500,000원을 장학금으로 수령하였다. 나머지 금액 3,000,000원은 재활교육을 위해 지출한 금액이다.

〈자료 4〉

근로소득공제, 근로소득세액공제, 기본세율 : '제3편. 부록' 참고

해답

1. 종합소득금액

① 총급여 : 36,000,000 + 18,000,000 + 100,000 × 12 + 300,000 + 1,500,000 + 1,200,000 + 1,800,000 = 60,000,000

② 근로소득공제 : 12,000,000 + 15,000,000 × 5% = 12,750,000

③ 근로소득금액 : 47,250,000

2. 과세표준

(1) 소득공제

① 기본공제* : 1,500,000 × 6 = 9,000,000

* 본인, 부, 모, 장남, 차남, 장녀

② 추가공제 : 1,000,000(경로자, 부) + 2,000,000(장애인, 장남) = 3,000,000

③ 연금보험료공제 : 1,800,000

④ 특별소득공제(보험료공제) : 1,800,000

⑤ 신용카드 등 소득공제 : min(㉠, ㉡) = 6,180,000 → 종합한도 25,000,000 범위

㉠ 공제대상액

구 분	사용액*1	총급여×25%	초과사용액	공제율	공제액
전통시장	6,500,000		6,500,000	40%	2,600,000
대중교통	1,600,000		1,600,000	40%	640,000
도서·신문 등	300,000		300,000	30%	90,000
직불카드 등	7,000,000*2		7,000,000	30%	2,100,000
신용카드	20,000,000*3		5,000,000	15%	750,000
계	35,400,000	15,000,000	20,400,000		6,180,000

*1 소득금액 100만원을 초과하는 남편 사용액은 제외한다.

*2 2,000,000(직불카드) + 4,000,000 + 1,000,000(현금영수증(본인, 차남)) = 7,000,000

*3 16,000,000(본인) + 4,000,000(차남) = 20,000,000

㉡ 한도 : ⓐ + ⓑ = 6,180,000

ⓐ 4,000,000

ⓑ min(㉮, ㉯) = 2,180,000

㉮ 6,180,000 − 4,000,000 = 2,180,000

㉯ min(2,600,000+640,000+90,000=3,330,000, 3,000,000) = 3,000,000

⑥ 계 : 21,780,000

(2) 과세표준 : 47,250,000 − 21,780,000 = 25,470,000

3. 산출세액 : 25,470,000 × 15% − 1,260,000 = 2,560,500

4. 세액공제

(1) 자녀세액공제 : 950,000(3명)

(2) 연금계좌세액공제 : min(6,200,000, 6,000,000) × 12% = 720,000

(3) 특별세액공제

1) 보험료세액공제 : 222,000

① 600,000 × 12% = 72,000

② min(1,200,000, 1,000,000) × 15% = 150,000

2) 의료비세액공제 : (①+②) × 15% = 150,000

① 400,000 + 300,000 + 800,000 = 1,500,000

② 1,300,000 − 60,000,000 × 3% = △500,000

3) 교육비세액공제 : (①+②) × 15% = 975,000

① 일반 : (9,000,000−8,500,000) + (3,100,000−100,000*1) = 3,500,000*2

② 특수 : 3,000,000

*1 교복은 50만원이 한도이므로 50만원을 초과하는 10만원을 뺌

*2 장녀는 초등학교 취학 전 아동이 아니므로 보육비는 공제대상 아님

4) 계 : 1,347,000 → 근로소득 산출세액 범위 이내 금액

(4) 근로소득세액공제 : min(①, ②) = 660,000

① 715,000 + (2,560,500−1,300,000) × 30% = 1,093,150

② max(㉠, ㉡) = 660,000

㉠ $740{,}000 - (60{,}000{,}000-33{,}000{,}000) \times \frac{8}{1{,}000} = 524{,}000$

㉡ 660,000

(5) 계 : 3,677,000 → 한도 : 산출세액 2,560,500

5. 결정세액 : 2,560,500 − 2,560,500 = 0

6. 기납부세액 : 233,500

7. 차가감납부세액 : △233,500(환급세액)

소득유예 41 퇴직소득

거주자 김국세씨(남성, 65세)의 다음의 2026년도 퇴직소득 및 근로소득 관련 자료에 근거하여 물음에 답하시오. 단, 제시된 금액들은 원천징수 전 금액이며, 원 단위 미만은 반올림하기로 한다. 〈2018. CTA 수정〉

〈자　료〉

1. 김국세씨는 2013. 1. 1.에 ㈜A에 임원으로 입사하여 근무하다가 2026. 6. 30.에 퇴직하면서 ₩850,000,000의 퇴직급여를 지급받았다.
2. 김국세씨가 ㈜A로부터의 총급여(비과세소득 · 인정상여 · 직무발명보상금 및 임원등 할인액은 제외)는 2017. 1. 1.부터 2019. 12. 31.까지는 ₩630,000,000, 2020년부터 2022년까지는 연 ₩180,000,000, 2023년은 1월부터 2023년 6월까지는 ₩60,000,000, 2023년 7월부터 2023년 12월까지는 ₩120,000,000, 2024년은 ₩200,000,000, 2025년은 ₩208,000,000(2025. 11. 30.에 잉여금처분 결의된 금액 ₩2,000,000이 포함되어 있음)이다.
3. 김국세씨가 퇴직급여 이외에 ㈜A로부터 2026년에 지급받은 금액은 다음과 같다. 김국세씨는 ㈜A의 지배주주 및 그 친족 등이 아니다.
   ① 급여액 : ₩48,000,000(근무기간 중 수령액임)
   ② 상여금 : ₩20,000,000(근무기간 중 수령액이며, 2025. 11. 30.의 잉여금처분 결의에 따라 2026년에 지급받은 ₩2,000,000을 포함함)
   ③ 근무중 발생한 부상에 대한 위자료로 받은 금액 : ₩20,000,000
   ④ 「발명진흥법」에 따라 직무발명보상금으로 받은 금액 : ₩12,000,000(이 중 ₩1,000,000은 퇴사한 이후에 지급받은 것임)

[물음 1]
퇴직소득 한도초과액을 계산하시오.

[물음 2]
위 [물음 1]에서 '퇴직소득 한도초과액'의 해답이 ₩40,000,000이라고 가정할 경우, ① 근로소득금액과, ② 퇴직소득과세표준을 다음의 양식에 따라 제시하시오(근로소득공제액, 근속연수공제, 환산급여공제액 : '제3편. 부록' 참고).

구 분	해 답
① 근로소득금액	
② 퇴직소득과세표준	

해 답

1.

(1) 한도액 : $\left[\frac{630,000,000}{3} \times \frac{1}{10} \times \frac{84}{12} \times 3\right] + \left[\frac{592,000,000^*}{3} \times \frac{1}{10} \times \frac{78}{12} \times 2\right]$

= 697,533,333

* $\underbrace{120,000,000}_{2023년\ 7월\sim12월} + \underbrace{200,000,000}_{2024년분} + \underbrace{(\underbrace{208,000,000}_{총급여} - \underbrace{2,000,000^*}_{이익처분\ 상여})}_{2025년분} + \underbrace{\underbrace{48,000,000}_{급여} + (\underbrace{20,000,000}_{상여} - \underbrace{2,000,000^*}_{이익처분\ 상여})}_{2026년\ 1월\sim6월}$

= 592,000,000

* 행정해석(서면법규과—390)에 따르면 「법인세법 시행령」 제43조에 따른 손금불산입액(이익처분에 의한 상여, 임원 상여금 한도초과액, 지배주주등에 대한 초과보수)도 임원 퇴직소득 한도액 계산상 총급여에 제외한다. 따라서 2025년 총급여 208,000,000에서 2,000,000을 차감하며, 2026년 상여에도 포함되어 있으므로 2026년 상여에서도 차감한다.

(2) 한도초과액 : 850,000,000 − 697,533,333 = 152,466,667

2.

구 분	해 답
① 근로소득금액	95,050,000〈주1〉
② 퇴직소득과세표준	390,657,143〈주2〉

〈주1〉 (1) − (2) = 95,050,000

(1) 총급여액 : $70,000,000^* + \underbrace{40,000,000}_{퇴직소득한도초과} = 110,000,000$

* $\underbrace{48,000,000}_{급여액} + (\underbrace{20,000,000}_{상여} - \underbrace{2,000,000}_{2025년\ 귀속분}) + (12,000,000 - \underbrace{1,000,000}_{기타소득} - \underbrace{7,000,000}_{비과세}) = 70,000,000$

(2) 근로소득공제 : 14,750,000 + 10,000,000 × 2% = 14,950,000

〈주2〉 퇴직소득금액 810,000,000*1

근속연수공제 △25,000,000*2

$785,000,000 \times \frac{1}{14} \times 12 = 672,857,143$

△282,200,000*3

390,657,143

*1 850,000,000 − 40,000,000 = 810,000,000

*2 15,000,000 + 2,500,000 × (14−10) = 25,000,000

*3 151,700,000 + (672,857,143−300,000,000) × 35% = 282,200,000

소득유예 42 양도소득

다음은 거주자 갑의 2026년도 귀속 양도소득에 대한 자료이다. 물음에 답하시오. 단, 다른 언급이 없는 한 조세부담 최소화를 가정하며, 금액 계산의 경우 원 미만에서 반올림한다. 각 문제의 물음에 대해 계산근거를 표시하여 답하시오. 〈2019. CTA 수정〉

〈자 료〉

1. 갑은 본인 소유로 취득할 때부터 거주하고 있는 주택 및 주식을 특수관계 없는 을과 병에게 각각 양도하였으며 이외에 다른 양도는 없었다. 양도한 주택 및 주식과 관련된 자료는 다음과 같다.

구 분	주 택	비상장주식
양도일	2026년 3월 5일	2026년 8월 17일
보유기간	5년 4개월	5년
양도가액(실지거래가액)	₩2,000,000,000	₩200,000,000
양도가액(기준시가)	1,900,000,000	180,000,000
취득가액(실지거래가액)	500,000,000	–
취득가액(기준시가)	300,000,000	90,000,000

(1) 주택은 1세대 1주택 비과세요건을 충족하며 조정대상지역에 있는 등기된 주택이다. 취득 및 양도와 관련하여 부동산매매계약의 해약으로 인한 위약금 ₩50,000,000과 부동산 중개수수료 ₩15,000,000이 발생하였다(위약금 및 중개수수료의 적격증명서류를 수취하여 보관하고 있음).

(2) 비상장주식은 국내에서 제조업을 영위하고 있는 ㈜B(중소기업 및 중견기업에 해당하지 않음)가 발행한 것이며 갑은 ㈜B의 대주주가 아니다.

(3) 비상장주식의 취득당시 실지거래가액은 확인되지 않으며 취득당시 매매사례가액은 ₩100,000,000이고 감정가액은 ₩95,000,000이다(매매사례가액 및 감정가액은 특수관계인과의 거래에 따른 가액이 아니며 객관적으로 부당하다고 인정되는 경우의 가액도 아님).

(4) 주식의 양도와 관련하여 증권거래세 ₩2,000,000(적격증명서류를 수취하여 보관하고 있지 않음)이 발생하였다.

(5) 장기보유특별공제율은 보유기간이 5년 이상 6년 미만의 경우 10%(1세대 1주택의 경우 보유기간공제율은 20%, 거주기간공제율은 20%)이다.

2. 소득세 기본세율 : '제3편. 부록' 참고

[물 음]

① 주택의 양도소득과세표준과 ② 비상장주식의 양도소득과세표준 및 ③ 양도소득산출세액을 다음 양식에 따라 제시하시오(단, 조세부담 최소화를 가정하며 ③ 양도소득산출세액 계산시 주택의 양도소득과세표준은 ₩30,000,000, 비상장주식의 양도소득과세표준은 ₩82,900,000으로 한다).

구 분	해 답
① 주택의 양도소득과세표준	
② 비상장주식의 양도소득과세표준	
③ 양도소득산출세액	

해답

구 분	해 답
① 주택의 양도소득과세표준	353,900,000〈주1〉
② 비상장주식의 양도소득과세표준	96,600,000〈주1〉
③ 양도소득산출세액	19,820,000〈주2〉

〈주1〉

구 분	주 택		비상장주식	
양도가액	2,000,000,000			200,000,000
취득가액	△500,000,000			△100,000,000*2
기타필요경비	△15,000,000*1		90,000,000 × 1% =	△900,000*3
양도차익	1,485,000,000 × $\frac{8억원}{20억}$	= 594,000,000		99,100,000
장기보유특별공제	(20%+20%)	△237,600,000		–*4
양도소득기본공제		△2,500,000		△2,500,000*5
과세표준		353,900,000		96,600,000

〈주2〉 30,000,000 × 기본세율*6 + 82,900,000 × 20%*7 = 19,820,000

해설

1. 해답상 '*'에 대한 설명

*1 부동산매매계약의 해약으로 인한 위약금은 필요경비로 공제하지 않는다. 부동산 중개수수료는 양도 관련 수수료로 보아 기타필요경비에 산입하였다.

*2 실지거래가액이 확인되지 않으므로 추계순서에 따라 매매사례가액을 적용한다.

*3 취득가액을 매매사례가액으로 하였으므로 필요경비개산공제(기준시가×1%)를 적용한다.

*4 주식은 장기보유특별공제대상이 아니다.

*5 양도소득기본공제는 그룹별로 연 250만원을 적용한다(문제자료에 기타자산 중 법정주식에 해당하는지에 대한 언급이 없으므로 일반주식으로 보아 별도 그룹으로 보았음).

*6 1세대 1주택이므로 조정대상지역에 있더라도 기본세율을 적용한다.

*7 대주주 아닌 자가 비중소기업주식을 양도하였으므로 20%를 적용한다.

소득유예 43 양도소득

다음은 거주자 갑이 2026년에 본인 소유의 건물을 양도한 것과 관련한 자료이다. 자료를 이용하여 갑의 2026년도 귀속 양도소득 과세표준을 〈답안양식〉에 따라 계산하시오.

〈2015. CTA 수정〉

〈자 료〉

1. 건물의 양도일은 2026. 4. 2.이고, 취득일은 2013. 8. 20.이다. 건물을 취득한 즉시 등기하였고, 이때부터 전체가 4층인 건물의 1, 2, 3층은 임대하고 4층에서는 갑의 가족 전원이 입주하여 양도시까지 계속 거주하였다. 갑과 그 가족들은 양도당시 국내에 다른 주택이나 조합원입주권을 보유하고 있지 않다.

2. 동 건물에 부속된 토지의 면적은 450m², 건물의 연면적은 960m²이고, 이 중에서 갑의 가족이 주택으로 사용한 4층의 면적은 240m²이다. 건물의 취득가액은 확인할 수 없으며 실지 양도가액은 ₩6,000,000,000이다. 또 취득당시와 양도당시의 국세청장 고시가격은 ₩2,000,000,000과 ₩4,000,000,000이다.

3. 동 건물을 취득한 후에 갑은 엘리베이터 설치비용 ₩80,000,000과 주차장 시설을 위한 토지정지비용 ₩15,000,000을 지출하였다. 건물의 임대와 관련하여 취득시부터 양도일까지 사업소득 필요경비에 산입한 감가상각비는 ₩325,000,000이다.

〈답안양식〉

구 분	금 액
1. 양도가액 2. 취득가액 3. 기타 필요경비	
4. 양도차익 5. 비과세대상 양도차익	
6. 과세대상 양도차익 7. 장기보유특별공제	
8. 양도소득금액 9. 양도소득기본공제	
10. 양도소득과세표준	

해답

구 분	계	주택($\frac{240}{960}$=25%)*1	주택 외(75%)*1
1. 양도가액 2. 취득가액 3. 기타 필요경비*2	6,000,000,000 △2,675,000,000 △60,000,000	1,500,000,000 △750,000,000① △15,000,000③	4,500,000,000 △1,925,000,000② △45,000,000④
4. 양도차익 5. 비과세 양도차익	3,265,000,000 △588,000,000	735,000,000 △588,000,000⑤	2,530,000,000 —
6. 과세대상 양도차익 7. 장기보유특별공제	2,677,000,000 △724,800,000	147,000,000 (80%)⑥△117,600,000	2,530,000,000 (24%)△607,200,000
8. 양도소득금액 9. 양도소득기본공제	1,952,200,000 △2,500,000	29,400,000	1,922,800,000
10. 양도소득과세표준	1,949,700,000		

① $\underbrace{6{,}000{,}000{,}000 \times \frac{20억원}{40억원}}_{\text{환산취득가액 : 3,000,000,000}} \times 25\% = 750{,}000{,}000$*2

② $\underbrace{3{,}000{,}000{,}000}_{\text{환산취득가액}} \times 75\% - \underbrace{325{,}000{,}000}_{\text{감가상각비}} = 1{,}925{,}000{,}000$*2

③ $(\underbrace{2{,}000{,}000{,}000 \times 25\%}_{\text{취득당시 기준시가}}) \times 3\% = 15{,}000{,}000$

④ $(2{,}000{,}000{,}000 \times 75\%) \times 3\% = 45{,}000{,}000$

⑤ $735{,}000{,}000 \times \frac{12억원}{15억원} = 588{,}000{,}000$

⑥ $40\% + 40\% = 80\%$

해설

1. 해답상 '*'에 대한 설명

*1 양도소득세는 자산별(건물분, 토지분)로 계산하는 것이 원칙이나, 건물가액과 토지가액의 구분자료가 제시되지 않았고 답안양식에 비과세 양도차익을 기재하라고 하였으므로 주택과 주택 외로 구분하여 계산하였다.

*2 ① 실지취득가액이 확인되지 않고 매매사례가액, 감정가액이 제시되지 않았으므로 기준시가(국세청장 고시가액) 기준으로 환산한다.

② '환산취득가액과 필요경비개산공제액의 합계액'이 '자본적지출과 양도비용의 합계액'보다 크므로 '환산취득가액과 필요경비개산공제'를 적용한다. 추계시에도 필요경비에 산입한 감가상각비는 취득가액에서 빼되, 건물의 임대와 관련된 감가상각비이므로 '주택외' 부분에서 뺀다.

소득유예 44 양도소득

다음의 자료를 이용해서 물음에 답하시오. 〈2012. CPA 수정〉

1. 김명수씨는 2021년 2월 14일에 ₩630,000,000에 취득하여 거주하던 1세대 1주택에 해당하는 주택A를 2026년 3월 14일에 이종규씨(김명수씨의 특수관계인이 아님)가 소유한 주택B와 교환했다. 교환 당시 주택A와 주택B의 시가는 각각 ₩950,000,000과 ₩1,580,000,000이고, 김명수씨는 이종규씨에게 시가 차이의 일부인 ₩80,000,000을 현금으로 지급하였다.
2. 김명수씨는 2024년 2월 1일에 특수관계인인 최정운씨로부터 시가인 ₩500,000,000에 취득한 토지A(최정운씨의 취득가액은 ₩600,000,000임)를 2026년 5월 16일에 최정운씨의 모친인 정경실씨에게 시가인 ₩600,000,000에 양도하였다.
3. 김명수씨는 2023년 5월 14일에 배우자인 조선영씨로부터 증여받은 토지B(조선영씨의 취득일자는 2022년 6월 10일이고, 조선영씨의 취득가액과 증여 당시 시가는 각각 ₩200,000,000과 ₩400,000,000이며, 해당 토지에 대한 ₩150,000,000의 은행차입금을 김명수씨가 승계함)를 2026년 6월 1일에 이준호씨(김명수씨 또는 조선영씨의 특수관계인이 아님)에게 양도하면서 ₩275,000,000의 현금을 수령하였다(이준호씨는 ₩275,000,000의 현금을 지급하는 것과 함께 해당 토지에 대한 ₩150,000,000의 은행차입금을 승계함).
4. 김명수씨, 이종규씨, 최정운씨, 정경실씨, 조선영씨 및 이준호씨는 모두 거주자에 해당한다. 또한, 주택A, 주택B, 토지A 및 토지B는 모두 미등기양도자산에 해당하지 않고, 토지A와 토지B는 모두 비사업용토지에 해당하지 않는다.
5. 증여세 과세표준이 5억원 초과 10억원 이하인 경우의 증여세 산출세액은 9,000만원 + (과세표준－5억원) × 30%이다.
6. 소득세 기본세율 : '제3편. 부록' 참고

[물 음]

1. 주택A와 주택B의 교환에 대하여 김명수씨가 예정신고납부해야 할 양도소득세액을 계산하시오. 단, 김명수씨는 법정기한 내에 예정신고를 했고, 양도소득세를 분할납부하지 않았으며, 취득가액 외에 기타의 필요경비는 없으며, 제시된 자료 외에 2026년에 양도한 자산은 없다(이하의 물음에서도 마찬가지며, 모든 물음에서 전자신고 여부는 고려하지 않기로 한다).
2. 토지A의 양도에 대하여 김명수씨가 예정신고납부해야 할 양도소득세액을 계산하시오. 다만, 이미 신고한 양도소득금액을 합산하여 신고하지 않는다고 가정한다.

3. 토지B의 양도에 대하여 김명수씨가 예정신고납부해야 할 양도소득세액을 계산하시오. 다만, 이미 신고한 양도소득금액을 합산하여 신고하지 않는다고 가정하며, 이월과세 적용분은 이월과세적용 요건을 충족하였다고 가정한다.

해답

1. 주택A

양도가액 1,580,000,000 − 80,000,000 = 1,500,000,000*1

취득가액	△630,000,000		
양도차익	870,000,000	$\times \frac{1,500,000,000 - 1,200,000,000}{1,500,000,000}$ =	174,000,000
장기보유특별공제	174,000,000 × 40%(5년 이상 6년 미만) =		69,600,000
양도소득금액			104,400,000
양도소득기본공제			△2,500,000
양도소득과세표준			101,900,000
양도소득산출세액	101,900,000 × 35% − 15,440,000 =		20,225,000

(= 예정신고납부세액)

2. 토지A

특수관계인에게 양도한 토지를 그 특수관계인이 양수일부터 3년 이내에 당초 양도자의 직계존속에게 다시 양도하였으므로 증여추정에 해당하는지를 판단한다.*2

(1) 최정운씨와 김명수씨의 양도소득세 결정세액 합계액

1) 최정운씨의 양도소득세

양도차익 : 500,000,000 − 600,000,000 = △100,000,000 → 양도소득세 : 0

2) 김명수씨의 양도소득세

① 산출세액

양도가액	600,000,000	
취득가액	△500,000,000	
양도차익	100,000,000	
장기보유특별공제	−	
양도소득금액	100,000,000	
양도소득기본공제	−	
양도소득과세표준	100,000,000	
양도소득산출세액	100,000,000 × 35% − 15,440,000 =	19,560,000

(2) 증여로 추정하는 경우 증여세액*2

증여세 과세표준 : 600,000,000 − 50,000,000 = 550,000,000

증여세 산출세액 : 90,000,000 + (550,000,000−500,000,000) × 30% = 105,000,000

증여세결정세액 : 105,000,000 × (1−3%) = 101,850,000

(3) 결론

증여세액이 최정운씨와 김명수씨의 양도소득세 결정세액 합계액 보다 크므로 증여추정에 해당한다. 따라서 김명수씨의 예정신고납부해야 할 양도소득세는 0원이다.

3. 토지 B

(1) 문제의 분석

부담부증여로 취득한 부동산이 이월과세 대상에 해당하므로 양도가액과 취득가액을 다음과 같이 안분계산한다. 행정해석도 이와 같다(부동산거래관리과 − 0819, 2011. 09. 23.).

구 분	비 율	배우자취득가액	김명수 증여분	김명수 양도가액
유상양도분 (부담부증여분)	37.5%	75,000,000	150,000,000	159,375,000
증여분	62.5%	125,000,000	250,000,000	265,625,000
계	100%	200,000,000	400,000,000	425,000,000*

* 275,000,000 + 150,000,000 = 425,000,000

(2) 신고세액 ⇢ 'p2−416. 해답'과 유사한 답안양식을 적용함

	이월과세적용분(증여)	이월과세배제분	계
양도가액	265,625,000	159,375,000	425,000,000
취득가액	△125,000,000	△150,000,000	△275,000,000
양도차익	140,625,000	9,375,000	150,000,000
장기보유특별공제	3년*3	3년*4	△9,000,000
양도소득금액			141,000,000
양도소득기본공제			−
양도소득과세표준			141,000,000
양도소득산출세액	141,000,000 × 35% − 15,440,000 =		33,910,000

해설

1. 해답상 '*'에 대한 설명

*1 교환으로 양도되는 목적물의 소유자가 교환으로 취득하는 목적물의 감정가액과의 차액을 현금으로 지급받는 경우에는 교환으로 취득하는 목적물의 감정가액과 그 현금을 합한 금액이 교환으로 양도되는 목적물의 실지양도가액이 된다(대법 96누860, 1997. 2. 11.). 즉, 양도하는 자산의 실지거래가액은 그 자산의 양도대가로 받은 인수한 자산의 가액이 된다. 만약 목적물의 가격이 동일하지 않은 경우에는 인수한 자산의 가액에서 수수한 금전의 가액을 가감하여 계산하는 것이 타당하다.

*2 (1) 배우자 · 직계존비속에 대한 우회양도시 증여추정(상증법 44 ②) 상속세 및 증여세 summary p3-75. (1)

1) 규정

특수관계인에게 양도한 재산을 그 특수관계인(이하 '양수자'라 한다)이 양수일부터 3년 이내에 당초 양도자의 배우자 등에게 다시 양도한 경우에는 양수자가 그 재산을 양도한 당시의 재산가액을 그 배우자 등이 증여받은 것으로 추정하여 이를 배우자 등의 증여재산가액으로 한다. 다만, 당초 양도자 및 양수자가 부담한 소득세 결정세액을 합친 금액이 양수자가 그 재산을 양도한 당시의 재산가액을 당초 그 배우자 등이 증여받은 것으로 추정할 경우의 증여세액보다 큰 경우에는 그러하지 아니한다.

[이 해]

위 규정을 그림으로 설명하면 다음과 같다.

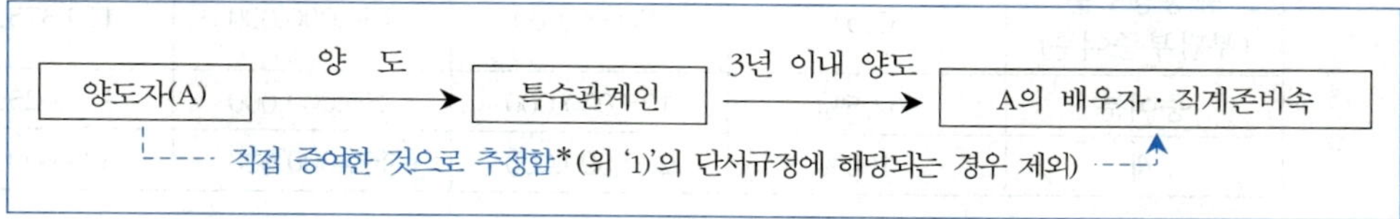

* 이 규정에 따라 해당 배우자 · 직계존비속에게 증여세가 부과된 경우에는 「소득세법」의 규정에 불구하고 당초 양도자 및 양수자에게 그 재산 양도에 따른 소득세를 부과하지 아니한다[취지 : 이중과세방지].

(2) 위 규정에 따르면 계산대상이 되는 양도소득세는 '「소득세법」에 따른 결정세액을 합친 금액'이라고 명확하게 규정하고 있으나, 비교대상이 되는 증여세액은 '증여세액'이라고만 규정하고 있다. 이에 대한 별도의 행정해석도 없어 '증여세액'의 범위에 대하여 두 가지 견해가 있다.

[견해 1] 증여세 산출세액을 증여세액으로 보는 견해

[견해 2] 증여세 산출세액에서 세액공제를 차감한 후의 금액을 증여세액으로 보는 견해

실무적으로는 증여추정규정을 적용하여 납세의무자가 직접 신고하는 경우는 거의 없고 추후 결정 · 경정을 거쳐 추징하므로 신고세액공제를 적용하지 않는 '[견해 1]'에 따른다. 그러나 본 문제는 납세의무자가 직접 신고한다는 것을 전제로 계산하는 문제이므로 실제 부담한 세액을 기준으로 판단하는 것이 타당하다고 보아 '[견해 2]'에 따라 해답을 작성하였다(참고로 우회양도를 통한 부당행위계산의 부인규정인 「소득세법」 제101조 제2항에서는 비교대상이 되는 증여세를 산출세액에서 공제 · 감면세액을 뺀 세액'이라고 규정하고 있다).

*3 이월과세적용분 보유기간 : 증여자 취득일(2022. 6. 10.) ~ 양도일(2026. 6. 1.) → 3년 이상 4년 미만 : 6%

*4 이월과세배제분 보유기간 : 증여받은 날(2023. 5. 14.) ~ 양도일(2026. 6. 1.) → 3년 이상 4년 미만 : 6%

소득유예 45 양도소득

다음 자료를 기초로 등기된 토지 1,000m²(양도일 : 2026. 3. 5., 취득일 : 1988. 8. 20.)의 양도차익을 계산하시오. 토지의 양도비용은 ₩8,000,000이다.

〈자 료〉

실지거래가액은 불분명하며, 매매사례가액과 감정가액도 확인할 수 없다. 토지의 m²당 개별공시지가와 지방세시가표준액은 다음과 같다.

구 분	1988. 1. 1.	1989. 1. 1.	1990. 8. 30.	2025. 6. 1.	2026. 6. 1.
개별공시지가	–	–	₩200,000*	₩400,000	₩420,000
시가표준액	₩70,000	₩90,000	110,000	220,000	230,000

* 1990. 1. 1.을 기준으로 한 개별공시지가이며, 이를 고시한 날은 1990. 8. 30.이다.

핵심정리

1. 토지 및 건물의 기준시가

구 분			기준시가
토지	일반원칙*	① 일반지역의 경우	개별공시지가
		② 지정지역의 경우	개별공시지가 × 국세청장이 정하는 배율
	1990. 8. 30. 이전에 취득한 토지의 취득당시 기준시가		$\text{1990. 1. 1.을 기준으로 한 개별공시지가} \times \dfrac{\text{취득당시의 시가표준액}}{\dfrac{\text{90. 8. 30.의 시가표준액} + \text{그 직전에 결정된 시가표준액}}{2}}$
건물			국세청장 고시가격
지정지역 내의 오피스텔 및 상업용 건물			국세청장 고시가격
주택			「부동산 가격공시에 관한 법률」에 의한 개별주택가격 및 공동주택가격. 다만, 공동주택가격의 경우에는 국세청장이 고시한 공동주택가격이 있는 때에는 그 가격에 의한다.

* 기준시가를 산정함에 있어서 새로운 기준시가가 고시되기 전에 취득 또는 양도하는 경우에는 직전의 기준시가에 의한다.

2. 취득시기의 의제

「소득세법」에서는 자산별로 1985년 또는 1986년 이전에 취득한 자산은 다음의 시점을 취득일로 의제하여 그 날 현재의 가액을 취득가액으로 보아 양도차익을 계산하도록 하고 있다(법률 제4803호 부칙 8조).

① 1984. 12. 31. 이전에 취득한 토지 · 건물 · 부동산에 관한 권리 · 기타자산 : 1985. 1. 1.

② 1985. 12. 31. 이전에 취득한 일반주식 : 1986. 1. 1.

해 답

토지의 양도차익

실지거래가액, 매매사례가액, 감정가액을 알 수 없으므로 기준시가로 양도차익을 계산한다.

양도가액 : 1,000m² × 400,000*1 =		400,000,000
취득가액 : 1,000m² × $\left[200{,}000 \times \dfrac{70{,}000}{(110{,}000+90{,}000)\div 2}\right]$ =		△140,000,000*2
필요경비 : 140,000,000(취득당시 기준시가) × 3% =		△4,200,000
		255,800,000

*1 양도일인 2026. 3. 5. 현재의 기준시가(개별공시지가)

*2 1990. 8. 30. 이전에 취득한 토지이므로 기준시가를 환산한다.

CHAPTER 03

부가가치세법

소득세법

▶ 상속세 및 증여세법

TAX ACCOUNTING

상증유예 1 상속세 산출세액

다음은 2026년 6월 10일에 사망한 거주자 '갑'의 상속세 신고 관련 자료이다. 이를 이용하여 물음에 답하시오. 〈2009. CPA 수정〉

〈자 료〉

1. 상속재산
   ① 토지 : 시가평가액은 ₩300,000,000이고 지방세시가표준액은 ₩200,000,000이다.
   ② 아파트 : 국세청장고시가액은 ₩850,000,000이며 ₩600,000,000에 구입하였다.
   ③ 비상장기업인 주식회사 병의 보통주식 10,000주(총발행주식의 10%로 최대주주 아님, 금융기관이 취급하지 아니하는 주식임)
   ④ 예금 : ₩500,000,000
   ⑤ 보험금 : ₩100,000,000(피상속인이 보험료 전액 부담함)
   ⑥ 상장주식 : 500주이며 상속개시 전후 각 2개월간의 종가평균액은 ₩30,000이나 상속개시일의 종가는 ₩35,000이다. 피상속인은 최대주주가 아니다.

2. 2025년 1월 1일 피상속인은 형에게 토지를 증여하였다. 증여 당시 토지의 시가평가액은 ₩200,000,000이었으며, 상속개시일 현재 평가액은 ₩250,000,000이다.

3. 피상속인은 2025년 7월 10일에 토지를 ₩300,000,000에 양도하고 대금을 수령하였으나 이 중 사용용도가 입증된 금액은 ₩100,000,000이다.

4. 피상속인은 아파트를 담보로 은행으로부터 ₩100,000,000을 차입하였으며 현재 미상환하였으나 그 용도는 입증된다.

5. 장례비는 증명서류로 입증되며 봉안시설(납골시설)사용료 ₩2,000,000을 포함하여 ₩5,000,000이 발생하였다.

6. 상속인으로 배우자(동거)와 자녀 1인(별거, 미성년자 아님)이 있으며, 유증에 의해 친구에게 ₩500,000,000이 증여되고 배우자에게 ₩1,000,000,000이 상속되었으며 나머지는 자녀에게 상속되었다.

7. 상속세 세율(일부 발췌)

과세표준	세 율
1억원 초과 5억원 이하	1천만원 + 1억원을 초과하는 과세표준의 20%
5억원 초과 10억원 이하	9천만원 + 5억원을 초과하는 과세표준의 30%

[물 음]

1. 문제에서 제시된 자료 이외의 다음 추가자료를 참고하여 「상속세 및 증여세법」에 따른 주식회사 병의 1주당 주식평가액을 계산하시오. 단, 계산과정을 명시할 것.

〈추가자료〉

(1) 상속개시일 당시 주식회사 병의 「상속세 및 증여세법」상 평가된 자산총액은 ₩8,000,000,000이고 부채총액은 ₩7,000,000,000이다.

(2) 상속개시일 전 주식회사 병의 상증법상 최근 4년간 1주당 순손익액은 다음과 같다.

- 2025사업연도(2025. 1. 1.～2025. 12. 31.) : ₩7,000
- 2024사업연도(2024. 1. 1.～2024. 12. 31.) : ₩6,000
- 2023사업연도(2023. 1. 1.～2023. 12. 31.) : ₩6,000
- 2022사업연도(2022. 1. 1.～2022. 12. 31.) : ₩5,000

(3) 주식회사 병은 부동산과다법인이 아니며, 최근 4년간 발행주식 총수는 변동이 없다. (이월결손금이 없는 정상적인 계속사업자로 가정).

(4) 순손익가치 산정을 위하여 재정경제부령으로 정하는 이자율은 10%로 가정한다.

2. '물음 1'에서 산출된 주식회사 병의 1주당 평가액을 ₩20,000으로 가정하고 각 요구사항에 답하시오. 단, 산출세액은 최소화하고 계산과정을 명시할 것.

(1) 상속세 과세가액을 계산하시오.

(2) 배우자상속공제금액을 계산하고, 그 판단과정을 명시하시오.

(3) 배우자상속공제금액을 ₩900,000,000으로 가정하여 상속세 과세표준과 산출세액을 계산하시오.

핵심정리

문제의 포인트

- 비상장주식의 평가 : summary p3-109. (2)
- 배우자상속공제액의 계산방법 : summary p3-23. 1.2
- 상속공제액의 계산방법 : summary p3-21. 2

해답

1. 1주당 주식평가액 : max(①, ②) = 43,000

① $\frac{65,000^{*1} \times 3 + 10,000^{*2} \times 2}{5} = 43,000$

② 10,000 × 80% = 8,000

*1 1주당 순손익가치 : $\frac{(7,000 \times 3 + 6,000 \times 2 + 6,000 \times 1) \div 6}{10\%} = 65,000$

*2 1주당 순자산가치 : $\frac{8,000,000,000 - 7,000,000,000}{100,000\text{주}} = 10,000$

2. 상속세액

(1) 상속세 과세가액

상 속 재 산 가 액	1,965,000,000*1
추 정 상 속 재 산	140,000,000*2
총 상 속 재 산 가 액	2,105,000,000
과 세 가 액 공 제 액	△107,000,000*3
증 여 재 산 가 액	200,000,000
상 속 세 과 세 가 액	2,198,000,000

*1 300,000,000 + 850,000,000 + (10,000주×20,000) + 500,000,000 + (500주×30,000) + 100,000,000(의제상속재산) = 1,965,000,000

*2 (300,000,000−100,000,000) − min(300,000,000×20%, 200,000,000) = 140,000,000

*3 100,000,000(채무) + 5,000,000(일반장례비) + 2,000,000(봉안시설) = 107,000,000

(2) 배우자상속공제 : max[500,000,000, min(①, ②)] = 903,000,000

① 1,000,000,000

② $(2,105,000,000 - 500,000,000 - 100,000,000) \times \frac{1.5}{2.5} = 903,000,000$

(3) 상속세산출세액

상 속 세 과 세 가 액	2,198,000,000
상 속 공 제	△1,508,000,000*
상 속 세 과 세 표 준	690,000,000
상 속 세 율	× 상속세율
상 속 세 산 출 세 액	147,000,000

* min(①, ②)

① 500,000,000(일괄) + 900,000,000(배우자, 가정치) + 143,000,000*1(금융) = 1,543,000,000

② 한도 : 2,198,000,000 − 500,000,000 − (200,000,000−10,000,000)*2 = 1,508,000,000

1 (200,000,000+500,000,000+100,000,000+15,000,000−100,000,000) × 20% = 143,000,000

* 거래소에 상장되지 아니한 주식 및 출자지분으로서 금융회사 등이 취급하지 아니하는 것도 금융재산상속공제대상 금융재산에 포함된다(상증칙 8).

*2 상속세 과세가액이 5억원을 초과하므로 적용하며, 증여재산공제로 1,000만원을 차감한다.

상증유예 2 「조세특례제한법」상 증여세 과세특례

다음 자료를 이용하여 각 거주자(A, B씨)의 증여세 산출세액을 계산하시오. 세부담을 최소화하기로 하며, 각 자료는 독립적이다(증여세 세율 : 'p3－5. *2' 참고).

1. A씨(40세)는 창업중소기업 등에 대한 세액감면을 적용받는 업종을 영위하는 중소기업을 창업할 목적으로 부친(70세)으로부터 2026. 7. 1.에 현금 10억원과 토지 1억원을 증여 받았다.

2. B씨(24세)는 중소기업인 ㈜가나를 15년간 계속하여 영위한 모친(62세)으로부터 「상속세 및 증여세법」상 가업인 ㈜가나를 승계할 목적으로 ㈜가나의 주식 305억원을 2026. 8. 1.에 증여받고 ㈜가나를 승계하였다. 그 증여 이전에 모친으로부터 증여받은 재산은 없다. 수증일 현재 ㈜가나의 총자산가액은 500억원이며, 그 중 사업무관자산가액은 4억원이다.

핵심정리

문제의 포인트

1. 창업자금에 대한 증여세 과세특례 : summary p3－51. 1
2. 가업의 승계에 대한 증여세 과세특례 : summary p3－52. 2

해 답

1. A씨 : 55,000,000

 (1) 과세특례 적용분(현금)

 (1,000,000,000 － 500,000,000) × 10% ＝ 50,000,000
 (500,000,000 : 창업자금공제)

 (2) 과세특례 미적용분(토지*1)

 (100,000,000 － 50,000,000) × 10% ＝ 5,000,000
 (50,000,000 : 증여재산공제)

2. B씨 : 4,680,000,000

(1) 과세특례 적용분

① 과세표준 : 30,000,000,000* — 1,000,000,000 = 29,000,000,000

② 산출세액 : 12,000,000,000 × 10% + (29,000,000,000−12,000,000,000) × 20%
= 4,600,000,000

* min(㉠, ㉡) = 30,000,000,000

㉠ 305억원 $\times \dfrac{\text{500억원} - \text{4억원}}{\text{500억원}}$ = 30,256,000,000

㉡ 300억원

(2) 과세특례 미적용분

① 과세표준 : 500,000,000*[2] — 50,000,000 (증여재산공제) = 450,000,000

② 산출세액 : 10,000,000 + (450,000,000−100,000,000) × 20% = 80,000,000

해설

1. 해답상 '*'에 대한 설명

*[1] 토지 등 양도소득세 과세대상자산은 창업자금 과세특례 적용재산이 아니므로 일반적인 증여세 계산구조를 적용한다.

*[2] 부모가 10년 이상 20년 미만 계속하여 경영한 경우에는 증여세과세가액 300억원 한도로 가업상속 과세특례를 적용하며, 300억원을 초과하는 5억원에 대하여는 일반적인 증여세 계산구조를 적용한다.

PART 03

부 록

TAX ACCOUNTING

부 록 소득세 문제풀이에 필요한 세율 및 각종 공제표

1. 소득세 기본세율

과세표준	기본세율
1,400만원 이하	6%
1,400만원 초과 5,000만원 이하	840,000 ＋ 1,400만원의 초과액의 15%
5,000만원 초과 8,800만원 이하	6,240,000 ＋ 5,000만원의 초과액의 24%
8,800만원 초과 1억 5,000만원 이하	15,360,000 ＋ 8,800만원의 초과액의 35%
1억 5,000만원 초과 3억원 이하	37,060,000 ＋ 1억 5,000만원 초과액의 38%
3억원 초과 5억원 이하	94,060,000 ＋ 3억원 초과액의 40%
5억원 초과 10억원 이하	174,060,000 ＋ 5억원 초과액의 42%
10억원 초과	384,060,000 ＋ 10억원 초과액의 45%

■ 속산표

과세표준	산출세액
1,400만원 이하	과세표준 × 6%
1,400만원 초과 5,000만원 이하	과세표준 × 15% － 1,260,000
5,000만원 초과 8,800만원 이하	과세표준 × 24% － 5,760,000
8,800만원 초과 1억 5,000만원 이하	과세표준 × 35% － 15,440,000
1억 5,000만원 초과 3억원 이하	과세표준 × 38% － 19,940,000
3억원 초과 5억원 이하	과세표준 × 40% － 25,940,000
5억원 초과 10억원 이하	과세표준 × 42% － 35,940,000
10억원 초과	과세표준 × 45% － 65,940,000

2. 비사업용토지 양도시 적용세율

양도소득 과세표준	세 율
1천400만원 이하	16%
1천400만원 초과 5천만원 이하	224만원 ＋ 1천400만원 초과액 × 25%
5천만원 초과 8천800만원 이하	1천124만원 ＋ 5천만원 초과액 × 34%
8천800만원 초과 1억5천만원 이하	2천416만원 ＋ 8천800만원 초과액 × 45%
1억5천만원 초과 3억원 이하	5천206만원 ＋ 1억5천만원 초과액 × 48%
3억원 초과 5억원 이하	1억2,406만원 ＋ 3억원 초과액 × 50%
5억원 초과 10억원 이하	2억2,406만원 ＋ 5억원 초과액 × 52%
10억원 초과	4억8,406만원 ＋ 10억원 초과액 × 55%

3. 근로소득공제

총 급 여 액	근로소득공제액
① 500만원 이하	총급여액 × 70%
② 500만원 초과 1,500만원 이하	350만원 ＋ 500만원 초과액의 40%
③ 1,500만원 초과 4,500만원 이하	750만원 ＋ 1,500만원 초과액의 15%
④ 4,500만원 초과 1억원 이하	1,200만원 ＋ 4,500만원 초과액의 5%
⑤ 1억원 초과	1,475만원 ＋ 1억원 초과액의 2%

4. 연금소득공제

총 연 금 액	공 제 액
350만원 이하	총연금액
350만원 초과 700만원 이하	350만원 ＋ 350만원 초과액의 40%
700만원 초과 1,400만원 이하	490만원 ＋ 700만원 초과액의 20%
1,400만원 초과	630만원 ＋ 1,400만원 초과액의 10%

5. 근로소득 세액공제 한도

총급여액	한 도
3,300만원 이하	740,000원
3,300만원 초과 7,000만원 이하	• max(①, ②) ① 740,000원 − [(총급여액−33,000,000원) × $\frac{8}{1,000}$] ② 660,000원
7,000만원 초과 1억 2,000만원 이하	• max(①, ②) ① 660,000원 − [(총급여액−70,000,000원) × $\frac{1}{2}$] ② 500,000원
1억 2,000만원 초과	• max(①, ②) ① 500,000원 − [(총급여액−1억 2,000만원) × $\frac{1}{2}$] ② 200,000원

6. 퇴직소득 과세표준 계산에 필요한 공제

(1) 근속연수공제

근 속 연 수	공 제 액
5년 이하	100만원 × 근속연수
5년 초과 10년 이하	500만원 + 200만원 × (근속연수 − 5년)
10년 초과 20년 이하	1,500만원 + 250만원 × (근속연수 − 10년)
20년 초과	4,000만원 + 300만원 × (근속연수 − 20년)

(2) 환산급여공제(또는 차등공제)

환 산 급 여	공 제 액
8백만원 이하	환산급여의 100%
8백만원 초과 7천만원 이하	8백만원 + 8백만원 초과분의 60%
7천만원 초과 1억원 이하	4천520만원 + 7천만원 초과분의 55%
1억원 초과 3억원 이하	6천170만원 + 1억원 초과분의 45%
3억원 초과	1억5천170만원 + 3억원 초과분의 35%

MEMO

check list

MEMO

check list

MEMO

check list

MEMO

check list

MEMO

check list ☑

MEMO

check list

sam & books
샘앤북스